Gonglu Gongcheng Gongfa Huibian

公路工程工法汇编

(2010)

上册

中国公路建设行业协会　编

人民交通出版社

内容提要

本书由中国公路建设行业协会组织编写，共汇编了174项公路工程工法，反映了公路路基、路面、桥梁、隧道、交通工程和公路养护的最新施工工艺和施工技术。本书汇编的工法符合国家公路工程建设的方针、政策和标准，具有先进性、科学性和实用性，对于保证工程质量、提高施工效率、降低工程成本、节约资源、保护环境等具有重要的指导作用。

本书主要供公路工程施工与管理人员学习参考。

图书在版编目(CIP)数据

公路工程工法汇编(2010)/中国公路建设行业协会编.—北京:人民交通出版社,2011.4

ISBN 978-7-114-08989-3

I.①公… II.①中… III.①道路工程—工程施工—规范—汇编—中国—2010 IV.①U415-65

中国版本图书馆CIP数据核字(2011)第055138号

书　　名:公路工程工法汇编(2010)(上册)
著 作 者:中国公路建设行业协会
责任编辑:沈鸿雁　丁润铎　韩亚楠　刘永超　郑蕉林
出版发行:人民交通出版社
地　　址:(100011)北京市朝阳区安定门外外馆斜街3号
网　　址:http://www.ccpress.com.cn
销售电话:(010)59757969,59757973
总 经 销:人民交通出版社发行部
经　　销:各地新华书店
印　　刷:北京鑫正大印刷有限公司
开　　本:880×1230　1/16
印　　张:53.5
字　　数:1600千
版　　次:2011年4月　第1版
印　　次:2011年4月　第1次印刷
书　　号:ISBN 978-7-114-08989-3
定　　价:300.00元(上、下册)

中国公路建设行业协会文件

中路建协字[2010]114号

关于公布2010年度公路工程工法的通知

各有关单位:

受交通运输部委托,并根据《公路工程工法管理办法》,我协会组织专家对有关单位申报的2010年度工法进行了评审,经相关媒体公示,审定174项为2010年度公路工程工法,现予以公布。

希望各单位继续支持学习实践科学发展观,重视公路工程工法的管理工作,继续加强科技创新和科技开发力度,提高企业的自主创新能力。在工程建设实践中认真及时总结重点和难点项目的宝贵施工经验,加强公路工程工法的开发创新和管理工作,促进公路工程新技术、新工艺、新材料和新设备的推广和应用,不断提高公路工程施工质量。

附件:2010年度公路工程工法名单(略)

二○一○年十二月二十七日

抄报:交通运输部公路局

抄送:各省、自治区、直辖市交通运输厅(交通委),天津市、上海市交通运输和港口管理局,新疆生产建设兵团交通局

前　言

为了深入贯彻落实科学发展观，加快推行现代工程管理制度，全面提高公路工程建设管理水平，打造统一、规范、有序的施工标准体系，实现对建设过程、安全、质量、工期的有效控制；同时，为了促进公路施工企业加强工法的开发创新和管理工作，促进公路工程新技术、新工艺、新材料、新设备的推广应用，中国公路建设行业协会受交通运输部的委托，组织开展了2010年度公路工程工法管理工作。在本次评审中共评出174项为2010年度公路工程工法，其中：路基工程24项，路面工程18项，桥涵工程109项，隧道工程19项，交通工程2项，工程养护2项。

这批工法是我国公路工程建设行业评审出的第三批公路工程工法，是从业单位科技创新成果的具体体现，是广大工程技术人员对优秀施工方法的科学总结。从总体上看，这批工法均已经过工程实践检验，是行之有效的，是指导公路工程施工管理的实施细则，具有较强的创新性和实用性。我们倡导公路交通建设从业单位和广大工程技术人员要积极推广应用公路工程工法，继续修改完善现有工法，积极探索和实践新的工法，不断加强工法成果管理工作。为鼓励公路施工企业加强工法的开发和应用，促进企业增强科技创新能力，加快技术积累并使科技成果尽快转化为生产力，我们将这些工法汇编成书，旨在通过本书，把公路交通建设中优秀科技创新成果展现给大家，以此鞭策和激励从业单位和工程技术人员坚持科技创新，提高自主创新能力，在实践中认真总结难点和重点项目的宝贵施工经验，加强公路工程工法的开发和管理工作，不断提高公路工程质量，促进资源节约型和环境友好型交通运输行业健康发展。

本书的编写，凝结了工法完成单位和工程技术人员的辛勤劳动和汗水，体现了公路建设行业有关专家的集体智慧。程树本、许和平、石新栋、吴全立、刘元炜、范厚彬、许建盛、刘鹏、徐国庆和人民交通出版社的同志为本书的汇编和校稿作了大量的工作，在此我们一并表示诚挚的谢意！

汇编过程中，尽管我们作了很大的努力，但由于时间紧迫，水平有限，加之又是一本专业性比较强的书籍，难免会出现一些疏漏或错误之处，敬请从业单位和广大读者批评指正。

本书汇编的工法，技术水平高、应用广泛、内容翔实、图文并茂，文字表达准确，能指导公路建设工程的施工与管理，是公路建设从业单位工程技术人员必备的一本工具书；同时也可供科研、设计、教学等单位从事土木建筑专业的技术人员学习与参考。

中国公路建设行业协会

二〇一一年四月十五日

前言

目录

上册

路基篇

路 面 篇

桥 梁 篇

下　册

隧 道 篇

交通工程、养护篇

路　基　篇

多排微差路基深孔爆破施工工法

GGG(中企)A1001—2010

库崇锋　朱传敬　张　伟　杨作祺　杨　平
(长庆石油勘探局筑路工程总公司)
郭国良　聂小勇　陆建忠　顾　群　姚宇翔
(杭州市市政工程集团有限公司)
赵建军　禹海龙　蔡献东　周长亮
(汇通路桥建设集团有限公司)

1　前言

近年来,我国在山区修建公路时常常会遇到大量的石方段,石方施工在我国主要依赖于爆破方法开挖,而爆破方法也较多,其中多排微差挤压深孔爆破技术集中了众多爆破技术的优点,在石方集中段更显出其威力的强大和高质量的爆破效果,而且能很好地减少或控制爆破地震波对周围环境的破坏和影响,因而受到了爆破界的认可,也越来越受到施工单位的青睐。2008 ~ 2010 年,长庆石油勘探局筑路工程总公司、杭州市市政工程集团有限公司和汇通路桥建设集团有限公司等单位对该技术分别展开了研究、应用和完善,取得了较好的经济和社会效益。本工法即根据施工实践经整理归纳提炼而成。

2　工法特点

2.1　钻孔凿岩时间相对集中,一次起爆量大(一次能起爆多排,甚至几十排炮孔),爆堆集中整齐,根底很少,能有效减少爆破次数,提高装运工作效率。

2.2　工效明显提高,与浅孔爆破相比工效提高 50% 以上。

2.3　提高爆破质量,大大改善了石方破碎效果,减少大块石二次破碎工作量约 50%,能有效降低成本约 40%。

2.4　有效地控制了爆破飞石,确保了施工安全,减少了一些不必要的安全防护工作。

2.5　与齐发爆破相比,地震效应降低了 1/3 ~ 2/3,极大地降低了爆破副作用对周围环境的影响和破坏,能达到环境友好、资源节约的目的。

3　适用范围

本工法适用于厚度大于 5m 的各种露天岩层爆破工程。

4　工艺原理

4.1　微差爆破是指在爆破施工中采用一种特制的毫秒延期雷管,以毫秒级时差顺序起爆各个(组)药包的爆破技术。其原理是把普通齐发爆破的总炸药能量分割为多个较小的能量,采取合理的装药结构、最佳的微差间隔时间和起爆顺序,为每个药包创造多面临空条件,将齐发大量药包产生的地震波变成一长串小幅值的地震波,同时各药包产生的地震波相互干涉,从而降低地震效应,把爆破震动控制在预先确定的水平之下。

4.2　在多排孔爆破时,需要一次激发多次起爆,当前排孔爆破作用在四周岩石中产生的应力波尚未消失时,后排孔立即起爆,促使前后爆破的应力波叠加,在前排孔爆落的岩石飞起尚未飞散回落时,后排孔爆破的岩石向刚形成的自由面方向飞散,使前后排岩石多自由面无规律性相互挤压碰击,形成二次破碎。

5 施工工艺流程及操作要点

5.1 施工工艺流程(图1)

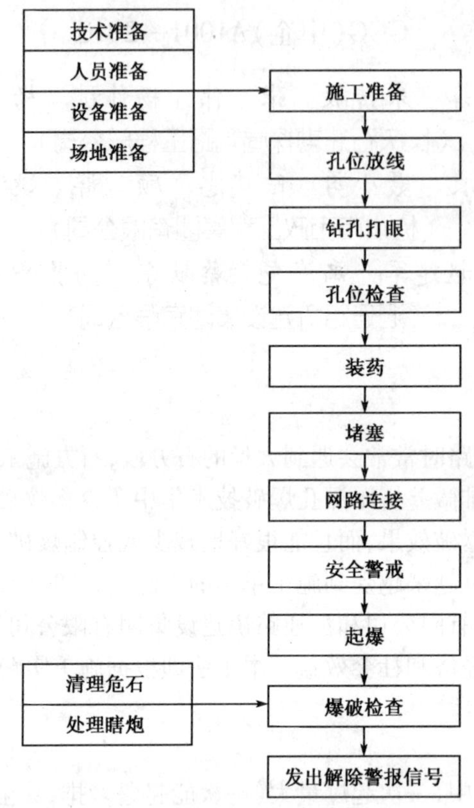

图1 施工工艺流程图

5.2 操作要点

5.2.1 施工准备

1)爆破参数确定

在深孔爆破工程中,爆破通常以台阶形式推进,因此为了达到良好的爆破效果,必须根据工程实际情况正确确定各项台阶要素(图2)。

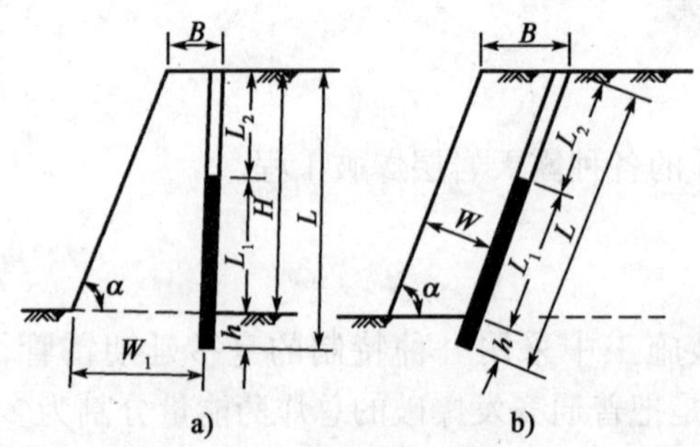

图2 台阶要素示意图

a)垂直钻孔;b)倾斜钻孔

H-台阶梯段高度;W_1-前排钻孔的底盘抵抗线;L-钻孔深度;L_1-装药长度;L_2-堵塞长度;h-超钻深度;α-台阶坡面角;B-台阶上眉线至前排孔口的距离;W-炮孔的最小抵抗线

(1) 钻孔形式

深孔爆破钻孔形式一般分为垂直钻孔、倾斜钻孔两种,如图2所示。在施工中,要根据实际情况给出正确选择。目前,在工程中垂直钻孔用得比较广泛。

(2) 布孔方式

多排布孔通常分为矩形布孔及三角形(梅花形)布孔两种(图3)。从能量均匀分布的观点看,以等边三角形布孔最为理想。

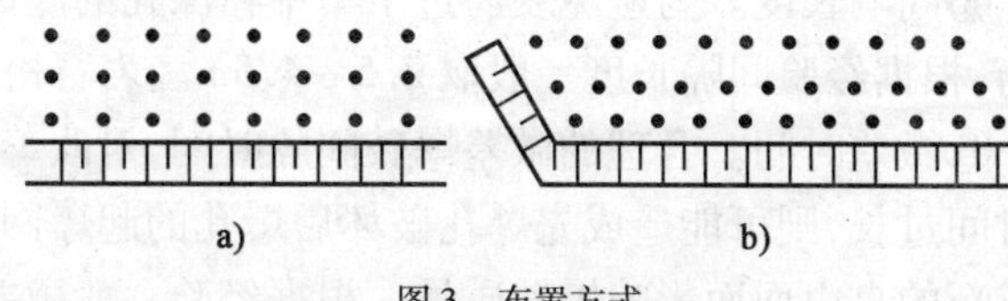

图3 布置方式

a)矩形布孔;b)三角形布孔

(3) 布孔技术参数的选取

①台阶梯段高度 H。台阶梯段高度主要考虑为钻孔、爆破和铲装创造安全和高效率的作业条件,一般按铲装设备选型和矿岩开挖技术条件来确定。工程实践表明,梯段高度以8~10m为好。这个高度加上超钻,正是一般钻机最佳钻凿深度,钻孔效率高,故障少,成孔率高,爆后爆堆高度适宜于机械装运。

②孔径 d。钻孔孔径主要取决于钻机类型、梯段高度和岩石性质,一般选取80~150mm孔径的钻机。

③超钻深度 h。钻孔超深主要取决于岩石特征及岩石的层理、节理、裂隙等。石层坚硬,结构不发育,h 要加大;炸药威力大,坡面角越大,h 应减小。钻孔底板有明显层面时,可以不超深,其目的在于保证爆后工作面基本平整,根据经验 h 一般为0.5~1m。

④钻孔深度 L。钻孔深度 L 应根据梯段高度 H 和超钻深度 h,按下列公式确定:

$$L = H + h \quad \text{(垂直孔)} \tag{1}$$

$$L = \frac{H + h}{\sin\alpha} \quad \text{(倾斜孔)} \tag{2}$$

⑤底盘抵抗线 W_1。底盘抵抗线是钻爆参数中最重要的参数之一,一般常采用底盘抵抗线,即炮孔中心至梯段坡底线的水平距离作为计算参数,通常以梯段高度 H 确定 W_1。

$$W_1 = (0.5 \sim 0.8)H \tag{3}$$

⑥孔距 a、排距 b。孔距是指同一排深孔中相邻两钻孔中心线间的距离,一般按下式确定:

$$a = mW_1 \tag{4}$$

在多排微差挤压深孔爆破中,布孔一般采用正三角形布孔,排距按下式确定:

$$b = a \cdot \sin 60^\circ \approx 0.866a \tag{5}$$

⑦填塞长度 L_2。为使炸药能量得到充分利用,需要选择合适的填塞长度,使炸药能量尽量向抵抗线方向作用。填塞长度可按下式确定:

$$L_2 \geqslant (0.7 \sim 1.0)W \tag{6}$$

⑧炸药单耗 q。单耗与岩石硬度和破碎块度有关。岩石越硬、越完整,要求破碎块度小,则单耗大;反之,单耗小。一般按下式确定:

$$q = 0.83\sqrt{\rho_r f} \tag{7}$$

式中:ρ_r——岩石密度(kg/m³);

f——普氏硬度系数。

第一排炮孔的 q_1 按下式计算:

$$q_1 = \frac{nq}{1.15n - 0.15} \tag{8}$$

式中:n——排数。

⑨单孔药量 Q。孔内装药量由炮孔参量构成的破岩体积乘以单耗药量而得到。

$$Q = qaWH \tag{9}$$

对于多排孔爆破,第二排以后的每孔装药量为:

$$Q = qabH \tag{10}$$

对于多排爆破,考虑到前面排孔岩体的阻力,每隔若干排后药量可增加10% ~20%。

⑩间隔长度。为避免装药过于集中在深孔的底部,改善炮孔中部和上部的岩石破碎效果采取间隔装药,根据经验间隔长度一般取2.5~4.5m。岩石松软时,取大值;岩石坚硬时,取小值。

⑪微差时间。合理的微差爆破间隔时间,对改善爆破效果与降低地震效应具有重要作用。微差间隔时间过长,则可能造成先爆孔破坏后爆孔的起爆网路;微差间隔时间过短,则后爆孔可能因先爆孔未形成新的自由面而影响爆破质量。根据经验一般微差间隔时间取25~50ms。

(4) 爆破网路设计

①起爆方式。孔内微差的起爆网路采用非电导爆管网路。通常采用三角形(梅花形)和V形布孔起爆法(图4)。

②连接方式。导爆管连接可采用并串联或串并联相结合的连接方法。施工中采用复式并串联网路(图5)效果较好。

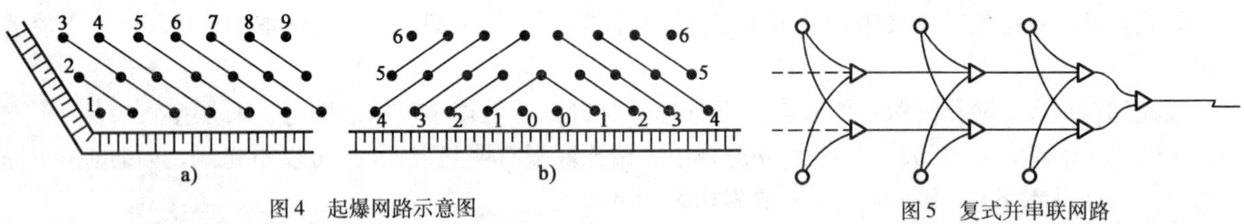

图4 起爆网路示意图

a)三角形布孔对角微差起爆法;b)三角形布孔V形微差起爆法

图5 复式并串联网路

③起爆顺序

a. 微差起爆对同一炮孔而言,有自上而下孔内微差起爆和自下而上孔内微差起爆两种方式。

b. 对于相邻两排炮孔来说,起爆顺序有多种排列方式(图6),通常采用图6c)所示方案。从图6c)中可以看出,它不仅在水平面内、而且在垂直面内也有起爆时间间隔,矿岩将受到多次反复的爆破作用,能大大提高爆破效果。

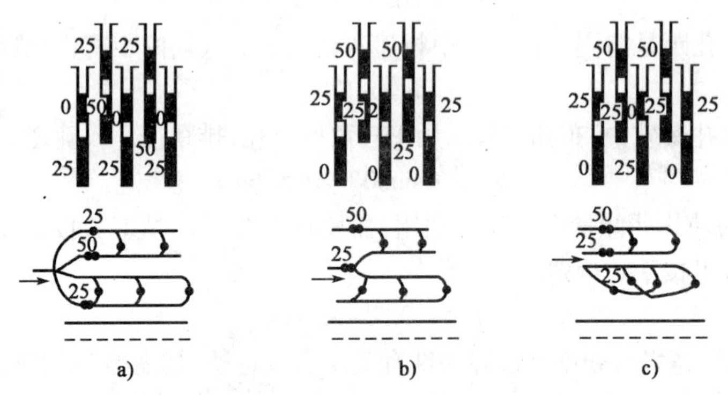

图6 相邻炮孔孔内微差起爆顺序排列方案

a)自上而下微差起爆;b)自下而上微差起爆;c)自上而下和自下而上微差综合起爆

0、25、50-延期毫秒数

2)人员、设备准备

①开工前,按程序办理相关爆破审批手续,培训爆破作业人员,并做好技术交底工作;

②钻爆设备性能要良好,满足施工要求。

3)场地准备

①施工前仔细查明地上、地下有无管线。若对施工有影响,应及时联系相关单位,对其进行保护或改移。

②清理山体表层植被和覆盖层,覆盖层较厚的可采用机械或浅孔爆破清除,但必须保证工作面基本平整,台阶宽度满足钻机移动自如,并能按设计方向钻凿炮孔的安全作业要求。

5.2.2 孔位放线

布孔前对爆区进行详细检查(如理层、裂隙、临空面、爆体、台阶平整度、岩石类别及物理力学特征等是否有变化),并对清理后的地表高程进行测量,根据设计孔网参数和挖深进行布孔和确定各钻孔深度,如需要可对参数进行调整。

5.2.3 钻孔

(1)钻孔时选择技术熟练的凿岩工人施工,先由爆破技术人员按设计参数准确定位布孔,用白石灰标记,便于凿岩人员施工,并把孔深、倾角向凿岩人员进行技术交底,特别是边坡孔的钻孔质量要严加控制。

(2)当孔钻进到一半孔深时,应提起钻头,用专用的炮孔探测仪和角度测试仪进行检查,根据钻孔实际情况决定是否调整钻杆倾角和钻机位置,以便及时进行纠偏,确保边坡孔角度误差不大于 ±1°、深度误差不大于 ±5%。当孔口位置偏差超过 2 倍孔径时,应重新钻孔。

(3)钻孔完成后,及时清理孔口的浮渣,清孔直接采用胶管向孔内吹气。吹净后,应检查炮孔有无堵孔、卡孔现象以及炮孔的间距、眼深、倾斜度是否与设计相符,并做好记录,若和设计相差较多,应对参数适当调整。如果可能影响爆破效果或危及安全生产,应重新钻孔。

(4)先行钻好的炮孔,用编织袋将孔口塞紧,防止杂物堵塞炮孔。装药前,要仔细检查炮孔情况,清除孔内积水、杂物。

5.2.4 孔位检查

装药之前,要对各个孔的深度和孔壁进行检查。孔深用测绳系上重锤测量;孔壁用长炮棍插入孔内检查堵塞与否。检查测量时,一定要做好记录。

5.2.5 装药

(1)装药前应对作业场地、爆破器材堆放场地进行清理,装药人员应对准备装药的全部炮孔进行检查。

(2)从炸药运入现场开始,应划定装运警戒区,警戒区内严禁烟火;搬运爆破器材应轻拿轻放,不应冲撞起爆药包。

(3)装药为手工操作。装药结构采用柱状间隔装药结构。装药时,每个药卷一定要装到设计位置,严防药包在孔中卡住。

(4)装药发生卡塞时,若在起爆药包放入之前,可用非金属长杆处理。装入起爆药包后,不得用任何工具冲击、挤压。

(5)在装药过程中,不应拔出或硬拉起爆药包中的导爆管。

5.2.6 填塞

堵塞材料宜选用稍湿的黄泥作回填物,炮泥以能捏成团为度,严禁用稀泥、石块堵塞。在堵塞过程中,一定要注意保护好孔内的导爆管。

5.2.7 网路连接

(1)导爆管网路应严格按设计进行连接,导爆管网路中不应有死结,炮孔内不应有接头,孔外相邻传爆雷管之间应留有足够的距离。

(2)用雷管起爆导爆管网路时,起爆导爆管的雷管与导爆管捆扎端端头的距离应不小于150mm。

5.2.8 安全警戒

(1)装药时,应在警戒区边界设置明显标志。

(2)爆破警戒范围由设计确定,在危险区边界,应设有明显标志,并派出岗哨。

(3)执行警戒任务的人员,应按指令到达指定地点,并坚守工作岗位。

(4)待各部位警戒人员全部发回可以起爆信号后,方可起爆。

5.2.9 起爆

一般情况下采用瞬发电雷管击发起爆法。此法起爆时间容易控制,操作简单,成本低,也可采用火雷管、击发枪、击发笔等多种形式击发起爆。

5.2.10 爆破后检查、验收

(1)爆破后检查

爆破后由爆破工程技术人员和爆破员先对爆破现场进行检查,只有在检查完毕确认安全后,才能发出解除警戒信号和允许其他施工人员进入爆破现场。爆后检查等待时间应超过20min,检查人员方可进入爆区。爆破爆后检查的内容为:

①爆破爆堆是否稳定,有无危坡、危石;

②周围受保护的对象是否安全;

③检查如果发现或怀疑有无拒爆药包,应向现场指挥汇报,由其组织有关人员进一步检查,并按爆破有关规程处理。

(2)验收

爆破后及时进行爆渣挖运,开挖出新的台阶,为下一步施工作准备,同时根据爆破效果检查各爆破参数设计是否合理,并从爆破质量、安全、经济等方面进行总结对爆破效果进行评价。

5.3 劳动组织

多排微差挤压深孔爆破劳动组织见表1。

劳动组织一览表　　表1

序　号	工种名称	数量(人)	工作内容
1	队长	1	全面组织管理
2	技术员	1	现场技术负责
3	质检员	1	质量检查
4	电工	2	现场供电
5	测量员	2	施工放样
6	司钻工	10	钻孔作业
7	爆破员	5	装药爆破作业
8	空压机工	5	空压机操作
9	安全员	3	安全管理
10	车辆指挥	2	指挥车辆
11	推土机司机	4	推土机操作
12	普工	18	配合爆破作业

注:劳动组织班组可根据生产需要适当调整。

6 材料与设备

6.1 材料

6.1.1 炸药

一般采用2号岩石硝铵炸药,其性能指标见表2。

2号岩石硝铵炸药主要性能指标　　表2

性能 / 炸药名称	水分(%)	密度(g/cm^3)	猛度(mm)	爆力(mL)	殉爆(cm)	爆速(m/s)
2号岩石硝铵炸药	<0.3	0.95~1.10	>13	>350	>5	3 600

6.1.2 非电毫秒雷管

(1)雷管壳表面不允许有浮药、锈蚀、裂缝和出现透孔现象;

(2)雷管不得受潮,管内不得有杂物,加强帽应牢固和端正;

(3)1~5段非电毫秒雷管及其延迟时间见表3。

1~5段非电毫秒雷管主要技术标准 表3

段 别	1	2	3	4	5
延迟时间(ms)	<13	25±10	50±10	75±10	100±10

6.1.3 导爆管

(1)导爆管是用高压聚乙烯溶后挤拉出的空心管子,外径为2.95mm±0.15mm,内径为1.4mm±0.5mm,管的内壁涂有一层很薄而均匀的高能炸药,药量为16~20mg/m,爆轰速度为1 950m/s±50m/s。

(2)导爆管的技术性能必须满足:

①抗静电性能:导爆管中两极相距100mm,外加30kV静电,电容为330pF,1min内不被击穿。

②抗冲击性能:导爆管受机械冲击、落锤、枪击均不被击发。

③起爆传爆性能:导爆管可能用火帽、雷管、导爆索、电火花等凡能产生冲击波的起爆器材所击发。

④抗自爆性能:导爆管不能直接起爆炸药。

⑤抗火性能:用火焰点燃单根或成捆的导爆管时,它只发生缓慢燃烧。

⑥强度指标:常温下能承受静态拉力为98N,50℃高温能承受静态拉力为58.8N,低温-40℃时不变脆。

⑦破坏性能:导爆管传爆时,管壁完整无损,对周围环境不产生破坏作用。

6.2 设备

主要施工设备见表4。

主要施工设备一览表 表4

序 号	设备名称	规格型号	单 位	数 量
1	潜孔钻车	ROC460PC	台	5
2	移动式空压机	VHP750	台	5
3	手持式凿岩机	7655	台	3
4	推土机	D85	台	4
5	生活用车		台	2
6	洒水车	东风8t	台	3
7	柴油发电机组	30GF99	台	1

7 质量控制

7.1 质量控制依据

7.1.1 《土方与爆破工程施工及验收规范》(GBJ 201—83);

7.1.2 《爆破安全规程》(GB 6722—2003);

7.1.3 《建筑边坡工程技术规范》(GB 50330—2002);

7.1.4 《爆破作业人员安全技术考核标准》。

7.2 质量控制措施

7.2.1 炮孔施工质量控制措施

(1)标孔

①布孔前仔细检查待爆体的情况,如层理、裂隙、临空面、最小抵抗线、台阶面平整度、岩体的软硬均匀性、整体性以及是否存在岩性突变等情况,视具体情况适当调整孔网参数。

②布孔时按调整后参数准确标出孔位,并严格按孔位钻孔。

③布孔由爆破工程技术人员实施,并采用相应的测量仪器放样布孔,标定孔位,提高布孔精度。

(2)钻孔

①准确地按标定的孔位钻孔,保证合格的孔深、方位和角度。炮孔的孔距和排距必须符合设计要求,最大偏差不大于3%。炮孔斜度必须符合设计,最大偏差不大于5。最小抵抗线偏差不大于3%。

②对所有炮孔逐孔验收,在验收单上填写验收人员及测量人员的名字。

③遇有碎石卡住钎头的情况,处理后在原孔周围适当位置另行钻孔。

④未达到设计深度和角度的炮孔应报废,并重新补孔;超深的孔应用坚硬黏土填实至设计深度。

7.2.2　装药质量控制措施

(1)装药前要根据设计对炮孔逐个进行验收,验收合格后的炮孔用纸袋堵住孔口。如发现有问题,应报告有关负责人,以便作出处理。

(2)装药前,由技术人员向参加施工的作业人员进行技术交底,严格按设计要求装药。

(3)装药时要认真复核孔网参数,若与设计不符合应更改设计,重新计算有关参数,并根据实测资料选定适当的炸药和装药量。

(4)装药由一人按装药分解图核对药包质量、雷管段号,另一人将药包装入炮孔,爆破技术人员现场监督并签字验收。

7.2.3　堵塞质量控制措施

(1)首先将药卷放在指定位置,然后将炮泥逐段装入炮孔,边装边捣,起初用力较轻,逐渐加力捣实。切勿待泥团装满炮眼再捣固,否则将不易密实。

(2)堵塞过程注意不要伤着和扭曲导爆管,也不能拉脱雷管。

(3)堵塞用的炮棍一般采用用木质圆棒或竹棒。

(4)堵塞过程要在爆破技术人员监督下完成。

7.2.4　起爆网路质量控制措施

(1)为了保证连接质量,网络连接由专人负责。网络连接工程技术人员在施工前要统一熟悉网络连接图,并预先进行网路模拟连接。对所选用的起爆器材进行检查与测试,严格按设计进行网路敷设和分发起爆器材,保证网路各节点连接方式正确。

(2)连线3人一组,各小组严格按印发的连线技术要求进行作业,尤其是对雷管的段别数、四通的连接方法、一把抓导爆管与传爆雷管的绑扎要求等,均要作出明确的规定。严格按照设计的网络连接图进行连接。

(3)用四通管连接时,注意导爆管要剪切平整,四根管子要一同插到四通顶部。确保接点紧固,无松脱滑移迹象。

(4)万一在雨天爆破作业时,则需做好四通防水,或用雷管代替四通改为"一把抓"网路,由经验丰富的技术人员亲自动手连接,并派专人对网路连接情况进行全面检查,导通网路。

8　安全措施

8.1　坚决贯彻"安全第一,预防为主"的安全工作方针,加强安全教育,严格执行安全生产制度和操作规程,做好安全技术交底。

8.2　所有参与爆破的人员,都必须懂得爆破安全技术,并经公安部门培训,获得《爆破员作业书》者方可上岗。

8.3　作业人员应按规定佩戴劳动安全防护用品,进入施工区的人员一律要戴安全帽,高空作业人员一定要正确使用安全带,钻眼作业人员应佩戴防尘口罩。

8.4　在高边坡上作业,应设置安全溜绳,安全溜绳应一桩一绳,一绳一人。在一定范围应设置工作步行台阶和工作台。

8.5 供电线路应按三相五线制架空供电，严禁乱接乱拉电线，动力线与照明线分开布设使用，电气设备均应有保护接零（地），有漏电保护开关。

8.6 用电必须执行"一机一闸一保险"的规定，应配置质量良好的专门开关箱，开关箱应离地面高0.8m以上。

8.7 爆破施工前，必须先经得建设单位主管部门审查同意，并持相关证明文件和安全操作规程，向当地公安分局申请《爆破物品使用许可证》后，方可实施爆破。进行爆破时，必须遵守爆破安全规程。

8.8 爆破器材的领取、运输和储存，必须有严格的规章制度，并经得公安部门审批，仓库设置在公安部门指定的地点，并严加警卫。

8.9 严守仓库出入制度，严禁带火种、持敞口灯、穿钉鞋进入仓库。

8.10 仓库内只准使用安全照明设施，固定灯具必须采用防爆型的，移动灯具使用有绝缘外壳的蓄电池和手电筒。仓库必须设避雷装置，其接地电阻不大于10Ω。

8.11 爆破材料在储存、运输、加工和使用时，应注意防潮、防火、防爆、防震、防雷，要轻拿轻放，专车专用，不得使其受撞击、摩擦、抛掷、拖拽或敲打，禁止接近烟火、火焰、蒸汽及易燃危险品。

8.12 装填炸药，应根据设计规定的炸药品种、数量、位置进行，装药要分次装入，用竹棒轻轻压实，不可用铁棒或用力压入炮孔内，安设雷管或导爆管，必须用木棒或竹棒进行。

8.13 爆破前，要确定爆破危险区，在危险区的边界设置明显标志，建立警戒线，派专人看守，同时鸣响警报器的时间不短于10min。在山林中爆破时，除了注意上述要求外，还应派爆破警戒人员进入山林查看，以免山林中人员撤离不及。为了确保警戒人员与爆破人员的联络畅通，要求爆破人员和警戒人员都配备对讲机。

8.14 爆破之后，禁止过早进入爆破后的工作面，避免可能因炮孔误爆、迟爆引起事故和可能发生炮烟中毒事故。必须经过一定的通风量和通风时间（从最后一个炮孔响后，不少于20min），才允许进入该范围检查和作业。

8.15 对于瞎炮，应由原装炮人员查明原因再作处理，严禁将带有雷管的药包从炮孔中拉出来，或者拉住雷管的导线，把电雷管从药包中拔出来。

9 环保措施

9.1 项目部成立环保专管机构。项目经理为第一责任人，项目副经理主管，环境保护专管机构具体实施，专门负责施工期间环境保护的管理工作和有关环境保护工作的联络、组织和落实，并协助业主、监理和环境保护机构开展日常工作。

9.2 组织职工学习环保知识，加强环保意识，使大家认识到环境保护的重要性和必要性。

9.3 采取措施保护环境和实行文明施工，减少施工噪声对周围环境的影响。

9.4 在居民区附近施工，对噪声较强的施工机械要采取隔声措施。在比较固定的机械设备附近，修建临时隔声屏障，减少噪声传播。

9.5 钻孔作业时注意防尘。钻孔操作人员佩戴防尘面罩或佩戴口罩，尽量降低岩石粉尘对大气的污染。施工现场所修筑的便道应采取限速、洒水、除尘等措施，控制粉尘传播。

9.6 服从业主统一规划管理，及时清理施工及生活垃圾，运至经业主批准指定的弃渣场地，有序堆放、掩埋、焚烧和利用，并在垃圾废渣堆放场所设置排水设施，确保环境整洁。

9.7 重视树木、植被保护，严格执行合同规定和遵守有关法规，对施工中所用的燃料、油料、化学品、酸等以及超过允许标准规定的有害气体、污水、泥水等，须根据实际情况采取有效的防治措施，严禁污染土地、水源、河川。

10 资源节约

10.1 本工法一次爆破量大，爆破块度均匀，可大幅度减少大块石二次破碎工作量，有效节约施工资源。

10.2　爆破产生的地震效应比齐发爆破降低1/3～2/3,因而能大大降低爆破副作用对周围环境的影响和破坏,达到环境友好、资源节约的目的。

11　效益分析

11.1　生产效率高、施工进度快。采用本工法施工,一次起爆量大,并使爆堆比较集中而不致产生飞散较远的碎块,岩石爆破块度均匀,挖运方便,工效明显提高。

11.2　经济效益可观。高效的施工缩短了施工周期,降低了生产固定费用,提高了劳动生产效率。同时,与浅孔爆破相比较,在爆破效果相同的情况下,降低了40%的炸药用量,经济效益非常可观。

11.3　环境影响小。多排微差爆破的地震效应比齐发爆破降低1/3～2/3,从而大大降低了爆破副作用对周围环境的影响和破坏,达到了环境友好、资源节约的目的。

11.4　社会效益显著。由于采用自上而下的台阶式施工顺序,从源头上避免了"一面墙"式的开采方式,结合光面爆破技术,边坡坡面能够得到有效的控制,坡面上残留的松散石块也能够及时清除(或加固),避免或减少了松散落石对行人和过往车辆的打击伤亡事故,提供了石方段公路的营运安全质量。

12　应用实例

12.1　实例一

西气东输迪那2主干道路东西横贯整个迪那2井区,自西向东依次连接DN2-1、DN2-2等迪那2井区内部的30口单井,道路全长约16.91km。线路基本走向为低山丘陵区,地形起伏较大,大挖方地段挖深在15～21m,部分地段达到34m,一般挖方地段挖深在10m以上,石质多为弱风化泥岩,表层为强风化泥岩及角砾岩。本工程石方开挖为153万m^3。

该工程于2009年3月开工。8月基本完工。在施工中,长庆筑路工程总公司对该工程石方段采用多排微差挤压深孔爆破技术进行石方开挖,取得了良好的爆破效果,提前30d完成了施工任务,得到了业主、监理单位的充分肯定。

12.2　实例二

××工程全长1 850m,其中1 200m为山体石方开挖段,开挖总量达750 000m^3,边坡最大落差为50m,岩石为紫红色砂岩和青灰色凝灰岩,边坡坡比为1:0.3～1:1。

2002年1～12月,杭州市市政工程集团有限公司采用台阶深孔微差爆破工艺进行施工,台阶高8～12m,分台阶组织生产使凿岩爆破和铲装运输分别在不同的台阶作业,从源头上避免了"一面墙"式的开采方式,边坡坡面可以控制,滑坡、边坡、滚石等事故可以消除。施工过程安全保障程度高,施工作业条件好,施工速度快,降低了施工综合成本,生产效率高。边坡质量符合要求,全年爆破施工无事故,取得了较好的社会效益和经济效益。

12.3　实例三

承德至秦皇岛高速公路承德段第20合同段,该工程位于承德市宽城满族自治县板城镇,爆破工程量1 200 000m^3,爆破高差最大47m,表层为亚黏土和强风化岩石,厚度为2m左右,下部为中风化和弱风化岩石。该工程于2009年10月开工,并于2010年11月完工。

在该工程施工中,汇通路桥建设集团有限公司采用了深孔爆破技术,边坡采用光面爆破一次成型,爆破后的石渣作为路基填料,粒径得到了有效保证,特别是施工进度快,得到了业主一致好评。

高填方路基填筑强夯施工工法

GGG(中企)A1002—2010

黄仁华　苑国全　雷先博　南　勇　张学飞

(中铁十局集团有限公司)

1　前言

我国属于多山国家,工程建设中采用高填方路基比较常见,但高填方路基都曾出现过因地质、地貌的不同而导致路基失稳的现象。因此,如何确保高填方路基的稳定性,成为山区高速公路修筑中必须解决的问题。

高填方路基填筑施工技术,应以控制地基处理、填挖接合部处理、路基填筑施工质量为重点,同时根据路基监测数据调整填筑速度,分阶段对路基进行强夯补强处理,加速路基的沉降速度,确保高填方路基的整体稳定性,并防止局部沉陷。

为了对高路基的施工工艺进行研究,我单位在十堰至天水高速公路 H-C14 标段项目上成立了课题组,进行科技攻关,完成了"高填方路基施工技术研究"。路基填筑中后期,中国铁科院对路基整体质量情况进行了监测,评定结果为符合设计要求。后经认真总结,形成本工法。

2　工法特点

2.1　对基底浅层软基和基底过湿土均进行换填处理。换填材料采用洁净的粗砂,为地下水和地表水在路基底部预设了良好的排水通道。

2.2　通过观测地表沉降量和地表位移情况预测沉降趋势,调整填筑速度,保证路基施工的安全和稳定。

2.3　路基每填筑 4m 高度进行强夯补强处理,提高了路基压实度和整体施工质量。

3　适用范围

本工法适用于公路、铁路工程高填方路基的填筑施工。

4　工艺原理

在路基底部设置排水粗砂垫层,可以将地下水畅通地排出路基以外。对高填方路基每填筑 4m 高度进行强夯补强处理,加快高填方路基的工后沉降,防止路基施工后整体沉陷超规。加强路基沉降和位移观测,控制施工速度和节奏,保证高填方路基整体稳定性。

5　施工工艺流程及操作要点

5.1　施工工艺流程

施工工艺流程见图 1。

5.2　工艺操作要点

5.2.1　施工准备

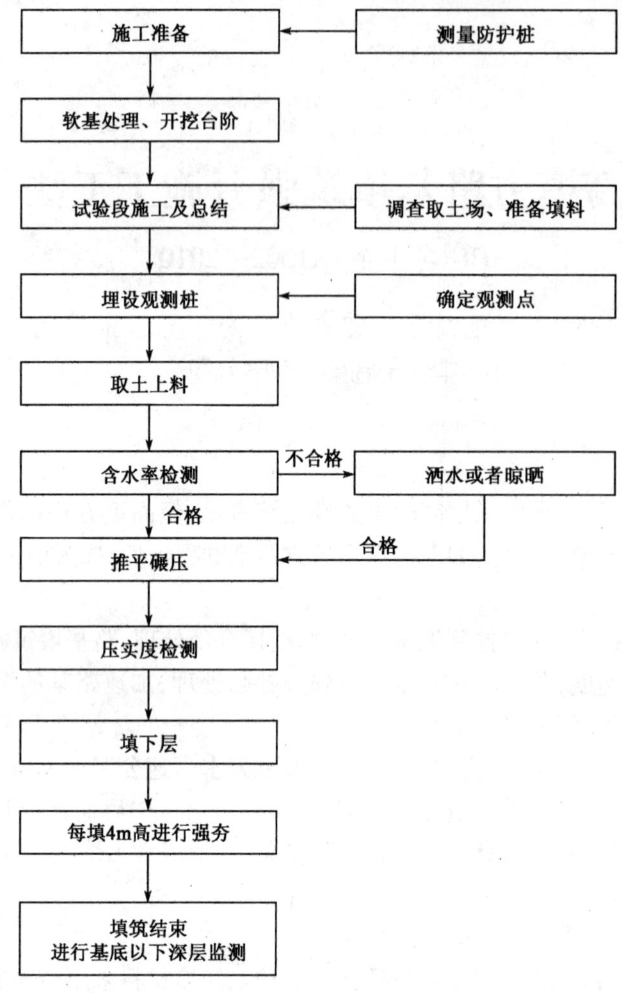

图1　施工工艺流程图

①建立测量控制网,设置两个稳定的水准点。

②测量放样定出路基坡脚桩位,清除施工范围内的树木、杂草、淤泥和腐殖土,做好原地面临时排水设施。

③调查填料来源,选择强度高,透水性强的路基填料进行试验,确定最大干密度、最佳含水率和CBR值。

5.2.2　基底处理

对于软弱地基采用换填法进行处理,换填材料采用洁净的粗砂,细度模数大于2.7,含泥量小于5%,渗透系数不小于5×10^{-3}cm/s。换填厚度以高出原地表30cm为宜。

换填施工时先用D85大型推土机和挖掘机进行表层清理,基底清理至链轨式机械在其上行走无明显的沉陷为止。换填粗砂垫层分多次进行,第一层厚度80cm,施工中用D85大型推土机进行推平和碾压,其中初压一次,排压两次。中间各层换填厚度每层控制在30~50cm,最后一层厚度控制在20cm。碾压遵循先边缘后中间,由弱振到强振。

粗砂换填压实效果检测采用测量沉降差法。粗砂换填层终压后,按线路方向布置沉降量观测点,观测点按10m一断面,每断面测3点。沉降差不大于5mm时,为合格。

5.2.3　路基填筑

(1)确定松铺系数

每20m一断面,固定线路中桩、左右侧标准点,测量标准点砂层顶高程后按30cm松铺厚度填筑路基。平地机整平后测量标准点高程,之后开始碾压。经检测压实度符合要求后再次测定标准点处高程,计算并确定松铺系数。

(2)确定碾压遍数、压实度和含水率的关系

压实度检测采用灌砂法。在振动碾压第二遍过后,每碾压一遍,现场检测一次压实度和含水率,并将检测结果及时通知路基负责人并做好记录,最终分析确定碾压遍数、压实度和含水率的关系。

(3)确定最优施工组织方案

根据试验段数据分析,确定路基填筑松铺系数、碾压设备组合、碾压遍数、碾压方案与含水率的关系、劳动力组织等施工方案。

(4)路基填筑施工

试验段施工完成后,就可以根据总结报告进行路基大面积施工。施工中如填筑材料发生比较大的变化,应重新试验并指导施工。

5.2.4 路基强夯补强处理

路基每填筑4m高度时进行强夯补强处理,以加快高填方路基的工后沉降,提高路基整体施工质量。

(1)路基强夯前的施工准备

①调查施工段路基附近建筑物和管线情况,保证强夯安全施工。

②测定中线和强夯边线,标出夯点位置。

③在有代表性的场地上进行工艺性试夯试验,通过强夯前后测试数据的对比,检验强夯效果,确定有关工艺参数。

(2)强夯施工

①强夯施工工艺流程如图2所示。

②夯击点的位置可根据基底平面形状,采用梅花形布置。夯击点间距可取夯锤直径 D 的2倍,如图3所示。

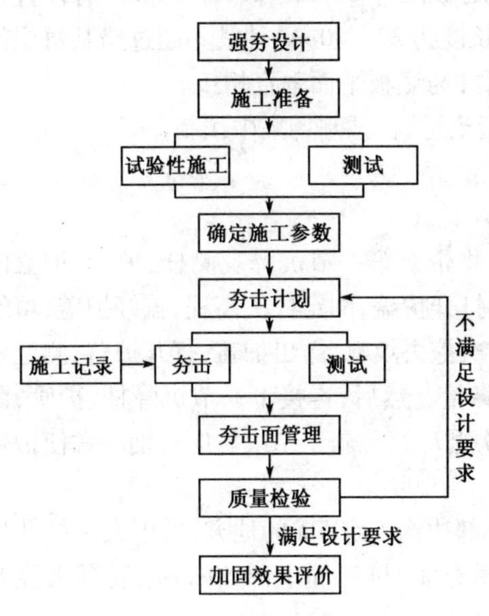

图2 强夯施工工艺流程图

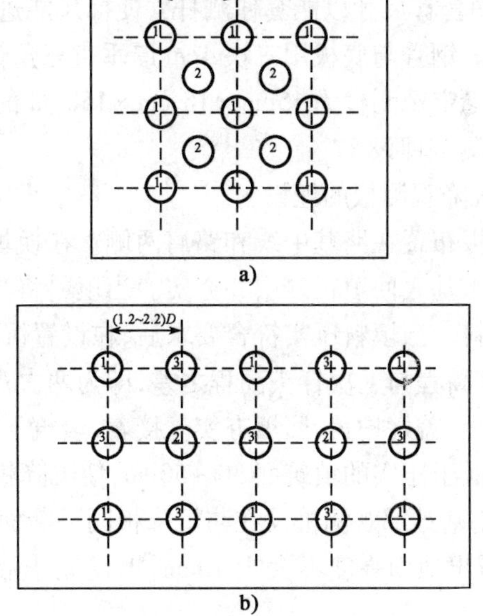

图3 强夯点平面布置示意图

a)点夯两遍平面布置示意图;b)点夯三遍平面布置示意图

1-第一遍夯击击点;2-第二遍夯击击点;3-第三遍夯击击点

(3)强夯施工

对夯击点依次夯击完成为第一遍强夯施工。夯击时,工程技术人员现场测量每次夯击前后的高程差和与原路基顶高程差,在两次夯击高程差小于5cm时,移至下一点夯击。在第一遍强夯完成后,

用推土机将场地推平,压路机碾压两遍后进行测量布置夯击点及水准测量。第二次按设计选用已夯点间隙中间,依次补点夯击为第二遍,各点的夯击次数与第一遍强夯的要求相同强夯施工按试验确定的技术参数进行,以单夯夯击能、夯击遍数和各个夯点的夯击次数为施工控制数值。图4为强夯后的效果图。

图4 强夯后的效果图

(4)注意事项

①强夯前应对起重机、滑轮组及脱钩器等全面检查,并进行试吊、试夯,一切正常方可强夯。

②起吊夯锤保持匀速,不得高空长时间停留,严禁急升猛降,防锤脱落。停止作业时,将夯锤落至地面。夯锤起吊后,臂杆和夯锤下及附近15m范围内严禁站人。

③当风力大于5级时,应停止强夯作业,以防机械倾倒。

5.2.5 高填方路基竖向沉降和横向稳定性观测

1)观测桩制作

路基沉降观测桩由沉降板、保护套管和测杆组成。钢板底板尺寸50cm×50cm×3cm,钢管直径5cm。保护套管尺寸以能套住测杆并使标尺能进入套管为宜,长度为30~40cm,使其不超过路基每层的填料厚度。钢管与底板用三块4cm厚垂直三角钢板焊接牢固,并与底板平面垂直相接。

路基稳定观测桩为15cm×15 cm×150cm的C25钢筋混凝土桩,在预制场集中预制。

2)观测桩埋设

(1)沉降观测板的埋设

沉降板布置在路基中线和路肩两侧。在换填粗砂垫层时,将带有第一节沉降观测杆、护套、护盖的底板放置于基底回填粗砂层并夯实。当填料将与测杆平齐时,打开护盖,测定杆头高程,盖好护盖,填筑下一层填料。当填料压实符合要求后,在设置沉降板的地方再次挖去填料,露出护盖,打开护盖,测定杆头高程,其高程与上次杆头高程之差,即为两次观测期间的沉降量。然后,连接下一节沉降杆、护管,测定杆头高程,盖好护盖,回填夯实。接着,填筑下一层填料,依次循环直至施工结束。应特别注意使护盖高度始终低于压实的填筑面30~50cm,使沉降板不被压坏。

(2)路基趾部观测桩设在与沉降板同一断面的路基两侧趾部边沟外缘5m的地方,采用人工挖孔埋设,桩顶露出地面高度不大于10cm,埋设完毕后将桩周围回填夯实,桩四周上部50cm用混凝土浇筑固定。

3)测桩观测

(1)沉降观测

沉降板布设完成后,施工期间每层观测一次。若持续时间长,则每10d观测一次,第2~3个月每15d观测一次,从第4个月起每30d观测一次。当施工过程中日沉降量大于10mm时,立刻停止施工。当沉降趋缓,方可继续施工。

(2)稳定性观测

观测频率与沉降观测相同，路基趾部监测，按三维控制测量标记位置，日测横向位移不应超过5mm。当路基稳定出现异常而可能失稳时，应立即停止上料填筑碾压施工，等路基恢复稳定后方可继续施工。

6 材料和设备

6.1 材料

主要材料为粗砂和透水性路基填料。

6.2 设备(表1)

主要机械设备表 表1

序　　号	材料设备名称	规 格 型 号	单　　位	数　　量	备　　注
1	挖掘机	Pc—220	台	3	
2	自卸车	东风	台	15	
3	推土机	T—160	台	3	
4	平地机	Y—180	台	2	
5	压路机	Y22	台	3	
6	洒水车	解放车	台	3	
7	强夯机	6 000kN · m	台	2	

7 质量控制

7.1 工程质量控制标准

高路基填筑施工质量控制执行严格按照《公路路基施工技术规范》(JTG F10—2006)及《公路工程质量检验评定标准》(JTG F80/1—2004)对路基填筑质量进行检验。施工采用规范标准见表2。

路基施工规范标准目录 表2

标　准　号	名　　称
JTG F10—2006	《公路路基施工技术规范》
JTG D30—2004	《公路路基设计规范》
GB/T 50145—2007	《土的工程分类标准》
YSJ 209—1992	《强夯地基技术规程》
JTG F80/1—2004	《公路工程质量检验评定标准》

7.2 施工质量保证措施

7.2.1 建立健全质量管理体系。以项目经理为质量领导小组组长、总工为质量领导副组长，配备专职质量检查工程师，负责对高填方路基施工的质量检查，把质量目标落到实处，确保工程质量。

7.2.2 施工前，应进行技术交底和培训，使每一个人都熟悉自己的岗位、职责、标准、操作和检查方法。

7.2.3 选择透水性好、洁净的粗砂为软基处理换填材料。

7.2.4 及时进行路基监测，了解路基受力及变形情况，确保路基整体稳定和安全。

8 安全措施

8.1 建立以项目经理为组长的安全管理组织机构和安全保证体系。严格遵守国家有关安全生产的法律、法规以及交通运输部颁发的有关安全生产的有关规定，杜绝从业人员死亡事故；杜绝责任特种设备、道路交通、火灾爆炸等事故;杜绝机械设备大事故和重大事故。无职工因公死亡事故,无职工重伤事故。

8.2 安全培训。施工前,应进行安全交底和培训,使每一个人都熟悉自己的岗位、职责、标准、操作和检查方法。

9 环保措施

9.1 成立环境保护领导小组,认真贯彻国家关于水土保持的法规,加强对全体施工人员水土保持意识的教育和管理,提高环境保护意识,积极主动地参与环保工作。

9.2 严格按照设计施工,禁止随意弃渣。

9.3 严格履行对施工环境保护方面的承诺,任何时间都接受建设单位、监理单位及地方政府环保机构工作人员的检查,执行其对环保工作的要求。

9.4 防止噪声污染、粉尘污染,施工现场严格遵守有关规定和要求进行。

9.5 在安排、检查和总结生产任务时,要同时对有关的环境保护内容进行安排、检查和总结。制订生产岗位责任制时,要有防止污染的要求,要加强原料、产品和设备的管理,严防跑、冒、滴、漏,杜绝资源、能源的流失和浪费。

9.6 降低消耗定额,提高原料、材料、燃料及水的利用率。把环境保护控制指标与经济结合起来,列入奖励制度,把环境保护指标与工班组、个人的经济利益联系起来。

10 资源节约

10.1 坚持“资源节约,环境友好”的理念,坚持科技创新打造高速公路传统产业,积极倡导、研究和推广应用节能减排的新理念、新技术、新工艺。

10.2 科学组织施工、合理安排各道工序,加快施工进度,最大限度地节约企业和社会资源。

10.3 临时用地机械设备停放场地优化选址,租用地方场所,尽量减少征地。

10.4 引入循环经济理念,将挖方弃渣作为高填方路基施工填料。

10.5 在施工中应对清表的腐殖土存储利用,施工完成后利用存储的腐殖土对取弃土场复耕复垦,节约黏土资源。

10.6 合理配置各种机械设备,并保证设备始终处于良好状态。

11 效益分析

11.1 经济效益

根据施工合同,路基工程(包括工后沉降期)合同工期为549d。路基基底软基处理于2009年3月开始,2009年4月中旬完成,2009年10月完成了路基填筑,11月完成了路基整体稳定性监测和交工验收,总历时227d,比合同工期提前322d,为企业创造了巨大的经济效益,也为后来完成2010年建成通车的目标创造了良好的条件。

11.2 社会效益

十堰至天水高速公路是国家高速公路网规划中的一条横向联络线,是构建陕西省“承东启西,连接南北,覆盖全省,通达四邻”高速公路网的重要组成部分。高路基填筑施工技术研究有力地加快了高填方路基施工进度,使工程比原定工期提前一年,赢得了建设单位和监理单位的一致好评。

12 应用实例

12.1 十堰至天水高速公路H-C14工程位于城固县境内,地形山体连绵起伏,多呈浑圆状,山间多为V字形谷地,存在较多的高填方路基,其中K298+320~K298+470段高填方路基最高填方达23m。2009年4月应用该工法后,工程施工取得了良好的效果,保证了施工质量,大大加快了施工进度,获得了好的社会和经济效益。

12.2 十堰至天水联络线(G7011)陕西境汉中至略阳段H-C24于2009年5月20日开工,工程存在多处高填方路基。采用该工法施工后,高路基施工正常开展,压实度检测均合格,从工期、质量上取得了圆满成功。图5为路基顶层水泥改良土施工。

图5 路基顶层水泥改良土施工

低液限粉土路基施工工法

GGG(鲁)A1003—2010

潘相庆　徐广伟　刘执圣　刘树林　黄　良
(科达集团股份有限公司　成都建筑工程集团有限公司)

1　前言

粉土广布的黄河冲淤积平原区遍布在山东、安徽、河南、江苏、河北等省区,尤其是在山东,黄河冲淤积粉土地质现象遍布菏泽、济宁、德州、滨州、济南、淄博和潍坊等地区,覆盖面积达52 100km^2,约占山东省总面积的34%。由于黄河冲淤积平原粉粉土有其自身的特殊性:粉粒含量高,颗粒较均匀,黏粒含量极低,一般不足总量的10%;孔隙率高,压缩性较大;毛细管发达,毛细作用剧烈;颗粒形态上,颗粒磨圆度较高,压实困难。其工程特性表现为:难以压实,具有冻敏性,结合料稳定土的强度低,地基的固结沉降大。因此,在黄河冲淤积平原区的道路路基施工中,如何解决粉土路基的压实方法,形成适宜的施工工艺,成为该区域特殊地质条件下公路建设施工的关键。

我公司与山东大学联合开展了"低液限粉土路基加固及压实技术"的科研攻关,课题研究成果已通过专家委员会鉴定,专家们一致认为课题具有创新性,总体达到国际先进水平。课题还获得一项国家实用新型专利:一种新型低液限粉土路基(200920225089.6)。科研成果已在多条高速公路建设中得到成功应用,经认真总结开发形成了"低液限粉土路基施工工法"。

2　工法特点

2.1　本工法的运用,解决了粉土压实困难的技术难题。

2.2　采用不同的碾压组合工艺,可适用于不同的气候环境与工程条件。

2.3　施工操作方便、灵活,保证了工程质量与施工进度。

2.4　采用碾压工艺,工艺简单,消耗压实功少,节省油耗与碾压时间。

2.5　在施工用水困难的路段或雨后路基的施工中,采用本工法的施工技术,解决了缺水或过湿粉土的碾压问题。

3　适用范围

适用于广大黄河冲淤积平原地区各等级公路粉土路基的施工。

4　工艺原理

4.1　黄河冲淤积粉土具有明显的频率响应特性,通过使激振频率接近黄河冲淤积粉土的自振频率,以及变频变幅、变频强振的方法,压实、压密黄河冲淤积粉性土。对黄河冲淤积低液限粉土,当振动压实静压力大于20kPa、小于33 kPa时,振幅在1.5~2.2mm,振动频率在28~35Hz,可获得较高的干密度。粉砂含量越高,振幅与频率要求越高。细粉粒与黏粒含量越高,振幅与频率要求越低。

4.2　静压—强振—静压的碾压组合工艺下,强振时强大的振动冲击力克服了粉土颗粒间作用力及水的作用,使水分下移,迫使颗粒处于最紧密的排列嵌挤。此时,激振力是控制压实的关键因素。

4.3 静压—强振—弱振—静压(变幅)的碾压组合工艺下,强振迫使颗粒移位嵌挤,弱振迫使不稳定的颗粒移动到更稳定的位置上,使其排列结构更加趋于稳定,使黄河冲淤积粉土在含水率较宽的范围内压实。

4.4 在静压—高频弱振—静压的组合工艺下,粉土最佳含水率状态恰是处于湿润状态。此时具有砂土的性质,孔隙水仅存在于土粒接触点周围,彼此是不连续的,高频的动能可促使滑润的粉粒移动排列,起到压实压密的作用。

5 施工工艺流程及操作要点

5.1 工艺流程(图1)

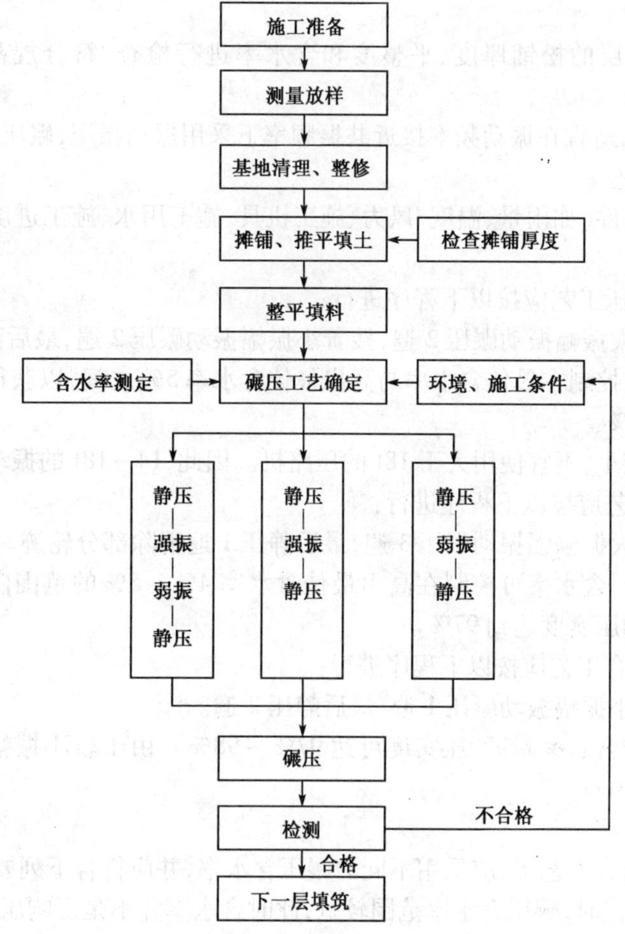

图1 路基填筑施工流程图

5.2 施工操作要点

5.2.1 施工准备

(1)测量放样

根据路基设计表,采用复核后的导线点、水准点,定出路基边桩、路堤坡脚桩、中桩、1/4断面桩的具体位置(每20m一个断面,每断面测5点),并根据现场地形设置易于保护的路线控制桩。

(2)清除表土

根据确定的路基宽度,清除路基范围内的杂草、树根及表土,清理深度根据种植土厚度确定。如原地面有坑洞,应分层回填,进行碾压处理。场地清理标准应符合《公路路基施工技术规范》(JTG F10－2006)的要求。清理的杂物运至指定弃土点。

(3)平整施工段落

场地清理完成并报请监理工程师认可后,进行基准面找平。基准面找平先采用推土机粗平,然后采用平地机进行精平,最后用压路机碾压至规定的压实度标准。

(4)地基处理

路基填筑前应进行地基检测,如地基不符合设计要求时,进行冲击碾压或其他基地软化处理(如换填、灰土处理、桩加固等),压实度要达到93%以上。

5.2.2 填料摊铺及整平

(1)摊铺宜由装载机、推土机和平地机联合完成。从路基最低处开始,采用水平分层法摊铺,松铺层的厚度通过试验路段确定。一般压实厚度为20~25cm,不应超过30cm。

(2)填料整平可采用推土机进行初平,然后再用平地机进行整平。

5.2.3 碾压

(1)碾压前应对填土层的松铺厚度、平整度和含水率进行检查,符合规范或设计要求方可进行碾压。

(2)鉴于粉土的特性,适宜在振动频率接近共振频率下采用振动碾压,碾压时由中间向两边碾压。

5.2.4 碾压组合工艺

应根据不同的工程条件(如雨量、温度、风力、施工机具、施工用水、施工进度等)选用以下三种碾压组合工艺。

(1)变频变幅组合碾压工艺应按以下程序进行:

①先静压1遍,然后大振幅振动碾压2遍,接着小振幅振动碾压2遍,最后静压1遍。

②碾压含水率范围应控制在最佳含水率与高出最佳含水率5%之间,以获得最密实的压实效果,使粉性土的压实度达到100%。

③因粉土黏聚力比较小,不宜使用大于18t的压路机。因此,14~18t的振动压路机是合适的。

(2)强振碾压组合工艺应按以下程序进行:

①先静压1遍,然后大振幅强振动碾压3遍,最后静压1遍消除部分轮迹。

②此种碾压工艺组合,含水率可控制在高出最佳含水率4%~5%的范围内,接近共振频率的强振压实工艺组合能使粉土的压实度达到97%。

(3)高频弱振碾压组合工艺应按以下程序进行:

①先静压1遍,然后小振幅振动碾压1遍,最后静压2遍。

②含水率应位于最佳含水率附近,压实度可达97%~98%。由于较小振幅的能量传递深度有限,填筑厚度宜控制在20~23cm。

5.2.5 碾压含水率

不同的振幅与碾压组合工艺下,应采用不同的碾压含水率,并应符合下列要求:

(1)使用强振组合工艺时,碾压含水率范围较宽,此时含水率并不是影响压实的关键因素;

(2)使用弱振的组合工艺时,碾压含水率应控制在最佳含水率附近,此时含水率是控制压实的关键因素。

5.2.6 压实度检测

应采用灌砂法检测各层的压实度,压实度标准应达到《公路路基设计规范》(JTG D30—2004)和《公路路基施工技术规范》(JTG F10—2006)要求。

5.3 劳动力组织(表1)

现场施工劳动力组织 表1

序号	工种	所需人数(人)	作业内容
1	管理人员	4	施工组织与协调管理
2	技术人员	3	技术交底、指导及各项施工记录

续上表

序　号	工　种	所需人数(人)	作业内容
3	质检员	2	施工过程监控、工程质量检验
4	测量工	3	测量放样
5	试验工	2	试验检测
6	安全调度员	1	机械设备的调配
7	机械操作员	10	摊铺、整平、碾压
8	汽车驾驶员	16	填料运输、洒水
9	杂工	5	辅助
	合计	46	

6　材料与设备

6.1　材料

土塑性指数为3.7,液限27.6%,CBR值为9.3%。

6.2　设备(表2)

设备仪器配置表　　表2

序　号	名　称	型　号	数　量	性　能	备　注
1	挖掘机	小松 PC80—7	2台	良好	
2	自卸汽车	12t及以上	15辆	良好	
3	推土机	DL210G	2台	良好	
4	装载机	ZL50	2台	良好	
5	自动平地机	185	2台	良好	
6	振动压路机	YZ18JC	2台	良好	
7	静碾压路机	3Y18/21	2台	良好	
8	洒水车	10 000L	2辆	良好	
9	灌砂仪	TGX047	2套	良好	
10	电子天平	ES—10K—4TS	2台	良好	
11	全站仪		1套	良好	
12	水准仪		1套	良好	
13	钢尺		2把	良好	

7　质量控制

7.1　质量标准与技术要求

本工法在工程施工中应遵循的质量标准与技术要求有:

(1)《公路工程质量检验评定标准》(JTG F80/1—2004);

(2)《公路路基施工技术规范》(JTG F10—2006);

(3)《公路工程技术标准》(JTG B01—2003);

(4)《公路土工试验规程》(JTG E40—2007)。

7.2　质量保证措施

路基施工中质量控制的重要指标是压实度,而影响压实度的关键因素是含水率与压实工艺。因而,对于不同含水率的粉土,在工程质量进度及成本控制的要求下选择适宜的压实组合工艺是关键的质量保证措施。

7.2.1 含水率的控制与检测

粉土的含水率是影响压实质量的主要因素,施工中要及时检测粉土的含水率。含水率的测定采用酒精燃烧法。根据实测的含水率与确定的最佳含水率来选择适宜的压实组合工艺。含水率一般控制在最佳含水率与高出最佳含水率5%的范围内。

7.2.2 摊铺厚度的控制与检测

要严格控制压实厚度,一般为20~25cm。摊铺厚度根据试验路段确定的松铺系数确定。摊铺厚度可采用钢钎插入检测或由高程控制。

7.2.3 压实组合工艺

(1)首推变幅碾压工艺:先静压1遍,然后大振幅振动碾压2遍,接着小振幅振动碾压2遍,最后静压1遍。碾压含水率范围在最佳含水率与高出最佳含水率4%之间,采用静重18t振动压路机,强振振幅为1.5~2.0mm,弱振振幅为1.0~1.5mm,振动频率为25~30Hz。

(2)次推强振碾压组合工艺:先静压1遍,然后大振幅强振动碾压3遍,最后静压1遍消除部分轮迹。碾压含水率可控制在高出最佳含水率4%~5%的范围内,强振的振幅为1.5~2.0mm,振动频率为25~30Hz。

(3)最后推荐高频弱振碾压组合工艺:先静压1遍,然后小振幅振动碾压1遍,最后静压2遍,此工艺要求含水率位于最佳含水率附近。采用14~18t的振动压路机,弱振振幅为1.0~1.5mm,振动频率为30~36Hz。

7.2.4 技术交底

工程科向各施工队长进行技术交底,施工队长向各工种工人进行分类技术交底,使各工种工人明确职责和技术要求,加强全员质量意识,努力把好质量关。

7.2.5 组织措施

(1)对施工中的各个环节认真检查,落实工程交换和质量互检制度。上道工序不符合质量要求的,接班方有权拒绝接收,并由原施工队进行返修、纠正,直到达到质量要求。

(2)接收方认为上班合格的则由双方施工队长在对方施工日志中相关栏签字确认。

8 安全措施

8.1 本工法应遵照的国家有关法律、标准、技术规程:

(1)《中华人民共和国安全生产法》;

(2)《公路工程施工安全技术规程》(JTJ 076—95);

(3)《公路项目安全性评价指南》(JTG/T B05—2004)。

8.2 严格按施工工艺、施工操作规程、施工组织设计有关安全条款进行施工。

8.3 健全工地的施工安全规章制度,做好上岗前职工安全施工培训工作,保证有关人员持证上岗。

8.4 经常进行现场安全检查,发现安全生产的隐患及时整改。

8.5 施工现场应设置明显的警示标志,严禁无关人员进入施工现场。

8.6 凡是运料汽车通过的交叉路口,均应派专人把守和指挥,避免交通事故。

8.7 所有施工人员必须按照规定佩带安全防护用品。

8.8 在高温天气施工时,施工现场应采取防暑降温措施,配备充足的饮料药品。

8.9 摊铺和碾压现场要有专人指挥运料车倒料、推土机、平地机与压路机作业,防止各种车辆与机具互相碰撞以及碰伤工作人员。

9 环保措施

9.1 施工过程中严格遵守国家和地方政府颁发的有关环境保护的法律、法规和规章制度。

9.2 施工前应对施工沿线的居民生活场所进行调查,避免在居民休息时间施工。

9.3 车辆开出工地要做到不带泥沙,基本做到不撒土、不扬尘,减少对周围环境的污染。

9.4 施工取土应不占或少占良田,尽量利用荒坡、荒地,取土深度应结合地下水等因素考虑。

9.5 取土造成的裸露面应采取整治或防护措施。

9.6 工地茶炉应尽量采用电热水器。若只能使用烧煤茶炉和锅炉时,应选用消烟除尘型茶炉和锅炉,大灶应选用消烟节能回风炉灶,使烟尘降至允许排放范围为止。

9.7 路基清表处理时,不宜采用焚烧的方法。

9.8 保持施工区域和生活区域的环境卫生,及时清理垃圾,并运至指定地点进行处理。

10 效益分析

10.1 在施工用水缺水的路段或雨后采用变幅的碾压工艺,即静压—强振—弱振—静压,解决了缺水或过湿粉性土的碾压问题,节省了洒水或翻晒的费用,缩短了工期。

10.2 在气候环境与工程条件正常的情况下,采用推荐的静压—弱振—静压的工艺(接近共振频率、控制在最佳含水率附近碾压),工艺科学,操作简单,消耗压实功少,节省了油耗与碾压时间,加快了施工进度。

10.3 本工法针对广大黄河冲淤积平原区低液限粉土,提出了路基压实技术与施工工艺,不仅解决了粉性土碾压的技术难题,提高了施工效率,加快了项目的工程进度,使施工成本有所降低,而且对运营期的路基路面病害控制起到了重要作用,延长了道路的使用寿命,减少了养护与维修费用。

11 应用实例

11.1 荣乌高速新河(青潍界)至辛庄子高速公路

(1)工程概况

新河(青潍界)至辛庄子高速公路是国家重点公路荣成至乌海线的重要组成部分。该公路东起青岛、潍坊交界处胶莱河东岸,西至东营市广饶县辛庄子东北与天津至汕尾线在东营至青州高速公路联结,路线经过的地区为黄河冲积平原及滨海洼地途经潍坊、东营三市的4个县(市、区)。

(2)工程量

新河(青潍界)至辛庄子高速公路全长99.35km,全线共分为十一个合同段。我公司施工的为第十合同段,起讫桩号为K84+200~K93+980,合同段内主线长9.78km。本合同段内主要构造物有大桥2座,中桥1座,小桥2座,涵洞11道,互通立交1处,通道11道,天桥1座,服务区1处。

(3)经济效益

在该工程中成功的采用了变频变幅的碾压工艺,节约生产投入达200万元,提前工期50d。

(4)应用效果

变频变幅的碾压工艺,改善了粉土路基压实的工艺,节省了油耗与碾压时间,缩短了工期,提高了路基的压实效率,降低了压实困难,改善了压实质量,提高了强度,保障了稳定性,延长了使用寿命,节约了工程的养护和维修费用。

11.2 河北沿海高速

(1)工程概况

沿海高速公路沧州歧口至海丰段位于河北省沧州市东部渤海湾的顶部,属于滨海平原区,路线总体走向西北东南,起于黄骅市岐口村西,终于海兴县海丰村北。该项目的建设对实现黄骅港向北与天津港、曹妃甸港、秦皇岛港和向南与青岛港、连云港的快速联结意义重大。

(2)工程量

起讫桩号K50+550~K57+000,全长6.45km。土质结构为黏土、软土、粉质土、粉细砂、软土、粉土,第四层为砂性土。

(3)经济效益

该工程的土方总量为146万m^3,使用该工法节约了46万元的投入,缩短了27个工作日。

(4)应用效果

该工程成功应用了变频变幅的碾压工艺,达到了预期的效果,既保证了工程质量,又缩短了工程施工时间,应该大力推广。

11.3 东青高速

(1)工程概况

东青高速公路北起胜利黄河大桥南接线,在东营市垦利县五一村与青青路线联结,途径东营市东西城之间、广饶县大王镇,南至潍坊市青州城北于家庄处与济青高速公路相联结。路线全长89km,设计行车时速100km,路基宽度24.5m,按平原微丘区双向四车道高速公路标准建设,全封闭、全立交。

(2)工程量

该工程在七合同段中使用,共计完成土方填筑1 207万m^3。

(3)经济效益

在该工程中成功的采用了变频变幅的碾压工艺,即静压—强振—弱振—静压的碾压工艺组合,节约了120万元的成本,工期提前了38d。

(4)应用效果

该工艺的使用成功地解决了黄泛区路基填筑的难题,对于施工类似工程有很好的指导意义。

沙漠公路路基填筑及防护施工工法

GGG(中企)A1004—2010

库崇锋 朱传敬 巩崇坤 张 伟
(长庆石油勘探局筑路工程总公司)

1 前言

1.1 工法形成的背景

1990年,为了适应塔里木油气勘探形势发展的需要,中国石油天然气总公司决定在沙漠腹地修筑一条承载石油勘探物资的沙漠公路。长庆石油勘探局筑路工程总公司作为沙漠公路建设的主要施工单位,先后参与了塔里木沙漠公路先导性试验、工业性试验、工业性应用及工业化推广等阶段的研究和施工任务,总结形成了强基薄面、沙基振动干压实和芦苇秆防沙等一系列重大科技成果,为沙漠公路顺利建设提供了技术支持。1995年10月4日,全长522km的塔克拉玛干沙漠公路南北贯通,它的建成不仅填补了世界上在流动性强、颗粒细沙漠中修建长距离等级公路的空白,而且标志着世界第一条最长的贯穿流动性大沙漠并带有防沙体系的沙漠公路诞生了。1995年,该项目获得国家十大科技成就奖;1996年,该项目获国家科技进步一等奖;1999年,塔里木沙漠等级公路获得了吉尼斯世界纪录证书。

2000~2009年,长庆石油勘探局筑路工程总公司先后完成了我国第二条沙漠公路——塔且沙漠公路(117km)、塔中1号沙漠公路(76km)、和田沙漠公路(128km)及其他石油勘探区块各种等级沙漠公路523km。施工中通过不断实践、总结和完善,并对原工法——《沙漠公路沙基施工工法》(工法编号YJG F12—98)进行了重新开发和创新,增加了土工布、底基层及防沙工程施工工艺,形成了比较全面系统的沙漠公路施工技术,特别是对施工管理、质量控制等方面进行了较大的补充,极大地提高了该技术的适用性和可操作性。目前,该技术在我国沙漠公路建设方面得到了全面推广应用,产生了很高的经济和社会效益。

1.2 沙漠公路结构及断面设计情况

1.2.1 沙漠公路工程主要由路基工程、路面工程和防沙工程组成(图1)。

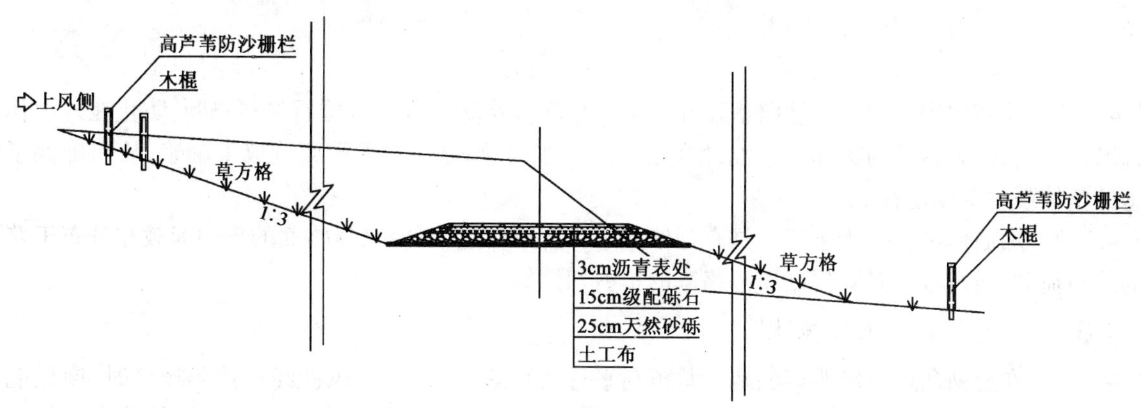

图1 沙漠公路横断面及结构示意图

(1)路基工程:主要由风积沙推筑、碾压而成,其中沙路基顶面要采用振动压路机振动碾压。

(2)路面工程:一般由土工布处理层、250mm 天然砂砾石底基层、150mm 级配砾石基层和 30mm 沥青表面处治层组成。

(3)防沙工程:主要由芦苇草方格沙障和高芦苇阻沙栅栏组成,一般在沙路基上风侧设置 120m 宽的草方格固沙带和 2 道阻沙栅栏;下风侧设置 40m 宽的草方格固沙带和 1 道阻沙栅栏。阻沙栅栏一般设在草方格固沙带外侧 15m 处。

1.2.2 沙漠地区干旱少雨,设计时一般不考虑排水系统。

2 工法特点

2.1 针对沙漠地区自然环境恶劣、风沙暴活动频繁、沙基受风蚀危害严重的特点,各施工工序组织要衔接紧密,科学合理,特别是路面底基层要视沙基施工成型情况紧随其后快速施工,防沙工程应与路面底基层同步进行。

2.2 沙漠腹地气候干燥、缺水、昼夜温差大,路基稳定性受水害影响较小,所以沙基施工不控制含水率,采用振动干压实改变沙粒结构而达到最佳密实度。

2.3 因沙基不能自然形成板体,沿路基纵向全幅铺设土工布,以使底基层砂砾料和沙基隔离形成稳固的板体。

2.4 强基薄面结构成功应用,大大减少了路面结构材料,减低了工程造价,加快了工程进度。

2.5 远阻近固的综合防沙体系,提高了公路的使用寿命和运营质量。

2.6 采用机械化作业,速度快、质量好,并大大降低了工人的劳动强度,平均每月可修筑 15 ~ 20km,经济效益非常显著。

2.7 在施工时不修建便道,对环境影响相对较小,有利于植被生长,对保护环境具有较好的现实意义。

3 适用范围

3.1 本工法适用于二级及以下等级沙漠公路工程的施工。

3.2 本工法适用于气候干燥、昼夜温差大、缺水的流动性沙漠地区施工。

3.3 本工法适用于不宜修建施工便道,只能从一个作业面沿路线逐步向前推进的方式组织施工。

4 工艺原理

4.1 沙基干压实技术

通过振动碾压,使天然沙粒重新排列,小颗粒进入大颗粒的空隙,形成最佳排列结构而达到最大干重度。

4.2 土工布隔离、加筋技术

4.2.1 隔离作用。铺设于沙路基顶部的土工布将沙路基与路面砂砾石材料隔断,防止在外力作用下,砂砾石材料浸入沙基与其相互掺混,使路面底基层以上部分失去平衡而造成干翻浆,从而确保了沙路基的整体强度与稳定性。

4.2.2 加筋作用。由于土工布具有延伸率小和抗拉特点,可使来自路面的集中荷载和分布于路基上的均布荷载不致拉断布体,提高了沙路基的抗剪切性能。

4.3 远阻近固的防沙技术

4.3.1 在公路两边一定距离的地方栽植与平行公路的芦苇栅栏,风沙经过芦苇栅栏时,栅栏能改变风沙的流场结构及湍流状况,降低栅栏后一定范围内的风速。风速的降低可以使大量携带沙在离公路较远的地方沉积,从而达到远阻沙粒的目的。

4.3.2　在芦苇栅栏与公路间隔地段栽植草方格形成沙障带。草方格沙障带能增大地面粗糙度，削弱近地面层风速，使之无力携走疏松的沙粒，从而达到抑制风蚀、固定流沙的目的。

5　施工工艺流程及操作要点

5.1　施工工艺总流程

沙漠公路工程施工总工艺流程如图2所示。

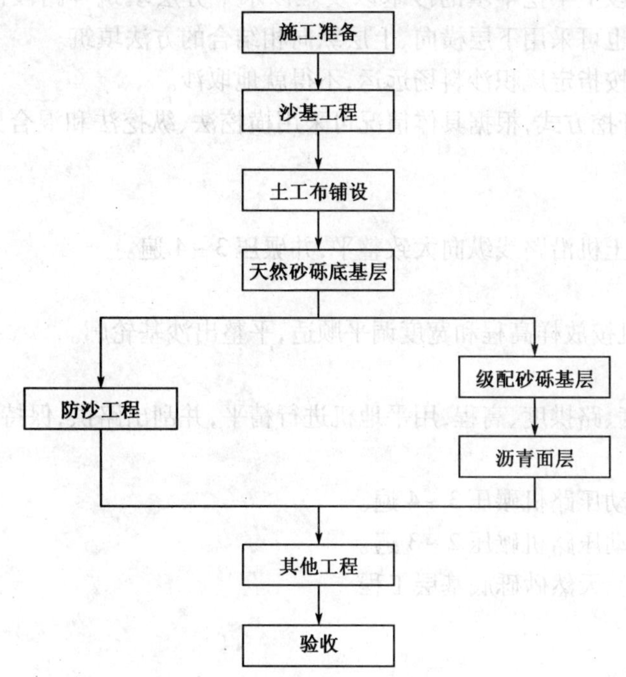

图2　沙漠公路工程施工总工艺流程图

5.2　操作要点

5.2.1　沙基工程

1)施工工艺流程

施工工艺流程见图3。

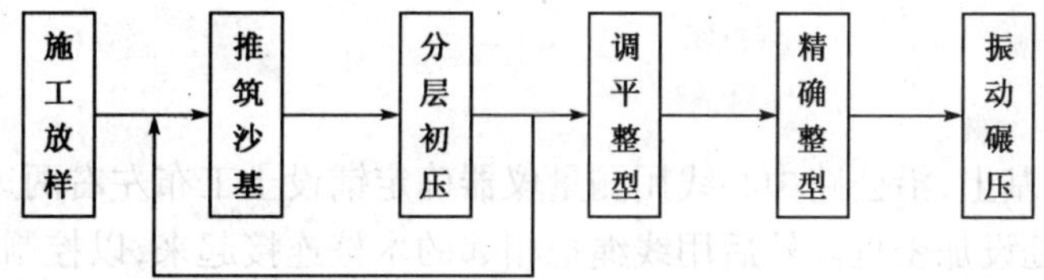

图3　沙基施工工艺流程图

2)施工工艺

(1)施工放样

沙漠地区由风沙活动频率，勘察设计布设的线路控制桩、水准桩易被风沙淹埋或风蚀移位、倾斜，个别桩还会丢失。沙基施工前，应依据设计文件在施工现场恢复路线主要控制点(包括交点、转点、平曲线和缓和曲线的起止点)。对主要控制点，应视地形条件，采用有效的固定方法，如延长切线法或交汇法。中线恢复测定后，应复核工程沿线水准点，其高程应符合测量精度要求，并重新测量路线地面高程，依据施工图提供的沙基设计高程，计算出实际施工时每一断面填挖值。然后，根据复核后的路线控制点用经纬仪定出沙基边线和开挖边线，沿沙基两侧边线和开挖线每20～40m插上系一红布条的竹竿，红布系在填挖高度位置，以利机械施工作业。在路堤放样时，应增加路基填方沉降量值，其值按填方高度的2.5%~3%计。

(2) 推筑沙基

①路堤填筑。路堤填筑分为水平分层填筑和竖向填筑两种方法。

水平分层填筑是指按沙基放样宽度,每层填筑厚度约0.8m,用机械按路堤横断面全宽一次填筑成型。分层填筑有利于压实,施工质量有保证,应尽量采用这种方法。

竖向填筑是指沿纵向逐步向前深填,这是在特定的条件下,局部路段采用的方法,如路线跨越深谷,地面沙丘高差大,陡坡路段上半挖半填的沙基以及难以水平分层填筑等路段沙基,可采用纵向填筑方法。对于一些特殊路段,也可采用下层横向、上层纵向相结合的方法填筑。

对于有植被路段,应按指定风积沙料场远运,不得就地取沙。

②路堑开挖。路堑开挖方式,根据具体情况可采用横挖法、纵挖法和混合开挖方法,弃土应推至下风侧低洼处。

(3)分层初压

每推筑一层后,用推土机沿路线纵向大致整平,并碾压3~4遍。

(4)调平整型

采用铲运机或平路机按放样高程和宽度调平顺适,平整出沙基轮廓。

(5)精平

根据施工图设计宽度、路拱度、高程,用平地机进行精平,并刮出路拱,保持表面平整。

(6)振动干碾压

①填方地段:采用振动压路机碾压3~4遍。

②挖方地段:采用振动压路机碾压2~3遍。

5.2.2 土工布铺设及天然砂砾底基层工程

1)施工工艺流程

施工工艺流程见图4。

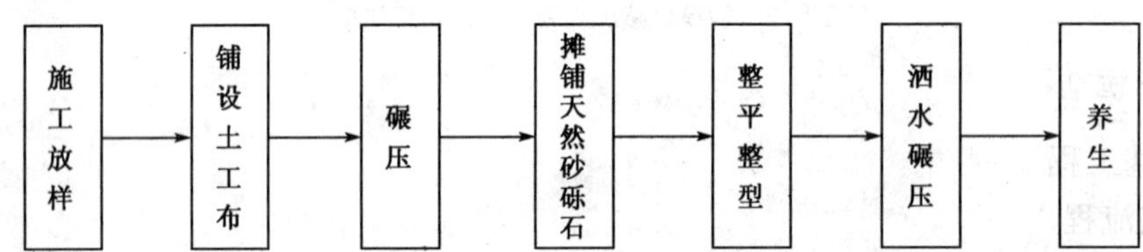

图4 土工布铺设及天然砂砾底基层施工工艺流程图

2)施工工艺

(1)施工放样

在压实成型的沙路基上,沿公路中心线用测量仪器确定铺设土工布左右两边的控制线,并每隔40m分别打一木桩,在弯道处设加密桩。然后用线绳把相邻的木桩连接起来,以控制土工布的铺设宽度。

(2)铺设土工布

沿路线纵向由人工或机械(如压路机)牵引,将每卷土工布展铺在沙路基上,展铺时应拉紧铺平,尽量减少皱褶。为防止被风掀起,可在边缘及其搭接处撒少许风积沙或天然砂砾石压住,土工布展铺后严禁非作业车辆、设备在其上行驶。相邻两幅土工布的接头,横向搭接宽度不少于0.3m,纵向搭接长度不少于0.5m。搭接应用细铁丝或延伸率较小的尼龙绳呈“之”形穿绑,或采用其他有效方法连接,连接处强度应不低于土工布的自身强度。

(3)振动碾压

土工布展铺好后,用振动压路机低速振动碾压一遍,使土工布与沙基结合紧密,增强沙基表层密实度。

(4)摊铺砂砾石

用重型自卸汽车将砂砾石料运到作业面起点，运料车在起点前掉头，再倒车行至作业面起点，设专人指挥料车采取两幅平等卸料，将砂砾料直接倾卸倒土工布上。卸料后，应及时用装载机将砂砾料均匀的摊铺在土工布上，摊铺操作时应小心谨慎，防止损坏土工布。如土工布出现破损时，应采用其面积大于破损面边长200mm的方形土工布片铺于破坏面下部，并用适当有效的方法连接，使其成为整体。砂砾垫层摊铺宽度按"设计值 +2 ×200mm"控制。摊铺高程用水准仪进行控制，并随时检查摊铺厚度，大面积厚度不足部分可让运料车补铺一层。

(5)整平整型

砂砾石料摊铺达到设计宽度后，按照设计高程标志，用平路机进行粗平整型。粗平过程中，必须严格控制摊铺厚度。粗平完成后，水准测量人员按照设计高程放出左、中、右三个高程标志，平路机手再依据该高程标志进行精平，直至满足规范要求。同时，人工配属拣除个别超粒径砾石。平整后底基层砂砾料要均匀、无明显离析现象。对于出现的粗细料集中现象，可采用人工拌和处理，并随时检查宽度、厚度及横坡度，直到满足设计要求。

平整路边时，应将平路机铲刀向内倾斜，以免多余砂砾料刮到土工布以外的沙基中造成浪费。

(6)洒水碾压

整平整型后，用洒水车在砂砾层上洒水，洒水要均匀。洒水最好紧跟粗平进行，以便水提前渗透到砂砾石料中，等到精平完后，就可以开始碾压。洒水闷料时，集料含水率要稍高于最佳含水率，以补偿施工环节中水分损耗。当含水率满足碾压要求后，立即用12t以上的三轮压路机和胎压路机进行碾压。直线和不设超高的平曲线段，由两侧路肩开始向路中心碾压。在设超高的平曲线段，则由内侧路肩向外侧路肩进行碾压。碾压时，后轮应重叠1/2轮宽，后轮压完底基层全宽时，即为一遍。碾压一直进行到要求的压实度为止，一般需碾6~8遍，应使表面无明显轮迹。压路机的碾压速度一般为2~2.5km/h，两侧应多压2~3遍。

(7)养生

碾压并经现场自检合格后，向监理工程师提交质检资料，由监理工程师现场抽检，并用洒水车进行保湿养生。养生时，保持表面湿润即可，并尽快组织下道工序施工。

5.2.3 防沙工程

1)施工工艺流程

施工工艺流程见图5。

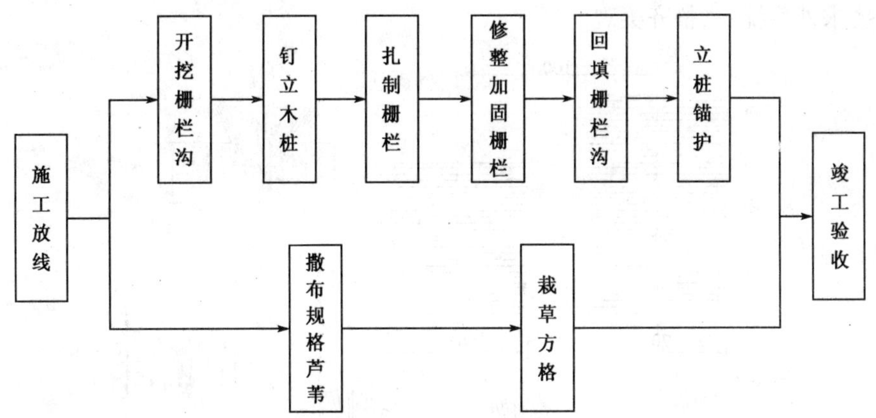

图5 防沙工程施工流程图

2)施工工艺

(1)芦苇阻沙栅栏施工工艺

①根据设计位置及沙丘地势，测量放线，确定芦苇栅栏布设位置。

②沿布设位置线，挖0.2m深的沟。

③根据设计间距布设并钉入立桩,立桩要线形直顺,结实稳固,立桩宽面应平行栅栏走向,楔入深度为0.5~0.6m。

④桩间绑引铁丝,铁丝绑在距桩顶100mm处,并沿牵引铁丝竖向扎制芦苇栅栏。

⑤栅栏面扎制成形后,用直径约50mm的芦苇束夹条,在栅栏两侧沿牵引铁丝绑扎夹紧栅栏面,芦苇束夹条接头处芦苇应交错搭接。

⑥栅栏面修整好后,再用18号铁丝每隔0.2~0.4m进行一次扎紧固定,使栅栏与木桩绑扎形成一个统一整体。

⑦回填栅栏沟,并用脚踏实,确保下部牢固。

⑧木桩锚护:在立桩两侧钉立加固短木桩(长度为0.3~0.4m),用铁丝的一头拴住立桩,另一头拴在加固短木桩上,与栅栏呈45°角,拉直铁丝埋入沙中0.3m,起到加固作用(图6)。

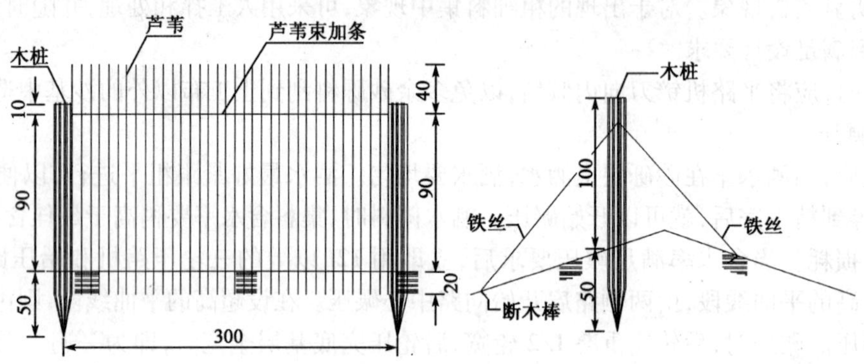

图6 芦苇栅栏构造示意图(尺寸单位:cm)

(2)芦苇草方格沙障施工工艺

①施工放样:用间距(按设计要求)统一的木杷在事先规划好的沙丘上画线,形成间距相等、印迹明显的纵、横沙线条。

②依据设计要求,将芦苇秆裁切成统一长度的芦苇秆段。按设计用量,垂直沙线均匀整体摆放,并使芦苇秆段中点置于沙线上。

③人工用平头铁锨沿线用力将芦苇中部对折插进沙中,一般插深0.15m,并使秆的两端翘起,直立在沙面上,露出地面的高度约0.2m。再用工具拥沙埋掩草方格沙障的根基部,使之牢固(图7)。扎成的芦苇草方格要求外型统一、整齐美观。

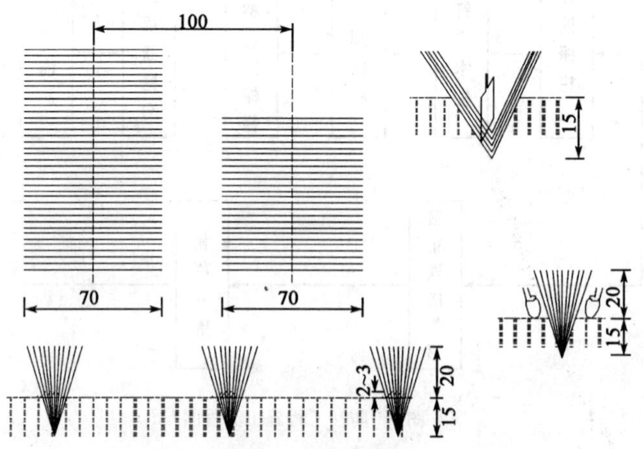

图7 芦苇草方格扎制方法示意图(尺寸单位:cm)

④方格扎成后用脚向秆茎的基部培沙并踩紧,并用铁锨将方格中心的沙子向外扒一扒,使方格中间沙面成浅洼状。

5.2.4　基层及沥青面层工程

沙漠公路级配砂砾石基层及沥青面层施工方法与常规的公路施工方法基本相同，施工时，除严格按现行施工技术规范、相关质量标准进行施工外，还要注意恶劣的沙漠气候和环境对施工质量和进度的影响，特别是后续工序施工前，要对承下层进行认真检查验收，对其上出现的积沙，及时组织人员清除净，避免留下质量隐患。

5.3　劳动组织

5.3.1　沙漠地区由于受地域限制，不宜修建施工便道，只能从一个作业面沿路线逐步向前推进的流水方式组织施工。

5.3.2　为了保证施工的连续性，每20km设置一个沙粒石料场，10km设置一个取水坑，40km在原沙粒石料场场地基础上设置沥青料拌和站。

5.3.3　各施工工序组织要衔接紧密、科学合理，特别是路面底基层要视沙基施工成型情况紧随其后快速施工，避免风沙对路基的侵蚀和破坏，防沙工程应与路面底基层同步进行。

5.3.4　本工法的劳动力配备主要按沙基、土工布铺设及底基层和防沙等工程分别进行配置，见表1。

沙漠公路工程劳动力组织一览表　　表1

序号	工种名称	沙基工程	土工布铺设及底基层	防沙工程	工作内容
		数量(人)			
1	工长	1	1	1	分别全面负责各工序施工组织管理
2	推土机司机	15			负责沙基推筑及粗压
3	压路机司机	4	4		负责各次作业层碾压及配合土工布铺设
4	平路机司机	2	2		负责各作业层精平
5	装载机司机		6		负责装料及现场砂砾石摊平
6	汽车驾驶员	3	100	5	负责后勤物资保障及材料运输
7	技术员	5	5	3	负责测量放样
8	试验员	4	3	1	负责化验、检测
9	质检员	2	2	1	负责质量管理
10	安全员	2	1	1	负责安全管理
11	施工员	6	4	2	负责各次作业层的现场施工
12	维修工	6	4		负责设备维修、检修
13	普工	10	15	100	负责配合各次作业层的现场施工

6　材料与设备

6.1　材料

6.1.1　沙基工程

沙基工程施工所用材料为风积沙，填筑沙基时，要彻底清除树根及杂草，再无需特别说明。

6.1.2　土工布铺设及底基层

(1)土工布

土工布采用聚丙烯编织布，幅宽根据路面宽度而定，允许采用工业机缝制加宽，一般采用2～4幅，幅长以每卷500m为宜。其质量须符合表2的规定。

聚丙烯编织布主要质量标准表　表2

项　目	经向拉力 (kN/m)	纬向拉力 (kN/m)	经纬向断裂伸长率 (%)	CBR 顶破强度 (kN)	单位面积质量 (g/m^2)
标准值	≥30	≥22	≤28	≥2.4	160

(2)天然砂砾石

用于底基层施工的天然砂砾石集料应符合下列质量要求:

①砂砾的最大粒径不应超过53mm,砂砾的颗粒组成应符合表3的规定。

天然砂砾底基层级配范围　表3

筛孔尺寸(mm)	53	37.5	9.5	4.75	0.6	0.075
通过质量百分率(%)	100	80~100	40~100	25~85	8~45	0~15

②砾石的压碎值不大于40%。

③砂砾中细长及扁平颗粒含量不应超过20%。

④砂砾的液限应小于28%,塑性指数应小于9。

(3)水

由于沙漠地区淡水缺乏,因此对水的质量不可能要求高。一般采用在沙漠地区低洼地草木相对多的地方挖坑取水,多为氯化钠型咸水。

6.1.3　防沙工程

(1)芦苇秆

材料应具有柔韧性,严禁使用发霉变质的材料。

(2)立木桩

桩径不小于50mm,长度大于1.5m,且不得腐朽变质。

6.2　设备

6.2.1　沙漠公路施工机械配套原则

(1)环境适应性

沙漠地区干旱少雨,夏秋季节炎热,风沙活动频繁。在这种环境条件下选配机械时,要选择工作性能优良、稳定、密封性好且具有较强的耐高温和风冷式动力机械设备。

(2)实用先进性

路基工程是沙漠公路的关键性工程,路基施工的对象是风积沙。由于环境条件、工程性质和施工工艺的特殊性,施工机械应具有先进性和实用性。因此,在机械选配时应选用附着力大、通过性能好、爬坡能力强(高底盘和宽负载面)且故障率低、操作灵活舒适、作业效率高、实用先进的机械设备。

(3)施工机械与施工速度的一致性

由于在沙漠地区修筑公路不能分段作业、全面铺开,只能从一个作业面沿路线逐步向前推进,所以施工机械以一个作业面所能达到的最佳生产效率为前提进行选配,同时还要考虑路基与路面施工机械的互补性。沙漠公路施工实践表明:施工机械过多,一个作业面展不开,利用率低;施工机械过少,施工速度慢,满足不了工程进度。因此,施工机械和施工速度要具有一致性。

(4)施工质量和施工安全的可靠性

组配合适的施工机械是保证工程质量的重要因素之一。一方面,沙漠公路必须根据其特殊工艺要求选择合适的机械,才能满足施工质量要求的可靠性;另一方面,由于沙丘形态各异,高低变化较大,要求设备要具有作业行驶稳定、密封性好,并具有空调装置和防倾翻保护装置,以保护操作者的人身安全和健康。

6.2.2 主要施工机具设备(表4)

主要施工机具设备一览表 表4

序号	设备名称	规格型号	单位	沙基工程	土工布铺设及底基层	防沙工程
				数量		
1	推土机	D9N	台	10		
2	平路机	D850	台	2	2	
3	铲运机	262B	台	2		
4	振动压路机	W1102H/CA25	台	4	4	
5	三轮压路机	3Y18/21	台		4	
6	装载机	ZL50	台		6	
7	胶轮压路机	TL—16	台		2	
8	沙漠车	EQ2060H	辆	2		
9	自卸车	TM2630	辆		20	
10	洒水车	EQ—135	辆		6	1
11	发电机组	300kW	套	1	1	
12	载货汽车	普通型	辆		50	5
13	指挥车		辆	2	1	1
14	油罐车	CG144TY8T	辆		3	
15	生活供应车		辆		2	

7 质量控制

7.1 质量控制依据

(1)《公路路基施工技术规范》(JTG F10—2006);

(2)《公路路面基层施工技术规范》(JTJ 034—2000);

(3)《公路工程质量检验评定标准》(JTJ F80/1—2004);

(4)《公路工程无机结合料稳定材料试验规程》(JTG E51—2009);

(5)《沙漠地区公路设计与施工指南》(JTG/T D31—2008);

(6)《流动性沙漠公路勘察、设计、施工及验收规范》(Q/SY TZ0157.1—2005)。

7.2 质量控制措施

7.2.1 沙基工程

(1)沙漠地区沙基施工,应根据设计,结合当地施工经验,采取必要措施以防治沙害。粗沙平地一般不宜取土和人为扰动,应加以保护,以利风沙疏导。

(2)沙基施工前,必须清除地表植被、杂物及腐殖土。土方调配应尽量根据地形情况以挖作填,多余沙基宜推至下风侧,并大致整平。

(3)路线主要控制桩、护桩、水准基点桩、施工边桩等应妥善保护,并应设有较高的明显标志,以防被沙掩埋或人为损坏。

(4)填方路堤施工时,应分层填筑和碾压,填筑厚度一般控制在0.8m。碾压采用大吨位推土机边整平边碾压,一般碾压3~4遍。

(5)沙路基顶面在采用振动压路机碾压时,要严格控制碾压速度、振幅和遍数,严禁多压和漏压。

(6)为了保证沙路基稳定和不被流沙掩埋,沙路基施工宽度要比设计宽度两边各多出1m左右。

7.2.2　土工布铺设及底基层工程

(1)土工布铺设前,应仔细检查路基表面,清除尖硬凸出的碎砾石,避免土工布被刺破。

(2)土工布应全断面平展铺设,不得有褶皱。当沿路线纵向铺设时,应先由外侧向内侧铺筑,幅与幅接头处的重叠宽度应不小于0.3m。应根据路基的纵坡与横坡,低的一幅接头在下,高的一幅接头在上。

(3)土工布展铺后应及时摊铺底基层砂砾石,以避免其受到阳光过长时间的直接暴晒。一般情况下,间隔时间不应超过4h。

(4)沙漠地区周边的天然砂砾石材料中多含有盐块结晶体,因此,在砂砾材料装卸和摊铺过程中,要及时将盐块结晶体剔除干净,不留后患。

(5)用装载机摊铺天然砂砾石底基层时,摊铺要到位,表面应力求平整。

(6)为了保证底基层的含水率均匀和满足碾压要求,应边摊铺边洒水。

(7)对底基层出现的粗细料离析现象,要及时处理。

(8)施工时应采取措施防止路面结构层之间存有夹沙。

(9)加强底基层的洒水养护工作,上下工序衔接要紧凑,尽量缩短间隔时间,并保持路肩平整。

7.2.3　防沙工程

(1)防沙工程施工宜在少风、风速小或在有雨季节分段集中施工,并在大风前配套完成。防沙工程应按先上风侧、后下风侧的顺序进行施工。

(2)芦苇在扎制草方格前要用碌碡或其他工具碾压,目的是将管状的芦苇压劈,增加它的柔韧度。

(3)扎载草方格时,为了避免芦苇秆在用平头锨压入时不被切断,应选择较钝的铁锨刃。

(4)芦苇栅栏绑扎时,秆与秆排列要均匀,孔隙度为20% ~40%,间隙不得大于10mm。

(5)为了保证芦苇栅栏不被风刮倒,绑扎必须结实。无论是立桩、护桩,还是芦苇栅栏,根部埋深必须达到设计要求且要用脚踏实。

7.3　工程验收

7.3.1　沙基工程

(1)在风积沙路基两侧一定范围内取沙填筑沙路基时应认真清除地表植被、杂物及腐殖土,并对填筑的风积沙进行检查,使其满足规范和设计要求。

(2)风积沙路基必须分层填筑,分层碾压,每层表面大致平整且平行路面,路拱应符合要求。

(3)实测项目见表5。

风积沙路基工程实测项目　　表5

项次	检查项目			规定值或允许偏差	检查方法和频率
1	压实度	零填及路堑(cm)	0~30	94	按规范方法检查*
		路堤(cm)	0~80	94	
			80~150	93	
			>150	90	
2	纵断高程(mm)			+40,-50	水准仪:每200m测4点
3	中线偏位(mm)			100	经纬仪:每200测4点弯道加HY、YH两点
4	宽度(mm)			≥设计值	米尺:每200m测4处
5	横坡(%)			±0.5	水准仪:每200m测4个断面
6	边坡			≤设计值	抽查线200m测4处

注:*《公路工程质量检验评定标准》(JTG F80/1—2004)附录B方法。

7.3.2　土工布处治层

(1)土工布材料质量应符合设计要求,外观无破损、无老化、无污染。

(2)接缝连接宽度应符合要求。

(3)实测项目见表6。

风积沙路基土工布处治层实测项目　表6

项　次	检 查 项 目	规定值或允许偏差	检查方法和频率
1	中线偏位(mm)	50	经纬仪:每200m检查4点
2	纵横向搭接宽度(mm)	≥500	抽查2%
3	搭接缝错开距离(mm)	符合设计要求	抽查2%
4	铺设宽度(mm)	>设计值+200mm	用尺量,每200m测4个断面

7.3.3　天然砂砾石底基层

(1)选用质地坚韧天然砂砾,颗粒级配应符合相关要求。

(2)配料必须准确,塑性指数必须符合规定,无明显粗细颗粒离析现象。

(3)实测项目见表7。

天然砂砾石底基层实测项目　表7

项　次	检 查 项 目		规定值或允许偏差	检查方法和频率
1	压实度(%)	代表值	96	按规范方法①检查
		极值	92	
2	弯沉值0.01(mm)	符合设计要求		按规范方法②检查
3	平整度(mm)	20		3m直尺,每200m测2处
4	纵断面高程(mm)	+25,-35		水准仪:每200m测4个断面
5	宽度(mm)	≥设计值		尺量:每200m测4处
6	厚度(mm)	代表值	-15	按规范方法③检查
		极值	-30	
7	横坡(%)	±0.5		水准仪:每200m测4个断面

注:①《公路工程质量检验评定标准》(JTG F80/1—2004)附录B方法。

②《公路工程质量检验评定标准》(JTG F80/1—2004)附录I方法。

③《公路工程质量检验评定标准》(JTG F80/1—2004)附录H方法。

7.3.4　防沙工程

(1)所用材料的规格、质量应符合设计要求。

(2)草方格埋深和外露高度应符合设计要求。

(3)立柱与栅栏埋深应符合设计要求。

(4)立柱与栅栏之间连接应牢固,绑扎应符合设计要求。

(5)实测项目见表8和表9。

芦苇栅栏实测项目　表8

项　次	检 查 项 目	规定值或允许偏差	检查方法和频率
1	布设位置	符合设计要求	实测:随机抽样10%
2	立柱间距(mm)	±200	尺:随机抽样10%
3	栅栏、立柱外露高度(mm)	±100	尺:随机抽样10%
4	材料用量(kg)	-5%	秤:随机抽样5%

芦苇草方格实测项目　表9

项　次	检查项目	规定值或允许偏差	检查方法和频率
1	方格带宽度(mm)	≥设计值	尺:随机抽样10%
2	方格规格(mm)	±20	尺:随机抽样10%
3	外露高度(mm)	±50	尺:随机抽样10%
4	材料用量(kg)	≥设计值	秤:随机抽样5%

8　安全措施

8.1　坚决贯彻“安全第一,预防为主”的安全工作方针,认真开展“安全就是效益”的形势教育,严格执行公路工程施工安全技术规程中有关规定,做好安全技术交底。

8.2　所有进入沙漠的施工人员,必须经体检合格后方能上岗,施工机具操作人员必须持证上岗。上岗时必须穿戴醒目的红色信号服、沙漠靴,同时,配备护目镜与耳塞等劳保用品。

8.3　在沙漠地区,严禁单独出行。出行时,必须要有3人以上,并办理相关出行手续。

8.4　施工现场,必须备足充分的干粮和饮用水,生活营地要配备医护人员和适量的急救药品,并要有应急车辆随时待命。

8.5　为了保证各个施工地点与项目部通信畅通,必须配备大功率的对讲机或卫星电话。

8.6　当沙尘暴刮起时,施工设备须选择适当位置集中停放,施工人员来不及撤离时,要尽量聚集在设备驾驶室或设备围成的空间内,以防被风沙刮走失散。

8.7　在沙丘上行走的施工设备、车辆,必须具有防倾翻的人身保护装置。所用施工设备必须性能好、密封好,并在驾驶室配有较好的制冷设备(空调)。

8.8　员工定期要进行体检,食宿营地要配备空调及适当的文化用品,以保证职工体力能够及时调整恢复。

8.9　沙漠施工必须实行轮流作业、轮流休息制,一般在沙漠连续工作时间不得超过3个月。

8.10　建立完善的施工安全保证体系,加强施工作业中的安全检查,确保作业标准化、规范化。

9　环保措施

9.1　为了坚决贯彻“不扰动就是最大环保”的沙漠地区环保原则,确保在合同期内切实抓好环境保护工作,项目部成立了环保工作领导小组。组长由项目经理担任,并配备相应的环保专业技术人员,统一策划和领导环保工作。

9.2　加强环保教育和培训工作,提高全员环保意识,学习掌握环保知识,养成自觉贯彻执行国家、地方环保法律法规和环保标准的良好习惯,树立建设“健康、生态、绿色、环保”型工地的新理念。

9.3　沙漠腹地施工现场和生活区要设置足够的临时卫生设施,采取深埋、定期收集等方式经常进行卫生清理,防止不易分解的人工合成物遗弃在沙漠中。

9.4　施工点及作业场地应尽量依自然地形地貌灵活设置,不要过分追求整齐统一,减少人为干扰。

9.5　各种材料、半成品在运输过程中采用覆盖打包等措施,做到不撒、不漏,对撒落漏掉的物品及时清运。

9.6　施工废弃燃料、沥青、化学物品、污水、各种垃圾及其他废料的填埋和清理要按规定进行,防止其对水源、空气和施工场地的污染。

9.7　在施工过程中,坚持文明生产,文明施工,最大限度地维护原来的地形地貌,保持原来的生态环境。

9.8　沙漠地区植被稀疏,在施工作业中应妥善保护,不得随意损坏,注意保护沙漠生态环境。沿线施工过程中挖出的取水坑,不再掩埋,以备沙漠绿化用水和野生动物饮用,并禁止捕杀野生动物。

9.9 严格按规划的作业范围进行施工,特别是风蚀区、荒漠、沙害段,不得随意开辟施工便道和扩大取沙范围。在地形平坦处,施工车辆不随意驶离便道。

9.10 制订科学的施工计划,避免施工战线过长,造成长时间地表裸露,引起扬尘,影响环境空气质量。

10 资源节约

10.1 路基施工时,充分利用风积沙作为路基填筑材料,采用先进的振动干压实新工艺,减少了洒水工序,加快了施工进度,降低了施工成本,节约了大量资源。

10.2 路面设计及施工时,充分体现了就地取材的原则,尽可能地利用沙漠边缘的天然砂砾石,强基薄面结构成功应用,大大降低了路面材料用量。

11 效益分析

11.1 社会效益

11.1.1 联合攻关形成的"强基薄面"、"沙基干压实"、"公路综合防沙体系"等一系列创新成果,为成功修建塔里木沙漠公路提供了有力的技术支持,标志着我国沙漠公路建设水平达到世界领先水平。

11.1.2 施工速度快、工程质量高。本工法在施工时采用机械化流水作业,施工方式简洁实用,施工速度大幅度提高。1994 年,85km 的沙漠公路仅用 120d 时间完成。关键工序易于操作控制,保证了工程整体质量的提高。

11.1.3 沙漠公路的贯通为加快沙漠腹地石油勘探开发,减少勘探开发成本发挥了重大作用,仅 1995 ~ 1996 两年内通过这条公路运输原油就近百万吨,创产值 12 亿元。同时,对促进南疆经济发展、加强民族团结、维护社会稳定、巩固国防具有日益显著的社会效益。

11.1.4 有利于环境保护,具体如下:

(1)在施工时不修建便道,避免了对施工区域以外地表的扰动和破坏,环境影响相对较小;

(2)沿线施工过程中挖出的取水坑,不但有利于周围植被的恢复、生长和沙漠绿化用水,而且便于野生动物饮用,能较好地提高沙漠地区综合生态能力。

11.2 经济效益

11.2.1 工程造价低。沙漠公路筑路材料在研制时,体现了就地取材的原则,采取的新工艺、新技术使沙漠公路工程造价建设成本大幅度降低。与国外的撒哈拉沙漠公路比较,成本仅为该路的 1/ 3,与塔里木河北岸常规公路比较,每公里筑路成本也降低约 20 万元。

11.2.2 经济效益高。"沙基振动干压实"技术应用,每公里仅节约水费约 2.4 万元,提高功效 0.6 倍,使常规筑路机械有效地发挥了作用,其经济效益非常显著。

12 应用实例

塔里木沙漠公路北起 314 国道轮台县东,途经轮南油田、塔里木河、肖塘、塔中四油田和塔克拉玛干大沙漠,南至民丰县恰汗和 315 国道相连,南北贯穿塔里木盆地,全长 522km,其中穿越流动沙漠段长 446km。路基的全部填筑材料采用风积沙,路基设计宽度为 10m;路面宽度为 7m,结构层自上而下设计依次为 15mm 沥青砂 +40mm 沥青混凝土 +100mm 级配砂砾混合料(基层) +150mm 天然级配砂砾(底基层) + 一层土工编织布;防沙工程主要是由芦苇草方格沙障和高芦苇阻沙栅栏组成,其中路基上风侧设置 120m 宽的草网格固沙带,下风侧设置 40m 宽的草网格固沙带,并于上(下)风侧草方格固沙带外侧 15m 处设置 2 道(1 道)阻沙栅栏,以有效防治沙害。

该工程于 1991 年 10 月开工建设,经过广大科技工作者联合攻关和筑路大军拼搏奋战,于 1995 年 10 月 4 日南北贯通。1996 年经原国家科委验收,认为塔里木沙漠公路的修筑技术居国际领先水平。其他应用实例见表10。

主要工程项目应用实例一览表　　表10

序　号	工程项目名称	里程(km)	开 工 时 间	竣 工 时 间	质 量 等 级
1	塔中1号沙漠公路	76	2001年9月	2002年7月	优良
2	和田沙漠公路	128	2001年2月	2001年10月	优良
3	塔且沙漠公路	117	2000年8月	2002年4月	优良
4	塔中四井—塔中一井公路	38	2004年7月	2005年5月	优良
5	G315且末—若羌四、五标段	99	2004年1月	2005年10月	优良

河砂与风化料混填路基施工工法

GGG(鲁)A1005—2010

潘相军　李玉涛　张玉敏　徐海涛　李瑞喜
（科达集团股份有限公司　河北路桥集团有限公司）

1　前言

高速公路的路基一般较高，其填筑往往要消耗大量的黏土资源，而我国土地资源十分紧缺，特别是在某些特别情况下，由于对农田的保护，常用的黏土等筑路材料还不可能得到。寻找其他材料，如河砂、风化料等来替代黏土用于路基填筑就成为必然的选择。当然，这些替代材料的应用，既可减少对黏土的损耗，保护宝贵的耕地资源，又可疏通河道，增强河的泄洪能力，因此具有良好的经济效益和社会效益。

河砂的水稳定性好，透水性强，沉陷快，饱水易压实，毛细水上升高度小，是一种较好的路基填筑材料。风化料是岩石风化形成的一种松散类粒料，经碾压后粒径可进一步减小，同样是一种理想的路基填料。两种材料的共同特点是内摩擦角较大，但黏聚力相对较小（通常认为砂的黏聚力为零，而风化料经碾压颗粒粒径减小后黏聚力可增大）。对河砂而言，失水后还存在易滑坍、干稳定性差等问题。因此，与常用的黏土、粉土及砂土等筑路材料相比，用河砂和风化料填筑路基，不仅在材料的工程特性方面有显著区别，而且在施工技术上具有明显不同。

在青（州）—临（沂）高速公路的路基建设中，科达集团所承建的标段路经沭河，因沿线黏土填料十分紧缺，而沭河砂资源丰富，且当地风化料资源充足，因此考虑用河砂与风化料分层混合填筑的方式填筑路基。鉴于河砂易于滑塌的情况，混填路基还采取风化料包边措施。路基施工过程是结合山东省交通厅科技攻关项目“高速公路用地集约技术及与工程相互影响研究”科研项目的研究进行的，科达集团承担了该课题的部分科研任务。通过室内试验、计算分析、现场铺筑和质量监控等各个环节，就河砂与风化料混填的路基施工关键技术进行了深入探索和研究，形成了成套施工技术。经山东省交通厅组织的专家委员会鉴定，路基施工的关键技术和工艺达到了国内领先水平，并在青临路的其余部分路段得到了成功的应用。部分研究成果已发表论文一篇（被EI检索）。

本工法就是在此基础上经过进一步的总结和凝练形成的。

2　工法特点

2.1　本工法涉及两种填筑路基材料：一是河砂，二是风化料。两种材料各自分层压实，交叉混填；河砂起填，风化料封层，直至填筑到设计的路基高程。为保证路基边坡的稳定性，该工法对河砂风化料混填路基边坡采取包边措施，包边选用风化料。基于路基边坡稳定性验算结果和施工便利性，包边宽度确定为2.5 m。

2.2　在填筑顺序上，先松铺包边风化料，再松铺河砂层，然后两种材料同步碾压，而后填筑砂层上的风化料层。这样依次推进，直到达到路基设计高程。为便于压实和保证河砂与风化料衔接处的压实质量，根据两种材料的不同松铺系数（河砂为1.1，风化料为1.2），分别确定河砂的松铺厚度为50cm，包边风化料的为55cm，其对应的压实厚度均近似为45cm，但砂层上面的风化料松铺厚度确定为36cm。压实质量按材料各自的参数与压实工艺分别控制，河砂采用压实度，风化料采用压实沉降量。

2.3 河砂与风化料都属无黏性材料,但因压实作用,部分风化料颗粒会进一步破碎,还可产生少量黏粒成分,从而具有一定黏聚力。同时,由于嵌挤作用,压实风化料的整体性会更好,因而对砂层变形起到约束作用。因此,跟单纯的河砂路基相比,混填路基既具有足够的刚度、较好的力学性能,又兼备较强的整体稳定性。

2.4 与一般的黏土、粉土或砂土路基相比,按照本工法施工的河砂与风化料混填路基,不仅在施工技术、工艺及质量监控方面存在明显区别,而且具有更高的刚度及更小的工后沉降,能为路面提供更为坚实的支撑。

3 适用范围

3.1 适用于黏土、耕地资源紧缺,而河砂、风化料资源丰富的地区。

3.2 适用于高等级公路的路基填筑,路基高度在1m以上。

3.3 既适用于新建路基,也适用于改建的路基。

3.4 尤其适合于地下水位较高或水位变动较大的地基情况。

4 工艺原理

4.1 河砂的击实试验

取代表性砂样进行室内击实试验,河砂的压实参数通过室内重型击实和振动击实(表面振动压实仪法)试验分别确定。两种试验互为验证和校核,以最大干密度较大者为质量控制标准。两种方法的击实曲线如图1所示。

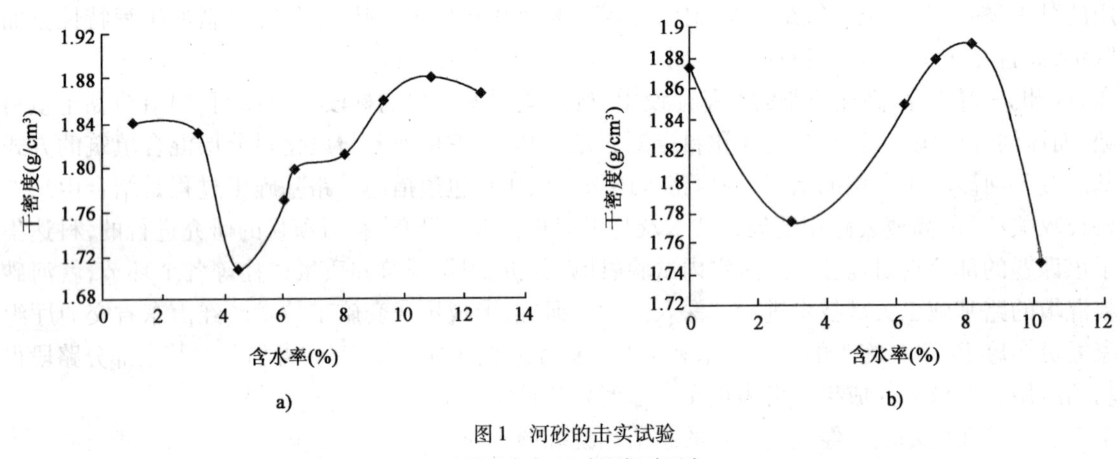

图1 河砂的击实试验

a)重型击实;b)表面振动压实

4.1.1 重型击实和表面振动击实试验的结果均表明,河砂存在着击实密度最小的含水率,对应的这个含水率分别为4.5%和3.1%。因此,河砂路基碾压时,务必避开较低的含水率情况,一旦发现河砂含水率变小,必须及时洒水。

4.1.2 重型击实试验的结果表明,河砂的最大干密度为1.88g/cm³,其对应的设计含水率(击实试验前试样的含水率)为10.9%,击实试样的含水率为9.5%,击实试验中有大量的水渗出;而设计含水率为9.2%时干密度为1.86g/cm³,试验中有轻微渗水。综合分析认为,重型击实时砂的适宜含水率在9.5%~11%可获得最大的干密度。这一结论得到了现场压路机碾压的验证。

4.1.3 表面振动击实试验的最佳含水率为8%,最大干密度为1.88g/cm³。其最佳含水率偏小,实际碾压中按重型击实试验确定的最佳含水率控制。

4.1.4 松铺系数是关键的压实参数之一,基于推土机推平后的松铺状态确定的河砂的松铺系数大约为1.1。

4.1.5　松铺厚度显著影响压实效果,较小的厚度更有利于压实,但考虑到河砂的板结性差,压实后表层往往容易松动,产生 10 ~ 15cm 的松散层,因此确定河砂的松铺厚度为 50cm,保证压实后至少有 30cm 的密实层。

4.2　风化料的密实机理与监控参数

4.2.1　风化料的最大粒径须控制在 15cm 以内(图 2),过大的颗粒予以剔除。不对级配予以要求,碾压过程中部分颗粒得到破碎,粒径进一步减小,还可产生较细的成分,级配不断发生变化,粗细颗粒相互嵌挤、填充,直至稳定为止,由此得到密实。

4.2.2　为了解细颗粒风化料的压实特性,进行室内重型击实试验,击实曲线见图 3。其最佳含水率为 10%,最大干密度为 2.05g/cm^3。由于施工过程中风化料较大的变异性,并不方便用压实度控制压实质量。

图 2　开采的风化料

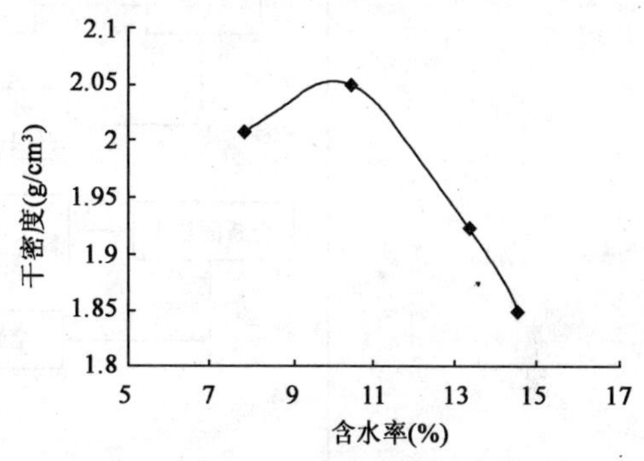

图 3　风化料击实曲线

4.2.3　基于推土机推平后的松铺状态确定的风化料的松铺系数大约为 1.2,其松铺厚度的确定分为两种情况:与砂层同一层位的包边风化料的松铺厚度为 55cm;砂层上面风化料(连同与之同一层位的包边风化料)的松铺厚度为 36cm。

4.2.4　风化料压实质量以便于操作的压实沉降量控制。碾压过程中不断测试测点高程,直至高程变化平缓,用 20t 压路机碾压两遍沉降量不超过 1mm 为止。

4.3　沉降板埋设

为了掌握地基与路基的沉降规律,以便有效指导、控制路基填筑速度,需埋设沉降板。沉降板为 50cm × 50cm × l0cm 的铁板,测杆直径为 6cm,长度 30 ~ 50cm,如图 4 所示。沉降板埋设如图 5、图 6 所示。

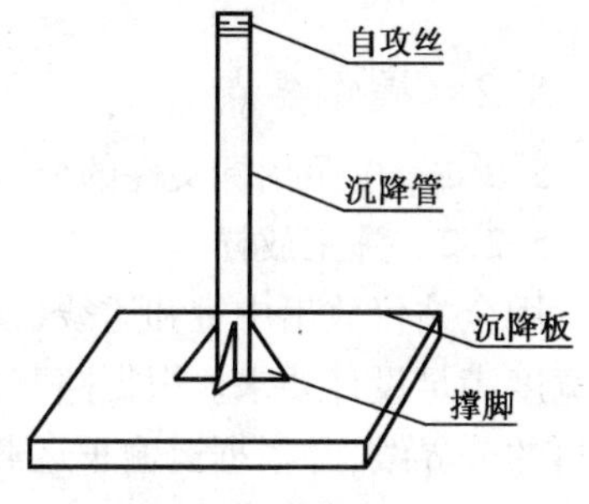

图 4　沉降板构造示意图

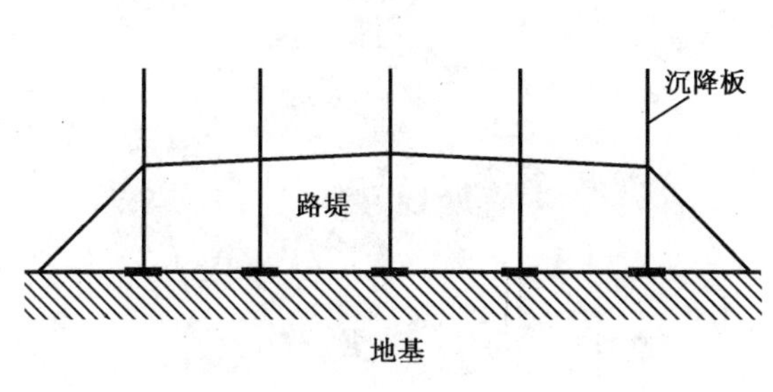

图 5　沉降板在路基横断面方向布置

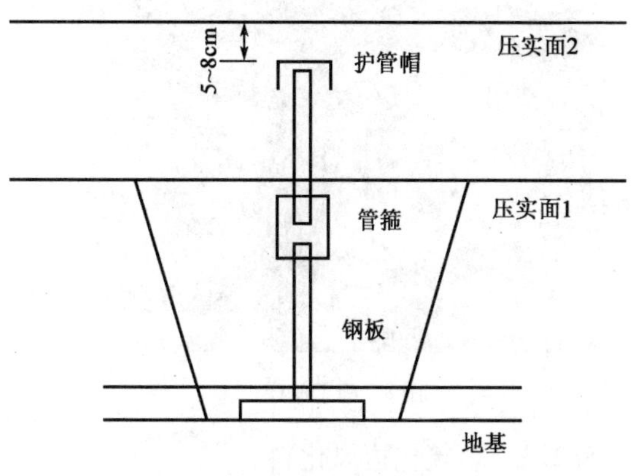

图 6　沉降板接管埋设示意图

5 工艺流程及操作要点

5.1 工艺流程(图7)

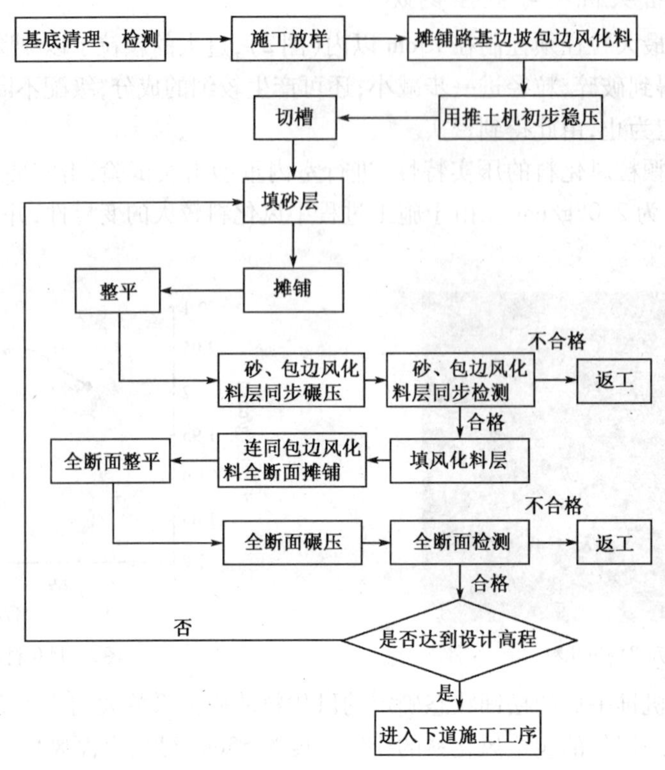

图7 河砂与风化料混填路基施工流程图

5.2 操作要点

5.2.1 按照招标文件的要求对地基进行清理,并进行压实质量的检测与评定,至少达到合格标准。

5.2.2 施工放样

用全站仪放出中桩和边线(图8),每侧边线比设计宽度宽出50cm,以便于压实和保证削坡后的路基宽度满足设计要求。根据路基边坡侧向2.5m范围内采用风化料包边的设计要求,放出填砂和填风化料的分界线,并根据运输车运载能力放出方格网。方格大小:填砂区域为6m×6m(图9);填风化料区域为3m×13m。

图8 施工放样

图9 划分的填砂网格

5.2.3 填筑包边风化料

(1)包边风化料填筑前,对运输车辆进行容量测算,控制每车运量为$25m^3$,以便于控制松铺厚度。

（2）风化料运到现场后，由专人指挥，按每个网格一车卸料，严格控制卸料的密度。

（3）风化料料堆采用推土机配合挖掘机摊平（图10），按事先放出的填筑边线和60cm的松铺厚度（压实厚度50cm）进行摊铺。

（4）用推土机排链密实，并由人工进行找平，达到整体平整密实，然后采用推土机进行稳压。

（5）包边风化料稳压后进行切槽，切槽由人工配合推土机进行。切槽前进行测量放样，以保证混填路基的宽度。切槽后，包边土内侧面基本达到竖直状态（图11）。

图10　包边风化料整平施工

图11　包边风化料切槽

（6）包边风化料的碾压随后与包边内侧河砂层、风化料层的碾压同步进行。包边风化料上的碾压工艺是，控制碾压速度不超过3km/h；先用20t振动压路机静压1遍，然后弱振2遍，再强振5遍，最后用18t的光轮压路机静压2遍，保证表面无明显轮迹。碾压时重叠1/2轮宽，前后相邻两区段纵向重叠2m。

（7）质量检测

①碾压结束后，表面应平整密实，无轮迹，无软弹和翻浆现象。外观符合要求后进行实测项目检查，实测项目见表1。

包边风化料实测项目　　表1

项次	检查项目		规定值或允许偏差	检查方法和频率
1	压实度		自重18t以上压路机振压两遍高程差不大于2mm	水准仪：每40m测1个断面，每个断面测5～9点
2	纵断高程(mm)		+10，-20	水准仪：每200m测4个断面
3	弯沉(0.01mm)		不大于设计值	
4	中线偏位(mm)		50	经纬仪：每200m测4点，弯道加HY、YH两点
5	宽度(mm)		不小于设计值	米尺：每200m测4处
6	平整度(mm)		20	3m直尺：每200m测2处×10尺
7	横坡(%)		±0.3	水准仪：每200m测4个断面
8	边坡	坡度	不陡于设计值	每200m抽查4处

表中弯沉检测项目在路基竣工后进行实测。

②包边风化料压实质量以高程为控制参数。检测方法和标准为：碾压完毕后用自重21t振动压路机振压2遍，同一侧点碾压前后高差不大于1mm，检测频率为20延米一个断面，每断面检测一点。

5.2.4　河砂层施工

（1）切槽完成后开始填砂。填砂前用水准仪每百米测量下承层3个断面的高程，每个断面测3个点，现场做好标记，并作记录。

（2）在填筑材料进场前，对河砂进行细度模数、含泥量等常规项目进行试验检测。河砂中不能含有泥团、石块、贝壳等杂物，不能含有机质和其他有害物质。采用质地均匀、含泥量小于5%的中砂填筑路基。

（3）为便于控制松铺厚度，严格按布置的方格网卸料，同时布置高程控制桩，随时检查砂的松铺厚度。为便于与包边风化料同步碾压，考虑到河砂与风化料的松铺系数近似相等，河砂松铺厚度也按

60cm 控制(压实厚度为 50cm)。

(4)在卸料过程中人工随时拣出砂中的树根、土块及超粒径砾石等不适宜路基填筑材料,集中存放,及时清理。

(5)采用装载机配合推土机对砂堆进行摊铺与整平。先用装载机推开料堆,然后用推土机整平(图 12)。待摊铺料表面无明显坑洼后,用平地机配合人工最终整平(图 13)。整平后用水准仪测量原下承层标记的 3 个断面对应于填砂层的高程,以核实松铺厚度。

图 12　推土机推平砂堆

图 13　平地机整平河砂

(6)河砂适宜的压实含水率在 9.5% ~11%。要十分注重随时测定河砂的天然含水率,注意避开 4.5% 左右的值(在该含水率时砂的压实度最小)。若含水率不足,要及时洒水,方可碾压。

(7)碾压时先用推土机稳压,然后用振动压路机碾压。采用先慢后快、高频低幅的碾压方式。直线段由路基两边(包括包边风化料)向中心碾压,曲线段由低到高进行碾压。压路机碾压速度不超过 3km/h。经过反复的压实度检测,本工法推荐的碾压顺序和遍数为:先用 20t 振动压路机静压 1 遍,随后弱振 1 遍,然后再强振 3 遍,最后静压 1 遍;碾压时重叠 1/2 轮宽,前后相邻两区段纵向重叠 2m。

(8)加强路槽内河砂与包边风化料衔接处碾压,避免形成薄弱的纵向坡面。以纵向衔接处为中心,压路机先在两侧距中心 1/4 轮宽处碾压,以使衔接处的河砂与风化料有较强的击密作用;然后再对衔接处进行碾压。

(9)填方分几个作业段施工时,横向接茬部位如不能交替填筑,则在先填筑路段按 1∶1 坡度分层预留台阶。如能交替填筑,则分层相互交替搭接,搭接长度不小于 2m。

(10)为防止雨水冲刷路基边坡,路基两侧设置 30cm × 30cm 挡水埝,每隔 30m 设置临时泄水槽。临时泄水槽用厚塑料布铺设,两侧用水泥砂浆压边。

(11)质量检测。

①碾压结束后,表面应平整密实,无轮迹,无软弹和翻浆现象。外观符合要求后进行实测项目检查,实测项目如表 2 所示。

填砂路基实测项目　　表 2

项　次	检 查 项 目				规定值或允许偏差	检查方法和频率
					高速公路一级公路	
1	压实度(%)	零填及挖方(m)		0 ~0.30	≥96	按 JTG F80/1—2004 每 200m 每压实层测 4 处
				0.30 ~0.80	≥96	
		填方(m)	上路床	0 ~0.30	≥96	
			下路床	0.30 ~0.80	≥96	
			上路堤	0.80 ~1.50	≥94	
			下路堤	>1.50	≥93	

续上表

项　次	检 查 项 目	规定值或允许偏差	检查方法和频率
		高速公路一级公路	
2	弯沉(0.01mm)	不大于设计要求值	
3	纵断面高程(mm)	+10，-15	水准仪：每200m测4断面
4	中线偏位(mm)	50	全站仪：每200m测4点，弯道加HY、YH两点
5	宽度(mm)	不小于设计值	米尺：每200m测4处
6	平整度(mm)	15	3m直尺：每200m测2处×10尺
7	横坡(%)	±0.3	水准仪：每200m测4个断面
8	边坡	不陡于设计值	尺量：每200m测4处

②路基填砂的压实度采用灌砂法检测。由于填砂压实厚度在50cm左右，灌砂试验需分两层进行。先清除表层10~15cm松散层，检测上层(15~30cm)的压实度(图14)；然后挖除至30cm后，再检测下层(30~45cm)的压实度(图15)。杜绝仅以上层数据代表整层压实度水平情况的发生。

表2中弯沉检测项目在路基竣工后进行实测。

图14　灌砂试验(上层)

图15　灌砂试验(下层)

5.2.5　风化料层施工

(1)风化料层施工下层填料为河砂，因其保水性差、表面易风干等原因，已碾压成型的填砂路基表层存在5~10cm松散层，再次上料之前，需对下层河砂表面洒水、静压成型。

(2)在填砂路基上，用全站仪放出中桩和边线，每侧边线比设计宽度宽50cm(或至包边风化料边坡)，用来保证路基有效压实宽度符合设计要求。根据运输车运量及拟定的风化料松铺系数1.2，用灰线放出6m×9m的方格网(图16)，控制风化料摊铺厚度为36cm(压实厚度为30cm)。

(3)在风化料进场前，需进行常规筛分试验检测。对于粒径偏大的石块予以剔除或破碎，以满足填筑粒径控制要求。

(4)风化料经检测合格后装车运输，运输至现场卸料时应注意方式。因砂的黏聚力很小，表面松散不易板结形成板体，车辆在上面行驶极易形成车辙，对砂层扰动很大，所以在填筑上层风化料时采用倒车卸料法，即将卸完的风化料尽快推开、摊平，运输车辆在新摊铺的风化料层上倒车行驶至卸料地点卸料。为了防止离析，风化料须一次卸完。

为保证松铺厚度，应严格按方格网布置卸料。在卸料过程中人工随时拣出风化料中的树根、土块等不符合要求的筑路材料，集中存放，及时清理。

对运输至现场的超粒径填料由人工进行破碎。

(5)采用装载机配合推土机对风化料堆进行摊铺与整平，先用推土机推开料堆，然后用装载机配合平地机最终整平(图17)。

(6)风化料松铺厚度按36cm控制(压实厚度控制在30cm)。施工前埋设高程控制桩，施工过程中随时用水准仪及高程控制桩检测，以控制路基填筑风化料高程、厚度符合设计要求。

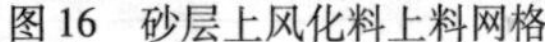

图16 砂层上风化料上料网格

图17 推土机推平风化料

(7)随时取样检测运到现场的风化料的含水率,控制压实含水率在最佳含水率范围内。当含水率较大时,晾晒降低至大于最佳含水率1% ~2%时进行碾压;当风化料含水率较小时,洒水调整含水率至小于最佳含水率1% ~2%时进行碾压。

(8)碾压。

①先用推土机稳压,然后用振动压路机碾压。碾压采用先慢后快、高频低幅的方式。直线段由路基两边向中心碾压,曲线段由低到高进行碾压。压路机碾压速度不超过3km/h。

②先用20t振动压路机静压1遍,然后弱振1遍,再强振5遍,最后用18t的光轮压路机静压2遍,保证表面无明显轮迹。碾压时重叠1/2轮宽,前后相邻两区段纵向重叠2m。

③沉降板的沉降杆四周用小型机具进行分层夯实,每层压实厚度不大于15cm。

(9)质量检测。

①碾压结束后,表面应平整密实,无轮迹,无软弹和翻浆现象。外观符合要求后进行实测项目检查,实测项目如表1所示。

②风化料层压实质量以高程为控制参数。碾压前在整平的风化料表面用石灰布点做出沉降测点标志,测点布置如图18(为路基宽度的一半示意图)所示。测点纵向间距20m,横向间距沿路基横断面宽等距离确定,随路基高度增加,横间距减小。检测方法和标准为:碾压完毕后用自重21t振动压路机振压2遍,同一侧点碾压前后高差不大于1mm,检测频率为20延米一个断面,每断面检测6点。

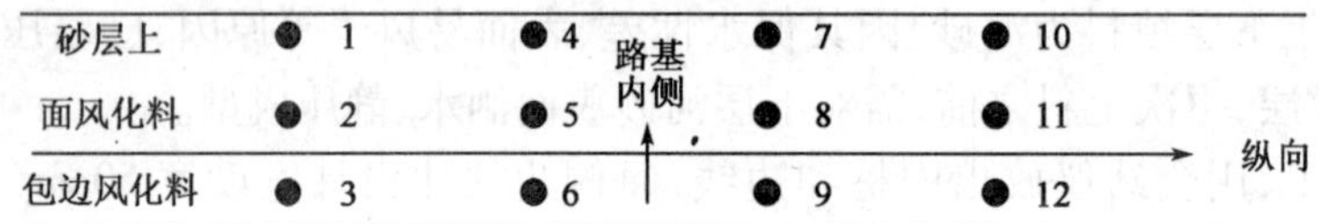

图18 沉降测点标志

③为了对压实质量进行动态控制,压实过程中应适时进行高程测量,如表3所示。

风化料压实过程中高程适时检测 表3

层次	桩号	点号	松铺高程(m)	静压1遍后		弱振1遍后		强振2遍后		强振3遍后		静压1遍后	
				高程(m)	沉降量(mm)	高程(m)	沉降量(mm)	高程(m)	沉降量(mm)	高程(m)	沉降量(mm)	高程(m)	沉降量(mm)
风化料路基填筑	K190+720	1	70.796	70.768	28	70.744	24	70.736	8	70.735	1	70.735	0
		2	70.598	70.571	27	70.548	23	70.541	7	70.539	2	70.538	1
		3	70.289	70.263	26	70.24	23	70.233	7	70.231	2	70.231	0
	K190+740	4	70.732	70.707	25	70.685	22	70.68	5	70.679	1	70.678	1
		5	70.694	70.668	26	70.645	23	70.639	6	70.637	2	70.636	1
		6	70.411	70.385	26	70.358	27	70.35	8	70.348	2	70.346	2
	K190+780	10	70.725	70.697	28	70.671	26	70.664	7	70.663	1	70.663	0
		11	70.852	70.824	28	70.797	27	70.788	9	70.786	2	70.785	1
		12	70.55	70.523	27	70.5	23	70.493	7	70.492	1	70.491	1

6 材料与设备

6.1 材料

6.1.1 风化料

风化料来自莒南县板泉镇,最大粒径按不大于15 cm进行控制。

6.1.2 河砂

河砂采用沭河砂场砂,为天然砂砾,最大粒径应小于50mm,含泥量不大于5%,不含有机质、黏土块和其他有害物质。重型击实试验检测的最大干密度 ρ_{max} 为1.94,最佳含水率 w_{opt} 为9.5%,细度模数为2.61,属II区中砂。

6.2 设备

主要施工机械设备与测量仪器、试验仪器分别见表4和表5。

主要施工机械设备 表4

序　号	设备名称	规格型号	额定功率容量吨位	数量(辆)	备　注
1	推土机	T140	104kW	2	
2	推土机	T160	120kW	1	
3	挖掘机	大宇200	1.0m^3	1	
4	平地机	GR180	133kW	1	
5	装载机	ZL50	3.0m^3	1	
6	光轮压路机	3Y18/20t	18～20t	1	
7	振动压路机	QX520	20t	2	自重20t、激振力50t
8	自卸汽车	解放	25m^3	30	
9	洒水汽车	解放	10t	2	

主要测量仪器、试验仪器 表5

序　号	仪器名称	规　格	数　量	备　注
1	全站仪	徕卡TCL905	1台	
2	水准仪	DS3苏州	2台	
3	3m直尺		2把	
4	钢卷尺	50m	2个	
5	灌砂筒		2套	
6	电子天平	MP2000B	2台	
7	电热恒温鼓风干燥箱	202	1台	
8	电子计重秤	ACS—30A	1台	
9	国家新标准土壤筛	ϕ300mm	1套	
10	电动击实仪	J—III	1台	
11	液塑限测定仪	SYS—1	1台	

7 质量控制

7.1 工法依据的行业规范和工程质量控制标准

(1)《公路路基设计规范》(JTG D30—2004);

(2)《公路路基施工技术规范》(JTG F10—2006);

(3)《公路工程质量检验评定标准》(JTG F80/1—2004);

(4)《公路路基路面现场测试规程》(JTG E60—2008);

(5)设计文件的有关要求。

7.2 质量保证措施

7.2.1 加强管理人员和施工人员的质量教育培训,严格施工质量管理,按施工规范正规化、标准化作业,科学组织,精心施工。

7.2.2 完善技术管理体系,做好各工序技术交底。

7.2.3 按规范要求做好原材料的土工试验,加强原材料的质量控制;现场安排专人选除树根、杂草等杂物,严禁不合格材料进场。

7.2.4 严格控制路基填筑材料松铺厚度,确保碾压密实均匀;控制好碾压遍数和压路机组合。

7.2.5 控制填料的含水率,过湿或过干时,采取翻晒或洒水措施,特别是河砂的含水率很难保证一致,且水分容易蒸发,在碾压过程中应及时洒水补充。

7.2.6 路基填筑过程中,施工员控制好路基填筑范围的几何尺寸,复核路基中线。

7.2.7 严格执行三检制,积极配合监理工程师的工作;发现问题,及时纠正。对高程、压实度、厚度等重要指标进行检测,要做到及时发现、及时处理。

7.2.8 完善质检体系。

(1)项目部成立质量管理领导小组,项目经理为组长,项目总工为副组长,各专业工程师及职能部门主管参加。

(2)施工队成立质量管理小组,施工队长为组长,技术负责人为副组长,施工队管理人员参加。

(3)实验室跟踪试验,保证质量检查工作正常进行。

(4)加强质量教育和岗前培训。进行质量教育,提高质量意识。开工前进行专业、规范、操作要求、岗位责任的培训,规范每个参加项目施工人员的行为,做到人人懂规范、讲规范、按规范施工,做到人人心中有数,达到科学化、标准化、规范化、程序化施工。

(5)质检员紧盯现场,严把质量关。

8 安全措施

8.1 安全管理目标

在施工中,认真贯彻"安全第一,预防为主"的方针,严格遵守国家及交通运输部有关施工安全的一切规定,严格执行新建工程的各项规章制度,把确保施工安全放在首位,采取严厉的防范措施,预防为主,实现安全管理的总目标。

8.2 安全保证总体措施

8.2.1 落实国家有关安全生产法律、法规、规程,贯彻"安全第一,预防为主、综合治理"的安全方针,本着"管生产必须管安全"的原则,做到"以人为本,安全发展",保证工程施工安全顺利的进行。

8.2.2 落实安全生产责任制,全员、全过程、全方位安全管理,做到安全与生产工作"五同时",即:在计划、布置、检查、总结、评比生产建设工作的同时计划、布置、检查、总结、评比安全工作 。

8.2.3 加强全员安全意识教育,夯实安全基础,强化安全保证体系,严格执行公路工程施工安全技术规程及施工安全标准,有效控制施工安全。

8.2.4 安全管理工作实行"安全一票否决"制,安全工作做到制度化、经常化。开工前进行全面的安全教育和安全技术交底工作,提高职工的自我防范意识。

8.2.5 施工过程中有检查、有总结,认真做好各项施工记录。项目经理定期组织检查,安全工程师每天监督检查,建立安全检查记录,对安全隐患做到按"三定原则"认真整改处理。

8.2.6 对新职工进行安全生产、安全技术教育和培训,考核合格后,方可上岗操作。

8.2.7 采用新工艺、新方法、新设备或调换工作岗位时,对工人进行新操作方法和新工作岗位的安全教育。

8.2.8 安全员对施工人员进行岗前安全教育,强调存在的危险源、预防措施及安全注意事项,并定期进行安全教育培训。

8.3 机械安全保证措施

8.3.1 安排专人指挥车辆,佩戴安全帽、反光服;管理人员佩戴胸牌及安全帽。

8.3.2 在施工现场应设立明显的安全警示牌,各个施工路口设置明显的警示标志,必要时安排专人指挥机械车辆,确定合理的施工机械行车线路。

8.3.3 机械、车辆驾驶员,必须持证上岗,不准操作与本人证件不相符的机械,不准将机械、车辆交给无本机操作证的人员操作。

8.3.4 操作人员严格按照本机使用说明书的规定和工作前、工作中、工作后的检查保养制度,执行《公路工程施工安全技术规程》中机械设备安全操作规定。

8.3.5 驾驶室内保持整洁,严禁存放易燃、易爆物品。严禁酒后操作机械,严禁机械带病运转或超负荷运转。

8.3.6 操作人员调迁机械时,必须熟悉施工路线,降低车速,观察路口、拐弯处,保证安全顺利通过。选择安全地点停放机械设备,夜间有专人看管。

8.3.7 严禁对运转中的机械设备进行维修、保养、调整等作业,避免发生意外伤害事故。

8.3.8 施工机械作业的指挥人员应站在机械作业人员视线范围内的安全地点,并明确规定指挥联络信号。

8.3.9 汽车停稳后,挖掘机方可向汽车卸土,禁止铲斗从汽车驾驶室上越过。挖掘机启动后,铲斗内、臂杆、履带和机棚上严禁站人,旋转工作半径内严禁有人工作。

8.3.10 平地机在公路上行驶时,操作人员要遵守道路交通规则,提起刮刀和松土器,刮刀不得伸出机侧,速度不得超过20km/h。

8.3.11 装载机起步前,操作人员将铲斗提升到离地面0.5m左右,作业时使用低速挡。用高速挡行驶时,不得进行升降和翻转铲斗,严禁铲斗载人。

8.3.12 自卸车必须按规定吨位装载,不得超载,驾驶室内不得超额坐人、翻斗内严禁载人;在泥泞、危险地段卸土,安排有专人指挥;卸料起斗时,下车观察上空有无各种线缆,防止刮断。车辆进出处,如有地下管线(道),必须铺设厚钢板或浇混凝土加固。

8.3.13 压路机、平地机、装载机等机械起步前,操作人员必须在观察好前后左右无障碍物和人后,方可鸣笛起步。人工跟随振动单钢轮压路机清除钢轮上的泥土时,必须在压路机后倒时进行,严禁在压路机前进时或在压路机上面清理。人工清理三轮压路机泥土时,必须在压路机前进时进行,严禁后退清理钢轮上的泥土。

8.3.14 多台机械在同一作业面作业时,前后两机相距不应小于8m,左右相距应大于1.5m。

8.3.15 压路机必须在前后左右无障碍物和人员时才能启动;变换压路机前进后退方向应待滚轮停止后进行,严禁利用换向离合器作制动用;靠近路堤边缘作业时,应根据路堤高度留有必要的安全距离;两台以上压路机同时作业,其前后间距不得小于3m;振动压路机起振和停振必须在行走时进行,在坚硬路面行走时,严禁振动;碾压松软路基,应先静压1~2遍,然后再振动碾压;换向离合器、起振离合器和制动器的调整必须在主离合器脱开后进行,不得在急转弯时用快速挡;严禁在尚未起振情况下调节振动频率;严禁在压路机没有熄火、下无支垫三角木的情况下进行机下检修;压路机应停放在平坦、坚实并对交通及施工作业无妨碍的地方。

8.3.16 两台或两台以上推土机并排推土时,两推土机刀片之间应保持20~30cm间距。推土前进时,必须以相同速度直线行驶;后退时,应分先后,防止互相碰撞;纵队行驶时,前后间距不得小于20m;在作业过程中发现主离合器制动不灵、机械有异声、警报器发声时,应立即停车检修。

8.3.17　定期组织机械设备、车辆安全检查,对检查中查出的安全问题,按照“三定”的原则进行整改,制订防范措施,防止机械事故的发生。

9　环保措施

9.1　环境管理

9.1.1　在临沂市环保部门和项目办、总监办、驻地办的指导下,按照环保法律、法规要求,采取行之有效的环境保护措施,使污水排放、噪声排放、粉尘排放、固体废弃物排放等符合国家环保标准。

9.1.2　施工现场规范整洁,环境保护符合有关规定。

9.2　防止噪声污染措施

9.2.1　使用机械设备时,要尽量减少噪声污染,建筑施工场地的噪声符合《建筑施工场界噪声限值》(GB 12523—90)的规定。

9.2.2　施工现场推土机、挖掘机、装载机等机械噪声不超过75dB(A)。

9.2.3　工作期间暂停使用的机械设备,应停机或将加速踏板调至最小,尽量减少对当地村庄、社区居民的不利影响。

9.2.4　各种车辆进出村镇,做到文明驾车、慢速行驶,遇地方车辆礼让三先,尽可能不鸣笛或少鸣笛,减少对附近村镇居民的影响。

9.3　防止扬尘措施

9.3.1　施工便道由专人维修,配有洒水车养护,避免扬尘,减少对周围农作物的影响。

9.3.2　注意大风天气下的施工,避免扬尘造成污染大气及便道周围的农作物。

9.3.3　土方运输时,用帆布进行遮盖或适当洒水润湿,防止遗撒。卸车时,采取有效措施,防止扬尘污染空气。

9.4　防治污水措施

9.4.1　加强机械设备的维护保养,保证机械设备的性能良好,无严重漏油现象。

9.4.2　施工废水集中排放,各种施工机械废油、废液集中储存,集中处理,不得直接排放到河流、池塘或其他水域中,也不得倾倒于饮用水源附近的土地上,以防污染水源和土壤,破坏环境。

9.5　防水、排水措施

9.5.1　施工期间始终保持工地良好的排水状态,修建必要的临时排水渠道,并与永久性排水设施相连接,且不得引起淤积、冲刷、积水、淹没农田等。

9.5.2　雨季填筑路基做到随挖、随运、随填、随压实;每层表面筑成适当的横坡,确保不积水。

9.5.3　采取有效的预防措施,防止施工场所占用的土地或临时使用的土地受到雨水冲刷。

9.5.4　施工中的临时排水系统要最大限度地减少水土流失及水文状态的改变。

9.5.5　填筑的路基边坡及时采取防护措施,防止水流对坡面的冲刷而影响排水系统,减少对附近水域的污染。

9.5.6　施工过程中不能干扰河道、现有灌溉或排水系统的自然流动。

9.5.7　保护农田排灌系统,当路线经过农田灌溉区域时,施工时采取必要临时措施保证不影响或中断农田的排灌作业。修建的临时设施不影响当地农田的高峰排灌作业。

9.6　固体废弃物的防治措施

9.6.1　不适宜填筑的材料,应及时堆放整齐,并运至业主指定的位置进行填埋处理。

9.6.2　施工及生活中产生的废弃物应及时处理,运至监理工程师及当地环保部门指定地点弃置,注意避免阻塞河流、泄洪系统和污染水源,并防止汛期淹没农田。如无法及时处理或运走,必须设法防止散失。

9.6.3　清理场地的废料和土石方工程的废方处理，不得影响排灌系统及农田水利设施，不得向河流、专门堆放地以外的地方倾倒。

9.7　保护绿色植被措施

9.7.1　尽量保护公路用地范围之外的绿色植被。若因修建临时工程破坏绿色植被，拆除临时工程时必须恢复。

9.7.2　施工期间严格控制破坏植被的面积，除不可避免的工程占地、砍伐以外，严禁发生其他形式的人为破坏和改变。

9.8　文物保护措施

如施工时发现文物古迹，不得移动和收藏，应保护好现场，防止文物流失，并暂时停止作业，立即将有关情况报告监理及当地文物保护部门。在主管部门未结束处理前，不得重新进行作业。

9.9　文明施工措施

9.9.1　施工现场应设立工程施工告示牌，注明施工桩号、建设单位、施工单位、监理单位等内容，严格按技术规范要求制作。

9.9.2　施工便道由专人负责平整、维修，配有洒水车养护，避免扬尘，减少对农作物的影响，为车辆、人员创造良好的条件。

9.9.3　施工现场标志清晰、明确、整齐，各种警告标志灯、标志牌和护栏齐全、有效、规范。

9.9.4　施工现场排水设施通畅，生活、生产垃圾及时清理。

9.9.5　施工现场机械设备和施工工具按指定的位置停放整齐。

10　效益分析

10.1　工法优势

河砂与风化料混合填筑路基，涉及砂层、风化料层以及风化料路基边坡包边层的综合施工技术。采用该工法进行施工，可保障高效的施工组织，施工顺利进行，按期完成建设任务。

10.2　经济效益

单纯的河砂路基，在路床区需要进行加固处理，以满足路基刚度的设计要求。考虑处理费用后，其造价比河砂与风化料混填路基的造价高出约10%；而从路基的力学性能、整体稳定性方面考虑，混填路基也更占优势。与单纯的风化料路基填筑相比，混填路基的经济效益明显，以21标段路基填筑总量为1 496km^3 为例计算分析。

10.2.1　全部采用风化料进行填筑成本分析

①人工费：1 496 × 450 = 673 200（元）；

②机械费：1 496 × 3 500 = 5 236 000（元）；

③材料费：1 496 × 35 000 = 52 360 000（元）；

合计：58 269 200 元。

10.2.2　采用混填法（风化料 + 砂）填筑路基成本分析

（1）风化料

①人工费：1 052 × 450 = 473 400（元）；

②机械费：1 052 × 3 500 = 3 682 000（元）；

③材料费：1 052 × 35 000 = 36 820 000（元）。

（2）填砂

①人工费：444 × 350 = 155 400（元）；

②机械费：444 × 2 500 = 1 110 000（元）；

③材料费:444 ×33 000 =14 652 000(元);

合计:56 892 800 元。

采用混填法填筑路基比单独采用风化料填筑节约成本 1 376 400 元。

10.2.3　工期比较

(1)全部采用风化料填筑能够实际消耗工期

每 1d 能够施工一层 200m(厚度 30cm):1 496/2.4≈623.3(d)

(2)采用混填法能够实际消耗工期

填砂每 1d 能够施工一层 200m(厚度 50cm):

河砂:444/4 =111(d);

风化料:1 052/2.4≈438.3(d);

两者合计:549.3(d)。

(3)缩短施工工期

623.3 -549.3 =74(d)。

10.3　社会效益

采用河砂与风化料混填路基,避免了对耕地资源的大量占用,保护了宝贵的耕地资源。除此之外,还可疏通河道,增强河的泄洪能力,具有巨大的社会效益。

11　应用实例

11.1　青临高速公路 21 合同段

青(州)—临(沭)高速公路工程项目第 21 合同段是长(春)—深(圳)线的重要组成部分,处于山东省和江苏省省界附近。起讫桩号为 K190 +020 ~ K196 +930,全长 6.910km,双向六车道,全部为填方路基,路基宽度 34.50m,高度 5 ~ 10m。路基于 2009 年 5 月开工建设,于 2010 年 7 月竣工。按该工法施工,采用河砂与风化料混合填筑形式进行,完成路基填方量 149.6 万 m^3。经过检测评定,路基各项施工指标良好,路基回弹模量的代表值在达到 72MPa 以上,完全达到设计要求。

该工程的建成对实现国家高速公路的贯通,对山东高速公路网的形成、完善区域路网规划布局、加强路网综合功能至关重要,对充分发挥国家高速公路网络系统整体社会经济效益具有重要意义。

11.2　日照市疏港高速公路 3 合同

日照市疏港高速公路第 3 合同段路线起自 K10 +100 向西北在 K11 +288 处上跨菏日铁路(K294 +108),经穿魏家村、晓岭村和李村之间终接沈海高速公路,设置日照南互通立交,路线全长3.529 194km。路基填方 34.32 万 m^3。通过实践,混填路基施工工法保证施工的安全和质量、提高施工速度,降低工程造价,经济效益明显。

11.3　张石高速公路涞源段(第二期)N8 合同段

张石高速公路涞源段(第二期)N8 合同段为整体式路基标段,长度为 9.576km,起讫桩号为 K48 +024.627 ~ K57 +600.700。本标段设有大桥 6 座、涵洞 12 道、隧道 2 道、互通式立交 1 处、分离式立交 1 座、天桥 2 座、通道 3 道。路基工程开工日期为 2009 年 1 月,计划于 2010 年 10 月完工。采用河砂与风化料混合填筑形式进行,完成路基填方量 121.6 万 m^3。

本合同段内风化料路基在路床区需要进行加固处理,以满足路基刚度的设计要求。取 K50 +000 ~ K51 +200 为路基填筑试验段,验证了采用混填法填筑路基比单独采用风化料填筑节约成本 120 000 元,能够缩短施工工期 16d,经济效益明显。

采用河砂与风化料混填路基,避免了对耕地资源的大量占用,保护了宝贵的耕地资源。除此之外,还可疏通河道,增强河的泄洪能力,应用前景非常广阔。

振动沉模大直径现浇混凝土薄壁管桩施工工法

GGG(中企)A2006—2010

陈向东　甘国贞　朱　波　刘守城
(中国十七冶集团有限公司)
袁俊青　李　君　乐　峰　杨　勇　陈会君
(中铁十七局集团第三工程有限公司)

1　前言

随着我国经济建设的不断发展,基础建设工程对地基处理提出了新的要求。在原有的地基处理技术基础上,根据待建工程的特点,对现有的处理方法进行改进,满足日益发展的工程建设需要。在这种前提下,现浇混凝土薄壁管桩便应运而生。大直径现浇混凝土薄壁管桩(Thin-wall Pipe Using Cast-in-situ Concrete,简称PCC桩)是河海大学岩土工程研究所自主开发研制的新桩型,已通过江苏省科技厅组织的专家鉴定,且已获得了中国国家专利(专利号分别为ZL01273182.X和ZL02112538.4)。该技术采取振动沉模自动排土现场灌注混凝土而成管桩。现浇混凝土薄壁管桩作为近年新起的地基处理形式,有着与其他支护形式不同的特点,不使用钢筋,水泥用量为传统灌注桩的50%~60%,施工速度快,可大大缩短工期,加固处理深度不受限制,适宜各种地质条件。它克服了预制桩,沉管桩和钻孔灌注桩的成本高、缩径、污染环境等缺点,具有安全、经济、环保、优质高效等优点,逐步得到推广应用。中国十七冶集团有限公司、中铁十七局集团三公司在南京滨江大道和沿海高速等工程中,经工程实践,研制形成本工法。

2　工法特点

2.1　施工速度快,工程造价低,操作简便安全。

2.2　采用本工艺施工,挤土效应相对减少,桩身整体刚度好,承载力较高,质量有保证。

2.3　振感小、噪声小、不扰民、场地泥浆污染少,施工环境整洁,满足城市环保要求。

2.4　适用地质范围广,并不受场地限制,特别是不具备放坡条件的场地。

2.5　大直径管桩进行地基加固,由于桩身表面积大,使单桩承载力大为提高。与实心混凝土桩或粉喷桩相比,单桩在复合地基处理中控制的加固面积大(对于1m桩径的管桩加固面积一般大于$10m^2$)。

2.6　该桩型成桩质量稳定,可沉桩较深(25~35m),桩体与桩周围土形成刚性复合地基,复合层的变形很小,地基稳定性得到提高。

2.7　土中套管成模现浇管桩机具形成的复合地基技术在高速公路、市政工程等软基加固中的使用,将节约成本,缩短工期,提高工程质量,具有广泛应用前景。

3　适用范围

振动沉模大直径现浇混凝土薄壁管桩技术,适用于各种结构物的大面积地基处理,如多层及小高层建筑物地基处理、高速公路市政道路的路基处理、大型油罐及煤气柜地基处理、污水处理厂大型瀑气池、沉淀池基础处理、江河堤防的地基加固等,除了岩石地质外,适应任何地质环境,特别适用于场地狭小、基坑四周不具备放坡条件的地下基坑支护工程。

4 施工工艺原理

现浇薄壁筒桩是指外径800~2 000mm、壁厚120~250mm、中心充满原状土、现浇灌注的筒形混凝土桩。它利用高频液压振动锤将带有环形桩尖套的内外壁套管(双层钢护筒)沉入地下,向夹层中灌入混凝土,启动振动锤边振边拔出双层钢护筒而形成现浇薄壁筒桩,其桩尖则与混凝土筒体连成整体。振动沉模现浇混凝土管桩技术,采取振动沉模自动排土现场灌注混凝土而成管桩,具体步骤是依靠沉腔上部锤头的振动力将内外双层套管所形成的环形腔体在活瓣桩靴的保护下打入预定的设计深度,在腔体内现成浇注混凝土,之后振动拔管,在环形域中土体与外部的土体之间形成混凝土管桩。在形成复合地基时,为了保证桩与土共同承担荷载,并调整桩与桩间土之间竖向荷载及水平荷载得分担比例以及减少基础底面的应力集中问题,在桩顶设置褥垫层,从而形成现浇薄壁管桩复合地基。振动沉模大直径现浇管桩动力设备是振动锤,振动锤的两根轴上各装有偏心块,由偏心块产生偏心力。当两轴相向同速运转,横向偏心力抵消,竖向偏心力相加,使振动体系产生垂直往复高频率振动。振动体系具有很高的质量和速度,产生强大的冲击动量,将环形空腔模板迅速沉入地层。腔体模板的沉入速度与振锤的功率大小、振动体系的质量和土层的密度、黏性、粒径有关。振动体系的竖向往复振动,将腔体模板沉入地层。

成桩机理中有以下三个方面的作用。

(1)模板作用

在振动力的作用下环形腔体模板沉入土中后浇注混凝土。当振动模板提拔时,同时混凝土从环形腔体模板下端注入环形槽孔内,空腹模板起到了护壁作用,因此不会出现缩壁和塌壁现象,从而成为造槽、扩壁、浇注一次性直接成管桩的新工艺,保证了混凝土在槽孔内良好的充盈性和稳定性。

(2)振捣作用

环形腔体模板在振动提拔时,对模板内及注入槽孔内的混凝土有连续振捣作用,使桩体充分振动密实,同时又使混凝土向两侧挤压,管桩壁厚增加。

(3)挤密作用

振动沉模大直径现浇混凝土薄壁管桩在施工过程中由于振动、挤压和排土等原因,可对桩间土起到一定的密实作用。挤压、振密范围与环形腔体模板的厚度及原状土体的性质有关。

5 施工工艺流程及操作要点

5.1 工艺流程

现浇混凝土薄壁管桩工艺流程见1图。

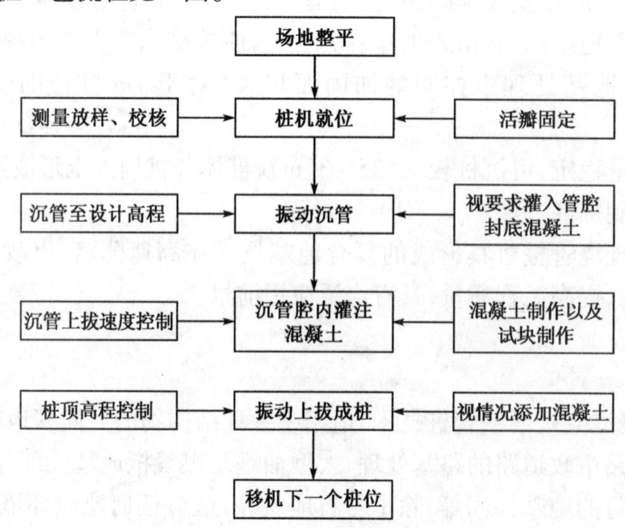

图1 现浇混凝土薄壁管桩工艺流程图

5.2 操作要点

5.2.1 测量放样

单桩的中心位置偏差不应大于5cm,对复合地地基偏差值15cm,现场应以经纬仪施测放样,并多次复核。在场地周边应设置一定数量的定位桩点,以便随时校核桩位振动或挤压引起的位移偏差。在桩中心点确定后,应画出桩外侧的圆线(可用石灰或4~6根木桩定位)。

5.2.2 桩机就位

根据桩位的情况,移桩机(图2)至桩位。此时应调整桩机水平度和垂直度,垂度以桩塔的垂线控制,其垂直偏差应小于1%,水平度应以水平尺控制,误差小于1%。图3为施工机械上部构造实物图。图4为现浇薄壁管桩施工机械实物图。

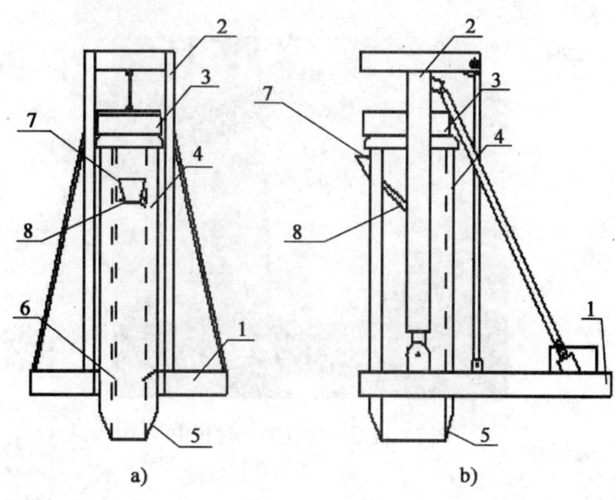

图2 PCC桩机械图

a)立面图;b)侧面图

1-底盘(含卷扬机);2-龙门支架;3-振动头;4-钢质内外套管空腔结构;5-活瓣桩靴结构;6-成模造浆器;7-混凝土分流器

图3 施工机械上部构造实物图

5.2.3 活瓣固定或预埋桩尖

若预埋桩尖(图5),应在桩机就位前即用人工开挖0.5m深的圆形槽后埋设桩尖,桩尖埋设后应进行桩位置的复测。固定活瓣则在桩基就位后,用铁丝固定活瓣,固定活瓣和铁丝为标准12号,其松紧程度宜以活瓣不再外张为宜,不宜过紧。

图4 现浇薄壁管桩施工机械实物图

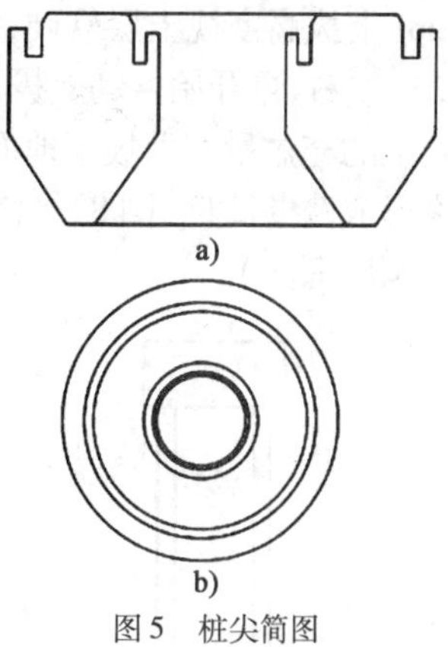

图5 桩尖简图

a)剖面简图;b)平面简图

5.2.4 振动沉模(图6)

根据不同的地质条件,沉管在下沉中可采用先压到一定的深度后,再开启振动锤,直至设计桩的深度。若以贯入度控制,则最后沉管深度宜以最后2min的下沉深度或电流控制。沉管过程中应注意的以

下两个问题:

(1)沉管必须一次到设计要求的深度,严禁上拔再下沉。如沉管中途上拔,必须拔出地面,清除沉管中的淤土,固定活瓣后再进行沉管。

(2)若地下水丰富,水量较大,宜沉管到一定深度,桩长的2/3或1/2处加入适量的干拌混凝土,再继续下沉到设计深度。

5.2.5 混凝土搅拌及灌注

混凝土的配合比必须经有资质的实验室出具的报告,所用的材料必须经检测合格,每盘料拌和的时间必须达到90s以上,坍落度宜在3~7cm,首盘料坍落度以3cm左右为宜,其上可适应加大,必须随机留置试块,每班一组。混凝土的灌注是桩机施工速度的关键因素之一,机台与灌注是相互衔接的工序,应相互协调,即施工时应该注意以下几点:

图6 振动沉模施工过程中

图7 混凝土灌注施工过程中

①管到设计桩深时,应立即灌注,防止停机时间过长。

②混凝土灌注至地面以上1/10桩长处,即可开始上拔沉管。

③再次灌注可到地面以上1/10~1/5桩长时进行,主要应依据桩的充盈系数,确定二次加料的位置及数量。现场人员应经常敲击管壁,判断管内混凝土量以及是否添加混凝土,以免造成浪费或混凝土量不足。

5.2.6 拔管

拔管是影响桩身质量的关键工序,也是造成扩、缩颈甚至断桩的关键,施工前应充分考虑到地质条件及混凝土状态等多方面因素,确定拔管速度、停止时间、位置等施工参数。拔管速度一般宜控制在1.0~2.5m/min,地层软硬交替处,应降低拔管速度,甚至停拔5~20s。开始上拔时,应首先开启振动锤10~20s,上拔10~30cm(上拔高度视土层软硬,对软硬土层,宜上拔10cm左右;对于软—硬塑土层宜上拔20cm),停拔并振动20s左右,再开始振动上拔,以保证桩端部位混凝土密度,现场可依据管中混凝土高的下降来判断桩端混凝土的充盈量。上拔至地面2~5m时,宜一次性拔管至地面。对管壁泥量较大的,应在上拔时进行刮泥最终形成薄壁筒桩(图8)。浇筑后的桩尖应高出设计高程至少30cm,并于保护,浮浆层应凿除。

5.2.7 移机(图9)

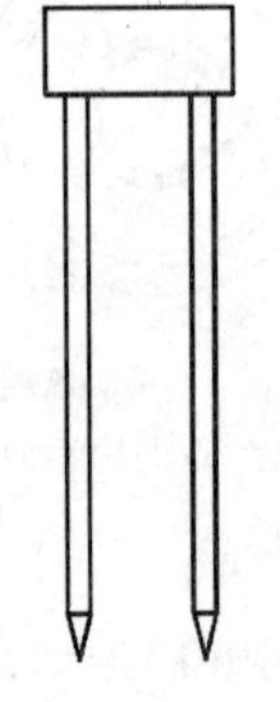

图8 现浇薄壁管桩

图9 移机

移机应对桩头进行初步的处理。多余的混凝土应及时清运,带出的土体也应外运,对桩头应堆土养护。

5.3 劳动组织

2台振动沉模现浇薄壁管桩设备分2组,在2个区域施工,互不影响,劳动组织见表1。

劳动组织 表1

序　号	工　种	数量(人)	备　注
1	项目经理	2	含总工1名,要求有项目经理证
2	质检员	2	持证上岗
3	技术员	2	
4	试验员	2	持证上岗
5	测量员	1	持证上岗
6	资料员	1	
7	安全员	2	持证上岗
8	材料员	2	
9	机修员	2	
10	电工	2	持证上岗
11	沉模班	8	持证上岗
12	混凝土搅拌班	10	持证上岗
13	混凝土灌注班	4	
14	孔口清理班	10	
15	电焊工	1	持证上岗
16	铲车司机	1	持证上岗
	总计	52	

6 材料与设备

6.1 材料

主要材料:细石料混凝土、泥浆。

6.1.1 商品混凝土,强度等级为C15,要求粗集料粒径均匀,一般粒径不大于30mm,坍落度控制到位。

6.1.2 桩尖应有质量出厂合格证及检验报告。桩尖上应标明编号及制作日期。

6.2 设备

主要施工机具有高频液压振动锤、夹持器、小型挖掘机、电焊机、双层钢护筒、铲车、吊车、混凝土罐车、混凝土输送泵、经纬仪、水准仪,见表2。

机具设备 表2

序　号	名　称	规　格	单　位	数　量	备　注
1	振动沉模现浇薄壁管桩	ZDGZ1000BA	台	2	电机功率74kW
2	混凝土泵	HBT20	台	2	电机功率33kW
3	混凝土搅拌机	JZ350型	台	2	电机功率11kW
4	激光全站仪	PTSIII—0.5	台	1	布桩及控制垂直度
5	水平仪	53	台	2	控制桩深
6	电焊机	BXT—330	台	1	电机功率33kW
7	铲车	50型	台	1	
8	手推车		辆	8	

7 质量控制

7.1 打桩前,应处理高空和地下障碍物,场地应平整且保持排水沟畅通。

7.2 调好激振速度,最大限度地减少挤土效应。振动时,保持成孔器内外管垂直,确保位置正确,防止成孔器倾斜而损坏成孔器。

7.3 应注意控制环形空隙壁厚的均匀性。

7.4 在制作桩尖时,应控制好桩尖尺寸,特别是桩尖榫头内径的预留,使桩尖与内外钢护筒相吻合,不能留有缺口。

7.5 浇注混凝土和拔管时为保证混凝土质量,应在混凝土初凝之前拔管,严禁无故停顿。

7.6 当沉管无法达到设计高程时,可采取给桩机加压振动和灌水措施(砂质层)。

7.7 管桩质量检验标准应符合表3规定。

PCC桩质量检验标准 表3

<table>
<tr><th rowspan="2">项</th><th rowspan="2">序</th><th rowspan="2">检查项目</th><th colspan="2">允许偏差或允许值</th><th rowspan="2">检查方法</th></tr>
<tr><th>单位</th><th>数值</th></tr>
<tr><td rowspan="5">主控项目</td><td>1</td><td>桩长或最后30s的电流、电压值</td><td colspan="2">桩长:+300mm;电流电压值应符合设计要求</td><td>测桩管长度,查施工记录</td></tr>
<tr><td>2</td><td>混凝土冲盈系数</td><td colspan="2">>1</td><td>检查每个桩的实际灌注量</td></tr>
<tr><td>3</td><td>桩体质量检验</td><td colspan="3">1. 桩施工后,应现场开挖检查桩身质量,可在成桩14d后开挖暴露桩头,观察管桩的壁厚和成型情况。检查数量不应少于总数1%,且不少于3根。
2. 桩混凝土达到龄期后,采用低应变检测。检测数量不得少于总数的30%</td></tr>
<tr><td>4</td><td>混凝土强度</td><td colspan="2">设计要求</td><td>试块报告或切割取样送检</td></tr>
<tr><td>5</td><td>承载力</td><td colspan="2">设计要求</td><td>一般工程可进行单桩静荷载试验,检测数量不得少于总数的0.5%~1%,且不得少于3个点</td></tr>
<tr><td rowspan="6">一般项目</td><td>1</td><td>桩位</td><td>mm</td><td>100</td><td>开挖后测量桩中心</td></tr>
<tr><td>2</td><td>垂直度</td><td colspan="2"><1%</td><td>测桩管垂直度</td></tr>
<tr><td>3</td><td>桩径</td><td>mm</td><td>-20</td><td>开挖后实测桩头直径</td></tr>
<tr><td>4</td><td>壁厚</td><td>mm</td><td>-10</td><td>开挖后用尺量壁厚,每个桩头取三点值的平均值</td></tr>
<tr><td>5</td><td>桩顶高程</td><td>mm</td><td>+30,-50</td><td>需扣除桩顶浮浆层及劣质桩体</td></tr>
<tr><td>6</td><td>拔管速度:软弱土层其他土层</td><td>m/min</td><td>0.6~0.8
1.0~1.2</td><td>测量机头上升距离和时间</td></tr>
</table>

8 安全措施

8.1 施工准备阶段,应组织项目部技术、安全管理人员对作业队施工人员进行技术与安全交底,明确各自的岗位职责。

8.2 桩机应进行安检合格后方可施工,所有特殊工种人员应持特殊工种上岗证。

8.3 施工作业人员统一着装上岗,设专人监管,闲杂人员不得进入施工现场。

8.4 施工场地内的电源、电路安装与拆除应由持证的专业电工进行操作。

8.5 施工时,应提前做好防雨、防风准备工作。遇恶劣天气时,应停止施工,加强对现场材料、机具的保护。

8.6 认真贯彻"安全第一,预防为主"的方针,进入施工现场人员必须戴好安全帽。

9 环保措施

9.1 防止大气污染

水泥等粉细散装材料,采取封闭存放或严密遮盖,卸运时要采取有效措施,减少扬尘。

9.2 防止水污染

9.2.1 现场存放油料的库房,必须进行防渗漏处理。储存和使用都要采取措施,防止跑、冒、滴、漏、污染水体。

9.2.2 施工所产生的泥浆,必须在沉淀池内进行沉淀,严禁乱排放污染水质。

9.3 防止光污染

9.3.1 现场不得有长明灯,夜间施工除必要的照明外,应避免过多灯光照射。

9.3.2 现场照明集中照射,仅覆盖现场范围,避免影响临近道路行车。

9.4 防止施工噪声污染

9.4.1 施工现场提倡文明施工,建立健全控制人为噪声的管理制度。尽量减少人为的大声喧哗,增强全体施工人员防噪声扰民的自觉意识。

9.4.2 严格控制强噪声作业时间,特殊部位施工需在相关环保局备案后方可施工。

9.4.3 涉及产生强噪声的成品、半成品加工,尽量放在车间完成,减少因施工现场加工制作产生的噪声,搭设木加工棚,放置木加工机械。

9.4.4 尽量选用低噪声或备有消声降噪设备的施工机械。施工现场的强噪声机械(如搅拌机、电锯、电刨、砂轮机等)要设置封闭的机械棚,以减少强噪声的扩散。

10 资源节约

现浇混凝土薄壁管桩较常规桩基施工的混凝土使用量明显减少,它利用薄壁里的土芯体与外围混凝土薄壁形成整体桩基,大大提高了地基承载力。在施工过程中,以工程建设标准化管理为起点,认真贯彻国家节能工程的相关要求,加大了材料节约和泥浆排放的控制,既降低了成本,又有利于环境保护。

11 效益分析

在施工过程中,整体情况良好。工期、质量、安全均达到预定目标,经过工程的实际应用经检测质量合格,施工环境整洁、无污染。

11.1 经济效益

本工法施工简单、可操作性强、桩身强度高且单桩处理面积大,平均每天成桩 20 根,大大缩短工期。同时,单桩混凝土消耗是实心桩的 40%。

11.2 社会效益

现场施工不受水位、地质条件限制,无噪声干扰,无泥浆污染,社会效益显著。

12 应用实例

12.1 南京河西新城区滨江大道南延项目建设工程地处南京河西及雨花经济开发区滨江地区,是南京河西新城区南北向重要的城市快速路,也是新城区滨江大道景观带的重要组成部分。采用本工法施工的主要部位是主线桥台后接坡道路复合地基处理,工程量如下:薄壁管桩共 1 400 多根,方形布置,横纵处理间距为 3m,处理深度为 15m。经过本工程的实施,该项技术具有施工时振感小、噪声小、不扰民、安全、场地整洁、无泥浆污染、桩身混凝土质量有保证且施工速度快、工程造价低、承载力高、稳定性好、抵抗软基础不均匀沉降、挤土效应相对较少且适用于基坑四周不具备放坡条件的施工场地等优点,具有广阔的发展前景。

12.2 河北省沿海高速公路 K143 + 171.5 ~ K143 + 425.5 段软软基处理施工中采用本工法,地基处理面积为 10 668m^2,大直径振动沉模现浇薄壁管桩 1 514 根,桩长 14m,灌注混凝土 5 993m^3,褥垫层用砂砾 5 334m^3,工期为 2 个月,比原设计节约资金近 150 万元。静荷载试验表明,桩土复合地基承载能力达到 800kPa 以上,单桩承载力极限值达到 800kN 以上。通过大直径振动沉模现浇薄壁管桩低应变检测(抽检 100 根桩),其中优质桩达 90%,良好桩达 10%,全部达到合格标准,满足设计要求。

级配不良细砂土路基填筑施工工法

GGG(黑)A2007—2010

杨士杰　李　军　崔云财　孙志利　李政国
(龙建路桥股份有限公司　黑龙江省龙建路桥
第四工程有限公司　黑龙江省鼎昌工程有限公司)

1　前言

在公路工程建设中,沿线材料复杂多变,经常会遇到沿线土质为级配不良细砂土丰富,碎石土、黏土等填筑材料短缺的情况。采用碎石土、黏土等填筑材料填筑路基,存在远距离运输工程造价大幅度增加的问题,特别是对于高速公路等建设项目,工程量很大;就地取材,将会大幅度降低造价,但级配不良细砂土作为路基填筑材料,存在表面水分散失快、失水后易松散、不易压实、干稳定性差的缺陷。

针对级配不良细砂土表面水分散失快、失水后易松散、采用常规压实方法无法压实、干稳定性差的特点,经过反复试验,通过掺灰黏土包边、含水率控制、调整压实设备配备(采用配重装载机、胶轮压路机替换常规路基填筑采用的光轮压路机)的方法,确保级配不良细砂土路基填筑质量,达到了降低工程造价的目标。

2000年5月~2001年10月龙建路桥股份有限公司在国道202线黑河至北安段第III标段,2002年5月~2002年10月在国道202线黑河至北安段第IV标段,2009年5月~2010年6月龙建路桥股份有限公司在吉黑高速公路北安至黑河段A7标段路基工程施工中,就地取材,采用级配不良细砂土进行路基填筑,通过掺灰黏土包边,配重装载机、胶轮压路机、振动压路机组合进行路基压实,含水率控制等工艺,确保路基整体质量,形成一套适合于级配不良细砂土路基填筑的施工工法,大大降低了工程造价,取得了较好的经济效益和社会效益。本工法关键技术处于国内领先地位。

2　工法特点

2.1　级配不良细砂土干稳定性差的特点,采用掺灰黏土包边,防止路基边坡冲刷,保证边坡稳定。

2.2　级配不良细砂土表面水分散失快,通过试验确定细砂土最佳含水率,采用洒水车洒水的方式控制压实过程中路基填料含水率。

2.3　改变常规路基填筑压实设备组合方式,采用配重$3m^3$以内轮胎装载机、20t振动压路机、26t胶轮压路机的压实组合方式确保级配不良细砂土路基压实度。

3　适用范围

本工法适用于高速公路、城市干道、低等级公路等使用级配不良细砂土填筑路基工程施工。

4　工艺原理

通过土的颗粒分析试验,确定不均匀系数C_u和曲率系数C_c两个指标,反映了土颗粒分布的均匀程度。不均匀系数C_u小于5,曲率系数C_c小于1、大于3的土属于级配不良的土,对于级配不良的土在施工中难以压实,通过调整压实设备配备及压实程序,利用配重装载机、振动压路机、胶轮压路机的揉搓作用,缩小颗粒间距,形成一定结构强度,确保级配不良细砂土的压实度,保证路基填筑质量。

通过对包边土及细砂土含水率控制，确保路基填料在 -2% ~2% 范围内完成碾压。

5 施工工艺及操作要点

5.1 施工工艺(图1)

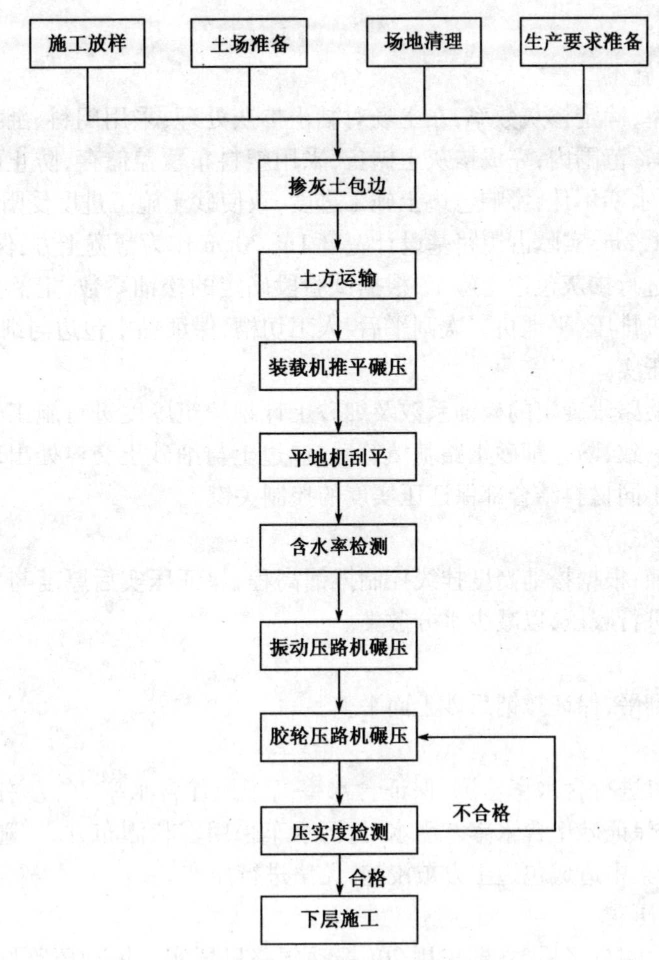

图1 级配不良细砂土路基填筑施工工艺流程图

5.2 施工准备

5.2.1 施工放样

根据设计要求，复核导线点、水准点，计算 10m 一个断面设计高程。

5.2.2 土工试验

根据《公路工程土工试验规程》(JTG E40—2007)，对用土进行颗粒分析、标准击实等土工试验，确定土样的最佳含水率及最大干密度。

5.2.3 土场备料

土场清表、完善排水设施、土场便道整修。

5.2.4 场地清理

施工作业面根据设计要求进行场地清理等工作。

5.2.5 人员配备

根据施工现场需要，配备测量员、试验员、质量检测员、安全员、现场负责人等人员。

5.2.6 机械设备配备

每个施工作业面配备 $3m^3$ 以内轮胎装载机 2 台、20t 振动压路机 1 台、26t 胶轮压路机 1 台、200kW

平地机1台、20t以内自卸汽车15台、10t洒水车1台、75kW推土机2台。

5.3 试验路段施工

通过试验路段施工,确定掺灰包边土施工方式、松铺系数,确定细砂土施工生产要素配备、松铺系数、含水率控制范围、碾压方式、碾压遍数等施工控制参数。

5.4 施工工艺

5.4.1 掺灰土包边施工

根据土场黏土含水率,确定掺灰数率,在土场对黏土掺灰处理,采用闷料、翻拌的方式,将黏土含水率控制在最佳含水率±2%范围内,完成掺灰土储备,采用塑料布覆盖储存,防止雨淋,从而保证黏土包边的施工进度,避免因含水率不佳,影响包边土施工进度,致使砂土施工进度受阻。

黏土包边宽度采用1.2m,实际占用路基设计宽度1m,20cm作为帮宽土方,保证边部压实。

采用人工配合机械进行掺灰包边土施工,根据试验段确定的松铺系数,定额备料,采用装载机分料摊铺,平地机整平,推土机排压,平地机二次刮平后,人工切槽,保证黏土包边与细砂土接触内侧垂直,避免砂土与黏土重叠难以压实。

包边土厚度根据试验路段确定的松铺系数及细砂土计划填筑厚度进行施工,保证包边土压实后高度与细砂土压实后高度一致,防止细砂土路基填筑后,包边土与细砂土交界处出现错台,一侧压实达不到规范要求。这是两种不同材料结合部保证压实度的控制关键。

5.4.2 细砂土摊铺

采用一台装载机摊铺,根据松铺高度挂线控制摊铺高程,保证压实后厚度与包边土压实厚度一致,同时另一台装载机配重进行碾压,以减少水分散失。

5.4.3 平地机刮平

根据挂线高度进行刮平,保证摊铺后砂土面平整。

5.4.4 含水率检测

对摊铺后细砂土及时进行含水率检测,保证含水率高于最佳含水率2%左右,方可进行压实,否则立即采用洒水车洒水,以保证砂土含水率。洒水时,洒水车采用雾状洒布方式,避免水量不均匀影响整体含水率效果,防止水量集中造成包边土方被浸泡,无法进行压实。

5.4.5 振动压路机压实

平地机刮平含水率检测合格后,立即采用20t振动压路机压实。振动压路机压实主要通过振动力保证砂土深层压实,包边土与砂土同层碾压,压实遍数4~6遍。

5.4.6 胶轮压路机压实(图2)

振动压路机压实一遍后,26t以上胶轮压路机紧跟压实,保证砂土表面层压实度,碾压遍数为4~6遍。图3为压实后成型路基。

图2 振动压路机胶轮压路机同步碾压

图3 压实后成型路基

5.4.7 各项指标检测

碾压完毕,根据路基施工技术规范要求检验压实度、平整度、高程、宽度、横坡度等项目,特别要注意包边土与砂土交接处压实度检测。

5.4.8　下层施工

检测合格后,及时进行下层施工,避免砂土水分散失过快。

6　材料与设备

6.1　材料

6.1.1　细砂土

细砂土中易掺杂少量树根等杂物,在施工中及时挑出。根据颗粒分析试验,该工程用细砂土不均匀系数 C_u 为1.4~3.2,曲率系数 C_c 为0.3~0.6(属不良级配的细砂土)。

6.1.2　生石灰

尽量选择有效钙加氧化镁含量不小于60%的生石灰材料,保证降低黏土含水率的效果。生石灰质量要求不低于Ⅲ级。

6.2　主要机械设备配备(表1)

主要机械设备配备表　　表1

序　号	机械设备名称	规 格 型 号	单　位	数　量	备　注
1	挖掘机	$2m^3$ 以内单斗	台	2	一台储备包边土,一台用于装料
2	装载机	$3m^3$ 以内轮胎式	台	2	用于摊铺及碾压
3	洒水车	10t	台	1	用于砂土表面补洒水
4	自卸汽车	15t 以内	台	15	根据运距确定
5	振动压路机	20t 以内	台	1	
6	胶轮压路机	26t 以上	台	1	
7	平地机	S850	台	1	
8	推土机	东方红 802	台	2	用于包边土碾压

7　质量控制

7.1　含水率控制

砂土含水率控制是保证砂土压实的关键。通过反复试验,根据天气温度情况,确定是否洒水及洒水量的大小,跟踪检测。

7.2　包边土压实

包边土宽度窄,必须与砂土同层碾压,确定砂土及黏土的松铺系数尤为重要,否则在两种土压实后会出现错台现象,导致一种土压实度不足。按照《公路路基施工技术规范》(JTG F10—2006)压实度检测频率进行检测和控制。

7.3　压实设备组合

采用装载机初压对砂土起到稳定作用,为振动压路机碾压作准备,振动压路机碾压后砂土表面会出现不同程度的推移、裂纹,表面压实度不够,通过胶轮压路机的揉搓作用,保证表面压实度,三者有机结合,才能保证砂土的整体压实度。按照《公路路基施工技术规范》(JTG F10—2006)压实度检测频率进行检测和控制。

7.4　包边土内侧切槽

包边土内侧人工切出垂直于路基表面的直茬,保证压路机的作用力垂直作用于土体,确保压实效果。如果两种土质混杂,将直接影响压实度。

8 安全措施

8.1 应遵照《公路工程施工安全技术规程》(JTJ 076—95)的要求执行。

8.2 应遵照国家颁布的有关安全技术规程和安全操作规程办理。

8.3 土场出入口、施工区出入道路安排设置明显安全标志,安排专人指挥交通,保证施工安全。

8.4 施工现场指挥人员着安全服装,旗语明确。

9 环保措施

9.1 生石灰运输车辆覆盖,生石灰覆盖堆放,避免污染周围环境。

9.2 施工便道安排专门洒水车洒水,防止扬尘。

9.3 机械设备的噪声,应符合当地环保部门的要求,不符合者应采取有效措施。

9.4 运输车辆采用篷布覆盖,避免材料撒落。

9.5 工程机械产生的废气物根据废弃物处理规定妥善存放及处理。

10 资源节约

全部采用黏土作为路基填筑材料,会占用较大面积耕地资源;采用碎石土等材料填筑路基,会大面积破坏林地资源;细砂土取土场一般位于灌木丛或荒滩地,避免了耕地资源和林地资源的浪费;黏土填筑路基一般需要掺灰处理,采用细砂土填筑路基,可以大大减少生石灰使用量,减少能源消耗。

11 效益分析

采用细砂土进行路基填筑施工,就地取材,避免远距离运输增加工程造价,公路工程建设,工程量大,路基填筑材料动辄上百万立方米。黏土材料丰富地区主要为耕地,石方填筑材料丰富地区主要为林带,开采会破坏耕地和林地资源。细砂土地区主要为灌木丛荒地或河滩,开采简单,减少耕地和林地资源破坏,降低工程造价的同时,保护了土地和林业资源,经济效益和社会效益明显。

2000 年 5 月至 2001 年 10 月龙建路桥股份有限公司在国道 202 线黑河至北安段第 III 标段,路基填方约为 50 万 m^3,细砂土材料平均运距为 3km,碎石土平均运距为 22km,增加节省工程造价约 1 500 万元;2002 年 5 月至 2002 年 10 月在国道 202 线黑河至北安段第 IV 标段,路基填筑 42 万 m^3,细砂土材料平均运距为 2km,碎石土运距为 43km,节省工程造价约 2 500 万元;2009 年 5 月至 2010 年 6 月龙建路桥股份有限公司在吉黑高速公路北安至黑河段 A7 标段工程,路基填筑工程量约为 115 万 m^3,细砂土材料平均运距 7km,碎石土材料平均运距 34km,节省工程造价约 4 500 万元。

12 工程应用实例

12.1 应用实例一

2000 年 5 月 ~2001 年 10 月龙建路桥股份有限公司在国道 202 线黑河至北安段第 III 标段路基工程,施工桩号为 K60 +000 ~ K76 +000,二级公路,路基填方约为 50 万 m^3,细砂土材料平均运距为 3km,路线长度为 16km,路基宽度为 12m,路基填方约为 50 万 m^3,细砂土材料平均运距为 3km,碎石土平均运距为 22km,增加节省工程造价约为 1 500 万元。采用本工法施工,经过 8 年多使用,整体质量良好。实体工程质量证明采用级配不良细砂土进行路基填筑,通过改进施工工艺,可以达到工程质量要求。

12.2 应用实例二

2002 年 5 月 ~2002 年 10 月龙建路桥股份有限公司承建国道 202 线黑河至北安段第 IV 标段路基工程,施工桩号 K76 +000 ~ K93 +250,路线全长 17.25km,路基宽度 12m,二级公路,路基填筑 42 万 m^3,细砂土材料平均运距为 2km,碎石土运距为 43km,节省工程造价约 2 500 万元。采用该工法施工,经过

8 年多使用，路基整体质量良好。实体工程质量证明采用级配不良细砂土进行路基填筑，通过改进施工工艺，可以达到工程质量要求。

12.3 应用实例三

2009 年 5 月 ~2010 年 6 月龙建路桥股份有限公司承建吉黑高速公路北安至黑河段 A7 标段路基工程，施工桩号为 K153 +890 ~ K184 +815，路线长度为 30.925km，路基宽度 24.5m，路基填筑工程量约为 115 万 m^3，细砂土材料平均运距为 7km，碎石土材料平均运距为 34km，节省工程造价约为 4 500 万元。采用该工法施工，路基整体质量良好。实体工程质量证明，采用级配不良细砂土进行路基填筑，通过改进施工工艺，可以达到工程质量要求。

泡沫混凝土路堤施工工法

GGG(浙)A2008—2010

吴旭初　江　锋　项小伟　朱培良

(浙江省宏途交通建设有限公司)

1　前言

在软土地基上修建高速公路,为了减少工后沉降,往往需要采取软基处理。常规的软基处理方法有塑料排水板、超载预压、真空预压、粉喷桩、低强度等级混凝土桩、预应力管桩、塑料套管桩、碎石桩等。这些处理方法均是通过对下卧软土地基进行处理,从而增强复合地基承载能力,减少路堤工后沉降。浙江省宏途交通建设有限公司研发了成套泡沫混凝土路堤施工技术,即采用泡沫混凝土作为一种新型路基轻质填料,大大减轻了路堤重力,从而减少了地基附加应力,达到了减少路堤工后沉降的效果。通过所承建的申嘉湖杭高速公路 L8 合同段、09 省道临平道古市至塘栖段整治工程等项目具体施工实践,积累了相当经验,现对其进行总结,形成了本工法。

2　工法特点

2.1　可大大减少路堤工后沉降量,从而减少公路运营后的维护工作量。

2.2　施工简便,可操作性强,工程质量易于控制。

2.3　施工进度快、效率高,减少路基边坡坡率,从而节约征地、减少拆迁。

3　适用范围

适用于公路工程软土地基处理、桥头台背回填(图 1)、高填方路段填筑、新老路拼接(道路扩建)、山区陡峭路段填筑、滑坡体路段填筑、道路应急抢险等领域。

图 1　桥头台背直立回填图

4　工艺原理

利用泡沫混凝土材料具有轻质性(300 ~ 1 800 kg/m^3)、强度的可调节性(0.3 ~ 5.0MPa)、高流动性(可实现垂直高度 100m、水平距离 500m 的远距离泵送)、固化后的自立性、低弹减振性(对冲击荷载具有良好的吸收和分散作用)、防水性(透水系数为10^{-5}cm/s量级)、耐久性、良好的隔热、隔声效果及抗冻融性能等特性作为路堤填筑材料,可有效地解决材料自重和承重这一矛盾,通过减轻荷重或土压,达到减少路基不均匀沉降的目的。泡沫混凝土试件内部见图2。

图2 泡沫混凝土试件内部图

5 工艺流程和操作要点

5.1 工艺流程

工艺流程见图3。

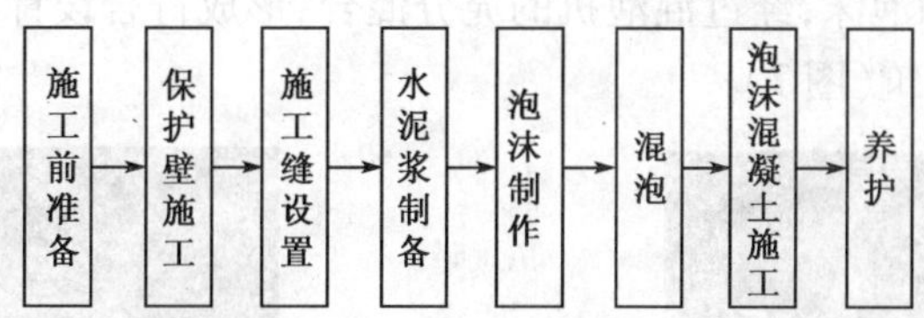

图3 工艺流程

5.2 操作要点

5.2.1 施工准备

(1)根据设计要求,试配泡沫混凝土,确定其水泥、发泡剂、水、集料及外加剂等的掺量。

(2)清除浇筑区基底杂物,尤其应排清基底的积水;当在地下水位以下浇筑时,设置降水措施,严禁在基底有水的状态下浇筑施工。

(3)结合设备生产能力、工期等要求,对施作的施工路段进行浇筑区和浇筑层的划分,为浇筑施工做好相关准备。

(4)做好施工废水、工程废料的清运措施,确保整个施工期满足环保要求。

5.2.2 保护壁施工

(1)钢筋混凝土挡墙保护壁,可在泡沫混凝土施工前一次性施工至设计高程。

(2)砌块类保护壁,砌筑砂浆应满足M7.5砂浆的质量要求,砌缝宜采用勾缝,缝宽不应超过1cm。施工过程中,砌筑高度应超过当前泡沫轻质土浇筑面3层砌块高度,按照随浇随砌的原则施工(图4、图5)。

图4 挡块细部图

图5 挡块外立面图

5.2.3 施工缝设置

浇筑区与浇筑区之间设置施工缝。缝模板采用厚度12~18mm的木夹板。

5.2.4 水泥浆制备

(1)根据设计的配合比进行水泥浆的拌和,拌和必须采用间歇式搅拌机,确保搅拌的均匀。

(2)水泥浆存储在有一定储量的储罐内,储罐具备二次搅拌功能,避免水泥浆的沉淀。

(3)水泥浆或水泥砂浆在储料装置中的停滞时间不宜超过2h。

5.2.5 泡沫制作(图6)

(1)根据发泡剂的稀释倍率,稀释发泡剂。

(2)设置稳定的发泡倍率,将具有一定压力的压缩空气与稀释的发泡剂水溶液混合的方式生产标准泡沫密度的泡沫。

5.2.6 混泡

(1)根据设计要求,设定泡沫混凝土的泡沫含量。

(2)一定比例的水泥浆和泡沫,经过混泡机的充分混合,形成符合设计标准的泡沫混凝土。

5.2.7 泡沫混凝土的浇筑(图7)

图6 泡沫制作

图7 现场浇筑

(1)标准泡沫混凝土可直接经液压泵及铺设好的管道输送至施工现场。当浇筑数量较小时,也可采用车辆运送或其他工具运输的方式进行施工。

(2)浇筑时,出料口宜埋入泡沫混凝土内。当无法满足要求时,出料口离浇筑点的高差宜控制在1m以内。图8为刚浇筑完成的结构顶面。

(3)单个浇筑区内,浇筑层的施工时间,宜控制在水泥浆初凝时间内;当浇筑层终凝后,方能进行上层的浇筑施工。

5.2.8 养护

(1)当遇大雨、暴雨或持续时间较长的小雨天气,未硬化的泡沫混凝土表面应采取遮雨措施。

(2)泡沫混凝土施工完24h后应浇水养护,养护时间不得少于7d。

(3)养护期内尽量避免人员在其上面行走,禁止堆积物品,以免破坏其中的气泡结构,影响质量。图9为薄膜养护。

图8 刚浇筑完成的结构顶面

图9 薄膜养护

6 材料与设备

6.1 材料

6.1.1 水泥:P·O42.5R 以上普通硅酸盐水泥、矿渣硅酸盐水泥、粉煤灰硅酸盐水泥等均可使用。

6.1.2 砂子:普通河砂或山砂均可,含泥量应小于 3%。

6.1.3 收缩补偿剂:一般为 $CaO\text{-}Al_2O_3\text{-}CaSO_4$,可有效提高泡沫混凝土的抗裂能力。

6.1.4 发泡剂:主要原料采用无污染的动物蛋白、植物蛋白、高分子合成蛋白,无论是对生产者,还是使用者及环境,都不会产生任何副作用。其特点是稀释倍率高,发泡速度快,能使泡沫均匀,液膜坚韧,稳定性好,泌水率低,持续时间长,且对胶凝材料无任何影响。

6.1.5 材料均应有出厂合格证、出厂性能报告、产品使用说明等,并按规定做相关的进场检验。

6.2 主要机具设备(表 1)

主要机械设备表 表 1

序 号	机 械 名 称	规 格 型 号	单 位	数 量
1	水泥浆拌和设备(含计量系统)	HTJL	套	1
2	发泡机	HTFP	台	1
3	混泡机	HTHP	台	1
4	空压机	≥$1m^3$	台	2
5	液压泵	≥30m/h	台	1
6	输送软管	5/12	m	800
7	控制系统	WGDH	套	1

图 10 为设备现场布置。图 11 为设备一体机全景。图 12 为控制系统。

图 10 现场布置

图 11 设备一体机全景

图 12 控制系统

7 质量控制

7.1 质量控制标准

7.1.1 《公路工程质量检验评定标准》(JTG F80/1—2004)。

7.1.2 《混凝土小型空心砌块试验方法》(GB/T 4111—1997)。

7.2 质量控制措施

7.2.1 泡沫混凝土的配合比应根据设计标准强度、施工条件以及环境温度由试验来决定,各种原材料的计量精度应满足表 2 的要求。

7.2.2 水泥进场时,应对其品种、级别、包装或散装仓号、出厂日期等进行检查,并对其强度及其他必要的性能指标进行复验,其质量必须符合现行国家标准的规定。

材料的计量精度 表2

材 料	计量精度	材 料	计量精度
集料、掺加料	±2%	水	±2%
水泥、外加剂	±2%	发泡剂	±5%

7.2.3 检验频率:按同一生产厂家、同一等级、同一品种的胶凝材料,根据出厂批次进行检验,每一批次检验一次;发泡剂按同一生产厂家同一批次进行检验。

7.2.4 项目开工前,对发泡剂所产生的泡沫与水泥的适应性进行检验。检验方法为消泡试验,检验数量为每一工程项目检验一次。检验合格标准为湿密度增加率不超过10%。

7.2.5 组织各专业技术工人进行专项学习培训,熟悉操作规程,稳定班组,定人定岗。

7.2.6 落实质检、试验检测相关规定,确保原材料质量和工序操作质量。

7.2.7 定期维修、保养和标定机械设备,确保设备正常工作,稳定产品质量。

8 安全措施

采用本工法施工时,除应执行有关安全施工的规定外,尚应遵守注意下列事项:

8.1 施工作业人员必须了解和掌握本工艺的技术操作要领,特殊工种(机械操作工等)应持证上岗。

8.2 泡沫混凝土制作前,应对空气压缩机、发泡机、搅拌机、液压泵等进行检查,且在试运转正常后,方可开机工作。

8.3 在施工中,要随时注意压力表的数值,严禁压力超标,并严格按操作规程及顺序操作空气压缩机和发泡机,防止空气压缩机气流管反弹伤人。

8.4 施工人员必须佩戴安全防护用品,设备必须有安全警示标志。

9 环保措施

9.1 在添加材料时,施工人员必须佩戴口罩等防护用品。

9.2 要减少空气压缩机、搅拌机的噪声及振动或采取相应的隔离措施。施工时,应避开居民的休息时间。

9.3 泡沫混凝土为现场制作,所有材料应统一保管,剩余材料不能随意丢弃,尤其是各种外加剂及发泡剂等在工序完成后,要及时收起,并妥善保管。

10 效益分析

10.1 经济效益

申嘉湖杭高速公路第 L8 合同段建设中首次采用本工法解决桥头软土地基工后沉降过大问题。

10.1.1 直接经济效益

以一座桥台计算,其直接经济效益为47.4万元,其中减少预压费用25.3万元,缩短工期节约成本8.3万元,减少征地和房子拆迁费用13.8万元。

10.1.2 间接经济效益

因减少了工后沉降,从而减少桥头沉降的沥青混凝土回填约42万元。

10.2 社会效益

本工法施工速度快、劳动强度低、施工安全、操作简便,又能缩短施工周期,并可节约土地、保护自然环境。

11 工程实例

11.1 申嘉湖杭高速练杭段 L8 标段

项目工程中塘栖互通 A 匝道通道台背回填采用泡沫混凝土回填，台背回填长度 30m，宽度 26m，高度 1.0 ~ 2.5m。该新型工艺由浙江省宏途交通建设有限公司实施，施工时间为 2009 年 10 月 10 日 ~ 2009 年 11 月 5 日。该段通道台背泡沫混凝土回填后经检测，各项指标均满足相关规范要求。施工单位定期对该路段的位移及沉降进行了观测。通过观测结果来看，该路段侧向位移和沉降均在设计允许范围内，达到了预期的处理效果。

11.2 09 省道临平道古市至塘栖段整治工程

白岭山桥台背泡沫混凝土回填工程由浙江省宏途交通建设有限公司承建。台背回填长度 30m，宽 22m，高 2 ~ 4.5m，施工时间为 2009 年 11 月 25 日 ~ 2009 年 12 月 10 日。该段桥头台背泡沫混凝土回填后经检测，各项指标均满足设计规范要求。施工单位定期对该路段的位移及沉降进行了观测。从观测结果来看，该路段侧向位移和沉降均在设计允许范围内，达到了预期的处理效果。

软土地基水泥土夯实桩施工工法

GGG(中企)A2009—2010

陈志军　任国勤　刘宏图　隋忠庆　陈建华
(中铁十九局集团有限公司)
高洪坤　马仁波　王宪文　刘峻青　杜安文
(山东泰山路桥工程公司)

1　前言

随着现代化经济的迅猛发展,国家基础设施建设领域投资比重不断增加,我国的基础设施建设呈现出蓬勃向上、遍地开花的繁荣景象。据统计,在各工程建设项目中,用于基础处理及地基加固的投资在整个工程建设总投资中所占比例在20% ~30%。这不能不引起我们对于传统的地基处理措施(换填法、素混凝土桩、碎石桩、喷粉桩等)的思考。20世纪末期,一种新的地基处理技术——水泥土夯实桩被发明并慢慢推广开来。通过短短几年的工程实践,此项地基处理方法在确保工程质量、加快施工进度、节省工程投资、灵活组织施工以及绿色环保施工等方面都具有突出的优越性。中铁十九局集团有限公司和山东泰山路桥工程公司分别在高速公路施工中,利用此方法进行软基处理取得了良好的经济效益和社会效益。在充分总结提炼本施工技术的基础上,经系统整理形成本工法。中铁十九局集团有限公司总结开发的本工法关键技术通过中国铁建股份公司科技评审,专家一致认为,本工法已达到国内先进水平。

2　工法特点

2.1　荷载传递能力强

通过静载荷试验及有关有限元数值分析得知,由于桩身具有一定的强度且上下均匀性较好,使得水泥土夯实桩传递荷载的能力明显增强。

2.2　减小沉降,满足变形要求

水泥土夯实桩在夯实成桩过程中,一方面使桩身混合料得以夯击密实,另一方面也使得桩间土被挤压密实,同时由于水泥的存在,其与周围土之间所产生的一系列物理及化学反应,使得桩与其周围土体结合成一定的整体,进而增加地基强度及承载能力,减少沉降变形。

2.3　工艺简单,施工速度快

水泥土夯实桩复合地基处理技术施工工艺简单,在施工进度上完全可以满足要求。

2.4　环境适应能力强

本技术施工快捷,所使用的施工设备小巧简单、拼装方便、进出场自如、施工组织机动灵活,尤其适用于交通不便、施工环境差的地区。

2.5　经济性好

经与其他软基处理技术比较,水泥土夯实桩施工在满足工程质量的同时,可以大大减少工程费用,降低工程成本,具有可观的经济效益。

2.6 发展潜力大

水泥土夯实桩地基处理方法,混合料在孔外拌和,桩身质量容易控制;可以多点同时作业,大大缩短了工期;社会效益、经济效益、环境效益明显,具有极大的发展潜力。

3 适用范围

3.1 适用的土质条件

水泥土夯实桩复合地基处理方法适用的范围较广,多用于公路、铁路、市政等工程建设中的软弱地基加固处理,尤其是砂性土及淤泥质土,土质差、地基承载力低、剪切变形大的高液限高压缩性土。限于当前施工机具性能低端,该工法多用于地下水位埋藏较深的粉土、黏土、素填土、杂填土、淤泥质土等地基。当有地下水时,适于渗透系数小于5~10cm/s的黏性土及桩端以上50~100cm范围内有水的地质条件。对于个别软土地基处于地下水位以下时,在采取降水处理后采用水泥土夯实桩进行地基加固,也是一种行之有效的处理方法。

3.2 地基承载力要求

任何一种地基处理技术所起到的效果都有一定的范畴,通常采用水泥土夯实桩复合地基处理的软土地基在经济合理的前提下,通过调整其桩间距及桩长,其承载能力一般可达180~300kPa,即当建筑物所要求的地基承载力低于300kPa时,当土质条件允许时,采取该方法进行地基加固处理是非常合理的。

3.3 处理深度要求

水泥土夯实桩作为一种中等黏结强度桩,其桩身的强度等级在C1~C5,其变形模量远远大于土的变形模量,因此其处理深度就受到一定的限制,一般在6~10m。当处理深度超过10m时,受施工工艺及设备性能所限,其效率较低,不宜采用此法。

4 工艺原理

水泥土夯实桩是用人工或机械成孔,选用相对单一的土质材料与水泥按一定比例,在孔外充分拌和均匀制成水泥土混合料,然后分层向孔内回填,并强力夯实而成上下均匀的水泥土桩,依靠桩体、桩间土和褥垫层一起形成复合地基来承担上部建筑荷载。水泥土夯实桩通过两方面作用使地基强度提高,一是成桩夯实过程中挤密桩间土,使桩周土强度有一定程度的提高;二是水泥土本身夯实成桩,且水泥与土混合后可产生离子交换等一系列物理化学反应,使桩体本身有较高强度,并具水硬性。处理后的复合地基强度和抵抗变形能力有明显提高。水泥土夯实桩复合地基处理是一种效果明显的软基处理方法,用水泥土夯实桩加固后的复合地基比原地基变形模量会有较大增长,抗变形能力有明显提高。

5 施工工艺流程及操作要点

5.1 工艺流程(图1)

5.2 操作要点

水泥土夯实桩施工时,应按设计要求并结合实际情况选用合适的成桩工艺。当采用挤土法成孔工艺时,可选用沉管、冲击等方法;当采用非挤土法成孔工艺时,可选用洛阳铲、螺旋钻等方法。本工法以螺旋钻机成孔为例,结合由本公司施工的大广公路固安(京冀界)至深州段高速公路LQ13合同段设计文件的有关要求,具体阐述水泥土夯实桩的施工操作要点。

5.2.1 施工准备

(1)施工现场高空、地上及地下所有障碍物要拆除完毕,现场实现“三通一平”。

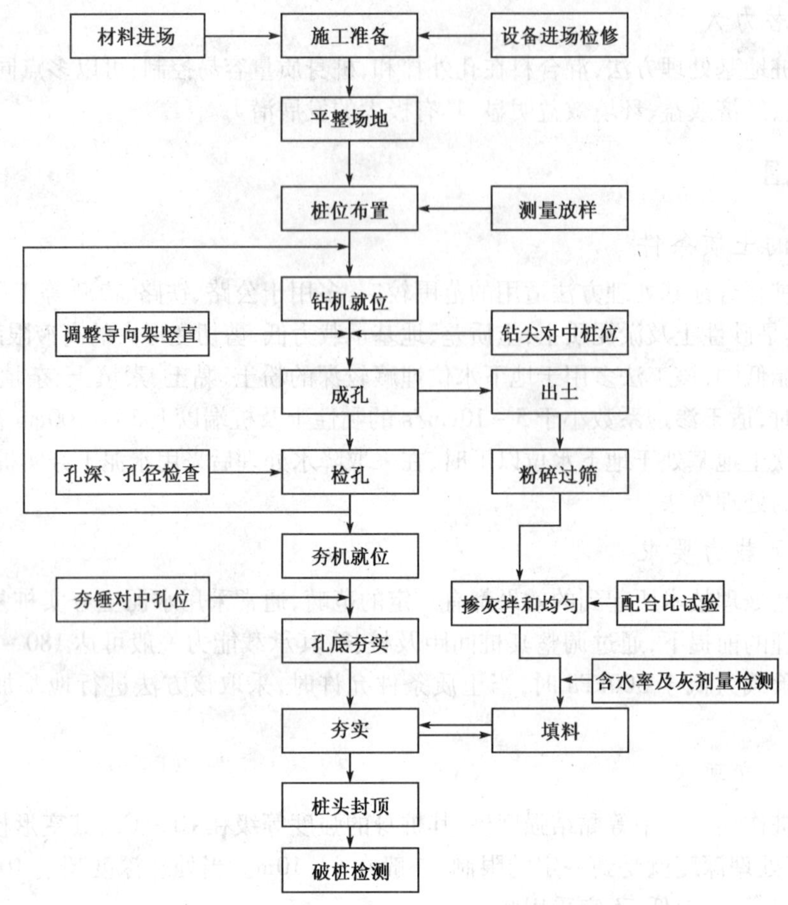

图1　水泥土夯实桩施工工艺流程图

(2)工程地质勘察报告,基础施工图纸,试验配合比、施工组织设计及施工技术交底。

(3)对设计桩位进行统一编号,根据轴线控制桩及水准基点将统一编号的设计桩位进行放样,并用明显标志标识桩位。

(4)根据设计文件要求确定的水泥土混合料试验配合比。

(5)在水泥土夯实桩大面积施工之前,首先进行成桩工艺试验,通过成功试桩来确定水泥土夯实桩施工过程中成孔、混合料掺拌、夯填过程控制(填料分层厚度、夯锤质量及落距、成桩顺序)等施工工艺,并进行桩身质量检测(密实度、桩身强度、单桩承载力、挤密效果等)。试桩工艺经试验检测合格后,要编写总结性文件,作为后续桩大面积施工的指导性文件。

5.2.2　测量放样与桩位布设

在完成清表并实现场地三通一平后,根据水泥土夯实桩的设计里程段落,放出边桩及中线控制桩,并按照设计图纸要求进行布桩。本设计文件要求:当处理段落为50m时,按1.2m桩间距处理20m,1.4m桩间距向外延续20m,再以1.5m桩间距向外延续10m;当处理段落为30m时,按1.2m间距处理10m,1.4m桩间距向外延续10m,再以1.5m桩间距向外延续10m。所用桩位按正三角形布置。布桩时可使用ϕ16mm的钢钎打200mm深孔,孔内灌入白灰标记,并对每根桩按着一定规律进行统一编号,见图2。

5.2.3　成孔

(1)成孔过程及方法

将螺旋钻机架立好后,首先利用钻机的四脚液压升降装置调整钻头导向架使之竖直,然后再利用钻机的液压双向行走装置调整钻杆位置,使钻头中心对准桩位中心。钻机调平并对中后进行钻孔。开始钻进时,以慢速进尺(0.5m/min),钻进到1m以下时即可恢复正常进尺(速度1.0~1.5m/min)。钻进

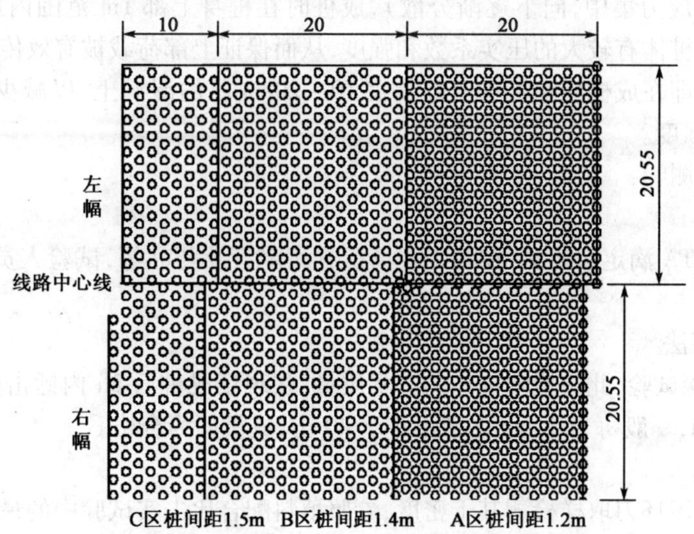

图2 E 匝道 0 号桥台水泥土夯实桩桩位布置图(尺寸单位:m)

过程中要注意观察土层的变化情况,并做好钻孔记录。成孔完毕后及时清除桩顶松散土,并测量实际孔深、孔径。在成孔过程中发现土质不合格的土料不能用于成桩并应及时清理出施工现场。

(2)桩孔参数控制

①施工现场要经常量测钻头的直径,钻头的直径不得小于设计桩径,发现钻头直径缩小要及时补焊或更换。

②自制检孔器,利用钢筋焊接成 1.5m 长、与桩同直径的圆柱形检孔器。成孔后,通过向孔内放探孔器来检测桩孔的直径、深度及桩的竖直度。

5.2.4 混合料的配制

(1)配料时施工现场配备台秤,对土和水泥的质量进行准确称量,精确至 kg。

(2)在掺拌混合料之前,要对其中土料的含水率进行现场检测。通常施工现场多采用酒精燃烧法测定土料的实际含水率,如果实际含水率超过其最佳含水率 ±2% (即 w_{op} ±2%)时,则要对土料进行晾晒或洒水处理,以使其满足要求。现场施工也可凭经验法测定,即以"手握成团、掉地即散"为标准,粗略判断土料的含水率。

(3)水泥土夯实桩成桩材料单一,将钻孔所得的土料与水泥按试验室配合比进行称量并混合掺拌,混合后的水泥土先用人工拌和一次,再由拌和机掺拌均匀,最后过 20mm 筛。

(4)混合料应随拌随用,拌和好的混合料应在 2h 内用于成桩,超时即为废料,不得用于成桩。

5.2.5 夯实成桩

(1)夯实设备

采用机械夯实法成桩,为使桩身土在夯实的同时能与周围土体产生挤密效果,要求夯锤端部做成梨形或盘形,锤的直径为 320mm(或夯锤直径与桩孔直径之比取 0.8),夯锤质量为 150kg (设计要求不小于 120kg),夯锤落距为 1 000 mm(设计要求不小于 700mm)。

(2)夯实工艺

水泥土夯实桩成桩过程可以简要概括为以下四句话,即"首尾三五连夯,中间一填一夯,上部加倍强夯,顶部湿土覆盖"。

①首尾三五连夯,即在成桩前和成桩后要分别在孔底(桩底)和孔顶(桩头)用夯锤连续夯实 3 ~ 5 次,以确保地基土密实和桩尖的质量。

②中间一填一夯,即成桩过程中采用一填一夯的成桩方法,严禁突击填料。

③上部加倍强夯,即在成桩到达桩顶以下 1m 范围时,采用一填二夯法,加强对填料的夯实。根据

荷载的传递规律(上部应力集中,向下逐渐分散),成桩时在桩身上部1m范围内加强夯实变为一填二夯,可以确保桩身上部桩体有较大的压实系数和强度,从而保证上部荷载被有效传递至地基下部。

④顶部湿土覆盖,即在成桩后在桩头上部覆盖10~20cm厚的湿润土,以减少水分散失,确保桩头水泥土胶结形成一定强度。

5.2.6 试验与检测

(1)灰剂量检测

水泥用量采用EDTA滴定法检测,在施工现场摆放滴定管及药品等,试验人员每2h检测一次水泥剂量是否合格。

(2)轻型动力触探法

轻型圆锥动力触探试验,此法检测桩体的夯实质量,在现场成桩后2h内锤击(N_{10})桩体中心,连续贯入6步,每步300mm,一般每300 mm击数不小于40击,成桩即为合格。

(3)环刀检测法

压实试验检测,采用环刀取样检测其干密度,参照填料配合比击实试验中的最佳含水率和最大干密度,测定夯实后桩体的压实系数。实际测定的压实系数不小于0.93为合格。

(4)取芯检测法

试块抗压强度试验,试样边长100mm,采用试验室内制作试件及现场直接取自桩体的试件各一组,测定其28d抗压强度。试样极限抗压强度应大于或等于桩体设计强度的2~3倍。

(5)低应变检测法

低应变动力检测采用的是应力波反射法。根据弹性波理论,当施工于地下的桩身达到一定强度后,在理论上桩可视为一维弹性杆件。当在桩顶施加一激励信号时,其激发的弹性波将沿桩身向下传播,由于桩端波阻抗界面的存在,将产生反射波,并被布置于桩顶的传感器所接收。若桩身介质均匀,桩身结构完整,那么就只存在桩底一个阻抗界面,这样反映在时间域波形上能量集中、波形圆滑,反映在时间域曲线上为叠加的复合波形。根据现场采集的实测波形,依据弹性波理论进行室内资料分析整理,即可对桩身的完整性进行评价。

(6)单桩荷载检测法

水泥土桩单桩复合地基载荷试验,由有检测资质的单位用此法检测水泥土夯实桩复合地基承载力是否满足实际要求,一般采用单桩复合地基载荷试验。载荷板面积应按单桩所承担的处理面积确定,利用千斤顶通过反力装置将规定荷载作用于桩顶,利用千分表及液压传送装置来测定桩体在规定时间内的沉降量。

5.2.7 钻机移位,进入下一循环

经技术人员确认桩顶高程符合要求后,再移至下一桩位。重复上述步骤,进行下一根桩的施工。

5.3 劳力组织(表1)

劳动力组织 表1

序号	主要作业人员	施工人数(人)	备注
1	施工队长	2	①施工技术、试验检测及安全人员要求持证上岗; ②施工机具应由专人负责操作和维护,大中型机械等特殊机具的操作者须经过专门培训,执有效合格证书方可上岗操作
2	施工技术人员	2	
3	机械调配人员	2	
4	机械操作手	15	
5	试验检测人员	2	
6	安全员	2	
7	后勤人员	35	

6 材料与设备

6.1 材料要求

6.1.1 土料

土料宜为黏性土、粉土或粉细砂,土料中有机质含量不得超过5%,不得有冻土或膨胀土,使用时应过20mm筛。根据本路线地质勘探资料显示:桩内土体除极少量表层腐殖土不能用于孔内夯填料外,其余土料均可用于桩内夯填土料。

6.1.2 水泥

水泥宜采用P·S·A32.5矿渣硅酸盐水泥。水泥要求有出厂质量证明材料,运至施工现场后还要随机抽样进行相关的试验检测,合格后方可使用。水泥土夯实桩施工中要求水泥的初凝时间不早于3.5h,终凝时间不迟于6h。

6.1.3 混合料

施工现场将土料和水泥根据试验室确定的配合比用台秤分别称量,精确至千克。之后进行充分拌和,混合料应搅拌均匀。当用机械搅拌时,搅拌时间不应少于1min。当用人工搅拌时,拌和次数不应少于3遍,且其含水率与击实试验中确定的最佳含水率偏差不能超过±2%。拌和好的混合料应在2h内成桩,否则应予以废弃。

6.2 主要施工设备

6.2.1 成孔设备

当采用夯实法成孔时,可采用0.5(1.2)t柴油打夯机或自制锤击式打夯机;当采用挖孔法成孔时,可采用人工洛阳铲、机械洛阳铲、螺旋钻机等。

6.2.2 夯实设备

夯实设备包括卷扬机、提升式夯实机或偏心轮类杆式夯实机。

设备详细情况见表2。

水泥土夯实桩施工机械设备表(一个作业面)　　表2

序　号	设备名称	规格型号	数　量	进场日期(年-月-日)	技术状况	拟用时间	备　注
1	发电机	200kW	2台	2008-7-25	良好	3个月	1台备用
2	螺旋钻机	CFG10	2台	2008-7-25	良好	3个月	
3	卷扬机	JK0.5	8台	2008-7-25	良好	3个月	2台备用
4	夯实锤	150kg	8台	2008-7-25	良好	3个月	2台备用
5	粉碎拌和机		8台	2008-7-25	良好	3个月	2台备用
6	装载机	ZL50	1台	2008-7-25	良好	3个月	
7	洒水车	DF230	1台	2008-7-25	良好	3个月	

7 质量控制

7.1 质量控制标准

7.1.1 水泥及土料的质量应符合要求。

7.1.2 施工中,孔位、孔深、孔径、水泥和土的配比、混合料灰剂量及含水率等应满足设计及成桩要求。

7.1.3 施工结束后,应对桩质量及复合地基承载力做检验,褥垫层应检查其压实度。

另外,水泥土夯实桩的质量检验标准应符合表3的规定。

水泥土夯实桩复合地基质量检验标准　表3

项　目	序　号	检 查 项 目	允许偏差或允许值		检 查 方 法
			单位	数值	
主控项目	1	桩径	mm	不小于设计值	用钢尺量或下探孔器
	2	桩长	mm	500	用钢尺量或下探孔器
	3	桩体干密度	符合设计要求		现场取样检查
	4	地基承载力	符合设计要求		按设计规定方法检查
一般项目	1	土料有机质含量	%	≤5	焙烧法
	2	含水率(最佳含水率 w_{op})	%	±2	烘干法
	3	土料粒径	mm	≤20	筛分法
	4	桩位偏差	满堂布桩≤0.4*D*(*D* 为桩径) 条基布桩≤0.25*D*		用钢尺量
	5	水泥质量	设计要求		查产品合格证书及质保单并抽样进行试验检测
	6	桩孔垂直度	%	≤1.5	用经纬仪测桩管
	7	褥垫层压实度	≥0.93		用灌砂法

7.2　质量控制措施

7.2.1　成桩材料及配比控制

(1)成孔过程中随机抽取土样测定其含水率及有机质含量，当其土样的含水率超限(w_{op} ±2%)时，应对其进行翻晒或洒水处理；当其有机质含量超过5%时，应予以废弃。

(2)用于成桩的水泥，应具有出厂合格证及质保单，同时工地实验室应对每批到场的水泥随机取样品进行试验，各项指标合格后方可用于成桩。

(3)施工现场悬挂配合比标识牌，配料用台秤准确称取水泥与土进行掺拌，掺拌采用灰土粉碎拌和机，混合料拌和时间不得短于1min，且出料口处过20mm筛。

7.2.2　混合料性能指标的控制

(1)现场混合料的含水率。现场混合料的含水率必须控制在实验室标准击实试验中得出的最佳含水率 w_{op} ±2%范围内。当现场实测含水率偏高或偏低时，要进行晾晒或洒水处理，使之满足上述要求。通常施工现场可以采用“手攥成团、落地即散”为依据，迅速粗略判断所用混合料的含水率是否符合上述要求。

(2)水泥与土料拌和的均匀性。施工现场首先按设计配合比掺入相应的水泥后，先人工进行一次粗略的翻拌，然后再将混合料加入灰土拌和机进行粉碎拌和，并在拌和机的出料口设置20mm方孔筛。对拌和后的混合料进行过筛，以确保混合料颗粒均匀，无较大颗粒团块。

(3)成桩时间的把握：在正常的施工条件下，经掺拌均匀的混合料在孔外存放时间不能超过2h，否则即作为废料处理。通常经粉碎搅拌均匀的混合料，为减少水分散失和避免水泥初凝，应立即用于填土夯实成桩。

7.2.3　桩径及桩长的控制

(1)施工现场每50根桩量测一次钻头的直径。发现钻头直径磨损变小，要及时补焊或更换。

(2)自制检孔器，利用钢筋焊接成1.5m长的圆柱形检孔器，圆柱的外径不小于设计桩径，成孔后通过向孔内放探孔器来检测桩孔的直径、深度及桩的竖直度。

7.2.4　夯锤及成桩过程的质量控制

(1)夯锤采用盘形或梨形铁质材料，制作严格控制其质量及直径，现场经监理检测合格后方可使用。

(2)为保证夯锤落距，事先在连接夯锤与卷扬机的钢丝绳上以1m为间距(植入彩色线绳)设置明显标记。在提升夯锤时,确保每次从孔内连续提出两个标记(≥1m),从而确保夯锤的落距及具有足够的击实功。

(3)为使每次夯填厚度不大于50mm,每次填入孔内松散混合料不得超过两铁锹。铁锹尺寸为:25cm(宽)×30cm(长)。

(4)成桩至顶部以后,在桩顶以上覆盖素土并定期洒水保持湿润,确保桩顶水泥充分水化及强度增长。

7.2.5 关键控制点

关键控制点详见表4。

水泥土夯实桩施工关键控制点 表4

序 号	关键控制点	控 制 措 施
1	混合料搅拌的均匀性及桩身的密实性	夯锤端部做成梨形或盘形; 采用人工拌和联合机械拌和法对混合料进行掺拌
2	桩身夯实的均匀性	严格按夯实成桩工艺进行过程控制; 成桩2h后,用轻型动力触探(N_{10})检查每米桩身的均匀性
3	混合料含水率	现场使用酒精燃烧法结合经验发进行测定

从桩身材料来看,水泥土夯实桩是以胶结材料水泥与素土均匀混合后利用机械法夯填成桩的过程。因此,在此过程中,混合料的各项性能指标及夯填时施工工艺的科学合理性成为影响桩身质量的关键因素。

8 安全措施

8.1 安全标准

水泥土夯实桩施工过程中的安全宗旨为"以人为本、生命至上、安全第一"。安全目标为"尽量减少轻伤率、严格控制重伤率、坚决杜绝死亡率"。同时,在施工过程中应加强安全知识的宣传与学习,并严格遵守以下安全技术规范:

(1)《建设工程施工现场供用电安全规范》(GB5 0194—1993);

(2)《施工现场临时用电安全技术规范》(JGJ 46—2005);

(3)《高空作业机械安全规则》(JG5 099—1998);

(4)《柴油打桩机安全操作规程》(GB 13749—2003);

(5)《建筑卷扬机》(GB/T 1955—2008);

(6)《建筑机械使用安全技术规程》(JGJ 33—2001)。

8.2 安全保障措施

针对施工中的各项安全隐患制订专门的安全保障措施,见表5。

安全保障措施 表5

序号	作 业 活 动	安 全 隐 患	安全保障措施
1	施工及生活用电	人员伤亡 设备损毁	①对全体人员进行安全用电教育,对电工等专业人员进行专门岗前强化培训; ②工地安排两名专业电工负责全部工地用电线路的布设、用电设备及临时工棚内的电路安装; ③全部用电设备实行"一机、一闸、一漏电保护"; ④接线处设配电箱,配电箱要置于安全区域并用配目颜色张贴安全标语,配电箱要求上锁保护,并指派专人负责管理

续上表

序号	作业活动	安全隐患	安全保障措施
2	钻机安拆及移位	人员伤亡 设备损毁	①支立螺旋钻杆导向架之前要排除施工场地上方安全距离范围内的一切高空线路等障碍物; ②螺旋钻杆导向架竖立之前在其顶部安插彩旗、夜间照明闪光灯及避雷针等装置; ③日常维护、修理及作业时必须戴安全帽,爬高系好安全带; ④如遇软弱地段,应首先测定地基承载力,并适当增加钻机液压支腿下承压板的面积; ⑤6级以上大风天气,降落钻机导向架,暂停施工
3	混合料粉碎	人员伤亡 设备损坏	①粉料施工人员都要戴安全帽和防护面罩; ②混合料投入粉碎机前应仔细检查,筛选出混杂在内部的石头、砖块及硬质材料; ③在粉碎机喂料口处设置过滤篦子,防止石块及铁锹等进入机身内部; ④当粉碎机被坚硬物质卡住时,应立即切断电源
4	夯击成桩	人员伤亡	①成孔时在离落锤3m范围内不得有人员行走或作业; ②卷扬机操作人员严禁戴丝线手套; ③夯击桩顶上部时填料人员改用长柄铁锹
5	成孔	高空坠落	对短期内不能及时夯填成桩的桩孔现场,应采用盖板覆盖或在四周设置围挡

注:表中内容仅供参考,现场应根据实际情况重新辨识。

9 环保措施

9.1 环保标准

水泥土夯实桩施工坚持"科学施工、文明施工、绿色施工",施工中努力使施工场地与周围环境相协调、施工节奏与附近居民生活习惯相一致,施工的环境影响与各项环保措施一一对应。在施工中还经常督促全体施工人员注重对环保知识的学习与积累,加强对环保理念的宣传与体会,努力提高自身环保意识。同时,还要严格遵守以下各项环保法规:

(1)《中华人民共和国环境保护法》;

(2)《中华人民共和国固体废物污染防治法》;

(3)《中华人民共和国水污染防治法》;

(4)《中华人民共和国大气染防治法》;

(5)《中华人民共和国环境噪声污染防治法》。

9.2 环保措施

针对施工中的存在或可能出现的环境污染因素制订相应的环境保护措施,见表6。

环保措施 表6

序号	作业内容	环境因素	控制措施
1	水泥进场及混合料掺拌	扬尘	①施工便道经常洒水,保持表面湿润; ②运输水泥车辆表面用帆布覆盖; ③采用袋装水泥,人工装卸,轻拿轻放; ④灰土拌和时周围用彩条布围挡,拌和前先将水泥用湿土覆盖,然后再将混合料一同放入粉碎机掺拌; ⑤大风天气停止施工作业
2	表土及有机质土外运	垃圾	①运至指定的弃土场或垃圾存放场地; ②有机质土运至指定农场还田

续上表

序号	作业内容	环境因素	控制措施
3	机械维修	废弃机油	保养及维修设备时,将废弃油料收集,并到指定部门集中处理
4	发电	噪声	①将发电机放在临时砌筑的砖房内,以降低噪声; ②为发动机安装高效消声设备; ③靠近居民区的工区,夜间停止施工
5	日常生活	废水 生活垃圾	①生活废水由集水沟集中排放至废水池内; ②生活垃圾集中放入垃圾池内,派专人定期对其进行清理; ③厕所要建房加盖,周围设截水沟防止雨水流入

注:表中内容仅供参考,不同施工现场应根据实际情况重新辨识。

10 资源节约

水泥土夯实桩在实际应用的过程中认真贯彻落实科学发展观,围绕建设资源节约型社会目标,根据设计要求,施工中在保证工程质量的前提下,通过对施工配合比的调整、施工工艺的改进,以最少的资源材料、最佳的工艺流程来最大限度地实现资源节约。

10.1 混合料配合比选取

在混合料的配合比设计中,根据设计文件中配合比参考值(水泥与土的实方体积比为1:6)及桩体28d无侧限抗压强度不低于3.0MPa的要求,采用试配法来确定水泥的最佳掺配比例,即围绕设计文件中的参考配合比1:6,上下浮动相同梯度后又分别选取1:5及1:7两种配合比分别进行试验。最后,通过对三种配合比的试验总结,在满足工程质量要求的前提下,从资源节约的角度确定最佳配合比。试配法选择水泥土配合比试验结果见表7。

试配法选择水泥土配合比试验结果　　表7

序号	水泥与土的体积比	每米桩身水泥用量(kg/m)	最大干密度(g/cm^3)	最佳含水率(%)	28d无侧限抗压强度(MPa)	28d设计无侧限抗压强度(MPa)	强度富裕系数	备注
1	1:5	55.9	1.74	14.9	12.2	3.0	3.06	过高
2	1:6	47.7	1.78	14.1	8.8		1.93	过高
3	1:7	41.4	1.83	13.4	4.1		0.37	合适

通过表7可以明显看出:试配的三种配合比的28d无侧限抗压强度值均能满足设计要求,但前两种配合比的强度富裕系数太高,分别为设计值的306%和193%,造成水泥的极大浪费。第三种配合比在满足设计要求的前提下,保证了适当的强度富裕系数,较为合适。同时,第三种配合比第二种(设计给定)配合比每延米桩身水泥用量节约6.3kg。由我公司施工的水泥土夯实桩总计353 249m,共计节约水泥2 225.5t,节约建设资金77.89万元。

10.2 施工工艺及设备的改进

在资源节约型经济建设的背景下,面对资源节约和综合利用的现实需求,不断加大技术攻关、技术改造,使技术进步和技术创新为节约资源提供强有力的技术支撑。若要实现资源节约,需要建立在先进科技和先进设备的基础之上,在资源节约型施工建设中施工设备的先进性和适用性、施工工艺的科学性和合理性直接决定着能耗物耗的高低,成为影响工程质量的关键因素。水泥土夯实桩施工过程中,在实现资源节约的前提下,对设备的适用性和工艺的合理性进行了专门改进,从而有效地保障了工程质量。

10.2.1 设备的适用性

对于夯锤的端部采用梨形或盘形,从而使混合料在成桩的过程中夯锤正下方的填料能够被有效夯实;同时,使混合料与桩间土之间能被有效挤压密实。

10.2.2 工艺的合理性

夯实成桩的过程中针对不同的部位采取不同的夯实次数,即“首尾三五连夯,中间一填一夯,上部加倍强夯,顶部湿土覆盖”,有效地保证了桩身的密实性和和荷载的传递。

11 效益分析

11.1 社会效益

采用水泥土夯实桩处理建筑软土地基,在施工过程中对施工场地、水、电等的要求相对较低。施工组织机动灵活,快速可行,施工作业面可以根据处理面积的大小采用不同的组织形式,从而可以大大缩短工期。另外,水泥土夯实桩是在干作业条件下成孔,水泥和土料是在孔外拌和,分层填筑而成,桩体材料上下均匀、差异性小,质量容易得到保证。成桩后,可用超声波或复合地基承载力检测方法对桩体的质量进行检测评定,基本实现了施工与质量检测的同步。水泥土夯实桩加固软弱地基属于一项创新的软基处理技术,此项工法的运用及推广拓宽了软基处理的途径,为我国在今后的工程建设地基处理中找到了既节省建设资金、又能保证工程质量、同时又能极大缩短工期的新方法、新途径。该方法在施工过程中无泥浆、无噪声、无扬尘,拌和后的混合料全部用于夯实成桩,不产生任何建筑垃圾,可以达到工完、料净、场清,符合现代施工理念,能够实现真正意义上的科学施工、绿色施工、文明施工,具有良好的环境效益。该项新技术通过在大广高速公路工程建设中的实践应用,相比换填法、粉喷桩、素混凝土桩等软基处理技术可节约建设投资约千余万元,极大地提高了工程建设速度,缩短了施工工期。

11.2 经济效益

水泥土夯实桩所用材料除水泥外就是土,可以利用钻孔取出的土实现就地取材,也可利用其他工地的弃土。这与其他软基处理方法相比,除在技术上满足工程质量要求外,还可以大大降低工程费用,其经济效益分析见表8。

经济效益分析表(以处理5 000m^2面积计,桩径按40cm) 表8

项目 处理方案	面积 (5 000m^2)	工程造价 (元)	施工工期 (d)	实际 工程量
换填	2.5m(深)	975 000	28	12 500 m^3
素混凝土桩	3 033(根,6m/根)	1 022 058.8	20	18 198m
水泥土夯实桩	3 033(根,6m/根)	575 056.8	13	18 198m

通过表8分析可以看出,水泥土夯实桩较其他两种软基处理方法相比,不但可以缩短工期,而且可以较大幅度地降低工程成本。由本公司承建的大广高速京衡段 LQ13 合同段共有软基处理面积 120 463 m^2,水泥土夯实桩施工总量为353 249m。采用此工法处理软土地基与换填法相比降低工程成本963.7万元,分项工程施工工期比计划节点工期提前36d,获得业主进度奖金80万元,取得了较好的经济效益。

11.3 环境效益

水泥土夯实桩复合地基施工工法适用范围很广,施工速度快,工期短,不受停水停电影响,无泥浆、无环境噪声污染。在混合料配制及掺拌的过程中,只要适当采用围挡措施,即可避免扬尘,拌和后的混合料全部用于夯实成桩,不产生任何建筑施工垃圾,达到工完、料净、场清。此工艺符合现代的建筑施工理念,能够实现真正意义上的科学施工、绿色施工、文明施工,具有良好的环境效益,在建设领域深受广大设计人员、建设单位及施工单位的青睐。

12 工程实例

12.1 工程实例一

中铁十九局集团有限公司承建的大广高速公路固安(京冀界)至深州段高速公路 LQ13 合同段

（K133 +200 ~ K150 +000）地处河北省沧州市、保定市、衡水市三市交界处，设计全长16.595km（含短链205m），采用双向六车道高速公路标准设计，设计时速120km，标准路基宽度34.5m，共有12座大、中、小桥，37座涵洞及通道，借土填筑315万m^3，合同工期24个月工程造价2.488亿元。本设计路段所处地区属冲积平原区，软弱土层分布较广，在我标段分布有40余处，主要分布在桥梁台背高填方地段、涵洞基础及部分软弱土地段，设计全部采用水泥土夯实桩法处理，处理面积12万m^2，处理总桩长353 249m，施工周期64d，较节点工期（100d）缩短36d。2010年3月，通过对全部软基处理段落的沉降观测发现，使用该施工方法处理过的软弱土地基，在经过上部设计荷载的阶段性作用后，其工后沉降量远远小于设计规定值，从而说明了该项施工方法在处理冲积平原类软弱土地基中的效果是相当显著的。通过在实践中的应用证明，该工法在确保工程质量、加快施工进程、缩短工期等方面较其他软基处理方法具有明显的优越性。

12.2 工程实例二

山东泰山路桥工程公司施工的河北大广高速公路京衡段LQ16合同（K164 +500 ~ K173 +200、K175 +500 ~ K181 +400）软土地基采用水泥土夯实桩加固，共计35 514根，总长度281 411m。设计桩径0.4m，按正三角形布置，桩间距为1.2 ~ 1.5m，桩间距由密到疏进行渐变。90d单桩设计承载力160kN，容许工后沉降100mm。业主委托第三方按1%的频率抽检，合格率为100%，超载预压达320kN以上，经工后沉降观测30mm，满足设计要求。

12.3 工程实例三

山东泰山路桥工程公司济菏高速公路东平连接线工程一合同（K0 +000 ~ K6 +788）于2007年2月开工，2007年11月竣工。软土地基处理采用了水泥土夯实桩处理，本工程采用本工法进行施工，工期、质量均取得成功，通车至今没有出现路基沉降、桥头跳车等病害。

塑料套管现浇混凝土桩软基处理施工工法

GGG(浙)A2010—2010

吴旭初　朱培良　彭军安　陈品明　曾　嵘
(浙江省宏途交通建设有限公司)
金江东　宋德昌　李校荣　王云龙　盛东海
(浙江登峰交通集团有限公司)
郑则仪　杨黔军　顾　健　林文力　马士中
(无锡路桥集团股份有限公司)
陈永辉　徐宇光　王新泉　江仁庆　周晓红
(浙江八咏公路工程有限公司　河海大学　浙江大学城市学院)

1　前言

我国东南沿海地区广泛分布着含水率高、压缩性大的软土层。在此类地区修建高速公路,存在稳定性差、较大的变形沉降和差异沉降,严重影响了道路的质量和使用。为了克服上述的困难,需对软土层进行处理。

目前,桩式路堤是一种普遍的软土地基处理方法。桩式路堤可分为以水泥土搅拌桩为主的柔性桩和振动沉管灌注桩、预应力管桩、钻孔灌注桩等刚性桩。它们在实际工程应用中各有优、缺点,如预应力管桩造价高、不能适应地质条件变化、施工机械笨重等。振动沉管桩在路堤工程一般为素混凝土,容易出现大面积断桩的质量事故。浙江省宏途交通建设有限公司、浙江登峰交通集团有限公司、无锡路桥集团股份有限公司、浙江八咏公路工程有限公司联合研发了一套单壁螺纹塑料套管现浇混凝土桩软土处理施工技术,其具有施工速度快、施工质量易于控制、成桩质量可靠、承载力高、造价相对低廉、对周围环境影响小等优点。该技术已应用于申嘉湖杭高速公路练市至杭州段第 L6 合同段、嘉兴至绍兴跨江公路通道北岸连接线第 4 合同段、杭州湾大桥余慈连接线慈溪段工程、泰州长江公路大桥镇江段软基处理工程,取得了良好的效果。经总结施工经验,形成了本工法。

2　工法特点

2.1　施工速度快

本工法采用打设套管和浇注混凝土两道工序分开进行的方法,提高了施工效率,保证了桩体混凝土浇注的连续性由于两者之间不存在相互配合、协调、等待以及干扰问题,从而提高了施工速度,降低了施工费用。

2.2　施工质量易于控制

由于在浇注混凝土之前套管内为全空,方便打设深度检查和混凝土的浇注。同时,采用加长的振动棒对填充的混凝土进行振捣,保证了混凝土的密实性。

2.3　成桩质量可靠

由于套管的存在,浇注混凝土时可保证不受地基中土、水的影响,能保证混凝土的浇注质量;可以避免一般振动沉管现浇混凝土桩由于振动、挤土等因素引起的断桩质量事故;由于不需要边拔沉管边添加混凝土,不会由于添加混凝土问题引起断桩,其桩身完整性好,成桩质量可靠。

2.4 承载力提高幅度大

本工法以内外均为螺纹的PVC塑料套管成模，用C25混凝土现浇成桩，套管不再取出。这样套管与填充物就形成了桩周带螺纹的地基加固桩，并浇盖板、铺设垫层和钢丝格栅，形成桩、土共同承担荷载的系统，从而达到大幅提高复合地基承载力、减少地基沉降量的目的。

2.5 对周围环境影响小

该工法由于采用全液压打桩机打设套管，施工噪声相对较小。由于采取集中浇筑混凝土的工艺，不需现场拌和混凝土，也不需现场使用水泥，减小了对环境的污染。

2.6 施工成本较低

该工法在遇到土层地质变化时，不需要进行事先配桩。同时，不需要采用大量的钢筋和大型运输设备，从而可节约大量施工成本。

3 适用范围

本工法适用于深度为5～30m、直径为10～30cm塑料套管现浇混凝土桩的施工。对于处理的各类软土层，仅要求软土层能提供较大的静摩擦力或软土层底部存在持力层即可。

4 工艺原理

将带有内外螺纹的单壁PVC塑料套管按一定的间距，采用打桩机逐根跟管打入需要加固的地基中，套管为底部封口，顶部开口。待分区段全部打设完毕后，再统一对打设在地基中的套管用混凝土连续浇注成桩，套管不再取出，这样套管与填充物就形成了地基加固桩。然后再浇混凝土盖板，铺设垫层和土工格栅，形成路堤桩系统，达到提高软土地基承载力的目的。

5 施工工艺流程及操作要点

5.1 工艺流程

图1为施工工艺流程图。图2为套管桩施工过程示意图。

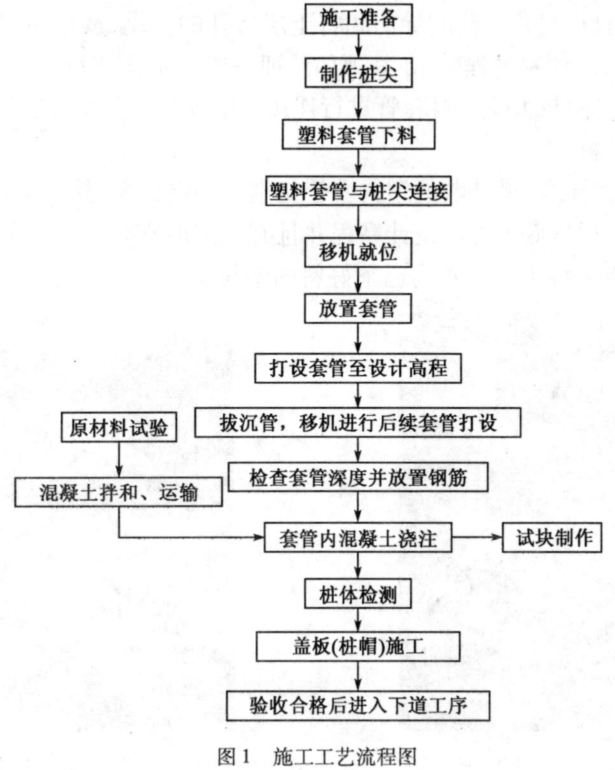

图1　施工工艺流程图

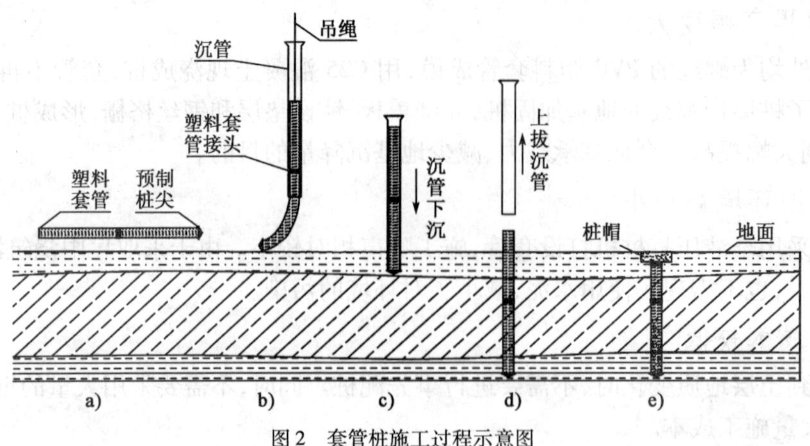

图2　套管桩施工过程示意图

a)接管及安装预制桩尖;b)吊装塑料套管;c)沉管下沉;d)拔出沉管;e)浇注混凝土和盖板

5.2　操作要点

5.2.1　施工准备

塑料套管混凝土桩在打设前,主要要进行设备安装检修调试、施工场地的平整、塑料套管的准备、现场放线布置桩位等。

本工法采用JZB—60型全液压打桩机对套管进行打设,机械设备进入现场后,根据设计桩长、沉管入土深度确定机架高度和沉管长度,并进行设备安装、检修与调试,确保设备以最佳状态投入生产。

对软基处理路段的场地进行平整,以方便打桩机的现场打设和移动。施工前要做好地面排水措施。路基底部必须修出不小于1%的路拱,同时在路基的两侧开挖临时排水沟,将积水引排出施工区外,确保场地雨天无积水,排水畅通。

塑料套管材料主要为ϕ16cm的单壁塑料波纹管,根据规格要求到厂家购买。桩位放线主要根据图纸规定的间距,在平整后的场地上现场放样出桩位中心位置。

5.2.2　制作桩尖

桩尖主要是在套管的打设过程中起到导向和将土层挤开的作用,从而给塑料套管留出空间。桩尖采用C25混凝土进行预制,在预制过程中,在其顶部预埋一段与主体塑料套管相同规格的塑料套管,管端露出桩尖顶面约10cm,以便与主体塑料套管进行连接。图3为已预制好的桩尖。

5.2.3　塑料套管的下料

根据塑料套管桩的长度要求,将外购的塑料套管切割成一定长度,其套管长度要求在套管打设至设计加固深度后,套管顶部高程不低于桩体设计高程并且有一定的富余,故在塑料套管下料时,其下料长度要求大于设计桩长的30cm以上。图4为已下好料的塑料套管。

图3　已预制好的桩尖

图4　已下好料的塑料套管

5.2.4 塑料套管与桩尖的连接

切割好的塑料套管与事先预制好的桩尖的连接主要是套管与套管之间的连接,其连接方式主要采用 PVC 黏结胶水连接。在拼接时,要用抹布先将套管和桩尖接头的接触面擦干净,然后在套管和桩尖接头的接触面双面涂抹胶水,将套管和桩尖接头套接到位。接着旋转半圈,使胶水均匀密实,并在连接部位外裹胶带纸进行密封,以防脱落和漏水而影响成桩质量。接好的套管应并排整齐放置在地面上,不可堆放,连接好 2h 后方可进行打设。

5.2.5 移机就位

桩尖与套管连接好后,就可将桩机就位。移动桩机到达指定桩位对中,应使振动沉管对准桩位中心,桩位误差不得大于 2cm。同时,控制好桩机机台的水平度和导向架的竖直度,使桩机沉管的竖直度偏差不得超过 1%。

5.2.6 放置套管(图5)

其放置方法主要是牵引法,即将带有桩尖的塑料套管从打桩机的沉管底部由打桩机的牵引索牵引进入沉管内部,使塑料套管与沉管一样成竖立状态。

5.2.7 打设套管至设计高程(图6)

启动电机,先将沉管振动穿透表面覆盖层,然后静压沉管,在桩架出现抬起现象(沉管由软弱层进入持力层,会出现桩架抬起的现象)后,再振动沉管至设计高程。

图5 放置套管

图6 塑料套管对准桩位准备打设

打设时终孔深度由设计桩长辅以贯入度来控制。贯入度具体控制标准为:20~25cm/min。贯入度具体控制指标可根据试桩确定,并根据桩端土层的性质进行相应调整。在沉管到达设计深度的同时,位于沉管内部的塑料套管也与沉管一起到达了设计深度。

5.2.8 拔沉管,移机进行后续套管打设

在沉管打设至预定设计深度后,打桩机通过牵引索将沉管拔出,沉管内塑料套管则留在地下。当沉管拔出地面后,要检查塑料套管是否产生回带和破裂等现象。如发现套管破坏不能使用时,要在原套管旁边补打。当套管高出地面过长,应使用钢锯锯除,以保证截面的平整,截面距地面高度在 20cm 左右。然后,向套管内注满水,以防土体挤压套管产生变形。最后,移机至下一桩位,继续进行塑料套管桩的打设工作(图7)。

图7 塑料套管桩打设工作

5.2.9 检查套管深度并放置钢筋

在一批套管打设完成后,先放置一周左右时间,待管壁周围土体回土密实后,再对该批套管进行抽水和清理,

以防止杂物进入套管内而导致深度不够。在清理完毕且确认深度满足要求后,可进入下道放置钢筋笼的工序。钢筋笼主要放置在套管顶部一定长度范围内,一般不小于3m。钢筋笼既有增强套管桩轴向应力的作用,同时还能有效减缓混凝土在浇注过程中的下落速度,防止混凝土离析。在放置钢筋笼时,在套管顶部预留一定长度的钢筋,待施工盖板时与盖板钢筋相连接。

5.2.10 在套管内浇筑混凝土成桩

在浇注混凝土前,先对混凝土的原材料砂、碎石、水泥等进行试验,并按设计混凝土的强度等级进行配合比试验,要求采用的混凝土集料最大粒径不超过20mm,混凝土坍落度为18~22cm。然后,将该设计配合比换算成施工配合比,按该施工配合比进行混凝土的拌制。混凝土拌制采用HZS—750搅拌机集中拌和,采用混凝土搅拌运输车将混凝土运至施工现场,采用小型手推翻斗车分运至各桩位进行混凝土浇注,每浇注1m长度就采用专用加长振动棒对已浇注的混凝土进行振捣密实,直至混凝土充满整个塑料套管。然后,进行下一根套管桩的浇注工作。在混凝土浇注过程中,应根据要求制作混凝土试块。

5.2.11 桩体检测

桩体检测包括低应变检测和静载试验两项检测。其中,低应变检测在桩体混凝土达到7d龄期后即可进行检测,其检测频率按照总桩数的5%进行控制。静载试验则要求桩体混凝土达到28d龄期后进行检测,其检测频率按照总桩数的2%且单侧桥头不少于1根进行控制。低应变检测主要是检测桩体的完整性,静载试验主要检测单桩承载力是否满足设计要求。

5.2.12 钢筋混凝土盖板(桩帽)的施工

在套管桩桩体检测完成后,方可进行钢筋混凝土盖板(桩帽)的施工。桩帽直径为ϕ40cm,厚20cm,材料采用C25钢筋混凝土,混凝土保护层厚度不小于2.5cm。

在盖板混凝土浇注前,首先要对套管桩桩体顶部混凝土进行清理并充分凿毛,以保证盖板混凝土与桩体混凝土的可靠连接。然后,绑扎盖板钢筋,并用按盖板尺寸定制的模板进行定位。最后,进行盖板混凝土的浇筑工作。

通过以上工序,就完成了整个塑料套管桩的施工工作(图8)。最后,在其上铺设碎石垫层和土工格栅,形成路堤桩系统,从而达到提高地基承载力、减少地基沉降量的目的。

图8 已施工完成的塑料套管桩

6 材料与设备

6.1 工程材料

主要工程材料见表1。

主要工程材料 表1

材料名称	规格或型号	材料名称	规格或型号
PVC螺纹塑料套管	ϕ160mm	钢筋	ϕ10mm
混凝土	C25		

6.2 机具设备

主要机具设备见表2。

主要机具设备 表2

机具设备名称	规格或型号	机具设备名称	规格或型号
全液压打桩机	JZB—60	混凝土搅拌机	HZS—750
加长振捣棒	ZX—40	混凝土搅拌运输车	华建HDJ5253GJBHO

7 质量控制及检验标准及质量控制措施

7.1 质量控制及检验标准

(1)《普通混凝土配合比设计规程》(JGJ 55—2000)。

(2)《公路工程基桩动测技术规程》(JTG/T F81-01—2004)。

(3)《公路桥涵施工技术规范》(JTJ 041—2000)。

(4)施工质量的检验标准见表3。

套管混凝土桩质量检验评定标准 表3

序 号	检 验 项 目	质量要求和允许误差	检 验 频 率	检 验 方 法
1	桩长	大于或等于设计值	全部	检查施工记录
2	桩径	大于或等于设计值	抽查2%	尺量
3	桩距	偏差±5cm	抽查2%	尺量
4	垂直度	1.5%	全部	检查施工记录
5	桩身混凝土28d强度	≥25MPa	每段落不少于3组	检查施工记录

(5)桩身的完整性及混凝土浇筑质量采用小应变检测。检测数量为总桩数的5%。对桩的承载力采用静载荷试验进行检测,待桩体强度达到28d后对成桩进行承载力检测,单桩(或带盖板单桩)检测数量单侧桥头不少于1根,且不少于桩总根数的2‰。

7.2 质量控制措施

(1)严格控制塑料套管的质量:塑料套管应为单壁、内外均是螺纹的PVC塑料套管。外径为160~160.5mm,最小内径不小于142mm,扁平试验(变形40%时)不分层、无破裂。接头采用标准的160mmPVC管材直通接头,平均内径应在160.3~160.8mm,承口最小深度58mm,标准坠落试验应无破裂。

(2)为控制套管桩的打设深度,应事先把将要打设的深度位置在打桩机的钢管上用红漆作出明显的标记,要求施工人员严格按标记深度进行套管桩的打设。

(3)随时检查打桩机钢管的垂直度,并及时纠偏,以确保套管桩的垂直度。

(4)在单个套管桩打设完成后,应及时将套管注满水,以抵消部分套管桩桩周土层对套管管壁的压力,减轻套管变形。待对该批已打设好的套管桩,进行混凝土浇筑前,及时抽水,及时浇注混凝土。根据现场实际,采取抽干一根套管、浇筑一根套管的方式进行混凝土的浇筑,能有效减轻套管的变形。

(5)在混凝土的浇筑过程中,应采取分层灌注分层振捣的方法,以确保桩身混凝土的密实。

8 安全措施

8.1 该分项工程开工前,必须由技术负责人向现场工人进行安全技术交底,主要针对套管打设、钢筋焊接、混凝土拌和及浇捣等方面的安全注意事项进行交底。

8.2 打桩机操作工、电焊工、拌和机操作工,必须先经过特种作业培训,取得特种作业上岗证后方能上岗。

8.3 桩机安装或拆卸时,若使用起重机械,须遵守特种作业管理办法,要有人指挥。指挥人员、操作工必须持证上岗,规范操作,加强安全操作意识。

8.4 现场套管桩打设工人,必须正确佩戴好安全帽、绝缘手套等劳动防护用品。

8.5 做好临时用电安全工作。现场必须严格用电管理,施工现场的一切电源电路的安装和拆除,必须由持证的电工操作,所有电器必须严格搭铁、接零和安装漏电保护装置,现场临时线路必须严格架空,并严格按"三相五线"制进行布置。

8.6 由于打桩机重心较高,为防止其失稳倾覆,打桩机基座必须布置有一定的配重,以降低重心。

9 环保措施

9.1 在套管混凝土桩施工中,应成立环境保护组织管理机构,并制订相应的措施,做到切实优化施工作业工艺及程序,从而达到保护环境的目的。

9.2 所有施工机械必须注意保养,防止油料洒落污染施工现场周边河水。

9.3 混凝土浇注过程中多余的废弃混凝土、清洗混凝土搅拌车的废水,必须集中进行处理。

9.4 禁止在夜间进行套管打设等作业,尽量减少噪声对附近居民的影响。

9.5 要保持施工现场的文明整洁,所有塑料套管、桩尖、钢筋骨架等必须堆放整齐,塑料套管下好料后的余料必须集中堆放。

10 效益分析(表4)

某高速公路桥头不同软基处理方式综合比较 表4

处理方式	造价(万元)	工期(d)	质量风险
塑料套管混凝土桩	108.9	45	小
水泥浆液搅拌桩	59.4	90	大
预应力管桩	227.7	35	小

从表4可得出以下结论:

(1)由于塑料套管混凝土桩是先采用套管成模,后集中进行混凝土现浇,保证了套管打设及桩体混凝土浇注的连续性,与水泥浆液搅拌桩施工工艺相比,工期明显缩短,施工效率明显提高,比较适用于工期较为紧张的项目,具有一定的社会效益。

(2)由于塑料套管混凝土桩在浇注混凝土之前套管内为全空,可以很方便地对桩长进行检查。同时,在混凝土浇注过程中可以随时对混凝土进行振捣,桩基混凝土的质量很容易控制。由于套管的存在,浇注混凝土时可保证不受地基中土、水的影响,能保证混凝土的浇注质量;而其他软基处理方式,如水泥浆液搅拌桩则易出现喷浆量不均匀而导致桩的质量缺陷。本工法与常用的软基处理方式(如水泥浆液搅拌桩)相比,虽然造价相对较高,但质量风险较小,具有一定的质量效益。

(3)由于塑料套管混凝土桩采取现场打设、现场浇注的方法进行塑料套管混凝土桩的施工,故在遇到土层地质变化时,可灵活控制打设深度,而不像预应力管桩一样需要进行事先配桩。同时,也不像预应力管桩施工一样,需要采用大量的钢材和大型运输设备。因此,采用本工法可节省大量施工成本,工程造价也节省较多,经济效益明显。

11 工程实例

11.1 工程实例一

申嘉湖杭高速公路练杭段第L6合同段由浙江省宏途交通建设有限公司承建,开工时间为2006年10月29日,完工时间为2008年10月20日。该合同段在京杭运河1号大桥杭州侧桥头路段(K32+790~K32+847)设置了单壁螺纹塑料套管现浇混凝土桩。塑料套管混凝土桩设计外径为16cm,设计桩长为23m。在桩顶设置一直径为40cm、厚度为20cm的钢筋混凝土盖板(又称桩帽),与桩头进行连接。该路段塑料套管桩在采用本工法施工完成后,经小应变和单桩承载力检测,均满足相关规范要求。施工单位随后对该路段路基进行了填筑。在填筑过程中及填筑完成后,施工单位定期对该路段路基的侧向位移及沉降进行了观测。从观测结果来看,该路段路基侧向位移和沉降均在设计允许范围内,达到了预期的处理效果。

11.2 工程实例二

嘉兴至绍兴跨江公路通道北岸连接线第4合同段由浙江省宏途交通建设有限公司承建，该合同段在K18+739~K18+790桥头路段设置了单壁螺纹塑料套管现浇混凝土桩。塑料套管混凝土桩的设计外径为16cm，设计桩长为8m和10m。桩间距按照1.4m和1.5m矩形进行布置，共布置935根。该段处理工程于2009年5月22日开工，于2009年9月5日结束。该路段塑料套管桩在采用本工法施工完成后，经小应变和单桩承载力检测，均满足相关规范要求。目前，该路段路基填筑已完成，施工单位定期对该路段路基的侧向位移及沉降进行了观测。通过观测结果来看，该路段路基的侧向位移和沉降均在设计允许范围内，达到了预期的处理效果。

11.3 工程实例三

杭州湾大桥余慈连接线慈溪段公路工程（LJ—2合同段）由浙江登峰交通集团有限公司承建。该合同段在桥头软土地段采用套管混凝土桩进行桥头软基处理，施工时间为2009年3~5月，共计套管混凝土桩3 013根，计34 870m。

本合同段通过在施工中采用套管混凝土桩对桥头软土地基处理的实际运用，大大提高了桥头软土地基承载力，获得了较好的技术及经济效益，得到了业主的肯定和好评。

11.4 工程实例四

泰州长江公路大桥接线工程镇江段路线全长5.637km，起讫桩号为K25+412.75~K31+050.00。该工程由无锡路桥集团股份有限公司承建。

该项目工程在桥头段软基处理设计采用塑料套管现浇混凝土桩形式，处理长度为54 212.4m。软基处理共分三段，三段的地质情况均为第一层为粉质黏土，第二层为淤泥质粉质黏土，第三层为粉质黏土。设计桩长为穿过淤泥质粉质黏土到达粉质黏土层。桩间距分别有1.3m、1.4m、1.5m。桩长分别为6.5m、10.5m、12.9m、13.3m。设计单桩容许承载力为150~190kN。该项目的套管混凝土桩施工采取了有效措施，取得了较好的效果，成桩小应变检测全部合格，单桩承载试验承载力满足设计要求。

塑料排水板施工中回带处理施工工法

GGG(浙)A2011—2010

边飞龙　韩栋华　沈垚洪　胡　斌　吴航冰
(浙江华新交通工程有限公司)

1　前言

塑料排水板排水固结法是处理软土地基的有效方法之一,它可以解决两个问题:一是使地基的沉降在加载预压期间大部分或基本完成,使路堤在运行期间不致产生不利的沉降或沉降差;二是加速地基土的抗剪强度的增长,从而提高地基的承载力和稳定性。但是,在插设塑料排水板施工中,通常出现的回带现象,并且超出设计要求和施工规范规定。施工中对塑料排水板施工工艺进行适当的改进对于控制回带过长行之有效。

2　工法特点

塑料排水板法进行软基处理施工中质量控制的难点主要是回带长度过长。其原因是套管中进入淤泥,增大了塑料板与套管壁的摩擦力,以致造成塑料板带出。因此,在塑料排水板打设过程中,需根据实际情况及时进行套管内壁附着的淤泥清理。

3　适用范围

3.1　本工法适用于道路、市政、港口、工业及民用建筑等工程的排水加固地基。

3.2　本工法适用于淤泥、淤泥质土、粉土及饱和性土等软土地基。

4　工艺原理

4.1　塑料排水板在插设过程中,由于淤泥具有极强的流动性,受桩靴与插管的密封程度影响,淤泥极易挤入管内,造成排水板粘在插管内壁,导致插管上提时,排水板自重及土体摩擦力远小于插管上提时对排水板的摩阻力,从而导致全程回带现象的产生(图1)。

4.2　插管未堵塞,塑料排水板部分回带。该现象多发生在插设深度较浅且土层较为干硬的情况,原因是插管上提后,桩位成孔,排水板无法被土体夹住。当桩管上提到较为软塑性土层时,周围土体可以夹住排水板底端,此现象为部分回带。

4.3　塑料排水板在插设至设计深度后,由于排水板自重、桩靴的重力及土体摩擦力小于插管上提时对排水板的摩阻力,导致桩靴弹不开,从而导致整根回带现象(图2)。

5　施工工艺流程及操作要点

5.1　振动式插板机回带现象的处理

以往处理塑料排水回带现象,通常采用提高桩靴与插管底端结合处的密封性,但由于插管下沉遇较硬土层时,受振动锤上下振动力的影响,导致桩靴与插管之间局部产生间隙,土体极易挤入插管内,而造成排水板的回带现象。振动插板机只要增加一套自动冲水装置、改造进料(带)口及改造桩靴工艺,便能大幅度降低回带现象。在插管沉设过程中,给插管内加水,这样便额外增加了向下的力,当插管内水自重、桩靴自重及排水板自重、土体摩擦力之和大于插管上提对排水板的摩阻力时，基本上可解决塑料排水板的回带现象。

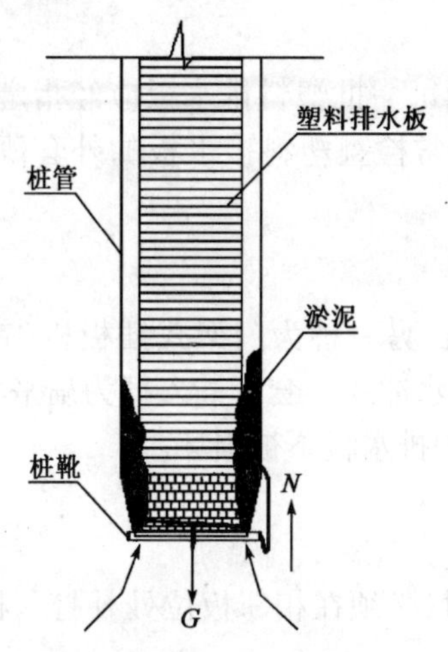

图1　塑料排水板结构受力示意图(一)

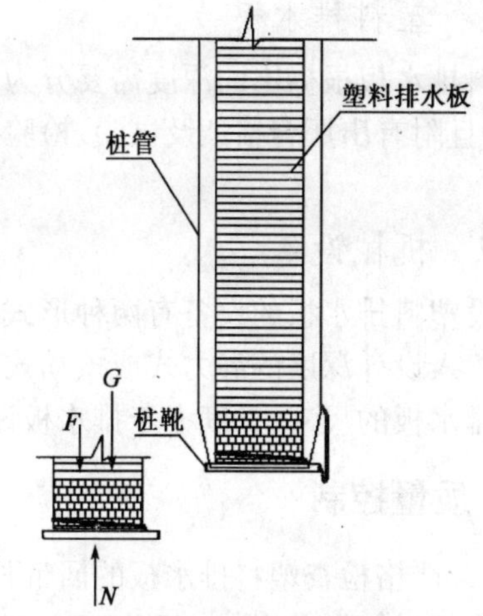

图2　塑料排水板结构受力示意图(二)

5.2　液压式插板机回带现象的处理

本工程处理区由于上层土体较软，且土体上层淤泥较厚，塑料排水板设计插设深度小于25m，振动式插板机容易将土体扰动及液化，故采用液压插板机进行施工。针对液压式插板机回带现象，采用了两种一次性桩靴工艺(一次性钢板及一次性钢筋头作为桩靴)，取得了明显的效果。

5.2.1　一次性钢板桩靴工艺

本工程通过自制一次性长方形钢板，上部点焊拉手形状的钢条(图3)。施工工艺为：首先将排水板从插管底部拉出，穿过拉手式钢条并折回，折回长度为15～20cm。然后，用大号订书钉将其固定，操作人员拉紧排水板的另一端，使钢板与桩靴底部紧贴。最后，开始插板施工。该工艺是将钢板桩靴留入土体中，主要是增加桩靴、排水板与土体的摩擦力，通过塑料排水板深度记录仪显示，该施工方式十分有效地控制了回带现象。其优点是当插至较软土层时，钢板紧包插管底端，不易出现进泥堵管现象；当插至较硬土层时，有钢板保护排水板，不易出现断板现象。可见，这种施工工艺提高了插设的成功率，减少了人员、机械、材料等资源的浪费。

5.2.2　一次性钢筋头(锚杆)工艺

本工程有一台液压式插板机使用一次性钢筋头作为桩靴(图4)。施工工艺为：首先将排水板从插管底部拉出，裹住钢筋头，用大号钉书钉将其固定，操作人员拉紧排水板的另一端，使被排水板裹住钢筋头卡在插管底部的凹槽内。最后，进行插板施工。该工艺也是将桩靴留入土体内，增加桩靴、排水板与土体的摩擦力，较好地控制了回带现象。其优点是使用废钢筋头作为桩靴的成本稍低，工艺较简单。其缺点是因排水板与土体直接接触，若遇较硬土层时，极易出现断板现象。

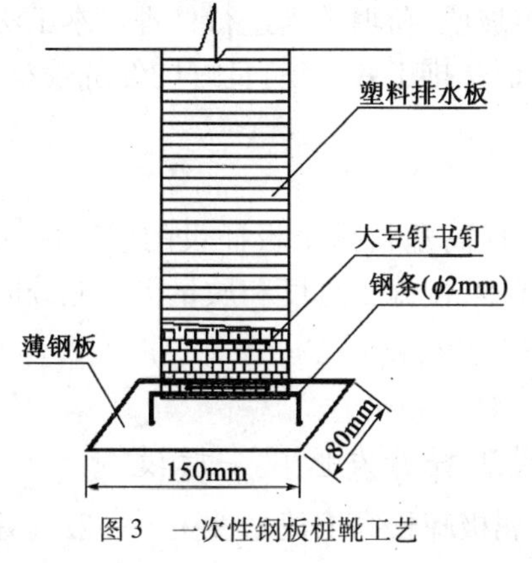

图3　一次性钢板桩靴工艺

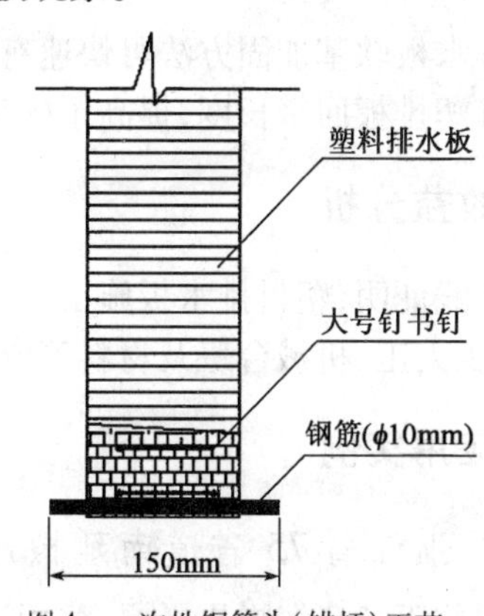

图4　一次性钢筋头(锚杆)工艺

6 材料与设备

6.1 塑料排水板

塑料排水板根据不同深度需要分为A、B、C、D四种类型。每一批塑料排水板应经指定的检验部门的检验,且附有出厂合格证及试验、检验报告。在使用时,应经常检查塑料排水板的外套薄膜是否完好无损。

6.2 机械设备

打设塑料排水板的设备有两种形式:一种为履带式打桩机,另一种为门架式插板机(带导轨)。要求用能打入设计深度的静力式或振动式设备,不可用锤击式或水冲式。套管插入杆为扁平状或圆形,内径大于排水板的尺寸,长度大于排水板设计长度,在打设中保护排水板不被损坏。

7 质量控制

7.1 严格检查塑料排水板的回带长度,当其超过50cm时,必须在相邻板位处补打一根,且回带的根数不宜超过打设总根数的5%。

7.2 塑料排水板的外露长度必须大于20cm并折向两侧排水方向,将其埋入砂砾垫层中。打设塑料排水板时,严禁出现扭结、断裂和撕破滤膜等现象。

7.3 当一个施工段落施工完后,应及时将打设塑料排水板后形成的孔洞用砂填好。在打设过程中应进行认真自检,按要求详细做好原始施工记录。

8 安全措施

8.1 施工现场宜采用封闭施工,禁止非施工人员进入施工现场,并在显著位置设置安全、文明施工标牌、条幅。

8.2 机械操作人员必须身体健康,施工场地必须戴好安全帽,严禁酒后操作和施工。正确使用个人防护用品,非专业人员禁止操作机械。

8.3 施工中每道工序按各项安全操作规程进行作业,非工作人员禁止进入工作半径范围之内。建立机械定期检查、保养制度。

9 环保措施

9.1 施工中所产生的生活、生产垃圾,集中收集,并及时集中清运,不得任意裸露处置污染环境。

9.2 洗刷施工机械、设备及工具的废水、废油等有害物质和生活污水,不得直接排放于河流或其他水域中,也不得倾倒于饮用水源附近的土地上,以防污染水质和土壤。

10 资源节约

塑料排水板软基加固方法可快速有效地对软体地段、桥梁坡段、荷塘软基进行处理。本工法有效地减少了插打塑排板回带长度,提高了施工质量,以较小投入保证塑排工效,具有良好的经济效益。

11 效益分析

施工实践证明,塑料排水板施工工艺的改进,既能大幅度提高塑料排水板插设的成功率和施工效率,也能减少人工、机械台班及材料等资源的浪费,降低施工成本,使施工进度和质量得到充分的保障。

12 应用实例

12.1 浙江省75省道南延椒江二桥至温岭松门段工程开发区段一标段

该工程位于黄滨海淤积平原,海相沉积淤泥质土厚度大,属极疏松高缩流塑性土。一般具有以下特点：含水率为40.8 % ~53.7% ，孔隙比为1.23% ~1.49%，饱和度一般大于99.1%，液限为37.3% ~49.3%，塑性指数为15.5 ~21.6 ，压缩系数为0.9 ~1.1 MPa^{-1}，地基土快剪试验的黏聚力在10kPa左右，快剪试验的内摩擦角在5.4° ~ 12°。

一标段路基宽33.5m，路线全长3.35km。路堤高度2.5m均进行软基处理，软基处理采用塑料排水板、水泥搅拌桩、预应力管桩、铺设砂砾垫层复合地基加固方式，处治长度2.572km。其中，塑料排水板34.45万m，按梅花形布置，点对点间距1.2m，深度25m，排水板厚度d大于或等于4.5mm，通水量大于或等于65cm^3/s，采用测深式塑板，上铺40cm砂砾垫层加设钢塑土工格栅。后期沉降观测表明其效果良好。

12.2 浙江省104国道长兴雉城过境段改建工程第一合同段

该工程软土地基为滨海相沉积，淤泥质土厚度大属高缩流塑性土。一般具有以下特点：含水率为32.8% ~43.2%，孔隙比为0.93% ~1.2%，饱和度一般大于98.3 %，液限为32.0% ~39.4%，塑性指数为12.8 ~18.2，压缩系数为0.79 ~0.96 MPa^{-1}，地基土快剪试验的黏聚力在13kPa左右，快剪试验的内摩擦角在5.1° ~ 10.9°。

一标段路基宽52m，路线全长3.96km。路堤高度2.5m均进行软基处理，软基处理采用塑料排水板、预应力管桩、铺设砂砾垫层复合地基加固方式，处治长度为2.15km。其中，塑料排水板38.18万m，按梅花形布置，点对点间距1.2m，深度15m，排水板厚度$d \geqslant 4.5$mm，通水量大于或等于50cm^3/s，采用测深式塑板，上铺50cm碎石垫层加设钢塑土工格栅。后期观测其效果良好，且达到了设计要求。

橡胶桩尖薄壁筒桩施工工法

GGG(浙)A2012—2010

俞国弘　倪罗峰　楼建明　张小军　何宝田
(浙江华新交通工程有限公司)

1　前言

杭千高速富阳连接线公路所经过的沿线地段软土分布广泛、地质情况复杂。大源桥两侧软土层厚变化较大,土层工程性质差,具有含水率大、抗剪强度小、高压缩性等不良特性。大源桥两侧原采用预尖薄臂筒桩处理,桩尖的预制时间长、密封性差、成本高。为加快桥头软基处理进度,减少长时间预尖等待周期,并降低施工成本,经设计及有关主管单位同意进行了橡胶桩尖薄壁筒试验桩验正性施成后,各项指标满足规范要求,并且在壁腔中无渗水、泥浆,施工周期等情况都优于预制桩尖。在之下,设计及有关主管单位同意批准采用橡胶桩尖薄壁筒桩,该工艺可以缩短工期、提高施工质低施工成本。

2　工艺特点

此工艺是在原有薄壁筒桩的该工艺上对桩尖进行改良,由橡胶桩尖代替预制桩尖,用经横切后的半只废旧120型橡胶轮胎,轮胎中心修成600mm(施工的薄壁筒桩直径为1m,壁厚为120mm,选用120型轮胎,如桩径0.6m选用80型轮胎,桩径0.8m选用100型轮胎,相应选择的轮胎的型号制作工艺基本相同),直接套入外钢管筒和内钢管筒下端上,与内外支承面紧密相连,形成橡胶桩尖。本法实用新型具有的优点是:

(1)密封性好,能有效防止泥浆进入筒腔;

(2)制作容易,能缩短施工时间;

(3)成本低廉,约为预制的一半价格;

(4)节约资源,使废旧轮胎派上用场。

对废旧轮胎的品质要求如下:

(1)采用高密度钢丝胎;

(2)旧胎品质要好,无大面积断丝及翻皮;

(3)轮胎侧面无穿孔等问题。

轮胎套接筒口及初入土时应重点关注轮胎套接位置居中,初入土时轮胎是否有移位等情况。外钢管筒和内钢管要求:内钢管管头长应长出外钢管10cm。通过实际施工中验证,更优于内外管等长的钻进速度。图1为单体筒桩成孔器结构。

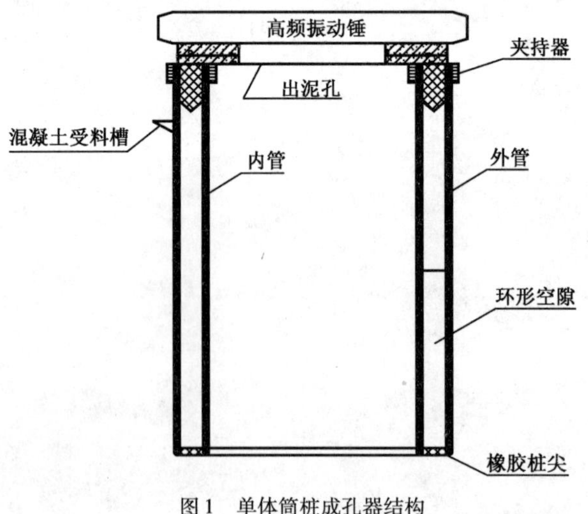

图1　单体筒桩成孔器结构

3　适用范围

细砂砾土层及软土层厚度变化较大,土层工程性质差,具有含水率大、抗剪强度小、高压缩性等不良特性的软土地基,尤其适合对沉降控制要求高的桥头两侧路基的软基处理。

4 工艺原理

橡胶板薄壁筒桩是一种空心薄壳结构，根据筒桩的设计壁厚，制作成孔器。成孔器由内外钢筒组成，其空隙厚度等于设计壁厚，内外钢护筒下端用废旧橡胶轮胎固定，上端用特制的振动锤和机械固定，使内外钢护筒具有固定的空隙，用来浇筑混凝土。薄壁筒桩利用桩身内外侧摩阻力、桩尖端阻力及地基对桩顶盖支承力（设计有盖板）共同承受上部荷载。

5 工艺流程（图2）及操作要点

（1）制作橡胶桩尖：废旧的120型橡胶轮胎，一只轮胎横切一分为二后将轮胎中的内径修成600mm。

（2）成孔器定位：桩机底座架坐在钢管上，钢管下垫机台枕木，依靠配备的卷扬机拉动钢绳实现向前，在枕木上滚动钢管而前移，横向底座在钢管上滑移而横向移动，再调整纵横相对位置，位置对中后，下放成孔器，使成孔器的中心与桩基中心一致。

（3）将制作好的橡胶桩尖套入钢管下：将制作的橡胶桩尖套入钢管筒下端，使其密封，不留空隙。

（4）振动锤振动使钢护筒下沉至设计高程：振动下沉速度均匀，一次性成桩，未下沉至设计高程不允许提升成孔器。

（5）灌注混凝土后拔出成孔器。

（6）沉孔及混凝土灌注完成后清理桩头。

（7）当成孔器沉入至设计高程后，进行混凝土灌注，边输入混凝土边振动，逐渐提升成孔器。混凝土浇筑结束，成孔器拔出地表，钻机移至下一个孔位。

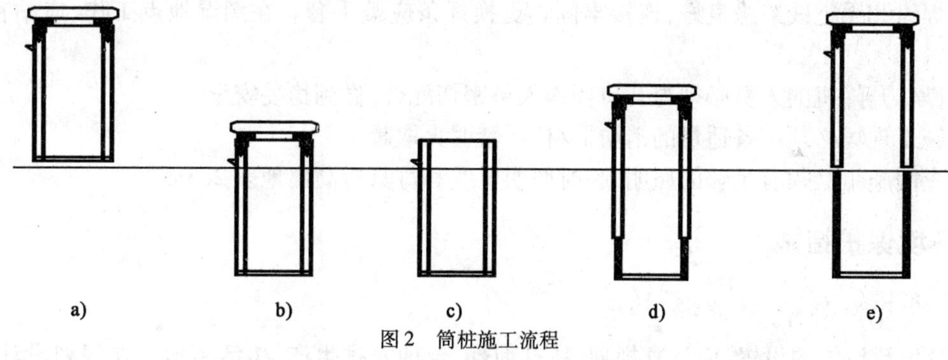

图2 筒桩施工流程

a)定位；b)振动成孔；c)插入钢筋笼；d)灌注混凝土振动起拔；e)成桩

6 材料和设备（表1）

设备器具一览表 表1

序号	设备器具名称	型号	功率	数量	备注
1	废旧轮胎	120型			
2	沉管桩架	起重力80~100t		1台	
3	振动锤	DZ110	110kW	1台	
4	成孔器	φ100mm		1个	
5	混凝土搅拌机	JZ350C	7.5kW	1台	
6	全站仪			1台	
7	水准仪	DS3		1台	
8	钢卷尺	30m		2把	

7 质量控制

当成孔器安装完毕后,套上橡胶桩尖,加压振动沉孔。在沉孔过程中密切注视沉孔过程的变化,遇到硬地层,不宜过度加压沉孔,以避免桩尖及成孔器损坏。同时,要注意成孔器保持正常的垂直度(垂直度不大于1%)。沉孔以后央壁腔内测试有无水体渗入。若发现有泥水或水时,应用专用抽水机在壁腔内将水体排出,壁腔内不容许有泥浆进入。成孔达到设计要求后,应验收深度并做好记录,混凝土骨料可采用卵石或碎石,其最大粒径不宜大于50mm。混凝土灌注要适当超灌,使桩顶混凝土强度在凿除桩顶浮浆后能满足设计要求。

8 安全措施

(1)机械驾驶员和特殊工种者,必须经过考试合格取得操作证才能上岗工作。

(2)进入施工现场的人员必须戴安全帽。

(3)机电设备检修人员必须戴安全帽,上塔系安全带。检修设备时,必须切断电源,并挂牌告示。

(4)机电设备不准带病运转或超负荷作业。

(5)机电设备必须配漏电保护器,钻机移位时必须切断电源,注意保护过路电缆。

(6)灌混凝土前检查储料斗、吊环上钢丝绳和绳卡的完好情况,发现问题及时处理。

(7)混凝土搅拌机的料斗升起时,严禁在料斗下通过或停留。

(8)汽车起重机必须由专人操作,起吊时起重臂下严禁人员停留或行走,起重臂和物件必须与架空电线保持安全距离,不准超负荷起吊物件。

(9)施焊场地周围,应清除易爆物品或进行覆盖隔离。

(10)焊钳和手把线绝缘良好,连接牢固。更换焊条应戴手套。在潮湿地点工作,应站在绝缘板或木板上。

(11)操作升降机的人员必须与孔口操作人员密切配合,做到稳妥安全。

(12)施工现场必须配备适量的消防器材,严禁明火取暖。

(13)夜间施工必须有足够的照明,临时照明电线和灯具应高出地表2.5m。

9 环境保护措施

9.1 生态环保

生产及生活设施的设置,应认真规划、精打细算,合理安排生产、生活用地。在规划设计中,要符合环境保护的要求,遵守环境保护法,在征得当地政府有关部门同意后,报请工程师批准。

9.2 噪声防治

(1)在临近居民点施工时,采取严格的防污染和防噪声措施。夜间10:00至早晨6:00,不使用噪声超分贝的机械,以保证居民有一个宁静的睡眠时间。

(2)主动与施工路段附近的学校和单位协商,对施工时间进行调整或采取其他措施,尽量减小施工噪声对教学和工作的干扰。

(3)注意机械保养,使机械保持最低声级水平;安排工人轮流进行机械操作,减少接触高噪声的时间;对在声源附近工作时间较长的工人,发放防声耳塞、头盔等,对工人进行自身保护。

9.3 大气污染防护

(1)堆料场、拌和站等在空旷地区,相距200m范围内,无集中居民区、学校等。

(2)对施工便道定时洒水降尘。材料运输时要加以遮盖,防止材料洒落。

9.4 水污染防治

(1)油料、化学物品等不得堆放在民用水源及河流湖泊附近,并采取措施,防止雨水冲刷进入水体。

(2)生活、生产废水应经集中收集,处理后再排放,不得直接排入水体。建立厕所与化粪池、垃圾专用堆放场,保证不污染周围环境。

(3)对施工机械严格进行检查,防止油料泄漏。严禁随意弃置废油、施工垃圾。

10 资源节约

对于这新工艺,橡胶桩尖很符合国家提倡的节能减排、资源回收利用等号召。废旧轮胎的回收利用,从经济上做到了成本的节约。它的成本只有预制桩尖成本的1/2价格,远远降低了施工成本,且耗材量又低。对于环境保护也是个贡献,可防止轮胎两次回收加工,减少对环境的破坏,既经济又环保。

11 效益分析

11.1 消耗的材料。橡胶桩尖采用的废旧轮胎在市场采购非常的方便,普通的汽修部及废旧回收市场就有。对社会环境来说是变废为宝,减少污染。

11.2 工时。橡胶桩尖中需轮胎到场简单加工就可使用,无需像预制桩尖一样,立模预制,还要等保养周期。此工艺减少施工环节,减短了施工周期,工时有明显的优势。

11.3 造价。普通的120型废旧轮胎为100元一个,对切后并可作为两个桩尖,相当于实际桩尖预制成本的一半(图3)。同时,在实际施工大多十几米的短桩,桩尖成本占整个桩成本的相当一部分,所以此工法在造价成本方面能为建设单位在薄壁筒桩的造价方面节约相当一部分资金。

11.4 橡胶桩尖在受压的情况下,与内外筒的密封程度相当好,这在实际施工中也得到了验证,成孔壁腔内基本无渗水与泥浆,更能满足规范要求。跟预制桩相比,其承压能力更好。预制桩采用120型的振动锤,经常出现桩头破碎的情况。而橡胶桩尖我们施工中最大采用改进150型的振动锤(图4),最大产生力吨位为63t,橡胶桩头没有出现过破坏的情况。

综合上述情况,本法在工程施工、工程造价方面都具有相当优势。

图3 120型轮胎制作的橡胶桩尖

图4 150型振动锤

12 应用实例

杭千高速富阳连接线软基处理设计采用内径0.76m、外径1.0m、壁厚0.24m预制桩尖薄壁筒桩,通过桩内外壁与地基土的摩阻力和挤密作用,使地基土与桩形成复合地基,从而提高了地基的承载力和整体稳定性。薄壁筒桩具有处理深度大、易施工、经济等特点,杭千高速富阳连接线工程软基处理深度在15~30m,薄壁筒桩共计804根,总长13 744m。为加快桥头软基处理进度,降低施工成本,经设计及有关主管单位同意进行了橡胶桩尖薄壁筒桩的验证性施工,各项指标均满足规范要求,且防渗水、防泥浆等各项指标都优于预制桩尖。在取得设计及交通主管部门同意后进行了大面积的施工,比原计划缩短了1/3工期,节约造价10万元。

我国已生产出拥有完全自主知识产权的新一代桩工机械。国内液压振动锤设备主要技术参数可见表2。国外液压振动锤主要技术见表3。本工艺已获得实用新型专利证书,部分数据不发表。

HFA 系列大吨位高频液压振动锤主要性能参数表　　表2

项　目		单　位	HFA160—8	HFA160T—80	HFA240—120	HFA240—120
高频液压振动锤	偏心力矩	kg·m	32.5	40.5	48.6	82.7
	工作频率	Hz(r/min)	35(2 100)	35(2 100)	35(2 100)	30(1 800)
	最大激振力	kN	1 600	2 000	2 400	3 000
	最大空锤振幅	mm	24	28	24	36
	最大拔桩力	kN	800	800	1 200	1 200
	发动机功率	kW(hp)	448(600)	522(700)	550(740)	670(900)
	液压没最大流量	L/min	525	756	756	900
	最高工作压力	MPa	42	42	42	42
配套液压步履桩架	筒桩最大深度	m	26	26	32	32
	筒桩最大有效直径	m	1.5	1.5	2.0	2.0
	筒桩最大拉压力	kN	800	800	1 200	1 200
	接地比压	MPa	≤0.6	≤0.6	≤0.6	≤0.6
	外形尺寸(长×宽×高)	mm	12 000×10 000×31 000	12 000×10 000×31 000	12 800×10 800×37 000	12 800×10 800×37 000
	总质量(不含配重)	kg	95 000	95 000	115 000	115 000
	配电总功率	kW	114	114	114	114

振动锤主要技术参数　　表3

锤　型	50	100	150	150t	200	200t	200—6t	300	400	600
偏心力矩(10N·m)	15	25	25	30	50	60	81	75	150	230
激振力(kN)	445	783	907	1 067	1 797	2 126	2 535	1 841	3 203	4 830
振动频率(r/min)	1 650	1 670	1 800	1 800	1 650	1 800	1 700	1 500	1 400	1 400
最大拔桩力(kN)	534	534	711	711	1 335	1 335	1 335	1 335	2 224	2 224
整机质量(kg)	2 220	2 867	3 970	4 060	6 577	6 668	8 006	7 939	16 670	20 071
动力柜功率(kW)	260	260	350	455	630	630	630	630	1 000	1 000

膨胀土路堑边坡柔性挡墙施工工法

GGG(桂)A2013—2010

陆宏新 高雪山 罗 光 施炳前 唐双美

(广西路桥建设有限公司)

1 前言

南宁至友谊关高速公路C10合同段位于广西崇左市宁明县内,属于宁明盆地膨胀土分布区,其地貌为低山丘陵地貌,单元土质多为膨胀土。该项目在路基施工过程中因膨胀土的显著胀缩性而引发大量的路堑边坡失稳、坍塌破坏现象,对工程进度和形象均产生了不良影响。为保证膨胀土路堑高边坡的稳定,有效预防和治理该公路病害,交通运输部西部交通建设科技项目"膨胀土路基设计、加固与施工技术研究"课题组以该项目为依托,与项目部"提高膨胀土边坡柔性挡墙施工质量"QC小组共同对膨胀土路堑边坡防护施工进行技术攻关,创造性地提出并实施了"土工格栅柔性挡墙"的膨胀土路堑边坡防护设计、施工方案,解决了膨胀土路堑边坡防护难题,加快了施工进度。本公司"提高膨胀土路堑边坡柔性挡墙施工质量"QC小组获2005年度广西工程建设优秀QC小组一等奖,以"膨胀土路堑边坡柔性处治技术"为其中一项重大突破、创新技术代表的"膨胀土地区公路修筑成套技术研究"西部交通建设科技项目课题成果荣获"2008年度中国公路学会科学技术奖特等奖"。

2005年以后,本公司在柳州绕城北线高速公路S1-2和S2合同段推广应用了此施工方案,均取得了很好的效果,彻底解决了膨胀土地区修筑中"逢堑必坍"的问题,产生了良好的经济和社会效益,经认真总结形成此工法。

2 工法特点

2.1 采用土工格栅柔性支护处治膨胀土路堑边坡,在国内乃至国际都属一种新技术、新工艺,是针对膨胀土路堑滑坍特点的一种有效的处治方法,其支挡效果明显、自身安全性好。

2.2 柔性支护技术施工工艺简单,操作方便,不需要添置专用机械设备,整个填筑过程格栅的摊铺、张拉及反包,顶部封闭的两布一膜需人工配合以外,其他工作全部机械化施工,材料以及施工成本较低,施工进度快,易于推广应用。

2.3 柔性挡墙可就近利用坍塌膨胀土作挡墙实体填料,减少大量借弃土石方开挖和运输,降低水土流失,环保节能,经济效益和社会效益显著。

3 适用范围

本工法适用于公路、铁路等工程建设中膨胀土路堑边坡防护施工以及膨胀土边坡滑坡失稳、坍塌等地质病害处治工程。

4 工艺原理

将分层铺筑的膨胀土与土工格栅用普通压路机碾压成型,使土与格栅相互咬合,并将边坡挡墙表层用土工格栅分层"包"起来,形成一个类似挡土墙结构的加筋整体。利用土工格栅的抗拉强度和像弹簧一样随机收缩的受力性能,允许边坡发生限量膨胀变形,释放膨胀力,从而控制边坡整体变形滑塌。通过修筑完备的防排水体系,实现保湿防渗效果,克服膨胀土遇水膨胀失稳坍塌等病害。

5　施工工艺流程及操作要点

5.1　施工工艺流程(图1)

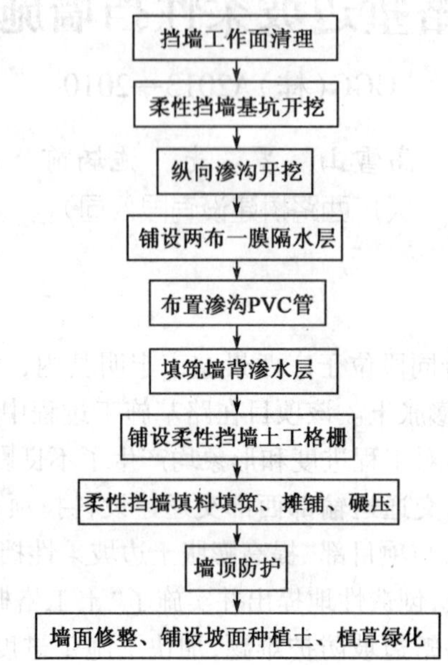

图1　膨胀土路堑边坡柔性挡墙施工工艺流程图

5.2　膨胀土路堑边坡柔性挡墙典型断面(图2)

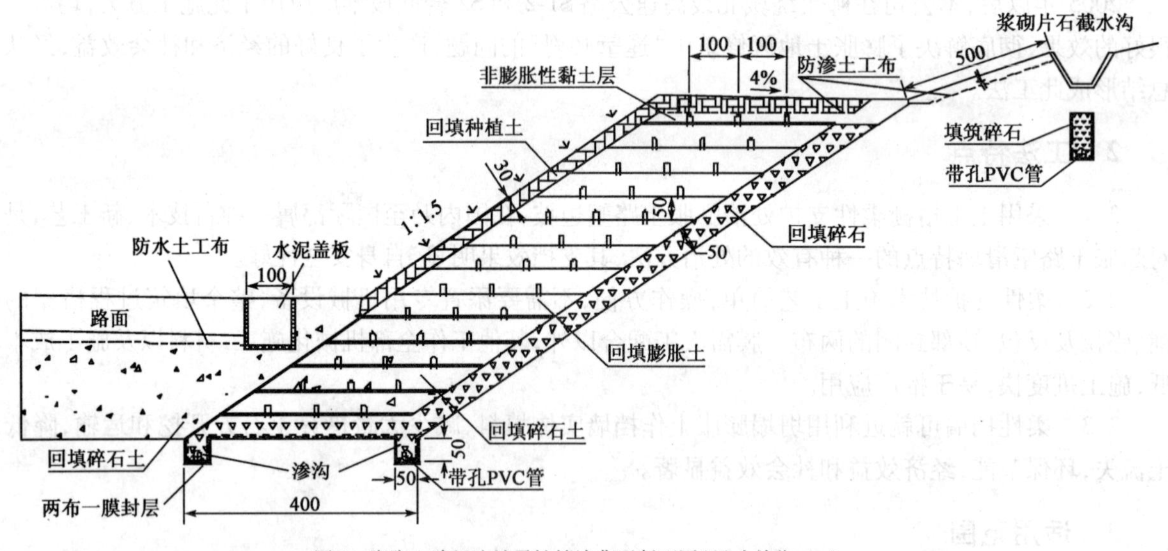

图2　膨胀土路堑边坡柔性挡墙典型断面图(尺寸单位:cm)

5.3　施工要点及质量要求

5.3.1　柔性挡墙工作面清理

按照拟定柔性挡墙断面进行施工放样。坡底清方水平宽度从原设计边坡坡脚为起点,滑塌区清至边坡滑塌松方与未滑边界止;对未滑塌区域按设计柔性挡墙宽度3.5m+0.5m(墙后排水层宽度)放样进行开挖,边坡的坡率与挡土墙的坡率相同。挖出的膨胀土放于附近路床的指定位置,以备柔性支护回填使用。

5.3.2 柔性挡墙基础开挖

将柔性挡墙基础开挖深度至原路床换填部位,开挖宽度从设计坡脚位置向边坡方向计宽4.0m。开挖过程中,基础部位出现的松土要全部清干净,直到坚硬的土层;基坑上部土体有松动滑塌现象的,要及时对松动滑塌部位进行清理和加固;基坑若有滑动软化现象的,可采用换填好土或利用石灰、水泥改良膨胀土,再分层填筑压实的方法处理。基坑开挖处理完成后,要及时用压路机对基底进行静压,压实度要求大于或等于90%。柔性支护的基础应碾压成向边坡内倾斜的斜面,倾斜坡比为4%。

5.3.3 纵向渗沟开挖

基础开挖完成以后,采用人工或挖掘机在墙趾和墙踵部位开挖50cm×50cm的纵向渗沟,直到边坡的两侧与填挖交界处的边沟相连。渗沟顶部位于路床换填碎石土底部。施工时,若遇到滑塌软化的情况,则可换填好土或用石灰、水泥改良膨胀土,再分层夯实至渗沟的基底设计高程。要求沟底平整,并由挖方中部向两边设置3%沟底纵坡,保证水流畅通至边沟。

5.3.4 铺设两布一膜、布置渗沟PVC管

基础及渗沟开挖好后,在挡土墙基础和渗沟的底部、侧面铺设两布一膜,做好防渗工作。接着在渗沟底部布置纵向ϕ10cm带孔PVC排水管或软式盲沟管作为纵向排水通道,盲沟管需要用U形钉进行连接,并用防水土工布包裹。排水管布置完毕后,用机械或人工将碎石填于沟内,或用无砂大孔混凝土填于沟内。出口参照截水沟下渗沟出口形式设一字墙出水口。

5.3.5 填筑墙背渗水层

采用人工或机械按宽50cm×高25cm在与坡体清方所成的边坡面之间回填碎石土,以形成墙背渗水层。也可采用待下一层土工格栅铺设前,用挖掘机或人工在墙背一侧开挖宽50cm的沟,然后填碎石土层形成墙背渗水层,其开挖深度应确保能与先前填筑的透水碎石土层相贯通。为防止边坡地下水渗入路床,在柔性挡墙底部土工格栅包碎石土边坡外侧铺一层两布一膜防渗土工布。在碾压施工过程中,应注意避免对墙后排水层进行碾压。排水层的铺设应保证上下贯通。

5.3.6 铺设柔性挡墙的土工格栅

(1)在进行土工格栅铺设前,先进行平面位置控制,并根据所在层面的设计宽度下料,格栅的长度必须满足设计长度要求。土工格栅的连接采用搭接,搭接宽度为40cm,搭接处采用U形冷拔钢丝扣入下承层土体内固定,并用土工连接棒将上下两层格栅进行连接,连接棒连接部位应距离下层反包格栅端部保持至少两到三个筋带宽。相邻两片土工格栅也应该进行搭接,宽度应不少于5cm,并用U形钉将相邻两片格栅进行固定于下承层土体内。

(2)由于柔性挡墙外侧无面板设计,因此土工格栅在边坡外侧需进行反包。土工格栅的反包采用专门自制的钩子沿主筋方向向内张紧,并及时用U形钉固定于土中。铺设土工格栅时,要注意人工张紧土工格栅,不得有褶皱,不得出现卷曲或折曲现象。在铺筑格栅时,采用人工拉紧格栅产生1%~2%的伸长率,使格栅产生一定的预拉应力,以约束土体产生的膨胀力。土工格栅张紧后用U形扣环插入土体内,使格栅平面位置固定。扣环要求尽可能在同一受拉断面上。

5.3.7 填料填筑

(1)柔性挡墙的填料分为两种:一种用于路床顶部水平线以下部位的填筑,主要采用从附近山上开挖出来的碎石土,填料采用人工爆破的手段进行开挖,自卸载货汽车运至施工现场。取土场表面的耕植土、草皮等杂物已在取土前彻底清除。另一种用于路床顶面以上部位填筑,可利用现场开挖以及弃土场的膨胀泥岩。

(2)为了保证设计的坡比,填筑时应超宽20~30cm进行。然后放线,刷坡。刷坡部位应保证平整、无棱角。对于反包区域内比较松散部位,应该进行人工夯实或采用挖掘机的料斗进行夯实再刷坡,保证柔性支护的坡比1:1.5;每层格栅上填土分两层进行施工,每层虚铺厚度为30 cm,压实厚度为25 cm,即

厚至50cm时进行土工格栅反包,顺主筋方向反包夯实区。

5.3.8 填料摊铺、碾压

(1)填料碾压按分层厚度30cm逐层摊铺、碾压。注意自卸载货汽车和推土机均不能直接在土工格栅上碾压,自卸载货汽车在铺设好的土工格栅以外卸下填料,用轻型推土机采用进站法循序摊铺推进。对于块度过大的填料,采用现场破碎或丢弃的处理措施,保证膨胀土的块度不大于10cm。不允许推土机、汽车等摊铺机具在未覆盖填料的土工格栅筋带上行驶,所有摊铺作业均不得扰动损伤已铺设的土工格栅,注意土工格栅反包区填料的摊铺应尽量采用细粒土。摊铺作业完成后用平地机找平,以保证摊铺厚度的均匀一致。

(2)柔性挡墙的碾压施工作业是以施工前进行的碾压试验为依据进行的,采用碾压遍数的方法进行施工控制。根据现场试验结果,膨胀土采用15t的光轮压路机碾压4~5遍可以达到80%以上的碾压要求。为保证施工的快速进行,随即对碾压效果进行抽检。碾压过程中遵循"先轻后重"的原则,先静压稳定土位后逐渐加大击振力度。当挡土墙高度高于路面高程2m时,均采用静压方式碾压。压路机在碾压过程中行驶速度控制在2.5~3.0km/h的范围内,太快则应增加碾压遍数,太慢则延长碾压时间,并有可能导致已压实土体的剪切破坏,均不利于施工。

5.3.9 墙面修整、铺设坡面种植土、植草绿化

(1)因土工格栅反包,为达到使整个挡土墙成为整体的作用,反包区外侧土体为不规则曲面凸起形状,给施工带来一定的不便,为此专门制作了木制模板。填筑压实凸起部位后,再以人工整修出曲面形状,以避免棱角处损伤土工格栅。反包区土工格栅铺设时,人工张紧后用U形冷拔钢丝锚固。

(2)在反包边坡表面培植30cm非膨胀土,并随着施工进程由下而上填土并拍实,以防止紫外线对格栅寿命的影响。

(3)土工格栅挡土墙修筑至设计高度后,采用1:1.75变坡处理在其顶部填筑非膨胀性黏土,压实度按《公路路基设计规范》(JTG D30—2004)规定达到90%以上。对于坡顶到截水沟宽度的耕植土层(50cm左右)采用换填压实处理,并在上方墙顶部铺设土工膜,铺设宽度(坡顶距离截水沟距离)不低于5m。土工格栅柔性挡墙顶部至截水沟边缘范围内坡面铺土工膜隔水,并在其上铺30cm厚种植土,植草绿化,铺土工膜前,修整坡面,填塞裂隙。

5.3.10 坡顶截水沟及渗沟的设置

按设计图在坡顶距滑坍体边缘不小于5m处设置截水沟和渗沟,拦截并排除山体地表和地下水。截水沟下部渗沟采用人工开挖基坑,按设计图纸铺设防渗土工膜,安放软式透水管(钢环外包透水土工布形成的管子)和回填碎石,渗沟顶回填山坡表层土夯实后砌筑截水沟。渗沟和截水沟沟底要平整且纵坡不小于0.5%,渗沟起、终端设两个一字墙出水口,以利于及时排水。

6 主要机械设备

施工所需主要设备见表1。

主要机械设备表 表1

名称	单位	数量	名称	单位	数量
挖掘机	台	1	自卸汽车	台	4
压路机	台	1	钢筋弯剪机	台	1
推土机	台	1			

7 质量控制

7.1 膨胀土路堑边坡柔性挡墙施工,必须在晴天实施,边坡清方完成后马上筑做柔性挡墙;工序间要衔接紧凑;柔性支护基础的开挖和填筑过程,需准确做好测量放线工作;基础部分应将松土全部清干

净,直至坚硬的土层,然后用土工格栅包碎石土进行回填。当松土的清理范围较大,超过原设计图纸土工格栅的锚固长度时,超出部分同样分层采用碎石土进行回填压实。

7.2　排水设施设置的正确与有效是本方案能否成功的关键之一。一定严格按要求修好墙背渗水层和墙底渗沟以及坡顶的封层、截水沟及截水渗沟,保证实现墙背渗水层和路床积水的排水分流,并有足够容量保证水顺利排出。同时,保证坡顶及坡体水流的有效隔断。若在清方过程中发现有层间集中水流,应打平孔将水引至渗水层内排出。

7.3　土工格栅的铺设,应以能充分发挥土工格栅的加筋效果为原则。在铺设时,应将强度高的方向置于垂直于路基轴线方向。为了保证格栅沿路中线方向的整体性,两幅格栅间需搭接(格栅的宽度为1.3m),搭接宽度不小于5cm。在垂直路中线方向,土工格栅的搭接不小于50cm。土工格栅的铺设应平整,不许有褶皱。铺设时,应人工拉紧,采用U形钉等将土工格栅固定在填土的表面。铺设土工格栅的土层表面应平整,严禁有碎、块石等坚硬凸出物,以免损害土工格栅。铺设格栅后,应防止其在填土过程中发生推移重叠,严禁任何施工机械直接在土工格栅上行走。连接棒的安装必须将上下两层土工格栅张紧,使连接棒夹紧至用手不能将其抽动,以保证加筋土体的整体性和有效性。

7.4　柔性挡墙填料填筑施工要遵照《公路路基施工技术规范》(JTG F10—2006)执行,严格控制填料的粒径和摊铺厚度和压实度,膨胀土填料和非膨胀土填料压实度分别要达80%和90%以上。施工现场可根据碾压试验采用碾压遍数的方法进行施工控制,一般膨胀土填料采用15t的光轮压路机碾压4~5遍即可。

7.5　施工过程中要特别注意封水,切实做好路基的排水,及时认真做好封水层以及边坡的封闭处理,防止水分渗入,破坏柔性支挡结构和开挖边坡。

8　安全措施

8.1　施工前对员工进行安全生产教育,树立安全意识。严格按照《职业健康安全管理体系》(BG/T 28001—2001)执行安全生产管理工作。

8.2　施工现场必须做好交通安全工作,交通繁忙的路口应设标志并有专人指挥。夜间施工时,路口及基准线桩附近应设置警示灯或反光标志,专人管理灯光照明。

8.3　做好雨季防水、边坡保护措施,防止边坡坍塌造成事故。

8.4　在施工现场行走应注意安全,不得在边坡下方休息或停留。

8.5　进入高边坡部位施工的机械,应全面检查其技术性能,不得带病作业。

8.6　机械在靠近边坡作业时,距边沿应保持必要的安全距离,确保轮胎(履带)压在坚实的地基上。

8.7　施工设备应进行班前班后检查,加强现场维护保养,严禁“带病”运行,不得在斜坡上或危险地段进行设备的维修保养工作。

8.8　膨胀土边坡上及坡脚均不得搭建民工棚,不能停放机械设备和材料。

9　环保措施

9.1　在工程施工过程中严格遵守国家和地方政府下发的有关环境保护的法律、法规和规范,执行《环境管理体系 要求及使用指南》(GB/T 24001—2004)标准,成立施工环保管理小组,加强施工过程中的环保工作。

9.2　清理坍塌多余的膨胀土,要集中堆放到指定的弃土场,并做好防护设施,减少水土流失。

9.3　做好工程材料运输过程中的防散落与沿途污染措施。

9.4　弃渣及其他工程废弃物按工程建设指定的地点和方案进行合理堆放和处治。

9.5　在晴天经常对施工通行道路进行洒水,减少扬尘污染。

10 效益分析

10.1 经济效益

柔性挡墙施工工艺简单,所需设备不多,经济效益明显,以广西南友高速公路C10合同段K133+830~K134+120右侧边坡柔性支护为例进行经济效益计算。与原设计处治方案相比,平均每平方米膨胀土路堑边坡节约投资50.53元,成本降低率为20.64%。C10合同段共处理7个边坡约28 502 m^2膨胀土路堑边坡,共节约投资额约为1 440 206元,直接经济效益显著。

10.2 社会效益及环保效益

10.2.1 土工格栅柔性支护技术处治膨胀土路堑边坡是一种创新的新技术,试验段处治工程经历3年的考验,边坡均无明显的变形,使用效果良好。本方案的应用,基本解决了广西膨胀土地区修筑中"逢堑必坍"的质量通病。

10.2.2 柔性挡墙施工工艺简单,操作方便,不需要添置专用机械设备,整个填筑过程格栅的摊铺、张拉及反包,顶部封闭的两布一膜需人工配合以外,其他工作全部机械化施工,大大提高了施工进度。

10.2.3 直接用膨胀土修筑膨胀土路堑边坡的支挡结构,为我国膨胀土地区开挖边坡的加固和防护提供了可行的经验,减少了大量借弃土石方开挖和运输,降低了水土流失,环保节能,社会效益显著。

11 应用实例

11.1 南友高速公路C10合同段于2004年10~12月采用柔性挡墙支护施工工法处治了7段共28 502m^2膨胀土路堑边坡,节省了大量人力、物力、财力,优质、高效地完成了膨胀土边坡防护。柔性挡墙防护边坡经历了4年旱季雨季的考验,工作状况良好,无明显变形和冲刷发生,基础渗沟通畅,长年有地下水流出,疏水效果良好,雨季渗沟盲管可快速满管排水,有效地降低了裂隙水的静水压力以及因水滞留边坡土体产生膨胀力的作用。该工法安全、环保,施工过程中没有出现任何事故。

11.2 柳州绕城北线高速公路S1-2合同段K13+620~K13+780左及S2合同段K22+850~K23+040、K27+415~K27+580三段共7 206m^2膨胀土路堑边坡于2005年10月采用柔性挡墙施工方案进行了边坡防护施工,快速安全地完成了膨胀土路堑边坡防护施工。柔性挡墙实体经历了三个旱季和雨季的考验,工作状况良好。工程施工过程中没有出现任何事故。

11.3 结论

11.3.1 土工格栅柔性挡墙处治膨胀土路堑边坡是一种创新性的新技术,基本解决了广西膨胀土地区修筑中"逢堑必坍"的问题。利用本工法处治的膨胀土路堑边坡,经历两年的时间考验,边坡均无明显的变形,使用效果良好。

11.3.2 直接用膨胀土修筑膨胀土路堑边坡的柔性挡墙,为我国膨胀土地区开挖边坡的加固和防护提供了可行的经验,经济效果显著,同时保护了生态环境,加快了高等级公路的修建速度,在全国极具推广应用价值。

滨海(河)地区土质路堤边坡土钉墙防护施工工法

GGG(鲁)A4014—2010

刘振义　朱庆飞　武国宏　冯　波　周希辉

(科达集团股份有限公司)

1　前言

公路穿越沿海(河)滩涂,路基经常遭受风浪冲刷或雨水冲刷至毁,由于砌石护坡的不均匀沉降且造价高(当地为沿海地区,缺乏石料)、含盐土不能植草、重力式挡墙基础承载力不够及造价太高等原因,在公路修建时考虑冲刷防护,采用土钉墙结构是路基冲刷防护和路基稳定的有效途径,同时节省了路基造价。

本工法除介绍土钉墙施工工艺、工程质量控制外,主要解决的问题有压实土边坡钻孔设备改进、喷射混凝土施工工艺改进。该工法是在河北省科技攻关项目——土钉墙在公路工程中的应用基础上逐渐推广建立的,科技项目获河北省沧州市科技进步二等奖。

2　工法特点

2.1　适用范围广

2.1.1　不但能用于路堑地段,而且可以用于路堤地段。

2.1.2　在路堤式路基中,如果路堤填土与土基(不一定是软土地基)的黏结力和摩擦角具有明显的差异时,潜在破裂面的外端不在坡脚,而是在坡脚外某一距离,土钉的力学作用不是十分明显,只起到局部加固喷射混凝土面板的作用。

2.1.3　当软土地区可以在路基高度 H 较小时($H<4\mathrm{m}$),直接使用土钉墙;当路基高度较大时,宜做复合式土钉墙。

2.1.4　在高路堑中的应用要好于高路堤,在城市道路的互通立交桥附近的高边坡施工改造,尤其是在桥头锥坡铣坡加固时,具有良好的应用前景。

2.2　节约资金

与浆砌片石护坡、植草防护及重力式挡土墙相比,在盐渍土地区应用土钉墙作为路堤式路基的护坡,具有良好的使用效果和经济效益。

2.3　节约土地

坡脚的减小尤其是高路堤、高路堑坡脚的减小,可节约大量的土地,降低公路建设投资。

2.4　施工机具简单

所用施工工具比较简单,目前市场上有生产,经过简单改造就可以提高工作效率。

2.5　对周围环境无污染

在施工过程中,喷射混凝土回弹较小,喷射混凝土利用粉煤灰,变废为宝,对环境保护作出了贡献。

3　适用范围

3.1　土钉墙不但能用于各种高度路堑地段,而且可以用于一般路堤地段。

3.2　土钉支护适用于下列土体:可塑、硬塑或坚硬的黏性土,胶结或弱胶结(包括毛细水黏结)的粉土、砂土和角砾,密实的填土、软岩和风化岩层等。

4　工艺原理

土体的抗剪强度较低,抗拉强度几乎可以忽略,但土体具有一定结构整体性。在边坡开挖时,可存在使边坡保持直立的临界高度,在超过这个深度或者在地面超载及其他因素作用下将发生突发性整体破坏。一般挡土结构则基于一种被动制约的机制,即以自身结构承受其后的土体侧压力,以防止土体整体稳定性破坏。土钉墙技术则在土体内放置一定长度和密度的土钉,与土共同工作,弥补土体自身强度的不足。土钉与土体构成的复合土体,是基于主动制约机制,它不仅有效地提高了土体整体刚度,而且弥补了土体抗拉、抗剪强度低的弱点。通过互相作用,土体自身结构强度潜力得到了充分发挥,改变了边坡变形和破坏性状,显著地提高了整体稳定性。

5　工艺流程及操作要点

5.1　施工工艺流程(图1)

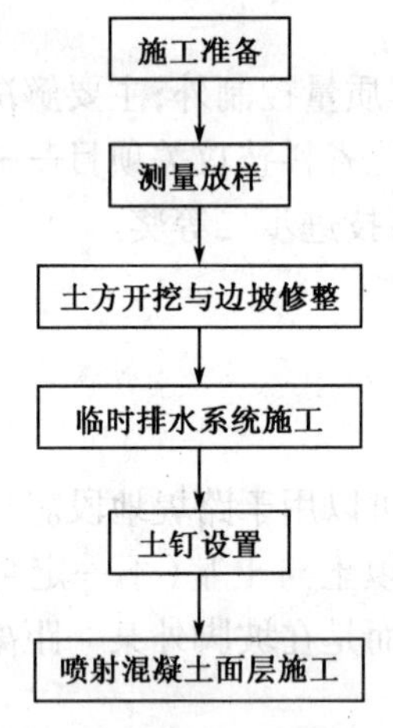

图1　土钉墙施工工艺流程

5.2　操作要点

5.2.1　施工准备

(1)熟悉施工设计图。核对设计条件与设计提供资料是否一致。如有不符,应向设计人员提出,并做记录,以作备查。

(2)编制施工组织设计。施工组织设计的编制应根据设计图纸、地质条件以及临近边坡的环境状况进行。其内容应包括:组织管理、机具配备、开挖方法、监测手段、应急措施等。

(3)材料准备与原材料检测。施工前应对砂、石、水泥、钢筋、外加剂等原材料的供货商进行考察,确保原材料的质量。所用的原材料除必须为合格产品外,在施工前还必须进行抽验,并取得相应的合格证明。

(4)土钉的现场极限拉拔试验。施工前应根据设计要求,在现场选取不同类型的岩土层,设置试拉土钉,按有关要求进行基本试验,以检验设计参数的合理性,为优化和修正设计提供依据。在松散砂土和夹有局部软塑或流塑黏性土的土层中,采用土钉挡土结构时,应在开挖前采用注浆或设置微型桩等,预先加固开挖面上的土体。

(5)建筑物的鉴定。施工前对因边坡支护施工可能会影响到临近边坡的文物和重要建筑物的安全时,应请有关部门对其现状作出鉴定,并标记和拍照所有损坏的部位和破损程度,以备施工中对损坏部位进行严密监测,确保原有文物或建筑物的安全。

5.2.2 测量放样

按照设计提供的里程桩号,逐桩采集横断面高程,并与设计图纸进行对比;对于路堤式路基,坡顶放出坡顶线和坡脚线,并用石灰粉标出;对分层开挖的边坡,还要注意对分层的坡脚放出平面线位置,并用石灰粉标出。

5.2.3 土方开挖与边坡修整

(1)土钉支护应按设计规定的分层深度按作业顺序开挖,在完成上层作业面的土钉与喷射混凝土以前,不得进行下一层深度的开挖。一次开挖高度不得大于设计中规定的边坡临界自稳高度,一次开挖长度也不得大于设计中规定的临界自稳长度。

(2)当用机械进行土方作业时,严禁边壁出现超挖或造成边壁土体松动。边壁宜采用小型机具或铲锹进行切削清坡,以保证边坡平整,并符合设计坡率。

(3)土钉支护分层开挖深度和施工的作业顺序应保证修整后的裸露边坡能在规定的时间内保持自立,并在限定的时间内完成设置土钉和进行面层施工。在沿边坡走向的水平方向的开挖也应分段进行,一般可取10~20m。

应尽量缩短边壁土体的裸露时间。对于自稳能力差的土体,如高含水率的黏性土和无天然黏结力的砂土,必须立即进行支护。

(4)为防止边坡的裸露土体发生坍陷,对于易塌的土体可采用以下措施:

①对修整后的边壁立即喷上一层薄砂浆或混凝土,待凝结后再进行钻孔。

②在作业面上先构筑钢筋网喷射混凝土面层,而后进行钻孔并设置土钉。

③在水平方向上分小段间隔开挖。

④先将作业深度上的边壁做成斜坡,待钻孔并设置土钉后再清坡。

⑤当开挖前已知开挖面有软弱土层且垂直开挖时,或经计算和试验已知边坡自稳时间过短时,应严格控制开挖高度和长度,采取开挖前超前支护,开挖后快速封闭措施,可在开挖前沿开挖面置入ϕ48~100mm的钢管;开挖过程中遇有局部易塌方土层时,可逐层分段击入ϕ48mm钢管,间距为300~600mm;当边坡采取放坡开挖遇有局部较差土层时,可在较差土层坡顶部击入ϕ48mm钢管(或竹、木桩),其间距为300~600mm。无论何种情况,在开挖一层土钉作业面后,应随挖随喷第一层混凝土,然后再编扎钢筋网和施喷第二层混凝土。待喷层混凝土具有一定强度后(一般不少于2h),再进行土钉钻孔作业。当有施工条件时,也可采用深层搅拌桩对不稳定的软土边坡进行开挖前的加固。

(5)对已塌方的边坡的处理。对一般性较小塌方,应先对塌方部分的松散土体进行加固或清除,再行边坡开挖支护;对较大塌方,应在松散土体中采用击入钢花管注浆加固或击入竹(木)桩加固,当条件允许时,也可采取深层搅拌桩加固。

5.2.4 临时排水系统施工

注意地表排水、边坡土体内、边坡脚的临时排水的处理。

5.2.5 土钉设置

(1)土钉成孔前,应对钻孔机具相关的性能和有关参数及配件进行核对,核对是否满足所需的钻孔深度、钻孔直径等设计要求;熟悉钻孔部位的地质及地下状况,是否有通信电缆、煤气及给排水管道等地下设施;根据设计要求在作业面上标定孔位,并作出标记和编号。孔位的允许误差不大于150mm(但若遇有地下水渗流的导水裂隙,钻孔应避开),钻孔的倾角误差不大于30°,孔径允许误差为+20mm、-5mm,孔深允许误差为+200mm、-50mm。

(2)钻孔方式的选择。钻孔方式主要根据其地质条件及设计要求进行选择。对于土质边坡(设计允许外),宜优先考虑干式钻孔。

(3)钻孔障碍的排除与地质条件改变的处理。当在钻孔作业中,遇有地下管线等障碍物或现场地质与设计不符,如出现软弱土层时,允许改变其设计钻孔的倾角或水平角,使钻孔作业能顺利通过障碍物,并将土钉的固定端置入较好的土层中。

(4)清孔方式。对于土层中的干式钻孔,不应进行带水清孔,宜采用高压空气经钻杆达孔底,将孔内一切松散杂质吹出。

(5)成孔过程中,应做好成孔记录,按土钉编号逐一记载取出的土体特征、成孔质量、事故处理等。应将取出的土体与初步设计时所认定的加以对比,发现有较大偏差时需及时反馈,修改土钉的设计参数。

(6)土钉钢筋置入孔中前,应先设置定位对中支架,保证钢筋处于钻孔的中心部位。支架沿钉长的间距应视钻孔孔壁软硬而定,一般为1.5~2.0m。孔壁软时,取小值;孔壁坚硬时,取大值。支架的构造应不妨碍注浆时的浆液自由流动。

(7)土钉钢筋的安装。在安装前,应按设计要求检查钻孔质量,在钻孔深度、孔径以及清孔等均合格后,方可将土钉钢筋(连同注浆管或注浆排气管)送入钻孔内。当出现塌孔,不能将土钉钢筋送达预定位置时,应将土钉钢筋拔出,清除孔内坍塌物后,再重新将土钉钢筋送达预定的设计深度处。

(8)土钉钢筋置入孔中后,可采用重力、低压(0.4~0.6MPa)或高压(1~2MPa)的方法注浆填孔。注浆泵的规格、压力和输出量应满足施工要求,水平孔必须采用低压或高压方法注浆。压力注浆时应在钻孔口部设置止浆塞(如为分段注浆,止浆塞应置于钻孔内规定的中间位置),注满后保持压力3~5 min。

(9)对于下倾的斜孔,采用重力或低压注浆时应采用底部注浆方式,注浆导管底端应先插入距孔底10~20cm处。在注浆同时将导管以匀速缓慢撤出,导管的出浆口应始终处在孔中浆体的表面以下,保证孔中气体能全部逸出。重力注浆以滴孔为止,但在初凝前需补浆1~2次。

(10)对于水平钻孔,必须用口部压力注浆或分段压力注浆,此时需配排气管并与土钉钢筋绑牢,在注浆前与土钉钢筋同时送入孔中。

(11)为了提高土钉抗拔能力,可采用二次劈裂注浆方法,即在首次注浆(砂浆)终凝后2~4h内,用高压(2~3MPa)向钻孔中的二次注浆管注入水泥净浆,注满后保持压力5~8min。二次注浆管的边壁带孔且与钻孔等长,在首次注浆前与土钉钢筋同时送入孔中。

(12)向孔内注入浆体的充盈系数必须大于1。每次向孔内注浆时,宜预先计算所需的浆体体积,并根据注浆泵的冲程数求出实际向孔内注入的浆体体积,以确认实际注浆量超过孔的体积。

(13)土钉钢筋端部通过锁定筋与面层内的加强筋及钢筋网连接时,其相互之间应可靠焊牢。当土钉钉头通过其他形式的焊接件与面层相连时,应事先对焊接强度做检验。

(14)土钉支护成孔和注浆工艺的其他一般要求与注浆锚杆相同,并可参照《岩土锚杆(索)技术规程》(CECS 22:2005)和《锚杆喷射混凝土支护技术规范》(GB 50086—2001)。

5.2.6 喷射混凝土面层施工

(1)混凝土喷射机的输送距离应满足施工要求,供水设施应保证喷头有足够的水量和水压(不小于0.2MPa)。空压机应满足喷射机工作风压和风量要求,一般可选用风量9m³/min以上、压力大于0.5MPa的空压机。

(2)在喷射混凝土前,面层内的钢筋网应牢固固定在边坡上,并符合规定的保护层厚度要求。钢筋网可用插入土中的钢筋固定,在混凝土喷射下应不出现振动。

永久支护喷射混凝土面层的厚度允许误差为-10mm,其表面宜作抹平压实修整。

(3)钢筋网一般宜在现场焊接或绑扎,网格允许误差为±10mm。钢筋网铺设时,每边的搭接长度应不小于一个网格边长或200mm。如为搭焊,则焊长不小于网筋直径的10倍。钢筋网的水平钢筋一般采用搭接绑扎加点焊(每一接头不少于2个焊点),钢筋网的竖向钢筋的连接应采用焊接接头。

(4)喷射混凝土配合比,应通过试验确定,粗集料最大粒径不宜大于15mm,水灰比不宜大于0.45,并应通过外加剂来调节所需工作度和早强时间。喷射混凝土的配合比一般根据设计要求的强度等级,现场试配。但对于强度等级为C20~C25的喷射混凝土,其参考试配比(质量比)为水泥:水:石:砂=1:(0.4~0.45):2:2。当支护边坡为垂直开挖或有地下水时,宜按需要掺入速凝剂。

(5)当采用干法施工时,应事先对操作手进行技术考核,保证喷射混凝土的水灰比和质量能达到要求。在喷射混凝土前,应对机械设备、风、水管路和电路,进行全面检查及试运转。

(6)喷射混凝土面层的分级分段。对整个边坡而言,喷射混凝土应从上(坡顶)至下(坡脚)逐级进行。对具体施工某一级某一段而言,施喷方法应从下至上,从里到外,逐次增厚。喷头的位置应尽量与喷射面垂直。喷头与受喷面距离宜控制在 0.8~1.5m 范围内,射流方向垂直指向喷射面。但在钢筋部位,应先喷填钢筋后方,然后再喷填钢筋前方,防止在钢筋背面出现空隙。

(7)为了保证施工时的喷射混凝土厚度达到规定值,可在边壁面上垂直打入短钢筋作为标志。当面层厚度超过 100mm 时,应分两次喷射,每次喷射厚度宜为 50~70mm。在继续进行下步喷射混凝土作业时,应仔细清除预留施工缝接合面上的浮浆层和松散碎屑,并喷水使之潮湿。施工缝(包括水平接头和上下层接头)混凝土面层的结合处应采用斜面(45°左右)接头,不应采用垂直面(垂直缝)接头,缝面应粗糙、清洁、良好。

(8)喷射混凝土终凝后 2h,应根据当地条件,采取连续喷水养护 5~7d,或喷涂养护剂。在养护期间,应保持混凝土面充分湿润。对于临时性支护边坡的喷射混凝土,可不进行养护。

(9)喷射混凝土强度可用边长 100mm 立方试块进行测定。制作试块时,应将试模底面紧贴边坡,从侧向喷入混凝土,每批至少留取 3 组(每组 3 块)试件;也可以采用"后装拔出法"对土钉墙防护面板抗压强度的检测,其试验依据为《锚喷支护工程质量检测规程》(MT/T 5015—1996)及《后装拔出法检测混凝土强度技术规程》(CECS 69:94)。

(10)土钉支护喷射混凝土的其他一般要求可参照《锚杆喷射混凝土支护技术规范》(GB 50086—2001)。

6 材料与机具

6.1 喷射混凝土

喷射混凝土和土钉砂浆一般采用 42.5 级硅酸盐水泥,在海水可能浸泡的地段可采用抗腐蚀性比较好的矿渣硅酸盐水泥。

对于用作注浆和喷射混凝土及网格梁等支护面层的水泥,宜采用普通硅酸。喷射混凝土用砂应为中粗砂,细度模数大于 2.5,砂的含水率宜为 5%~7%;用于喷射混凝土的石子应为坚硬卵石或碎石,最大粒径不宜超过 15mm,喷射混凝土所用集料级配应参照《锚杆喷射混凝土支护技术规范》(GB 50086—2001),宜控制在表 1 所示的范围内。

喷射混凝土集料通过各筛径的累积质量百分数(单位:%) 表 1

筛孔尺寸(mm)	0.15	0.3=0	0.6=0	1.18	2.36	4.75	9.5	13.2
优	5~7	10~15	17~22	23~31	34~43	50~60	78~82	100
良	4~8	5~22	13~31	18~41	26~54	40~70	62~90	100

6.2 水泥砂浆

采用 M10 砂浆,根据设计砂浆强度,作出了相应的砂浆的配合比设计,注浆用水泥砂浆或净浆的水灰比宜为 0.4~0.45,并且混凝土用砂细度模数大于 2.5、小于 0.075 的颗粒含量不大于 13%,含泥量不大于 3%;砂浆用砂粒径不大于 2mm。施工中严格控制水泥、砂石质量和级配。

为了增加砂浆锚杆的抗拔力,在砂浆中加入膨胀剂;为及早使喷射混凝土稳固,加入了速凝剂和减水剂,减少了混凝土的后期强度,加入减水剂可减少用水,增加混凝土的强度。两者作用,可稍使混凝土后期强度比不加减水剂时有所提高。实际施工时,对减水剂和速凝剂进行了调整,在后期使用时去掉了速凝作用不大且降低强度的速凝剂。

用于注浆的水泥砂浆强度可用尺寸为 70mm×70mm×70mm 的立方试件经标准养护后测定,每批至少留取 3 组(每组 3 块)试件,给出 3d 和 28d 强度。

6.3 水

注浆用水和喷射混凝土用水不得使用污水和pH值小于4的酸性水，不应含有影响混凝土质量的有害杂质。

6.4 设备

6.4.1 实际生产中主要设备见表2。

土钉墙主要施工设备配备 表2

设备名称	型号或性能	数量(个)	机具用途
钻机	洛阳产KHYD—50A钻机	3	土钉设置
砂浆搅拌机	济南某厂生产	2	砂浆搅拌
注浆机	济南产OD—3型注浆机	2	注浆
混凝土喷射机	郑州康达产PZ—5B混凝土喷射机	1	喷射混凝土
喷射料搅拌机	JP型配料搅拌机	1	喷射混凝土搅拌
空压机	北京机械厂，功率150kW，压力0.5MPa	1	喷射混凝土
高压水枪	自购	1	喷射混凝土加水
挖掘机	自购	1	开挖土方

6.4.2 实际生产中设备的改进。为了提高工作效率，钻土钻机需要采用小钻头，并增加电机的功率。

7 质量控制

7.1 本工法必须遵照执行的国家及有关部门、省颁发的标准、规范名称，具体如下：

(1)《岩土锚杆(索)技术规程》(CECS 22:2005)；

(2)《锚杆喷射混凝土支护技术规范》(GB 50086—2001)；

(3)《锚喷支护工程质量检测规程》(MT/T 5015—1996)；

(4)《后装拔出法检测混凝土强度技术规程》(CECS 69:94)；

(5)《公路工程施工安全技术规程》(JTJ 076—95)；

(6)《公路工程质量检验评定标准》(JTG F80/1—2004)；

(7)《公路路基施工技术规范》(JTG F10—2006)；

(8)《公路土工试验规程》(JTG E40—2007)；

(9)《公路工程水质分析操作规程》(JTJ 056—84)。

7.2 本工法除满足前述规范要求外，尚应满足以下质量要求：

(1)钻孔、孔位倾角要在容许误差范围内。

(2)修整边坡时，发现松处，应先夯实后削坡。边坡浸水时，围堰排水后再喷射混凝土。

(3)注浆应将导管插入孔底，边注浆边匀速撤出导管。导管的出浆口保持埋在砂浆内，保证孔中气体全部排出。水泥砂浆的水灰比不得超过0.4。每次注浆应计算确定，用量应超过成孔体积。

(4)要注意喷射厚度和喷头距工作面的距离(以1m左右为宜，以混凝土反弹最小为目的)。喷射时，应防止钢筋背面出现空隙，使喷射方向与坡面基本保持垂直。

(5)坡脚和坡顶局部混凝土应由人工捣实。

(6)在膨胀土和冻融地区，对冰冻敏感的土体(如粉土)中，采用土钉挡土结构时，应在设计中采取可靠的措施防止水分渗入土钉支护内的土体，并在支护混凝土面层与土体之间设置缓冲层，以减轻膨胀或冻胀对面层的压力。必要时，适当加强面层以及面层与钉头连接的承载能力。

(7)在砾石层土体和有裂隙的岩层中设置土钉时，需采取专门措施，防止注浆浆体通过较大的孔隙流失。

(8)在下列土体中,不宜设置永久土钉支护:标贯击数 $N<9$、相对密度 $D_r<0.3$ 的松散砂土;液性指数大于0.5的软塑、流塑黏土;含有大量有机物或工业废料的低强度回填土、新填土以及强腐蚀性土。在塑性指数大于20和液限大于50%且无侧限抗压强度小于50kPa的黏性土中修建土钉支护工程时,应通过现场的土钉抗拔试验,检验土体的徐变性能。

8 安全措施

8.1 土钉墙施工安全工作,必须符合《公路工程施工安全技术规程》(JTJ 076—95)规定。

8.2 项目经理部应专门设立施工安全工作组,并根据土钉墙施工特点制订施工安全目标和施工安全保证体系。

8.3 土钉墙施工时,作业人员必须佩戴安全帽。

8.4 土钉墙每层开挖高度严格执行设计图纸的规定。

8.5 注意交通安全组织,作业区域不得有非施工人员。

8.6 各种机具设备的操作严格按操作规程作业。关键操作人员必须进行进行安全技术培训,经考核后方可上岗。

8.7 施工点临时用电线路布局要合理,每次开工前应做好线路检查。

9 环保措施

9.1 工程范围内的土地,如弃土场、施工便道、临时生活用地等,在施工完毕后应及时进行土地复耕、植被绿化,以免周围环境污染。

9.2 施工场地保持经常洒水、控制扬尘,使得施工场地旁的农田作物无扬尘污染。

9.3 降低施工噪声污染,距离居民生活区小于100m范围,夜间不安排噪声大于55dB的机械施工。

10 效益分析

土质路堤边坡的防护有:植物防护、骨架植物防护、圬工防护防护、封面(捶面)防护等措施,土钉墙防护属于圬工防护,同时具备一定的稳定路基作用。采用本工法能适应沿海地区不能进行植物防护的实际情况,能根除其他圬工防护寿命短的弊病,寿命较长,使用期年平均造价低。所以,本工法具有其他防护所不能比拟的经济及社会效益。

11 应用实例

11.1 沧州沿海二级公路

在沧州沿海二级公路路堤加固工程中,由于此段路堤采用当地盐渍粉质黏性土填筑,再加上该公路位于沿海地区,尤其是在汛期,路基经常受到不同程度的浸泡,即使不被浸泡时由于公路修筑于软土地基之上,两侧为当地渔民的虾池或养鱼池,路基的稳定性也受到很大影响,路段上做的砌石护坡下沉十分严重,在桥头锥坡地带则更为明显。由于该地在雨季降雨大而集中,加上路基填土中含盐量较高,路基边坡设计得很缓(1:1.75)(施工时实际边坡更缓,为1:2~1:3),因雨水对边坡的冲刷而形成大小不一的冲沟。在做了边坡急流槽的路段,由于公路纵坡比较缓和路基顶比较宽(顶宽近18m),再加上没有修建路面拦水带(只是用土或白灰土做了简单的集水埝)等因素的影响,边坡的冲刷十分严重,造成路基两侧边坡多处冲沟,甚至把急流槽顶部冲坏、冲垮。当地交通局也千方百计地解决这一问题,但是由于砌石护坡的不均匀沉降且造价高、含盐土不能植草、重力式挡墙基础承载力不够及造价太高等原因,这一问题成了一个区域性的技术难题。采用土钉墙加固后,加固的里程有5km(双侧)工程完成已近12年,边坡再未受到破坏,降低了大量养护费用。表3是各种支护措施的造价比较。

各种支护措施的比较 表3

结构名称	力学状态	施工速度	单位体积造价(元/m³)	经济效益
土钉墙	承力状态	快	217.56	高
砌石挡土墙	承力状态	慢	287.62	中
砌石护坡	无	慢	240.11	低

11.2 沿海高速

2009~2010年,沿海高速七合同段位于沧州市渤海新区和海兴县境内。本合同段路基桥涵工程起点位于国道G307以南沧盐化工集团厂区以北900m处(起点桩号K50+550),终点位于青峰盐场盐池内(终点桩号K57+000)。路线总体呈西北向东南走向,施工线路全部位于青峰盐场沿途的盐池和虾池的水域内。在路堤加固工程中,采用了土钉墙加固技术效益明显。

特殊条件下公路边坡危岩处理施工工法

GGG(浙)A4015—2010

朱培良　廖建军　周松国　方晓成　陈　军

(浙江省宏途交通建设有限公司　杭州市市政工程集团有限公司)

1　前言

近年来,随着我国公路建设不断向山区延伸,山区公路越来越多。山区公路上边坡的天然岩面由于长期饱受雨水冲刷、自然风化等影响,造成岩体裂隙发育、完整性变差,极易因岩体失稳导致塌方、崩塌等地质灾害,对公路的营运、桥涵结构物和车辆的通行都造成了极大的安全隐患。此类危岩处理时,既要考虑车辆通行安全,又要考虑周边复杂环境影响,施工难度极大。

浙江省宏途交通建设有限公司和杭州市市政工程有限公司,共同研发了割条分解与加固防护相互结合的危岩处理施工技术,为特殊条件下上边坡危岩处理问题开发了一种新的施工方法。通过浙江省诸暨至永嘉高速公路 K170 + 250 上边坡危岩处理工程和浙江省 83 省道临海至杜桥改建工程 K27 + 500 上边坡危岩处理工程的应用实践,取得了良好效果。现总结编制成本工法。

2　工法特点

2.1　施工安全性高。施工前结合现场实际,确定危岩与公路的相对位置,对公路桥涵结构物或通行道路等采取防护措施,防止落石对结构物损坏和对通行车辆造成威胁。本工法不需采用爆破工艺,避免了爆破施工带来的诸多不安全因素。

2.2　可节约施工成本。采用人工及小型机具施工,与其他方法(如微裂爆破法)相比,减少了耗材(炸药)及大型机械设备(挖掘机等),降低了施工成本。危岩体体积越大,节约成本越多。

2.3　有效地保护了生态环境。该工法减少了空气、噪声污染和振动危害,对周边的生态环境影响很小。

3　适用范围

本工法适用于特殊条件(如运营公路、公路下边坡或附近为村庄、风景保护区等)下公路上边坡危岩处理施工。

4　工艺原理

该工法采用割条分解岩体与防护加固相互结合的方法,二者既相互独立,又相互结合。割条分解岩体是对裂隙发育、裂缝大、与相对稳定岩体连接微弱的不稳定岩体进行割条处理,然后采用钢绞线节点平衡原理搭设索道将解小后的条形石块搬运至安全地方存放或再利用。防护加固是对于相对稳定的岩体,先在岩石破裂带或滑动面滑落方向施打阻滑锚钉,并用混凝土封闭,然后在相对稳定的岩体上施打竖向抗滑锚杆。二者相互结合,从而使危岩趋于稳定。

5　施工工艺及操作要点

5.1　工艺流程

危岩处理施工工艺流程见图 1。

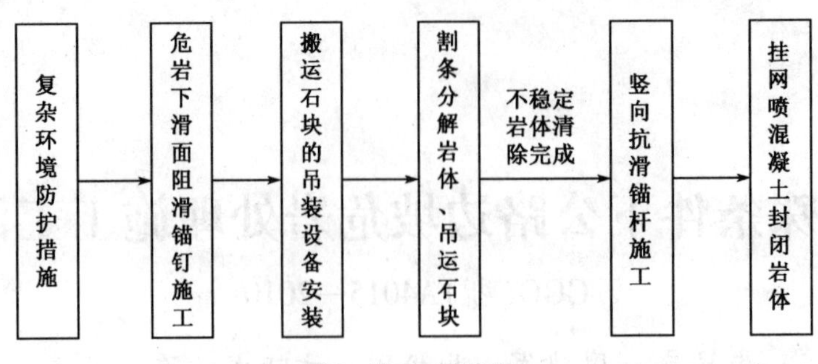

图1　施工工艺流程

5.2　操作要点

5.2.1　复杂环境防护措施

特殊条件下的防护措施根据实际情况进行选择,一般采用搭设钢支架防护平台、布设柔性防护网、砌筑挡墙等形式进行防护。必要时,可采用多种防护措施相结合的方式。诸永高速公路 K170+250 危岩处理就是采用搭设钢支架防护平台的方式对桥梁结构物进行防护的。

(1)竖直钢支架搭设

首先在合适的岩石上钻 ϕ70mm 的孔,注意不得在松散岩石上钻孔,再把 ϕ65mm 的实心钢桩插入孔内,插入孔内的长度不小于 50cm,伸出地面 30cm。然后将 I16cm 工字钢立柱焊接在钢桩上,钢桩立柱间距为 50cm。最后采用 10cm 槽钢设置横栏,用电焊连接,形成整体,并在内侧山体上设置锚固点,在山脚打设一排间距为 2m 的 ϕ65mm 的钢桩,用 ϕ25mm 的圆钢将钢支架与山脚钢桩连接固定,以防钢支架外倾。为增强钢支架的刚度及稳定性,需适当增设立柱,设立横撑形成整体。

(2)钢支架平台搭设

在竖直支架与岩石上搁置 I16 工字钢,搁置时应注意使工字钢向内倾斜 30°,间距为 50cm,并在上面满铺 5mm 厚钢板,形成一个钢平台。钢支架应高出平台 3m,并在外侧满挂 ϕ6mm 的钢丝绳网,网眼尺寸为 10cm×10cm,以阻挡分解后滑落的石渣。钢支架平台示意图见图 2。

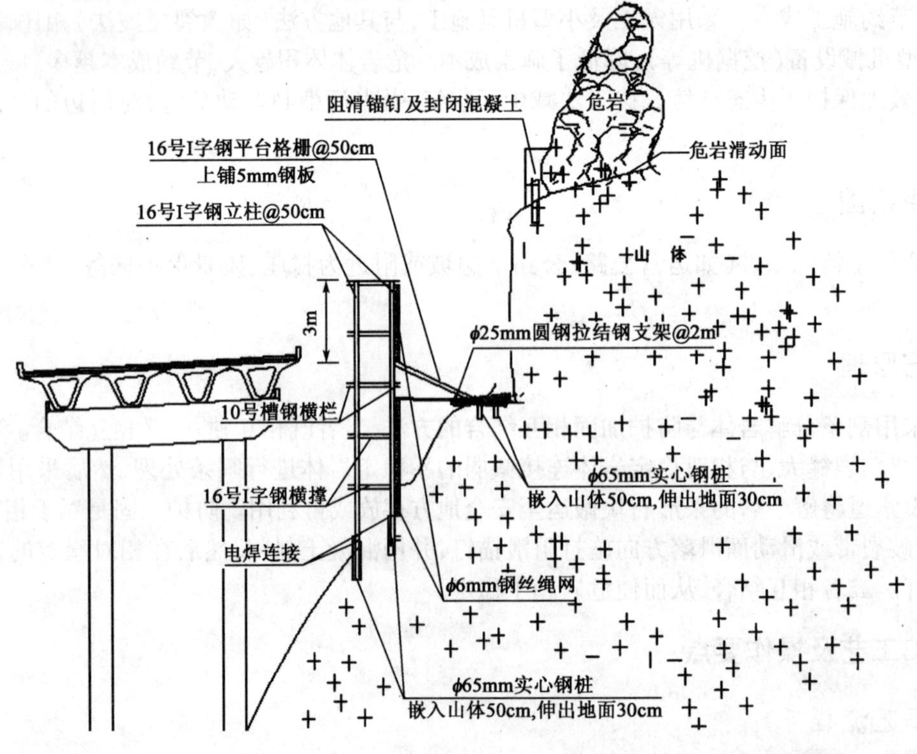

图2　钢支架平台示意图

5.2.2 危岩下滑面阻滑锚钉施工

如果危岩体存在滑动面,需在岩体滑动面的底部外围增设阻滑锚钉(直径规格大于或等于50mm),锚钉需深入基岩60~80cm,地面以上留40~50cm。锚钉间距一般为60~70cm,根据岩石大小及稳定性可适当调整,见图3。

(1)锚钉钻孔施工

根据现场作业面的大小,可选用潜孔钻或气腿式凿岩机钻孔,孔径为70mm,钻孔深度为60~80cm。钻孔应在稳固岩层上,并且距离临空面大于或等于100cm。

(2)注浆施工

钻孔验收合格后,采用小型注浆泵注浆,人工结合钎锤安插锚杆。ϕ50mm 锚杆长度为100~130cm。

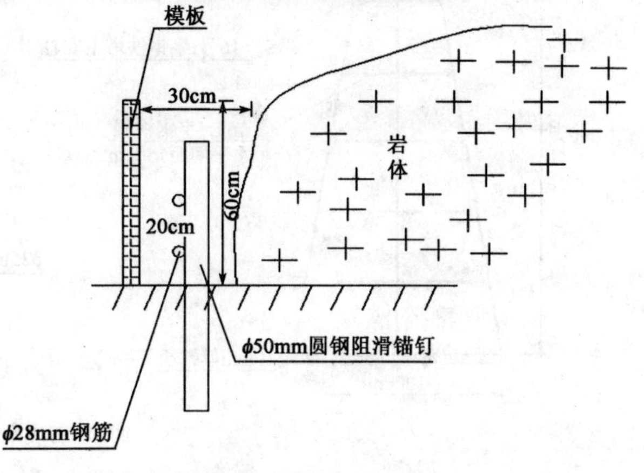

图3 阻滑锚钉防护示意图

(3)钢筋焊接

水泥砂浆凝固并达到7d强度后,在锚钉的地面以上部分焊接两道ϕ28mm的钢筋,对各锚钉进行连接,以增加锚钉的整体性。两道钢筋的间距为20cm。

(4)浇筑混凝土

对阻滑锚钉进行浇注混凝土封闭,沿着锚钉长度,浇筑高度60cm、宽度30cm的C25混凝土,对岩石进一步加固。按岩石的渗水量在底部设置一排泄水孔。根据现场实际情况,混凝土可以现场拌和或购买商品混凝土,混凝土拌和需添加适量的早强剂。

5.2.3 搬运石块的吊装设备安装

分解后的石块需搬运至山坡坡脚安全地带,采用索道和卷扬机配合作业,该索道采用钢绞线节点平衡原理搭设而成。

根据现场实际情况,在危岩旁边凿出一个1m^{2}的稳定平台,利用这个平台竖立一个简易铁塔作为索道的支点。以诸永高速公路K170+250危岩处理为例,索塔采用I16工字钢焊接而成,高度为12m,底部平面尺寸为100cm×100cm,厚为10mm的钢板与工字钢焊接,然后四边均匀布置两个ϕ25mm的膨胀螺钉,打入岩体固定。简易铁塔安装完成后,在塔顶安装定滑轮,然后在距离山脚水平约180m的临时道路上安装第1个索道锚固点和5t卷扬机,并在铁塔后方水平约80m的山体上设置第2个锚固点。索道由ϕ28mm钢丝绳主吊索、ϕ6mm钢丝绳控制电缆(线)牵引索、ϕ13mm钢丝绳滑行索三道组成。ϕ28mm与ϕ6mm钢丝绳主索一端固定在简易铁塔顶部,另外一端通过锚固点拉紧固定在山脚临时道路上,并选择一个适合操作的位置;ϕ13mm钢丝绳滑行索一端固定在电动葫芦上,另一端固定在卷扬机上,见图4、图5。

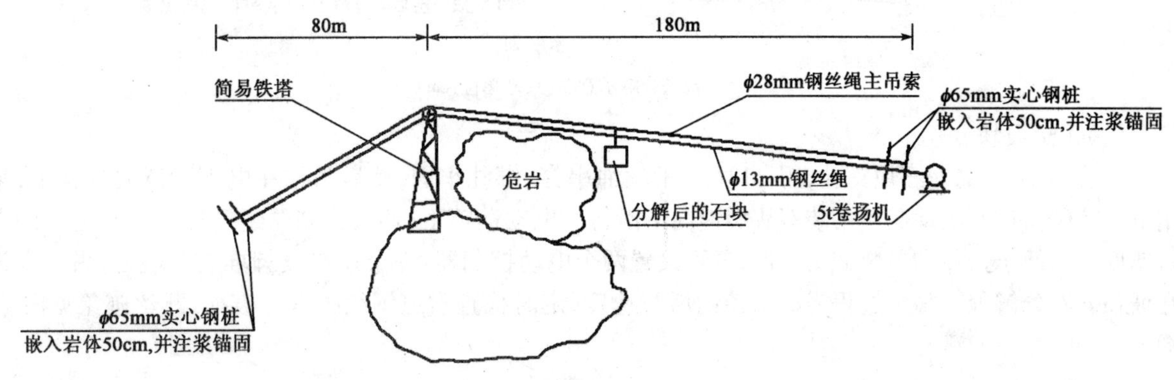

图4 石块吊装索道简图

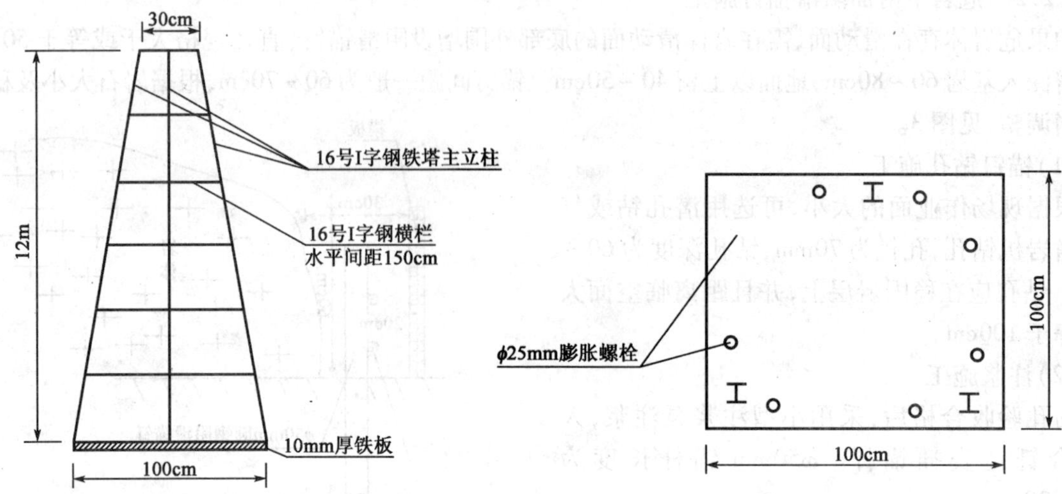

图5 石块吊装索塔简图

5.2.4 割条分解岩体、吊运石块

(1)割条分解岩体

利用人工手提冲击钻在水平方向从危岩外侧向内钻孔,并在孔内敲入铁钎,将危岩分解成50cm左右的层状;然后再从上部将层状危岩分解成50cm×100cm×40cm的条状块石。

危岩分解时自上而下,逐层进行。分层后则从外侧向内进行,对有可能滑落的石块采取临时加固措施,防止石块从外侧倾倒、滑落。最后,将条状块石用卷扬机通过索道运输至地面,并靠山脚放在临时道路上。分解及吊运石块时,应从外侧及两侧逐步向内推进。为加快进度,可从两侧同时往中间推进,见图6。

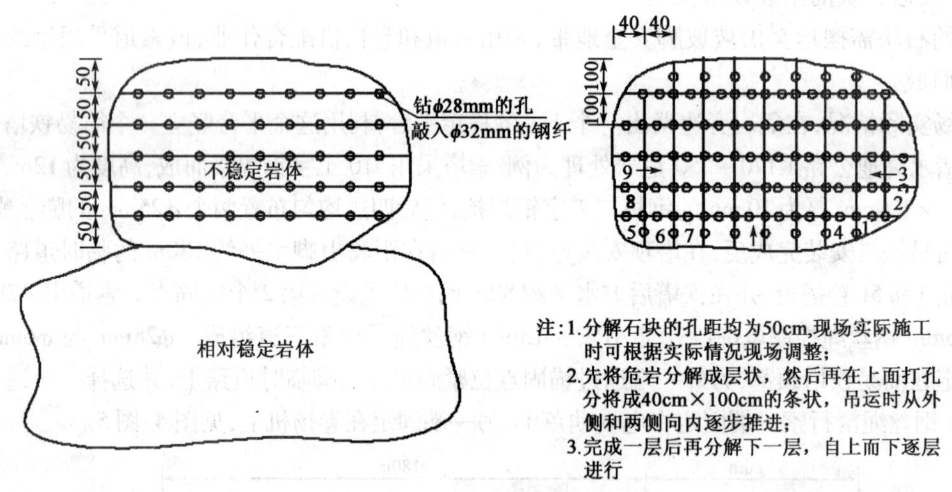

图6 割条分解示意图(尺寸单位:cm)

(2)吊运石块

石块解小后,需对石块钻孔,用ϕ13mm钢丝绳串穿、绑扎牢固,然后吊挂在电动葫芦的挂钩上,采用电动控制器控制电动葫芦吊装石块缓慢向下滑行。电动葫芦下行时,控制器主要控制电动葫芦的滑行速度。为便于操作和吊装的安全性,分别设置两个电动控制器:一个设在坡脚堆放石块处,另一个设在坡顶岩石分解处。吊装过程需严格控制滑行速度,定时检查索道钢绞线有无破损,断丝迹象见图7、图8。

5.2.5 竖向抗滑锚杆施工

为更加稳固地保留原有的岩体,根据岩体的不稳定范围,在岩体上打设一定数量的竖向抗滑锚杆

(直径规格大于或等于50mm),抗滑锚杆嵌入基岩大于或等于4m,嵌入上部岩体大于或等于3m,平面采用梅花形布置,间距大于或等于2m。

图7 装石块

图8 吊运石块

(1)钻孔施工

为保证施工安全,钻孔需距离岩石外侧岩石临空面大于或等于1m。施工放样把孔位测定准确后,采用潜孔钻钻孔,孔径为90mm,抗滑锚杆需嵌入基岩大于或等于4m,嵌入上部岩体大于或等于3m。以诸永高速公路K170+250危岩处理为例,经钻孔测定,上部岩体高度约为7.8m,中间夹层平均厚度约为2m(危岩滑动面所处位置),则钻孔深度为13.8m,抗滑锚杆最小下料长度为9m(嵌入基岩4m+夹层2m +嵌入上部岩体3m)。抗滑锚杆采用6m与3m电焊对接。钻孔时可根据实际调整钻孔深度,但注意必须保证嵌入基岩4m。

(2)注浆施工

钻孔验收合格后,需用高压水枪和风枪进行清孔,清空后采用小型注浆泵注浆,人工安插锚杆。注浆管应插至距孔底5~10cm,随水泥砂浆的注入缓慢匀速拔出。孔内注满浆后,随即将杆体插入。若孔口无砂浆流出,应将杆体拔出重新注浆。为了保证插入孔内杆体的深度符合要求以及便于安插,可在上端端部焊接ϕ6.5mm的钢筋。锚杆注浆后,在砂浆凝固前不得敲击、碰撞和拉拔锚杆。

5.2.6 挂网锚喷封闭岩石

(1)挂网施工

钢筋网采用ϕ6.5mm钢筋绑扎,间距为20cm×20cm;用ϕ8mm钢筋固定,并将网格点焊在锚杆上起到整体支护效果。

(2)喷混凝土施工

喷混凝土前,需对岩面进行清理。清理干净后,采用小型混凝土喷射机按湿喷法喷射混凝土,喷混凝土时应分层进行。二次喷射应在喷层终凝之后进行,若终凝1h后再行喷射,应把喷层表面的乳膜、浮尘等杂物冲洗干净,必须保证喷射10cm厚度的混凝土,以确保对岩面进行全面封闭,防止岩体进一步风化产生裂缝。

5.3 劳动力组织(表1)

劳动力组织表 表1

序 号	工 程	人数(人)	责任范围
1	技术负责人	1	施工技术、质量等现场总负责
2	专职质检员	1	负责现场质量控制检查、施工记录、数据整理等
3	试验员	2	负责试验及检测工作
4	安全员	1	负责现场安全管理
5	打钻工	4	负责钻孔工作

续上表

序　号	工　程	人数(人)	责任范围
6	起重工	2	负责现场起重工作
7	浇捣工	2	负责现场浇捣工作
8	电焊工	5	负责现场电焊工作
9	钢筋工	2	负责现场钢筋加工工作
10	注浆工	3	负责锚杆、锚钉注浆
11	其他	8	杂、散工

6　材料与设备

6.1　工程材料

主要工程材料见表2。

主要工程材料　　表2

序　号	材料名称	规　格	序　号	材料名称	规　格
1	工字钢	I16	5	钢筋网	20cm×20cm
2	实心钢桩	50、65	6	钢筋	Ⅱ级
3	水泥	P·O32.5	7	槽钢	10
4	钢板	5mm			

6.2　工程机械设备

主要施工机械设备见表3。

危岩处理主要施工机械设备　　表3

设备名称	单　位	型　号	数　量	设备名称	单　位	型　号	数　量
吊机	台	25t	1	电动葫芦	台	5t	2
空压机	台	$13m^3$	1	电焊机	台	BX—500	4
潜孔钻	台	90型	1	发电机	台	150kV·A	1
气腿式凿岩机	台	7655	1	卷扬机	台	15kV·A	1
电锤	台	日立DH50SA1	1	砂轮切割机	台		2
搅拌机	台	350L	1	混凝土输送泵	台	HBT—60	3

7　质量控制

7.1　工程质量标准

本工法执行《公路路基施工技术规范》(JTG F10—2006)。

7.2　质量保证措施

7.2.1　钢支架平台搭设控制

钢支架平台搭设是防护结构物安全的关键,钢支架的搭设范围、高度、强度应达到设计及规范要求。为保证钢支架的稳定性,现场质检员对每根ϕ65mm的实心钢安插进行量测,确保桩插入基岩深度30cm,并保证钢桩与I16cm工字钢的焊接长度为25cm以上。

7.2.2　阻滑锚钉施工质量控制

阻滑锚钉钻孔需打入基岩深度满足设计要求,并且距岩石外侧大于或等于1m,每个锚钉安装前,需经现场质检员确认。满足要求的,方可进行注浆和安插锚钉等后续施工。

7.2.3　石块吊装设备安装质量控制

现场安排专人负责对索塔固定膨胀螺钉是否松动、索塔两个锚固点的稳固程度、主索是否存在损坏或断丝等质量问题进行检查。

7.2.4　竖向抗滑锚杆施工质量控制

(1)准确地判断不稳定岩体、夹层的厚度,钻孔施工人员根据潜孔钻受力情况、钻进难易程度,及时记录岩层变法时的钻孔深度,便于更加准确地确定锚杆长度。

(2)为满足锚杆长度,一般需采用两根锚杆焊接而成。为满足锚杆各种受力要求,施工时采用了气压焊接技术,保证焊接质量,并对锚杆焊接采用超声波无损探伤检测。检测频率为100%。

(3)成孔后,需对钻孔进行清空。清空采用高压水枪和风枪清空,首先用高压水枪对钻孔进行清洗,然后用风枪把残留在孔内的水吹除干净。确保注浆前孔内无杂物。

8　安全措施

8.1　高空作业安全措施

8.1.1　高空作业者戴好安全帽,挂好安全带,衣着轻便,穿防滑鞋,岩石上设置固定安全绳的安全扣。在割条分解、装运石块的过程中,必须系扣安全绳。

8.1.2　高空使用物资、料具放置整齐、稳定牢固,并设置工具存放处。不使用时,及时清理工件和零散物品,以防掉落。

8.1.3　从事高空作业时,必须佩工具袋,大件工具要绑上保险绳。严禁随手抛落物品,以防伤人。

8.1.4　尽量避免交叉作业,作业区域设警戒区,严禁无关人员进入,并派专人负责。

8.2　钻孔安全措施

8.2.1　钻眼前,首先检查工作面是否处于安全状态、有无松动的岩石,如有松动,应及时清除。确保钻眼平台不变形、不垮塌。

8.2.2　钻孔时,了解因钻孔对岩体的扰动影响程度,在危岩体及锚钉上设置位移观测点,定期进行测量记录。应严格控制石块大小,以便于人工搬运。

8.2.3　分解钻孔时,应严格按照自上而下的顺序,确保危岩的稳定性。如有异常,应及时采取加固措施。

8.3　搬运、吊装安全措施

8.3.1　运输石块时,吊笼设置防护围栏,并有专人指挥,操作人员配备对讲机,保持信息通畅,紧密配合。

8.3.2　对卷扬机等搬运吊装设备,应定期检查其安全性能,并定期检修保养。

8.3.3　大型设备起吊前,必须先行试吊。试吊时,必须信号统一。试吊时,要看清信号手势。起吊笨重物体和设备时,不可中途长时间悬吊、停滞等。

9　环保措施

9.1　岩石施工前,工作面在满足施工要求的前提下,尽量减少对山体已有植被及绿化破坏。

9.2　设置临时石块堆放点,石块分解、吊运完毕后,再对石块进行外运或再利用。

9.3　施工完成后,对施工临时设施进行清理。对防护措施钢材有必要保留的,进行保留,并进行刷漆保护;没必要保留的,进行回收再利用。

10　效益分析

10.1　经济效益

该工法采用割条分解石块与防护加固相互结合,施工过程中投入的材料、机具设备较少,且多数钢材均可回收再利用,有一定的经济效益。由表4可以看出,与微裂爆破清除相比,该方案的成功实施带来的经济效益是直接节约成本约20万元。此外,该方案的安全性高,大大降低了对周遍复杂环境的不利影响,安全效益显著。

工法经济效益分析对比表　　表4

工序/项目	微裂爆破清除	本 工 法
施工成本	施工材料费用高,防护措施要求高,费用约100万元	采用劳动密集型,节约机械和材料,防护措施简易且可回收,实际施工费用约80万元
施工安全	虽然微裂爆破队岩石扰动相对较小,但预裂后的岩石大小及下落状态难以控制,对周边复杂环境有损坏的可能	采用钢支架对周边复杂环境的防护,割条分解对岩石石块大小及吊装的安全可有效控制,根据现场实际进行加固防护,大大提高了施工的安全性
环境保护	爆破施工对周围空气及植被影响较大,石块下落不可控,容易造成污染	割条分解及加固防护对周围植被、空气影响较少,石块经有序吊运、存放

10.2 社会效益

该工法可为今后类似工程施工的实施提供参考依据,既节约了资源,又给国内同行提供了类似危岩处理的成功实例。此外,该工法极其环保,对周围生态环境影响很小且社会效益显著。

11 工法运用工程实例

11.1 诸永高速公路温州段第三合同段K170+250处危岩处理工程

浙江省诸永高速公路第三合同段由浙江省宏途交通建设有限公司承建,该合同段K170+250边坡上方存在一大体积危岩体,估算体积约为2 350m³。该危岩体四周裂缝较为发育,裂缝从上而下、从右至左几乎贯通,危岩与稳定山体连接十分微弱。该危岩位于陡峭山体上,山体坡度约为80°,危岩外侧呈90°,距离桥梁结构物水平距离小于20m,比桥面高出约30m,离小溪河床高约70m。如不及时防护或清除,会严重影响下方桥梁的营运安全。该工程开工于2009年12月5日,并于2010年5月25日完工。该危岩的成功处理消除了对桥梁结构物的安全隐患,其施工质量、进度、安全都受到业主及专家组的好评。

11.2 83省道临海至杜桥改建工程L5合同段K27+500危岩处理工程

83省道临海至杜桥改建工程L5合同段由浙江省宏途交通建设有限公司承建,该合同段桩号K27+500处有一处危岩。该危岩石质是凝灰岩,整体性差,表面有部分风化、脱落。危岩尺寸:上口长约30m,宽约5m,高约10m,体积约为1 500m³。该危岩离溪口村村庄最近的民房水平距离约50m,山脚的边线离民房的最近水平距离约30m,距离通车运营的现有公路不足10m。该危岩体常有石块脱落,严重影响当地村民的生产生活及现有公路的营运。本公司采用割条分解与防护加固相结合的方法于2010年3月25~6月15日成功清除该危岩。该工程的成功施工为当地村民消除了安全隐患,保证了现有公路的营运安全,受到了83省道改建工程业主及当地村民、政府的一直肯定和好评。

预应力锚索防护劈裂注浆施工工法

GGG(中企)A4016—2010

申福先　张国强　张志勇
(中交第一公路工程局有限公司　中交一公局第六工程有限公司)

1　前言

重庆巫奉高速公路路基高边坡地质复杂,多为崩坡堆积层,设计采用预应力锚索防护普通注浆施工工艺,但对于地质复杂的软弱地层,采用普通注浆施工工艺很难满足钢绞线设计锚固张拉力要求。通过将普通注浆施工工艺改为劈裂注浆施工工艺,改善了锚索周围土体性质,加固了土体,增大了预应力锚索同土体间的锚固力,解决了软弱土层预应力锚索张拉力不足这一难题,大大缩短了工期,提高了预应力锚索的施工质量,赢得了业主、监理的认可,并得到了大力推广,具有明显的经济效益和社会效益。

2　工法特点

与普通注浆施工工艺相比,预应力锚索防护劈裂注浆施工工法有以下特点:

(1)通过劈裂注浆施工工法加固软弱边坡土体,可使四级高边坡防护工期至少缩短两个月,加快了施工进度。

(2)劈裂注浆施工加大了预应力锚索和土体间的锚固范围,可提高预应力锚索在土体中50% ~ 70%的抗拔力,保证了预应力锚索在软弱土体中的施工质量。

(3)采用劈裂注浆施工工法,加固了整个高边坡防护软弱土体,提高了边坡的稳定性,避免了施工过程中高边坡局部坍塌,大大减小了施工安全风险。

(4)劈裂注浆施工采用二次注浆法,加快了施工进度,减少了锚索孔注浆量,可节约成本,具有明显的经济效益。

3　适用范围

预应力锚索防护劈裂注浆施工工法适用范围广,既适用于渗透性较差的黏土、粉土及淤泥等软弱土层的边坡防护加固,还适用于加固岩溶地层的地下溶洞或软岩地层的边坡加固。

4　工艺原理

预应力锚索防护劈裂注浆施工工法是劈裂注浆方法在高边坡防护中的应用。其关键技术是采用高压注浆工艺,将水泥或化学浆液等注入土层,以改善土层性质。在注浆过程中,注浆管出口的浆液对周围地层施加了附加压应力,使土体发生剪切裂缝,而浆液则沿着裂缝从土体强度低的地方向强度高的地方劈裂,劈入土体中的浆体从而便形成了加固土体的网络或骨架。劈裂注浆法浆液扩散范围大,不仅对极限范围之内的土体进行转换加固,而且对极限范围之外的土体以充填、渗透、挤密和劈裂等方式进行注浆加固,对土体起到灌浆加固作用,从而满足设计预应力锚索张拉力的要求。

5　施工工艺流程及操作要点

5.1　施工工艺流程

图1为预应力锚索劈裂注浆示意图。图2为施工工艺流程图。

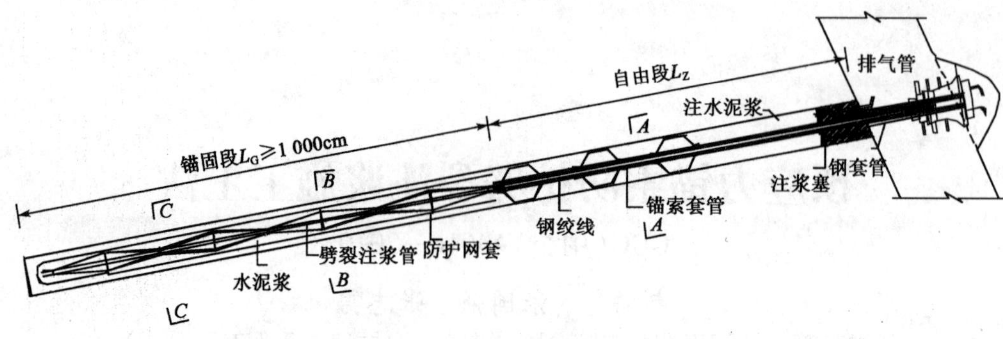

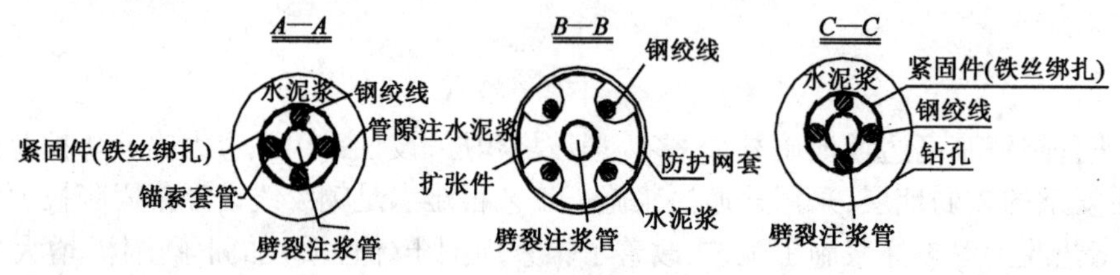

图1　预应力锚索劈裂注浆示意图

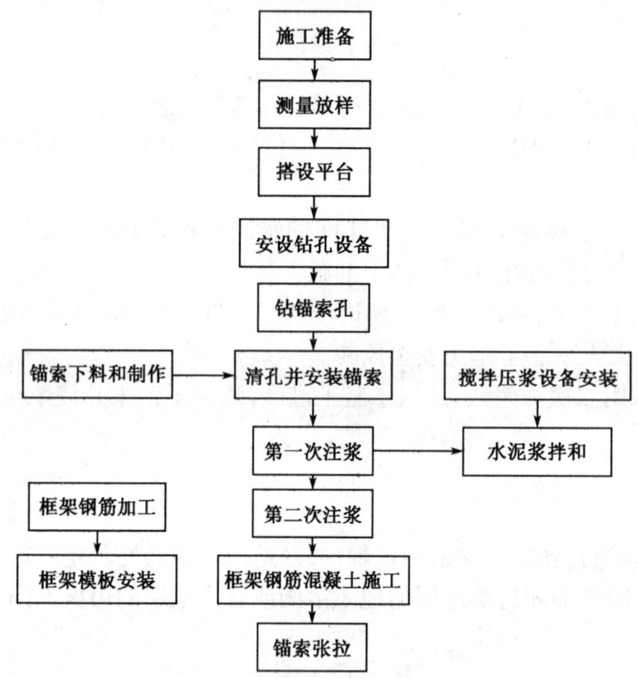

图2　施工工艺流程

5.2　施工操作要点

5.2.1　施工准备

(1)锚索孔位坐标计算、复核与放样。根据设计图纸,计算锚索孔位坐标,复核准确无误后再进行现场坐标放样,并设置边坡沉降位移监控观测点。

(2)平整施工场地,按1.5m×1.5m间距搭设钢管平台支架。根据桩位情况对场地进行平整,保证施工便利和安全。

(3)注浆采用大于或等于25MPa的水泥浆体,根据实验室提供的配合比采购合格水泥进场,安设并调试机械搅拌和压浆设备。

(4)安装钻孔设备、空压机设备、安全防护网。

5.2.2 锚索钻孔、清孔并下索

锚索钻孔要求采用干钻，禁止开水钻，以确保锚索施工不恶化边坡的地质条件和保证孔壁的黏结性能。如遇地层松散、破碎时，应采用跟套管钻进技术，套管随钻孔进尺依次顶进，以便钻孔完整不塌孔。锚孔下倾与水平面夹角为15°，钻孔倾斜度允许偏差为3%，孔口位置允许偏差为±50mm，允许误差为±1°，孔深允许偏差为±200mm（图3）。

图3 锚索钻孔

钻孔完成后使用高压空气（风压0.2～0.4MPa）将孔中土或岩粉及全部清除孔外，提高水泥浆液同孔壁土体的黏结力。

安装按设计图纸制作好的锚索，劈裂注浆管同锚索一同下到孔内。劈裂注浆管采用单向阀管，采用内径ϕ60mm的钢管，能承受不小于5MPa的压力，管底2m段每隔30cm钻一组射浆孔。插入钻孔时管端封闭，同锚索一同插入孔内。

5.2.3 配制浆体

浆体采用纯水泥浆液，注浆浆液配比如下：

水泥:水:膨胀剂:减水剂=1:0.38:0.1:0.01。

采用42.5级普通硅酸盐水泥，水泥浆水灰比为$W/C=0.3\sim0.5$，水泥用量为1 100～1 400kg/m^3，浆体强度大于或等于30MPa。不宜采用水泥砂浆，因为采用水泥砂浆会影响劈裂注浆效果。可以适当掺加一定比例的外加剂，从而提高水泥浆体的强度，并改善其流动性，通常采用水泥用量的10%的膨胀剂和1%的减水剂。

5.2.4 第一次注浆

注浆采用孔底向上返浆技术。将劈裂注浆管同锚索一同下入孔内，并使注浆管口距孔底30～50cm，在1～2MPa的注浆压力下进行注浆，使浆体通过注浆管从孔底返浆。当孔口溢出浆液或排气孔停止排气时，停止注浆。

注浆施工时，应注意以下几点：

(1)水泥砂浆应拌和均匀，随伴随用，一次拌和的水泥砂浆应在初凝前用完。

(2)注浆时，严禁抽拔注浆管或孔口注浆。如发现孔口浆面回落，应在30min内进行孔底压浆注补浆2～3次，以确保孔口浆体充满。

(3)注浆作业需认真做好现场注浆记录，每批次注浆都有浆体强度试验且不小于两组。

(4)如边坡土体裂隙较多、注浆量较大时，可根据水泥的初凝时间间断性注浆，间隔时间为1h，每次注浆量控制在设计注浆量以内。

(5)第一次注浆后，将注浆管、注浆枪和注浆套管清洗干净。

5.2.5 第二次注浆（劈裂注浆）

在第一次注的水泥浆终凝前（7～8h）进行第二次高压劈裂注浆，加大压力使浆液在土体产生劈裂，并沿着裂缝扩散。

一般从底部每隔1m注浆一次，达到不小于5MPa压力后，将注浆管提出1m再注浆。这样重复进行，直到提至锚索锚固段顶且孔口溢出浆液为止。

5.2.6 框架钢筋混凝土、锚索张拉施工

完成10m施工段落锚索劈裂注浆后，及时进行框架钢筋混凝土施工（图4）。待孔内水泥浆和框架混凝土强度达到设计强度后，进行锚索张拉。张拉时，应注意以下几点：

(1)设计要求对张拉锚索分五级张拉，分别为设计控制力的0.25、0.50、0.75、1.0、1.1倍。根据设计参数和张拉机具标定报告，计算各级张拉控制应力。

(2)根据桥涵施工技术规范张拉伸长量公式 $\Delta L = PL/AE$(P 为张拉力,L 为钢绞线总长,A 为实际断面面积,E 为实际弹性模量),计算设计张拉控制力下各级锚索张拉理论伸长量。

(3)张拉时采用预应力锚索张拉力和伸长量双控。锚索张拉应力符合设计要求,张拉伸长率控制在 ±6%。

(4)张拉前先检查张拉设备是否正常,保证锚具、夹片检验合格。锚具安装应与锚垫板和千斤顶轴线与锚孔及锚筋体轴同轴一线,且张拉力要均匀。

图4 框架钢筋混凝土施工

(5)每一级锚索张拉以相邻伸缩缝间框架为段落,按排数分段分次张拉。上排进行第一次张拉,分两级张拉到张拉控制应力的50%,初应力为张拉控制应力的25%。再进行最下一排张拉,分两级张拉到张拉控制应力的50%,初应力为张拉控制应力的25%。待改段落上下排锚索均张拉到50%的张拉控制应力后,再按照中、上、下排次序进行第二次分级张拉,张拉到张拉控制应力的1.1倍,锚固即可。每级张拉需要稳定2~5min,并分别记录每一级钢绞线的伸长量,计算出实际伸长量。

(6)按照设计要求张拉完后即锁定,切除多余的钢绞线并留长5~10cm的钢绞线,以防曳滑,用C25混凝土进行封锚。

6 材料与设备

6.1 材料

在本工法施工中,劈裂注浆施工采用42.5级普通硅酸盐水泥,外加剂减水剂和膨胀剂,劈裂注浆管采用满足不小于压力5MPa的 $\phi60$mm 钢管。

6.2 设备(表1)

预应力锚索劈裂注浆机具设备　　表1

序号	机具名称	规格型号	单位	数量
1	搅拌机	JS500	台	2
2	压浆机	ZJB1.8C	台	2
3	压浆管	60mm	m	50
4	压力表	10MPa	个	2
5	全站仪	徕卡 TC1101	台	1
6	水准仪	DS3	台	1
7	储浆罐	1000L	个	2
8	水泵	多级	台	2
9	钢管	60mm	m	50
10	千斤顶	YCW150	台	1
11	压力表	50MPa	个	2
12	潜孔钻机	YMG120	台	2
13	空压机	30m³	台	2
14	电焊机	BXI—500	台	2
15	空压机	30m³	台	4

6.3 劳动力

施工现场需技术人员1名,电工1名,安全员1名,测量人员2名,钻孔3人,锚索制作和安装10人,张拉压浆两个班组(每个班组4人)。

7 质量控制

7.1 预应力锚索间距通过全站仪精确定位,允许偏位不大于100mm。

7.2 锚索钻孔深度不小于设计长度,施工时防止塌孔,超钻20~30cm;锚索下索长度等于设计长度、框架混凝土厚度、张拉工作长度(一般取60cm)之和。

7.3 张拉千斤顶和油表按规定进行标定,锚索张拉力符合设计要求,张拉伸长率允许偏差±6%;每束断丝、滑丝数不超过1根且每断面不超过钢线总数的1%。

7.4 根据试验配合比确定施工配合比,加强水泥和外加剂材料质量管理,控制好压浆压力,保证浆体强度,使孔内浆体饱满、密实。

7.5 锚索张拉施工完毕后,随机抽取3根锚索进行抗拔力试验,拔力平均值大于或等于设计值,最小抗拔力大于或等于0.9倍的设计值。

8 安全措施

8.1 搭设稳固的施工平台及踏板,采用安全围栏进行防护,设置安全警示标识。

8.2 施工人员必须佩戴安全帽,穿防滑鞋;作业人员必须佩戴安全带。

8.3 定期检修并标定张拉压浆设备,及时更换有故障的压力表和注浆管。

8.4 施工用电由专职电工布设和检修,要安设漏电保护器,严禁私自拉线、接线。

8.5 张拉时锚索对面不能站人,并设置木制挡板。

8.6 压浆时,压浆人员必须佩戴护目镜,防止压浆管高压下爆裂引起伤害。

8.7 边坡钻孔中如遇地下水涌出,应先施作排水孔,后进行锚索钻孔施工。

8.8 开挖基槽工作应与装运作业面相互错开,严禁上、下双重作业。

8.9 弃土下方和有滚石危及范围内的道路,应设警告标志。作业时,坡下严禁通行。

8.10 坡面上的操作人员对松动的土、石块必须及时清除,严禁在危石下方作业、休息和存放机具。

8.11 在边坡布置变形监控量测点,定期观测边坡变化,防护边坡发生垮塌危险。

9 环保措施

9.1 钻孔清出的渣土,应及时清理,集中堆放。

9.2 施工污水需经过沉淀池沉淀处理后,再排出施工场地,避免污染耕地和地下饮用水。

9.3 材料应料集中堆放,施工完毕后及时清理,恢复原地表植被。

10 资源节约

本工法有效地保证了边坡加固的质量,提高了边坡防护的坡度,从而减少了占地,极大地节约了自然资源的占用。

11 效益分析

根据重庆巫奉高速公路A16标1602工点预应力锚索防护劈裂注浆施工工艺,与普通注浆施工工艺施工,作以下成本比较分析。

11.1 预应力锚索防护劈裂注浆施工通过二次劈裂注浆,减少了普通注浆施工耗用大量水泥浆的缺点,节约了大量的水泥,平均每个锚索孔可节约2.5t水泥。对于4级200m长的高边坡防护,可节约水泥875t,约39万元。

11.2 通过劈裂注浆施工工艺,可以大大缩短施工工期。对于4级200m长的高边坡防护施工,采用预应力锚索劈裂注浆施工工艺,可比普通注浆施工工艺提前2个月完成,节约机械设备及人员管理费用约20万元。

预应力锚索防护劈裂注浆施工,不但节约了大量施工成本,而且加快了施工进度,取得了巨大的经济效益。此工法工艺新颖,可提高预应力锚索防护施工质量,在业主历次的检查中合格率均为100%,赢得了监理和业主的一致好评,取得了良好的社会效益,具有广阔的应用前景。

12 应用实例

12.1 重庆市巫奉高速公路A16标K39+300滑坡治理工程

YK39+300滑坡位于重庆市巫奉高速公路巫山县境内,处于路基YK39+250~YK39+450段右侧,滑坡纵向长度约20m。2006年6月,边坡开始出现开裂,红线外村民房屋和耕地出现不同程度的开裂,路基开挖揭露地质同原设计严重不符,原设计没有明确指出该处为滑坡体。后经过专家评审,进行抗滑桩结合预应力锚索防护变更设计。由于边坡地质复杂,多为软土或炭质泥岩,预应力锚索试验孔按普通注浆施工工艺施工后,张拉力不能满足设计要求。于是,改为劈裂注浆施工工艺,对劈裂注浆试验孔委托重庆交通科研设计院进行了锚索拉拔试验。试验结果表明,锚索均能达到设计要求的锚固力,证明劈裂注浆工艺在滑坡治理工程预应力锚索施工中可行。

12.2 重庆市巫奉高速公路A16标1602工点线外滑坡治理

1602工点线外为业主新建的施工主便道和地方高压电塔。该施工主便道是三个施工标段共用的唯一一条便道,而1602工点地质为松散崩坡积地层,便道施工开挖边坡时破坏了原有边坡的稳定,造成整个边坡开裂变形,也严重威胁了地方高压电塔安全。为保证边坡快速稳定,业主委托设计院采用了独墩预应力锚索进行张拉抢险加固设计。由于地质复杂,实际施工锚索张拉力不能满足设计抢险要求,于是采用预应力锚索劈裂注浆施工工艺,提高了锚索同土体间的锚固力,确保了锚索张拉力满足设计要求,并加快了边坡抢险速度,确保了边坡的稳定,避免了因边坡变形造成的重大损失。

三维土工网垫植被护坡施工工法

GGG(浙)A40107—2010

吴群辉　陆晓华　周明光　黄　刚　顾文琪
（浙江良和交通建设有限公司）

1　前言

随着高等级公路建设向山区推进,高填深挖边坡日趋增多,边坡防护既要考虑稳定性,又要注重美观,植被防护已成为防护工程的主要类型。我公司在龙观(五龙潭)至溪口公路工程第2合同段与盛宁线丹城至西泽公路改建工程第2合同段边坡防护工程中,在边坡表面覆盖三维土工合成材料,并按一定的组合与间距种植草灌,有效地抑制暴雨径流对边坡的侵蚀,增加了土体的抗剪强度,减小了孔隙水压力和土体自重力,大幅提高了边坡的稳定性和抗冲刷能力,成功施作三维土工网垫植被护坡21 595m^2。经研究总结形成本工法。

2　工法特点

2.1　三维网垫与草灌交错咬合,坡面稳定,边坡防护效果好。

2.2　吸水、固水性能好,有效地抑制了暴雨径流对边坡的侵蚀。

2.3　工艺简单,操作方便,施工速度快。

3　适用范围

三维土工网垫植被适用于边坡坡率不陡于1∶1的填挖方边坡。

4　工艺原理

三维土工网垫植被是指利用活性植物并结合土工合成材料,在坡面构建一个具有自身生长能力的防护系统,通过植物的生长对边坡进行加固的一门技术。根据边坡地形地貌、土质和区域气候的特点,在边坡表面覆盖一层土工合成材料,并按一定的组合与间距种植多种植物。通过植物的生长活动,达到根系加筋、茎叶防冲蚀的目的。经过生态护坡技术处理,可在坡面形成茂密的植被覆盖,在表土层形成盘根错节的根系,有效抑制暴雨径流对边坡的侵蚀,增加土体的抗剪强度,减小孔隙水压力和土体自重力,从而大幅提高边坡的稳定性和抗冲刷能力。

5　施工工艺流程及操作要点

5.1　施工工艺流程(图1)

5.2　施工操作要点

5.2.1　清理坡面与施底肥

清理、平整坡面,清除直径大于2cm的浮石、树根等杂物,以利于基材与岩石坡面的结合。如果坡面上的土太密实,应该在坡面5～7.5cm范围内采取松土措施,作为播种层;如果坡面岩石面积很大,应该在坡面上铺设厚5～7.5cm的细表土,轻轻压实,为草提供基本的生长环境。对于岩石节理发育,走向不一,清理坡面难度较大,应采取浆砌片石局部找平(谨慎使用,避免加大边坡负载造成失稳),或者加大混合料固结物含量,局部适当加厚找平。

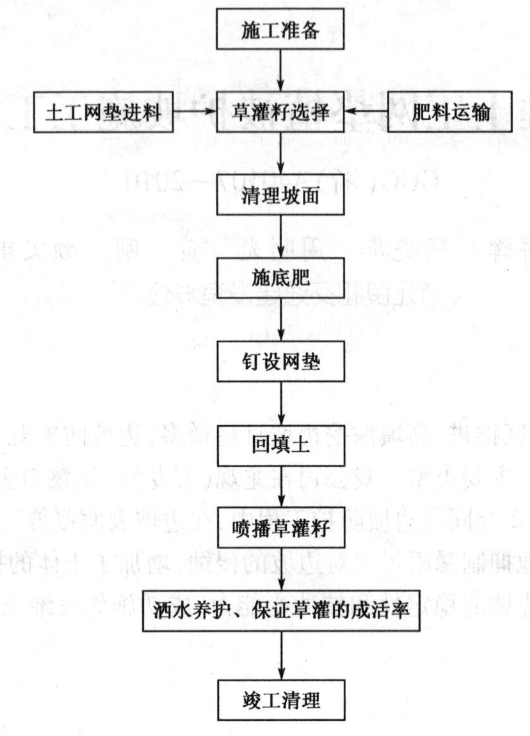

图1 施工工艺流程图

在土壤养分贫瘠和pH值不适时,在播种前有必要施用底肥和土壤改良剂。底肥主要包括氮肥、磷肥和钾肥,比例为15∶8∶7,施肥量随土壤的肥力情况而定,一般情况按100g/m^{2}左右施用。

5.2.2 钉设网垫

三维土工网垫在坡上、下两端各留有20cm和30cm,上端应埋入土中,下端应留成水平面;将网放在坡顶上,然后顺坡拉出网垫,自上而下至坡脚处。网与网之间搭接不小于10cm,并使网紧贴坡面无悬空褶折现象。

填方边坡,选用ϕ6mm钢筋和8号铁丝做成的U形钉进行固定,在坡顶、搭接处采用主锚钉固定。坡面其余部分采用辅锚钉固定。坡顶锚钉间距为70cm,坡面锚钉间距为100cm。锚钉规格:主锚钉为(ϕ6mm钢筋)U形钢钉,长20~30cm,宽10cm;辅锚钉为(8号铁丝)U形铁钉,长15~20cm,宽5cm。固定时,钉与网紧贴坡面。

挖方边坡,主轴钉选用ϕ8mm钢筋做成的U形钢钉,辅锚钉选用ϕ6mm的U形钢钉。在坡顶、搭接处采用主锚钉固定,坡面其余部分采用辅锚钉固定。坡顶锚钉间距50cm,坡面锚钉间距100cm。锚钉规格:主锚钉为(ϕ8mm钢筋)U形钢钉,长20~30mm,宽10cm;辅锚钉为(ϕ6mm钢筋)U形钢钉,长15~20mm,宽5cm。固定时,网要拉紧,钉与网紧贴坡面。

5.2.3 回填土

对于填方边坡,三维土工网垫固定后,采用干土施工法进行回填土,把黏性土、复合肥或沤制肥充分搅拌均匀,并分2~3次人工抛撒在边坡坡面上。第一次抛撒的控制在3~5cm为宜,第二次抛撒1~2cm,回填直至覆盖网包(指自然沉降后)。每次抛撒完毕后,在抛撒土壤层的表面机械洒水。机械洒水时,水柱要分散,洒水量不能太多,以免造成新回填土流失,其目的是使回填的干土层自然沉降,并要进行适度夯实,防止局部新回填土层与三维网脱离。要求填土后的坡面平整,无网包外露。所选用的黏性土应颗粒均称,呈粉末状,无石块与其他杂物存在,肥料可采用进口复合肥(N∶P∶K=15∶15∶15)或堆沤基肥,用肥量为20g/m^2。采用干土施工法具有施工操作简单、对路面不会造成污染等优点。

对于挖方边坡，网固定后，将由黏性土壤、堆沤米糠或腐殖土、进口复合肥、黏结剂、水泥组成的有机土壤充分混合，并利用搅拌机充分搅拌。有机土壤成分的质量配比为黏性土壤：堆沤米糠或腐殖土：复合肥：水泥 =10：1.5：0.003：0.3。黏结剂用量为 1 ~ 2g/ m^2。准备工作完成后，利用喷射机将混合均匀的有机土壤喷射于固定的三维网坡面上。喷射时，水的用量是通过在喷枪上的开关进行人工控制的，用水量不宜多，也不宜少，应适中，从而避免出现溢流和散落现象。喷射应尽可能从正面进行，凹凸及死角部分应喷射充分，保证形成的新土层全面覆盖三维土工网垫，不得出现网包外露现象。

5.2.4　喷播草灌籽

采用液压喷播绿化技术，其原理及操作方法是应用机械动力，液压传送，将附有促种子萌发、小苗木生长的种子附着剂、纸纤维、复合肥、保湿剂、草灌种子和一定量的清水，溶于喷播机内经过机械充分搅拌，形成均匀的混合液，而通过高压泵的作用，将混合液高速均匀喷射到已处理好的坡面上，附着在地表与土壤种子形成一个有机整体。

根据边坡的自然条件、立地条件、土壤类型等客观因素科学地进行草种配比，使其能在边坡坡面上良好生长，形成“自然、优美”的景观。使用的具体品种及用量视现场而定。

5.2.5　覆盖无纺布

根据施工期间气候情况及边坡的坡度来确定在喷播表面层盖单层或多层无纺布，以减少因强降水量造成对种子的冲刷，同时也减少边坡表面水分的蒸发，从而进一步改善种子的发芽、生长环境。

5.2.6　养护管理

苗期注意浇水，确保种子发芽、生长所需的水分。前期喷灌水养护为 60d，中期靠自然雨水养护。若遇干旱，每月喷水 2 ~ 3 次，后期养护每月喷水 2 次。适时揭开无纺布，保证草苗生长正常。适度施肥，一般使用进口复合肥，为植物生长提供所需养分。在苗高 8 ~ 10cm 时，进行第一次追肥，还可依据实际情况进行叶面追肥。定时、有针对性地喷洒农药，定期清除杂草，保证植物健康生长。

6　材料与设备

6.1　主要材料

(1)三维土工网垫，规格型号分为：EM2、EM3、EM4。

(2)锚钉 ϕ6mm 与 ϕ8mm 钢筋和 8 号铁钉做成 U 形，禁止使用已严重腐蚀的钢筋和铁丝作为原材料。

(3)无纺布选用规格为 129g/m^2的优质无纺布。

(4)纸浆纤维用量为 1 509g/m^2。一般称其为内覆材料或填充料，通过机械搅拌把水和草种子混合在一起，使种子均匀地分布在坡面上，为包裹的草种子均匀地提供萌芽所需的水分。

(5)肥料为提高坡面土壤的肥力并为草种子萌发和幼苗生长提供所需养分，主要采用：

①复合肥：一般使用进口复合肥。

②堆沤土杂肥：一般采用蔗渣与鸡粪进行混合堆沤三个月以上，其肥力持久，疏松土壤，保证土壤水分。

(6)土壤改良剂(土壤固着剂)。土壤改良剂具有吸水、黏结、改良土壤的功能，是液压喷播绿化的重要材料之一。它的作用有以下三点：

①溶于水后与种子、化肥和纸浆纤维等经机械搅拌后形成糊状物质，通过喷枪喷洒与坡面土壤一起形成有机胶体，呈薄膜状，能使种子牢固地黏附在土壤表面。

②具有很强的保水性，能吸收保持相当于自身质量数百倍的水，防止水分过快蒸发，从而慢慢释放供种子吸收。

③具有较强的改良土壤结构的功能，可降低土壤重度，增加土壤通透性，增强土壤团粒结构。为此，它是一种在喷播技术上不可缺少的重要材料。

(7)种子。植物的选择标准是：生长快，固根能力强，茂密旺盛，多年生割后有迅速恢复生长和再生的能力,耐干旱、耐贫瘠、一次成活,适应粗放型管理,工程竣工后基本不需管理;草类植物选用根系发达,生长能力强的多年生草,如小冠花、鼠尾草、结缕草、白茅等;灌木类须先选择根系发达、枝叶茂盛、能迅速生长的多年生灌木,并以当地地质气象条件接近者为宜,如黄杨、夹竹桃、黄荆等。

6.2 主要设备(表1)

主要设备一览表 表1

设备名称	规格	数量(套)	备注
破碎机	15kW	1	破碎回填土
搅拌机	15kW	1	搅拌回填土
液压喷播机	PT200	1	喷播草灌籽
柴油发电机	30kW	1	提供施工用电

7 质量控制

7.1 施工时可用小竹竿或小木棍穿于整卷网垫中,顺坡拉出网垫,四周用U形铁钉钉住,钉子间距为30cm,每平方米10只钉子。

7.2 钉子长度一般为15cm(距离地面),疏松地表则加长钉子长度。在高坡铺设时,上坡使用的钉子长度应大于下坡使用的钉子长度。

7.3 地形突变处或地形较复杂处,应注意保持网垫平整,并增加钉子密度。

7.4 注意搭接。搭接长度为2cm,搭接处钉子应顺势钉入,钉子密度应增加一倍,搭接处上层网垫要靠紧,不留间隙。

7.5 钉子的形状。钉子上端宽度应大于网孔径2倍,以便同时起垂直镇压作用。

7.6 草灌籽播种深度,应根据土壤墒情,因地制宜。应选择适合当地气候条件、根系长且发达的草种,有长根系的多年生小灌草种更佳。

7.7 草灌籽播种在网垫中,可加强复合保护的效果。

7.8 草灌籽播种后,表土覆盖深度应以盖住网垫为佳,不要使网垫暴露在阳光下,以有利于延长使用年限,但必须注意使其有利于草灌籽的发芽和生长。

7.9 草灌籽播种后,土层的含水率以40% ~60%为宜,并在土层加压,以有利于草灌籽发芽。

7.10 网垫在护坡顶端铺设时,网垫纵向连接处应有60°夹角,埋入土中30cm。坡度应有50cm以上的水平面。因工程中坡面上端的含水率要比下层低得多,不利于草灌籽发芽,应在离开网垫20cm坡顶处顺势开一条蓄水沟,以利于灌水。

7.11 铺设时机是整个工程的关键(在护坡上使用时),一般应选择在雨季前3 ~4个月时进行,让草皮有一定的生长时间。

8 安全措施

8.1 施工应做好施工前准备工作,正确选用施工方法,并结合施工具体实际,编制安全技术措施计划,制订操作细则,并向施工人员进行技术交底。

8.2 高处作业人员必须系安全带,安全带"高挂低用",系于牢固处。

8.3 在陡坡及危险地段时应系安全带,脚穿软底轻便鞋。

8.4 弃土下方和有滚石危险的区域,应设置警告标志。下方有道路时,作业时严禁通行,严禁在危石下方作业、休息和存放机具。边坡上方有人工作时,边坡下方不准站人。

8.5 机械设备必须状态良好,每台机械必须有专人指挥。

8.6 施工中如发现山体滑动、崩塌现象危及施工安全时,必须暂停施工,撤出人员和机具,并报上级处理。

9 环保措施

9.1 尽量少占或绕避林地、耕地,保护原有树木及地表植被,临时用地范围的耕地采取措施复耕。

9.2 施工场地内修建施工排水系统并确保畅通,工地废水排放前先沉淀,并采取必要的净化措施处理后方可排放。有害物质要定点存放,并按有关规定处理。

9.3 运输可能产生粉尘的车辆配备挡板及篷布,防止粉尘飞落,减少对生产人员和当地居民造成的危害,必要时进行洒水。

9.4 工程完工后及时清理现场垃圾,做到文明退场。

10 资源节约

三维土工网垫可替代混凝土、浆砌片石、抛石等坡面防护材料,节约大量资源且施工简便、施工速度快、造价低廉。

11 效益分析

11.1 工程效果

传统边坡防护仅是对路基边坡面防护,而下面的土层结构松动或水土流失则会致坡面产生裂缝。雨水下渗时使坡体强度减弱,易生不均匀沉降。三维土工网垫则与植物根系交织形成密的覆盖层,可经受高水位、大流量的冲击,代替凝土、浆砌片石等成为永久性的护坡层。

11.2 经济效益

传统防护工程投资多、造价高、工程量大且治理面积小,需长期投入人力、物力和财力进行检修。而三维土工网垫植草灌防护投资小、见效快、效果好,只需做适当的季节性修剪工作。其造价仅为满铺浆砌片石护坡的1/4,为现浇混凝土薄板护坡的1/3,为混凝土预制块干砌护坡的1/5。此外,其施工速度是其他几种方法的几倍。

11.3 环境效益

三维土工网垫植草灌防护可恢复道路沿线的自然植被,保护自然生态平衡,美化景观,改善环境的温度和湿度。

12 应用实例

12.1 龙观(五龙潭)至溪口公路工程第2合同段

本工程部分路基边坡采用了三维土工网垫植草灌,总防护量为7 809m^2。本工法在该工程中应用效果较好,其施工时间较短,且施工完成的边坡整体防护效果好,得到了业主、设计、监理等相关单位的一致好评。

12.2 盛宁线丹城至西泽段改建工程第2合同段

本合同段部分路基边坡采用了三维土工网垫植草灌,总防护量为13 786m^2。本工法在该工程中应用效果较好,其施工时间较短,且施工完成的边坡整体防护效果好,其适用性广、造价低,具有较好的经济效益和社会效益。

寒冷地区路基高边坡锚索防护施工工法

GGG(黑)A4018—2010

单志利　姜英民　关向鹏　谭　斌　王　艳
(龙建路桥股份有限公司　黑龙江省龙建路桥第五工程有限公司
黑龙江省龙建路桥第三工程有限公司)

1　前言

长珲公路敦化至延吉段12合同段位于吉林省延边地区,沿线多为山岭区,地质情况复杂。其中,K111+300~K111+750和K115+530~K116+176两段边坡为弱岩层等不良地段。经现场工程地质调查与大量物化及力学试验表明:该垭口岩土体是一种强风化、强膨胀特性的软岩,易发生滑坡地质灾害。考虑到采用预应力锚索可以针对边坡岩体破碎情况、位置进行局部加固,也能对边坡的整体稳定性进行系统加固,容易满足工程要求,确定采用锚管桩+锚索+框架梁复合支护方案对开挖边坡进行加固。然而,在过去的一些工程实例中,许多边坡因为预应力锚索的锚固效果不理想而出现边坡失稳和坍塌,导致边坡加固的失败。因此,在施工中,为了保证预应力锚索的锚固效果,龙建路桥股份有限公司会同吉林省公路勘察设计院以及北京林业大学等单位进行了大量的研究试验和监测数据分析,采用预加固高压注浆锚管桩技术、预应力高压注浆锚索技术、分期多次高压注浆技术、预防底鼓锚管桩技术四项关键性技术,取得了圆满成功,并总结出本工法。本工法先后在绥满国道主干线海林至亚布力公路扩建工程A21标、鹤岗至大连高速公路佳木斯至牡丹江段B1标段得到成功应用,表明该工法技术已经成熟可靠,具有广泛的推广应用价值。本工法相关的技术经科技查新处于国内领先水平。2007年5月,该技术通过黑龙江省交通厅组织的专家鉴定,认定为国内领先。本工法荣获龙建路桥股份有限公司2010年度优秀工法奖。图1为锚索防护全景照片。

图1　锚索防护全景照片

2　工法特点

2.1　可紧随土石方施工,可边施工边加固边坡,节约工期。

2.2　预应力边坡锚索可有效利用岩体的自身的强度。在因地制宜地采用锚索结构的条件下,就可以采用相对较陡的边坡坡度,减少土石方开挖方量,加上预应力边坡锚索在结构上所占空间很小,可减小开挖宽度,从而较大幅度地减少开挖工程量,大大降低工程造价,减少对生态环境的破坏。

2.3　边坡锚索施工可根据工程的施工进度,逐段、逐点施工,施工安全。

2.4　从工程造价而言,高边坡采用锚索结构的工程费用比抗滑桩方案有明显降低,一般可减少10%左右的费用。

3　适用范围

本工法适用于北方寒冷地区路基高边坡防护工程。

4 工艺原理

该边坡加固主要有以下四项关键性技术:预加固高压注浆锚管桩技术、预应力高压注浆锚索技术、分期多次高压注浆技术、预防底鼓锚管桩技术。

4.1 预加固高压注浆锚管桩技术

预加固技术是指在边坡加固工程中,在进行开挖前就对即将开挖部分坡体进行加固,然后再进行开挖,在整个加固工程中一直贯彻先加固后开挖的原则。具原理如下。

4.1.1 较好地保持开挖后软岩的强度,将开挖应力对岩体强度的负面作用大大降低。

4.1.2 使得边坡岩体小范围地暴露于空气中,与水接触的可能性大大降低,从而有效抑制了岩体膨胀潜势的发挥。

4.1.3 可使膨胀性软岩在有控制的情况下产生合理的变形,释放了大部分膨胀变形能,且使岩体的强度不致降低太多。

4.2 预应力高压注浆锚索技术

4.2.1 锚索施工对边坡岩体扰动极小,能较好地保持边坡岩体的强度。

4.2.2 该技术为主动加固技术,能充分调动起边坡岩体强度参与对边坡的加固。

4.2.3 深部岩体的应力状态受开挖影响较小,其强度基本不受开挖影响。

4.2.4 在全、强风化层界面发育有软弱夹层,该技术可有效控制软弱夹层变形。

4.2.5 锚索选用压力分散型新型锚索,它与普通锚索不同之处在于其沿着锚索每隔一段就能形成一个承载体,充分利用了锚索周边岩体强度;而普通锚索只在锚索根部形成一个承载体,使其承载能力不能得到充分发挥。

4.2.6 表层防护技术采用框架梁技术,框架梁嵌入到坡体一定深度,不仅能起到表层防护作用,而且与锚索紧密连接到一块,使得加固体形成一个整体。框架梁的内部可以植草,既可美化环境,又起到了防护作用。

4.3 分期多次高压注浆技术

4.3.1 通过高压注浆,使得浆体渗透到岩体裂隙中,既起到了抑制膨胀的作用,又改善了岩体的性质,同时使其强度增加。

4.3.2 通过分期注浆,每隔一段在锚索周边一定范围内形成一个大的加固体,改善了锚索的受力状态,同时使锚索与岩体连接成一个整体,使其锚固强度增加。

4.4 预防底鼓锚管桩技术

针对开挖最下段边坡,在开挖第一个坡时,坡角附近应力较为集中,所以在加固过程中,坡角处一定得进行高压锚管桩加固。其机理主要是切断坡体塑性滑移线,保证路基不受损坏。

5 施工工艺流程及操作要点

5.1 工艺流程

5.1.1 总体施工工艺流程见图2。

5.1.2 钢管桩施工工艺流程见图3。

5.1.3 锚索施工工艺流程见图4。

5.1.4 锚座及框架梁施工工艺流程见图5。

5.2 操作要点

5.2.1 锚管桩施工工艺要点

(1)土方挖掘

根据路基设计线的地面高程和锚管桩、锚索的排列方式计算每排锚管桩、锚索的施工高程,此高程即为土方每次下挖的界限。路基挖方边坡率为1:1.5,锚管桩纵向间距为1.5m,竖向间距为1.0m,锚管桩施工时土方每次下挖的深度为1.0m。

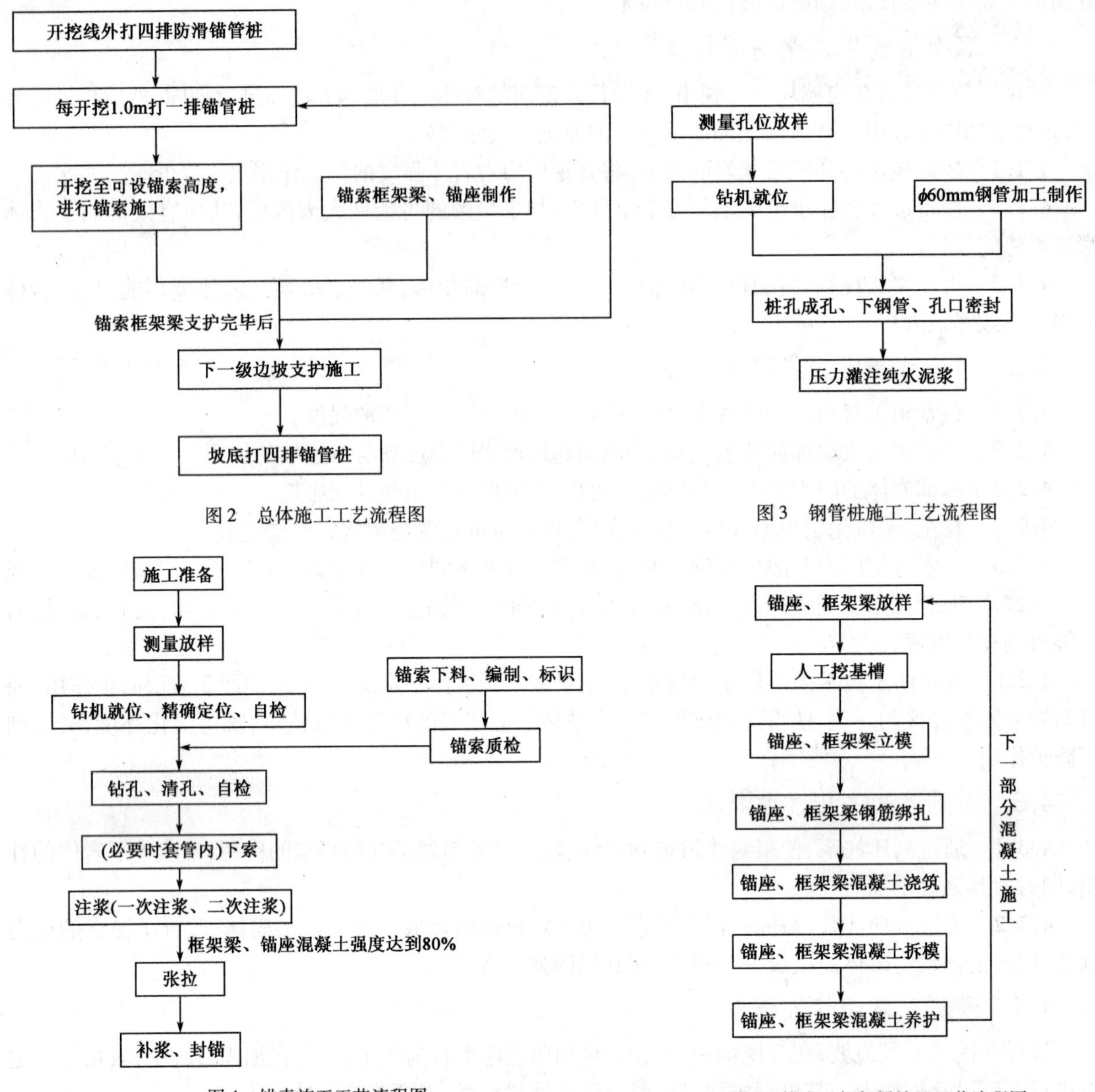

图2 总体施工工艺流程图

图3 钢管桩施工工艺流程图

图4 锚索施工工艺流程图

图5 锚座及框架梁施工工艺流程图

(2)施工前验证试验

选择试验区,取3根锚管桩进行钻孔、注浆的试验性作业,考核施工工艺和施工设备的适宜性。

由于钢管直径较小和岩体工程地质条件的非连续性、差异性变化,如果采用打入的方法施工,钢管体的强度难以承受打入时的冲击能而遭到破坏,影响注浆和钢管质量。为保证工程质量,不采用打入的方法施工,而采用钻机成孔然后下管注浆的方法施工。气动冲击锤体的直径为57mm,在此冲击锤的作用下,带动65mm的钻头成孔,直径可达70mm。然后下入钢管,进行注浆。

(3)施工工艺

①孔位放样:根据设计图纸用经纬仪放出锚管桩孔位,纵、横向间距都为水平距离1.5m。

②钢管加工:钢管为ϕ60mm钢管,一端留1m作管口,剩余长度全部加ϕ6mm的梅花形钻孔,作压力灌浆用。

③安装 XZ—30 型潜孔冲击钻机,调整垂直度,钻头直径 80mm,钻杆长 1.0m/根。

④钻孔深度从坡顶面钻以下 6m,另外加钻孔深 10cm,误差控制在 ±5cm,见图 6。

⑤清孔:钻至达到设计要求的孔深,用高压风来回吹孔,清孔干净。清孔时间不少于 3min。

⑥清孔干净后,即可拨出钻杆,移机,准备下道工序。

⑦下钢管:把加工好的 6m 长的 ϕ60mm 钢管插入孔内,并在距孔口约 0.5m 长钢管外用水泥砂浆进行密封处理。管内长为 50cm,插一根长为 50cm、1in 的直径钢管,钢管一端开牙,作灌浆连接管,周围用棉纱塞紧,上部同样用水泥砂浆封堵。

⑧压力灌浆:待封口填实 24h 左右,灌压微膨胀水泥浆,水泥浆配合比为 1∶0.45,掺加促流膨胀剂,掺加量为 3%,具体可由纯水泥浆配合比试验确定。水泥采用 P · O42.5 级普通硅酸盐水泥。灌浆压力根据现场条件及设计要求定。

5.2.2 锚索施工工艺要点

(1)施工准备

包括水、电接至现场,机械设备吊至施工地点就位。材料必须整齐堆放,平整下料、注浆及钻孔场地等,进行水泥浆、混凝土配合比试验;钢绞线、锚具及钢筋的材料性能试验,合格后方可进行施工。

(2)孔位放样

根据设计图纸孔位放样出锚索孔位。

(3)钻孔(图 7)

图 6 锚管桩钻孔照片

图 7 锚索钻孔照片

①采用与边坡岩土体相适应的专用锚杆钻机按设计和相关技术规范要求进行钻孔。专用锚杆钻机采用 MD—50 型或 KQJ100B 钻机。

②锚索钻孔要求干钻,禁止开水钻,以确保锚索施工不至于使边坡岩土体的工程地质条件恶化,并保证孔壁的黏结性能。

③锚孔钻孔按设计要求进行钻机的定位。锚孔孔径为 130mm,倾角为 15°及 30°,允许误差为 ±1°。为确保锚孔深度,实际钻孔深度要求大于设计深度 20cm,但也不宜超过设计深度的 1%。

④钻进过程中,应对每个孔的地层变化、钻进状态(钻压、钻速)、地下水及一些特殊情况作现场记录,如遇地层松散、破碎时,应采用跟管钻进技术。若遇坍孔难以钻进,则应进行固壁灌浆处理。

⑤渗水的处理。在钻孔过程中,或钻孔结束后吹孔时,若吹出的不是粉尘,而是一些小石粒或黄色泥团甚至泥浆,说明孔内渗水,岩粉大多贴于孔壁,需要根据渗水量的大小进行不同的处理。

当渗水量不大时,钻机可以正常施工,钻至设计孔深,撤出钻杆,以 0.6 ~ 0.8MPa 的高压水、气,将孔内残余岩粉或泥浆吹出,直至吹出净水为止。

当孔内渗水量较大时,则需进行固壁防渗注浆处理,具体方法是:先洗孔(方法同前),然后灌浆,浆液为水泥浆和水玻璃的混合液,灌浆采用从内至外灌注。注浆压力根据钻孔深度与岩石完整情况而定,一般为 0.1 ~ 0.4MPa,在可能的条件下可适当加大压力,以提高灌浆质量。待灌入的水泥浆达到一定强度后,重新钻孔至设计标准。

⑥坍孔处理。当钻孔穿过强风化岩或岩体破碎带时,往往会出现坍孔。坍孔的主要特征是:从孔内吹出的岩粉中夹杂一些原状(非钻头击碎的、非新鲜的、无光泽的)石块。这时,不管钻进深度如何,都要果断地立即停止钻进,拔出钻具,进行固壁灌浆。待灌入的水泥浆达到一定强度后,重新钻孔至设计标准。灌浆的方法同防渗处理。

⑦钻孔完成后使用高压空气将孔中岩粉及水全部清除出孔外,以免降低水泥浆与孔壁岩体的黏结强度。清孔时间不少于3min

⑧锚孔造好后,须经有关质检部门检查后,方可进行下一步工序。

⑨钻孔时,须做好记录。若地形条件与设计不符或有异常情况时,应及时通报有关单位,以便及时处理。

⑩质量检查:钻孔定位误差为±10cm,孔位角度允许误差为±1°。钻孔深度不少于设计长度,但也不超出设计长度的1%。钻孔工作由钻孔技术员负责,成孔由质检员检查验收,层层把关,严格要求,做好自检工作。

(4)制索

①按设计所采用的锚索结构和制作技术要求编索。锚索制作应按相应锚索结构长度严格根据设计图进行。

②锚索材料选用高强度、低松弛环氧喷涂钢绞线,其直径ϕ^j15.2mm,长度为相应的锚索设计长度加1.5m,极限强度为1 860MPa,锚具采用OVM15型(包括配套锚板、夹片)。

③编索工艺:编束通知单→下料、清洗→编束→安装承载板、隔离架→安装注浆管→验收→库存。

a.在预先指定的下料场地上按下料长度进行下料。每根绞线长度误差控制在10cm以内。下料要求用砂轮切割机切割好以后,无黏结喷涂绞线一端剥除PE护套6cm,对剥除部分绞线除污洗净。下料好以后,按图纸要求设置好承载板、隔离架。隔离架每隔1~1.5m放一个,用GYJ60A型挤压机对剥除部分挤压上P锚。索体要求绑扎牢固,使绞线不互相缠绕,绞线平行顺直。对不同位置处的承载体相应的绞线外露端作出临时和永久标记。D承载体上绞线用手提砂轮机切一口,涂上红油漆;C承载体上绞线切两口,涂上黄油漆;B承载体上绞线切三口,涂蓝油漆;A承载体上不作任何标志。

b.锚索锚固段PE管剥除部分以及已挤压好的P锚的防腐,采用特殊的内涂建筑油脂外套热缩管的方式,进行全封闭的手段,以达到最好的防腐效果。

c.锚索编束前,要确保每根钢绞线顺直,不扭不叉,排列均匀,除锈、除油污,对有死弯、机械损伤处应剔出。无黏结钢绞线外套PE管不得有破损。

d.灌浆管绑在锚索体内,灌浆管头部距孔底5~10cm。灌浆管使用前,要检查有无破裂、堵塞。

e.锚索头部应放有导向帽,以利穿索入孔。

f.检查合格的锚索标好后分区存放,同时做好防雨、防晒工作。

(5)索体安装

①下索采用人工下索,首先从成品索堆放处抬至孔口,要求抬索过程协调一致。

②送锚索应保证送索过程协调一致,索体平顺,不扭转。

③锚索安装前对钻孔重新进行通孔检查,对塌孔、掉块要清理干净或处理,对孔内积水用高风压吹干净。

④安装前对锚索体进行详细检查,检查排气管位置及注浆管的通畅情况,并核对锚索编号与钻孔孔号。对损坏的配件进行修复或更换。

⑤锚孔经检验合格后将制作好的相应锚索用人工安放在锚孔里。推送时用力要均匀一致,防止锚索扭转。

⑥穿索前,对注浆管进行一次复查,确保畅通。锚索往孔内穿时,避免损伤PE管及导向架脱落锚索安放要平顺,保证安放质量,外露长度应满足设计和工作要求。

⑦锚索入孔时索体的弯曲半径要大于5m。

(6)锚孔注浆

①注浆材料。

a.采用设计强度等级的新鲜普通硅酸盐水泥。水泥必须具有抵制水和土的稳定性。浆体中氯盐的总含量不应超过0.1%。必要时,可采有抗硫酸盐水泥。不宜采用干缩性大的火山灰水泥和泌水性高的矿渣水泥。

b.水:最好采用饮用水作为拌和水。水中硫酸盐含量不能大于0.1%,氯盐含量不能大于0.5%。水中不能含有糖分或悬浮的有机质。

c.水灰比与配合比:水灰比为0.38~0.45,浆体强度不小于35MPa。

d.为改善浆体在施工中和硬化后的性能,可根据实际情况的需要加入适量的外加剂,如早强剂、缓凝剂、膨胀剂、抗泌剂、减水剂等,但外加剂中氯离子含量不得大于水泥质量的0.02%。

②水泥浆拌制。

a.水泥纯浆必须按质量比进行配制;

b.浆液应搅拌均匀,避免用人工搅拌;

c.水泥浆搅拌后应存放于特别的容器内,并使其缓慢拌动。

③注浆工艺。

a.水泥浆用3SNS砂浆泵注入锚孔里。搅拌采用YJ-340搅拌机进行,浆液应搅拌均匀,随搅随用,并在初凝前用完。泵的操作压力范围是0.1~12.0MPa。

b.一次注浆:在全段锚孔里,浆体通过内径为20~30mm的注浆管。注浆时,边注浆边拔注浆管。边注浆边拔注浆管时,必须保证注浆管出浆口总是处在浆体液面下一定深度。注浆采用一次连续从孔底往孔口返浆技术,直至出现浓浆时为止。浆体强度应达到设计规定的标准。注浆过程中如实做好有关记录,按要求做好试块。

c.二次注浆:在一次注浆的浆体强度达到5MPa时,立即进行二次高压注浆,浆体配比与一次注浆的浆体相同。

(7)张拉施工

①张拉施工由专门技术人员负责,操作工人上岗前要进行技术培训。

②张拉之前对张拉设备进行配套标定,张拉采用YDCS160—150型专用千斤顶进行。两台千斤顶对称均衡张拉,通过阀体由一台ZB4/500高压泵控制。

③锚板安装要求锚板中心与锚索轴线一致,夹片安装要求齐平。

④浆体强度达到设计强度的70%后方可进行张拉施工。正式张拉前,应取0.1~0.2倍的设计轴向力(图纸提供)预张拉1~2次,使各部位接触紧密,杆体绷直。对不同区段的张拉,按张拉程序张拉。

⑤张拉控制采用以油压表读数为准,锚索伸长量校核的双控方法。张拉力按试验确定进行超张拉。

(8)封锚

钢绞线张拉完成后,按钢绞线外露出锚板6cm切除多余钢绞线,按图纸要求进行封锚。

5.2.3 锚座(图8)及框架梁施工工艺要点(图9)

图8 锚座施工照片

图9 框架梁施工照片

锚座与框架梁为C25级钢筋混凝土结构,是一个完全受压构件,它把锚具的集中荷载传递到岩面。因孔口岩面与锚索轴线不垂直,故锚座与框架梁有调整岩面受力方向的作用。

(1)测量放线

根据设计将锚座与框架梁在坡面方向的点位放出,拉线放样。

(2)刻槽及找平

坡面开挖完成后,坡面整体会有不平整现象,为减少坡面不平整对框架的影响,采用人工刻槽大致找平,遇局部架空采用M10浆砌片石嵌补。

(3)钢筋制作及安装

钢筋先除锈、调直,然后按大样图下料,加工成型,主筋搭接长度为30d,各项误差均应在规范允许的范围之内。

(4)模板制作及安装

因坡率较陡,支护存在困难,在侧模边打入钢筋桩,并用方木和木楔支护,以确保侧面不跑模,板面涂抹脱模剂。背面竖向背以10cm×10cm的木方作为竖肋,拉筋采用ϕ12mm圆钢制作的对拉螺栓,模板板缝间用海绵条填充,板面用宽胶带粘贴接缝。

模板支立必须做到精确、牢固、紧密并利于支拆。模板支立成型后,在模板与地面的连接处,用砂浆进行封堵,以确保模板底边与基底连接处牢固、不漏浆。模板支立完毕后,由工程测量人员仔细检验模内尺寸及模板的垂直度、平面位置等。合格后,交由工程质检人员进行检验。检验合格后,上报监理工程师进行检验。监理工程师检验合格后,方可进行下一道工序的施工。

(5)混凝土浇注

先将模内浮渣、余土清除干净,在伸缩缝处预埋2cm厚泡沫隔板。浇注混凝土时,从基础沿纵梁逐步浇注,一片框架混凝土一次性浇筑完毕,尽量不留置施工缝。混凝土浇注过程中,严格按配合比控制好坍落度。

混凝土拌和站集中拌和,用混凝土运输车运送至施工现场。混凝土浇注过程中,采用插入式振捣器进行振捣。振捣器的移动间距不大于振捣器的作用半径的1.5倍,并应与侧模板保持5~10cm的间距。在每一层混凝土浇注时,振捣器应插入下一层混凝土内5~10cm。每处振动完毕后,应边振动边徐徐提出振动棒,避免振捣器碰撞模板及钢筋骨架等。确保混凝土层与层之间连接紧密以及混凝土在施工过程中每一部位均能均匀的得以充分振捣,直至不再出气泡,表面呈现平坦、泛浆。混凝土浇注应连续进行;如因故必须间断时,其间断时应小于前层混凝土的初凝时间或能重塑时间。确保混凝土的密实度,保证混凝土质量。

(6)混凝土养生

混凝土养生采用洒水养生的方法,混凝土表面覆盖土工布或塑料薄膜片,人工定期均匀洒水,确保混凝土表面湿润。

(7)混凝土拆模

混凝土浇筑48h后拆模,拆模时要小心。拆模要检查混凝土表面情况,有缺陷及时发现,并通过监理工程师。

6 材料与设备

6.1 材料(表1)

原材料明细表　　表1

序号	材料名称	规格
1	环氧喷涂钢绞线	1 860MPa、ϕ^{j}15.2mm
2	锚板	OVM15—9
3	工作夹片	OVM15Q

续上表

序　号	材料名称	规　格
4	环氧喷涂专用挤压套	OVM15JT(PTMD)—1
5	钢垫板A、B	OVMTM15—8
6	承载板C	OVMTM15—4
7	承载板D	OVMTM15—2
8	水泥浆	M30

6.2 主要设备(表2)

机械设备明细表　　表2

序　号	名　称	型　号	数　量	用　途
1	钻机	MD50	2台	锚管桩
2	钻机	XZ—30	2台	锚管桩
3	钻机	KQJ—100	6台	锚索、锚管桩
4	注浆泵	3SNS	2台	锚索、锚管桩
5	砂浆搅拌机	YJ—340	2台	锚索、锚管桩
6	千斤顶	YCW150B	1台	锚索
7	千斤顶	YCW100	2台	锚索
8	挤压机	GYJA	2台	锚索
9	空压机	VHP750	3台	锚索、锚管桩
10	发电机	100kW	2台	锚索、锚管桩
11	发电机	40kW	1台	锚索、锚管桩
12	电焊机	BX1—315	2台	锚索、锚管桩
13	切割机	380V	2台	锚索、锚管桩
14	空压机	2.6m³	1台	锚索、锚管桩
15	水准仪	DS2800	1台	工程放样
16	全站仪	SET020	1套	工程放样
17	钻机	MD—60 MD—10	3台 4台	锚索、锚管桩
18	发电机	FJ—250	1台	发电
19	空压机	KG—6 KG—9	2台 1台	提供风动力
20	注浆泵	JB250/50	1台	注浆
21	电焊机	BS—O—200	1台	锚索
22	张拉机	YCQ—1000	1台	张拉

7 质量控制

7.1 执行的规范标准

(1)《公路工程集料试验规程》(JTG E 42—2005);
(2)《水工预应力锚固设计规范》(SL 212—98);
(3)《岩土锚杆(索)技术规程》(CECS 22:2005);
(4)《公路路基施工技术规范》(JTG F10—2006);
(5)《普通混凝土配合比设计规程》(JGJ 55—2000);
(6)《公路工程质量检验评定标准》(JTG F80/1—2004)。

7.2 施工过程中质量控制要点

7.2.1 钻孔工作由钻孔技术员负责,成孔由质检员检查验收,层层把关,严格要求,做好自检工作。

7.2.2 检查合格后的锚索标识好以后分区存放,同时做好防雨、防晒工作。

7.2.3 锚索编束前,要确保每根钢绞线顺直,不扭不叉,排列均匀,除锈、除油污,对有死弯、机械损伤处应剔出。无黏结钢绞线外套 PE 管不得有破损。

7.2.4 注浆要求密实、饱满,按要求制作试块。对水泥、水质要认真检查各项指标,原材料要有出厂合格证明、质保书和性能试验报告。

8 安全措施

8.1 建立完善的施工安全保证体系,加强施工过程中的安全检查和控制,确保安全生产。

8.2 施工现场的安全设施、施工人员的安全培训和现场安全技术交底均应遵守《建筑安装工程安全技术规程》。

8.3 拌和设备、张拉设备、运输设备、钻孔设备在使用前均应检查其性能是否可靠,确保设备运行安全。其操作人员必须经过培训考核,持证上岗。

8.4 施工现场内的一切电源、电线路的安装与拆除,必须由专职电工作业。电器严格搭铁、接零和使用漏电保护开关。

9 环保措施

施工时,严格执行国家环保有关规定,具体如下:

(1)钻孔清理出的钻渣、混凝土废弃物等按环保部门的要求堆放到指定地点,避免乱堆乱弃,影响周围环境美观。

(2)进场材料苫布覆盖,减少粉尘污染周围大气。

(3)拌和站附近设置沉淀池、刷罐等,清洗混凝土、砂浆的污水经沉淀处理后排放,防止污染水源。

(4)钻孔、压浆、混凝土及砂浆拌和等设备定期维修保养,以减少噪声对周围百姓的干扰。

10 资源节约

预应力边坡锚索可有效利用岩体的自身的强度。在因地制宜地采用锚索结构的条件下,可以采用相对较陡的边坡坡度,减少土石方开挖方量,加上预应力边坡锚索在结构上所占空间很小,可减小开挖宽度,从而可以较大幅度地减少开挖工程量。这样一方面减少了机械设备的使用,降低了造价;另一方面也减少了植被破坏,降低了复垦的费用。

11 效益分析

11.1 预应力锚索+框架梁方案(表3)

预应力锚索+框架梁加固费用估算表 表3

位　置	项　目	规　格	数　量	单　价	总价(万元)
左侧	600kN 锚索	18.0m	142 根	5.85 元/t · m	89.72
	600kN 锚索	25.0m	144 根	5.85 元/t · m	126.36
	600kN 锚索	21.0m	38 根	5.85 元/t · m	28.01
	600kN 锚索	15.0m	38 根	5.85 元/t · m	20.01
	连续梁	0.4m×0.60m	1 595.0m	150 元/m	23.93
	框架梁	0.4m×0.60m	1 313.0m	150 元/m	19.70
	截排水沟	0.5m×0.5m	1 100.0m	30 元/m	3.30
	浆砌石	高 2.0m	600.0m	100 元/m	6.00
	锚管桩	ϕ6mm×600cm	9 768 根	200 元/根	195.36
	试验费				18.0
	小计				530.39

续上表

位 置	项 目	规 格	数 量	单 价	总价(万元)
右侧	600kN 锚索	18.0m	140 根	5.85 元/t · m	88.45
	600kN 锚索	25.0m	116 根	5.85 元/t · m	101.79
	600kN 锚索	21.0m	34 根	5.85 元/t · m	25.06
	600kN 锚索	15.0m	34 根	5.85 元/t · m	17.90
	连续梁	0.4m × 0.60m	1 375.0m	150 元/m	20.63
	框架梁	0.4m × 0.60m	1 245.0m	150 元/m	18.68
	截排水沟	0.5m × 0.5m	950.0m	30 元/m	2.85
	浆砌石	高 2.0m	585.0m	100 元/m	5.85
	锚管桩	ϕ6mm × 600cm	8 896 根	200 元/根	177.92
	小计				459.13
合计					989.52

11.2 抗滑桩复合支护方案(表 4)

抗滑桩复合加固费用估算表 表 4

位 置	项 目	规 格	数 量	单 价	总价(万元)
左侧	抗滑桩	1.8m × 2.5m × 14.0m	50 根	3.78 万元/根	189.00
	1 000kN 锚索	30.0m	50 根	5.85 元/(t · m)	87.75
	土钉	15.0m	7 606.0m^2	400 元/m^2	304.24
	截排水沟	0.5m × 0.5m	1 100.0m	50 元/m	5.50
	小计				586.49
右侧	抗滑桩	1.8m × 2.5m × 16.0m	40 根	3.78 万元/根	151.20
	1 000kN 锚索	30.0m	40 根	5.85 元/(t · m)	70.20
	土钉	15.0m	7 209.0m^2	400 元/m^2	288.36
	截排水沟	0.5m × 0.5m	950.0m	50 元/m	4.75
	小计				514.51
合计					1 101.00

11.3 技术经济比较

根据以上分析可以得出:各种方案对应的费用见表 5。从表 5 中可知:采用预应力锚索 + 框架梁加固方案较抗滑桩复合支护为经济。另外,从技术上考虑,预应力锚索 + 框架梁加固措施能充分体现膨胀性软岩的"耦合补偿支护"对策。在加固过程中,可以分步开挖及时支护,很好地体现了断面耦合、强度和刚度耦合补偿、过程补偿、加固结构具有调节胀缩循环力作用的功能等。因此,膨胀性软岩开挖边坡选择预应力锚索 + 框架梁加固措施在经济上也是合理的。该施工工法因而具有广泛的推广价值。

不同方案加固费用汇总(单位:万元) 表 5

方 案	费 用 总 价	方 案	费 用 总 价
预应力锚索 + 框架梁	989.52	抗滑桩复合支护	1 101.00

12 应用实例

12.1 应用实例一

长珲高速公路敦化至延吉段建设项目 12 标,位于吉林省延边境内,于 2003 年 10 月开工,并于 2008

年10月交工。该工程由K103+000~K119+135.545,长16.97km,技术标准为一级,水泥混凝土路面。有互通立交2处,分离立交3处;大桥4座,长1 328m,中桥1座,长67m;连接线1处,长5.22km;其他工程等。其中,K111+300~K111+750和K115+530~K116+176两段边坡为弱岩层等不良地段。采用锚管桩+锚索+框架梁复合支护方案对开挖边坡进行加固。施工过程中使用本工法,通过大量的监测数据曲线表明,目前边坡锚索加固区域边坡岩体处于安全稳定状态,有效地防止了边坡的滑坡、塌方等不良变形。实践证明,以上工法中各项施工技术措施是行之有效的,并且具有显著的经济效益和社会效益。

12.2 应用实例二

绥满国道主干线海林至亚布力公路扩建工程是我国"五纵七横"国道主干线之一,也是黑龙江省"OK"型公路网主骨架的重要组成部分。该工程于2005年7月开工建设,并于2007年9月交工通车,设计为双向四车道全封闭高速公路。其中,A21标,桩号K230+000~K235+000,位于虎峰岭至海林市之间,K232+211~K232+741垭口处岩土体是一种强风化、强膨胀特性的软岩,易发生滑坡地质灾害。施工过程中采用本工法施工,经过两年多的监测,该边坡状态稳定。实践证明,该施工方案达到了预期的效果,其经济效益和社会效益得到了社会各界的认可。

12.3 应用实例三

鹤岗至大连公路是我国"五纵七横"国道主干线之一,也是东北地区的交通枢纽和我省东部地区通往吉林、辽宁南部地区的重要通道。其中,鹤岗至大连高速公路佳木斯至牡丹江段B1标段,于2009年5月开工,计划于2010年10月交工。其起止桩号为K65+757~K105+761,路线位于张广才岭与老爷岭间的牡丹江谷地,沿线地形以丘陵为主,沿线丘陵区基岩风化严重。K85+852~K86+560挖方段高边坡采用本工法,效果显著,边坡状态稳定,目前无病害发生,得到了业主的认可,且经济效益、社会效益可观。

SNS主动防护系统施工工法

GGG(中企)A4019—2010

郑忠智 陈中华 董 波 夏孝畲 张满儒 石效民
(安通建设有限公司 北京市公路桥梁建设集团有限公司 新疆昆仑陆港工程公司)
刘志民 冉维彬 李 旺 庄建伟 左建伟 纪 续 袁 凯
(济南金曰公路工程有限公司)

1 前言

SNS主动防护系统是采用带锚垫板的预应力钢筋锚杆将高强度钢丝格栅张紧固定覆盖于边坡上，形成安全防护系统。它主要适用于具有溜坍、崩塌、浅层滑动、风化剥落、危岩落石等潜在地质灾害的土质或岩石边坡加固和防护，同时采取辅助生态恢复工程措施，最终达到交通安全、景观自然、协调的生态防护效果。目前常用的SNS柔性主动防护系统有环形柔性网、TECCO等。新疆昆仑路港工程公司(即武警交通第二总队)经过近年来的探索，在2009年进一步创新SNS系统，完善了主动防护系统施工工法，并于2009年、2010年分别在G045线赛里木湖果子沟口段公路改建工程第七合同段、哈巴河至白哈巴公路新建工程第一合同段进行了应用。济南金日公路工程有限公司在多个项目进行了TECCO柔性主动防护系统施工，积累了较多的经验，取得了良好的效果。

2 工法特点

对于高边坡路堑，采用SNS主动防护网，以限制坡面岩石土体的风化剥落或破坏以及危岩崩塌(加固作用)，或将落石控制于一定范围内运动(围护作用)。当灾害来临时，一方面，它可以缓解边坡岩体坍塌速度，将局部集中荷载均匀扩散到整个柔性防护网，利用以柔克刚的功能优势，具有非常好的荷载扩散传递功能，实现“局部受力，整体承载”的优势；另一方面，它可以防止岩石突然塌方到道路范围内，并对灾害起到预警作用。在减少了坡面的大量土石方开挖的同时，还能抑制边坡遭受进一步的风化剥蚀。SNS柔性防护网施工完毕后，绿色植物能够在其开放的空间上自由生长，植物根系的固土作用与坡面防护系统结为一体，从而抑制坡面破坏和水土流失，反过来又保护了地貌和坡面植被，实现最佳的边坡防护和环境保护的目的。

3 适用范围

本工法适用范围较广泛，因SNS主动防护系统属柔性防护，格栅网具有一定的张拉、变形能力，对多种地形坡面适应性较强，可根据坡面形式自由铺设，包括90°岩石边坡、二层台阶式边坡。其主要用于有潜在危石坍塌、块石土滑落的土质及石质高边坡，也适用于坡顶有林木、草皮覆盖或有不可移动的电杆、信号塔、建筑物等上边坡，也适用准备后期恢复绿化的上边坡。

4 工艺原理

SNS主动防护系统是通过利用预应力钢筋(锚杆)或钢丝绳锚杆(有边沿支撑绳时采用)、专用锚垫板以及必要的边沿支撑绳等固定方式，将柔性网覆盖在有潜在地质灾害的坡面上，预应力锚杆对柔性网部分实现预张，从而对整个边坡形成连续支撑，其预张拉作业使系统尽可能紧贴坡面并形成了抑制局部岩土体移动或在发生局部位移或破坏后将其裹缚(滞留)原位附近的预应力,从而实现其主动防护(加固)功能。SNS 主动防护系统在作用原理上类似于喷锚和土钉墙等面层护坡体系,但因其柔性特征能使系统将局部集中荷载向四周均匀传递以充分发挥整个系统的防护能力,即局部受载,整体作用,从而使系统能承受较大的荷载并降低单根锚杆的锚固力要求。

由于系统具有开放性,地下水可以自由排泄,避免了由于地下水压力的升高而引起的边坡失稳问题,同时该系统还能抑制边坡遭受进一步的风化剥蚀,且对坡面形态特征无特殊要求,不破坏和改变坡面原有地貌形态和植被生长条件,其开放特征给以后有条件并需要时实施人工坡面绿化保留了必要的条件,绿色植物能够在其开放的空间上自由生长,植物根系的固土作用与坡面防护系统结为一体,从而抑制坡面破坏和水土流失,反过来又保护了地貌和坡面植被,实现最佳的边坡防护和环境保护目的。(图1)

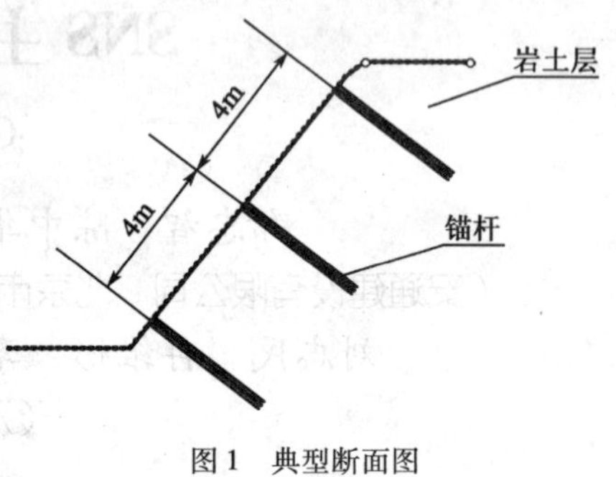

图1　典型断面图

5　施工工艺流程及操作要点

5.1　工艺流程

柔性防护网根据锚杆及格栅网施工的先后顺序,可分为 A、B 两种工艺。

5.1.1　施工方案 A(图2)

此方案为设置锚杆后铺设格栅。其优点是孔径不受限制,钻孔工作不受格栅影响,且格栅不受砂浆污染等。

(1)清坡:规整地形边界,对坡面防护区域内的危石及浮石用人工清除。清理时,操作工人必须身系安全绳、安全带、佩戴安全帽,采用铁锹、铁镐将坡面上的已风化危石、浮石铲除。对于小体积突石、尖石用钢钎打凿,以利于后续铺设格栅网的工作;对于灌木杂草,则用铁锹铲掉其上部茎、枝、叶,草木的根予以保留。

(2)坡面排水系统施工(根据实际需要)。

(3)按照设计深度在已布好孔位的位置,以坡脚为基准线放线布置锚杆孔位,孔位宜设于天然凹坑处,但间距不应大于设计值的10%。

(4)钻孔时,采用 UZB—100B 型潜孔钻机自上而下钻孔,孔径不小于锚杆直径,钻孔深度符合设计要求,钻孔孔位偏差不大于10cm,钻孔方位偏差不大于5°,孔深应比设计锚杆长度长5cm以上;在不具备能使格栅紧贴坡面的天然凹坑或边界处开凿1.5m深的辅助锚杆孔;当受凿岩设备限制时,构成每根锚杆的两股钢绳可分别锚入两个孔径的锚孔内,形成人字形锚杆。两股钢绳间夹角为15°~30°,已达到同样的锚固效果。成孔后,用堵塞物将已经成型的孔堵塞好,防止雨水、粉尘进入。

(5)清孔、安设锚杆:采用高压气泵进行清孔,将1ft(1ft = 0.304 8m)软管插入孔底,用高压气流对孔内的积水和岩粉进行吹洗,必须将所有杂物清理干净。清孔完成后,将已经加工完毕符合设计的锚杆插入锚孔中,插入孔底并对中,按照设计深度锚入基岩中,外露15cm左右。

(6)锚杆注浆、养生:注浆施工时,将注浆管插至距孔底5~10cm,随砂浆注入缓慢均匀拔出,要确保砂浆饱满。锚杆注浆采用的砂浆或水泥浆不低于 M30,具体配比应由试验确定。一般情况下,宜用灰砂比1∶1~1∶2、水灰比0.45~0.5的水泥砂浆或水灰比0.45~0.5的纯水泥浆,水泥宜用强度等级为42.5级普通硅酸盐水泥,优先选用粒径不大于3mm的中细砂。锚杆注浆后,在砂浆凝固前,不得敲击、碰撞和拉拔锚杆。在进行下一道工序前,注浆体养护时间不少于3d。对于普通全长黏结锚杆,不需要进行张拉作业。对于预应力锚杆,在砂浆养护28d后,安装张拉设备逐级加载张拉,当拉拔力达到规定值时,应立即停止加载,结束张拉工作。

(7)格栅铺设与缝合,格栅纵向边界应重叠1~2个网孔宽度,横向上无须重叠,缝合丝或绳穿过搭接孔，端头应与格栅纽结或用绳卡固定。

(8)选择性步骤：当有边界绳时，边界绳从格栅网孔穿过至两端钢绳锚杆，张紧并用4个绳卡固定。

(9)安装锚垫板并拧紧螺母施加预应力，使格栅张紧并紧贴坡面或稍压入地层，格栅悬空处的锚杆预应力不应大于30kN；锚垫板的弯钩必须卡入格栅网孔内，上边界及侧边界绳必须卡压在锚杆的外侧，下边界绳必须卡压在锚杆的上侧。

(10)选择性步骤：检查格栅与坡面的贴紧情况，根据需要布置安装辅助锚杆或打入式锚钉。

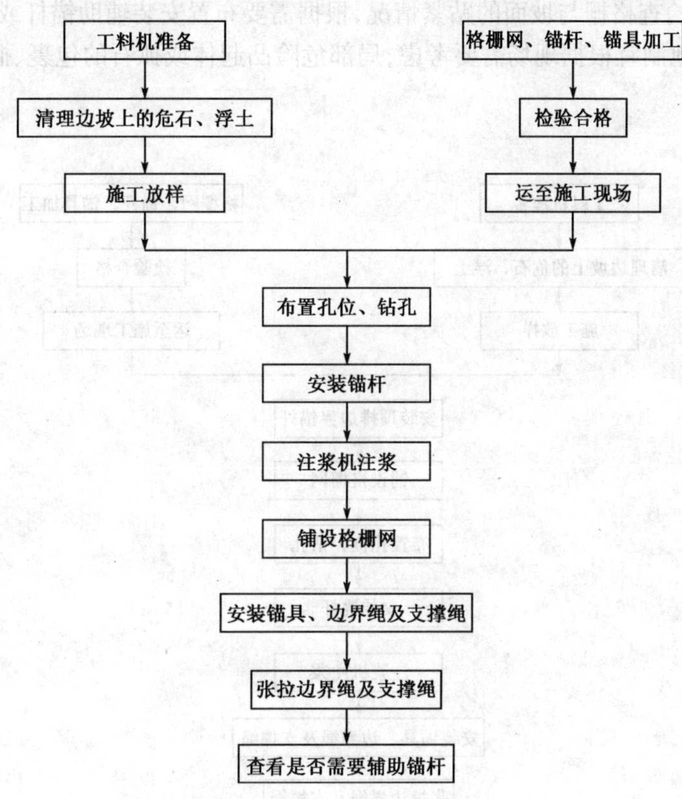

图2 主动防护系统工艺流程A

5.1.2 施工方案B

当条件允许，特别是孔径小于65mm时，可选用此方案（铺设格栅后设置锚杆）。此方案的优点是铺设格栅时，无外露锚杆头的干扰，易于明显确定锚杆的最佳位置，格栅为后续工作提供了落石防护，无须临时安装防护措施，且有助于攀爬行走和系安全带（绳）等。

(1)清坡：规整地形边界，清除浮土、浮石，需要时回填凹坑，砍伐无特殊保留价值的树木至根部。

(2)坡面排水系统施工（根据实际需要）。

(3)顶排边界锚杆的放样、钻孔、安装和注浆。

(4)以坡脚为基准线放线布置锚杆孔位，宜设于天然凹坑处，但间距不应大于设计值的10%。

(5)在不具备能使格栅紧贴坡面的天然凹坑的孔位处开凿孔口凹坑（图3）。

(6)将格栅固定到顶排锚杆上并向下展开铺设和缝合连接。

(7)在允许误差范围内调整优化孔位。

(8)自上向下钻凿锚杆孔。

(9)安装锚杆并注浆，清理锚杆头并使其裸露长度

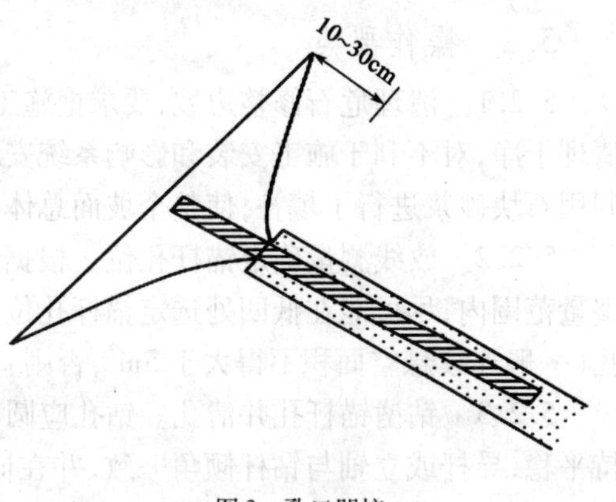

图3 孔口凹坑

为15cm。

(10)选择性步骤:当有边界绳时,边界绳从格栅网孔穿过至两端钢绳锚杆,张紧并用4个绳卡固定。

(11)安装锚垫板并拧紧螺母施加预应力,使格栅张紧并紧贴坡面或稍压入地层,格栅悬空处的锚杆预应力不应大于30kN;锚垫板的弯钩必须卡入格栅网孔内,上边界及侧边界绳必须卡压在锚杆的外侧,下边界绳必须卡压在锚杆的上侧。

(12)选择性步骤:检查格栅与坡面的贴紧情况,根据需要布置安装辅助锚杆或打入式锚钉。

实施过程中,要因地制宜根据现场需要考虑,局部危险凸起体或孤石的包裹、捆绑或加固、排水系统绕避坡面成活的树木。

施工方案见图4。

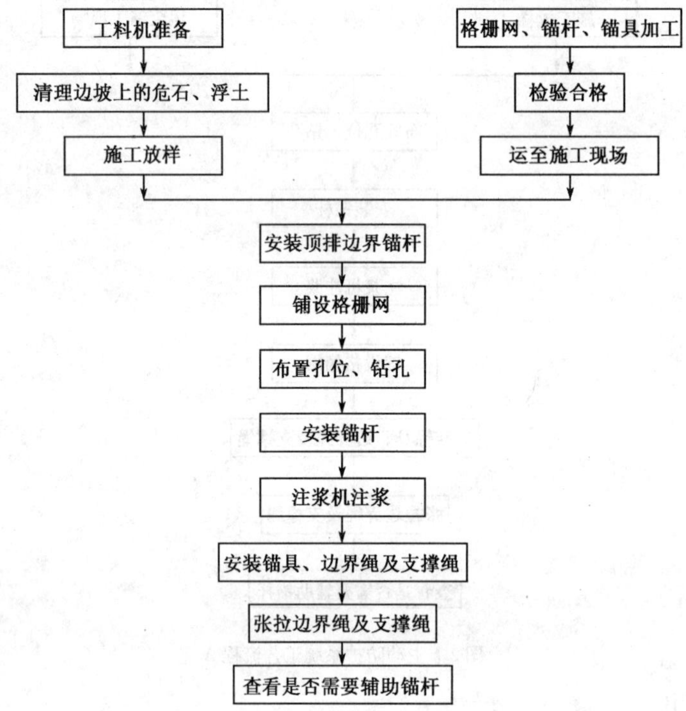

图4 主动防护系统工艺流程B

5.1.3 后期绿化

需喷浆植土的段落待柔性防护网施工完毕后按照"喷浆植土—喷薄草籽—铺设无纺布—后期养护"的顺序进行施工。喷浆时宜先喷4cm厚不含草籽的混合物,再喷射2cm含草籽的混合物。

5.2 操作要点

5.2.1 清理危石修整边坡,要求把施工区域内威胁施工安全的松动危石、泥砂及松动风化的岩石清理干净,对不利于施工安装和影响系统安装后正常功能发挥的个别突出、突变点进行处理,将个别空洞用石块砂浆进行了填补,使整个坡面总体处于稳定状态。

5.2.2 放线测量确定锚杆孔位。根据地形条件,孔间距可有0.3m的调整量,在孔间距允许的调整量范围内,尽可能在低凹处选定锚杆孔位;对非低凹处或不能满足系统安装后尽可能紧贴坡面的锚杆孔(一般连续悬空面积不得大于$5m^2$,否则宜增设直径20cm,长度不小于1m的辅助锚杆。

5.2.3 钻凿锚杆孔并清孔。钻孔应圆而直,钻孔方向宜尽量与岩层坡面垂直。钻机就位后,应保持平稳,导杆或立轴与钻杆倾角一致,并在同一轴线上。孔径应大于锚杆直径15mm,锚杆孔深误差控制在±50mm内。在钻进过程中,操作人员应精心操作,精神集中,合理掌握钻进参数和钻进速度,防止埋钻、卡钻等各种孔内事故。钻孔完毕后,用清水把孔底沉渣冲洗干净,直至孔口清水返出。

5.2.4 水泥浆拌制。因锚杆孔径有限,若采用水泥砂浆进行灌注,容易导致锚杆孔的阻塞,即使砂的粒径控制在3mm以内,因孔径较小,在施工中砂浆与锚杆及孔壁的结合性欠佳。而纯水泥浆则较细腻,结合性较好,在哈巴河至白哈巴公路第一合同段施工中,锚杆注浆采用纯水泥浆进行灌注,保证了注浆质量。水泥采用强度等级为42.5普通硅酸盐水泥,必要时可采用抗硫酸盐水泥,但不得使用高铝水泥;采用符合要求的水质,不得使用污水,不得使用pH值小于4的酸性水。水灰比控制在0.4~0.45范围内,水泥浆应均匀拌和,随拌随用,一次拌和的水泥浆应在初凝前完成。在施工中应防止水泥用量过大,并做好养护工作,防止水泥浆开裂。

5.2.5 安放锚杆杆体时,应防止杆体扭曲、压弯,注浆管宜随锚杆一同放入孔内,管端距孔底为50~100mm,杆体放入角度与钻孔倾角保持一致,安好后使杆体始终处于钻孔中心。若发现孔壁坍塌,应重新透孔、清孔,直至能顺利送入锚杆为止。常压注浆采用砂浆泵将浆液经压浆管输送至孔底,再由孔底返出孔口,待孔口溢出浆液或排气管停止排气时,可停止注浆。浆液硬化后不能充满锚固体时,应进行补浆,注浆量不得小于计算量,其充盈系数为1.1~1.3。注浆管路应经常保持畅通。注浆时,宜边灌注边拔出注浆管。但应注意管口应始终处于浆面以下,注浆时应随时活动注浆管,待浆液溢出孔口时全部拔出,拔出套管,拔管时应注意锚杆有无被带出的情况,否则应再压进去直至不能被带出为止,再继续拔管,注浆完毕应将外露的钢筋清洗干净。

5.2.6 从上往下铺设格栅,格栅网间重叠宽度控制在10~15cm,最小不得小于5cm。两张格栅网间以及必要时格栅网与支撑绳间用$\phi1.5$mm铁丝进行扎结,当坡度小于45°时,扎结点间距一般不得大于2m;当坡度大于45°时,扎结点间距一般不得大于1m。格栅网铺设完毕后,在格栅网外侧布置缝合绳与支撑绳,进行固定连接并预张拉,使格栅网与坡面贴紧。

6 材料及设备

6.1 材料

主动防护系统主要由高强度钢丝格栅、锚垫板、锚杆、边界绳、支撑绳及边界绳和支撑绳所对应的锚杆组成。

6.1.1 高强度钢丝格栅

采用抗拉强度不低于1 770MPa的高强度、高韧性钢丝编制,防腐采用锌铝合金镀层(不低于150g/m^2),菱形网孔内切圆直径65mm,网块标准规格30/20/10×3.5m。

6.1.2 锚杆

采用一端(外露段)带加工螺纹的$\phi28$mm普通螺纹钢筋锚杆,外露部分进行热镀锌防腐处理,成孔困难时可采用自行式中空锚杆。

6.1.3 锚垫板

菱形钢板,四个角带有弯钩,尺寸不小于350mm×170mm,厚度不小于8mm,需要时可改变或简化其结构。

6.1.4 边界绳

地形边界复杂时或需提高边界封闭效果时考虑选用,$\phi12$mm热镀锌钢丝绳,单根长度不宜大于40m,每根两端各配一根长度为2m的2$\phi16$mm双股钢丝绳锚杆。

6.1.5 辅助锚杆

用于在局部低凹或边界处使格栅更好地贴紧坡面,构成与主要锚杆相同,但直径为20m,长度一般选用1m。

6.2 参数与材料配置

(1)锚杆间距a和b:标准间距为$a=3.3$m,$b=4$m。

(2)锚杆长度L:TECCO锚杆长度为2.5m(外露段长度0.15m),辅助锚杆1.15 m,特殊地段锚杆需加长。

(3)锚杆直径D:TECCO锚杆为$\phi28$mm普通螺纹钢筋,辅助锚杆$\phi20$mm普通螺纹钢筋锚杆,外露部分需进行热镀锌防腐处理。

(4)锚杆倾角:锚杆尽可能垂直坡面,当格栅有悬空时,宜使锚杆与张紧后的格栅表面近于垂直。

(5)锚杆孔:干钻,孔径比锚杆直径大12mm以上。

(6)缝合钢丝或钢丝绳:网块间的纵向接长采用与格栅编织用同型号钢丝加工的波纹缝合丝缝合,网块间的横向连接采用ϕ8mm热镀锌钢丝绳或格栅编织用同型号钢丝,长度约为缝合路径直线长度的1.2倍。

(7)锚垫板:数量与锚杆根数相同,并带专用螺母。

6.3 施工机具

主动防护系统中主要施工机具有:20m^3/min、气压0.8MPa英格索兰空压机,开山125型锚杆钻机,灰浆搅拌机,YF1506注浆机、YC60张拉千斤顶。

7 质量控制

7.1 锚杆工程所用原材料、钢材、水泥浆,必须经过试验检测,符合施工要求,有合格的试验检测资料。

7.2 柔性防护网施工之前,必须将彻底清除坡面防护区域内威胁施工安全的浮土及浮石,对不利于施工安装和影响系统安装后正常功能发挥的局部地形(局部堆积体和凸起体等)进行适当修整。

7.3 根据设计要求和土层条件,认真编制施工组织设计,选择合理的钻进方法,认真操作,防止发生钻孔坍塌、掉块、涌沙和缩径,保证锚杆顺利安插和顺利灌注。

7.4 锚杆施工前,宜取两根锚杆进行钻孔、注浆、张拉的试验性作业,考核施工工艺和施工设备的适应性。

7.5 严格控制水泥浆搅拌质量,并使注浆设备和注浆管处于良好工作状态。水泥浆灌注完毕后,应至少有7天的养护时间,外露锚杆不得随意敲击及悬挂重物。

8 安全措施

8.1 施工前应认真进行技术交底,施工中应明确分工,统一指挥。对施工人员进行危险告知,提高施工作业人员的安全防范意识。施工人员必须佩戴好安全带、安全帽等防护用品。

8.2 人工清理边坡危石时,应自上而下进行。清理危石期间,人员及车辆禁止通行。

8.3 各种设备应处于完好状态。张拉设备应牢靠,试验时应采取防范措施,防止夹具飞出伤人。

8.4 操作人员应遵守有关安全规程和劳动纪律,服从专职安全员的指挥。上岗作业时,应思想集中,坚守岗位,严禁酒后施工作业。

8.5 因柔性防护网属于高空、危险作业,施工应在白天及晴天进行。

8.6 施工段落前后设置警告标志和警戒线。在施工期间,路段的两端应设立显示正在施工的警告标志。标志应鲜明、醒目,标志与施工路段的距离,应根据专业长度、危险程度或危害半径等情况确定。

8.7 施工时现场安全员应旁站,穿反光服,查看边坡稳定性。路基上边坡无悬石、无垮塌迹象后方可允许作业,并选择一个安全且能完全观察到施工范围周边环境的观察点。发现危险时,及时对施工人员进行警告,并停止施工,待危险解除后再进行施工。

8.8 施工完毕后,先有安全员进入现场,检查边坡情况,确认无安全隐患后,发出解除警戒信号,其他人员和机械车辆方可进入现场施工。

9 环保措施

9.1 最大限度地减小施工对边坡岩石结构的破坏,减少土石方开挖,减少原生植被破坏,施工中尽量避绕成活林木。

9.2 在柔性防护网施工完毕后，根据公路所处不同的植被类型区特点，选择恰当的植被类型组合为主要恢复措施，并依据植物生长、稳固边坡及景观改造要求，可以采用喷浆植草及人工播草等技术方式进行生态恢复，最终保证植被景观环境协调统一。

9.3 需进行植被恢复的坡面，应在坡顶开挖临时排水沟。临时排水沟开挖时视地面变化高低放线，每次雨后及时处理淤积，保证排水通畅。

9.4 人工播草最好在秋季进行，既避免了牛羊践踏，又达到了草籽在降雪覆盖后，来年春季长势良好的目的。

9.5 工程完工后，及时进行现场彻底清理，对于施工中废弃的零碎配件、边角料、水泥袋、包装箱等及时收集清理并搞好现场卫生，以保护自然环境与景观不受破坏。

10 资源节约

本工法在减少了大量的土石方开挖的同时，因主动防护系统属柔性防护，格栅网具有一定的张拉、变形能力，对多种高边坡(包括90°以上坡面)地形适应能力较强。不但不会破坏边坡上原有的林木和植被，并且可以起到保护林木、加固边坡的作用。即使防护系统局部遭受破坏后，也能容易维修或更换，降低了后期维护费用。

11 效益分析

采用柔性防护网防护与其他防护形式相比，主要有以下几点优势和经济效益。

11.1 该工艺主要特点是局部受力，通过格栅网和支撑绳将作用力传递到整个防护系统中，不会增加坡面荷载，保证了高边坡的稳定性，防止岩石突然坍塌，对灾害起到预警作用，消除了安全隐患。

11.2 减少土石方开挖数量和边坡防护面积、缩短工期。同条件的边坡采用主动防护与采用其他形式的防护相比，可以对挖方边坡采用较陡的坡比，很大程度地减少土石方开挖数量和实际边坡防护面积，同时工期也相应得以缩短。

11.3 坡面地质灾害防护工程多为高山峡谷区内高陡边坡上的野外高空作业，作业环境一般都非常恶劣，这就要求防护工程的实施必须快速而方便。该系统为工厂化与标准化生产，到工地无需复杂工艺加工，对于构件尺寸最大的平面状柔性网格栅来讲，因其柔性特征，它可以裹卷为较小的尺寸而便于运输和搬运，施工进度快。

11.4 施工中基本不破坏原有植被，在施工中可以避绕成活林木，植被可以在格栅网范围内生长，有利于植被根基的稳固和后期绿化。网状的开放性系统，视觉干扰小，与周边环境协调性强，减小了外露岩体的视觉压力，而且比浆砌片石防护、混凝土防护等硬性防护美观；坡面原生植被的自然生长或人工绿化，实现了工程美学和环境保护的完美融合。

11.5 后期维护费用低。因钢丝绳和柔性格栅网采用了热镀锌的防腐工艺，确保了系统较长的使用寿命，在不遭受破坏的情况下，一般可达20~30年，即使个别构件变形或破坏后很容易维修或更换，在系统遭受过载冲击时避免整体或大量构件的变形或破坏，使维护工作仅局限在较小的范围内，且在得到维护前不致使系统完全丧失防护功能。

12 应用实例

12.1 哈巴河至白哈巴公路第一合同段多处岩石外露高边坡就采用了该工艺，沿线K2+320~K29+600共有柔性防护网120 743m^2，其中有28 213m^2施工完毕后采用喷浆植土以恢复生态。

12.2 新疆昆仑路港工程公司承建的哈白公路第一合同段于2009年8月选择了K28+873~K28+921段作为试验段，并作出了施工总结，用于指导施工，为大面积的柔性防护施工提供了施工经验和有效的数据。以上高边坡均取得了很好的施工质量和防护效果，并取得了良好的经济效益和社会效益。

12.3 青莱高速公路青岛段第一合同段，包括主线及黄岛连接线两部分，其中黄岛连接线全长

3.624km,双向四车道,路基宽度28m,设计时速为120km/h。连接线起自徐村互通立交,止于辛安互通立交。其中在1K2+880~1K3+100段的高路堑挖方段,绝大部分的岩石风化程度低,整体性较好,局部存在不稳定情况,对于此部分路堑岩石边坡采用了TECCO柔性主动防护系统对坡面进行了防护,且取得了很好的效果。工程于2005年3月开工,2007年12月完工并顺利验收通车。该工法在该工程中应用效果较好,其工期短,仅用了1.5个月就完成了该项施工。完工后的边坡整体防护效果好,无塌方现象,达到了预期的效果,得到了业主、设计、监理单位的一致好评。

12.4 济莱高速公路济南段第三合同段,合同段全长9.5km,采用双向6车道高速公路标准,路基宽度34.5m,设计时速为120km/h。其中K18+260~K18+541高路堑石质边坡路段岩石为微风化,整体性较好,但局部存在不稳定情况,对此边坡采用了TECCO柔性主动防护系统对坡面进行了防护,确保了局部失稳边坡的稳定,又为后续的边坡绿化提供了有力的载体,美化了环境,达到了加固和环保的双重效果。工程于2005年3月开工,2007年12月完工并顺利验收通车。该工法在该工程中应用效果较好,其工期短,仅用了40d就完成了该项施工。完工后的边坡整体防护效果好,无塌方现象,且经检测各项指标达到了设计要求,得到了业主、设计、监理单位的认可。

路基边坡光面爆破施工工法

GGG(浙)A4020—2010

焦　岩　陈继滔　陈青山　王乃存
（顺吉集团有限公司）

1　前言

在公路路基石方爆破开挖施工中,采用常规爆破经常出现边坡多挖、欠挖、坍方,很难形成标准的路基边坡坡面和符合规范的碎落台。为此,要花费大量人力、物力,甚至停工进行最终边坡的修整,给工程的正常施工造成了较大的干扰与损失。

为避免上述情况发生,并使石方边坡爆破获得良好的坡面成型效果和施工安全。我们结合不同施工工艺(浅孔爆破法与中深孔爆破法),采用路基边坡光面爆破施工方法先后在41省道永嘉岭下至上塘段改建工程和104国道永嘉乌牛至张家堡段改建工程等项目施工中应用,成功解决了路基边坡爆坡坡面超欠挖的质量通病,并提高了路基边坡的稳固性,工程进度指标得到极大提高,其路基边坡爆破施工工艺效果领先于其他标段。在上述项目施工工艺实践的基础上,进一步总结形成本工法。

2　工法特点

在深挖路堑施工中,采取中深孔爆破为主,浅孔爆破为辅的边坡光面爆破施工指导思想,可以大大提高施工效率及施工安全性,与单纯的浅孔排炮或普通中深孔爆破法相比,能有效地控制炸药的爆破作用,从而减少对围岩的扰动,保持边坡围岩体的稳定。同时又能减少超欠挖现象,提高工程质量和施工进度。具体有以下特点。

2.1　光面爆破法施工可以使路基边坡岩体不产生或较少产生炮震裂缝,尽可能保持原岩体的完整性,从而增大了岩体自身的承载能力和稳定性,在松软岩层中更能显示这一特点。

2.2　在裂隙发育的岩层中,可以有效避免裂隙扩大和产生新的裂缝,提高岩体的稳定性,为快速施工提供了有利条件。

2.3　路基边坡随着开挖施工的进行随之形成,成型快、成型好,可完全满足设计要求,增加了边坡的观赏效果。

2.4　由于坡面成型规整,保持了岩体本身的完整性,可以根据现场实际适当降低边坡的维护等级和维护工作量(图1)。

图1　边坡光面爆破效果图

3　适用范围

本方法适用于深挖大方量石方路基多级边坡开挖工程,特别是在高等级公路路基边坡施工中可广泛应用。

4 工艺原理

光面爆破是一种控制岩体开挖轮廓的爆破技术,是通过在开挖轮廓线上钻凿一排一定间距、相互平行的较密集的炮孔,在孔内采取间隔装药或不偶合装药,主开挖区爆破后再起爆,当开挖轮廓线上的炮孔间距、数量、装药结构合适时,开挖面各炮孔间将形成相互贯通的裂隙,并最终形成一个较为光滑、完整的爆裂面。由于沿着炮孔连线方向首先形成裂隙,应力场中能量迅速减弱,爆轰气体也会沿着先形成的裂隙释放,从而抑制了其他方向裂隙的产生和发展,保持了岩石的完整性。其关键的环节是光面爆破中炮孔间距、装药结构及起爆方式等工艺的确定。

5 施工工艺流程及操作要点

5.1 施工工艺流程

石方路基光面爆破施工工艺流程如图2所示。

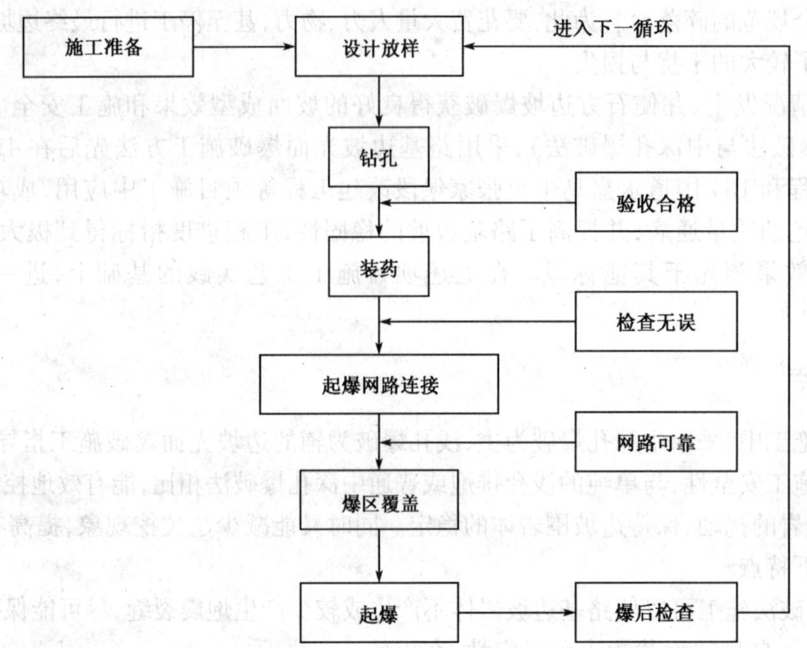

图2 工艺流程示意图

5.2 操作要点

5.2.1 光爆设计

在待开挖体上部采用凿岩机具钻凿竖向直孔、倾斜炮孔,炮孔分主爆孔(一般为直孔或斜孔)和光爆孔(一般为斜孔)两种,各孔成矩形或梅花形排列(图3、图4)。人工装填炸药,非电毫秒导爆管起爆系统起爆,对开挖路基由上到下分层纵向台阶(台阶设置同路基边坡台阶设计)进行开挖。当开挖高度小于5m时;采用浅孔爆破法开挖,当开挖高度大于5m时,采用中深孔爆破法开挖。光爆孔就是在设计边坡线上设置一排炮孔,其倾角、深度、间排距以及装药结构、装药量、起爆等都有别于主炮孔,有严格和特殊的要求。

(1)孔径选择

目前在公路工程路基爆破开挖施工中最常用的凿岩机械为YT24轻型凿岩机和ϕ90mm型潜孔钻机,故此我们在进行边坡光面爆破时采用同样的机械设备。钻孔孔径$d_{浅}=40$mm,$d_{深}=90$mm。

(2)孔间距选择

$$a=(10\sim14)d$$

式中:d——孔径。

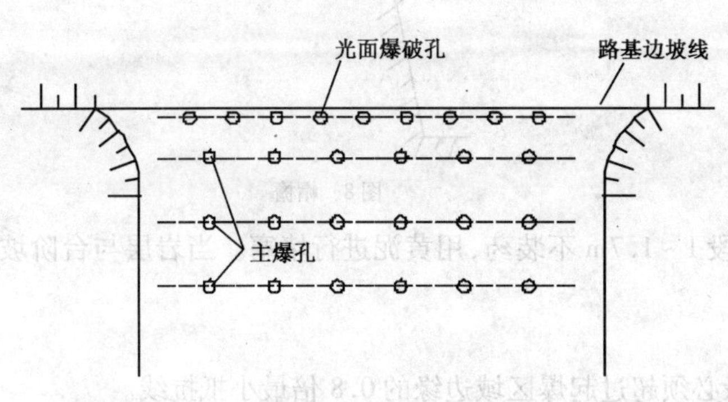

图3　路基开挖炮孔平面布置示意图

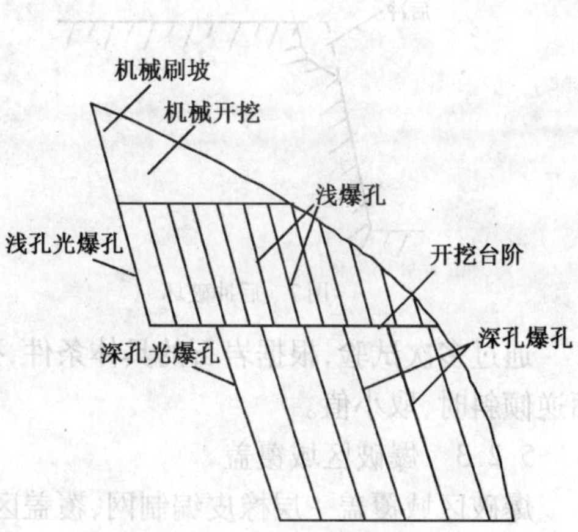

机械刷坡
机械开挖
浅爆孔
浅孔光爆孔
开挖台阶
深孔爆孔
深孔光爆孔

图4　炮孔台阶布置示意图

则 $a_{浅}=400\sim560\text{mm}$,$a_{深}=900\sim1\,200\text{ mm}$。

在实际施工中根据岩石情况具体选值,硬岩取小值,软岩取大值,破碎岩石取小值。

(3)最小抵抗线

在已知孔间距 a 的情况下,按 $a/W=0.8$ 取最小抵抗线值。则 $W_{浅}=500\sim700\text{mm}$,$W_{深}=1\,125\sim1\,500\text{mm}$。

5.2.2　装药

(1)炸药

浅孔光面爆破使用 ϕ25mm 2 号岩石炸药;深孔光面爆破使用 ϕ32mm2 号岩石炸药。

(2)装药线密度

根据工程经验取 $q_{浅}=0.04\sim0.08\text{kg/m}$,$q_{深}=0.3\sim0.75\text{kg/m}$,在实际爆破施工中需根据岩体及初次爆破情况进行优化。

(3)装药

采用不耦合装药结构,底部药量适当加大(图5);孔内全长布置导爆索;将炸药卷及导爆索用胶布均匀捆绑在长竹片上再小心放入光爆孔内(图6)。

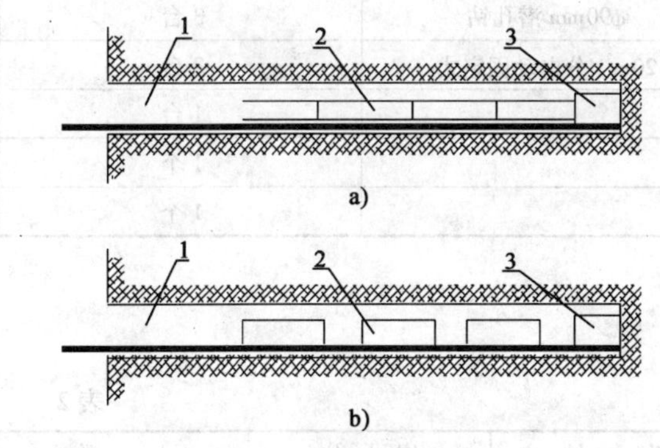

图5　光爆孔装药结构示意图

a)连续装药;b)间隔装药

1-堵塞;2-中间装药;3-底部装药

图6　装药

(4)孔口段填塞

我们通过现场爆破发现,孔口段填塞高度对光面爆破效果也有较大影响。填塞高度过大或过小都会造成不良后果。当填塞高度较小时,由于抵抗线较小,台阶将产生严重的后冲破坏(图7),上部平台宽度变小,造成超挖,达不到设计的安全平台。若填塞高度过大,则炸药爆炸对台阶上部破坏减弱,留下帽檐(图8),在逆倾斜层理岩石中爆破更为严重。

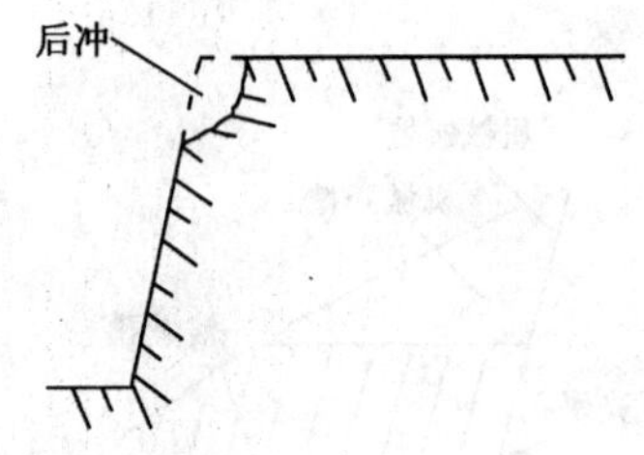

图7　后冲破坏

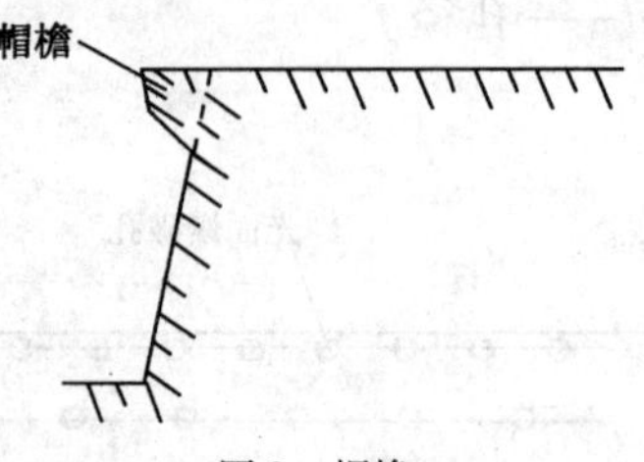

图8　帽檐

通过多次试验,根据岩石的具体条件,孔口段1~1.7m不装药,用黄泥进行堵塞。当岩层与台阶坡面逆倾斜时,取小值。

5.2.3　爆破区域覆盖

爆破区域覆盖一层橡皮编制网,覆盖区边缘必须超过起爆区域边缘的0.8倍最小抵抗线。

5.2.4　起爆网路

(1)光爆孔采用导爆索起爆网路,以确保达到齐发爆破。

(2)将一排光爆孔引出的导爆索连接到一条主导爆索上,再接入整个爆破网路,并使光爆孔比临近主炮孔迟发50~100ms。

6　材料与设备

6.1　消耗材料

6.1.1　钻具消耗:钻头、钻杆以及钻机配件等。

6.1.2　爆破器材:导爆索、ϕ25mm或ϕ32mm2号岩石炸药、非电毫秒雷管。

6.1.3　辅助材料:竹片、黑胶带、黄泥以及沙袋、竹排、胶带等覆盖材料。

6.2　施工机具、仪器、仪表

施工机具、仪器、仪表见表1。

主要施工机具、仪器、仪表　　表1

序　号	名　称	型　号	数　量
1	钻机	YT24轻型	6台
2	钻机	ϕ90mm潜孔钻	3台
3	空压机	20m^3/分电动固定式	2台
4	全站仪		1台
5	警报器		1个
6	起爆器		1个

6.3　劳动力组织

劳动力组织见表2。

劳动力组织　　表2

序　号	岗　位	人　数	序　号	岗　位	人　数
1	测量	2	3	爆破员、安全员	2
2	钻孔	10			

7　质量控制

7.1　钻孔应做到孔位准确、方位倾角准确、孔底平齐。开眼位置偏差≤5cm,钻孔倾角误差≤1°,深度误差≤20cm。

7.2　按设计装药线密度、装药结构严格控制装药。

7.3 爆后观察是否符合半孔率≥50%，超挖率≤5%，不出现欠挖的要求。

8 安全生产

采用光面爆破技术可以大大减少职工上宕作业的工作量，改善职工的作业环境，提高作业的安全性。但是毕竟爆破开挖作业是一项高危工作，在作业中仍应积极加强安全生产管理。

8.1 钻孔作业环境较差应加强职工安全意识培训。

8.2 爆破作业应严格按照有关规定操作。

8.3 进行爆破作业时应根据周围环境情况对孔口、薄弱地带以及裸露在外的导爆索采取必要的防护及覆盖措施，可采用沙袋、竹篱笆、胶带等覆盖或搭设防护墙等。

9 环保措施

在施工中使用过的柴油、机油不能随地抛弃，要集中烧毁处理，不允许流入地下水中，避免污染环境。

10 资源节约

在边坡开挖施工中，本工法只是选用了与一般开挖不同的爆破参数，而采用与一般开挖同样的机具设备以及爆破器材等，减少了不必要的投入和资源的浪费。

11 效益分析

采用光面爆破技术施工可以完全满足公路路基边坡设计对边坡坡率、平整度、碎落台规格等的要求，只是由于钻孔量的加大提高了凿岩爆破费用，增加了单项施工成本。但是由于采用了光面爆破技术减少了爆破对边坡岩体的振动影响，保持了原岩的整体性和稳定性，提高了原岩的自身承受能力及边坡的稳固性，这样可适当降低边坡支护等级，从而降低工程整体投入。

总体而言，光面爆破技术的应用可能提高了工程的施工成本，降低了企业的经济效益，但其产生的社会效益却是明显的。

12 工程实例

12.1 41 省道永嘉岭下至上塘改建工程第 1 施工合同段

41 省道永嘉岭下至上塘段改建工程第 1 施工合同段由顺吉集团有限公司承建，全长 6.338km，开竣工日期为 2008 年 2 月至 2009 年 12 月。本项目路基边坡开挖工程量约 46.1 万 m^3，岩质为凝灰岩，边坡平均高度 15m，主要集中在 K6 +730 ~ K7 +030 赤岩山段和 K8 +440 ~ K8 +920 屿门山开挖段，该工程实施路基边坡光面爆破开挖施工工法，获得了良好的光面效果，边坡稳定，没有产生超挖、欠挖现象，同时减少了防护工程，达到边坡平整、美观、经济、提高工效和安全等较好效果，受到业主、监理等参建好评。

12.2 104 国道永嘉乌牛至张家堡段改建工程第一合同段

104 国道永嘉乌牛至张家堡段改建工程第一合同段，位于浙江省永嘉县境内，由顺吉集团有限公司承建，该合同段全长 10.421km，开竣工日期为 2006 年 10 月至 2008 年 8 月。本项目路基边坡开挖工程量约 14.2 万 m^3，岩质为凝灰岩，开山地段 K2 +820 ~ K2 +950 段和 K7 +550 ~ K7 +790 段山体陡峭，以前未进行削坡和防护处理，老 104 线沿山脚而过，K2 +820 ~ K2 +950 段红线外有变压器和高压线路不拆除，爆破不当很容易出安全事故，该路段实施路基边坡光面爆破开挖施工工法，获得了良好的光面效果，边坡稳定，没有产生超挖、欠挖现象及安全事故，同时减少了防护工程，达到边坡平整、美观、经济、提高工效和安全等较好效果，受到业主、监理等参建好评。

13　施工照片(图9～图15)

图9　潜孔钻钻孔

图10　爆孔装药

图11　导爆管及导爆索连接

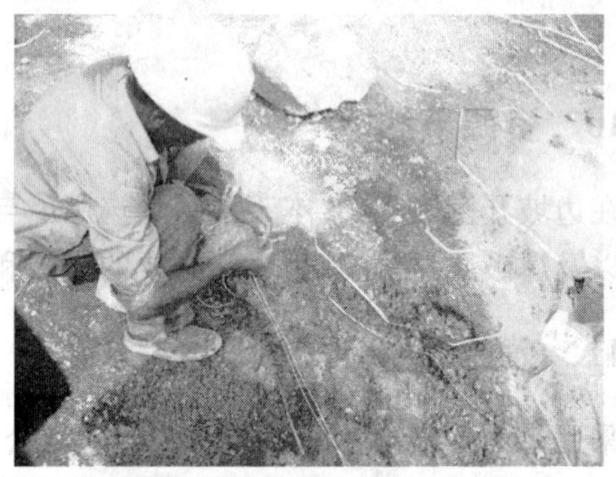
图12　连接扣并联导爆管

图13　导爆管并联

图14　光爆效果一

图15　光爆效果二

微型压浆无砂混凝土钢管桩施工工法

GGG(鄂)A4021—2010

李 峻 张纯根 汪国泰 陈厚忠 刘 洪
(湖北中南路桥有限责任公司 武汉立诚岩土工程有限公司)
马素幹 刘国桢 隗景富 张连燚 马晓玲
(济南通达公路工程有限公司)

1 前言

微型压浆无砂混凝土钢管桩是一种近似于树根桩的桩型,这种桩主要在桩孔内竖向安放单根花眼钢管,管侧投放、填充细石料,通过高压注浆对周围岩土体进行劈裂填充,改善了周围岩土体力学性能,最终形成树根状的加固体。在20世纪90年代初由我公司提出并开始在部分公路半填半挖、台背回填及小型滑坡的局部支挡、裂隙填充、岩溶地区路基、软土路基、膨胀土路基、黄土路基、采空区及水库地区路堤等工程中加以应用,取得了良好的效果。

2 工法特点

2.1 工艺设备相对简单,准备时间短,大大缩短工期。该工法因施工设备主要采用XY-100型钻机、长臂螺旋钻机或潜孔钻机成孔。该类设备都具有小巧轻便的特点,施工准备时间短,施工时间快,大大缩短了工期,特别适用于应急措施处理。

2.2 成本低。该工法使用的材料主要是碎石、水泥、钢管,均为普通材料,可以就地取材,大大降低了施工成本。

2.3 污染小。该工法在施工过程中,产生的噪声、水源污染小,有利于环境保护。

2.4 可设置阻塞器。能将浆液限定在注浆区段的任一层范围内进行灌浆,以达到分层注浆效果,阻塞器可以在光滑的袖阀管内上下移动;可根据设计要求及施工情况,在注浆区内某一地层或砂层反复注浆。

2.5 注浆采用较大的注浆压力时,发生冒浆和串浆的可能性小;根据地层情况,可在一根注浆管内采用不同的材料,选择不同注浆参数进行注浆作业。

2.6 加固效果好。在7d后,水泥浆开始凝固,其与钢管、细石料形成的半刚性桩身复合体具有较高的承载力及抗剪性,对加固体起到良好的加固作用。

3 适用范围

该工法主要适用于半填半挖、台背回填及小型滑坡的局部支挡、裂隙填充等加固治理,特别适合于应急处理。对于溶洞、黏性土、粉土、砂土、杂填土、人工填土和软土地基的处理具有较好效果。

4 工艺原理

微型压浆无砂混凝土钢管桩主要由工程钻机引孔,孔内竖向安放单根花眼钢管,管侧投放、填充细石料,采用封孔塞对桩孔进行密封,最后通过高压注浆泵往孔内高压注浆,高压水泥浆通过钢管花眼对周围岩土体进行劈裂填充,改善了周围岩土体力学性能,最终形成树根状的、比引孔孔径大很多的加固体。在水泥浆凝固后,水泥浆、钢管、细石料形成的半刚性桩身复合体也具有较高的承载力及抗剪性,对加固体起到良好的加固作用。

5 施工工艺流程及操作要点

5.1 施工工艺流程

5.1.1 点位测放:现场施工场地要基本整平,根据钻孔坐标,采用全站仪放点定位。

5.1.2 钻机成孔:采用 XY-100 型钻机、长臂螺旋钻机或潜孔钻机成孔。启动钻机,成孔至设计深度后进行清孔,保证孔内无杂物。

5.1.3 安装花眼钢管:花眼钢管按实际孔深安装,钢管之间用钢筋进行搭接焊接,并预留 0.5m 于孔外以便于注浆,焊接时要保证钢管的垂直度。

5.1.4 填充粒料:花眼钢管下入孔内后,人工自孔口将粒料倒入孔中,填料高度应高于设计基础底面高程 0.7m,粒料选用 5 ~ 20mm 瓜片石,投放粒料需匀速均量,避免造成孔内堵塞;边倒粒料边进行捣实。

5.1.5 封孔塞的制作和安装:封孔塞主要采用橡胶塞或者麻絮来制备,封孔要密实,并上覆黏土进行压实。

5.1.6 制备注浆液:注浆液采用水泥浆。水泥浆采用立式搅拌机,材料一般采用 P·O32.5 或以上强度水泥,水灰比 0.6:1 ~ 1:1。水泥浆搅拌时间不小于 5min,不得超过 2h,停置时间过长的浆液清理不用。

5.1.7 压力注浆:注浆泵选用 UBJ-4 或以上型,最大泵量 150L/min。注浆压力控制在 1.0 ~ 2.0MPa。当出现下列情况之一,可终止注浆:

(1)周边出现冒浆现象;

(2)注浆时间超过 1h;

(3)工作压力大于 1.0MPa 以上,维持时间超过半小时以上。工艺流程图见图 1。

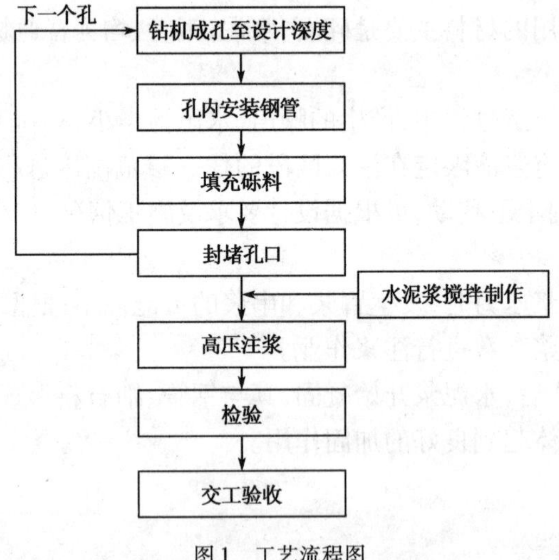

图 1 工艺流程图

5.2 主要工艺参数

水泥浆水灰比:0.6:1 ~ 1:1;

注浆压力:1.0 ~ 2.0MPa。

5.3 操作要点

5.3.1 钻孔深度

孔径:满足设计要求,不小于设计所要求的钻孔直径。

钻探深度:深度进入设计所要求的持力层不小于1m。

5.3.2 注浆钢管制作与安装

必须保证注浆钢管满足设计要求。

5.3.3 填充砾料

填充砾料不得小于最小填充量,保证选料控制在5~20 mm的细粒料,
填料高度高于设计基础底面高程0.7m。

5.3.4 封堵孔口

封填时必须捣实。

5.3.5 制备注浆液

每盘搅拌时间不小于5min,不超过2h,停置时间过长则清理不用。

5.3.6 压力注浆

注浆压力控制在1.0~2.0MPa,通过压力表控制。注浆量不得小于每孔设计的注浆量。

6 材料和设备

6.1 材料

本工法使用的材料主要有:钢管、水泥、细粒料。

6.1.1 钢管采用普通建筑用脚手架钢管,钢管要顺直,不能有较大的弯曲、锈蚀。

6.1.2 水泥一般采用P·O32.5或以上强度水泥。

6.1.3 细粒料主要粒径为5~20mm,粒料要均匀、干净,不得夹杂土、块石、粉尘等杂质。

6.2 施工设备

一台套设备所包含的设备见表1:

一台套设备所包含的设备 表1

序号	设备名称	型号或规格	单位	数量	备注
1	钻机	长臂螺旋或xy-100钻机或潜孔钻机	台套	1	
2	注浆泵	UBJ-4	台套	1	
3	电焊机		台	1	
4	搅拌机	立轴式	台	1	
5	手推车		辆	5	
6	氧、气焊工具		套	1	
7	其他				

7. 质量控制

7.1 质量控制标准

孔径:满足设计要求,不小于设计所要求的钻孔直径。

钻探深度:深度进入设计所要求的持力层不小于1m。

注浆钢管制作与安装:必须保证满足设计要求。

填充砾料:填充砾料不得小于最小填充量,保证选料控制在5~20mm的细粒料,填料高度高于设计基础底面高程0.7m。

封堵孔口:封填时必须捣实。

制备注浆液:每盘搅拌时间不小于5min,不超过2h,停置时间过长则清理不用。

压力注浆:注浆压力控制在1.0~2.0MPa,通过压力表控制。注浆量不得小于每孔设计注浆量。

7.2 检测

检测要求:复合地基承载力应通过压板试验检测,小应变桩身无损检测。

7.3 质量控制措施

7.3.1 熟练掌握质量控制的技术标准、设计图纸,做好各项技术交底工作。并要求交底人和被交底人签字确认,在施工中认真执行。严格执行岗位责任制,明确各职位职责,认真做好施工组织设计书的编制与审核工作,并监督实施。

7.3.2 加强原材料的质量控制,如钢管、水泥、细粒料等必须及时送检,合格后方可使用。

7.3.3 现场钻机操作手和技术人员要认真做好相关原始记录,包括钻孔记录、高压压浆记录等,对每根桩的开孔时间、终孔时间及钢管下放深度等及时记录。对施工中出现的不正常现象(设备问题、水电供应、异常地质情况)要及时解决、认真处理。

7.3.4 选取一定数量的桩体进行桩头开挖,检查桩的外观质量及整体性,同时做好桩的检测工作。

8 安全措施

8.1 严格执行国家有关安全生产的方针政策、法规,制订有关安全文明施工的规章制度,服从有关部门对安全生产工作监督和检查。

8.2 建立、健全安全生产责任制,严格按照现场安全防护标准化的要求管理现场,做好安全技术交底工作,教育职工提高自我保护意识。

8.3 对所有的机械和电气设备,做好安全防护维修保养工作,使其正常运转,设备不带病作业,做到定机定人。严格遵守《建筑机械使用安全技术规程》(JGJ 33—2001)的要求。

8.4 加强现场的安全管理,严禁乱拉、乱接电线等,消除火灾、触电之隐患。

9 环保措施

9.1 工地上所产生的施工垃圾,严禁随意抛撒,应及时清运,遇晴天时,工地要定时洒水,以减少扬尘;在雨天则要及时排水,使工地每时每刻都有一个良好的作业环境。

9.2 为了避免现场搅拌的噪声及水泥等材料在使用时扬尘所带来的污染对周边及现场所带来的种种不利影响,将对水泥堆放进行覆盖。

9.3 现场油料必须进行防漏处理,油料储存和使用由专人负责管理,避免因油料的跑、冒、漏、滴而污染水体。

9.4 注意控制噪声,保证周围环境清洁,不影响附近居民生活工作,实行封闭施工。

10 效益分析

10.1 该工法施工速度快、大大缩短了施工周期,特备适合应急加固处理。以XY-100型钻机施工为例,1台每天可完成土体引孔200m,一般的应急加固处理工程,在15天左右即可完成。极大的保证了应急处理的实效性,提高了施工效益。并且施工质量容易控制,无污染,无噪声,加固后工程安全可靠,成为比较先进可靠的路基加固方法。

10.2 造价较低,有很高的经济效益。该工法在土层中施工,一般的工程造价为100~124元/米,由于该钢管桩可以作为半刚性单桩使用,其承载力高于一般的地基处理方法(粉喷桩、堆载预压法等),其桩间距可以适当加大即可达到相同的处理效果,综合整体考虑,其造价还是要低于其他地基处理方式的。所用材料为薄壁钢管,水泥或粉煤灰,在保证质量的前提下能有序地控制灌浆量,能节约材料。

10.3 占用场地小,对环境污染小。该工法因施工设备简单,所占用场地不大,大大节约了施工现场的土地占用。施工过程中,不存在大量废弃物的排放等问题,能很好的保护周围环境免受破坏。

11 应用实例

11.1 在湖北襄十高速公路武许段 K422 +667 ~ K422 +791 滑坡加固工程中成功应用。该滑坡为中型滑坡,施工作业面狭窄,大型机械设备无法就位,且滑坡处于变形发展阶段,通过该工法的应用,滑坡体治理成功,比传统的大直径抗滑桩节约投资 300 万元,节省了造价约 40%。如果采用传统的施工工法,工期和安全得不到保证。该工法在本工程的应用上,最大的优点就是节约了资金,并且安全,可靠。

11.2 在湖北襄十高速公路襄武段第十三合同段的高边坡防护工程中成功应用,效果显著。该边坡坡同样施工作业面狭窄,大型机械设备无法就位,通过该工法的应用,边坡加固成功,比传统的加固方法节约投资 200 万元,节省了造价约 30%。

11.3 在山东省如京沪高速临沂段、济南绕城高速、国道 309 线、国道 105 线、山东省道 103 线、山东省道 327 线等道路的加固处理工程中应用了该注浆技术,处理的地基有软弱土、风化土料、回填杂土、欠密实的堆石体、土石混合接触带、黏土、壤土、粉土等,处理深度视设计深度不同。路基处理后进行现场检测和事后长期位移等检测,均满足了设计要求,工程没有再发生病害问题,加固处理工程取得了良好的效果。

高原高寒草原地区植被防护及恢复施工工法

GGG(中企)A5022—2010

张　军　韩景义　郭秀琴　陈丽敏　朱尊宁
(中铁十六局集团有限公司)

1　前言

青藏高原高寒区由于地理位置和气候的特殊性,形成了特殊的自然环境和高寒生态系统。这种自然环境的生态系统无论是在整个系统还是各子系统,均具有结构简单、生产力水平低、冻土层厚、稳定性差、修复能力弱、易受外界因子干扰、一旦遭到人为破坏,靠自然条件长期不能恢复等特点。工程建设是人为破坏环境最为剧烈的一种,铁路、公路工程是长距离的带状基础设施,往往跨越几个大的地貌带。工程施工活动及临时建筑对沿线植被景观的和谐性、自然性造成的破坏,并可能在施工完成后继续产生影响。故高原高寒草原区植被施工较低海拔地区具有明显的特点。目前青藏高原公路、铁路各项目对地貌植被及新建地表植被,恢复和防护效果差值很大,有些项目完成后植被盖度大幅减小,物种丰富度急剧降低,出现了路域地貌退化过程:沼泽性湿地→沼泽性草甸→草甸→荒漠,致使天然草原大面积退化、草地第一生产力明显下降、区域气候干暖化、冻土退化、产生大片黑土滩。目前解决此问题的方法主要是人工、半人工建植植被,而提高植被盖度和物种组合的多样性,采取针对性恢复措施是植被施工工程必须解决的三个问题。

为突破高原高寒地区植被施工的技术瓶颈,中铁十六局集团公司成立了“高原高寒区植被施工技术研究”的课题小组对相关技术展开研究,以我单位施工的17个工程项目为背景,东西跨度1 850km,南北跨度850km,海拔2 300~5 200m,分别经过干旱草原、半湿润草原、湿润草原及荒漠草原,历时14年,据调查结果显示,创新性地完成在海拔3 600~4 850m,平均气温为-13.7~-17.1℃的高原高寒草原区公路铁路修建中,建植成功的植物种类达25种以上;线路通过高原高寒草原植被盖度为80%以上的高山草甸、高寒湿地地貌区,永久用地植被防护18.49万m^2,成活率67%。施工中临时用地恢复12.05万m^2,成活率93%;通过控制移植土和原状土的差异使植株高度、株密度、单位面积植株成活率达90%以上;并总结出不同地貌,植被恢复时采取的施工技术,指出高寒湿地边坡植被防护中不适宜选择垂头菊,其成活率一般低于20%,而适宜选择垂穗披碱草,其成活率一般在92%以上。无论从草种的选择还是从施工建植技术上都得到突破,取得良好的经济效益和社会效益。以该工法为背景形成的成果通过中铁建总公司组织的专家评审,整体达到国内领先水平,并获中铁建总公司级优秀工法一等奖。同时以该工法为背景的核心技术“高原高寒草原植被防护及恢复施工技术”申报了国家发明专利,现在处于公示期,专利号为:201010199079.7。

2　工法特点

2.1　利用小型运输机械和人工,施工工艺简单,易于推广。

2.2　作业无危险性,施工安全。

2.3　利用路基清表土壤,就地取材。

2.4　移植及种植成活率高,效果好。

2.5　造价低,节约成本。

3 适用范围

该工法适用于海拔在2 300 ~5 200m,极端最低温度 -41.2℃,无霜期短,半湿润、湿润草原,公路铁路路基边坡及工程施工工程中破坏的原始草原地带。在海拔2 800m以下的黄土发育地貌带的典型草原及森林草原,如青藏高原湟水河流域、贵德盆地的草原种植、培植及条播技术较为适用;在海拔2 800 ~5 200m以上的典型草原,如环青海湖流域的祁连山南麓草原、日月山南北麓草原以及4 000 ~5 200m的三江源头草原,无论是湿地地貌、高山地貌还是草甸地貌,一般以移植技术为主补充移植、补充种植技术为辅。

4 工艺原理

以1995 ~2009年高原高寒草原地区施工的共计17个项目植被施工技术基础上,分析当年的记录和历年回访的记录,针对高原高寒草原的不同地貌,对原生植物群落的冻土上限、冻结深度、土壤理化性质进行测定,确定植被施工工程的土壤评定标准、目标覆盖率、目标群落组成。按照移植、种植技术,选定相应的试验组合,然后对选定的几个组合施工。每年6 ~9月按照施工组织设计建议书进行覆盖、镇压等小环境保护措施。待植株成活后,测定控制指标,将测量指标与评定标准、目标覆盖率、目标群落组成对照,修订养护措施,对各种组合给予相同次数、剂量的养护规模。移植、种植植被越冬、越夏或去除小环境保护措施后,土壤理化指标、植株地上组合及产量会发生很大变化,一般在第二年即可去除60%的不适宜组合,经过再一年的冻融循环,最适宜的组合即可明确。植被经过三个生长期、两次越冬,最终取得本地区植被防护及恢复的最佳建植技术方案、最佳恢复期物种组合、最佳土壤保护技术,明确恢复过程中的植被盖度、物种丰富度,明确针对性防护措施。

试验组合的结果判定周期一般为12 ~14个月;移植或建植技术的判定周期一般为2 ~3个月,建植技术的选定周期一般在12 ~26个月。在随后的几年施工中,需要对选定的组合中各植物品种所占的比例,采取补植的手段进一步优化调整,需要5 ~6年。

植被恢复过程中,对当年、次年和历年跟踪回访的地上生物量鲜重、地下生物量干重等测量指标进行分析,并与原始地表指标进行比对,从而判定建植技术的优劣或调整方案。

植被施工首先出现的植物应该为耐贫瘠的一年生草本植物,第二阶段出现多年生草本植物,第三阶段出现喜阳的木本植物,第四阶段出现耐阴的木本植物,最后形成适应当地气候条件,由多种植物物种组成的相对稳定的植物群落。完成第二阶段需要4 ~6年的时间。在建植后第4 ~5年,路堤植被防护阳面底部及阴面出现少量木本植物,木本植物在群落中形成相对稳定的植物组合一般在5 ~8年以后。最后形成融入当地植物群落的稳定物种一般在60年以上,甚至需要更长的时间。

5 施工工艺流程及操作要点

5.1 植被施工工艺流程图

植被施工工艺流程图如图1所示。

5.2 高原冻土环境对植被施工技术必备条件

5.2.1 时令

高寒草甸(包括高寒沼泽草甸)和高寒草原等主要高寒系统的生物量与1 ~8月平均气温、期间降水量和年底温差之间具有显著的线性相关关系。每年的7月下旬至8月中旬时段是高寒植被生物量绝对生长速率最高峰,而草原区域主要组成群落的嵩草草甸群落在8月下旬的地上生物量达到最大值。为草原植株的分蘖期及结实期,是植被恢复施工的最佳时段,也是取样研究人工、半人工草地理化性质的最好时段。

选择此时令阶段进行植被施工,植株从母体带来的营养处于最高峰,建植后,苗期的生长速度比较快,对土壤营养的需求低,可以作为先锋物种迅速覆盖坡面,护坡效果明显,有利于保护主体结构的合理沉降。

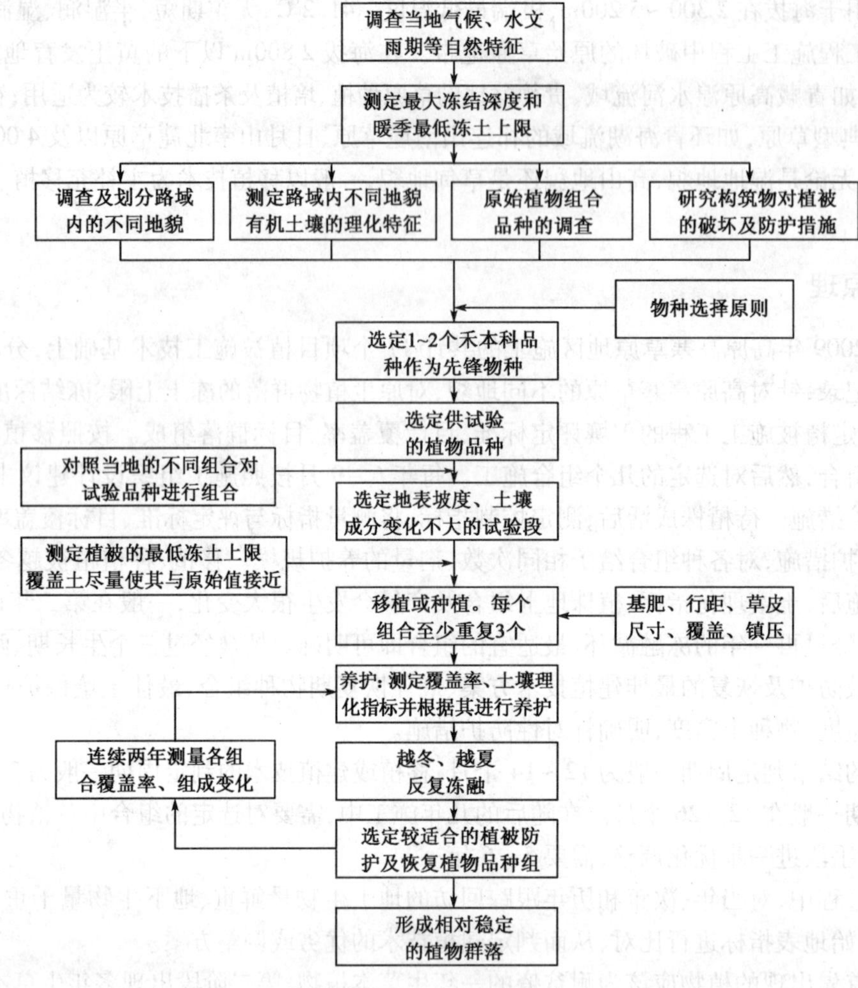

图1　植被施工工艺流程图

5.2.2　土壤

高原高寒地区分布最广泛、最典型的主要土壤类型有:高山寒漠土、高原草甸土、高山草原土、泥炭土、龟裂土、盐土、碱土、高原沼泽土下伏粗、细角砾土。高原草甸植被厚度一般在50~80cm。表层土壤主要为根系密布的壤土类土,表层土壤饱和导水率一般为4~7cm/h。地表水分显著增加有利于湿生植被如草甸和沼泽植被生长。

原始有机土壤铲除堆积后,经草皮覆盖保护、喷淋水养护,用于植被恢复及防护工程,建植植被经一次越夏越冬后,对植被盖度、植株的成活率、物种多样性进行统计,并与生土建植、无保护土建植植被的相应指标进行比对。路基边坡植被防护工程选用植被(10cm)+有机土层(25cm)+覆沙层(10cm)+碎石保温层(20cm)+路基边坡的防护技术,同时选用植被(10cm)+有机土层(40cm)+路基边坡的防护技术。以上两种方法经两次越夏越冬后,测定有机土的理化特征,并取得对比数据分析结果。建植期间,根据移植土壤或种植土壤的实测指标与原始指标的对比,采取补充氮磷肥、喷淋水、覆盖保温等方法调整植被生存环境向原始土壤环境指标靠近。

5.2.3　选种

高原高寒草原区植被施工,物种选择参照原生自然植被,一般以紫花针茅、扇穗茅、自然矮藏嵩草(台草、针草)青藏苔草、豆科的几种棘豆、黄芪和曲枝早熟禾等为主,植被盖度在80%以上地貌区,植被由25种植物组成,共10科20属,植株高度一般在10~35cm。在部分潮湿的地段有时还有苔藓植物层片的发育。

紫花针茅主要适用于东部青藏公路沿线，多分布零散或局限于个别地段或山地，群落盖度一般20%～35%。青藏苔草主要适用于北部和西部地区，群落的盖度随所处环境的水热状况有较大的变化，一般为12%～35%，有时可高达45%。扇穗茅主要适用于沱沱河以北的东部地区，常与紫花针茅和莫氏苔草复合利用。群落覆盖度一般仅10%左右，有时可达18%，豆科杂类广泛适用于中部及北部地区各类湖岸阶地，冰川河流碎石坦阶地，山坡坡脚坡积物及剥蚀山坡和坡脊。

研究显示适宜的具有耐寒旱、抗风沙以及盐碱等特性的植物品种主要有：木里台草，也叫垂头菊，一般生长在泥炭沼泽，放牧强度较大；垂穗披碱草，一般生长在地势较高的草甸；扁穗冰草，一般生长在半干旱草甸；梭罗草，高原干旱地区乡土多年生草本植物，在青藏铁路沿线的半干旱、半湿润高寒草原生长较多；锦鸡儿小灌木，在半干旱、半湿润及湿润区高原高寒草原均有成活。

在海拔高度大于4 000m的高寒草甸常见植被稳定群落组成品种有：高山嵩草、大花嵩草、青藏苔草、高原垫地梅、矮生嵩草、紫花针茅、垫状蚤缀、芨芨草、喜马拉雅嵩草、高山早熟禾、高原早熟禾、圆穗蓼、矮火绒草、珠峰苔草、垂穗披碱草等。

有些地段狼毒、黄花棘豆等毒草和不可食杂类草的产草量占草地总产量的比例多数在20%以上，高者达27%～28%，必须在移植前灭除此类青杂草。

以上植物品种均适宜移植施工，种植、喷播施工时，考虑到铁路、公路运营期间安全的因素，在路基边坡防护、隧道洞顶、挖方段开挖线及线路两侧15m内选取牲畜很少食用的垂穗披肩草，老芒麦、早熟禾等不易选用。在线外工程推广优良牧草，寻找抗旱能力强、对干旱反应不敏感的优良牧草，而劣质牧草、不可食用的毒草的比例要控制。而棘豆中如箭舌豌豆、燕麦等适宜在3 500m以下种植、喷播，再高的海拔地区因出苗率很低，一般不选用。

5.2.4　养护

在种植、移植或培植后根据环境条件和植被发育程度，不同阶段追加不同的养分肥料，同时浇水养护。

施肥：追加肥料主要以复合肥为主，以基肥的形式补充，时间控制在建植前、越冬后第二年生长期开始前，施工方法以有机土与肥料拌和、牛羊粪与有机土拌和、扬洒肥料为主。一般在浇水前以扬撒的方式为植株追加基肥，肥料以无机磷及硝酸铵、尿素等氮肥为主，用量一般在0.2～0.5kg/m^2。

浇水：水分补充时间主要在建植1月后、越冬后、越夏后，采取喷淋的方法，主要控制指标为水温、pH值、土壤孔隙率、冻土上限等。①要选取水质优良的水源，水温与原状土同期低温基本相同；②移植后草皮必须在嵌缝完成后2～4h以喷淋的方式浇洒一次水，起到固结根系、固结嵌缝土的作用；③移植后2月内，根据自然降雨情况，要随时取土样观察根系底部含水率的变化，根系底部含水率最佳值要与原状土的含水率值差异在－2%～＋5%，如含水率过低，则采取洒水养护，尽量采取喷淋浇灌方式，如采取自流灌溉，水量必须严格控制，水量太大不仅冲刷植被而且容易使底部有机土养分流失，泥土干裂还会降低植株成活率；pH值与原状土要基本一致；④经过一年冻融期的移植草皮，在第二年冻土上限下降到有机土下缘底线以下后，必须取土样测量含水率，与同类地貌地区含水率的差值如超出＋5%的范围则进行洒水养护。

养护：种植、移植、培植必须与当地农牧区的种植、放牧习惯结合起来，适当的放牧，可以刺激再生草的再生性，有助于产草量的提高。路基、路堑边坡施工后植被养护，可借助隔离栅等铁路公路永久隔离装置。

冻土层的下降为鼠兔等洞穴生存动物提供了有利条件，对植被根系的破坏形成了威胁，植被恢复养护中一般采取浆砌或混凝土块分片隔离、选取短根系易棚护成疙瘩状毛草的草种、加大水分养护提供湿地植株生存环境、不为鼠兔提供干旱环境等措施。

必须考虑虫害的影响，定期喷洒农药。

在半湿润气候区，超载、过牧等人为因素对边坡、取弃土场、营地、便道的植草、培草的人工半人工植被有很大影响,必要时设置草地围栏,给予一年以上的隔离保护。

高原高寒极端天气及气候灾害对人工、半人工建植植被退化的影响,主要有干旱、大风和冰雹灾害。干旱主要影响种植牧草返青、牧草产量及牧草品质;大风及风沙天气会使种植牧草遭受机械损伤而破坏牧草的形态结构,从而影响牧草品质和产量,严重时可导致局地草荒,加快草原沙漠化进程;冰雹对种植牧草的危害往往是毁灭性的,严重时影响到牧草的再生性,冰雹过后,会造成土壤严重板结,使得草原植被损伤,破坏生态平衡,诱发草原病虫害等,在路基高填方及取弃土场等植被恢复重要地段中,可采取地膜覆盖养护的办法,给予人工、半人工植被带状间隔保护,进而避免或降低植被受到极端天气的破坏。

5.3 保护冻土及土壤

高原高寒地区植被施工,首先要保护冻土,建植后的植被要尽量使得同季节内地表冻土上限与未破坏前基本在同一高程,为植物生长提供与破坏前相同的冻融环境。所以施工中要秉承及贯彻“预防为主、保护优先、开发与保护并重”的原则。

高原高寒地区植被施工的主要特点是必须为植被提供合理的地下生态区位的物质和能量。不合理的施工如铲除地表植被,冻融、暴晒有机土,不仅破坏脆弱的地表生态,还会割裂地上和地下生态区位的物质和能量的相互依存关系,对冻土中微生物产生不利的影响。这是因为地表植被和枯叶落层为地下微生物提供养料,并给下伏冻土提供天然的热力屏障,影响地表太阳辐射、对地温及其振幅有过滤和衰减作用,还可以减少季节融化层水分蒸发。

5.4 区域内的小气候条件和不同地貌土壤的主要理化特征

为方便叙述,将研究区域内的草原按照年平均降水量的不同划分为干旱草原、半湿润草原和湿润草原三类,见表1。

高原高寒草原不同地貌土壤的主要理化特征 表1

地貌 特征	干旱草原	半湿润草原	湿润草原	备注
主要土质	一般为湿陷性黄土,中~重度湿陷,缺乏团粒结构,植物所需要的营养物质少;易板结,使得地下微生物和植株根茎水分、养分交换减弱	高原草甸土为主,土层厚50~80cm,含砂粒、粉粒、黏粒土,植物所需的营养物质较多,但暴晒后养分易流失	泥炭土、高原沼泽土为主,土层厚60~90cm,有机质含量高,有热融湖塘、冻胀丘等高寒不良地质产生	
土壤特性	Na^+含量高,使得土粒分散,遇水泥泞不透水,失水坚硬;土壤孔隙率大,不易存水	土质疏松,寒季冻结,暖季融化,地表最高冻土上限-1.5~-3.5m	土质有机质含量高,同时含水率较大,一般下伏冰层厚度大于2m	
盐分	土壤的盐分含量较高,有机质和N、P缺乏	盐分含量较低,有机碳含量偏低,N、P含量适合低矮植物	有机质含量高,湿地中碳循环作用明显	
降雨量与蒸发量	年平均降雨量一般在30mm以下,蒸发量在1 700mm以上	年平均降水量一般在150~250mm之间,蒸发量在1 500mm以上	年平均降雨量一般在200~300mm之间,蒸发量大于1 600mm	
pH值	一般大于7	表层一般接近中性,底层一般小于7,弱酸性	表层、亚表层、底层土层一般小于7,为弱酸性	7月中旬测定
有机值	一般小于6%	一般大于7%	一般大于50%	7月中旬测定
含水率	一般小于30%	一般大于35%	一般大于55%	7月中旬测定
雨期	集中在6~9月	集中在7~9月	集中在7~9月	
植株最高月份	7月中旬地上生物量生长速率达到最高峰,植株达到最高	8月下旬植株高度达到最高	8月下旬植株高度达到最高	最适宜建植月份

续上表

特征＼地貌	干旱草原	半湿润草原	湿润草原	备注
地貌主要特点	地表地貌坡面多，不易存水	地表较为干旱，不易存水，土壤层较薄，多以疙瘩草状出现	暖季多以湿地、热融湖塘出现，受冻土影响严重	
受污染情况	防护工程易受到施工机械、汽车尾气等影响，受污染程度高	受风吹、雪害影响严重，受草原虫鼠害及啮根动物影响严重	受水体交换及寒季结冰冻害影响严重	

5.5 适宜植物的筛选

5.5.1 移植和种植植被选择植物物种的原则

(1)本地自然原生的植被群落或本地栽培过的植被群落是最适合的植被恢复物种和组合，应优先从中选择。

(2)引进新植物的扩散不会对本地原有的群落造成破坏。

(3)根据高原高寒草原的土壤较薄、气候变化恶劣，暖季短，并结合当地原生物种的结构组成以禾本科植物居多，植被恢复和防护工程的先锋物种优先选用禾本科草本植物，因为它们的苗期生长速度快，对土壤营养的需求低，可以迅速覆盖坡面，可很好地为其他植物生长创造有利条件。

(4)禾本科植物既要选择丛生型的，又要选择根状茎的品种，以利于涵养水分、固结土壤、有效防护坡面。

(5)因木本植物寿命长，成活后养护标准低，在移植或种植中可适当加入当地自然原生的小灌木，可选择木本植物作为植被防护工程的目标物种。

(6)选择的物种能适应当地的小气候条件和土壤理化性质。

(7)贫瘠的土壤可适当加入一定比例的豆科植物，用以固定空气中的 N 元素，补充群落的营养供给。

(8)最后形成适应当地气候、由多种植物物种组成的相对稳定的植物群落。

5.5.2 不同地貌植物物种的选择方向

根据土壤的理化特征和选种原则，各种地貌选种方向如下。

干旱草原要选择出芽速度快，根系比较发达，耐盐碱，耐污染，抗旱能力强的植物，多种植物组合后形成平衡稳定的系统。根据平西高速公路、214 国道(河卡山)等干旱项目植被恢复和防护工程的施工，干旱区草原的植被类型略有差别，以无芒雀草、扁穗冰草、披碱草等草本植物和锦鸡儿、沙棘、红沙柳等小灌木木本植物为主。

半湿润草原要选择耐高寒、根系发达，抗旱能力强的植物，防护工程可适当加入小灌木。根据二尕公路、关角隧道等半湿润草原区植被施工、保养的记录，防护及植被恢复以垂穗披碱草、梭罗草、细珠短柄草、草玉梅和马先嵩植物等禾本草和杂草类为主，小灌木以锦鸡儿为主。

湿润草原要选择耐高寒，能顺利越冬，根系抗涝能力强的植物，以木里台草、异针茅、垂穗披碱草、草地早熟禾等禾本科草类，辅以草玉梅、马先嵩等杂草类。

随着草原荒漠化、黑土滩等不良草原地貌的出现，公路铁路路域内，先后在以上三类草原地貌中均发现狼毒、黄花棘豆等毒草，其产草量占草地总产量的比例多数在 20% 以上，高者达 27% ~28%。如采取移植手段，之前灭除此类青杂草；如采取种植手段，要防止此类物种侵入。

5.6 适宜植物组合和建植技术的筛选

5.6.1 原生植物群落与可栽培植物群落的调查

无论公路项目还是铁路项目，在破土动工之前，施工单位应完成以下几方面的调查：

(1)对沿线路域范围内、不同地貌单元的植物群落组成调查；

(2)走访当地草原管理站、种子站、高原生物研究所等单位，调查可栽培的植物群落组成；

(3)结合路基、桥梁、隧道等待建地物的设计,统计出沿线阴坡、阳坡和滩地三种地貌的长度、面积、植被盖度;

(4)对不同地貌内的土层厚度、最高冻土上限、冻结深度、植被厚度、根系深度等进行现场调查、统计;

(5)对当地的降雨量、蒸发量、雨期、温度、寒暖季等气候条件进行调查;

(6)对不同地貌内的土壤层进行有机物含量、盐分含量、含水率等理化指标进行测定,掌握植被生存有机土的原始指标;

(7)形成该项目植被恢复和防护工程的施工组织设计建议书。

5.6.2 初步形成供试验的植物组合

结合防护结构、拟恢复地貌、本地的植物组合种类,提供若干种实验物种。如果进行移植试验,对原状草皮植被物种进行统计,根除毒草等不适用草类;如果进行种植试验,不仅要考虑原始植物组合的主要植物品种,而且要考虑到本地植物的侵入和进程。

青藏高原中东部干旱草原植被施工工程最常见的植物组合为:禾本科主要有扁穗冰草+披碱草+紫花苜蓿+嵩草组成,近几年一些项目引入甘肃产无芒雀草,扩散不是很明显;考虑到土壤贫瘠的特点,近些年引入豆科植物如枸杞等,以固定空气中的氮元素;木本植物主要有锦鸡儿、沙棘、红沙柳等。

在半湿润草原区进行植被施工工程,常见的植物组合为:短根茎密丛嵩草+莎草+禾草+苔草等牲畜可食用牧草为主及部分不可食用杂草,间杂小灌木主要有沙棘、锦鸡儿。

在湿润草原进行植被施工,高山草甸的植被组合与半湿润草原基本相同,沼泽草甸、沼泽性湿地、冻土湿地的植被组合主要物种基本相同。常见的组合为:帕米尔苔草+藏嵩草+黑褐苔草+华扁穗草等为主的植物。

5.6.3 试验段施工

植被恢复工程在项目破土动工之前,选择自然地表坡度、土壤成分一致的地段,作为试验段,一般试验段数量根据地貌数量确定,面积不小于恢复总面积的3%。植被防护工程试验段,可在开工后,借助路基段进行或选择与其环境基本平行的地面坡进行,试验段面积不小于防护总面积的5%。

对原生植物群落的冻土上限、冻结深度、土壤理化性质进行测定,确定植被施工工程的土壤评定标准、目标覆盖率、目标群落组成。

按照移植、种植技术,对选定的几个组合施工,施工时间一般为每年的6~9月,按照施工组织设计建议书进行覆盖、镇压等小环境保护措施。待植株成活后,按照表2测定控制指标,将测量指标与评定标准、目标覆盖率、目标群落组成对照,据对照结果修订养护措施,对各种组合给予相同次数、剂量的养护规模。

植被施工工程试验过程主要控制指标 表2

指标 地貌	土壤含水率	土壤有机物含量	地上生物量鲜重	地下生物量干重	土壤pH值	暖季冻土上限与原始值的差值	覆盖率	群落组成的变化
干旱草原	★	◎	★	◎	◎	★	★	★
半湿润草原	★	◎	★	★	★	★	★	★
湿润草原	★	★	★	★	★	★	★	★

注:"★"为必测项目,"◎"为选测项目。

需要说明的是:建植技术选定试验,要选择一种施工方法作为试验参照。一般选取在原始植被自然环境下、不采取任何小环境养护措施直接移植或种植的施工方法作为试验参照。

移植、种植植被越冬、越夏或去除小环境保护措施后,土壤理化指标、植株地上组合及产量会发生很大变化,一般在第二年即可去除60%的不适宜组合,经过再一年的冻融循环,最适宜的组合即可明确。

试验组合的结果判定周期一般为 12 ~14 个月；移植或建植技术的判定周期一般为 2 ~3 个月，建植技术的选定周期一般在 12 ~26 个月。

在随后的几年施工中，需要对选定的组合中各植物品种所占的比例，采取补植的手段进一步优化调整，这需要 5 ~6 年的时间。高原高寒草原植被施工工程，形成相对稳定的植物群落，一般需要 60 年以上的时间。

5.6.4 试验结果分析

试验组合的结果判定。①越冬后的判定：试验段移植或种植后的植被在 1 ~2 个月后，各种组合的植物覆盖率相差很少，一般都在 90% 以上，第一次越冬后，各种组合的地上生物量发生了很大的差异，各组合中不适应土壤理化特征和气候环境的品种，首先被淘汰，如干旱草原的沙棘等木本植物，往往因不耐阴、苗期生长缓慢，在同期生长内得不到需要的必需的营养元素，在一个冬季后退出植被组合。②再次越夏后的判定：经过又一个生长季，再次测量各项指标，对比原始自生标准和越冬后的指标，结果显示，有些组合植被覆盖率不仅没有提高反而下降，或土壤理化特征与原始自生土壤理化特征值相差很大，这些组合就是被淘汰的系列；而另外的组合，植被覆盖率明显提高，或虽然植被覆盖率没有提高而各品种地上生物量明显增加，没有物种退出植被，这些组合就是被选定的组合。

试验建植技术的结果判定。

(1)初步判定

移植技术通过成活率判定；种植技术通过出苗率判定。此阶段，初步淘汰的施工技术有两类：①同样播种量的情况下，如果植株成活率和出苗率接近于 0 或非常低与其余施工技术结果相差数倍，则这样的施工技术一般不予采纳；②成活率虽然高，但植株黄化现象严重，体内纤维量积累不足，水分含量过高，将来难以成活。如果此类植株占到成活总数或出苗总数的 1/3 以上，这样的施工技术也可判定被淘汰。

(2)在原始状态下的判定

植被在建植成活一个月后，去除小环境养护措施，再生长一个月，移植施工植株成活率与种植施工植株出苗率再次发生很大的变化，在初步判定阶段成活率或出苗率高的施工技术，此阶段不一定再保持。有些处理结果死亡率很高，致使最后生存下来的植株很少。此阶段可判定选用的技术有两类：①处理结果成活率或死亡率一直保持小幅度变化的施工技术；②方案简单、机械化作业程度高、养护成本低的施工技术。

此阶段，可判定 1 ~3 种移植或种植技术适合本地植被建植施工。

(3)移植和建植技术的最终选定

高原高寒草原植被施工试验，一般在上场之初进行，工程主体结构计划工期内作为建植试验期，在以上确定的 1 ~3 种施工技术基础上，再次经过 1 ~2 次越冬、1 ~2 次越夏，最后选定成活率高、建植成本低、机械化作业程度高的 1 ~2 套移植或种植施工技术，可单独实施也可配合实施。

5.6.5 建植技术的实施

高原高寒植被防护一般在主体结构完工后期开始实施，随交工验收的完成而结束。

荒漠草原一般采取种植技术，方案主要有：

(1)条播种植，无纺布前期小环境养护，喷滴灌溉；

(2)喷播种植，农膜养护，喷、浇、洒水灌溉；

(3)籽土拌和撒养种植，农膜覆盖，洒水灌溉。

半湿润草原一般采取移植与种植互相配合的施工技术，种植技术同上，移植技术主要有：

(1)禾本科弱小根系植被移植技术；

(2)小灌木移植技术；

(3)隔年回访弥补移植技术等。

湿润草原一般采取草皮移植技术，进行主体结构的植被防护和取、弃土场、营地、便道等的植被恢复

施工,主要的移植技术采用:

(1)保护冻土及底层有机土移植技术;

(2)湿地路基植被防护技术;

(3)下伏泥炭层植被移植技术等。

交工验收结束后,植被覆盖率一般在90%以上,随其后工程主体的应用、汽车和火车尾气粉尘的污染、风吹雪害冰雹的灾害损失、鼠虫害的破坏、过度放牧的影响,恢复后的植被可能会再次出现覆盖率降低、物种减少甚至出现次生裸地的现象。一般需要每年10月对移种植区回访一次,持续6~7年,建植区内物种较周围原生植被覆盖度略低5%~10%,物种组合则需60~70年才能稳定。

5.7 植被恢复和防护的物种发展阶段

首先出现的植物应该为耐贫瘠的一年生草本植物,第二阶段出现多年生草本植物,第三阶段出现喜阳的木本植物,第四阶段出现耐阴的木本植物,最后形成适应当地气候条件,由多种植物物种组成的相对稳定的植物群落。

5.8 物种选择技术的应用效果

根据柴木铁路沿线的地貌,试验阶段确定了干旱草原高山草甸地貌、湿润草原湿地地貌两种,经过2006年、2007年两年的试验和施工,建植区内植被盖度在92%以上,物种丰富度在5种以上,本文选取高山草甸作为验证技术案例,讲述物种的选择过程、建植技术的选择。

5.8.1 工程概况

高山草甸是高原高寒草原地区的主要地貌,在柴木铁路路域内广泛分布。植被的主体群落组成以短根茎密丛嵩草、莎草、禾草、苔草等牲畜可食用牧草为主,以及部分不可食用杂草。其中间杂对牧畜食用有害的黄帚吾等毒草。

柴木铁路属半干旱半湿润气候区,在DT3标范围内植被施工面积共计15 800m^2,其中高山草甸地貌占65%,高寒湿地占35%。铁路的建设使新建路基两侧防护植被、取弃土场恢复植被、临时营地便道恢复植被及其影响带内植被的植物群落的丰富度降低、多样性减少。必须采取针对性的植被恢复及防护措施。

5.8.2 试验区的选择

每年6~9月为草原植株的分蘖期及结实期,是植被恢复施工的最佳时段,也是取样研究人工、半人工草地理化性质的最好时段。试验时间2006年6月2日至2008年9月25日,植被经过三个生长期、两次越冬,最终取得本地区植被防护及恢复的最佳建植技术方案、最佳恢复期物种组合、最佳土壤保护技术,明确恢复过程中的植被盖度、物种丰富度,明确针对性防护措施。

2006年6月18日选取大通山隧道出口DK27+100左侧240m^2取土挖方段,作为高山草甸地貌植被施工的试验区,平均高程3 850m。该区域土壤成分比较相近、周围物种群落稳定、坡度坡长一致,可以减少试验误差;冻土上限、冻结深度、日照时间、降雨量、蒸发量能典型代表路域内的气候特征。

试验区内划分为:选种试验区、移植试验区、种植试验区和工作区,具体规划如图2所示。

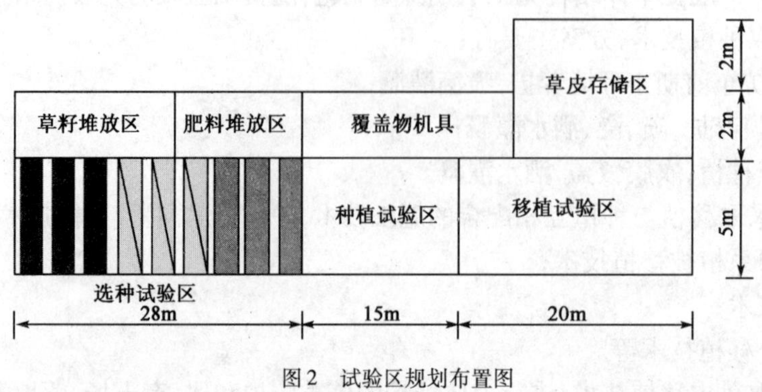

图2 试验区规划布置图

5.8.3 原生自然植物指标及其赖以生存土壤的理化特征

(1)冻土:根据铁道第一勘察设计院的勘察和现场2006年6月13日测定,本地区高山草甸最低冻土上限-2.8m。

(2)地表结构为:疙瘩状草甸及短根系植物棚护结构(厚度在10~30cm)+有机质腐殖土及泥炭层(厚度一般在50~80cm)+细角砾+粗角砾+下伏基岩。

(3)植被覆盖率及组合:在试验区周围环境中植被覆盖率最大值98%,随机取5个样本,试验结果取平均值,得到每平方米内植物主要植株组合情况见表3。

大通山高山草甸植物组合比重表(代表区段:DK27+000~DK33+000) 表3

植物名称	地上产量湿重(g)	在组合中比重(%)	人工栽培推广程度	备注
垂穗披碱草	5	24.8	广泛	易存水处常见
木里苔草	5	24.5	少	—
扁穗冰草	5	24.2	广泛	—
丛嵩草	2	11.3	广泛	—
锦鸡儿	3	10.4	广泛	阴坡常见
其他	1.1	4.8	—	—

(4)土壤理化特征:试验区内取有机土样5处,试验结果取数学平均值,土壤主要理化特征见表4。

高山草甸土主要理化性质 表4

序号	土层	表层(0~10cm)	亚表层(10~25cm)	底层(25~40cm)
1	含水率(%)	38.56	40.23	42.73
2	砂粒(%)	37.87	39.53	36.43
3	粉粒(%)	25.57	33.76	29.08
4	黏粒(%)	32.46	26.28	34.53
5	pH值	6.62	6.43	6.53
6	有机值(%)	7.96	7.35	4.64

5.8.4 植物组合选择

原始自生植物中,禾本科所占比重较大,而且既有丛生型也有根状茎物种,优先选取此类物种为先锋物种。考虑到路基植被的防护效果,在原产锦鸡儿小灌木较单一的基础上考虑加入沙棘。考虑到土壤呈弱酸性,加入梭罗草。

选定3种组合,具体方式见表5。

待试验植物组合表(m^2) 表5

组合1	组合2	组合3
垂穗披碱草(10g)	垂穗披碱草(10g)	垂穗披碱草(10g)
扁穗冰草(10g)	扁穗冰草(5g)	扁穗冰草(10g)
丛嵩草(5g)	丛嵩草(5g)	丛嵩草(5g)
锦鸡儿(5g)	锦鸡儿(2g)	锦鸡儿(5g)
	沙棘(3g)	梭罗草(3g)

5.8.5 试验过程

2006年7月15日,对各组合采用条播种植,行距20cm,肥料采用多元复合肥(有效成分25%),用量100g/m^2,利用无纺布覆盖,每个试验重复3次。

2006年9月20日,对试验区内的出苗总数及覆盖率测试,覆盖率均大于95%。

2007 年 6 月 12 日,越冬后调查,发现组合 2 中沙棘退出了植被组合;组合 3 中梭罗草产量大幅增加。

2007 年 9 月 18 日,再次越夏后,测试覆盖率发现组合 2 覆盖率下降,组合 1、2、3 中木里苔草侵入并形成一定规模。与原生自然植物组合指标比较,组合 3 中梭罗草代替了木里苔草的比重。

5.8.6 物种选择

物种选择基于以下因素考虑:(1)路基植被防护需要小型灌木、禾本草选择不易食用;(2)植物的多样性;(3)补植的方便、成活率。确定选择组合 3,补植选用披碱草籽。

5.9 建植技术的选择和应用效果

5.9.1 设计建植技术

根据本地的气候特点,建植技术试验重点控制土壤含水率和温度,根据《植被施工组织设计》涉及以下施工技术:(1)利用路基清表有机土、取弃土场有机土移植草皮,农膜覆盖两个月;处理 A;(2)仿照地表结构组合,底层按照 $120g/m^2$ 施基肥,直接在路基填筑生土上直接移植草皮,农膜覆盖两个月;处理 B;(3)利用路基清表有机土、取弃土场有机土,条播植株,每平方米的播种量按照选定组合 3 进行,行距 20cm,覆土 2cm,无纺布覆盖两个月;处理 C;(4)利用暴晒一年后的有机土条播种植,每平方米的播种量按照选定组合 3 进行,行距 20cm,覆土 2cm,无纺布覆盖两个月;处理 D;(5)直接在路基填筑土上移植,无纺布覆盖两个月,作为试验参照。

5.9.2 试验过程

2006 年 6 月 15 日建植完成,1 个月后,成活率见表 6。

不同施工技术植株的成活率(株/m^2) 表 6

处理 A	处理 B	处理 C	处理 D	对照
865.7	532.5	1 825	437.6	75.3

2006 年 8 月 25 日,揭除覆盖物,9 月 24 日再次测定植株成活率,数据见表 7。

不同施工技术植株的成活率(株/m^2) 表 7

处理 A	处理 B	处理 C	处理 D	对照
753.3	50.4	1 125.7	163.2	72.5

2007 年 6 月 5 日,越冬后,再次测试土壤理化特征、植株覆盖率、成活率,数据见表 8。

不同施工技术植株的成活率(株/m^2) 表 8

处理 A	处理 B	处理 C	处理 D	对照
632.7	41.4	543.2	43.2	57.5

由以上数据分析可知,处理 A、处理 C 和对照仅有少量死亡,重点培育处理 A、处理 C,测试后,对处理 A、C 进行了追肥、喷滴灌溉,对植株死亡区进行补移、补植。2007 年 9 月 30 日再次调查,数据见表 9。

不同施工技术植株的成活率(株/m^2) 表 9

处理 A	处理 B	处理 C	处理 D	对照
866	67.2	1 328.4	53.2	90.5

植株最大高度达到 40cm 以上,分枝达到 8 ~ 12 个,品种组合趋向稳定。

5.9.3 对比分析及选定

由表 7 可知,处理 B、D 和对照植株大量死亡的原因为:揭除覆盖物后,处理 B 移植在原土上施加底肥的营养不良植株大量死亡,这是因为由于底层没有有机土,下伏微生物很少,尽管处理 B 施加了基肥,但仍然不能满足高寒植物的营养需求;处理 D 产生的大量黄化植株过度失水死亡,再次证明,基底有机土保护不善会造成营养物质的大量流失；对照的植株大量死亡，说明昼夜温差和风对植物的生长极为不利。

由表8分析可知：移植处理效果好于种植处理；利用有机土建植好于生土；裸露一年后有机土会大量流失有机物质；利用无纺布覆盖虽保温较好，但会产生黄化植株；薄膜覆盖透光能力好，有利于光合作用，而且形成的密闭保温效果也较好，有利于高原高寒区暖季植被建植小环境改善。

由表9分析可知：原始物种开始侵入试验区；根据重新测定的土壤特性，制订养护措施，少量多次追肥、喷滴灌溉，大大有助于植物的地上生物量生产和品种组合的稳定。

建植技术选定：采取移植为主，种植补植为辅的施工方案。

5.10 有机土壤保护技术

5.10.1 试验段选择

2006年6月18日分别选取热江公路K247+500左侧300m取弃土场高寒草地、央格拉曲特大桥融区高寒湿地、外力哈达大桥沼泽草甸，共计3处主导地貌作为试验区，每个试验区面积不小于400m²。

5.10.2 试验过程与采样

(1)2006年6月9日，在以上试验区段内，对工程破坏草皮前有机土壤、草皮铲除有机土堆积再经人工覆盖草皮后、暴露有机土三种样本的土壤进行不同深度的取样测量，水分采用核子密度仪和时域反射仪测土壤水分，试纸法测量pH值，用环刀(100g/cm³)同一位置取样三次测量容重，同一深度内取大于1 000kg质量的土样采用烧蚀法测量干密度及有机物含量。

(2)取原始植被有机土样的干湿密度、有机物含量、含水率、pH值等指标后；2006年6月20日采取草皮移植施工技术进行植被恢复施工试验，施工及养护过程中，对植被的生存土壤指标进行监控测量，并与原始植被有机土样进行比对。

(3)2006年6月21日采取草皮移植技术，按照实验目的(3)的要求进行路基边坡防护试验，并进行记录。

(4)2008年6月15日，经两次越夏越冬后对以上指标再次测量，对恢复植被后不同试验段内取植株试样土壤样本，测量植株种类、高度、密度、单位面积产量及土壤样本的主要理化特征。如果以上指标连续3年与植被铲除前取样所得数据相近或逐渐靠近，说明土壤保护措施有效，恢复效果明显；否则，需要加强措施或改变土壤保护技术。

5.10.3 试验结果

(1)表10为实验中取得的具有明显高原高寒草原土壤特点的祁连山南麓草原土壤的主要理化性质。

外力哈达草原草甸原始有机土主要理化性质 表10

序 号	土 层	表层(0～10cm)	亚表层(10～25cm)	底层(25～40cm)
1	含水率(%)	38.56	40.23	42.73
2	砂粒(%)	37.87	39.53	36.43
3	粉粒(%)	25.57	33.76	29.08
4	黏粒(%)	32.46	26.28	34.53
5	pH值	6.62	6.43	6.53
6	有机值(%)	7.96	7.35	4.64

(2)有保护与无保护植被有机土的指标对比。目前对地下土壤的保护主要在5～6月进行，在取、弃土场对移植草皮的底部0.5～0.6m范围内土壤进行覆盖深埋，一般埋护深度在地表以下50cm至此季节冻土上限之间。表11为无覆盖无保护措施的有机土经一次越冬越夏后，2007年6月25日测量的主要理化指标。

外力哈达草原草甸原始有机土一年后主要理化性质变化(草皮保护/无保护)　　表11

序　号	土　层	表层(0~10cm)	亚表层(10~25cm)	底层(25~40cm)
1	含水率(%)	33.25/12.52	38.55/13.93	41.58/23.55
2	pH值	6.67/7.08	6.55/6.96	6.67/6.75
3	有机值(%)	7.64/2.46	7.45/2.72	4.33/2.43

(3)植被移植恢复试验区,利用不同的土壤采取相同的养护方法,经过两次越夏越冬后,测量的植被指标及土壤指标对比,见表12。

热江公路旁取土场植被恢复不同施工方法的植被指标和土壤指标　　表12

指标 / 施工方法	有机质(%)	含水率(%)	植被盖度(%)	主要物种数量	平均植株高度(cm)
生土植被移植	1.86	11.53	24	5	15.5
无保护土植被移植	2.73	13.56	27	5	17.3
保护土植被移植	7.24	36.52	86	6	25

(4)不同结构路基边坡植被防护的植被指标和土壤指标的对比。路基边坡植被防护工程选用植被(10cm)+有机土层(25cm)+覆沙层(10cm)+碎石保温层(20cm)+路基边坡面的防护结构技术,同时选用植被(10cm)+有机土层(40cm)+路基边坡的防护技术。施工中采取移植技术,使用经过保护的草皮和土壤,根据不同阶段测得的土壤指标变化,采取针对性的追肥、喷淋水、覆盖养护,经过两次越夏越冬后,2008年6月15日,测得路基结构保护下的土壤指标和植被指标对比见表13。

央格拉曲泥炭土层路基利用"有保护有机土"两次越夏越冬后的植被指标和土壤指标　　表13

指标 / 施工方法	有机质(%)	含水率(%)	植被盖度(%)	植株成活率(株/m^2)	平均植株高度(cm)
有机土层下配置覆沙层和碎石层	7.13	61.33	87.5	1325	25.5
有机土层直接设于路基坡面	5.64	37.55	43.2	673	17.3

为确定植被防护工程对路基冻土的保护效果,施工中,对两种设置下的坡面土壤温度进行测量,经过一次越夏越冬后,统计分析不同时期测得的坡面温度对比如图3所示。

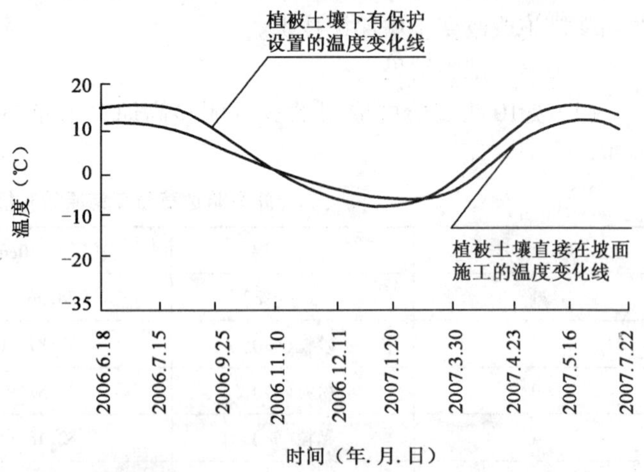

图3　植被防护工程对路基冻土的保护效果——坡面温度变化图

5.10.4　试验结果的对比分析

1)地上生物与地下微生物的依存关系

高寒草甸地下生物量一般是地上生物量的3.5~5.6倍;高寒草原地下生物量是地上生物量的2.7~3.9倍。

地表植被和地下微生物相互依存,互惠互利,微生物作为自然界的分解者,可以为地表植被系统提供基本的营养成分,为其适宜生存的根系环境。地表植被可以对地下微生物提供保护和营养,如果将冻土区植被铲除或破坏,其下依存的微生物生境的水分、热量、营养、通气条件都会迅速地改变。所以在施工中必须切实保护好挖方段土壤。表层覆盖土、根系土壤、泥炭层揭除或换填余土,应尽量将其在大致平行的环境中保存,保护地下微生物,以备后期植被恢复使用。

试验施工中泥炭层曾经散发一种短暂性挥发气味,并使接触皮肤发生过敏反应,应该为泥炭层中病菌释放所致。

2)对比分析

(1)从表1和表2可知,工程建设破坏后的草皮土壤有机物质和水分都会流失,在大致平行环境当中保护的土壤较裸露土壤流失量大大减少。

(2)从表3可知,利用经过草皮覆盖、喷淋洒水保护的土壤,植被恢复建植成功率远高于生土和无保护土壤,这和对已完工项目的回访分析结论是一致的。

(3)在高原高寒冻土区进行路基等坡面植被防护工程中,有机土壤下配置与原地表结构相近的覆沙层和碎石层,缺点是在寒季使得路基本体温度略高,但相差值并不是很大;优点在于不仅有利于植被成活,时效长,保护土壤的孔隙率,使透水率不致扩大,而且在暖季有利于降低路基本体的温度,达到保护冻土上限的目的。防护及保温效果明显大于在路基上直接建植植被的施工方案。所以在植被防护施工中应要求移植植被尽量设置覆沙层和碎石保护层,避免在路基坡面直接建植。

5.10.5 植被有机土保护技术

1)选择有利植被

高原高寒草原区土壤被强烈风化,且土层浅薄。在这种条件下生长的植物必定能适应这一恶劣的生态环境,蒿草等植物就具备这一能力。在青藏高原有大面积的以蒿草为主的草地。如环青海湖流域、青海东南部、三江源地区等比较湿润地区。而构成这一草地的植物,除蒿草外,还有高禾草、苔草及杂类草等,蒿草高寒草甸草丛平均高度低于20cm,产草量较低,但地下部分生物量很高,而且植物地下部分根系纵横交错,密集成网,十分发达。这类草地由于温度低,故有机物质分解很慢,土壤有机质含量很高,但有效养分常很缺乏。

2)主要保护技术

(1)施工中将有机土壤利用人工配合推土机的方式,将有机土铲除堆积,利用草皮覆盖、喷淋水养护保护土壤有机物质和水分,并尽量使其物理结构不发生过大变化。

(2)植被防护及恢复建植植被过程中,利用草袋覆盖不仅有利于涵养水分而且有利于保护土壤不受冻融。

(3)测量记录原始及周边有机土壤的理化特征,并根据施工养护中的土壤变化有针对性的给予土壤酸碱度、水分、有机质的调节。

(4)种植植被施工时,将有机土与当地牛羊粪拌和或在养护中给予适当基肥追加,有利于提高土壤有机质含量。

(5)养护期间不易使用通风较差的保温材料。

(6)喷淋水、覆盖养护揭除避开一天中温度最高时段,防止水分散失过快引起土壤板结。

(7)坡面植被防护工程中植被土壤下地层结构最好与原始地表相似,坡面防护厚度不小于50cm。

(8)选用含草根较少的有机土进行坡面防护,以避免植株成活阶段鼠兔等啮草根动物破坏。

(9)植被土壤如受冻融作用,则使松散土重度增大,使密实土重度降低;植被土壤如受风力、降雨的作用,土壤颗粒普遍偏大。如果使用此类土作为植被恢复土壤,表层容重往往增大,导水率增强(较原植被下伏土壤),致使表层水分流失严重,对植被恢复中土壤有机质及其他矿物质的形成构成不利因素。

5.10.6 高原高寒草原常见主要土壤类型及天然土壤

(1)高山寒漠土主要分布在平均海拔5 000m以上的高原面和冰川雪线以下的山地。以国道214线、二(指哈拉)尕(海)公路、青藏铁路的路域综合治理为典型代表,植被以垫状的点地梅、棘豆、蚤缀、凤毛菊、驼绒藜等为主体,盖度20%~25%,且分布广泛。土壤形成特点是冰冻作用深刻影响下的原始荒漠成土过程,土体湿润,剖面分化不明显,以具有鱼鳞状结构或鳞片状结构和蓝灰色潜育斑,甚至潜育层为其特点。

(2)高山草甸土多见于东部山地,以平(安)西(宁)高速公路、西(宁)湟(源)一级公路、西格二线铁路等植被恢复为代表的项目常见,上接高山寒漠土,下连高山草原土,是在寒冷湿润气候和高寒草甸植被下发育而成,植物有高山嵩草、矮嵩草,它们组成建群种,盖度70%~80%,地面融冻滑塌和草根层斑块状脱落十分明显。随着降水由东向西渐减,高山草甸土的分布高度和带幅相应由东向西升高和变窄,青藏公路沿线的高山草甸土一般起自海拔2 800m左右,向西上升至5 000m以上。

(3)高山草原土为东部高原面的基带土壤,低山和高山下部也有分布,是在高寒半干旱气候和高寒草原植被下发育而成,植物常由大紫花针茅、羽柱针茅为建群种,群落组成常受土壤基质制约,砂砾质或盐碱化土壤多垫状驼绒藜和青藏苔草等荒漠化草原成分加入;细质土壤是紫花针茅、羽柱针茅为主的干草原,盖度30%~60%。从大的分布规律看227国道大阪山、柴木铁路项目、青海海北海西州为此类土的集中分布区。

土壤形成特点是腐殖质积累过程和钙积过程强烈。草根层薄松或无,表层为5~10cm的腐殖质层,有机质含量1%左右。

6 材料与设备

6.1 材料

(1)锦鸡儿、丛嵩草、垂穗披碱草、扁穗冰草、木里苔草、紫花针茅、扇穗茅、自然矮藏嵩草(台草、针草)青藏苔草、豆科的几种棘豆、沙棘、梭罗草、黄芪和曲枝早熟禾等。

(2)0.005mm厚度的高抗力地膜、无纺布。

(3)无机磷及硝酸铵、尿素等氮肥、农药等。

6.2 机具设备(表14)

一组机具设备及施工人员情况表　　表14

序　号	名　称	单　位	数　量
1	农用车	台	2
2	施工人员	人	10
3	手推车	辆	2
4	边坡压路机	辆	1
5	自卸汽车	辆	1
6	洒水车	辆	1
7	铁锹	把	8
8	铲刀	把	5
9	喷壶	把	3

7 质量控制

7.1　选择草籽时要保证籽种的发芽率。草籽运至工地后,放置在干燥阴凉处,整齐堆放及覆盖。

7.2　移植草皮要保证至少20cm的腐殖土厚度要求;土壤要求原清表土质,具备草籽发芽、生长条件。

7.3　地膜铺装要求覆盖区域严密,达到保湿、保温的目的。

7.4　选取优良牧草作为线外工程的植被恢复的草种,选取牲畜不喜食用的牧草作为路基防护及植被恢复的草种,通过植被施工使得结构更加安全,运营成本降低,铁路公路养护成本大大降低,并使得牧草质量、产草量得到提高。

7.5　有效的土壤保护措施能大大提高植被恢复进程。移植施工成本远低于种植施工、喷播、培植施工成本,养护期也较短,适合公路、铁路植被恢复防护使用,对于移植后存活率较低的植株,可采取补植的方法给予植被密度、高度的提高。

7.6 路基、桥涵、隧道等结构物植被恢复防护施工中,利用人工、半人工建植草地,一般阴坡地段比滩地和阳坡具有较高的成活率,也具有较高的物种丰富度和多样性,这是因为阳坡最干燥、平均日照时间最长,阴坡最湿润,平均日照时间较短,而滩地则介于两者之间。

7.7 针对高原高寒草原区的风吹雪害、冰雹、昼夜温差大、降雨量少、蒸发量大、日照时间长等自然灾害,针对主体机构与植被防护的和谐统一,针对鼠虫害、放牧对植被土壤的影响,必须采取不同的针对性防护措施。否则将直接影响植被恢复进程和防护效果。

7.8 在高原高寒草原区的铁路公路项目应努力提倡建植人工、半人工草地,今后人工草地的建植、移植应以多种牧草的混播为主要形式,这不仅可以大幅度地提高单位面积的产草量,同时实现人工草地植物群落的稳定与持续发展,而且能有效保证主体结构的稳定及运营安全。

8 安全措施

8.1 考虑到铁路、公路运营期间安全的因素,在路基边坡防护、隧道洞顶、挖方段开挖线及线路两侧 15m 内选取牲畜很少食用的垂穗披肩草。在线外工程推广优良牧草,寻找抗旱能力强、对干旱反应不敏感的优良牧草,而劣质牧草、不可食用的毒草的比例要控制。

8.2 施工有时不可避免地会造成冻土层的下降,这样会为鼠兔等洞穴生存动物提供了有利条件,对植被根系的破坏形成了威胁,植被恢复养护中一般采取浆砌或混凝土块分片隔离、选取短根系易棚护成疙瘩状毛草的草种、加大水分养护提供湿地植株生存环境不为鼠兔提供干旱环境等措施,所以须考虑虫害的影响,要定期喷洒农药。

8.3 必须与当地的放牧习惯结合起来,如冬季蓄草牧场、夏季轮牧草场、草原承载量等。

8.4 在半湿润气候区,超载、过牧等人为因素对边坡、取弃土场、营地、便道的植草、培草的人工、半人工植被有很大影响,必要时设置草地围栏,给予一年以上的隔离保护。

高原高寒极端天气及气候灾害对人工、半人工建植植被退化的影响,主要有干旱、大风和冰雹灾害。干旱主要影响种植牧草返青、牧草产量及牧草品质;大风及风沙天气会使种植牧草遭受机械损伤而破坏牧草的形态结构,从而影响牧草品质和产量,严重时可导致局地草荒,加快草原沙漠化进程;冰雹对种植牧草的危害往往是毁灭性的,严重时影响到牧草的再生性,冰雹过后,会造成土壤严重板结,使得草原植被损伤,破坏生态平衡,诱发草原病虫害等,在路基高填方及取弃土场等植被恢复重要地段中,可采取地膜覆盖养护的办法,给予人工、半人工植被带状间隔保护,进而避免或降低植被受到极端天气的破坏。

8.5 针对风吹雪害、冰雹、昼夜温差大、降雨量少、蒸发量大、日照时间长等自然灾害防护措施进行研究,如修筑防雪堤、草袋覆盖、喷淋水养护、追加基肥等。

8.6 必须与目前草原不断出现的新情况、新环境结合起来,如高原气温的不断升高、冻土层的不断下降、黑土滩的出现、荒漠化的日益严重、鼠害的日益猖獗、毒草的蔓延等。

8.7 建立完善的施工安全保证体系,加强施工作业中的安全检查,确保作业标准化、规范化。

9 环保措施

公路、铁路以路基、桥梁、隧道等形式通过高原高寒草原地区,其中以路堤、路堑的形式对原状地貌生态破坏、改变最为严重。其局地环境对植被的生长影响明显,采取有利于水体交换、营养交换、营养土质稳定的结构设计,可以使植被存活率大大提高,同时使得新建地物与高原高寒草原地貌和谐,功能协调。

9.1 路堤施工

对路堤两侧原地貌进行改变有利于植被的主动恢复保护。

(1)深沟填筑:在路堤坡脚外两侧各 15m,尤其在山体阴面,原地面深沟往往会冬季积雪淤积较厚而且融化困难,对植、培、移、种草易形成冻害、水流冲刷等。

(2)改变水系:改变地表径流,尤其在高寒草甸、高寒草原区,通过改沟、挡水堰等改变地表径流汇聚地表水通过涵洞穿越路基。

(3)防止路堤两侧形成湖塘,加速冻土热融:在斜坡路堤段,在上游一侧由于挡水堰的作用,水流汇集在原地表较低处容易形成湖塘,冬季易形成冻胀丘,不仅不利于冻土上限的保护,而且对路堤运营带来隐患,故及时迅速抽排地表水的天沟、排水沟的疏通水系的结构往往有利于植被的主动恢复及保护。

9.2 路堑施工

路堑开挖是对干扰范围内冻土及表层植被扰动最大的。

(1)开挖尽量在寒季进行,并给予足够厚度或有效的坡面无机保温措施,如土工布、保温板、混凝土或浆砌护坡等,有利于原始有机土壤的覆盖。

(2)如路堑开挖必须在暖季进行,因开挖必然穿越该地貌一年当中最低的冻土上限,极易诱发边坡坍塌及冻土层融化形成泥石流,施工中必须采取边挖边防护的措施,为配合开挖进度,可采取临时保温防护防雨的措施,如采取草袋、遮阳棚、保温板、临时植被、珍珠岩配合土工布等措施,而后采取原始土壤覆盖、植被恢复及防护等永久防护措施。

(3)暖季开挖边坡应根据土石比例及岩性,路堑边坡应适当加缓坡比。

(4)原路堑开挖前地貌,生长的表层植被一般最适合用于附近路堑及取弃土场的植被恢复。

(5)移植的短根矮藏嵩草生长迅速,对各种地理条件适应能力强,棚护地表遮蔽外界热源辐射具有明显的特效,可有效用于路堑边坡防护及植被恢复。

(6)必须将路堑两侧的间歇泉眼、地表径流集中引排,以保护路堑两侧植被,防止形成大的约束水流冲刷植被。

9.3 桥梁施工

桥梁对地表水系径流的改变及钻孔桩基础施工对环境的影响,是桥梁工程对高原高寒草原环境的主要影响。减小影响的主要措施有:地表改沟约束水流;钻孔桩提取到地面的废渣采取料箱集中,深埋弃渣的办法处理;废水采取多级沉淀,集中排放的措施;保护桥梁附近自然小型径流,维持原地貌植被水文特点。

9.4 隧道施工

隧道开挖改变基岩水循环、热循环、地表和地下的水热交换。尽量采用有利的结构设计主要为裂隙水高度发育地段、洞口及浅埋段加强保温防水、设置防寒泄水洞、提高隧道排水水质等,尽量不改变山体原地貌的水质、水循环、热循环状态。同时防止地表植被发生干枯、冲刷以及水分流失。

10 资源节约

高寒草原地区项目的植被恢复及防护施工工程,一直以来以自然恢复或后期自然恢复为主,而忽视主动恢复及防护,以大面积、机械化喷播、条播等建植方式为主,生产模式单一,草籽、草皮、化肥、地膜及人力物力等能源消耗高,植被盖度低。公路(或铁路、矿山等)项目实施和运营过程中,产生的废气、建植余料(地膜、沙化土、砂砾土、废弃油料等)等污染源,对生产、生活场地、取弃土场、路基边坡、洞口仰坡等自然恢复植被及原始地貌,往往产生再次污染和损害,这是高寒草原地区植被跨年恢复、物种密度提高断链、指标难以提高的直接原因,而且使得高原高寒草原地区的项目自然经济难以循环。

本工法的研究就是以公路等项目为平台,发展循环经济为目的,以土地减量化、草场再利用和物种资源化为原则,通过植被生产调整物种结构、土壤检测跟踪等技术进步措施和加强建植和养护管理等措施,大幅度减少资源消耗、降低废物排放、提高生产率。

由于本工法采取了物种选择试验、建植技术选择技术、土壤检测及跟踪技术,有机土壤层破坏率降低、有机质损失降低,有效地保护了高寒地区特有的深层泥炭层和土壤表层有机质。采用小型机具和非机械化作业,生产过程中的废气、废水排放量为零,生产过程采取物种选择技术,严格控制豆科类比例,外来物种侵入率远低于自然侵入率。

本工法不仅使得高寒草原公路项目的周边建植植被系统,提高了自我恢复能力,产生了高效的边坡防护能力,而且对公路等项目的经济利益产生循环经济作用效益明显。如我单位按此工法施工的二尕公路边坡植被防护效果良好,有效保护了冻土上限,年最大沉降量5.2mm;搅拌站、取弃土场的植被恢覆盖度达到98.4%,物种群落提前两年趋于稳定,养护费用大大降低,避免了草原出现的地膜污染等现象。

11 效益分析

11.1 经济效益

在柴木铁路的植被恢复施工中,采取物种选择试验、建植选择技术和土壤保护技术等关键技术,养护期由其余项目的2.5年以上缩短到1年,每平方米综合造价11.80元,与同区域内同恢覆盖度标准的二(指哈拉山)尕(海)公路每平方米综合造价52.5元相比,本项目共恢复防护面积36万 m^2,共节约资金1 900余万元。

本项目投标预算中采取与二尕公路相同的施工方法,购买草皮,采取移植技术。采用本成果后,费用降低过程计算如下。

降低草皮费用:购买草皮及当地价格为30元/m^2,铺装费用为7元/m^2,二尕公路的最终成本为45元/m^2;本技术草籽购买成本0.5元/m^2,草皮全部养护,不需购买,综合费用为4.3元。考虑到局部可利用原有草皮、施工中移植与种植混播等因素,降低面积按照30万 m^2 考虑,降低成本(45-4.3)×30万=1 221万元。

缩短1.5年的养护成本:按照投标施工方案,以二尕公路为标准综合养护成本为7.5元/m^2,本施工技术经2007年5月~2008年7月测算,综合养护成本为5.2元/m^2,降低成本(7.5-5.2)×36×2.5+7.5×36×1.5=712万元。

合计降低成本:1 221+712=1 933万元。

11.2 社会效益

2007年8月25日青海省交通厅将我单位承建的柴木铁路DT3标段命名为"环保观摩标段"。2008年8月21日,青海省交通厅组织设计、监理、56家施工单位及海北州草原管理站、各级政府到植被恢复及防护区参观及现场测试,植被盖度、物种丰富度、恢复前后整体效果对比等指标在柴木线所有标段中遥遥领先,成本远低于同类项目,各单位给予了高度评价。

11.3 环境效益

工法的形成对高原高寒地区改善生态环境起到了良好的效果。主要表现在以下几个方面:(1)对改善高原高寒区某一特定品种的株高、株径、株密度起到了良好的作用;(2)对增加高原植被的品种多样化、抵抗植被病害、稳定植物群落起到好了良好的效果;(3)对增加高原植被覆盖率,保证草地的第一生产力有关键性的作用;(4)对高原高寒区水土保持,控制天然草原大面积退化,防止生态环境的出现路域地貌退化:沼泽性湿地→沼泽性草甸→草甸→荒漠起到了积极的作用;(5)对防止区域气候干暖化、冻土退化、产生大片黑土滩起到了积极的作用。

11.4 节能效益

目前高寒草原地区畜牧过载、矿业无序开采、泥炭层及表层有机土层流失等矛盾日益突出,工业废气、废水及有害无机物侵入环境,不适宜的物种比率逐渐增大,草原普遍出现了产草量降低、黑土滩、沙化等恶性循环现象。循环经济是解决草原开发与保护的主要手段。

本工法主要研究解决草原开发与保护为主要手段的循环经济。以土地减量化、草场再利用和物种资源化为原则,通过植被生产调整物种结构、土壤检测跟踪等技术进步措施和加强建植和养护管理等措施,大幅度减少资源消耗、降低废物排放、提高生产率。其主要表现在以下几个方面。

(1)本工法采用小型机具和非机械化作业,生产过程中的废气、废水排放量为零,由于生产过程采取物种选择技术,严格控制豆科类比例,外来物种侵入率远低于自然侵入率。

(2)本工法能有效利用开发土地中的坡地、边角地,提高了土地利用率;由于采取了物种选择试验、建植技术选择技术,有机土壤层破坏率降低、有机质损失降低,有效地保护了深层泥炭层和土壤表层有机质。

(3)本工法采取土壤检测及跟踪技术,在试验、建植、养护、保修(回植)及回访阶段,根据土壤养分缺失、植株密度、植被盖度等指标标准化、量化修订建植技术,有效地提高了存活率,根据目前统计,故障损失率荒漠草原为16% ~20%,湿地草原仅为2% ~5%。

本工法的成功开发与应用,为该地区的草原开发节能、节水、节材、节地、资源综合利用提供了进一步的植被恢复及防护技术保障。

12 工程实例

高原高寒草原植被防护及恢复施工技术是根据我单位从1995 ~2009年高原高寒草原地区施工的共计17个项目植被施工技术上总结形成的,在实际工程施工得到很好的应用效果。

12.1 在柴木铁路项目中应用

柴木铁路DT3标段位于青藏高原多年冻土区,平均海拔3 850m,植被恢复面积在78 000多平方米,全部按照以上施工工艺施工,根据现在植被长势恢复情况得出结论:铁路通过高原高寒地区时,通过对草种的选择,建植技术的试验选择和有机土的保护,不仅能提高植被的覆盖度,物种多样性,保障水域安全,维护水源涵养功能,而且能有效保护冻土环境,尽可能减少对植被成活的影响。

12.2 清关公路及西格二线关角隧道的应用

本工法平行延伸推广验证的清关公路平均海拔高度2 300m,西格二线关角隧道平均海拔3 700m,分别于2008年6月和7月,使用本工法进行植被防护及恢复施工,经过越冬越夏后,2009年6月进行物种、土壤检测,结果显示植被盖度均大于83%,成活物种在3种以上,阳面提前两年出现了木本沙棘和箭叶锦鸡儿,土壤理化性质靠近原始指标,养护次数和周期明显减少。应用效果显著,获得了使用单位的极大好评。

下穿公路 U 形槽施工工法

GGG(浙)A6023—2010

刘保库　徐朝阳　刘志荣　李霞飞　周美华
(浙江恒立交通工程有限公司)

1　前言

公路与铁路、道路及其他构造物立交时,采用上跨或下穿方式,下穿时若低于地面,路基开挖的支挡防护与防水是施工的关键,如采用 U 形槽结构,既能挡土又能防止地下水内渗。我公司在后殷路下穿甬台温铁路工程、鄞州区鄞中至横溪公路桃江至石桥段二标工程中采用 U 形槽结构施工工艺,整个下穿段防护稳定牢固,围护桩坑壁无渗水现象,施工安全可靠,工程进度快。经研究总结形成本工法,本工法对下穿公路施工具有推广价值。

2　工法特点

2.1　结构简单,施工机具设备少,施工进度快,经济效益好。

2.2　防渗效果好,坑壁无渗水现象,施工安全可靠。

2.3　支挡稳定,后期运营过程中不会产生变形、位移、鼓包等损坏。

3　适用范围

该工法适用于下穿公路施工。

4　工艺原理

U 形槽结构为先施工钻孔灌注桩(一排作为挡土的排桩,钻孔桩长短及数量按基坑深度计算设置;一排作为控制基坑位移变形的拉结桩,在基坑较深处隔桩设置),然后施工水泥搅拌桩,每根水泥搅拌桩搭接 10cm,使其形成无缝连续的止水桩墙,并浇筑桩顶混凝土围檩形成基坑开挖围护结构,然后进行路基开挖与 U 形槽垫层施工,垫层施工结束之后,进行 U 形槽基础混凝土与侧墙施工,U 形槽的基础与侧墙为一个整体,有效抵抗侧墙外侧土压力,变型缝采用橡胶止水带有效地防止地下水的内渗。工艺原理示意图如图 1 所示。

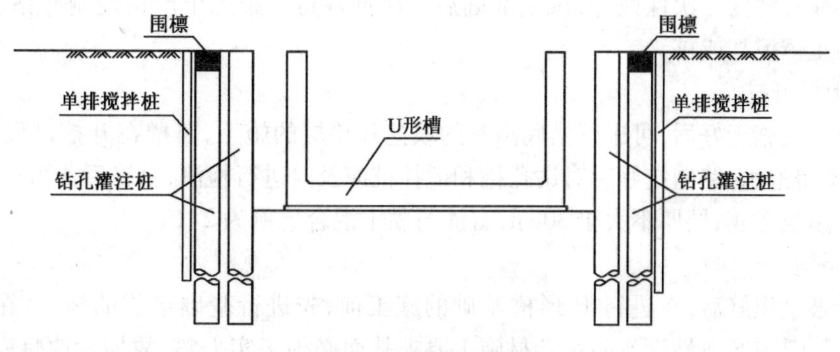

图 1　工艺原理示意图

5 施工工艺流程及操作要点

5.1 施工工艺流程(图2)

5.2 施工操作要点

5.2.1 测量放样

U形槽区域彻底清淤及地基处理后,可进行测量放样,用经纬仪分别定出钻孔桩及水泥搅拌桩的轴线位置,钉竹桩作出标记,然后安排钻孔灌注桩机及水泥搅拌桩机进场并就位,做好开钻前的各项准备工作。

5.2.2 钻孔灌注桩施工

基坑采用两排钻孔灌注桩进行支护,桩径为1.0m。靠外侧一排钻孔桩按桩间距1.1m密打,靠内侧一排钻孔桩沿路线方向与外排钻孔桩间距300cm隔桩施打。因钻孔灌注桩外侧采用深层搅拌桩作为止水桩,为达到止水桩与钻孔灌注桩的紧密接触保证良好止水,必须保证钻孔灌注桩的垂直度基本没有偏差,要随时测量钻杆垂直度。另外在钻进过程中减少钻机振动和钻杆摆动,保证桩径的一致性。

钻机就位后,底座和顶端应平稳,并进行钻杆对中和井架的垂直度检验,保证钻进时的垂直度和桩位偏差在允许范围之内,钢护筒倾斜度不大于1%,平面孔位偏差不大于5cm。

钻孔灌注桩施工完成后,应及时浇筑桩顶混凝土围檩。围檩截面形式为80cm×80cm,钻孔桩顶松散混凝土凿除后,桩顶钢筋与围檩钢筋进行绑扎,钻孔桩钢筋伸入围檩70cm;随后支设模板,浇筑混凝土,使两排钻孔桩形成整体支护框架结构。

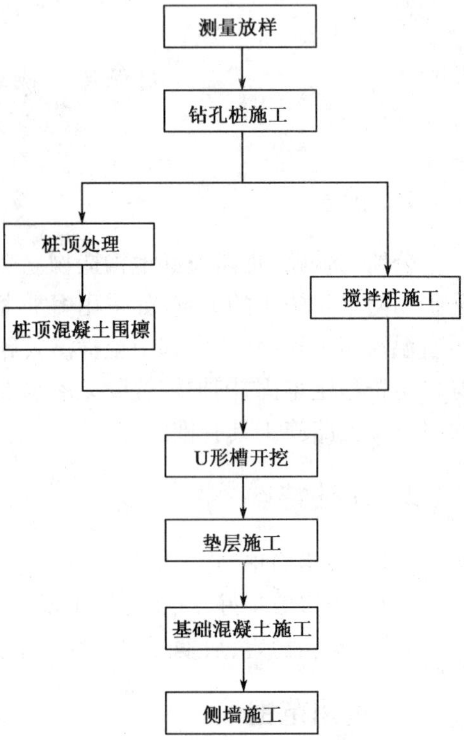

图2 施工工艺流程图

5.2.3 水泥搅拌桩施工

深层搅拌桩是基坑止水最重要环节。因基坑周边地下水位高,钻孔灌注桩外侧设单排深层搅拌止水桩,桩间距0.4m,桩径50cm,桩底进入不透水层不小于1m。当灌注桩混凝土强度达到设计强度的80%时,便可进行搅拌桩施工。为了避免因桩身垂直度和桩径偏差影响,要特别注意桩位搭接尺寸和严格控制施工钻杆垂直偏差,要求搅拌桩旋喷头在钻桩过程中做到"五上五下",前两次为边旋喷边上下,后三次为不旋转,尽量贴近钻孔灌注桩边喷边上下,以达到搅拌浆体与钻孔灌注桩的接触。

搅拌桩固化剂为32.5级普通硅酸盐水泥,掺入量为20%,施工前先确定每米桩水泥用量,将整条桩水泥用量倒入搅浆池内一次性搅好,试配准确后一次性成桩。施工中严格控制好钻进速度,使20%水泥能均匀地与土体搅拌成桩。

5.2.4 U形槽开挖

钻孔桩及搅拌桩施工好后,可进行槽底路基的填挖和垫层的施工,路槽在开挖过程中,沟槽内应进行排水,路槽内不得泡水,路槽挖好后对钻孔桩和搅拌桩应及时进行检测,合格后方可进行路基的填筑。路基填筑须分层填筑夯实,层厚不大于30cm,宕渣与黏土混合比例为2:1。

5.2.5 垫层施工

路基按设计坡度填好后,在进行U形槽基础的施工前,先进行基础垫层的施工,在基坑底先铺设10cm厚碎石垫层,因SBS改性沥青防水卷材施工要求基面必须坚实平整,故增设改良砂浆找平层于保护层内侧以保证SBS改性沥青防水卷材的粘贴效果。在抹砂浆找平层的同时,U形槽底的SBS改性沥青防水层也可施工,待砂浆找平层表面干燥后便可施工 U 形槽外部防水层,然后浇筑 30cm 厚 C15 保护层,用平板振捣器振捣密实,表面用木屑抹平,垫层施工完成后,可进行基础放样,在垫层面上定出轴线位置,弹出墨线,然后进行基础底板施工。

5.2.6　基础混凝土施工

1)钢筋制作与绑扎

(1)钢筋按进度计划和料单分批进场,在现场指定场地加工制作成型。

(2)钢筋按计划进场后,按三合一标准相应条目要求分类堆放,并做好标识,钢筋待抽检试验合格后,方可用于本工程中。钢筋按绑扎先后顺序落实加工,并分类堆放整齐、取用。

(3)U 形槽支撑采用与底板主筋规格不相同的钢筋,作成撑脚支撑底板上、下层钢筋。

(4)插筋在基础内的箍筋不得漏扎,墙板钢筋绑扎至施工缝钢板止水带以上,所有钢筋搭接和锚固长度,必须满足设计要求和规范规定,钢筋绑扎完成后,必须按结构设计说明中的规定垫好不同部位厚度的钢筋保护层垫块。

(5)钢筋下料长度,应通过具体翻样计算下料,充分考虑各种结构受力部位的钢筋布置及上下位置等因素,以免造成钢筋绑扎困难。受力钢筋的交错排布以图纸为依据,钢筋绑扎必须规范,扎丝一律朝内,焊接必须根据钢筋规格、焊接条件和焊接方法选择合适的焊接工艺和参数,焊接长度和钢筋中线对正等到必须按施工规程要求施工。

(6)钢筋必须经自检和专检,方可进行隐验。在钢筋的自检和专检中,认真检查受力钢筋规格、数量、位置是否正确,墙板的钢筋网片间距是否有误,各结构的有效高度是否符合设计意图,钢筋的保护层垫块固定是否可靠及厚度是否正确等。

2)模板安装

(1)基础底板采取一次性施工的方法施工,基础采用钢模板安装支撑。

(2)为保证不渗漏,根据本工程基础设计类型,外侧基础底板施工时,一次性施工至底板面以上 500mm 高处,并设置企口形凸面或钢板止水带。此外墙板采用竹胶模板,整体的固定利用支撑杆,一头撑顶在基坑外侧,另一头顶紧模板的支架,模板自身的定型则由 ϕ48mm 扣件式钢管架和防水型对拉螺栓组成。

(3)基础模板必须支撑牢固,防止变形,侧模斜撑的底部加设垫木。墙和防撞栏等模板的底面找平,下端与事先做好的定位基准靠紧垫平,在墙、防撞栏等上继续安装模板时,模板有可靠支承点,其平直度进行校正。基础钢筋绑扎、模板安装完成后,应组织有关部进行基础隐检工程验收,合格后可进行基础混凝土浇筑。

3)变形缝的防水施工

将橡胶止水带(60mm、100mm 宽)沿两边每间隔 10cm 钉入 8cm 长铁钉,浇筑节段时分别将带铁钉的橡胶止水带浇入混凝土中,混凝土凝结硬化后,8cm 长铁钉起到锚固作用,防止橡胶止水带的连接破坏(拉出破坏)。

4)混凝土浇筑

(1)在浇筑过程中,遵循“同时浇捣、分层推进,循序渐进”的成熟工艺。振捣时重点控制两点,即混凝土流淌的最近点和最远点,振动点振动时不能漏振,尽可能采用两次振捣工艺,以提高混凝土的密实度。

(2)高频振动棒要垂直插入,快插慢拔,插点交错均匀布置,在振捣上一层混凝土时,应插入下一层 5cm,以消除两层间的接缝,同时在振捣上层混凝土时表面呈水平并出现水泥浆及不再出现气泡,不再明显沉落为度,振捣时间过短,混凝土不易振实,如果时间过长,则容易引起离析。

(3)混凝土表面处理

大面积混凝土其表面水泥浆较厚,在混凝土浇筑结束后要认真处理,要求做到“三压三平”。经 4 ~ 5h,初步按控制桩所示高程用铁橇拍板压密,长刮尺刮平,初凝前铁滚筒数遍碾压、滚平,以闭合收水裂缝。终凝前,用木屑打磨压实、搓平二次,防止混凝土出现收水裂缝,约定12h内,按热工计算进行覆盖养护并浇水湿润。

5.2.7 侧墙施工

(1)钢筋安装

U形槽基础施工好后,两侧侧墙可随即跟上施工,侧墙按变形缝的要求采取分段施工,U形槽外墙混凝土设计强度C30,抗渗等级S6,采用商品混凝土浇筑。先进行侧墙钢筋的安装绑扎,所用的钢筋应具有出厂质保单,对各规格的钢材均应抽样试验,不合格的严禁使用。钢筋绑扎时,若有弯曲不直的侧墙基础插筋应加以修正校直,内、外侧钢筋应用马凳或弯钩筋隔开。

为了满足设计规定的保护层要求,按设计规定的厚度事先采用1:2砂浆做好垫层,并在侧墙钢筋绑扎好后每隔1m进行设置安装。

(2)模板安装

侧墙钢筋安装好后,可进行侧墙模板的安装,模板采用15mm厚竹胶板制作,用60mm×80mm的方木做竖向围檩,其间距视截面尺寸而定,水平围檩用ϕ48mm钢管,间距不大于600mm。对拉螺栓设置固定在水平围檩上,外墙对拉螺栓中间加设一道止水片。同时在螺栓贯穿外墙的内外侧做胶木丝扣连接件,便于做外墙防水时进行基层处理。外墙模板加设斜撑,内侧面固定在基础浇筑时预埋的角钢或短钢管上,以增加墙体模板刚度和稳定性。模板安装前,需对模板涂刷脱模剂,以便拆模及延长模板使用寿命。

(3)侧墙混凝土浇筑

混凝土采用分层浇捣,混凝土下料时要求沿外墙均匀进行,不得在某一处的墙内集中下料,靠振动器赶淌混凝土,不允许造成高差过大的现象。浇捣混凝土采用50型振动棒,并配备部分30型的振动棒,以解决可能因钢筋间距过密而振捣困难的问题。振捣混凝土时,要控制好振动棒的插入深度,不能少振漏振,也不能在同一地段过度振捣,以免模板发生爆模现象,同时也不能对着钢筋骨架进行振捣,以免骨架变形。变形缝处施工时,要保护好变形缝处的橡胶止水带,避免在施工时止水带受损而造成渗水,浇筑时应充分振捣密实。

(4)拆模、养护

侧墙混凝土浇筑完成并达到一定强度后,可进行拆模,先拆除模板内外横木围檩和钢管支架,启动对拉螺栓内外侧模拆除,注意不随意硬碰、猛敲对拉螺栓,以免损伤混凝土体。侧墙拆模后,应派专人进行洒水养护,保持混凝土表面经常湿润。

6 材料与设备

6.1 材料

(1)钢筋:规格种类,分别为ϕ20mm、ϕ18mm、ϕ16mm、ϕ12mm、ϕ10mm、ϕ8mm等。

(2)水泥:硅酸盐水泥和普通硅酸盐水泥,从工程质量上考虑更适宜加入强度等级32.5以上的硅酸盐水泥或普通硅酸盐水泥中使用,但是不得使用在硫铝酸盐水泥、铁铝酸盐水泥中使用。

(3)膨胀剂:所用的膨胀剂应符合混凝土膨胀剂国家标准《混凝土外加剂应用技术规范》(GB 50119—2003)的要求。

(4)集料:集料的种类和品质应符合《普通混凝土用砂质量标准及检验方法》(JGJ 52—2006)、《普通混凝土用碎石或卵石质量标准及检验方法》(JGJ 53—2006)的相关规定。

(5)水:搅拌混凝土宜用饮用水。

(6)外加剂:混凝土的膨胀剂可与减水剂、缓凝剂、早强剂、抗冻剂、复合使用,混凝土中掺入其他外加剂,应符合《混凝土外加剂应用技术规范》(GB 50119—2003),并经过试验符合相关规范及设计要求,方可以使用。

6.2 主要设备(表1)

主要设备一览表 表1

序 号	机械或设备名称	数量(套)	额定功率(kW)
1	钻孔桩机	3	36
2	深层搅拌机	4	15
3	插入式振动机	8	2.2
4	平板式振动机	4	1.5
5	钢筋切断机	2	3.0
6	钢筋调直机	1	7.5
7	电焊机	4	30

7 质量控制

7.1 质量标准

7.1.1 钢筋检验应符合下列规定。

(1)钢筋、焊条的品种、牌号、规格和技术性能必须符合现行标准规定和设计要求。钢筋进场时,应按现行国家产品标准的规定抽取试件作力学性能检验。

(2)钢筋连接质量应符合下列规定:

①受力钢筋的连接形式应符合设计要求。

②受力钢筋同一截面的接头数量、搭接长度和焊接、机械接头质量必须符合设计及相关规范要求。

③钢筋成型和钢筋安装时,其规格、数量、形状、间距和位置必须符合设计要求;预埋件的规格、数量、位置等必须符合设计要求。

7.1.2 模板、支架应符合下列规定。

(1)模板、支架必须满足强度、刚度、稳定性要求,能可靠地承受施工荷载。

(2)模板、支架应按施工方案支搭和安装。

(3)模板、支架拆除的顺序及安全措施应按施工方案执行。

(4)模板、支架的拆除,其混凝土必须达到设计要求强度等级,以同条件养护的试件报告为依据。

7.1.3 混凝土必须符合下列要求。

(1)强度必须符合设计要求,配合比符合相关标准规定。

(2)使用商品混凝土须有合格证明。

(3)用于检验结构构件的混凝土强度的试件,应在浇筑地点随机抽取,取样次数必须符合规范要求。

(4)对有抗渗要求的混凝土结构,其混凝土试件应在浇筑地点随机取样。同一工程、同一配合比的混凝土,取样不应少于1次,留置组数可按实际需要确定。

(5)混凝土运输浇筑的全部时间不应超过混凝土的初凝时间。同一施工段的混凝土应连续浇筑,并在底层混凝土初凝前将上一层混凝土浇筑完毕。否则,需对施工缝进行处理。

(6)水泥混凝土墙不得有蜂窝、露筋和裂缝。

(7)沉降装置必须垂直、上下贯通。

(8)混凝土养护符合规范规定。

7.2 允许偏差及检验方法(表2、表3)

侧墙现浇混凝土允许偏差表 表2

序号	项目		允许偏差(mm)	检验频率		检验方法
				范围	点数	
1	墙身尺寸	高	±5	每10m墙体	3	用钢尺量
		厚	±5		3	用钢尺量
2	顶面高程		±5		3	用水准仪测量
3	垂直度		0.15%H,且≤10		3	用垂线测量
4	轴线位移		≤10		1	用经纬仪测量墙纵轴线位移
5	直顺度		≤10		1	用10m小线量最大值
6	平整度		≤3		3	用3m直尺量
7	麻面		≤1%		1	用钢尺量麻面总面积

注:H指墙高。

基础现浇混凝土允许偏差表 表3

序号	项目	允许偏差(mm)	检验频率		检验方法
			范围	点数	
1	断面尺寸(长、宽)	±20	每个基础	4	用钢尺量,长、宽各计2点
2	基础厚度	0,+10		2	用钢尺量,长、宽各计1点
3	顶面高程	±10		4	用水准仪测量
4	轴线位移	≤15		4	用经纬仪测量,纵、横各计2点

8 安全措施

8.1 在钻孔灌注桩施工中,施工顺序、机具位置、泥浆池及沉淀池出渣路线、操作人员位置、场内运输、供水供电线路等,都必须符合施工组织设计要求。

8.2 施工作业区应设置明显的标志,且与非作业区严格隔离,严禁非作业人员进入施工现场。

8.3 非有关工作人员不得进入搅拌桩机工作范围10m以内。施工现场临近交通要道,要有明显标志或加设临时围栏严禁闲人进入。

8.4 在基坑四周用ϕ48mm钢管搭设一排1.2m高的防护栏杆,打入土中60cm,横杆两道,并挂好安全网与安全标志。

8.5 夜间施工根据需要设置照明设施及设置明显警戒标志。

8.6 人工挖土的施工人员,要按规定戴好安全帽,不准穿拖鞋和无跟鞋上工地。

8.7 在施工过程中作业人员上下基坑,应设置安全爬梯通道。

8.8 所有的工人必须经过三级安全教育及安全技术交底,方可允许参加施工。

8.9 基坑在支护和开挖阶段中,应注意保护周围道路、建筑物和地下管线的安全。

8.10 基坑支护完成后,应注意地下水位、周围道路、特别是相邻建筑物的变化。

8.11 所有施工用具要符合安全要求,作业时要配备安全用具。

9 环保措施

9.1 弃土外运前,必须先到当地渣土办办理好相关手续,按规定线路,遵守道路安全规定,运输车辆应采用覆盖措施,出场地前应清洗轮胎并检查车辆清洁。

9.2 在施工中采用机械施工,要采取有效措施控制现场的各种灰尘、废气、噪声、振动等对环境的污染和危害。合理安排,减少夜间施工,积极与环保部门配合做好有关环境保护工作。

9.3 施工现场应设置泥浆沟和泥浆池,采用专用的泥浆车辆将多余的泥浆排放至预定的合适地方,不得排放至城市地下水道或河道中。

9.4 施工现场的水泥筒等易扬尘场所,应采用围挡覆盖措施,防止水泥灰扬尘。

9.5 加强机械设备的维修保养工作,确保机械运转正常,降低噪声。控制切割和电焊钢材、搅拌混凝土及砂浆、敲凿混凝土及钢材等噪声污染,夜间施工时,监督职工不得敲打钢管等,尽量减小噪声,施工时严禁大声喧哗。

10 资源节约

该工法在后殷路下穿甬台温铁路工程与鄞州区鄞中至横溪公路桃江至石桥段工程二标下穿段中采用钻孔灌注桩和水泥搅拌桩的支护方法代替桩墙支撑式支护法,不需要设置数道强度等级C30的钢筋混凝土水平支撑,节约了大量的工程材料。

11 效益分析

11.1 根据后殷路下穿甬台温铁路工程、鄞州区鄞中至横溪公路桃江至石桥段工程二标下穿段基坑开挖情况反馈,U形槽结构施工过程中,围护桩坑壁无渗水现象,说明其能有效的隔渗,保证了基础施工的顺利进行。

11.2 一般地基土层的深基坑,若按桩墙支撑式支护法,需设置单道或数道强度等级C30的钢筋混凝土水平支撑。采用本工法代替支撑系统,以30m×85m面积的基坑(挖深5m)计算,可节约支护造价5万元。

11.3 采用钻孔灌注桩和水泥搅拌桩的支护方法,没有支撑系统还可以大大方便基坑土方开挖,加快施工进度,从而缩短了工期,下一步结构的施工也能提前,工程提前投入使用还将产生巨大的经济效益和社会效益。

12 应用实例

12.1 后殷路下穿甬台温铁路工程

本工程位于鄞州区邱隘镇,南北走向,与甬台温铁路及北仑支线铁路相交,采用分离式立体交叉的方式,甬台温铁路及北仑支线铁路上跨,本项目采用U形槽下穿,下穿段开挖深度一般为3~6m,最大开挖深度达6.97m。本工法在该工程中应用效果较好,其施工时间较短,且施工完成的防水效果好。

12.2 鄞州区鄞中至横溪公路桃江至石桥段工程二标

本工程全长2.371km,技术标准公路一级,路基土石方(填挖方)合计17.4万m^3,有下穿甬台温铁路一处,采用U形槽下穿,下穿段开挖深度一般为4~6m,最大开挖深度达6.55m。本工法在该工程中应用效果较好,其施工时间较短,且施工完成的防水效果好,其适用性广、造价低,具有较高的经济效益和社会效益。

路基刚度快速检测施工工法

GGG(鲁)A6024—2010

毕泗新　燕书红　何茂钱　田雪莲　刘朝晖
(科达集团股份有限公司　河北路桥集团有限公司)

1　前言

路基回弹模量是反映路基整体刚度和稳定性的一个重要指标,是路面设计来自路基的一个重要参数。对竣工路基回弹模量进行检测评定是必须做的工作。但鉴于承载板法测试回弹模量的过程较为烦琐,检测效率低下,于是现行《公路工程质量检验评定标准》(以下简称评定标准)提出了一种快速检测方法,即以贝克曼梁测试的回弹弯沉测来代替承载板法测回弹模量,并以弯沉值来评定路基刚度是否合格。这个方法的关键之一是如何确定弯沉检测标准。弯沉检测标准的大小直接关系着路基的回弹模量是否准确地得到了控制。然而,关于回弹弯沉检测标准的制定,目前有两本现行规范给出了各自不同的方法。《公路路面基层施工技术规范》(JTJ 034—2000)给出的方法是通过经验公式来计算,但《公路沥青路面设计规范》(JTG D50—2006)是按照弹性半空间体的理论公式来计算回弹弯沉检测标准的。现在的问题是,两个规范的方法既有本质的区别,确定的结果又差别较大。这就给工程的应用带来了不便。

鉴于这种状况,科达集团股份有限公司与山东大学联合就路基刚度的快速检测问题立项进行了研究,建立了用小型式落锤弯沉仪来快速监控路基回弹模量的方法,并通过在多个工程中的应用,形成了本工法。查新表明,该工法的思想和技术思路具有创新性,它避开了目前两个规范所采用的弯沉测试存在的问题,给路基刚度快速检测问题提出了新的解决途径。

2　工法特点

2.1　该工法避开了弯沉检测存在的标准不统一的问题,为路基刚度的快速检测提供了一个新的方法。

2.2　测试快速。测试时每个测点砸3~5锤,不考虑测点整平利用的时间,一般情况下1min内即可完成。

2.3　操作简便

FWD的数据采集包括力和变形,落锤产生的应力和变形由压力传感器和位移传感器传输到笔记本电脑。FWD测试可由笔记本电脑控制,现场测试操作非常方便,测试工作仅需两人即可轻松进行。

2.4　结果可靠

FWD的压力传感器和位移传感器的精度较高,其中,压力传感器的精度为0.1kN,频率为0~400Hz;位移传感器的精度为1μm,频率为0.2~300Hz,其精度和频率都满足冲击荷载测试的要求,因此测试结果稳定可靠,重复性好。

3　适用范围

应用小型式落锤弯沉仪可以评价最大粒径小于60mm的路基强度,动模量的测试范围为:15~80MPa,尤其适用于对土方路基回弹模量的快速检控。

4 工艺原理

4.1 承载板法测试土基的回弹模量

承载板法测试土基回弹模量的方法是采用逐级加载卸载法，通过逐级加载卸载得到各级荷载作用的实测回弹变形；最后一级加载卸载完成后，测定汽车的总影响量，然后计算得到各级荷载产生的分级影响量，借此对实测回弹变形进行修正，即将分级影响量加到实测回弹变形中，得到计算回弹变形；在荷载—变形坐标系中绘制曲线，并进行坐标原点的修正，一般情况下，只要路基压实足够，坐标中的多数散点往往呈现线性分布，可以呈现线性分布的散点为依据进行线性拟合，得到回归直线的截距，此截距即为坐标原点修正量。对原点修正后，得到新的坐标原点或新的坐标系，在新坐标系中重新确定计算回弹变形，然后用在一条直线上或趋势为直线的散点数据加以计算回弹模量。

$$E_p = \frac{\pi D}{4}\frac{p}{l}(1-\mu^2) \tag{1}$$

式中：p——实测的承载板压力峰值；

D——承载板半径；

μ——泊松系数；路基一般取0.35；

l——实测的承载板中心路基表面的变形值；

E_p——路基模量值。

承载板法测试回弹模量的过程中，如下几个环节需要注意。

4.1.1 总影响量 a 的测定

总影响量 a 为承载板中心路基表面的回弹变形，是测试车后轴轴载产生的弯沉盆在承载板处的回弹变形量值。a 的意义并非现场测试规程所指明的"两只百分表的初终读数差之平均值"，而是"两只百分表的初终读数差之和"，两者相差2倍的关系，前种表述未考虑弯沉仪杠杆比为2的情况，这会直接影响计算结果。

4.1.2 分级影响量的计算及其应用

(1)分级加载、卸载过程中，施加某级荷载 p_i 后车辆因受到向上顶托的力而导致车轮作用于路基的力减小，从而造成轴载产生的弯沉盆回弹，而发生在承载板处的回弹变形就是分级影响量。

(2)把汽车作为受力体，根据理论力学的知识，列出力矩平衡方程，再结合式(1)，即可容易推导出计算分级影响量的公式。

$$a_i = \frac{(T_1 + T_2)\pi D^2}{4T_1 Q} \cdot a \cdot p_i \tag{2}$$

式中：T_1——测试车前后轴距(m)；

T_2——加劲小梁距后轴距离(m)；

D——承载板直径(m)；

Q——测试车后轴重(N)；

p_i——该级承载板压力(Pa)；

a——总影响量(0.01mm)；

a_i——该级压力的分级影响量(0.01mm)。

(3)由于承载板处于汽车后轴轴载产生的弯沉盆之内，加载、卸载的试验过程中，弯沉仪的百分表读数必然受到承载板上下起伏的影响，因此单纯的百分表读数乘以杠杆比后得到的回弹变形并非某级荷载 P_i 产生的真实路基回弹变形(称之为实测回弹变形)，故不可以直接用来计算回弹模量，必须予以修正方可用于计算测点的回弹模量。修正的办法就是实测的回弹变形加上分级影响量后得到计算回弹变形，即该级荷载产生真实的路基回弹变形，计算回弹变形才可以用来计算测点的回弹模量。

①利用式(1)计算回弹模量时必须对坐标原点进行修正，计算回弹变形是在新坐标系中的数据。

②设计中考虑路基变形基本处于弹性阶段,因此并非所有散点的数据都参与到模量结果的计算,对于偏离趋势线(直线)明显的数据点、加载后期回弹变形较大的点应予以舍弃。

4.2 小型式落锤弯沉仪(FWD)测试原理

4.2.1 FWD测试原理是将一定重量的落锤提升至一定高度,然后释放使落锤自由下落,落锤冲击置放在路基表面的承载板和底座,产生冲击荷载,在冲击荷载作用下,路基表面产生竖向变形。由此,压力传感器和位移传感器将荷载和变形的时程数据记录下来,并传输到计算机数据处理软件中,计算机根据压力和变形的峰值计算得到路基动弹性模量。

4.2.2 FWD落锤冲击的加载卸载时间很短,一般在20ms以内,计算机采集的就是这段时间内的应力和变形参数。测试时选择合理的承载板的直径和落锤高度,尽可能使落锤产生的冲击荷载作用下的路基处于弹性变形阶段。在路基竖向变形以回弹变形为主的情况下,可采用圆形垂直刚性分布荷载作用下的弹性半空间理论分析,即式(1)计算路基的动模量值。

4.2.3 与承载板法相比,FWD测试的路基模量有如下差异点。

(1)在测试荷载应力的动静属性方面,承载板法属于静力测试范畴,而HFWD属于动力测试。

(2)在加载方式和荷载大小方面,承载板法是逐级加载、卸载的过程,在这个过程中,施加给承载板的荷载分为若干级别,且是逐级加大的,同时加载时程较长,终止试验的条件是回弹变形量超过1mm;而FWD施加给承载板的荷载是固定的,荷载作用是瞬时的。

(3)在路基产生的内部应力方面,即使同一个测点,因荷载水平的可能不一致性,必定造成路基内部一定范围内的应力水平可能不同。

(4)承载板法测得的回弹模量是静态模量,而PHFWD测得的是动态模量。

4.2.4 即使对于同一个测点,两种方法测得的模量值不同几乎是可以肯定的事情。承载板法是在标准方法的前提下,FWD方法所测的动态模量是不可以直接拿来评定路基的刚度指标是否符合要求的。尽管如此,由于两种方法都是借用于承载板对路基施加应力,路基受力模式具有一定的相似性,因此,两者的结果必然具有较好的相关性。这是用FWD对路基回弹模量进行快速检测,或代替承载板法的物理背景或条件。FWD应用时必须与承载板法的测试结果作统计分析,给出具有较高可靠度的经验公式,然而方可用来评价路基的刚性质量。

4.2.5 在应用FWD时需注意,一方面,路基实际上为弹塑性体,只有在施加的荷载水平较低时才可能处于弹性变形阶段。FWD的冲击荷载尽管作用时间很短,但如果荷载较大,或路基刚度不足,路基仍可能产生塑性变形,这时的动态模量就不是动态弹性模量了。另一方面,对承载板测试的回弹模量与FWD测得的动态模量进行比较时,为具有更强的可比性或物理背景,确保HFWD测试的路基处于弹性变形为主的变形阶段是非常关键的一点,这样所得的模量才可能是动态弹性模量,而动态弹性模量与承载板的回弹模量相比较才是为合理的。因此,根据路基刚度的情况,对FWD的落锤高度和(或)承载板直径作出调整和更换是必要的。

4.3 承载板法与FWD法测试结果的统计关系建立

4.3.1 一元线性回归分析的原理

一元线性回归分析是该检测工法的数学基础。回归方程必须在$\alpha = 0.05$的显著性水平下通过显著性检验,表明其有效性后方可使用。

4.3.2 回归方程必须具有足够的保证率,如高速公路和一级路的保证率应取95%。按下列回归方程计算刚度快速检测标准。

$$E_0 = A \cdot E_{\mathrm{FWD}} + B - 1.645S \tag{3}$$

式中:A、B——回归方程的回归系数;

S——残余均方差。

4.4 用FWD法对路基回弹模量检控

4.4.1 选有代表性的某一待检测路段,通过随机取样的方法,抽取不少于15个测点,在每一个测点进行承载板法与 FWD 法的模量测试,获取不少于 15 组的回弹模量和动态弹性模量数据。

4.4.2 在测点附近,进行灌砂试验,获取压实度和含水率资料。

4.4.3 进行一元线性回归分析,得到具有足够保证率的回归方程,由该方程,根据路基回弹模量的设计值计算得到 FWD 的结果,该结果就是用 FWD 进行检测的标准。

5 工艺流程及操作要点

5.1 工艺流程

工艺流程如图 1 所示。

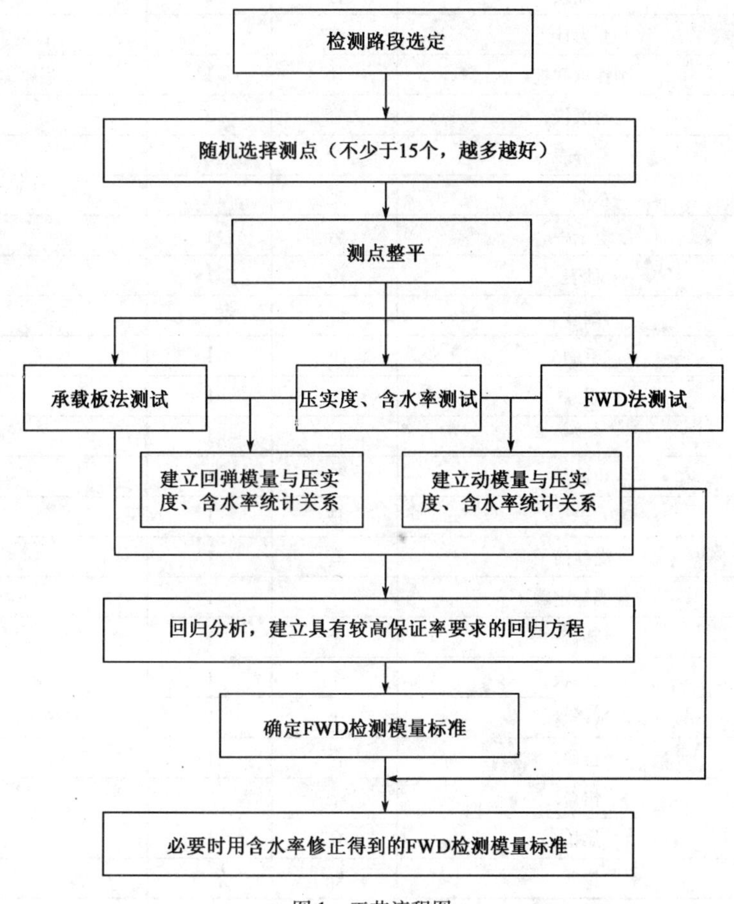

图 1 工艺流程图

5.2 操作要点

5.2.1 测试点的整平

路基施工形成路拱,有 1.5% ~2% 甚至更大坡度存在,为了测试准确,测点处需要整平,以确保承载板水平,落锤自由下落。

5.2.2 设置参数,一般需要更改的是承载版半径和泊松比。

5.2.3 承载板与路基要紧密接触,第一锤测试作为预压,可不做记录。

5.2.4 仪器操作要稳,每落锤测定一次,待一分钟,然后再进行下一次落锤测试。

5.2.5 设定 3 ~5 个不同高度,分别测试各个高度时的动态模量值,并绘制模量—冲击力曲线,分析动态模量随冲击力或落锤高度的变化规律。一般地,冲击力越小,或落锤高度越低,测得的动态模量越大。

5.2.6 就不同高度的动态模量分别与现场承载板法测试的回弹模量结果进行相关性分析,得到相关性最好的动态模量值,此时即可得知以哪个高度时的模量为考察对象更为合适。

5.2.7 试验结束后,将 FWD 中上的电池取出。

6 材料与设备

所用的材料和设备见表1。

所用材料设备 表1

序 号	名 称	单位	数量	备 注
1	小型落锤弯沉仪(FWD)	台	1	PRIMA100
2	笔记本电脑	台	1	
3	载重汽车	辆	1	后轴重不小于60kN
4	千斤顶	台	1	80~100kN
5	测力计	个	1	容量不小于土基强度
6	刚性承载板	块	1	板厚20mm,直径30cm
7	弯沉仪	套	2	
8	百分表	个	2	
9	水准尺	把	1	
10	电子秤	台	1	感量0.1g
11	秒表	个	1	
12	细砂	kg	适量	
13	毛刷	把	1	
14	垂球	个	1	
15	铁锹	把	1	
16	镐	把	1	
17	铲	把	1	
18	灌砂筒	套	1	
19	金属标定罐	个	1	
20	基板	个	1	
21	玻璃板	个	1	
22	试样盘	个	1	
23	台秤	台	1	
24	铝盒	个	若干	
25	烘箱	台	1	
26	量砂	kg	足量	

7 质量控制

7.1 工法依据的行业规范和工程质量控制标准

(1)《公路路基设计规范》(JTG D30—2004);

(2)《公路路基施工技术规范》(JTG F10—2006);

(3)《公路工程质量检验评定标准》(JTG F80/1—2004);

(4)《公路路基路面现场测试规程》(JTG E60—2008);

(5)设计文件的相关要求。

7.2 质量保证措施

7.2.1 组织检测人员认真学习和研究上述设计、施工规范、试验规程等有关内容,特别注意研究相关测试试验的原理和计算方法。

7.2.2 严格按照测试要求进行试验;保证要求的试验对比点数。

7.2.3 正确处理试验数据,得到具有较高保证率的统计关系方程。

7.2.4 影响量、分级影响量、坐标原点的修正等事关测点回弹模量计算结果的准确性,与 FWD 的检测工法密切相关,用承载板法正确测定、计算分析测点的回弹模量是 FWD 获得成功应用的前提。

8 安全措施

8.1 FWD 质量轻,携带方便,只要仔细使用,不会对人体造成潜在伤害;但因为是贵重仪器,要注意爱护仪器。

8.2 现场承载板法测试回弹模量的过程较为烦琐,测试设备安装注意避免受到伤害,测试期间注意观察周围情况,避免发生磕碰事件。

8.3 测试现场多个试验同时进行,操作、读数、记录等工作繁忙,注意各试验之间的相互协调,防止出现互相干扰情况,并注意试验数据的全面采集和准确记录。

9 环保措施

小型式落锤弯沉仪是利用落锤的质量,从一定高度落下,通过承载板对路基施加冲击力,产生弹性变形,计算动弹模量的。整个测试过程无辐射,也无其他任何污染环境的情况发生。其测试过程对人体和周围环境不会产生任何不利的影响。

10 效益分析

10.1 工法优势

利用 FWD 可实现对路基回弹模量的快速监控,该工法测试一个测点仅需要几分钟时间,而承载板法往往需要近 30min,前者效率十分明显。而即使与测试速度较快的弯沉仪法相比,FWD 同样具备测试速度快的优势;而且弯沉仪测定弯沉的方法,目前存在着一个明显的问题是,标准测试车型已经难以寻求,即使找到,往往已是十分陈旧,其轮胎的花纹形状、当量圆半径、间隙、接地面积等都与标准车型的相差较大,与计算模型及其参数更是相去甚远,因此导致弯沉测试结果的误差较大,进而导致常常出现的一种情况是,回弹模量合格了,但弯沉检测不合格。

除此之外,该工法测试时需要人员较少,两人即可,而承载板法一般需要 5 ~ 6 人,弯沉仪法需要 3 ~ 4 人。

10.2 经济效益

承载板法测试过程烦琐,效率低下,涉及车辆等设备,人员较多,因而测试成本高,每个测点 1 500 元;弯沉仪法同样涉及装载车辆,也占用较多的人员,每个点的测试费用为 1 100 元;而 FWD 测试,因检测速度快,涉及人员少,仪器也不贵,因而测试费用每个测点仅 500 元,分别是承载板法的 33% 和 45%,经济效益十分明显。

10.3 社会效益

承载板法和弯沉仪法的测试均需要载重汽车,测试期间消耗燃能。而本工法测试仅仅需要 FWD 和笔记本电脑一台即可进行,几乎没有能源消耗,完全属于低碳经济,具有积极的社会效益。

11 应用实例

11.1 青临高速路基段(图 2、图 3)

本工程为长深线青州至临沭(鲁苏界)高速公路工程项目第 21 合同段,途径 13 个自然村,采用双向六车道标准设计,路基宽度 34.50m,采用高速公路标准建设。路基起讫桩号为 K190 + 020 ~ K196 + 930,全长 6.910km。工程应用路基刚度特性快速控制施工工法,节省了人力物力费用共计 120 000 余元,并提前完工。经济效益明显。路基刚度特性快速控制施工技术,测量快速,操作简便,适用范围广,获各方一致好评。FWD 与承载板法测试结果见表 2。

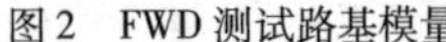
图 2　FWD 测试路基模量

图 3　承载板测试路基模量

FWD 与承载板法测试结果(MPa)　　表 2

FWD	105.8	119.3	104.3	87.7	64.7	137.0	101.0	159.0
承载板	63.5	68.2	54.4	56.3	46.4	60.8	57.7	70.2
FWD	168.5	145.3	81.0	136.1	122.2	75.3	150.7	88.1
承载板	76.4	70.9	50.1	64.8	57.3	47.9	77.1	42.9

回归方程为

$$E_0 = 0.298\,69 \times E_{FWD} + 25.848\,17 \qquad (r = 0.901) \tag{4}$$

具有 95% 保证率的回归方程为

$$E_0 = 0.298\,69 \times E_{FWD} + 25.848\,17 - 7.773\,72 \tag{5}$$

即

$$E_0 = 0.298\,69 \times E_{FWD} + 18.074\,45 \tag{6}$$

已知该段的设计回弹模量为 E_0 = 60MPa,由此得到 107MPa,即当 FWD 的测试结果不小于 140.4MPa 时,承载板的回弹模量即以 95% 保证率大于 60MPa,如图 4 所示。

11.2　河北沿海高速公路沧州歧口至海丰段

本合同段位于沧州市渤海新区和海兴县境内,施工线路全部位于青峰盐场沿途的盐池和虾池的水域内,起讫桩号为 K50 + 550 ~ K57 + 000,全长 6.450km。本合同段应用路基刚度特性快速控制施工工法,节省了人力物力,并提前 50d 完工。经济效益明显。路基刚度特性快速控制施工技术,测量快速,操作简便,结果可靠,适用范围广,具有良好的应用价值。

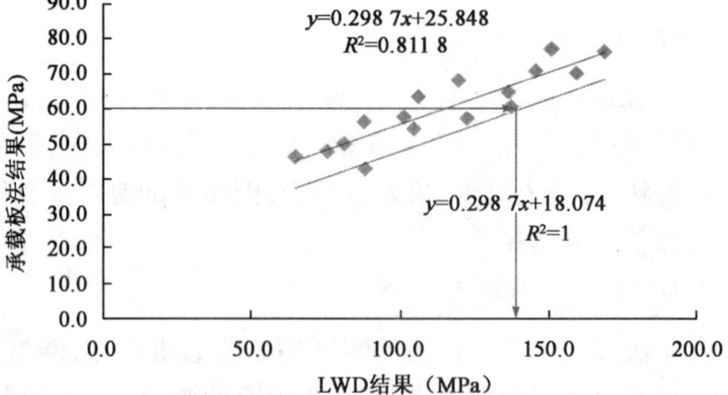

图 4　FWD 与承载板法测试回归分析

11.3　滨德高速公路路基检测

滨德高速公路,起点为滨州沾化县邓王村东接荣乌高速和津汕高速交叉口,止于德衡高速起点,途经滨州市的沾化、无棣、阳信三县和德州市的庆云、乐陵、宁津、陵县、经济开发区和德城区六个县(市、区)。在滨德高速全长 143.8km,在路基取 3km 作为试验段。工程应用路面半刚度基层施工变异性适时监控工法,对工程进行实时监控,有效保证了工程的质量和进度,为工程节省监控资金 53 000 元。路基刚度特性快速控制施工工法的应用,提高了质量控制的标准值,降低了施工质量的不均匀性或缩小波动区间,提高了施工水平,节约了后期维修维护费用,且简单易用,快速实用,应用效果明显。

路 面 篇

密级配沥青稳定碎石（ATB-25）基层施工工法

GGG（甘）B1025—2010

曹　贵　祁建福　陈仲明　王　强　宿秀丽
（甘肃路桥第一公路工程有限责任公司）
冯远航　闫新平　梁　辉
（中铁六局集团有限公司）

1　前言

随着我国国民经济的高速发展，道路交通量迅速增长，车辆大型化、超载严重等现象使沥青路面面临严重的考验，许多高速公路建成不久就不能适应交通的需要，早期破坏的情况时有发生。为缓解高速公路重载交通下的动水压力，我国开始试用和推广以沥青稳定碎石为代表的柔性基层。

密级配沥青稳定碎石（ATB-25）基层具有足够的强度和适度的韧性、良好的水稳定性、优良的抗疲劳性、较高的抗剪强度等特点，能够有效地减少沥青层的温度收缩裂缝和防止反射裂缝的发生。这种结构受水和冰冻危害小，裂缝自愈能力强，防止反射裂缝的产生和发展。同时，柔性基层能与面层牢固黏结保证层间连续接触，避免沥青层内部出现较大的剪应力和弯拉应力，改善路面使用性能，提高其使用寿命。另外，使用柔性基层可以大大降低维修费用，节约能源，减少环境污染，产生更好的经济和社会效益。

密级配沥青稳定碎石混合料（ATB 柔性基层）在我国基本上还处于起步阶段，作为新的结构层，还未大量地推广应用，仅停留在试验阶段。甘肃路桥第一公路工程有限责任公司于2006 年在江西省武宁至吉安高速公路 DP1 合同段、2009 年在吉林省高等级公路图珲 TH03 合同段项目首次应用了该种新型结构的柔性基层，填补了国内在柔性基层施工方面的空白，并取得了极大的成功。同时，中铁六局集团有限公司在北京市六环路（良乡—寨口段）公路工程第 12 号合同段施工中采用了密级配粗粒式沥青稳定碎石 ATB-25 施工工艺进行了施工作业，在质量、速度、方法上效果显著，取得了较好的社会效益和经济效益。

为此，我们通过对密级配沥青稳定碎石（ATB-25）基层施工方法、工艺过程等经验的积累，总结、提炼编制了本项工法。

2　工法特点

2.1　能够保证沥青路面质量，减少沥青路面各种病害，延长沥青路面使用寿命。

2.2　可延长路面大修的周期，减少维护费用，节约建设单位在项目寿命周期内的建设成本。

2.3　采用本工法可有效地减少摊铺过程中的离析现象。

3　适用范围

3.1　本工法适用于各等级公路（道路）的路面基层施工。

3.2　本工法适用于路面结构的维修养护工程的施工。

4 工艺原理

4.1 密级配沥青稳定碎石基层材料属于散体,对上层传递来的荷载只起分散作用,结构本身不受拉应力影响,除材料软弱个体的破坏,不存在结构的破坏,而碎石材料个体的破坏一般也很少发生。多数只要进行油面的维修处理,再生或加铺就可以了。

4.2 碎石材料结构层可避免干缩裂缝的产生,对温度裂缝能够“自愈”,达到一定的铺筑厚度后是理想的结构层材料。

4.3 从受力分析来看,该种道路基层验算的主要控制指标是考虑油面疲劳破坏的路面顶弯沉、沥青层底的弯拉应力、土基本身的承载能力。柔性基层相对半刚性基层具有较小的刚性和较大的抗变形能力,在相同的交通条件下前者的容许弯沉明显大于后者。

5 施工工艺流程及操作要点

5.1 施工工艺流程(图1)

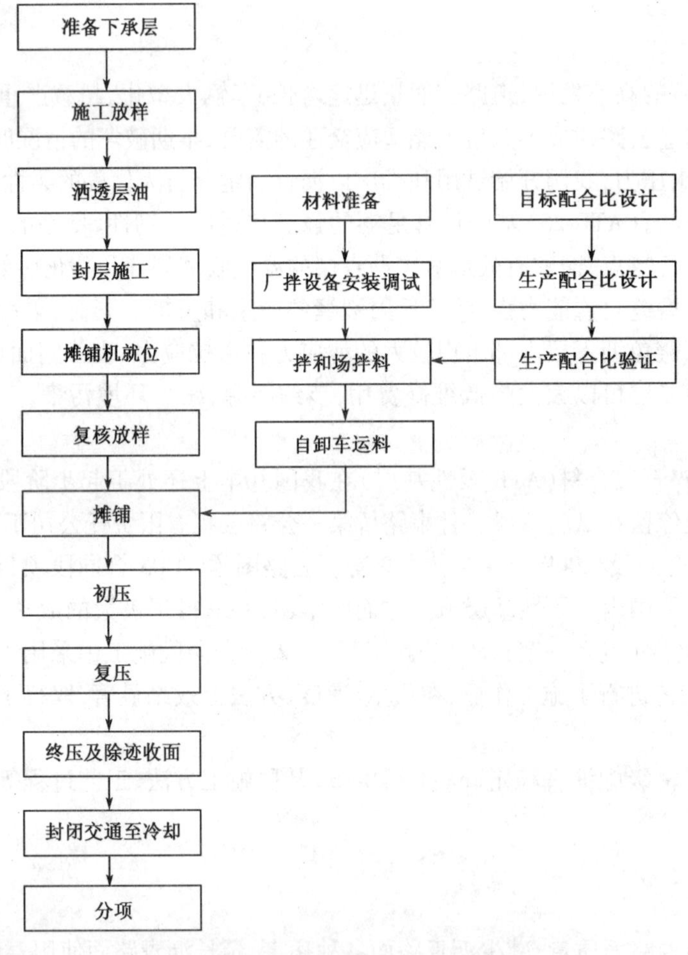

图1 沥青稳定碎石基层施工工艺流程图

5.2 操作要点

5.2.1 准备下承层

(1)检查下承层的高程是否符合设计要求。

(2)检查下承层的表面是否平整、密实,表面有无松散现象,横坡、宽度、平整度等是否符合设计要求。

(3)检查下承层是否具有足够的强度。

(4)试验检测设备是否已标定好。

(5)各种材料是否按不同规格分类堆放,不同产地的同种规格集料也应分开堆放,堆放场地是否硬化。

(6)基层裂缝妥善处理。

(7)用沥青洒布车洒布高渗透乳化沥青作为透层油,加强面层与基层之间的黏结,并且保证透层油有12h以上的渗透时间,洒布量为$1kg/m^2$。

(8)封层施工,使用由计算机控制碎石和改性乳化沥青的同步封层车进行封层施工。设定好乳化沥青用量:$1.2kg/m^2$;0.075~4.75mm集料用量按$3m^3/1\,000m^2$控制。

(9)根据压实厚度、松铺系数、横坡度调整好摊铺机的初始状态。

5.2.2 施工放样

(1)用拓普康GTS-602AF全站仪进行准确放样。

(2)适宜于摊铺机铺筑,沿路线方向每10m定出中桩及边线,确定摊铺宽度。

5.2.3 拌和楼配合比调试

沥青稳定基层混合料采用三阶段设计:目标配合比设计阶段、生产配合比设计阶段、生产配合比验证阶段。生产配合比矿料级配尽量与目标配合比级配相符,并且通过试拌确定矿料级配及最佳沥青用量。配合比设计的各阶段都必须进行马歇尔试验。其设计原则是用粗集料形成骨架,用细集料来填充空隙,从而形成骨架密实结构。因粗集料相对较多,故在施工时应防止混合料离析。

具体步骤如下:

(1)目标配合比设计阶段。用检验合格的原材料,运用马歇尔试验配合比设计方法优选矿料级配,确定最佳沥青用量,符合配合比设计技术标准和配合比设计检验要求,以此作为目标配合比,供拌和楼确定各冷料仓的转速及供料速度、供料比例以及试拌使用。

(2)生产配合比设计阶段。取样筛分各热料仓的材料级配,根据各个热料仓的筛分情况进行配合比试验,确定各热料仓集料的用料比例,供拌和楼控制室使用。同时选择适宜的筛孔尺寸和安装角度,尽量使各热料仓的供料大体平衡,防止窜仓。按目标配合比设计最佳沥青用量的±0.3%选3个不同沥青用量进行马歇尔试验和试拌,通过从拌和楼取样试验综合确定生产配合比的最佳沥青用量。为了保证各热料仓供料比例的准确,应对热料仓的各种材料多取几组,反复进行筛分对比力求达到最优。

(3)生产配合比验证阶段。拌和楼按生产配合比结果进行试拌,铺筑试验路段,并取样进行抽提试验、筛分试验、马歇尔试验,同时从路上钻取芯样观察空隙率大小,由此确定生产用的标准配合比。必要时可以进行适当的调整。

ATB-25沥青混合料设计要点:

(1)ATB-25柔性基层与沥青混凝土AC-25面层相比,粗集料偏多、细集料偏少、沥青用量少。具体见表1~表2所列。

ATB-25油石比3.7%~4.0%,9.5mm筛孔以上累计占68%~48%的粗集料。

AC-25油石比4.0%~4.3%,9.5mm筛孔以上累计占55%~35%的粗集料。

(2)ATB-25密级配沥青稳定碎石混合料与半开级配沥青碎石混合料相比,ATB有较多的细集料和填料,级配和原材料要求相对较高。

ATB-25沥青稳定碎石混合料 表1

级配类型	通过下列筛孔(mm)质量百分率(%)											
	31.5	26.5	19	16	13.2	9.5	4.75	2.36	1.18	0.6	0.3	0.15	0.075
合成级配	100	97.5	75.9	60.1	51.7	41.3	30.9	22.1	15.8	10.5	8.0	5.5	4.0
要求级配范围	100	90~100	60~80	48~68	42~62	32~52	20~40	15~32	10~25	8~18	5~14	3~10	2~6

AM-25 沥青碎石混合料 表2

级配类型	通过下列筛孔(mm)质量百分率(%)												
	31.5	26.5	19	16	13.2	9.5	4.75	2.36	1.18	0.6	0.3	0.15	0.075
合成级配	100	97.5	75.9	60.1	51.7	41.3	30.9	10.1	5.8	4.5	3.0	2.5	1.2
要求级配范围	100	90~100	50~80	43~73	38~65	25~55	10~32	2~20	0~14	0~10	0~8	0~6	0~5

(3)ATB-25 柔性基层沥青混合料配合比设计过程中严格控制细集料的用量,尤其是0.075~0.15mm筛孔含量和0.6~2.36mm 筛孔含量(0.075mm、0.15mm 通过率容许偏差控制在规定值±2%以内,0.6mm、2.36mm 通过率容许偏差控制在规定值±3%以内)。前者如果含量太多属于驼峰级配,导致沥青含量稍多,影响稳定性;后者如果含量太多空隙率会增大,混合料的水稳性降低,抗弯拉强度降低。

(4)ATB-25 柔性基层沥青混合料配合比设计中要保证4.75~19mm 筛孔的通过率接近级配中值,19~26.5mm 筛孔含量较多,但不宜太多(不大于10%)。否则级配曲线开始时太陡混合料容易离析。

(5)注意矿粉的用量,根据试验选择合理的粉胶比是提高混合料质量的关键。

5.2.4 拌和

沥青混合料拌和采用1台4000型沥青拌和楼拌和。

本拌和楼特点:

(1)冷料仓料斗为7个、振动筛5个;

(2)矿粉、消石灰加入计量系统是独立的。

(3)有3mm 振动筛控制2.36mm 筛孔的含量。

为了保证拌和均匀,要做到使所有矿料颗粒全部裹覆沥青结合料,并经试拌确定。每锅混合料的拌和时间不应小于45s,为了保证出料速度和防止老化,拌和时间不应大于55s。拌和时严格控制混合料的温度和拌和时间,沥青加热温度控制在155~165℃范围内,矿料加热温度为175~195℃,沥青与矿料的加热温度应调节到使拌和的沥青混合料出场温度在160℃左右为宜,且不得有花白料、超高温料,沥青混合料温度超过195℃的应予以废弃。为保证ATB-25 沥青碎石基层的压实度,混合料运到现场温度不得低于155℃,对于每车料出场温度要有专人用感应式或插杆式温度计检测,不宜用玻璃棒温度计,并做好记录。

5.2.5 拌和注意事项

(1)严格控制油石比。油石比大,路面会产生泛油和抗车辙能力降低;油石比小,路面会出现松散,且空隙率变大寿命缩短。

(2)严格控制沥青混合料各种矿料质量及矿料级配。矿料的质量不好,集料的级配不合理,都会引起路面的多种病害。经实际筛分的混合料级配符合要求后,对各种矿料掺配比例不能随意调整,实验室每班应取料进行抽提筛分检测,有偏差及时进行微调。混合料整个拌和过程中禁止手动操作。

(3)拌和时间由试拌确定。必须使所有集料颗粒全部裹覆沥青结合料,并以沥青混合料拌和均匀为度。每次拌和时间控制在50s。

(4)要注意目测检查混合料均匀性,及时分析异常现象。如混合料有无花白、冒青烟和离析等现象。如确认是质量问题,应按废料处理并及时予以纠正。

(5)材料的规格或配合比发生改变时,拌和楼配合比重新进行调试。

(6)根据热料运输距离长短,控制沥青出料温度。

5.2.6 运输

(1)热拌沥青混合料应采用40t 以上的性能良好的自卸车运输,车厢应清扫干净,防止沥青与车厢板黏结,车厢侧板和底板可涂抹薄层油水(柴油与水的比例可为1:3)混合液,但不得有余液聚积在车厢底部。

(2)装料时不允许货车一次性装料,货车应一边移动一边装料:采用先向车槽前部、次向尾部、然后再向中央装料的三次“品字型”装料的装料方式,如图2所示。为进一步减少混合料离析也可用五次装料方法,装料顺序如图3所示。

图2 三次装料法

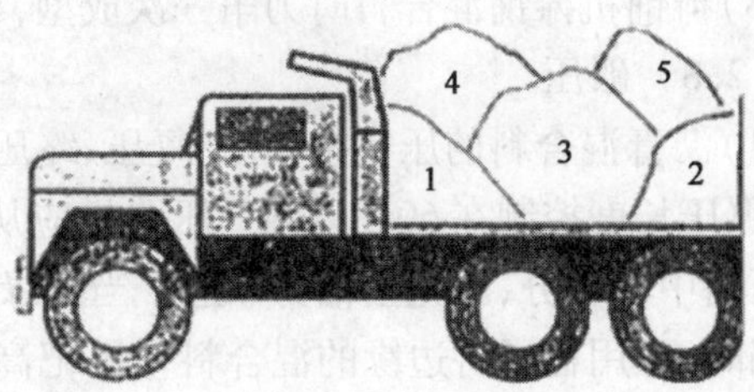

图3 五次装料法

(3)因ATB-25沥青混合料集料较多,为防止温度损失过快及混合料烟气污染环境,运料车厢四周应用棉篷布包裹,同时车厢顶也用篷布覆盖,如图4所示。

图4 采取保温措施的运输车

(4)为保证ATB-25沥青混合料连续摊铺,沥青混合料运输车的运力应比拌和能力或摊铺用料速度有所富余,在施工现场等候卸料的运料车不宜少于3辆。

(5)运输车在卸料过程中应挂空挡,靠摊铺机推动前进。

(6)运输混合料的运输车必须填写运料单。运料单实行一车一单,出厂时检测出厂温度并填写在运料单上,摊铺现场凭运料单进行验收,并检测混合料的现场温度、外观质量,发现离析、结块的混合料必须废弃。

(7)为了减少离析,在卸料时,应一鼓作气将车厢顶起,像“卸洪”一样把热料卸入摊铺机受料斗,不得中断或分次顶升。

5.2.7 摊铺

(1)使用性能良好的摊铺机,防止摊铺机自身问题引起热料离析。

(2)每台摊铺宽度不宜大于7m,本次施工选择的摊铺机宽度一台为5m,另一台为5.5m,宽度过大容易产生离析。

(3)本合同段ATB-25沥青碎石基层厚度为8cm,采用一层摊铺。施工时采用两台福格勒2100-C型沥青混凝土摊铺机联合摊铺,为防止离析应在螺旋布料器两侧吊架部分安装角度可调的反向螺旋叶片。两台摊铺机前后距离一般为5~8m(不宜过长),横向搭接宽度宜为5~10cm,后一台摊铺机把滑靴放在前一台摊铺机铺出的基准面上,调整好横坡后进行摊铺,摊铺温度不低于155℃。找平方式采用声呐控制的非接触式均衡梁自动找平装置进行控制。摊铺时应根据沥青拌和楼产量及试验路段确定的摊铺速度进行缓慢、均匀、连续不间断地摊铺,摊铺速度宜控制在2~3m/min。为了保证摊铺效果,减少混合料离析,摊铺机受料斗应尽量减少收起次数,每次尽量多摊铺几车,用人工把剩余料翻拌之后收起再卸料。根据摊铺厚度8cm,确定摊铺机螺旋布料器的中心高度定为离地面30cm,其布料速度处于中低档。在铺筑过程中,摊铺机螺旋布料器应不停顿地转动,两侧保持有不少于熨平板高度2/3的混合料。如料位太低(不少于叶片直径的1/3),阻力会发生变化,熨平板仰角随之发生变化,影响摊铺厚度和平整度。施工时,两构造物间尽量一次摊铺碾压成型,以减少横缝,提高平整度。

(4)松铺系数按试验段结果进行控制,控制为1.2比较适宜。

(5)操作控制按钮放在自动位置,由料位感应器来控制刮料器和布料器的转动。

(6)摊铺机起步前要对熨平板进行加热,加热温度不低于100℃。起步时摊铺机速度从零开始缓慢起步,这样有助于消除刚起步时由于阻力过大而引起面层产生横向波浪或推移现象。

(7)摊铺机料斗内一车热料即将铺完时,下一车热料要紧跟卸入。

(8)摊铺机摊铺混合料时力争一次成型,对个别边角地方用人工补充找平。

5.2.8 碾压

(1)沥青混合料的压实按初压、复压、终压(包括成型)三个阶段进行。压路机应以慢而均匀的速度碾压,碾压长度控制在60m以内。压路机应从外侧向中心碾压,相邻碾压带应重叠1/3~1/2轮宽,最后碾压路中心部分,压完全幅为一遍。当边缘有挡板、路缘石、路肩等支挡时,应紧靠支挡碾压。当边缘无支挡时,可用耙子将边缘的混合料稍稍耙高,然后将压路机的外侧轮伸出边缘10cm以上碾压;也可在边缘先留出宽20~30cm,待压完第一遍后,将压路机大部分质量位于已压实过的混合料面上再压边缘,以减少向外推移。压路机的碾压速度见表3,合理的压路机组合方式碾压见图5。

压路机碾压速度(km/h) 表3

压路机类型	初压		复压		终压	
	适宜	最大	适宜	最大	适宜	最大
轮胎式压路机	1.5~2	3	2.5~3.5	5		
振动式压路机			3~4 (振动)	5 (振动)	3~4 (静压)	6 (静压)

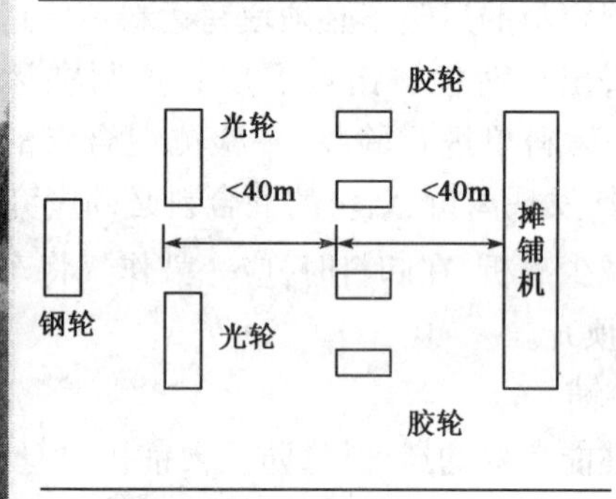

图5 合理的压路机组合方式碾压

(2)为防止温度降低影响压实效果,压路机应紧跟摊铺机碾压,碾压时混合料初压温度不低于150℃。为保证压实度、降低空隙率、提高沥青路面的均匀性,初压可先采用26t以上胶轮压路机揉搓碾压2遍,施工前检查轮胎气压不低于0.55MPa,碾压时胶轮压路机关闭水阀,并将驱动轮面向摊铺机。碾压路线及碾压方向不应突然改变,否则导致混合料产生推移。压路机起步、停止必须减速缓慢进行。

(3)复压温度原则上越高越好。为了保证较高温度,达到理想的压实度,可以采用初压、复压同时进行,也就是说温度在150℃就开始碾压。

经过试验路段实验选定复压采用双光轮压路机与胶轮组合碾压方式,即采用自重13t双光轮压路机进行振动碾压,其振动频率为45Hz、振幅为0.3~0.8mm,碾压遍数为4遍,轮胎压路机错开同时碾压。

(4)终压紧接在复压后进行,采用DD110双钢轮压路机静压2遍。路面压实成型的终了表面温度不低于100℃。终压以收光轮迹为准,不应开启振动和增加碾压遍数,防止破坏已成型的路面结构和磨损表面沥青膜。

(5)振动压路机碾压过程中出现沥青混合料黏轮现象时,可自动向碾压轮少量喷水,轮胎压路机在轮胎升温后不再洒水,并在前后轮设置挡风板。

(6)双钢轮压路机不得在未碾压成型或尚未冷却的路段上转向、掉头或停车等候,并防止矿料、油料和杂物散落在沥青层面上。

(7)对摊铺后初始压实度较大,采用振动压路机或轮胎压路机直接碾压无严重推移而有良好效果时,可免去初压,直接进入复压工序。

(8)压路机以阶梯形式前进且停机不在同一断面上,或以直线前进快到端头走成弧形,待后面压路机前进时收轮迹。

(9)碾压完成后,要进行修边、清理。外露边缘应准确到要求的线位。

5.3 接缝处理

5.3.1 横缝

(1)当天施工结束或摊铺机因故停机时,提起摊铺机熨平板,人工将端部沥青混合料铲齐后碾压,用3m直尺检查平整度,因属下卧层,最好不要用切割机切缝。趁沥青混合料尚未完全冷透时沿横断面方向用人工垂直刨除端头层厚不足的部分,并在搭接处切割面上涂上黏层油,使其下次摊铺衔接良好。

(2)碾压开始前,将原路面上的沥青混合料清除干净,接缝处保持线条顺直。

(3)碾压时,压路机先进行横向碾压,然后纵向碾压成为一体,充分压实,连接平顺,不得产生明显离析。横向碾压时压路机大部分重量置于冷却后的路面上,只留30cm宽的轮子压在新铺路面上,然后按照30cm间距错轮碾压推进,直至全轮进入新铺路面上为止。碾压时,用细料不断填补接缝处不平整部位,碾压平整后掉头纵向碾压,使接缝衔接平顺。

(4)横向接缝应采用垂直平接缝,宜在当天混合料冷却但尚未结硬前进行。

5.3.2 纵缝

采用热接缝处理纵缝。

(1)采用两台摊铺机组成梯队联合摊铺方式处理纵向接缝。前置摊铺机摊铺的混合料在碾压时留出10~20cm宽的条带暂不碾压,作为后置摊铺机摊铺时的高程基准面,并确保留有50~100mm左右的摊铺层搭接宽度,以热接缝形式在最后作跨接缝碾压时消除缝迹,接缝应躲开车道轮迹带。

(2)前后摊铺机熨平板位置保持在3~8m。

(3)接缝必须平顺密实,无离析。

6 材料与设备

6.1 材料

6.1.1 注意事项

(1)场地用水稳料硬化。

(2)分开堆放,中间用隔墙分离防止混料。

(3)为了提高拌和质量和拌和楼产量,各种规格的集料尤其是细集料必须用防雨布遮盖。

(4)为防止矿粉和消石灰受潮,采用罐装存储。

6.1.2 原材料检验(试验路段材料检验报告)

(1)集料筛分结果(表4)。

集料筛分结果 表4

项目	通过下列筛孔(mm)质量百分率(%)												
	31.5	26.5	19.0	16.0	13.2	9.5	4.75	2.36	1.18	0.6	0.3	0.15	0.075
碎石(19~26.5mm)	100	75.4	7.2	1.7	0.1	0	0	0	0	0	0	0	0
碎石(16~19mm)	100	100	53.7	11.4	4.2	0.3	0	0	0	0	0	0	0
碎石(9.5~16mm)	100	100	98.8	90.6	57.3	8.1	0.4	0	0	0	0	0	0

续上表

项目	通过下列筛孔(mm)质量百分率(%)												
	31.5	26.5	19.0	16.0	13.2	9.5	4.75	2.36	1.18	0.6	0.3	0.15	0.075
碎石(4.75~9.5mm)	100	100	100	100	100	98.3	4.1	0.4	0	0	0	0	0
碎石(2.36~4.75mm)	100	100	100	100	100	100	72.9	3.0	0.5	0	0	0	0
石屑	100	100	100	100	100	100	98.8	76.0	50.7	30.1	20.1	10.2	4.5
矿粉	100	100	100	100	100	100	100	100	100	100	100	99.5	97.6
消石灰	100	100	100	100	100	100	100	100	100	100	100	99.5	94.6

(2)粗集料物理性能

①粗集料应洁净、干燥、表面粗糙、形状接近立方体,且无风化、无杂质,并有足够的强度、耐磨耗性。

②同种石质原材料尽可能采用同型号破碎设备生产碎石。进场后粗集料进行各项指标的检验,材料检验项目及结果见表5。

粗集料检验项目及结果 表5

项目 \ 材料名称	碎石 19~26.5mm	碎石 16~19mm	碎石 9.5~16mm	碎石 4.75~9.5mm	碎石 2.36~4.75mm
压碎值(%)	—	—	12.9	—	—
粗集料细长扁平颗粒含量(%)	13.8	13.9	14.3	16.9	17.2
粗集料洛杉矶磨耗损失(%)	11.3	11.3	11.4	12.6	13.5
表观相对密度	2.893	2.873	2.869	2.849	2.826
粗集料吸水率(%)	0.82	0.68	0.73	0.92	0.84
粗集料坚固性(%)	2.1	2.3	2.3	2.4	—
小于0.075mm颗粒含量(%)	1.7	0.3	0.4	0.4	0.5
粗集料软石含量(%)	1.3	1.6	2.1	1.2	—
粗集料沥青的黏附性,不小于	4级				

(3)细集料物理性能

①细集料采用质地坚硬的机制砂。

②机制砂应保持洁净、干燥、无风化、无杂物,且有适当的颗粒级配,同时要求与沥青有良好的黏附能力。

③进场后细集料进行各项指标的检验,检验项目及结果见表6。

细集料检验项目与结果 表6

材料名称 \ 试验项目	含泥量(%)	表观相对密度	砂当量(%)	坚固性(%)	棱角性(s)
机制砂(2.36~4.75mm)	1.8	2.632	69	2.6	44.9
石屑	—	2.744	70	—	55.0

(4)矿粉物理性能。沥青混合料的填料应为矿粉,矿粉必须采用石灰岩或岩浆岩等碱性石料经磨细得到的矿粉,原集料中不得含有泥土等杂质,矿粉要求干燥、洁净,能自由地从矿粉仓流出,禁止使用回收粉。严格控制0.075mm以下含量,其允许偏差为+1%。矿粉质量技术要求见表7。

(5)消石灰化学物理性能见表8。

(6)沥青(辽宁盘锦70号A级)试验结果见表9。

矿粉物理性能 表7

项目 / 名称	表观密度(t/m^3)	含水率(%)	矿粉外观	亲水系数	塑性指数(%)	加热安定性	粒度范围(%)		
							<0.6	<0.15	<0.075
							100	90~100	75~100
矿粉(石灰石)磨制	2.685	0.35	无团粒结块	0.8	2.4	颜色无明显变化	100	99.5	97.6

消石灰化学物理性能 表8

试验项目 / 材料名称	外观	含水率(%)	表观密度(g/cm^3)	有效钙镁含量(%)	粒度范围(%)		
					<0.6	<0.15	<0.075
					100	90~100	75~100
消石灰	无团粒结块	0.39	2.350	60.2	100	99.5	94.6

沥青试验结果 表9

试 验 项 目	单位	试验结果	试 验 项 目	单位	试验结果
针入度(25℃,100g,5s)	0.1mm	62.8	闪点	℃	278
针入度指数 PI	—	-1.3	溶解度(三氯乙烯)	%	99.7
软化点	℃	48	密度(25℃)	g/cm^3	1.004
60℃动力黏度	Pa·s	174	加热损失	%	-0.12
延度(5cm/min,15℃)	cm	>100	残留针入度比(25℃)	%	68.2
延度(5cm/min,10℃)	cm	47.1	残留延度(10℃)	cm	16.4
蜡含量	%	2.0	残留延度(15℃)	cm	27.1

6.1.3 配合比设计

依据柔性基层沥青碎石目标配合比设计报告,符合设计要求的 ATB-25 级配范围的冷料仓配合比为:19~26.5mm 碎石 10%;16~19mm 碎石 32%;9.5~16mm 碎石 18%;4.75~9.5mm 碎石 8%;2.36~4.75mm碎石 4%;石屑 25%;矿粉 2%;消石灰 1%(数值详见表 10、图 6)。

筛分质量百分表 表10

级配类型	通过下列筛孔(mm)质量百分率(%)											
	31.5	26.5	19	16	13.2	9.5	4.75	2.36	1.18	0.6	0.3	0.15	0.075
合成级配	100	97.5	75.9	60.1	51.7	41.3	30.9	22.1	15.8	10.5	8.0	5.5	4.0
要求级配范围	100	90~100	60~80	48~68	42~62	32~52	20~40	15~32	10~25	8~18	5~14	3~10	2~6

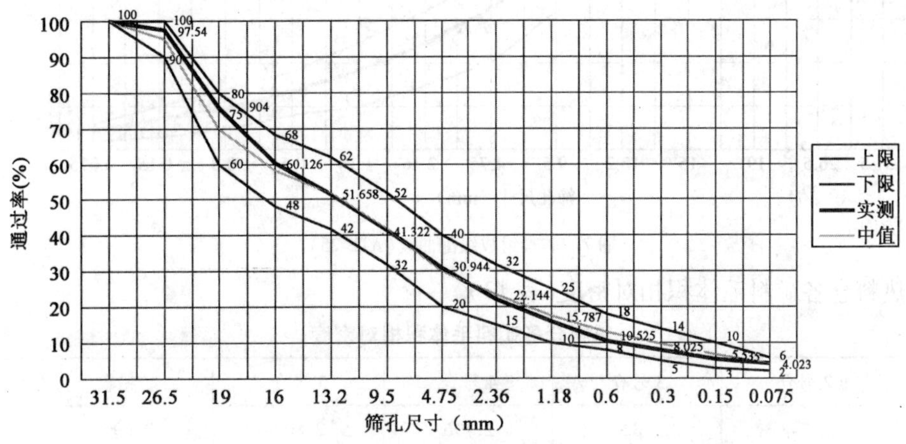

图6 矿料组成级配曲线图(ATB-25)

(1)各热料仓矿料级配见表11。

热料仓矿料级配 表11

项目	通过下列筛孔(mm)质量百分率(%)												
	31.5	26.5	19	16	13.2	9.5	4.75	2.36	1.18	0.6	0.3	0.16	0.075
5号仓	100	78.0	2.8	0.4	0	0	0	0	0	0	0	0	0
4号仓	100	100	41.7	6.5	2.5	0.1	0	0	0	0	0	0	0
3号仓	100	100	100	64.0	35.3	8.7	2.8	0.1	0	0	0	0	0
2号仓	100	100	100	100	100	90.1	9.2	4.7	2.7	0.2	0	0	0
1号仓	100	100	100	100	100	100	97.5	71.9	51.9	36.0	23.0	15.0	5.1
矿粉仓	100	100	100	100	100	100	100	100	100	100	100	99.5	97.6
石灰仓	100	100	100	100	100	100	100	100	100	100	100	99.5	94.6

(2)经计算机用人机对话方式反复试算,求得符合规范要求的ATB-25级配范围的热料仓生产配合比为:5号仓(19~26.5mm)8%;4号仓(16~19mm)28%;3号仓(9.5~16mm)22%;2号仓(4.75~9.5mm)10%,1号仓(2.36~4.75mm)29%;矿粉仓2%;石灰仓1%。具体数值详见表12、图7。

筛分质量百分表 表12

级配类型	通过下列筛孔(mm)质量百分率(%)												
	31.5	26.5	19	16	13.2	9.5	4.75	2.36	1.18	0.6	0.3	0.15	0.075
合成级配	100	98.2	75.9	57.9	50.5	43.0	32.8	24.3	18.3	13.5	9.7	7.3	4.4
要求级配范围	100	90~100	60~80	48~68	42~62	32~52	20~40	15~32	10~25	8~18	5~14	3~10	2~6

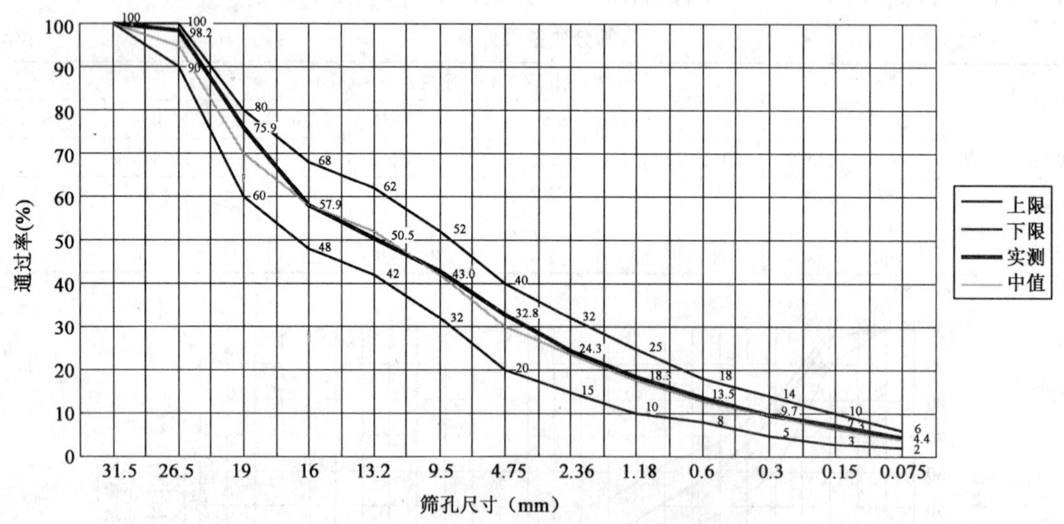

图7 矿料组成级配曲线(ATB-25)

6.1.4 热料仓各矿料毛体积相对密度(表13)

热料仓各矿料毛体积相对密度 表13

1号仓	2号仓	3号仓	4号仓	5号仓	矿粉仓	石灰仓
2.640	2.744	2.820	2.796	2.802	2.690	2.354

6.1.5　马歇尔试验

根据目标配合比设计，选用3.65%、3.95%、4.25%三种油石比，并掺加1%消石灰。按照JTJ 052—2000之T 0702—2000方法成型马歇尔试件（试件尺寸为ϕ101.6mm×63.5mm±1.3mm），每种油石比成型4个试件，混合料拌和温度为145～165℃，击实温度为135～155℃，两面各击实75次，试件成型后，静置24h，采用表干法测定ATB-25型沥青碎石试件的密度。并据此计算试件的空隙率、饱和度等物理指标。按照JTJ 052—2000之T 0709—2000方法进行马歇尔试验，测定其稳定度和流值指标见表14、图8。

马歇尔试验结果汇总表　　表14

混合料类型	油石比（%）	实测相对密度	最大理论相对密度	矿料合成毛体积相对密度	空隙率（%）	矿料间隙率（%）	沥青饱合度（%）	稳定度（kN）	流值（0.1mm）	马歇尔模数（kN/mm）
ATB-25	3.65	2.464	2.607	2.742	5.5	13.3	58.6	8.84	26.1	3.4
	3.95	2.478	2.596	2.742	4.5	13.1	65.6	9.85	35.1	2.8
	4.25	2.468	2.572	2.742	4.0	13.7	70.8	9.26	38.4	2.4

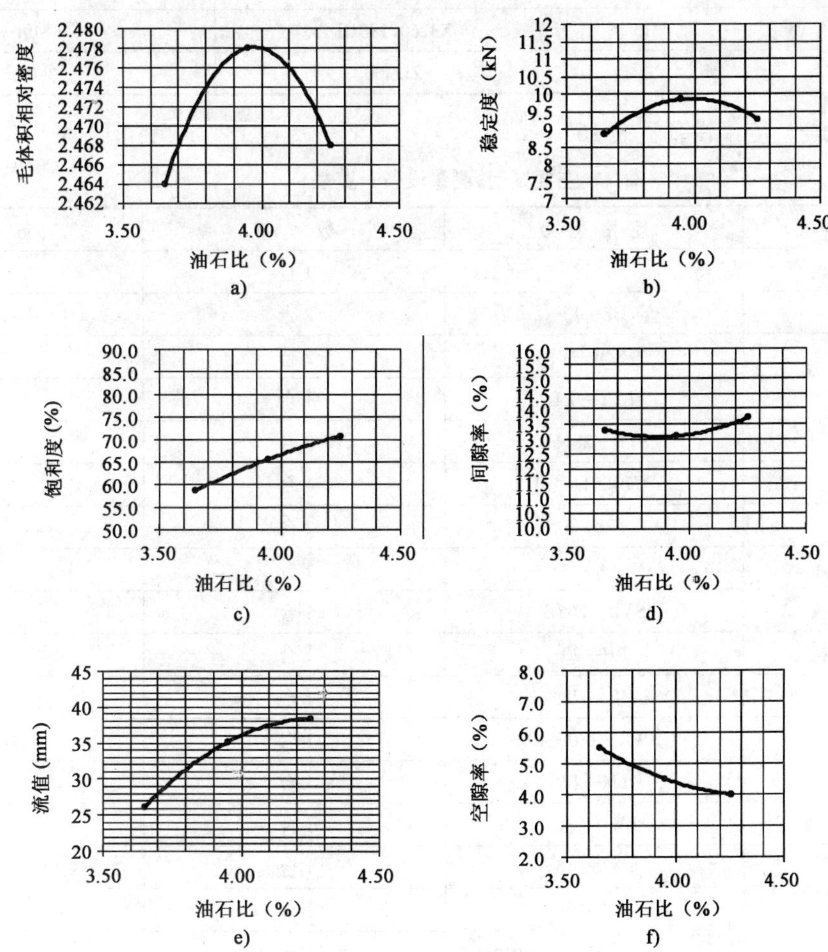

图8　ATB-25马歇尔试验结果图解

a）毛体积密度与油石比关系图；b）稳定度与油石比关系图；c）饱和度与油石比关系图；d）间隙率与油石比关系图；e）流值与油石比关系图；f）空隙率与油石比关系图

最佳油石比的确定：

$$OAC_1=(3.98\%+3.80\%+3.99\%+4.25\%)/4=4.01\%$$

$$OAC_2=(3.75\%+4.18\%)/2=3.97\%$$

$$OAC=(OAC_1+OAC_2)/2=3.99\%$$

即:最佳油石比为3.99%。

依据规范JTG F40—2004,该沥青混合料各项技术指标符合规范要求,故可采用生产配合比设计的3.99%油石比进行柔性基层ATB-25沥青碎石施工。

6.2 设备

6.2.1 主要施工机械设备见表15。

主要施工机械设备一览表 表15

机械名称	数量	规格型号	额定功率或吨位
沥青拌和楼	1台	M4000型	320t/h
沥青混凝土摊铺机	2台	福格勒2100—C	12m
多功能沥青洒布车	1台	ZZ5262GLQL4646F	5 000L
双光轮压路机	2台	宝马203	13t
双钢轮压路机	1台	DD110	13t
胶轮压路机	2台	YZ260	26t
自卸车	15辆	X3260/188HP	40t
装载机	2台	ZLM50	$3.0m^3$

6.2.2 主要试验、测量设备见表16。

主要试验、测量设备一览表 表16

仪器名称	规格型号	数量	备注
集料压碎值测定仪		1台	
取芯机	HZ—15	2台	
数显针入度仪	SZR—3	2台	
低温延伸度仪	LYY—7A	1台	
数显软化点	SYD—2806E	2台	
数显闪点仪	SYP1001B—II	1台	
数显黏度仪	LZS—5	2台	
沥青旋转薄膜烘箱	85	1台	
真空毛细管黏度仪	SYD—265E	1台	
沥青混合料搅拌机	BH—20	1台	
电动马歇尔击实仪(大型)	MDJ—IIC	1台	
低温试验箱	DWX—180—40	1台	
沥青混合料理论相对密度仪	LM—21	1台	
马歇尔稳定度仪(大型)	LWD—3C	1台	
车辙试验仪	HYCZ—5	1台	
沥青离心抽提仪	DLC—II	1台	
烘箱	55	1台	
棱角性测定仪	WX—2000	1台	
摆式摩擦系数测定仪	BM—1I	1台	
手动铺砂仪	SABH—I	1台	
八轮平整度仪	LXBP—5	1台	
核子密度仪	3440	2台	

续上表

仪器名称	规格型号	数 量	备 注
渗水仪	LSY—95	1台	
电子测温仪	插杆式	1台	
激光测温仪		1台	
电子全站仪	尼康 DTM352	1台	
经纬仪	J2	2台	
水准仪	S3	2台	

7 质量控制

根据以上分析,进行合理可行的配合比设计及施工工艺过程控制,对于柔性基层质量的控制尤为重要。在ATB-25柔性基层的施工过程中,重点从原材料的选择、配合比设计、运输、摊铺、摊铺机本身操作、温度等几个方面进行控制,将较好地解决目前ATB-25柔性基层在施工过程中出现的沥青混合料离析的质量问题。

7.1 离析的控制措施

7.1.1 控制原材料离析

(1)集料的堆放场地必须坚硬、洁净。

(2)使用质量好的原材料。

(3)集料堆放时,应用装载机或挖掘机把低处的集料运到料堆上分层堆放。

(4)对拌和厂所进的矿料,每500m^{3}检测一次,严格控制针片状集料含量。

7.1.2 控制好混合料配合比

控制好混合料配合比,严格控制公称最大粒径以及19mm、16mm等粗集料的含量。

7.1.3 运输方面进行控制

(1)尽量降低拌和楼出料口下料的高度,使用统一型号或统一高度的汽车。

(2)从拌和楼向运料车上卸料时,分三层放料,即每卸一斗混合料,汽车挪动一个位置。等一层放完后,再逐次进行第二、三层放料,从而减少粗集料的集中。

(3)施工过程中摊铺机前有运料车在等候卸料,即摊铺沥青混合料运输车的运量较摊铺速度有所富裕。

7.1.4 摊铺方面进行控制

为了避免混合料的离析,采用两台性能好的福格勒2100—C摊铺机呈梯队式联合作业,在螺旋布料器两侧吊架部分安装角度可调的反向螺旋叶片,较好地解决了因混合料离析容易造成路面早期破损的技术难题。

7.1.5 摊铺机本身操作方面

(1)使用性能好的摊铺机,防止摊铺机自身问题引起的离析。

(2)摊铺宽度不宜大于7m,本合同段因采用两台摊铺机联合摊铺,两台摊铺机宽度分别为5m和5.5m,过宽容易产生离析。

(3)控制布料器处于中挡或低挡速度。

(4)控制适宜的送料仓速度,尽量不要把送料仓里的料全部用尽。

(5)均匀操作送料器和布料器,在吊架部位安反向叶片。

(6)摊铺机摊铺一车料将完时,控制摊铺机速度,关闭送料器,等下车料倒入后再进行均匀送料和布料。

(7)在铺筑过程中设定摊铺机布料器的中心离地高度为30cm,摊铺机熨平板前保持有不少于送料器高度2/3的混合料。

7.1.6 从温度来解决

ATB-25沥青混合料在高温下才具有和易性好、易于碾压密实的特点,为防止温度降低带来混合料离析、碾压不密实的缺陷,混合料的摊铺、运输、碾压等各个过程应尽量缩短时间,以减少混合料热量的损失。要尽量提高拌和温度,控制在160℃左右为宜。

7.2 执行的检验评定标准与技术规范

(1)《公路工程集料试验规程》(JTG E42—2005);

(2)《公路工程石料试验规程》(JTG E41—2005);

(3)《公路工程沥青及沥青混合料试验规程》(JTJ 052—2000);

(4)《公路沥青路面施工技术规范》(JTG F40—2004);

(5)《公路工程质量检验评定标准》(JTG F80/1—2004)。

7.3 柔性基层性能检测

目前,规范中没有柔性基层的检验评定标准,参考沥青混凝土面层和沥青碎(砾)石面层检验评定标准,柔性基层性能检测项目具体见表17。

ATB-25沥青碎石柔性基层质量标准 表17

检查项目		规定值或允许偏差	检查方法和频率
压实度(%)		试验室标准密度的96%(*98%); 最大理论密度的92%(*94%); 试验段密度的98%(*99%)	每200m测1处
平整度	σ(mm)	1.8	平整度仪、全线每车道连续按每100m计算,IRI或σ
	IRI(m/km)	2.0	
弯沉值(0.01mm)		≤竣工验收弯沉值	按附录I检查
渗水系数		沥青混凝土路面300mL/min	渗水试验仪:每200m测1处
抗滑	摩擦系数	符合设计要求	摆式仪:每200m测1处; 横向力系数测定车:全线连续
	构造深度		铺砂法:每200m测1处
厚度(mm)	代表值	总厚度:设计值的-5%	双车道每200m每车道1处
		上面层:设计值的-10%	
	合格值	总厚度:设计值的-10%	
		上面层:设计值的-20%	
中线平面偏位(mm)		20	经纬仪:每200m测4处
纵断面高程(mm)		±15	水准仪:每200m测4个断面
宽度	有侧石	±20	尺量:每200m测4个断面
	无侧石	不小于设计	
横坡(%)		±0.3	水准仪:每200m测4个断面

8 安全措施

8.1 认真贯彻“安全第一,预防为主,综合治理”的方针。根据国家有关规定、条例,结合施工单位实际情况和工程的具体特点,组成由项目经理、总工程师、质检负责人、专职安全员和现场技术员、班组安全员、技术工人、施工人员等人参加的安全生产管理体系,执行安全生产责任制,明确各级人员的职责,抓好工程的安全生产。

8.2 建立完善的施工安全保证体系,加强施工作业中的安全教育、安全技术交底、安全检查等,确保作业标准化、规范化。

8.3 一切从事生产管理与操作人员,依照其从事的生产内容分别通过行业主管单位、企业及项目经理部的安全教育培训、持证上岗;特种作业人员需按规定参加安全操作考核,取得质量技术监督局或安全监督局核发的证件才可上岗。

8.4 施工现场按符合防火、防雷、防洪、防触电等安全施工要求进行布置,并完善布置各种安全标识。

8.5 沥青拌和楼安装或拆除时必须制订"安拆方案",并报驻地监理办公室或总监办审批。作业前按"安全操作规程"对全体人员进行培训,并将其悬挂在醒目位置上。

8.6 在拌和场周围配备、架立必要的、醒目的警示标志牌,诸如"请走安全通道、高温勿近、注意烫伤、高空坠物、高压危险"等内容,为施工人员与过往行人、车辆提供安全和方便。

8.7 沥青加热处应准备消防器材和防火用砂等。沥青要求用罐装,导热油加热。沥青拌和操作人员和现场摊铺人员应配置防毒口罩。

8.8 严禁非专业操作人员操作路面施工机械,严禁在机械作业过程中上下压路机、摊铺机。严禁摊铺现场作业人员、值班人员在机械停放处休息、逗留,防止意外发生。

8.9 摊铺操作人员应有防噪声的耳套等,以避免因长时期在噪声环境中对耳膜的损伤。

9 环保措施

9.1 严格遵守国家和地方政府下发的有关环境保护的法律、法规和规章;加强对施工燃油、工程材料、设备、废水、生产生活垃圾、弃渣的控制和治理,遵守有防火及废弃物处理的规章制度,做好交通环境疏导,充分满足便民的要求,随时接受相关单位的监督检查。

9.2 设备、材料堆放、机械车辆存放等场地设置合理。

9.3 保护公路用地范围之外的现有绿色植被。

9.4 沥青存储和加热均用沥青保温罐,以节约能源、减少污染。

9.5 时常检查拌和楼的气体排放,减少大气污染。

9.6 合理安排工序,夜间避免安排高噪声的施工机具在人群集中区运转并减少机械车辆出入的频率。对无法避开的设置降噪或隔音设施,减少噪声干扰。

9.7 施工区内道路通畅、平坦、整洁,不乱堆乱放,无散落物。施工废料集中堆放,及时处理。

9.8 拌和场地合理布局,尽量远离村庄、少占耕地、利用荒地、出入方便、远离水源、高压电线、通信光缆。

9.9 采取有效的防尘和消声等环保措施。施工期间施工场地及道路配备专用洒水车在施工场道及便道进行洒水抑尘。

9.10 为减少污染沥青,沥青混凝土拌和楼采用封闭式沥青加热融化(沥青脱桶加热)作业。

9.11 对矿粉消石灰采用罐装或袋装,在运输碎石、机制砂、石屑时,采用篷布覆盖,防止沿途撒漏和扬尘。严格运输管理,做到运输过程不散落。

9.12 修边切下的材料及任何其他的废弃沥青混合料均应由承包人按监理工程师同意的方式从路边清除,妥善处理,不得随地丢弃。

9.13 施工完工后,及时对场地进行平整和恢复,认真清理沿线杂物,拆除临时建筑,恢复原有地貌,并将施工废料、生活垃圾定点掩埋,做到工完料尽场地清。

10 效益分析

10.1 成本降低

ATB-25 柔性基层与沥青混凝土 AC-25 面层相比,油石比一般降低 0.3% 左右,沥青成本节约 0.4 元/m^2/cm,降低了工程成本。

10.2 延长使用寿命

ATB 柔性基层路面是按长寿命路面理念设计的,使用寿命为 40 ~ 50 年,使用期内一般不发生结构性破坏,只需每隔 10 ~ 15 年对表面层进行功能性维修。柔性基层沥青路面在 50 年寿命周期内只需大修 3 次,比传统半刚性基层沥青路面的大修少 1 ~ 2 次。柔性基层沥青路面的维修主要是对表面层进行更新,方便易行,可选择在交通量小的夜间进行,施工速度快,不需养生,一般 1 ~ 2d 即可恢复交通。半刚性基层沥青路面的维修需要从半刚性基层开始,前期的铣刨 1 ~ 2d,半刚性基层养生 7d,沥青层施工 1 ~ 2d,因此一般需要 9 ~ 13d 才能完成一个工作段的施工,对交通影响很大。而柔性基层沥青路面使用寿命延长,维修费用降低,节约了能源,减少了环境污染,社会效益和环保效益显著。

10.3 社会效益

ATB-25 柔性基层施工工法在基层路面工程施工过程中,保证了路面结构设计的合理性,促进了新工艺、新设备的推广和应用。在有限的施工期内,严格按规范施工、按规程操作,顺利地完成了施工任务;节约了成本,提高了工效,提升了企业的施工技术水平,为企业积累了宝贵的施工经验,为路面基层工程设计、施工提供了数据支撑,社会效益巨大。

11 应用实例

11.1 大庆至广州高速公路江西武宁至吉安 DP1 合同段

11.1.1 工程地点:江西省吉安县

11.1.2 合同工期:20 个月

11.1.3 中标合同价:19 617.673 0 万元

11.1.4 工程概况:该合同段主线全长 25.262km。公路等级:高速公路,沥青混凝土路面。主要技术标准:路基宽度:整体式断面 24.5m、分离式断面 12.25m;车道数:双向四车道;计算行车速度:80km/h;桥梁设计荷载:汽车—I 级;平曲线最小半径:400m;设计洪水频率:大桥 300 年一遇、其他 100 年一遇。路面结构层:20cm 厚水泥稳定碎石底基层 625 937m^2;15cm 厚级配碎石底基层 404 858m^2;20cm 厚级配碎石底基层2 632m^2;18cm 厚水泥稳定碎石基层 31 179m^2;20cm 厚水泥稳定碎石基层 2 489m^2;32cm 厚水泥稳定碎石基层 558 504m^2;8cm 厚 ATB-25 沥青稳定碎石(上)基层 526 581m^2;4cm 厚细粒式沥青混凝土面层6 049 142m^2;6cm 厚中粒式沥青混凝土面层 603 929m^2。

2006 年 5 月 19 日开工,2007 年 12 月底完工。

江西武吉公路通过采用 ATB-25 柔性基层施工工法,路面质量显著提高,平整密实,抗滑耐磨,均匀美观,有效地防止了来自路面基层的反射裂缝。该公路建成通车后,行车安全舒适,取得了良好的社会效益和经济效益。

11.2 同江至三亚国道主干线长春至珲春支线图们至珲春段高速公路第三合同段 TH03 标

11.2.1 工程地点:吉林省延边朝鲜自治州珲春市

11.2.2 合同工期:39 个月

11.2.3 中标合同价:43 398.397 3 万元

11.2.4 工程概况:该合同段主线全长 17.85km。公路等级:高速公路。主要技术标准:路基宽度:整体式断面 24.5m、分离式断面 12.25m;车道数:双向四车道;计算行车速度:80km/h;桥梁设计荷载:汽车—I 级;平曲线最小半径:400m;设计洪水频率:大桥 300 年一遇、其他 100 年一遇;路线总长:17.850km;车道标准横坡:2%(含隧道);隧道单幅净宽:(8.75 + 2 × 0.75)m;桥面净宽:整体式断面(0.65 + 净 10.95 + 0.65)m × 2;分离式断面(0.65 + 净 10.95 + 0.65)m。路面结构层:25cm 厚砂砾垫层 159 402m^2;15cm 厚水泥稳定砂砾底基层 320 900m^2;20cm 厚水泥稳定砂砾底基层 33 864m^2;30cm 厚水泥稳定砂砾基层 341 272m^2;8cm 厚 ATB-25 沥青稳定碎石基层 322 170m^2;7cm 厚 AC-20 沥青混凝土下面层 253 305m^2;7cm 厚 AC-20 改性沥青混凝土下面层 68 865m^2;5cm 厚 SMA-16 沥青玛蹄脂碎石混合料表面层253 305m^2;5cm 厚 SMA-16 改性沥青玛蹄脂碎石混合料表面层 68 865m^2。

2007 年 7 月 1 日正式开工,2010 年 9 月 30 日完工。

吉林省图珲公路基层全部采用本工法施工,连续 5 次获得业主质量进度奖。所铺路段得到吉林省高等级公路建设局的高度评价,在吉林省地区取得了良好的经济和社会效益。

11.3 北京市六环路(良乡—寨口段)公路工程第 12 号合同段

11.3.1 工程地点:北京市门头沟区

11.3.2 合同工期:28d

11.3.3 工程概况:北京市六环路(良乡 - 寨口段)公路工程第 12 号合同段,本标段路基根据所在里程分为两个施工段。第一施工段 K29 + 908.654 ~ K30 + 300(391.346m),位于北京市门头沟区三家店;第二施工段 K32 + 463 ~ K32 + 800(337m),位于北京市门头沟区军庄镇。路基全长728.346m,路面粗粒式沥青完成 1 727m^3。本标段为密级配粗粒式沥青稳定碎石(ATB-25)下面层施工。

施工时间:2009 年 4 月 28 日至 2009 年 5 月 25 日。

通过这次摊铺施工,实践证明本工法的机械组合简单、快捷,能做到不费工、人机组合合理,且能满足技术规范要求。

11.4 应用效果

通过江西省武宁至吉安一标、吉林省图珲三标、北京市六环路(良乡—寨口段)公路工程第 12 号合同段密级配沥青稳定碎石(ATB-25)路面柔性基层施工、运用,体现了采用密级配沥青稳定碎石混合料的优点:其力学性能接近沥青表面层且增加了沥青层厚度,使路面结构的受力更加均匀,且沥青基层能保证一定的空隙率,使水分顺畅通过基层排出,不会滞留在路面结构中造成路面的水稳性破坏;同时,沥青混合料对于水分的变化不敏感,不会产生干缩裂缝而导致面层出现反射裂缝,这类基层不仅具有一定的承载能力,更重要的是具有很好的耐久性和稳定性,既节约了资源,又保护了环境。另外,在有限的施工期内顺利地完成了施工任务,节约了成本;验收时各项指标均符合规范要求,为企业使用新工艺积累了宝贵的经验,同时也取得了良好的社会效益和经济效益。

电石泥粉煤灰二灰稳定砂砾底基层施工工法

GGG(辽)B1026—2010

夏志忠　黄　鹏　艾绍武　马水龙　潘学峰
(辽宁金帝路桥建设有限公司　乌海市公路工程有限公司)

1　前言

公路路面底基层设计中,常掺入石灰用作稳定结构层中的基本材料,以提高结构层强度。电石泥与石灰的主要成分都是氢氧化钙,在实际工程中用电石泥取代石灰应用于二灰稳定砂砾底基层中,检测结果发现强度满足二灰稳定砂砾底基层的各项指标要求。利用电石泥废渣修路,既可解决筑路材料的来源问题,又可解决工矿企业废物排放的问题,还可降低工程成本,另外可减少石灰石矿山资源的消耗,减少对大气有温室效应的 CO 气体的排放,低碳减排,对环境保护有很大的现实意义。内蒙古乌海市境内电石泥资源丰富,电石泥残渣排放量较大,作为一种工业废料,电石泥存储要占用大量的土地资源,并污染环境和水源。为推广电石泥替代石灰使用,我公司通过对电石泥的化学性能、混合料的配比设计、现场施工组织管理方面进行分析,并在施工过程中不断探索、总结经验,取得了电石泥替代石灰稳定砂砾施工的成功经验,并及时总结完善形成本施工工法。

2　工法特点

2.1　电石泥的成本远低于石灰,节约成本,经济效益显著。

2.2　电石泥系利用电石制取乙炔时产生的副产品,在公路工程中使用电石泥一方面可消化工业废料,另一方面可间接地减少石灰的生产加工数量,对环保极其有利。

2.3　解决了电石泥用于公路底基层难以控制质量等问题。

3　适用范围

本工法适用于公路二灰稳定砂砾、碎石底基层施工。

4　工艺原理

公路路面结构层中通过掺入石灰使砂石材料稳定并具有强度,发挥作用的主要是钙、镁成分,电石加工生产所用的原材料为优质生石灰,故电石泥中钙、镁成分含量较高,足以满足公路工程的技术要求。石灰的质量是由石灰中的有效钙、镁含量活性成分决定的。通过对电石泥进行化学性质分析,得出电石泥中的有效钙镁含量如果达到55%以上,就可以达到三级以上石灰有效钙镁含量的技术指标要求(三级石灰有效钙镁含量为55%,二级含量为65%,一级含量为70%)。此外,电石泥中钙、镁之外的其他成分也会对稳定路面结构层材料、提高路面结构层强度产生一定影响,因而在路面结构层中使用电石泥是可行的。然而这种电石泥混合料的物理性能对施工有一定的要求:它的"水硬性"要求在施工碾压时保持适度的水分和提供一定湿度的养护条件。它的"缓凝性"要求在施工中不要过早开放交通,否则会产生变形。根据电石泥的特点,控制混合料含水率是本工法的重点。

5 工艺流程及操作要点

5.1 工艺流程(图1)

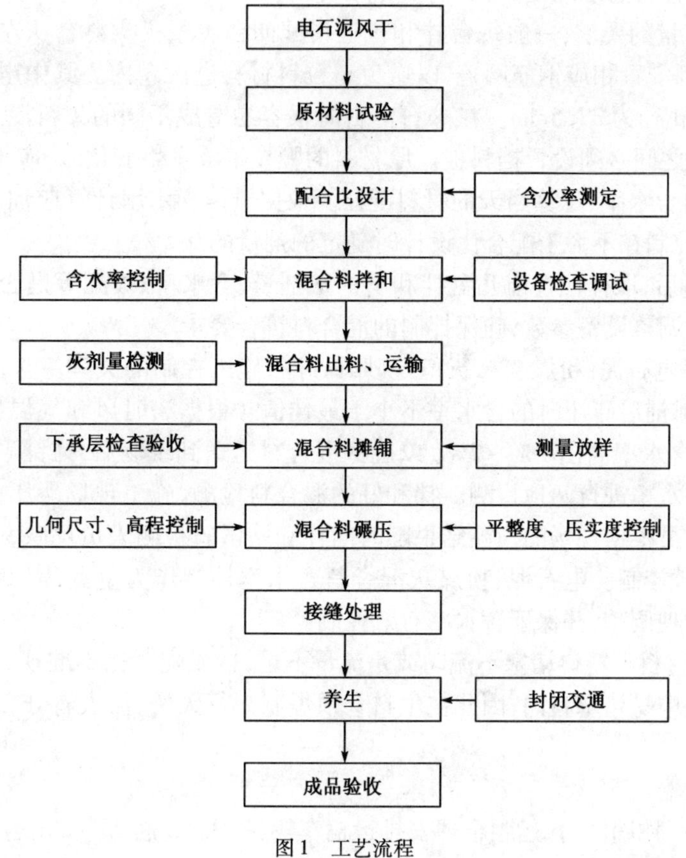

图1 工艺流程

5.2 操作要点

5.2.1 电石泥风干

取所需电石泥进行风干晾晒,风干后不得产生扬尘,也不可过湿成团,采用烘干法测定其含水率。

5.2.2 电石泥含水率检测

取原材料平行样,先称取湿试样质量并记录,然后放入烘箱中,待烘干后,取出试样并冷却,称取干样重并记录,由此计算出电石泥的实际含水率。电石泥的含水率控制在18%以内。

5.2.3 原材料试验

电石泥:施工前,取工地实际使用的电石泥检测其有效钙镁含量。

粉煤灰:检测粉煤灰的化学成分、烧失量、细度。

集料:进行砂砾碎石的筛分、液限和塑性指数、碎石的压碎值试验。

5.2.4 混合料配合比设计

底基层施工前,通过对电石泥做化学成分分析、物理指标试验,确定其作为底基层材料,然后选取合格的原材料进行配合比验证。配合比验证合格后,根据配合比进行底基层混合料拌制。电石泥、粉煤灰稳定级配砂砾、碎石(砂砾:碎石 =7:3),设计配合比(质量比)为电石泥:粉煤灰:砂砾及碎石 =5:15:80(砂砾 56 + 碎石 24),即电石泥在底基层中的掺加量为5%,混合料最佳含水率为9.8%。

5.2.5 混合料拌和

(1)配置强制式、电脑计量、微机控制的 WCB600 型稳定土拌和机,生产能力达到 600m^3/h,其实际出料(额定生产量的80%)能力超过实际摊铺能力的10% ~15%。

(2)正式拌制混合料之前必须调试所有拌和设备,使混合料的颗粒组成和含水率都达到规定要求,并通过现场取样采用EDTA滴定法进行灰剂量试验检测。灰剂量检测合格后,在底基层拌制现场取料,制作无侧限抗压强度试件。拌和设备在计流量的控制上应能满足施工精度要求,料仓下料过程采用电子称计量装置,以确保称料的准确性。

(3)为满足拌和产量的要求,一般每台拌和机上料配四台装载机。料仓从左到右,分别是粉煤灰、电石泥、碎石,料斗上部安置相应钢筋网盖,以避免超粒料材料进入仓内。其中电石泥料仓上筛孔孔径为37.5mm,碎石筛孔孔径为37.5mm。在碎石上料时很容易造成不同的集料混杂,导致集料比例不符合要求,因此在上料仓之间必须设置挡料板。原材料的颗粒组成发生变化时,应重新调试设备。

(4)测定各种材料含水率,计算当天的材料配比。根据最佳含水率计算应加水量,并根据天气情况作必要调整。灰剂量控制在不大于配合比设计时确定的剂量的0.5%。

(5)开始搅拌出料后,取样检查前几盘拌和料的灰剂量、含水率、级配等是否符合配合比设计的要求,根据检测结果及时调整设备参数,确保拌制的混合料符合要求。

(6)含水率控制是电石泥、粉煤灰二灰稳定砂砾、碎石施工控制的关键。含水率要略大于最佳值,使混合料运送到现场摊铺后碾压时的含水率不小于最佳值。根据当时风和气温情况,将混合料拌制时含水率控制在比最佳含水率高出1%~2%,以确保混合料运送到现场后,摊铺碾压时的含水率达到最佳值,并将混合料的含水率进行两地检测。拌和好的混合料检测、施工现场碾压前的检测,并以现场检测结果为主;现场试验员根据现场的检测结果随时向拌和站试验检测人员反映,随时补充水量,令混合料的含水率能得到有效控制。电石泥、粉煤灰混合料含水率控制作为重点,需专人负责,根据天气、温度、风力等及时作出合理调整,并保证含水率有效控制。

(7)拌和时,严防材料下料口堵塞不流动或是流量不足,造成配合比不准现象。尤其由于电石泥含水率高,材料下泻过程中易堵塞料门,因此在生料仓顶焊制人行天桥,派人看守,一旦堵塞及时捣料,保证卸料畅通。

5.2.6 混合料运输

(1)根据拌和效率、摊铺能力、运距合理安排运输车辆,投入12辆15~20t运输车,以保证施工的连续性。并应尽快将拌成的混合料运送到现场,根据铺筑层厚度和要求达到的压实度,计算每车混合料的摊铺面积。每车装载数量应基本相等。运输工程中,须对混合料加以覆盖,以防水分损失。车厢应严密,无孔洞或缝隙,以防止混合料漏出。

(2)为防止混合料离析,从拌和站储料仓向运料车放料时,应采用多次放料,运输车辆前后移动,先装料车的前部,再装后部,然后装中部。运输途中平衡行驶,以防因大的颠簸而造成混合料离析。

(3)在摊铺机前,配备一名熟练人员指挥自卸车卸料,以避免碰撞摊铺机。

(4)运输车辆有专人负责指挥和协调,现场专人指挥车辆倒料,避免混合料积压时间过长并确保摊铺能均匀不间断进行。

5.2.7 混合料摊铺

(1)准备工作面:施工前一天准备好工作面,并组织相关技术人员对下承层进行检查、验收;下承层表面应平整、坚实,具有相应路拱,认真清除下承层上的所有浮土、杂物及处理局部路段上的松散部分,并检测高程、宽度、横坡度、平整度以及压实度。各项技术指标必须满足相关技术规范要求。

(2)测量放样:在经检测合格的下承层上恢复中线,直线段每15m、曲线段每10m设一中桩,并在两侧路肩边缘外放出相应的指示桩,指示桩上应明显标出底基层边缘的设计高度。在每个指示桩位置上打一钢钎,钢钎上配有挂钢丝绳(控制线)的固定螺栓。固定螺栓的固定位置为边桩处的底基层高程加根据松铺系数算出松铺厚度,用水准仪测量固定螺栓的固定位置。最后挂钢丝绳,其两端固定稳固。钢丝绳必须拉紧,防止中间下垂,影响摊铺质量。

(3)模板设置:对已放样好的路段,沿摊铺边缘,根据摊铺厚度和松铺系数,摊铺前在内、外两侧分别设置合适的槽钢,其厚度为底基层设计厚度,以保证底基层边缘的压实度。模板设置必须稳固,保证在摊铺及碾压过程中不产生变形，影响压实度。

(4)混合料摊铺：路幅较宽，单幅为14.25m，为避免形成纵缝，采用RP951、RP951W型双机联合摊铺混合料，并可减少边部离析现象。底基层设计厚度为20cm，一次摊铺成型，根据试验段确定其松铺厚度为26cm。

(5)摊铺机就位前应调整好熨平板的宽度，并根据基层厚度调整好高度。在摊铺机熨平板下预先垫上方木垫块，方木垫块的高度为基层压实高度乘以松铺系数。

(6)将电子调平装置安放在基准钢丝上，按设计横坡调好摊铺机横坡仪。混合料摊铺采用两台摊铺机联合梯队作业时，为确保基层厚度、高程、路拱横坡度满足设计要求，摊铺时前一台摊铺机(靠中分带侧)靠路中分带一侧采用基准钢丝引导控制高程，靠路中央一侧依靠摊铺机横坡仪控制摊铺层横坡；后一台摊铺机靠已铺层一侧采用走滑板感应的方式控制高程，靠路边一侧同样采用基准钢丝引导控制高程。

(7)混合料摊铺采用两台摊铺机梯队摊铺时，摊铺机梯队间距要均匀且保持在8～10m之间同步向前摊铺混合料，搭接宽度200mm左右，以保证两次摊铺接缝处的紧密，并一起进行碾压。两台摊铺机应保证其速度、摊铺厚度、松铺系数、路拱坡度、摊铺平整度、振动频率一致，相邻两摊铺机纵向接缝平整。

(8)摊铺机要缓慢、均匀、连续不断地摊铺，根据拌和设备的生产能力，应采用合理的施工速度，禁止停机待料。摊铺过程中不得随意变换速度或中途停顿，以提高平整度，减少混合料的离析。摊铺机的摊铺速度一般宜在1～1.5m/min左右。

(9)为消除摊铺过程中产生的离析，摊铺过程中控制螺旋布料器全部埋入混合料中，螺旋布料器应均匀低速搅拌，并设专人跟在摊铺机后面处理混合料离析现象，特别是粗集料窝要及时清除，采用细料进行修补，严重部位挖除后采用符合要求的混合料填补，挖除深度不小于150mm。

5.2.8 混合料碾压

(1)碾压的机械组合：碾压是电石泥施工控制的重要环节，为防止混合料水分挥发，保证结构层在合适的含水率下成型，压路机紧跟摊铺机及时进行碾压。当混合料整平到需要的断面和坡度后即可进行碾压，首先用CA30D型12t振动压路机在全宽内进行一遍不振动预压后再进行一遍微振碾压，第三遍开始采用YZ18振动压路机强振碾压为2～4遍，直至使底基层表面无明显轮迹为止，再用CA30D型12t振动压路机进行一遍微振，最后CA30D型12t振动压路机静压收面完成。碾压时直线段由两侧路肩向中心碾压，曲线段由内侧路肩向外侧路肩进行碾压。碾压结束后，随机选取一处，记录桩号、位置，采用灌砂法检测其压实度。检测证明，电石泥、粉煤灰二灰砂砾底基层施工采用振动压路机碾压时，第一遍不振动预压能使底基层表面平整度好，经预压后振动压实效果比未预压的效果好。

(2)碾压过程控制

①碾压遵循"碾压先静后振、先轻后重、先慢后快、由低到高、轮迹重叠"的原则，每车道碾压重叠1/2轮宽，后轮必须超过前轮的接缝处，注意稳压要充分，振压不起浪、不推移。压实时，遵循静压→微振动碾压→强振动碾压→静压收面的程序，压至无轮迹为止。

②碾压要及时，初压应紧跟摊铺机后面，但不超过后一台摊铺机位置，一次碾压长度一般为50～80m，全宽内碾压。压路机每次由两端折回的位置不允许在同一横断面上。碾压段落必须层次分明，设置明显的分界标志。

③压路机开始碾压时，先沿接缝横向碾压，由前一天压实层上逐渐推向新铺层，碾压完毕再纵向正常碾压。压路机应按要求碾压，控制好压实遍数，杜绝漏压。

④压路机碾压时的行驶速度要均匀，严禁突然加速或减速，压路机倒退换挡要轻且平顺，不拉动基层。前两遍碾压速度以1.5～1.7km/h为宜，以后用2.0～2.5km/h的速度。后轮压完路面全宽时，即为一遍。

⑤压路机停车要错开，相隔间距不小于3m，应停在已碾压好的路段上。

⑥严禁压路机在已完成的或正在碾压的路段上掉头和紧急制动。

⑦碾压宜在试验确定的延迟时间内完成碾压，并达到要求的压实度，同时没有明显的轮迹。

⑧碾压过程中,基层表面应始终保持湿润,如水分蒸发过快,应及时补洒少量的水,但严禁大量洒水碾压。

⑨压路机压不到的地方应用小型平板式振动器施振密实。

(3)碾压完成后,用灌砂法检测压实度,并和碾压遍数进行校核。碾压遍数满足后再检测压实度,确保压实度满足要求。

5.2.9 接缝处理

(1)用摊铺机摊铺混合料时,不宜中断,如因故中断时间超过2h,应设置横向接缝,摊铺机应驶离混合料末端。

(2)人工将末端含水率合适的混合料摊铺整齐,紧靠混合料放两根方木,方木的高度应与混合料的压实厚度相同;整平紧靠方木的混合料。

(3)方木的另一侧用砂砾或碎石回填约3m长,其高度应高出方木几厘米,将混合料碾压密实。

(4)在重新开始摊铺混合料之前,将砂砾或碎石和方木除去,并将下承层顶面清扫干净。

(5)摊铺机返回到已压实层的末端,重新开始摊铺混合料。

5.2.10 养生及交通管制

(1)每一施工段碾压完成且经压实度检测合格后立即开始养生。覆盖物尽量选择保水性好、能够回收利用的材料。

(2)养生期间底基层表面要保持湿润,不应时干时湿,养生期一般需要7d。

(3)摊铺中洒水方式采用喷雾式洒水养生,不得采用高压式喷管。

(4)养生期间采用防护栏封闭交通,并设专人看管,严禁其他车辆通行。

6 材料、设备和劳动力组织

6.1 主要材料

6.1.1 电石泥:来源于乌海市君正能源化工有限责任公司排放的电石泥,有效钙镁含量为61.4%,达到三级以上石灰要求。电石泥含水率小于18%。

6.1.2 粉煤灰:粉煤灰中二氧化硅 SiO_2、三氧化二铝 Al_2O_3、三氧化三铁 Fe_2O_3 总含量应大于70%,烧失量≤20%,0.3mm筛孔通过百分率≥90%,0.075mm筛孔通过百分率≥70%。含水率<35%。

6.1.3 集料:集料按粒径19~37.5mm、9.5~19mm、4.75~9.5mm和0~4.75mm四种规格备料。碎石的最大粒径为37.5mm。碎石压碎值应不大于35%,碎石针片状含量应不大于18%,砂砾中小于0.6mm的颗粒必须做液限和塑性指数试验,要求液限小于28%,塑性指数小于9。

6.1.4 水:凡饮用水皆可使用。

6.2 主要施工设备及检测仪器表

6.2.1 主要施工设备(表1)

主要施工设备 表1

序号	设备名称	单位	规格型号	数量	备注
1	拌和机	座	WCB600	1	
2	摊铺机	台	RP951	1	
3	摊铺机	台	RP951W	1	
4	振动压路机	台	YZ18	2	
5	振动压路机	台	CA30D	2	
6	装载机	台	ZL50C	6	
7	自卸汽车	台	15~20t	12	
8	洒水车	台	8t	4	

6.2.2 主要试验、检测设备(表2)

主要试验、检测设备　　表2

序号	仪器名称	单位	规格型号	数量	备注
1	电动重型击实仪	座	BJ—111	1	
2	电热鼓风干燥箱	台	HWX—L		
3	路面材料强度仪	台	BT12F	1	
4	电动脱模仪	台	T150D	1	
5	电液式压力试验机	台	JYE2000	1	
6	电子称	台	CA30	2	
7	电子天平	台	JT—5002	1	
8	电子天平	台	JT—50001	1	
9	分析天平	台	FA1004		
10	混凝土钻孔取芯仪	台	HZ200		
11	液塑限联合测定仪	台	TYS—3	1	
12	EDTA 滴定台	台	50ml	1	
13	标准养护室	座	满足要求	1	
14	高温炉	台	KSL1600X	1	
15	灌砂桶	套	C150	2	
16	全站仪	台	莱卡 7200	1	
17	水准仪	台	苏州	2	

6.3 劳动力组织(表3)

劳 动 力 组 织　　表3

序号	工种名称	数量	工作内容	备注
1	项目经理	1	施工组织管理	
2	工段长	2	现场施工管理	
3	拌和机操作员	3	拌和楼操作、检修、保养	
4	拌和机试验员	3	后台试验,1人专职控制含水率	
5	专职安全员	1	现场安全管理	
6	摊铺机操作员	3	摊铺机操作、检修、保养	
7	压路机操作员	6	压路机操作、检修、保养	
8	洒水车驾驶员	2	车辆操作、检修、保养	
8	现场施工员	2	现场技术管理	
9	测量员	3	施工放样、几何尺寸控制	
10	现场试验员	3	现场检测	
11	质量检查员	2	现场质量管理	
12	电工	2	现场电气线路维护管理	
13	普工	24	配合拌和站拌和、摊铺机摊铺	

7 质量控制

7.1 质量标准

严格按照《公路路面基层施工技术规范》(JTJ 034—2000)及《公路工程质量检验评定标准》(JTG

F80/1—2004)进行检测,实测项目见表4。

质量实测项目 表4

项次	检查项目	规定值或允许偏差	检查规定		质量要求
		底基层	频率	方法	
1	压实度(%)	不小于96	2处/200m/车道	每处每车道测一点,用灌砂法检查,采用重型击实标准	符合规范要求
2	平整度(mm)	12	2处/200m	用3m直尺连续量10尺,每尺取最大间隙	平整、无起伏
3	纵横高程(mm)	+5,-15	4断面/200m	每断面3~5点,用水准仪测量	平整顺适
4	宽度(mm)	符合设计要求	4处/200m	用尺丈量	边缘线整齐,顺适,无曲折
5	厚度(mm)	代表值-10 合格值-25	1处/200m/车道	每处3点,路中及边缘任选挖坑丈量	均匀一致
6	横坡(%)	±0.3	3个断面/100m	用水准仪测量	符合设计要求
7	强度(MPa)	0.6	每2 000m²1组	7d浸水抗压强度	符合设计要求
8	灰剂量(%)	±0.5	每2 000m²1次	EDTA滴定法及总量校核	
9	级配	符合规范要求	每2 000m² 至少1次	水洗筛分	符合规范要求
10	含水率(%)	9.8%	据观察,随时试验	烘干法	大于最佳含水率+1%~+2%
11	拌和均匀性	符合规范要求	随时	观察	无灰条、灰团,色泽均匀,无离析现象
12	外观要求	表面平整密实,无坑洼、无明显离析,无浮石、弹簧现象;无明显压路机轮迹;施工接茬平整、稳定			

7.2 质量控制措施

7.2.1 根据生产配合比,对前几盘拌和料进行含水率、灰剂量检测,如发现不符合要求时,立即停止拌和,并找出原因,及时调整。

7.2.2 建立健全工地试验、质量检查及工序间的交接验收等项目制度。

7.2.3 试验、检验应做到原始记录齐全,数据真实可靠。

8 安全措施

8.1 认真贯彻"安全第一,预防为主"的安全工作方针,加强安全教育与安全管理,严格执行安全生产制度和操作规程,切实做好安全技术交底。

8.2 混合料拌和站宜封闭,禁止闲杂人员进入拌和场,控制台更需严格管理,仅操作人员使用;拌和场要设置醒目显著的施工警告标志牌,并安排专人管理;上料通道禁止人员穿行。

8.3 施工现场的临时用电严格按照有关规定执行,电工必须持证上岗,严格执行临时用电专项方案。

8.4 拌和楼开机前要认真检查,保证设备性能良好,安全可靠;当日工作结束后,及时保养;交接班时,要相互仔细交接检查,填写交接记录。

8.5 施工便道畅通,雨天无泥泞;尽量选择独立道路,避免和社会车辆公用道路;便道沿线应设立安全警示牌;道口设标志标牌正确、醒目,派专人管理;非工程车辆禁止通行。

8.6 摊铺机、压路机、运输车在工作工程中,除机组工作人员外,其他人员不得靠近,并设专人负责指挥协调施工机械密切配合作业,以免碰擦。

8.7 自卸汽车卸料时需专人指挥,现场交通专人指挥。

8.8 工地易燃物品要妥善存放,并做好防火标志。

8.9 建立完善的施工安全保证体系,加强施工作业中的安全检查,确保作业标准化、规范化。

9 环保措施

9.1 按照国际 ISO 14001 环境管理体系要求建立现场环境保护管理机构,加强对工人的环境保护教育。

9.2 拌和场地选择要考虑远离居民生活区。

9.3 应制订拌和场、施工便道、现场洒水防尘措施,持续洒水,尽量减少扬尘。

9.4 应严格管理工程机械用油,减少污染。

9.5 使用机械前,要进行检修保养,尽量减少机械噪声。

9.6 电石泥、粉煤灰存放时,宜覆盖,防止扬尘以及雨天时形成水污染。

9.7 散装粉状材料使用粉状运输车,装卸尽量避免在大风天进行。

10 资源节约

10.1 该工法主要优点是利用电石泥代替石灰用于公路建设,既减少因开采石灰石资源而造成的生态破坏,又可解决电石泥堆放导致的土地浪费及产生的环境污染问题,减少治理电石泥所需的环境投资,变废为宝,节约资源。

10.2 电石泥是乙炔生产过程中的副产品,本工法可利用副产品,将大量堆积的“废料”进行加工使用,为生产商解决了“废料”问题,不仅节约了当地资源,还可降低工程成本。

10.3 因采用电石泥替代石灰,减少了石灰石矿山资源的消耗,减少了对大气有温室效应的 CO 气体的排放,低碳减排。

11 效益分析

11.1 目前市场上的石灰价格在 250 ~ 280 元/t,考虑电石泥的运输、装卸和人工管理等费用,在与石灰稳定材料强度等效的情况下,使用电石泥比使用石灰可降低成本 210 ~ 216 元/t。

11.2 生产企业每年用于治理电石泥的环保投资费用较大,本项目的实施可为企业节约这部分费用,而且避免堆放地点发生倒塌以及发洪水时易形成泥石流等安全问题。

11.3 电石泥替代石灰,不但可以减少石灰石资源的开采,减少环境污染,低碳减排,而且可以大大降低公路建设的费用,这方面带来的直接经济效益很大。

11.4 用电石泥代替石灰,避免了消灰、筛灰、装灰、卸灰时对环境的污染,也相对改善了施工环境,环境污染程度降低。

12 应用实例

12.1 国道 110 线海勃湾至麻黄沟段公路改建工程第二合同段

12.1.1 工程概况

本合同承担国道 110 线海勃湾至麻黄沟段公路改建工程连接线 LK0 +000 ~ LK12 +000 范围内所有路基、桥涵、路面以及附属结构的所有工程。其中 20cm 石灰粉煤灰稳定级配砂砾底基层 324 100m^2。采用电石泥代替石灰二灰稳定砂砾底基层施工工法。施工工期 2010 年 3 月 15 日 ~6 月 10 日。

12.1.2 应用效果

在国道110线海勃湾至麻黄段公路改建工程第二合同段路面底基层施工中,采用电石泥粉煤灰二灰稳定砂砾施工技术,本工程电石泥用量为5 943t,直接经济效益为128万元,且施工质量优良、节约资源,符合国家低碳减排政策要求,取得了良好的经济效益和社会效益,成果显著。

12.2 乌海市海勃湾至海南区城际快速通道工程3标段

12.2.1 工程概况

乌海市海勃湾区至海南区城际间快速通道工程3标段位于乌海市海勃湾区,道路全长22.843km。本合同段起讫桩号K10+000~K19+000,长9km,一级公路,路基宽32.0m,路面宽22.5m。主要工程内容包括:路基、路面工程9km;小桥2座、涵洞19道。

12.2.2 应用效果

在乌海市海勃湾至海南区间城际快速通道工程第3标路面底基层施工中,采用电石泥粉煤灰二灰稳定砂砾施工技术,本工程电石泥用量为9 185t,直接经济效益为198万元,且施工质量优良、节约资源,符合国家低碳减排政策要求,取得了良好的经济效益和社会效益,成果显著。

12.3 乌海市海勃湾至海南区城际快速通道工程4标段

12.3.1 工程概况

乌海市海勃湾区至海南区城际快速通道工程4标段位于乌海市海勃湾区,道路全长22.843km。本合同段起讫桩号为K19+000~K22+843.437,长3.843km,一级公路,路基宽32.0m,路面宽22.5m。主要工程内容包括:路基、路面工程3.843km;分离立交2座、大桥1座、小桥3座、盖板涵2道。

12.3.2 应用效果

在乌海市海勃湾至海南区间城际快速通道工程第4标路面底基层施工中,采用电石泥粉煤灰二灰稳定砂砾施工技术,本工程电石泥用量为3 759t,直接经济效益为81万元,且施工质量优良、节约资源,符合国家低碳减排政策要求,取得了良好的经济效益和社会效益,成果显著。

大厚度水泥稳定土基层摊铺离析控制施工工法

GGG(黑)B1027—2010

杨继禹　张　众　卢立军　赵月平　王胜利
(龙建路桥股份有限公司　河北路桥集团有限公司
黑龙江省龙建路桥第二工程有限公司)

1　前言

我国交通事业的飞速发展,伴随而来的是公路上的交通流量和行车吨位不断增加,因此对公路抗荷载要求越来越高。而大厚度稳定类基层具有较强的扩散荷载能力,为了满足当前形势下的公路使用要求,保证路基强度和稳定性,大厚度稳定类基层正逐渐得到设计单位和施工单位的青睐。

增加了厚度的基层,如按传统工艺施工,大厚度且宽度大于6m的一般要分为上下两层两台摊铺机并机摊铺,并机摊铺容易产生上下基层层间结合不好的质量隐患,特别是在冬夏温差70多度的东北地区,摊铺施工后分层板体极易产生错位、断裂。采用并机摊铺的方法,在两台摊铺机的搭接处,大粒径粒料在两台摊铺机的卸荷口连接处自上而下滚落,极易产生粗集料在下、细集料在上的离析。规范要求,两台摊铺机梯队作业时,搭接宽度不小于30cm,在搭接带上两台摊铺机重复摊铺振捣,导致搭接带初始密实度与两边密实度相差很大,压路机碾压时搭接带承受了压路机的大部分重力,而搭接带两侧受力不足,碾压密实度就低,这一压实不足的离析接缝带有时会位于重车道上,形成严重的质量隐患;而分两次施工,摊铺时间及养生时间增加近一倍,也极大地延长了工期。

随着近年来摊铺机性能逐渐提高和压实设备吨位的大幅提高,检测方法逐步改进。为了节省工期,同时保证压实度,避免混合料搭接离析,在齐泰高速公路施工过程中,龙建路桥股份有限公司会同齐泰高速公路建设指挥部、设计单位、河北路桥集团有限公司、陕西中大机械集团及哈尔滨工业大学等单位制订实施了大厚度水泥稳定土基层摊铺离析控制施工工法。通过本工法施工,解决了基层分层施工层间结合不好、混合料离析以及基层整体性、稳定性、耐久性及抗冻性不足等问题,同时加快了施工进度、减少了机械成本及养生费用,具有广泛的推广价值。2010年本工法经查新,无相关文献,处于国内领先水平。本工法荣获龙建路桥股份有限公司2010年度工法优秀奖和省级工法2009年度黑龙江省工程建设工法。

2　工法特点

2.1　通过本工法施工解决了大厚度基层分层摊铺层间结合不好,上层施工对下层施工产生扰动及并机摊铺易发搭接离析等质量隐患,提高了基层的整体性、稳定性、耐久性及抗冻性。

2.2　采用本工法施工有效地提高了路拱横坡的一致性,避免上层出现薄厚不均现象,基层平整度、压实度、高程得到有效控制。

2.3　采用本工法施工可以大幅提高施工速度,从而降低施工机械、人工成本。同时不需要分层养生,降低了养生费用。

2.4　本工法施工中采用具有“低速大扭矩马力摊铺机螺旋驱动装置”、“混合料摊铺机螺旋分料器齿轮驱动机构”、“防止路面摊铺竖向离析的装置”等众多防离析专利技术的陕西中大摊铺机进行全宽范围一次性整体摊铺,降低了宽幅、大厚度摊铺时混合料产生离析的几率。

2.5　本工法注重原材料源头控制,注重混合料配合比及级配控制。在备料时采用“凹”形水平倾斜逐渐增高的方式堆放原材料,避免材料备入即产生粗细集料集中现象;混合料拌和时,在拌和站配料斗顶部加设方孔筛,筛去配料中超标准颗粒,并分散颗粒使之均匀下落;在成品仓前壁设置3道分流板,迫使大部分粗料落在料仓中央,以减少离析产生。

3　适用范围

大厚度水泥稳定土基层摊铺离析控制施工工法可以适用于所有厚度大于20cm的水泥稳定粒料基层、底基层的施工。

4　工艺原理

摊铺所用设备采用具有专利技术的陕西中大大厚度、抗离析、全铺摊铺机摊铺,全宽范围内一次性摊铺成型的方法施工,摊铺速度控制在1.0~2.0m/min。摊铺过程中每10m左右采用“挂线法”检查一次摊铺的混合料的高程。在摊铺过程中派专人跟随摊铺机每摊铺5m就分左中右检测其松铺厚度并详细记录。摊铺后碾压前应测定铺筑层的高程,其位置与测定路基顶面高程相一致。通过严把材料关,控制好粒料级配;控制运输车装卸环节;控制摊铺速度,减小传送离心力;改变布料器结构,反向安装反向拨料等方法控制混合料离析的产生。

5　施工工艺流程及操作要点

5.1　工艺流程(图1)

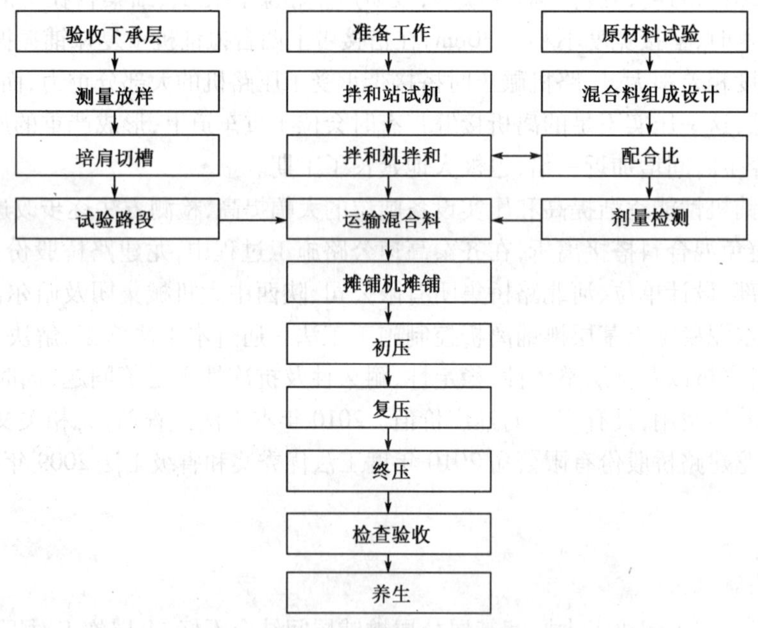

图1　大厚度水泥稳定土基层摊铺离析控制施工工艺流程图

5.2　施工准备

试验段施工前,对下承层压实度、高程、宽度、平整度、横坡及边坡等进行复测和全面检查验收,均应符合设计及规范要求。

5.3　测量放样

恢复中线,并根据中线在两侧路肩边缘外设指示桩,然后根据底基层铺筑厚度进行水平控制测量,在两侧指示桩上挂好钢绞线、标出水泥稳定土层顶面的设计高程(含松铺系数及超声波找平仪预设高度)。

5.4 清扫下承层顶面

将下承层清扫干净，表面无浮土、杂物，保持洁净，并洒水使之湿润，便于层间结合。

5.5 拌和混合料

试验段混合料的拌和采用集中厂拌法，应配备足够的拌和设备，使产量能保证摊铺连续作业。

每台拌和设备都装有电子称，对各种材料进行计量。在正式施工前进行试拌，试拌取得成功后即可进行正式施工拌和。拌和时根据实际情况调整各个料斗的开度，保证混合料质量满足设计要求。试验人员要经常检查混合料中各种材料的比例、含水率等指标。拌和过程中易产生离析，主要是配合比控制不到位造成的，包括对粒料级配和含水率的控制。为了避免在这一环节产生离析，应加强对级配和含水率的控制。试验人员待调整配合比稳定后，要经常对混合料进行筛分和含水率检测，按照级配曲线和最佳含水率要求对级配和含水率进行及时调整，避免产生离析。

及时制作试件进行试验，视天气情况调整含水率，确保碾压时含水率在最佳含水率 ±2% 范围内，并且以开始拌和至碾压成型控制在 3h 内。

5.6 混合料的运输

5.6.1 采用自卸汽车进行混合料的运输，在运输过程中保证运输车辆箱体密封完好，并根据天气、运距等情况，采用一定的覆盖措施，防止水分蒸发或遭雨淋。

5.6.2 自卸汽车应停在摊铺机前，让摊铺机推着自卸车行走，防止自卸汽车撞击摊铺机。

5.6.3 成品混合料在装车和运输过程中，也极易产生离析。为了避免产生离析，可采用如下措施：

(1)装料过程中运料车要前后移动，严禁向车槽的中间部位连续卸料，应先向车槽前部卸料，再向后部卸料，最后向中间卸料。

(2)运输过程中车速不能太快，以防止颠簸产生离析。成品料必须覆盖，防止料车表面的水分散失而加大卸料时产生的离析。

5.7 混合料的摊铺

5.7.1 按照预先拟定的施工方案，一次性摊铺成型。为防止混合料离析和避免纵向接缝，摊铺所用设备应采用专门设计的大厚度摊铺机一台，全宽范围内一次性摊铺成型的方法施工，摊铺速度控制在 1.0～2.0m/min。

摊铺开始前，调整熨平板下面的垫木，使高度达到松铺层表面高程。松铺层表面高程 = 钢丝线高程。

垫木厚度调整准确后，将熨平板落在垫木上，再复测熨平板后沿高程是否达到松铺层表面高程，即是否与钢丝线高程一致。如果不一致，再调整垫木。调整熨平板仰角，使之达到预设值 1°。

调整摊铺机上的自动调平控制器，使之达到正常摊铺状态。开始输料，使物料输送到熨平板全宽度上，而且料位高度均匀一致。然后开始浮动摊铺，摊铺 1m 左右时，如果自动调平仪显示在调厚状态，说明铺厚了，而且越铺越厚；如果显示在调薄状态，说明铺薄了，而且越铺越薄。此时调整自动调平仪，使摊铺厚度减薄或增厚，这种调节应微量微调。当自动调平仪显示在非控制状态，测量此时的松铺层表面高程，如果铺厚了或铺薄了，就向减薄或增厚调整。当自动调平仪显示在控制状态，测量此时的松铺层表面达到高程时，即厚度调节基本结束，以后摊铺不出意外，就不需再调整自动调平仪。摊铺机前进过程中，始终保持直线，并使左右测平传感器自然垂落在钢丝绳上，以保证准确的摊铺宽度和厚度。

为保证摊铺的连续性，摊铺过程中须有 2～3 车料的储备。卸料车辆在摊铺机前方 20～30cm 处停车，由摊铺机迎上去推动卸料车，一边前进一边卸料，卸料速度应与摊铺速度相协调。卸料时由专人指挥卸料。

摊铺过程中每 10m 左右采用挂线法检查一次摊铺的混合料的高程。如超过误差范围则应缓慢调动传感器，使其在允许的误差范围内。在摊铺过程中派专人跟随摊铺机每摊铺 5m 就分左中右检测其松铺厚度并详细记录。

摊铺后碾压前应测定铺筑层的高程,其位置与测定路基顶面高程相一致。

5.7.2 在混合料摊铺过程中也容易发生离析现象,具体现象和解决措施如下。

(1)搭接离析

现在大部分的路面工程路面宽度较大,多采用两台摊铺机并机摊铺的方法,在两台摊铺机的搭接处,大粒径粒料在两台摊铺机的卸荷口连接处自上而下滚落,产生粗集料在下、细集料在上的离析。规范要求两台摊铺机梯队作业时,搭接宽度不小于30cm,在搭接带上两台摊铺机重复摊铺振捣,导致搭接带初始密实度与两边密实度相差很大,压路机碾压时搭接带承受了压路机的大部分重力,而搭接带两侧受力不足,碾压密实度就低,这一压实不足的离析接缝带有时会位于重车道上,是严重的质量隐患之一。

解决这种离析要提高施工人员的质量意识和施工技术水平,并采用具有专利技术的陕西中大摊铺机单机整幅作业来解决。

(2)竖向离析

竖向离析主要是由于基层铺筑厚度较大,摊铺机在工作时,螺旋送料器前挡板离地间隙较大,造成大集料自然向下滚落,形成下层集料粗、上层集料细的竖向离析,上层基层铺筑时形成的这种竖向离析不利于上层同下层的结合,情况严重的基层下层总有3~5cm厚难以形成工程要求的强度,严重影响基层的力学性能。

解决这一离析的措施很简单,只要消除挡板离地间隙大的情况就可以避免。在以往的施工过程中在前挡板处加挂一橡胶挡板,减少大料滚落的竖向空间距离,这种情况就可以得到明显改观。

(3)摊铺机收料斗收料离析

摊铺过程中,在摊铺完一车混合料后,摊铺机进行收斗操作,收料斗两侧堆积的大料在摊铺以后会出现明显的局部离析。

为了解决这一现象,经过实际施工的试验,摊铺机在收料以后不向后进料摊铺,料斗里的混合料待下一车混合料一同摊铺,摊铺效果要明显改观,降低了混合料的离析。

5.7.3 在摊铺现场,安排施工人员随时处理料的局部不平整(增、减、补料),同时,随时检查和处理离析现象,并随时与拌和站和试验室联系。

5.8 混合料的碾压

碾压采用静压、预压、强压和终压顺序碾压方式。碾压作业满幅进行,做到均匀不漏压。除了路幅两边应适当增加碾压遍数外,各部位碾压遍数相同,压路机无法碾压的局部地方,采用打夯机打夯密实。

压实遵循先轻后重、先慢后快、先静后振、由边向中、由低到高的原则,以达到平整、密实的结果。

静压:静压采用18t振动压路机进行碾压,静压1遍。

预压:预压采用20t振动压路机进行振压,振压1遍。

强压:强压采用32t以上振动液压传动超重吨位超大激振力压路机碾压,振压3遍。分两步碾压:

压路机前进时采用大振幅低频强压(作用深度大,压实底层)。压路机返回时采用小振幅高频振压。

终压:采用25t胶轮压路机碾压至无轮迹为止。

碾压路线:碾压时,应重叠1/2轮宽,后轮必须超过两段的接缝处,后轮压完路面全宽时,即为一遍。

碾压速度:静压时1.5~2km/h,振压时2~2.5km/h,终压2~3km/h。严禁压路机在已完成的或正在碾压的路段上随意掉头或急停车,以保证底基层表面不受破坏。碾压过程中,混合料表面应始终保持湿润,如水分蒸发过快,应及时补洒少量水,但严禁洒水量过大。

压路机强压时,起振前,压路机应先启动;停振后,压路机再停机,以防止起振过振、停振拥包。

碾压时应严密组织,从加水拌和到碾压终了的延迟时间不应超过3h。

5.9 养生

碾压完成后,采用洒水车洒水并用透水土工布覆盖进行养生,养生时间不少于7d。整个养生期间必须始终保持底基层表面潮湿,用洒水车经常洒水进行养生,每天洒水的次数视气候而定,并应封闭交通。

6 材料与设备

6.1 材料(表1)

原材料明细表 表1

序号	材料名称	规格	序号	材料名称	规格
1	水泥	PC32.5	3	中砂	0~4.75mm
2	砂砾	0~37.5mm			

6.2 主要设备(表2)

机械设备明细表 表2

序号	名称	型号	数量	用途
1	中大摊铺机	DT1400	1台	基层摊铺
2	水泥稳定土拌和站	600型	1座	拌和基层水泥稳定土混合料
3	水泥稳定土拌和站	500型	1座	拌和基层水泥稳定土混合料
4	振动压路机	YZ32	1台	碾压基层
5	振动压路机	XSM220	1台	碾压基层
6	胶轮压路机	XPS261	1台	碾压基层
7	装载机	ZL50	4台	装卸

7 质量控制

7.1 本工法实施过程中质量控制严格按照以下规范及规程:

(1)《公路路面基层施工技术规范》(JTJ 034—2000);

(2)《公路工程质量检验评定标准》(JTG F80/1—2004)。

7.2 建立质量保证体系,严格执行自检、抽检制度,做好施工原始记录。

7.3 原材料的质量控制

7.3.1 水泥等材料进场前必须进行抽查,检验合格并经监理工程师同意后,方能组织备料,进场的材料要有出厂合格证明单。

7.3.2 砂砾、中砂等材料,应选择合适料场,经检验合格并经监理工程师、指挥部同意进场后,方能备料。

7.3.3 对水泥稳定基层混合料配合比的试验,均应选择具有一定代表性的试样进行试验,确定出满足施工技术要求的试验数据。

7.3.4 以上确定的基础试验项目,应选择监理工程师指定的试验单位进行试验,试验数据经监理工程师确认合格后,方能按此结果进行施工。

7.4 大厚度水泥稳定粒料基层、底基层的压实度、平整度及防止混合料离析是质量控制的关键。

7.4.1 压实度的控制。在施工过程中一定要按照试验段确定的压实方法和遍数进行压实,压实完成后及时检测压实度,检测方法可以采用20cm灌砂筒全厚度检测或采用15cm灌砂筒分层检测。

7.4.2 平整度控制。注意压实方法,压实顺序为静压→弱振→次强振→强振→弱振→静压收光。

轮幅重叠半幅,避免主动胶轮重叠、横向推移,形成纵沟;停机提前停振,缓停机,梯形差位停机,避免停机一条线或各次碾压停同一位置;避免纵向推移,形成横沟。

摊铺过程中要注意保证摊铺密实均匀度,保证螺旋料槽和刮板料槽满料。摊铺速度和振捣频率不可随意变动,摊铺速度确需变动时,振捣频率也应做相应调整,以保证等振距。摊铺弯道时转向缓打,把握起步手柄推进速度。注意观察料车门是否阻挡进料口。建议尽量用大料车,或采取措施防止进料口受阻。如出现此情况,随时停车补料。总之,满埋螺旋,匀速运转是关键。

7.4.3 混合料离析控制。原材料方面,首先要保证水泥质量,对水泥进行源头控制,每批水泥均应检验合格后,方可使用。对于集料,要严格控制最大粒径,不应超过设计的最大粒径,不合格的材料不允许进场。在备料过程中要注意不同产地、规格的集料要分别堆放,不得混堆。

生产拌和时,可以通过改进工艺、改进机械设备性能来避免离析的产生。针对传送带输送抛落到成品仓时造成的离析,可在传送带对面加一块挡板来防止大石子抛落太远,但具体位置和角度需要根据实际情况确定。同时拌和人员加强巡查,特别要加强对水泥剂量的控制,发现问题及时处理。

采用先进的可防离析的摊铺设备,在施工过程中随时检查摊铺机各部结构,个别损坏的摊铺机螺旋分料器及时更换,仔细调整螺旋分料器的固定杆,使其按同一轴心旋转,熨平板对应主机对称安装,摊铺时随时检查熨平板拉杆有无松动现象,发现问题及时调整,通过以上措施可降低带状离析。

合理设计储料仓仓门至自卸汽车车厢间的距离,减少混合料下落高度,防止大碎石流到四周下部产生离析。

每车料由储料仓分三次卸料,先向车厢前半部卸料,再向后半部卸料,最后向中间卸料,减少混合料中大料在料堆上的滚动距离,降低离析。

前一辆车向摊铺机受料斗卸料完毕后立即离开,后一辆车及时向摊铺机喂料,使新料与受料斗中的旧料混合,尽量不要翻起受料斗两端侧板刮料板喂料,否则将侧板翻起时,则靠近侧板边已离析的大碎石将集中在送料板上,再进入分料室,摊铺后会产生大面积离析。

沥青混凝土拌和时对上料的装载机进行分工,每台装载机负责 1 ~ 2 种材料的上料,在料堆和冷料仓上设置明显的标志,避免混料。

8 安全措施

8.1 遵照国家颁发的有关安全技术规程和安全操作规程施工,加大安全工作宣传力度,对全员进行安全教育,进行全面有针对性的安全技术交底;对生产工人必须进行安全技术培训,接受技术、安全交底者应履行签字手续,使参加施工生产的人员都具备必要的安全生产知识,熟悉有关的安全生产规章制度和安全生产操作规程,掌握本岗位的安全操作技能,提高他们的防范意识和避险能力,认清安全工作的重要性,在项目范围内形成人人抓安全、人人管安全、人人自觉遵守安全制度的良好氛围。

8.2 特殊作业人员,包括驾驶员、机械设备操作员、电工、电气焊工等操作人员,必须经过专门的安全作业培训,必须持证上岗,杜绝操作失误事故的发生。

8.3 现场施工人员必须穿安全背心,施工现场至少有一名安全员,负责施工现场安全管理。

9 环保措施

遵守和执行国家及地方环保法规,对全体人员进行环保法规的教育,使所有人员牢固树立环保意识,自觉遵守环保规定。

9.1 保护水质

施工废水、生活污水要经处理,不得直接排入饮用水源及河道内;在施工期间和完工以后应妥善处理施工区域及砂石料场,消除其对耕地及环境的危害。冲洗集料或含有沉积物的操作用水,应采取过滤、沉淀池处理或其他措施,做到达标排放。施工期间,施工物料如水泥、油料、化学品等应堆放管理严格,防止雨季或暴雨将物料随雨水径流排入地表及附近水域造成污染。施工机械应防止漏油,禁止机械在转动中产生的油污水未经处理就直接排放，或维修施工机械的油污水直接排放。

9.2 控制扬尘

为了减少施工作业产生的灰尘，应随时进行洒水或其他抑尘措施，使不出现明显的降尘。易于引起粉尘的细料或松散料应予遮盖或适当洒水润湿。运输时应用帆布、盖套及类似遮物覆盖。

运转时有粉尘发生的施工场地，应有防尘设备，在这些场所作业的工作人员，应配备必要的防护用品。

9.3 减少噪声、废气污染

使用拌和站等机械设备的工艺操作，要尽量减少噪声、废气等污染；建筑施工场地的噪声应符合《建筑施工场界噪声限值》(GB 12523—1990)的规定，并应遵守当地有关部门对施工噪声的规定。

9.4 保护绿色植被

要大力保护公路用地范围之外的现有绿色植被。施工期间被工程破坏的植被面积应严格控制，除了不可避免的工程占地、砍伐以外，不应再发生其他形式的人为破坏。

10 资源节约

大厚度水稳基层整体摊铺离析控制施工工法，可以缩短工期、节省成本和提高质量；相对于传统工艺，一次性整体摊铺减少了施工机械数量，降低了油耗，节约了资源，同时也减少了对环境的污染；既有利于国家，也有利于业主和施工单位。

11 效益分析

11.1 技术效益

实践证明，大厚度基层整体摊铺离析控制施工，可以加快施工速度，摊铺后的基层将形成一个整体的板块结构，只要密实度达到要求，相对于两次分层摊铺来说，其抗拉伸、抗冲击强度可以提高80%以上，可以有效地避免和推迟早期路面的下沉、车辙形凹陷、分裂脱落、坑洞等常见病害的产生。对于提高公路路面质量，延长公路使用寿命有很大的帮助。

11.2 经济效益

11.2.1 缩短工程周期的比较。按铺筑10km的基层计算来进行比较：

(1)大厚度整体摊铺。摊铺机设置每分钟1.5m，根据实际施工情况每工作日铺筑700m，铺完10km的基层需要14个工作日。

(2)并机分层铺筑。分层摊铺10km的基层按单层计算是20km，根据实际经验每工作日可以铺筑1 000m，铺完20km的单层需要20个工作日。再加上养生期、组织施工、机械人工等，同样10km的基层，一次性大厚度铺筑可以缩短工期6d以上，说明一次性大厚度铺筑可以有效地缩短施工工期。

11.2.2 大厚度整体摊铺与并机分层铺筑的经济性比较。

因为大厚度铺筑和并机分层铺筑后场的各项费用均相同，所以不再考虑其经济比较，以齐泰公路D4合同段为例，主要以前场施工机械及人工比较如下：

(1)齐泰公路该段1km长，基层压实后厚度30cm，宽度大约为11.3m，总共是3 390m^3。

并机分层铺筑：

机械费用见表3。

人工费用：

工人20人。工人工资按每天60元。每天1 200元，共2 400元。

养生费用：

养生面积为22 600m^2，养生费用为1.47元/m^2，共33 222元。

并机摊铺费用为:16.62 元/m^3。

(2)大厚度整体摊铺

机械费用见表4。

机械费用表 表3

机械名称	施工天数	单价(元/d)	费用(元)	备注
普通摊铺机	2	2 752	11 008	根据以往实际经验按1 000m/d(单层)计算,铺完1km需要2个工作日。配备2台摊铺机,压路机各1台。所有的机械费均含燃油费用
XSM220 振动压路机	2	1 755	3 510	
CA30 振动压路机	2	1 588	3 176	
XPS261 胶轮压路机	2	1 505	3 010	
合计(元)	20 704			

机械费用表 表4

机械名称	施工天数	单价(元/d)	费用(元)	备注
DT1400 摊铺机	1.43	6 419	9 179	根据以往实际经验按700m/d计算,铺完1km需要1.43个工作日。配备摊铺机、压路机各1台。所有的机械费均含燃油费用
XSM220 振动压路机	1.43	1 755	2 510	
CA30 振动压路机	1.43	1 588	2 271	
XPS261 胶轮压路机	1.43	1 505	2 152	
合计(元)	16 112			

人工费用:

工人20人,工人工资按每天60元。每天1 200元,共1 716元。

养生费用:

养生面积为11 300m^2,养生费用为1.47元/m^2,共16 611元。

大厚度整体摊铺费用为:10.16元/m^3。

比较:

由此可见,大厚度整体摊铺较并机分层摊铺每立方米可节约6.46元。

11.3 社会效益

大厚度水泥稳定土基层摊铺离析控制施工工法,可以缩短工期、节省成本和提高质量,可以为投资方和施工方节约大量的资金,既有利于国家,也有利于业主和施工单位,具有很好的社会效益。

12 应用实例

12.1 应用实例一

拉五公路拉林至五常段水泥稳定土底基层摊铺采用了整体摊铺离析控制施工工法,工程于2007年10月29日开工建设,历时22个月零20天,于2009年9月21日顺利通车,提前一年完成全部施工任务,大大加快了施工进度,缩短了施工工期,降低了机械成本及养生费用。经省公路工程质量监督站验收,满足设计标准,工程质量合格,达到通车运营条件。

12.2 应用实例二

鸡讷公路林口至大罗密段水泥稳定粒料基层的摊铺中采用了大厚度水泥稳定土基层摊铺离析控制施工工法,工程于2007年9月开工,2009年9月竣工。工程施工全厚度一次性摊铺成型,减少了并机分层摊铺时纵向接缝离析及层间结合不好的质量隐患;保证路拱横坡一致,避免了各层出现薄厚不均现象;提高了施工速度,降低了施工成本,同时因不需要分层养生降低了养生费用。

12.3 应用实例三

齐泰高速公路 D4 合同段起止桩号为 K73 + 813.89 ~ K98 + 500，全长 25.315km（含长链 629.115m）。设计行车速度 100km/h，路基宽度 24.5m。底基层于 2009 年 5 月 5 日进行了一次性整体摊铺，截至 7 月 8 日已完成底基层施工 48.63km，平均每作业面日进度 700m 以上。由于本项目处高寒地区，底基层开始施工时，气温偏低，使用了复合型缓凝水泥，因此取芯时间为 10 ~ 14d。共取芯检验 512 点，合格率为 100%。此施工工艺减少了并机分层摊铺时纵向接缝离析及层间结合不好的质量隐患；保证路拱横坡一致，避免了各层出现薄厚不均现象；提高了施工速度，降低了施工成本，同时因不需要分层养生降低了养生费用。

新型聚合物改性水泥混凝土路面铺装施工工法

GGG(中企)B2028—2010

裴玉军　王晓红　王建华　王宇峰　樊忠祥
(中铁十九局集团有限公司)

1　前言

近年来,随着我国公路事业的快速发展,各项施工技术不断更新,而新型聚合物改性水泥混凝土路面的出现,为公路事业的发展又迈出了坚实的一步。为拓展新型聚合物改性水泥混凝土路面在辽宁省内的应用,中铁十九局三公司首次承担了辽宁本恒公路三架岭隧道路面新型聚合物改性水泥混凝土加铺工程。我们对施工过程中的质量和施工技术进行严格的控制,充分考虑到可能出现的影响新型聚合物改性水泥混凝土质量的一切因素,顺利完成了三架岭隧道内的路面加铺,并通过工程实践总结形成本工法。在2008年4月通过了中铁建总公司组织的鉴定评审,该技术总体水平达到国内领先水平。

2　工法特点

2.1　路面服务功能显著提高。聚合物改性水泥混凝土路面综合了传统改性水泥混凝土路面和沥青混凝土路面的各自优点,同时材料多孔的特点使其具有较好的透水、降噪功能。路面本身的表面处理工序,可以使其实现路面的彩色功能,给人们带来美的感受。

2.2　施工工艺简单可靠。只需摊铺机摊铺整平,无需压路机碾压,既省去了改性水泥混凝土路面振捣、抹平工艺,也省去了沥青路面的热拌、碾压工艺,使得路面的平整度、行车舒适度得到了极大提高。

2.3　具有良好的耐油、耐燃、耐热、耐光、耐酸碱、耐臭氧老化等性能。

2.4　成本具有明显优势。路面材料的特点以及路面设计理念上的更新实现了路面的薄层铺装,施工实践表明,路面一次性投资成本较沥青路面降低,经济效益显著。

2.5　路面维修简单、快捷,使用寿命可达10年以上。

3　适用范围

聚合物改性水泥混凝土路面结构,既可以用于新建的路面、桥面、隧道中路面,也可以用于改建的旧混凝土或者沥青路面。

4　工艺原理

4.1　新型聚合物水泥混凝土路面结构形式

辽宁本恒公路三架岭隧道属于旧路加铺,我们在施工完的水泥混凝土基层上,加铺界面黏结防水层、5cm聚合物水泥混凝土面层、功能性表面处理层,见图1。

4.2　工艺原理

新型聚合物水泥混凝土是以碎石为集料、改性聚合物和水泥为胶结料形成的高弹性混凝土,是根据

“骨架+结点+空隙”的材料结构模式,使改性聚合物和水泥互相作用并牢固地结合在一起,形成优良且具有足够强度、黏结性能、变形能力和韧性的聚合物水泥结合料。聚合物改性水泥浆黏结间断级配的碎石后,就形成了弹性好、强度高的透水混凝土。

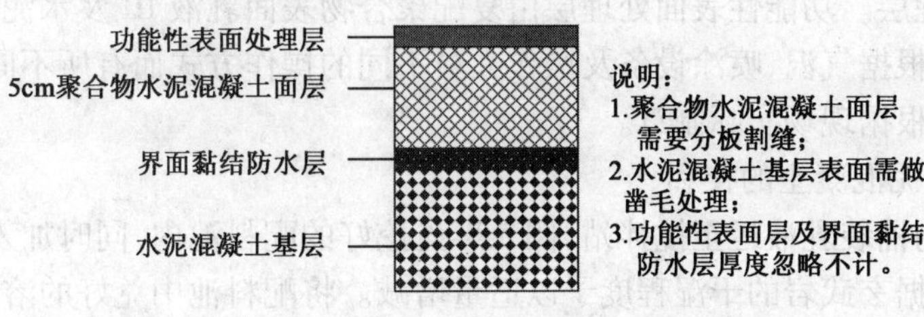

图1　聚合物水泥混凝土隧道路面加铺结构

5　施工工艺流程及操作要点

5.1　工艺流程(图2)

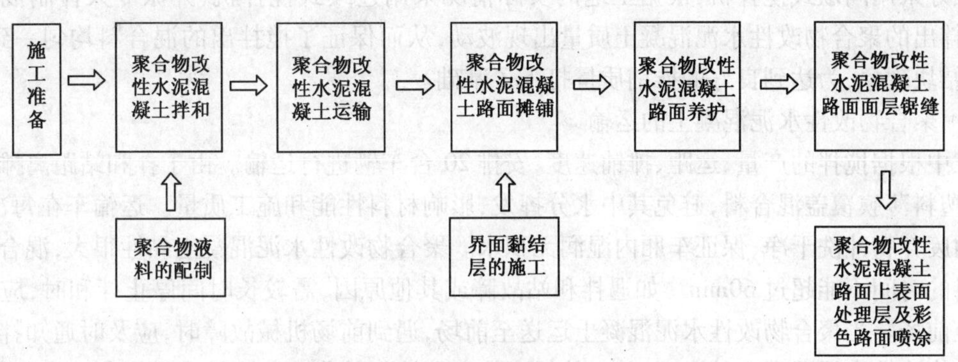

图2　聚合物改性水泥混凝土路面施工工艺流程示意图

5.2　操作要点

5.2.1　施工前准备

(1)隧道内碾压混凝土路面处理

隧道内碾压混凝土路面处理,主要包括碾压混凝土路面锯缝、凿毛、吹风、清扫,并标记锯缝的确切位置等工艺。

(2)备料

选购经检验合格的水泥、碎石和聚合物原材料。

(3)施工放样

在满足要求的基层上确定平面和高程控制线。

(4)拌和站

在拌和站现场挖出复配聚合物乳液池,其配制能力以能满足拌和需要为准,并用搅拌棒将配料池内水溶液搅拌均匀。

(5)摊铺现场

配备自振良好的摊铺机、自卸汽车、锯缝机、洒水车、喷浆机等设备。

5.2.2　聚合物改性水泥混凝土的配制与拌和

(1)聚合物液料的配制

①界面黏结防水层。界面黏结防水层由复配聚合物乳液Ⅱ、水泥和适量的水组成的聚合物界面结合料形成,按每平方米耗用量组成的配合比为:复配聚合物乳液Ⅱ:水泥(P·O 42.5级):水=0.35kg:0.7kg:适量,水用量根据现场实际情况确定。

②聚合物改性水泥混凝土面层。聚合物改性水泥混凝土面层,由聚合物改性水泥混凝土铺筑而成,聚合物改性水泥混凝土按照每方质量比为:复配聚合物乳液Ⅰ:粗集料(单粒级玄武岩):水泥(P·O 42.5级):水=95kg:1 650kg:325~345kg:25kg。其中玄武岩碎石必须干净,粉尘质量含量不超过0.5%。

③功能性表面处理层。功能性表面处理层由复配聚合物表面乳液Ⅲ及水泥(P·O 42.5级)、颜料等填料组成,其配合比根据气温、喷涂设备及操作人员不同的操作方式而有所不同。其配合比需要在满足功能性要求前提下,根据现场实际制订。

(2)聚合物改性水泥混凝土的拌和

用运输车将聚合物桶装乳液运至搅拌站,倒入事先挖好的配料池内,同时加入少量辅助剂和水进行搅拌,其中水的用量根据玄武岩的干湿程度予以适量增减。将配料池中兑好的溶液充分搅拌均匀后,开动搅拌机,用水泵将配料池中的溶液抽到搅拌锅内,同时加入水泥和玄武岩。在聚合物改性水泥混凝土的实际生产过程中,溶液计量的准确度对于拌和料的质量尤为重要,所以在拌和过程中应采用电脑计量,以保证混合料的质量。在实际拌和前,根据设计配比,结合现场情况(温度、运距、集料的含水率等)进行试拌,确定了最终的配合比,拌和出来的混合料能够满足摊铺所要求的施工性。聚合物改性水泥混凝土搅拌最好采用间歇式搅拌机,根据工地的实际情况采用连续式搅拌机,并派专人控制混合料的配比,以防止拌出的聚合物改性水泥混凝土质量出现波动,从而保证了搅拌出的混合料均匀一致,无花白料、离析和结块现象,为达到良好的摊铺质量打下了基础。

5.2.3 聚合物改性水泥混凝土的运输

在施工中根据搅拌的产量、运距、摊铺速度,安排20台车辆进行运输。由于拌和站距离摊铺现场较远,所以用塑料薄膜覆盖混合料,避免其中水分挥发,影响材料性能和施工质量。运输车在每次装料前,先将车厢内废弃物冲洗干净,保证车厢内湿润无积水。聚合物改性水泥混凝土黏性很大,混合料自装料起至卸完料的时间不能超过60min。如遇拌和站故障或其他原因,需较长时间停止拌和时,应立即将拌好的料运至前场。当聚合物改性水泥混凝土运送至前场,遇到前场机械故障时,应及时通知拌和站暂停或减缓聚合物改性水泥混凝土的生产,并对前场不能立即施工的聚合物改性水泥混凝土进行覆盖,防止水分散失。若恢复施工时,车厢内未倒出或已倒出而未经摊铺成型的聚合物改性水泥混凝土已出现初凝,应立即倒掉或清除。

5.2.4 界面黏结防水层施工

界面黏结防水层位于凿毛处理后的碾压混凝土和聚合物改性水泥混凝土面层之间,其作用是增强界面的黏结,保证面层和基层形成一个整体,同时也起到防水作用。界面黏结防水层由特制的聚合物乳液、水泥和水兑拌而成的聚合物水泥浆,兑好后搅拌均匀。在摊铺机就位前,先将摊铺机履带位置涂刷水泥浆,并且在摊铺时派专人负责对履带进行涂刷,保证此部位的黏结。其他位置在聚合物改性水泥混凝土运至前场后、摊铺前进行涂刷,涂刷时用刮板将水泥浆涂抹均匀、平整。速度以能供应摊铺速度为最佳,这样既能保证黏结防水层材料始终处于潮湿状态,又不会影响摊铺速度。

5.2.5 聚合物改性水泥混凝土面层的摊铺

摊铺采用自振实功能良好且非自由伸缩式的沥青摊铺机进行摊铺。摊铺前,检查摊铺机的振动功能,确保其处于正常状态;检查熨平板,保证其干净平整;检查摊铺机的高程调整功能,确保按照设计高程和厚度进行摊铺。

在摊铺过程中,聚合物改性水泥混凝土与沥青混凝土最大的不同便是聚合物改性水泥混凝土面层是利用摊铺机自身的夯实功能对面层进行压实,无须碾压。

摊铺方法和沥青混凝土的摊铺类似,摊铺过程中必须保证平整度,高程误差不超过沥青路面规定要求。摊铺机要匀速行驶,保证混合料连续均匀不间断地摊铺,摊铺过程中不得随意变换速度或中途停顿。摊铺速度应根据拌和站产量、施工机械配套情况及摊铺层厚度、宽度按下式确定:

$$\begin{aligned} v &= 100Q/(60D \cdot W \cdot T) \cdot C \\ &= 100 \times 300/(60 \times 2.315 \times 6.5 \times 5) \times 0.6 = 3.9\text{m/min} \end{aligned}$$

式中：v——摊铺机摊铺速度（m/min）；

Q——拌和机产量（t/h）；

D——聚合物改性水泥混凝土的密度（t/m^3）；

W——摊铺宽度（m）；

T——摊铺层平均厚度（cm）；

C——效率系数，根据材料供、运输能力等配套情况确定，宜为0.6～0.8。

施工中摊铺机按4m/min的速度进行作业，夯锤调整为800r/min，同时在摊铺过程中，螺旋送料器应不停地转动，两侧应保持有不少于送料器高度2/3的混合料，并保证摊铺机全宽度断面上不发生离析。严禁螺旋送料器忽快忽慢、忽停忽转，影响摊铺质量。

在摊铺过程中派专人站在摊铺机后面检查高程及摊铺厚度。特别应注意的是在整个摊铺过程中，摊铺成型的面层上严禁上人。

摊铺过程中的施工缝处理方法：首先用3m直尺检查端部平整度，如不符合要求时，直尺垂直于路中线切齐清除，清理干净后在端部涂刷聚合物水泥浆接着摊铺。施工缝在摊铺层施工结束后再用3m直尺检查平整度，如不符合要求，立即用人工处理。

根据试验及施工经验，为保证路面最佳性能，达到最佳的施工质量，从聚合物改性水泥混凝土搅拌完毕至摊铺完毕未出现初凝现象，最好控制在1.5h以内。

5.2.6 聚合物改性水泥混凝土路面的养生

聚合物改性水泥混凝土摊铺成型后，立即用塑料薄膜覆盖，养生2～3d。薄膜的搭接要有一定的长度，约50cm左右，在覆盖过程中，尽量不在面层上拖拉薄膜。覆盖完的薄膜边缘应固定，保证封闭严实，避免局部水分丧失引发质量问题。

5.2.7 聚合物改性水泥混凝土路面锯缝

当聚合物改性水泥混凝土罩面层摊铺结束3～5d后，在养生期内对面层进行锯缝处理，每20m一道。如果不锯缝而连续铺设，虽然能够抵抗车辆荷载和温度降低的作用，但当温度上升时，下层碾压混凝土路面的缩缝上方新型聚合物面层会产生局部脱空，进一步发展有可能会使新型聚合物薄层产生屈曲稳定问题。因此，在碾压混凝土板上加铺新型聚合物面层时，要对应碾压混凝土路面的分板进行新型聚合物面层分板。割缝工艺与普通改性水泥混凝土割缝基本相同，只是面层锯缝位置应与其下的碾压混凝土路面的锯缝对齐，平面误差不超过2cm，且锯缝应将面层锯透，使面层在锯缝处彻底断开。割缝结束后立即冲洗掉锯缝产生的粉尘。

5.2.8 聚合物改性水泥混凝土路面的功能性表面处理层

表面处理采用喷浆机喷涂特制的聚合物改性水泥浆。我们将水泥浆配成绿色溶液喷涂在面层上，厚度为1cm左右，这样既达到了路面美观，又使驾驶员的视线得到放松。其主要作用是防止路面的表面颗粒飞散，与底层黏结失效等病害。功能性表面处理层施工完成后，封闭交通，直到面层和表面处理层的力学指标满足设计要求后，便可开放交通。

5.3 劳动组织

界面黏结防水层劳动组织见表1，拌和站劳动组织见表2，运输、摊铺现场及养护劳动组织见表3，表面处理层及锯缝劳动组织见表4。

界面黏结防水层人员组织表　　表1

序号	工　种	人数	主要工作内容	序号	工　种	人数	主要工作内容
1	工长	1	指挥施工	4	运料工	2	装料、卸料
2	三轮运输车驾驶员	2	运输溶液	5	小修	3	将水泥浆处理平整均匀
3	配料员	3	配制界面黏结水泥浆				

聚合物水泥混凝土拌和站人员组织表 表2

序号	工　种	人数	主要工作内容	序号	工　种	人数	主要工作内容
1	站长	1	全面组织管理	7	维修工	2	设备维修、检修
2	操作员	1	拌和站操作	8	电工	1	电气设备维修、检修
3	质检员	1	混合料质量检查	9	装载机驾驶员	1	上料、倒料
4	配料员	3	配制拌和溶液	10	车辆指挥	1	指挥车辆装料
5	实验员	1	抽样检验	11	勤杂工	3	清料
6	安全员	1	安全生产				

运输、摊铺现场及养护人员组织 表3

序号	工　种	人数	主要工作内容	序号	工　种	人数	主要工作内容
1	现场指挥	1	指挥调度	7	摊铺机驾驶员	1	摊铺机操作
2	技术主管	1	现场技术负责	8	小修	4	人工修补
3	质检员	1	质量检查	9	车辆指挥	1	指挥卸料、开票
4	试验员	1	现场试验检测	10	安全员	1	安全生产
5	测量员	2	施工放样、几何尺寸控制	11	养护工	4	覆盖薄膜养生
6	汽车驾驶员	20	混合料运输				

表面处理层及锯缝人员组织表 表4

序号	工　种	人数	主要工作内容	序号	工　种	人数	主要工作内容
1	工长	2	组织施工	5	操作工	2	喷涂表面处理层溶液
2	三轮运输车驾驶员	2	运输表面处理层溶液	6	操作工	2	切割机操作
3	配料员	3	配制表面处理层溶液	7	勤杂工	3	清理路面、冲缝
4	运料员	2	装料、卸料				

6　材料与设备

6.1　材料

粗集料:单级配5~10mm面层用玄武岩碎石。对进厂的集料派试验人员进行检测控制,未达到要求的集料不得使用,其技术指标要求见表5。

玄武岩粗集料技术指标表 表5

项　目		单位	指标要求	项　目		单位	指标要求
石料压碎值	不大于	%	22	针片状颗粒含量	不大于	%	10
洛杉矶磨耗损失	不大于	%	28	水洗法<0.075mm颗粒含量	不大于	%	1
表观相对密度	不小于	—	2.70	软石含量	不大于	%	1
吸水率	不大于	%	2.0	黏附性	不小于	级	5
坚固性	不大于	%	8	磨光值	不小于	BPN	42

复配聚合物乳液:此乳液分为Ⅰ、Ⅱ、Ⅲ三种,分别用于界面黏结防水层、聚合物改性水泥混凝土面层、功能性表面处理层。

水泥:界面黏结防水层及聚合物改性水泥混凝土面层拌和均采用强度为42.5级的普通硅酸盐水泥,功能性表面处理层采用强度为32.5级的白水泥。

颜料:用于功能性表面处理层绿色溶液配制。

水:饮用水。

6.2 设备

主要施工机械设备见表6。

主要施工机械设备表 表6

序号	机械名称	单位	数量	型号	产地	生产能力
1	混凝土拌和站	台	1	WDB500	中国	500t/h
2	摊铺机	台	1	TITAN423	德国	2.5~12m
3	装载机	台	2	ZL50C	中国	$3m^3$
4	自卸汽车	辆	20	解放	中国	15t
5	三轮运输车	辆	2	时风	中国	5t
6	洒水车	辆	1	WX144AS	中国	8t
7	小货车	辆	1	解放	中国	8t
8	发电机	台	1	40kW	中国	40kW
9	空压机	台	1	WBD-15	中国	$12m^3/min$
10	切割机	台	1	11kW	中国	11kW
11	喷浆机	台	1	BW-250	中国	$3m^3/h$

7 质量控制

施工过程中质量控制包括:聚合物改性水泥混凝土材料质量控制与施工技术控制两个方面。关于材料质量,一方面通过施工过程中液料与粉料(指水泥和其他细料)的比例以及主观观察判断材料干湿状况;另一方面控制聚合物改性水泥混凝土的力学指标,功能评定通过预留试件的测试判断。主要控制措施及工地测试的指标列述如下。

7.1 施工中根据集料含水率调整液料用量,混凝土干湿应适合摊铺机摊铺。

7.2 弯拉强度不小于设计值3.5MPa,测试方法采用普通改性水泥混凝土三分点标准抗折试验;

7.3 抗压强度不小于设计值20MPa,制标准试件,在压力机上进行抗压试验。

7.4 马歇尔稳定度不小于40kN,流值不小于15,采用马歇尔试验仪及恒温水浴,其条件是在60℃水浴中存浸30~40min,然后放在马歇尔试验仪上进行试验。

7.5 路面摊铺时摊铺机按4m/min的速度进行作业,夯锤调整为800r/min。

7.6 新型聚合物改性水泥混凝土具有沥青路面的大空隙率,其测试方法是用静水力天平,先称空中重、水中重、表干重,测出毛体积密度 ρ_f 及最大理论密度 ρ_t,按下式计算混合料的空隙率VV:

$$VV = (1 - \rho_f/\rho_t) \times 100\%$$

7.7 摩擦系数不小于55BPN,采用摆式摩擦系数测定仪测试。

7.8 构造深度不小于0.8mm,采用人工砂铺仪测试。

7.9 平整度不大于1.2mm,用连续式平整度仪测试。

7.10 厚度不能薄于面层设计值的-10%,用路面取芯机检测。

7.11 施工温度不低于5℃。面层在施工完成后20h内不能被霜冻。

7.12 聚合物混凝土搅拌、运输及摊铺等过程中,如遇施工中断(3h以上)或在施工结束后,应冲洗干净搅拌机、运输车及摊铺车,防止聚合物混凝土凝固后黏结在内壁。

7.13 施工过程中严格控制聚合物混凝土质量,保证聚合物混凝土的干湿状况,严禁将质量不合格的聚合物混凝土摊铺成型。

7.14 因聚合物混凝土中的"大块硬质物"将严重影响路面的摊铺质量,在聚合物混凝土生产过程中,防止超粒级及其他较大尺寸物质夹杂其中。

7.15 聚合物混凝土摊铺前,保证界面黏结防水层材料未出现硬化或凝固现象,界面黏结防水层材料施工前需要对基层表面润湿,且防止基层表面积水,界面黏结防水层材料均匀布满底层的表面,摊铺前需保持有一定的流动能力。

7.16 聚合物改性水泥混凝土面层摊铺后,立即覆盖薄膜养护。

7.17 聚合物改性水泥混凝土面层必须进行合理分板,保证锯缝割透。其中弯拉强度、立方体抗压强度及马歇尔稳定度用来控制材料的强度,流值用来控制材料的变形能力。

8 安全措施

8.1 对进场人员进行法律、法规教育,防止施工扰民及治安案件发生。

8.2 施工前对所用设备进行彻底检查、保养、维修,保证安全装置完备、灵敏、可靠,确保设备的正常安全运转。

8.3 在施工现场两侧1km处的显著位置设置安全警示标志,防止非施工车辆及人员进入场地发生意外事故。

8.4 拌和站及施工现场的作业人员,必须戴好安全帽,特别是清料人员,要防止料仓上集料坠落。

8.5 拌和站配料池,要用围栏圈起,旁边放置明显的安全警示牌。

8.6 施工用电符合用电安全规程。施工现场内电线与其所经过的建筑物或工作地点保持安全距离,同时加大电线的安全系数。各种电动机械设备,必须有可靠有效的安全接地和防雷装置,严禁非专业人员操作机电设备。

8.7 派专人对车辆装料和卸料进行指挥。

8.8 安排两名专职安全员对施工现场进行全方面检查,发现问题严肃处理。

9 环保措施

9.1 对全体施工人员进行环境保护知识、法规宣传教育,把做好环境保护工作和坚持文明施工变为每个职工的自觉行动。

9.2 按批准的施工组织设计布置各种临时设施,加强管理,保持施工区和生活区的文明整洁。

9.3 对施工便道要经常洒水,防止灰尘飞扬,污染环境。

9.4 运输车辆备有覆盖设备,车槽四周密封坚固,以防止尘埃污染。

9.5 做好施工废料、废水的处理工作,严禁乱扔、乱倒残渣。

9.6 减少噪声、废气污染。各种临时设施设置于居民区主要风向的下风处,使用机械尽量减少噪声废气的污染。夜间施工时减少噪声,遵守当地有关部门对夜间施工的规定。

9.7 结合施工实际情况,制定好文明施工的内部管理措施,确保施工现场周围道路畅通,排水系统始终处于良好状态,保持场容场貌整洁。

9.8 实行环保工作检查制度,检查各项措施落实情况,总结经验教训,确保环保工作各项指标达标。

10 资源节约

10.1 与沥青混凝土路面相比,新型聚合物改性水泥混凝土在施工过程中只采用优质的玄武岩碎石一种集料。

10.2 施工工艺简单,只需摊铺机摊铺整平,无需压路机碾压,省去了压路机的使用费用,也使路面平整度得到提高。

10.3 聚合物水泥混凝土路面新结构面层与沥青混凝土路面相比,每平方米路面建造中,5cm厚聚合物面层的聚合物乳液用量为4~5kg,可替代15cm厚沥青混凝土路面的沥青用量18~23kg,显著减少了高等级公路建设对沥青的过分依赖。

10.4　路面的薄层铺装将大幅度减少对石油、集料等资源的开发。

10.5　聚合物面层路面简单的施工工艺还减少了施工过程中对资源、能源的消耗。与15cm厚沥青混凝土路面施工相比，聚合物路面省去热拌的生产工艺和压路机碾压工艺，每平方米路面施工可节约燃油2~3kg，因此大大提高了施工进度，缩短了工期，同时又节省了人力、物力，降低了劳动强度，便于操作和施工管理。

11　效益分析

11.1　经济效益

聚合物改性水泥混凝土路面仅5cm一层即可满足行车要求，是普通水泥混凝土和沥青混凝土路面厚度的1/3~1/4。每平方米造价计算如下：

水泥：0.345t×0.05×400元/t=6.9元

碎石：1.65t×0.05/1.6t/m^3×160元/m^3=8.25元

聚合物乳液：95kg×0.05×13.7元/kg=65.1元

拌和、运输、摊铺及其他杂项每平方米费用约5元

合计：82.2元/m^2

20cm厚普通水泥混凝土路面造价约100元/m^2，15cm厚沥青混凝土路面造价约150元/m^2，相比较来看是最经济的，而且摊铺工艺简单可靠，不必像沥青混凝土路面分多层摊铺，大大缩短了建设工期。我们可以计算一下每天的施工进度：聚合物改性水泥混凝土面层设计厚度为5cm，每平方米体积为0.05m^3，密度按2.315t/m^{3}计算，那么每平方米的质量为0.05×2.315=0.1t。拌和站每小时的拌和能力为300t，每天拌和时间按最低8h计算，可拌和300×8=2 400t，那么每天可摊铺聚合物改性水泥混凝土面层2 400/0.1=24 000m^2。以本辽高速公路为例：隧道内路面宽度为8.43m，每天摊铺长度为24 000/8.43=2 847m；正常路面宽度10.75m，每天摊铺长度为24 000/10.75=2 233m，施工进度相当快。如果每平方米聚合物改性水泥混凝土单价按120元计算的话，每天的产值为24 000×120=2 880 000元，经济效益非常可观。

11.2　社会效益

新颖的工艺、领先的技术、优良的质量，必然会得到业主的赏识，这样既提高了本公司在建筑市场的知名度，也易于实现公司的持续发展，取得显著的社会效益。

11.3　环保效益

混合料在拌和过程中只采用优质的玄武岩碎石一种集料，省去了沥青拌和站和压路机作业时对周围环境的粉尘及噪声污染。同时施工完成的路面最后要进行路面彩色喷涂，完成后的路面行车视觉效果明显改善，和大自然紧密地联系在一起，给人以美的感觉，缓解了驾驶员的视觉疲劳，提高了车辆行驶的舒适性。

12　应用实例

辽宁本桓公路三架岭隧道旧路加铺，施工隧道为本溪县小市镇到本溪市方向，隧道全长790m，宽6.5m，进口处655m摊铺5cm聚合物改性水泥混凝土路面，在养生7d后开放交通。经过试验观察，聚合物改性水泥混凝土路面能够适应北方严寒，表面无松散、无任何裂缝、无扬尘、噪声小、透水性强、弹性好、平整度好，行车经过时只听到汽车发动机的声音，以高速(120km/h)通过时，无任何颠簸现象，行车舒适。该工艺得到了交通厅领导和有关部门的好评，取得了良好的经济效益和社会效益。

三辊轴机组连续配筋水泥混凝土路面裸化施工工法

GGG(湘)B2029—2010

罗振宇　向　良　何艳春　祝玉波　李曼容
(湖南路桥建设集团公司　中国路桥工程有限责任公司)

1　前言

复合式沥青路面是以水泥混凝土路面为承重层,在上面摊铺厚4~10cm沥青混凝土表面层的一种复合式路面结构。水泥混凝土承重层具有简易的施工机械,投入成本低,与过去人工浇筑、圆盘磨光、提浆机提浆的施工机械相比,工程进度快,质量易于控制。

三辊轴机组连续配筋水泥混凝土路面裸化施工技术是在"湖南公路路面典型结构及修筑技术"课题组、常吉高速公路建设有限公司、衡炎高速公路建设有限公司、湖南路桥建设集团公司等单位参与研发的施工成果,经分析、总结形成本工法。

我公司在常吉高速公路路面P3合同段成立了"裸化技术QC小组",该技术在2008年获得了湖南省优秀QC小组奖。该关键技术经湖南省建设厅组织的技术鉴定,其关键技术成果达到国内先进水平,为今后复合式沥青路面混凝土承重层结构施工裸化提供成熟的技术借鉴。

2　工法特点

2.1　裸化时采用水平旋转式强力裸化机进行,水车及时跟进冲洗浮浆,裸化后的表面深度应达5mm,可以采用构造深度的方法进行检测。

2.2　大幅度提高水泥混凝土面板与沥青混凝土之间的摩擦力,解决以往复合式沥青路面使用过程中推移、拥包等路面早期损坏现象发生,延长了沥青路面的使用寿命。

2.3　以混凝土路面为长久结构功能、以沥青混凝土路面为舒适服务功能的路面结构施工方法,降低路面养护成本。

2.4　整个施工过程简单易操作,混凝土质量直观可控。以水泥混凝土面板为承重的长寿命结构层,配合沥青路面柔软舒适的服务功能结构,可以在两者之间扬长避短,优势互补,既经济又耐用,又行车舒适。

3　适用范围

本工法适用于各等级路面混凝土施工,特别适用于大型机械难于作业且厚度在15~40cm水泥混凝土路面的施工,也适用于高速公路养护改造工程复合式路面的施工。

4　工艺原理

混凝土经过机械或人工初步找平,混凝土拌和料进入振动腔(排式振动棒)成型,三辊轴机组在施工导线的引导下,在固定两侧的钢模上向前行走,经振捣提浆、密实后,抹平形成混凝土路面,均匀喷洒一定量的缓凝剂,按确定的最佳裸化时间进行裸化并切缝,切缝后立即进行保湿养生。

5　施工工艺流程及操作要点

5.1　施工工艺流程(图1)

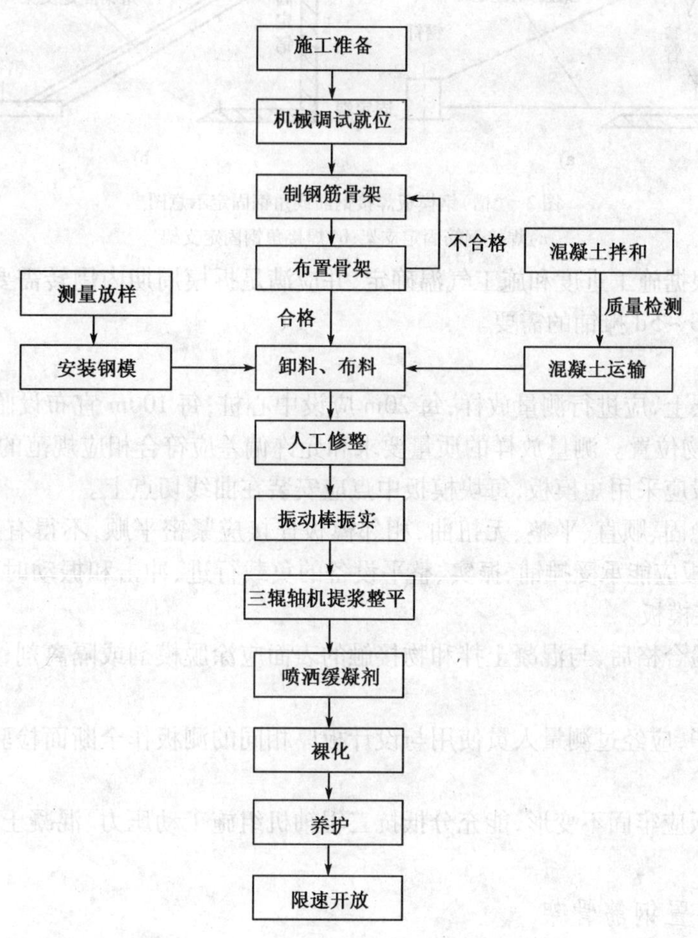

图1　施工工艺流程图

5.2　施工准备

5.2.1　底基层的验收及处理。

5.2.2　表面清扫。

5.2.3　机械设备的调试与保养。

5.2.4　施工原材料的准备。

5.3　测量放样

根据施工要求放出模板的准确位置，用系红线钉子钉在底基层顶面，每10m一个，在有曲线地段加密放样点。

5.4　安装模板

5.4.1　模板技术要求

(1)公路连续配筋混凝土路面板的模板，应采用刚度足够的槽钢或钢制边侧模板，不应使用木模板、塑料模板等其他易变形的模板。模板的精确度应符合规定。钢模板的高度应为面板设计厚度，模板长度宜为3～5m。用于路中一侧模板可在中间位置按横向钢筋间距打好孔，孔径为横向钢筋直径的1.1倍，模板安装牢固、顺直、圆滑、顶面平整，模板下部不漏浆，如模板下缘与基层接触不密封处，可用砂浆抹平，以防止施工时浆体渗漏。路中一侧模板支撑应用电钻在原水泥路面钻好孔，然后用钢支撑固定模板。每米模板应设置1处支撑固定装置,见图2。模板垂直度用垫木楔方法调整。

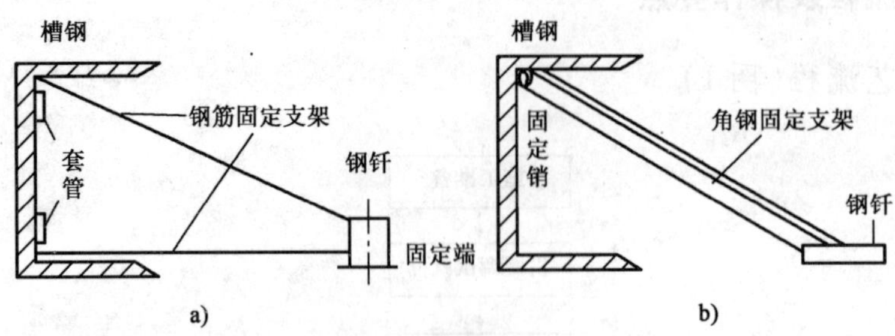

图2 (槽)钢模板焊接钢筋或角钢固定示意图

a)焊接钢筋固定支架;b)焊接角钢固定支架

(2)模板数量应根据施工进度和施工气温确定,并应满足拆模周期内周转需要。一般情况下,模板或轨模总量不宜少于3~5d摊铺的需要。

5.4.2 模板安装

(1)支模前的基层上,应进行测量放样,每20m应设中心桩;每100m宜布设临时水准点;核对路面高程、面板分幅、构造物位置。测量放样的质量要求和允许偏差应符合相应规范的规定。

(2)纵横曲线路段应采用短模板,每块模板中点应安装在曲线切点上。

(3)模板应安装稳固、顺直、平整、无扭曲,相邻模板连接应紧密平顺,不得有底部漏浆、前后错茬、高低错台等现象。模板应能承受摊铺、振实、整平设备的负载行进、冲击和振动时不发生位移。严禁在基层上挖槽、嵌入安装模板。

(4)模板安装检验合格后,与混凝土拌和物接触的表面应涂脱模剂或隔离剂;接头应黏贴胶带或塑料薄膜等密封。

(5)模板安装完毕,应经过测量人员使用与设计板厚相同的测板作全断面检验,其安装精确度应符合要求。

(6)安装好的模板应牢固不变形,能充分抵抗三辊轴机组施工动压力、混凝土侧向压力和施工人员踩踏承受力。

5.5 制作和布置钢筋骨架

5.5.1 钢筋在绑扎前应对钢筋进行检查,对沾有油脂、污垢、铁锈的钢筋进行处理后才能绑扎。

5.5.2 钢筋支架采用ϕ8mm钢筋,制作成三角支架钢筋,并点焊在横向钢筋上。每平方米宜设置支架4~6个。

5.5.3 当分幅浇筑混凝土时可利用模板钻孔,每隔40cm将横向钢筋穿过,不另设拉杆。

5.5.4 纵向钢筋接头采用焊接与绑扎两种形式,在开始布纵向筋时采取错位方式,每根钢筋的连接位置不同,以保证以后纵向钢筋的接头在同一垂直断面上不出现2个,同时相邻钢筋的焊接或绑扎接头分别错开500mm和900mm以上。

5.5.5 横向钢筋绑扎于纵向钢筋之下。

5.5.6 横向施工缝尽量少设,施工缝采用平缝;纵向钢筋连续贯穿接缝,并在每相邻两根纵向钢筋增设同直径的抗剪钢筋,抗剪钢筋在施工缝两侧的长度分别为100cm(先施工一侧)与250cm(后施工一侧)。

5.5.7 横向施工缝与纵缝处,采取涂刷沥青防锈处理。

5.5.8 一般情况下,保证在混凝土铺筑前预留500m长的钢筋施工范围,便于检查及调整。

5.5.9 所有钢筋的安装精度保证符合规范要求,在混凝土铺筑前进行自检,对有贴地、变形、移位、松脱现象时,立即重新安装,检验合格为止。

5.6 混凝土拌和

5.6.1 每天开机前,试验室要对碎石和砂子进行含水率检测,并计算出生产配合比。

5.6.2 开机前要检查设备情况,确保机械螺旋、计量系统正常,检查料仓、料位、水位是否满足要求。

5.6.3 开机运行预热15min,空转一下皮带轮,清除残留的渣滓和多余的水分,加水清洗拌锅,设置生产配合比,并拌和0.5m^3 混凝土废除,使拌锅腔体内留有砂浆,减少成品混凝土砂浆损失。

5.6.4 取已拌和好的混凝土进行坍落度试验,实测坍落度值必须符合设计要求;否则进行用水量的调整,直到符合要求为止。

5.6.5 混凝土卸料的高度不能高于2m,以免造成拌和料的离析。

5.7 混凝土运输

5.7.1 根据施工进度、混凝土用量、拌和场生产能力、运距及路况,合理配备车型和车辆总数,总运力应比总拌和能力略有富余。

5.7.2 混凝土拌和料从搅拌机出料后,送至铺筑地点进行摊铺完毕的最长允许时间,由试验室根据水泥混凝土初凝时间、施工气温及坍落度损失试验结果确定,一般不大于1h。当运距较远或在气温条件不同的情况下,可采用外掺剂来调节初凝时间,使混合料性能满足施工要求。

5.7.3 运输混凝土的车辆在装料时,应防止混凝土离析。自卸车不应停在一个位置上受料,每往车厢内装一斗料,车就移动一次位置,一车料最少应分三次装载,分车厢的前部、中部、后部装料,卸料落差高度不得大于1.5m。混凝土一旦在车内停留超过初凝时间,应采取紧急措施处置,防止混凝土硬化在车厢内或车罐内。

5.7.4 混凝土在运输过程中要防止漏浆、漏料和污染路面。烈日、大风、雨天和冬季施工,采取用油布全遮盖自卸车上的混凝土。运输车辆在每次装混凝土之前,先将车厢清洗干净,并洒水润湿。

5.7.5 施工过程中搅拌楼安排专职质检员全过程监督,从搅拌机开机至正常出料期间,将随时抽查坍落度,一旦发现有不合格料,禁止其运出拌和场。

5.7.6 运送的混凝土如等待的时间过长(大于初凝时间—施工完毕时间),必须予以废除。

5.8 卸料、布料

5.8.1 混凝土卸料时,车子停靠在另一幅路上,等待卸料的车停靠在右侧临时施工区域内。

5.8.2 布料前,试验室进行坍落度检测并取样制作混凝土试块,坍落度必须符合设计要求,否则必须废除该混凝土。

5.8.3 用侧向布料车或挖机进行布料,布料时应从远到近,并尽量均匀布料,减少人工的整平;经过初步找平混凝土,使混凝土分布均匀。

5.9 人工修整及振实

5.9.1 混凝土拌和物布料长度大于10m时,可开始振捣作业。密集振捣棒组间歇插入振捣时,每次移动距离不宜超过振捣有效作用半径的1.5倍,并不得大于500mm,振捣时间宜为15~30s。排式振捣机连续拖行振实时,作业速度宜控制在4m/min以内。具体作业速度视振实效果,可由下式计算。

$$v = 1.5R/t \tag{1}$$

式中:v——振捣机作业速度(m/s);

t——振捣密实所需的时间(s),一般为15~30s;

R——振捣棒的有效作用半径(m)。

5.9.2 机械未找平的地方采用人工找平,开动排式振动器振实,以无明显气泡冒出和混凝土表面充满浆体为度,振实过程中辅以人工整平。

5.9.3 振捣混凝土时,应注意以下几点:

(1)振捣器拔出时,速度要慢,以免产生空洞。

(2)振动时,应把握尺度,防止漏振和过振,以彻底捣实混凝土,但时间不能太久,避免造成离析。不允许在模板内利用振捣器使混凝土长距离流动式运送混凝土。

(3)使用插入式振捣器不能达到的地方时,应避免碰撞模板、钢筋及预埋件等,不得直接通过钢筋施加振动。

(4)模板角落以及振捣器不能达到的地方,应辅以插钎插捣,以保证混凝土表面平滑和密实。

(5)混凝土捣实后24h之间,不得受到振动。

(6)浇捣过程中,应密切注意模板变形及漏浆,有现象发生应立即纠正。

5.10 三辊轴机组提浆整平

5.10.1 三辊轴整平机的主要技术参数应符合表1的规定。板厚200mm以上宜采用直径168mm的辊轴;桥面铺装或厚度较小的路面可采用直径为219mm的辊轴。轴长宜比路面宽度长出600~120mm,振动轴的转速不宜大于380r/min。

三辊轴机组主要技术参数 表1

型号	轴直径(mm)	轴速(r/min)	轴长(m)	轴质量(kg/m)	行走机构质量(kg)	行走速度(r/min)	整平轴距(mm)	振动功率(kW)	驱动功率(kW)
5001	168	300	1.8~9	65±0.5	340	13.5	504	7.5	6
6001	219	300	5.1~12	77±0.7	568	13.5	657	17	9

5.10.2 开动三辊轴机组前在三个滚筒表面喷洒少许水分,以免滚筒黏附混凝土,造成施工表面拉毛现象。

5.10.3 三辊轴整平机作业

(1)三辊轴整平机按作业单元分段整平,作业单元长度宜为20~30m,振捣机振实与三辊轴整平两道工序之间的时间间隔不宜超过15min。

(2)三辊轴滚压振实料位高差宜高于模板顶面5~20mm,过高时应铲除,过低应及时补料。

(3)三辊轴整平机在一个作业单元长度内,应采用前进振动、后退静滚方式作业,分别2~3遍为宜。最佳滚压遍数应经过试铺确定。

(4)在三辊轴整平机作业时,应有专人处理轴前料位的高低情况,过高时,应辅以人工铲除,轴下有间隙时,应使用混凝土找补。

(5)滚压完成后,将振动辊轴抬离模板,用整平轴前后静滚整平,直到平整度符合要求、表面砂浆厚度均匀为止。

(6)表面砂浆厚度宜控制在4mm±1mm。

(7)行走过程中确保机组与两侧的钢模垂直,以免影响表面平整度。

5.11 喷洒混凝剂

混凝剂的作用在于使表面5mm和5mm以下混凝土形成凝结时间差。使用裸化机进行洗刷表面浮浆,使混凝土表面露出碎石,形成凹凸不平的表面。

5.11.1 在施工好的路面均匀喷洒缓凝剂,每平方米约500g,记录喷洒的桩号、喷洒时间及温度。每隔1h记录温度,并计算时间温度的累计值,最佳裸化时间为180~240温度小时,具体数值由试验路得出。

5.11.2 施工时,应提前一个星期测量时间—温度关系,并绘制曲线。图3中的阴影面积即为时间温度对应的面积。

5.11.3 该施工过程应注意以下几点:

(1)缓凝剂喷洒要均匀,缓凝剂聚积处要人工及时处理。

(2)喷洒后的缓凝剂避免雨水稀释,否则必须补洒。

(3)缓凝剂缓凝时间要在大于200温度小时左右,保证裸化深度。

时间（h）	6	8	10	12	14	16	18	20
温度（℃）	17	18	21	24	26	23	21	18

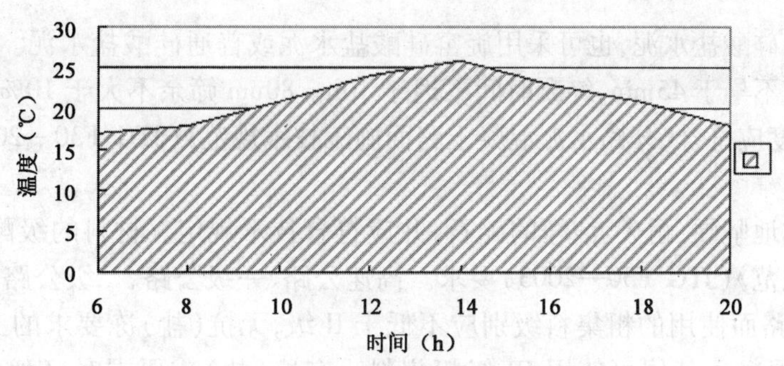

图3　时间温度面积图

5.12　裸化

5.12.1　裸化技术的机理

对于复合式沥青路面，层间摩擦力至关重要，裸化后的混凝土表面，在施工了沥青混合料表层后，层间处于一种犬牙交错状态，可以大大提高沥青混凝土表面层和混凝土路面之间的表面黏结力，从而减少沥青混凝土表面层推移、拥包等早期路面损坏现象。

5.12.2　混凝土路面裸化施工过程中，必须配备有专业的裸化设备。该设备是带有三个行走轮（其中一个为转向轮）的钢桁架梁，下面悬挂一个带有钢刷的圆盘（有平面圆盘旋转式和水平轴旋转式），并带有能控制水量的流水装置。三个行走轮为充气式轮胎，钢刷圆盘可旋转并能自由控制升降且能调整水平度。路面裸化主要是靠旋转圆盘上的钢刷刷去面板表面上的砂浆层，裸露出碎石，再由人工用洒水车的压力喷水装置冲刷刚刷下来的砂浆层残渣，使裸露出的碎石表面干净无附着物，裸化深度以不小于5mm为宜。

5.12.3　该施工过程应注意以下几点：

（1）圆盘钢刷与路面接触应充分，接触面钢丝刷要受力均匀，要让以保证经裸化过的路面上的碎石充分暴露。

（2）严格控制集中喷水，避免集中冲水引起路面坑洼。水压力过大会损坏路面早期脆弱的强度，造成以后混凝土路面强度偏低。

（3）使用裸化机前，应确保设备无漏机油、柴油现象，确保裸化机轮胎和钢丝刷清洁和无铁锈，如有要先清洗干净后再使用。

5.13　养生

5.13.1　水泥混凝土路面采用喷洒养护剂及薄膜保湿覆盖的方式养生。养护剂的喷洒在表面混凝土泌水完毕后进行，喷洒要求均匀，成膜厚度应一致，喷洒高度控制在0.5～1.0m。除喷洒上表面外，面板两侧也要求喷洒。

5.13.2　盖塑料薄膜的时间，以不压没细观抗滑构造为准。薄膜厚度（韧度）应合适，宽度大于覆盖面60cm。两条薄膜对接时，搭接宽度要大于40cm，薄膜在路面上加细土或砂盖严实，并防止被钢筋刮烂及被风吹破或掀走。养生期间始终保持薄膜完整，薄膜破裂时立即补盖或修补。

5.13.3　混凝土路面摊铺成型后，在其左侧边缘标出百米桩号和每次摊铺起始桩号；并标明施工的日期，以便随时检查各段混凝土面层的养护时间。一般养生天数为7d。混凝土板在养生期间，严禁行人、车辆通行，在达到设计强度40%、撤除养生覆盖物后，行人方可通行。

6 材料与设备

6.1 材料

6.1.1 水泥

宜采用旋窑道路硅酸盐水泥,也可采用旋窑硅酸盐水泥或普通硅酸盐水泥。水泥强度等级不宜低于32.5级,初凝时间不早于45min,终凝时间不迟于10h。80um筛余不大于10%。各交通等级路面水泥抗折强度、抗压强度应符合《公路水泥混凝土路面施工技术规范》(JTG F30—2003)规定。

6.1.2 粗集料

粗集料应使用质地坚硬、耐久、洁净的碎石,并应符合技术规定。材料的级配要符合《公路水泥混凝土路面施工技术规范》(JTG F30—2003)要求。高速公路、一级公路、二级公路及有抗(盐)冻要求的三、四级公路混凝土路面使用的粗集料级别应不低于II级,无抗(盐)冻要求的三、四级公路混凝土路面、碾压混凝土及贫混凝土基层可使用III级粗集料。有抗(盐)冻要求时,I级集料吸水率不应大于1.0%;II级集料吸水率不应大于2.0%。

6.1.3 细集料

(1)细集料应采用质地坚硬、耐久、洁净的天然砂、机制砂或混合砂,并应符合规定。高速公路、一级公路、二级公路以及有抗(盐)冻要求的三、四级公路混凝土路面使用的砂应不低于II级,无抗(盐)冻要求的三、四级公路混凝土路面、碾压混凝土基层可使用III级砂。特重、重交通混凝土路面宜使用河砂,砂的硅质含量不低于25%。

(2)细集料的级配要求应符合技术规范要求,天然砂宜为中砂,同一配合比用砂的细度模数变化范围不应超过0.3,否则,应分别堆放,并调整配合比中的砂率。

6.1.4 外加剂

在施工混凝土过程中,使用了引气减水剂,引气剂可以提高混凝土路面使用的耐久性,也可以根据需要掺用普通减水剂、高效减水剂,运输距离较长或高温季节施工时,要掺用缓凝剂,冬天施工时建议掺早强剂和防冻剂。

6.2 设备

主要施工机械设备见表2,试验设备均为混凝土施工必备设备,裸化深度采用表面构造深度检测法。

主要施工机械设备 表2

序号	设备名称	规格型号	数量	序号	设备名称	规格型号	数量
1	水泥混凝土拌和机	$50m^3/h$	2	5	发电机	30kW	1
2	装载机	$4m^3$	2	6	钢筋切割机		1
3	自卸车	25t	15	7	裸化机	河南高远	1
4	挖机	小松	1	8	洒水车	$7m^3$	1

7 质量控制

7.1 本工法执行的技术规范

《公路水泥混凝土路面施工技术规范》(JTG F30—2003);

《公路工程水泥及水泥混凝土试验规程》(JTG E30—2005);

《公路工程质量检验评定标准》(JTG F80/1—2004)。

7.2 对主要原材料的质量监控

7.2.1 水泥

水泥常采用普通硅酸盐水泥。对拟订采用的水泥都要进行物理性能和化学成分试验和分析,除厂家分批提供的产品质量检验单外，项目试验室要定期对运到拌和现场的水泥进行质量抽检。

7.2.2 粗集料（级配碎石）

在拌和现场，检验员要对拉到工地的每一车碎石把好关，杜绝不合格碎石进入拌和现场；试验室对已进入现场的碎石进行定期抽检。同时由于路面用水泥混凝土的特殊性，在施工中，必须对含泥量过大的碎石用碎石水洗机进行水洗后，方可使用。施工过程中的粗集料检测频率按《公路水泥混凝土路面施工技术规范》（JTG F30—2003）要求进行。

7.2.3 细集料（砂）

开工前应对沿线砂场进行颗粒级配、含泥量、硫化物及硫酸盐含量、有机物含量等指标进行试验分析，根据分析结果确定供砂砂场，杜绝不合格砂进入施工现场。试验室定期对已运到施工现场的砂进行质量检验。

7.2.4 水

清洗集料、拌和混凝土及养生用水，不应含有影响混凝土质量的油、酸、、碱、盐、有机物等。混浊的河沟水和受海水或盐碱地侵蚀的咸水不能使用。

7.2.5 钢筋

钢筋供应商必要对每批各种类型的钢筋提供相应的测试化验单，对已进入施工现场的钢筋，在使用前试验室首先应进行抽检，然后再进行定期的抽检，不合格的严禁使用。

7.3 水泥混凝土在拌和过程中的注意事项

7.3.1 在实际施工中，每天或每台班进行碎石、砂子含水率检测，计算生产配合比供生产使用。

7.3.2 混凝土搅拌机拌和总时间为60～90s/盘（从进料开始到拌和完成出料时间），以混凝土拌和均匀为度。

7.3.3 混凝土拌和料的温度控制在10～35℃，否则原材料必须做降温处理。

7.3.4 混凝土坍落度控制：水泥混凝土坍落度的要求为机口坍落度5cm左右，坍落度要求应根据现场温度和运输距离的不同作出相应的调整。

7.4 混凝土浇筑过程中的质量监控

7.4.1 对施工现场操作人员和管理人员进行详细的技术交底和监理质量控制的交底工作，使现场施工的每个工人都能明确施工过程中应注意的事项，避免操作过程中不规范的行为发生。

7.4.2 混凝土的施工，应尽量避免夏季中午高温或冬季低温施工时间段，确保混凝土施工质量。

7.4.3 在混凝土浇筑施工过程中，每个搅拌站每个工班或每200m^3 混合料至少做2组试件，做好现场坍落度的检测和按照有关规范进行试块的留置，并根据业主的需求进行3d、7d或14d等试块的留置；现场管理人员应随时检查摊铺机的工作状况。

7.5 混凝土面板质量管理

7.5.1 在每道工序进行质量监控的情况下，对已完工的路面外观进行检查，测量几何尺寸与设计文件进行核对。外观检查在养生达到设计强度后进行。

7.5.2 应在面层摊铺前通过基准线或模板严格控制板厚，检验标准为：行车道横坡低侧面板厚度和厚度平均值两项指标均应满足设计厚度允许偏差。同时，板厚统计变异系数应符合规定。

7.5.3 作为沥青路面承重层，上面一般就是1～2层沥青混合料结构，一定要严格控制好平整度，平整度检测应符合《公路工程水泥及水泥混凝土试验规程》（JTG E30—2005）规定的要求。整平后的混凝土表面立即用3m尺、有条件的可以使用6m尺进行施工过程的控制。

7.5.4 在混凝土裸化时，也必须配备一名施工员进行平整度跟踪检测，如有局部不平整的地方，立即用裸化机进行局部裸化处理，直到平整度合格为止。

8 安全措施

8.1 建立安全责任制，制订安全巡视和突击检查制度，施工前进行施工安全三级技术交底，并进行考核,合格人员方可进行上岗操作。

8.2 制订拌和机、发电机、运输车、三辊轴机等大型设备安全操作规程和作业指导书,并在施工过程中严格执行。

8.3 摊铺施工现场及拌和站的周围,应有明显警告标志,严禁非工作人员进入。

8.4 加强用电管理,采用标准配电盘,严禁乱拉电线及乱安用电装置,确保用电安全。

8.5 搅拌站清理拌锅时,必须一人清理、一人辅助、一人留守操作台,并且拌和机接入电闸和主机电源开关必须是关闭状态,并在开关处挂上警示红牌。拌和机上料时,在铲斗活动范围内,不能有人员逗留。

8.6 做好施工区域安全标志的宣传,在三轴仪进行检修和保养工作时,必须先把发动机停止下来。三轴仪在施工现场,晚间要点上红灯,并设置围护。

8.7 不要触摸正在工作的发动机的任何部分,不要触摸任何处于工作温度状态的液压油箱、液压阀或液压软管,预防烧伤。

8.8 材料车现场布料时要有专人指挥,交通繁忙地段施工时,现场要设专职纠察。

9 环保措施

9.1 成立环境保护小组,制订环保责任制,采取环保措施;项目部、施工队分级管理,负责检查、监督各项环保工作的落实。

9.2 严格遵守有关法律、法规及其他要求,进行环保知识教育,树立人与自然和谐共处的思想。

9.3 主动倾听相关方的建议,接受监督,增强对劳务合作方和供应方施加影响的力度。

9.4 尽量控制施工区域的噪声污染,减少噪声对当地环境的影响;在居民密集区应积极采取降噪措施,夜间尽量不安排施工。

9.5 对施工生产产生的废水进行沉淀净化处理,保证对当地居民及生态无影响的条件下才可以排放,尽量降低水泥产生的粉尘污染。生产过程中产生的固体垃圾应进行深埋无害处理。生活中产生的垃圾统一及时处理,堆放在指定地点,及时掩埋。严禁乱扔乱弃,避免阻塞河流和污染水源。

10 资源节约

10.1 该路面结构可以有效减薄路面厚度,节约大量的路面材料。

10.2 作为长寿命结构承重层,与沥青路面结构形成优势互补,可以大大减少车辙损坏现象,特别适合重载交通路面结构。

10.3 裸化技术增大了层间粗糙度,可以有效提高复合式路面层间黏结力,延长路面使用寿命,降低路面养护成本,节约有限的沥青资源。

11 效益分析

该项技术主要应用于复合式沥青路面结构,适用于任何等级的复合式路面结构施工。该技术条件成熟、适用范围广,机械设备投入少、简单易用,是今后长寿命路面结构的发展方向。

11.1 经济效益

由于解决了层间结合问题,可以延长沥青路面使用寿命,大大减小路面使用后的养护维修费用,而且路面的承重层是连续配筋的长寿命结构层,在以后的养护过程中,可节约维修承重层的开支,路面出现车辙的地方,只需铣铇沥青表面层即可,维修速度极快。该项技术提倡以混凝土路面为长久结构功能,以沥青混凝土路面为舒适服务功能的路面结构设计理念,可以降低路面养护成本。

11.2 社会效益

复合式沥青路面层间裸化技术解决了层间结合问题,为今后施工复合式沥青路面时提供了一个可靠、实用的技术借鉴。复合式沥青路面是今后高等级长寿命路面结构设计的一种趋势,为今后大力发展起到了奠基作用。

11.3 节能环保效益

该项技术直接施工于底基层上面,传统的半刚性沥青路面基层厚度为34cm,沥青面层厚度为17cm;而复合式沥青路面结构是水泥混凝土板厚20cm,沥青混凝土面层厚6cm,厚度减少了25cm,详见表3。以密度为2.3kg/m^3 计算,26m 路基宽的高速公路,路面单幅为11.15m 宽,每10km 可节约13 万吨路面材料,可以大大节约路面材料用量。特别是碎石缺乏的地区,路面的成本投入少于半刚性沥青路面结构。由于施工机械投入少,可以有效节约沥青的用量,减少对大气的污染。

路面结构厚度比较表 表3

结 构 层	传统的半刚性沥青路面	复合式沥青路面结构
承重层(cm)	34	20
面层(cm)	17	6
总厚度(cm)	51	26
减薄路面厚度(cm)	25	

12 应用实例

12.1 湖南常吉高速公路路面P3标

湖南常吉高速公路路面P3标地处湖南桃源县茶庵铺镇境内,全长28km。该方案施工长度为5.4km,项目开工日期为2007年10月,竣工日期为2008年12月。路基宽度为26m,单幅路面宽度为10.5m;上面层为厚6cmSMA16改性沥青混凝土,封层采用橡胶沥青应力吸收层,承重层为厚20cm水泥混凝土结构(裸化处理)。

应用本工法大幅度提高了水泥混凝土面板与沥青混凝土之间的摩擦力,解决了以往复合式沥青路面使用过程中推移、拥包等路面早期损坏现象的发生,延长了沥青路面的使用寿命。

12.2 衡炎高速公路路面22标

衡炎高速公路路面22标项目施工地点为湖南省衡东县境内,全长24.5km。该方案施工长度为5.0km,项目开工日期为2008年12月,竣工日期为2009年12月。路基宽度为26m,单幅路面宽度为11.25m;上面层为厚4cm双复合式橡胶改性沥青混合料ARHM(W)+Domix(多米克斯),中面层为厚6cm橡胶沥青混合料ARHM(W),封层采用橡胶沥青应力吸收层,承重层为厚24cm水泥混凝土结构(裸化处理)。

应用本法解决复合沥青路面以往因为层间结合问题出现的路面早期损坏,以降低路面使用过程中的养护费用。

12.3 衡炎高速公路路面24标

衡炎高速公路路面24标项目施工地点为湖南省衡茶陵境内,全长31km。该方案施工长度为6.5km,项目开工日期为2008年12月,竣工日期为2009年12月。路基宽度为26m,单幅路面宽度为11.25m;上面层为厚4cm双复合式橡胶改性沥青混合料ARHM(W)+Domix(多米克斯),中面层为厚6cm改性沥青混合料(掺0.3%Domix),封层采用橡胶沥青应力吸收层,承重为厚24cm的水泥混凝土结构(裸化处理)。

应用本工法大幅度提高了水泥混凝土面板与沥青混凝土之间的摩擦力,解决了以往复合式沥青路面使用过程中推移、拥包等路面早期损坏现象的发生,延长了沥青路面的使用寿命。

阻燃沥青混凝土路面施工工法

GGG(中企)B3030—2010

高怀鹏　王玉臣　李　强
(中交第一公路工程局有限公司　中交一公局第七工程有限公司)

1　前言

随着我国高速公路的迅猛发展,公路隧道的数量也不断增加。隧道路面采用沥青混凝土路面,尤其在上面层采用阻燃沥青混凝土设计,不仅满足了隧道内的抗滑性、降低噪声要求,而且还大大降低了通车运营后发生火灾的几率,提高了行车的安全性。

所谓阻燃沥青混凝土,是指在隧道上面层沥青混合料中加入一定量的阻燃剂(如氢氧化铝),用来代替等量的矿粉,形成一种具有阻燃效果的沥青混凝土结构。本工法研究的就是阻燃沥青混凝土在配合比设计及现场施工过程中存在的问题,以及解决问题的办法。

本标段主线全长49.02km,其中隧道长17.9km,1km以上的隧道7座,3km以上的隧道3座,隧道上面层全部采用阻燃沥青混凝土SMA-16路面,施工面积达29万m^2。目前已经完成了所有隧道的阻燃沥青混凝土路面,阻燃沥青的应用技术已基本成熟,对于本工法的研究也已经完成。

2　工法特点

2.1　在改性沥青混凝土中加入阻燃剂,避免或降低了通车运营后发生火灾的可能,大大提高了行车安全性。

2.2　由于阻燃剂与矿粉在物理及化学性质方面的差异,利用阻燃剂代替等量的矿粉,要求在混凝土拌和过程中应严格控制,不得随意改动。

2.3　在长大隧道这种封闭的空间内进行沥青路面施工,要制定详细的安全施工预案,配备足够的安全设施。

3　适用范围

3.1　本工法适用于各等级公路的隧道沥青面层。

3.2　依照沪蓉西高速公路指挥部的要求,阻燃沥青混凝土只在大于1km的隧道中使用,小于1km的隧道可不采用。

4　工艺原理

阻燃沥青混凝土施工工法,重点在混凝土的阻燃效果上,其拌和工艺及沥青混合料的摊铺和碾压,可参照《公路沥青路面施工技术规范》(JTG F40—2004)中有关改性沥青的施工规范执行,无特殊要求。

4.1　阻燃剂的作用机理

4.1.1　阻隔热量机理

阻燃剂$Mg(OH)_2$、$Al(OH)_3$等受热分解,反应本身吸热,同时H_2O也吸收大量的热量,从而阻断了热量传递链,并降低了可燃物的表面温度。

4.1.2 气相阻燃机理

如含氮阻燃剂、含溴阻燃剂(DBPDO)等受热时释放出大量不可燃气体覆盖在可燃物表面,隔绝了可燃物与氧气的接触,并稀释了可燃气体的浓度。

4.1.3 凝固相阻燃机理

阻燃剂如含磷阻燃剂、$ZnBO_3$ 等,受热时在可燃物表面形成不可燃的炭化膜或玻璃状膜,从而隔绝了氧气与可燃物的接触。

4.2 阻燃沥青的评价

4.2.1 阻燃沥青的阻燃性

采用氧指数(Oxygen Index,简称 OI)评价。

氧指数,即在规定试验条件下,材料在氧氮混合气体中刚好能保持燃烧状态所需的最低氧浓度。

$$\text{氧指数 OI} = \frac{[O_2]}{[O_2]+[N_2]} \times 100\%$$

式中:$[O_2]$——临界氧浓度时混合气体中氧气的体积流量;

$[N_2]$——临界氧浓度时混合气体中氮气的体积流量。

氧指数(OI)越高,表明材料越不易燃,纯沥青的 OI≤21。

4.2.2 阻燃性评价标准

(1)日本 JISK7201 规定

OI > 30% 为难燃 1 级;

OI = 27% ~30% 为难燃 2 级;

OI = 24% ~27% 为难燃 3 级;

OI = 21% ~24% 为难燃 4 级;

OI < 21% 为难燃 5 级。

(2)一般认为

OI > 27% 时,该材料在火中是自行熄灭的材料;

OI = 20% ~27% 时,该材料为可燃材料;

OI < 20% 时,该材料为易燃材料。

5 施工工艺流程及操作要点

5.1 施工工艺流程(图 1)

5.2 施工操作要点

5.2.1 在混凝土生产过程中,阻燃剂及其他外加剂要严格按照批复的生产配合比添加。适当增加拌和时间,使各种外加剂能够拌和均匀。

5.2.2 据隧道内封闭、散热慢的特点,沥青混合料的拌和温度、摊铺温度都应相对低 10℃左右。拌和时沥青加热温度为 160 ~ 175℃,矿料温度为 190 ~ 200℃,混合料出场温度 175 ~ 185℃,超过 195℃ 废弃。拌和时间 45s,其中干拌时间 10s,湿拌时间 35s。

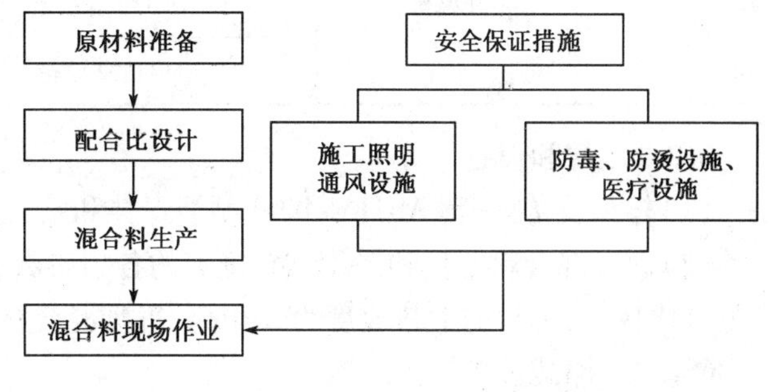

图 1 施工工艺流程图

5.2.3 运料车的篷布要求包住车厢四周并捆绑牢固。

5.2.4 为了保证连续摊铺,开始摊铺时,现场待卸料车辆不得少于 5 辆,运料车在摊铺机前 10 ~ 30cm 处停住,空挡等候,由摊铺机推动前进开始缓缓卸料,避免撞击摊铺机。

5.2.5　采用一台英格索兰 8820 摊铺机全幅作业,摊铺机应调整到最佳状态,起步时的工作仰角为 0°,调好螺旋布料器两端的自动料位器,并使料门开度、链板送料器的速度和螺旋布料器的转速相匹配。在摊铺过程中注意调整摊铺机熨平板的拱度。

5.2.6　碾压时应将驱动轮朝向摊铺机,从外侧向中心碾压,在超高路段则由低向高碾压,在坡道上应将驱动轮从低处向高处碾压。碾压路线及方向不应突然改变,压路机起动、停止必须减速缓行,不准刹车制动。

6　材料与设备

6.1　材料

6.1.1　矿料

粗集料:玄武岩;产地:宜昌华升有限公司玄武岩石料厂。

细集料:石灰岩;产地:宜昌五峰采花石料厂。

填料:石灰岩;产地:恩施松红有限公司。

6.1.2　沥青

重庆美仑道路沥青工程有限公司提供的"泰普克"改性沥青 SBSI-D。

6.1.3　纤维

采用长沙聚龙企业管理有限公司提供的美国 BMF(北美孚)矿物纤维,其相对密度为 2.70g/cm^3,占混合料总量的 0.4%。

6.1.4　消石灰

长阳县龙舟坪津口村下渔口石灰厂提供,用来替代 2% 的矿粉,其相对密度为:2.436g/cm^3。

6.1.5　阻燃剂

济南金盈泰化工有限公司提供,其相对密度为:2.432g/cm^3。

6.2　设备(表1)

所用的主要机械设备　　表1

序号	机械名称	规格型号	单位	数量	技术状况
1	拌和站	ASTEC-4000	套	1	优
2	摊铺机	英格索兰 8820	台	1	优
3	压路机	HDO120V 双钢轮	台	1	优
		DD110 双钢轮	台	2	优
		MRT302 胶轮	台	2	优

6.2.1　拌和设备

(1)拌和设备:一套 ASTEC-4000 型沥青拌和站,已标定。

(2)沥青混合料的拌和采用试拌确定的各项参数为指导,冷料按目标配合比进料,热料仓比例按生产配合比执行,冷料的上料速度为 210t/h,每盘混合料 3.5t。

6.2.2　摊铺设备

采用 1 台英格索兰 8820 智能型沥青混合料摊铺机,最大拼装宽度为 15m。隧道宽度为 8.2m,本项目摊铺机拼装宽度为 7.5m。

6.2.3　碾压设备

采用 1 台 HDO120V 型振荡压路机、2 台 DD110 型双钢轮压路机和 2 台 MRT302 型胶轮压路机。

7 质量控制

7.1 阻燃沥青混凝土质量标准(表2)

阻燃沥青混凝土上面层 SMA-16 质量控制标准 表2

项次	项目		检测方法和频率	质量要求或允许值
1	混合料外观		随时目测	观察集料粗细、均匀性、油石比、色泽、有无花白料、油团等各种现象
2	沥青混合料出厂温度			≥175℃
3	到场温度			≥165℃
4	摊铺温度			≥160℃
5	初压温度		随时温度计检测	≥150℃
6	碾压终了表面温度			≥90℃
7	开放交通路表温度			≤50℃
8	施工气温			≥10℃
9	压实度(%)	代表值	每2 000m² 一点	≥98%
		极值	每2 000m² 一点	≥95%
10	平整度	上面层	平整度仪:每车道连续按100m 计算 σ 和 IRI,$\sigma=0.6\times IRI$	0.8mm
11	现场空隙率	平均值	每2 000m² 一点	4% ~8%
		极值	每2 000m² 一点	3% ~9%
12	渗水系数	上面层	每1km 不少于5点,每3处取平均值	≤100mL/min
13	宽度	上面层	水准仪:每200m 4处	±20mm
14	油石比(%)			±0.3%
15	级配(%)	0.075mm	每个拌和楼,每日施工,上午、下午各一次,共两次	±2%
		2.36mm		±5%
		≥4.75mm		±6%
16	马歇尔空隙率(%)		每个拌和楼每施工日一次	±0.5%
17	中线平面偏位		经纬仪:每200m 4点	20mm
18	厚度	上面层	合格率大于90%	-10%
19	纵断高程		水准仪:每200m 4断面	±10mm
20	抗滑	摩擦系数	摆式仪:每200m 1处	≥45BPN
		构造深度	铺砂法:每200m 1处	≥0.8mm
21	横坡(%)		尺量:每200m 4断面	±0.3%

7.2 质量保证措施

7.2.1 加强原材料检测,杜绝不合格材料进场。

7.2.2 沥青混合料的控制

热拌沥青混合料,除符合技术规范要求外,还应做到"三个及时,两个坚持,一个保证"。

(1)"三个及时",即每天拌和机拌制3~5车混合料后,试验室应及时取样、及时试验、及时反馈(将油石比、矿料级配情况及时通知拌和机技术负责人或工程技术主管)。

(2)"两个坚持",即坚持开盘证制度和坚持每天上下午各抽测一次油石比及矿料级配的制度。各路段、层次不同,所用配合比也各不相同,每天由项目部技术主管开出开盘通知书,通知拌和机和施工路段负责人,可以避免很多差错。

(3)“一个保证”,即保证好施工各环节沥青混合料的温度。所谓建立温度保证体系,即:沥青及集料加热温度→沥青混合料拌和温度→沥青混合料出厂温度→沥青混合料到达现场温度→沥青混合料开始碾压温度→沥青混合料复压温度→沥青混合料终压温度。

在沥青混合料的控制中,要着重对原材料质量、材料配合比、计量的准确性、温度和拌和时间进行严格控制。

7.2.3 运输车辆必须使用大吨位,即20t以上的自卸车。因为吨位越大,表温降低对整个料温的影响越小,并使用篷布严密覆盖,不得张扬或裸露边角。

7.2.4 摊铺机的调试

(1)仪器灵敏度的设定。仪器若是模拟式的,下面层设定为6~7,上面层设定为7~8;若是数字式的,下面层设定为4mm,上面层设定为3mm。

(2)料位的稳定。通过调试料位传感器使螺旋布料器处于均匀、稳定的工作状态,螺旋布料器内沥青混合料表面以螺旋布料器1/2~2/3为度。

不同结构层厚度对应不同的螺旋高度,以阻燃沥青上面层为例,下面层厚度为5cm,螺旋布料器调至低位,即螺旋下沿距地面7cm左右。

(3)夯锤的开度和熨平板频率的设定。夯锤的振捣频率设定为20Hz,熨平板的频率设定为40~60Hz。

(4)摊铺速度的设定。摊铺速度与生产能力及运输能力相匹配,保证匀速、稳定的摊铺作业。

7.2.5 碾压作业

(1)钢轮压路机遵循“先开机、后开振,先停振、后停机”的原则,停振至停机的距离控制在1.5m左右。

(2)DD110振动挡位调至2挡,振荡压路机放在工作挡,高频低幅,振动在前,振荡在后,重叠宽度为20cm左右。

(3)严格控制钢轮的洒水量,洒水呈喷雾状,洒水不宜过多,以不黏轮为宜,后退时停止洒水。

(4)防止欠压和过压。

8 安全措施

8.1 定期进行安全交底,要求纵向到底,横向到边,使技术人员和施工队伍提高安全生产意识。

8.2 现场施工人员要熟悉安全操作规程,人人持证上岗。

8.3 为确保安全施工,对所有作业人员佩戴防毒面具,穿反光背心和隔热鞋。隧道内采用发电机发电照明,工人采用轮班制,每2~3h换班一次。

8.4 所有的机械及交通车辆上都要贴反光条。

8.5 后场负责人要对班组成员进行安全交底工作,尤其对拌和站周围的沥青罐、乳化沥青罐、燃料油罐、柴油罐等重大危险源要密切关注,确保安全。

8.6 由于隧道内太窄不容易掉头,根据隧道平面图里的横洞布置,专门设置了掉头区,并设有醒目的标志牌和专人管理,让运输车辆倒退进入摊铺现场。

8.7 为及时处理隧道密闭空间可能发生的气体中毒事件,防患于未然,项目部专门邀请了局职工医院的医护人员到第一线,全程参与施工过程。

9 环保措施

9.1 对职工定期进行环保教育及培训,提高环保意识。

9.2 摊铺过程中产生的废料应拉回后场集中处理,不得随意丢弃。

9.3 拌和场经常洒水,防止过多扬尘污染周围环境。

9.4 在距离居民住宅较近时,尽量避开晚上施工,以免影响居民正常生活。

10 资源节约

本工法扩大了沥青混凝土的应用范围,减小了汽车的摩阻力,从而减小了汽车的消耗和废气排放,有很好的节能减排效果。

11 效益分析

同其他改性沥青混凝土路面相比,阻燃沥青混凝土路面最大的效益是最大限度地避免或降低了通车运营后隧道发生火灾的可能性,能够尽量减少因隧道内起火造成的国家及人民生命财产损失。

12 应用实例

12.1 安徽黄塔(桃)高速公路LM1项目位于安徽省黄山市休宁县境内,是安徽省第一项交通部典型示范工程,桩号为:K1+112.967~LK18+000,K16+540~SK20+100,全线共计20.447km,其中阻燃沥青混凝土路面3.3km,面积38 999.23m^2。经过与业主、监理工程师和阻燃剂供应方共同现场取样,送国家防火建筑材料质量监督检验中心检测,氧的指数OI达到了35%,属于难燃1级,达到预期的阻燃要求,受到了业主和监理方的一致好评。

12.2 湖北沪蓉西高速公路LM2合同段,隧道阻燃沥青混凝土路面长35.4km、共计29万m^2,现已全部完工。经过试验检测,各项技术指标均能满足设计要求。

彩色沥青混凝土摊铺施工工艺

GGG(中企)B3031—2010

李　晋　伊廷军　彭玉红　邹书团　孙　涛
(胜利油田胜利工程建设(集团)有限责任公司)

1　前言

彩色沥青混凝土作为一种新型的路面材料,其路用性能与普通热拌石油沥青混凝土相同,可用于园林景观路、服务区等有特殊要求的道路,能改变路面的单一色调,美化环境;亦可用于规范道路类别,方便运行管理,维护交通安全;同时,可以改变由于大量铺筑沥青路面而产生的“热岛”效应,减少环境污染。彩色沥青混凝土的施工方法,在国内还存在一些不足之处:一是彩色沥青造价昂贵,比普通黑色沥青路面高出7倍左右,因此在我国还不利于大范围推广;二是传统的砂岩粗集料产量极低,一般无法满足2万m^2以上的大面积摊铺需求;三是传统的碾压组合方式会对面层混合料的沥青包裹层造成破坏,无法平衡碾压密实度和外观质量两方面的质量要求。

针对施工现场应用环境和彩色沥青的混合料特点,胜建集团深入研究并掌握彩色沥青混凝土的路面性能、配制生产,以及彩色混合料的拌和储运、施工现场的摊铺、碾压等详细的施工工艺,为改善上述不足提供有效的工艺参数、总结和完善工程经验是非常有意义的。通过近一年的使用效果来看,外观质量和路用效果均达到设计要求,证明了工艺技术的成熟性和可靠性。

2　工法特点

2.1　为满足国内少有大面积摊铺的工程规模要求,改变传统的粗集料紫红色砂岩,并通过优化配合比中的油石比和颜料掺量及摊铺、碾压的温度控制,实现用普通玄武岩作为传统粗集料的替代品。

2.2　分析彩色沥青混合料特点,总结出摊铺过程中路面接缝处的衔接处理方案。

2.3　为降低摊铺成本及满足大规模施工要求,总结出摊铺过程中混合料温度的控制及碾压的组合方式。

2.4　完善摊铺完成后的成品保护及部分情况下的修复方案。

2.5　玄武岩为粗集料的配合比方案,可使彩色沥青路面摊铺成本每平方米降低12.1元。

3　适用范围

本工法适用于15m以内主干路及人行道的彩色沥青面层施工,也可用于广场、园林景观路的施工。特别是在道路通行情况比较复杂的路段作为引导交通的特殊路面,彩色沥青以其鲜艳的路面颜色具备了独特的优越性。本工法可满足沥青路面的重交通通行质量要求,但机动车辆较多的路段施工需根据实际应用需求,可通过调整配比、改变路面颜色等方面以延长彩色路面的使用年限,满足使用要求。

4　工艺原理

4.1　路面构造

彩色沥青道路的沥青结构层,通常由普通沥青和彩色沥青构成,从道路通行要求方面考虑通常采用5~7cm中粒沥青混凝土和3cm彩色沥青混凝土组成。以济南市景观湖道路工程结构层为例,见图1。

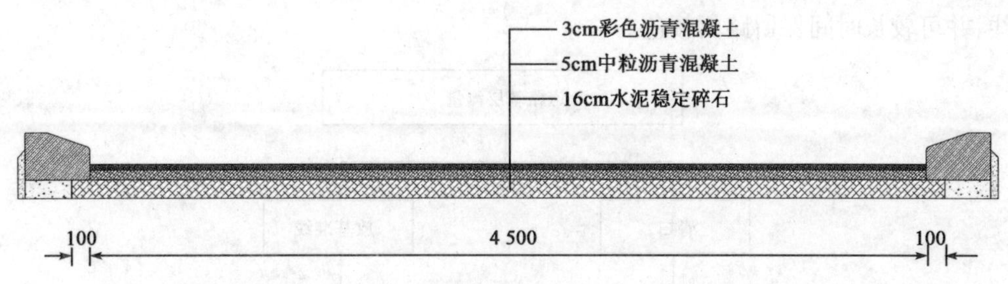

图1 彩色沥青路面断面图(尺寸单位:mm)

4.2 技术参数

4.2.1 彩色沥青路面结构层混合料厚度不低于2.5cm。

4.2.2 适用道路宽度3~15m。

4.2.3 彩色沥青面层下部基础平整度允许偏差范围为3mm。

4.2.4 摊铺厚度允许偏差范围为±3mm。

4.2.5 摊铺速度3~4m/min。

4.3 工艺原理

4.3.1 为满足6.6万m^2的彩色沥青摊铺,在工程应用中粗集料选用普通玄武岩代替传统的紫红色砂岩,一方面满足了材料供应的产量限制,另一方面可极大地降低彩色沥青混合料的摊铺成本。但是与路面颜色色差较大的玄武岩在应用过程中,需针对彩色沥青的路用特点调整配合比中的油石比和颜料掺量,以增加粗集料外层沥青包裹层的厚度,延长彩色沥青使用寿命,保证外观质量满足路用要求。

4.3.2 针对彩色沥青路面施工过程中施工缝对后期的外观影响,调整施工接缝施工方案,通过摊铺机具组合和时间控制,最大限度地消除施工缝在路面留下的痕迹。

4.3.3 粗集料外层的沥青包裹层是道路保留鲜艳色彩的关键,常规的施工碾压会对其造成一定程度的破坏,降低彩色沥青使用寿命和外观质量。通过对混合料摊铺及碾压温度的控制,打破常规调整碾压组合方式,保护沥青包裹层的完整性。

4.3.4 彩色沥青混合料由于其极高的黏结性,极易在摊铺过程及施工完成后造成路面污染,且不易清除,对无法避免或施工疏漏所造成的部分污染,提出预防及修复方案,保证路面的美观性。

5 施工工艺流程及操作要点

5.1 工艺流程

施工工艺流程见图2。

5.2 施工过程及要点

5.2.1 原材料准备

(1)粗集料

由于目前国内所施工的彩色沥青混凝土路面多数为宽度较窄的自行车路、景观路、广场等,其面积绝大多数在2万m^2左右,在粗集料工程用量和成本投入上选用紫红色砂岩均在可接受范围内,但是工程规模达6.6万m^2以上,粗集料用量在5 000t左右时,已经超出了山东紫红色砂岩料场的生产能力和成本投入承受能力,所以在配比中将粗集料改为5~10mm玄武岩。该玄武岩集料属碱性岩石,质地坚硬强度较高,体积密度为2.8~3.3g/cm^3,密度较大时抗压强度很大,可高达300MPa,针片状含量低、与沥青黏结力较好(为3级),这样的成品料摊铺完成后可基本满足压路机碾压强度及道路的重交通使用需求,同时玄武岩选购方便,价格也仅为90元/m^3。粗集料选用该规格粒径的石子也是为了彩色路面获得比较好的色彩效果,混合料级配适当粗一些,可以使路面具有较好的纹理构造,能够从多角度反射彩色的光线,并可较长时间保留路面颜色。

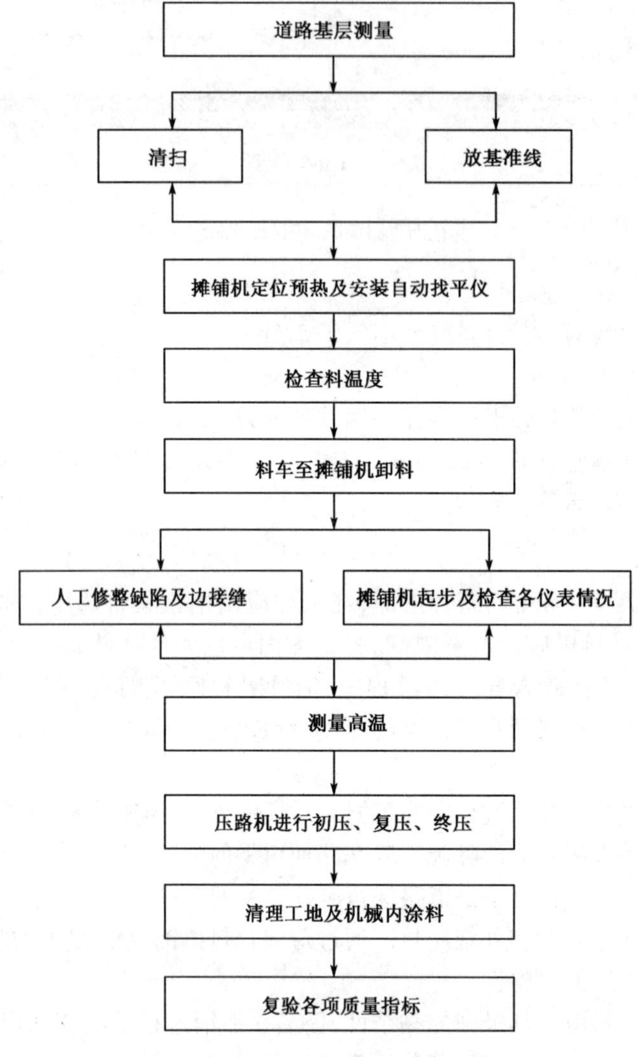

图2 施工工艺流程图

(2)结合料选用

结合料主要有普通沥青、天然浅色沥青、热固性浅色沥青、热塑性浅色沥青几种,其中热塑性浅色沥青具有路用性能好、加工工艺简单、价格相对较低等特点,但是缺点是施工工艺较为复杂,目前国内的工程中应用较为广泛的就是这种热塑性浅色沥青。根据气候环境及工程实际交通使用情况,选用针入度较小、软化点较高、延度较大的结合料,可满足沥青路面上面层对抗车辙能力的要求,同时各项指标均达到 AH-70 要求的改性脱色沥青作为施工用的结合料。

(3)颜料选用

由于粗集料选用普通玄武岩,粗集料的自身色泽较彩色沥青路面的颜色有较大差异,这样就对油石比及颜料的选用和掺量控制提出了更高的要求。上海生产的氧化铁红颜料主要有三种型号:110 号、130 号和 150 号,试验室针对这三种型号颜料依照不同配比分别形成三种试块,以观察外观和密实度的区别。

①110 号颜料采用接近断级配进行配料,减少细料添加量,提高油石比至 6.2%,颜料掺量 3.5%,双面各击实 75 次成型马歇尔试件。经马歇尔试件检测,粗集料外层的沥青包裹层较厚,材料间隙率 19.1%,呈现色泽较为鲜艳,加上较大的间隙给光线照射提供多角度的反射空间,在阳光下接近鲜红色。缺点是从景观湖园林道路实际使用上来说,较大的空隙率更易沉积泥土,影响红色的外观质量。另外日

常的车辆通行对路面的污染会让色泽差异更为明显。

②130 号颜料采用设计配比进行配料，油石比 6.0%，颜料掺量 3.5%。经马歇尔试件检测粗集料外层沥青包裹层均匀，材料间隙率 17.5%，色泽为暗红色。较 110 号颜料配比相比较，优点是抗污染性能较好，即使投入使用后，黑色的胶轮印记不会造成较为明显的色泽差异，缺点是颜色略显发暗。

③150 号颜料采用设计配比进行配料，成型马歇尔试件后，虽然沥青包裹层及间隙率都符合使用要求，但是色泽过于暗淡，基本没有光线折射效果，失去了彩色沥青路面的使用特点。

最终在景观湖工程中选用的是上海生产型号为 130 号氧化铁红颜料，该颜料特点为具有良好的耐光老化和耐酸碱腐蚀能力，并且该型号颜料耐污染性较好，比较适用于景观湖景观道路的使用，大面积施工后该型号颜料展现出来的色泽较实验室的试块颜色更为鲜亮，基本满足红色沥青路面的设计要求。同时该型号的颜料为国内生产，价格相对欧美产品及国内类似颜色的产品相比较为便宜。

颜料掺量的增减主要影响色彩的明暗度，随着脱色沥青中颜料颗粒的含量增加，对沥青结合料、石料的覆盖能力增强，颜色的纯度、饱和度增强，混合料的明暗度也会略有降低，彩色变暗，这样也避免过于鲜亮的红色路面在投入使用后，经过长时间的磨损，色泽变化过大。

经过实验室三次试块试验及项目部组织的针对三次取样试验而进行的讨论，在混合料的配合比中将油石比提高到 6%，颜料的掺量增加到 3.5%，经过规范的拌和后，可以增加粗集料外层的沥青包裹量，并且沥青混合料的色泽用肉眼观察具有足够的光亮度和鲜明的色彩。

(4)配合比方案优化

为保证彩色沥青混合料的高温稳定性和抗滑性能的要求，在原料采集上进行适当筛选，减少靠近最大粒径的粗集料，增加中间档次的粗集料，形成 S 形嵌挤密实级配。这种级配的沥青混合料具有相对较高的构造深度，彩色路面看起来比较有质感，而且表面颜料不易破损。如图 3 所示，设计级配为级配规范中上限与下限之间的级配。

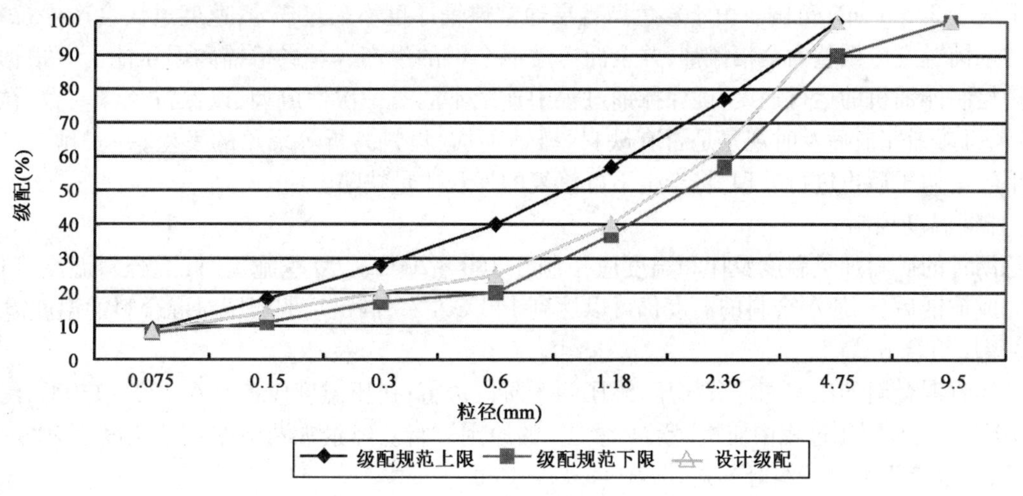

图 3 粗集料级配示意图

按照设计级配进行配料，双面各击实 75 次成型马歇尔试件。混合料拌和温度控制在 150 ~ 155℃，马歇尔试件成型温度控制在 140 ~ 145℃。绘制马歇尔试件油石比体积参数关系图，选择 3.4% 为设计空隙率，对应油石比为 6%，同时其他各项体积参数均满足设计要求，因此最佳油石比为 6%，如图 4 所示。

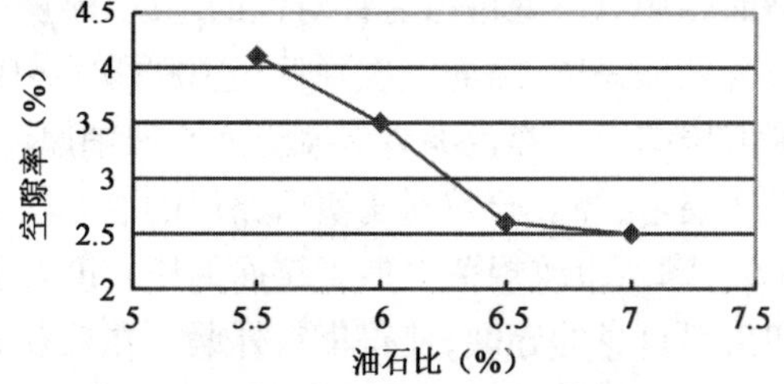

图 4 体积参数与结合料用量关系示意图

5.2.2 混合料拌和温度的控制

彩色沥青混合料的拌和控制与普通沥青基本一致，包括设备的检测、材料的加热、材料的拌制和混合料的温控等几个方面。由于彩色沥青有着自身特性的制约,它对各个环节的要求都要更加严格,拌制时间的控制和加温指标的变化,都会影响到拌和后的混合料是否均匀一致。所以在工程中彩色沥青摊铺主要从拌和温度上加以调整,以满足混合料的拌和质量。

拌和中温度的控制对于彩色沥青混合料的质量影响较大。首先,国内品牌颜料依照目前的生产技术水平可保持在200℃下,2h不变色,但通过实验室拌和出来的混合料观察,彩色沥青混合料拌和温度过高或者在运输过程中储存时间过久,混合料的色泽将会逐渐变暗。一般混合料在运输过程中温度在160℃左右,在这个温度下观察,超过2h的储存,混合料就会开始产生色泽差异,时间越久颜色越暗。普通AH-70沥青加热温度在150~170℃,集料的加热温度在160~190℃,而彩色沥青混合料中脱色沥青的加热温度需要在普通沥青基础上增加20℃左右。该工程中混合料的加热温度控制在190℃,集料的加热温度不低于195℃,从而保证集料被沥青充分裹覆,避免产生花料。

5.2.3 摊铺及碾压施工工艺要求

彩色沥青混凝土摊铺时对初压前摊铺机的摊铺质量要求较高,如果出现混合料摊铺不均、温度过低、设备自身对混合料的污染等现象,任何修补工作都将极大地影响后期彩色沥青路面的外观质量。研究内容主要包括以下五个方面:

(1)施工设备的清洗

为了避免摊铺机及运输设备中的污染物在摊铺及运输过程中对混合料的污染,在设备进场施工前,先对所有设备进行全面清洗,确保无附着污染物进入摊铺流程;先出盘的10t混合料不进行摊铺使用,在摊铺机中热料干拌1min,之后将该混合料弃置,这可彻底清除搅拌机及摊铺机人工无法清除的部分污染物。

(2)摊铺机摊铺速度

经过在试验段和首次摊铺过程中的经验总结,彩色沥青摊铺过程中,摊铺机摊铺的工作速度应严格控制在不大于3.5m/min范围。由于彩色沥青层通常摊铺厚度不超过3cm,速度过快会产生拉料现象;混合料的摊铺宽度应调整为全幅摊铺,并全面考虑混合料的生产、运输、摊铺和碾压能力。根据混合料的进场量控制摊铺机的运行速度,确保摊铺过程中连续不间断一次性成型,以保持色泽一致、粒料均匀美观;摊铺机摊铺完成后及时观察是否有缺料、摊铺不均、集料离析等现象的发生,并安排人员及时处理。如果经过初压后再进行处理,将产生不可修复的外观质量缺陷。

(3)摊铺温度控制

彩色沥青的矿料加热温度及拌和温度应控制在180~200℃。夏季施工时,混合料温度降低较慢,摊铺机完成摊铺后,一般混合料的温度仍可以达到140℃左右,满足后期碾压对混合料的温度需求。

(4)碾压组合方式

彩色沥青混合料的压实同样分初压、终压两个阶段进行;初压温度应控制在120~130℃,终压温度不低于100℃;同时碾压过程中应按"紧跟、慢压"的原则进行。经景观湖南湖区域长度为200m的试验段摊铺后,确定以下的碾压组合方式。

初压由DD110重型压路机将路面静压一遍后即告结束。RD25小型压路机对靠近路缘石处的沥青路面和喇叭口处进行有针对性的碾压,碾压的遍数视现场而定,直至轮迹消除为止。复压待小型压路机边脚处理完毕,路面温度降低至100℃时终压开始,由DD110大型压路机静压2~3遍,如轮迹完全消除则碾压结束。彩色沥青混凝土通常摊铺厚度依照不同配比在3cm左右,采用10t压路机静压即可满足压实要求,经实验室对压实后路段的取芯检测,DD110重型压路机按以上组合方式碾压,压实度均大于96%,满足市政规范对沥青路面的压实度要求。如果开振碾压,会极易造成集料外层包裹沥青膜的破损和集料自身的碎裂,使得集料外漏。在景观湖工程中,8月第一次彩色沥青摊铺施工中,选取一段200m长、4.5m宽景区道路作为摊铺试验段,在碾压过程中发现DD110重型压路机开始振动进行碾压后,道路表面有部分粗集料外面包裹的沥青膜破损,露出玄武岩的本身颜色,经仔细观察就能发现路面上细小的黑色斑点。所以若选用普通玄武岩作为粗集料,在后期碾压环节上尽量避免开振压实。

(5)接缝处施工方案

摊铺过程中对于无法全幅摊铺的路段经现场考察,制订以下两种方案进行施工:一是分两幅摊铺,中间间隔不超过10min,道路宽6m以上的路段,摊铺采用2~3台摊铺机同时摊铺,摊铺机前后间距为15m,在后台摊铺机完成摊铺后,开始全幅的初压。这种摊铺方案可以完全消除接缝处的痕迹,摊铺完成后接缝处无色差;二是一台摊铺机分两次摊铺,第一次摊铺结束后若短时间内无法进行衔接摊铺,那就要在沥青温度降低后对已摊铺的路面端口进行覆盖切割,对彩色路面进行覆盖,避免切割过程中扬尘污染已施工完成的路面,切口保持顺直。第二次摊铺时,控制好虚铺系数,确保接缝处的摊铺平整度,同时混合料不得留在第一次摊铺的路面上,避免压路机的二次碾压对路面集料的损坏。这种施工方案可基本消除接缝处的痕迹,同时缩短两次摊铺的时间间隔将有助于降低接缝处的色泽差异。

5.2.4 摊铺过程中及施工完成后的成品保护

彩色沥青混合料中的胶结材料为各项指标均达到AH-70要求的改性脱色沥青,是利用现代石油化工产品,人工调配出与沥青性能相当的浅色胶结料,它的黏结性、弹性和韧性指标大大优于普通沥青。但由于这种改性沥青的黏结性较强,也为彩色沥青的成品保护增加了难度,普通乳化沥青结合油和道路两侧的绿化土等外界的污染物极易黏附在彩色沥青混合料上,影响摊铺质量。

首先,为了防止施工人员及施工设备在施工过程中将普通乳化沥青结合油黏附在混合料上,该工程将普通乳化沥青结合油改用脱色沥青结合油,由于这种改性沥青自身的黏结性较强,所以在喷洒时每平方用量应不超过0.5kg为宜。

其次,在摊铺及碾压过程中尽量避免施工人员踩踏彩色沥青混凝土,并注意压实过程中防止周围泥土对彩色路面的污染。若碾压完成后由于操作失误对路面造成污染,应及时用高温混合料对污染处进行覆盖并反复清扫,之后对覆盖料进行废弃,可消除该处的污染痕迹。

摊铺完成后,普通沥青在温度降低后即可开放交通,但是彩色沥青在温度降低至室外温度时,胶结材料的黏结性仍然很强,这时外界污染物对路面的污染很难去除掉,此时的除污工作都会对路面造成色泽差异。因此在完成摊铺后,两日内不得开放交通,避免外界对路面造成不可修复的污染。

5.2.5 彩色沥青摊铺的部分注意事项

(1)目前国内已施工的彩色沥青摊铺工程摊铺厚度基本为3cm,下层为普通中粒沥青,而配比中的粗集料选择为5~10mm的石子,这就要求首先应仔细检查基层的质量,确保基层坚实、平整。若因为基层的平整度不佳,在彩色沥青摊铺厚度小于2.5cm的情况下易出现拉料的现象,这种情况下对路面进行二次摊铺将极大影响路面的色泽差异和碾压后的外观质量。其次在纵向坡度较大(>6%)的路段,摊铺机在坡度变化较大处也易出现拉料现象,该处摊铺时应适当在短距离内增加摊铺厚度,具体情况视现场坡度变化而定。

(2)排水井及检查井井口周边的处理可用RD25小型压路机进行碾压,再用人工进行细部处理。需要注意的是通常使用的平板振动器如果操作不当,就会造成过振现象,所以在景观湖工程中,经过试验排除了用平板振动器的施工方案。

(3)若在施工过程中已碾压完成的路段被设备或人员踩踏而污染,可及时用高温混合料对污染处进行覆盖,再用扫帚进行反复清扫,这样基本可以完全消除污染物,并且整体无色泽差异。

(4)每次开始施工后的第一次碾压,由于压路机的光轮与摊铺后的混合料温差较大,易造成黏轮现象,所以在开始碾压前,应先使压路机在道路开始摊铺的起点横向慢慢碾压,在最短的距离内提高光轮的温度。

6 材料与设备

彩色沥青施工中结合料及颜料的选用对施工最终的质量效果影响较大,本工法中所选用的结合料和颜料主要考虑山东省的气候特点及景观道路的车辆通行特点。结合料及颜料的技术指标见表1、表2。

脱色沥青技术性指标 表1

技术指标	单位	技术要求	测试结果
针入度(25℃)	0.1mm	60~80	74.5
延度(15℃)	cm	≥100	>100
延度(5℃)	cm	—	37
软化点	℃	≥70	79.5
闪点	℃	≥230	>250
密度	g/cm^3	—	1.027
黏度(135℃)	Pa·s	≤3.0	0.5

130号氧化铁红颜料技术指标 表2

技术指标	单位	130号	技术指标	单位	130号
铁含量	%	95	筛余物(0.045mm筛孔)	%	0.04
相对着色力	%	100	水悬浮液pH值		6.8
色差	%	0.9	吸油量	g/100g	18
105℃挥发物	%	0.8	主要粒子尺寸	μm	0.1
水溶物	%	0.3			

为保证大范围的工程规模及消除部分路段的施工接缝,本工法所配备满足6~10m宽路段摊铺要求的设备如表3所示。

彩色沥青混凝土施工机械设备配置表 表3

设备名称	规格型号	单位	数量
沥青拌和站	ACPT—3000	座	1
沥青混合料摊铺机	ABG—T423	台	2
轻型压路机	DR25	台	2
重型压路机	DD110	台	2台
洒水车	CGJ510G	台	1台
沥青洒布车	LS—3800	台	1台

7 质量标准及质量控制

7.1 由于在国内暂无针对彩色沥青混凝土摊铺的技术规范及评定标准,本工法的工程施工及验收按照《城镇道路工程施工与质量验收规范》(CJJ 1—2008)和《公路沥青路面施工技术规范》(JTG F40—2004)标准执行。

7.2 从拌和站到运输车辆再到摊铺机、压路机等参与施工的设备均在施工前进行保养,以确保各环节在施工开始后的连贯性、准确性。

7.3 石子、砂、乳化沥青、颜料等原材料的检验与试验均按现行规范有关规定执行。

7.4 彩色沥青混合料出厂检测结果和设计配合比技术指标基本一致,马歇尔物理力学性能指标满足城市主干道技术要求。

7.5 成型后的路面经钻孔取芯试验证实混合料粒径分布均匀,厚度和压实度满足规范要求。

7.6 贯彻ISO 9001质量体系,编制适合该工程的质量计划,作为质量手册和程序文件的补充,严格控制工程质量,确保实现既定的质量目标。

7.7 建立工程质量保证体系,实行项目施工质量责任制,检查控制施工全过程,实行质量逐级交接,层层把关,把影响质量的隐患消灭在萌芽状态。

8 安全措施

认真贯彻落实“安全第一,预防为主”的方针,以“安全为了生产、生产必须安全”为指导,严格按照安全技术操作规程和安全规则组织施工。做好安全生产,保持职工队伍稳定,解决职工后顾之忧,创造良好的施工生产环境,保证施工生产有序进行。针对施工过程中的安全隐患,制订以下几点制度保证施工安全。

8.1 操作人员应穿工作皮鞋及工作服。

8.2 施工区域要有明显标志和封闭护栏。

8.3 机械起步时要有专人注意周围环境。

8.4 材料车进场要有专人指挥。

8.5 交通繁忙地段要设专职纠察。

8.6 实行安全生产检查制度。项目经理部每月、工程队每半个月由安全生产领导小组进行安全生产大检查,专职安检工程师和安全员负责日常安全检查,发现问题及时处理,堵塞漏洞,消除隐患。

8.7 实行各项安全生产岗位责任制,明确责任,把安全工作落实到每个人。各施工队与经理部签订安全责任状,每个施工人员与工程队签订安全责任状。

8.8 施工现场做到布局合理,场地平整,道路畅通,机械设备安置稳固,材料堆放整齐,用电设施安装漏电保护器,为安全生产创造良好的环境。施工现场设置醒目的安全标语和安全警示标志,提示工人注意安全。施工便道边坡稳定,并做好必要的防护。

8.9 加大和保证安全投资,留有足够的安全生产费用,购置安全生产的设备和器件,保证施工生产现场紧急事故处理的开支。

9 环保措施

9.1 建立健全环保体系

9.1.1 在综合办公室设环境保护组,指定一名专业技术干部具体抓环境保护工作。

9.1.2 设立环境监测点,在业主环境保护监测站的指导下开展工作,并派专人进行监测,随时向环保专家咨询,及时向环保办汇报动态情况。

9.1.3 聘请环保专家授课,组织所有施工人员学习,提高大家的环保意识,明确本工程环保要点,使大家自觉进行环境保护。

9.1.4 严格遵守国家有关环境保护的法令法规,执行《建筑施工人员个人劳动保护用品使用管理规定》中的相关规定。

9.2 加强环保设施投入

9.2.1 对可能造成粉尘污染的设备安装空气污染控制系统。

9.2.2 建设洗车台,用于清洗运输工具。

9.2.3 设立环境监测点,在业主环境保护监测站的指导下开展工作,配置足够的环境监测仪器。

9.3 景区内园林环境保护

9.3.1 施工严格遵守现行的《中华人民共和国空气质量标准》,确保由于施工产生的空气悬浮颗粒(TSP)不超标。

9.3.2 在设备选型时,选择低污染设备,对可能造成粉尘污染的设备安装空气污染控制系统与设备同步运行;拌和站及料场设在远离居民区、学校、办公区等环境敏感点以外的下风向处,具体位置根据现场确定。

9.3.3 在材料搬运过程中,对可能产生粉尘的材料用水处理或喷洒水湿润。运送水泥的车辆装载不得超过挡板,上面用干净的防水布盖严密。

9.3.4 施工便道、施工场地使用洒水车经常洒水,防止尘土浮悬、飞扬给居民和农田带来污染。

9.3.5 注意机械保养,使机械保持最低声级水平;安排工人轮流进行机械操作,减少接触高噪声的时间;对在声源附近工作时间较长的工人发放防声耳塞、头盔等,对工人进行保护。

9.3.6 施工期间减少噪声、废气等的污染,噪声符合《建筑施工场界噪声限值》(GB 12523—1990)的规定,并遵守当地有关部门对夜间施工的规定。

9.3.7 主动与施工路段附近的单位协商,对施工时间进行调整或采取其他措施,减小施工噪声对工作的干扰。

10 资源节约

采用普通的玄武岩作为主要材料,可就地取材,能节约工程成本7.5%。用它代替紫红色砂岩作为粗集料具有施工工艺简单、节约成本、缩短工期、路面强度高、水稳定性好等特点,能极大地减少材料采购所消耗的运输费用及采购周期。同时,玄武岩作为粗集料的道路具有使用寿命长和对环境无污染等诸多特点,以更少的成本建造品质更高更加环保的道路,是造福人类的事业,利在千秋,功在万代。

11 效益分析

11.1 经济效益分析

目前国内多数工程选用的粗集料以红色岩石经破碎后的碎石为主,如果选用这种材料整体造价大约在200元/m^2。在景观湖工程中,粗集料采用强度较高的玄武岩代替这种红色碎石,同时调高油石比,加大沥青颜料对粗集料的包裹量,使得原料拌和后色泽鲜亮、包裹密实。这样的选料在加大沥青混合料强度的同时,大大降低了材料成本费用,单价在160~180元/m^2;同时,玄武岩方便购买,而紫红色砂岩在山东的产量极少,无法满足景观湖6.6万m^2的摊铺要求。所以,掌握先进的彩色沥青施工技术,就可做到施工期短、利润率高的预期效果,对于今后的类似工程具有一定的指导意义。

11.2 社会效益

对于一项新技术的研究和掌握,其产生的长远影响和长期效益无法简单预测。

研究应用彩色沥青路面施工工艺,具有“疏导交通、美化环境、降低污染”等功能,确保拓宽道路的实用性能,有利于提高本单位道路专业施工水平,拓宽施工领域,增强参与市场竞争的能力;同时提高了企业社会信誉,社会效益显著。

12 工程实例

12.1 济南市大学科技园区景观湖园林绿化工程

济南市大学科技园区景观湖园林绿化工程于2008年1月进场施工,彩色沥青路面的面积为3.9万m^2,道路宽4.5m,结构层为5cm中粒沥青混凝土及3cm彩色沥青混凝土。园区内的全部通车道路均为彩色沥青,为一次施工完成。2009年8月开始,景观湖工程开始进行路面施工,每天两套摊铺设备,每台摊铺机可完成1.1万m^2的彩色沥青摊铺,该工程于9月15日竣工,实际完成摊铺3.9万m^2。景观湖园林绿化工程中彩色沥青路面施工完成后,从外观看路面平整、粒料均匀、色泽绚丽,有一定的粗糙度,远看像一条红色的地毯,和周围的绿树相互衬托,成为遍布园区的一道风景线。工程使用10个月以来在不同的温度(30~-15℃)及外部环境条件下,其高温稳定性、抗水损坏以及耐久性都非常好,未出现变形、沥青膜剥落及褪色现象,得到了广泛的赞誉。施工单位也因采用此工法节省了大量人工费与机械费,取得了良好的经济效益。

12.2 中国济南国际园林花卉博览园二级路工程

中国济南国际园林花卉博览园二级路工程为2008年11月中标,道路宽6~10m,道路结构层为5cm中粒沥青混凝土及3cm彩色沥青混凝土。园区内通车道路主要为满足电瓶车及游客观光的通行需要。2009 年 9 月初中国济南园博园二级路工程开始摊铺施工，分两次摊铺，首次摊铺面积 1.5 万 m^2，于 9 月 20 日竣工，实际完成 2.7 万 m^2。园博园彩色沥青道路连接园区内的正门至天圆广场，以及园区内国际展园和国内展园游览车的主要观光路线，每天车流量较大，在投入使用 10 个月里，道路外观色泽无变化，其高温稳定性、抗水损坏及耐久性等方面表现非常好。未出现变形、褪色现象，粗集料玄武岩也无外露现象，证实该工法应用具有较高的可靠性。

景观湖工程和园博园工程从彩色沥青路面大规模施工方面来说，在原材料的选购、设备的投入和施工的控制上都有较大的突破，积累了大面积彩色沥青路面施工的管理经验。

LSPM 沥青混合料施工工法

GGG(中企)B3032—2010

吴险云　刘文清　朱俊生　王忠贵　刘宽幅
(胜利油田胜利工程建设(集团)有限责任公司)

1　前言

目前国内大量的路面损坏状况调查和使用经验表明,渗入路面结构内的自由水,是造成或加速路面损坏的主要原因之一。由国内外研究可知,在路面内部设置排水层,可有效防止路面结构处于潮湿的工作状态,提高道路使用寿命。LSPM 的新型路面结构,既能发挥半刚性基层强度高、造价低的优势,又能克服其易开裂、易发生水损害的缺陷,大大延长了路面的使用寿命。根据山东省交通科学研究院的研究成果,路面的空隙率保持在 13% ~18%,是保证路面透水能力和耐久性的有效结合点,并在山东省进行了大量的试验,铺筑了一定数量的路面。在国内随着路面使用功能的增强,对路面的要求越来越高,LSPM 沥青混合料基层在高速公路上使用越来越广泛。国外市政道路的改建铺筑,LSPM 沥青混合料基层已成为趋势。

本工法就是在长期实践中,对沥青混合料 LSPM 施工摸索出来的施工工艺,关键技术获胜利石油管理局科技成果一等奖,并报山东省科技成果奖。

本工法是从沥青混合料的设计、拌和、运输、摊铺、碾压工序全过程进行科学控制,可对类似的工程提供理论依据,在提高施工质量、缩短工期、增加经济效益等方面具有重要的意义。

2　工法特点

2.1　技术含量高,在材料选择与控制上提出确实有效的措施,利用黄金理论进行配合比设计,达到严谨、科学符合工程需求。

2.2　机械化施工,全过程采用机械设备,自动化程度高。

2.3　施工工序严格,沥青混合料的设计、拌和、运输、摊铺、碾压全过程工序连接紧密。

3　适用范围

适用于使用 LSPM 沥青混合料基层的各种新建、改建及养护的路面工程。

4　工艺原理

4.1　对原材料进行选定。原材料级配必须按照专门的级配进行选定,它是保证生产优质沥青混合料的基础。

4.2　沥青混合料配合比设计。在原规范马歇尔试验的基础上,结合大型马歇尔设计方法,提出采用美学设计方法设计沥青混合料配合比,是本工法的技术核心。

4.3　沥青混合料的拌和。集料经二次筛分后进入热料仓,自动计量将热料仓的矿料和沥青、外掺物等投入拌缸中充分拌和后,把合格的沥青混合料放入储料仓。

4.4　沥青混合料的运输。混合料的运输采用较大吨位和足够数量的运输车运输,便于保温和控制摊铺机的连续运行。

4.5 沥青混合料的摊铺。运输到现场的沥青混合料倒入摊铺机的受料斗，经摊铺机螺旋送料器输送后，沥青混合料在摊铺机熨平板后形成新的面层。

4.6 沥青混合料的碾压。压路机在沥青混合料高温状态下通过开振及自身的重力，按照规定的程序交替连续不断地碾压，达到路面规定的压实标准，重点控制初压工序。

5 施工工艺流程及操作要点

5.1 工艺流程图(图1)

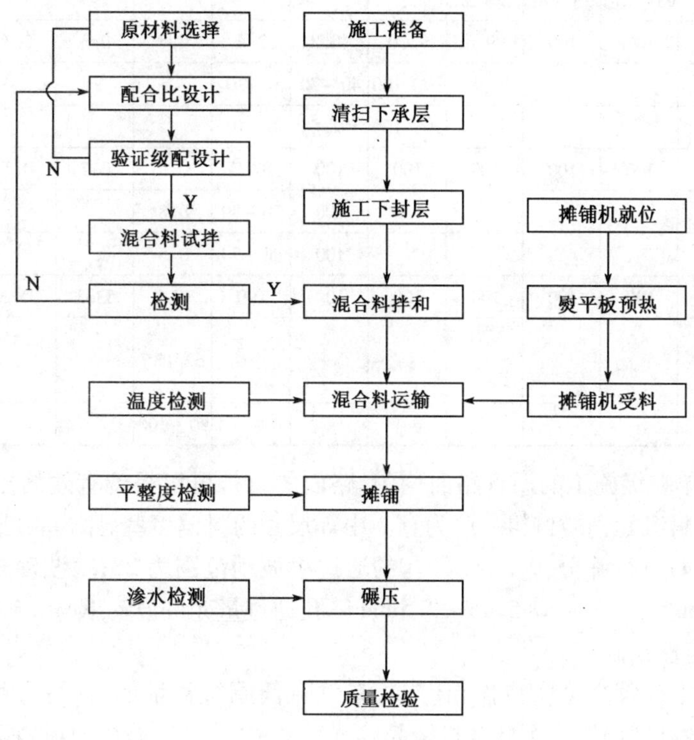

图1 工艺流程图

5.2 操作要点

5.2.1 原材料的选择

原材料是组成混合料设计的基础因素，它的技术性能直接决定着沥青混合料的物理力学性能以及路面摊铺效果。铺筑高性能的沥青路面，要求有优质的原材料，本工法要求原材料要符合以下条件。

(1)确定碎石技术指标范围

集料的级配范围采用推荐的级配范围，主要是保证沥青混合料级配的均匀性、可施工性。粒径规格应符合《公路沥青路面施工技术规范》(JTG F40—2004)的规定。

1号原材料的控制。对单粒级原材料的重要筛孔严加控制，四种原材料重点控制1号原材料，19.0mm筛孔的通过率宜控制在55%～70%之间，路面纹理深度在0.85，有轻微的离析，19.0mm筛孔的通过率在77%附近，纹理深度在1.6左右，1号原材料级配的控制是影响路面粗糙均匀的关键因素。

2号原材料的控制。2号原材料重点控制9.5mm筛孔的通过率，原材料在出厂时是合格的，经过装卸、运输、堆放造成原材料离析，使9.5mm筛孔的通过率变化较大，控制范围在40%～70%。如果控制不严，2号料在拌和楼热料仓中发生分流，生产中宜出现供料不平衡的现象。

3号原材料的控制。级配符合要求即可。

4号原材料的控制。重点控制0.075mm筛孔的通过量，控制在8%～10%，其通过率必须稳定，否则路面的空隙率将受到严重的影响。

正常使用比较表(推荐使用)见表1。

1～4号级配比较表 表1

材料名称	筛孔尺寸(mm)												
	31.5	26.5	19	16	13.2	9.5	4.75	2.36	1.18	0.6	0.3	0.15	0.075
	通过百分率(%)												
1号料设计级配	100	96.6	47.2	25.0	4.2	0.5	0.5	0.5	0.5	0.5	0.5	0.5	0.5
1号料实际级配	100	90～100	35～65	18～32									
1号料建议级配	100	95～100	55～70	25～32									
2号料设计级配	100	100	100	99.6	93.0	48.8	2.4	0.5	0.3	0.3	0.3	0.3	0.3
2号料实际级配					90～100	40～70	0～20						
2号料建议级配					90～100	50～65	0～10						
3号料设计级配	100	100	100	100	100	100	87.7	0.8	0.2	0.1	0.1	0.1	0.1
3号料实际级配						100	70～90	0.8					
3号料建议级配						100	80～90	0.5					
4号料设计级配	100	100	100	100	100	100	100	79.3	53.5	35.3	19.6	12.8	6.0
4号料实际级配								62～85					4.7～12.1
4号料建议级配								80～100					8～10

以上推荐使用的单粒级施工的沥青路面均匀,路面的离析可以得到有效的控制。1号料单粒级级配偏细一些为宜,2号料级配稍微偏粗一些为宜。中等尺寸的料偏多些,路面将减少部分离析。我们对2号料(4.75～16.0mm)进行筛分,9.5mm筛孔的通过率波动范围为28%,波动较大。也就是说,沥青混合料合成级配9.5mm通过量波动5.4%,9.5mm筛孔通过量允许波动10%。

(2)原材料的稳定性控制

①降低原材料料堆的有效高度。在拌和以前,有效降低原材料料堆的有效高度。有效高度为2.5～3.0m,确定料堆的有效高度原则上为装载机铲起碎石后平铲的高度,减少原材料重力离析。

②采用推土机二次混合,保证原材料混合均匀一致。推土机采用U形推料的形式。U形两边的材料由专人指定上料,保证混合料级配的稳定。具体施工见图2和图3。

图2 采用推土机二次混合

图3 混合后的原材料

(3)LPSM可采用SBS改性沥青、其他改性沥青与普通沥青,当采用SBS改性沥青或普通沥青时宜添加纤维稳定剂。沥青及添加剂应满足《公路工程沥青路面施工技术规范》(JTG F40—2004)技术要求。

优质的原材料是保证路面施工质量的基础,严格选材是本工法的三大关键因素之一。

5.2.2 沥青混合料配合比设计

设计合理的级配是确保路面质量的先决条件,路面应满足以下功能:

①高温稳定性;②水稳性;③良好的渗透性;④抗疲劳性;⑤抗反射裂缝性;⑥施工性。

确定合理的配合比是本工法的技术核心。

(1)目标配合比设计

采用工程实际使用的材料计算各种材料的用量比例,合成规定的矿料级配,进行马歇尔试验,确定最佳沥青用量。

影响沥青稳定碎石排水层材料渗透系数的主要因素为混合料的空隙率和空隙的连通情况,而空隙率和空隙的连通情况主要取决于集料的级配组成和颗粒形状、沥青含量以及混合料的压实程度。其中,集料级配组成是控制混合料空隙率大小的首位考虑因素。

当细料含量保持相对稳定时,改变集料的最大粒径将不会对未处治材料排水基层的渗透性产生显著影响。因此,集料颗粒的最大粒径选择应基于排水层的厚度及该层的结构强度要求上。排水层建议厚度通常为8~15cm,因而,试验研究中最大粒径采用26.5mm筛孔通过量为70%以上,9.5mm粒径代表粗集料,2.36mm粒径代表细集料,0.075mm粒径代表矿粉。由上述三档粒级的不同通过量组合形成各种试验级配。

①黄金分割率在工程设计中的运用。在此将黄金分割率与级配运用在一起。经过长期的摸索在规范规定的设计方法上,采用特别的设计方法——美学设计方法,在实践中得到良好的应用。

a. 选定沥青混合料类型,确定矿料级配范围;

b. 优选原材料,各种材料基本性能测试;

c. 计算矿料配比,确定沥青用量范围;

d. 制备马歇尔试件,测试相关性能;

e. 利用马歇尔试验结果计算 OAC_1、OAC_2,确定 OAC;

f. 比较各项性能,调整级配;

g. 水稳定性检验(浸水马歇尔试验);

h. 高温稳定性检验(车辙试验)。

在此基础上增加了以下内容。

②确定级配关键筛孔。建立与黄金分割率有关的数据:

这里我们用黄金分割率如下:

0.618、0.382 为一级分割率;

0.234、0.766、0.146、0.857 为二级分割率;

0.061、0.094、0.934、0.916 为三级分割率;

0.015、0.046 为四级黄金分割率。

离析方面:最大公称粒径 ×0.618 为混合料容易离析的筛孔;

最大公称粒径 ×0.382 为混合料力学分界点;

最大公称粒径 ×0.222 为混合料力学终极分界点。

以 LSPM-25 为例:

最大公称粒径 ×0.618 为混合料容易离析的筛孔:

26.5 ×0.766 = 19.5,我们选用 19mm 筛孔为离析控制点;

26.5 ×0.382 = 10.12,我们选用 9.5mm 筛孔为力学控制点;

26.5 ×0.222 = 5.88,我们选用 4.75mm 筛孔为粗细控制点。

根据级配粗细适当的调整,0.222 这个结果与林绣贤教授早年的研究结果填充点在0.20~0.25之间是吻合的。

然后采用黄金分割率计算理论筛孔通过率:

19mm 筛孔通过率(100 - 100 × 0.382 × 0.618)/100 = 76.4%;

9.5mm 筛孔通过率 100% × 0.382 = 38.2%;

4.75mm 筛孔通过率 38.2 × 0.618/100 = 23.6%。

这是理论曲线,依据这几个关键点合成级配。

9.5mm 的筛孔通过率接近黄金分割率 0.618。通过以上计算证明黄金分割率确实在级配中存在。在实际中此条理论曲线效果比较理想,要通过部分试验进行级配调整。

矿粉通过试验决定,这里设计的黄金理论是一条理论线,各地的材料千变万化,但是合成级配是依此变动,整体设计误差在 ±2% 为正常。

将沥青混合料的空隙率、车辙、耐久性能结合在一起,综合选之,黄金设计方法是它们的分界线。我们可以根据不同的地区依据黄金设计,灵活调整级配,使其具有良好的性能。

③沥青用量确定

按照技术规范的参考沥青油石比,按油石比 0.5% 变化制作 5 组试件,油石比分别为 2.0%、2.5%、3.0%、3.5%、4.0%,每组 6 个,单独拌制沥青混凝土,在 140℃时击实成型大型马歇尔试验。冷却静置 12h 后,测试件的密度并计算出空隙率、沥青体积百分率等指标,指标按《公路沥青路面施工技术规范》(JTG F40—2004)求得。

a. 沥青膜厚度计算。沥青膜厚度可以通过沥青含量与集料表面积来计算。沥青含量应当采用有效沥青含量。集料表面积(AREA)的计算可根据美国 AI 给出的经验公式估算:AERA(m^2/kg) = $0.41 + 0.0041P_{4.75} + 0.0082P_{2.36} + 0.0164P_{1.18} + 0.0287P_{0.6} + 0.0614P_{0.3} + 0.1229P_{0.15} + 0.3277P_{0.075}$

式中:P_i——分别为 i 级筛孔的通过率(%)。

b. 析漏与飞散。析漏试验和飞散试验是确定透水性沥青混合料最佳沥青用量的两项必不可少的试验。通过析漏试验可以确定保证沥青不产生流淌的最大沥青用量;通过飞散试验可以确定透水性沥青混合料不发生严重飞散的最小沥青用量。析漏与飞散试验具体方法与步骤详见《公路工程沥青与沥青混合料试验规程》(JTJ 052—2000)。

c. 最佳沥青用量确定。根据析漏与飞散试验确定 LSPM 的最大与最小沥青用量。通过沥青膜厚度要求验证最小沥青用量,以同时满足飞散试验与沥青膜厚度要求为准,然后通过空隙要求确定沥青用量的范围。最终得到的最佳沥青用量是一个范围,取平均值为最佳沥青用量,见表 2。

LSPM 推荐级配范围(通过率,%) 表 2

筛孔尺寸(mm)	52	37.5	31.5	26.5	19	13.2	9.5	4.75	2.36	1.18	0.6	0.3	0.15	0.075
LSPM-25	100	100	100	70 ~ 98	50 ~ 85	32 ~ 62	20 ~ 45	6 ~ 29	6 ~ 18	3 ~ 15	2 ~ 10	1 ~ 7	1 ~ 6	1 ~ 4
LSPM-30	100	100	90 ~ 100	70 ~ 95	40 ~ 76	28 ~ 58	19 ~ 39	6 ~ 29	6 ~ 18	3 ~ 15	2 ~ 10	1 ~ 7	1 ~ 6	1 ~ 4

(2)生产配合比设计

按目标配合比调整各热料仓的进料比例,取目标配合比设计的最佳沥青用量、最佳沥青用量 ±0.3% 等三个沥青用量进行马歇尔试验,确定生产配合比的最佳沥青用量。

①各种矿料最佳配合比以及沥青最佳用量的确定;

②采用目标配合比设计试验结果,室内试拌沥青混合料;

③校核进场集料颗粒组成;

④筛分各热料仓的材料,确定各热料仓的材料比例;

⑤热料仓集料配合比调整;

⑥马歇尔试验(制备试件,测试各项指标);

⑦经过比选确定生产 OAC;

⑧确定各种矿料最佳配合比、最佳沥青用量；

⑨按生产配合比试验结果采用拌和楼试拌沥青混合料。

(3)生产配合比验证

①取具有代表性的沥青混合料试样测定；

②铺筑试验段并取样试验；

③现场观测评定、取芯样检测；

④马歇尔试验，取样进行筛分及沥青含量测试；

⑤进行必要的非常规试验：高温稳定性试验、渗透性试验；

⑥确定生产标准配合比；

⑦确定施工配合比和施工控制参数。

5.2.3　混合料拌和流程(图4)

沥青混合料的拌制过程为：由装载机从料场上料进入冷料斗，经过输送带进入滚筒加热混合以后，在经过热料提升机进入振动筛，进行二次筛分，分别计量以后进入拌缸以后混合，拌制出沥青混合料。本工序是保证路面施工性能的先决条件，其控制点为混合料的温度和级配。采用间歇式拌和楼，全部采用自动化控制，见图5。

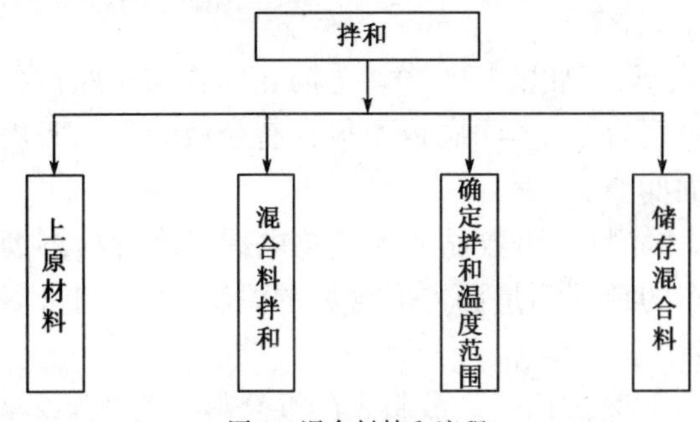

图4　混合料拌和流程

图5　英国 ACP 沥青混凝土拌和楼

(1)拌和楼混合料级配控制

拌和楼混合料级配控制的要点如下：

①要掌握混合料属于何种结构类型，如悬浮密实结构、骨架密实结构、骨架空隙结构，这主要依靠空隙率变化的速率来判定。

②冷料速率的变化是以保持路面的结构类型为基础，才能真正地保持设计的级配。

③混合料级配可以分为两个部分进行控制，大于9.5mm 的颗粒可以采用快筛的方法控制，简单有效。小于9.5mm 的颗粒可以用预估油石比的方法粗略确定级配。

④拌和过程中热料仓级配的变化是路面渗水的影响要素，重点控制冷料的速率变化，保持级配稳定。

(2)混合料拌和

拌和人员将实验室给定的生产配合比输入微机，启动拌和楼燃烧系统，加热集料，调整引风压力，控制火焰温度，再启动冷速系统，集料温度达到180～195℃之间，同时检查各设备的电流、电压是否正常。

沥青混合料加热温度、混合料的出场温度、废弃温度应按不同沥青种类根据《公路沥青路面施工技术规范》(JTG F40—2004)合理确定。当采用多级配沥青结合料时，沥青加热温度宜控制在170～180℃之间，集料加热温度应比沥青温度高10～20℃。拌和站混合料的出场温度宜控制在170～185℃，混合料废弃温度为195℃。

拌和时间由试拌确定，以沥青均匀裹覆集料为度。间歇式拌和机每盘生产周期不宜小于45s(其中干拌时间不少于5～10s)。拌制好的混合料应均匀一致、无花白料、无结团成块或严重粗细集料分离现象。

在混合料中添加纤维时,纤维必须在混合料中充分分散,拌和均匀,拌和时间宜延长5s以上。

矿料添加顺序:先投放粗集料、再投放细集料;同时添加聚酯纤维;搅拌过程中添加消石灰与矿粉。

(3)技术控制指标

①温度控制:严格掌握沥青和集料的加热温度以及沥青混合料的出厂温度。集料温度比沥青高10~15℃,热混合料成品在储料仓储存后,其温度不低于165℃。沥青混合料的施工温度控制范围符合《公路沥青路面施工技术规范》(JTG F40—2004)表5.2.2-2及表5.2.2-3的要求。

②外观质量控制:目测检查混合料的均匀性,及时分析异常现象,如混合料有无花白等现象。确认是质量问题,作废料处理并及时予以纠正。在生产开始以前,有关人员要熟悉混合料的外观特征,要通过细致地观察室内试拌的混合料来快速判定混合料有无大的异常现象。

③沥青混合料沥青用量的控制:采用最大理论密度仪控制拌和楼的实际沥青用量,在保证质量的前提下,合理采用沥青用量。拌和后的级配与设计级配的误差应在±2%内(0.075mm筛孔除外)。

④沥青混合料的储存:拌制好的沥青混合料放入储料仓,规范要求不超过72h,这里要求一般不超过6h。

5.2.4 沥青混合料的运输

这一工序的主要目标是保持沥青混合料的温度稳定。沥青混合料用10辆25t自卸翻斗车进行运输。从拌和机向运料车上放料时,采用三次放料法:即先放车厢前部,放满后挪动车位,放车厢后部,放满后,最后放车厢中部,以减少粗细集料的离析现象。

(1)料车要求:沥青混合料的运输采用大吨位的自卸汽车,车厢清扫干净。为防止沥青与车厢板黏结,车厢底板及周壁在装料前涂一层油水(柴油∶水=1∶3)混合液,车厢底板不得存有余液。车厢四周洁净,底板平滑不允许有凹槽。油箱全部包起来,严禁路面漏油。

运料车均在距底部约30cm的中间部位设有专用温度检测孔,用数显插入式热电偶温度计检测沥青混合料的温度,插入深度20cm,同时用水银温度计从车的顶部测量沥青混合料的温度,校正测量温度。每车必检,并对测得的温度及时记录到设定好的表格中。

(2)装料要求:在储料仓放料时,移动车辆分三次放料。料堆成山形。放料仓的混合料一般放至2/3时在添加新制的沥青混合料,避免料仓离析。见图6。

(3)停放要求:避免运输车辆碰撞摊铺机对路面产生拉痕。倒料见图7。

图6 放料图

图7 倒料图

(4)起斗要求:运输车辆起斗时严禁多次起斗,易造成沥青混合料滑动时粗细集料分离,造成路面离析。我们也可以通过料车中混合料下滑的状态快速判定混合料是否容易产生离析。

摊铺过程中,运料车在摊铺机前10~30cm处停住,不得撞击摊铺机。运料车一次起斗到位,角度约45°~60°,混合料表面覆盖的篷布不用掀起。卸料过程中运料车挂空挡,靠摊铺机推动前进。料车不得随意掉头。

(5)保温要求:在运输过程中为防止污染和下雨降温等情况,应采用防水篷布或棉被覆盖整个运料车厢。在料车起斗时料车覆盖物不能掀起,随车辆一起卸料。

(6)现场要求:料车到达现场以后,呈一字形排开,整齐列放在施工现场。无指挥人员的通知任何人不得掀起料车的篷布,如图8所示。

(7)运输车辆必须按照指定的路线行车,到场以后按指定的路线掉头倒车。

5.2.5　沥青混合料的摊铺

(1)混合料摊铺流程(图9)

图8　运输车队图

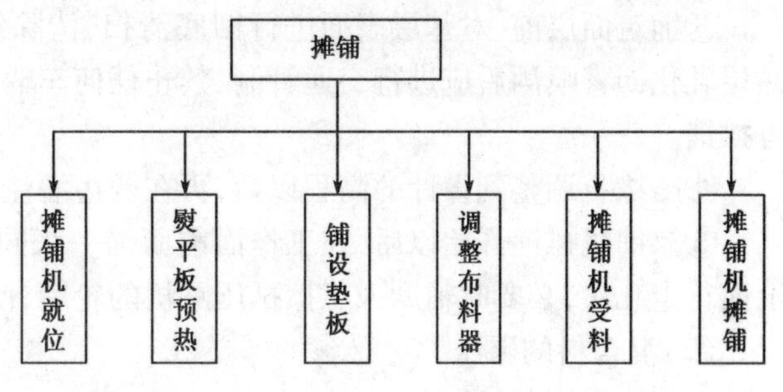

图9　混合料摊铺工艺

(2)混合料的摊铺

①摊铺机就位。采用两摊摊铺机联合摊铺,悬浮基准梁自动找平装置(雪橇)或无接触自动找平控制装置控制路面的摊铺厚度和平整度,铺筑后的沥青路面均匀一致,离析的状况较少,可以保证路面的压实度和均匀性。

②摊铺机受料。在摊铺过程中,运输车在摊铺机前10~30cm处停住,不得撞击摊铺机,更不得偏撞。卸料过程中运料车挂空挡,靠摊铺机推动前进,分多次起斗卸料的方式给摊铺机卸料,保证摊铺机受载均匀,摊铺稳定。

③调整摊铺机螺旋布料器的状态。在摊铺过程中,将摊铺机的螺旋喂料器调整到最佳状态,使混合料的高度在螺旋的2/3附近,并保证在摊铺宽度断面上不发生离析。特别要注意螺旋喂料器不得空转。熨平板工作角一经选定,摊铺过程中不要频繁随意调整厚度控制杆。

④摊铺机摊铺。摊铺机在摊铺过程中必须缓慢、均匀、连续不间断地工作。摊铺速度一般为2~2.5m/min,(相关规范为2~6m/min)。在改性沥青路面表层施工中,摊铺机摊铺速度如果过快,压路机按规定的组合碾压,跟不上摊铺机的行走速度,易导致路面压实度大面积不合格。

采用2台摊铺机梯队摊铺。前面摊铺机采用两个无接触式平衡梁,后面摊铺机一侧以已铺筑沥青路面为基准面,另一侧采用一个无接触式平衡梁。两台摊铺机组装宽度分别为7.5m、7.25m,摊铺机成梯队向前摊铺,2台摊铺机的前后距离控制在15m以内,并保持速度一致、摊铺厚度一致、路拱坡度一致、摊铺平整度一致、振动频率一致等。按2m/min控制,2台摊铺机均开振7级,夯板频率70,转速4 225r/min。非接触式平衡梁调整的参数见表3。

非接触式平衡梁调整参数　　表3

灵敏度	脉宽	平衡梁声呐	传感器死区	接缝声呐
4	100ms	50mm	2mm	25mm

(3)摊铺机摊铺厚度控制

混合料的摊铺厚度应为设计层厚乘以松铺系数。摊铺前应确定观测点来验证松铺系数,每一工程大面积开工以前都应铺筑试验段,以确定各项参数。根据经验,LSPM混合料的松铺系数一般为1.18~1.20。

5.2.6　沥青混合料的碾压(关键工序)

(1)碾压控制要点(图10)

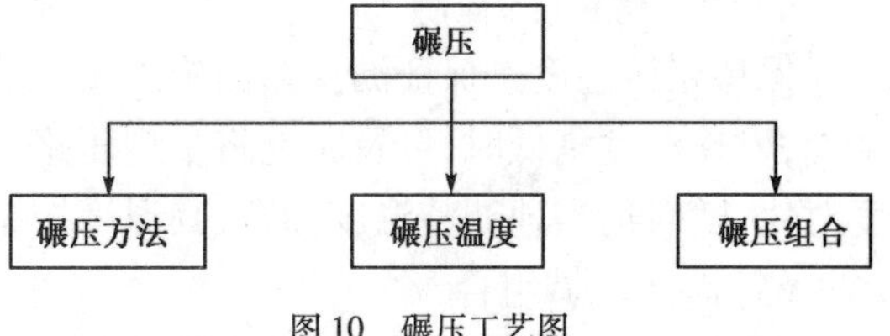

图10　碾压工艺图

对试铺段的路缘石进行检查,并对不满足面层铺筑要求的路缘石进行调整,并检查验收合格,并经监理工程师确认。

①检查基层局部质量缺陷(例如严重离析和开裂等及油污染造成松散的)并按规定进行修复。

②表面层用森林灭火器吹扫表面浮粒。局部采用钢丝刷刷洗污点,重点在中央分隔带附近。通过渗水试验、刹车试验检验以后,洒布黏层油,达到试铺条件。对施工现场进行交通管制,确保施工现场和成品不被污染。

③铺筑面层前,对基层表面进行彻底清扫,清除纹槽内泥土杂物,风干后均匀喷洒黏层乳化沥青。黏层乳化沥青喷洒后应进行交通管制,禁止任何车辆通行和人员踩踏,乳化沥青破乳后,不黏车轮时才可摊铺。

④路缘石调整到设计的高程以后,再在两边灌注热沥青。

⑤摊铺机摊铺开始以后,在工作面前面铺一张同路面宽、长约10m的土工布,洒水湿润,压路机在上面行走几次,必要时辅助人工擦拭压路机的轮胎,使设备表面清洁。

(2)混合料的碾压

本工法采用"321"碾压。

碾压前准备工作:检查设备是否正常,其后再清洗压路机表面的污渍,整齐地停放在摊铺机后边等待碾压。见图11。

三台钢轮11~13t压路机同时从两边、中缝开始碾压,碾压宽度为全幅的1/3。碾压初压温度不低于165℃,双钢轮振动压路机选用高频低幅,前进开密振,后退是消振,碾压两遍,行驶速度2~4km/h,行驶速度均匀一致。胶轮压路机1/2幅宽碾压,26~30t压路机首先碾压2遍。最后11t全幅碾压2遍,如图12所示。

图11 碾压机械准备

图12 碾压过程

碾压注意事项如下:

①压路机相邻碾压带重叠1/3~1/2轮宽。为保持高温碾压,碾压必须紧跟摊铺机进行,不得产生推移、发裂。

②压轮机每次由两端折回的位置应呈阶梯形,随摊铺机向前推进,使折回处不在同一横断面上。

③碾压时应将驱动轮面向摊铺机,碾压路线及碾压方向不应突然改变而导致混合料产生推移。严禁压路机在尚未冷却的路段上"掉头"、紧急制动及急转弯、停车等候等。

④碾压时要遵循"紧跟、慢压、高频、低幅"的原则。

(3)碾压温度的控制

保持碾压温度是保证沥青路面施工质量的关键。在施工过程中有数字式温度计在摊铺层表层测量温度,发现温度稍低时,可及时地将重型压路机提到前面碾压。每天记录的初压温度与路面取芯的压实度对比,随时适当地调整温度参数,其温度控制见表4。

(4)碾压机械组合

采用双钢轮振动压路机和较大吨位胶轮压路机相组合,组合方式和碾压遍数见表5。

碾压温度控制表　　表4

温度类别	规定值(℃)	实际值(℃)	备注
初压温度	≥150	155~170	摊铺层内部
复压温度	≥130	140~150	碾压层内部
终了温度	≥120	120~130	碾压层内部

压路机组合与碾压遍数表　　表5

碾压类型	机械类型	碾压遍数	备注
初压	双钢轮压路机	3	碾压2遍
复压	胶轮压路机30t 胶轮压路机26t 胶轮压路机20t	6	碾压2遍 碾压2遍 碾压2遍
终压	双钢轮压路机	2	静压2遍

5.2.7　接缝处理

摊铺近结束时,摊铺机在离终点部约1m处提起熨平板驶离现场,人工摊平后,再碾压。然后用3m直尺检查平整度,趁尚未冷却时,用切缝机切除端部厚度不足部分,形成垂直接缝。平接缝的接缝面在下次施工前应先行清洁、干燥及涂刷黏层沥青等处理。

5.2.8　材料检测

施工过程中材料质量检查项目和频率应符合表6中的要求。每个检查项目的平行试验次数或一次试验的试样数,必须按相关试验规程的规定执行,并以平均值评价是否合格。

施工过程中材料质量检查的内容和要求　　表6

材料	检查项目	检查频率	平行试验次数或一次试验的试样数
粗集料	外观(石料品种、含泥量等) 针片状颗粒含量 颗粒组成部分(筛分) 压碎值 洛杉矶磨耗损失 含水率	随时 随时 必要时 必要时 必要时 必要时	— 3 2 2 2 2
细集料	颗粒组成 砂当量 含水率 松方单位质量	随时 必要时 必要时 必要时	2 2 2 2
石灰粉	外观 含水率	随时 必要时	— 2
改性沥青	针入度 软化点 离析试验 低温延度 弹性恢复 显微镜观察(对现场改性沥青)	每天1次 每天1次 每周1次 必要时 必要时 随时	3 2 2 3 3 —

5.2.9　沥青混合料生产过程控制

按表7规定的项目和频率检查沥青混合料产品的质量,如实计算产品的合格率。单点检查评价方法应符合相关试验规程的试样平行试验的要求。

LSPM施工过程中检验频率与要求 表7

项目		检查频度及单点检验评价方法	质量要求或允许偏差	试验方法
混合料外观		随时	观察集料粗细、均匀性、离析、油石比、色泽、冒烟、有无花白料、油团等各种现象	
拌和温度	沥青集料的加热温度	逐锅检测评定	符合规定	传感器自动检测，显示并打印
	混合料出厂温度	逐车检测评定	符合规定	传感器自动检测，显示并打印，按T 0981人工检测
		逐锅测量记录，每天取平均值评定	符合规定	传感器自动检测，显示并打印
矿料级配	0.075mm	逐锅在线监测	±1%	计算机采集数据计算
	4.75mm 9.5mm		±5%	
	>9.5mm		±6%	
	0.075mm	逐锅检查，每天汇总1次取平均值评定	±1%	总量检验
	4.75mm 9.5mm		±2%	
	>9.5mm		±3%	
	0.075mm	每台拌和机每500～1 000t 1次，以2个试拌样的平均值评定	±1%	T 0725抽提筛分与标准级配比较的差
	4.75mm 9.5mm		±4%	
	>9.5mm		±5%	
沥青用量(油石比)		逐锅在线监测	±0.3%	计算机采集数据计算
		逐锅检查，每天汇总1次取平均值评定	±0.15%	总量检验
		每台拌和机每500～1 000t 1次，以2个试样的平均值评定	±0.2%	抽提T 0722、T 0721
压实度		每2 000m^2检查一组	试验室标准密度的98%，试验段密度的99%	T 0924、T 0922
空隙率		每2 000m^2检查一组	±2%	T 0924、T 0922
析漏试验		每台拌和机每天1～2次	0.2%	T 0732
飞散试验		需要时	20%	T 0733

(1)随时目测各种材料的质量和均匀性，目测混合料拌和是否均匀、有无花白料、油石比是否合理，检查集料和混合料的离析情况。

(2)检查控制室拌和机各项参数的设定值、控制屏的显示值，核对计算机采集和打印记录的数据与显示值是否一致。

(3)检测混合料的材料加热温度、混合料出厂温度，取样抽提、筛分检测混合料的矿料级配、油石比。抽提筛分应至少检查0.075mm、4.75mm、9.5mm、公称最大粒径及中间粒径5个筛孔的通过率。

(4)取样进行密度试验，确定每日测定压实度的标准密度。密度测定可以用实测法和体积法。施工和验收过程中的压实度检验不得采用配合比设计时的标准密度，应按以下方法逐日检测

确定:

①以试验室试验密度作为标准密度,即沥青拌和厂每天取样1~2次实测或计算的试件密度,取平均值作为该批混合料铺筑段压实度的标准密度。其试件成型温度与路面初压温度一致。

②以每天实测矿料密度计算得到的理论最大相对密度作为标准密度。

③可根据需要选用试验室标准密度、理论最大相对密度中的1~2种作为钻芯法检测评定的标准密度,同时必须在报告中注册选用何种方法确定标准密度。

5.2.10 主要控制参数(表8)

主要控制参数表　　表8

序号	参 数 名 称	本工法主要控制参数范围	规范规定参数范围
1	拌和时间	45s	暂无规定
2	出厂温度	178~188℃	175~195℃
3	回收粉用量	0	0~50%
4	预热温度	120℃	≥60℃
5	初压温度	160~175℃(混合料表层)	≥150℃(混合料中部)
6	复压温度	140~150℃(混合料表层)	≥130℃(混合料中部)
7	终压温度	125~135℃(混合料表层)	≥120℃(混合料中部)
8	摊铺机振幅	≥7级	无规定
9	压路机振频	高频低幅	无规定
10	胶轮压轮机	30t新设备	≥10t
11	级配的关键筛孔确定	0.618	新概念
12	碾压组合	"321"	新工艺
13	拌和时间	60~75s	60s

5.2.11 劳动力组织(表9)

劳动力组织情况表　　表9

序号	人 员 类 别	所需人数	备　注
1	施工常设管理人员	6人	负责项目运行管理
2	试验人员	4人	负责沥青混合料的设计及检测
3	测量人员	2人	负责路面测量
4	施工人员	4人	负责路面施工及施工记录
5	设备人员	21人	负责拌和、摊铺、碾压设备操作及检修、保养
6	普通工人	20人	配合施工人员工作
7	合计	58人	

6 材料与设备

本工法无特别说明的材料,采用的机具设备见表10。

主要施工机械表 表10

设备名称	型号	产地	功率、吨	单位	数量	备注
沥青拌和机	T3000	英国	643kW	台	1	
装载机	L39	日本	230kW	台	1	
装载机	75B	日本.	190kW	台	2	
装载机	ZL—50	东营	140kW	台	1	
自卸汽车	斯太尔	青岛	228kW19.0t	台	20	
摊铺机	福格乐2100C	德国	160kW	台	2	
振动压路机	DD—110	美国	93kW	台	1	
宝马振动压路机	BW2713	美国	130kW	台	3	
胶轮压轮机	YL—20	徐州	75kW	台	2	
胶轮压轮机	XP—260	徐州	90kW	台	1	
胶轮压轮机	XP—300	徐州	95kW	台	1	

7 质量控制

7.1 沥青表面层的质量控制标准(表11)

LSPM施工过程中质量评定标准 表11

项 目	检查频度及单点检验评价方法		质量要求或允许偏差		试验方法
			高速公路、一级公路	其他等级公路	
厚度	随时		设计值的8%	设计值的10%	施工时,插入改锥量测松铺厚度及压实厚度
	每2 000m²1点		设计值的-5%	设计值的-8%	T 0912
压实度	每2 000m²检查1组	代表值	试验室标准密度的98%,试验段密度的99%		T 0924、T 0922 评定方法见规范
		极值	比代表值放宽1%(每1 000m)或2%(全部)		
空隙率	同压实度标准		设计要求		本规程要求
平整度(最大间隙)	随时,单杆(接缝)或连续10尺		5mm	7mm	T 0931
平整度(标准差)	连续测定		2.4mm	3.0mm	T 0932
宽度	检验每个断面		不小于设计宽度	不小于设计宽度	T 0911
纵断面高程	检验每个断面		±10mm	±10mm	T 0911
横坡度	检验每个断面		±0.3%	±0.5%	T 0911

7.2 质量控制措施

7.2.1 严格控制原材料的质量,选用材质、规格相对稳定的料源,保证生产混合料的级配稳定;控制拌和机振动筛的最大筛孔尺寸,避免超粒径现象的发生。每生产日不少于4次抽检,以确保各项指标在出现变化时及时调整。

7.2.2 高效地利用有效工作日,以降低冬、雨季施工带来的不良影响。

7.2.3 采用较大吨位的运输车,增加每车料的摊铺长度和分级起斗倒料,以减少摊铺机接料斗的负载变化,提高摊铺平整度。采用移动卸料方式,减少混合料的离析现象。

7.2.4 沥青料运输车全部备有防雨篷布,减少料温损失,并免遭雨淋。

7.2.5 为保证摊铺缓慢、均匀、连续不间断地进行，ACP 拌和机具有 200t 储料仓，延长混合料的拌和时间，提高日产量，可使摊铺机连续作业，避免由于中途停顿而影响平整度。

7.2.6 面层摊铺作业过程中采用浮动基准梁自动找平方式，以保证上面层的平整度。

7.2.7 采用跟踪复核基准线和跟踪检查路面外形的方式，及时修整施工误差。经常观察摊铺机的工作仰角变化情况，对可能出现的问题及时采取措施。

7.2.8 碾压是保证沥青混合料压实度和平整度的关键工序。因此，在施工中特别安排专人负责。在沥青路面施工过程中，压实度控制以现场空隙率指标作为控制指标。

8 安全措施

8.1 建立安全保证组织体系。

8.2 建立安全管理体系，设置专职安全员。安全管理层层承包，责任到人，与经济挂钩。工程施工中严格按操作规程作业，实现安全施工、文明生产。

8.3 拌和站安设安全标志，并在施工现场设专人指挥、警卫，确保安全。

8.4 工地设专职电工，禁止其他人员乱接用电。

8.5 遵照当地卫生部门的要求配备医务人员和健康卫生设备，并进行医疗卫生教育。

8.6 加强防火宣传和管理，对容易发生火灾的库区、生活区采取有利的防火、灭火措施，场地布置时，将易燃、易爆及危险品远离火源存放。

8.7 配备专门的洒水车及其他小型消防设备。

8.8 道路交通安全保证措施如下：

8.8.1 在道路两端向外延伸各 500m 及进入施工道路的主道路上设置施工告示牌和交通管理告示牌，并对施工段附近的道路进行养护和维修。

8.8.2 施工地段用红色锥形帽，钢桩柱拉红绳，夜间悬挂红色警示灯，围成施工区软隔离，间隔 200m 设置反光警示牌。提示过往车辆减速慢行，确保工程顺利进展。

8.8.3 为交通管理小组配备必要的通信及交通工具；道路窄、易阻车路段，设专人 24 小时值班，负责管理交通秩序，做好阻车情况记录，出现交通堵塞及交通事故及时上报业主、监理工程师，并积极主动地疏通交通。

9 环保措施

环境保护是造福子孙后代的大事，因此要遵循三点原则：一、现场文明施工；二、遵守环保法规；三、保护植被。确保无“跑”、“冒”、“滴”、“漏”，降低综合能耗造福人民。

9.1 建立健全环境保护体系。

9.2 实行垃圾分类管理、分类处理。

9.3 施工车辆行驶控制车速，定时对便道洒水，防止扬尘危害环境。

9.4 文明施工，及时清理施工现场，做到“工完、料净、场地清”。

9.5 保护原有植被，营造良好环境。

9.6 对有害物质(如燃料、废料、垃圾等)要按当地环保部门同意的措施处理后运至指定的地点进行掩埋，防止对动、植物造成伤害。

9.7 对水环境进行保护，施工废油、废水、生活污水按有关要求进行处理，不得直接排入农田、河流和渠道。

9.8 在设备选型时选择低污染设备，并安装空气污染控制系统，配备专用洒水车，对施工现场和运输道路经常进行洒水湿润，减少扬尘。

9.9 对使用的工程机械和运输车辆安装消声器并加强保养，降低噪声。

10 效益分析

10.1 本工法的实施,有效地解决了工程中的难题,提高了路面质量。在技术创新方面取得了较大的发展和良好的社会效益,为公司树立了良好的形象。

10.2 本工法的实施明显提高了路面施工进度,实施本工法以后,在山西晋济高速公路、京沪高速公路大修工程临沂段、非洲肯尼亚工程等高等级公路工程中,共完成工程沥青路面122.5km,创产值3.8亿元,获得经济效益1 400万元。

11 应用工程实例

我公司在山东省京沪高速公路、山西晋济高速公路、非洲肯尼亚内罗毕道路工程等高等级公路工程的施工过程中,经过探索和研究,证明了本工法的可行性,并充分得到应用,取得了较好的经济效益和社会效益。

京沪高速公路临沂段是山东省内的主要交通干道,交通量特别大,大修工程施工过程中封闭交通,采用半幅施工。工程产值1亿元,施工期面临材料涨价较快,通过严格控制材料用量,科学控制各道工序,节约材料费208.8万元。

山西晋济高速公路全长17km,是连接山西晋城和河南济源的重要干道,全程为山路,路面的纵坡较大。山西是产煤大省,对路面的使用质量要求更加严格,设计重车道大碎石混合料厚度16cm,轻车道厚度12cm。工程产值1.2亿元。我们在工艺和混合料的生产中推广应用新的技术,在施工方案中采用一层铺筑沥青路面,节约工期13d,合计创造效益199万元。

非洲肯尼亚工程,变更后工程造价1.5亿元,是中国援助非洲工程。内罗毕市政工程是肯尼亚国家的形象工程,相当于中国北京的长安大街。它的质量好坏直接影响着国家的形象。路面的底面层采用大碎石结构,大碎石材料吸水率大于2%,沥青质量不稳定,给沥青混合料的质量控制造成一定的难度。路面石料的飞散状况是当地施工的一个通病,在施工过程中采用两层铺筑,级配上设计的过程中我们采用黄金理论设计级配,突出石料对沥青混合料的贡献率,克服了前期路面推移松散的技术难题,为国外的其他施工公司解决了长期困扰他们的技术难题,为集团公司获得了荣誉。

通过以上工程的实施,我们取得了丰富的经验,创利1 400多万元,创造了良好的信誉。

路面抗裂防水黏结膜施工工法

GGG(浙)B3033—2010

王阳松 顾东潮 聂国彬 缪小鸣 刘小健
(浙江省衢州市交通建设集团有限公司)

1 前言

在道路使用过程中,由于受路面结构、气候、地形、地质条件、行车超载等多种因素的影响,会产生一定的路面裂缝。裂缝形成的初期虽然对路面使用功能影响不大,但裂缝的扩展会逐步减弱结构承载力,裂缝渗水导致基层以下结构层受到侵害,从而使路面形成网裂、龟裂、坑洞或更为严重的病害,直接降低道路使用寿命,增加养护成本。采用抗裂防水黏结膜(即灌缝胶和高分子聚合物抗裂贴),对裂缝进行适时的预防性养护,能有效延长道路的使用寿命。

在义乌市稠佛路2008年路面维修工程和205国道江山市保安路口至小竿岭段2007年路面维修中,利用抗裂贴工艺对老路面进行修补,有效地解决公路路面早期破损维修成本大的矛盾,使工程质量显著提高。我公司对施工中路面裂缝处理、抗裂贴铺设、沥青混凝土摊铺和碾压等关键工序及前期准备、过程检测等进行了研究总结,形成路面抗裂防水黏结膜施工工法。本工法可操作性强,施工组织设计方便,工程效果良好,延长了路面使用寿命,大大减少了养护成本,具有较好的经济效益和社会效益。

2 工法特点

2.1 使用功能多。具有防水、抗裂、黏结等多种功能,可有效封堵裂缝。

2.2 施工简便。抗裂贴易于牢固黏贴至路面,克服了使用土工布、玻纤格栅在摊铺过程中造成的推移、折叠。

2.3 使用寿命长。与其他防裂材料比较(如土工布等),防裂贴具有不易老化、施工环保、进度快等优点,提高公路使用寿命,降低工程成本。

3 适用范围

适用于公路工程旧水泥混凝土路面的维修改造及养护。

4 工艺原理

从设计理念上,常规封层采取的仅是“防水”的设计理念,而抗裂防水黏结膜采取的是“防水—抗裂—黏结”的全新设计理念。在结构设计上,抗裂防水黏结膜中的高强胎基能使开裂断面具有一定的抗裂能力,减少裂缝张开变形,降低裂缝尖端的拉应力集中,特别适用于车辆“动载”裂缝的防治。这是因为路面的车辆活载是可变的反复周期性作用,路面结构的应力、变形、裂缝都是反复周期性地变化着,在裂缝处理时宜采用柔性材料(灌缝胶和高分子聚合物抗裂贴)处理。柔性材料可以将裂缝完全填充,并且在反复的拉伸变形和车辆的往复振动作用下能保证材料稳定持续地发挥作用。

5 施工工艺流程及操作要点

5.1 施工工艺流程

应用抗裂防水黏结膜的原则是继续利用旧水泥混凝土板块,对原路面进行弯沉与脱空检测,对路基出现脱空的部分采用高聚物注浆技术处理,对已出现的裂缝采用高聚物密封胶进行灌缝,裂缝上面铺设高分子抗裂贴,洒黏层油后加铺7cm厚中粒式沥青混凝土下面层和5cm厚的改性沥青混凝土上面层。施工过程见图1。

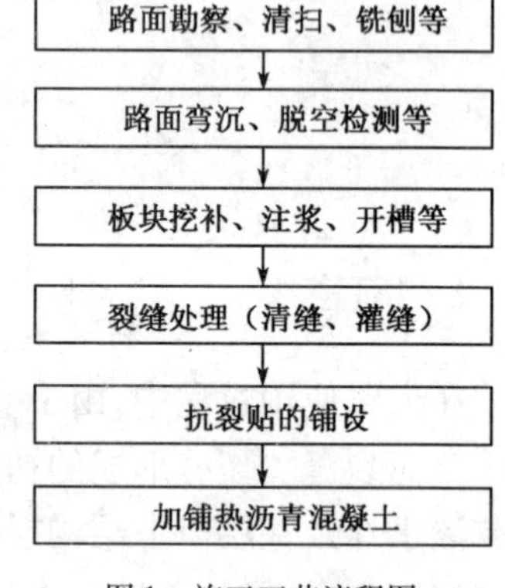

图1 施工工艺流程图

5.2 施工操作要点

5.2.1 路面勘察

对路面进行清扫、铣刨及弯沉、脱空检测等,掌握路面破损、裂缝等情况。

5.2.2 严重破碎板的修补

对已断裂成3块以上的严重破碎板,坚决采用常规的挖补方法对板体进行更换。将旧板破碎、运走,清扫基层;用C15号贫混凝土修复松散基层(如有松软的素淤泥块,还应挖坑切槽,直到坚硬基层),基层表面要平整,并具有一定的横坡坡度,然后重新浇筑C30号混凝土板。板体更换时应注意以下几点:

(1)破碎机械建议不用冲击锤,因其冲击力对周围板块基层有振动影响,最好用人工配合空压机,小型凿岩机也可。

(2)新浇的混凝土板块的强度不小于原来板块的设计强度,其材料要求、配合比、施工工艺质量标准等应符合有关设计与施工规范的规定要求。

(3)行车道与超车道之间纵缝内的传力杆钢筋,应予以保留或恢复;横缝(胀缝或缩缝)中的拉杆钢筋也应保留。

(4)连续换板也应对旧板留出纵、横缝。

(5)混凝土配比中需加入早强剂。

5.2.3 一般断板的修补

对断裂情况较轻的板块,如果按破碎板整槽翻修的办法来修补,不但成本高,而且费时。对待此类病害,采用对裂缝开槽注胶的方法来处治。具体做法是:

(1)准备工作。确保开槽机、灌缝机等主要施工设备处于良好的技术状态,确定施工位置后,封闭车行道交通,用手动工具铲除严重污染的地方。

(2)接设计的槽口尺寸,预先调节好开槽机的开槽深度和宽度,达到要求后,进行开槽作业。

(3)用热压缩空气和清缝机将槽内的碎渣及裂缝两侧至少5cm范围内的灰尘彻底清理干净,对开槽口部位进行预热。

(4)把填缝料放入灌缝机中,边搅拌、边加热至193℃,不能超过204℃。

(5)在填缝料加热温度达到193℃时,用灌缝机将填缝料均匀灌入槽内。

5.2.4 脱空板块的处理

(1)脱空板块的判定。综合以下四种方法判断脱空板块:

①下雨之后唧泥的板块一律视为脱空板块;

②测定全线板块的弯沉值,以2km为一段,按97.7%的保证率计算该段代表弯沉,实测弯沉值大于该段代表弯沉值的板块很有可能板下脱空;

③人站在板边接缝处,当重型车辆驶过时,能感觉到两板之间相对垂直位移;

④当重车驶过,人站在板边能听到空洞声。

(2)脱空板块的处理。脱空板块较好的处理办法就是板底压浆。利用灰浆泵的压力将水泥浆液通过预先钻好的孔洞直接压入板下,填充板下出现的空洞,使基层重新稳定。施工方法如下:

①布孔:呈梅花型,每板5孔。

②钻孔:板底脱空主要存在两个界面:混凝土板底与基层顶面之间和基层底部与底基层顶面之间。钻孔深度必须穿透基层,以确保浆液能灌入到所有可能的脱空界面。用5cm钻头钻孔,深度一般为55cm,安排有专人量深,并记录。

③临时封孔:大面积流水作业,各种施工车辆来往不断,钻好的孔需临时封孔,以防杂物进入。

④预埋法兰螺母:为了压浆管枪头能固定于压浆孔口上,形成整体,有足够的压力压浆,需在孔口内壁埋上法兰螺母。应注意的是,预埋上螺母后,需继续封上孔,以防杂物落入。

⑤清孔:用空气高压枪插入压浆孔中,吹出杂物。

⑥浆液配制:水泥:水:减水剂:早强剂:膨胀剂=1:0.45~0.55:0.02:0.03:0.02。浆液应具备下列特点:初凝时间长,施工和易性好,早期强度高,不发生收缩,避免再次造成收缩。

⑦压浆:压浆采用冲程式压浆机,压力由压力表指示。压浆压力应根据压浆机械、路面状况等来控制,一般以2~4MPa为宜;抬板时根据抬板难易情况增压1~2MPa,施工后错台≤5mm。压浆关键是要压浆枪头与板块上的压浆孔能连接牢固,不漏浆,保证压浆压力。

⑧封孔养生:压浆后,应立即用木塞封孔,养生3d后才能开放交通。压浆期间应注意车辆通行,一般保留硬路肩作为施工通道。

5.2.5 裂缝处理

(1)清缝。现状路面出现的裂缝,用清扫机、吹风机等将缝内的小石子等杂物清理干净。

(2)灌缝。采用XS密封胶进行灌缝。XS密封胶是高分子聚合物密封胶,是一种加热后使用的、改性沥青和热塑橡胶的复合材料,专门设计用于夹层式油导热灌缝机配套使用。选用高性能聚合物密封胶作为填缝材料,主要是因为填缝料在起到防水保护作用的同时,还需承受荷载和温度在铺装层内产生的应力应变,保证路面有足够的强度和稳定性。该种密封胶在使用时必须由混凝土路面嵌缝机加热至300℃,然后通过混凝土路面嵌缝机注胶嘴把密封胶注入接缝内。该种材料在高温下热稳定性好,低温下不易老化变脆,安全经济,又不会给环境造成污染,可以满足裂缝灌缝的需要。

5.2.6 抗裂贴的铺设

(1)将黏附在路表面的灰尘等杂物清除,保证路面干燥清洁,含水率应小于9%。

(2)在路面上用喷涂器或刷子涂上底层油后,将高分子聚合物抗裂贴黏贴至路面,并随后用滚筒用力碾压。碾压时要注意排气,使抗裂贴充分平展黏牢,避免有皱折。

(3)若路面有坡度时,要从低处往高处铺设。

(4)对铺设过抗裂贴的路段仍然要加以保护,避免车辆通过,并尽量在24h内加铺热沥青混凝土。

5.2.7 加铺热沥青混凝土

洒黏层油后加铺7cm厚中粒式沥青混凝土下面层和5cm厚的改性沥青混凝土上面层。

6 材料与设备

6.1 主要材料

主要材料包括:高分子聚合物抗裂贴、XS密封胶、底层油、水泥、水、减水剂、早强剂、膨胀剂、砂子、碎石等。

其中,高分子聚合物抗裂贴具有很高的耐热性(能承受200℃以下的高温)、高强度、化学稳定性好等优点,是一种在国外广泛应用的防裂材料。它是由1.7mm厚的聚合防水层,在0.3mm厚的抗皱重载型聚丙烯机织物上制成的。高分子聚合物防水层与聚丙烯织物的有机复合,大大提高了该基材的耐磨性和抗剪能力,其性能指标详见表1。

高分子聚合物抗裂贴性能指标表　　表1

性能指标	标准型	高强型	检测标准
软化点	≥80℃	≥80℃	T 0606—2000
低温柔度	-25℃	-25℃	GB 18242—2000
抗拉强度	>8kN/m	>13kN/m	GB 18242—2000
断裂伸长率	>25%	>25%	GB 18242—2000
厚度	2mm	2.5mm	—

6.2 主要设备

路面灌缝机、空压机,小型凿岩机、开槽机、清扫机、吹风机、扫帚、铁锹、橡皮锤、裁纸刀、剪刀、喷涂器、刷子、滚筒、13t 胶轮压路机、冲程式压浆机、沥青混合料拌和机、20t 自卸运输汽车、沥青混合料摊铺机、光轮压路机等。

7 质量控制

7.1 质量控制应遵循的规范和标准

(1)《公路路基施工技术规范》(JTG F10—2006);

(2)《公路工程质量检验评定标准(土建工程)》(JTG F80/1—2004)。

7.2 质量保证措施

7.2.1 技术措施

(1)严格控制路面材料的质量,不符合施工要求的填料严禁进场。

(2)施工过程中要保证结合面的清洁处理质量,各道工序严格把关,控制施工温度,保证工程质量。

(3)完工后进行养生。防止行人车辆进入,符合要求时再开放交通。

(4)严格控制路面上下层的高程,使其能符合设计及规范要求。

7.2.2 管理措施

(1)建立健全质量自检体系。项目部配备专职质检工程师,负责工地的质量检查、监督、管理工作;各专业施工队及班组配备质检员,负责每道工序的质量检查工作。建立岗位质量责任制度及技术交底制度。

(2)严格执行"三检制"。工序交接必须有班组间的交接检查,上道工序不合格不能进行下道工序的施工。

7.2.3 高分子聚合物抗裂贴的施工注意事项

(1)开槽口尺寸必须达到规定的宽度要求,并清理干净,须保证无灰尘、无油渍、无水等有害物质,同时确保裂缝无松散石料。

(2)填缝料的加热和灌缝温度。适宜温度为193℃,特别注意温度不能超过204℃。

(3)根据路面裂(接)缝的宽度选择所适用的高分子聚合物抗裂贴的规格,可采用20~30cm左右不等宽度的高分子聚合物抗裂贴。

(4)铺高分子聚合物抗裂贴的地方,必须彻底风干,干燥后方可施工。在涂底层油前,表面须无尘、无污染、无残留物。表面必须是光滑、坚固的整体,无虚泡、无碎石、无凸起及大片坑槽,清除全部的碎石、油痕、油脂及其他污物。

(5)温度:高分子聚合物抗裂贴在天气晴朗时使用,施工表面的温度应在4℃以上。

(6)施工:在需贴高分子聚合物抗裂贴的地方,用喷涂器或刷子涂上底层油,由低到高,由纵到横,这样可以使隔膜与路面形成牢固接层。固定之后,必须将高分子聚合物抗裂贴黏贴至地面,并随后用滚筒用力碾压,以确保它们成为一体。

(7)铺沥青层:在高分子聚合物抗裂贴的施工完成后,应立即铺上沥青混凝土。在压实过程中沥青混凝土的温度应在143~171℃。为确保高分子聚合物抗裂贴性能的有效发挥,应限制不必要的车辆通行,施工过程中应认真小心,在高分子聚合物抗裂贴被新的罩面覆盖前要彻底地检查一遍,如有必要应立即修复。

8 安全保证措施

8.1 认真贯彻执行"安全第一,预防为主"的方针政策,建立项目安全组织机构,加强安全教育,做到安全教育制度化、经常化。

8.2 在交通繁忙的道路上施工时,必须有专人警戒,防止交通事故。

8.3 在边通车边施工地段,作业人员应在红白相间隔离栅或围栏内进行作业,道路作业人员必须穿戴有反光条纹、具有警示标志作用的工作背心,才能上路作业。

8.4 进入养护作业现场的作业车辆,应配置警示标志、灯具,车身两侧应有"道路养护"字样,其规格、颜色、品种、性能应符合道路作业交通安全标志及道路交通标志和标线的相关规定。

8.5 坑槽、沉陷等病害修补不能当天完成的,应按规程规定布置养护维修作业控制区。

8.6 从事沥青作业人员皮肤外露部分须涂抹防护药膏。

8.7 沥青操作工的工作服及防护用品,应集中存放,严禁穿戴回家和存入集体宿舍。

9 环保措施

9.1 施工废水、生活污水按有关要求进行处理,不得直接排放。

9.2 施工机械应防止严重漏油,禁止机械在运转过程中产生的油污水未经处理就直接排放。

9.3 合理安排施工作业时间,减少夜间施工对周围居民的干扰。

9.4 对有害物质要经过可行措施处理,弃至指定地点进行掩埋,并防止对动植物的损害。

9.5 配备专用洒水车对施工现场和运输道路经常进行洒水湿润减少扬尘。

9.6 施工中废弃的零碎配件、边角料、水泥袋、包装箱等及时收集清理并搞好现场卫生,以保护自然环境与景观不受破坏。

9.7 施工现场设置宣传标语牌、安全标志、指示牌和警示牌及有关工程图牌等。

10 资源节约

抗裂防水黏结膜(即灌缝胶和高分子聚合物抗裂贴)对路面裂缝进行适时封堵,有效地利用了原有路面,大大减少了旧路面材料的废弃,延长路面使用寿命,减少了路面养护费用,并且施工方便,效率高,符合国家节能减排、资源节约要求。

11 效益分析

应用高分子聚合物抗裂贴工艺对老路面进行修补,提高路面使用寿命,减少路面养护费用,与同类处理方法相比,该工法技术经济性明显。

11.1 抗裂贴作为一种应力吸收膜,可增大路面基层内垂直裂缝沿界面向水平方向发展的可能性,从而延缓裂缝反射到路表的时间。

11.2 抗裂贴克服了单纯使用土工布、玻纤格栅抗裂而造成的界面性,这种界面性影响到沥青面层的受力状况,影响了抗裂性能。

11.3 抗裂贴克服了使用土工布、玻纤格栅在摊铺过程中造成的推移、折叠。

11.4 抗裂防水黏结膜采取的是"防水—抗裂—黏结"的全新设计理念,并具有良好的低温抗冻性。

11.5 与其他防裂材料(如土工布等)比较防裂贴不易老化、使用寿命长,施工简便,工程成本低。

12 工程应用

12.1 义乌市稠佛公路拓宽改造工程

稠佛路的原路面为水泥混凝土面层,经过多年的使用,路面出现了不同程度的破坏。2008 年 8 月进行路面维修,在旧水泥混凝土路面裂缝上施加抗裂贴工艺,再在上面浇筑沥青混凝土路面,该工程于 2008 年 12 月完成。近两年来的通车运行实践表明路面状况保持完好。

12.2 205 国道江山市保安路口至小竿岭段路面整治工程

205 国道江山市保安路口至小竿岭段路面整治工程由我公司承建。该路段原路面为水泥混凝土面层,经过多年的使用,路面结构层出现了不同程度的破坏。2007 年 7 月进行路面维修,对 K1832 + 300 ~ K1839 + 680 路段的部分旧水泥混凝土路面裂缝上施加抗裂贴工艺,再在上面浇筑沥青混凝土路面,该工程于 2007 年 12 月底完成。经过两年多来的通车运行,其路面状况仍然保持完好。

大孔隙排水降噪沥青混凝土路面施工工法

GGG(中企)B3034—2010

曹东伟　唐国奇　刘清泉　庞炳伟
(交通运输部公路科学研究院　河北路桥集团有限公司)
姚剑峰　张明庆　林文力　张文一　徐锡燕
(无锡路桥集团股份有限公司)
赵红芳　潘建坤　黄　琦　张　军　董慧欣
(青岛路桥建设集团有限公司)

1　前言

随着经济社会的快速发展,人民群众出行质量需求不断升级,交通建设也愈加凸显“安全环保”、“以人为本”的理念。在道路工程领域,如何提高路面的使用功能,如何向社会提供高安全、更舒适、更环保的道路表面特性,已成为新时期下我国交通部门追求的新目标。

综观国内外技术前沿,具有大空隙特征的大孔隙排水沥青路面铺装因为具有抗滑性能高、噪声低、抑制水雾、防止水漂、减轻眩光等突出优点,可以说达到了现有沥青路面技术中的“顶端路用性能”,成为实现道路表面特性品质飞跃的最佳路面形式,已经成为未来十年我国道路工程革新、提升道路安全功能和服务品质的主要技术趋势之一。

排水沥青路面,又称透水沥青路面,指压实后空隙率在20%左右,能够在混合料内部形成排水通道的新型沥青混凝土面层,其实质为单一粒径碎石按照嵌挤机理形成骨架—空隙结构的开级配沥青混合料。此外,针对以改善表面抗滑功能为主的开级配表面薄层应用又称开级配磨耗层(OGFC,Open-graded Friction Course)、多孔隙沥青磨耗层(PAWC,Porous Asphalt Wearing Course)等。这些材料的构成特征基本相同,但由于使用功能、描述角度和突出重点有所区别被赋予不同名称;有时在技术特点上也有所不同。为便于表述,本工法以“排水沥青路面”统称。

排水沥青路面采用大空隙沥青混合料作表层,将降雨透入到排水功能层,并通过层内将雨水横向排出,从而消除了带来诸多行车不利作用的路表水膜,显著提高雨天行车的安全性、舒适性;同时,由于排水沥青路面的多孔特征可以大幅降低交通噪声,也被称为低噪声沥青路面。

为促进排水沥青路面在我国交通行业科学合理的推广应用,交通运输部公路科学研究院通过近十年对排水沥青路面的持续和系统研究,承担的交通部西部项目“山区公路沥青面层排水技术的研究”课题和江苏省交通科学研究计划项目“排水沥青路面应用技术研究”课题成果均达到国际先进水平,关于SBS改性沥青与高黏度添加剂复配改性技术达到国际领先水平,并获中国公路学会科技进步奖二等奖。

通过2004年渝邻高速公路试验段以及2005年盐通高速公路17km和2008年宁杭高速公路二期20.9km两个规模化应用排水沥青路面的成功实践,交通运输部公路科学研究院在排水沥青路面排水设计、试验评价系统开发、施工与质量控制技术等核心领域形成了成套自主技术成果。特别是针对我国重载交通特征的排水沥青路面应用技术研究以及性价比突出的高黏度改性沥青国产化研究(开发的高黏度添加剂HVA获国家发明专利),为排水沥青路面在我国的推广应用清除了关键技术和经济成本的壁垒。

江苏无锡路桥集团股份有限公司参与了宁杭高速公路二期项目排水沥青路面的施工,青岛路桥建设集团有限公司在山东即墨—海阳高速公路进行了排水沥青路面的试验段施工,他们的施工实践也为本工法提供了部分素材。

由于大空隙特征,排水沥青路面与普通沥青路面在工法上存在较大的技术差异。本工法是大空隙特征排水沥青路面结构的施工指导性文件,工法内容涵盖排水沥青路面施工前的准备工作、材料技术要求、防水黏结层施工、施工机械设备和试验设备的准备工作、排水沥青混合料配合比设计、排水沥青混合料的拌制、运输、摊铺、压实、接缝施工、桥面部分边缘排水处理以及施工过程中的质量管理与控制、部分特殊检验方法的约定等。

2 工法特点

2.1 通过专项研究解决了适合我国高温和重载交通条件的排水沥青路面性能要求、材料要求及关键控制指标,大幅提高了排水沥青路面的耐久性。

2.2 对应用排水沥青路面的下表面准备工作提出了技术指导原则,对排水沥青路面防水黏结层的施工进行了针对性的工艺说明。

2.3 提出了适合我国的排水沥青路面改性沥青方案、高黏度沥青技术标准、应用工艺和控制标准,使排水沥青混合料的强度和抗病害能力显著提升。

2.4 采用三阶段配合比设计方法、飞散与析漏指标两相结合的方法,选择优化生产所用的级配和最佳油石比。

2.5 对排水沥青路面摊铺碾压的原则和技术要点、与普通沥青路面的区别进行了针对性的阐述和明确。在确保压实的前提下,通过优化碾压工艺,比密级配路面减少碾压的机械台班约30%。

2.6 针对排水沥青路面与普通密级配路面的区别,提出了室内透水试验、现场渗水性检验、空隙均匀性检验等重点试验方法及评价方法。

3 适用范围

本工法适用于大空隙特征的沥青路面结构,其总体造价比SMA低约10%,主要适用于以高速公路为代表的高等级公路、以城市快速路为代表的城市道路、隧道及隧道口等应用排水沥青路面以提高路面抗滑安全和降噪环保特性的项目。

4 工艺原理

本工法主要针对大空隙特征的排水沥青路面,其工艺原理如下。

4.1 通过排水沥青面层体内排水,以达到消除或减少路表水膜、提高抗滑安全和减少水雾的路表功能

为实现这一功能,下表面需要设置比普通沥青面层更优良的防水黏结层,以使排水面层内部水流在防水黏结层表面汇集、通过横坡流入边沟等排水设施;在桥面等位置宜设置导水槽,以增强排水畅通性;常用的排水机理示意见图1、图2。

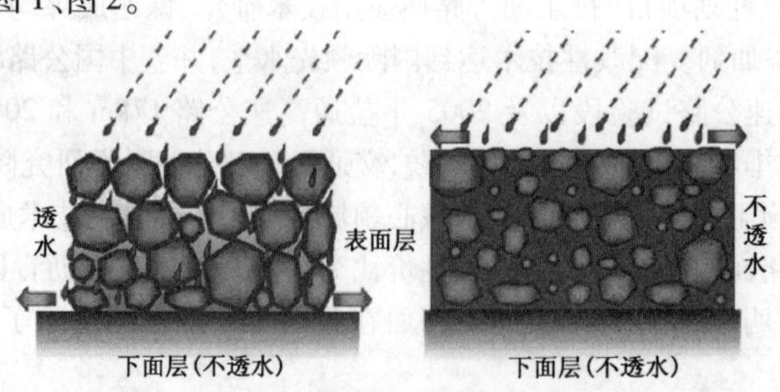

图1 排水沥青面层(左)与普通密级配路面(右)排水机理对比示意图

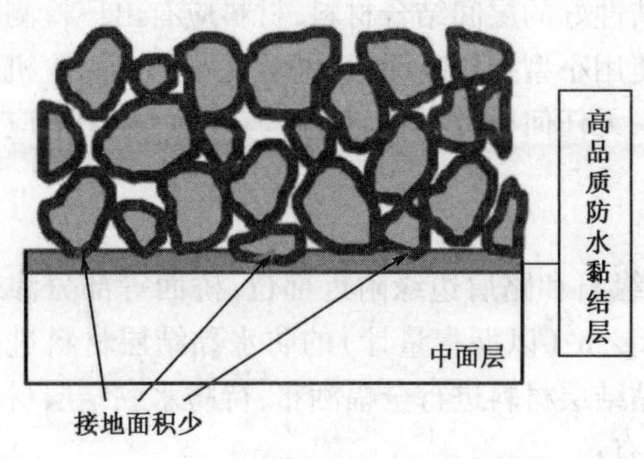

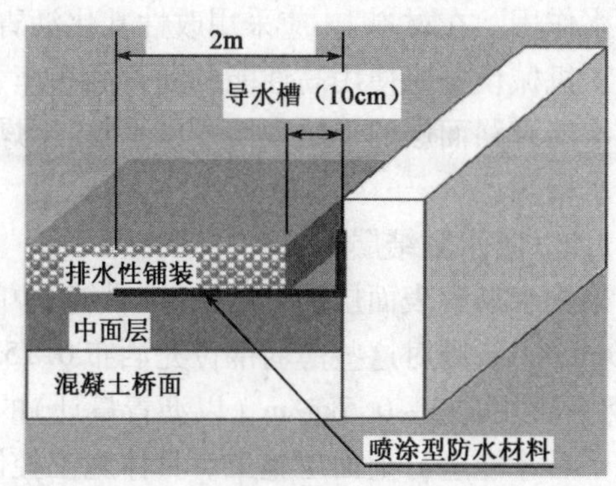

图2 排水沥青路面防水黏结层设计与桥面排水面层导流槽(右)布置示意图

4.2 强化防水黏结层,以防止水分从排水沥青面层透入中面层

排水路面的排水功能涉及所在地区降雨强度、路线坡度、路面厚度、材料组成等诸多因素,这些因素往往相互影响并与建设成本相联系。防水黏结层是投入少、效果非常关键的一环,必须采取强化措施确保其良好的防水和黏结。

4.3 重载交通是我国排水沥青路面工法必须要面对和考虑的问题

几个项目的研究成果表明,解决高温和重载条件的排水沥青路面耐久性主要还是需要从最关键的影响因素——材料入手,如提高沥青的动力黏度标准、粗集料品质、掺加消石灰、纤维稳定剂等都是可供选择的技术措施。其中,最突出的工艺原理就是采用高黏度沥青方案提高粗集料骨架的内聚力以提高大空隙结构的强度、抗车辙变形能力等路用性能。

4.4 所有工艺技术措施和质量管理围绕着结构耐久和功能耐久两大技术需求

其中,原材料品质、级配组成、沥青用量敏感区、性能检验验证等都要在混合料设计方法中给出合理的确定方法和科学的标准。但在排水沥青混合料的材料设计中,排水功能与耐久性的要求是存在矛盾的,如增大沥青混合料的空隙率,会增强路面的排水功能和服务品质,但材料的力学性能和耐久性会衰减。在配合比设计要根据实际情况很好地平衡、协调这个矛盾,如优化空隙特征或增强连通空隙、增强粗集料骨架稳定性等。

4.5 好的技术也必须通过精心和高水准的施工来实现

施工技术是一个看似简单但实际上非常复杂的问题,涉及管理、施工机械、工艺设计等,同时带有很强的经验性。我国排水沥青路面施工目前可借鉴的工程经验总体还比较少,而排水沥青路面的修筑对施工环节的要求比SMA还要高,而且各个因素相互影响,环环相扣。以压实为例,密级配路面多压几遍没有往往对路面性能没有多少影响,而排水沥青路面对压实均匀性的要求很高,既不能多压导致空隙率下降或粗集料破碎,也不能少压导致路面耐久性下降。

4.6 采用先进、可靠的试验检测指标基准体系和评价方法

可以说,“材料、设备、试验是路面质量的三驾马车”,试验是其中的一个软环节,但却是质量管理的核心,特别是对排水沥青路面,其试验检测技术比常规的密级配要复杂和琐细,其评价方法也与密级配路面有所差异,对经验较少的施工单位,需加强培训和操作演练再正式大面积施工。

5 施工工艺流程及操作要点

5.1 防水黏结层施工

5.1.1 施工准备

对排水沥青路面,由于水分直接通过排水沥青表面层内部横向排出,更应充分重视防水黏结层对下

层的封水作用。在材料上,应采用改性乳化沥青等黏结性好的层间结合材料,材料应有出厂检测报告。

施工机械设备应使用高性能的沥青洒布车,不宜使用小型控压喷涂机,同时配备两台除尘机。

排水沥青路面层的下层表面要求平整、干燥、干净,无任何松散石料、灰尘与杂质。施工前应对下层进行渗水检测评价。

5.1.2　防水黏结层施工

如果排水沥青表面层的下层横缝、纵缝、中间带路缘石和路肩边缘附近部位、桥面等部分渗水系数大于50mL/min,则对这些薄弱部位先洒布0.15~0.2kg/m^2(以沥青量计)的防水黏结层材料进行局部处理,然后再用0.3~0.5kg/m^2(以沥青量计)的防水黏结层材料进行全幅洒布,待防水黏结层材料完全破乳实干后才能进行上面层施工。具体施工控制要点有:

(1)洒布或喷涂要均匀,无漏涂,无堆积,达到充分渗透。

(2)洒布或喷涂时要观察材料的外观与均匀性,并按要求对洒布量进行检测。正式摊铺上面层前必须按要求检验渗水性,施工后检测黏结强度和抗剪强度指标。

(3)防水黏层施工结束后,严禁行人、自行车和各种车辆通行。摊铺时运料车要在指定地点掉头倒行至摊铺机,禁止刹车。

(4)遇下列情况之一必须停止施工:气温低于10℃时;风力大于或等于5级时;雨天或预计6h内下雨时。

5.2　排水沥青混合料配合比设计

排水沥青混合料配合比设计包括目标配合比设计、生产配合比设计以及生产配合比验证三个阶段。

5.2.1　目标配合比设计

排水沥青混合料集料推荐级配范围如表1。目标配合比设计具体步骤如下:

①检验原材料的技术指标;

②在推荐的级配范围,根据期望的目标空隙率试配三种配比方案,使2.36mm筛孔通过率在中值范围±3%左右;

③利用理论计算法,根据沥青膜厚度和集料表面积预估沥青用量,不同沥青按不同膜厚计算;

④击实成型马歇尔试件,检验体积指标,主要是空隙率能否达到目标空隙率的要求;

⑤达到要求后再按±0.5%、±1%变化沥青用量,分别进行析漏试验、飞散试验,将试验结果绘制成图;通常以沥青析漏试验的反弯点作为最佳沥青用量,且析漏量一般不超过0.8%(烧杯法),在此范围内再参照马歇尔试验的结果,选择合适的沥青用量作为最佳沥青用量;

⑥最后进行排水沥青混合料性能检验(表2),包括透水性能、抗水损坏性能、飞散试验与车辙试验等。

排水沥青混合料集料级配范围　　表1

筛孔尺寸(mm)	通过率(%)	筛孔尺寸(mm)	通过率(%)
16.0	100	1.18	7~17
13.2	90~100	0.6	6~14
9.5	40~71	0.3	5~12
4.75	10~30	0.15	4~9
2.36	9~20	0.075	3~7

排水沥青混合料室内试验温度控制按表3所列。

5.2.2　生产配合比设计

按目标配合比确定的各冷料仓供料比例上料,从二次筛分后各热料仓取样进行筛分,按目标配合比确定的合成级配曲线确定各热料仓的配合比例。同时,反复调整冷料仓进料比例以达到供料均衡,并取目标配合比设计的最佳沥青用量、最佳沥青用量±0.3%等三个沥青用量进行试拌,对试拌料取样进行析漏试验、飞散试验与马歇尔试验，考察析漏量与体积指标，根据结果可对最佳油石比进行适当调整。

排水性混合料设计技术要求 表2

试验项目	单位	技术要求	试验项目	单位	技术要求
马歇尔试件击实次数	次	双面50	浸水飞散损失	%	≤30
空隙率	%	19~22	车辙试验动稳定度	次/mm	≥3 000
稳定度	kN	≥4.0	残留马歇尔稳定度	%	≥80
析漏损失	%	≤0.8	冻融劈裂强度比(TSR)	%	≥70
飞散损失	%	≤20	透水系数	mL/15s	>900

注：除透水系数测定方法另见7.4.5约定外，其他试验均按照现行《公路工程沥青及沥青混合料试验规程》(JTJ 052—2000)执行。

排水沥青混合料室内试验温度 表3

矿料加热温度	180~190℃	击实和车辙成型温度	165℃
沥青加热温度	根据沥青种类确定	析漏试验温度	185℃
沥青混合料拌和温度	180℃		

5.2.3 生产配合比验证

按照确定的生产配合比铺筑试验段，试验段长度不少于300m。取现场拌和料进行马歇尔试验、析漏试验、车辙试验、浸水马歇尔试验和飞散试验，根据抽提、筛分试验结果分析拌和楼对配比控制的准确性。对铺筑的试验路段进行有关性能测试，根据试验段施工指标情况分析生产配合比的适用情况，确定摊铺机的操作方式，确定适宜的压实工艺与压实程序(包括明确具体的碾压时间，碾压顺序，碾压温度，碾压速度，静压与振压最佳遍数，压路机类型组合，压路机型号与吨位，压路机振幅、频率与行走速度的组合等)以及施工缝的处理方式等。

5.3 排水沥青路面施工

5.3.1 排水沥青混合料的拌制

(1)拌和设备要求

排水沥青路面施工要求采用大型间歇式沥青拌和机，配有二级除尘设备，并能准确控制矿料、沥青的加入量和时间。

当使用高黏度添加剂时，拌和锅应设投料口，宜采用自动投放装置添加，并核查计量装置的准确性，保证投放时间；人工添加时应安装响铃提醒装置和视频监控设备。

沥青用量添加精度应能控制在±0.2%范围之内，高黏度添加剂的添加精度在±2%范围之内。

控制室必须能逐盘打印(或记录)各种矿料、沥青的用量及其总量。

(2)混合料生产温度控制

排水沥青混合料生产温度控制应按照表4执行。出料温度低于下限值170℃或高于上限值195℃的沥青混合料必须废弃处理。

表4

基质沥青加热温度(℃)	矿料温度(℃)	混合料出料温度(℃)
160~170	180~200	175~185

(3)拌和时间

拌和时间经试拌确定，采用高黏度添加剂时推荐干拌8~10s，湿拌45s；具体应根据拌和楼条件，以混合料拌和均匀、所有矿料颗粒全部裹覆沥青结合料为度，无花白料、无结团成块或严重的粗细集料分离现象。

5.3.2 排水沥青混合料的运输

(1)运料车应用双层篷布覆盖，用以保温、防雨、防污染，运料车到达现场后等本车混合料摊铺完后才可揭开保温篷布。

(2)到达现场时混合料温度不应低于170℃。

(3)为防止沥青与车厢板黏结,车厢侧板和底板涂一层隔离剂(如植物油和水的混合物),但不得有余液聚在车厢底部。

(4)自卸汽车运输能力应比拌和能力和摊铺速度有所富余,要求使用15t以上自卸汽车运输。

(5)每天开始摊铺时排在施工现场等候卸料的运料车不少于4辆。施工过程中,摊铺机前方一般应有2~3辆运料车等候卸料。

(6)注意问题

①运输车辆应避免在已经铺筑的排水沥青路面路表或下设的防水黏结层上急转或急刹车。

②排水沥青混合料具有较高的空隙率,热量散发较快,必须落实好保温措施。

③在运输过程中如运料车的轮胎发生污染,应洗净轮胎后再进入施工现场。

5.3.3 排水沥青混合料的摊铺

(1)对双车道以上道路应采用2台以上摊铺机组成梯队作业进行全幅摊铺,两台摊铺机相隔间距宜为5~10m。

(2)根据拌和机拌和能力、施工机械配套情况及摊铺层厚度、宽度,经计算确定摊铺速度,通常宜控制在2.0m/min左右。同时,应保证摊铺机缓慢、均匀、连续不断地摊铺,不得出现停机待料或者随意改变摊铺速度的情况。

(3)摊铺温度与松铺厚度紧跟摊铺机测量,并予以记录,摊铺后沥青混合料温度控制一般在155~170℃,松铺系数经试铺确定。

(4)注意问题

①摊铺前摊铺机熨平板加热温度应在100℃以上。

②摊铺过程中要派人在摊铺机后巡查,如果有局部油斑、离析、波浪、裂缝等异常现象要及时分析原因,采取措施人工清除,用热料换补,一起碾压。

③当气温低于10℃时,禁止摊铺。

5.3.4 排水沥青混合料的压实

下面以单幅双车道高速公路为例,进行碾压工艺的要点说明。具体可根据项目情况适当调整机械配置和工艺细节。

(1)初压与复压宜采用3~4台8~12t钢轮压路机,终压可采用1台胶轮压路机。

(2)使用双钢轮压路机、轮胎压路机并列成梯队的方式碾压,按初压、复压、终压三个阶段进行。压路机从外侧向中心碾压,由低处向高处碾压,轮迹始终与路基中线平行,相邻碾压带重叠15~20cm轮宽。

(3)初压应在混合料摊铺后紧跟进行,压实温度一般在150~165℃,碾压应注意稳压、慢速,以避免产生推移,初压一般为静压2遍。

(4)复压宜采用与初压相同的双钢轮压路机,紧接初压进行,复压一般为静压3~5遍。

(5)为防止较高温度下胶轮压路机黏轮,终压路面温度一般控制在50~70℃,采用胶轮压路机压实1遍,胶轮碾压应重叠1/3的轮宽,以消除压痕,揉搓稳定细料。

(6)注意问题

①碾压方法应在试验段试铺时进行不同方案比较后确定,根据试验段碾压效果调整稳定、可靠后再大面积施工。

②压路机行驶速度保持均匀一致,不得在未碾压成型的混合料和刚碾压成型的路面上转向,也不得停留在高于120℃且已压实成型的路面上。同时,压路机在操作或静止时,要采取有效措施防止油料等污染路面。

③为防止黏轮,可向压路机碾压轮喷少量雾状水,以不黏轮为原则。

④由于压路机转向或其他原因引起的任何位移及时用路耙修整,需用新混合料修补的部位要立即进行。

5.3.5 接缝施工

(1)横缝采用垂直的平接缝,摊铺前应涂刷黏层材料,摊铺后应充分压实,连接平顺。

(2)纵缝应避开路幅划线后行驶车辆的轮迹,而且要与下层纵向接缝错开 20cm 以上。纵缝采用热接缝,施工时应将梯队作业摊铺的混合料部分留下 10~20cm 宽暂不碾压,作为后摊铺部分的高程基准面,最后作跨缝碾压以消除缝迹。

(3)注意问题

①在横向施工缝开始施工时,必须控制好平整度,不宜人工补料调整平整度,同时要及时碾压,防止料温损失无法压实。

②排水沥青路面摊铺过程如果出现较长时间中断,应移开摊铺机,设置施工横缝。

5.4 桥面部分边缘排水处理

为了提高排水效率,在桥面排水沥青路面边侧可设置 10cm 宽的导水槽。导水槽可在上面层施工时完成,即在摊铺前用同样尺寸木块设在防撞墙旁边,摊铺碾压后把木块抽出即可形成导水槽;也可采用施工后切割的方法处理。

5.5 标线漆

排水沥青路面上标线,应用热熔喷涂法施工,热熔型涂料的稠度要提高,软化点控制在技术标准 90~125℃上限,具体可根据现场试验调整,注意施工材料数量消耗会增大。

6 材料与设备

6.1 材料

6.1.1 沥青

排水沥青路面结合料应采用高黏度改性沥青方案,其指标要求见表 5。高黏度沥青的制备具体可为成品高黏度沥青或"基质沥青(可以为普通石油沥青或 SBS 改性沥青等)+干投式高黏度添加剂"等方案。

高黏度改性沥青技术要求 表 5

试验项目		单位	技术要求
针入度(25℃,100g,5s)		0.1mm	≥40
软化点		℃	≥80
延度(5℃)		cm	≥20
溶解度		%	≥99
弹性恢复(25℃)		%	≥85
密度(15℃)		kg/cm^3	实测
RTFOT 薄膜加热试验残留物	质量变化率	%	≤0.6
	针入度残留率	%	≥65
	延度(5℃)	cm	≥15
60℃动力黏度		Pa·s	≥50 000
闪点		℃	≥230
运动黏度(170℃)		Pa·s	≤3
储存稳定性,48h 软化点差		℃	≤2.5

注:表列试验均按照现行《公路工程沥青及沥青混合料试验规程》(JTJ 052—2000)执行。

6.1.2 粗集料

排水沥青混合料所用粗集料应均匀、洁净、干燥,不含风化颗粒,针片状颗粒少,颗粒形状近似立方体,具有足够的强度和耐久性,宜选用高黏附性、高耐磨耗性、高耐破碎性的优质集料,具体技术要求见表6。

粗集料技术要求 表6

试验项目		单位	技术要求
压碎值		%	≤20
洛杉矶磨耗损失		%	≤28
视密度		g/cm^3	≥2.60
吸水率		%	≤2.0
沥青黏附性		级	≥5
坚固性试验		%	≤12
针片状含量	其中,粒径大于9.5mm	%	≤10
	其中,粒径小于9.5mm	%	≤12
水洗法<0.075mm颗粒含量		%	≤1
软石含量		%	≤2
磨光值		PSV	≥42

注:表列试验均按照现行《公路工程集料试验规程》(JTG E42—2005)执行。

6.1.3 细集料

细集料应洁净、干燥、无风化、无杂质,与沥青有良好的黏结能力,具有较好的颗粒形状,禁止使用与沥青黏结性能较差的天然砂及酸性石料破碎的机制砂,禁止使用石屑,其质量应符合表7要求。细集料进场管理必须采取搭棚防雨措施。

细集料技术要求 表7

试验项目	单位	标准要求	备注
视密度	g/cm^3	≥2.50	
坚固性(>0.3mm部分)	%	≤12	
砂当量	%	≥70	适用于机制砂
亚甲蓝值	g/kg	≤1.5	适用于机制砂
含泥量	%	≤1	适用于天然砂
棱角性(流动时间法)	s	≥30	

注:表列试验均按照现行《公路工程集料试验规程》(JTG E42—2005)执行。

6.1.4 填料

填料要求采用干燥、洁净的石灰岩矿粉。进场矿粉应密闭保存、不得受潮,拌和机回收的粉料严禁使用。在粗集料黏附性不符合要求时,可考虑添加抗剥落剂,通常添加消石灰,添加量可占矿粉量的20%~40%。矿粉技术要求如表8所示。

矿粉技术要求 表8

试验项目	单位	技术要求	试验项目	单位	技术要求
视密度	g/cm^3	≥2.50	筛分通过率	%	
含水率	%	≤1	<0.6mm		100
外观		无团粒结块	<0.15mm		90~100
亲水系数		≤1	<0.075mm		75~100
塑性指数	%	≤4			

注:表列试验均按照现行《公路工程集料试验规程》(JTG E42—2005)执行。

6.2 机械设备

排水沥青路面施工必须配备齐全的施工机械和配件,做好开工前的保养、调试和试机。排水沥青路面应采用机械化连续摊铺作业,配备的主要施工机械见表9。

配备的主要施工机械表 表9

设备名称	数 量	技术要求
间歇式沥青混合料拌和楼	1台套	拌和操作应能由计算机自动控制,配备良好的二级除尘装置
沥青混合料摊铺机	3台	其中一台备用
非接触式平衡梁装置	4套	—
钢轮压路机	4台	8~12t
胶轮压路机	1台	16t以上
自卸汽车	不确定	载重量15t以上,数量满足工程规模和运距需求
智能型沥青洒布车	1辆	自动控制洒布量

注:表列机械设备要求以单幅双车道摊铺为参照。如路幅宽度有较大变化,可根据施工需求调整数量需求。

6.3 质量检测仪器

与普通路面相比,排水沥青路面的试验检测项目有部分特殊项目。试验室必须根据需求配备性能良好、精度符合规定的质量检测仪器,并配备足够的易损部件,保证按照规定正常开展各项试验检测。排水沥青路面施工需要配置的主要仪器设备见表10。

排水沥青路面施工需要配置的主要仪器设备 表10

仪器名称	数 量	技术要求
针入度仪	1	现行规范要求
延度仪	1	现行规范要求
软化点仪	1	现行规范要求
沥青混合料马歇尔试验仪	1	现行规范要求
马歇尔试件击实仪	1	现行规范要求
试验室用沥青混合料拌和机	2	车辙成型需较大容积的拌和机一次拌和成型
脱模器	1	现行规范要求
沥青混合料离心抽提仪(或燃烧炉)	1	现行规范要求
沥青路面用标准筛(方筛孔)	1	现行规范要求
集料压碎值试验仪	1	现行规范要求
烘箱	大于2台	析漏试验应使用单独烘箱
马歇尔试模	不少于12只	现行规范要求
恒温水浴	大于2台	现行规范要求
冰柜	1	控温精度0.5℃,低温到-20℃以下
路面取芯机	1	现行规范要求
路面平整度仪	1	现行规范要求
砂当量仪	1	现行规范要求
渗水仪	1	现行规范要求
真空减压毛细管黏度仪	大于3只	现行规范要求
洛杉矶磨耗试验机	1	现行规范要求
车辙试验机	1	现行规范要求
劈裂试验夹具	1	现行规范要求
室内透水系数测定仪	1	见7.4.5要求

注:表列现行规范要求均按照行业现行试验规程需求的仪器设备执行。

7 质量控制

7.1 材料检验

7.1.1 原材料

施工过程中高黏度沥青的检验频率按照以下表列要求执行;粗细集料、矿粉等其他材料指标检验频率按照我国现行规范或项目文件执行,见表11。

高黏度沥青施工过程中检验项目与频率 表11

检查项目	检查频度	检查项目	检查频度
针入度	每2天1次	60℃动力黏度	每2天1次
软化点	每2天1次	RTFOT试验残留物针入度	每4天1次
延度(5℃)	每2天1次		

注:表列试验项目均按照现行《公路工程沥青及沥青混合料试验规程》执行。

7.1.2 混合料生产

施工过程中混合料生产的检验项目、频率和要求按照以下对应表列要求执行;本表未涉及的其他材料指标质量控制按照我国现行规范或项目文件执行,具体如表12所列。

沥青混合料生产检测项目、频率与质量标准 表12

检验项目	频率	质量标准
外观	随时	均匀、无花白料、无析漏
成品温度	每车1次	175~185℃
高黏度添加剂添加计量(使用高黏度添加剂时)	每天开工前两次试验	±2%
	每天或每台班总量检验	±1%
级配	每日2次	最大公称粒径,0.075mm:±2% 2.36mm:±3% 其他筛孔:±4%
沥青用量	每日2次	±0.2%
析漏	每日1次	≤0.8%
马歇尔试验	每日2次	≥4.0kN
空隙率	每日2次	±2%
马歇尔残留稳定度	每2日1次	≥80%
车辙试验	每2日1次	≥3 000次/mm
肯塔堡飞散损失	每2日1次	≤20%
理论最大密度	每2日1次	计算法
热料仓筛分结果	每2日1次	实际测定
总量检验	每日1次	统计总量

注:表列检验项目均按照现行《公路工程沥青及沥青混合料试验规程》(JTJ 052—2000)和《公路沥青路面施工技术规范》(JTG F40—2004)执行。

7.2 摊铺碾压温度控制

施工过程中必须加强排水沥青混合料温度的检测,包括混合料到场温度、摊铺温度、终压温度等,施工过程温度控制按表13进行。

施工过程温度控制 表13

到场温度	≥170℃	复压温度	紧跟初压
摊铺温度	≥155℃	终压温度	表面60℃左右
初压温度	≥150℃		

7.3 成型后排水沥青面层的质量检验

成型后排水沥青面层的质量检验按表14进行。

成型后排水沥青面层检查项目、频率与质量标准 表14

项 目	频 率	质 量 标 准
现场渗水性	每200m 1次	≥900mL/15s,合格率不小于90%
现场空隙率	每200m 2次	设计空隙率±2%,合格率不小于80%
压实度	每200m 2次	不低于标准马歇尔密度98%
摆值	每200m 1处	≥58BPN
构造深度	每1 000m 1处	≥1.5mm

注:表列试验项目按照现行《公路路基路面现场测试规程》(JTG E60—2008)执行。

7.4 部分试验方法说明

对本排水沥青路面工法涉及的部分试验中的特殊要求与注意问题进行如下说明。

7.4.1 温度测量

表面温度测量应采用标定过的便携式红外温度计,有条件的采用红外热像仪监测;其他温度均应采取插入式温度计测量内部温度,优先采用数显插入式热电偶温度计。

7.4.2 析漏试验

析漏试验采用烧杯法,温度条件为185℃。

7.4.3 空隙率测定

(1)工地现场的空隙率测定采用体积法,必要时采用真空塑封法校核。

(2)由于大空隙排水沥青路面芯样钻取后含水较多,高温烘干变形影响体积法测量,因此,在有条件时,对钻取的芯样应采用真空快速干燥仪在常温下烘干试件。

(3)对于钻取芯样进行空隙率测定时,必须保证切割质量,注意在与中面层连接的一侧进行平整的切割,切割面与上表面要平行,从而准确测量体积。

(4)空隙率测定包括空隙率、连通空隙率与独立空隙率。空隙率测试按现行规范的体积法进行。连通空隙率测试方法:测定干燥状态下试件的质量(m_A);然后将试件放在常温的水中约1min,测定水中质量(m_C),则:

$$\left.\begin{aligned}\text{连通空隙率}(\%) &= [V-(m_A-m_C)/\rho_w]/V\times 100\\ \text{独立空隙率}(\%) &= 100-\text{连通空隙率}(\%)\end{aligned}\right\}\tag{1}$$

式中:V——为试件的总体积;

ρ_w——测试水温对应的水的密度。

7.4.4 车辙试验

车辙试验是排水沥青混合料中的重要试验,必须严格按试验规程试验。车辙试件成型宜在拌和楼现场进行,可使用移动式的轮碾成型机或压路机,禁止使用二次加热的排水沥青混合料成型制作车辙试件。

7.4.5 透水系数测定试验

主要参照日本《铺装试验法便览》的试验方法,采用常水压条件的透水试验,见图3。利用未脱模的马歇尔试件,在其上增加一个套筒,有外部水源向套筒内供水,套筒有溢流装置可以保持一定常水位,因而在水压保持不变的条件下向下渗透。渗透通过试件的水用一容器收集,测定一定时间内的渗水量来反映试件的渗水性,

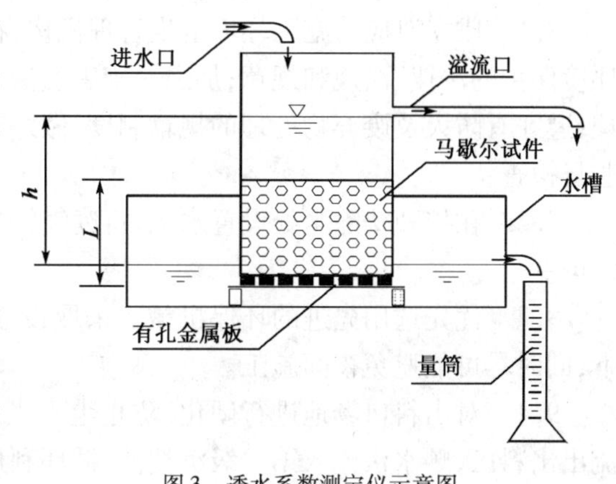

图3 透水系数测定仪示意图

渗水系数按照下式计算:

$$k = \frac{L}{h}\frac{Q}{A(t_2 - t_1)} \tag{2}$$

式中:Q——渗透经过试件的水量(cm^3);

t_1、t_2——测试的开始时间与结束时间;

L——试件的高度(标准马歇尔试件,6.35cm)(cm);

A——试件的横截面面积(标准马歇尔试件,81.03cm^2)(cm^2);

h——水头高度(cm)。

7.4.6 现场渗水性试验

采用路面渗水仪,按现行《公路路基路面现场测试规程》(JTG E60—2008)中的沥青路面渗水试验方法执行。试验时测定渗水仪中水面下降400mL所用的时间,再换算为15s流过的水量。

8 安全措施

8.1 认真贯彻"安全第一,预防为主"的方针,根据国家有关规定、条例和高速公路项目管理大纲的具体要求,结合施工单位实际情况和工程的具体特点,成立安全生产组织机构,落实安全生产第一责任人和直接责任人名单,明确各级人员的职责,制定安全生产制度。

8.2 施工现场按符合防火、防风、防雷、防洪、防触电等安全规定及安全施工要求进行布置,并完善布置各种安全标识。

8.3 对施工人员进行安全知识培训,施工前进行安全技术交底,各班组作业前有班组长进行班前教育,提高施工人员安全防护意识。

8.4 各类房屋、库房、料场等的消防安全距离要符合公安部门的规定,室内不堆放易燃品;随时清除现场的易燃杂物。

8.5 施工现场的临时用电严格按照《施工现场临时用电安全技术规范》的有关规定执行。

8.6 电缆线路应采用"三相五线"接线方式,电气设备和电气线路必须绝缘良好,场内架设的电力线路其悬挂高度和线间距除按安全规定要求进行外,将其布置在专用电杆上。

8.7 施工现场使用的手持照明灯使用36V的安全电压。

8.8 室内配电柜、配电箱前要有绝缘垫,并安装漏电保护装置。

8.9 执行安全生产检查制度,定期和不定期组织相关人员检查和督促安全生产工作,杜绝违章指挥、违章作业、违反劳动纪律的现象发生。

8.10 建立完善的施工安全保证体系,加强施工作业中的安全检查,确保作业标准化、规范化。

9 环保措施

9.1 成立对应的施工环境卫生管理机构,在工程施工过程中严格遵守国家和地方政府下发的有关环境保护的法律、法规和规章;加强对施工燃油、工程材料、设备、废水、生产生活垃圾、弃渣的控制和治理,遵守有防火及废弃物处理的规章制度;做好交通环境疏导,充分满足便民要求,随时接受相关单位的监督检查。

9.2 在拌和楼除尘处设置水池,将废气粉尘及时加水搅拌,避免扬尘对集料等材料和周围环境的污染。

9.3 优先选用先进的环保机械。采取设立隔声墙、隔声罩等消声措施降低施工噪声到允许值以下,同时尽可能避免夜间施工。

9.4 对出料口场地进行硬化,防止尘土飞扬,设置2%坡度,并在料场四周设置排水沟,使冲洗水流出出料区,顺水沟流入第一级沉淀池,循环利用水资源。

9.5 对施工中可能影响到的各种公共设施制订可靠的防止损坏和移位的实施措施,加强实施中的监测、应对和验证。同时,将相关方案和要求向全体施工人员详细交底。

9.6 设立专用排浆沟、集浆坑,对废浆、污水进行集中,认真做好无害化处理,从根本上防止施工废浆乱流。

9.7 为防止污染路面,排水沥青面层施工后宜封闭交通;施工车辆通行时,必须保证轮胎洁净,同时严禁施工车辆急转、急刹。人员通行时,亦应防止泥土污染。

10 效益分析

10.1 直接经济效益分析

采用SBS改性沥青+高黏度添加剂的复合改性方案,指标达到国外方案的3倍,但改性成本可降低12%以上。

主要采用静压工艺实现排水沥青路面的压实,减少碾压的机械台班费30%。

实现了排水沥青路面的耐久性,比传统技术提高排水沥青路面寿命30%以上,具有突出的经济效益。

10.2 社会效益分析

使用本工法修筑的排水沥青路面,雨天路表无积水,高速行车无"水漂"、溅水和水雾,减少雨天事故率约80%。

同时,本工法修筑的排水沥青路面也是一种低噪声路面,可以降低路面噪声2~3dB,雨天可以降低路面噪声5~8dB,大幅提高了行车舒适性和环保特性,技术应用的经济社会效益十分显著。

11 应用实例

11.1 盐通高速公路排水沥青路面工程

盐通(盐城—南通)高速公路是我国规划的高速公路网中沿海高速的一部分,交通量较大,重载车辆比例较高,气候条件和交通条件在我国南方地区有较好的代表性。盐通高速公路排水沥青路面位于YT-NT22合同标南通—盐城侧单幅,长度为17km,施工时间为2005年8~10月。交通运输部公路科学研究院为本项目提供了全程施工技术支持,是对本工法的全面检验。项目最终的试验检测表明,本项目提出的复合改性高黏度沥青方案既提高了高黏度指标,又节省了改性成本;项目施工工艺稳定,各项指标优良。关于排水沥青路面压实度参数的分析评价,为如何看待排水路面的"过压"问题提供了充分依据。项目通车五年来,开展了十次跟踪观测,截至目前,未出现任何显著的病害,与相邻SMA路段和AK表层路段的平整度和车辙等衰变情况也基本相当,但雨天排水功能显著,大幅降低了事故发生率,成为我国排水沥青路面在重载高速公路实践的经典案例。

11.2 宁杭高速公路二期排水沥青路面工程

宁杭二期高速公路南京至溧水段是"五纵五横"国道主干线中上海至云南瑞丽国道主干线宁波—杭州—南京支线,是江苏省"四纵、四横、四联"高速公路网中"四纵"的组成部分,走向从高桥门到上坊、江宁科学园,最后在溧水北桂庄枢纽与宁杭一期相接。宁杭二期高速公路为双向六车道,主线路面设计宽度为34.5m。排水沥青路面位于NH-NJ22和NH-NJ23合同标,长度为20.9km,铺装面积70余万平方米。宁杭二期高速公路修筑时间为2008年6~8月,是我国目前最大的排水沥青路面铺装工程。

项目由交通运输部公路科学研究院提供施工过程中的技术服务和质量监控,应用了本工法的主要技术成果。项目验收表明,本排水沥青路面高黏度沥青质量控制良好,排水沥青混合料参数设计恰当,铺筑的排水沥青面层空隙率均匀、排水效果优良,路面通车两年来未出现任何明显病害。

11.3 威乌支线(即墨—海阳)高速公路

青岛路桥建设集团有限公司在威乌支线(即墨—海阳)高速公路进行了排水沥青路面上面层施工。建成通车至今,该路段降噪、排水效果良好,路面无松散、坑槽等现象。

高模量沥青混凝土路面施工工法

GGG(浙)B3035—2010

翁艾平　陆柏川　斯纪平　王玉富　李向阳
(浙江交工路桥建设有限公司)
薛　成　杨　栎　徐增权　李庆华　陈　楷
(广东华盟路桥工程有限责任公司)

1　前言

夏季高温季节,沥青路面容易产生车辙的结构层次为中面层。当沥青路面的温度达到60℃时,沥青开始软化,混凝土的强度降低,在高速、重载的车轮作用下,路面容易产生车辙。为提高沥青混凝土路面使用性能,特别是提高沥青混合料抗高温性能,防止车辙的出现,在Superpave沥青混凝土上再加入高模量剂(如法国的PR-module高模量剂和PR-PLASTS改性剂)作为添加剂,使其路面性能更加突出。PR-module高模量剂(简称PR)是引进国外生产的一种能提高沥青混合料抗车辙性能的高熔点高分子聚合物添加剂。

高模量沥青混凝土路面施工与普通沥青混凝土施工相比,既有相似点又有不同点。浙江交工路桥建设有限公司和广东华盟路桥工程有限公司在工程建设实践中,在优化配合比和施工工艺的基础上,认真总结开发,形成了高模量沥青混凝土路面施工工法,使用效果较好,得到了业主和监理的好评。

2　工法特点

高模量沥青混凝土能提高沥青混合料的复合模量、高温抗车辙性能、动态特性及抗疲劳性能,减少维修频率,延长路面使用寿命,在相同性能下较普通沥青混合料可降低沥青层结构厚度(20% ~30%),有利于节省资源,降低能源消耗,减少投资成本。其对沥青无特殊要求,可使用国产基质沥青生产高模量沥青混合料,保证良好的承载能力并减薄厚度,有效降低路面高程。

2.1　本工法采用Superpave沥青混合料设计体系,将集料、胶结料与沥青混合料特性的试验数据跟现场施工的实际情况结合起来考虑,主要针对路面永久变形、疲劳开裂和低温开裂三种主要病害情况。

2.2　本工法结合高模量沥青混合料特点,使用合适的施工设备和施工工艺,采用适合于高模量沥青混凝土路面施工的技术参数,并采取相应的安全保护措施、质保体系,确保高模量沥青混凝土路面的施工质量,保证较好的路用性能和较低的营运维修成本。

3　适用范围

本工法用于高等级公路、城市快速干道等沥青路面中、下面层施工。

4　工艺原理

4.1　高模量沥青混合料采用Superpave混合料设计方法,研究高模量沥青混凝土路面的路用性能。

4.2　根据高模量沥青混合料特点,采用合适的施工设备和施工工艺,找到适用于高模量沥青混凝土路面施工的技术参数。

4.3　高模量剂抗车辙剂作用机理如下。

(1)胶结作用:在沥青混合料拌和过程中,首先将该聚合物投入拌锅与矿料干拌,在170 ~180℃高温下,使它软化,部分熔解;继续加入沥青拌和,聚合物颗粒与沥青形成胶结,使沥青性能得到改善,提高沥青软化点,降低了对温度的敏感性,增加了沥青与矿料的黏附能力。

(2)钢筋作用:通过聚合物中塑料纤维成分,在矿料骨架内搭桥胶结形成网状,从而加强了胶结料体系相互作用力和整体性,在沥青混合料中起到加筋作用。

(3)嵌挤作用:这类聚合物颗粒在施工过程中由于高温的作用而软化,再经过碾压成型后,可将该聚合物颗粒填充嵌挤到混合料的空隙中,加强了混合料之间的相互作用力,使混合料之间更加紧密,增加了沥青混合料的承受荷载的能力。

5 施工工艺流程及操作要点

5.1 施工工艺流程

施工准备阶段流程见图1,施工工艺流程见图2。

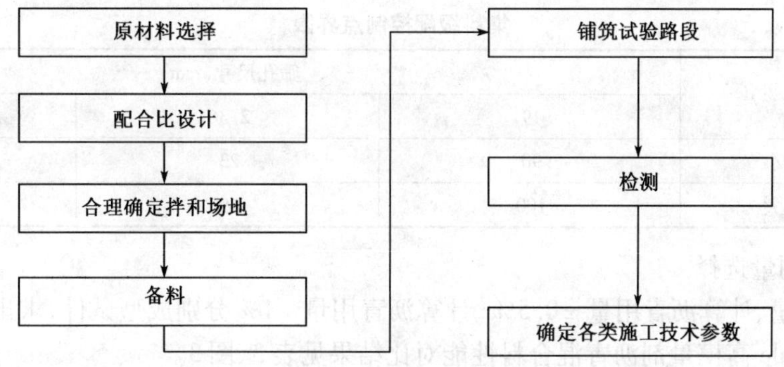

图1 准备阶段流程图

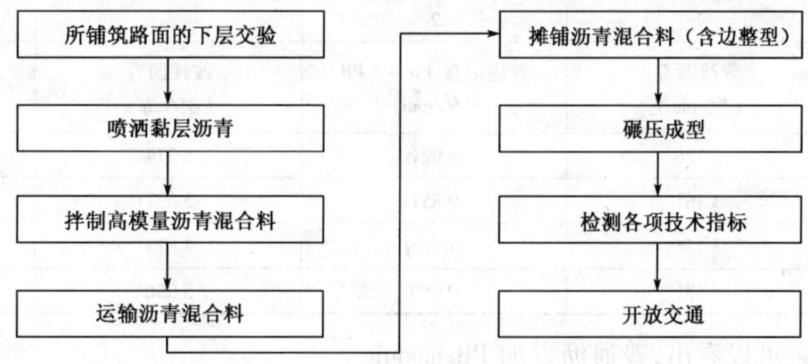

图2 施工工艺流程图

5.2 施工工艺

5.2.1 原材料选择

集料加工工艺宜采用有整型、吸尘装置的加工设备,可以有效控制集料的颗粒形状和粉尘含量,有利于符合设计级配要求和提高压实效率;沥青为SBS改性沥青;PR-module高模量剂为法国进口。原材料各项指标应满足设计及规范要求。

5.2.2 配合比设计

1)目标配合比简介及相关数据

(1)配合比设计及依据

①《公路沥青路面施工技术规范》(JTG F40—2004);

②《公路工程集料试验规程》(JTG E42—2005);

③《公路工程沥青及沥青混合料试验规程》(JTJ 052—2000);

④《公路土工试验规程》(JTG E40—2007);

⑤《浙江省高速公路沥青路面规范化施工与质量管理指导意见》。

(2)集料级配选择

初选粗、中、细三种试验级配,每种级配准备4个试件,2个用于压实,另外2个用于量测最大理论密度,分析混合料体积性质并与Superpave混合料设计标准进行比较。

采用的Superpave-20沥青混凝土,存在一定的集料级配限制区界限和集料级配控制点界限,具体见表1、表2。

集料级配限制区界限 表1

禁区范围(通过率,%)	筛孔尺寸(mm)			
	0.3	0.6	1.18	2.36
Superpave-20 最小	13.7	16.7	22.3	34.6
Superpave-20 最大	13.7	20.7	28.3	34.6

集料级配控制点界限 表2

禁区范围(通过率,%)	筛孔尺寸(mm)		
	19	2.36	0.075
Superpave-20 最小	90	23	2
Superpave-20 最大	100	49	8

(3)最佳沥青用量选择

按计算沥青用量、计算沥青用量±0.5%、计算沥青用量+1%分别成型试件,求出最佳沥青用量。

(4)掺PR-module高模量剂沥青混合料性能对比结果见表3、图3。

动稳定度比对表 表3

名称		1	2	3	4
		普通沥青(次/mm)	普通沥青+0.4%PR(次/mm)	改性沥青(次/mm)	改性沥青+0.2%PR(次/mm)
动稳定度(次/mm)	*g*	3 526	9 921	5 274	9 532
	h	3 361	9 851	5 021	10 027
	j	3 256	10 079	4 873	9 675
平均值(次/mm)		3 381	9 950	5 056	9 744

从上述检测结果可以看出,普通沥青加PR-module高模量剂比普通沥青,动稳定度提高194%;改性沥青加PR-module高模量剂比改性沥青,动稳定度提高93%。综上所述,可以得出如下结论:不管和普通沥青还是改性沥青相比,掺加PRPLASTS后,混合料的动稳定度(即抗车辙能力指标)大幅提高,提高幅度均在90%以上。

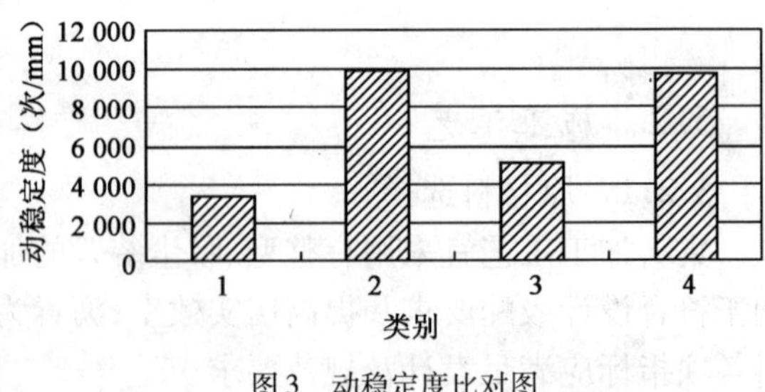

图3 动稳定度比对图

(5)目标配合比设计检验:主要检验高模量沥青混合料高温稳定性、水稳定性、低温抗裂性等指标。

2)生产配合比简介及相关数据

通过目标配合比设计,确定拌和楼各冷料仓的进料比例及最佳沥青用量。在目标配合比的基础上进行生产配合比设计:拌和楼根据目标配合比确定的比例进料→拌和楼各热料仓取样→确定拌和楼供料比例→按目标配合比设计最佳沥青用量及±0.3%进行混合料拌和→用旋转压实仪制作3组试件进行混合料试验→按规范要求用马歇尔试验方法进行最佳沥青用量的验证→确定生产配合比最佳沥青用量。

(1)原材料技术指标检测

(2)沥青混凝土矿料级配组成

(3)沥青用量的确定

①以目标配合比最佳沥青用量为基准,分别以±0.3%不同沥青用量拌和。拌和好的混合料在压实温度下进行2h的老化后,用旋转压实仪进行压实及理论密度试验。设计旋转次数为100次,每组3个试件。

②采用表干重法测试其试件密度,用计算法得出混合料各沥青用量的理论最大相对密度,计算其空隙率、沥青饱和度、矿料间隙率、粉胶比、压实度等物理力学指标。

③旋转压实的试件静放24h后,用表干法测定其毛体积相对密度。

④以沥青用量为横坐标,分别以空隙率、矿料间隙率、饱和度、粉胶比、初始压实度为纵坐标,画出图形。

⑤根据Superpave设计标准,以4%空隙率所对应的沥青用量为生产配合比最佳沥青用量,其他指标通过图形可相应得出。

(4)配合比验证

选定级配及最佳用量后,进行最大旋转次数160次的混合料成型验证压实度;用马歇尔击实的方法,按最佳沥青用量制作2组试件,一组测得其毛体积相对密度、空隙率、饱和度、矿料间隙率、稳定度、流值,将另一组试件置于60℃的恒温水浴中保持48h,测得稳定度、流值,计算其浸水残留稳定度值大于85%,冻融劈裂强度大于80%。

5.2.3 合理选择拌和场地

确定拌和场位置的原则如下。

(1)经济性:应根据施工路线和集料产地,以最小的成本综合确定。

(2)就近性:受气候条件和沥青混合料温度降低时间限制,必须在允许最长的运输时间内选址。

(3)环保性:进料和拌和会有扬尘和噪声产生,需考虑对周边人和物的影响距离。

开工前进行拌和楼设备的校验和标定工作,建设单位对计量系统的校验和标定情况进行检查、核验,确保拌和数据真实、可靠。施工过程中应加强对拌和楼设备的检修、维护,以便能及时发现设备出现的问题。对拌和楼筛网等配件应经常检查,发现堵塞和破损现象应及时进行清理和更换,以便更好地控制配合比。

5.2.4 备料

根据混合料配合比设计比例确定各档集料的进料比例,经检测各项指标满足设计及规范要求。

5.2.5 铺筑试验路段

铺筑试验路段,以确定碾压设备及组合方式,检测高模量沥青混凝土路面的各类指标:压实度代表值、弯沉代表值、平整度代表值、渗水指标等。

5.2.6 所铺筑路面的下层交验

对已铺筑的层面进行各项技术指标的检测,做好施工准备。清扫下层路面:用人工和空压机清扫路段表面,对泥土污染严重的局部用水车高压射水冲洗干净;施工前应对施工人员做技术交底,检查机械设备是否按要求到位且状态良好。

5.2.7 喷洒黏层沥青

在清扫后的路面上喷洒合格的黏层沥青,平均用量按设计要求控制,沥青洒布要均匀呈雾状。

5.2.8 拌高模量沥青混合料

(1)采用4000型间歇式沥青混合料拌和设备,使用导热油加热改性沥青,严格把改性沥青的加热温度控制在165~175℃,泵入拌和机的改性沥青温度控制在170℃左右。

(2)按照生产配合比控制各热料仓的矿料、矿粉和高模量剂及沥青的用量。拌和楼控制室要逐盘打印沥青及各种矿料的用量和拌和温度,并定期对拌和楼的计量和测温进行校核。

(3)拌制高模量沥青混合料时,每盘混合料拌和时间要比普通密级配沥青混凝土长一些,出料以混合料拌和均匀、高模量剂均匀分布为度。拌和时间由试拌确定,改性沥青混合料的拌和时间不宜少于60s(其中干拌不少于10s)。沥青混合料拌和应调整沥青、矿料添加的延迟时间,确保沥青先与集料接触,添加沥青中途才开始添加矿粉,使所有集料颗粒全部裹覆沥青结合料,并确保沥青混合料的拌和均匀。

要注意目测检查混合料的均匀性,及时分析异常现象,如混合料有无花白、冒青烟和离析等现象。若确认是质量问题,应作废料处理并及时予以纠正。在生产开始以前,有关人员要细致地观察室内试拌的混合料,熟悉本项目所用各种混合料的外观特征。

(4)混合料的出料温度控制在170~185℃。在拌和机出料口派专人对每辆自卸运料车所装运混合料的温度进行检测并记录。

(5)由试验人员对拌和楼现场取料,每天上午、下午各取一组混合料试样做旋转压实试验、马歇尔试验和抽提筛分试验,检验油石比、矿料级配和沥青混合料的物理力学性能。每周检验1~2次残留稳定度,根据检测数据和混合料马歇尔试验及抽提筛分试验结果,及时进行合理调整。油石比与设计值的允许误差为-0.1%~+0.2%。矿料级配与生产设计标准级配的允许差值为:0.075mm,±2%,≤2.36mm,±4%,≥4.75mm,±5%。

(6)每天拌和结束后,要打印各种料的使用数量,进行总量控制。计算混合料施工的平均级配和油石比,与设计结果进行校核;用每天产量计算平均厚度,与路面设计厚度进行校核。根据上述检测数据和混合料马歇尔试验及抽提筛分试验结果,及时进行合理调整。

5.2.9 运输沥青混合料

(1)采用大吨位自卸汽车装料。装料前检查车辆各部位运转是否正常,运料车增加尾侧挡板,车辆应干净,并喷洒隔离剂。

(2)自卸汽车装料应前后移动进行分层装料,并至少移动3次,以减少粗集料的分离现象。

(3)为了防止运料车表面混合料温度降低,所有的运料车在运输过程中都必须加盖篷布。

(4)运料车与摊铺机要恰到好处地配合,必须防止料车撞击摊铺机或将料撒到路面上。运料车应在摊销机前0.10~0.20m处停住并挂空挡,卸料过程中由摊铺机推动汽车同步前进,卸料完毕后即驶离摊铺机。

5.2.10 摊铺沥青混合料(含边整型)

(1)摊铺前,摊铺机操作人员要把摊铺机的熨平板及振捣装置底部打整干净,并涂抹油水混合剂。调整熨平板的预拱度、横坡度后进行预热。熨平板的预热温度要接近沥青混合料的摊铺温度。

(2)摊铺应缓慢、均匀、连续不间断地进行,正常情况下保证摊铺机前有2~3辆运料车,禁止随意变换速度或中途停顿。如在发生暂时性断料时,摊铺机应保持继续运转,停止振捣,并接通熨平板加热器,以保证摊铺与碾压符合高温条件要求。

(3)控制好摊铺机刮料输送器速度,使之与螺旋布料器的工作速度相匹配,保证混合料始终处于螺旋高度2/3处。螺旋端距挡板间小于30cm;摊铺机在易离析的部位应做适当改装(螺旋布料器叶片在端部进行反装);受料斗采用高强度耐热橡胶挡板;摊铺机螺旋布料器前挡板下加设挡板。

(4)摊铺过程中,随时由摊铺机手(或辅助人员)用特制插钎检测混合料的摊铺厚度。

(5)在摊铺过程中,安排人工用小铁夯锤夯实路幅的边缘,力求把边缘处理顺适。

(6)找平装置宜采用浮动基准梁找平装置。

5.2.11 碾压成型

1)碾压是保证路面工程质量的重要一环,在施工现场主要使用具有高频率、低振幅模式的双钢轮振动压路机,按照"紧跟、慢压、高频、低幅"原则进行碾压。

2)采用初压、复压合一的原则阶梯重叠碾压法:碾压长度在纵向呈阶梯形排开,相邻两碾压段纵向接头重叠在1.5m以上,碾压左右重叠0.20m以上,压路机均从横坡低处往高处碾压;为避免碾压时混合料推挤产生拥包,碾压时应将驱动轮朝向摊铺机;压路机起动、停止必须减速缓行,不准进行制动操作;压路机折回不应处在同一横断面上。

(1)初压温度:150~160℃。

(2)压路机碾压速度:控制在2.0km/h以内。

(3)频率、振幅设定:高频率、低振幅(振幅设定为2)。

(4)压路机采用双轮振动碾压,共碾压4~6遍。在所压实路幅内,前进、后退一次为一遍。(注:具体碾压遍数在铺筑试验路时进行确定。)

(5)使用双钢轮振动压路机做初压、复压时,采用"前进时喷水,后退时不喷水"的措施,以避免沥青混合料的温度急剧下降。终了温度应不低于120℃。

3)终压:用1台DD—110型双钢轮压路机紧跟复压之后以5km/h速度碾压一遍。压路机距离摊铺机80m之内操作。终压结束时,沥青混凝土路面表面温度不低于95℃(用红外线温度计检测)。

4)要对初压、复压、终压段落设置明显标志,便于司机辨认。对松铺厚度、碾压顺序、压路机组合、碾压遍数、碾压速度及碾压温度,路面施工单位和监理单位都须设专岗管理和检查,使面层做到既不漏压也不超压。

5.2.12 交通控制

路面碾压成型之后,在施工路段两端设置路障。在当天铺筑的尚未冷却的路面上不得停放任何机械、设备,同时防止车辆驶入,破坏新铺筑的路面。

5.2.13 检测各类技术指标

按质量检测标准对路面进行检测。

5.2.14 开放交通

路面自然冷却,温度低于60℃后开放交通。

5.3 施工要点

5.3.1 施工前准备工作

施工前,高模量沥青混凝土路面施工除按普通沥青混合料进行常规检查外,还应注意:

(1)PR-module高模量剂须在室内堆放,严格防潮,保持干燥。

(2)对于改性沥青在满足施工的前提下,沥青的加热温度不应太高,一般控制在165~175℃之间。

(3)所采用的间歇式沥青拌和机,其实际生产能力要与摊铺能力及碾压能力相匹配。

5.3.2 拌和高模量沥青混合料与普通沥青混合料生产的主要区别

(1)高模量剂要求拌和均匀,干拌时间延长5~15s,加入沥青后的拌和时间延长5~10s,总生产时间延长15~25s。

(2)由于沥青混合料可能会离析,高模量沥青混合料不应在储料仓里储备时间过长,储料仓里的数量也不宜过多。

(3)采用人工添加高模量剂时,应预先计量所需的量,保证称量正确。

(4)高模量沥青混合料使用SBS改性沥青,拌和温度要比拌普通沥青混合料提高10~20℃左右。

(5)严格控制集料级配和沥青含量。在实际操作过程中严格控制4.75mm、2.36mm和0.075mm关键筛孔集料的通过率及沥青用量,每天分上、下午在后场各取一组沥青混合料进行马歇尔试验、抽提试验,及时了解沥青混合料的油石比、空隙率、稳定度等各项技术指标,并作相应调整。

5.3.3 高模量沥青混合料的摊铺和碾压成型

1)高模量沥青混合料的摊铺与普通沥青混凝土相同。由于使用了SBS改性沥青及高模量剂,混合料的摊铺温度宜为160~180℃,温度低于140℃的混合料禁止使用。高模量沥青混凝土的摊铺厚度应根据试验路的数据来确定(松铺系数通常在1.05~1.15之间)。

2)高模量沥青混合料的碾压与普通沥青混凝土碾压相比,有以下几点值得注意:

(1)为了防止混合料粘轮,可在钢轮表面均匀洒水使其保持潮湿。水中可掺少量的清洗剂或其他适当的材料,但要防止过量洒水引起混合料温度的骤降。

(2)在碾压时,压路机须遵循"紧跟、强压、高频、低幅"的原则,尽可能在高温下碾压成型。从摊铺至碾压终了的时间,宜控制在20~30min。碾压温度控制:初压温度宜为160~170℃,不得低于150℃;终压温度宜在120℃以上。

5.3.4 工作缝的处理

1)对横缝的处理:一般采用切割成垂直面的方法。定出接缝位置,用锯缝机割齐后铲除废料,并用水将接缝处冲洗干净;下一次施工搭机前,涂刷黏层油,摊铺时按松铺系数确定熨平板初始的松铺厚度和移动平衡梁基准下的垫扳厚度;经人工略加修整后,用双钢轮振动压路机横向碾压,先在已压实的路面上行走,然后向新铺层静压过去0.10~0.15m,逐渐向新铺层横压过去,直到全部进入新铺层。碾压采取先静压后振动。对接缝缺陷可适当进行人工找补,但不能过多,找补后可采用双钢轮振动压路机呈45°斜压。

2)纵向接缝的处理:纵向接缝基本上采用热接缝。摊铺时,采用2台(或多台)摊铺机成梯队平行联合作业,相邻两幅之间重叠0.20m以上;初压时,应将先铺路幅边部0.20m宽暂留不压,作为后铺路幅的高程基准面,最后压路机做跨缝碾压,以消除缝迹。

(1)若纵缝确实需要采用冷接缝时,应将已铺筑部分画线用切割机切齐,并将切缝边缘清扫干净,涂少量黏层沥青。摊铺时应重叠在已铺层上0.05~0.10m,摊铺后用人工将摊铺在原已铺层上面的混合料铲走。碾压时压路机先在已压实路面上行走,碾压新铺层0.10~0.15m,然后压实新铺部分,最后压路机做跨缝碾压,充分将接缝压实紧密。

(2)无论纵向、横向缝的处理,都必须做到接缝处平整度密实。不同层面的接缝相互错开,不能在同一断面上,横缝错开1m以上,纵缝错开0.15m以上。

6 材料与设备

6.1 材料

高品质的原材料是生产出合格高模量沥青混合料的前提,必须高度重视材料管理。

(1)集料料场应进行硬化;细集料受潮后易使冷料斗送料困难,需搭建防雨棚;各级材料必须分级堆放,不混料。

(2)宜使用成品改性沥青,其技术指标应符合设计要求。

(3)集料:粗集料采用石质坚硬的岩石,用大型联合碎石机加工而成,形状接近立方体,洁净、干燥。细集料采用符合设计要求的石屑。路面用集料宜分为0~3mm、3~5mm、5~12mm、12~16mm、16~22mm以上五级分别堆放。

(4)填料:采用石灰石磨细的矿粉。其技术指标应符合设计要求。

(5)高模量剂:选用的高模量剂应符合设计要求,PR高模量剂如图4所示。

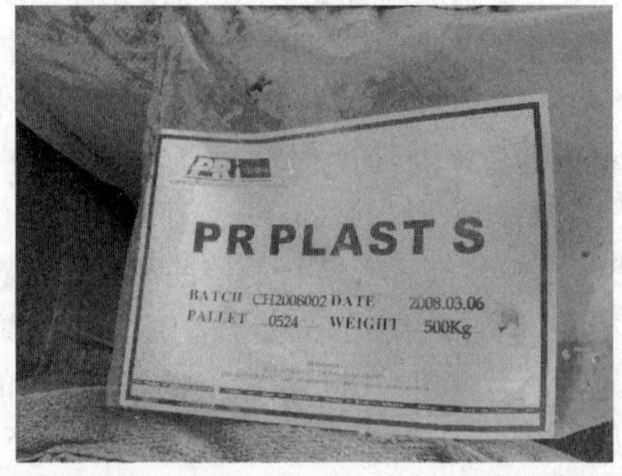

图4 PR高模量剂实物

6.2 设备

高模量沥青路面施工使用的机械设备与普通沥青混凝土施工相同。在设备组合时考虑到高模量沥青混合料施工的要求,设备应有富余。施工中主要机械设备见表4。面层工地试验室主要检测仪器见表5。

沥青混合料施工主要机械设备 表4

序号	机械类别	型　号	数量	备　注
1	间歇式沥青拌和站	4000型进口设备	1套	根据工程任务配置
2	摊铺机	进口摊铺机	2台	根据摊铺面宽度配置
3	双钢轮双振动压路机	10t	4台	
4	胶轮压路机	18~30t	4台	
5	自卸汽车	25t	15~30部	
6	外电变压器	1000kVA	1台	
7	装载机	ZL—50	6台	
8	沥青油罐车	30t	2台	
9	矿粉罐	80t	1个	
10	地磅	100t	1台	
11	洒水车	8t	3台	
12	集料撒布车	20t	1台	
13	沥青洒布车	智能型	1台	
14	沥青热储料仓	厂家配制200t	1台	
15	沥青罐	300t	1套	
16	切割机		1台	
17	升降照明设备	1500kW	2台	

面层工地试验室主要检测仪器配备标准 表5

<table>
<tr><th rowspan="2">检测室</th><th rowspan="2">仪器设备名称</th><th rowspan="2">数量</th><th colspan="3">仪器规格</th></tr>
<tr><th>测量范围</th><th>分度值</th><th>准确度</th></tr>
<tr><td rowspan="9">集料室</td><td>电子天平</td><td>2台</td><td>0~5kg</td><td>0.1g</td><td>0.1g</td></tr>
<tr><td>标准筛</td><td>1套</td><td>—</td><td>—</td><td>—</td></tr>
<tr><td>烘箱</td><td>2台</td><td>300℃</td><td>1℃</td><td>1℃</td></tr>
<tr><td>游标卡尺</td><td>1把</td><td>0~150mm</td><td>—</td><td>—</td></tr>
<tr><td>三片或四片叶轮搅拌器</td><td>1台</td><td colspan="3">转速可调最高达600r/min ±60r/min,直径75mm ±10mm,定时精度1s</td></tr>
<tr><td>压碎值试验仪</td><td>1台</td><td>—</td><td>—</td><td>—</td></tr>
<tr><td>台秤</td><td>1台</td><td>50kg</td><td>—</td><td>—</td></tr>
<tr><td>浸水天平</td><td>1台</td><td>0~3kg</td><td>0.1g</td><td>0.1g</td></tr>
<tr><td>电子台秤</td><td>2</td><td>0~30kg</td><td>—</td><td>5g</td></tr>
<tr><td rowspan="5">沥青混合料室</td><td>沥青混合料电动搅拌机</td><td>1台</td><td colspan="3">容积大于10L,控温精度2℃</td></tr>
<tr><td>电子天平</td><td>2台</td><td>5kg</td><td>0.1g</td><td>0.1g</td></tr>
<tr><td>浸水天平</td><td>1台</td><td>0~3kg</td><td>0.1g</td><td>0.1g</td></tr>
<tr><td>数显恒温水浴箱</td><td>1台</td><td>10~100℃</td><td>1℃</td><td>—</td></tr>
<tr><td>真空理论密度仪</td><td>1台</td><td colspan="3">能达4kPa负压</td></tr>
</table>

续上表

<table>
<tr><th rowspan="2">检　测　室</th><th rowspan="2">仪器设备名称</th><th rowspan="2">数量</th><th colspan="3">仪 器 规 格</th></tr>
<tr><th>测量范围</th><th>分度值</th><th>准确度</th></tr>
<tr><td rowspan="6">沥青混合料室</td><td>马歇尔稳定度仪</td><td>1台</td><td colspan="3">最大荷载不小于25kN,准确度100N,加载速率能保持50mm/min±5mm/min,自动绘制荷载—位移曲线,建议采用进口的自动马歇尔稳定度测定仪</td></tr>
<tr><td>脱模器</td><td>1台</td><td>—</td><td>—</td><td>—</td></tr>
<tr><td>马歇尔击实仪</td><td>1台</td><td colspan="3">自动计数准确,击实功准确、稳定,仪器性能稳定(建议采用进口设备)</td></tr>
<tr><td>烘箱</td><td>2台</td><td>300℃</td><td>1℃</td><td>1℃</td></tr>
<tr><td>抽提仪</td><td>1台</td><td colspan="3">矿料与沥青分离充分,抽提液中的矿分分离干净,建议采用进口回流式沥青混合料抽提仪(或燃烧法沥青含量测定仪)</td></tr>
<tr><td>旋转压实仪</td><td>1台</td><td colspan="3">进口</td></tr>
<tr><td rowspan="6">沥青室</td><td>沥青针入度</td><td>1台</td><td>0~10mm</td><td>0.1mm</td><td>0.1mm</td></tr>
<tr><td>沥青软化点</td><td>1台</td><td colspan="3">全自动红外线采集数据,控温精度0.5℃,建议采用进口的软化点仪</td></tr>
<tr><td>沥青低温延伸度仪</td><td>1台</td><td>膨胀</td><td>0.1cm</td><td>—</td></tr>
<tr><td>冰柜</td><td>1台</td><td>—</td><td>—</td><td>—</td></tr>
<tr><td>低温恒温槽</td><td>1架</td><td>容量>10L</td><td>—</td><td>0.1℃</td></tr>
<tr><td>精密温度计</td><td>2支</td><td>0~50℃</td><td>—</td><td>0.1℃</td></tr>
<tr><td rowspan="5">现场检测室</td><td>路面渗水仪</td><td>1台</td><td colspan="3">新型,配压重块</td></tr>
<tr><td>平整度仪</td><td>1台</td><td colspan="3">连续式平整度仪或颠簸累积仪</td></tr>
<tr><td>摆式摩擦系数测定仪</td><td>1台</td><td>—</td><td>—</td><td>—</td></tr>
<tr><td>取芯机</td><td>1台</td><td colspan="3">功率不小于4kW</td></tr>
<tr><td>构造深度仪</td><td>1台</td><td>—</td><td>—</td><td>—</td></tr>
</table>

7 质量控制

7.1 施工中根据全面质量管理体系的要求,建立一个比较完整的质量保证体系,对各工序的质量进行检查评定,达到规定的质量标准,确保施工质量稳定。

7.2 严格按以下规范规程组织施工:

(1)《公路沥青路面施工技术规范》(JTG F40—2004);

(2)《公路工程质量检验评定标准》(JTG F80/1—2004);

(3)《公路工程沥青及沥青混合料试验规程》(JTJ 052—2000);

(4)《公路工程石料试验规程》(JTG E41—2005);

(5)《公路工程集料试验规程》(JTG E42—2005);

(6)浙江省实施的《浙江省高速公路沥青路面规范化施工与质量管理指导意见》。

7.3 在拌制混合料前应按施工规范要求进行目标配合比、生产配合比、生产配合比验证三阶段设计。通过对拌和设备的反复调试,务必使4.75mm、2.36mm及0.075mm三个关键筛孔的材料通过率与配合比一致。

7.4 正式大面积铺筑以前进行试验路铺筑,验证设备、人员配套和施工工艺的合理性。

(1)确定合理的施工机械、机械数量及组合方式。

(2)确定拌和机的上料速度、拌和数量与时间、拌和温度等操作工艺。

(3)确定透层、黏层沥青的标号、用量与喷洒方式，摊铺机的摊铺温度、摊铺速度、摊铺宽度、自动找平方式等操作工艺，压路机的压实顺序、碾压温度、碾压速度及遍数等压实工艺，以及松铺系数、接缝方法等。

(4)通过试铺，以验证沥青混合料配合比设计结果，并确定生产用的矿料配合比和沥青用量。

(5)确定沥青混凝土的压实标准密度。

(6)确定施工产量及作业段的长度，制订施工进度计划。

(7)通过试铺以全面检查材料及施工质量。

(8)确定施工组织及管理体系、人员、通信联络及指挥方式。

7.5 加强施工质量检测，试验人员必须按规范要求的数量、频率及方法进行现场取样自检，配合中心试验室按指定的施工规范要求的方法和频率进行抽样检测。现场施工技术人员应在工程完成一段后，对施工项目进行现场质量检测，确保本工序合格才能进入下一道工序施工。

7.6 高模量沥青混合料施工的质量控制，与常规的Superpave沥青混合料检测指标一致，因为高模量沥青混合料是在Superpave沥青混合料的基础上掺加了高模量剂。具体检测指标见表6，在试验段施工时，混合料的质量检测应加倍于本检测频率。

高模量沥青混凝土面层施工阶段的质量检查标准 表6

项　目		检查频度	质量要求或允许差	试验方法
沥青混合料出厂温度		每车料1次		温度计测定
运输到现场温度				
初压温度				
碾压终了温度				
矿料级配，与生产设计标准级配的差(%)	0.075mm	逐盘在线检测	±2	计算机采集数据计算
	≤2.36mm		±5	
	≥4.75mm		±6	
	0.075mm	逐盘检查，每天汇总1次，取平均值评定	±1	按JTG F40—2004附录G规定总量检验
	≤2.36mm		±2	
	≥4.75mm		±2	
	0.075mm	每台拌和机每天上午、下午各1次	±2	拌和厂取样，用抽取后的矿料筛分
	≤2.36mm		±4	
	≥4.75mm		±5	
沥青含量(油石比)，与生产设计的差(%)		逐盘在线检测	±0.3	计算机采集数据计算
		逐机检查，每天汇总1次，取平均值评定	±0.1	按JTG F40—2004附录G规定总量检验
		每日每机上午、下午各1次	-0.1，+0.2	拌和厂取样，离心法抽提
旋转压实	空隙率	上午、下午各1次	生产配合比空隙率±1%	拌和厂取样，室内成型试验
	VMA	上午、下午各1次	生产配合比VMA±1%	
马歇尔稳定度(kN) 不小于		每日每机上午、下午各1次	8.0	拌和厂取样，室内成型试验
流值(00.1mm)			20~40	
空隙率(%)			生产配合比±1	
压实度(%)①		每层1次/200m车道	不小于97(旋转压实密度) 不小于98(马歇尔密度) 93~97(最大理论密度)	现场钻孔试验(用核子密度仪随时检查)
厚度 不超过		1次/200/m车道	-4mm	钻孔检查并铺筑时随时插入量取，每日用混合料数量校核

续上表

项目		检查频度	质量要求或允许差	试验方法
平整度 不大于	上面层	每车道连续检测	1.0mm	用连续式平整度仪检测,接缝处用3m直尺随时随时进行检测
	中面层	每车道连续检测	1.4mm	
	下面层	每车道连续检测	1.8mm	
宽度		2处/100m	不小于设计宽度	用尺量
纵断面高度		3处/200m	±15mm	用水准仪或全站仪
横坡度		3处/200m	±0.3%	用水准仪检测
中线平面偏位 不大于		4点/200m	20mm	用经纬仪检测
渗水系数② 不大于	上面层	每层1次/200m车道	60ml/min	改进型渗水仪
	中、下面层	每层1次/200m车道	90ml/min	改进型渗水仪

注:①压实度采用双标准,要求马歇尔标准密度的压实度不小于98%,最大理论密度的压实度控制在93%~97%,面层实测空隙率应在3%~7%范围内。

②按取芯压实度检测频率随机选点,下面层合格率宜不小于80%,中、上面层合格率宜不小于90%。当合格率达不到要求时应加倍频率检测,如渗水系数检测结果仍然不合格时,需对该段路面进行处理。

8 安全措施

安全关系到企业的改革、稳定和发展。为此,要本着"以人为本、安全发展"的安全指导思想,采用超前预控的措施,通过制度、组织等各个方面杜绝安全隐患和安全事故的发生。

8.1 组织保证

建立以项目经理为组长,以项目副职领导为副组长,以安全部和其他各职能部门主管、生产工区负责人以及项目专、兼职安全员为组员的三级安全保证体系,覆盖整个项目驻地和拌和站以及摊铺现场,形成网格型安全管理的大环境。

8.2 制度保证

8.2.1 安全责任制

根据沥青面层高温作业、机械交叉作业等实际情况,与项目主管领导、各职能部门、各施工班组、拌和站、料场、工区签订安全生产责任制,内容包括:项目领导和各部门、各班组以及各岗位施工人员的安全职责、履行职责的程序;国家法律、法规的相关要求;对突发事故的应急处治与责任划分;对安全生产检查发现的问题的处理要求;对不积极和不配合安全管理员的检查,存在安全隐患不能及时进行处理的惩罚措施;机械操作注意事项;特种机械操作手持证100%要求;安全生产责任制的有效时间等。通过这些要求,将安全生产管理工作与每一个班组的组织管理联系在一起,形成"管生产必须管安全"的良好的工作氛围,以安全生产责任制的签认促进安全管理工作的开展。

8.2.2 安全生产检查制度

由安全部主管组织开展定期、不定期的安全检查。检查内容应包括:特种机械操作手的持证情况;新进场人员的培训情况;前一次安全检查发现的安全事故隐患的整改情况;现场标志标牌的维护情况;现场安全生产管理情况,对于检查中发现的问题要积极向相关领导和部门进行报告和通报,对多次检查提出的整改意见不能够积极进行整改的要进行一定的经济惩罚。通过形式多样的安全生产检查,提高全体员工的安全管理意识。

8.2.3 资金保障制度

要管理,就必须有投入。项目上要配套一定的资金,确保安全管理工程的顺利开展。

8.2.4 通行证管理制度

对所有上路车辆严格下发通行证,实行一车一证,杜绝无证车辆上路,并制定通行证管理条理,禁止人为放行一切车辆,对所有上路车辆进行登记管理,减少了闲杂车辆对施工的影响,避免造成面层人为污染。

8.3 宣传效应

突出重点、设立警示标志。交叉路口、拌和站、排洪站、发电变电机组、沥青加热油炉等均为安全事故多发区,是事故易发区,应在这些主要区域周围均设立安全警示标志标牌,并对交通量较大的平交路口和摊铺现场设专人负责安全指挥,疏导交通,严禁超载、超限运输、超速行驶,保证施工沿线的交通安全。

8.4 现场施工安全管理要求

8.4.1 工地设一名技术员作为专职安全员,佩红袖章及上岗证,与工人跟班作业,并要求该专职安全员熟悉所施工的工作类型。

8.4.2 拌和站用电要合理布置。高压配电室处设置醒目标志,防止触电事故。配电盘要防止雨淋、日晒。夜间施工应具有安全的照明设施。

8.4.3 沥青拌和厂应经常检查导热油,防止漏入沥青储存罐中,发生火灾。拌和厂内应采取有效的防火、防爆、防毒措施,场内严禁烟火。

8.4.4 施工现场、料库及材料堆放地、机械存放及维修车间均应配备灭火器具,杜绝隐患。

8.4.5 凡对沥青敏感的施工人员和试验人员禁止从事沥青路面的施工工作。对从事沥青试验检测人员除做好通常的沥青作业以外,还得做好三氯乙烯等有害气体的防护。参与沥青路面施工的人员应穿戴劳保防护用品,防止烫伤;夏季高温季节应采取防暑降温措施。

8.4.6 沥青面层原则上不允许在雨天、夜间施工,但由于突发事件影响,而不得不进行施工时,现场技术管理人员、安全员应严守施工现场,分片进行安全监督管理;特别是对压路机碾压过程的控制,保证压路机之间有一定的安全距离,并按照约定的信号进行联络,防止由于视线不畅、交叉碾压导致安全事故发生。

8.4.7 摊铺机、压路机、运输车司机应严格按照操作规程的要求进行机械操作,不得酗酒、赤脚。司机在人数上要求可满足两班倒作业,在每日施工结束后和次日开工前应进行设备保养,对出现的问题及时进行处理和维护,保证设备的正常运转。

9 环保措施

认真贯彻执行环境保护法,采取切实可行的环境保护措施,保护植被,减少污染,以取得当地居民和环保部门的支持,保证施工正常进行。

9.1 在占用临时用地方面,严格执行有关部门规定,在经批准占用的区域内按照批准占用的范围、期限及使用性质占用土地。选择拌和站场地时,应远离居民区及村庄;无法避开居民区或村庄时,应选择在主风向下方。

9.2 施工机械使用时尽可能减少柴油机废气排放,施工机械要经常检修,防止严重漏油,避免废气、废油污染环境。禁止机械在运转过程中产生的油污未经过处理就直接排放,或维修施工机械时直接排放油污。

9.3 施工废水、生活污水未经处理不直接排入田地、耕地、灌溉渠等。

9.4 各种临时设施和场地,如堆料场,尽量远离居民区。

9.5 沥青混合料拌和设备要有良好的二级除尘装置并能有效地进行除尘。

9.6 废弃的粉尘和沥青混合料应放在指定的地点,粉尘采用湿排法(图5),防止扬尘。

图5 回收粉湿处理

10 资源节约

高模量沥青混合料的使用可减少路面运营期间大中修一次,综合各种因素,具有节能降耗作用。

11 效益分析

11.1 高模量沥青混凝土总体来讲,由于采用了 Superpave 沥青混合料的级配及嵌挤结构,从而使得高模量沥青混凝土的路用性能比一般的普通沥青混凝土要强,尤其对于一些长陡坡路段更有明显的效果,使行车舒适性得到增强,社会效益明显。

11.2 从投入的费用而言,由于高模量沥青混凝土增加了高模量剂,因此比一般的 Superpave 沥青混凝土的沥青用油量要增加 0.1% ~0.2%;且由于是偏向骨架结构,故其碾压设备投入要多。从短期看,高模量沥青混凝土会少量增加施工成本,但从延长整个路面使用寿命,减少高速公路的运营养护成本,综合效益显著。

11.3 高模量沥青混凝土设计施工能够提高路面使用寿命,推迟 2 年大中修,将显著提高道路通行能力和服务水平,提高公路使用者的满意度,并在一定程度上提高交通行业在人民群众中威信和地位,社会效益显著。

12 应用实例

实例一:黄衢南高速公路(浙江段)工程的 A5 合同为浙江交工路桥建设有限公司承建,起点桩号 K122 +900,终点桩号 K160 +040,路面工程全长 37.14km,沥青混凝土路面 59.5 万 m^2。按此工法施工的路面,交工验收质量全部为优。高模量沥青混凝土路面的各类检测数据比普通沥青路面有较大提高,各项质量、降耗指标优于传统施工,社会效益明显。本实例中现场检测数据如下。

沥青混合料的高温稳定性是指沥青混合料在夏季高温条件下,经长期交通荷载的作用下,抵抗挤压和推移的性能,也就是通常所说的沥青混合料的高温抗车辙性能。试验结果见表 7。

动稳定度对比表 表 7

沥青混合料种类	普通 Superpave-20	Superpave-20 +0.25% PR
动稳定度(次/min)	5 242	9 356

浸水马歇尔试验是检验沥青混合料受水损害时稳定度降低程度,从而直观评价水稳定性的试验方法。按照试验规程规定的标准方法进行试验,结果见表 8。

浸水马歇尔试验对比表 表 8

结合料种类	60℃保温 30min 稳定度(kN)	60℃保温 48h 稳定度(kN)	残留稳定度(%)
普通 Superpave-20	13.78	12.61	91.5
Superpave-20 +0.25% PR	14.63	13.28	90.8

冻融劈裂试验是检验沥青混合料受冻融损害时稳定度降低程度,从而直观评价水稳定性的试验方法。按照试验规程规定的标准方法进行试验,结果见表 9。

冻融劈裂试验对比表 表 9

结合料种类	未经冻融的劈裂强度(MPa)	经冻融后的劈裂强度(MPa)	劈裂强度比(%)
普通 Superpave-20	0.97	0.90	92.2
Superpave-20 +0.25% PR	0.99	0.94	94.8

经济成本分析:PR-module 高模量剂每吨 25 000 元,每吨 AC-20 型 SBS 改性沥青混合料掺入 0.25%(沥青混合料质量比)的 PR,即 2.5kg,则 6cm 厚 AC-20 型改性沥青中面层每平方米增加 9 元。人工和机械费用略微增加。但从延长整个路面使用寿命,高模量沥青混凝土路面将采用减少高速公路的运营

养护成本分析,综合效益显著。

实例二:杭州湾大桥南连接线工程部分路段采用本工法施工,取得了较好的进度效益、经济效益和社会效益。该工程由浙江交工路桥建设有限公司承建。本实例中掺加了 PR 高模量剂的沥青混合料,其高温稳定性、低温抗裂性和水稳定性均得到了改善,特别在沥青混合料的高温抗车辙性能方面,改善尤其明显。因此,高模量剂沥青混凝土路面适合铺筑在大交通量、重载较多的路段、匝道等特殊路段以及夏季气温较高地区的高速公路。PR PLASTS 是颗粒状聚合物,可以直接将该聚合物颗粒投入到热集料中,干拌一定时间后再加入沥青,通过集料颗粒的剪切力分散 PR PLASTS,无需专门的设施,工艺简单,易于操作。

实例三:宁杭高速公路常州段 NH—LY22 标段高速公路

广东华盟路桥工程有限公司施工的宁(南京)—杭(杭州)高速公路常州段 NH—LY22 标段(14.096km)的沥青混凝土中面层(499 362m^2)中大量地使用了 PR PLASTS 添加剂,在国内施工中大规模地使用这种材料尚属首次。该工程交工验收合格,路面评分 98.05 分,于 2004 年 6 月完工,至今已使用 6 年,路面使用性能良好。

实例四:西安—潼关高速公路

广东华盟路桥工程有限公司施工的西潼高速是 310 国道的一部分,也是陕西省的主干道。西潼高速公路大修工程施工段落为 K56 + 748 ~ K84 + 880。该工程交工验收合格,路面评分 96.2 分,于 2007 年 7 月完工,至今已使用 3 年,路面使用性能良好。

复式微表处超薄桥面铺装层施工工法

GGG(豫)B3036—2010

刘廷国　岳学军　王银虎　刘运霞　李巧云
(河南省高远公路养护技术有限公司　河南高速公路发展有限责任公司)

1　前言

桥面铺装是用沥青混凝土、水泥混凝土等材料铺筑在桥面板上的保护层,目的是为了保护桥面板并分散车轮的集中荷载。目前,桥面铺装在结构设计、材料选择、施工工艺等方面越来越受到重视。而复式微表处超薄桥面铺装层施工工法是在冷拌复合有机水硬性材料及其施工技术发展的基础上产生的一种新技术,其摆脱了许多年以来桥面沥青混凝土铺装只能依靠热拌沥青混合材料的单一模式,极大地拓展了工艺技术的空间,不仅显著降低了铺装层的工程造价,相比于热板沥青混合料还能够有效减小桥梁的恒载,而且改善了桥面铺装层的性能。

2　工法特点

复式微表处超薄桥面铺装层施工工法有以下特点。

2.1　具有良好的封水效果,能够有效防止路表水的下渗,耐磨性能优良,从而更好地保护桥面板。

2.2　相比于热拌沥青混合料铺装层能够减少桥梁恒载,保护桥梁主体,延长桥梁的使用寿命。

2.3　底层 MS-2 型级配增加了铺装层的黏结,上层 MS-3 型级配提供了密实耐磨的表面,提高了行车舒适性。

2.4　实现了桥面铺装的超薄摊铺,使得铺装层在满足桥面使用性能的基础上降低了工程成本。

2.5　采用的聚合物改性乳化沥青增强了结合料与集料之间的黏附力。

2.6　工艺简单,容易控制,成型速度快,能够显著缩短施工周期。

2.7　常温施工,降低能耗,不释放有害气体,符合环保要求。

3　适用范围

本工法适用于高速公路、一级公路以及二级以下公路的水泥混凝土桥面及市政道路的水泥混凝土高架桥的桥面铺装层。

4　工艺原理

复式微表处超薄桥面铺装层下层采用 MS-2 型级配,起到提高黏结力和抗疲劳性能的作用;上层采用 MS-3 型级配,起到耐磨耗、封水、防水的作用(图1)。

摊铺稀浆混合料后,水泥凝结固化、改性乳化沥青破乳互成条件产生强度,形成了立体网状结构的复合有机水硬性材料,可有效提高其路用性能。

改性乳化沥青采用阳离子慢裂快凝型乳化剂,可以保证可施工时间,满足快速开放交通的要求。

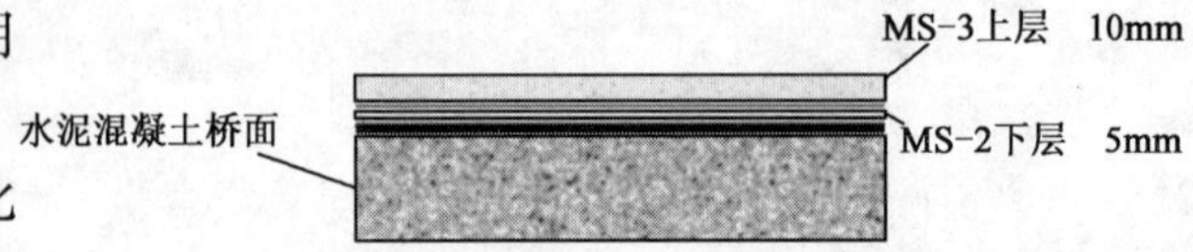

图1　复式微表处超薄桥面铺装层结构示意图

5 施工工艺流程及操作要点

5.1 工艺流程

施工工艺流程见图2。

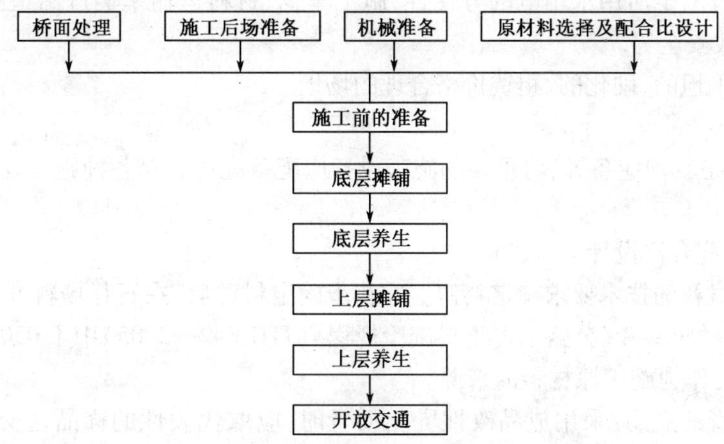

图2 复式微表处超薄桥面铺装层施工工艺流程图

5.2 施工中操作要点

5.2.1 施工前的准备

1)桥面处理(图3)

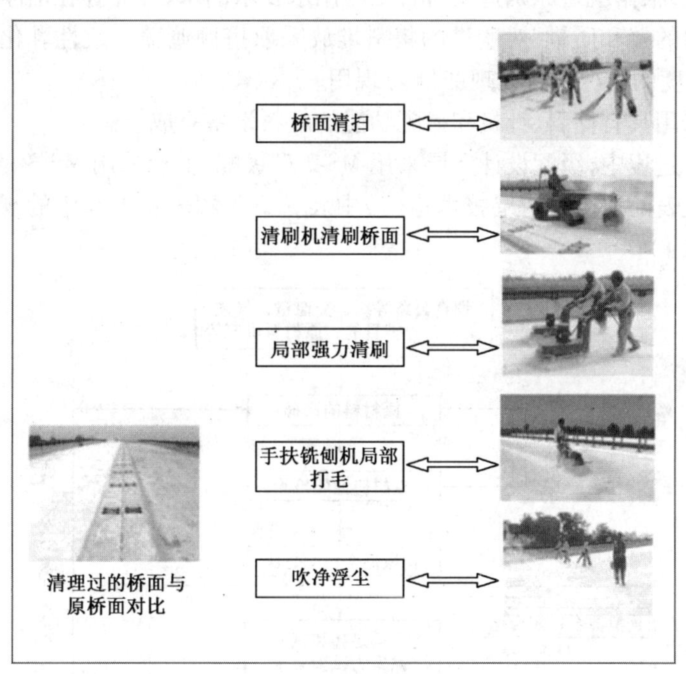

图3 桥面处理流程图

水泥混凝土桥面的干净、平整与否对复式微表处超薄桥面铺装的使用性能的优劣影响尤为重要。由于水泥混凝土桥面在施工、养生过程中存在较多缺陷,对复式微表处的施工和质量有影响。因此首先对水泥混凝土桥面采用人工凿除的方式,同时采用强力清刷机或高压气枪清洁桥面,并用风机吹净桥面浮尘,以保证层间连接紧密。

2)施工后场的准备

根据工程所在地交通、周边建筑及用地等情况确定施工后场的位置。

(1)料场的大小,应根据工程规模而定,并考虑改性乳化沥青生产及储存、集料的筛分掺配、集料规格的多少等因素。总之,料场的设置应当从材料的存放,生产,设备的摆放,车辆的进出、掉头、装料、停放等方面考虑。

(2)在可选择的情况下,应考虑料场距石料场及距施工现场的距离。

(3)考虑施工、生产、生活用水用电的方便性,施工车辆、材料运输车辆进出道路的承载能力,并考虑场地排水、设备停放安全等。

(4)尽可能选择平坦的、硬化的、租赁价格合理的场地。

3)机械准备

施工机械和辅助工具均应备齐,对重要的施工设备应配备配件。对各种施工设备进行检修,确保工作状态良好。

4)原材料选择及配合比设计

(1)根据表1对材料的技术要求确定料源。在初步确定料源后,在石料场料堆上取样,送交试验室进行配合比设计。取样应参考《公路工程集料试验规程》(JTG E42—2005)中T 0301—2005。满足配合比设计要求的集料,可作为施工原材料的来源。

(2)改性乳化沥青的选用:采用成品改性乳化沥青时,应取代表性的样品送交试验室进行性能检测,检测合格后购买并妥善储存;当采用自产改性乳化沥青时,若经检测不合格,调整配方后重新生产,直至符合技术指标要求。

(3)应选用干燥、疏松、无结团、洁净的填料,根据工程量的大小,储备适量的填料。填料应储存在干燥的环境内,避免与潮湿的空气相接触。

(4)考察当地水源,根据就近原则选用符合工程用水要求的水,并储存在洁净的储水罐中备用。

(5)为保证混合料的拌和质量,对购进的集料堆放采取搭棚遮盖。改性乳化沥青的储存时间不宜过长,在不耽误工程进度的情况下可以现产(购)现用。

(6)集料掺配宜采用具有储料、计量和掺配功能的配料设备完成。

(7)在配合比设计过程中,级配设计下层采用MS-2型级配,上层采用MS-3型级配。其级配范围和稀浆混合料性能见《微表处和稀浆封层技术指南》中表3.2.3和表4.1.6中的规定。底层和上层应分别进行配合比设计(图4)。

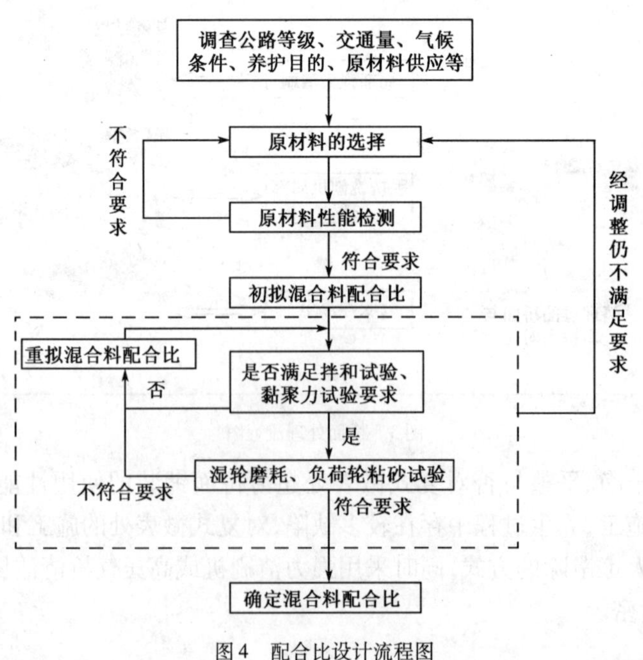

图4 配合比设计流程图

5.2.2 底层摊铺

(1)将符合各项要求的各种材料装入标定好的摊铺车内。

(2)将摊铺车开至施工起点处,根据施工路段的路幅宽度,调整摊铺槽宽度,应尽量减少纵向接缝数量,在可能的情况下宜使纵向接缝位于车道线附近。

(3)对准控制线,放下摊铺槽。在起点处的摊铺槽下铺垫一块铁皮,当摊铺机前进后,将铁皮连同上面的混合料一同拿走,这样可以保证获得非常整齐平顺的起点和良好的外观。

(4)打开摊铺车各传动离合器,开动发动机,使各部位准备进入工作状态。

(5)按生产配合比设计和现场集料含水率,依次或同时按配比输出集料、填料、水和乳液,进行拌和。初始未拌和均匀的混合料应由跟机工人用铁锹接走后,倒入废料车内。

(6)当混合料注满摊铺槽容积的1/2以上时,开动摊铺车匀速前进,摊铺车应以1.5~3km/h(0.4~0.83m/s)的速度行驶。其摊铺速度根据拌和能力、摊铺厚度、宽度及连续摊铺的长度而定。需要时可打开喷水管,喷水湿润路面。

(7)摊铺速度以保持混合料摊铺量与拌和量基本一致,保持摊铺槽中混合料的体积为摊铺槽容积的1/2~2/3。当摊铺车内任何一种材料快用完时,应立即关闭所有输送材料的阀门,让搅拌器中的混合料搅拌完,并送入摊铺槽;摊铺完后,摊铺车停止前进,提起摊铺槽。

(8)施工人员应立即将施工末段一定范围内的材料清除,装入废料车中。

(9)卸下摊铺箱,并及时对摊铺箱和刮皮进行清理;摊铺车开至料场装料。

5.2.3 底层养生

底层混合料破乳后进行养生,一般24~48h后可进行上层的摊铺。

5.2.4 上层摊铺

底层碾压结束后即可进行上层摊铺,施工过程同底层摊铺。

5.2.5 上层养生及开放交通

(1)混合料在铺筑后,在开放交通前禁止一切车辆和行人通行。

(2)混合料能够满足开放交通的要求后应尽快开放交通。

6 材料与设备

6.1 材料

复式微表处超薄桥面铺装层混合料所用的原材料主要有改性乳化沥青、级配集料、填料、水及添加剂。

6.1.1 集料

复式微表处超薄桥面铺装层所用集料可以采用不同规格的粗细集料、矿粉等掺配而成,也可以用大粒径的块石、卵石等经多级破碎而成。集料主要起骨架支撑作用,其表面必须干净、粗糙、无风化、无杂质,能与沥青良好黏结,保证路面整体性和黏结性。当单一规格集料的质量指标达不到表1的要求,而按照集料配比计算的质量指标符合要求时,工程上允许使用。对受热易变质的集料,宜采用经拌和烘干后的集料进行检验。

粗细集料质量要求 表1

材料名称	检验项目		技术标准	备注	试验方法
粗集料	石料压碎值	不大于(%)	26		T 0316
	洛杉矶磨耗损失	不大于(%)	28		T 0317
	磨光值	不小于(BPN)	42(注)	见表2	T 0321
	坚固性	不大于(%)	12		T 0314
	针片状含量	不大于(%)	15		T 0312

续上表

材料名称	检验项目		技术标准	备注	试验方法
细集料	坚固性	不大于(%)	12	大于0.3mm部分	T 0340
集料	砂当量	不小于(%)	65	合成集料中 小于4.75mm部分	T 0334

注:磨光值的要求见表2。

磨光值的要求 表2

雨量气候区	1(潮湿区)	2(湿润区)	3(半干区)	4(干旱区)
年降雨量(mm)	>1 000	1 000~500	500~250	<250
磨光值(BPN)	≥42	≥40	≥38	≥36

6.1.2 改性乳化沥青

改性乳化沥青是施工中的结合料,其质量对混合料质量的影响最直接、最明显。选用的改性乳化沥青应符合表3的规定。

改性乳化沥青的技术要求 表3

试验项目 \ 种类		单位	BCR
筛上剩余量(1.18mm筛)		%	≤0.1
电荷性质			阳离子正电荷
恩格拉黏度E_{25}			3~30
沥青标准黏度$C_{25,3}$		s	12~60
蒸发残留物含量		%	≥60
蒸发残留物性质	针入度(100g,25℃,5s)	0.1mm	40~100
	软化点	℃	≥57
	延度(5℃)	cm	≥20
	溶解度(三氯乙烯)	%	≥97.5
储存稳定性	1d	%	≤1
	5d	%	≤5

注:①改性乳化沥青黏度以恩格拉黏度为准,条件不具备时也可采用沥青标准黏度。

②必须选用阳离子型聚合物改性的乳化沥青,改性剂的剂量(改性剂有效成分占纯沥青的质量百分比)不宜小于3%。

6.1.3 填料

复式微表处超薄桥面铺装层常用的填料有矿粉、水泥、消石灰等。填料应干燥、疏松,无结团,洁净,并应符合《公路沥青路面施工技术规范》(JTG F40—2004)中表4.10.1的要求。

6.1.4 水

复式微表处超薄桥面铺装层用水不得含有有害的可溶性盐类、能引起化学反应的物质和其他污染物,一般采用饮用水。

6.1.5 添加剂

(1)添加剂的主要作用是调节稀浆混合料可拌和时间、破乳速度、开放交通时间等施工性能,并在一定程度上改善混合料的路用性能。

(2)常用的添加剂包括无机盐类添加剂、有机类添加剂等。对于阳离子乳化沥青混合料,无机盐类添加剂一般会延长可拌和时间,延缓成型。添加剂种类和剂量、添加剂的掺加不应对混合料路用性能产生不利影响。

(3)同一种添加剂对不同混合料体系的作用可能完全不同,不同混合料体系对各种添加剂的敏感程度也各不相同,因此不能照搬照抄已有经验,而是应针对工程实际通过试验确定某种添加剂的具体作用。

(4)未经试验验证的添加剂不得在施工中采用。

6.2 工程设备

工程所需设备配备见表4。

机械设备配备表 表4

	名 称	规格型号	单 位	备注
1	锤击式混凝土表面清扫机		台	
2	路面清刷机	GYQS1500	台	
3	铣刨机	GYSX2380A	台	
4	乳化沥青生产车间	GYRY06E	台	需要时
5	矿料筛选机	GYSB0530B	台	
6	数控沥青洒布车	GYLP1262D	台	
7	智能化微表处摊铺机	GYXF1235B	台	
8	胶轮压路机	6~8t	台	

7 质量控制

7.1 出具报告

施工前必须提供配合比设计报告,并确认符合要求;在确认材料、设备等没有发生变化后方可施工。

7.2 施工前材料的质量检查

施工前材料的质量检查应以同一料源、同一批并运至生产现场的相同规格品种的集料、改性乳化沥青等以“批”为单位进行检查。检查频率和要求见表5。矿料级配和砂当量指标不能满足设计要求时,必须重新选择矿料。

施工前的材料质量检查与要求 表5

<table>
<tr><th>材 料</th><th>检查项目</th><th>要求值</th><th>检验频率</th></tr>
<tr><td>改性乳化沥青</td><td>表3要求的检测项目</td><td rowspan="3">符合设计要求</td><td rowspan="3">每批来料一次</td></tr>
<tr><td rowspan="3">矿料</td><td>砂当量</td></tr>
<tr><td>级配[注]</td></tr>
<tr><td>含水率</td><td>实测</td><td>每天一次</td></tr>
</table>

注:矿料级配符合设计要求,是指实际级配不超出相应级配类型要求的各筛孔通过率的上下限,且以矿料设计级配为基准,实际级配中各筛孔通过率不得超过允许波动范围。

7.2.1 改性乳化沥青使用时的质量控制

(1)在使用时应先对沥青罐中的沥青进行循环,循环过之后再使用。长时间存放的乳化沥青,在循环时,若储存罐是双口罐,进出油管应各放入一个口;若是单口,进出油管应置入乳液中不同的高度,且进油管在出油管上方。循环时间一般以储存罐内乳液的多少而定。

(2)对循环过的乳化沥青应仔细观察是否有颗粒,可采用表面不太粗糙的棒在乳化沥青中蘸一下,然后观察棒的表面是否有许多超常颗粒;当然通过在现场观察稀浆混合料大粒径集料表面也可发现,尤其在低温季节更应该注意这种情况发生。如果有,应在摊铺车上重新设定,将油石比上调0.2%~0.3%。

(3)存放时间较长的乳化沥青在循环后装车时,进出油管口处均应放置滤网,并注意每车进行检查,看车上油滤网是否被颗粒封堵。

(4)低温施工时,如果乳液泵难以启动,或工作时转速不稳定,将直接影响摊铺质量,这时可加热乳化沥青至50℃左右。

(5)改性乳化沥青存放时间较长或者即使存放时间不长但已经分层时,使用时必须进行循环,然后取样过1.18mm筛后进行蒸残试验,检测油水比。

7.2.2 施工前对摊铺机械的检查

施工前应对摊铺机的性能、标定和设定以及辅助施工车辆配套情况、性能等进行检查。

7.3 施工过程的质量控制

7.3.1 对稀浆混合料的质量控制

施工中应对底层和上层的稀浆混合料分别进行抽样检测。抽检项目、频率、允许误差及方法如表6所示。

施工过程检验要求 表6

项目	要求	检验频率	检验方法
稠度	适中	1次/100m	经验法
油石比	施工配合比的油石比±0.2%	1次/d	三控检验法
矿料级配	满足施工配合比的矿料级配要求[注]	1次/d	摊铺过程中从矿料输送带末端接出集料进行筛分
外观	表面平整、均匀,无离析,无划痕	全线连续	目测
摊铺厚度	-10%	5个断面/km	钢尺测量或其他有效手段,每幅中间及两侧各1点,取平均值作为检测结果
浸水1h湿轮磨耗	不大于540g/m^2 微表处	1次/7d	规范规定试验方法

7.3.2 经验法进行稠度检验

底层和上层混合料稠度的控制均采用经验法进行检验。由于受现场环境温度、湿度、集料的含水量、路面湿润状况等条件的影响,在现场往往需要根据实际情况对用水量进行微调,以保持稀浆混合料合适的稠度。

(1)在刚刚摊铺出的稀浆混合料上用直径10mm左右的细棍划出一道划痕,如果划痕马上就被两边的材料淹没,说明混合料的稠度偏稀,应适当降低用水量;如果划痕两边的材料呈松散状态,说明混合料过稠甚至已经破乳;如果划痕能够保持3~5s后才被周围材料覆盖,周围的材料仍然有一定的流淌性,说明混合料的稠度合适。

(2)迎着太阳照射方向观察刚刚摊铺出的材料层,如果表面有大面积亮光的反光带,说明混合料用水量偏大,稠度偏稀;如果刚刚摊铺出的材料层干涩,没有反光,说明混合料偏稠;如果刚刚摊铺出的材料层对日光呈现漫反射,说明稠度适宜。

7.3.3 摊铺时细节的控制

(1)微表处施工气候条件应满足:

①不得在雨天施工,施工中遇雨或者施工后混合料尚未成型就遇雨时,应根据情况进行相应的处理。

②严禁在过湿或积水的路面上进行微表处施工。

③施工期内的气温应高于10℃。

(2)在施工中,要控制横接头衔接和平整度。横接头的衔接是影响微表处外观质量的重要方面,因此横接缝的处理非常关键。横向接缝过多、过密会影响外观和平整度,同时要尽可能减少横缝的数量。在桥面进行微表处时要注意保护伸缩缝不被污染,可以在摊铺前在伸缩缝上粘一层塑料胶带,待摊铺后再撕掉。微表处两幅纵横向接缝宜做成对接缝。

(3)用3m直尺测量接缝处的不平整度,不平整度不得大于6mm,可使用橡胶耙等工具进行人工找平。微表处不得有横向波浪和深度超过6mm的纵向条纹。横向、纵向接缝处不得出现余料堆积和缺料现象。

(4)施工中,超大粒径集料产生的纵向刮痕应尽快清除;不能及时清除的,必须立即停止摊铺,直至问题解决后方可继续施工。稀浆混合料摊铺后的局部缺陷,应及时使用橡胶耙等工具进行人工找平。找平的重点为个别超大粒径集料产生的纵向刮痕。

(5)摊铺施工中,施工车走线要顺直,使外观线条整齐、美观。施工过程中,操作手应灵活掌握各种情况,及时调整,以确保工程的质量。

(6)当改性乳化沥青蒸发残留物含量和集料含水量发生变化时,必须调整摊铺车的设定,确认材料配比符合设计配比后方可继续施工。

(7)控制开放交通的时间,养护期间严禁车辆驶入;混合料达到开放交通的条件后及时开放交通。

7.3.4 沥青用量的控制

底层和上层混合料的沥青用量采用"三控检验法"对混合料进行油石比检验。

(1)每天摊铺前检查摊铺车料门开度和各个泵的设定是否与设计配比相符,认真记录每车的集料、填料用量和改性乳化沥青用量,计算油石比,每日一次总量检验。

(2)摊铺过程中取样进行混合料抽提试验,检测油石比是否与设计油石比相符。

(3)每50 000m^2左右,统计一次施工用集料、填料和改性乳化沥青的实际总用量,计算摊铺混合料的平均油石比。

施工时,油石比检验以第(1)项为准,第(2)项、第(3)项作为校核。

7.4 交工验收阶段的质量检查与验收

工程完工后1~2个月时,将施工全线以1~3km作为一个评价路段进行质量检查和验收。检查项目、频率、要求及方法如表7所示。

交工验收检验要求 表7

项目		质量要求	检验频率	方法
表观质量	外观	表面平整、密实,均匀,无松散,无花白料,无轮迹,无划痕	全线连续	目测
	横向接缝	对接,平顺	每条	目测
	纵向接缝	宽度<80mm 不平整<6mm	全线连续	目测或用尺量 3m直尺
	边线	任一30m长度范围内的水平波动不得超过±50mm	全线连续	目测或用尺量
抗滑性能	摆值F_b(BPN)	高速公路、一级公路 ≥45	5个点/km	T 0964
	横向力系数	高速公路、一级公路 ≥54	全线连续	T 0965
	构造深度TD(mm)	高速公路、一级公路 ≥0.60	5个点/km	T 0961
渗水系数		≤10ml/min	3个点/km	T 0971
厚度		-10%	3个点/km	钻孔或其他有效方法

注:横向力系数和摆值任选其一作为检测要求。

8 安全措施

本工法严格遵守《中华人民共和国安全生产法》、《公路养护安全作业规程》(JTG H30—2004)及现行高速公路养护施工安全的有关规定。施工前应与交警、路政等相关部门办理《施工许可证》、《施工车辆通行证》,并配备相应的安全装置并采取有效措施保障安全施工。

为了全面控制施工安全防范措施的落实,不折不扣地实施各项安全标准,最大限度地避免安全生产事故的发生,有效进行安全生产,应成立安全领导小组。

组长:项目经理,负责全面安全工作;

副组长:施工现场负责人,负责施工现场的全面安全工作,重点是施工区段安全标牌的摆放;施工过程安全防范措施的督察和落实;突发安全事件的处理;与路政和交警大队就现场安全方面进行及时沟通,并纠正错误做法。

安全员:负责施工后场的全面安全工作,重点是原材料的到位、装卸、试验、储存,特别是乳化剂和乳化沥青的存放;控制乳化沥青的生产过程,避免发生火灾和被沥青灼伤;场地用电、防火和防盗安全措施的落实和督查,及时为前场施工提供必需的安全保障。

8.1 施工现场保证措施

8.1.1 工程在施工过程中要维护车辆的正常行驶,施工采取单幅分段、分车道、临时性封闭施工;严格按照《公路养护安全作业规程》(JTG H30—2004)的有关内容做好现场交通维护工作,确保施工安全。

8.1.2 施工区封闭期间,在现场常设一名专职安全人员。其工作任务是监督健康保护、事故预防措施与个人安全防护,查看所有安全规则和措施的实施情况。

8.1.3 在公路上进行养护施工作业的人员须穿着统一的橘红色或黄色套装,管理人员必须穿着带有反光标志的橘红色背心。

8.1.4 施工区封闭期间,施工车辆在进出控制区时应特别注意前后车辆行驶情况,并派专人维持交通,停放时应放在工作区路肩上。

8.1.5 为确保施工和行车两不误,在工程施工期间,在每个封闭施工点设不少于1~3名交通管理员,实行不间断值勤,确保施工安全。该管理员应具备交通管理知识,负责维护交通秩序和行车安全,确保正常施工作业和防止交通事故。

8.1.6 不得在控制区外活动或将任何物体置于控制区以外;不得向路面抛掷物品;不得点火焚烧垃圾物;不得损坏、污染高速公路及其附属设施。

8.1.7 按国家劳动保护法的规定,加强劳保用品的管理,现场作业人员一律配发相应的劳动保护用品。

8.1.8 利用施工间歇时间,对所有员工就安全制度、条例、相关安全管理办法和国家部门颁发的安全法规进行教育和学习,时刻将“安全第一”的思想置于施工企业的第一位;教育员工爱护高速公路及其附属设施。

8.2 施工后场的安全措施

工作重点是落实原材料的到位、装卸、试验以及储存,督查场地用电、防火和防盗安全措施,及时为前场施工提供必需的安全保障。

9 环境保护措施

9.1 材料堆放及施工现场

规划临时工程占用地时,合理安排,根据实地情况,进行合理布置,各类材料、机械设备、器材分类整齐堆放并设置标识牌。在施工现场设有防止尘土飞扬、废料洒漏、车辆粘带黏土等措施,施工作业完毕后清理施工场地。

9.2 重视环境工作,加强环保教育

在编写施工组织设计时,要把环境保护作为施工组织设计的重要组成部分,在整个施工过程中认真贯彻实施;同时要组织全体施工人员学习环保知识,加强环保意识,认识环保的必要性和重要性。

9.3 贯彻环保法规、强化环保管理

认真贯彻落实有关环境保护的法律、法规及方针、政策,根据施工现场具体情况制订详细的环境保护措施,并且定期进行环境检查,发现问题及时解决并主动联系环保部门,做到文明施工。

10 资源节约

采用热沥青铺筑时,一般需要消耗大量的能源为沥青材料和矿料加热。公路部门调查资料表明,加热1t沥青实际消耗的燃料远远超过理论计算值,而且在运输和使用过程中需要持续不断的保温,这样就需消耗大量的燃料,并且也容易引起沥青材料的老化。

采用微表处铺筑时,只需在生产改性乳化沥青时进行一次加热,并且能够减少环境污染,改善施工条件。现场施工时,改性乳化沥青不需要加热,避免了因灼热沥青而引起的烧伤、烫伤,也避免了摊铺高温混合料的沥青蒸气的熏烤。

复式微表处超薄桥面铺装层施工可以节省汽油194.62kg/台班,相应的减少了CO_2的排放量,起到一定程度的环保作用。

11 效益分析

桥面铺装层是桥梁主体结构的第一道保护措施,也是直接承受行车荷载的结构层,因此其性能和质量不仅直接影响着桥梁的使用品质,也影响桥梁的使用寿命。由于目前桥面铺装层在结构设计、材料选择、施工控制等方面没有可供参考的标准,因此,桥面铺装已成为桥梁结构中最为薄弱的部分之一。这也就导致了铺装层使用寿命远远低于桥梁主体结构。而桥面铺装层出现破坏后的维修往往较为困难,由此带来了巨大的经济损失和严重的交通影响。本工法结合我国西部公路的大规模建设及环境特点,对水泥混凝土桥面的超薄铺装层技术进行了系统研究,不仅显著降低了铺装层的工程造价,有效减小了桥梁的恒载,而且改善了桥面铺装层的性能,并延长了使用寿命。

11.1 经济效益分析

(1)显著降低了工程造价。

目前,水泥混凝土桥面铺装通常依据经验采用水泥混凝土或沥青混凝土铺设铺装层结构,沥青混凝土的铺装厚度一般在10cm左右,沥青混凝土铺装层由于具有良好的缓冲性能、变形性能和行驶舒适性,已成为水泥混凝土桥面铺装的主要结构形式。目前采用的沥青混凝土铺装层主要有普通沥青混凝土、环氧沥青混凝土、浇注式沥青混凝土等。但是环氧及浇注式沥青混凝土由于其施工工艺复杂且成本较高,只在一些大跨径钢桥面铺装时使用,而大量的水泥混凝土桥面仍然采用传统的沥青混凝土。

本工法采用的复式微表处实现了桥面铺装的超薄摊铺,使得铺装层在满足桥面使用性能的基础上降低了工程成本。单价对比见表8。

传统铺装层与超薄铺装层的单价对比 表8

铺 装 层	铺装层类型	厚度(cm)	单价(元)
传统铺装层	改性沥青混凝土	10	90~120
超薄铺装层	桥面铺装微表处	1.5cm	30
	超薄抗滑磨耗层	2~3	40~60

假设有双向4车道20m宽的桥面,长度为500m,传统的两层沥青混凝土铺装层按每平方米造价为100元计算,总造价为100万元;而超薄铺装层每平方米造价按50元计算,每平方米降低成本50元,总工程成本将减少50万元。按5年内在西部地区推广水泥混凝土桥面超薄铺装层60km计算,若按双向4车道20m宽桥面,则可节约资金6 000万元以上。

(2)与热拌沥青混合料相比,复式微表处能够减少桥梁恒载,保护桥梁主体,延长桥梁的使用寿命。

本工法在高性能材料开发的基础上,实现了铺装层厚度的有效减薄,从而减少了桥梁的恒载。超薄

铺装层的自重只有传统铺装层的1/3~1/4,与传统铺装层相比,在不增加或少增加桥梁自重的前提下(表9),使桥梁主体得到了保护,也使桥梁的使用寿命得到了保证。

传统铺装层与超薄铺装层的自重对比　　表9

铺装层	铺装层类型	厚度(cm)	质量(kg/m^2)
传统铺装层	改性沥青混凝土	10	150~240
超薄铺装层	桥面铺装微表处	1.5	35
	超薄抗滑磨耗层	2~3	75~80

若按双向4车道20m宽的桥面,500m桥梁跨径计算,超薄铺装层可减少桥面铺装层自重1 000t以上。

(3)易于养护、维修成本较低。

超薄桥面铺装用微表处技术摆脱了许多年以来桥面沥青混凝土铺装只能依靠热拌沥青混合材料铺筑的单一模式,不但降低了工程成本和桥梁自重,而且相对热拌沥青混凝土出现桥面铺装层破坏后的养护维修更加简单,可以通过直接加铺微表处超薄铺装层的方式进行养护,或者是对超薄铺装层进行铣刨后重新铺筑。这与热拌沥青混凝土铺装层的养护维修相比,较大降低了养护维修成本,而且其施工工艺简单,施工速度快,对交通的影响小。

超薄抗滑磨耗层用于桥面铺装在有效降低桥梁恒载的同时,具有良好的使用性能,在养护维修方面也具有较大优势,可以有效节约养护维修成本。

11.2　社会环境效益分析

复式微表处超薄桥面铺装层技术由于采用了冷态施工,能够改善施工条件,不受施工季节的控制;施工方便,封闭交通时间短,能够确保车辆的及早通行,提高车辆的通行率。

复式微表处超薄桥面铺装层技术相比于热沥青混凝土来说,节省了大量沥青和石料的用量,造价相对较低。复式微表处超薄桥面铺装层技术可以节约大量能源,保护生态环境,符合社会与生态的可持续性发展理念。

因此,复式微表处超薄桥面铺装层技术以其优良的使用性能和显著的社会效益、经济效益和环境效益,具有广阔的应用前景。

12　应用实例

合界高速公路车轴寺大桥全长740m,为水泥混凝土桥面。自2000年通车以来,在雨、雪、紫外线灯自然条件的长时间侵蚀及长期行车碾压作用下,大桥出现了露骨、微裂缝及抗滑性能下降等病害,严重影响了其服务性能及耐久性。

车轴寺大桥维修工程采用了复式微表处超薄桥面铺装层,将桥面铺装用微表处技术引入到水泥混凝土桥面铺装技术中。施工结构为:底部为5mm厚MS-2型级配,上层采用10mm厚MS-3型级配。

通过调查试验段适用状况发现:

(1)试验段的抗滑系数、渗水系数、路面病害等指标均能够满足规范要求。

(2)经过一段时间的通车运行后,较其他路段表现出了良好的黏结和防水性能,其抗滑性能也较高,提高了桥面铺装层的使用性能。

复式微表处超薄桥面铺装层技术可行,性能优良,以其良好的经济、社会及环保效益具有较高的推广价值和较好的应用前景。

厂拌热再生沥青路面施工工法

GGG(鄂)B3037—2010

张启炎　董华均　张咏梅　陈　斌　刘国清

(湖北长江路桥股份有限公司　武汉理工大学)

1　前言

1.1　废旧沥青路面再生的意义

改革开放以来,我国公路的发展非常迅速,到2010年年底,高速公路总里程已达到7.4万公里。根据交通运输部制定的《国家高速公路网规划》,到2020年,我国高速公路网将要达到8.2万公里,可以覆盖10多亿人口,接近目前高速公路世界第一美国8.8万公里的规模。然而,问题随之而来,按照沥青路面的设计寿命15年至20年,从2005年起平均每年大概需要翻修的沥青路面以10%计,10年以后共计3.5万公里高速公路和更大量的一级公路沥青路面需维修,铣刨的废旧沥青混合料每年将超过1 000万吨。就我国目前情况而言,大量的翻挖、铣刨下来的沥青混合料被废弃,一方面造成环境污染,另一方面对于我国这种优质沥青极为匮乏的国家来说是一种资源的极大浪费。

沥青混合料的再生利用技术,是将需要翻修或者废弃的旧沥青混合料,经过翻挖、回收、破碎、筛分,再和天然集料、新沥青材料适当配合,重新拌和,形成具有一定路用性能的再生沥青混合料,用于路面坑槽修补,铺筑路面面层或基层的整套工艺技术。

沥青混合料的再生利用,能够节约大量的沥青和砂石材料,节省工程投资。在缺乏砂石材料的地区,由于砂石材料都是从外地远运而来,成本较高,采用沥青路面再生技术,所节约的工程投资是十分可观的;即使在盛产砂石材料的地区,也能够节约大量材料费用。根据美国联邦公路管理局的调查,沥青混合料再生利用,可节约材料费用53.4%,路面降低造价25%左右,沥青节约50%。1980年美国使用了约5 000万吨旧沥青混合料,节约投资达3.95亿美元。

沥青混合料的再生利用,有利于处治废料,节约能源,保护环境。由于旧沥青混合料得以全部利用,减少了新材料的开采,具有显著的经济效益和社会、环境效益,被人们称之为"绿色"施工技术。随着人们近年来对环保、社会效益的关注,沥青路面再生利用技术越来越受到重视,已成为公路工程建设中有待进一步发展的重要实用技术。

1.2　国内外对沥青老化的研究现状

沥青老化问题一直是国内外学术界研究的重点内容,在国外20世纪50年代后期就得到高度重视。例如美国、加拿大、日本、北欧等地区的学者对沥青老化问题进行了研究,他们认为:沥青老化主要有四个方面,即氧化老化、挥发物的衰减、自然硬化和渗流硬化。当沥青与空气接触时会慢慢氧化,形成的极性含氧基团逐渐连接成高分子量的胶团,促使沥青的黏度提高。氧化主要取决于温度、时间和沥青膜的厚度,并与沥青的组成与结构有关。

沥青老化分短期老化和长期老化。短期老化是指沥青在拌和和铺筑过程中,空气中氧与沥青发生的氧化作用导致的材料性能的变化。沥青的长期老化是指沥青路面在使用过程中,由于长时间暴露在空气中,在光、氧、雨水等自然气候条件的作用下,沥青会发生一系列的物理及化学变化,使沥青性质发生变化,导致路用性能劣化的过程。

迄今为止,国内外的研究一般都是利用薄膜烘箱老化试验,模拟沥青在铺筑和拌和过程中热和空气中的氧对沥青的老化作用,研究了沥青在短期的热氧老化过程中组分、性能等的变化。压力老化(PAV)主要考虑到了动态车载、氧、热对沥青性能的影响。对紫外光与氧的联合作用对沥青性能及组分的影响规律未曾有人研究。在其他条件(主要是温度)相同时,光氧老化与热氧老化对沥青性能和组分的影响有何差异还无人涉足。而沥青路面在实际使用过程中,紫外线对沥青性能的影响是不可忽视的,尤其是在紫外光照强烈的地方。因此,本文通过长期光氧老化试验、长期热氧老化试验和薄膜烘箱老化试验,研究了光氧老化和热氧老化的机理,并以此指导沥青再生剂的制备。

1.3 国内外再生沥青混合料的研究现状

废旧沥青路面材料再生利用的试验研究,最早是1915年在美国开始进行的,但由于以后大规模的公路建设,对这方面的研究投入较少。1973年石油危机爆发后,这项技术才引起美国足够的重视,并且迅速在全国范围内进行了广泛的研究与推广应用。到20世纪80年代底,美国再生沥青混合料的用量几乎为全部路用沥青混合料的一半,在再生剂开发、再生混合料设计、施工设备等方面的研究取得了丰硕的成果,先后出版了《沥青路面热拌再生技术手册》、《路面废料再生指南》、《沥青路面冷拌再生技术手册》等书。

从欧美等发达国家沥青路面再生利用技术研究发展的状况来看,这些国家都特别重视再生实用性的研究,他们在再生剂的开发以及实际工程应用中的各种挖掘、铣刨、破碎、拌和等机械设备的研制方面都取得了很大的成就。国外对沥青再生机理的理论研究较少,但在再生剂的效果、再生沥青混合料的路用性能等方面积累了丰富的数据,进行了深入的研究。

早在20世纪70年代,我国的一些基层养路部门就已经自发地开始进行废旧渣油路面材料热再生利用的尝试。在国家“七五”和“八五”科技攻关中,对沥青路面的热再生机理、热再生设计方法和热再生施工工艺实用技术进行了比较系统的研究。由于近年来大规模的高速公路建设,我国将很快迎来一个高速公路大修期,对废旧沥青混合料再生的要求就更加迫切。目前,我国的公路工作者对各种再生方式都进行了探索和研究,同时铺筑了一些试验段,取得了相应的经验。

综观废旧沥青混合料厂拌热再生利用现状,同国外发展已经较为成熟的再生技术相比,我国还处于落后状态:再生混合料一般被用来铺筑一些低等级路段或修补坑槽;在高等级道路路面中,再生混合料一般用于基层或底基层,与国外的发展现状相比差距甚远。另外,再生剂的选用一般是凭借经验,缺乏必要的理论指导;再生剂的性能指标和技术标准没有形成统一的规范。

湖北长江路桥股份有限公司与武汉理工大学组成“厂拌再生沥青混合料组成设计与应用研究”研发小组,综合国内外的经验,在湖北省现有沥青拌和厂等机械设备的基础上,研究完成了适合湖北省实情的施工工艺以及设备改造,可生产出拌和均匀、品质优良的厂拌热再生沥青混合料,并制订了拌和工工艺、摊铺现场的质量检验方法和质量控制指标。

1.4 工法关键技术的审定结果、工法应用及有关获奖情况

“厂拌再生沥青混合料组成设计与应用研究”课题已通过了湖北省科技厅组织的专家评审,其研究的关键技术总体达到了国际先进水平,获得了湖北省科技厅授予的2009年度科技进步三等奖;其核心产品“ST型废旧沥青混合料再生剂”被科技部评为2010年“国家重点新产品”,项目编号为2010GRD10004,已通过网上公示。该项技术已成功运用在湖北黄黄高速公路路面加铺工程、湖北省潜江市园林城区黑化(二期)工程等工程项目。湖北黄黄高速公路已经过近五年的通车运营,潜江市园林城区刷黑工程已经过了两年多的通车运营,目前道路均完好无损,使用效果良好。

2 工法特点

(1)节约宝贵的自然资源,利用回收路面废旧材料,生态环保。

(2)比其他沥青路面重建方法节约能源。

(3)技术难度大、难点多,试验检测频率高。

(4)技术参数满足相关施工技术规范要求,与新建沥青路面使用特性一致。

(5)机械化程度高,施工进度快,生产率高。

与同类施工技术相比,本工法更能适应湖北特有的地质、气候尤其是降雨量等特殊条件,其各项技术指标均符合《公路沥青路面施工技术规范》(JTG F40—2004)中新铺沥青路面的相关技术指标。

3　适用范围

(1)实用、灵活、简便,可以按不同的路面结构类型进行沥青混合料配合比设计,适用用于高速公路沥青面层的中、下面层,以及其他公路的各沥青结构层。

(2)属路面结构型再生,能有效地用于各种条件下旧沥青路面的再生利用。

4　工法关键技术应用原理

本工法的关键技术为ST型沥青再生剂的配方设计及生产制造。厂拌热再生施工工艺就是将旧沥青路面铣刨后运回拌和厂进行集中破碎、筛分,根据新铺路面混合料类型,及铣刨料中的沥青含量、老化程度、集料级配和性能指标,掺入一定量的新集料、新沥青和再生剂进行配合比设计后,在拌和机中按一定比例重新拌和成新的混合料,使再生混合料达到规范规定的各项指标,按照与新沥青路面完全相同的摊铺工艺,铺筑再生沥青路面。

应用原理:沥青在老化过程中,化学组分由芳香分逐渐转化为胶质和沥青质,胶体结构被破坏,导致性能降低。ST型再生剂依靠重油的高饱和分含量和催化裂化油浆的高芳香烃含量来还原老化沥青的化学组成,恢复其胶体结构,并利用糠醛对胶质、沥青质的良好相溶性,使再生剂容易渗透进入老化沥青膜中,从而使老化沥青得到再生利用。

5　施工工艺流程及操作要点

施工工艺流程:回收沥青路面材料RAP→沥青回收料RAP的预处理和堆放→再生混合料拌制→运输→摊铺→压实→开放交通。

由于厂拌热再生沥青混合料的各项性能指标与全新沥青混合料基本一致,本施工工艺基本上与新沥青混合料相同,重点在于再生沥青混合料的配合比设计过程。因此,本工法主要阐述了再生沥青混合料配合比设计和生产过程。

5.1　沥青回收料的铣刨和预处理

5.1.1　铣刨旧路面

(1)封闭施工路段交通,禁止车辆和行人通行。

(2)采用德国维特根W2000型铣刨机对旧路面进行一次性铣刨回收。

(3)用高压水枪、森林灭火器等进行表面再清洁,清除旧路面表面尘垢。

5.1.2　破碎筛分

采用100t/h的锤式破碎设备将不同路段、不同车道铣刨的废旧沥青混合料,运至堆放场地后充分混合,经破碎机破碎筛分成三档不同级配的RAP混合料,分开堆放。

5.1.3　回收料的储存和质量检测

堆放场地硬化并加盖顶棚,设置良好的防、排水设施,防止RAP在使用时因含水量过大或因太阳暴晒而结块,影响加热效果和搅拌均匀性。为进一步降低RAP混合料的离析,可以采用薄层堆料的方式进行RAP再混合,即用推土机或铲车将已分堆的RAP分散成薄层,逐层堆料。试验室对料堆进行全深度的随机取样,确定RAP的沥青含量、针入度、矿料级配、含水率等。

5.2　再生沥青混合料配合比设计

混合料设计需要确定旧沥青混合料、新集料、再生剂和新沥青的掺加比例。再生沥青混合料中旧沥青混合料的掺加量与旧沥青混合料的可用价值、再生沥青混合料要求的性能指标,集料的级配、经济考虑和拌和楼类型有关。一般高速沥青路面的 RAP 掺加比例可在 20% ~30% 范围内考虑,也可根据以上因素综合考虑其他的掺加比例。

5.2.1　矿料级配设计

选用已确定好的掺加比例,对旧沥青混合料进行取样抽提获得级配,同时确定新集料的级配,按热拌沥青混合料规范中所提出的级配设计要求进行级配设计。对新旧集料都进行路用性能指标测试,所有再生沥青混合料所用集料包括新集料和旧沥青混合料中的集料都应符合规范要求。

5.2.2　沥青类型和再生剂的选择

再生剂用来改变老化沥青的性能,当旧沥青混合料掺量小于 10% 时,再生沥青混合料中不用添加再生剂,因此一般在施工中应同时加入新沥青和再生剂。

5.2.3　配合比设计

1)通过抽提试验获得回收沥青,检验其性能并按照目标性能要求与再生剂掺配再生,确定再生剂添加比例,并给出掺加再生剂后黏度—温度曲线以确定拌和温度及压实温度。

2)在预估油石比附近,添加不同掺量的新沥青进行配合比设计。

3)考察以下几个曲线图,确定新沥青用量、最佳再生剂添加量:

(1)击实密度与新沥青掺量的关系;

(2)空隙率与新沥青掺量的关系;

(3)矿料间隙率与新沥青掺量的关系;

(4)沥青饱和度与新沥青掺量的关系;

(5)稳定度与新沥青掺量的关系;

(6)流值与新沥青掺量的关系。

除稳定度之外,其他几个曲线与热拌沥青混合料形状相同(再生沥青混合料的稳定度随新沥青掺量的增加而降低)。最佳沥青含量由达到击实密度的峰值、目标空隙率、沥青饱和度三者时的沥青含量平均值确定。

5.3　再生沥青混合料的拌和

5.3.1　再生沥青混合料拌和应满足的条件

(1)不烧伤 RAP 中含有的沥青结合料,拌和时再次老化的程度较小;

(2)尽管 RAP 不能明火加热,但再生混合料的拌和温度应满足规范要求;

(3)RAP 能充分分散,易于搅拌均匀;

(4)如果有再生剂,应使其与 RAP 的结合料充分溶合;

(5)不能使 RAP 产生沥青烟,造成二次污染。

5.3.2　再生沥青混合料施工设备

我们经过调研和选型,选用意大利 MARINI—MAP320 型间歇式沥青拌和楼,以确保计量准确、监控及时。

5.3.3　再生混合料拌和时的质量控制

应适当提高新集料的加热温度,但最高温度不宜超过 200℃。加热过程中沥青回收料 RAP 不得直接与明火接触,以防止沥青回收料 RAP 表面的沥青老化。控制 RAP 预热温度在 110 ~140℃,新集料加热温度 180 ~200℃,新沥青温度 160℃,拌和温度 170℃,矿粉冷加。拌和过程中,RAP 和新集料先混合 30s,然后添加新沥青搅拌 20s,最后加入矿粉搅拌 25s。拌和结束后将混合料立即置入保温罐中。从拌和机向运料车上装料时应多次挪动汽车位置,平衡装料,尽量减少再生混合料离析。

5.4　再生混合料运输

运料车每次使用前后必须清扫干净,在车厢板上涂一薄层隔离剂,不得有余液积聚在车厢底部。运料车运输混合料宜用苫布覆盖保温、防雨、防污染。摊铺过程中运料车应在摊铺机前 100 ~ 300mm 处停住,空挡等候,由摊铺机推动前进开始缓缓卸料,避免撞击摊铺机。运料车数量应稍有富余,施工过程中摊铺机前方应有多于 5 辆运料车时开始摊铺。

5.5 再生沥青混合料的摊铺和碾压

再生沥青混合料的摊铺和压实工艺与普通全新混合料基本相同,考虑到再生沥青针入度一般在 50 ~ 60(0.1mm)之间,施工温度应适当提高。根据黏温曲线确定最佳碾压温度为 145 ~ 150℃,确保最低碾压温度高于 135℃。

摊铺时,摊铺机的螺旋布料器应根据摊铺速度进行调整,以保持稳定的速度均衡转动;两侧应保持有不少于送料器 2/3 高度的混合料,以减少在摊铺过程中混合料的离析。碾压时,压路机应紧跟摊铺机进行,避免混合料温度下降而造成压实困难。

5.6 注意事项

厂拌再生沥青混合料的质量控制主要是施工温度控制和 RAP 混合料级配的变异性控制。

5.6.1 温度控制

拌和楼生产时以混合料的拌和出料温度为控制指标,调整 RAP 和新集料预热温度,以达到成品再生沥青混合料拌和温度的要求;现场施工时,以摊铺温度和压实温度控制为控制指标。使用红外热成像仪跟踪检测再生沥青混合料出厂温度、摊铺及碾压温度,更能直观反映混合料的温度离析情况。

5.6.2 控制再生沥青混合料温度离析

派专人随机检测后场成品再生混合料的均一性;保证摊铺过程的连续性、摊铺机行进速度均匀衡性;严格控制摊铺温度,低温混合料一律不允许摊铺;避免由于机械原因造成混合料的温度离析;加强现场温度监控,提高取样频率。

5.6.3 再生沥青混合料的级配变异性控制

将 RAP 分成两档或三档,既能更好地调整级配,也有利于再生混合料的质量控制;严格控制 RAP 回收料中 0.075mm 的通过率;由于再生沥青混合料的拌和时间短,RAP 经过短时加热就生产出成品,因此在拌和过程中,要严格控制 RAP 的上料速度和称量精度,以有效控制细集料中小于 0.075mm 含量及再生混合料中的沥青总含量。

6 材料与设备

6.1 原材料

30% 旧沥青混合料 RAP(16% RAP1 + 14% RAP2),新集料采用优质石灰岩,填料采用水泥厂生产的矿粉,新沥青采用 A 级 70 号重交通道路沥青。新集料、矿粉、沥青质量均满足《公路沥青路面施工技术规范》(JTG F40—2004)中的相应要求。

6.2 设备要求

大型机械设备选用意大利 MARINI—MAP320 型间歇式沥青拌和设备,德国 ABG—523 摊铺机、德国 BOMAG—DD130 压路机和 BOMAG—DD110 压路机、26t 胶轮压路机。

7 质量控制

7.1 施工过程中对再生沥青混合料进行抽样检测,其抽检项目、频率、允许误差及方法见表 1。

公路热拌沥青混合料路面施工过程中工程质量的控制标准 表 1

检 查 项 目	检查频度及单点检验评价方法	质量要求或允许偏差(高速或一级公路)
外观	随时	表面平整密实,不得有明显轮迹、裂缝、推挤、油丁、油包等缺陷,且无明显离析
接缝	随时	紧密平整、顺直、无跳车
	逐条缝检测评定	3m

续上表

检 查 项 目		检查频度及单点检验评价方法	质量要求或允许偏差(高速或一级公路)
施工温度	摊铺温度	逐车检测评定	符合 JTG F40—2004 规定
	碾压温度	随时	符合 JTG F40—2004 规定
厚度	每一层次	随时,厚度 50mm 以下 厚度 50mm 以上	设计值的 5% 设计值的 8%
	每一层次	1 个台班区段的平均值, 厚度 50mm 以下 厚度 50mm 以上	-3mm -5mm
	总厚度	每 2 000m^2 一点单点评定	设计值的 -5%
压实度		每 2 000m^2 检查 1 组, 逐个评定并计算平均值	试验室标准密度的 97%(98%) 最大理论密度的 93%(94%) 试验段密度的 99%(99%)
平整度(最大间隙)	中下面层	随时,接缝处单杆评定	5mm
平整度(标准差)	中面层	连续测定	1.5mm
	下面层	连续测定	1.8mm
宽度	有侧石	检测每个断面	±20mm
	无侧石	检测每个断面	不小于设计宽度
纵断面高程		检测每个断面	±10mm
横坡度		检测每个断面	±0.3%
沥青层层面上的渗水系数		每 1km 不少于 5 点, 每点 3 处,取平均值	300ml/min(普通密级配沥青混合料) 200ml/min(SMA 混合料)

7.2　施工过程中,对回收沥青路面材料(RAP)按《公路沥青路面再生技术规范》(JTG F41—2008)的要求进行检查,见表 2。

回收沥青路面材料的质量控制　　表 2

材 料 名 称	检 查 项 目	规 范 要 求	检 查 频 率
RAP	RAP 级配	符合设计要求	每天 1 次
	RAP 含水率(%)	<3	每天 1 次

7.3　施工注意事项

7.3.1　路面铣刨回收 RAP 时,应精确控制铣刨或开挖厚度,以避免破坏下卧层路面结构。回收和存放 RAP 时不得混入基层废料、水泥混凝土废料、杂物和土等杂质。

7.3.2　应适当提高新集料的加热温度,但最高温度不宜超过 200℃。加热过程中回收沥青路面材料(RAP)不得直接与明火接触,以防止回收沥青路面材料(RAP)表面沥青老化。

7.3.3　控制再生沥青混合料温度离析。派专人随机检测后场成品再生混合料的均一性;保证摊铺过程的连续性、摊铺机行进速度均匀衡性;严格控制摊铺温度,低温混合料一律不允许摊铺;避免由于机械原因造成混合料的温度离析。

7.3.4　再生沥青混合料的级配变异性控制。将 RAP 分成两档或三档,严格控制 RAP 回收料中 0.075mm的通过率,严格控制 RAP 的上料速度和称量精度。

8　安全措施

严格遵守《公路工程施工安全技术规程》(JTJ 076—95)的相关要求。

8.1　建立健全安全生产责任制及安全生产技术措施,做好安全技术交底,加强职工安全意识的安全知识教育,配备足够的安全服、安全隔离墩等。

8.2 严格按安全操作规程操作机械设备。在操作前必须检查操作环境是否符合安全要求,道路是否通畅,机具是否牢固,安全设施和防护用品是否安全,符合要求后才可施工。

8.3 进行夜间施工时,设置警示灯、照明等。其照明光必须满足作业要求并覆盖整个工作区域。

8.4 维护车辆的正常行驶,施工采取单幅分段、分车道、临时性封闭进行施工,做好现场交通维护工作,确保施工安全。

8.5 施工段面车辆掉头、转弯处设专人指挥,车辆不得高速行驶,并避免紧急制动,且驾驶室外不得载人。

8.6 在公路上进行施工作业的人员以及工程管理人员都必须身穿带有反光标志的橘红色背心。养护作业人员不得在控制区外活动或将任何物体置于控制区以外,更不得随意横穿高速公路。

9 环保措施

施工期间遵守国家和地方所有关于控制环境污染的法律和法规,采取有效的措施防止施工中的燃料、油、沥青、化学物质、污水、废料、垃圾以及弃方等有害物质对河流的污染,防止扬尘、噪声和汽油等物质对大气的污染。

9.1 施工中有毒和危险的物品,实行专人专项保管;严防泄漏各种施工废液,对其进行集中储存处理,严禁乱流乱淌。

9.2 存放油料的库房,其储存和使用都要采取措施,防止跑、冒、滴、漏,污染水源。

9.3 施工现场临时食堂,用餐人数超过100人时,设置简易有效的隔油池,定期淘油,防止污染。

9.4 施工现场人员及车辆不得对原路而造成污染,如油污、锈污,保护好原路面标线,并要定期检查施工车辆是否漏油。施工现场产生的生活垃圾集中回收,运往指定地点丢弃。

9.5 施工现场施工完后,必须及时对施工区域内的废料和杂物进行清理,并对施工现场进行洒水清洗。

9.6 施工现场安排做到布局合理,材料定位堆置,机具进出场有序,路沟畅通,管线齐全,生活设施清洁文明,施工安全有序。

10 效益分析和应用实例

10.1 效益分析

目前,我国每年约有12%的沥青路面需要翻修,将来还可能会以每年15%的速度继续增长。预计约10年后,我国大、中修产生的旧沥青混合料预计将达到8 000万吨左右,若全部沥青再生利用每年可节约直接材料费130多亿元。

10.1.1 经济效益

将路面铣刨废料用于路面维修养护,直接降低了对新集料的需求,实现了对资源的循环利用,具有明显的经济效益。以1t沥青混合料为计算单元,油石比4.5%,按完全热再生方案考虑为例进行效益估算(新增沥青按原沥青的5%,沥青价格5 300元/t,矿料价格50元/t,再生剂按沥青总量的5%添加)。

(1)使用再生沥青混合料降低的费用,小计286.25元/t。

集料:0.955t×50元/t=47.75元

沥青:1t×4.5%×5 300元/t=238.5元

(2)使用再生沥青混合料应增加的费用,小计115.92元/t。

沥青:1t×4.5%×5%×5 300元/t=11.92元

再生剂:1t×5%×5%×16 000元/t=40元

改性剂:1t×0.4%×16 000元/t=64元

(3)由以上两项费用相减,则产生的经济效益为:

286.25元/t-115.92元/t=170.33元/t

10.1.2 环保效益

利用沥青路面厂拌热再生施工工法进行路面维修养护,可将路面铣刨的废料重复利用,既避免了回收的铣刨废料占用土地、节约了能源,又避免了回收料对土地及水资源的污染,具有很好的环保效益。

图1 铣刨旧路面

10.2 应用实例

10.2.1 黄石—黄梅高速公路(蕲春段)路面改建工程

2006 年,湖北黄黄高速公路路面改建工程施工中,蕲春境内部分路段的中下面层共计 5 000m,采用了本施工方法,通车至今四年有余,未出现任何病害(图 1 ~ 图 3)。

图2 碾压

图3 完工后路面状况

10.2.2 潜江市园林城区路面黑化二期工程

2008 年,湖北潜江市园林城区路面工程有 24 410m^2 采用本施工方法进行路面摊铺,通车两年来,使用效果良好,且能够起到保护环境、增效节能的作用(图 4、图 5)。

图4 再生沥青混合料拌和

图5 摊铺现场

温拌橡胶沥青 SMA 施工工法

GGG(鲁)B4038—2010

温 涛 闫 波 赵永刚 张联磊 黄 良
（科达集团股份有限公司 成都建筑工程集团有限公司）

1 前言

橡胶沥青与沥青混合料的施工生产温度较高，一般要求拌和温度在190℃以上，集料的温度在200℃左右，传统的拌和工艺难以达到要求，且消耗大量的能源，将排放较多的CO_2、烟尘和有害气体。温拌橡胶沥青是指在橡胶沥青中融入温拌沥青技术，充分发挥二者的优势，降低橡胶沥青混合料的拌和与压实温度，节约能源，减少拌制厂有毒气体的排放，改善工厂和施工现场的工作状况。

温拌橡胶沥青SMA是橡胶沥青、温拌沥青与特殊的SMA矿料级配三项先进技术的集成，目的是发挥各自的优点，实现资源节约、节能环保与低碳施工。我们与山东大学合作对该项技术开展了系统的室内外试验研究，科研成果经专家委员会鉴定，总体达到了国内领先水平。该项科研成果——温拌橡胶沥青SMA技术在多项路面工程中应用，并开发了温拌橡胶沥青SMA施工工法，取得了显著的经济效益、环境效益和社会效益。

2 工法的特点

2.1 橡胶沥青由采用常温粉碎磨制的废旧汽车轮胎橡胶粉“湿法”工艺拌和而成，节能环保。

2.2 温拌橡胶沥青SMA无需添加纤维，拌和与碾压温度与普通橡胶沥青混合料相比可降低30℃左右，降低了能源消耗。

2.3 由于生产温度的降低，混合料对生产设备的损耗也相应降低，延长了设备的使用寿命，降低了成本。

2.4 温度的降低使得混合料在拌和时减少了沥青烟有毒物质的排放，减少了对环境的污染和对施工人员健康的损害。

2.5 与普通橡胶沥青相比，温拌橡胶沥青的高温性能提高、低温性能与水稳定性基本持平。

2.6 较好的保温性能，降低了施工难度，提高了碾压后路面实体质量。

2.7 本工法的使用，可以延长可施工期间，提高施工效率。

3 适用范围

本工法适用于各种等级公路新建、改建路面的沥青面层或罩面的施工，也适用于大桥桥面沥青混合料上面层的施工，以及重载交通和城市低噪声道路路面施工。

4 工艺原理

橡胶沥青是废旧轮胎橡胶粉与基质沥青在高温与搅拌条件下发生物理化学反应而形成改性沥青结合料。一方面橡胶粉吸收沥青中的轻质油分，使体积增大，产生溶胀作用，从而导致沥青中轻质油分减少，黏度增加；另一方面溶胀的橡胶相与沥青相形成相互相贯通的网络，橡胶粉骨架填充作用依然存在，仍具有橡胶的高弹特性。橡胶沥青性质的变化是基质沥青品质变化和体系结构变化双重作用的结果。温拌橡胶沥青是在橡胶沥青中加入适量的温拌剂来降低高温黏度,改善橡胶沥青施工的和易性,使得橡胶沥青混合料能在相对较低的温度下进行拌和、摊铺与碾压。温拌橡胶沥青 SMA 既保持了橡胶沥青的优势与 SMA 混合料的结构优势,使铺筑的 SMA 路面具有更好的抗开裂、抗变形及抗氧化能力,并降低了橡胶沥青 SMA 的施工条件要求。

5 施工工艺流程及操作要点

5.1 施工工艺流程(图1)

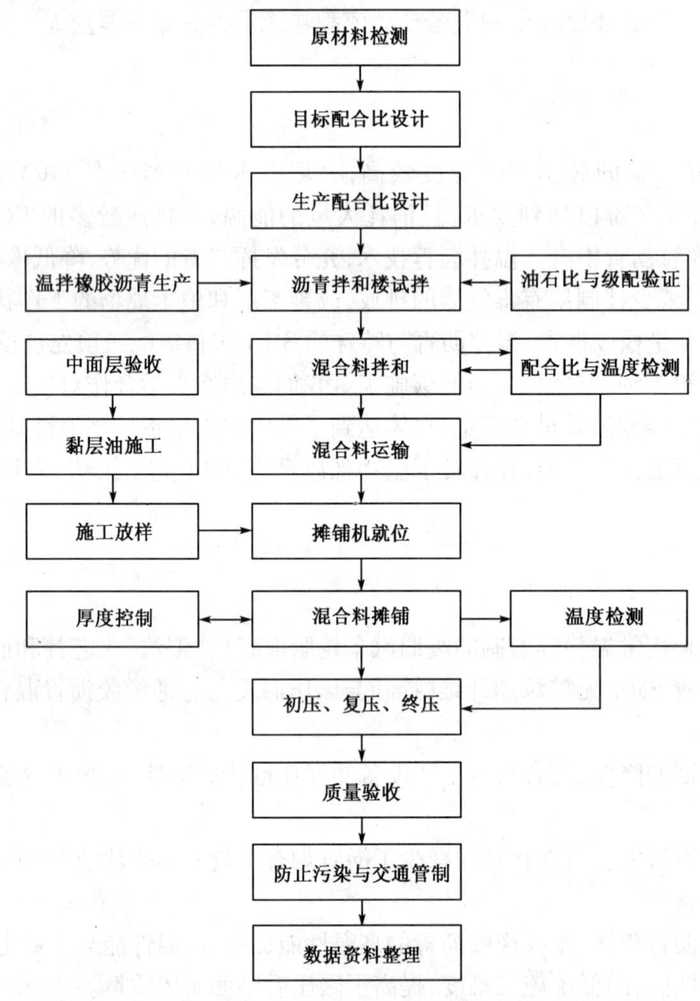

图1 温拌橡胶沥青 SMA 施工工艺流程

5.2 温拌橡胶沥青的生产工艺及操作要点(图2)

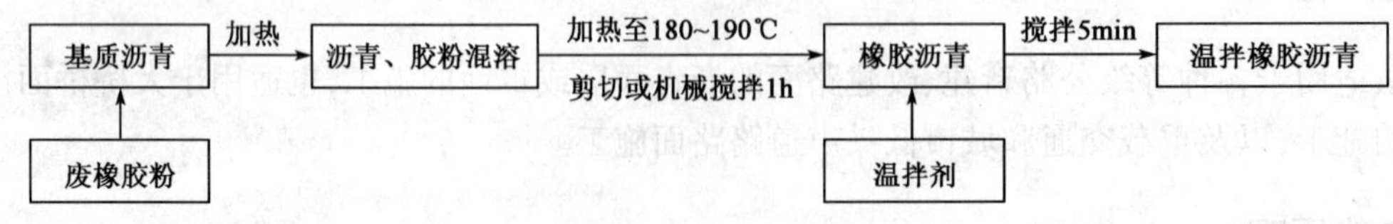

图2 温拌橡胶沥青的生产工艺流程

5.2.1 确定胶粉的粒径与掺量

(1)应依据橡胶沥青的高、低温性能,并从现场生产与经济角度综合考虑选取适合的橡胶粉粒径与掺量。

(2)推荐采用粒度为80目、掺量15%的橡胶粉制备橡胶沥青。

5.2.2 温拌橡胶沥青生产

(1)在橡胶沥青罐中放入适量的温拌剂,一般掺量为橡胶沥青质量的4%~5%。

(2)在160~170℃温度下搅拌5min。

5.3 温拌橡胶沥青SMA施工工艺及操作要点

5.3.1 温拌橡胶沥青SMA目标配合比设计

1)温拌橡胶沥青SMA-13混合料级配范围(表1)。

温拌橡胶沥青SMA-13级配范围 表1

筛孔(mm)	16	13.2	9.5	4.75	2.36	1.18	0.6	0.3	0.15	0.075
级配范围(%)	100	90~100	50~75	20~30	15~25	14~24	12~20	10~16	9~15	8~10

2)矿料级配的确定

(1)采用4档集料:第1档碎石9.5~13.2mm、第2档碎石4.75~9.5mm、第3档碎石2.36~4.75mm、第4档碎石0~2.36mm和矿粉,经试算或采用数学线性规划法求得各档材料及矿粉的比例。

(2)在满足设计技术要求的同时,尽可能少用或完全不用2.36~4.75mm这档集料,使级配在2.36mm和4.75mm处充分断开,以使混合料具有足够的空隙,以容纳橡胶沥青或填充。

3)根据试件的试验和检测确定温拌橡胶沥青用量。

4)为了检验温拌橡胶沥青SMA-13的抗水损害性能,应进行水稳定性检验。

5)检验温拌橡胶沥青SMA-13的高温稳定性。检测方法可采用车辙试验(60℃,0.7MPa)测试动稳定度。

6)进行温拌橡胶沥青SMA-13的低温抗裂性能检验。检测方法可采用小梁低温弯曲试验(-10℃、加载速率50mm/min)测定破坏强度、破坏应变、破坏劲度模量,并根据应力应变曲线的形状综合评价。

5.3.2 温拌橡胶沥青SMA生产配合比设计

(1)应在目标配合比设计成果的基础上,进行温拌橡胶沥青SMA生产配合比设计。

(2)进行拌和楼冷料流量试验,以保证拌和楼各热料仓规格与冷料基本一致,保证拌和楼在生产过程中的冷料、热料平衡。

(3)根据目标配合比设计级配确定各热料仓的配合比,可采用四分法取样测试各热料仓的材料级配及密度。

(4)确定最佳油石比:按目标配合比设计确定的最佳油石比OAC,分别进行OAC、OAC±0.3%等3个油石比的马歇尔试验和试拌,通过室内试验及从拌和机取样试验综合确定生产配合比的油石比。由此确定的油石比与目标配合比设计的结果的差值不宜大于±0.2%。

5.3.3 温拌橡胶沥青SMA生产配合比验证

(1)试拌前,应确认拌和机的自保装置、检测仪表、传感器及线路、拌和叶片的安装、拌和缸的有效拌和区等处于正常状态,对计量和测温装置进行校核。

(2)以生产配合比的成果为基础,对温拌橡胶沥青SMA进行生产配合比试拌与验证,铺筑试验段。同时从试验路上钻取芯样观察空隙率的大小,由此确定生产用的标准配合比。

(3)经设计确定的标准配合比在施工过程中不得随意变更。生产过程中应加强跟踪检测,严格控制进场料的质量。

5.3.4 摊铺前的准备工作

(1)准备好下承层。

(2)均匀喷洒黏层油。

(3)确保摊铺、碾压等设备处于良好状态。

5.3.5 温拌橡胶沥青SMA的拌制

1)橡胶沥青的拌制温度宜控制在180~190℃,拌制时间控制在45~60min。橡胶沥青宜随制随用,尽量缩短高温存储时间。

2)加入温拌剂后，拌制时间控制在5~6min；温拌橡胶沥青的加热温度为160~170℃，集料温度比沥青温度高10~20℃；温拌橡胶沥青SMA混合料的出厂温度宜控制在160~170℃，比普通橡胶沥青混合料低20~30℃。

3)混合料拌和时间根据具体情况经试拌确定，以沥青均匀裹覆集料为度。间歇式拌和机每盘的生产周期不宜小于55s(其中干拌时间不少于5~10s)。

4)拌和质量外观变化及处理措施：

(1)如混合料冒黄烟，往往表明温度过高，可降低矿料温度。

(2)如混合料出现花白料，则可能是矿料温度偏低，拌和时间短或使用了较多的回收粉，应检查确定具体原因并采取相应措施。

(3)如混合料颜色反差大，粗集料表面发亮，细集料发乌，可能是原材料中细集料含水率过大，造成细集料在烘干筒中加热温度达到规定值时，粗集料的温度远超过了规定值，需控制集料含水率。

(4)间歇式拌和机必须配备计算机设备，拌和过程中逐盘采集并打印各个传感器测定的材料用量和沥青混合料拌和量、拌和温度等各种参数。

(5)每个台班结束时打印出一个台班的统计量，按《公路沥青路面施工技术规范》(JTG F40—2004)附录G的方法进行混合料生产质量及铺筑厚度的总量检验。

5.3.6 温拌橡胶沥青SMA混合料的运输

(1)运料车的运力应稍有富余，施工过程中摊铺机前方应有运料车等候，宜待等候的运料车多于5辆后开始摊铺。

(2)由于混合料采用橡胶沥青，混合料易黏附车厢，因此运料车在装载前要涂隔离剂。隔离剂可以是肥皂水、石灰水或油水混合物。

(3)运料车出厂时应加盖帆布保温、防雨、防污染，运输中不应耽搁时间太长。

5.3.7 温拌橡胶沥青SMA混合料的摊铺

(1)温拌橡胶沥青SMA混合料在摊铺前应清扫下承层，并洒布黏层油，用量视表面状况而定，一般约为0.5~0.6kg/m^2。

(2)摊铺机开工前应提前0.5~1h预热熨平板，预热温度不低于100℃。

(3)铺筑过程中所选择的熨平板振捣或夯锤压实装置，应具有符合设计的振动频率和振幅，以提高路面的初始压实度。

(4)混合料的松铺系数可取1.15~1.20，应由试铺最终确定。在摊铺过程中随时检测虚铺厚度和压实后高程，控制好厚度在允许误差范围内。

(5)摊铺机必须缓慢、均匀、连续不间断地摊铺，不应随意变换速度或中途停顿，以提高平整度、减少混合料的离析。摊铺速度宜控制在1~3m/min。

(6)温拌橡胶沥青SMA混合料的摊铺温度宜大于150℃，路表温度低于15℃时，不能摊铺。

(7)应根据摊铺速度，将摊铺机的螺旋布料器调整到相应的速度，并保持稳定、均衡地转动；两侧应保持有不少于送料器2/3高度的混合料，以减少在摊铺过程中混合料的离析。

5.3.8 温拌橡胶沥青SMA混合料的碾压

1)温拌橡胶沥青SMA混合料的碾压机械宜采用振动压路机或钢轮压路机。

2)碾压应遵循“紧跟、慢压、高频、低幅”的原则。

3)温拌橡胶沥青SMA的碾压温度的高低与橡胶沥青的黏度有关，黏度越大，碾压温度越高。一般温拌橡胶沥青SMA的初压温度不宜低于145℃，复压温度不宜低于125℃，终压的结束温度不宜低于90℃。当混合料的摊铺厚度大于80mm时，初压温度不宜低于150℃。

4)宜采用重型胶轮压路机进行初压2~3遍，以提高碾压混合料的密实性。压路机吨位应不小于25t。

5)当采用振动压路机初压时,可直接采用“高频、低振”的模式进行碾压1~2遍。采用振动压路机时,压路机的振动频率、振幅大小应与路面铺筑厚度协调,厚度较薄时宜采用高频低振幅,终压时不得振动。

6)应优先采用振动压路机复压。振动压路机的振动频率宜为35~50Hz,振幅宜为0.3~0.8mm。钢轮压路机的静压力应不低于11t。

7)碾压轮在碾压过程中应保持清洁,有混合料粘轮时应立即清除。对钢轮可涂刷隔离剂或防粘剂,严禁刷柴油。

8)压路机不得在未碾压成型路段上转向、掉头、加水或停留。

9)在当天成型的路面上,不得停放各种机械设备或车辆,不得散落矿料、油料等杂物。

10)施工接缝的处理应符合下列要求:

(1)沥青路面的施工必须接缝紧密、连接平顺,不得形成明显的接缝离析;

(2)热接缝时,上下层纵缝应错开不小于150mm的距离;

(3)冷接缝时,上下层纵缝应错开不小于300mm的距离;

(4)相邻两幅及上下层横向接缝均应错位1m以上;

(5)接缝施工应用3m直尺进行工序检查,确保平整度符合要求。

5.3.9 交通管制

(1)温拌橡胶沥青SMA上面层在施工前、施工过程中、施工碾压结束后,均应进行交通管制。

(2)温拌橡胶沥青混合料摊铺结束后,应在24h后或路面温度低于50℃后方可开放交通。

(3)需要提早开放交通时,可洒水冷却混合料温度。

6 材料与设备

6.1 原材料选择与检测、技术指标要求

6.1.1 原材料包括基质沥青、橡胶粉、粗集料、细集料、矿粉和温拌剂等,选择与检测应符合下列要求:

(1)用于制备橡胶沥青的基质沥青一般采用70号道路石油沥青,应符合《公路沥青路面施工技术规范》(JTG F40—2004)A级沥青的技术要求。

(2)橡胶粉宜选用常温研磨粉碎的汽车、货车轮胎橡胶粉,粒径宜在40~80目以内。橡胶粉的物理技术指标见表2。

橡胶粉的物理技术指标 表2

项目	相对密度	水分(%)	金属含量(%)	纤维含量(%)
技术标准	1.10~1.30	<1	<0.01	<1

(3)粗集料应采用质地坚硬的岩石轧制破碎而成,可采用玄武岩、辉绿岩、安山岩等岩石轧制地碎石,而不应使用石质较软的石灰石轧制的碎石。粗集料应具有良好的颗粒形状,颗粒均匀,针片状颗粒含量不大于10%。碎石表面清洁、无泥土、粉尘污染。

(4)细集料采用石灰石轧制的石屑或机制砂,不应使用天然砂。细集料应洁净、干燥、不含泥土。

(5)矿粉使用石灰石磨细的石粉,不应使用回收粉尘。矿粉应干燥、洁净,能自由地从矿粉仓流出。上述原材料应符合《公路沥青路面施工技术规范》(JTG F40—2004)对沥青混合料用料的质量要求。

(6)温拌剂应采用与橡胶沥青相容性和溶解分散特性较好,且施工工艺简单,并已经证明技术相对成熟的产品。掺量一般为橡胶沥青质量的4%~5%。

6.1.2 橡胶沥青主要技术指标应符合我国现行有关标准、规范以及《橡胶沥青及混合料设计施工技术指南》、《橡胶沥青技术应用指南》、《北京市废胎胶粉沥青及混合料设计施工技术指南》的要求。

6.1.3 橡胶沥青主要技术指标要求见表3。

橡胶沥青技术标准 表3

项目		指标
177℃旋转黏度(Pa·s)		1.5~4.0
25℃针入度(0.1mm)		40~80
软化点(℃)		>47
弹性恢复(%)		>55
5℃延度(cm)		>10
薄膜烘箱老化后	质量损失(%)	<0.4
	25℃针入度比(%)	>80
	5℃延度比(%)	>40

6.1.4 温拌橡胶沥青的性能指标除应符合橡胶沥青的一般技术要求外,其运动黏度还应符合《公路沥青路面施工技术规范》(JTG F40—2004)对改性沥青的技术要求,即135℃黏度小于3Pa·s。

6.2 主要施工机械及检测仪器

6.2.1 施工设备及数量见表4。

施工设备及数量表 表4

序号	设备名称	型号	数量	性能	备注
1	橡胶沥青设备	8t	1套	良好	可采用进口或国产设备
2	沥青拌和楼	320t/h	1套	良好	可采用进口或国产设备
3	摊铺机	ABG—525	2台	良好	可采用进口或国产设备
4	转运车	SB2500C	2辆	良好	进口设备
5	自卸车	解放	18辆	良好	国产设备
6	双驱动双钢轮振动压路机	自重15t以上	2台	良好	可采用进口或国产设备
7	胶轮压路机	25t以上	2台	良好	可采用进口或国产设备
8	双钢轮压路机	12t以上	2台	良好	可采用进口或国产设备
8	装载机	ZL—50	6台	良好	可采用进口或国产设备

6.2.2 主要检测仪器见表5。

主要检测仪器 表5

序号	仪器或设备名称	规格型号	数量	技术状态
1	针入度仪	P734	1台	良好
2	软化点仪	SYD—2806E	2台	良好
3	延度仪	K80020	1台	良好
4	布氏黏度计	DV—II	1台	良好
5	弯曲梁流变仪(BBR)	TE—BBR	1台	良好
6	动态剪切流变仪(DSR)	EP—07310	1台	良好
7	马歇尔击实仪	LMS—1	2台	良好
8	马歇尔试验仪	LWD—2	1台	良好
9	沥青混合料拌和机	HJB4	2台	良好
10	沥青混合料抽提仪	DLC—III	1台	良好
11	烘箱	T102	2台	良好
12	最大相对密度试验仪	HDXM—21	1台	良好

续上表

序号	仪器或设备名称	规格型号	数 量	技术状态
13	恒温水浴	HWY—40	3台	良好
14	方孔筛	标准筛	2套	良好
15	车辙试验仪	QCZ—2	1台	良好

7 质量控制

7.1 本工法应遵循的质量控制标准

(1)《公路工程质量检验评定标准》(JTG F80/1—2004);

(2)《公路沥青路面施工技术规范》(JTG F40—2004);

(3)《公路工程沥青及沥青混合料试验规程》(JTJ 052—2000);

(4)国内外有关橡胶沥青与沥青混合料设计与施工技术指南等。

7.2 质量控制措施

7.2.1 选择橡胶粉时,不能选用农用车、装载机、飞机轮胎、自行车轮胎等或混合胶粉种类,应选用货车、乘用车轮胎等常温粉碎磨制的路用胶粉。

7.2.2 橡胶粉中不应含有钢丝、纤维和其他杂质。

7.2.3 橡胶粉的掺量应严格按照设计要求使用,允许正误差不大于2%,不应出现负误差。

7.2.4 应根据室内试验确定温拌剂与橡胶沥青的比例,一般为橡胶沥青质量的4%~5%。

7.2.5 应根据工艺设计的要求,控制橡胶沥青的制备温度、搅拌时间。

7.2.6 应根据工艺设计的要求,进行施工过程中各环节温拌橡胶沥青 SMA 混合料的温度控制。温拌橡胶沥青 SMA 混合料的施工温度应符合表6的要求。

温拌橡胶沥青混合料的施工温度(℃) 表6

橡胶沥青生产温度	180~190	初压温度	不低于145
温拌橡胶沥青加热温度	160~170	复压温度	不低于125
矿料温度	180~190	终压温度	不低于90
混合料出厂温度	160~170,超过190废弃	开放交通温度	低于50
混合料摊铺温度	不低于150		

7.2.7 施工阶段的质量检测

(1)温拌橡胶沥青 SMA 路面的压实度采取重点对碾压工艺进行过程控制,适度钻孔抽检压实度的方法。

(2)对于施工厚度的检测,当具有地质雷达等无损检测设备时,可利用其连续检测路面厚度,但其测试精度需经标定认可;待路面完全冷却后,在钻孔检测压实度的同时检测沥青层的厚度。

(3)压实成型的路面应按《公路路基路面现场测试规程》(JTG E60—2008)规定的方法随机选点检测渗水情况,渗水系数的平均值符合施工技术规范的要求。

(4)施工过程中应随时对路面进行外观(色泽、油膜厚度、表面空隙)评定,尤其特别注意防止粗细集料的离析和混合料温度不均,造成路面局部渗水严重或压实不足,酿成隐患。

(5)施工过程中必须随时用3m直尺检测接缝及与构造物的连接处平整度的检测。正常路段的平整度采用连续式平整度仪或颠簸累积仪测定。

8 安全措施

8.1 本工法应遵照的有关法律法规、标准规范有:

(1)《中华人民共和国安全生产法》;

(2)《公路工程施工安全技术规程》(JTJ 076—95);

(3)《公路项目安全性评价指南》(JTG/T B06—2004)。

8.2 应严格按施工工艺、操作规程、施工组织设计有关安全条款进行施工。

8.3 应建立健全拌和厂、工地的施工安全规章制度,做好上岗前职工安全施工培训工作。

8.4 沥青场地内严禁烟火,应设有防火设施和警示牌。

8.5 橡胶沥青生产温度很高,参与沥青路面施工的人员应穿戴劳保防护用品,防止烫伤。

8.6 从事沥青试验、检测人员,除做好通常的沥青作业防护以外,还应做好对三氯乙烯等有害气体的防护。

8.7 沥青拌和厂应经常检查导热油,防止漏入沥青储存罐中,发生火灾。

8.8 拌和厂内应采取有效的防火、防爆、防毒措施,并配备一定数量的消防器材。

8.9 运料汽车通过的施工交叉路口,均应派专人把守和指挥,避免交通事故。

8.10 摊铺机施工现场应有专人指挥运料车倒料,防止汽车互相碰撞,以及碰伤工作人员。

8.11 对沥青敏感的施工和试验人员,不应从事沥青路面的施工工作。

8.12 夏季高温季节施工,应采取防暑降温措施。

9 环保措施

9.1 施工过程中严格遵守国家和地方政府颁发的有关环境保护的法律、法规和规章制度。

9.2 选择沥青混合料拌和场地时,应远离居民区及村庄,减少施工噪声、气味及粉尘污染。

9.3 沥青混合料拌和设备必须有良好的二级除尘装置并能有效地进行除尘,使空气质量标准符合当地环保部门的要求。

9.4 废弃的粉尘和沥青混合料存放在指定地点,粉尘可采用湿排法或采取经常洒水及覆盖等措施,防止粉尘扩散。

9.5 拌和楼的矿粉应存放在密封的矿粉罐中,防止扩散污染环境。

9.6 运输沥青混合料的车辆应有覆盖物,防止气体污染空气。

9.7 保持施工区域和生活区域的环境卫生,及时清理垃圾,并运至指定地点进行处理。

10 效益分析

10.1 工程意义分析

将温拌橡胶沥青与SMA相结合,不仅为铺筑SMA路面所需改性沥青品种的选用提供了一种新途径,而且无需使用纤维类稳定剂,可以充分发挥橡胶沥青的性能与SMA混合料的结构性能,不仅提高了混合料的耐久性和疲劳寿命,改善混合料高温抗永久变形能力和低温抗开裂能力,而且可以提高路面颜色与标志线的反差,因而改善了行车的安全性和舒适性。温拌橡胶沥青SMA路面势必可以大幅度地提高路面的使用品质与寿命,降低维修与养护费用,节约资源。

10.2 使用成本分析

(1)温拌橡胶沥青材料成本中废旧轮胎橡胶粉约占15%。目前80目橡胶粉的市场价约为3 000元/t,70号沥青4 000元/t。加工1t橡胶沥青约需0.15t橡胶粉、0.85t基质沥青,加上温拌剂的材料费30元,1t温拌橡胶沥青的材料成本为3 880元。而常用的SBS改性沥青价格约为5 000元/t,因而温拌橡胶沥青比SBS改性沥青的材料成本低约22%。

(2)温拌橡胶沥青混合料与普通橡胶沥青混合料相比,降低燃烧油消耗量30%,1t混合料将节省1~1.5kg燃油,约为4元。

10.3 环境效益分析

(1)减少废旧轮胎所带来的“黑色污染”,促进废旧轮胎的循环和增值利用。据估算,每吨橡胶沥青混合料消耗大约2条轮胎。100km的橡胶沥青路面可消耗75万条废旧轮胎,这是大量处理废旧轮胎的最有效和较佳的方法。

(2)与橡胶沥青混合料相比,温拌橡胶沥青混合料可使二氧化碳排放减少36%,一氧化碳减少约1/3,二氧化硫减少30%,氧化氮类气体减少40%,而摊铺时产生的“沥青烟”减少达50%,这在很大程度上保护了环境和施工技术人员的身体健康。

(3)温拌橡胶沥青SMA混合料与普通的热拌沥青混合料相比,可降低道路交通噪声2~3dB(A)。

11 应用实例

11.1 晋城环城高速公路

(1)工程概况

晋城环城高速公路西北段工程位于山西省晋城市境内,途径泽州县、晋城市区。

(2)工程量

路面工程第二标段的里程桩号为K15+200~K29+384.727,全长约14.185km。

(3)经济效益

在本项目中应用本工法铺筑了2km试验路,与普通改性沥青混合料相比,共节约成本13.2万元,经济效益显著。

(4)应用前景

温拌橡胶沥青SMA路面可以大幅度的提高路面的使用品质与寿命,降低维修与养护费用,节约资源,充分利用废旧材料,应用前景广阔。

11.2 大广高速公路

(1)工程概况

大广公路固安(京冀界)至深州段高速公路为国家高速公路网规划中纵5“大庆—广州”高速公路的重要路段,也是河北省高速公路网规划的“五纵、六横、七条线”中纵3“北京—开封”公路的重要组成部分。本项目起自廊坊市固安县西玉村西侧100m处京冀界,接已建成的大庆至广州高速公路北京南段(京开高速公路),途经固安西、霸州西、雄县东、鄚州、任丘西、肃宁西、饶阳西,终于深州榆科,接拟建大庆至广州高速公路深州至大名(冀豫界)段,全长约187km,采用双向六车道高速公路标准建设。

(2)工程量

路面工程第七标段的里程桩号为K88+200~K104+100,全长15.9km,主要为路面底基层、基层、面层。

(3)经济效益

在该项目实际生产温拌橡胶沥青SMA混合料9 827t,与普通改性沥青混合料相比,沥青材料费节约64.86万元,燃烧油节约3.93万元,合计成本68.79万元。

(4)应用前景

温拌橡胶沥青SMA路面可以大幅度的提高路面的使用品质与寿命,降低维修与养护费用,节约资源,降低能耗,促进废旧材料的循环利用,应用前景广阔。

11.3 国辅烟汕线蓬莱至龙口工程

(1)工程概况

本工程路线长度为14.14km,起点始于龙口连接线,终点止于界河,里程桩号为K111+590.174~

K125 +730,路面宽度为23m,公路等级为双向四车道一级公路,设计速度为80km/h。

(2)工程量

在 K116 +285 ~ K119 +500 的路面工程中使用了本工法。

(3)经济效益

与普通橡胶沥青混合料相比,材料费节约了48.81万元,燃料油节约了2.94万元,合计节约51.75万元。

(4)应用效果

温拌橡胶沥青SMA路面可以大幅度的提高路面的使用品质,延长道路的使用寿命,减少养护与维修费用,节约资源与能源,促进废旧轮胎的循环利用,保护环境,实现工程价值与经济、社会、环境效益多赢的综合效果,因而应用前景十分广阔。

布敦岩沥青 AC-13 型沥青混凝土施工工法

GGG(鲁)B4039—2010

刘执圣　延海洲　刘德芳　朱小山　黄　良
（科达集团股份有限公司　成都建筑工程集团有限公司）

1　前言

长期以来，改性沥青一直是道路工程领域持续研究的热门方向之一，但一些传统改性沥青的性能并不能达到预期效果，许多使用改性沥青的高等级公路通车不久即产生路面早期损坏。利用天然沥青对基质沥青进行改性是研究改性沥青的一个重要途径。布敦岩沥青作为一种天然岩沥青，物质组成和化学性质十分稳定，用作改性剂可显著改善沥青混合料的高温性能及抗疲劳性能等。山东省交通运输厅于 2003 年把布敦岩改性沥青混合料列为该年度的科技攻关项目，山东大学和科达集团股份有限公司为项目的研究单位。课题充分研究了布敦岩沥青材料的组成、结构、材料特性、合理的用量以及布敦岩沥青改性沥青的路用性能，在布敦岩沥青混合料配合比设计原理方面课题取得了一些创新性成果。我们在室内充分研究的基础上，结合多个工程项目的应用，系统地探索了布敦岩沥青(BRA)改性沥青混合料路面施工工艺，形成了“布敦岩沥青改性沥青混合料(AC-13)面层施工工法”。

2　工法特点

2.1　纯布敦岩沥青(PBRA)具有稠度高、黏附性好、软化点高、温度稳定性好、延度低等特性。布敦岩沥青(BRA)对沥青混合料的改性效果，主要通过其中的 PBRA 与基质沥青的相互作用实现。

2.2　布敦岩沥青改性沥青混合料动稳定度高，可显著改善基质沥青混合料的高温性能，提高路面的抗车辙能力。

2.3　布敦岩沥青对沥青混合料的改性是通过一套专用提料设备直接加入集料中实现的。专用提料设备并不复杂，因而跟其他改性沥青如 SBS 改性沥青相比，改性工艺十分简单，易于施工、推广。

2.4　布敦岩沥青是一种天然岩沥青，经环保部门检测，该种材料不会对环境带来任何危害，因此是一种绿色沥青混合料改性剂。

2.5　布敦岩沥青尤其适用于高温地区的沥青路面，但也适用于冬温区；不建议用于冬严寒区、冬寒区及冬冷区。

3　适用范围

3.1　本工法尤其适用于高温地区利用布敦岩沥青改性沥青的高等级道路、城市干道、厂矿道路及机场跑道等热拌改性沥青路面面层的施工。

3.2　经过室内研究和工程项目的验证，本工法也适用于冬温区。

4　工艺原理

4.1　BRA 通过其中的 PBRA 与基质沥青的相互作用实现对沥青混合料的改性效果，通过提料设备把布敦岩沥青提升输送到冷集料干燥筒，与集料一起拌和，拌和时间需比普通沥青混合料延长 5s，即可得到高温性能优良的 BRA 改性沥青混合料。

4.2 BRA 的采用剂量主要根据对动稳定度的要求确定,要求的动稳定度越高,需要的剂量越大;但由于 BRA 在改性沥青混合料高温性能的同时,却又同幅度地及影响低温性能,因此过高的动稳定度要求并不适宜。

4.3 本工法建立了估算沥青混合料最佳油石比的原创性计算公式,配合比设计前宜按该公式事先估计,以便于准确把握最佳沥青用量。

$$P_a = \left(\frac{100 - VV}{100 - VMA} \cdot \frac{1}{\gamma_{sb}} - \frac{1}{\gamma_{se}}\right) \cdot \gamma_a \tag{1}$$

式中:P_a——估算的最佳油石比;

VV——沥青混合料的空隙率设计标准;

VMA——沥青混合料的矿料间隙率设计标准;

γ_{sb}、γ_{se}——分别为合成矿料的毛体积相对密度和有效相对密度;

γ_a——沥青的相对密度。

5 工艺流程及操作要点

5.1 施工工艺流程(图1)

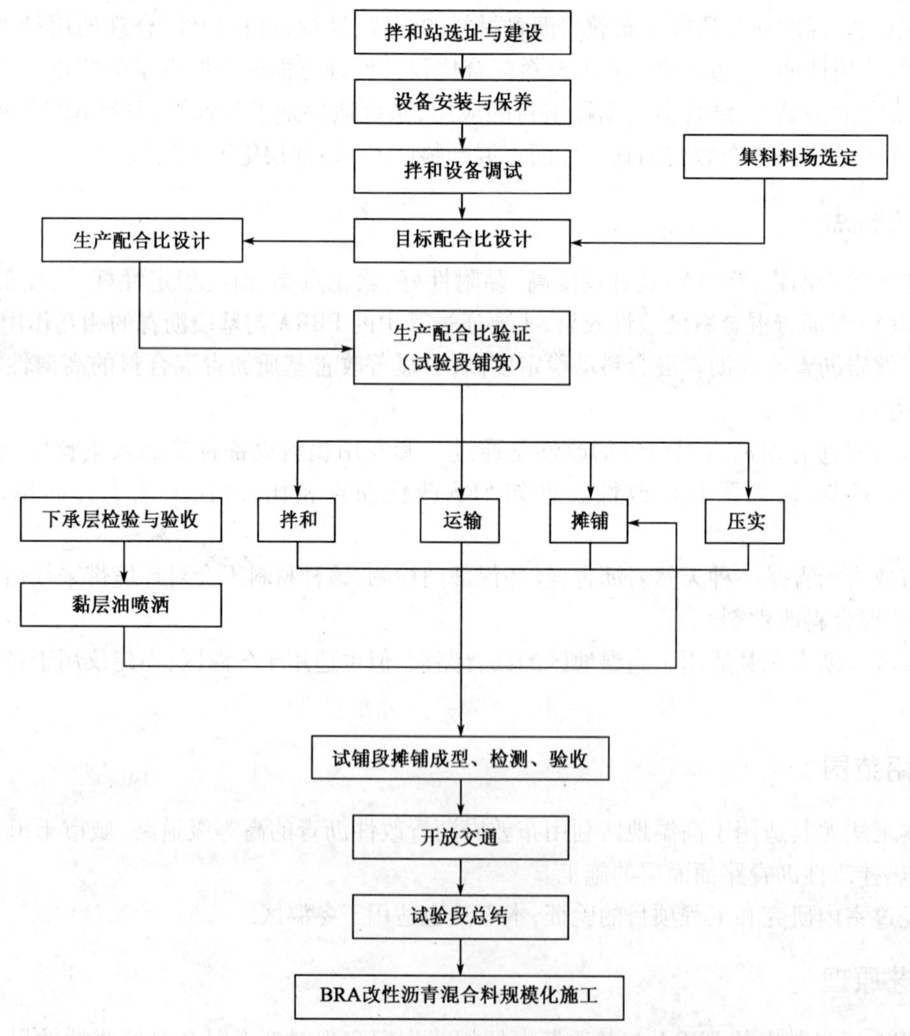

图1 BRA 改性沥青混合料施工工艺流程

5.2　施工操作要点

5.2.1　拌和站的选址与建设

(1)集料料场场地应具有能够满足拌和设备要求的地基承载力。

(2)场地环境干燥,没有积水,易于控制集料含水率,降低烘干成本,同时有效防止地面沉陷等现象的出现。

5.2.2　设备安装、保养与调试

(1)施工前应对各种施工机具做全面检查,并经调试确保机械性能良好。

(2)施工设备的数量应与施工能力配套,重要机械应有备用设备。

(3)设备在停用期间须由专门人员予以保养。

5.2.3　目标配合比设计

目标配合比的设计流程见图2。

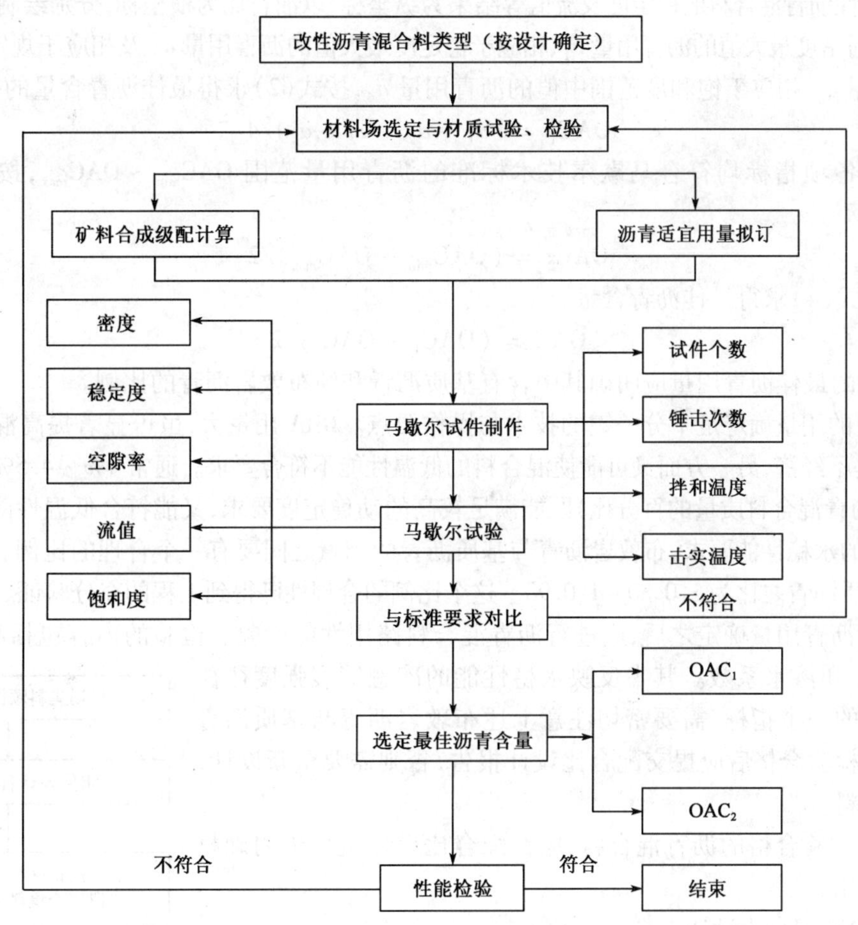

图2　目标配合比设计流程

(1)沥青混合料的类型依据招标文件或《公路沥青路面设计规范》(JTG D50—2006)、《公路沥青路面施工规范》(JTG F40—2004)选择。本工法以AC-13为实施载体。

(2)本工法要求BRA中PBRA的含量不小于20%,以确保关改性效果。

(3)按照相关试验规程,根据规范要求选择粗细集料及矿粉,并对其性能指标加以检验,选择合格的原材料。

(4)对粗细集料、矿粉以及抽提后得到的布敦岩矿粉材料进行筛分试验,按照我国现行马歇尔试验设计方法,在工程级配范围内拟订3条级配曲线。

(5)在进行合成矿料级配的计算时,应考虑布敦岩沥青中的矿物成分,并以布敦岩沥青抽提试验后

的矿料级配参与合成级配的设计,不应直接以布敦岩沥青的筛分曲线参与级配设计。

(6)考虑布敦岩沥青中含有的矿料成分,级配设计时矿粉的用量要适当减少。

(7)按马歇尔试验设计方法,根据本工法建立的前述公式,拟订合理的油石比,按此油石比制作试件,测定试件的毛体积相对密度,计算矿料间隙率;根据矿料间隙率的大小选择适宜的级配。

(8)以上述拟订的油石比为中心,确定5个沥青用量,进行马歇尔试验,计算改性沥青混合料的理论最大相对密度,再计算各级配沥青混合料在每个沥青用量时的空隙率、矿料间隙率、沥青饱和度等体积指标。

(9)混合料的拌和温度为175℃,击实温度为155℃。

(10)每个沥青用量试件制备不少于4个,击实为双面75击。

(11)对制备的马歇尔试件进行基本性能试验,测试的指标包括密度、稳定度、流值,以及饱和度等,各指标应符合规范的要求。

(12)以改性沥青混合料的稳定度及流值等结果为纵坐标,以油石比为横坐标,分别绘制曲线图,并据以确定相应于相对密度最大值的沥青用量 a_1、相应于稳定度最大值的沥青用量 a_2 及相应于规定空隙率范围的中值的沥青用量 a_3、相应于饱和度范围中值的沥青用量 a_4,按式(2)求得最佳沥青含量的初始值 OAC_1。

$$OAC_1 = (a_1 + a_2 + a_3 + a_4)/4 \tag{2}$$

然后求出各项指标均符合马歇尔技术标准的沥青用量范围 $OAC_{min} \sim OAC_{max}$,按式(3)求得中值 OAC_2。

$$OAC_2 = (OAC_{min} + OAC_{max})/2 \tag{3}$$

最后根据式(4)求得最佳沥青含量。

$$OAC = (OAC_1 + OAC_2)/2 \tag{4}$$

(13)设计的最佳沥青用量应明确其中含有基质沥青和纯布敦岩沥青的比例。

(14)BRA的用量确定是十分关键的技术与操作要点。BRA用量大,虽可显著提高混合料的高温性能,但一方面是不经济,另一方面又可能使混合料的低温性能不符合要求。通常4%~4.5%的布敦岩沥青用量(占整个沥青混合料质量的百分比)既能满足较高的动稳定度要求,又能符合低温性能的标准。为满足沥青混合料的水稳性能要求,布敦岩沥青与基质沥青的用量之间要有一个合理的比例。本工法建议布敦岩沥青与基质沥青之比为1:0.80~1:0.90。这个比例的合理性已得到工程的充分验证。

(15)最佳沥青用量确定之后,应进行沥青混合料路用性能检验。检验的内容包括高温性能、水稳性能、低温性能和渗水系数。其中反映水稳性能的冻融劈裂强度往往是不容易达到的一个指标,需要密切注意上述布敦岩沥青与基质沥青的用量比例。检验合格后应提交配合比设计报告,否则需要重新设计,必要时更换集料。

(16)性能检验合格的沥青混合料,应在配合比设计报告中明确材料的组成和配比。

5.2.4 生产配合比设计

生产配合比设计的流程见图3。

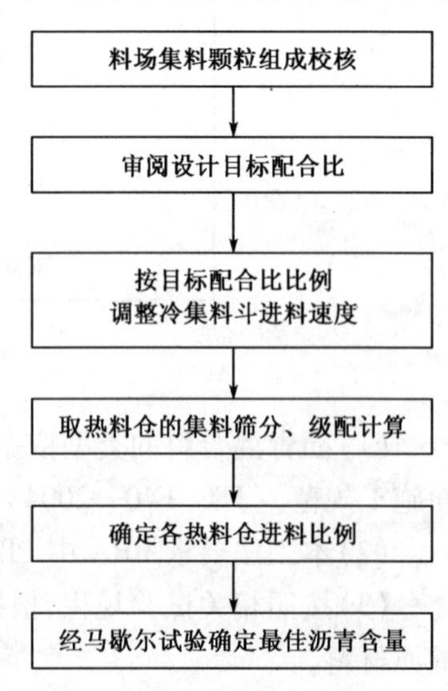

图3 生产配合比设计流程

(1)生产配合比设计用原材料应与目标配比设计的一致,当集料料源有变化时应重新进行目标配合比设计。

(2)仔细审阅目标配合比设计报告,根据目标配合比设计的冷料用量比例,调整冷集料斗的上料速度给拌和机组上料。

(3)从加热烘干后的各热料仓中分别取样并进行筛分,得到筛分曲线,进行生产级配设计。应反复调整冷料仓供料比例,达到供料平衡后,确定热料仓各种矿料配合比例。

(4)布敦岩沥青改性沥青混合料的配比结果表示较为复杂,配合比设计人员应向混合料机组拌和人员进行正确的技术交底，避免因技术交底不清导致生产出错误配比的混合料情况。

（5）根据热料仓矿料级配，以目标配比确定的最佳沥青含量 OAC 为中值，以 OAC ±0.3% 为端值，拟订 3 个沥青用量进行马歇尔试验，并确定对应最大毛体积相对密度的沥青用量 a_1、稳定度最大的沥青用量 a_2、空隙率范围中值对应的沥青用量 a_3 以及沥青饱和度范围中值所对应的 a_4，按式（2）~式（4）求得生产配合比的最佳沥青用量。

5.2.5 生产配合比验证

生产配合比验证流程见图 4。

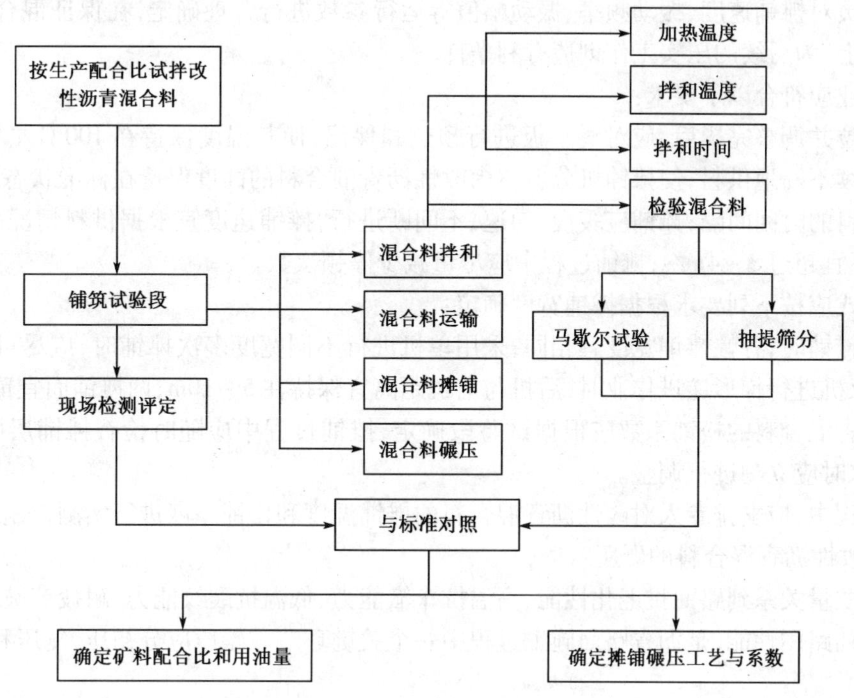

图 4 生产配合比验证流程

（1）生产拌和机按生产配合比结果进行试拌，铺筑试验段，并取样进行马歇尔试验，同时从路上钻取芯样观察空隙率的大小，由此确定生产用的标准配合比。

（2）试验段铺筑包括沥青混合料的拌和、运输、摊铺、碾压等主要环节。混合料拌和要求集料加热温度控制在 185℃，沥青混合料的拌和温度确定为 175℃。沥青混合料应随拌随用。拌和时间应经试拌确定，确保混合料拌和均匀。沥青结合料完全覆盖矿料颗粒，无花白料、结团或离析现象。本工法确定的拌和机的拌和时间为 30s。

（3）试验室应从拌和机拌和的 BRA 改性沥青混合料中取样，进行混合料性能检验。检验的内容包括马歇尔试验和抽提筛分试验，并将试验的结果进行记录、分析，与规范的标准进行对比，及时发现问题，纠正偏差。

（4）BRA 改性沥青混合料的运输

①改性沥青混合料的运输应采用较大吨位的自卸汽车，其数量应与运输距离及摊铺机的摊铺速度相协调，确保摊铺时混合料的供应不间断。

②混合料运输过程中应对其采取一定的保温、防水、防尘措施，防止混合料冷却或受到污染。

（5）BRA 改性沥青混合料摊铺

①气温低于 10℃时不得进行 BRA 改性沥青混合料的铺筑。

②摊铺前，应对下承层的施工质量进行全面的检查验收，达到标准后方可进行混合料的摊铺。

③在 BRA 改性沥青混合料铺筑之前，需在沥青混合料下承层表面洒布黏层油。黏层油宜采用沥青洒布车喷洒，并选择适宜的喷嘴，洒布速度和喷洒量保持稳定。喷洒的黏层油必须呈均匀雾状，在路面

全宽度内均匀分布成一薄层,不得有洒花漏空或成条状,也不得有堆积。喷洒不足的要补洒,喷洒过量应予铲除。喷洒黏层油后严禁运料车外的其他车辆和行人通过。黏层油宜在当天洒布,待乳化沥青破乳、水分蒸发完成,或稀释沥青中的稀释剂基本挥发完成后,紧跟着铺筑BRA改性沥青混合料,确保黏层不受污染。

④施工前应对机械设备进行全面检查,确保摊铺过程中不发生故障,致使摊铺中断。

⑤应使用摊铺机进行摊铺,摊铺机使用参数的选择与调整应按下列要求进行:

按使用说明书的规定和设计要求,对摊铺宽度、拱度、工作角等结构参数进行调整;针对实际情况,由专业技术人员对摊铺速度、振动频率、振动幅值等运行参数进行合理确定,在保证混合料摊铺速度和平整度的基础上,为后续的压实工作创造有利条件。

⑥摊铺作业应符合以下要求:

摊铺机就位并调整完毕后,应对熨平板进行预热和保温,使其温度保持在100℃左右;摊铺过程中运输车辆应持续不断地供料,使摊铺机分料室内改性沥青混合料的高度保持在标准状态,尽量缩短前后两运输车辆卸料的时间间隔;摊铺应缓慢、匀速、不间断进行,摊铺速度宜根据供料情况确定,并与压实相适应,通常不宜超过3~4m/s;摊铺过程中应尽量减少停顿次数。

⑦摊铺方式应按下列要求根据摊铺宽度确定:

采用多幅摊铺时,各幅摊铺宽度宜相同;采用单机进行不同宽度多次摊铺时,应尽可能先摊铺较窄的一幅;采用双机进行梯形递进作业时,后机与前机距离宜保持在5~10m,两摊铺面宜重叠5cm左右。

⑧改性沥青混合料的松铺系数应根据试验段确定,摊铺过程中应随时检查摊铺层厚度及路拱、横坡,达不到要求时应立刻进行调整。

⑨摊铺过程中,应安排专人对改性沥青混合料的摊铺温度和松铺厚度进行实测控制和记录。

(6)BRA改性沥青混合料的碾压

①碾压的质量关系到路面抗老化性能、高温抗车辙能力、低温抗裂纹能力、耐疲劳破坏能力、抗水剥离能力等一系列路用性能,是沥青路面施工过程中一个关键环节。碾压应分初压、复压和终压三个阶段进行。

②初压是为了稳定混合料,从而建立较强的承载能力,使振动压路机进行振动碾压时不致产生隆起和推移。初压采用振动压路机静压,碾压速度小于4km/h。

③复压是混合料密实、稳定、成型的关键工序,采用振动压路机振动碾压,碾压速度小于4km/h,每次碾压时钢轮应重叠20~40cm。

④终压是为了消除轮迹,最后形成平整的表面,采用光轮压路机不振动碾压,碾压速度小于5km/h。

⑤碾压段的长度应根据摊铺速度、混合料温度确定,一般可控制在50m左右。

⑥对碾压成型的BRA改性沥青混合料进行全面的质量检测,包括压实度、空隙率及平整度等。检测应在面层成型冷却后进行,检测质量须符合要求。检测合格后即可开放交通。

⑦试验段铺筑成功后,应对BRA改性沥青混合料面层进行全面施工技术总结,包括材料、采用的机械设备、施工工序、检测方法、质量控制等诸方面,积累经验,并提交最终的配合比设计和关键施工参数,以指导规模化施工。

5.2.6 接缝处理

(1)纵缝处理应符合以下规定:

①纵缝应采用热接缝,尽量避免冷接缝。

②施工时,应由结构参数与运行参数应调成相同的两台摊铺机前后呈梯形平行作业,前后相距5~10m为宜。

③接缝两侧摊铺层的横坡和厚度应协调一致,摊铺搭接重叠5~10cm。

④上下层的纵缝不得重合,应错开30cm以上,上面层纵缝应顺直,且尽可能设在路面标线位置。

(2)横缝处理应符合以下规定：

①中面层可采用平接缝或斜接缝,表面层必须采用垂直平接缝。

②相邻两幅及上下两层的横向接缝不能距离太近,宜错开2m以上。

③每天施工结束前,在最后一车混合料即将用空时,应注意观察螺旋输送器内和熨平板前部混合料的堆积量,保持全宽范围内均匀一致,尽可能摊铺出一个垂直于路中线的整齐断面,切忌摊铺出一个长的斜面。对于末端约1m范围内的混合料,应切割后清除,并在接缝处对断面切口涂刷适量的沥青或乳化沥青。

④第二天摊铺前,应对接缝处进行清扫,并用热料对接缝预热10min以上,或使用汽油喷灯对横缝里面进行适当加热。新铺面与冷面重叠搭接长度,平缝宜为5~10cm,斜缝宜为0.4~0.8m。碾压时用耙子剔除粒径较大的粒料,简单整平后趁热碾压,并用3m直尺检查平整度。

6 材料与设备

6.1 材料

6.1.1 沥青

(1)布敦岩沥青为产自印度尼西亚苏拉威西省布敦岛的纯天然岩沥青。

(2)基质沥青应选用优质石油沥青,常用的重交通石油沥青的标号有AH-70、AH-90。

6.1.2 集料及矿粉

(1)粗集料应为洁净、干燥、无风化、无杂质的石灰岩或玄武岩。

(2)细集料：

①使用的细集料应为洁净、干燥、无杂质的石灰岩或玄武岩。

②细集料可使用天然砂,但天然砂的含量不得大于集料总量的10%。

③布敦岩改性沥青混合料的矿粉应采用石灰石加工而得。

6.2 设备

6.2.1 施工设备包括拌和设备、摊铺设备和碾压设备等。

(1)拌和设备应采用3000式以上的间歇式拌和机,配备有材料配比和施工温度的自动检测和记录设备,同时还须配备布敦岩沥青专用上料设备。

(2)摊铺机宜采用履带式摊铺机,根据施工道路的路幅宽度确定摊铺机的型号和数量,以保证摊铺质量和进度。

(3)碾压设备应配备足够数量的振动压路机和光轮压路机。

(4)常用的施工机械设备如表1所示。

常用的施工机械设备 表1

序 号	机 械 名 称	型 号	单 位
1	沥青拌和站	3000型以上	台
2	沥青摊铺机	酌情选择	台
3	振动压路机	QX520	台
4	胶轮压路机	酌情选择	台
5	双驱双振钢轮压路机	3Y18/20t	台
6	提料设备	加工	套
7	洒水车	解放	辆
8	装载机	ZL50	台
9	自卸汽车	解放	辆
10	沥青混凝土转运机	酌情选择	台

6.2.2 测量、试验设备

为配合原材料的检验、配合比的设计和改性沥青路面的施工,需配备如表2所示的试验设备。

测量、试验设备 表2

序号	名称	单位	数量	备注
1	全站仪	台	1	
2	水准仪	台	2	DZS3—1型
3	沥青混合料拌和机	台	1	
4	电子秤	台	1	量程46kg,感量0.1g
5	电子秤	台	1	量程300~500g,感量0.1g
6	马歇尔稳定度测定仪	台	1	LD190—II
7	车辙试验成型机	台	2	
8	石子标准筛	套	1	2.5~100mm
9	砂子标准筛	套	1	0.16~5mm
10	沥青针入度仪	台	1	测定针入度值,计算PI
11	马歇尔试验仪	台	1	
12	沥青抽提仪	台	1	
13	马歇尔脱模器	台	1	
14	控温沥青拌和机	台	1	
15	恒温水槽(6孔)	个	1	LSY
16	电烘箱	个	1	101—A2型
17	沥青延度试验仪	台	1	1.5m以上
18	沥青软化点试验仪	台	1	
19	摆式摩擦系数仪	台	1	
20	平整密度仪	台	1	
21	钻芯取样机	台	1	75~100cm
22	沥青马歇尔稳定度试模	个	1	
23	沥青矿料方孔筛	套	2	0.075~37.5mm
24	沥青旋转薄膜烘箱	台	1	XH—85
25	路面平整度测定仪	台	1	ZL—79
26	车辙试验机	台	1	
27	沥青混合料冻融劈裂试验机	台	1	JTY—2

7 质量控制

7.1 本工法依据的工程质量标准

(1)《公路沥青路面施工技术规范》(JTG F40—2004);

(2)《公路工程质量检验评定标准》(JTG F80/1—2004);

(3)《公路工程沥青及沥青混合料试验规程》(JTJ 052—2000);

(4)《公路工程集料试验规程》(JTG E42—2005);

(5)《公路路基路面现场测试规程》(JTG E60—2008);

(6)设计文件的有关要求。

7.2 质量保证措施

7.2.1 组织施工技术人员认真学习和复核设计图纸,理解设计意图,注意施工要点,执行逐步技术交底工作制度。拌和机工作人员应严格注意配合比设计报告中布敦岩沥青的用量说明,确保拌和严格按配比设计进行。

7.2.2 严格执行有关工程规范、规程。

7.2.3 坚持及时填报各种工程验收报表、工程的验收签证、施工日记等,建立技术档案,保存原始资料。

7.2.4 建立健全试验机构,充实试验人员,认真做好原材料、试件的试验工作。

7.2.5 搞好施工机械设备的检修工作,经常保持机械设备的完好。

7.2.6 坚持施工放样复测制度,做到准确无误,杜绝出现测量质量事故。

7.2.7 施工中随时检测摊铺厚度和路面平整度,特别注意碾压程序和碾压遍数与试验段的一致,要有专人负责此项工作,发现问题及时处理。

7.3 原材料的质量要求

7.3.1 布敦岩沥青按50t进行抽检一次,检测的主要指标是纯沥青的含量,要求不得低于20%。

7.3.2 基质沥青的技术指标符合《公路沥青路面施工技术规范》(JTG F40—2004)表4.2.1-2的要求。

7.3.3 粗集料的质量应符合《公路沥青路面施工技术规范》(JTG F40—2004)表4.8.2的要求,但建设单位单位或设计单位可根据当地气候情况及集料料源情况,在进行室内研究证明能符合路用性能要求后,提出适合本地区的技术指标。

7.3.4 粗集料有两个破碎面颗粒比例不少于75%,应选用反击式破碎机轧制的碎石。

7.3.5 对进场粗集料每500t检验一次。

7.3.6 细集料的质量应符合《公路沥青路面施工技术规范》(JTG F40—2004)表4.9.2要求,不得使用不合格的集料。

7.3.7 细集料每200t检验一次。

7.3.8 细集料为天然砂时,其规格应符合《公路沥青路面施工技术规范》(JTG F40—2004)表4.9.3的规定。

7.3.9 石屑是采石场破碎石料时通过4.75mm或2.36mm的筛下部分,其规格应符合《公路沥青路面施工技术规范》(JTG F40—2004)表4.9.4的规定。机制砂宜采用专用的制砂机制造,并选用优质石料生产,其级配应符合S16的要求。

7.3.10 矿粉应干燥、洁净,其质量应符合《公路沥青路面施工技术规范》(JTG F40—2004)表4.10.1要求。

7.3.11 不得将拌和机回收的粉尘作为矿粉使用。

7.3.12 矿粉每200t检验一次。

7.4 对改性沥青混合料的制件与性能要求

7.4.1 BRA改性沥青混合料的配合比设计,按《公路沥青路面施工技术规范》(JTG F40—2004)规定的马歇尔试验方法进行。各个阶段的配合比设计过程中,涉及原材料检验、合成级配的计算、压实试件的体积指标计算以及混合料性能检验等诸多环节必须正确进行,不得有误。

7.4.2 温度对压实BRA改性沥青混合料的性能有着显著影响,混合料拌和、试件击实温度要求分别不低于175℃和155℃。

7.4.3 进行目标配合比设计时,将 BRA 放入185℃的拌和锅加热30s,然后把已经加热的集料放入拌和锅,随后加基质沥青一起拌和到要求的时间,最后加矿粉继续拌和成料。

7.4.4 对布敦岩沥青改性沥青混合料而言,水稳性能指标往往难以达到要求,是配合比设计的难点之一;而沥青用量与水稳性能密切相关,较多的基质沥青用量虽有助于水稳性能的提高,但不利于高温性能,因此对沥青用量的确定十分关键。最佳沥青用量的设计,一方面按照本工法4.0.3条所列出的计算公式预先计算,并与马歇尔试验确定值加以比较后准确确定,另一方面还必须注重本工法5.2.3条14款提出的 BRA 与基质沥青的质量占比要求。

7.4.5 按照配合比设计成果,严格控制基质沥青与布敦岩沥青的用量比例,即使最佳沥青用量不变,但若两者的用量比例发生变化也将导致混合料的性能发生显著变化。

7.4.6 经拌和而成的布敦岩沥青改性沥青混合料的各项技术指标应满足《公路沥青路面施工技术规范》(JTG F40—2004)表5.3.3-1中的要求,同时符合表5.3.4-1、表5.3.4-2的高温性能、水稳性能、低温性能以及渗水指标的要求。

7.5 施工过程中的质量控制

7.5.1 BRA 改性沥青混合料的施工质量控制遵循《公路沥青路面施工技术规范》(JTG F40—2004)表11.4.3~表11.4.5的要求。

7.5.2 喷洒的黏层油必须呈均匀雾状,在路面全宽度内均匀分布成一薄层,不得有洒花漏空或成条状,也不得有堆积。喷洒不足的要补洒,喷洒过量应予铲除。喷洒黏层油后严禁运料车外的其他车辆和行人通过。黏层油宜在当天洒布,待乳化沥青破乳、水分蒸发完成,或稀释沥青中的稀释剂基本挥发完成后,紧跟着铺筑 BRA 改性沥青混合料,确保黏层不受污染。

7.5.3 运输

(1)混合料运输过程中应采取保温措施,防止混合料温度大幅度下降,确保碾压温度不低于155℃。

(2)不得超载运输,车辆行驶过程中避免紧急制动、急弯掉头等操作对黏层油造成破坏。

(3)运输车辆每次使用前后必须清扫干净,在车厢板上涂一薄层防止沥青黏结的隔离剂或防粘剂,但不得有余液积聚在车厢底部。从拌和机向运料车上装料时,应多次挪动汽车位置,平衡装料,以减少混合料离析。

(4)运料车进入摊铺现场时,轮胎上不得粘有泥土等可能污染路面的赃物,否则应设水池洗净轮胎后方可进入工地。

7.5.4 摊铺

(1)摊铺机必须缓慢均匀、均匀、连续不断地摊铺,不得随意变换速度或中途停止,以提高平整度,并减少混合料的离析。当发现混合料出现明显的离析、波浪、裂缝、拖痕时,需分析原因,采取措施予以消除。

(2)摊铺机应采用平衡梁或雪橇式摊铺厚度控制方式自动找平,保证良好的平整度控制。

(3)摊铺过程中应随时检查松铺厚度和压实厚度,当设计厚度在50mm以下时,允许质量偏差为设计厚度的5%;当设计厚度在50mm以上时,允许质量偏差为设计厚度的8%。对检测的厚度应按照质量评定标准的方法进行评定。

7.5.5 碾压

(1)碾压按照初压、复压及终压三个阶段进行,碾压中特别注意对温度的检测,尽可能在较高的温度下及时压实,初始碾压温度应不低于155℃,碾压结束后温度应在95°C以上。不得在低温状况下反复碾压,避免石料棱角磨损、压碎,破坏集料嵌挤。

(2)压路机应以慢而均匀的速度碾压。压路机的速度应符合表3的规定。压路机的碾压路线和碾压方向不应突然改变而导致混合料离析。碾压区的长度应大体稳定,两端的折返位置在横向不得在相同的断面上。

压路机碾压速度(km/h) 表3

压路机类型	初压		复压		终压	
	适宜	最大	适宜	最大	适宜	最大
钢筒式压路机	2~3	4	3~5	6	3~6	6
轮胎压路机	2~3	4	3~5	6	4~6	8
振动压路机	2~3 (静压或振动)	3 (静压或振动)	3~4.5 (振动)	5(振动)	3~6(静压)	6(静压)

(3)BRA 沥青混合料的初压应符合下列要求:

①初压应紧跟在摊铺机后碾压,并保持较短的初压区长度,以尽快使表面压实,减少热量损失。

②应采用钢轮压路机静压1~2遍。碾压时应将压路机的驱动轮面向摊铺机,从外侧向中心碾压,在超高路段则由低向高碾压,在坡道上应将驱动轮从低处向高处碾压。

③初压后应检查平整度、路拱,有严重缺陷时进行整修乃至返工。

(4)BRA 沥青混合料的复压应符合下列要求:

①复压应紧跟在初压后进行,且不得随意停顿。压路机碾压段的总长度应尽量缩短,要求不超过70m。

②优先采用重型的轮胎压路机进行揉搓碾压,以增加密水性,其总质量不宜小于25t,使每一轮胎的压力不小于15kN。冷态时的轮胎气压力不小于0.55MPa,轮胎发热后不小于0.6MPa,且各个轮胎的气压大体相等。相邻碾压带应重叠1/3~1/2的碾压轮宽度,碾压至要求的压实度为止。

③当采用三轮钢轮压路机时,总质量不宜小于12t;相邻碾压带应重叠1/2的碾压轮宽度,并不小于200mm。

④对路面边缘、加宽及港湾式停车带等大型压路机难以碾压的部位,宜采用小型振动压路机或振动夯板做补充碾压。

(5)BRA 沥青混合料的终压应紧跟复压后进行,如经复压后已无明显轮迹时可免去终压。终压可选用双轮钢轮式压路机或关闭振动的振动压路机,碾压不宜小于2遍,至无明显轮迹为止。

(6)压实度每2 000m^2钻取1个芯样,按逐个试件评定并计算平均值;标准密度采用试验室密度的97%或最大理论密度的93%。同时计算试件的空隙率、矿料间隙率和沥青饱和度等指标,并与规范的规定值进行比较。

7.5.6 必须注意天气预报,及时掌握天气状况,采取必要措施防止施工期间混合料被雨淋;坚决避免在气温较低时进行混合料铺筑。

8 安全措施

8.1 遵照现行行业标准《公路工程施工安全技术规程》(JTJ 076—95)的要求,建立完善的施工安全保证体系,加强施工作业中的安全检查,确保作业标准化、规范化。

8.2 认真贯彻“安全第一,预防为主”的方针,根据国家有关规定、条例,结合施工单位实际情况和工程的具体特点,组成专职安全员和班组兼职安全员以及工地安全用电负责人参加的安全生产管理网络,落实安全生产责任制,明确各级人员的职责,抓好工程的安全生产。

8.3 沥青场地内严禁烟火,并应采取有效的防火、防爆、防毒措施,完善布置各种安全标识,并配备一定数量的消防器材。

8.4 布敦岩沥青改性沥青混合料拌和场的油罐应与导热油热载体炉保持10m以上的足够距离,防止发生火灾。

8.5 参与沥青路面施工的人员应穿戴工作服、安全帽以及手套等劳保防护用品,防止烫伤;夏季高温季节施工,应采取防暑降温措施。

8.6　从事沥青试验检测的人员,除应做好通常的沥青作业防护以外,还应做好三氯乙烯等有害气体的防护。

8.7　摊铺机施工现场应有专人指挥运料车倒料,防止汽车互相碰撞,以及碰伤工作人员的事故发生。

8.8　凡对沥青过敏的施工和试验人员禁止从事沥青路面的施工工作。

9　环保措施

9.1　环境保护日常管理

工程项目应成立专门的环境保护管理小组,制定完善的环境保护管理制度,在工程施工过程中严格遵守国家和地方政府有关环境保护的法律、法规和规章。

9.2　大气污染防护

9.2.1　选择沥青混合料拌和场地时,应远离居民区、村庄及学校,无法避开时应选在主风向下方。

9.2.2　不采用开敞式、半封闭式沥青加热设备;沥青混合料拌和设备必须有良好的二级除尘装置并能有效地进行除尘,使空气质量标准符合当地环保部门的要求。

9.2.3　对施工场地道路进行硬化,并在晴天经常对施工通行道路进行洒水,防止扬尘;运输沥青混合料的车辆应有覆盖物。

9.3　水污染防治

9.3.1　沥青、油料、化学物品及废弃的粉尘和沥青混合料等,不得堆放在民用水井及河流湖泊附近,并应采取措施,防止雨水冲刷进入水体。

9.3.2　施工驻地产生的各种生活垃圾、污水、粪便等应集中处理,不得直接排入水体。

9.4　噪声污染防治

9.4.1　拌和场地的选择应尽量避开居民区、学校等人口密集区,并采取设立隔音墙、隔音罩等消音措施,将施工噪声降低到允许值以下,同时尽可能避免夜间施工。

9.4.2　使用机械设备时,要尽量减少噪声污染。建筑施工场地的噪声应符合《建筑施工场界噪声限值》(GB 12523—1990)的规定。

9.4.3　工作期间暂停使用的机械设备,应停机或将油门调至最小,尽量减少对当地村庄、社区居民的不利影响。

9.4.4　各种车辆进出村镇,做到文明驾车、慢速行驶,遇地方车辆礼让三先,尽可能不鸣笛或少鸣笛,减少对附近村镇居民的影响。

10　效益分析

10.1　工法优势

布敦岩沥青是一种天然的沥青改性剂,可直接加入集料生产改性沥青混合料。其生产工艺简单,仅需额外架设一套简单提料设备即可用于改性沥青混合料的生产。其他人工改性剂如 SBS,是通过改性基质沥青得到改性沥青,然后来拌制改性沥青混合料的。SBS 等这类改性改性剂不仅增加了沥青的改性工艺环节,且整体改性工艺复杂,同时所得改性沥青的储存稳定性不佳;而布敦岩沥青改性沥青混合料与此不同,就不存在这个问题。除此之外,本工法在沥青混合料最佳沥青用量的预估、布敦岩沥青与基质沥青的用量比例方面都提出了一些新的见解。

10.2　经济效益

通过对本试验路段的跟踪调研,并结合国内外布敦岩沥青改性沥青路面与其他沥青路面的对比分析认为,本工法具有良好的经济,主要体现在以下几个方面:

(1)采用布敦岩沥青改性沥青的材料成本低于其他改性沥青。表4以当前应用较为广泛的SBS改性沥青为例,加以对比分析。

沥青改性成本价格比较 表4

沥青种类	掺入量(%)	市场价格(元/t)	加工费用(元/t)	综合价格(元/t)	最佳沥青含量(%)	混合料中沥青费用(元/t)
石油沥青	100	4 000	直接投入	4 500	4.67	210.2
BRA	55	3 100	直接投入	3 730	5.7	212.6
SBS	4.5	6 000	500	5 067.5	4.76	241.2

从上表可以看出,采用BRA改性沥青的混合料中沥青投入比普通沥青略高,而比SBS改性沥青低11.9%。

(2)凡严格按照本工法的操作要点进行施工,均可保证一次完成且质量达到规范要求,避免返工,降低工程的建设成本。

(3)通过对采用本工法施工的试验路段进行回访调查,并结合业主反馈意见发现,使用布敦岩沥青改性沥青,大大提高了道路的路用性能,尤其是在改善路面高温稳定性和耐久性等方面效果显著,从而明显降低了道路后期养护成本,并且减少了因道路维修时交通封闭而对社会造成的经济损失,大大提高了道路运营效益。

10.3 社会效益

布敦岩沥青为天然的沥青改性剂,仅通过开采手段即可获得,跟其他人工制造需要消耗资源的改性剂相比,其低碳经济的特性明显,节能减排的效果良好,用该工法铺筑布敦岩沥青改性的沥青路面具有显著的社会效益。

11 应用实例

11.1 蓬莱市至206国道连接线

(1)工程概况

蓬莱市至206国道连接线上K22+700~K28+700路段属一级公路,双向4车道,于2003年7月下旬开始施工,当年8月初竣工。

(2)工程应用

该路段为布敦岩沥青改性沥青混合料试验路段,布敦岩沥青改性混合料用做路面的上面层。试验段路面结构采用15cm水泥稳定风化砂底基层+15cm水泥稳定风化砂碎石(碎石占40%)下基层+18cm水泥稳定碎石上基层+5cmAC-25沥青混凝土下面层+4cmAC-20沥青混凝土中面层+3cm布敦岩沥青改性沥青混凝土上面层。

(3)应用效果

2009年11月下旬,烟台公路局对试验路段进行了现场勘查(图5),路面的病害主要是横向裂缝与极少量的纵向裂缝。横向裂缝发生的频率程度较小,纵向裂缝的长度不大,没有调查前预想可能出现的网状裂缝和龟裂,也无车辙、坑槽及其他任何形式的破坏,而且路面平整度在高速公路的标准范围内,表现优良。整个试验路段通车至今未进行过维修,其运营状况得到业主和社会的一致好评。

11.2 马莱路项目

(1)工程概况

马莱路位于莱芜市辛庄镇境内,施工线路两次跨越省道329,团圆坡水库贯穿本线路。科达集团股份有限公司施工的路面工程起点为K204+830,终点为K212+535,全长7.705km。

(2)工程应用与效果

图5　布敦岩沥青改性沥青路面状况(已通车7年)

在该项目采用布敦岩沥青 AC-13F 型沥青混凝土施工工法。布敦岩沥青 AC-13F 型沥青混凝土中与其他改性剂改性特征的不同,使其在施工节约了能源,实现了资源节约、节能环保与低碳建设的综合效益,提高了沥青混凝土的品质,节约了养护维修费用,具有广阔的发展前景。

11.3　荣乌高速

(1)工程概况

新河(青潍界)至辛庄子高速公路是国家重点公路荣成至乌海线的重要组成部分。该公路东起青岛、潍坊交界处胶莱河东岸,西至东营市广饶县辛庄子东北与天津至汕尾线在东营至青州高速公路连接,第十合同段里程桩号为 K84 +200 ~ K93 +980,段内主线长 9.78km。

(2)工程应用与效果

在该合同段内做了 4km 的试验路,达到了与使用 SBS 改性沥青同等功效。这条高速公路也是山东蔬菜运往北京的大动脉,交通量要远超设计交通量,布敦岩沥青的使用,大大降低了施工单位的生产成本,节约了能源,符合低碳建设的发展理念,至今路用性能良好。

Eliminator 防水层 + 浇注式沥青混凝土 + 沥青玛蹄脂混凝土组合铺装钢桥面施工工法

GGG(黔)B4040—2010

肖锡康　王振业　粟多品　孙朝济　易小波

(贵州桥梁建设集团有限责任公司)

1　前言

大跨径钢桥因其具有板薄、建筑高度小、恒载小等优良特性而受到广泛的青睐。但它在荷载、风载、温度变化以及地震等因素的作用下,受力和变形特性非常复杂,给钢桥面铺装技术提出了严格的要求,此问题一直是国内外研究的热点和难点。

就目前而言,常用的铺装材料有:普通沥青混凝土、浇注式沥青混凝土、沥青玛蹄脂混凝土及环氧树脂沥青混凝土。其中普通沥青混凝土的性能指标根本不能满足钢桥面板铺装的技术要求;环氧沥青混凝土的性能最好,寿命最长,但其施工工艺相当复杂且造价太昂贵,在国内难于被普遍采用;单纯的沥青玛蹄脂混凝土性能虽然优良,但因它的粗集料高达70%,难以与钢板达到密贴的效果,再加上它还不能满足"铺装下层混合料的空隙率几乎为零"的要求,所以不能作为直接与桥面接触的铺装下层。而浇注式沥青混凝土如果作为表面层,在抗车辙及外观方面远不如沥青玛蹄脂混凝土。

大跨径钢桥面板对铺装层有如下性能要求:良好的抗车辙性能、良好的低温抗裂性能、良好的抗疲劳开裂性能、与钢板之间良好的层间结合能力、良好的抗滑性能以及对钢桥面板良好的保护作用。通过对国内外各种铺装技术的比选,贵州省桥梁工程总公司以北盘江大桥为依托工程,进行了组合铺装施工技术研究。通过试拌试铺,最后以 Eliminator 防水黏结层(2mm) + 浇注式沥青混凝土 GA10(33mm) + 沥青玛蹄脂碎石 SMA10(30mm)的组成结构完成了北盘江大桥的桥面铺装,从而总结形成"Eliminator 防水层 + 浇注式沥青混凝土 + 沥青玛蹄脂混凝土组合铺装施工工法"。通过半年多的准备及近三个月的施工,我们于2008 年 11 月 6 日完成了北盘江大桥的桥面铺装工程,并于 2008 年 11 月 27 日顺利通过交工验收。该工程被交工验收委员会及贵州省交通建设质量监督站一致评定为"桥面铺筑平整、密实,行车舒适"。

2　工法特点

2.1　优良的 Eliminator 防水体系不但防水效果显著,而且具有良好的层间结合力及防腐效果;因其有足够的黏结强度和剪切强度,确保该层具备低温抗裂性、水稳性、耐久性和随从变形能力等。

2.2　GA10 为悬浮—密实结构,能够与钢桥面板保持良好的黏结性,并且起到保护作用;能够与钢桥面板保持良好的追从性,并且不易疲劳;具有较好的耐久性;质量轻。

2.3　SMA10 具有优良的热稳性,抗车辙能力强;抗裂性、密水性优良;表面粗糙均匀,抗滑能力强。

3　工法适用范围

3.1　Eliminator 防水体系不仅适用于钢桥面板的防水防腐,还适用于混凝土桥面板、桥墩等的防水防腐。

3.2　GA10 适用于各种桥面及隧道路面铺装,但在钢桥面上更能体现它的优异性,特别有利于大跨径桥梁的发展。

3.3　整个体系在钢桥面上最能体现其优越性,也可用于其他桥面和隧道路面。

4 工艺原理

4.1 防水层是通过喷砂除锈,彻底清洁钢桥面板,使之达到规定的清洁度和粗糙度,然后喷涂防水材料,起到防水、防锈、浇注式沥青混凝土与钢板的连接等目的。

4.2 GA10作为沥青铺装的下层,通过专业的拌和摊铺方法将它摊铺到钢桥面上,其下通过胶粘剂与防水层连接,确保对钢板的热胀冷缩变形有良好的追从性,在浇注沥青混凝土层上撒预拌碎石和改性乳化沥青,达到与SMA10的充分连接,起到传递应力,层间过渡的作用;同时因其密不透水,对钢板也有良好的保护作用和防腐作用。

4.3 SMA10沥青玛蹄脂碎石上面层直接承受车辆荷载,具有良好的抗滑、抗车辙、抗疲劳开裂和抗低温开裂性能。

5 施工工艺流程及操作要点

5.1 施工工艺流程(图1)

5.1.1 防水黏结层施工工艺见图2。

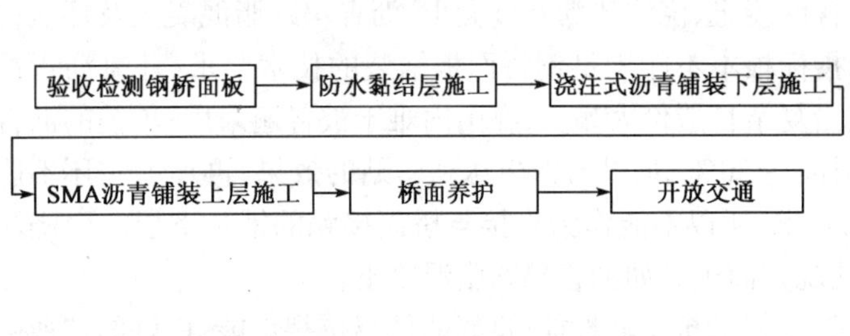

图1 施工工艺总流程

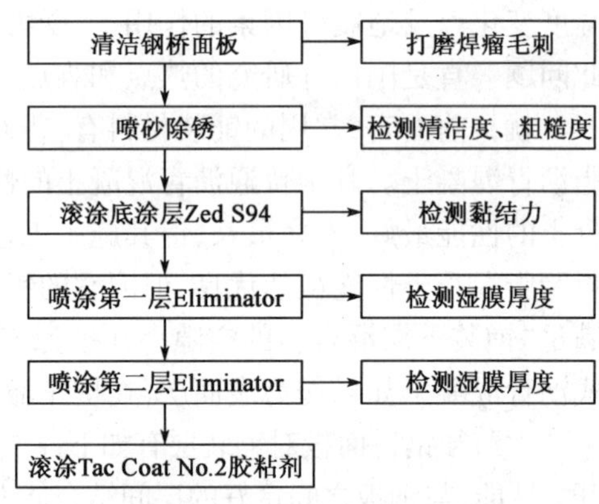

图2 防水黏结层施工工艺

5.1.2 GA10铺装下层施工工艺流程见图3。

5.1.3 SMA10铺装上层施工工艺流程见图4。

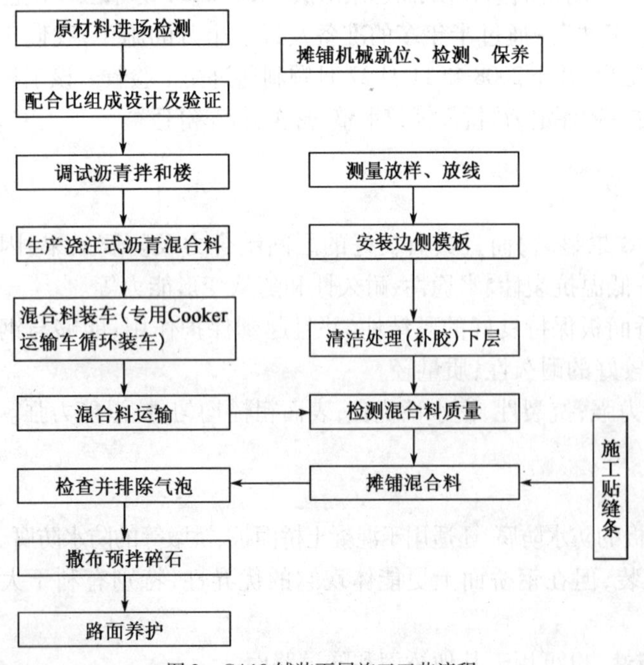

图3 GA10铺装下层施工工艺流程

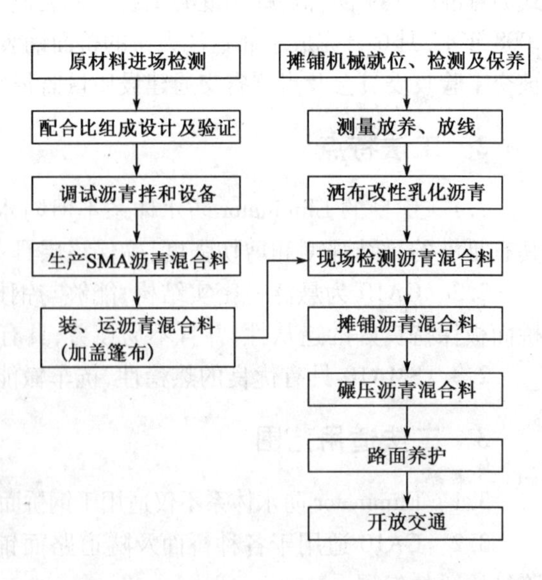

图4 SMA10铺装上层施工工艺流程

5.2 操作技术要点

5.2.1 喷砂除锈(图5)

喷砂前,应首先检查钢桥面板的外观,确保表面无焊瘤、飞溅物、针孔、飞边和毛刺等,否则必须通过打磨加以清除,锋利的边角必须处理到半径2mm以上的圆角。用清洁剂或溶剂清洗钢桥面板表面的油、油脂、盐分及其他脏物,用高压清水清洁,直至无油污、尘垢为止。喷砂除锈施工前应先调整钢砂(棱角砂)和钢丸的比例,使之能满足清洁度和粗糙度的要求。喷砂除锈后的钢桥面板表面清洁度应达到《涂装前钢材表面锈蚀等级和除锈等级》(GB/T 8923—88)标准Sa2.5级的要求,粗糙度必须达到50~100μm。

5.2.2 防水黏结层施工

喷涂的基面必须干燥、洁净、无油污、无异物、无灰尘,如遇下雨、下雪、结露等气候条件时,严禁涂布作业。喷涂时环境温度须在-10~50℃。涂布施工前先认真核定各种材料用量,施工过程中随时检测并严格控制材料用量及涂布厚度,确保各项指标满足设计要求。

(1)Zed S94是单组分、防腐金属底漆(图6),易随溶剂挥发干燥,在喷砂清理好基体3h内施工,通常涂一道便足够,用量为0.2kg/m^2,干膜厚度50μm左右。涂布必须均匀,不得起水注。施工过程应严格控制材料用量和涂布厚度,完全固化后检测黏结强度。对于焊缝和边角等不易施工处,应提前用小毛刷仔细刷涂,确保施工质量。

图5 喷砂除锈

图6 Zed S94底漆

(2)Eliminator防水层(两层)是用甲基丙烯酸甲脂(MMA)基树脂制成的一种双组分(A组和B组)的环氧材料,用一种白色粉末催化剂固化施工。其直接喷涂在底涂层上,固化后形成坚韧、柔性的无缝防护膜;耐高温,面层温度高达250℃而无影响;施工用量为2.5~3.5kg/m^2,单层湿膜厚度大于1.2mm,双层干膜厚度不小于2mm。为了便于施工和确保各层施工质量,上下两层分别用"白"、"黄"两种颜色区分(图7)。上层施工必须待下层完全固化后才能施工作业。固化时间与气温有关,至少在30min以上。

图7 Eliminator防水层

(3)Tack Coat No.2 胶粘剂(图8)是一种单组分、高强度甲基丙烯酸酯共聚体热熔胶粘合剂。其最低活化温度85℃,直接涂布在防水层上,用量为0.1~0.2kg/m²,固化后与底涂层、防水层形成一个整体封闭的体系,高温激活后又可与浇注式沥青混凝土紧密黏结。

图8 Tack Coat No.2 胶粘剂

5.2.3 配合比组成设计

首先根据设计及规范规定检测各种原材料的性能指标,然后根据设计文件和《公路沥青路面施工技术规范》(JTG F40—2004)、《公路工程沥青及沥青混合料试验规程》(JTJ 052—2000)、《公路沥青玛蹄脂碎石路面技术指南》(SHC F40-01—2002)完成各阶段配合比组成设计。

5.2.4 拌和机械调试

首先检查和调试各个机械系统和电控元件,使之达到良好的工作状态。其次是重点调校称量系统。北盘江大桥的桥面铺装所用的拌和设备是西安筑路机械厂生产的"J4000型"沥青拌和楼,拌制普通沥青混合料的额定生产能力是每盘4t,每级料的称量误差可达50~60kg,而不影响整个级配。而浇注式沥青混合料由于受沥青和矿粉称量的限制,每盘只能生产1.8t。根据配合比和质量要求规定,关键的两级料的容许误称量差:矿粉为10kg,0~3mm的细集料为17kg,所以控制称量误差是这一环节的重点工作。具体工作分两步完成:一是调整冷料仓出料口的大小和上料皮带的转速,使之严格按照拌和能力和级配需要上料;二是通过调整热料仓仓门控制汽缸的行程逐一来调整各级料的称量精度,使之达到规范要求。

5.2.5 施工配合比验证

拌和机械调试完毕后,根据配合比试生产沥青混合料,并取样检测混合料的性能指标;若满足要求则照此级配进行生产,否则需从新调整拌和机械或级配,直至混合料的各项指标都达到设计要求为止。

5.2.6 混合料生产

浇注式沥青混合料拌和后的出料温度应控制在220~250℃,所以石料加热温度为290~330℃,改性沥青加热温度为175~185℃,由于混合料中矿粉含量很大且未加热,因此混合料的拌和时间比较长,干拌15s,湿拌90s。SMA的石料加热至200~240℃,混合料拌和后出料温度按170~195℃目标控制。其拌和时间为干拌5~10s,湿拌30~60s。每天开始生产后都应从热料仓里取混合料筛分,检测其级配是否符合设计要求。前几盘混合料一般不加沥青,拌和后放掉,待温度和称量都稳定后再加入沥青拌和。拌和中不得使用回收粉替代矿粉,同时要严格控制矿物纤维、Sasobit等外加剂的掺入量。拌和好的沥青混合料还需派专人检查外观质量,并按规定取样送检,不合格的混合料一律废弃。

5.2.7 混合料运输

浇注式沥青混合料需用专业的Cooker运输设备装运,并采用循环装料以消除每盘料的生产误差。Cooker车装料前应将里面清理干净,并提前(30min左右)加热和启动搅拌系统,加热温度设定在220~250℃,运输过程中Cooker车还需不断搅拌和加温,至少拌和30min(从装完最后一盘料算起)才能进行摊铺。同时还应尽量避免浇注式沥青混合料在高温的Cooker车中搅拌太长时间,总的等待时间250℃时不超过12h。SMA用普通翻斗货车装运,装车前应将车厢清扫干净,并涂刷适量的隔离剂(肥皂水或柴油的油水混合物等),装好后加盖篷布才能运往施工现场。

5.2.8 GA10 摊铺

(1)测量放样

测量放样工作就是将模板根据测量资料正确安放到桥面上。因浇注式沥青混合料具有一定的流动性，而桥面又有2%的横坡，再加上摊铺机的作业宽度有限（一般为3～6m），所以不可能一次将单幅桥面铺完。在充分考虑以上因素和生产能力的前提下，将北盘江大桥的单幅分为三个作业幅来施工。因其具有流动性，施工时必须用模板支挡。鉴于钢桥面施工的特殊性，模板必须安放内外两层，内层采用30mm（厚）×300mm（宽）的槽形钢模，用于控制线形和摊铺高程；外模采用30mm（厚）×300mm（宽）的木模，用于支撑内模和供摊铺机行走（图9）。

（2）工前准备

重点检查机械设备是否完好，油料是否充足，确保施工连续进行；检查防水层是否清洁干燥，必要时应用干拖布擦去表面的灰尘或其他杂物，再用吹风机进行吹风、干燥；仔细检查施工范围内的防水层状况，如有破坏应及时进行补涂。

（3）摊铺作业

摊铺作业开始后，应派专人在桥头指挥运输车辆。Cooker运输车在上桥以前，应对其轮胎及底板进行清洁，防止运输车污染桥面。运输车必须倒进或倒出桥面，不得在桥面上掉头，以免损伤防水黏结层。

摊铺温度须保证在220～250℃，运至现场的浇注式沥青混合料应进行流埃尔试验，符合设计要求后方可摊铺。

摊铺时Cooker运输车倒行至摊铺机前方，通过卸料槽直接把混合料卸在桥面板上（图10）。摊铺机的布料器左右移动，把混合料铺开，并根据预定的导轨将混合料摊铺整平到规定的宽度和厚度。摊铺速度不宜过快，应根据拌和能力、运输能力以及摊铺宽度、摊铺厚度来确定，以不影响进度并连续施工为准则，一般以2～3m/min为宜。

图9 钢模分幅作业

图10 卸料

摊铺成型后，应及时对缺料或个别离析等施工缺陷处进行人工修整。在卸料和摊铺过程中不可避免会在混合料内裹进空气，致使摊铺成型的桥面会起泡鼓包，因此必须安排专人检查并及时刺破气泡。

（4）预拌碎石撒布

碎石撒布机应紧随在摊铺机后面，待混合料达到较好的撒布温度时，进行预拌沥青碎石撒布。撒布量根据设计控制在5～10kg/m²。撒布时间（或温度）应通过试验确定，以碎石刚好嵌进2/3为宜。

在碎石撒布过程中，根据情况可选用加配重的滚筒对碎石进行碾压，以便碎石与浇注式沥青混合料能够较好结合（图11）。

（5）拆模和养护

木模板在摊铺作业完成之后即可拆除；钢模板则需在铺装层相对冷却后方能拆除，确保留下一个完整清晰的轮廓，以便于下次摊铺时接缝。之后必须加强养护，待摊铺层完全冷却后才能行人或通行小型工具车，并扫除未粘牢的碎石。在上面层未施工前最好不要开放交通。

（6）接缝处理（图12）

图11 预拌碎石撒布

图12 处理接缝

凡有缝的地方都必须先贴沥青类贴缝条,并对接缝处进行预热处理,确保整个铺装的密实性和整体性。摊铺过后,应安排专门人员对接缝出现漏铺以及麻面的地方及时处理,如有需要另进行喷枪加热使原铺装软化,并用工具搓揉,使其表面平整密实,并压入预拌碎石。

5.2.9 改性乳化沥青黏层施工

为了保证铺装结构的整体性,黏层采用改性乳化沥青,用量为300~500g/m^2。黏层用沥青洒布车喷洒,严格控制洒布量,确保喷洒均匀;同时要加强对护栏、吊索等构造物的保护,避免污染。

喷洒黏层后,严禁运料车及外来的其他车辆和行人通过,待乳化沥青充分破乳后(一般为1d)进行下一层SMA的摊铺施工。

5.2.10 SMA10摊铺

摊铺过程和摊铺方法与《公路沥青路面施工技术规范》(JTG F40—2004)规定的一致。需要说明的是,北盘江大桥采用12m宽的摊铺机将整个单幅桥面一次摊铺成型,高程控制直接采用丹麦生产的RZSS型非接触式自动找平系统控制,在下层相对平整的前提下,无需测量放样。启动时,先根据松铺系数将摊铺机垫到设定的高度,摊铺机浮动油缸琐行十余米,然后打开所有的自动开关进行摊铺即可。摊铺过程中随时用插钎的方法检查,并调整摊铺厚度,便能得到理想的摊铺厚度和平整度。

5.2.11 SMA10的碾压成型

该层的质量关键在于碾压是否密实、平整,鉴于钢桥面的特殊性,只能用振动压路机振动压实,因此配备了2台12t的双钢轮压路机和2台12t的振动压路机。采用从低往高的碾压方向,先用12t的双钢轮压路机静压2遍(初压),再用12t的振动压路机振动碾压4遍(复压),最后用12t的双钢轮压路机静压2遍(终压即收迹碾压)(图13)。整个碾压过程必须紧跟在摊铺机后面完成。碾压长度不能太长(一般不要大于40m),碾压终了温度应大于100℃,其他规定应与《公路沥青路面施工技术规范》(JTG F40—2004)一致。

图13 碾压成型

5.2.12 中央分隔带的铺筑

由于中央分隔带有防撞护栏及立柱,不能施工碾压SMA10,因此中央分隔的1.5m范围内设计了双层GA10。为了确保外观平顺,接缝密实,上层浇注式应在左右两幅的SMA10铺装上层都施工完毕后,将SMA10边缘碾压不密实的部分切除(也可采用支模等其他方法确保SMA10边缘碾压密实,线形顺直),然后人工施工中央分隔带GA10,但需采取必要的保护措施,避免重车掉头搓坏SMA10,或被浇注式沥青混合料掉到其上损坏SMA10铺装层。

6 材料与设备(表1～表15)

甲基丙烯酸类树脂防水材料技术指标 表1

<table>
<tr><th>试验项目</th><th>要 求</th><th>试验方法</th></tr>
<tr><td colspan="3">Zed S94 防腐金属底漆</td></tr>
<tr><td>施工温度(℃)</td><td>-10～40</td><td>—</td></tr>
<tr><td>干膜厚度(μm)</td><td>50</td><td>—</td></tr>
<tr><td colspan="3">Eliminator 防水材料</td></tr>
<tr><td>拉伸强度(MPa)</td><td>≥11.8</td><td rowspan="2">JC/T 975—2005</td></tr>
<tr><td>断裂延伸率(%)</td><td>≥130</td></tr>
<tr><td>黏结强度(25℃)(MPa)</td><td>≥5</td><td>—</td></tr>
<tr><td>低温柔性(-20℃,φ20mm 弯曲,90°)</td><td>无裂纹</td><td>—</td></tr>
<tr><td colspan="3">Tack Coat No.2 胶粘剂</td></tr>
<tr><td>干固时间(23℃)(h)</td><td>≤1</td><td>JC/T 975—2005</td></tr>
<tr><td>活化温度(℃)</td><td>≥85</td><td>—</td></tr>
<tr><td>黏结强度(摊铺浇注式后)(25℃)(MPa)</td><td>≥1.0</td><td>—</td></tr>
</table>

GA10 改性沥青技术指标 表2

<table>
<tr><th colspan="3">试验项目</th><th>指标要求</th><th>试验方法</th></tr>
<tr><td colspan="3">针入度(25℃)(0.1mm)</td><td>20～60</td><td>JTJ 052—2000 T 0604</td></tr>
<tr><td colspan="3">延度(5℃)(cm)</td><td>≥20</td><td>JTJ 052—2000 T 0605</td></tr>
<tr><td colspan="3">软化点(℃)</td><td>≥64</td><td>JTJ 052—2000 T 0606</td></tr>
<tr><td colspan="3">弹性恢复率(25℃)(%)</td><td>≥50</td><td>JTJ 052—2000 T 0662</td></tr>
<tr><td colspan="3">离析试验(软化点差)(℃)</td><td>≤2.0</td><td>JTJ 052—2000 T 0661</td></tr>
<tr><td colspan="3">脆点(弗拉斯法)(℃)</td><td>≤-10</td><td>JTJ 052—2000 T 0613</td></tr>
<tr><td colspan="3">闪点(克利夫兰开口杯)(℃)</td><td>≥240</td><td>JTJ 052—2000 T 0611</td></tr>
<tr><td rowspan="5">TFOT(或 RTFOT)</td><td colspan="2">质量变化,不大于(%)</td><td>±0.5</td><td rowspan="5">JTJ 052—2000 T 0610 或 T 0609</td></tr>
<tr><td colspan="2">针入度比(25℃)(%)</td><td>≥65</td></tr>
<tr><td rowspan="2">软化点变化(℃)</td><td>升高</td><td>≤8</td></tr>
<tr><td>降低</td><td>≤2</td></tr>
<tr><td colspan="2">弹性恢复率(25℃)(%)</td><td>≥50</td></tr>
</table>

SMA10 改性沥青技术要求 表3

<table>
<tr><th colspan="2">试验项目</th><th>要 求</th><th>试验方法</th></tr>
<tr><td colspan="2">针入度(25℃)(0.1mm)</td><td>50～100</td><td>JTJ 052—2000 T 0604</td></tr>
<tr><td colspan="2">软化点(℃)</td><td>≥68</td><td>JTJ 052—2000 T 0606</td></tr>
<tr><td colspan="2">延度(5℃)(cm)</td><td>≥80</td><td>JTJ 052—2000 T 0605</td></tr>
<tr><td colspan="2">黏度(135℃)(Pa·s)</td><td>≤3</td><td>JTJ 052—2000 T 0625</td></tr>
<tr><td colspan="2">弹性恢复率(25℃)(%)</td><td>≥90</td><td>JTJ 052—2000 T 0662</td></tr>
<tr><td colspan="2">脆点(℃)</td><td>≤-15</td><td></td></tr>
<tr><td colspan="2">闪点(℃)</td><td>≥250</td><td>JTJ 052—2000 T 0611</td></tr>
<tr><td rowspan="3">TFOT</td><td>质量变化,不大于(%)</td><td>±0.5</td><td rowspan="3">JTJ 052—2000 T 0610</td></tr>
<tr><td>针入度比(25℃)(%)</td><td>≥65</td></tr>
<tr><td>延度(5℃)(cm)</td><td>40</td></tr>
</table>

注:以上两种沥青除满足表中的规定指标外,还应满足 PG70-28 的分级标准。

玄武岩粗集料技术指标 表4

试验项目	要求	试验方法
针片状颗粒含量(%)	≤15	JTG E42—2005 T 0312
压碎值(%)	≤26	JTG E42—2005 T 0316
洛杉矶磨耗损失(%)	≤28	JTG E42—2005 T 0317
吸水率(%)	≤2.0	JTG E42—2005 T 0304
坚固性(%)	≤12	JTG E42—2005 T 0314
黏附性(级)	≥4(5)	JTJ 052—2000 T 0616

玄武岩细集料技术指标 表5

试验项目	要求	试验方法
表观相对密度	≥2.50	JTG E42—2005 T 0328
坚固性(>0.3mm 部分)(%)	≤12	JTG E42—2005 T 0340
含泥量(<0.075mm 的含量)(%)	≤3	JTG E42—2005 T 0333
砂当量(%)	≥60	JTG E42—2005 T 0334
亚甲蓝值(g/kg)	≤20	JTG E42—2005 T 0349

石灰岩矿粉技术指标 表6

试验项目		要求	试验方法
表观密度(g/cm^3)		≥2.50	JTG E42—2005 T 0352
含水率(%)		≤1	JTJ 051—1993 T 0103
通过率(%)	0.6mm	100	JTG E42—2005 T 0351
	0.15mm	90~100	
	0.075mm	80~100	
亲水系数		≤1	JTG E42—2005 T 0353
塑性指数(%)		≤4	JTG E42—2005 T 0355

集料规格技术指标 表7

集料规格	通过率(%)			试验方法
	9.5mm	4.75mm	2.36mm	
5~10(1)	≥90	≤15	—	JTG E42—2005 T 0303
5~10(2)	100	15	—	
3~5	—	≥90	≤15	
0~3	—	—	≥80	JTG E42—2005 T 0327

矿物纤维技术指标 表8

试验项目	要求	试验方法
直径(μm)	≤25	JT/T 533—2004
抗拉强度(断裂强度)(MPa)	≥500	JT/T 533—2004
断裂伸长率(%)	≥3	JT/T 533—2004
熔点(℃)	≥250	JT/T 533—2004

改性乳化沥青技术指标 表9

试验项目		要求	试验方法
1.18mm 筛上余量(%)		≤0.1	JTJ 052—2000 T 0652
储存稳定性(5d)(%)		≤5	JTJ 052—2000 T 0655
黏度 $C_{25,3}$(s)		8～25	JTJ 052—2000 T 0621
蒸发残留含量(%)		≥55	JTJ 052—2000 T 0651
蒸发残留物性质	针入度(25℃)(0.1mm)	40～100	JTJ 052—2000 T 0604
	延度(5℃)(cm)	≥20	JTJ 052—2000 T 0605
	软化点(℃)	≥55	JTJ 052—2000 T 0606

沥青贴缝条技术指标 表10

试验项目	要求	试验方法
软化点($T_{R\&B}$)(℃)	≥90	JTJ 052—2000 T 0606
低温柔度(−20℃,30min,R=15mm)	无裂纹	GB 18243—2000
弹性恢复率(25℃)(%)	≥10	JTJ 052—2000 T 0662

混合料级配范围 表11

筛孔(mm) / 混合料类型	通过率(%)								
	13.2	9.5	4.75	2.36	1.18	0.6	0.3	0.15	0.075
SMA10	100	95～100	28～60	20～32	14～26	12～22	10～18	9～16	8～13
GA10	100	100	63～80	48～63	38～52	32～46	27～40	24～36	20～30

SMA10 混合料技术指标 表12

试验项目		要求	试验方法
空隙率(%)		3.0～4.0	JTJ 052—2000 T 0705
矿料间隙率(%)		≥16.5	
马歇尔试验	稳定度(kN)	≥6.0	JTJ 052—2000 T 0709
	流值(mm)	2～5	
冻融劈裂强度比(%)		≥80	JTJ 052—2000 T 0729
粗集料骨架间隙率 VCA_{mix}(%)		≤VCA DRC	JTJ 052—2000 T 0705
沥青饱和度 VFA(%)		75～85	
析漏量(%)		≤0.1	JTJ 052—2000 T 0732
沥青混合料飞散损失(%)		≤15	JTJ 052—2000 T 0733
车辙动稳定度(70℃)(次/mm)		≥3 000	JTJ 052—2000 T 0719
弯曲极限应变(−10℃)		≥7×10^{-3}	JTJ 052—2000 T 0715

注:低温弯曲试验试件尺寸为 300mm×100mm×50mm。

GA10 沥青混合料技术指标 表13

试验项目	要求	试验方法
流动性(240℃)(s)	≤20	
贯入度(60℃)(mm)	1～2.5	
贯入度增量(60℃)(mm)	≤0.4	
弯曲极限应变(−10℃)	≥6×10^{-3}	JTJ 052—2000 T 0715

注:低温弯曲试验试件尺寸为 300mm×100mm×50mm。

主要机械设备 表14

序　号	名　称	型　号	数　量	生产能力
1	抛丸机	2—30DS	4套	$70m^2/h$
2	发电机组		1套	250kW
3	喷涂设备配$9m^3$空压机		2套	
4	高压水洗机		1台	
5	Cooker运输设备(配运输车)	GTL13	8套	13t
6	浇注式摊铺机	EB50SV	1套	6m
7	碎石撒布机		1台	
8	水平振荡压路机	SW750N	2台	
9	自动找平系统	RSS	1套	
10	履带式沥青混合料摊铺机	TITAN423	1台	12m
11	强制式沥青混合料搅拌设备	西筑J4000	1套	320t/h
12	装载机	CAT966	1台	$3m^3$
13	球磨机带粉罐车		1套	
14	改性乳化沥青生产设备		1套	
15	双钢轮压路机	DD110、C522	2台	12t
16	除湿机		2套	$500m^3$
17	SMA运输车		15辆	20t
18	沥青洒布车		1辆	4 500l
19	水车		1辆	

主要试验仪器和检测设备 表15

序　号	试验仪器名称	规格型号	单　位	数　量	备注
1	沥青针入度仪	SYP4 205	台	1	
2	沥青密度仪		台	1	
3	软化点仪	SYD—2806E	台	1	
4	自动控温数显沥青延伸度仪	SLY—III型	台	1	
5	沥青闪点和燃点试验器	SYD—3536	台	1	
6	沥青标准黏度计	SYD—0621	台	1	
7	薄膜烘箱	XP—85	台	1	
8	乳化沥青湿轮磨耗仪	YT—1	台	1	
9	电子天平	10kg/0.1g、20kg/0.1g、	台	2	
10	自动数显洛杉矶 搁板式磨耗试验机	IM—II型	台	1	
11	集料筛		台	1	
12	砂当量试验仪	SD—I	台	1	
13	电热鼓风干燥箱	101—2	台	1	
14	沥青混合料拌和机	BH—10	台	1	
15	车辙试样成型机	QCX—4	台	1	
16	沥青马歇尔击实仪	LD139—111	台	1	
17	沥青混合料马歇尔稳定度仪	LWD—3	台	1	
18	混合料最大密度测试仪	H—1756.5F	台	1	

续上表

序号	试验仪器名称	规格型号	单位	数量	备注
19	燃烧炉	N70	台	1	
20	渗水仪	LSY—95	台	1	
21	标准恒温水浴	CF—B型	台	1	
22	车辙试验机	QCZ—2	台	1	
23	核子密度测定仪		台	1	
24	负荷车轮试验仪	ZH—J	台	1	
25	交流发电机	Y180L—6—15	台	1	
26	切割机	DQ—1	台	1	
27	平整度仪	LXBP—3	台	1	
28	摩擦系数测试仪	LBY—1	台	1	
29	构造深度试验仪		台	1	

7 质量控制

7.1 质量控制依据

(1)《公路沥青路面施工技术规范》(JTG F40—2004);

(2)《公路工程沥青及沥青混合料试验规程》(JTJ 052—2000);

(3)《公路沥青玛蹄脂碎石路面技术指南》(SHC F40-01—2002);

(4)《公路工程质量检验评定标准》(JTG F80/1—2004);

(5)《北盘江特大桥钢桥面铺装工程施工图变更设计》;

(6)《北盘江大桥专项工程质量检验评定标准》;

(7)北盘江大桥钢桥面铺装工程施工监控方案。

7.2 关键部位、关键工序的质量要求、检测方法和频率(表16)

钢桥面铺装工程施工质量要求 表16

分项工作	检测指标		要求	合格判定	检测频度
喷砂除锈	清洁度(级)		>Sa2.5	全部达到要求	3点/200m²
	粗糙度(μm)		50~100	最小50,最大100	
防水黏结层	用量(g/m²)	底涂层	200	最小200	3点/1 000m²
		Eliminator	2 500~3 500	最小2 500	
		Tack Coat No.2 胶粘剂	100~200	最小100	
	湿膜厚度 mm		≥1.2	1.12	1点/10m²
	黏结强度(25℃)(MPa)		≥5	最小5	全桥6点
浇注式沥青混合料	级配(通过率)(%)	9.5mm,4.75mm 2.36mm,0.075mm	±7 ±6 ±2	与施工级配目标值对比,每次结果均达到要求	厂拌取样 3次/施工日
	油石比(%)		±0.3	与设计值对比,每次结果均达到要求	
	贯入度(50℃)(mm)	现场取样	1~2.5	每次结果均达到要求	
	增量(50℃)(mm)	现场取样	≤0.4	每次结果均达到要求	
	流动性(240℃)(s)	施工现场	≤20	平均值	
	铺装结构黏结强度(25℃)(MPa)		≥1.0	最小1.0	1点/1 000m²

续上表

<table>
<tr><th colspan="2">分项工作</th><th colspan="2">检测指标</th><th>要求</th><th>合格判定</th><th>检测频度</th></tr>
<tr><td colspan="2">改性乳化沥青黏层</td><td colspan="2">用量(g/m^2)</td><td>300~500</td><td>最大500g</td><td>1点/1 000m^2</td></tr>
<tr><td rowspan="5">改性沥青SMA混合料</td><td>级配(通过率)(%)</td><td colspan="2">9.5mm
4.75mm,2.36mm
0.075mm</td><td>±5
±3
±2</td><td>与施工级配目标值对比,每次结果均达到要求</td><td></td></tr>
<tr><td>油石比(%)</td><td colspan="2" rowspan="4">厂拌取样</td><td>±0.3</td><td>与设计值对比,每次结果均达到要求</td><td rowspan="4">厂拌取样
3次/施工日</td></tr>
<tr><td>空隙率(%)</td><td>±1.0</td><td>与设计马歇尔空隙率对比,平均值</td></tr>
<tr><td>饱和度(%)</td><td>75~85</td><td>平均值</td></tr>
<tr><td>马歇尔稳定度(kN)</td><td>≥6.0</td><td>平均值</td></tr>
<tr><td colspan="2" rowspan="8">铺装现场检测</td><td rowspan="2">铺装厚度(mm)</td><td>总厚度</td><td>-8%
-15%</td><td>代表值满足要求极值满足要求</td><td rowspan="2">1点/5 000m^2</td></tr>
<tr><td>上面层</td><td>-8%
-12%</td><td>代表值满足要求极值满足要求</td></tr>
<tr><td colspan="2">SMA压实度(%)</td><td>≥94(以最大理论密度为准)</td><td>全部满足要求</td><td>1点/2 000m^2</td></tr>
<tr><td rowspan="2">平整度(mm)</td><td>标准差</td><td>≤12</td><td>满足要求</td><td></td></tr>
<tr><td>最大间隙</td><td>3</td><td>满足要求</td><td>全线连续</td></tr>
<tr><td colspan="2">横坡坡度(%)</td><td>±0.3</td><td>全部满足要求</td><td>每断面</td></tr>
<tr><td colspan="2">铺砂法构造深度(mm)</td><td>≥0.8</td><td>平均值满足要求</td><td>1点/200m</td></tr>
<tr><td colspan="2">渗水系数 ml/min</td><td>≤200</td><td>平均值满足要求</td><td>1点/200m</td></tr>
</table>

8 安全措施

8.1 建立健全安全生产管理体系和管理制度,大力推广安全生产目标责任制,树立“安全第一,预防为主”的思想意识,各工点、工班设置专职安全员。

8.2 认真落实“三级教育”,严格抓好岗前培训,确保每个施工人员都清楚自身的工作特性,并积极主动地参与安全生产活动。

8.3 严格按设计和规范要求选择及采购各种原材料,确保铺装结构的使用安全。

8.4 喷砂除锈(特别是手动喷砂除锈)时钢砂会反弹起来伤人,施工人员必须佩戴安全防护面罩,且不得赤裸着肢体施工,非施工人员必须站离施工点10m以外。

8.5 防水材料是易燃品,堆放管理必须远离烟火,除在显目处设置警示标志外,还必须24h派人看护。

8.6 防水层施工时,施工人员应身着防护服,头戴防毒面具,脚穿鞋套,非施工人员必须在20m以外。

8.7 沥青拌和站所有施工人员必须按要求佩戴安全帽、手套等安全防护用具,起动设备时必须鸣笛示警,防止高空落物及机械伤人。

8.8 沥青混合料的拌和、出料温度高，宜用红外线或插入式数显温度计检测出料温度，严防烫伤。

8.9 运输车辆作业时必须提前检查制动性能，并严格按规定的速度、规定的线路行驶，到达现场后必须由专人指挥卸料。

8.10 现场摊铺施工人员必须按规定佩戴手套、鞋套等安全防护用具，高温环境下作业应重点防止烫伤，并严格按既定程序完成卸料、摊铺、养护等工作。

8.11 摊铺作业时，摊铺机前面不得站人，避免料车制动失灵伤人，碾压过程中摊铺机后面也不得站人。

8.12 所有施工废料必须集中处理，不得随意扔下桥，避免以外伤人。

9 文明施工与环保措施

9.1 文明施工

9.1.1 文明施工组织管理机构

成立由项目经理为组长的文明施工小组，全面开展文明工地活动，创造良好的施工环境和氛围，保证工程顺利完成。

9.1.2 文明施工保证措施

与进场施工队伍签订文明协议，建立健全岗位责任制，把文明施工落到实处，提高全体施工人员自觉性和责任心。

9.2 环境保护措施

9.2.1 采取有效措施处理生产生活废水，不超标排放。

9.2.2 施工现场和运输道路经常洒水，减少灰尘对人的危害和环境的污染。

9.2.3 施工中产生的废弃机油、液压油及润滑油脂等，一律采取隔油池等有效措施集中处理，不乱排乱放。

9.2.4 原材料和沥青混合料的运输装车不得太满，且必须用篷布覆盖，避免其洒落到路上污染环境。

9.2.5 定期检查拌和楼的除尘系统，确保废气达标排放。

9.2.6 拌和楼生产过程中产生的废料、回收粉等固体废弃物必须采取挖坑填埋的方法集中处理。

9.2.7 在拌和楼等比较固定的机械设备附近设置临时隔音屏障，减少噪声传播；同时认真组织施工顺序，适当控制噪声叠加，尽量避免噪声机械集中作业。

9.2.8 摊铺现场产生的废料不能随意废弃在路边，更不能抛进河流，必须回收到指定的地点集中处理。

10 资源节约

该项工法改进了钢桥面的铺装技术，与环氧沥青混凝土铺装桥面相比较，桥面养护时间短，可以提前开放交通，产生经济效益。浇筑式沥青混凝土不但施工技术难度不大、直接成本低，对施工设备的占用时间短，符合国家节能减排的要求。

11 效益分析

纵观国内外钢桥面铺装，除浇筑式沥青混凝以外，另一种在技术上取得成熟经验的铺装材料是环氧沥青混凝土（两种结构的造价对比如表17）。

不同铺装结构的技术经济比较　　表17

比较项目	南京二桥	北盘江大桥	备注
	环氧沥青混凝土	GA10 + SMA10	
铺装材料造价(元/m^2)	794	508	石料均为玄武岩
综合造价(元/m^2)	2 000	980	
技术难度	难	一般	
养护时间	约60d	1d	

比较而言,浇筑式沥青混凝土不但施工技术难度不大、直接成本低(仅是环氧沥青混凝土的49%),而且几乎不需考虑养护时间,能够节省约60d的养护时间,实现早日通车,其产生的经济效益和社会效益都是无可估量的,所以非常值得推广应用。

12　应用实例

12.1　镇胜高速公路北盘江大桥钢桥面铺装工程工程概况

北盘江特大桥位于镇宁—胜境关高速公路关岭县与晴隆县分界处,从北盘江大小盘江之间河段跨越北盘江大峡谷。北盘江特大桥主跨为636m单跨简支钢桁加劲梁悬索桥,由钢桁架和正交异性钢桥面板两部分组成。两岸引桥采用45m预应力混凝土连续箱梁,大桥全长964m。钢桁梁采用整体节点,H形截面杆件与正交异性桥面板组成的组合体系。桥面宽度为28m,按双向四车道布置,中央分隔带宽1.5m。钢桥面铺装面积约16 000m^2,行车道铺装采用30mm沥青玛蹄脂碎石(SMA10)+33mm浇筑式沥青混凝土(GA10)+2.0mm防水黏结层(图14),中央分隔带采用30mm浇筑式沥青混凝土(GA10)+33mm浇筑式沥青混凝土(GA10)+2.0mm防水黏结层,检修道仅涂布防水黏结层。

铺装上面层	改性沥青SMA10,厚度30mm
	洒布改性乳化沥青,用量300~500g/m^2
铺装下面层	30mm浇筑式沥青混凝土GA10,撒布5~10mm预拌碎石
防水黏结层	Tack Coat No.2胶粘剂,用量100~200g/m^2
	Eliminator防水层(两层),用量2 500~3 500g/m^2
	底涂层Zed S94,用量为200g/m^2
钢板	喷砂除锈,清洁度达到Sa2.5级;粗糙度,50~100μm

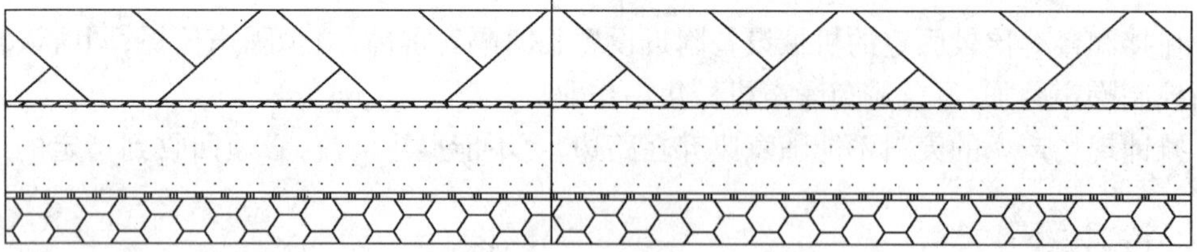

图14　行车道铺装结构

该桥面铺装工程自2008年9月11日开工,到2008年11月6日完工,历时近3个月,并于2008年11月27日顺利通过交工验收,被交工验收委员会及贵州省交通建设质量监督站一致评定为"桥面铺筑平整、密实,行车舒适"。

12.2　关键工序的施工质量控制与检测结果

在具体工程实施过程中,严抓如下几项工作:原材料质量检验、喷砂及黏结层质量管理与控制、拌和楼质量管理与控制、混合料运输质量管理、摊铺现场管理与控制,以保证整个北盘江大桥钢桥面铺装工程的施工质量。

12.2.1 把好原材料关

材料进场均严格按设计及规范要求完成原材料检测与控制，绝对不允许使用不合格材料。对原材料各项性能检测，实测的各项技术指标都满足相关规范要求。零星材料要求供应商提供出厂质量检验合格单。主要原材料质量检测数据见表18～表21。

Eliminator 防水黏结材料检测结果 表18

		检 测 结 果	试 验 方 法
Zed S94 底涂层			
固体含量		42%	GB/T 16777—2008
干燥时间(25℃)	表干	10min	GB/T 16777—2008
	实干	30min	
甲基丙烯酸类树脂			
拉伸强度(MPa)		12.9	GB/T 16777—2008
断裂延伸率(%)		137	
黏结强度(25℃)(MPa)		6.5	GB/T 16777—2008
低温柔性(-20℃,ϕ20mm 弯曲,90°)		无裂纹	GB/T 16777—2008
胶粘剂2号			
干固时间(23℃)(h)		0.5	GB/T 16777—2008
活化温度(℃)		87	GB/T 16777—2008
黏结强度(摊铺浇注式后)(25℃)(MPa)		1.12	GB/T 16777—2008

玄武岩主集料检测检测结果 表19

指标 规格	压碎值(%)	洛杉矶磨耗损失(%)	针片状颗粒含量(%)	<0.075mm颗粒含量(%)	与沥青的黏附性	吸水率(%)	备注
玄武岩3～5mm	—	—	—	0.1	5级	1.54	
玄武岩5～10mm	8.7	9.3	14.1	0.1	5级	1.22	
技术要求	≥60%	≤28	≤15	≤1	≥4级	≤2.0	

沥青检测结果 表20

沥 青 种 类	软化点(℃)		针入度(25℃)(0.1mm)		5℃延度(cm)		弹性恢复率(25℃)(%)	
	试验结果	技术要求	试验结果	技术要求	试验结果	技术要求	试验结果	技术要求
GA-10 改性沥青	100	≥64	54.0	20～60	23.5	≥20	94	≥50
SMA-10 高弹改性沥青	94	≥80	95	50～100	84.2	≥80	99	≥90

乳化沥青检测结果 表21

试 验 项 目		试 验 值	平 均 值	设 计 要 求
1.18mm 筛上余量(%)		0.03,0.04	0.03	≤0.1
储存稳定性(5d)(%)		3.6,4.0	3.8	≤5
黏度 $C_{25,3}$(s)		14.6,14.2	14.4	8～25
蒸发残留含量(%)		65.2,65.0	65	≥55
蒸发残留物性质	针入度(25℃)(0.1mm)	56,56,56.5	56	40～100
	延度(5℃)(cm)	26.4,26.8,27.2	27	≥20
	软化点(℃)	58.5,58.5	58.5	≥55

由检测结果可知，北盘江大桥钢桥面铺装主要原材料主要指标抽检结果均符合设计要求。

12.2.2 喷砂及防水黏结层施工质量管理

钢桥面喷砂与防水黏结层的施工是钢桥面铺装施工质量控制的关键工序。在进行钢桥面喷砂施工过程中,需安排专人对施工质量进行控制,并且在施工过程中及施工完毕之后,按照设计文件要求的检测频率对其进行质量检测。检测结果必须达到设计及相关技术规范要求之后方可进行下道工序的施工。根据设计要求,需要检测钢桥面板的清洁度、粗糙度、防水胶用量及黏结强度。

通过现场检测,得出各项数据统计如下:

喷砂清洁度:全部大于或等于Sa2.5级,合格率100%;

粗糙度:人行道总共检测144个点,车行道总共检测334个点,其检测结果全部满足50~100μm的要求,合格率100%;

防水胶用量:防水胶用量检测分为3层进行检测,各检测24次,其检测结果全部满足设计文件要求,合格率100%;

黏结强度:共测212次,检测结果全部大于5.0MPa,合格率100%。

12.2.3 拌和质量管理与控制

拌和楼质量控制得好坏将直接影响混合料的质量好坏,因此在北盘江大桥钢桥面铺装工程中,专门安排试验室及相关技术人员在沥青拌和站对拌和质量进行控制,保证混合料的质量。

根据设计文件的要求,相关项目及检测数据统计见表22。

桥面铺装相关检测次数及合格率 表22

检 测 项 目	检 测 情 况		
	检 测 次 数	合 格 次 数	合格率(%)
GA10改性沥青三大指标(车行道)	12	12	100
SMA-10改性沥青三大指标(车行道)	8	8	100
GA10混合料油石比检测(车行道)	18	18	100
GA10贯入度及贯入度增量检测(车行道)	25	23	92
浇注式GA10流动性试验(车行道)	18	17	94.4
SMA-10油石比试验	8	8	100
SMA-10马歇尔试验	8	8	100

由此可见,北盘江大桥钢桥面铺装所用混合料质量全部满足设计要求,保证了整个桥面的铺装质量。

12.2.4 摊铺现场质量管理与控制

由于浇筑式沥青混凝土是一种在高温拌和后具有良好流动性、采用专用摊铺机摊铺施工、无需碾压成型的沥青混凝土,它具有不透水(空隙率极小)、耐腐蚀、耐磨耗,又极具黏韧性(适应变形能力强)、耐油等特点,所以在进行浇注式沥青混凝土摊铺施工时需要注意其摊铺温度、边侧的限制、铺装厚度及平整度和碎石撒布温度控制等。SMA10施工则需重点控制摊铺厚度及平整度、碾压温度和碾压遍数等。质量检测结果汇总见表23。

桥面铺装相关检测次数及合格率 表23

检 测 项 目	检 测 情 况		
	检测次(点)数	合格次(点)数	合格率(%)
GA10施工温度检测(行车道)	127	127	100
GA10摊铺厚度检测(车行道)	96	96	100
碎石撒布量(车行道)	12	12	100
SMA-10碾压温度及遍数	29	29	100
面层平整度检测	180	176	98
厚度检测	9	9	100
横坡检测	26	26	100

添加剂型高模量沥青混凝土路面施工工法

GGG(中企)B4041—2010

陈兵维　刘厚军　史福伟　吴效杰　车雪琴
（中铁十二局集团第一工程有限公司）
王东洋　肖向宏　吕俊峰　阎复安　史迅雷
（中铁十七局集团第三工程有限公司）

1　前言

国内外研究显示，高模量沥青混凝土具有非常显著的高温抗车辙性能、优良的抗水损害性能和耐疲劳等性能，在欧洲国家特别是在法国已经开始得到应用。目前，我国对高模量沥青混凝土还处于研究和尝试阶段，由于材料设计、性能评价、施工工艺和质量评价方法等方面尚存在不足，缺乏整套的成熟施工技术作保证，因此没有大规模应用。显然，高模量沥青混合料以其优良的路用性能，今后极有可能在我国高速公路中受到广泛重视或应用，用以解决大交通量、超重载以及路面疲劳开裂、基层开裂、高温车辙等难题。因此，形成一套科学的高模量沥青混凝土施工技术规范已成为目前亟待解决的问题。

为提高和完善该材料在我国应用的施工技术水平，以及今后形成适合我国的高模量沥青混合料施工技术规范，积累工程实践经验，中铁十二局集团第一工程有限公司和中铁十七局集团第三工程有限公司依托阿尔及利亚东西高速公路 M3、M4、W7 标和 W8-1 标添加剂型高模量沥青混凝土路面的施工，刻苦研究了法国高模量沥青混凝土相关规范，结合了中国和法国沥青混凝土路面施工中的施工技术、施工工艺，理论结合实际总结了该工法。特别是中铁十二局集团第一工程有限公司形成了《添加剂型高模量沥青混凝土施工技术》科技成果，该成果于 2009 年 10 月 14 日通过山西省科技厅的成果鉴定，并获中国铁建总公司 2009 年度科技进步一等奖；同时总结形成《添加剂型高模量沥青混凝土施工工法》，并于 2009 年 12 月 28 日通过山西省建设厅组织的工法关键技术鉴定，其水平达国际先进，并获三级工法。

2　工法特点

2.1　理论结合实际，与中国和法国的沥青混凝土施工技术规范相结合。

2.2　添加剂型高模量沥青混凝土不同于普通的沥青混凝土路面施工，其对混合料的拌和时间、碾压工艺以及拌和碾压等各个环节的温度有着特殊的要求。本工法针对添加剂型高模量沥青混凝土基层（EME）和联结层（BBME）提出了“前静退振，6 胶 1 振，低温收光”的压实工艺；同时针对断级配高模量沥青混合料（BBMa），提出了“前静退振，3 钢 3 胶，钢轮收光”的压实工艺。

3　适用范围

本工法适用于在沥青混凝土中掺加高模量添加剂的高模量沥青混凝土路面施工。

4　工艺原理

本项目提出采用旋转剪切压实试验、多列士浸水试验、法国车辙试验等作为生产配合比阶段混合料体积特性和力学参数的验证方法，确定其试验技术标准。同时针对高模量沥青混凝土的生产、运输、摊铺和压实工艺等施工技术开展研究，形成了以“前静退振，6 胶 1 振，低温收光”和“紧跟、慢碾、高频、低幅、少水"等压实工艺为代表的一整套施工技术。鉴于高模量沥青混凝土在我国尚未大面积推广应用,目前该项工艺还主要处于研究阶段,缺乏针对其施工全过程的相对成熟的施工工艺。

5 施工工艺流程及操作要点

5.1 工艺流程(图1)

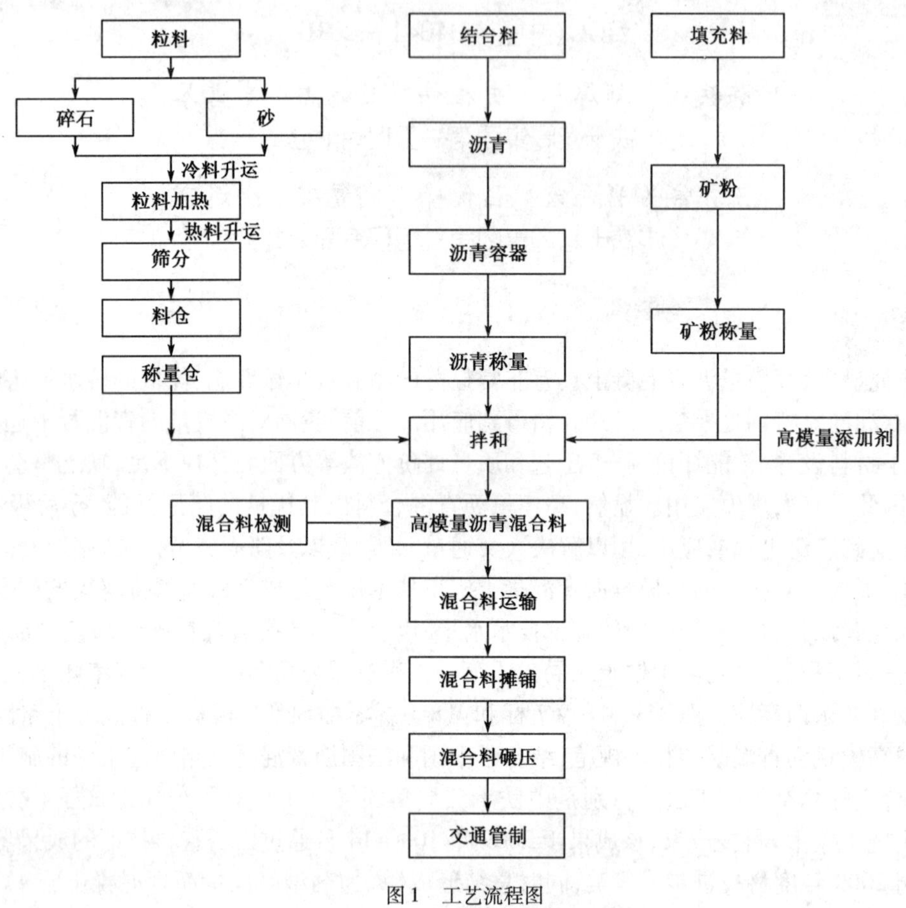

图1 工艺流程图

5.2 操作要点

5.2.1 混合料拌和

(1)设备要求

拌和站:高模量沥青混凝土的主要特点是相同温度下黏度更高,为此,拌和楼功率要大。为保证良好的生产质量宜采用3000型以上的设备,采用双卧轴反向拌和原理,且拌和锅的充盈率不宜过大,宜采用70%以下。沥青泵送系统应足够匹配高黏度高模量沥青的使用要求,加热系统应能够实现均匀稳定加热,沥青泵的功率应为相对普通基质A-70沥青运输泵的1.5倍以上。本项目使用的是德国AMAAN公司和日工的4000型拌和楼,效果理想。

外加剂自动添加装置:高模量添加剂需要专门的设备,应具备自动上料入拌和锅、自动高精度计量以及防御等功能。我们使用的设备通过拌和站电脑系统设置了同步操作程序,不仅能够满足大批量连续生产需要,而且控制精度可达0.5%。

(2)混合料拌和

法国规范中的高模量沥青混凝土从国内设计理念来说集料是偏细的,属于悬浮密实型结构,粗集料之间不能形成骨架,它主要利用添加剂与沥青和细集料裹覆形成坚硬的基体,使混合料具有较高模量,因此就要求在进行混合料拌和时一定要保证搅拌均匀。通常添加剂要与矿粉同时添加,先进行干拌,然后喷入沥青进行湿拌。这就存在拌和时间控制的难题，延长两个环节的拌和时间当然能够获得很好的效果，过多的延长时间将带来费用的浪费和生产效率的降低。为了确定合理的拌和时间，我们开展如下试验研究。

①试验方法设计：试验选定干拌时间和湿拌时间两个参数来设计，共设计试验方案7个，详见表1。试验方法采用各环节时间由少到多的顺次评价过程。

②试验材料选择：由于EME2高模量沥青混合料最先应用，便利用该材料完成试验；同时考虑到EME2的级配偏细，细集料多，混合料的比表面积大，难以拌和，在其拌和工艺确定后，其他材料等一定能够满足。

③评价方法：为了分析及评价各方案的优劣，确定了目测及试验评价两种途径，其中试验评价的方法为多列士浸水试验，该试验结果与室内试验结果比较见表1。

确定EME2的拌和时间　　表1

方　案	干拌时间(s)	湿拌时间(s)	总的拌和时间(s)	多列士试验结果(%)	目测结果
方案1	5	30	35	—	有明显结团现象
方案2	10	30	40	—	略有结团现象
方案3	15	30	45	78	基本无结团现象
方案4	20	30	50	85	均匀、无结团现象
方案5	20	25	40	—	存在一定花白料
方案6	20	35	55	86	均匀、无结团现象
方案7	15	35	50	83	均匀、无结团现象

注：EME2目标配合比设计值为83%，*R*值采用目标配合比设计结果。

④试验结果：根据上述试验研究结果，结合方案4和方案7，最后确定具体拌和时间为：干拌时间控制在15～20s，湿拌时间控制在不少于30s。

(3)混合料生产温度确认

众所周知，若拌和温度不适合，沥青混合料将会出现结团成块、有严重的粗细料分离现象、有花白料、起泡或已经炭化等现象。一般可通过对拌和出的混合料逐车检查温度及外观质量的方法来控制。显然，对于高模量沥青混合料这一问题尤为突出，虽然室内拌和温度可以起到一定的指导作用，但拌和楼的温度控制毕竟有诸多不确定性。为了确定合理的高模量沥青混合料生产温度，我们开展了如下研究。

①试验设计：根据高模量添加剂PR的技术指标以及35/50号沥青的基本性能要求，综合确定沥青混合料的出场温度不宜超过195℃，不能超过200℃，最好控制在190℃之内。那么如何控制混合料的最低出场温度及其最佳温度波动范围，对于保证混合量生产质量和后续的施工质量十分重要。

为此，我们选择了石料加热温度、沥青加热温度以及混合料出场温度三个参数，进行试验研究。其中，35/50号基质沥青的推荐试验温度为150～160℃

②试验材料：仍然以EME2为试验材料。

③评价方法：采用目测及多列士室内试验共同评价。多列士结果与室内目标配合比设试验结果对比，见表2。

④试验结果：根据上述试验结果，确定高模量沥青混合料(EME)的具体温度要求如下。

集料加热温度：180～190℃；

沥青加热温度：150～160℃；

混合料出厂温度：165～190℃，最高不超过200℃。

对于上述推荐值，在环境温度较低时(如阿尔及利亚秋冬季节)采用上限，温度较高时(如阿尔及利亚春夏季节)采用下限。

EME2 拌和温度试验研究结果 表2

试验方案	沥青温度(℃)	石料温度(℃)	混合料温度(℃)	多列士试验(%)	目 测
方案1	150	190	平均185	82.6	色泽均匀
方案2	160	190	平均188	88.4	平均均匀
方案3	150	160	平均156	—	局部有花白料
方案4	150	170	平均164.6	78.9	平均均匀
方案5	155	180	平均178.5	84.5	平均均匀
方案6	155	190	平均187.5	85.6	平均均匀

注:EME2 目标配合比设计值为83%,R 值(干压密度)采用目标配合比设计结果。拌和时间为前述试验确定的标准拌和时间。

此外,考虑到联结层 BBME 及磨耗层 BBMa 所采用的高模量添加剂降低了一个层次,结合该材料的供应商建议,确定其生产控制温度以 EME2 为基准,下调 10℃。

5.2.2 运输

(1)沥青混合料采用载质量20t 以上的自卸车运输。自卸车的车厢底板及侧板内壁保持洁净。为防止沥青与车厢板黏结,在车厢板上涂一薄层油水混合液(柴油:水 = 1:3),但不得有多余的油水混合液积聚在车厢底部。

(2)从拌和机向运料车放料时,每卸一斗料挪动一下汽车位置,以减少粗细料离析。

(3)所有运输车辆预设测温孔,每边设2个。运输时所有运料车全部用篷布覆盖,用以保温、防雨、防污染。

(4)沥青混合料运至摊铺地点后,凭运料单接收,并检查拌和质量。

(5)沥青混合料运输车的运量较拌和能力和摊铺能力有所富余,施工过程中摊铺机前保证有3台以上等待卸料的运料车。

5.2.3 摊铺

(1)摊铺设备要求

高模量沥青混凝土摊铺应尽可能在较高温度下完成,控制摊铺厚度(不超过10cm)以及合理摊铺宽度。由于高模量沥青混凝土具有较高的黏性,摊铺设备尽可能选择功率较大的摊铺机。阿尔及利亚东西高速公路 M3、M4 标段采用德国产的福格勒大功率摊铺机,能够保证大面积的高模量沥青混凝土路面摊铺,W7 标段采用的是德国 ABG 大功率摊铺机。

(2)混合料摊铺要求

①摊铺沥青混合料前,检查确认下层的质量。基层按规定洒布了透层、单层表处,沥青混凝土面层之间要洒布黏层油,并经监理工程师检验合格后,才能铺筑沥青混合料。

②摊铺机自动找平时,最底层为了控制路面高程采用钢丝绳引导的方式控制高程,第二层以上采用滑靴即“雪橇”方式控制厚度和平整度。

③摊铺机配备专人指挥卸车,确保车辆不撞击摊铺机,并使2台摊铺机均匀供料。

连续摊铺时,运料车在摊铺机前30~50cm 处停住,不得撞击摊铺机。卸料过程中运料车挂空挡,靠摊铺机推动前进。

④控制摊铺机匀速行走,并将熨平板振动幅值尽可能调大,提高初始密实度,从而降低热量的快速散失,保证结构层的有效压实和更好的平整度。

⑤在沥青混合料摊铺过程中应随时检查其宽度、厚度、平整度、路拱及温度,对不合格之处及时进行调整。

⑥对外形不规则、空间受到控制等摊铺机无法工作的地方,可采用人工摊铺混合料。

⑦摊铺后的混合料在未碾压前,施工人员不得随意踩踏,以保证路面平整度。

⑧高模量沥青混凝土面层不得在雨天施工,当施工中遇雨时停止施工。当施工气温低于 10 ℃时,应停止高模量沥青混凝土面层的摊铺。

5.2.4 碾压

1)碾压设备要求

虽然高模量沥青混凝土施工温度相对较高,但施工阶段黏度仍然较大,配备大吨位的压路机十分必要。为保证结构层压实度,初压时钢轮压路机应不小于 10t;复压时钢轮压路机不小于 13t,开振后不小于 20t 的压实效果,胶轮压路机不小于 25t。

2)高模量沥青混凝土的碾压工艺

(1)高模量沥青混合料 EME2、BBME 的压实

碾压对于高模量沥青混凝土路面施工工艺来说是最为关键的工序。我们针对 EME2 高模量沥青混凝土的特性,经过多次的现场试验,确定了高模量沥青混凝土的碾压工艺。

第一阶段,按照法国的技术专家意见确定了如下压实工艺:首先采用轮胎压路机静压不少于 6 ~ 8 遍,然后采用钢轮静压收光 2 ~ 3 遍。只有横纵向接缝处才采用钢轮振压,在路面正常施工中不适宜使用钢轮振动碾压。但该方案实施后发现了很多问题:

①初压胶轮粘轮十分严重,即使是施工了较长时间问题仍然很突出,涂油等措施效果不明显,主要是因为高模量添加剂的丝状物造成的;

②由于高模量沥青混合料温度高,热量散失较慢,轮胎压路机容易形成大量横向褶皱,待收光后存在明显的痕迹,而且痕迹处有微裂纹;

③温度较低施工,由于胶轮压路机速度偏慢,已造成温度下降较快,更易粘轮,也不利于压实;

④钢轮压路机闲置也是资源的浪费。

第二阶段,采用了国内通常的压实方法。也就是,首先钢轮初压,然后钢轮振动,再胶轮振动,依此碾压 6 ~ 8 遍,之后钢轮静压收光。这种工艺也存在问题:钢轮振动可以保证压实效果,但会造成高模量沥青混合料严重推移,特别是高温时,推移十分严重;复压末期,造成结构层开裂。

很明显,前两种方案都存在一定弊端。第三阶段,通过现场对两种碾压方案的效果进行了比较,发现由于高模量沥青混合料中分别掺加 PR PLAST M 和 PR PLAST S 两种高模量添加剂,如果直接先用轮胎压路机进行碾压,就会发现轮胎压路机将混合料中的高模量添加剂泵吸到表面并粘走。对于基层 EME2(0/14)和联结层 BBME(0/10)而言,虽然使用的集料较细,但仍然不适宜采用过多的钢轮振动碾压。

尝试如何将两种方案结合起来显然是可行的,也是必要的。经多次尝试,确定了如下高模量沥青混合料压实工艺,即"前静退振,6 胶 1 振,低温收光"的高模量沥青混合料碾压工艺。首先采用双钢轮压路机进行初压,前进时静压,后退时振动;然后采用轮胎压路机进行复压,至少 6 遍,在轮胎压路机碾压中间穿插 1 遍双钢轮压路机振动碾压;整个碾压过程重在轮胎碾压,其中,振动压路机采用微幅振动,以降低路面碾压中的开裂。终压应在较低温(100℃左右)状态下完成。碾压过程除应保证碾压均衡,还应做到"紧跟、慢碾、高频、低幅、少水"。其压实工艺见图 2。

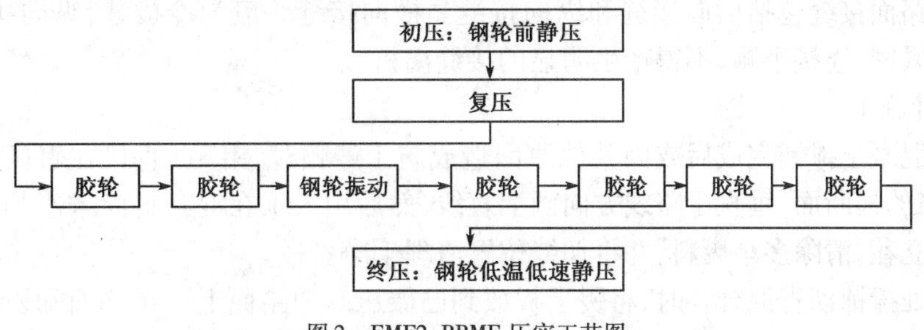

图 2 EME2、BBME 压实工艺图

(2)BBMa 的压实

对于磨耗层 BBMa(0/10),级配类似于沥青玛蹄脂混合料。该混合料采用了断级配设计,2/6.3mm 碎石断档,路面设计构造深度为大于等于0.7mm。为了防止混合料中高模量添加剂被泵吸到表面,我们在碾压中采用钢轮压路机先进行碾压。由于级配断档,空隙率较大,为了保证空隙率满足规范要求,我们采用3遍的轮胎压路机碾压和3遍钢轮压路机碾压的复压工艺过程。初压与终压同前述 EME2 高模量沥青混合料,即“前静退振,3钢3胶,钢轮收光”。其压实工艺见图3。

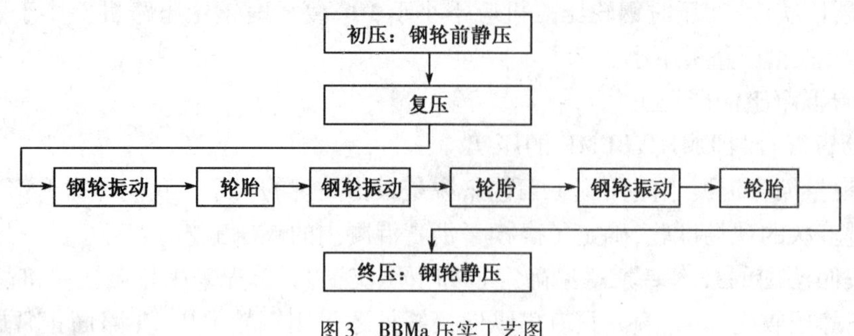

图3 BBMa 压实工艺图

3)碾压速度

压路机的行走速度要求见表3。

压路机的行走速度 表3

压实 / 压路机	最初压实(km/h)	重复压实(km/h)	最终压实(km/h)
胶轮	—	3~5	4~6
钢轮	2~3	3~4.5	3~6

4)注意事项

(1)混合料完成摊铺以后立即进行压实工作。碾压开始前压路机必须放水喷洒钢轮,洗净钢轮上的铁锈,以免黏附在沥青混合料表面上。由于高模量沥青混凝土对温度要求较高,双钢轮压路机在碾压过程尽可能的少洒水,以不粘轮为原则。

(2)碾压速度要符合碾压速度表中要求,在碾压过程中司机要根据摊铺情况对速度进行适当调整。

(3)振动压路机碾压时应先停止振动再停车,并在向另一方向运动后再开始振动,以避免压路机由于停车振动产生过深轮迹或鼓包。

(4)禁止压路机在碾压面上掉头、转弯或紧急制动,碾压时每次重叠20~30cm,碾压由低向高进行碾压。压路机每次两端折回的位置不应在同一横断面上,呈梯形随摊铺方向推进。

(5)轮胎压路机在开始碾压前先用菜油将轮胎擦一遍,擦油时地面用彩条布垫上防止污染,碾压过程中在保证不粘轮的情况下尽量少擦油。为了防止轮胎在碾压中降温,建议给轮胎压路机做上“围裙”。

5.2.5 施工接缝处理

沥青混凝土路面接缝包括横向接缝和纵向接缝。横向接缝一般为冷接缝,纵向接缝多为热接缝。施工必须使接缝紧密、连接平顺,不得产生明显的接缝离析。

(1)横向接缝施工

①每天沥青混凝土摊铺完成后或因其他原因造成施工停顿时,用3m 直尺在碾压好的端头处检查平整度,选择合格的横断面,垂直于路线方向画上直线,然后用人工在混合料尚未冷却条件竖直切割至下承层顶面形成立茬,清除多余废料,并将切缝位置清理干净。

②横向接缝处摊铺沥青混合料时,将熨平板放到已碾压好的路面上。在路面和熨平板之间应垫木板,其厚度为压实厚度与虚铺厚度之差。横向接缝施工前涂涮黏层油并用熨平板预热。

③为了保证横向接缝处的密实,在横向接缝处使用筛子筛取细混合料填补横缝。填补一定要饱满,并用自制小木板将表面刮平,同时旧路面上不得有混合料。

④为了保证横向接缝处的平顺,摊铺后即用3m直尺检查平整度,去高补低,之后用钢轮压路机(不振动)沿路横向碾压。在横向接缝及沥青面层与构造物接头处的碾压采取斜压、横压的方式完成。横向碾压时压路机位于已压实断面上,伸入新铺层宽度15~20cm,然后每碾压一遍向新铺段移15~20cm,直至压路机全部位于新铺层为止,然后改为纵向碾压。

(2)纵向接缝施工

阿尔及利亚东西高速公路中M4标段全长14.64km,设置了3座大型互通,24条匝道,单幅路面最宽26.5m,而且路肩与行车道设计为两个横坡,同时路面中线部位纵向14.64km,全部为冷接缝,给施工带来了很大的难度。为了保证路面的施工质量,全线纵向接缝除了中线(左右幅连接处)外,其余加宽段落全部采用热接缝处理,多处使用3台摊铺机作梯队作业。对于纵向接缝要求如下:

①热接缝:摊铺呈梯队作业时摊铺机的间距控制在10m左右,不宜太长。摊铺机之间搭接宽度10~15cm。搭接处多余的混合料要用铁锹将其刮平。碾压时将已铺部分留下1m宽暂不碾压,作为后续部分的基准面,然后做跨缝碾压以消除缝迹。

②冷接缝:对于左、右幅中间的冷接缝,摊铺另半幅前时应保证与旧路面重叠3~5cm。人工铲走旧路面上多余的混合料,必要时人工用木板将其刮平,但一定要保证接缝处混合料饱满,否则纵向容易出现开裂。碾压时先进行纵向接缝的碾压,然后再按照正常的碾压工艺对新铺路面进行压实。

6 材料与设备

6.1 材料

主要材料见表4。

主要材料表 表4

序 号	名 称	规格型号	主要技术指标
1	碎石		LA(洛杉矶值)≤35%,MDE(微的瓦尔值)≤30%,LA+MDE≤55%,扁平率≤20%,表面洁净度≤2% 对于磨耗层:LA+MDE≤40,100CPA≤45
2	矿粉		RIDGEN空隙率≤40%,亚甲蓝值≤10,10℃≤ΔTBA(硬化能力)≤20℃
3	砂		砂当量(PS)≥60%,亚甲蓝值≤2
4	沥青	40/50号	针入度35~50(0.1mm),软化点50~58℃,密度0.9~1.1g/cm^3,蜡含量≤4.5%,在老化之后的残存的针入度≥53(0.1mm),在老化之后的软化点≥52℃。
5	乳化沥青	快裂	含水率34%~36%,25℃黏度系数≤300,破裂指数≤100g
6	乳化沥青	慢裂	含水率60%~65%,25℃黏度系数≤300,破裂指数≥120g
7	外加剂	PR PLAST MODULE	230℃/2.16kg流动系数>0.5g/10min,软化点>50℃
8	外加剂	PR PLAST S	190℃/5kg流动系数>0.1g/10min,软化点>25℃

6.2 设备

施工机具仪器、仪表见表5。

施工机具机械、试验仪器 表5

序号	名称	规格型号	数量
1	福格勒摊铺机	2100—2	2台
2	ABG摊铺机	525	2台
3	福格勒摊铺机	1300	1台
4	宝马双钢轮压路机	13T	3台
5	带纳派克双钢轮压路机	13T	3台
6	轮胎压路机	26T	6台
7	沥青针入度仪	B057,B057—02,B057—03	1台
8	沥青软化点仪	B072	1台
9	乳化沥青含水率检测设备	B076	1台
10	MARIE槽	65—1409	1台
11	马歇尔击实仪及试模	B033—01,B029,B030	1台
12	沥青含量测定仪(燃烧炉)	75—B009/Z	1台
13	沥青混合料搅拌机	LBH—II	1台
14	数显沥青恒温水浴	CF—B	1台
15	旋转压实仪	TROXLER 4140	1台
16	车辙仪	Cooper CRT-WTENLD—0826—01	1台
17	轮碾成型仪	Cooper CRT-RCENLD—0826—01	1台
18	疲劳试验仪	Cooper RS485	1台
19	复合模量试验仪	Cooper RS485	1台
20	DUIRIZE试验仪器	Cooper CRT—CTM250—0826-01	1套
21	路面取芯机	SQYZ—300 6.5马力	1台
22	核子密度仪	3440、3450	各1台

7 质量控制

课题组于2008年1月~2008年8月在大量试验、实践的基础上,查阅了国内外类似工程的有关资料,结合自身实践经验,编制了《阿尔及利亚东西高速公路沥青路面工程质量保证计划》(PAQ),为阿尔及利亚东西高速公路保质保量按期交工奠定了基础,受到铁道建筑总公司、阿尔及利亚业主及监理单位的一致好评,经济和社会效益明显,并在阿尔及利亚东西高速公路路面施工中得到了成功运用。

2008年9月,在通过法国专家、加拿大专家的审核后,经阿尔及利亚国家公共工程部东西高速公路总指挥部业主批准,《阿尔及利亚东西高速公路沥青路面工程质量保证计划》(PAQ)作为阿尔及利亚东西高速公路路面工程施工技术标准在全路使用。

针对高模量混合料施工过程质量控制,我们着重把握了原材料质量、混合料生产质量稳定性和沥青路面施工质量均匀性等内容开展了施工技术研究。

7.1 原材料质量控制

7.1.1 石料

由于项目沿线缺乏优质沥青混凝土用石料,多为软弱石灰岩、闪长岩等,压碎值偏大、磨光值偏小。为了满足项目使用,我们自建碎石场,采用了两道反击破工艺,使颗粒形状尽可能接近立方体,减少压实过程中的集料破碎缺陷。考虑到当地质量检测条件,并结合我们的实际情况,石料质量控制选择了生产特性和固有特性中的代表性参数进行评价,见表6、表7。

7.1.2 沥青

按照法国相关技术标准,高模量沥青混凝土所需沥青采用法国产40/50号优质硬质沥青。考虑工程现场试验条件,质量控制指标选择了针入度及软化点两个参数,见表6。

7.1.3 添加剂

为了满足该高速公路重载交通和大交通量以及抗高温车辙等要求,在使用低标号硬质沥青的基础上,还使用了法国PR公司生产的高模量添加剂,分别为PR Plast. M(EME2,用量0.6%)和PR Plast. S(BBME和BBMa,用量分别为0.4%、0.45%)。

沥青及石料质量评价标准 表6

材料名称		检测项目	检测频率	检测仪器
40/50号基质沥青		25℃时针入度	每批检测一次	针入度仪
		软化点	每批检测一次	软化点测定仪
碎石固有特性		微的瓦尔试验	每批检测一次	微的瓦尔试验仪
		洛杉矶试验	每批检测一次	洛杉矶试验仪
		加速磨光值[注]	每批检测一次	加速磨光试验机
生产特性	粗集料	筛分	500t/次	样品筛
		密度	500t/次	静水力学天平
		表面洁净度	500t/次	样品筛
		扁平率	500t/次	扁平率筛
	细集料	筛分	500t/次	样品筛
		密度	500t/次	静水力学天平
		10%砂当量	500t/次	砂当量试验仪

注:仅适用于BBMa层使用的碎石。

各结构层集料的技术要求 表7

用　途	碎石的固有特性	碎石的生产特性
BBMa	C类①	Ⅲ类
BBME	D类	Ⅲ类
EME2	D/E类②	Ⅲ类

注:①C类为最低标准。

②E类适用于EME2底基层,D类适用于EME2基层。

7.2 混合料生产质量稳定性控制

高模量沥青混合料由于对温度和工艺要求较高,为了控制施工过程的动态质量情况,需要确定合理的控制参数及试验方法。结合法国沥青路面施工技术规范和我国施工技术规范,确定采用施工温度及体积参数控制为主,同时考虑到基层材料的特殊性和重要性,针对EME2又提出了采用车辙试验及抗压模量试验的力学参数控制。本工法提出采用抗压模量试验的目的是:采用简单的便于施工单位掌握和使用的试验手段,尽可能去控制高模量沥青混合料的生产质量中的模量力学指标。抗压模量试验方法同多列士试验的干压试验。多列士试验简单易行,18℃试验条件相对容易实现和控制。

7.2.1 混合料温度控制

根据添加剂的特性及现场的施工效果,施工中对高模量沥青混合料(EME2)的具体温度控制见表8。

施工温度控制 表8

混合料	集料温度(℃)	沥青温度(℃)	混合料出场温度[注](℃)	初压温度(℃)	终压温度(℃)
EME2	180~190	150~160	165~190	165	不低于100
BBME	170~180	150~160	155~180	155	不低于100
BBMa					

注:最高不超过200℃。出厂温度可根据气候情况在范围内进行适当调整。

联结层BBME及磨耗层BBMa生产控制温度以EME2为基准,下调10℃。

对温度的控制要保持相对的稳定,不宜过高也不宜过低。温度太高碾压时出现推移、胶泥现象,低温碾压时由于混合料变硬会出现明显的裂纹。

7.2.2 混合料生产质量控制

根据施工方及监理方的实际技术条件,高模量沥青混凝土质量稳定性控制指标主要确定为级配、沥青含量和室内试件压实体积特性等。阿尔及利亚籍监理最初采用当地常用的方法,通过室内对比试验及实际生产结果的证明,其精度太差,不适合高速公路沥青路面材料,特别是含有高模量添加剂的沥青混合料。在施工中我们采用了最新的燃烧法(表9),不仅精度高、速度快,还可以测定添加剂的含量。每日生产混合料的压实体积特性通过法国旋转压实仪成型ϕ150mm试件并测定空隙率来评价(表10)。

高模量沥青混合料级配控制指标 表9

检测	名称	频率	频率	方法
粒径	过筛2mm	±2%(±3%)	1次/d,现场提取,取样质量≥10kg	根据ASTM D6307规范,用燃烧炉来检测
	过筛6mm	±3%(±4%)		
	过筛0.08mm	±1.5%(±2.5%)		
配量	沥青	±0.25%(±0.3%)		

注:括号中的偏差表示该检测的结果不应超过总检测数量的5%。

高模量沥青混凝土空隙率控制指标 表10

项目	EME2		BBME		BBMa		检测方法
	频率	指标	频率	指标	频率	指标	
空隙率(%)	1次/d	≤6%	1次/d	A10回:≥11%;A60回:5%~10%	1次/d	A10回:≥11%;A40回:6%~11%	用法国标准式的回转剪切压力机(PCG)

7.2.3 沥青含量的控制

根据规范要求沥青含量控制范围为±0.25%,在计算沥青含量时要将添加剂与沥青的总量综合进行分析(表11)。

高模量沥青混合料沥青含量控制 表11

检测	名称	频率	频率	方法
配量	沥青	±0.25%(±0.3%)	1次/d,现场提取,取样质量≥10kg	根据ASTM D6307规范,用燃烧炉来检测

注:括号中的偏差表示该检测的结果不应超过总检测数量的5%。

7.2.4 混合料力学性能的验证

在高模量沥青混凝土路面施工中需要定期对高模量沥青混合料的特性进行验证,主要是抗压强度和车辙试验,见表12。

车辙试验采用法国车辙试验方法。

抗压强度试验方法:加载试验阶段采用多列士干压试验方法。而试件采用路面结构层的芯样,或室内旋转剪切压实 PCGϕ150mm 试件再取芯获得的芯样，直径为 100mm，高 100mm，试验温度 18℃，检测其 $R_{检测}$。即在对采用 PCG 试验获得的 ϕ150mm 试件取 ϕ100mm 芯样，测试其干压强度。

值得主意的是，该试验的试件不同于多列士试验试件，所以，其试件的体积参数不同，故试验结果也不具可比性。该指标仅是一个质量稳定性评价参数。

混合料力学性能验证 表 12

参　数	EME2	BBME	BBMa	试 验 方 法
抗压强度	$R_{检测}/R'$ 不小于生产配合比设计值的 95%	不要求该试验		取芯试验、PCG 试验、多列士干压试验
车辙变形	目标配合比设计值			法国车辙试验

7.3 混合料施工质量均匀性控制

高模量沥青混凝土生产质量均匀性控制指标主要确定为取芯空隙率(压实度)、厚度、平整度、平面度、宽度和抗滑层的粗糙度(构造深度)等。

7.3.1 一般性控制指标

相关技术标准见表 13。

高模量沥青混凝土生产质量控制指标 表 13

项目	EME2		BBME		BBMa		方　法
	频率	偏差	频率	偏差	频率	偏差	
厚度	EME2（底基层），1 处/100m；EME2（基层），1 处/200m	97. 5% 的点，$> e^{-2}$cm	1 处/300m	97. 5% 的点，$> e^{-1}$cm	1 处/500m	97. 5% 的点，$> e^{-0.5}$cm	钻芯取样
高程	设计确定的横、纵向断面	95% 的点，±1.5cm	设计确定的横、纵向断面	95% 的点，±1cm	设计确定的横、纵向断面	95% 的点，±1cm	水平仪
平整度	30m/评定段落	±10mm ±15mm	30m/评定段落	±6mm	30m/评定段落	±3mm	3 直尺
宽度	1 次/30m	±3cm	1 次/30m	±3cm	1 次/30m	±3cm	皮尺
空隙率（%）	EME2（底基层），1 处/100m；EME2（基层），1 处/200m	95% 的点，≤6%	1 次/300m	检测数据的 95%，4% ~8%	1 次/500m	4% ≤95% 的点≤10%	钻心取样
粗糙度	—	—	—	—	1 次/30m	平均≥0.7mm 、	铺砂法

7.3.2 法国 APL 平整度仪

根据法国技术规范的要求，平整度标准相对较低，沥青混凝土基层(EME)和联结层(BBME)的平整度采用 3m 直尺进行检测。对于 BBMA 层的平整度根据要求采用法国 APL 平整度仪进行验收，规范要求每 1 000m：50%，小于 6；95%，小于 13；100%，小于 16。为了保证路面的平整度，在施工过程中我们按照国内的标准采用连续式平整度仪进行了内控，平整度取得了非常好的效果，在所施工路段中平整度 100% 满足规范要求。

8 安全措施

8.1 制订项目安全管理制度，加强安全教育，提高全体施工人员的安全意识。

8.2　加强拌和站安全用电,严格执行相关安全用电技术文件。

8.3　发放安保物品,避免高模量沥青混凝土高温烫伤。

8.4　制订高模量沥青混凝土运输管理制度,文明行车,严格控制运输车辆的行驶速度。

8.5　高模量沥青混凝土摊铺现象封闭交通,严禁外部车辆进入施工作业面;施工人员身着反光衣,戴安全帽。

9　环保措施

建立健全环保及水土保持组织机构,以确保制度能贯彻执行。加强对施工人员的环保意识培训,使人人明确环保工作的重大意义,积极主动地参与环保工作,自觉遵守环保的各项规章制度。坚持"预防为主,综合防治,全面规划"原则,抓住本工程环保工作重点,有针对性地采取措施,确保水源、植被不被污染和破坏。

9.1　针对容易造成污染的高模量沥青混凝土拌和站,我们于工程初期制订了详细的沥青拌和站环境评估技术报告,并得到了阿尔及利亚当地环境保护部门的审批。

9.2　临时工程统一规划,按施工环保的要求进行实施。严格在设计核准的用地界和经相关部门批准的临时用地范围内开展施工作业活动,绝不随意开挖、碾压界外土地。

9.3　临时工程设施(如沥青混凝土拌和站、生活与生产房屋等)选址在地表植被稀少、易于恢复的地方。临时用地使用完后必须恢复至原有的地形地貌或比原有更改善的状况。

9.4　施工所产生的沥青废渣不得随意丢弃在施工工作面或道路两侧,由专人负责清理并集中堆放在指定场地或掩埋。

10　资源节约

10.1　制订并监督实施材料节约措施,积极采用新工艺、新技术、新材料,负责"三主材"节约指标的实施;对施工余料、废料进行分检、回收、利用,减少浪费,节约资源;对危险品、固体废弃物进行控制、处置。

10.2　本工法采用添加剂型高模量沥青混合料,该类混合料只需在沥青混合料拌和时直接向拌缸中添加一种高模量添加剂即可,无需对基质沥青进行改性,可以降低路面层的厚度,从而减少了原材料沥青混凝土的投入,由此减少了自然资源的消耗。

11　效益分析

11.1　经济效益

阿尔及利亚东西高速公路高模量沥青混凝土采用了直接在集料中掺加高模量添加剂的方法,与对基质沥青进行改性的方法相比较,该工艺无需投入特殊设备,施工质量满足验标要求,操作简单、功效高,推广性强。通过试验数据表明,在高模量沥青混凝土中使用这种聚合物可使混合料极耐车辙,并具有更高的模量和耐水性,同时与同类路面(改性沥青)相比较可以降低路面层厚度20%～30%,仅M4标节约沥青混凝土约80 000t。

根据本项目M4标段的计算,如果路面结构设计采用普通沥青混凝土,则其设计结构为:8cmBBSG(面层)+21cmGB(基层),总厚度为29cm,平均质量约为690kg/m^2,在阿尔及利亚当地普通沥青混凝土成本价约为人民币500元/t,按此计算每平方米沥青混凝土路面成本价为:690kg/m^2 ×500元/1 000kg=345元/m^2。

阿尔及利亚东西高速公路M4标路面设计为高模量沥青混凝土,根据交通量计算,结构设计结构为:3.5cm磨耗层+5cm联结层+14cm基层,总厚度为22.5cm,平均质量为535kg/m^2,与普通混凝土路面相比路面厚度降低6.5cm,减少了22.4%。

我们采用的高模量添加剂市场价格为人民币15元/kg,平均用量为0.5%。高模量添加剂采用自动投料机直接投入拌和站搅拌缸，无需投入特殊设备，施工质量满足验标要求，操作简单、功效高。相对普通沥青混凝土每平方高模量沥青混凝土路面增加成本为：$535 \times 0.005 \times 15 = 40$ 元/m²，如此计算高模量沥青混凝土每平方米成本价为：$535kg/m^2 \times 500$ 元/1 000kg + 40 元/m² = 308 元/m²。

通过以上分析比较，高模量沥青混凝土路面相对于普通沥青混凝土路面每平方米成本价降低345 - 308 = 37 元。另外，高模量沥青混凝土具有高温抗车辙、耐疲劳等性，将大大降低道路养护上的成本。

11.2 社会效益

阿尔及利亚东西高速公路 M4 标段采用了满足大面积进行高模量沥青混凝土路面施工的新工艺、新技术，率先实现了第一家具备通车条件的标段，受到了阿尔及利亚国家公共工程部、中国铁道建筑总公司、中信－中铁建联合体、业主、加拿大专家、法国外部监督及监理的一致好评。高模量沥青混凝土施工技术在阿尔及利亚东西高速公路上的成功应用，突破了高模量沥青混凝土在路面施工中施工难度大、质量难以控制的难题，为今后大面积进行高模量沥青混凝土路面施工积累了一套完整的技术经验。

12 应用实例

12.1 工程概况

阿尔及利亚东西高速公路 M3 标段、M4 标段位于首都阿尔及尔国际机场附近，其中已建成通车的 M4 标长 14.64km，起于首都阿尔及尔省 HAMIZ 镇附近，里程桩号 PK110 + 000，与已建成通车的国道 RN61 号公路相接。M3 标段、M4 标段路面设计结构为：高模量沥青混合料基础层（EME）+ 高模量沥青混凝土联结层（BBME）+ 高模量沥青混凝土磨耗层（BBMA）。

12.2 施工应用效果

阿尔及利亚东西高速公路 M3、M4、W7 和 W8-1 标段路面设计结构为高模量沥青混凝土路面，其中位于首都机场附近的 M4 标段路面已于 2009 年 7 月 8 日交付通车，经检测，各项指标完全满足法国规范及设计要求。

应用本工法施工的添加剂型高模量沥青混凝土采用了直接在集料中投放添加剂的方法，工艺操作简单，无需投入特殊设备，质量满足要求。从施工完成的效果看，添加剂型高模量沥青混凝土具有可靠的高温抗车辙性能、耐疲劳性能和耐水性能，经检测各项指标完全能够达到设计及规范要求。该工法为同类工程进行了很好的探索，积累了宝贵经验，有良好的推广应用前景，在建设单位、外籍专家（法国和加拿大）、中铁建、设计单位、监理单位等多次检查中均得到好评，为企业创造了良好的信誉，社会效益明显。

嵌挤式混凝土块路面现浇施工工法

GGG(晋)B5042—2010

李　彦　张明亮　苏国天　李玉峰　李海生
(山西路桥集团技术中心有限公司)

1 前言

嵌挤式混凝土块路面是指用较高强度混凝土块作面层,借助块体之间的嵌挤作用扩散荷载的块状形路面。该路面也有称之为联锁块路面、小型砌块车行道路面等。目前,国内外施工方法是将预制好的混凝土块用砂垫层铺筑到路面基层之上,用砂料嵌缝后碾压成型。这种路面铺筑简便,承受荷载范围大、易修复、可重复利用,加上造型、色彩组合多,因而应用范围广泛。其在公路上常用于普通二级公路的平交道口、地质不良地段、地下管线道路的顶部等。其不足之处是路面平整度差,行车舒适性差,防水性不良,养护维修费用多。究其原因,其一是砂垫层不易密实,经行车荷载挤压后变形,经反复受压振动,砂层不均匀滑移,使混凝土块体间形成竖向位移变形;其二是块体间表面缝隙受到行车荷载的冲击后,在嵌挤受力过程中,缝隙受挤压产生平面变形;其三是垫层与嵌缝料均是砂料,其防水性差,渗水加剧了混凝土块体间竖向与平面之间的变形。在交通量大的路段,路面变形尤其严重。

由于公路上采用这种路面结构是不得而已的局部地段,加上要满足行车荷载的要求与照顾行车舒适性,采用的混凝土块表面积和厚度相对较大,实际铺筑中砂垫层的厚度和嵌缝宽度,很难达到较小变形的要求;在弯道曲率较大地段,曲率变化使标准的预制块件之间嵌缝宽无法均匀一致,嵌缝往往形成较大变形;在施工铺筑操作上,较大体积的混凝土块增加了施工铺筑难度,也很难达到平整密实要求。

面对预制安装混凝土块施工工艺存在的缺陷,山西路桥集团技术中心有限公司通过实例工程建设,总结研究形成了嵌挤式混凝土块路面的现浇施工工法,并经实践检验证明完全可行,提高了工效,改善了行车舒适性,延长了路面使用寿命。

2 工法特点

嵌挤式混凝土块路面现浇施工工艺所需的模具与嵌缝板制作简单,便于安装与拆卸,模具安装呈条带状,适应规模现浇施工。路面基层采用水泥稳定砂砾结构即可满足现浇混凝土块的平台要求,使用效果良好,行车舒适性较预制安装混凝土块路段大为提高。

其特点是:

(1)现浇的混凝土块与基础结合密实,侧向位移小;

(2)嵌缝均匀,图案整齐;

(3)平整度好;

(4)防水性好;

(5)路面受力性能提高;

(6)施工周期短, 工效高;

(7)工序省, 节省投资;

(8)混凝土块可重复修整使用。

3 适用范围

本工法是一种由水泥混凝土路面施工工艺与混凝土块预制工艺相结合产生的新工艺,适用于城市的广场、人行步道、公园、二级和二级以下普通公路的平交道口、地质不良段、新旧路基沉降过渡段、堤坝型公路、地下管线道路的顶部等路面的铺设。

4 工艺原理

4.1 嵌挤式混凝土路面模具技术设计。直接用于现场浇注的模具具有连续性,易拆装,可以根据图案的需要制作成长方形、正方形、梯形、六边形、八边形5种基本形状的混凝土块。我们选择了常用的六角形作为主模具设计。模具最大特点是:可在施工铺筑现场拼装固定后,直接现浇使用,它不但在平直或具有一定坡度的路段,也可在有弯曲的路段上直接制作嵌挤式六边形块状混凝土路面,并使路面嵌挤缝隙小、尺寸均匀,块面平整,图案整齐、美观,行走或行车舒适,防水功能强。模具为组焊方法制作的嵌挤式六角块混凝土路面的工装模具,可分为两个部分。第一部分是由钢板和角钢梁组焊而成的长方形构件,叫卡边模板;第二部分是由钢板和角钢组焊而成的设有制作混凝土六角块的凹腔构件,叫现浇模板。直线段模具上其凹腔是固定的,弯道段使用的现浇模板上其凹腔能顺滑调节,可以使制作六角块的凹腔增大或缩小,以适应弯曲段路面几何尺寸的变化。在卡边模板和现浇模板的两端分别设有连接钢板和连接孔,使用钢卡和夹紧工具可顺序连接多套模具的卡边模板和现浇模板,提高工作效率。

4.2 现浇混凝土块施工将拌好的混合料通过模具直接浇筑在基层之上,块间用嵌缝板相间。现浇路面与预制铺装路面的区别在于取消了砂垫层、嵌缝料不同。用该模具浇筑的块体在受力后,竖直方向不会产生因砂垫层因素出现的较大变形,块体底面与基层连接密实,既使混凝土块顶面保持相对平整,又阻止了路面浸水在底面流通;用嵌缝板相间混凝土块,防止了因剪力传递出现的"啃边"现象,块间顶面边缘不再留"企口防剪",通过施工中块间整平,解决了块间顶面的不平整问题。现浇混凝土块路面经行车碾压,同样也有"嵌挤成型、稳定、失效三阶段",也有拱效应。现浇路面接缝均匀、平整使荷载应力扩散较预制安装路面分布均匀,块体受力后基层形成弯沉盆,产生拱效应,形成嵌挤导致块间挤压传递剪力,产生荷载扩散。因嵌缝板料厚度小于5mm且均匀,保证了块间接缝均匀,使应力向周边扩散效果好;又因块底面与基层连接紧密,在荷载碾压过程中,块间相互约束,块与基层变形约束能力增强,增加了整体强度。产生嵌挤失效往往是因路基本身失稳,产生较大变形深陷,导致路面翻修。现浇混凝土块路面与预制安装路面相比,极大地改善了混凝土块路面平整度,提高了水稳性,使混凝土块路面的广泛应用成为现实。

5 施工工艺流程及操作要点

5.1 工艺流程

嵌挤式混凝土块路面的现浇施工工艺,包括准备工段、成型工段、后处理工段(图1)。工艺步骤为:

(1)清扫整平的基层表面并洒水;

(2)在清理好的基层表面上按路面施工图几何尺寸及技术要求放样画线做标记;

(3)按照放样画线所做的标记、安置制作嵌挤式混凝土块路面的工装模具,所制混凝土块可选择为正方形、长方形、梯形、六边形、八边形式5种基本形状,并在混凝土块上表面设有凹腔内壁上粘贴嵌缝板;

(4)将搅拌好的混凝土浆料填充到已粘贴上嵌逢板的凹腔内;

(5)用振捣器振捣混凝土浆料,使现浇的混凝土密实;

(6)使用压面工装对混凝土块进行压面作业,包括制作凹下的直线、曲线或多边形几何图案;

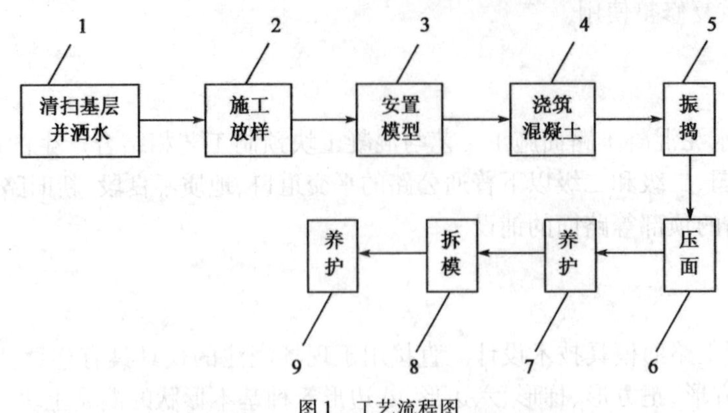

图1　工艺流程图

(7)使用被洒水并能保湿的防护帘(罩),对混凝土块进行养护;

(8)对已按养护规范养护并可卸走模具的混凝土块拆模即移动现浇模板;

(9)继续对已拆模的混凝土块按相关养护规范完成养护。

拆模即移动现浇模板时,须将已现浇制作好的混凝土块作为卡边模板,并重复工艺步骤(1)~(9)的内容即可现浇制成嵌挤式混凝土块路面。

5.2　施工操作要点

(1)基层顶面平整,有坑凹必须补平。

(2)支模细致,严格控制高程、横坡、弯道处移动模具应保证顺适。

(3)模具固定牢靠顺适,底边不许有漏浆,模具内腔刷机油均匀。

(4)浇筑前,清理干净模具内洒落的混合料残余,不得使用。

(5)嵌缝板应粘贴平整,不得出现超出顶面现象。

(6)振捣应密实,顶面去掉浮浆,抹面平整。

(7)养护到位,及时洒水养生与覆盖。

6　机具设备(表1)

混凝土块路面现浇施工主要机具设备表　　表1

序　号	设备名称	型　号	单　位	数　量	用　途
1	全站仪	GTS—332W	台	1	放线
2	水准仪		台	1	测量高程
3	对讲机		部	2	通信工具
4	混凝土滚筒搅拌机		台	1	拌和混凝土
5	振动棒		个	2	振动混凝土
6	模具		套	3	成型混凝土

7　质量控制与标准

7.1　质量控制

(1)混凝土块现浇路面应重点检查抗压强度、厚度,保证达到标准。

(2)相邻块间高差不大于3mm。

(3)弯道与直线段衔接顺适。

(4)严格控制混凝土水灰比,按配合比控制用水量。

7.2 质量评定标准(表2)

混凝土块路面现浇施工质量评定标准　　表2

项　次	检查项目		规定或允许偏差	检查方法和频率	规定分值
1	抗压强度(MPa)		在标准之内	相关规定检查	30
2	厚度(mm)	代表值	-5	按相关标准检查	20
		极值	-10	每200m每车道2处	
3	平整度(mm)		5	3m直尺:半幅每200m 2处	15
4	相邻两块高差(mm)		3	水平尺:每200m 4处	8
5	直顺度(mm)		10	每200mm 4处,20m拉线	3
6	中线平面偏位(mm)		20	经纬仪:每200m 4断面	3
7	路面宽度(mm)		±20	每200m 4处	5
8	纵断面高程(mm)		±15	水准仪:每200m 4断面	3
9	横坡(%)		±0.25	水准仪:每200m 4断面	5
10	相邻两块缝宽(mm)		±3	尺量:每200m 4处	8

8 安全措施

8.1 施工前应对施工现场、机具设备及安全防护设施等,进行全面检查,确认符合安全要求后方可施工。

8.2 对进场施工人员必须进行安全教育,遵守安全操作规程,正确使用安全劳动防护用品。

8.3 特殊工种操作人员须经有关部门专业培训合格后持证上岗。

8.4 施工安全请参照《公路工程施工安全技术规程》(JTJ 076—95)中的有关规定。嵌挤式混凝土块路面现浇过程中应严格按有关安全生产、劳动保护的法律和规程进行,具体落实到作业班组的每个人员。

8.5 施工现场架空输电线路与机械的安全距离应符合规范要求。

8.6 搅拌机应按说明书进行,应有熟练的专业人员进行指挥、操作。

8.7 夜间作业应有安全照明措施。

8.8 照明电机电源必须采用完好电缆线,并经过“两级”漏电保护。

8.9 作业人员必须穿戴整齐的劳动保护用品。

8.10 施工现场的所有机具设备、安全装置都必须经常进行检查,确保完好和安全使用。

8.11 作业后应及时对机具进行清洗和全方位保养。

9 环境保护措施

建立环境保护责任制度,采取有效措施,防止生产建设过程中产生废水、废渣、噪声等对环境产生的污染和危害。

9.1 建立环境保护机构,由项目部派专人负责。

9.2 建立学习教育制度,组织学习《中华人民共和国环境保护法》。

9.3 结合嵌挤式混凝土块路面现浇施工工程的特点,采取具体措施:

(1)弃土、弃渣按规定地点堆放。

(2)避免破坏农田排灌系统。

(3)废水等处理要妥当,经检验符合标准后再排放。

(4)施工时尽量降低噪声,噪声较大的施工机械避免夜间作业。

10 效益分析

10.1 社会效益分析

(1)现浇工艺的效益在于:一是减少两道工序,即减少了安装与运输两个环节,节省了投资;二是取消了砂垫层,直接浇筑于路面基层之上,省去了混凝土块与砂垫层铺筑工费与砂材料费。

(2)提高了行车舒适性:一是由于采用了现浇工艺,其顶面平整度通过施工控制可以大为提高;二是由于混凝土块直接现浇在基层上,其底面与基层接触良好,增加了稳定性,增强水稳性,抗变形能力也有所提高,不会产生较大变形,消除了块间错台现象,提高了平整性,增加了舒适性与安全性。

(3)改善了力学特性,提高了整体强度,块与块间设立了嵌缝板,减少了由变形引起的块间表面剪切损坏,减少了嵌缝宽,增加了块件之间剪力传递功能,从而整体提高了路面强度。

(4)采用现浇工艺,提高了工效,缩短了工期,克服了传统工艺缺陷,增加了使用范围,特别适用南方堤路合一的坝顶路面铺设,紧急时可作防洪材料,社会效益显著。

10.2 经济效益分析

10.2.1 按定额分析对比

1999 年预制铺装单价为 175.39 元/m^2,现浇单价为 91.38 元/m^2,差为 84.01 元/ m^2。

2005 年预制铺装单价为 177.07 元/m^2,现浇单价为 94.76 元/m^2,差为 82.31 元/m^2。

尽管比较价格差不够准确,但差异确实巨大,因此经济效益明显。

10.2.2 现浇与预制安装、整体板施工效益比较(表 3 和表 4)

混凝土块路面与混凝土板状路面施工效益对比表 表 3

路面类型	混凝土块路面	混凝土板状路面	结论
混凝土强度(MPa)	20、25	42.5(轻交通) 52.5(重交通)	混凝土块指标低节省水泥
抗折强度(MPa)	无	65(轻交) 70(重交)	
厚度(cm)	视交通量确定 10~18	视交通量确定 10~18	混凝土块厚度较薄节约混凝土混合料
机械设备	强制式搅拌机或滚筒式搅拌机	强制式搅拌机、排振、切割机	混凝土块机械要求低
残值	混凝土块可重复使用	废弃物(破碎难)	混凝土块可利用

混凝土块预制安装与混凝土块现浇施工效益对比表 表 4

施工方法	混凝土块预制安装	混凝土块现浇	结论
工艺	预制→搬运→砂垫层→铺装→嵌缝	现浇→嵌缝	现浇减少搬运、铺装、砂垫层 3 道工序
防水性	渗水	不渗水	现浇水稳性好
平整度	块间易产生错台	无错台	现浇平整度较好

11 应用实例

实例一:2005 年忻分公路项目部采用了现浇混凝土块路面施工工法,对忻府区至宁武分水岭二级旅游公路中路基稳定过渡段进行了路面铺设。铺筑后较好地满足了路基沉降稳定过渡期间路面行车的需要,块间没有出现较大变形高差,达到了预期的效果。

实例二:2007 年在保德县滨河路 K0 + 000 ~ K6 + 177.94 段运用了嵌挤式混凝土块路面现浇施工工法来铺筑该段路面(图 2)。开放交通 2 个月后,该混凝土块状路面无明显高差变化,达到了预期的效果。

图 2　施工现场

桥　梁　篇

大型双壁钢围堰浅水区整体拼装下水施工工法

GGG(中企)C1043—2010

李英俊 田 丰 褚晓辉 徐结明
(中铁三局集团有限公司)

1 前言

在建的柳州市广雅大桥位于柳州市区内,呈东西走向。大桥东岸接广雅路,通往市中心;西岸接河西路和磨滩路,与西环线相连。大桥穿过居民区、农田、鱼塘,横跨湘桂铁路、柳江到达市区繁华地段。本工程包括主体工程与雅儒路改造工程,全线全长 1 410.487m(含引道及桥梁总长),主桥采用海鸥式双孔中承式钢箱拱桥,孔跨布置为 63m + 2 × 210m + 63m,主墩 13 号、14 号、15 号墩基础采用双壁钢围堰工法施工。钢围堰为尖端矩形围堰,长 47.2841m,宽 16.2m,围堰壁厚 1.5m,设计高 12m,自重约 5 000kN。钢围堰作为承台施工时的挡水结构,兼做钻孔施工平台的承重结构。

受市区内场地及上下游河道限制,围堰在临时码头拼装完成后用气囊及浮船的方法整体下水。临时码头位于广雅桥位上游约 500m 西岸处,码头平面呈梯形,码头长 33m,河中心方向宽 17.5m,岸边方向宽约 30m,坡度为 1%,码头岸边与水面呈 90°角,码头顶面距常水位在 1.5m 高差上下浮动,岸边水深 1.7m。场地极其狭小,其中前端 14.5m 的围堰采用 6 个 2.5m × 3.5m × 5m 的浮箱在水中浮拼。

2 工法特点

2.1 在场地狭小受限时,利用浮箱部分在水中拼装,安全快捷。

2.2 减少在河道中修筑混凝土下水坡道占用河道空间,减少搭设临时平台工作量。

2.3 利用浮船防止因下水时该区域水深过浅发生围堰搁浅事故。

3 适用范围

本工法使用于拼装场地狭小,岸边水深较浅的双壁钢围堰拼装与下水施工。

4 工艺原理

双壁钢围堰分单元块组拼,超出码头边线水中部分为浮箱上浮拼,拼装完成后利用气囊、浮船法为围堰提供浮力,保持围堰下水角度,拖轮前方拖拉下水。围堰完全入水后托至水深超过 7m 处后端注水拆除气囊与浮船。最后托运至墩位处下沉就位。

5 施工工艺流程及操作要点

5.1 工艺流程(图 1)

5.2 施工准备工作

5.2.1 测量放样

围堰加工车间按结构尺寸放样加工制作平台。

在临时码头上建立临时坐标系，做临时控制桩，在码头范围内放样围堰双壁中心线位置，通过临时水准点测设钢围堰支撑架的高程。拼装时，通过河堤上控制点控制顶面围堰中线，保证围堰拼装的尺寸与平面位置的准确性。

围堰拼装完成后，在围堰外壁标记水平点，在围堰顶安装固定棱镜，围堰下水时，测量围堰前后端、上下游共四个点高程，全站仪测量围堰前行距离，计算围堰入水角度。

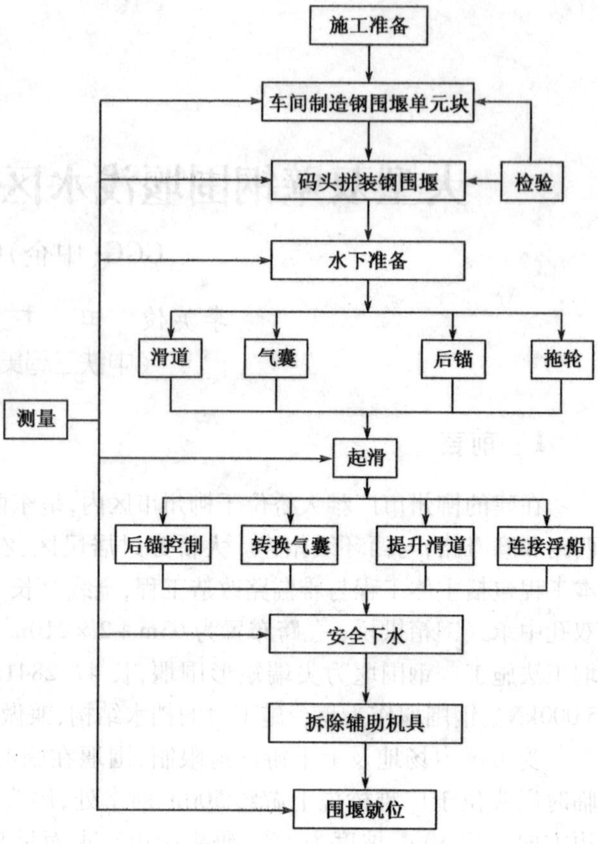

5.2.2　车间制造围堰单元块

围堰制造前进行钢材焊接评定，评定合格后进行加工制造。

按照事先划分好的单元制造，合理的块段划分要使块段重量在工厂及组拼场起重机的起重能力范围内，并尽量减少拼接的焊接工作量。围堰的制造要满足《钢结构工程施工质量验收规范》(GB 50205—2001)的要求，着重控制结构的尺寸和焊缝质量，并保证围堰侧板有良好的水密性。

5.3　码头拼装钢围堰

5.3.1　钢围堰拼装顺序

围堰单元块制作完成后，汽运至码头。

施工准备
车间制造钢围堰单元块
码头拼装钢围堰
检验
水下准备
滑道
气囊
后锚
拖轮
测量
起滑
后锚控制
转换气囊
提升滑道
连接浮船
安全下水
拆除辅助机具
围堰就位

图1　工艺流程图

根据测量人员定出的围堰侧板的轮廓线和平面尺寸控制点位置，安装并调平支撑架后，开始吊装端部单元块，拼装过程中必须严格控制侧板接缝位置平顺，块与块拼装时必须保证水平环板对接平顺，顶端拼接板平面平整。

钢围堰在单层分为14块，上下节共28个单元，底节单元块除合龙块拼装完后进行整体测量验收，合格后开始焊接，焊接结束后检查验收底节，对焊缝认真检查，壁板和隔舱板焊缝进行煤油渗透检查，不合格的应予以补焊。符合标准后开始拼装第二节侧板，围堰节与节之间拼装必须保证竖肋角钢和隔舱板对齐，拼装过程同底节。

钢围堰拼装平面图如图2所示，具体拼装顺序A2、A1、A3、A4至A10、B10、A11、A12、B9、B8、B11至B5、A13、A14、B13、B14。预留A13、A14段为合龙段，方便汽车吊进入钢围堰内部工作。

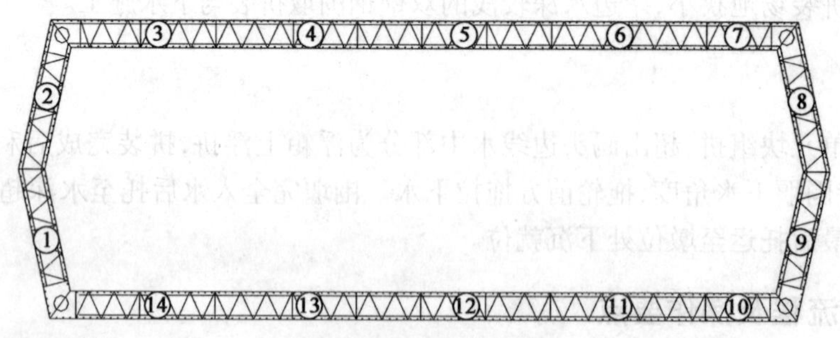

图2　钢围堰拼装平面图

注：围堰底节为A层，上节为B层。

5.3.2　钢围堰拼装质量要求

焊接质量应符合《建筑钢结构焊接技术规程》(JGJ 81—2002)的要求。

焊前检验：包括基本金属质量检验、焊丝及焊条的质量检验、气体检验、焊工考核、能源和设备检验等。

焊接过程中的检验:包括结构装配质量检验,焊接规范检验,焊缝尺寸及表面检验等。

焊缝外观要求:在焊接过程中应进行焊缝尺寸及表面检验。如发现存在缺陷时,应在焊缝交接检查和密封试验之前修补完毕,并重新检验。

钢围堰主要结构尺寸允许偏差如表1所示。

钢围堰主要结构尺寸允许偏差　　表1

编　　号	项　　目	允许偏差(mm)
1	围堰内壁尺寸	0 ~ +50
2	围堰壁厚	±5
3	垂直度	$h/1\,000$
4	壁板对接错台	<2
5	壁板侧向平整度	<30
6	水平加劲角钢间距误差	<20
7	隔舱板平面误差	<50

水密性试验是对围堰焊接质量最后全面的检验,应在焊缝外观检查后进行。试验时,气温应高于5℃。对未做水压水密性试验的焊缝,考虑到现场的条件和工期的要求,采用煤油渗透试验方式检查焊缝抗渗性。如发现有水流或渗水(渗油)现象时,需进行修补。修补后必须重新试验。

5.4　围堰下水的准备工作

5.4.1　下水钢滑道(图3)

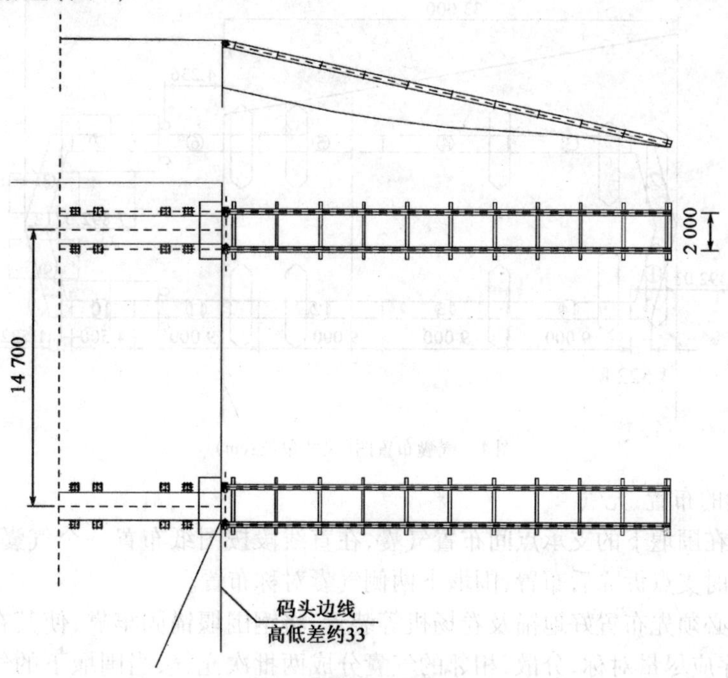

图3　滑道(尺寸单位:cm)

先将浮箱放入水中,滑道前端利用角钢和浮箱连接,利用25t吊车将滑道缓缓送入水中至安装位置,利用膨胀螺栓将滑道末端与码头边连接。到达安装位置利用浮吊将前端吊起,连接点割掉,并拉出浮箱,末端用25t吊车吊起,撤出销子,使滑道整个落入水中。

5.4.2　气囊(图4)

(1)气囊的受力计算

$\phi1.5m \times 6m$ 气囊的单个承载技术参数(其中气囊有效长度为6m)见表2。

气 囊 系 数 表2

气囊直径(m)	安全工作压强(MPa)	工作高度(m)	承载力(t)
$D=1.5$	0.11	0.5	17.62
		0.6	15.86
		0.7	14.10
		0.8	12.34
$D=1.5$	0.13	0.5	20.83
		0.6	18.75
		0.7	16.66
		0.8	14.58

(2)关于气囊用量的计算

气囊的工作高度 H 取为0.75m,下水的整体质量 $m=510t$,取气囊个数 $n=16$,则气囊的安全系数 K 为:

$$K = 54n/m = 54 \times 16/510 = 1.69 > K_0 = 1.2 \sim 1.4(\text{常规情况})$$

选用12个小气囊、4个大气囊是安全可靠的。小气囊间距按图纸布置,大气囊塞在中间,如图4所示。

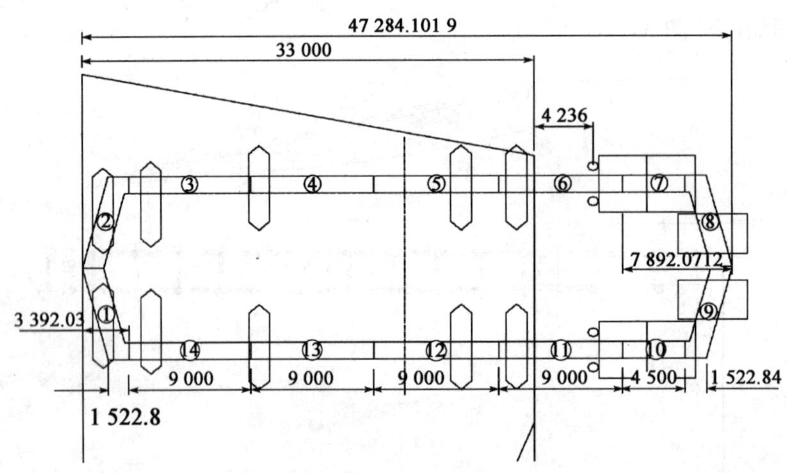

图4 气囊布置图(尺寸单位:cm)

(3)围堰下气囊的布置、充气

围堰拼装完后,在围堰下的支承点间布置气囊,在直线段按图纸布置一个气囊,对于与临时支点位置冲突的气囊,待临时支点拆除后布置,围堰下两侧气囊对称布置。

气囊在充气前,必须先布置好地锚及卷扬机等装置,将钢围堰锚固牢靠,使其在被顶起后不向前滚动。气囊充气的顺序应尽量对称、分散,相邻的气囊分成两批次充气,当围堰下的气囊充气至围堰被抬起至80cm高左右后,此时,钢围堰脱离支承点约25cm,拆除钢垫板下的钢凳支承。一个围堰下共有26个钢凳(其中码头上20个、浮箱上共6个)。支承点需清理干净,并使地面平整,以不影响后序的气囊滚动。

围堰底部气囊布置如图5所示。

5.4.3 浮船

考虑围堰下水区域水深过浅，在围堰前行至29m处，在围堰上下游方向各增加一条可提供浮力约2 000kN的浮船，在围堰上安装钢管桁架与浮船铰接，可为围堰提供部分浮力，避免围堰搁浅的事故发生。铰接的桁架见图5。

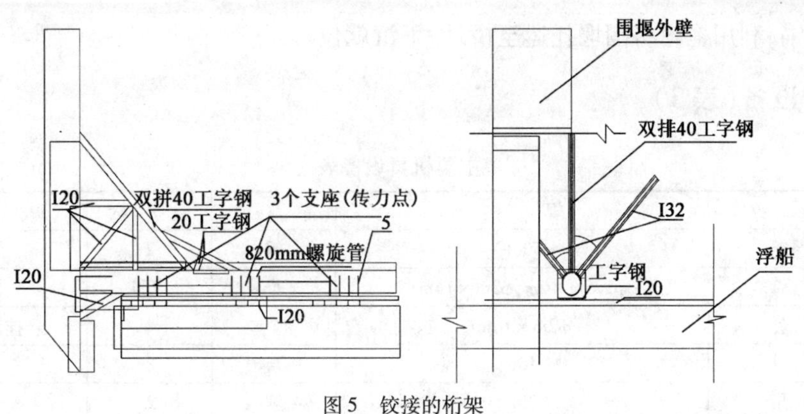

图5 铰接的桁架

5.4.4 后锚

钢围堰前端入水14m，下面设有浮箱，钢围堰后部设有气囊。根据围堰的自重和滑道的坡度，围堰过中心8.5m后那一瞬间受接近800kN的力，围堰后部的卷扬机各受400kN力，利用动滑轮组进行4道分力就可以确保围堰安全稳定入水。

5.4.5 拖轮

当围堰自身的下滑力不足时在围堰前方增加拖轮，使用3艘共1 700马力(1马力=735W)拖轮将围堰拖入水中。

5.5 下水工作

当准备工作完成后，需对上述工作进行检查，对码头场地进行清理，防止杂物割伤气囊。防止机械人员受到伤害。

5.5.1 起滑

松开后方的卷扬机，围堰受自身重力在坡道方向上的分力将自动向水中移动。此时用卷扬机控制围堰下滑的速度，防止围堰下水速度过快搁浅。

5.5.2 转换气囊

由于围堰下水时带有前端向下的角度，当围堰前行一段距离时，后方的气囊将自动滚出，此时停住围堰，将滚出的气囊放气，重新安装至围堰下并充气。尽量将围堰下布满气囊，防止围堰坐在码头或滑道上。

5.5.3 提升钢滑道

当围堰前行至22m(滑道与前方的浮箱在空间位置上不发生冲突)时，用手拉葫芦将水中钢滑道提起，在钢管桩上搭设工字钢横梁，并使滑道与码头固定。

5.5.4 连接浮船

当围堰前行至29m(浮船不与码头发生位置冲突)时，将浮船注水下沉，安装钢管桁架与船上的支撑体系；将浮船内的水抽出，让浮船受力，围堰继续前行时，角度将逐渐变小，围堰部分开始吃水受力，浮船基本保持同一吃水深托起围堰前行。

5.5.5 完全下水

当下滑力不足时，前端的拖轮开始将围堰向江中心拖动，此时仍需后方的卷扬机控制围堰前行的速度。

5.6 拆除辅助机具

围堰下水后，将围堰拖运至水深7~8m的位置，抛锚稳定，对围堰后端的隔舱内注水(也可以往浮船内注部分水)，使之前端上浮，当钢管脱离船上的托架时即可停止注水，浮吊配合拆除钢管桁架。再将围堰内的水抽出,潜水员水下作业拆掉围堰下的气囊,水下切割浮箱,拆除支撑托架。回收浮箱、气囊、支撑托架等。

5.7 围堰浮运就位

拆除混凝土锚,利用拖轮将围堰托运至桥址,下沉就位。

6 材料与设备(表3)

主要机具设备表 表3

序号	名称	规格	单位	数量	备注
1	浮船	500t	艘	2	提供浮力
2	气囊	ϕ1.5m×6m,ϕ2m×14m	个	12,4	围堰下水支撑
3	气囊	ϕ2m×16m	个	4	悬挂围堰壁板提供浮力
4	导链	10t	台	8	围堰下水
5	浮吊	25t	艘	2	水中吊装
6	吊车	25t	台	1	钢围堰拼装
7	吊车	50t	台	1	钢围堰拼装
8	吊车	70t	台	1	钢围堰拼装
9	吊车	100t	台	1	钢围堰拼装
10	吊车	130t	台	1	钢围堰拼装
11	吊车	220t	台	1	钢围堰拼装
12	交通船		台	1	运输
13	卷扬机	5t	台	2	围堰后锚
14	滑轮组	32t	套	4	围堰后锚
15	拖轮	900匹、400匹、400匹	艘	3	托拉围堰
16	电焊机	BX1—400、BX1—315、BX3—315、BX3—500	台	36	焊接

7 质量措施

7.1 质量过程控制

建立"谁管理谁负责,谁操作谁保证"的质量管理原则。通过完善的质量管理体系将质量管理职能分解到每一个部门、每一个岗位。施工经理应按项目部规定的质量方针,满足业主提出的质量目标要求,形成一个完整的质量体系。管理者必须支持该体系,并由技术人员具体负责该体系。

7.2 施工计划控制

7.2.1 由项目经理组织各部门编制、落实、检查和督促日、周、月生产计划及执行情况。

7.2.2 每日召开碰头会,每周召开一次生产会,检查落实施工进度、工程质量、安全生产等工作,协调人、机、物,控制工程形象进度。每月召开一次质量例会,专题研究工程质量情况和改进措施。

7.3 工序控制

施工过程中严格执行三检制度。

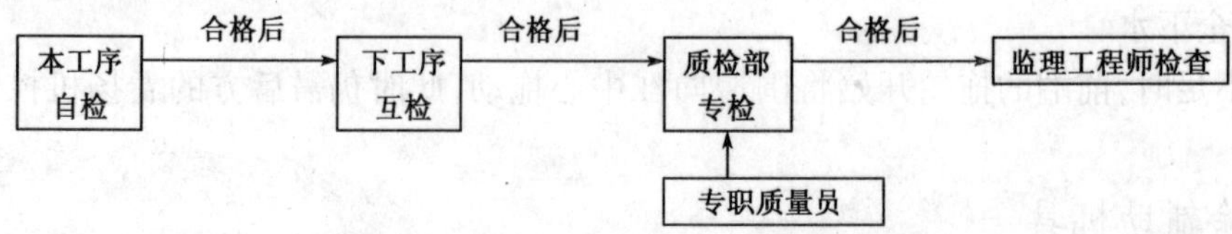

7.3.1 自检:每一作业班组设一名兼职质量员,负责对本班组完成的工序按检验评定标准要求进行检查、验收,填写自检卡经施工员签认后交下道工序。

7.3.2 互检:由下道工序班组兼职质量员对上道工序质量进行检查签认。

7.3.3 专检:工序在自检、互检合格的基础上,由专职质量员进行复检并与自检卡核对符合后方可转入下道工序施工。

8 安全措施

坚持“科学施工,安全生产”的原则和“安全第一,以预防为主”的方针组织施工生产,实现安全目标。

8.1 参加施工的人员,必须接受安全技术教育,熟悉和遵守本工种的各项安全技术操作规程,并应定期进行安全技术考核,合格者方可上岗操作。

8.2 围堰拼装在离地面2m以上(含2m)作业,则为高处作业。

8.3 凡从事高处作业人员,必须定期进行体格检查,凡患有不适宜从事高空施工作业的疾病人员,不得从事该项工作。

8.4 围堰运输属于大块件运输,最长为6m×11m,最重达到17t,途中路过近500m的城市道路,运输过程中要有专门的人员疏散和提示车辆,防止发生交通事故。由于道路宽度的限制,要求驾驶员有丰富的大构件运输经验和驾车技术水平。

8.5 施工作业场所应根据作业的条件与危险程度,选用符合国家、专业标准并具有产品合格证和使用证明书的防护用品。

8.6 所有人不得私自下水游泳,水上作业人员必须戴好安全帽,穿好救生衣。

8.7 乘坐交通船、艇不得超过规定人数,乘坐人员应穿好救生衣。

8.8 接地接零:接地体采用角钢、圆钢或钢管,其截面不小于$48mm^2$,一组两根接地体之间间距不小于2.5m,入土深度不小于2.5m,接地电极应符合规定,电杆转角杆、终端杆及总箱、分配电箱必须有重复接地。

8.9 施工现场应设置安全防护措施。在陡坎、沟、槽、坑、水边等危险部位必须有防护设施和安全标志。工作面挂安全网,码头周围10m范围内划定安全区,区内严禁非作业人员、车辆进入通行,墩身周围严禁站人,谨防落物伤人,注意施工安全。

8.10 施工所用各种机具设备应定期进行检验,不合格者严禁使用,尤其是超重吊车的缆绳,检查起吊模板的挂钩是否损坏,如损坏及时更换,严禁使用。

8.11 施工中应注意气象变化,掌握气温、风沙、雨情、水文等预报,做好防范工作。

8.12 机械设备使用前应经过调试、检测,确认技术性能和安全装置状态良好后方准使用。

8.13 施工操作人员应熟悉机械的性能和操作方法,并具有对机械发生事故时采取紧急措施的能力;严禁超负荷使用;驾驶室或操作室内不得超乘、存放或运送易燃、易爆物品;严禁机械带故障作业;危险作业时应设立安全警戒标志,并设专人指挥。

8.14 机械用钢丝绳应符合现行国家标准《重要用途钢丝绳》(GB 8918—2006)的规定。

8.15 用于走行的钢丝绳不得有接头、扭结、变形。

8.16 超重用钢丝绳的接头,必须采用插接,其长度不得小于钢丝绳直径的20倍,总长不得短于300mm。

8.17 起吊作业要有技术培训合格专职人员担任。

8.18 在起吊重物时有下列情况之一者不得起吊。

8.18.1 起重壁下和吊起的重物下面有人。

8.18.2 吊索和附件捆绑不牢时。

8.18.3 吊件上站人或放有活动物时。

8.18.4 质量不明、无指挥或信号不清时。

8.19 遇有大风、暴雨及雷电而停止施工时,注意要切断电源,保护好各种设备。并且每隔三天派专人检查一下机械设备用电安全,严禁电线私拉乱扯,雨天注意用电安全,消除安全隐患。

8.20 漏电保护器必须符合现行国家标准《剩余电流动作保护器的一般要求》,并定期检查。夜间施工时要有足够的照明,并注意安全。

8.21 未经工班长批准,任何人不得顶岗、跨岗作业。严禁从高空向下抛掷杂物。

8.22 汽车起重机操作人员要经培训考核,持证上岗。派专人定期检查各种限位开关、起重千斤绳,如有损坏及时更换。

8.23 汽车起重机作业要有专人指挥。禁止超负荷起吊。起重机顶部、大壁前部要设信号灯,起重壁下严禁站人,如有人立即通知赶快离开。

8.24 大模板在起吊安装时,应连接牢固,应拴溜绳,模板合缝时,不得徒手操作。吊装时不得碰撞模板和脚手架,堆放整齐,不变形。

8.25 围堰分段拼装时操作平台四周设置角钢围栏,挂设安全网,保证施工安全,吊装时信号统一,施工人员佩戴安全绳,穿防滑鞋。

8.26 高处作业应佩带工具袋,小型材料应放入袋内,较大的工具应用绳拴好,不得随意乱放,防止落下伤人。

8.27 高处作业区域的风力为六级以上(包括六级)时应停止作业。

9 环保措施

9.1 绝对禁止施工人员直接向江中抛弃垃圾,排放废水、废油和冲洗物。

9.2 燃料、油和颜料应保存在合适的安全容器中,并放在指定地点,以免外泄漏进入河中。

9.3 生活水拟采取相应措施处理,有毒废水要用专用容器收集,并根据所含毒物的性质进行相应处理。

9.4 及时处理、分离施工废物料,并堆放在指定的自埋场和安全的临时储存处,以防雨水造成对水质的污染。

10 资源节约

工法形成过程中,贯彻国家节能工程的有关要求,减少了搭设下水钢平台、浇筑下水坡道等,大大节约了资源。

11 效益分析

11.1 经济效益:钢围堰采用此方法下水,减少了搭设下水钢平台、浇筑下水坡道,清除河床覆盖层等工作,未占用航道管理部门规定的河道,比先在钻孔平台上拼装围堰缩短了工期,为汛期到来前的桩基础施工节约了时间。

11.2 社会效益:随着社会的发展,城市建设进入一个新的阶段,城市桥梁正从实用性向美观性转变,施工条件对市区内桥梁施工的难度影响非常大,本工法对施工场地狭小,下水区域水深不足,大型施工机械不能进场等条件下的施工进行了总结,为以后相似施工条件下的钢围堰施工积累了经验。

12 应用实例

广西柳州市广雅大桥工程,由中铁三局广雅大桥项目部施工。广雅大桥主桥(63m + 210m × 2 + 63m)结构形式为海鸥双孔中承式钢箱拱桥。主墩有三个墩为水中深水基础,承台施工时采用双壁钢围堰做挡水结构。14 号钢围堰下水高度 12m,自重约 5 000kN。

14 号墩双壁钢围堰与 2009 年 8 月 20 日开始车间制造,与 2009 年 11 月 5 日成功下水就位。经监理单位(甘肃铁一院工程监理有限责任公司)对围堰的刚度、结构尺寸进行检查,判定围堰质量及尺寸合格。本下水方法,提前了工期,为枯水期施工节约了时间,受到业主柳州市城市投资建设发展有限公司的好评。

灌注桩先隔离桩头钢筋后凿除桩头混凝土施工工法

GGG(中企)C1044—2010

张黎明 魏廷伟

(中铁六局集团有限公司)

1 前言

随着我国经济的快速发展,全国各地的公路、铁路等交通基础设施也在随之快速发展;公路、铁路的修建不同程度地都需要跨越河流、公路、铁路、低谷等各种地形,不同形式的桥梁将形成,各式各样的桥基础被设计,但绝大多数为桩基础,桩基灌注方法大多数为水下灌注法,而水下混凝土灌注桩为了保证桩身混凝土的质量,都需要在灌注混凝土时进行一定量的超灌,超灌部分的混凝土在系梁或墩柱施工前进行桩头凿除。我公司结合以往的桩头凿除施工经验,研制出桩头钢筋与混凝土隔离然后凿除的施工工艺,取得了良好的经济和环保效益,现总结形成本工法。

本工法慎用,钢筋笼安装高程误差,可能导致设计桩头以下的钻孔桩混凝土隔离断裂,使钢筋无握裹力而失效。个别钢筋笼安装高程误差导致设计桩头以下混凝土隔离断裂的,可多剔凿至隔离层的末端,最后和联梁或承台一块浇灌。

2 特点

2.1 本工法桩头剔凿是在桩基快具备桩基无损检测时进行的,可避免桩基混凝土在未施加强度的情况下剔凿,避免对桩基扰动,同时可避免基坑开挖对桩的影响,有利于保证桩基的质量。

2.2 采用本工法,桩头剔凿速度较快,给后续的系梁、墩柱、基坑回填等工序的施工赢得时间,让基坑露天时间变短,有利于保证基坑边坡稳定,有地下水的情况时可以减少降水时间,节约施工成本。

2.3 本工法能有效保护基桩钢筋,保证桩头钢筋不会弯曲,确保桩基钢筋和墩柱钢筋的连接质量。

2.4 本工法能提高桩头施工速度,在冬季施工时更有利于桩基混凝土的养护,减少冬季混凝土养护费用,经济效益显著。

2.5 运用本工法能有效降低施工噪声和粉尘污染,减小劳动强度,有良好的环保效益。

3 适用范围

桩头位置位于自然地面以下的一切混凝土灌注桩。

4 工艺原理

本工法利用对桩头部分的钢筋、保护层混凝土和桩头桩心混凝土之间采取隔离层的措施,使混凝土对钢筋不能产生有效的握裹力和黏结力,使桩头部分的钢筋和混凝土不能成为整体,保护层混凝土和桩头桩心混凝土分隔开成两部分,然后再利用混凝土的抗拉强度、抗剪强度很小的原理,先凿除桩头保护层混凝土,剥离桩头部分钢筋,再在桩身一周均匀地打入短钢钎,通过均匀打入钢钎给桩头部分混凝土一个均匀的向上的力,使桩头混凝土从打入钢钎位置水平断开,从而凿除桩头。

5 工艺流程及操作要点

5.1 工艺流程(图1)

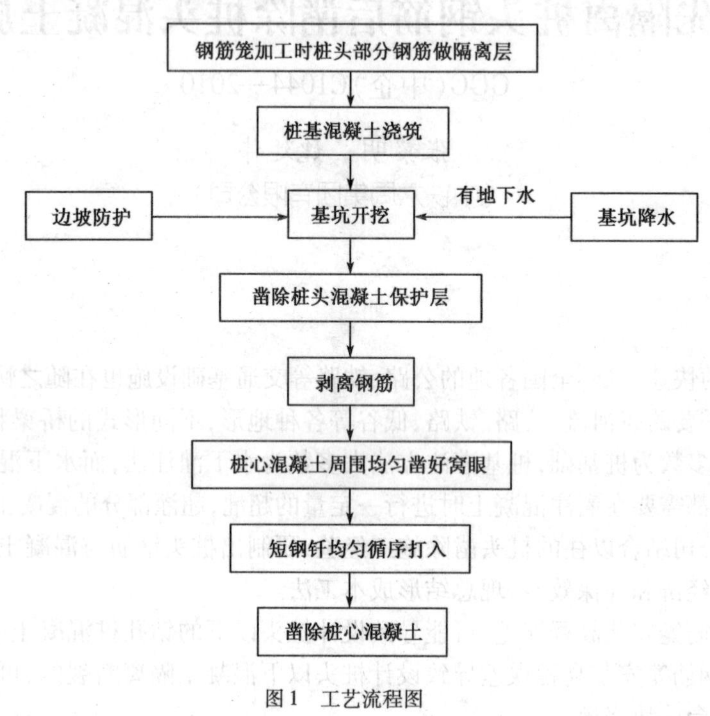

图1 工艺流程图

5.2 操作要点

5.2.1 桩头部分钢筋隔离措施:隔离层做法

桩头部分钢筋的隔离层制作是本工法的关键一步工序,隔离层要在桩基钢筋笼加工完成后下放到桩孔里之前进行施工完毕。隔离层根据所用材料的不同做法也会有所不同,隔离层所用的材料有脱模剂、塑料布、PVC套管等,不管采用何种材料做隔离层,其目的都是起隔离作用。隔离层的施做顺序:钢筋笼主筋隔离层→钢筋笼一周的隔离层→竖向保护层的隔离层。对每根钢筋主筋制作隔离层是阻止桩头部分的钢筋和混凝土之间产生有效的握裹力和黏结力,可采用塑料布裹缠或套PVC管、刷脱模剂;桩头部分钢筋笼一周做隔离层,使桩头部分的保护层混凝土和桩心部分混凝土不能形成一个整体,使其三者都能互相隔离开,一般用塑料布裹缠。最后制作竖向混凝土保护层的隔离层,先在主筋上焊接U形钢筋,用以固定隔离层,然后再缠绕隔离层塑料布。

隔离层施做范围的确定:从设计桩顶位置到钢筋笼顶之间内的范围,也就是桩基钢筋伸入系梁、承台或墩柱内的部分钢筋,计算方法如下:

$$H = H_1 - H_2 \tag{1}$$

式中:H——隔离层施做范围;

H_1——钢筋笼顶高程;

H_2——桩基设计桩顶高程。

隔离层制作时有以下几点要求:

(1)钢筋笼桩头部分的钢筋每根都要做隔离层,不能有遗漏,钢筋笼一周也要制作隔离层,隔离层需采取必要的固定措施固定牢固。

(2)制作隔离层时在钢筋笼上标定桩顶位置,并要准确,隔离层不能延伸到桩身钢筋部分。

(3)采用脱模剂喷涂时,对桩头部分钢筋要逐根喷涂,整个表面要进行喷涂,喷涂时脱模剂不能喷涂到桩身部分的钢筋，要采取适当的措施保证桩身钢筋不受污染。

(4)采用塑料布制作隔离层时，塑料布一定要裹缠紧密，两个端头一定固定牢固，防止在钢筋笼安装和桩身混凝土浇注过程中松动移位或丢失。

(5)采用 PVC 套管做钢筋隔离层时，套管的内径要适当，要视钢筋直径而定，套管两头和钢筋之间要固定牢固，套管两个端口要封堵严实，保证在浇注桩身混凝土时混凝土不能进入到套管内。

(6)桩头部分钢筋笼周身制作隔离层时，材料选用要便于施工，固定要牢固，保证隔离效果。

隔离层图示如图 2 所示。

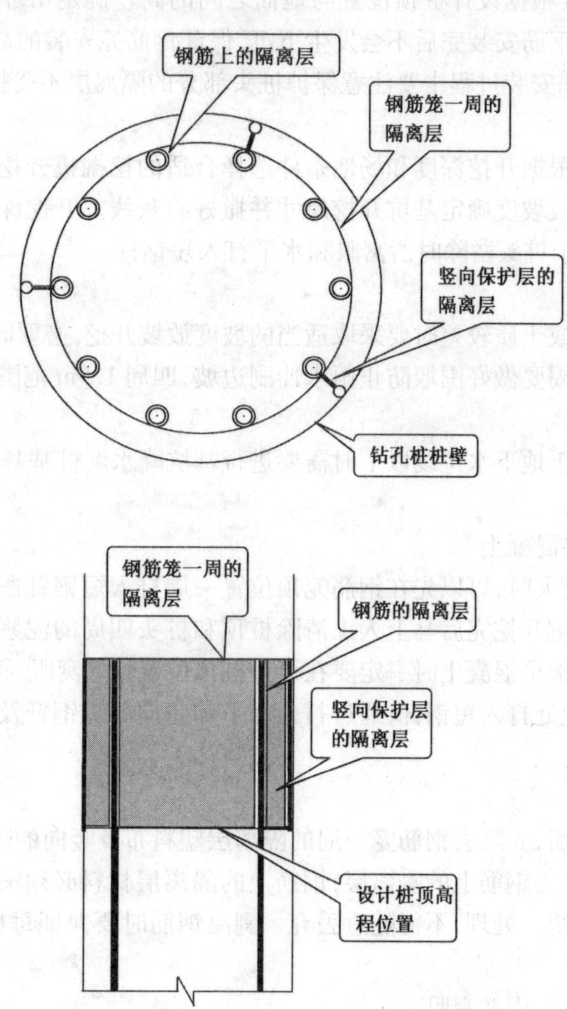

图 2 隔离层图示

5.2.2 桩基混凝土浇注

桩基混凝土浇注工序中有钢筋笼的吊运安装和混凝土水下灌注两个重要环节。钢筋笼安装时高程测量一定要准确，桩顶位置准确才能保证隔离层的位置准确，从而准确地对桩头部分的钢筋、混凝土起到隔离作用，便于桩头混凝土的凿除。一般位于地面以下的钢筋笼是通过焊接吊环和穿横梁固定钢筋笼和控制高程。吊环的长度计算如下：

$$L = H_3 - H_1 + h_1 + h_2 + L_1 \tag{2}$$

式中：L——吊环长度；

H_3——桩孔顶地面高程；

H_1——钢筋笼顶设计高程；

h_1——横梁的高度；

h_2——横梁底与地面之间的高度（横梁下支垫物的高度，用于支撑横梁和调节钢筋笼高程）；

L_1——吊环和钢筋笼的搭接焊接长度(此长度视钢筋笼的质量而定)。

钢筋笼安装时有以下几点要求:

(1)固定钢筋笼的吊环必须具有足够的强度,在悬吊钢筋笼时不会发生变形,与钢筋笼连接焊接牢固,焊缝长度视钢筋笼重量而定,保证有足够的焊接强度。

(2)支撑钢筋笼的横梁(横杠)要有足够的强度和刚度,保证整个钢筋笼悬挂在横梁上时不发生过大的变形,变形一般控制在1cm内。

(3)安装钢筋笼前要根据设计桩顶位置与地面之间的高差确定吊环长度,并做好支撑钢筋笼的基础,基础必须要牢固,在钢筋安装完后不会发生下沉,保证钢筋笼安装的高程准确。

(4)钢筋笼的吊装和安装过程中要注意保护桩头部分的隔离层不受损坏。

5.2.3 基坑开挖

基坑开挖时一般都根据开挖深度和场地条件选择合适的挖掘机开挖,装载机配合施工。基坑开挖前要根据桩头埋深和边坡坡度确定基坑开挖尺寸并撒好石灰线。开挖深度较大时要分层开挖,桩基四周要超挖30~50cm,便于桩头凿除时凿窝眼和水平打入短钢钎。

5.2.4 边坡防护

基坑开挖深度较大或土质较差时要采取适当的坡度放坡开挖,必要时要采取边坡加固措施,如锚喷混凝土。基坑上坡口四周要做好围堰防止雨水冲刷边坡,四周1.5m范围内不得堆放重物。

5.2.5 基坑降水

当桩顶设计高程位于地下水位线以下时需要进行基坑降水。桩基基坑降水一般采用挖集水井明排潜水泵抽排进行降水。

5.2.6 凿除保护层混凝土

当超灌较多,桩头较大时,可以先在钢筋笼顶位置一周打入短钢钎凿除素混凝土部分,然后再凿除剩下的桩头混凝土。基坑开挖完后马上人工清除桩顶和桩头四周的泥浆和浮土,并测量确定桩顶设计高程标好位置。凿除保护层混凝土时一定要在设计桩顶位置打好窝眼,再水平打进短钢钎;先找到竖向位置隔离层的位置,在此处打入短钢钎,通过打入水平和竖向的短钢钎及大锤砸混凝土保护层,凿除保护层混凝土。

5.2.7 剥离钢筋

保护层混凝土凿除后,先除去钢筋笼一周的隔离层塑料布及竖向的隔离层,然后再逐根用撬棍和钢管等剥离桩头钢筋,并除去钢筋上的隔离层;钢筋上的隔离层材料必须清除干净,清除下来废弃的隔离层材料要统一收集起来统一处理,不得随意丢弃。剥离钢筋时要保证每根钢筋都要和桩心混凝土分离开来。

5.2.8 桩心混凝土一周凿窝眼

桩头保护层混凝土凿除和钢筋剥离完后,再重新标定桩顶设计高程位置,然后在两根钢筋之间位置水平一周凿好窝眼,窝眼的形状要根据使用的扁钢钎凿成扁平状。窝眼的间距一定要适当,一般控制在10~20cm。

5.2.9 凿除桩心混凝土

桩心混凝土一周的窝眼凿好后,用手锤逐根把扁平状的短钢钎打入凿好的窝眼内。短钢钎要水平放置打入。短钢钎都打入窝眼后用大锤逐根循序地均匀地打入短钢钎,直至桩心混凝土沿水平位置断开。其中需要注意以下几点:

(1)窝眼凿好后打入短扁钢钎时,钢钎一定要水平打入,并且在打入过程中也要保持基本水平,防止桩心混凝土凿除时出现“萝卜坑”或“鼓包”。

(2)在凿除桩头桩心混凝土时,四周的短钢钎一定要均匀地锤击打入,不得猛锤一侧或几个短钢钎进行凿除桩心混凝土。

(3)在凿除保护层混凝土后要剥离桩头部分钢筋,到达钢筋和桩心混凝土不接触为限。

(4)使用大锤时要注意不得锤击钢筋,要保护好钢筋不受伤。

(5)桩头凿除完毕后必须把所有的隔离层都清楚干净,废弃的隔离层材料收集好并集中处理。

6 材料与设备

本工法主要的材料和机具设备简单,容易购买,携带方便,主要有:隔离层材料(如脱模剂、塑料布、PVC管)、短钢钎、手锤、大锤、小梯子。其中短钢钎数量根据需要凿除桩头直径的大小进行配备。其他常用机械有冲击钻、挖掘机、装载机等无需特别说明。

7 质量控制

7.1 工程质量控制标准

7.1.1 根据ISO 9001质量管理体系标准和质量管理体系文件的规定,建立可靠的质量保证体系,开展全面质量管理活动。

7.1.2 施工质量控制执行中华人民共和国交通部颁发的《公路桥涵施工技术规范》(JTJ 041—2000)和《公路工程质量检验评定标准》(JTG F80/1—2004)。

7.1.3 钢筋笼桩顶位置要标定准确,误差不超过±1cm;支撑钢筋笼的横梁(横杠)要有足够的强度和刚度,保证整个钢筋笼悬挂在横梁上时变形控制在1cm内。

7.1.4 为防止钢筋笼安装高程误差导致设计桩头以下混凝土隔离断裂,可多剔凿至隔离层的末端,最后和联梁或承台一起浇灌。

7.2 质量保证措施

7.2.1 严格执行ISO 9001标准认证体系,建立健全质量管理和控制管理机构,明确岗位责任制保证工程质量。

7.2.2 要根据实际情况选用适当的隔离层材料,为了保证隔离层效果可以同时采用几种材料综合使用。

7.2.3 桩头部分钢筋的隔离层一定要逐个制作,采用绑丝、胶布等辅助材料对隔离层的端头和接头进行固定,保证固定牢固。

7.2.4 钢筋笼桩头隔离层做完后要进行妥善的保护,特别是在钢筋笼的吊装和安装过程要注意保护,如果发现有较大的破损应及时修补。

7.2.5 安装钢筋笼时对桩顶高程控制要准确,制作吊环用的钢筋应选用R235级钢筋,而且钢筋直径不能太小,要保证悬吊整个钢筋笼时不会变形;支撑钢筋笼的横梁要有足够的强度,支撑横梁的基础要足够的承载力,受力后不得发生变形。

7.2.6 浇注桩身混凝土时,快浇注到隔离层位置时应放慢浇注速度,控制混凝土上升的速度不易过快,防止破坏隔离层。

7.2.7 开挖基坑时挖掘机不得碰撞桩身。

7.2.8 沿桩顶位置一圈的窝眼的位置要准确,应略高于桩顶设计高程位置,要保证水平。

7.2.9 设计桩顶位置开始打入短钢钎时,钢钎的位置要保持水平位置。

7.2.10 凿除桩头桩心混凝土时,钢钎位置要始终保持水平,而且要循序均匀打入,不得猛打一侧或一部分的钢钎,要保证凿出后的桩顶面平整,避免出现“萝卜坑”、“鼓包”、“过凿”或欠凿。

7.2.11 当桩头混凝土凿除后,要清除掉钢筋上的所有隔离层,保证质量。

8 安全措施

8.1 在施工过程中始终贯彻“安全第一,预防为主”的方针,建立健全安全生产责任制,强化安全保证体系和措施,制定明确的安全目标,实行目标管理,结合工程实际施工特点,切实做好安全施工的保障工作。

8.2 在钢筋笼的吊装和安装时要注意经常检查钢丝绳是否有断丝,卡环是否有裂纹,保证吊装用的机具工作性能良好;吊装过程中现场施工人员要远离钢筋笼的旋转范围,避免有重物坠落砸伤人员;吊装过程中要与附近的高压线等保持安全距离,避免发生触电事故。

8.3 施工现场的所有电器机具及电闸箱要有漏电保护,电闸箱要按三相五线制接线,要有良好的接地。

8.4 施工现场要配备专职电工,严禁其他人员私拉乱接。

8.5 基坑开挖前应确定地下障碍物、地下电缆光缆等的情况,避免基坑开挖时挖断或破坏。

8.6 基坑开挖深度大于2m时,基坑边坡坡度必须符合要求,必要时采取边坡加固措施,保证施工期间的边坡稳定。

8.7 基坑四周应填筑0.5m宽、0.3m高的挡水围堰,防止雨水冲刷边坡。

8.8 挖掘机作业时旋转半径内不得站人或人机交叉作业。

8.9 在铁路路基两侧开挖基坑时,基坑的边坡线必须与铁路保持安全距离,保证铁路路基的安全。

8.10 当基坑底有人在施工时,坑上的人员不得往基坑里乱扔工具材料等。

8.11 在凿除混凝土时施工人员须戴好防护眼罩,同一个桩头不得有两个人以上同时交叉作业。

9 环保措施

9.1 保护植被,作好水土保持。施工区域内及周围的树木和植被不得随意砍伐和破坏。若因为施工需要影响植被,应采取永久有效措施及时植树、种草,对植被进行恢复。

9.2 由于施工而改变了原地面的汇水状态,自然排水变成了集中排水,施工中需要按设计及时进行排水系统施工,防止水土流失。

9.3 严格控制污水流向,严禁未经处理的施工和生活污水流入城市排水设施和河流。生活污水采取二级生化或化粪池等措施进行净化处理,经检查符合标准后方准排放。

9.4 禁止有毒有害废弃物用作土方回填,以免污染地下水源。

9.5 做好施工场地道路的规划和设置,主要道路进行硬化处理。配备专用洒水车,对施工现场和运输道路经常洒水湿润。

9.6 施工驻地和施工现场的生活垃圾,以及凿除桩头后的混凝土块应集中堆放,运到指定地点消纳。

9.7 土方运输采取有效措施严密封闭车厢,车辆出入现场有专人清扫、冲洗车体。

9.8 采用本工法,大大减少了施工噪声,本施工工序可以安排在夜间施工,加快了施工进度。

10 资源节约

本工法与其他桩头凿除的方法相比推迟了桩头凿除的时间,在冬季施工中不需混凝土养护,水下施工中,减少基坑降水时间。采用本工法在施工安排上更为紧凑,桩头凿除速度较快,缩短施工工期。与破碎机械凿除桩头的常用方法比较能有效降低施工噪声和粉尘污染,隔离层还可用废旧塑料布等材料制作,环保和节能效益显著。

11 效益分析

11.1 本工法与其他桩头凿除的方法相比推迟了桩头凿除的时间,房山区长周路(长辛店—周口店)改建工程周支铁路桥,在冬季施工中不需混凝土养护,节省费用15 000元;在0号桥台至5号桥墩轴桩顶位置在地下水位以下的施工中,减少基坑降水时间,节省了2 016个降水台班和人工约300工日,节省降水费用50 000元;采用本工法在施工安排上更为紧凑,桩头凿除速度较快,缩短工期约10天,节省费用65 000元。以上三项共计节省费用130 000元。

11.2 采用本工法推迟了基坑开挖时间,减少基坑暴露时间,有利于保证基坑边坡的稳定安全;在桩身混凝土强度达到设计强度时再开挖相比较在混凝土早期强度不高时进行基坑开挖和桩头凿除能更好地保证桩身不被扰动,从而保证桩基质量。采用本工法在保证施工质量和安全的情况下加快了桩头凿除速度,加快了施工进程,缩短了施工工期,取得甲方、监理单位的一致好评,赢得良好社会效益。

12 应用实例

12.1 房山区长周路(长辛店—周口店)改建工程周支铁路桥

12.1.1 工程概况

房山区长周路(长辛店—周口店)改建工程周支铁路桥:周支铁路桥位于长周路里程桩号K39+361.86处,依次跨越周口店河、周支铁路和地方道路。桥梁全长401.24m,桥梁全宽24.5m。该桥由上、下两座独立的桥梁组成,上部结构为13×30m预应力混凝土简支T梁及预应力混凝土简支箱梁,下部结构为桩柱式桥墩,肋板式和U形桥台,承台接钻孔灌注桩。桩深范围内土层主要以卵石填土和砾岩为主,72根桩基均在冬季钻孔灌注。72根桩基桩顶位置都在原地面以下2.0~3.5m,其中0号桥台至5号桥墩的桩顶高程均在地下水位线以下。

12.1.2 施工情况

本工程共72根钻孔灌注桩,桩基钻孔从2007年的11月下旬开始打桩施工,根据工程地质情况采用冲击钻钻孔的方式施工;高峰期有8台钻机同时进行钻孔施工,灌注桩是随成孔随灌注,灌注完后不开挖进行自然养护;隔离层的制作选用了塑料布,部分钢筋用套管隔离,实践证明使用套管材料费用较高,但是操作简便,速度快;钢筋笼一周的隔离层和竖向保护层的隔离层均采用塑料布。桩头凿除时安排1台挖掘机进行基坑开挖,安排3个人进行桩头周围及桩顶的浮土清除工作,安排3个人进行桩头凿除工作,基本保证了人员不窝工的现象,保证了工程的施工进度。

12.1.3 工程施工评价

采用本工法进行桩头凿除,在冬季施工过程中晚开挖基坑和桩头凿除对桩基混凝土进行自然养护,保证了桩基混凝土强度,还避免了在混凝土早期强度时进行开挖和凿除时对桩身的碰撞,保证了桩基质量。实践证明,通过钢筋隔离层、钢筋笼一周的隔离层和竖向保护层的隔离层的使用,达到了预期的隔离效果,简化了凿除工作,加快了施工进度。通过采用科学的施工工艺和合理的施工安排,桩基合格率达到100%,工程进度在整个长周路改建工程中名列前茅,受到了业主房山区市政管理委员会和工程监理单位的一致好评。

12.2 北京市怀柔区(雁栖环岛—柏崖桥)工程范崎路大桥

12.2.1 工程概况

新建北京市怀柔区(雁栖环岛—柏崖桥)工程范崎路大桥由中铁六局集团有限公司负责施工。范崎路大桥全桥长288m,桥跨为7×40m,下部结构采用双柱式框架桥墩和肋式桥台。桥墩盖梁为变高度的预应力混凝土结构,基础采用直径150cm的钻孔灌注桩;桥台盖梁采用钢筋混凝土结构,基础采用直径100cm钻孔灌注桩。全桥150cm的钻孔灌注桩共计24根,100cm钻孔灌注桩28根,全桥钻孔灌注桩共计52根。

12.2.2 施工情况

本工程共52根钻孔灌注桩,桩基钻孔从2007年的6月下旬开始打桩施工,根据工程地质的情况采用冲击钻钻孔的方式施工;高峰期有4台钻机同时进行钻孔施工,灌注桩是随成孔随灌注,灌注完后不开挖进行自然养护;隔离层的制作选用了塑料布。桩头凿除时安排1台挖掘机和3个人进行桩头凿除工作。

12.2.3 工程施工评价

本工程采用先隔离后凿除桩头工法施工保证了桩基质量,检测合格率100%;与通常的凿除方法施工比较减少了基坑降水费用、人工费用、混凝土养护费用等。采用本工法,大大减少了噪声污染,减小劳动强度,还加快了施工进度,取得建设单位和监理单位的一致好评。

本工法的实施,在保证施工安全、质量的前提下,保证了建设单位总体工期目标,为企业赢得了信誉,得到了参建个单位的好评,收到了良好的环保和社会效益。

桩基钢筋笼采用分体式直螺纹套筒连接快速施工工法

GGG(中企)C1045—2010

李　先　张新彬　肖　飞　赵红学　陈红伟
(中铁十八局集团有限公司　中国建筑科学研究院建筑机械化研究分院)

1　前言

桩基施工中钢筋笼的对接一直是困扰施工单位的一个难题,钢筋笼对接时间一般占整个钢筋笼下笼时间的70% ~80%,因此钢筋笼的对接速度直接影响下笼的时间,特别是在一些地质条件不好的地区,威胁到成桩的质量。针对上述问题,我们采用了分体钢筋套筒接头,目的就是提高钢筋笼对接的速度,缩短下笼时间,保证成桩质量。

分体式钢筋套筒接头是以剥肋滚压直螺纹连接技术为基础衍生出的一种新的接头形式,其施工方法和施工组织较钢筋剥肋滚压直螺纹连接工法有较大的改变,该接头由中国建筑科学研究院建筑机械化研究分院(廊坊凯博建设机械科技有限公司)开发,为国内外首创,已取得实用新型专利(专利号第1176223号),正在申报发明专利。

2008年分体式套筒接头首次研制成功后,应用于桩基施工中,取得了很好的效果,接头施工适应性强。

2　工法特点

工法特点可总结为:多、快、好、省,即通过大量应用,达到快速施工的目的,有效缩短工期,施工质量稳定、降低成本。

2.1　对接施工速度快,能有效地节约桩基施工时间,缩短施工工期。

2.2　连接强度高,接头质量可靠。接头强度达到行业标准《钢筋机械连接通用技术规程》(JGJ 107—2003)中最高等级——I级接头性能要求。

2.3　丝头加工及现场连接操作简便,安全可靠。

2.4　套筒与钢筋丝头结合紧密,性能稳定可靠。

2.5　采用正反丝扣型套筒,通过转动套筒可少量调整两根已连接钢筋端面的间距,便于施工。

2.6　连接后两根钢筋处于同一轴线,对中性好。

2.7　丝头加工设备及套筒压接机功率小,耗电少,不需专用配电,无明火作业,可全天候施工,环保节能。

2.8　对比普通的焊接施工工艺,能有效降低造价,节约资金。

3　适用范围

由于分体式套筒钢筋接头性能可靠、工艺简单,连接作业时不需要拧钢筋,多根钢筋组成的构件在对齐后每个套筒可单独进行连接施工,因此本工法适用于桥梁撞击中钻孔桩钢筋笼接长,也可广泛推广应用于预制构配件、现浇混凝土工程中的钢筋接长、连接。

4　工艺原理

分体式套筒钢筋接头是一种新型的剥肋滚压直螺纹接头形式,其工艺原理是将两根待连接钢筋的螺纹丝头用两个半圆形的螺纹套筒扣紧,丝头螺纹与半圆形套筒螺纹紧密咬合,再通过锁套将两个半圆套筒及钢筋丝头用液压钳锁紧,使之连成一体而达到连接的目的。由于锁套及套筒的锥度小于自锁角,因此锁套锁紧后不会自行脱落,接头质量稳定、性能可靠。分体式套筒钢筋接头结构示意图如图1所示,分体式套筒钢筋接头拼装前、后图片如图2所示。桩基钢筋笼按"单根接长——→整体滚制——→分段拆解——→分段运输——→分段接长"的工序进行。

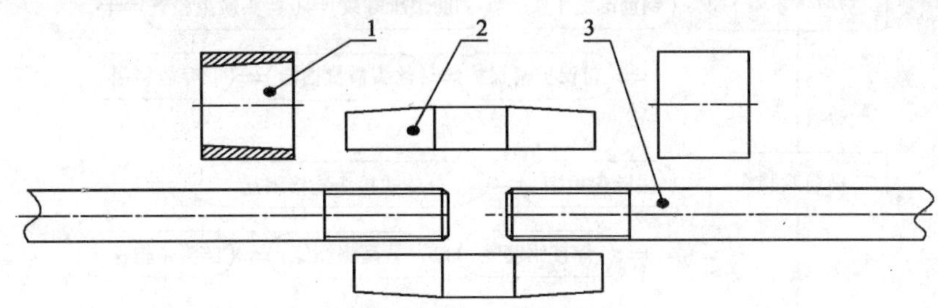

图1 分体式套筒钢筋接头结构示意图

1-锁套;2-半圆形套筒;3-钢筋

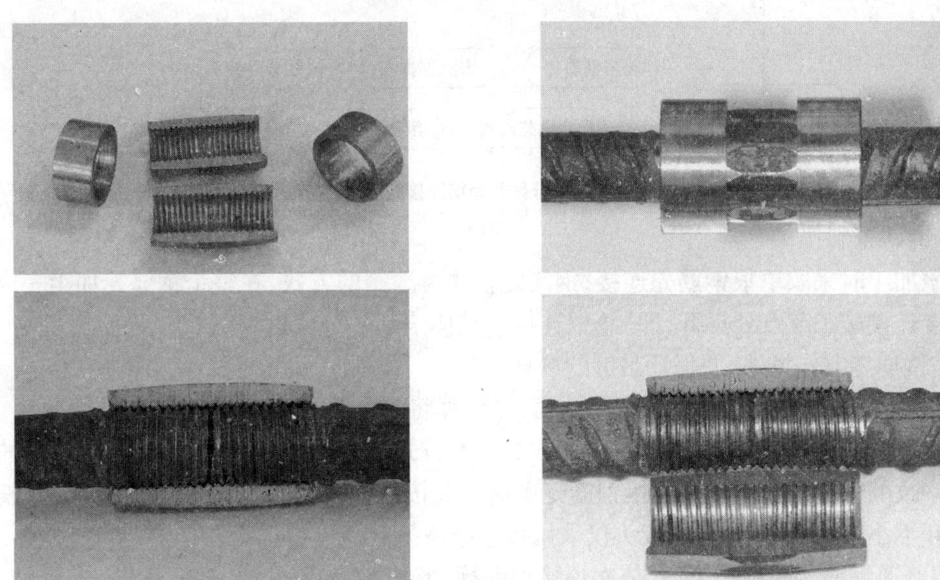

图2 分体式套筒钢筋接头拼装前、后图片

分体式套筒接头连接时,不需要钢筋的转动,使已成型的钢筋笼构件可以轻松实现对接。

5 施工工艺流程及操作要点

5.1 施工工艺流程

钢筋笼采用分体式套筒接通连接施工工艺流程如图3所示。

5.1.1 钢筋丝头加工

钢筋端面平头:平头的目的是让钢筋端面与母材轴线方向垂直,同时将钢筋头部弯曲的部分切掉,宜采用砂轮切割机或其他专用切断设备,严禁气割,电弧切割。

剥肋滚压螺纹:使用钢筋剥肋滚压直螺纹机将待连接钢筋的端头加工成螺纹。加工丝头有效螺纹长度不小于1/2连接套筒长度,且允许误差为$\pm 2P$(P为螺距)。丝头加工时应使用水性润滑液,不得使用油性润滑液。要求相临两段钢筋笼对接部分的钢筋丝头一端加工为右旋螺纹,另一端加工为左旋螺纹,加工完成后应做标记以示区分,并便于和带有正反丝扣内螺纹(分体式套筒的一端为右旋螺纹,另一端为左旋螺纹)的分体式套筒匹配。

丝头质量检查:操作者对加工的丝头进行质量检查,丝头不得破损或滑丝。

带保护帽:用专用的钢筋丝头保护帽将钢筋丝头保护,防止螺纹被磕碰或被污物污染。

丝头质量抽检:对自检合格的丝头抽样检验。

存放待用:按规格型号及类型分类码放。

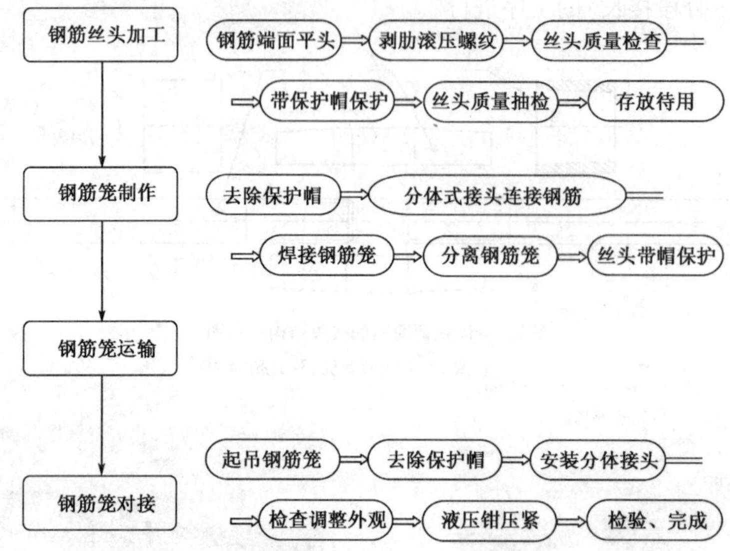

图3 钢筋笼采用分体式套筒连接施工工艺流程图

5.1.2 钢筋笼制作

在钢筋笼加工时采取单根钢筋先连接,钢筋笼整体再滚制的方式,在整个钢筋笼加工完成后再将下笼时需要对接连接施工节点处拆开,即"单根连接→整体滚制→分段拆解"。

(1)平整钢筋笼制作场地,并保证足够的场地。

(2)均匀间隔铺方木,根据设计钢筋笼长度,并计算将来可运输和吊装的长度进行分段,一般分为2~3段,对每段的主筋可采用普通直螺纹套筒或焊接的方式进行连接,在各段需要对接连接的部位采用与主筋直径一致的分体式套筒接头连接钢筋笼主筋。并按照规范将接头位置间隔错开,一般采取相邻主筋接头错开不小于50cm。分体式接头仅采用扳手稍微拧紧即可。

(3)按照普通钢筋笼的制作工序,依次焊接加劲箍、绑扎螺旋筋、安装声测管等。

(4)在整个钢筋笼加工完成后将按段拆开。拆开前,在每个钢筋接头处用红色油漆做出明显的标记(数字标记),避免接头在安装过程中产生错位,对接困难,造成对接头连接不上。

(5)为减小钢筋笼在运输及吊装过程中的变形量,在钢筋笼加强箍筋处径向焊接临时支撑,加大钢筋笼的刚度;安装钢筋笼时再用气焊依次切除。

(6)每节钢筋笼的长度不宜过长,以免给运输、吊装及对接施工带来不利影响。

5.1.3 钢筋笼运输

(1)在钢筋笼吊点位置进行补强或分散受力点,防止起吊时受力过于集中造成变形;起吊过程平稳,避免碰撞;采用尽量多的吊点,分散受力。

(2)采用运输炮车进行运输,运输时钢筋笼固定牢固。速度不宜过快,以免钢筋笼颠簸过程中造成翻车或变形过大。

5.1.4 钢筋笼对接

(1)将直螺纹套筒重新进行分理,将左旋一侧做标记。

(2)下笼前对操作人员进行培训,并进行装配练习,使其熟悉接头的装配要求及装配过程。

(3)准备好扳手及手锤,用于安装锁套后的初步锁紧;用钢筋焊接1~2个简单工具(F扳手),用于现场钢筋的对正调直;准备1个吊葫芦,用于钢筋笼轴向尺寸的微调;准备一根长撬杠,必要时撬动下节钢筋笼,使之便于套筒扣装。

(4)起吊过程中,采用尽可能多的吊点,避免钢筋笼受力过于集中,造成局部变形。

(5)钢筋笼的竖向吊点应尽量选择对称位置,防止出现钢筋笼在下笼过程中处于“不垂直”状态,这样钢筋笼的一侧对齐,而另一侧则会出现较大间隙,不利于对接施工。

(6)下节钢筋笼起吊并安放到位后,将每个套筒的两个锁套套到钢筋上,注意两个锁套应大孔相向放置在待连接钢筋的一端,朝向不能放错。

(7)吊装上段钢筋笼,并根据钢筋上标记的位置,与下节钢筋笼相应钢筋对齐。钢筋基本对齐后,将上面的锁套拿到上面的钢筋上,然后再扣装套筒,注意扣装时左右旋方向不要弄反,同时钢筋的上下外露丝扣长度应基本一致,扣装好后将上锁套锁住。

(8)用扳手转动套筒,调整外露丝扣长度,调整完成后若有一端外露丝扣长度超过 2 扣,则需拆下重新安装。

(9)套上下端的锁套,用手锤及扳手将两端锁套初步锁紧。

(10)用液压钳进行两次压紧,完成套筒的装配作业。注意第一次压紧后应转动液压钳大约 90°再进行第二次压紧。

压接时的最小压力见表 1。

压接时钢筋直径与压力值对应表 表 1

钢筋直径(mm)	16 ~ 18	20	22	25	28	32
压力值(MPa)	10	15	20	25	30	35

(11)依次连接好每根钢筋后,本次主筋连接结束,将箍筋绑扎好后,逐个拆除钢筋笼径向加强钢筋,并下放钢筋笼。

5.2 操作要点

(1)液压钳为高压设备,操作时应注意以下几个方面:

①高压油管应安装到位,出现松动现象应立即拧紧,同时工作时高压油嘴禁止对人;

②压钳应轻拿轻放,禁止重摔,防止高压油嘴及其他部位损坏;

③压钳加载前应确认套筒已放入正确位置,防止出现由于放不正而造成设备损坏及其他安全事故,尤其在第二次压紧时更应注意。

(2)出现对接的钢筋轴向位置不对正,扣装分体式套筒困难,可选择采取下列方案:

①通过吊车轻摆、撬棍微调对钢筋笼进行少量摆动,通过摆动钢筋笼,两根钢筋相对位置会发生少量变化,待位置合适时进行套筒扣装;

②用吊葫芦将上下两节钢筋笼的箍筋固定,通过吊葫芦对两节钢筋笼的相对距离进行调整,寻找合适位置扣装套筒,此方法不建议使用,作为备用方案;

③若钢筋出现较大弯曲,应使用专用工具(F 扳手)将其矫正;

④避免待连接的钢筋丝头螺纹与金属件磕碰。

5.3 劳动组织

(1)加工丝头每台设备 3 人,1 人操作设备,2 人搬运钢筋。

(2)连接钢筋每组 2 ~ 3 人。

(3)钢筋笼制作 5 人。

(4)钢筋笼吊装、运输 4 人。

6 材料与设备

6.1 材料

连接用钢筋应符合《钢筋混凝土用钢 第 2 部分:热轧带肋钢筋》(GB 1499.2—2007)的要求,其他标准的钢筋可参考执行。

分体式钢筋接头的套筒应采用优质碳素结构钢或其他经形式检验确定符合要求的钢材。

6.2 设备

(1)钢筋剥肋滚压直螺纹成型机

钢筋剥肋滚压直螺纹机用于加工钢筋丝头。该设备集钢筋剥肋及螺纹滚压于一身,一次装卡即可完成两道工序,它主要由台钳、剥肋机构、滚丝头、减速机、冷却系统、电器系统、机座等组成。其技术参数如表2所示。

钢筋剥肋滚压直螺纹机技术参数 表2

设备型号	GHB50型	GHB40型
滚丝头型号	50型	40型
可加工钢筋范围(mm)	25~50	16~40

(2)分体式套筒接头液压压接机

由中国建筑科学研究院建筑机械化研究分院(隶属于北京建筑机械化研究院)针对分体式钢筋接头连接时压紧而研制开发并生产,主要由泵站、压钳及油管等部分组成。

(3)机具设备一览表(表3)

机具设备一览表 表3

序号	名称	规格	单位	数量	用途	附注
1	钢筋剥肋滚压直螺纹成型机	见表2	台	2	加工钢筋丝头	
2	接头液压压接机	10~50MPa	台	2	压紧分体套筒	
3	吊车	25t	台	1	吊装钢筋笼	
4	砂轮切割机	J3G—SL2—400	台	2	切割钢筋、平头	
5	电焊机	BX3—500	台	2	焊接钢筋笼	
6	吊葫芦	5t	个	1	微调钢筋间距	
7	F扳手		个	2	调制钢筋	自制
8	锤头		个	2	预紧接头	
9	普通扳手	与分体接头配套	个	2	调整接头丝扣长度	
10	氧气、乙炔、割枪及配套		套	1	割除加固钢筋	
11	炮车及拖拉机	与钢筋笼配套	套	1	运送钢筋笼	

7 质量控制

对压接完成的分体式套筒接头进行检验。

(1)分体式套筒钢筋接头的工艺检验、现场拉伸试验按行业标准《钢筋机械连接通用技术规程》(JGJ 107—2003)的有关规定遵照执行。

(2)丝头的质量检验按中国建筑科学研究院企业标准《钢筋剥肋滚压直螺纹连接技术规程》(Q/JY 16—2003)中的有关规定遵照执行。

(3)钢筋接头外观检验要求如下:

①接头外露丝扣长度不得超过$2P$(P为螺距);

②压接后套筒、锁套不得有肉眼可见的裂纹;

③对接头的压接力进行检验,每个钢筋笼随机抽取3个接头进行压接力检验,压接力不得小于要求值,若检验不合格则应对所有接头重新进行压接;

④关于外观检验的说明:接头的性能主要体现为接头的力学性能,即拉伸强度是否符合要求,外观

检验属辅助性检验，目的是为了更好地保证接头质量的稳定性。

(4)钢筋笼焊接及安装质量根据现行桥梁施工规范执行。

8 安全措施

(1)吊装过程中，指挥人员要清理吊装范围内的非施工人员，避免钢筋笼对人体造成伤害。

(2)吊装过程中，钢丝绳要采取双保险，采用双根钢丝绳，防止绳滑落或断裂。

(3)对接钢筋笼时，由于钢筋对正、安装套筒至少需要两人同时作业，相互距离较近，应注意安全，防止挤入桩孔中。

(4)直螺纹成型机的操作安全：直螺纹成型机的操作安全应符合钢筋剥肋滚压直螺纹成型机使用说明书的有关规定。

(5)分体式套筒接头压接机使用的是液压设备，泵站压力较高(一般工作压力10～50MPa)，使用时应注意以下几个方面：

①设备应由专人负责管理和操作，调整的工作压力应符合规定值，调整过程中压力不得任意提高，调整完成后应锁紧，严禁他人调整；

②高压油管应安装到位并拧紧，出现松动现象应立即拧紧，工作时高压油嘴(包括泵站和压钳)禁止对着他人；

③压钳应轻拿轻放，禁止重摔，防止高压油嘴及其他部位损坏；

④压接加载前应确认套筒已放入正确位置，防止出现由于放不正而造成的设备损坏及其他安全事故，尤其在第二次压接时更应注意；

⑤当高压油管有起鼓(起包)、漏油现象时立即停止使用并更换新油管。

9 环保措施

本工法施工过程中，注重环保，钢筋丝头加工及接头现场施工无噪声污染、无明火、无烟尘，安全可靠。

废水排放严格执行各项排放标准，废水排入自然水体时严格执行相关标准，执行《中华人民共和国固体废弃物污染环境防治法》、《中华人民共和国环境噪声污染防治法》，满足法规要求。

10 资源节约

本工法施工过程中，贯彻国家节能工程的要求。丝头加工设备及套筒压接机功率小，耗电少，不需专用配电设施，不需架设专用电线，无明火作业，可全天候施工，节约能源。

同时，由于对接施工速度的加快，能有效地节约桩基施工时间，降低各种资源的消耗。

11 效益分析

(1) 利用专利产品，形成了一整套桩基钢筋笼连接快速施工技术，使用本工法施工，使普通钢筋笼的对接时间缩短至20min左右，为传统焊接工艺时间的1/6～1/10，有效节约施工时间，保证成桩质量，尤其对地质条件不好的桩基施工，起着至关重要的作用。

(2)该工法技术先进，使桩基施工中钢筋接头质量这一薄弱环节得到较好的改善。

(3)此工法施工桩基钢筋连接，形成了半工厂化施工，人工费有所降低，施工进度快，效率较焊接高。

12 应用实例

此工法应用于陕西省西铜改扩建浊峪河试验段XTK-S1合同段。西安至铜川公路是国家规划的西部开发省际公路通道阿荣旗至北海线的重要组成部分，也是国家高速公路网包头至茂名纵向线的重要路段。西安至铜川公路改扩建工程路线起自西铜公路与西安绕城高速公路北段交点吕小寨立交,止于西铜公路铜川新区立交,全线60.373km。2008年1月开工,工期24个月。西铜改扩建浊峪河试验段XTK-S1合同段位于陕西省三原市境内,全长6.29km,本标段有桥梁11座,其中大桥6座,立交2座,中、小桥各1座,车行天桥1座,共计总长1 997.89m,钻孔灌注桩合计10 652m。

钻孔灌注桩钢筋分段连接均采用分体式套筒钢筋接头施工,连接钢筋笼时间平均20min,施工速度快,为传统焊接工艺时间的1/6~1/10,施工质量合格率100%,有效节约施工时间,保证成桩质量,尤其对地质条件不好的桩基施工,有效规避和减少了桩基桩底沉渣随时间推移逐步增厚超标的情况,有效降低塌孔的几率,对工程的顺利完成起着至关重要的作用。

湿陷性黄土地区旋挖钻干法成孔灌注桩施工工法

GGG(中企)C1046—2010

阮德超　杨启维　莫首一　封军华　白永喜

(中铁二十一局集团第三工程有限公司)

1 前言

由中铁二十一局集团第三工程有限公司承建的陕西宝汉高速公路四支渠特大桥,桥址位于湿陷性黄土地区,表层为黄土,下部为粉质黏土,桥梁设计为双向六车道,全长1 052m,工期只有11个月,如何在保证工程质量的前提下加快桥梁下部钻孔灌注桩工程的施工是保证能否按期完工的关键。

中铁二十一局集团第三工程有限公司针对湿陷性黄土地区桥梁桩基快速施工这一难题开展了技术攻关,在研究分析湿陷性黄土物理力学性质、对比旋挖钻机与传统冲击钻和回旋钻成孔工艺、改进旋挖钻机钻头等基础上,总结出"湿陷性黄土地区旋挖钻干法成孔技术",其关键技术达到国内领先水平的新成果,于2010年6月通过甘肃省建设厅组织的科技成果鉴定委员会鉴定。经进一步完善相关施工工艺并形成工法。由于采用该工法施工具有质量可靠、安全高效、无泥浆污染、节约水资源、降低成本,施工过程噪声小、振动小,具有较好的经济效益和社会效益。

2 工法特点

2.1　成孔速度快、效率高,平均钻进速度为10m/h。

2.2　采用干孔作业,避免桩周湿陷性黄土层遇水丧失强度塌陷,影响孔壁稳定和桩基受力;同时扩孔系数显著减小,超灌桩头降低,减少混凝土的浪费。

2.3　采用旋挖钻进,钻斗取土,桩底沉渣厚度得到控制,且在孔壁形成规则的螺旋状,能大大提高钻孔灌注桩桩周摩擦力,进而增加摩擦桩的承载力。

2.4　充分利用湿陷性黄土干燥状态下的直立性,钻进过程和成孔后无需护壁,对施工现场无泥浆污染,节约水资源。

2.5　旋挖钻自身可行走,钻孔就位、移位快,利用自身动力,无需外接电源,噪声小。

2.6　设备性能良好,电脑坐标定位及显示钻孔垂直度,成孔质量高,钻臂能自动伸缩,与普通钻机相比缩短装卸钻杆的时间。

3 适用范围

本工法适用于干旱少雨地区湿陷性黄土地区,地下水位以上地质条件的钻孔灌注桩钻孔施工,钻孔深度≤60m,桩径≤180cm。

4 工艺原理

4.1　旋挖钻机成孔施工是通过旋挖钻机的液压系统及自重给底部带有活门的筒式钻头或螺旋式钻头施加压力,钻头在负载条件下通过钻杆的旋转使其旋挖破碎土(岩)层并钻进,并直接将其装入钻头内,当筒式钻头或螺旋式钻头盛满钻渣后,由钻机提升装置和伸缩式钻杆将筒式钻头或螺旋式钻头提出孔外,打开筒式钻头底部封盖或通过钻杆带动螺旋钻头旋转,以清除钻头内的钻渣。这样循环往复,不断地取土卸土,直至钻到设计深度。

4.2 在天然状态下湿陷性黄土垂直节理发育,层理不明显,竖起方向承压能力较强,具有直立性;在桩基钻孔进程中,钻孔孔壁径向主要承受主动土压力和圆拱支撑力,正是由于黄土的直立性和圆拱支撑力共同作用,平衡了主动土压力,而使钻进过程和成孔后孔壁不变形、不坍塌,为干孔作业创造了条件,同时干孔作业在成孔过程中不采用泥浆护壁,而是钻头在慢速旋挖过程中通过对孔壁的挤密,回转在孔壁表面形成自造的稳定薄层并对孔壁起到一定稳定作用,使得在湿陷性黄土地区旋挖钻干法成孔能够实现近60m的钻进深度。

5 施工工艺流程及操作要点

5.1 施工工艺流程(图1)

5.2 操作要点

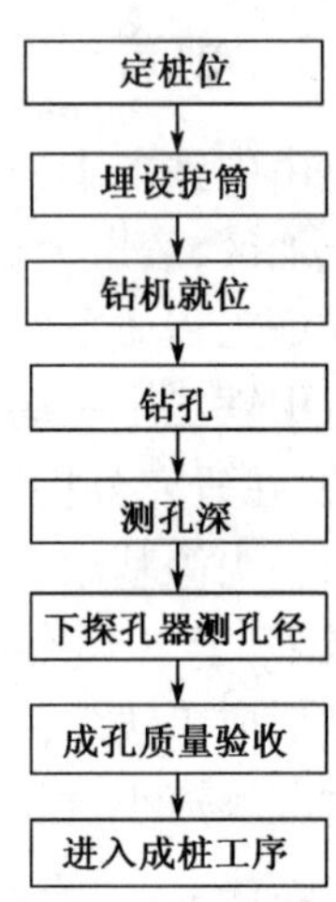

图1 施工工艺流程图

5.2.1 场地平整:将旋挖钻机位置夯实、现场整平,以便旋挖钻机、装载机、吊车、混凝土罐车等施工机械出入施工现场。施工现场水、电、路三通,达到施工要求。

5.2.2 测量定位:开工前对图纸提供的所有桩基坐标进行复核,测量仪器应按规定进行检验合格后使用。

测量其地面高程:根据施工需要定出施工平台高程。准确测量定出桩基中心位置,设置十字护桩。护筒埋设好后应复核桩位。

5.2.3 钻机就位对中:履带式旋挖钻机有自动行走系统,旋挖钻机行走就位对中,对中完成后设置并锁定桩基中心相对坐标,设定桩基中心护筒顶坐标为(0,0,0),并将其输入旋挖钻机电脑系统。用全站仪或经纬仪复核钻杆垂直度。

5.2.4 埋设护筒:护筒宜用10~12mm的钢板制作,内径大于桩径20~40cm,护筒高200~250cm,在钻头上安装扩孔器对桩位进行预开挖后将护筒压入土中,使护筒中心与桩设计中心一致,中心偏差不大于5cm,倾斜度偏差不大于1%,护筒顶面高程宜高出地面0.3m。

5.2.5 桩基位置复核放样:护筒埋设完成后,开钻前复核桩基位置。

5.2.6 钻孔:

(1)用全站仪或经纬仪复核钻杆垂直度,开始旋挖钻进时,在护筒刃脚处,宜低挡慢速钻进,使刃脚处有牢固的护壁。钻至刃脚下1m后可按土质以正常速度钻进,遇到异常地质情况时,放慢钻进速度,进尺速度不得超过3m/h,增加钻机空钻循环圈数,以加强护壁效果。旋挖钻机挖出的弃渣用装载机清理到指定位置堆放。

(2)每钻进2m或地层变化处应从钻筒取样查明土质并记录,与设计资料核对。

(3)桩基在旋挖钻进过程中要对桩位进行复测,在孔深20m、40m及终孔时,用检孔器(检孔器用钢筋做成,其外径为钻孔桩钢筋笼直径加100mm,长度等于孔径的4~6倍)检查垂直度、孔径,以便及时调整钻头直径。

5.2.7 成孔检测:桩基成孔后,用检孔器检查孔的中心位置、孔径,用筒式钻头清除孔底沉淀,用测绳查测孔深,同时宜用钢尺复核测绳的长度。

5.2.8 钢筋笼制作、焊接安装如下。

(1)钢筋笼制作:首先对施工图中各种规格的钢筋长度、数量核对,其次对圆盘条钢筋进行调直,钢筋表面应保持洁净和平直。钢材进场后用垫木或其他方法垫起,工地临时保管钢筋时,应选择地势高、地面干燥的露天场所,根据天气情况,在雨雪天气,必要时加盖遮雨棚布。钢筋加工时,按照施工设计图纸结合钢筋原材料尺寸进行配料、加工、制作、安装,不得随意改变钢筋长度和构造形式,所有钢筋加工偏差、焊接都应符合下列要求：主筋间距在 ±10mm 以内，箍筋间距在 ±20mm 以内，骨架外径在 ±10mm 以内，骨架保护层在 ±20mm 以内，钢筋焊接接头断面积不大于 50%。钢筋焊接前根据具体施工条件(特别是对焊施工)进行试焊，然后进行大批量施工。

(2)钢筋笼焊接安装：钢筋笼安装前应检查钢筋根数、直径、间距，钢筋笼是否变形，焊接点、焊接长度、宽度、厚度是否满足规范要求。为避免钢筋笼起吊过程中局部受力发生变形。在吊车安放钢筋笼时，每节钢筋笼保证有三个吊点，且吊车大小钩配合使用将钢筋笼吊起。在孔口焊接，采用搭接焊，确保其上、下两段成一直线，均匀入孔，并随时调整钢筋笼位置，避免碰挂孔壁及发生塌孔现象。

(3)检测管安装：检测管安装在钢筋笼内侧，按设计要求分布。钢管下端与桩底平齐，上端要露出钻台作业平面。检测管安装顺直、牢固，接缝平顺，用套管焊接密封，不漏浆，套管长度不小于 20cm，检测管下端用 3mm 厚钢板焊接密封，上端用专用塑料帽封闭。

(4)安装完钢筋笼后宜量测孔底沉淀厚度，沉淀厚度超出施工规范要求时，应用直径较小的筒式钻头掏渣。

5.2.9 下导管：

(1)根据孔深准备足够长度不同节长的导管，导管直径在 28 ~ 35cm。

(2)导管在使用前，应进行试拼及气密性试验，备有充足的顶丝及胶圈，导管应顺直、密封、不漏水。

(3)导管安装时，应有专人检查，每节导管应用专用工具拧紧，接头严密、牢固，拆卸方便。导管底口距孔底距离不得大于 40cm。

5.2.10 灌注混凝土：

(1)混凝土拌和供应：浇注混凝土前检查水泥、砂石料质量和数量，混凝土拌和严格按试验室提供配合比进行，混凝土拌和前检修拌和设备，检查计量系统的准确性，特别要经常检查用水计量系统，否则将会影响混凝土强度。同时混凝土拌和前精确测量集料含水率，以调整拌和用水量。混凝土的出盘坍落度应控制在 180 ~ 220mm 之间，混凝土坍落度每 10 ~ $20m^3$ 测定一次。浇注混凝土的数量由现场技术人员作记录，并随时测量并记录导管埋置深度和混凝土的表面高度。

(2)首批混凝土灌注数量：采用干灌工艺，首灌混凝土方量应满足使首灌混凝土后导管埋置深度≥1.5m。

(3)连续灌注：

①混凝土浇注过程中，提升储料斗和导管的钢丝绳以及吊车的吊装能力不小于 16t，吊车靠孔口安放。

②混凝土运送至灌注地点时，由现场技术员对每一车混凝土的均匀性、坍落度进行检测，符合要求后进行混凝土灌注。混凝土灌注开始后，应连续进行，并尽可能缩短拆除导管的时间。当导管内混凝土不满时，应徐徐地灌注混凝土，防止在导管内形成高压空气囊。

③在灌注过程中拆卸导管时，用测深锤测井孔内混凝土面位置，及时调整导管埋深，导管埋深控制在 2 ~ 6m 范围内。

④当灌注至桩顶时，适当用吊车提升导管(提升时导管在混凝土内埋深大于 2m)。

⑤灌注的桩基顶高程预加 0.3 ~ 0.5m。预加高度在开挖完承台(系梁)基坑后凿除，凿除时防止损坏桩身。在混凝土灌注完毕后 24h 内，距离桩位 5m 以内不得进行钻孔桩施工或其他具有振动性的作业，以保护新浇注的混凝土。在混凝土灌注完毕后 24h 后，采用土掩埋法，将桩顶掩埋。

5.2.11 拔护筒：在混凝土灌注完成后，用吊车或旋挖钻机及时将护筒拔出。

5.2.12 桩基无破损检测：混凝土浇注完成 15d 后即让有相应资质的检测单位进行桩基无破损检测，然后进行下道工序承台(系梁)的施工。

5.3 施工注意事项

5.3.1 改进钻头，防止孔壁颈缩。

由于采用旋挖钻干法成孔的筒式钻头无护壁作用，若筒式钻头与桩内壁过于密贴，在提升钻头过程中,下部易产生较大负压力作用,导致"吸钻"现象,而造成孔壁颈缩现象。改进方法为:在筒壁加焊两块双曲面钢板或在筒顶增设导流孔(槽),对称布置。通过施工实践表明,改进后的钻头在提升过程中负压力减小,不易发生颈缩现象。

5.3.2 控制提升和钻进速度,防止发生埋卡钻现象。

(1)在钻进过程中根据地质情况严格控制钻进速度,防止钻进尺度过大,发生埋钻现象;在提升过程中也应严格控制速度,防止钻头下部产生较大负压而发生颈缩现象,出现卡钻现象。

(2)发生埋卡钻现象的处理。直接提升法:采用液压系统或外部卷扬系统直接起吊。钻头周围疏通法:采用反循环或直接清理疏通等方法,清除钻头周围沉渣,然后直接起吊。

5.3.3 由于旋挖钻机设备自重较大,施工场地必须平整,宽敞,且较密实无软弱和塌陷区域,以避免钻机发生沉陷。

5.3.4 旋挖钻机施工过程中要勤检查钻斗,发现侧齿磨损、钻头封闭不严时,要及时整修。

5.4 劳动力组织(表1)

劳动力组织情况表 表1

序号	工种	人数	主要工作内容
1	工长	1	管理、指挥施工
2	技术员	2	现场技术管理
3	质检员	1	监督检查、验评施工质量
4	安全员	1	监督检查现场安全
5	旋挖钻机操作员	4	钻机操作
6	钢筋工	20	钢筋笼下料及制作
7	电焊工	10	钢筋焊接
8	混凝土工	8	灌注混凝土
9	电工	1	维护电路
合计		48人	

6 材料与设备

本工法无需特别说明的材料,采用的机具设备见表2。

主要机具设备 表2

序号	机械设备名称	规格型号	数量
1	旋挖钻机	Casagrande B180	1台
2	旋挖钻机	SR200C	1台
3	装载机	ZL50	1台
4	吊车	20t	2台
5	导管	$D=28\sim35$cm	满足施工要求(配不小于1m^3料斗)
6	混凝土拌和机	750	2台
7	混凝土罐车	8m^3	4台(根据运送距离调整)

7 质量控制

7.1 工程质量控制标准

钻孔灌注桩施工质量执行现行的《公路桥涵施工技术规范》、(JTJ 041—2000)《公路工程质量检验评定标准》(JTG F80/1—2004)。钻孔桩偏差按表3执行。

钻孔灌注桩允许偏差表 表3

<table>
<tr><th>项 次</th><th colspan="3">检 查 项 目</th><th>规定值或允许偏差</th><th>检查方法和频率</th></tr>
<tr><td>1</td><td colspan="3">混凝土强度(MPa)</td><td>在合格标准内</td><td>按 JTG F80/1—2004 附录 D 检查</td></tr>
<tr><td rowspan="3">2</td><td rowspan="3">桩位
(mm)</td><td colspan="2">群桩</td><td>100</td><td rowspan="3">全站仪或经纬仪:每桩检查</td></tr>
<tr><td rowspan="2">排架桩</td><td>允许</td><td>50</td></tr>
<tr><td>极值</td><td>100</td></tr>
<tr><td>3</td><td colspan="3">孔深(m)</td><td>不小于设计</td><td>测绳量:每桩测量</td></tr>
<tr><td>4</td><td colspan="3">孔径(mm)</td><td>不小于设计</td><td>探孔器:每桩测量</td></tr>
<tr><td>5</td><td colspan="3">钻孔倾斜度(mm)</td><td>1%桩长,且不大于500</td><td>用测壁(斜)仪或钻杆垂线法:每桩检查</td></tr>
<tr><td rowspan="2">6</td><td rowspan="2">沉淀厚度
(mm)</td><td colspan="2">摩擦桩</td><td>设计规定,设计未规定时按施工规范要求</td><td rowspan="2">沉淀盒或标准测锤:每桩检查</td></tr>
<tr><td colspan="2">支承桩</td><td>不大于设计规定</td></tr>
<tr><td>7</td><td colspan="3">钢筋骨架底面高程(mm)</td><td>±50</td><td>水准仪:测每桩骨架顶面高程后反算</td></tr>
</table>

7.2 质量控制措施

7.2.1 钻孔前的质量控制:保证护筒埋设正确,确保场地平整、钻机水平不倾斜。

7.2.2 钻孔过程中的质量控制:在钻孔过程中,采取减压钻进,孔底承受的钻压不超过钻杆、钻锥和压块重力之和的60%,以避免和减少斜孔、弯孔和扩孔现象。

7.2.3 成孔后的质量控制:成孔后经检测合格,及时安装钢筋笼、灌注混凝土,因特殊原因不能灌注混凝土时要对孔口进行认真覆盖防护,防止地面积水或雨水流入孔中,造成孔壁塌陷,影响成桩质量。

8 安全措施

8.1 贯彻"安全第一、预防为主"的安全工作方针,加强安全教育,严格执行安全生产制度和操作规程,做好安全技术交底。

8.2 健全安全管理组织,各级管理组织设立专职质量安全员和兼职安全员,对安全关键部位进行经常性检查。

8.3 灌注桩井口设安全盖,防止掉人、掉物和塌孔。

8.4 钻头和钻杆在孔内起落要平稳,防止冲撞护筒和护壁,进出孔口时,严禁孔口附近站人,防止发生钻头钻杆撞击人身事故。

8.5 因故停钻时,孔口应加盖保护并严禁钻头留在孔内以防埋钻。

8.6 钻机钻进时,孔口人员应集中精力,钻具需要立悬或摆放时,必须牢固垫稳,操纵岗位不得离人。

8.7 随时检查桩基施工附近地面有无开裂现象,防止机架和护筒等发生倾斜和下沉。

8.8 加强机械维护、检修、保养,机电设备由专人操作。

8.9 严格用电管理,施工现场的一切电源电路的安装和拆除,必须由持证电工操作,电器必须严格接地、接零和漏电保护器,场地电缆应架空,严禁拖地和埋压土中。

8.10 做好防雨、防雷和防洪措施工作。

8.11 进入工地必须戴安全帽,穿工作服、防滑鞋,戴防护手套,严禁酒后操作机械和上岗工作。

8.12 混凝土灌注完后的空桩孔位,要及时回填压实。

9 环保措施

9.1 防噪声扰民措施

9.1.1 由于本工程穿过村庄,施工期间在工地四周张贴施工通告,请周围村民谅解。

9.1.2 施工噪声较大的设备(如装载车)尽量安排在白天工作,如必须晚上施工,也要避开23:00~6:00时段施工。

9.1.3 其他设备在夜间施工时,要求尽量使用低挡油门,控制施工声音。

9.2 废物控制处理措施

9.2.1 钻渣要堆放在指定位置,不能随意弃放。

9.2.2 施工用的废混凝土派人及时清理到钻渣处,与钻渣一起拉运出场。

9.2.3 施工机械、器具维修时产生的废油、废手套、废塑料、废铁件等的处理,必须符合《中华人民共和国环境保护法》和公司环境管理体系中的相关规定。

9.2.4 严禁自主焚烧易产生有毒、有恶臭气味、有害气体的废弃物体。

9.2.5 在生活办公区设置垃圾筒,施工现场设置垃圾集中堆放区,定期由联系的垃圾车拉运出场。

10 资源节约

10.1 旋挖钻干法成孔从工艺上由筒式钻头直接取土代替了水介质成孔取土工艺,大大减少了泥浆的需求和排放,节约了水资源和土地资源,根据施工定额计算本项目节约用水43 974m^3,节约黏土6 840m^3,同时节省了泥浆池的土地占用和泥浆的外运处理及环保费用。

10.2 旋挖钻干法成孔扩孔系数和桩顶超灌混凝土高度明显降低,整个四支渠特大桥桩基施工较传统工艺节约混凝土970m^3,也减少了桩头破除费用,减小了非工程本体的资源浪费。

11 效益分析

旋挖钻干法成孔钻孔灌注桩施工工艺,是吸取了各种成孔工艺优势发展起来的一种新型施工工艺。从钻机、钻杆及钻头的安装、拆卸及使用上,提高了机械化程度,减轻了劳动强度,节省了大量的人力,从而加快了工程进度,从钻机就位、埋设护筒,至开始钻进只需30min左右,对于湿陷性黄土,平均钻进速度8~10m/h,是一般冲击钻进尺速度的10~15倍。从工艺上它代替了水介质成孔取土工艺,大大减少了泥浆的需求和排放,取土随出随运,节省了场地,方便了其他作业施工,同时节省了运输费、水费、电费、混凝土费用,降低了施工成本。该工艺施工时,还有一最大优势就是噪声低、振动小,现场整洁,减少了环境污染。同时成孔质量优良,适用于各种土层,有着较好的经济效益和社会效益,尤其对于直立性较好,遇水湿陷的湿陷性黄土,采用旋挖钻干法成孔,效果更为明显。

12 应用实例

陕西宝汉高速公路四支渠特大桥有1.2m直径钻孔灌注桩24根/624延米、1.8m直径钻孔灌注桩136根/6 256延米,该桥位于渭北台塬地带,表层为黄土,下部为粉质黏土,根据地质钻孔揭露,地质情况由上到下依次为第四系上更新统风积马兰黄土、第四系中更新统风积层离石黄土、第四系中更新统冲积层粉质黏土。该土质天然状态下强度较高,具有直立性,遇水湿陷失稳,几乎无承载能力,采用传统成孔技术进度慢、风险高,然而本工程工期要求特别紧,经过比选,采用旋挖钻干法成孔技术,选用两台旋挖钻机,用时三个月完成了所有桩基施工,为后续工程施工赢得了时间,同时相比冲击钻成孔节约设备调遣费、泥浆制备外运费、电费、混凝土费用等共计80余万元,且所有桩基质量经第三方检测均为Ⅰ类桩。由于本工法施工进度快,质量可靠,效益明显,业主要求在全线湿陷性黄土质钻孔灌注桩基施工中推广应用。

大直径深长钢护筒充排气浮运法安装施工工法

GGG(中企)C1047—2010

王铁法 李 俊 王 奎 吴生勇 林志军

(中交一公局厦门工程有限公司)

1 前言

浮运法是将陆上制作好的短节钢护筒拼装成整体并进行密封,通过使用轨道进行滑移、卷扬机控制滑移速度方法移运下水,利用水的浮力运至沉放地点,对钢护筒内部充排气进行就位,经量测钢护筒平面位置、垂直度等质量控制指标合格后,采用振动锤振击钢护筒至设计高程。

中交一公局厦门工程有限公司承建的安徽省道S322桃花潭至甘棠公路改建项目K9+773太平湖大桥2号墩基础和天津市塘沽区应急供水管网配套工程钢管桩施工中,充分利用现场施工有利条件,根据工程实际,形成了钢护筒充排气浮运安装施工工法。

2 工法特点

(1)操作方法简单容易掌握,实用性强,施工方便、灵活,质量稳定、安全可靠。

(2)钢护筒在场地内加工、对接成型,易控制加工顺直度、椭圆度等主要技术质量指标。

(3)施工时受外部环境影响较小,低温、雨雪以及风力小于5级的气候条件均可施工。

(4)施工无需投入大型吊装机械设备,施工场地占用面积小,降低成本。

(5)对桩基钻孔平台施工操作空间要求低,降低施工投入;不受运距及通航净高限制,同时降低运输及吊装成本。

(6)施工材料及施工过程不污染环境,具有良好的社会效益和经济效益。

3 适用范围

本工法适用于水深30~50m和水流速度小于0.5m/s的湖泊、水库等水中桩基础工程的施工。

4 工艺原理

浮运法是依据力学平衡原理,利用水的浮力,在水中进行钢护筒运输、沉放施工。

钢护筒加工完成后,两端采用钢板封闭密实,通过气密性试验后,将钢护筒移至水中,利用拖船拖曳抵达预定位置。通过开关钢护筒顶口设置的充排气孔以及底口设置的进水口阀门控制护筒在水中顶升或下沉,让护筒能够自由下穿钻孔平台到达设计桩位,精确测量放样后即可进行护筒沉放。护筒用平车下滑,下滑速度控制在15~20m/min。护筒如用滑道向水中溜放,滑道坡度宜为1:3~1:6,轨道末端水深应保证施工中在最低水位时护筒底部能从滑道上浮起。

5 施工工艺流程及操作要点

5.1 施工工艺流程(图1)

5.2 施工操作要点

5.2.1 钢护筒浮运

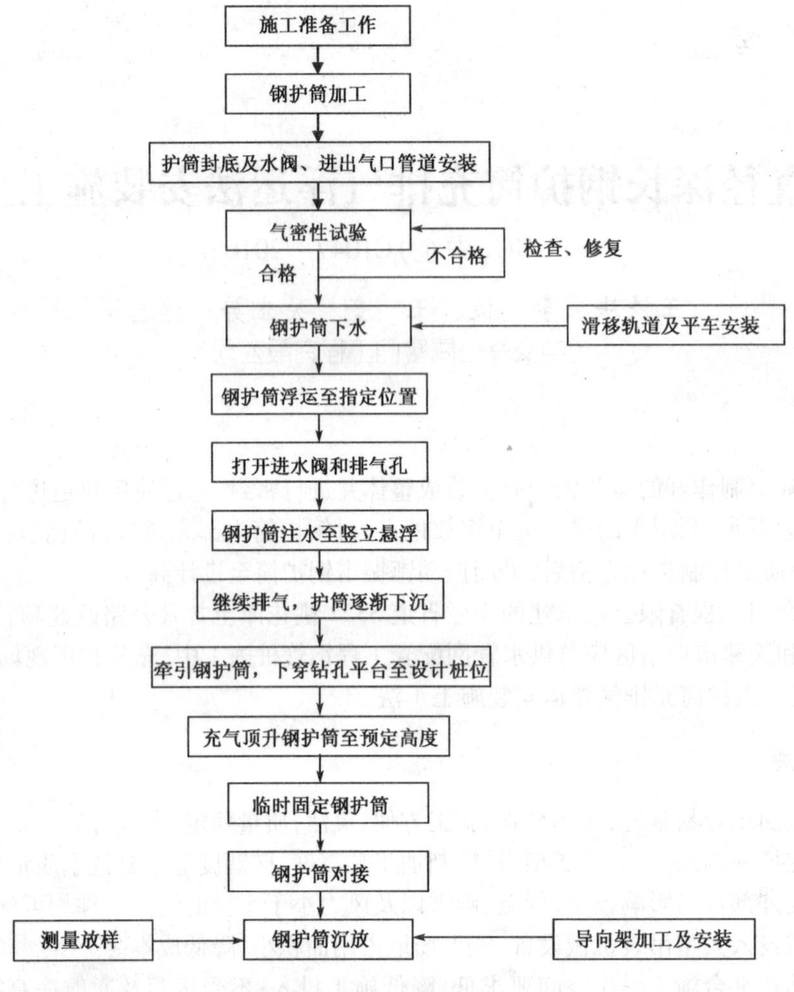

图1　钢护筒浮运施工工艺流程

(1)钢护筒设计:桩基钢护筒设计内径为 $D+200$mm(D 为桩基设计直径)。钢护筒为单壁结构,采用18mm 厚的 Q235 钢材卷制而成。

(2)钢护筒在加工场地加工完毕并检验合格后,采用钢板在两端进行封底,底端底板内加垫止水胶条(图2),通过螺栓与护筒连接;顶端顶板直接采用焊接形式与护筒连接。底端底板安装一个进水阀门(图3);顶端顶板安装一个进出气阀和压力表,并接长气管(可以连至空压机)。

图2　封闭底板垫止水胶条

图3　封闭底板进水阀和连接螺栓

(3)护筒两端底板封闭安装完成后,现场对钢护筒进行气密性试验,通过后即可入水。如若不能满足要求,则需要进行全面检查、修复,直至符合要求。气密性试验主要过程如下:

①对钢护筒顶盖和底盖进行安装;

②利用空压机对钢护筒内进行充气,并要求气压表读数为0.08MPa时开始稳压;

③利用肥皂水对每道焊缝及两端封底处进行涂抹观测,若不存有气泡,则接缝满足要求;若存有气泡,对气泡处进行统一标记,待排空钢护筒内部空气后再进行补焊加固;

④重复步骤③,直至每道焊缝满足要求。

(4)在准备施工工作的同时,加工滑移平车和滑移轨道(图4)并组织安装,平车和轨道须保证安全可靠。

(5)吊装钢护筒放置在滑移平车上,做好固定措施。按一定速率松开钢护筒顶口的牵引装置,同时同步在底口施加一定的牵引力,将钢护筒逐步牵引至水中(图5),利用1艘拖船(14匹)牵引至预定位置(图6)。

图4 滑移平车和轨道

图5 钢护筒入水

(6)打开钢护筒底端设置的进水阀和排气孔开关(图7),保证进水通畅、无堵塞,钢护筒底口因进水后自重加大慢慢沉没入水、顶口逐渐抬升浮出水面(图8),直至钢护筒整体处于竖立悬浮状态(图9)。

图6 拖船牵引前进

图7 打开水阀准备注水

图8 护筒顶部升起

图9 护筒竖立悬浮

(7)继续排气,逐步缩减钢护筒出水高度,直至钢护筒能自由下穿钻孔平台,在平台下拖曳钢护筒移至设计孔位,关闭钢护筒排气口并将排气管连接至空压机。

(8)运行空压机将压缩空气充入至钢护筒,充气排水使钢护筒上升至钢护筒顶口高出施工平台

1.5m左右(图10),在护筒外侧焊接临时牛腿,并用两对手拉葫芦对角进行钢护筒临时固定(图11)。

(9)进行钢护筒接长(图12),检查护筒焊缝,检查合格后直接利用手拉葫芦进行钢护筒沉放。

图10 护筒下穿钻孔平台至设计孔位

图11 护筒顶升后临时固定

5.2.2 钢护筒沉放

(1)钢护筒下放导向架加工完成,采用全站仪进行测量放样之后安装导向架;钢护筒沉放前对浮平台进行调锚,控制浮平台各孔位平面位置偏差在±10cm范围内,利用浮平台进行粗定位,再采用双层导向架进行精确定位,定位过程中使用定位滑轮进行调节,待测量合格后进行就位、沉放。

潜水员水下割除护筒底部封底,采用水下切割设备直接割除连接螺栓,底板可以回收重复使用。

计算水深、流速影响下护筒受到的水流冲击力,若不能保证钢护筒下口位置时,在上游抛锚设定位船,由定位船的卷扬机、滑轮组牵出下拉缆,牵住护筒下口,达到控制护筒垂直的目的(图13、图14)。

(2)护筒沉放先采用两个葫芦进行下放;待葫芦行程走完,启用另外对角处的两个葫芦,稍微提升后即可将上个循环的葫芦取出,然后进行继续护筒下放,如此循环下放,直至护筒刃脚到达湖底。

图15所示为沉放系统护筒挂钩。

图12 护筒接长

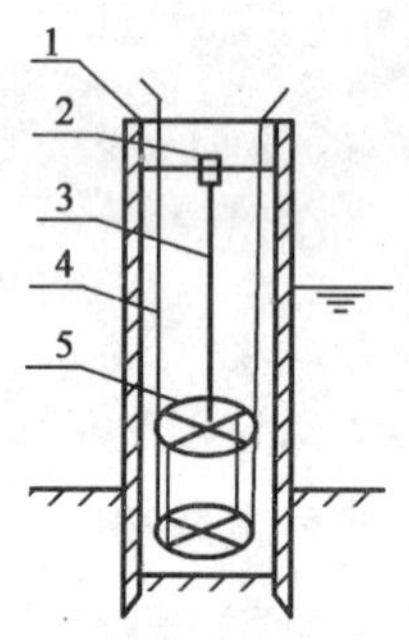

图13 护筒沉放垂直度检测示意图

1-护筒;2-浮标;3-尼龙绳;

4-麻绳;5-钢筋笼导架

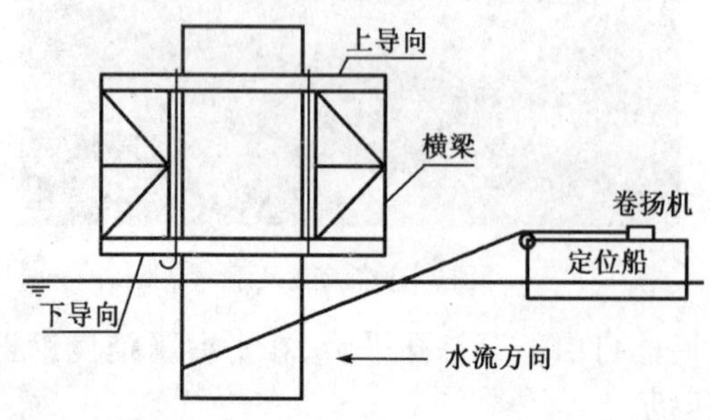

图14 护筒沉放定位系统布置图

图15 沉放系统护筒挂钩

(3)再次校正护筒竖直线倾斜度(不大于1%)、平面位置偏差(不大于50mm),符合要求后,开动振动锤振动下沉至一定深度,并利用冲击锤二次跟进钢护筒至设计高程。

6　材料与设备

6.1　材料

(1)导轨:钢护筒整体加工的支垫平台以及钢护筒牵引入水时轨道及导向装置。

(2)I45a工字钢:钢护筒临时固定在浮平台时的临时支撑。

(3)ϕ32mm钢丝绳:钢护筒吊装辅助用材料。

(4)缆绳:牵引钢护筒、浮运时临时固定钢护筒。

(5)ϕ50mm橡胶风管:排气口的控制阀门以及连接空压机的气体运输通道。

6.2　设备(表1)

主要施工机械机具设备表　　表1

序　号	设备名称	型　号	单　位	数　量	用　途
1	卷扬机	2t	台	1	沿导轨下放护筒入水
2	空压机	$1.8m^3/m$	台	1	调节护筒内气压
3	履带吊	70t	辆	1	起重
4	拖船	14匹	艘	1	浮运护筒时牵引
5	电焊机	BX1—500	台	1	焊接护筒
6	手拉葫芦	10t	个	4	下放钢护筒
7	气割器		台	1	切割钢板
8	水下切割设备		套	1	水下切割
9	滑移平车		台	2	护筒滑移

7　质量控制

7.1　质量标准

(1)《公路桥涵施工技术规范》(JTJ 041—2000);

(2)《公路工程质量检验评定标准》(JTG F80/1—2004)。

7.2　质量控制要点

(1)建立质量保证体系。实行岗前培训制,持证上岗。进行详细的技术交底,按操作流程施工。

(2)钢护筒属隐蔽工程,加工力求精细,每道工序在施工过程中做好控制和工后检查,合格后方可进行下一道工序。

(3)本工程采用的量测工具主要有:全站仪、经纬仪、水准仪等测量仪器,以及钢带、钢尺、水平尺、测力计、量规等量具。计量器具保证检定合格并在检定周检期内。

(4)护筒沉放及振动下沉测量其中心偏位和垂直度。

8　安全措施

(1)严格遵守国家安全法律法规,建立"安全第一,预防为主"的方针,实行安全生产责任制。

(2)施工单位应持有效的"水上水下施工作业许可证";严格施工船舶进场报验制度,施工船舶应配备有效的通信和救生设备,并保持设备技术状态良好;操作人员须持与岗位相适应的岗位证书。

(3)从事起重等特种作业人员必须持证上岗,潜水员和水上辅助作业人员须持有有效潜水员书和岗位证书,并报监理备案。潜水作业专人统一指挥,信号绳、氧气管由专人持管。

(4)护筒浮运施工前,做好天气预报收集与整理工作,选择气候条件较好状况时施工。

(5)与当地相关政府部门、当地居民充分沟通,规划浮运路线,摸清有无渔网等障碍,浮运方案应报监理审查,并制订应急预案。

(6)水上作业施工,进入施工现场所有人员必须穿戴救生衣,并在钻孔平台处设置救生圈以及围护设施。

(7)机械设备确保状况良好。

(8)大风、大浪、大雾等不良气候应停止施工。

9 环保措施

认真贯彻环保、文明施工的要求,推行现代管理方法,科学组织施工,做好施工现场的各项管理工作。

(1)遵守国家环境保护法律法规和地方政策、法令,接受监督检查。

(2)健全环保管理机制,定期进行环保检查,及时处理违章事宜。

(3)对施工燃油、工程材料、设备、废水、生产生活垃圾等的控制制定相应的流程,并严格按流程执行;弃渣及工程废弃物按工程建设指定的地点和方案进行合理的填埋或处理。

(4)优先选用环保机械,防止漏油、降低噪声,选用合适的施工时间进行施工,把噪声等污染降到最低。

(5)施工现场保持整齐有序,坚持文明施工。

(6)工程完工后,及时清除运走所有装备和剩余材料,垃圾和临时设施做到工完、料尽、场地清。

10 资源节约

(1)浮运法施工简捷快速,操作简单,无需大型机械设备(驳船、浮吊)。

(2)封底等相关材料可以反复拆卸、循环周转使用,减少钢材使用。

(3)大大减少护筒加工及存放场地,节约使用土地,无需建立传统船运法装运停靠的临时码头。

(4)传统施工方法钢护筒安装和沉放对钻孔平台整体稳定性和操作空间要求高,钢材使用量大。

符合国家节能降耗的产业政策。

11 效益分析

(1)钢护筒浮运施工对施工场地面积需求减少,减小对钻孔施工平台的操作空间要求,同时也摆脱了对焊接设备以及大型水上运输、起吊设备的依赖,部分材料可以循环周转使用,在同样的工期施工下可以节约成本50%以上,取得较好的经济效益。

(2)较少使用水上施工设备,减少污染;土地占用面积小,最大限度地保护了太平湖湖区生态环境。

12 应用实例

应用实例1:安徽S322桃花潭至甘棠省道改建项目第一标段,主线长11.3km,按双向两车道二级公路设计,路基宽8.5m,行车速度40km/h。K9+773太平湖大桥2号墩属深水基础,8根桩全在水下40m左右处,钢护筒都采用浮运法下放安装,护筒的垂直度和稳定性均能满足要求,证明该方法是有效可行的。

应用实例2:天津市塘沽区所属新港、东西沽等地区居民及临港工业区企业生活用水的应急供水管网工程。输水管道工程起点位于塘沽区北塘水库南侧供水干管预留接口处,沿京山铁路西侧埋设,在史家庄穿越京山铁路及进港二线铁路后沿大连东道、胜利路及三槐路埋设,至三块板渡口。管道设计输水能力共为$5\times10^4m^3/d$。本工程主要内容为DN钢管穿越海河工程,过河管总长度为257.39m。钢管采用浮运法施工取得了良好的效果。

大型浮式钢吊箱平台气囊法整体下水、浮运施工工法

GCG(中企)C1048—2010

米长江　贺茂生　欧阳祖亮　杨　敏　孙克强　朱小金　张立奎
（中交二公局第五工程有限公司）

1　前言

大型浮式钢吊箱平台是深水桩基先吊箱后桩基施工方案的关键结构，钢吊箱平台需要在工厂整体加工，下水后浮运至施工现场。在长江中下游地区，浮式钢吊箱平台已经越来越多地被采用，如天兴洲大桥、大兴关大桥、二七长江公路大桥、马鞍山长江公路大桥等特大桥梁的深水基础均采用该种施工方案。

作为一种大型的水中平台及围堰功能，浮式钢吊箱平台总体质量通常都在2 000t以上，且结构庞大，采用气囊法下水是船厂常用的下水形式。然而钢吊箱结构不同于船舶，壁板抵抗法向弯矩能力差，钢吊箱底板为平面形构造，不同于船舶的曲线形构造，入水后前端吃水深，对下水滑道、气囊选型与布置、滑道前端水深等条件均有严格要求，一般的小型船厂难以满足要求。另外，浮式钢吊箱平台结构高度通常都在10m左右，必须采取规范、有效的措施保证浮运安全。因而，对大型浮式钢吊箱平台气囊法整体下水、浮运施工工艺加以总结提升，形成施工工法，规范该类结构下水、浮运的施工工艺，进而指导以后类似工程的施工，具有重大的社会意义。

2　工法特点

2.1　钢吊箱在岸上整体加工，受外界影响因素小，质量有保证。

2.2　加工场地具备：

(1)具备气囊法整体下水的条件；

(2)加工单位具备专业钢结构加工资质，场地应有相应的配套设备、质量保证措施等。

2.3　具备水运条件，包括航道水深、流速、风力、水上运输设备及航道、海事部门许可证等，应优先选择具备水上运输资质的专业单位。

2.4　墩位(桥位)处水深条件满足钢吊箱的吃水要求，施工水域满足抛锚作业要求。

2.5　钢吊箱浮运到位后，固定，作为桩基施工平台和承台施工围水结构，缩短了工序转换之间的时间，减少了材料的浪费。

3　适用范围

本工法适用于以下条件：

3.1　墩位施工现场具备钢吊箱定位对水域的要求；

3.2　桥位附近具备钢吊箱整体加工、下水的条件；

3.3　钢吊箱加工厂与桥位之间具有水上运输的条件；

3.4　尤其适用于现场水深较深、钻孔平台搭设困难的施工环境。

4　工艺原理

4.1　钢吊箱在带有坡度的拼装场地拼装完后，在钢吊箱下布置气囊，充气，顶托钢吊箱脱离支撑点

后,拆除支撑点,放松锚绳,钢吊箱在自重分力作用下下滑入水。

4.2 利用钢吊箱的双壁浮力,下水后,自浮于水面,使用拖轮浮运至施工现场。

4.3 利用定位船(定位墩)将钢吊箱定位,精确调整后,抛锚固定。

4.4 以钢吊箱为依托,在钢吊箱上设置导向装置,插打完定位钢护筒。

4.5 向吊箱壁板隔仓内缓慢、均匀加水,将钢吊箱固定在定位钢护筒上,解除锚碇系统。

4.6 继续插打钢护筒,并利用钢吊箱浮式平台进行桩基施工和承台施工。

5 施工工艺流程及操作要点

5.1 特大型钢吊箱整体气囊法下水、浮运到位的施工工艺流程图(图1~图2)

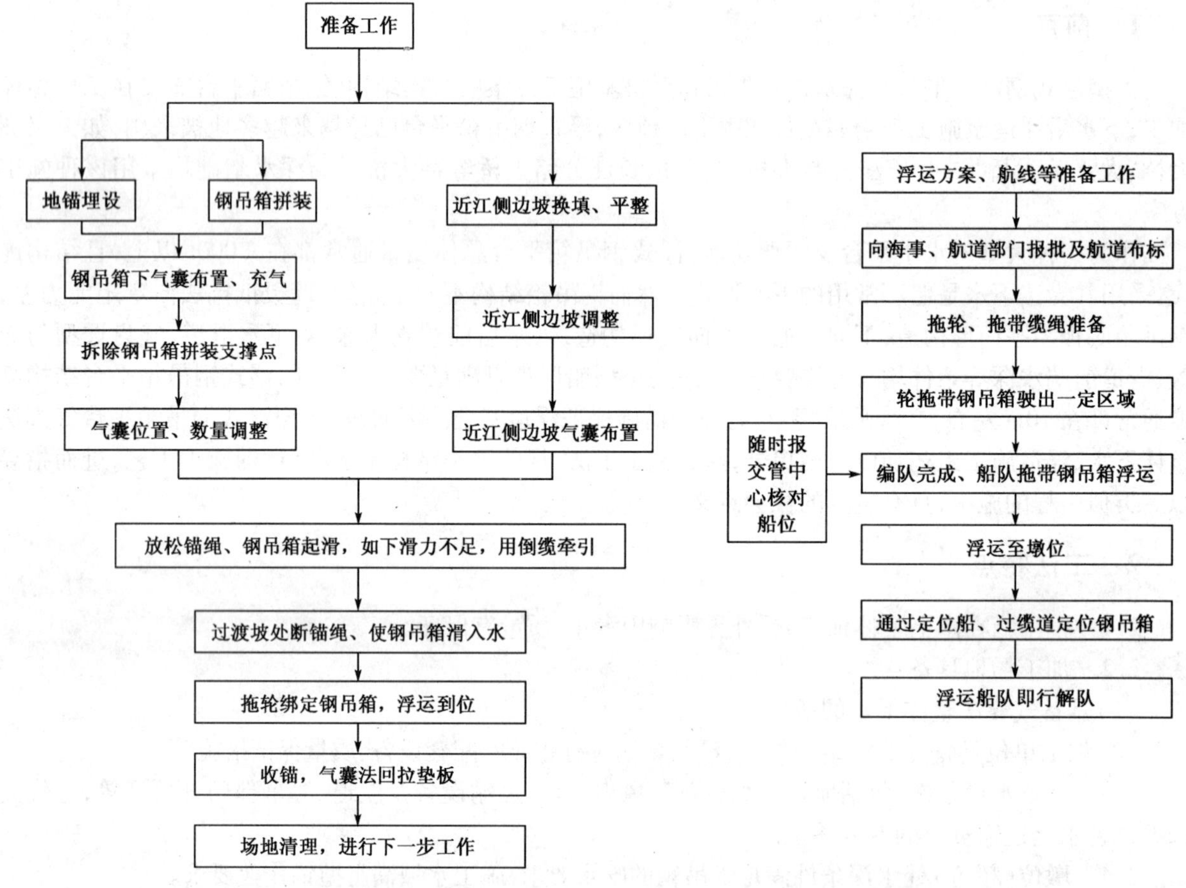

图1 钢吊箱整体气囊法下水施工工艺流程图

图2 钢吊箱浮运施工流程图

5.2 操作要点

5.2.1 吊箱整体加工

(1)加工质量要求

钢吊箱加工制作允许偏差:

平面尺寸:≤5cm;内口尺寸:≤3cm;对角线:≤ ±10cm;底板预留孔:±1cm。

(2)加工场地要求

加工及存放时场地要求平整、坚实,临时支承顶面测平,基础稳固,不允许发生不均匀沉降,以确保块体不变形。

(3)下料

车间内按技术要求下料,精确度控制在2㎜以内。

(4)组装

在已抄平的平台上放出各杆件中心线、边沿线、联结点，细部、总体尺寸，校核无误后按主骨架到次骨架的顺序组装成块段。

(5)焊接

施焊前必须彻底清理待焊区的铁锈、氧化铁皮、油污、水分等杂质。焊后必须清理熔渣及飞溅物，焊接以尽量减少立焊、仰焊为原则。

(6)拼装

在船台上拼装底板各分块，拼装前进行长线放样，减少累计误差。底板拼装成整体并检查合格后按图示顺序拼装壁板。

(7)合龙

选择合适的温度进行合龙，减少温度应力。

5.2.2 钢吊箱气囊法下水

(1)场地要求

船台宽度大于吊箱宽度3m以上，滑道水下部分长度为吊箱长度的2倍左右，船台前沿具备足够的吃水深度。下水滑道坡度由吊箱下水所需下滑力计算确定。

(2)下水时机

涨平潮且风力小于6级；无潮汐河段应选择高水位季节。

(3)地锚埋设

地锚主要控制钢吊箱开始下滑阶段的下滑速度。当钢吊箱入水浮起后，钢吊箱下钢垫板需由地锚配卷扬机用气囊法拉起回收。地锚锚环受力安全系数不低于2。图3、图4所示分别为地锚立面、平面布置图。

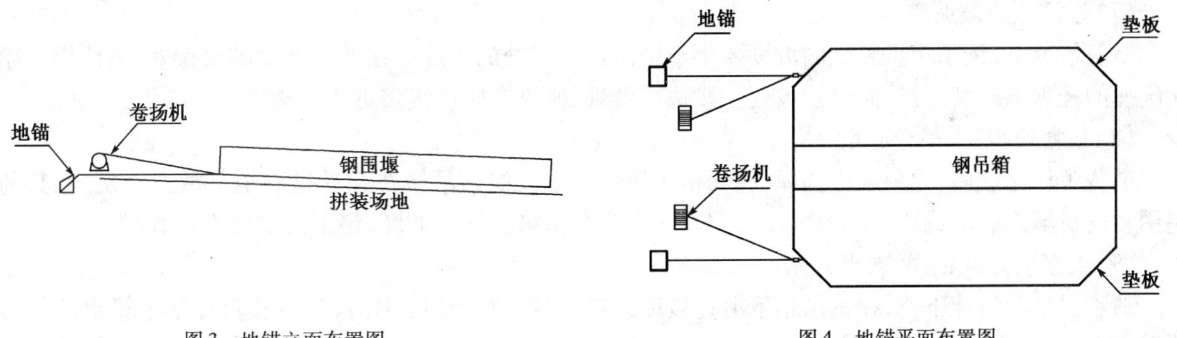

图3 地锚立面布置图

图4 地锚平面布置图

(4)气囊布置

根据规范确定气囊的承载能力、气囊数量及布设间距，确保钢吊箱移动过程中均匀受力。气囊安放时，须保证两侧的气囊工作压力、工作高度相同，若有不正情况及时纠偏。图5、图6所示分别为气囊平面、立面布置示意图。

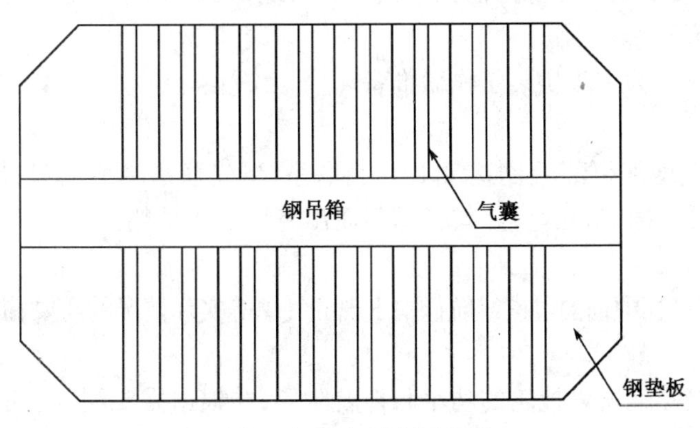

图5 气囊平面布置示意图

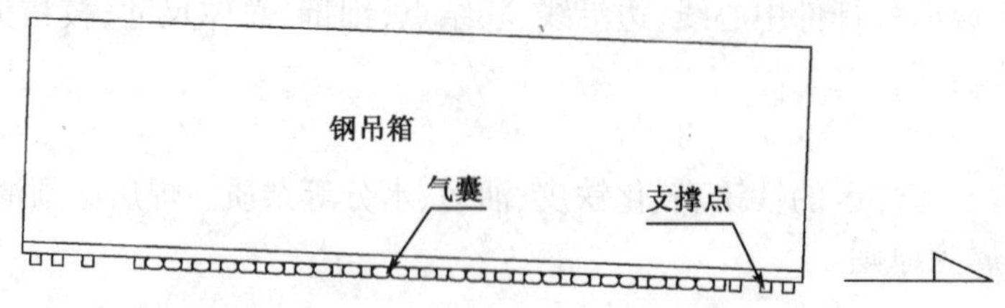

图6　气囊立面布置示意图

气囊在充气前,必须先布置好地锚及卷扬机等装置,将钢吊箱锚固牢靠,使其在被顶起后不向前滚动。

在钢吊箱被顶起后,调整气囊位置、方向,使得其布置合理,满足下滑要求。

在钢吊箱近水端需提前布置一定数量的气囊。如图7所示。

图7　钢吊箱下水过程示意图

(5)钢吊箱拼装支撑点拆除

当钢吊箱下的气囊充气至吊箱被抬起脱离支撑点后,拆除钢垫板下的拼装支撑点。

支撑点需要清理干净,并作地面平整,以不影响后序的气囊滚动。

(6)近江侧边坡地基处理

近江侧边坡地基需进行处理,以满足钢吊箱入水时的承载力要求。

(7)近江侧边坡调整

一般情况下,钢吊箱拼装处的坡度要小于钢吊箱入水处的坡度。在两种坡度的交接处,为使钢吊箱在气囊的托顶下顺利过渡,需对换坡处一段边坡处理,使纵向轮廓线接近于抛物线。

(8)放松锚绳、钢吊箱起滑

准备工作完成后,立刻放松锚绳,起动钢吊箱慢下滑。如钢吊箱在起动过程中下滑力不足,在其前端用卷扬机辅助起动或通过调节气囊工作高度来改变吊箱的下倾坡度,慢下滑过坡度过渡段。

(9)过渡坡处断锚绳、放滑入水

随着钢吊箱慢速下滑,在钢吊箱下滑过坡度过渡段时,放开锚固钢吊箱的锚绳,让钢吊箱自然加速下滑入水并向江中滑行一段距离。

(10)拖轮绑定钢吊箱

钢吊箱入水后,在附近待命的拖轮靠近并栓绑,使其稳定,不至漂浮及搁浅。

(11)放下钢吊箱底垫板、收锚、气囊法回拉垫板

钢吊箱运动稳定后,放下钢吊箱底部的钢垫板。利用地锚、卷扬机和气囊收回,整修后另作他用。

(12)场地清理、进行下一步工作

整修场地,恢复支撑点,为下步拼装工作做准备。

5.2.3　水上浮运

(1)拖航前,事先与当地海事部门、气象部门保持联系,事先联系沿途港口,做好增派大马力全回转拖轮协助工作。钢吊箱浮运时,应由港监、航务部门派出专用船只护船。

(2)锚地及停泊区

为满足浮运船队拖航过程中锚泊过夜或航行中出现的气象等实际情况的需要,提前选用锚地及停泊区。

(3)拖轮配备

通过计算确定钢吊箱浮运所需拖轮的功率和拖航队形,并根据需要配置一定数量的交通联系船、测量船、警戒船和备用拖轮。要求使用两个以上拖轮确保稳定和安全。

(4)浮运安全、稳定性分析:须保证定倾中心明显高于重心。

(5)为减小吊箱吃水深度,从而减小迎水阻力便于浮运,吊箱底板在就位前不宜开孔,且建议在钢吊箱前端设分水板。

图8为钢吊箱浮运示意图。

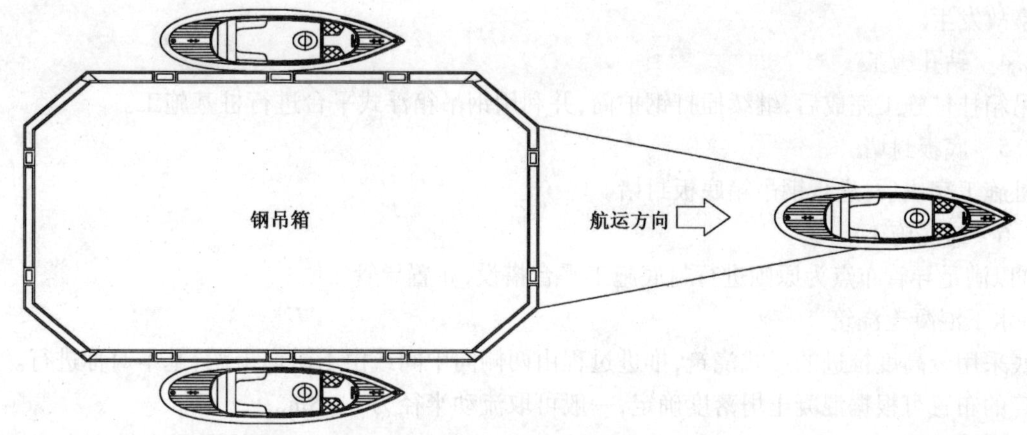

图8 钢吊箱浮运示意图

(6)在交通密集区及桥区附近浮运时,吊箱前方200m左右应有警戒船领航。吊箱壁板上布置紧急系缆桩,以防万一。

(7)浮运条件:浮运工作期间风力不超过四级,最好在半潮或全平潮时浮运。禁止在四级及以上大风天气抛锚碇位。

(8)拖运时中速行驶。

(9)浮运时船上设专人巡回检查各锚缆受力情况。

(10)船上信号灯、号型、信号旗应遵照港监部门要求设置并备足电源,白天应悬挂慢行标志引起过往船只的注意。

(11)驶经弯曲河段时为减少扫湾水的推压应使船位略偏于横流的上方,过急弯河段时应调整车速以增加舵效;驶经浅滩时应降速航行,保持连续测深或利用岸上导标导航。

应尽量使船舶以垂直正交的角度从桥孔中心位置通过,当流向与桥梁走向不为90°时或航道与流向不一致时,应及早进行流压修正,为减少流压影响,过桥时应适当加速。

启拖时要向当地港监报告启拖时间,每经一港或重要地段时,均应向当地港监报告通过时间;拖带中应指派专人守望拖缆情况和联络信号。

(12)施工水域定位

浮运船组溜放至墩位中心偏前方进行初定位,顺桥方向偏位±1m,收紧前方主锚绳,做到受力均衡。

校正浮运船组位置,使符合初步定位标准。挂缆,抛锚,使钢吊箱固定在定位船(或定位墩)和锚碇上,并精确定位。

(13)钢吊箱底板开孔

钢吊箱下沉至设计高程后,紧缆,固定。以设计圆心为中心,按设计半径+25cm为半径,画圆并开孔。

(14)定位钢护筒施工

以钢吊箱为依托,在钢吊箱上设置导向装置,插打定位钢护筒。钢护筒插打应选择在平潮期间进行。

(15)钢吊箱挂桩

所有定位护筒施工完成后,向吊箱壁板隔仓内缓慢、均匀加水,使钢吊箱下沉至定位钢护筒挂桩牛腿顶面,暂停加水。

利用活动定位导环与锚碇系统配合,精确调整钢吊箱平面位置,误差满足施工要求后,锁定活动导环,将钢吊箱在水平向固定;继续向隔舱内加水,挂桩牛腿满足受力要求后,停止加水,解除锚碇系统。

(16)按规范在抛锚处水域设巡逻示警船。各工作拖轮及其他船只在锚区内行驶时应注意锚绳,防止缠绕事故发生。

5.2.4 钻孔施工

钢吊箱挂桩施工完成后,继续插打钢护筒,并利用钢吊箱浮式平台进行桩基施工。

5.2.5 底板封堵

基桩施工完成后,进行钢吊箱底板封堵。

5.2.6 封底施工

(1)以满足导管布点为原则进行封底施工平台搭设,布置导管

(2)水下混凝土浇筑

封底采用全高度推进的形式浇筑,推进过程由两侧向中间或由下游向上游,基本对称进行。

导管的布置可根据混凝土坍落度确定,一般可取流动半径为5~8m。

结合混凝土供应能力,对封底混凝土进行分仓分区,相对独立施工,降低混凝土供应中断造成的风险。分仓分区应尽量对称,混凝土浇筑时先中间仓后两边仓,逐仓对称进行。

(3)高程监控

通过改善混凝土的工作性能和加密导管布置,尽可能使封底混凝土顶面平整。为减小抽水后的凿除量,同时保证有足够的封底厚度,封底混凝土顶高程尽可能控制在[-20cm,+10cm]以内。

6 材料与设备

特大型钢吊箱气囊法下水和整体浮运施工工法采用的配套设备如表1所示。

特大型钢吊箱气囊法下水和整体浮运施工机具设备表 表1

序号	名称	功率/吨位/容积	数量	单位	备注
1	拖轮	满足浮运要求	3	艘	钢吊箱浮运
2	定位船	满足定位要求	2	艘	钢吊箱定位
3	剪板机			台	钢吊箱底板开孔
4	水泵	4.5kW	16	台	抽加水
5	卷扬机	10t	4	台	
6	发电机组	400kW	1	台	应急电源
7	自动切割机		1	台	钢吊箱加工
8	数控切割机		1	台	钢吊箱加工
9	自动埋弧焊机	MZ—1 000	6	台	钢吊箱加工
10	CO_2 气体保护焊机	HBC—350K	15	台	钢吊箱加工
11	手工电弧焊机		30	台	钢吊箱加工

7 质量控制

7.1 质量控制标准

(1)应遵照中华人民共和国行业标准现行的《公路工程质量检验评定标准》(JTG F80/1—2004)的要求执行。

(2)应按本工程的招标文件及业主确定的技术质量标准要求执行。

7.2 质量控制措施

7.2.1 钢吊箱委托加工能力强、技术水平高的专业造船厂制造。钢吊箱加工过程中采用有效措施防止焊接变形。

7.2.2 钢吊箱焊接严格按图纸要求,整个吊箱需做水密检查。

7.2.3 焊缝需进行外观检验、内部质量检验以及煤油渗透试验。

7.2.4 严格底板封堵,并实施水下复检制度。经历两个涨落潮考验后,再次检查底板封堵情况,防止混凝土浇筑过程中的渗漏。

7.2.5 配备足够的混凝土生产及供应系统:储备足够的混凝土原材料。开始浇筑后,要求混凝土连续不间断供应,直至该区完成。

7.2.6 严格控制混凝土的顶面高程,测量人员应勤检测,尤其接近顶高程时,每10min量测一次,及时反映混凝土顶面高程,采取对应措施。

7.2.7 严格控制混凝土的拌和质量,确保混凝土工作性能。

8 安全措施

8.1 遵照中华人民共和国行业标准现行的《公路工程施工安全技术规程》(JTJ 076—95)及《公路项目安全性评价指南》(JTG/T B05—2004)的要求执行。

8.2 遵照国家颁发的有关安全技术规程和安全操作规程办理。

8.3 严格按施工工艺、施工操作规程、施工组织设计有关安全条款进行施工。

8.4 建立健全各工地、各施工环境下的施工安全规章制度,做好上岗前职工安全施工培训工作;特殊工种必须持安全考核证上岗,严禁无证操作、违章作业。

8.5 对加工区水域航道、水深、流速、流向由拖带船船长按通航安全要求进行确认。

8.6 吊箱挂系钢缆用的卡环、系缆桩等,焊缝经过严格检查,满足受力要求,安全系数不小于3,并配有备用卡环或系缆桩。

8.7 当吊箱被气囊抬起后,清理支承墩时,应必须完全清理,不得有遗漏,地表之上的混凝土、砖等全部清退,专人检查,同时不能有尖锐物遗留,以免戳穿气囊。在边坡换填及平整时,亦应注意类似情况。

8.8 钢吊箱下水前,须通知相关海事和航运部门对该区域进行封航。

8.9 钢吊箱下水区水域应有足够的水深,防止钢吊箱搁浅。

8.10 入水处坡道地基须进行地基处理,防止因地基压坏而导致钢吊箱无法下水。

8.11 钢吊箱下滑入水坡度不宜太大,也不宜太小。太大可能导致钢吊箱下水后反弹而搁浅;太小则无法在由自重产生的下滑力作用下下水,还可能导致入水处坡道地基被压坏。一般下水坡度由钢吊箱下水所需下滑力计算确定。

8.12 下水前,应做好各种预备措施,防止钢吊箱无法下水、钢吊箱搁浅、钢吊箱随波逐流等现象出现。

8.13 拖轮的选择根据吊箱入水后的水流及风力负荷、水流方向等确定,确保足够的拖运功率。

8.14 成立钢吊箱浮运现场指挥小组,与协作单位统一部署,专人指挥。浮运前对参与浮运的人员资质进行审查确认,并召开专项安全交底和培训,明确职责和分工。

8.15 钢吊箱可供拖轮拖航编队的系缆桩及其附近容易磨损的部位应加焊半圆钢管,并注意出缆角度的合理性,系缆与船体等的摩擦或接触部位包扎帆布、挂垫枕木、钢丝绳加涂黄油。拖轮配备妥足够强度与一定数量的备用缆绳以备急用。

8.16 船队应在明显易见处显示"要求减速"的信号,航行中利用高频无线电话有针对性地要求过往可能造成本船队浪损的船舶及早减速行驶,遇浪时相关拖轮应即采取防断缆措施。

8.17 航行操作中避免快车急舵,非必要情况下,切忌形成大起大落的运动态势,防止断缆。

8.18 及时收听气象等安全信息,于大风到来前或航行中实际风力即将超过本船队的抗风能力时,及时选择适合锚地及停泊区扎风,不得冒险航行。实际风力在5级及以下方可航行。

8.19 航行中开启雷达、测深仪等助航设备,正确判定船位;充分掌握雾情信息,视距必须在1 500m以上方可开航。杜绝在浓雾已形成时才考虑选择锚位。

8.20 始终保持船队处于受控状态,注意抑制风流压的影响防止偏离航道;防止看错航标,正确判断航标漂移移位。

8.21 锚泊时应谨慎选择锚位,松足锚链。锚泊值守中按章显示信号,安排驾引人员值班,落实到人,明确责任,认真守听辖区指挥中心频道。

8.22 各拖轮备妥车舵,各拖轮间应保持联系畅通。

8.23 在封底混凝土浇筑平台上铺设通道,安装栏杆,挂安全网;非通道区严格隔离。

9 环保措施

9.1 成立对应的施工环境卫生管理机构,在施工过程中严格遵守国家和地方政府下发的有关环境保护的法律、法规和规章,加强对施工燃油、工程材料、废水、封底混凝土等的控制与治理。

9.2 各种施工水上设备的废弃物按相关规范及要求集中进行处理,严禁直接排放入江中。

9.3 钢吊箱底板切割下来的钢板掉入江中,采用浮标进行标志,在钢吊箱下放到位后,采用浮吊将其打捞出水面。

9.4 对钢吊箱底板进行封堵,尽量减少封底混凝土对江水的污染。

9.5 各船舶严格按照船舶油污染应急计划及船舶垃圾管理计划展开工作,明确各岗位环保责任并认真落实,做好船舶防污染工作。

10 节能措施

10.1 尽量利用钢吊箱自重下滑入水。

10.2 钢吊箱周边外壁板上涂抹黄绿色反光漆,代替大量霓虹灯,用于夜晚水上防撞。

10.3 钢吊箱浮运尽可能充分利用涨落潮水流作用,顺水浮运,减少逆水时的水流阻力。

10.4 钢吊箱在涨潮高水位时下水,降低吊箱下水辅助工作量。

10.5 钢吊箱定位同样充分利用涨落潮,降低定位工作量。

10.6 钢吊箱水位连通器在低潮位时关闭,减少封底后吊箱内抽水工作量。

10.7 钢吊箱浮式平台兼作基桩施工平台和承台施工围水结构。

11 效益分析

钢吊箱整体加工、采用气囊下水、浮运到指定墩位的施工方法,具有加工质量有保证、有效缩短工期、安全性高、施工设备要求低等特点,具体分析如下。

11.1 加工质量:钢吊箱在船厂加工,结构物焊接质量较现场焊接更易保证,确保满足设计和规范要求。

11.2 工期比较:钢吊箱在船厂加工,与现场施工准备工作同时进行,且船厂设备、人员有保障,可按现场施工进度需要及时调整加工进度,确保施工工期满足总体进度计划需要。与钢吊箱在现场加工相比,工期更有保障,一般情况下可缩短工期3个月左右。

11.3 设备费用对比分析:由于钢吊箱在船厂整体加工下水、浮运至墩位,减少了现场组拼、下放时所需的大型浮吊或吊车、下放系统,除浮运过程中需临时租用拖船、定位过程中需租用定位船(定位墩)外,总体上设备使用周期短、性能要求降低,设备费用节省15%以上。

11.4 材料费用对比分析:材料费用基本相同。

11.5 人工费用对比分析:钢吊箱整体加工的人工投入由船厂决定,相对现场加工而言,人工费用略高。

11.6 安全:钢吊箱整体加工下水和浮运存在一定的过程风险,但下水成功后,浮运至现场可准确定位,减小现场拼装的质量风险,施工安全性高。

12 工程实例

该工法在马鞍山长江公路大桥左汊悬索桥中塔基础钢吊箱施工中得以应用。

12.1 工程概况

马鞍山长江公路大桥左汊主桥桥型方案为主跨 2×1 080m 三塔悬索桥。主桥净宽 33m,设计车速 100km/h,桥跨布置为 360m+1 080m+1 080m+360m。中塔基础采用 69 根 ϕ3.0m 钻孔灌注桩(钢护筒直径 3.2m),承台为矩形,平尺寸为 80.2m×43m,承台顶在最高通航水位以下,高程为 +7m,承台厚 7m。采用有底钢吊箱作为基桩施工平台和承台施工围水结构。钢吊箱重达 22 800kN。

12.2 施工情况及结果评价

12.2.1 2009 年 4 月 23 日,钢吊箱在专业钢结构加工厂加工完毕。

12.2.2 2009 年 4 月 27 日,钢吊箱采用气囊法顺利下水并临时锚固于南京天河口港务局。

12.2.3 2009 年 5 月 21 日 7:30 钢吊箱于南京天河口港务局正式起航,其上行航路为南京水道、乌江水道、马鞍山水道、江心洲水道,需经过南京长江大桥、南京长江三桥、南京大胜关高速铁路桥,总航程约 86km。5 月 22 日 9:00,钢吊箱成功浮运至墩位处并顺利挂索,累计有效航行时间为21.5h,平均航速达 4km/h。

该工法在马鞍山长江公路大桥左汊悬索桥中塔基础钢吊箱施工中得到成功应用,在提前进度的同时,显著提高了工程质量,节省施工成本,社会效益和经济效益显著,具有广阔的应用前景。

另外,该工法也拟在襄樊汉江五桥进行应用。结合襄樊汉江五桥的工程施工条件,钢吊箱拟在大型船厂加工、拼装成整体,再采用气囊法整体下水、浮运至桥位的工法进行施工,现施工方案已经通过专家审核,目前正在安排船厂进行钢吊箱加工。

库区陡岩浅覆盖层群桩基础施工工法

GGG(中企)C1049—2010

叶 坤 陈圆圆 张东东 鲁统伟 熊仕伶
(中交第二公路工程局有限公司 中国路桥工程有限责任公司)

1 前言

随着我国西部大开发战略的实施,高等级公路已向山区纵深发展,近年来更是在山区深水浅覆盖层区域修建了大量桥梁。此类桥梁群桩基础施工受特殊水文地质条件的制约,具有钻孔平台难以稳定、钻孔施工护筒易漏浆,围堰结构必须承受巨大的水压力等特点,常规的钻孔平台、筑岛、钢板桩围堰等工艺无法实施。在施工组织环节,大型设备无法使用,吊装施工、材料转运等难度较大。

陕南安毛高速公路上的紫阳汉江特大桥、任河大桥等多座桥梁,320国道浙江境内富阳受降至场口改建工程中的富春江大桥(现更名为东吴大桥),群桩基础为该类型基础的典型代表,其最大水深达到40m左右,且河床覆盖层较薄,厚度仅3m左右,岩面倾斜、陡峭。施工作业均位于水库区,水位落差变化大且无规律可循,交通运输不便,大型施工设备无法进场,对材料转运、吊装施工、设备运输等施工组织影响极大。施工采用了钢护筒钢管桩结合钻孔平台、增设石笼围护,以及钢管桩底注浆、桩底钻孔、焊接锚固钢筋等工艺,有效地解决钻孔平台稳定性难题;采用淹没式便道、浮桥布置混凝土输送管道、机动驳船和罐车结合运输混凝土等方式解决了水位变幅大的施工条件下混凝土水上浇筑难题;采用现场拼装下放钢吊箱工艺解决了深水承台施工难题,形成了库区陡岩浅覆盖层群桩基础施工工法,并在多座类似桥梁中成功应用,较好地解决了共性技术难题。在详细分析和研究该类基础共性难点及特点的基础上,结合施工实践和类似工程总结,编制此工法,指导后续工程施工,为类似工艺提供借鉴。

2 工法特点

2.1 适合于山区水库陡岩浅覆盖层环境下施工,山区水库水位落差大,变化频繁,材料转运、吊装施工难度大,必须采取针对措施才能保证施工的连续性。

2.2 桥位处于库区河谷,施工场地狭小,大型水上施工设备匮乏,合理的利用中小型设备及优化场地布置可以有效提高工效,节约成本。

2.3 桥位处覆盖层浅,甚至岩面裸露,且岩面倾斜角度较大,采用在钢管桩底注浆、桩底钻孔及焊接锚固钢筋增设石笼围护的方式有效地解决钢管稳定性差的问题。

2.4 有效解决护筒埋置深度不够,钻孔施工和水下混凝土浇筑施工风险大的难题。

2.5 水库水位落差大,需合理考虑钻孔平台与钢吊箱的高程。

2.6 深水钢吊箱设计及下放施工难度大。

2.7 工程位于水库中,环保要求高。

3 适用范围

本工法适用于以下条件:

3.1 山区公路建设项目水中基础施工。

3.2　尤其适用于库区陡岩浅覆盖层地区基础施工,对于一般山区水中桥梁基础施工同样适用。

4　工艺原理

4.1　进行施工准备,规划材料进场路线,于库区码头处布置起吊转运设备及运输设备,满足施工工料机供应。

4.2　分节加工钢管桩及钢护筒,通过码头运输至桥位主墩位置,利用浮吊进行施工并现场接高,护筒及钢管桩通过平联和剪刀撑连接成整体框架结构,由于在裸露岩层上直接插打钢护筒无法实施,针对此类地形采用钢管板凳桩平台。

4.3　利用浮吊安装平台堆料区上部贝雷及型钢分配梁结构,于堆料区设置汽车吊完成钻孔区平台上部结构安装。

4.4　利用冲击正循环钻机进行钻孔施工。由于护筒入岩浅,为避免钻孔过程中泥浆泄漏及灌注水下混凝土时被冲刷,在钻孔施工前对护筒底部进行注浆加固处理。

4.5　于平台侧设立混凝土输送泵安置浮箱,混凝土罐车通过船只运送至墩位处,泵送灌注桩基混凝土。

4.6　桩基施工完成后,拆除钻孔平台钻孔区上部结构,改造成钢吊箱拼装平台,将后场分块加工完成的钢吊箱运输至平台处进行分块拼装。

4.7　分两层整体下沉钢吊箱。

4.8　吊箱下沉到位后,进行底板封堵,浇筑封底混凝土。

4.9　封底混凝土达到设计强度后,抽水,割除多余护筒并进行桩头破除。

4.10　分两层浇筑承台混凝土,按照大体积混凝土施工组织设计进行。

5　施工工艺

5.1　山区水库陡岩浅覆盖层群桩基础施工总体工艺流程(图1)

5.2　桩基施工

5.2.1　水中平台施工

水中平台以钢管桩和钢护筒联合承重,用平联及剪刀撑连接为整体结构。平台上部以贝雷为主承重结构。由于材料转运的困难,在平台上设置材料临时存放区,将平台按功能分为堆料区和钻孔区。

(1)准备工作

①浮吊拼装:采用拼装式浮吊,浮吊分块运输至码头,利用吊车现场拼装、调试。

②抛锚及浮箱定位架就位:设置混凝土锚块,每个锚块重5~6t,共4个;根据平台尺寸利用浮吊进行抛锚,测量队控制抛锚坐标,通过钢丝绳固定在定位浮箱上。定位浮箱采用4个2.7m×9m浮箱拼装成两块2.9m×18m,中间焊接型钢定位架,其上布置4台卷扬机,通过调节钢丝绳长度,进行浮箱准确定位(图2)。

③钢管桩及钢护筒焊接:钢管桩及钢护筒分节加工,根据地质资料、浮吊特点和现场试桩施工,最终确定分节长度,加工场内采用双面焊接成型或单面坡口熔透焊接对接焊。现场沉放时接头焊接采用45°坡口熔透焊,并在对接口沿周长焊接6块25cm×30cm钢板,四周满焊。

(2)钢管桩及钢护筒插打

钢管桩及钢护筒通过平板船及驳船运送至主墩处,利用浮吊吊装、现场焊接接高,90kW振动锤沉入。

考虑到山区水库水位变化无常,落差大,低水位时浮吊覆盖范围有限,无法发挥作用,故护筒及钢管桩插打顺序从堆料区平台向钻孔平台逐排后退依次进行,并通过平联和剪刀撑连接成整体框架结构。

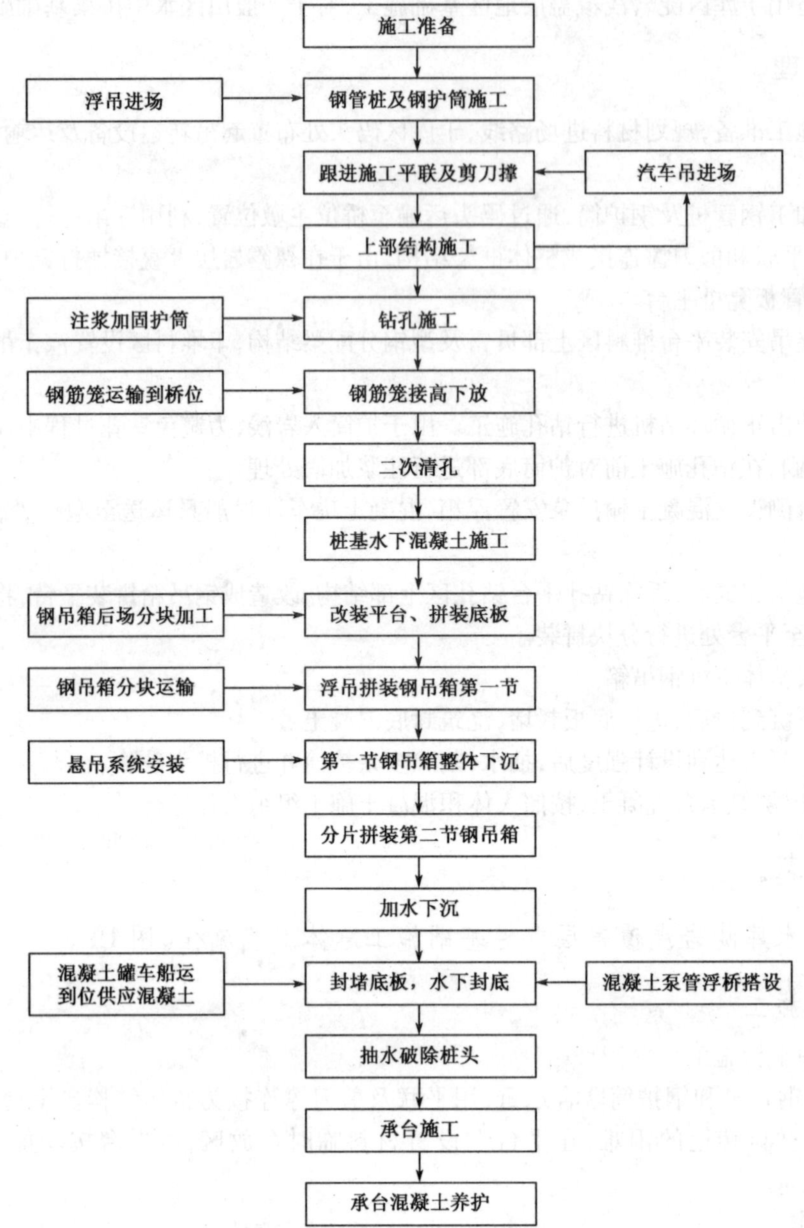

图1　山区水库陡岩浅覆盖层群桩基础施工工艺流程图

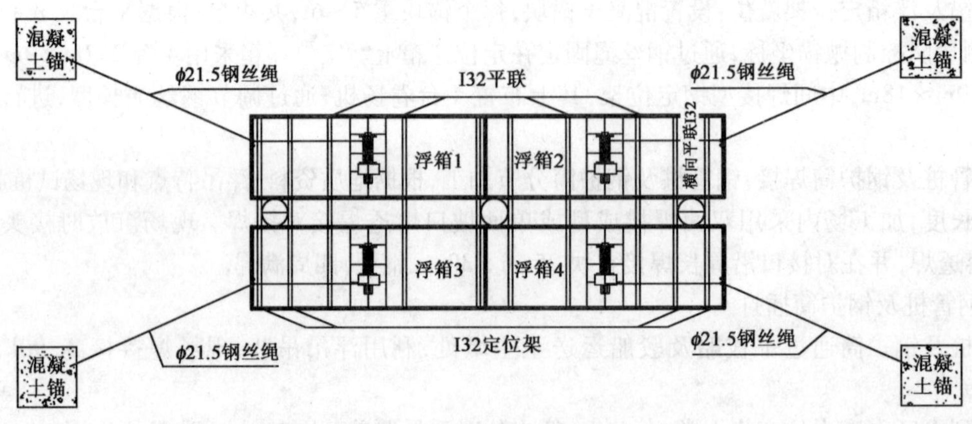

图2　定位浮箱及锚碇布置(尺寸单位:mm)

先施工完堆料区平台后将1台25t汽车吊吊运至平台上,利用汽车吊安装钻孔区平台上部结构。

由于基岩裸露,岩面倾斜,钢管桩无法自稳,采用在钢管桩内先钻地质孔,然后植钢筋,压浆;之后在钢管桩内浇筑水下混凝土,并通过在钢管桩周围抛填沙袋固脚的办法来锚固钢管桩。采用浮式平台的方法将6根钢管桩加工成板凳桩形式整体结构,实现自稳,然后逐渐安装其他钢管桩,完成整个平台的搭设工作(图3)。

图3　平台现场施工

由于山区水库覆盖层浅,为保证施工的钢护筒及钢管桩的稳定性,采用如下顺序施工:

①用抛锚定位好的浮箱定位并固定起始排钢管桩;

②继续用浮箱或浮吊自身定位、稳定第二排钢管桩;

③将多根钢管桩连成整体形成板凳桩稳定结构;

④以形成的多根钢管桩整体为依托,自一端向另一端推进、逐根施工后续钢管桩钢护筒,并及时与已完成的钢管桩、钢护筒形成整体。

⑤钢护筒导向架安装:采用在上一排已完成钢管桩和临时插打的钢管桩上搭贝雷片和型钢两层成井字架,下层安装在钢管桩牛腿上,分两层定位(图4)。

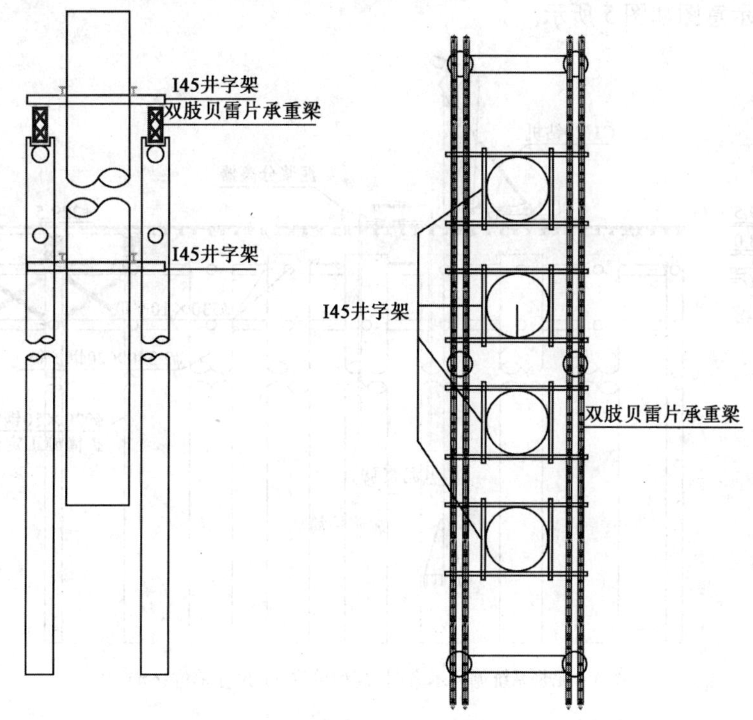

图4　钢护筒定位架结构示意

钢护筒施工要求测量精确控制,平面位置偏差小于2cm,垂直度偏差小于1/200。钢护筒下沉过程用两台平面位置90°方向分别布置的全站仪,在插打过程中对护筒垂直度及偏位进行控制。

(3)平台上部结构施工

堆料区平台上部结构,采用浮吊起吊安装焊接成型。堆料平台上布置25t汽车吊吊装材料。贝雷片及分配梁通过U形卡固定,面板采用型钢格构架分块整体焊接安装。

5.2.2　钻孔施工

由于施工区水位落差大、岩面倾斜角度大、覆盖层浅,护筒入土浅,没能穿透砂卵层,为避免钻进过程中塌孔,钻孔前需对每根护筒周围用注浆法进行固结。

钻孔施工采用冲击正循环钻机钻进施工;钢筋笼在钢筋加工场分节加工成型,分段运送至平台,利用平台上汽车吊现场接高下放;混凝土在岸边拌和站集中拌和,混凝土运输车利用平板船运至墩位处,采用泵送灌注,混凝土输送泵放置在独立的浮箱上。

(1)准备工作

①钻机选型

根据地质情况及工期进度要求,钻机选用冲击反循环钻机,并根据施工计划,投入相应的钻机台数。

②泥浆制备与循环

利用膨胀土造浆护壁,泥浆添加聚丙烯酰胺,钻进过程中泥浆相对密度控制在1.15~1.30,黏度控制在22~30Pa·s。

利用相邻孔口护筒作为钻孔泥浆的造浆池,由于汉江水位落差大、变化无规律,考虑水位急涨急落水头调整不及时造成安全隐患及反复割焊钢护筒操作困难,不设置连通管,采用大型泥浆泵进行泥浆循环;钻孔中的钻渣通过正循环悬浮,孔内泥浆泵抽至钻孔平台上,通过泥浆分离器,泥浆进入泥浆护筒,再通过泥浆泵泵送至孔底钻头进行循环。同时在水中设置一条泥浆船,负责钻渣的清理和外运,由运输船输送至指定位置弃置。

钻孔内的水头高度通过泥浆泵进行调节,随时监控护筒内外水位高程,始终保证正在钻孔的护筒内水头高度比水位高1.5~2.0m。

泥浆系统循环示意图如图5所示。

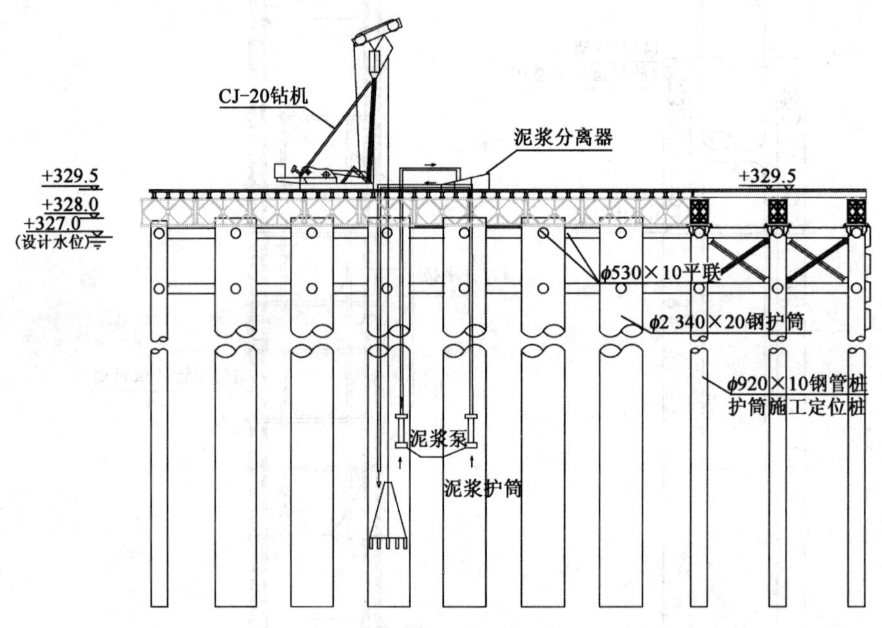

图5　泥浆系统循环示意图(高程单位:m;尺寸单位:cm)

③钻机就位

在钢护筒对称的位置用红油漆标出控制点,拉线定出桩中心位置。钻机通过浮吊和汽车吊配合吊装至平台上并组装完毕,进行钻机初定位,根据偏差情况使用千斤顶推钻机位置进行微调,直至钻杆中心与桩位中心重合,调整钻机底座确保水平后,将钻机与平台用限位板临时固定。

(2)钻孔施工

①护筒底注浆加固处理:

由于钢护筒底位于砂卵石层,在钻进过程中,穿越砂卵石层时间较长,为避免流沙、塌孔、底口漏浆等病害发生,采用钻孔注浆加固方案(图6)。注浆孔布置在单一群桩孔外围,孔距2m,正方形布孔。施工安全性好,不存在因拔不出套管和注浆管而影响群桩孔施工。

在钢护筒平台钻机定位后,从钻孔施工平台下入ϕ128mm套管至河床底固定。套管内跟管钻进至淤泥层底并进入强风化岩石 0.5m，固定套管，开始注浆。待凝 6h，扫孔、钻进 3m 注浆，待凝、扫孔、钻进、注浆循环至卵石层底部，最后回收套管，钻机搬往下一个孔位。注浆过程中严格控制注浆量和注浆压力两个重要参数。

注浆标准：在设计注浆压力 1.95 ~ 2.85MPa 下，单孔注浆段单位吸浆量小于 1 ~ 2L/min，浆液注入量达到计算值的 80% 以上，稳定延续 15 ~ 30min 即可终灌。

②成孔顺序：遵循相邻孔不同时钻进的原则。

③钻孔过程水位高程波动剧烈，孔内水头无法处于恒水位，钻孔内的水头高度通过泥浆泵进行调节，随时监护护筒内外水位高程，始终保证正在钻孔的护筒内的水头高度比江面高 1.5 ~ 2.0m。排渣采用气举反循环法，每完成一个班次冲击后，安装一次风管及反循环装置，泥浆吸到平台上后经过泥浆分离器处理后流回孔内进行循环。

5.2.3 钢筋笼制作、安装

钢筋笼在岸边加工场地内分节加工，根据起吊能力尽量减少分节数量。

分节加工完成后，转运至施工平台。利用汽车吊提吊接长。

5.2.4 二次清孔

钢筋笼安装完成后，如孔底沉淀层厚度大于设计或规范时，需进行二次清孔，采用换浆清孔法清孔，直至孔内泥浆指标满足要求。

5.2.5 导管安装

水下混凝土采用导管法施工，导管内径 250mm。导管使用前进行水密承压试验、长度测量标码等工作，采用 25t 汽车吊安装，安装时底部距离孔底 0.4m 左右，详细记录导管下放长度。

5.2.6 水下混凝土浇筑

混凝土由拌和站集中拌和后，采用混凝土运输车运输，通过平板船运送至水中平台，每艘平板船装载 2 辆混凝土运输车。混凝土泵车放置在浮箱上，临时与相邻的钢管桩连接。搭设溜槽，混凝土运输车在平板船上直接放料到混凝土输送泵内（图 7），泵送灌注至孔内。

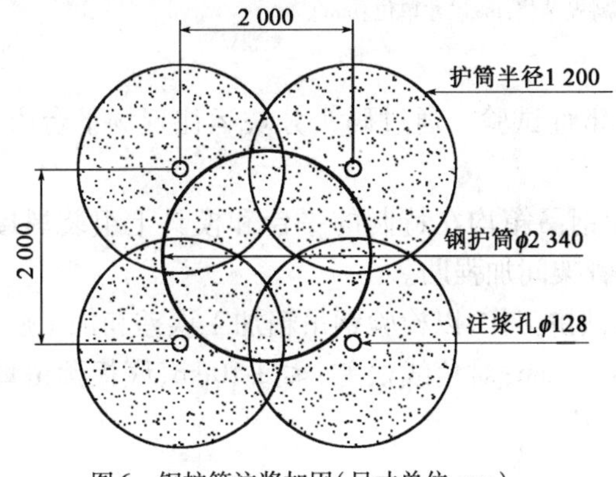

图 6 钢护筒注浆加固（尺寸单位：mm）

图 7 混凝土运输车放料进泵

5.3 承台施工

5.3.1 钢吊箱施工

(1) 钢吊箱结构说明

陕南安毛高速公路上承建的紫阳汉江特大桥、任河大桥等多座桥梁承台施工采用的钢吊箱为双壁结构，320 国道上的富春江大桥基础水深比安毛项目桥梁较浅，故其承台施工采用单壁钢吊箱，由于吊箱施工工艺类似，故在此以安毛项目为例，详细研究库区深水基础钢吊箱施工工艺。

钢吊箱采用双壁结合形式，竖向分两节，顶部根据水位变化设置单壁防浪板结构，由于材料采购及运输的困难，对壁板面板结构进行了优化设计，第一节吊箱壁板的面板采用 8mm 厚钢板，第二节面板采用 6mm 厚钢板。由于钢吊箱运输及吊装局限，平面进行合理分块。钢吊箱总体结构布置如

图8所示。

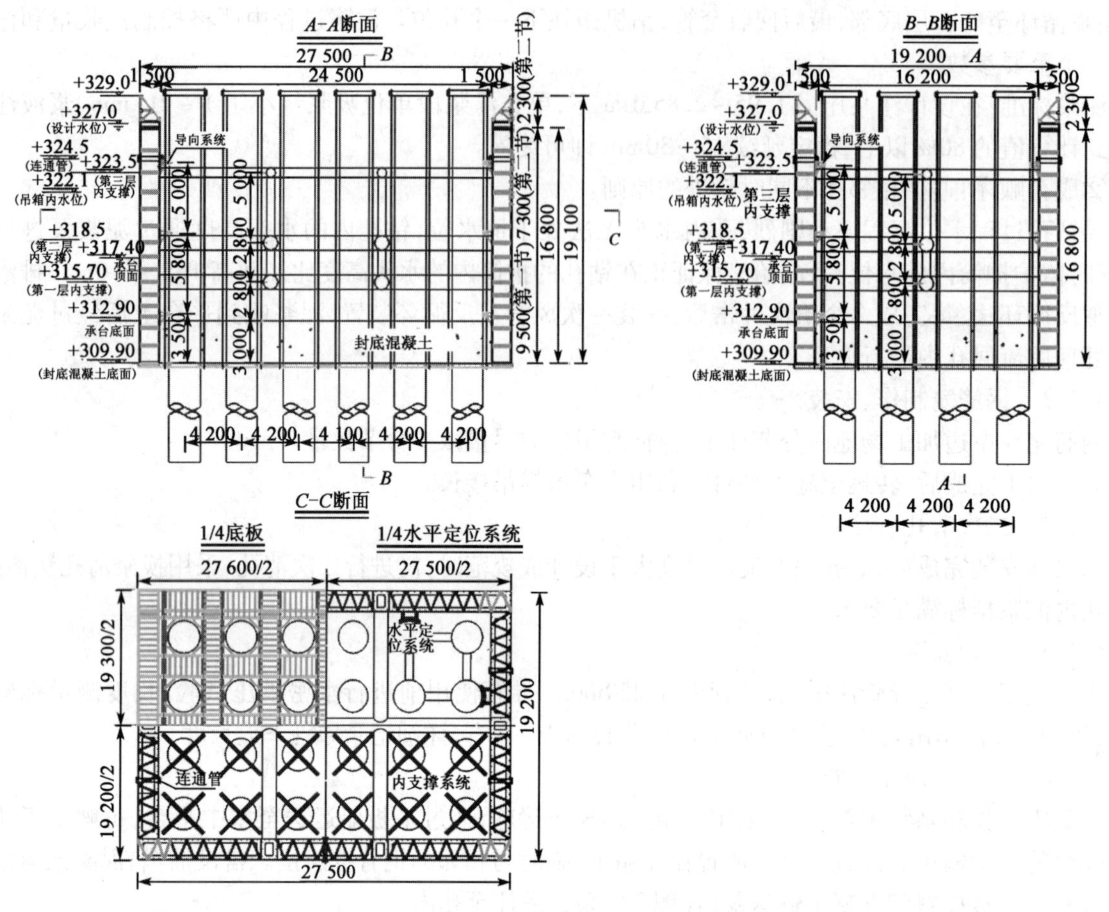

图8　钢吊箱总体结构布置图(高程单位:m;尺寸单位:mm)

(2)钢吊箱制作、拼装

①钢吊箱根据设计在加工场分块制作,并进行水密性试验。通过码头分块运往现场平台由浮吊进行现场拼装(图9)。

②钢吊箱分片制作采用流水作业组织生产,每片钢吊箱均在特制的平台和模具上组装焊接成型。焊接顺序:外侧钢板──→吊箱骨架──→内侧模板──→骨架间加强肋。

③每钢吊箱加工完成后,均进行该节钢吊箱整体试拼工作,以检验钢吊箱加工误差和加工质量。

质量要求:平面尺寸误差:≤5cm;内口尺寸误差:≤3cm;对角线误差:≤±10cm;底板预留口误差:±1cm。

(3)钢吊箱下沉

钢吊箱分两层整体下沉。

下沉前,针对个别护筒倾斜度较大,且吊箱下沉深度大,为保证吊箱一次顺利下沉到位,除了要求潜水工对护筒周围进行摸索清理外,采用水下视屏监视器对护筒逐根进行检查监控,确保吊箱一次下沉到位。

①采用千斤顶配合精轧螺纹钢提升下放。利用千斤顶起吊钢套箱,割除钻孔平台下平联,下放钢吊箱,入水自浮,加水下沉钢吊箱至设计高程。为保证水平定位系统的精度,钢吊箱下放时,将与水平定位系统相连的三个钢护筒用钢管连接。

②分片接高第二节钢吊箱,安装第三层内支撑系统和水平定位系统,加水下沉钢吊箱至设计高程。为保持吊箱内外水位平衡,在第二节钢吊箱安装连通管,在钢吊箱下沉时打开。

③潜水工进行钢吊箱底板封堵板安装,根据设计封堵板分为水平封堵板和斜向封堵板,采用双面满

焊,焊缝高度6mm,每两块之间通过螺栓连接。

(4)钢吊箱封底

①钢吊箱下沉到位并进行底板封堵板安装,封底前再用棉絮封堵钢护筒与封堵板的间隙。采用刚性导管法灌注水下封底混凝土,封底根据净面积布设导管,汽车吊配合,不分仓一次性进行封底混凝土浇筑,推进过程由两侧向中间基本对称进行。

②由于封底混凝土方量大,为保证施工连续性,一次性完成浇筑施工,采用两种方法进行混凝土输送,一种为搅拌站集中搅拌供料,并配备6辆搅拌运输车,通过2艘驳船运至现场,直接用输送泵进行封底混凝土灌注,另一种是将混凝土输送泵泵管架设在浮桥上,混凝土直接从码头泵送至吊箱平台上(图10)。

图9 钢吊箱现场拼装

图10 泵管浮桥

③混凝土配合比采用掺加缓凝剂,混凝土初凝时间为20h左右,保证所有封底混凝土在初凝前浇筑完成。

④封底混凝土高程控制。浇筑过程中随时用测绳进行测量,控制导管埋深及顶面高程,超灌15cm。

5.3.2 承台施工

(1)在吊箱内按设计和技术规范要求绑扎承台和墩身预埋钢筋。

(2)混凝土的配合比:承台属于大体积结构,优先使用低水化热的矿渣水泥或粉煤灰水泥,所用的砂子、石子、水泥等材料均符合招标文件技术规范的要求,必要时对集料进行降温并使用低温水拌和混凝土。

(3)混凝土的浇筑:混凝土按水平分层每层30cm厚浇筑,并在下层混凝土初凝前或能重塑前次浇筑混凝土的基础上完成上层混凝土浇筑,施工过程中控制入模混凝土的温度。混凝土振捣采用插入式振动器振捣,振动器移动间距不超过振动器作用半径的1.5倍,并与侧模保持5~10cm距离和插入下层混凝土5~10cm;振动完毕后,边振动边徐徐提出振动棒,避免碰撞钢套箱壁板、钢筋、冷却管及其他预埋件。

(4)大体积混凝土施工采取的措施

①水管冷却:严格按要求布置冷却水管和控制冷却水温度及其循环。冷却完成后,用干净水冲洗冷却水管后压入高强水泥浆填满封闭。

②水泥选择:采用低水化热的大坝水泥、矿渣水泥、粉煤灰水泥或低强度等级水泥。

③减少水泥用量:用改善集料级配、降低水灰比、掺加混合料、掺加外加剂的办法减少水泥用量。

④夜间浇筑:混凝土浇筑时间选择在19:00至第二天的7:00低温期间进行。

⑤原材料温度控制:混凝土施工用料避免日光暴晒,以降低初始温度。

⑥加强养护:混凝土浇筑完毕后,及时洒水养护,并在承台顶面采取覆盖无纺土工布,以避免表面出现收缩裂缝。

(5)注意事项

①混凝土配合比设计

混凝土配合比设计既要保证其强度,又要保证初凝时间满足施工能力的要求。

②混凝土浇筑过程中配备足够的运输设备,并保证设备处于良好状态,能够完成承台浇筑的混凝土

运输任务。

③承台施工质量好坏的关键是振捣工作。施工时,严格按照招标文件技术规范的要求控制混凝土的振捣质量。

④主桥钢套箱施工安排注意水库水位的变化,提前做好沟通。

6 场地布置与设备配备

6.1 山区水库深水施工考虑到场地限制,且因为岩面倾斜角度较大、覆盖层浅,搭设栈桥成本高,风险大,为方便材料转运及设备进出,于江岸近桥位处设置码头。并于码头上布置30t 桅杆吊进行材料转运,水中基础所有物资设备均通过码头,采用驳船、平板船等转运至水中基础处。就近设置钢结构及钢筋加工厂。

6.2 本工法仅列出一个深水主墩基础所需设备,实际施工时,可根据具体情况适当调整。钢筋加工、混凝土拌和设备与其他分项工程交叉使用,机械设备配备详见表1。

设 备 配 备 表 表1

序 号	名 称	规 格 型 号	数 量	单 位	备 注
1	汽车吊	QY25	4	台	吊装
2	浮吊	FQ42t	1	艘	水上施工
3	浮吊	FQ20t	1	艘	水上施工
4	平板船、驳船		4	艘	材料设备运输
5	交通船		2	艘	人员运送
6	泥浆船		1	台	桩基施工
7	浮箱	9m×2.7m×1.5m	4	套	水上施工
8	拌和站	HZ50 型	2	套	混凝土供应
9	混凝土罐车	$8m^3$	8	辆	混凝土供应
10	发电机组	150kW/200kW	4	套	电力供应
11	钻机	CJ—20/55kW	6	台	钻孔施工
12	泥浆泵	22kW	12	台	钻孔施工
13	振桩锤	DZJ90	1	台	平台施工
14	桅杆吊	30t	1	台	材料转运

7 质量控制

7.1 质量控制标准

(1)应遵照中华人民共和国行业标准现行的《公路工程质量检验评定标准》(JTG F80/1—2004)的要求执行。

(2)应按本工程的招标文件及业主确定的技术质量标准要求执行。

7.2 质量控制措施

(1)按照设计插打顺序,依次进行水中平台钢管桩和钢护筒的施工。

(2)通过浮箱抛锚定位,注意抛锚的距离和钢丝绳角度。钢管桩位置通过前方交会法精确定位,并在浮箱上做好临时控制点。

(3)将第一节钢管桩吊入导向架中,再次复核平面位置及导向架固定无误后,先依靠自重下沉,而后振动下沉,振动力随入土深度的增加由弱到强。

(4)钢管桩接长全过程中导向架不得拆除,以确保焊接过程中钢管桩不发生位移,在导向架上焊接

4个牛腿临时支撑。

(5)钻孔过程中如遇异常需停钻时,应提出钻头,并增加泥浆相对密度和黏度,保持孔壁稳定。

(6)群桩同时钻孔时,相邻钻孔不允许同时开钻,当已浇筑混凝土桩的强度未达到5MPa时,不得在相邻孔进行钻孔施工。

(7)清孔并检孔:钻孔到位后采用长为4~6倍的桩径、直径等于桩径的检孔器或检测孔径的仪器进行孔径和垂直度的检查,并经监理工程师验收合格签认后,进行清孔作业,且满足招标文件技术规范要求。

(8)钢筋笼在岸边钢筋加工场地内分节加工,分节长度根据起吊能力尽量减少分节数量。

(9)为防止钢筋笼吊安运输过程中变形,在钢筋笼内环加强圈处用ϕ32mm钢筋加焊"+"字支撑,待钢筋笼起吊至孔口时,将"+"字支撑割去。

(10)桩基混凝土制备:粗、细集料采用级配良好的碎石、中粗砂。混凝土具有良好的和易性,灌注时保持有足够的流动性,其坍落度宜控制在18~20cm,首批混凝土的初凝时间大于10h。

(11)钢吊箱加工过程中需采取有效措施防止焊接变形,整个吊箱需做水密检查。

(12)对焊缝需进行外观检查、内部质量检验以及煤油渗透试验,检验不合格的焊接件,在未返修合格前不得进入下一道工序。

(13)外观合格后,对钢吊箱所有关键受力焊缝及试板对接焊缝应沿焊缝全长进行超声波探伤,质量等级为Ⅰ级;检验不合格者,在未返修合格前不得进入下一道工序。

(14)严格底板封堵,并进行水下复检。

(15)严格控制混凝土的拌和质量,确保混凝土工作性能。

(16)配备足够的混凝土生产及供应系统:储备足够的混凝土原材料。开始浇注后,要求混凝土连续不间断供应,直至该区完成。

(17)水管冷却:严格按要求布置冷却水管和控制冷却水温度及其循环。冷却完成后,用干净水冲洗冷却水管后压入高强水泥浆填满封闭。

(18)承台施工质量好坏的关键是振捣工作。施工时,严格按照招标文件技术规范的要求控制混凝土的振捣质量。

(19)严格控制混凝土的顶面高程,测量人员应勤检测,尤其接近顶高程时,每10min量测一次,及时采取对应措施。

8 安全措施

(1)遵照中华人民共和国行业标准现行的《公路工程施工安全技术规程》(JTJ 076—95)及《公路项目安全性评价指南》(JTG/T B05—2004)的要求执行。

(2)遵照国家颁发的有关安全技术规程和安全操作规程办理。

(3)严格按施工工艺、施工操作规程、施工组织设计有关安全条款进行施工。

(4)建立健全各工地、各施工环境下的施工安全规章制度,做好上岗职工安全施工培训工作;特殊工种必须持安全考核证上岗,严禁无证操作、违章作业。

(5)成立水上船舶设备调度小组,机械班统一指挥。

(6)与水利部门积极协调联系,对江水水位变化做到提前准备。

(7)加强航道安全管理。在桥址区内设置警戒船,布设浮漂等航行标志等,平台上设置警示灯,以免过往船舶误撞在建的或已建的结构。

(8)加强钻孔平台安全管理。在桩基施工平台上布置必要的栏杆、安全网,尤其是护筒孔口必须严格覆盖;在平台迎航一侧,加强警界灯的设置。平台上配置足够数量的救生圈、灭火器等急救设备。

(9)钻孔施工安全管理。进入工地人员必须戴安全帽,穿救生衣、防滑鞋;坚持专职安全员及兼职安全员24h值班制度。

(10)吊箱内外不通视,为确保安全,在吊箱顶部设指挥平台,安排专人统一指挥构件吊装。

(11)吊箱在整个施工阶段,设置明显的警示标志,防止碰撞。

(12)加强施工船舶安全管理。对施工船舶例行检查,严格执行船机设备安全操作规程。

(13)加强吊装设备安全管理。坚持吊装设备安全状况交接班通报制度。对吊具勤检查、严检查。

9 环保措施

(1)建立以项目经理为首,由专职管理人员和各作业组负责人组成的施工管理组织机构,在施工全过程中跟踪监督、检查、监控、测量,及时了解情况,采取相应的对策、措施完善对周边环境的保护。

(2)制定严格的奖惩条例,各级管理人员和施工作业人员责任明确,奖罚分明,使加强环境保护的有关措施得到有效的实施,周边环境得到妥善的保护。

(3)在施工过程中严格遵守国家和地方政府下发的有关环境保护的法律、法规和规章,加强对施工燃油、工程材料、废水、泥浆等的控制与治理。

(4)在钻孔平台侧面放置排渣船。钻渣集中排放于排渣船上,运输至指定地点进行丢弃。

(5)在钻孔施工过程中,钻孔泥浆循环使用。钻孔施工完成后,采用泥浆船将泥浆运输至指定地点进行排放。严禁泥浆直接排放入江。

(6)尽量避免钢材、混凝土等各种杂物掉入江中。

(7)对钢吊箱底板进行封堵,尽量减少封底混凝土对江水的污染。

10 资源节约

(1)加强设备的维护保养,提高机械设备使用效率。

(2)设备停止使用时,及时关闭电源,减少线损。

(3)冲击钻由自带的柴油发动机输出动力来完成钻机的行走移动和钻进工作,不需大型发电机组,节省能源。

(4)护壁泥浆再生处理:施工中采用重力沉降除渣法,即利用泥浆与土渣的相对密度差沉淀土渣的方法。现场设置泥浆池用作回收护壁泥浆使用,泥浆经沉淀净化后,输送到护筒内,于护筒中加入膨润土、烧碱、纤维素等进行调制,经测试合格后重复使用。

11 效益分析

11.1 社会效益

本工法有效地解决了山区深水陡岩浅覆盖层施工类似难题,为山区深水桥梁建设提供了借鉴及新道路。

11.2 经济效益

(1)简单有效的水上混凝土供应方式,解决了大型混凝土拌和船无法进场作业的难题,同时每立方米混凝土节约50元,全桥节省50余万元。

(2)钢护筒与钢管桩共同形成整体平台,解决了定位及稳定性难题,同时节约钢材40余吨,节省费用近百万元。

12 工程实例

12.1 工程概况

本工法在安毛高速公路、320国道浙江境内富阳受降至场口改建工程中的富春江大桥建设中得以应用。

安康至陕川界(毛坝)高速公路是国家高速公路网包头至茂名线陕西境内的重要组成部分,是世行贷款项目、国家重点工程，路线全长85.614km，划分为22个路基标段。土建工程第十一、十二、十三、十五合同段位于陕西安康境内，分别由中交第二公路工程局有限公司上海远通公司、三公司及六公司承建。工程共包括紫阳汉江特大桥，桥跨布置为95m+2×170m+95m，任河大桥，跨径50m+90m+50m，均为典型的山区深水陡岩浅覆盖层群桩基础施工工程。

根据设计资料全年蓄水水位329.37m（11～4月），汛期313.37m（7～9月），全年水位变化在313.37～329.37m之间。紫阳汉江大桥主墩桥位处河床高程为289.0m，江面宽度约300m。任河大桥桥位处河床高程302.5m（3号墩）、298.0m（4号墩），江面宽度约200m。马金任河特大桥主桥39号墩河床高程304.2m，基岩裸露，岩面倾斜45°左右，河床基岩较硬。40号墩河床高程为312.5m，为细砂层。

根据掌握的2007年水文资料显示，汉江水库库区水位变化最大的为14m/24h。

富春江大桥桥址东北部和中部属于富春江河谷平原堆积地貌，西南部为构造侵蚀低山丘陵区。大桥所在地富阳市地形地貌属浙西北山低丘陵区，地势由西南向东北倾斜，地貌以“两山夹江”为特点。该桥长1543.04m，上部布置为：10×30m+8×40m+（68m+120m+68m）+6×40m+14×30m，主桥上部为68m+120m+68m变截面预应力混凝土连续箱梁，下部为矩形实心墩，高桩承台、桩基础，主墩单个承台尺寸10.6m×9.6m×5m，承台顶高程+5.5m，下接4根ϕ2.5m桩基，边墩单个承台尺寸7.7m×6.2m×2.5m，承台顶高程+5.5m，下接4根ϕ1.5m桩基，引桥上部为30m、40m先简支后连续预应力混凝土T梁，下部为排架式墩，桩基础。

富春江大桥河道中的水中桩基础较多，共计有15跨长达840m的桥梁位于富春江江面上，施工难度大，预计水中主墩施工需要搭设长760m左右的钢栈桥和钻孔平台，由于库区水深且变化频繁，水中桩基础难以稳定，因而水中桩基础施工是其重难点工程；主墩的承台底高程在常水位以下3.8m，施工难度大。

12.2 结果评价

两项工程通过本工法的应用，优化了施工组织设计，最大限度地发挥了山区小型机械的利用率，节省了成本，按时完成了施工目标；有效地解决了山区水库深水基础施工所存在的岩面倾斜角度大、覆盖层浅、材料设备运输难、水位落差大、水位深等难题，优质高效地完成了施工项目，对山区水库深水基础进行系统的施工工艺研究具有十分广泛的指导意义及应用前景。

挖孔桩钻芯切割成孔施工工法

GGG(中企)C1050—2010

陈卫华　薛伟龙　张志龙　万　刚　邓　萍　卢　山
(中交第四公路工程局有限公司　中国路桥工程有限责任公司)

1　前言

随着我国高速公路、铁路网建设不断加密,在施工过程中难免会出现路线交叉、施工地点较为繁华等给施工带来的不便,甚至施工受到限制的情况。例如人工挖孔桩爆破法施工过程中,如遇到距离居民区、交叉公路、铁路的结构物较近时就无法采取爆破法施工。在这种情况下如何优质高效地组织施工,具有十分重要的意义,此时水钻施工就能充分体现其实用价值。采用水钻法挖孔桩施工成孔工艺较爆破法而言,其尺寸、外观控制等都更能符合设计要求,施工工艺更容易控制、循环作业简单、开挖进度快、成本低且无噪声污染。该工法应用于兰州至海口国家高速公路广元至南充段 GN16 合同段内柏林湾、和尚湾、李家湾 1 号、李家湾 2 号、高家咀等大桥桩基础部分桩基施工中,应用效果良好,被证实为行之有效的、应用价值高的人工挖孔桩施工的先进方法。该工法关键技术通过了中交第四公路工程局技术专家委员会的评审,达到国内先进水平,并被评定为中交第四公路工程局有限公司企业级工法。

2　工法特点

2.1　该工法采用的施工机具较小,方便移动,操作灵活,安全可靠。

2.2　挖孔循环简单,进尺较快,相邻两孔可同时施工,互不干扰,可以有效缩短工期。

2.3　施工对周围结构物无影响,成孔桩底不受扰动,桩身质量和桩基地基承载力整体性较好,成孔圆顺,能够较好地控制扩孔率,降低工程造价等。

3　适用范围

本工法适用范围非常广泛,可以涉及公路、铁路、水利、房建等行业,主要用于桩基基岩为砂岩、泥岩等中强风化岩石桩的人工挖孔桩施工;当施工遇到爆破法施工进尺缓慢,爆破效果不明显,施工场地狭小、大型钻机无法开展施工,铁路、公路、房屋建筑相距较近,爆破法施工受限等场所,工期要求紧,节能环保要求高的工程都可使用该工法。

4　工艺原理

先利用水钻沿桩基内径取出若干柱体岩芯,使桩基岩芯与整体岩石分离,形成一个临空面,然后用小型手电钻在桩基岩芯上等分打孔,分别插入钢楔,用铁锤锤击钢楔,迫使桩基岩芯劈裂破碎,最后进行装渣出渣,以此循环成孔。

5　施工工艺流程及操作要点

5.1　施工工艺

5.1.1　钻芯切割成孔施工工艺(图 1)

5.1.2　钻芯切割成孔施工工艺流程

测量放样→开挖、浇筑护壁混凝土→孔口搭设平台→布置取芯点→水钻钻取柱体岩芯→小型电钻在桩基岩芯上布点打孔→插入钢楔劈裂桩基岩芯→装渣、出渣→桩孔修正→第 2 次 ~ 第 *N* 次循环开挖→至成孔、清理孔底废渣→转入桩基浇筑工序。

5.1.3 钻芯切割成孔施工工艺框图(图 2)

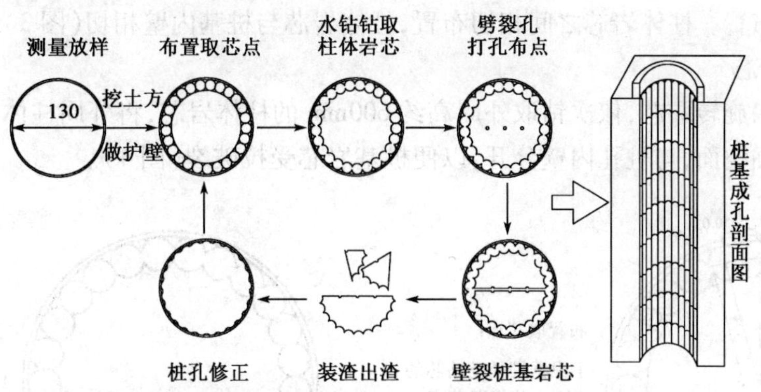

图 1 钻芯切割成孔施工工艺示意图(尺寸单位:cm)

5.2 主要施工工艺流程

主要施工工艺流程见图 2。

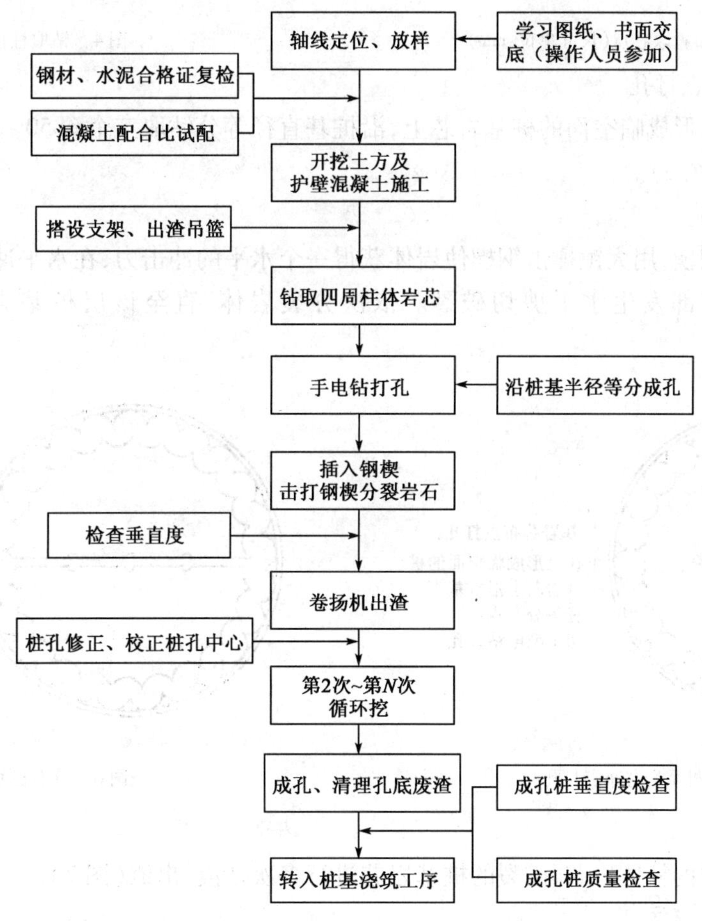

图 2 钻芯切割成孔施工工艺框图

5.2.1 施工准备工作

(1)平整场地,铲除松软土层并夯实;

(2)测量放样,定出桩孔准确位置;开挖土方,施工护壁至施工岩层;安装支架、卷扬机及出渣吊篮,布设出渣路径;安装水钻水箱;最后调试水钻钻机。

5.2.2 施工顺序

(1)布置取芯点

以桩径1.3m为例,在桩孔内壁布置24个直径为150mm柱体岩芯取芯点,柱体岩芯与桩孔内壁成一定倾斜角或相切布置。柱体岩芯之间相切布置,柱体岩芯与桩基内壁相切(图3)。

(2)钻取柱体岩芯

用水钻钻头加水旋转取芯,依次钻取外周高约600mm的柱体岩芯,将外周柱体岩芯取完后,桩基岩芯外围便形成一个临空面,与桩孔内壁分开,以便桩基岩芯受拉破裂(图4)。

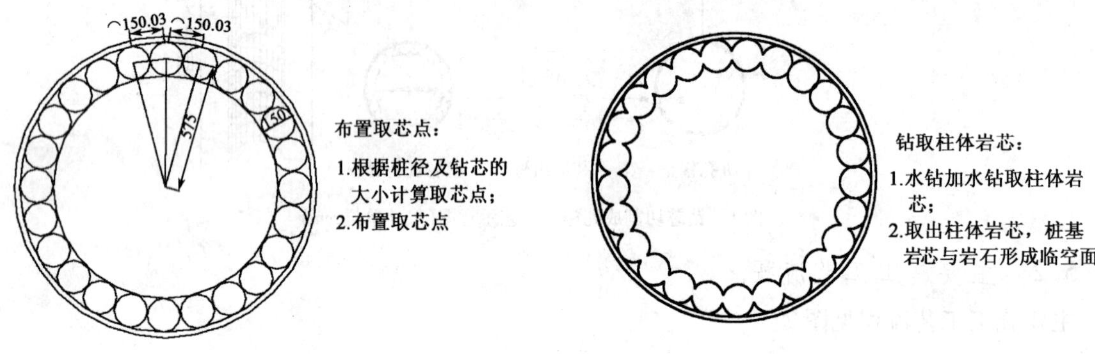

图3 布置取芯点(尺寸单位:mm)

图4 钻取柱体岩芯

(3)桩基岩芯布点打孔

用小型电钻在已形成临空面的桩基岩芯上,沿桩基直径等分钻取三个深50~70mm的小孔,以便钢楔插入桩基岩芯中(图5)。

(4)分裂桩基岩芯

在小孔内打入钢楔,用大锤捶击钢楔使岩体获得一个水平的冲击力,在水平冲击力作用下岩石沿铅锤面被拉裂,岩芯底部发生水平剪切破裂。依次分裂岩体,直至该层桩基岩芯底部全部破裂为止(图6)。

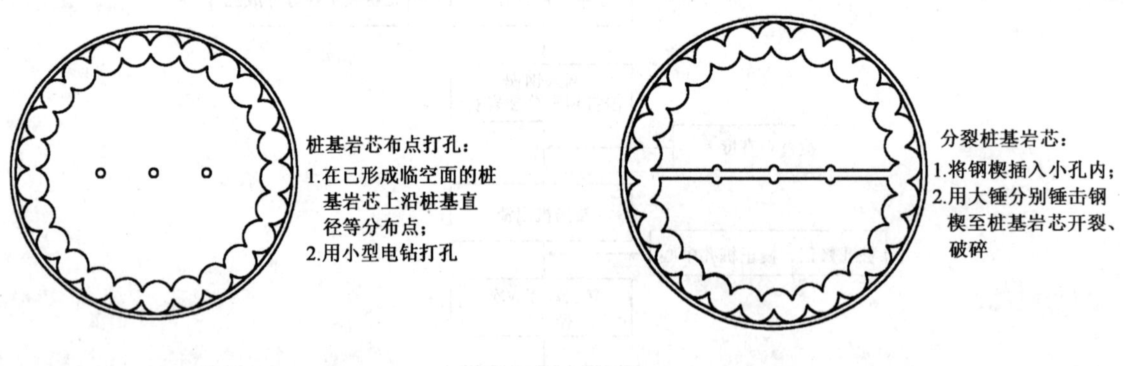

图5 桩基岩芯布点打孔

图6 分裂桩基岩芯

(5)出渣

将该层水钻钻取的柱体岩芯、破裂的桩基岩芯进行多次装渣、出渣(图7)。

(6)桩孔修正

由于水钻钻取柱体岩芯后桩基孔壁呈锯齿状,为保证有效桩径与设计桩径一致,要敲掉侵占桩基空间的岩石锯齿,标出设计桩中心,检查桩基底部偏位情况并及时纠偏(图8)。

(7)循环作业至成孔(图9)

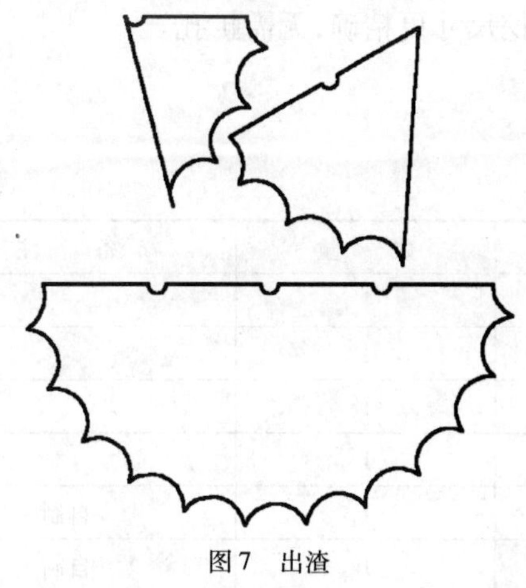

图7 出渣

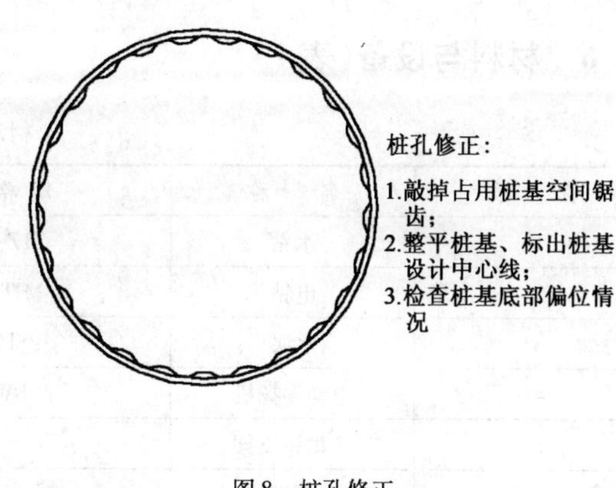

图8 桩孔修正

在捶击钢楔挤压岩石时，由于岩石纹理不同，导致桩基岩芯破裂程度不同，待同层整平后，再进入下一作业循环。依次按照布置取芯点、钻取柱体岩芯、桩基岩芯打孔布点、分裂桩基岩芯、出渣、桩孔修正的循环工序作业，最终至成孔。

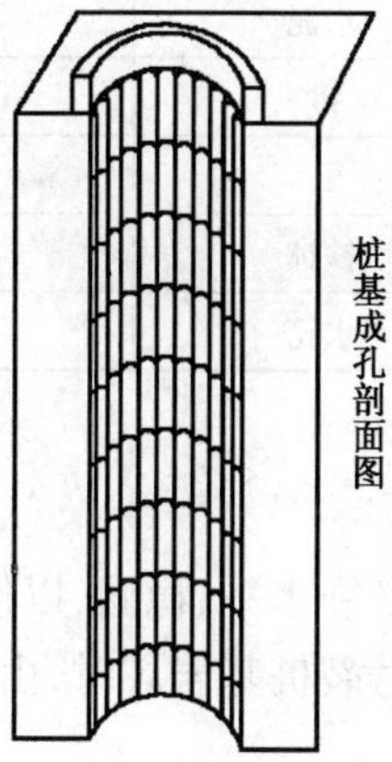

(8)成孔检查

孔底碎渣清理干净后，检查孔径、孔深、倾斜度是否符合规范及设计要求。

桩基成孔剖面图

循环作业至成孔：
1.修整同一作业层；
2.按照置取芯点、钻取柱体岩芯、桩基岩芯打孔布点、分裂桩基岩芯、出渣、桩孔修正进行循环作业；
3.最终成孔检查

图9 循环作业至成孔

5.3 操作要点

5.3.1 空心钻头并加水旋转取芯，钻机沿桩基础设计圆周取出若干个高约600mm的圆柱体岩芯时，一般高度只取500~580mm，以便更好地保护钻机。

5.3.2 用电钻沿桩基岩芯半径等分钻成一排小孔，钻孔数量根据桩基岩石抗拉、抗剪强度而定，小桩径一般只需沿直径3等分即可。

5.3.3 在小孔内锥入钢楔子，捶击钢楔挤压岩石，至岩石发生破裂。

5.3.4 对桩孔进行修正，敲掉侵占桩基空间的岩石锯齿，保证桩基整体平整度。

5.3.5 依次按照分层取芯、破裂、取岩块、修正桩孔的循环工序作业。

5.3.6 当桩径大于2.5m时施工同小桩径一样，先形成一圈外周临空面；对桩基岩芯进行分块劈裂，先沿桩基岩芯半径用水钻继续钻取柱体岩芯，柱体岩芯直径可以更换成小孔径空心钻，使桩基岩芯等分成4~6块，分块形成内部临空面；在分块的岩芯上手持电钻钻取一排小孔，最后在小孔内锥入钢楔，捶击钢楔挤压岩芯至破裂。

5.4 注意事项

5.4.1 挖孔桩上部土层采用人工开挖并浇筑护壁，每次进尺以不大于1m为宜，并需及时浇筑20cm厚的强度不低于C20混凝土护壁，护壁顶面高程必须高出地面30cm。每两个循环进行一次孔中心、直径等偏心率检查，确保成孔后桩体垂直偏差不超过设计规范要求。

5.4.2 由于采用提升架，提升架的基座要求牢固稳定，孔口周边的挖孔平台需采用钢筋混凝土浇筑，以确保安全，做好提升架性能的检查，钢丝绳、挂钩、电动卷扬机、支架等均要考虑足够的安全系数。

5.4.3 用小型电钻沿桩基岩芯半径等分钻取小孔，钻孔数量根据桩基岩石强度而定。

$$取芯点布置个数 = \pi \times (桩基直径 - 水钻直径) \div 水钻直径$$

实际挖孔过程中，由于水钻钻机型号不同，如果电机直径及支架过大，开挖过程中就需要水钻钻取柱体岩芯时要倾斜，但为了保证不缩孔就必须倾斜一定角度。如果采用小直径电机及小型支架或手持式水钻,便可以不需水钻钻机倾斜开挖,可以竖直开挖,使开挖尺寸更精确,无需扩孔。

6 材料与设备(表1)

材料与设备表　　表1

序号	名称	规格型号	数量	备注
1	水钻	Z1Z—200M	1	
2	电钻	HT12020	1	
3	水泵	BSP27250S	1	
4	电动卷扬机	BW250L	1	
5	I8 型钢支架	I8	1	自制
6	上下钢梯		1	自制
7	水泥	重庆富丰 R235		
8	砂	南部河东料场		
9	石	南部河东料场		
10	铁锤		1	
11	水箱	0.5t	1	

7 质量控制

7.1 钻机工作时必须水平、稳固,以便控制桩基的垂直度。

7.2 在捶击钢楔劈裂桩基岩芯时,由于岩石纹理不同,导致其破裂程度不同,待同层整平后,再进入钻孔取芯循环。

8 安全措施

8.1 井底照明采用低压电源(36V)、防水带罩的安全灯具。

8.2 所有施工人员要对施工方案及工艺进行了解、熟悉,在施工前逐级进行安全技术交底,交底内容针对性强,并做好记录,明确安全责任。

8.3 施工过程中必须做好接地、接零保护工作,一闸一机,并设有漏电保护装置,预防触电事故。

8.4 挖孔深度超过10m时,必须采用机械通风。

8.5 设置施工警戒线和警示牌,严禁非施工人员进入施工区域。出渣作业时,待施工人员出井后方可出渣。

8.6 在施工过程中,施工人员必须按施工方案的作业要求进行施工。

9 环保措施

9.1 施工过程中产生的废水必须先进行沉淀,带岩渣、岩粉沉淀充分后,方可重复利用,或将水排出,以防水资源的浪费及污染。

9.2 严禁向桩基孔口周围堆放弃渣,所有弃渣需装袋或装桶放到指定地点并采用机械破碎,作为路基填料使用或运至弃渣场。

10 效益分析

10.1 该法一个循环取芯深度达0.5~0.6m,单日可以进行3个循环,每台钻机进尺1.5~1.8m,相邻桩基可以同时施工,互不干扰,节约大量时间。

10.2 水钻法垂直度和扩孔率易控制,非常精确,不会出现超挖现象,节省成本。

10.3 水钻法主要耗能为水、电,每进尺1.5m平均消耗水$2m^3$、电6.5kW;若采用爆破法每进尺1.5m需要消耗炸药4.3kg。水钻法消耗费用相比爆破法消耗费用较低。

11 节能措施

建立沉淀池、循环池,净化水钻施工废水,对水资源进行循环利用,减少浪费。

12 应用实例

兰州至海口国家高速公路广元至南充段GN16合同段内柏林湾、和尚湾、李家湾1号、李家湾2号、高家咀等大桥桩基础部分桩基设计采用人工挖孔施工,水钻钻机沿桩身内切圆周取芯,一次取芯深度0.5~0.6m,连续取芯完毕后,桩基岩芯打孔、插入钢楔、捶击钢楔、破裂岩芯、取出岩体。该方式成孔圆顺,噪声小,无安全隐患,较好地保证了施工进度及成孔质量。此方案试用成功后,大量应用现场同类挖孔桩的施工,质量较好,施工工期大大缩短,效果显著。

海上钻孔灌注桩旋挖钻施工工法

GGG(中企)C1051—2010

王　昕　赵　斌　赵建刚　何　韬
杨永文　郑宗华　张大龙　卢　山　尹成柱
(中交第四公路工程局有限公司　中国路桥工程有限责任公司)

1　前言

国内外海上钻孔灌注桩施工采用的机械设备一般仅限于冲击钻、大功率回旋钻等传统的钻孔机械,施工难度大、速度慢、环保性能差。中交第四公路工程局有限公司和中国路桥工程有限责任公司依托青岛海湾大桥第八合同段施工特点、难点,结合海上钻孔灌注桩的施工及设计要求,对如何快速突破海湾大桥水下钻孔灌注桩的施工难题进行了研究,开发了本工法。青岛海湾大桥所处胶州湾海域,海底高程在 -2 ~ -4m 之间,规则半日潮类型。青岛长期验潮站实测最高潮位为 3.09m,年平均高潮位 1.39m;历史实测最低潮位 -3.12m,年平均低潮位 -1.40m;历年最大潮差 4.75m,年平均潮差 2.78m;实测测点最大涨潮流速 0.76m/s,流向 339°;最大落潮流速 0.62m/s,流向 182°。该项目钻孔桩基础施工中成功采用了本工法,具有成孔速度快,定位控制精确,移位方便,机械设备投入少,不受场电限制,成桩质量好,且成孔后沉渣少,环保和施工成本低等优点,具有广泛的推广应用价值。经查证:海上钻孔灌注桩旋挖钻施工技术在国内尚属首列。

2　工法特点

该施工工法是一种新型的施工工艺,其特点总结如下。

2.1　成孔速度快,为普通循环钻机的 10 倍以上,可有效保证工程进度。旋挖钻机钻杆为伸缩式钻杆,提钻速度快。以直径 1.5 m、孔深 65m 左右的基桩为例, 40h 左右即可完成,有效减少了海上作业时间。

2.2　对不同的地质情况适应性强,相对于其他钻机而言应用广泛。

2.3　移位方便,旋挖钻机多为液压履带式伸缩底盘,成孔后钻机可快速移开,进行其他桩位钻孔作业,提高了钻机的利用效率,并为下一步工作提供工作面,加快了施工平台的周转,减少了搭设平台的投入。

2.4　定位速度快且定位准确度高。开孔前通过人工指挥钻头中心对准桩位,再由机械手将对应坐标设置为轴心坐标,施工过程中操作手在驾驶室内利用先进的电子设备就可以精确地实现就位,使钻机达到最佳钻进状态。

2.5　钻孔深度、垂直度可自动检测及控制。因钻机自身自动化程度高,钻机自带动力,不受场地供电限制,对于电力紧张的工地比其他钻机更能显示其优越性。钻孔深度和垂直度可由电子系统控制并在荧屏实时显示。

2.6　安全、环保特点突出。由于旋挖钻机多为液压履带式伸缩底盘,增大了钻机与钻孔平台的接触面积,将钻机的竖向荷载分散开,降低了对施工平台的损害。旋挖钻成孔过程中不需要泥浆循环系统,并且桩基灌注时泥浆无需外运,把其存放在其他护筒或泥浆船内,以备循环利用,减少了对环境的污染。

2.7　成孔后沉渣少。旋挖钻机成孔采用静态泥浆护壁，钻渣是通过旋挖斗提出，故沉渣量很小；成孔后静置3h左右，等大粒径沉渣沉淀到孔底后，再用捞渣钻头捞一次渣，大大减少了灌桩前的清孔时间。有时甚至不用二次清孔沉渣厚度也能满足规范要求。

2.8　成桩质量好。由于旋挖钻成孔速度快，孔壁不像普通钻机孔壁那样要在泥浆中浸泡半个月左右，使桩基的侧壁摩阻力降低。

3　适用范围

本工法适用于海上孔径≤80m以内、岩石强度<5MPa的浅海区桩基施工。主要地质为淤泥、淤泥质黏土、淤泥质亚黏土、泥岩、砂岩、泥质砂岩、砂质泥岩等。

4　工艺原理

4.1　变浅海水上施工为陆上施工，首先应搭设钢结构钻孔施工平台（图1、图2），在钻孔平台上向水中打设钢护筒，使钢护筒进入较坚实的地层，将钢护筒内的泥浆与海水隔离，形成陆地式的施工环境。旋挖钻钻孔平台采用钢管桩支撑作为基础，采用贝雷片、工字钢及钢板构成的上部结构。施工方法为：采用打桩船插打钢管桩，以钢管桩作为主要承重基础，桩间以剪刀撑进行连接；然后在桩顶上布置横梁，在桩顶横梁上布设贝雷片，再在贝雷片上布置分配横梁，最后直接在横梁上布置10mm厚钢板，安装护栏，从而形成施工平台。

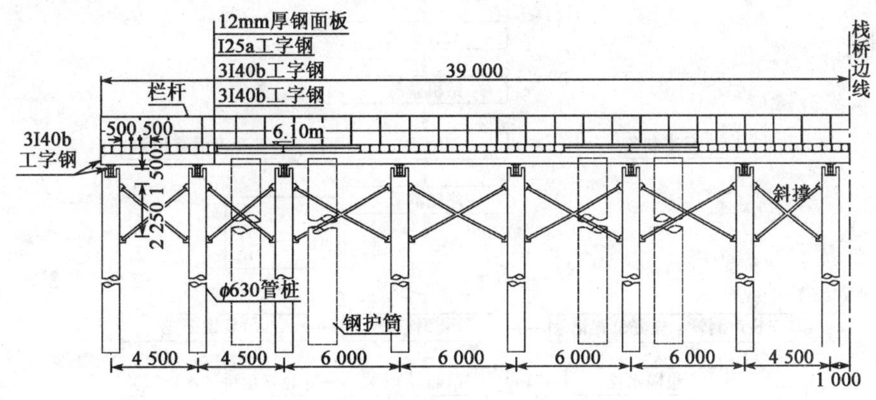

图1　钻孔平台立面图（尺寸单位：mm）

4.2　桩基采用北京罗特锐R260大功率旋挖钻施工，成孔速度快、质量高（成孔检测仪检测偏差在+0.05m，垂直度偏差为0.5%）、泥浆护壁好、机械移位快速准确（履带式，钢护筒有测量定位器，可直接根据旋挖钻头测量钻头中心是否与钢护筒中心重合）。最大扭矩为260kN·m，自重为830kN（施工过程中考虑沉渣箱、挖掘机和自卸车等荷载，平台承受竖向荷载约2 000kN）。旋挖钻海上作业对钻孔平台的承载力和稳定性要求较高，再加上海湾大桥施工安全风险大、地质地形条件复杂，钻孔平台的稳定性设计是关键。施工前需对钻孔平台的承载力和稳定性经过严格的计算验证，确保满足规范和受力要求。

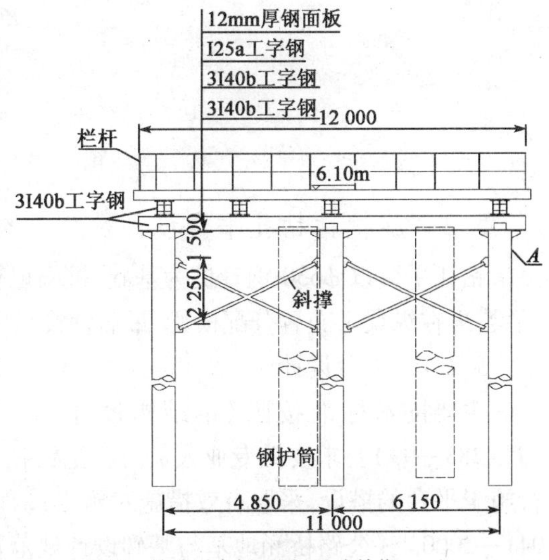

图2　钻孔平台侧面图（尺寸单位：mm）

4.3　旋挖钻在施工的过程中进尺较快，护壁性能相对而言较差一点，护筒的打设和泥浆的配备是保证在钻孔的过程中不塌孔的关键。

4.4　罗特瑞R260旋挖钻机采用静态泥浆护壁钻斗取土的工艺，旋挖钻及钻斗取土时依靠钻斗和钻杆自重及(加压装置)切入土层,斜向斗齿在钻斗回转时切下土块向斗内推进而完成取土;遇硬土时,自重力不足时斗齿切入土层,此时可通过加压油缸对钻杆加压强行切入土层,完成钻孔取土;当遇岩层旋挖钻斗不能钻进时更换岩石螺旋钻头或采用冲击钻作业。岩石螺旋钻头所用切削具为尖部镶有钨钢硬质合金的截齿,主要用于风化基岩、胶结较好的卵砾石地层。钻斗内装满土后由卷扬机提升钻杆及钻头至平台沉渣箱打开钻斗底部斗门反复正反转动钻具,直至把土卸完。关好斗门再回转到孔口开始下一斗的挖掘。

5 施工工艺流程及操作要点

5.1 海上钻孔灌注桩施工工艺流程(图3)

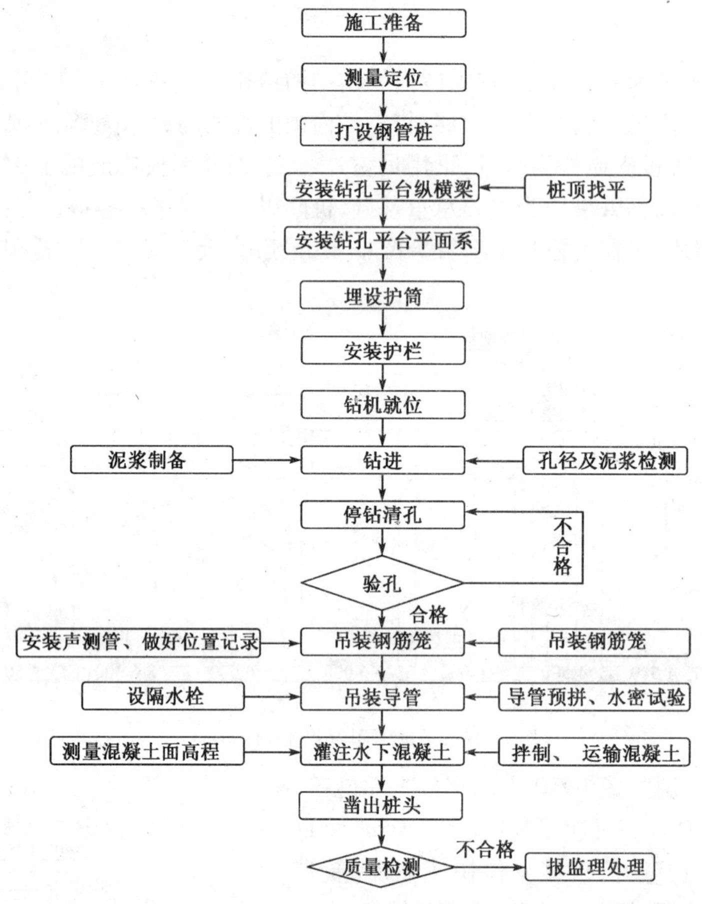

图3 海上旋挖钻钻孔施工工艺流程图

5.2 旋挖钻钻孔平台设计及施工要点

钻孔平台以 ϕ630 钢管桩为基础,桩间以剪刀撑进行连接;然后在桩顶上布置横梁,在横梁上布设纵梁,再在纵梁上布置分配横梁,最后铺设贝雷片和安装台面附属结构。

5.2.1 平台设计

主要技术标准按照《钢结构设计规范》(GB 50017—2003)和《港口工程钢结构设计规范》(JTJ 283—99)要求委派专业人员对旋挖钻钻孔平台进行设计,组建施工能力强、技术等级高的工人进行施工平台的搭设,采取有效措施对施工过程进行有效监控,使其满足《公路桥涵施工技术规范》(JTJ 041—2000)、《公路桥涵地基与基础设计规范》(JTG D63—2007)和《建筑地基基础工程施工质量验收规范》(GB 50202—2002)施工要求。平台顶高程为 +6.1m(原栈桥设计高程为 +6.1m,为了施工方便,将平台顶高程也定为 +6.1m),平面尺寸为 12m×39m。设计荷载为旋挖钻机—82.5、履带吊—50、混凝土运输车—40;其他风力、水流压力、波浪力等可变荷载。

5.2.2 设计荷载组合与设计验算准则

根据旋挖钻施工特点,参照《港口工程钢结构设计规范》(JTJ 283—99)、《钢结构设计规范》(GB 50017—2003)、《港口工程荷载规范》(JTJ 215—98)、《建筑结构静力学计算手册》、《港口设备安装工程质量检验评定标准》、《公路桥梁钻孔桩》,将平台设计取3种状态、5种最不利工况进行设计验算,见表1。

"工作状态"是指:平台正常使用车辆荷载与对应工作状态标准的其他可变荷载(风、浪、流)作用的组合。

"非工作状态"是指:在恶劣海洋气候条件下,平台上不允许机械车辆施工,仅承担对应其他可变荷载(风、浪、流)作用的组合。

"自施工状态"是指:平台在自身施工期间可能出现的最不利施工荷载组合。

平台作为一种重要的临时结构,根据相关规范要求和具体工程情况,确定设计验算准则为:

(1)工作状态下,平台应满足旋挖钻钻进过程的安全性和适应性要求,并具备足够的安全储备;

(2)在非工作状态下,平台停止旋挖钻机的使用,此时平台应满足整体安全性的要求,允许出现局部可修复的损坏;

(3)在自施工状态下,平台应满足自身施工过程的安全,但6级风以上时,停止平台施工。

平台的设计状态与最不利工况 表1

设计状态	工 况	荷载组合		
		恒 载	基本可变荷载	其他可变荷载
工作状态	I	结构自重	旋挖—82.5	对应工作状态标准的风、波浪和潮流作用
	II	结构自重	50t 履带吊	
	III	结构自重	混凝土运输—40	
非工作状态	IV	结构自重	—	
自施工状态	V	结构自重	50t 履带吊	—

5.2.3 设计荷载参数及局部冲刷深度的取值(表2)

平台设计中随机荷载参数取值标准汇总 表2

荷载情况	工作状态组合(参与机械组合)取值标准	非工作状态组合(不参与机械组合)取值标准
风	6级	6级
波浪	取设计波高1.0m	取工程海域20年设计波高2.19m
潮流	20年一遇平均断面水流速度	20年一遇平均断面水流速度
冲刷深度	最大局部冲刷深度	最大局部冲刷深度

5.2.4 潮流、波浪、局部冲刷深度的计算

(1)潮流

根据对胶州湾水流特性研究,可以得出桥址处潮流有两个特点:

①该处水流以潮流为主,径流影响甚小可以忽略;

②桥址处流速很小,按20年一遇计算,此处取1.38m/s。

在考虑潮流对平台钢管桩的冲击力时,采用流水压力公式 $FW=KA\gamma v^2/(2g)$ 进行计算,得出流水压力为84.24kN。

(2)波浪

波浪按20年一遇考虑,波浪力取20kN。

(3)局部冲刷深度

按设计所给取桥址处最大冲刷深度3.7m。

5.2.5 平台结构设计

(1)结构设计

平台基本结构为3I40b作为平台纵横梁,上铺制式垫板作为桥面,桩基础为ϕ630钢管桩,桩间采用18号槽钢。钢管桩的深度随地质、水文情况和桩的自由长度发生变化。平台结构见图4。

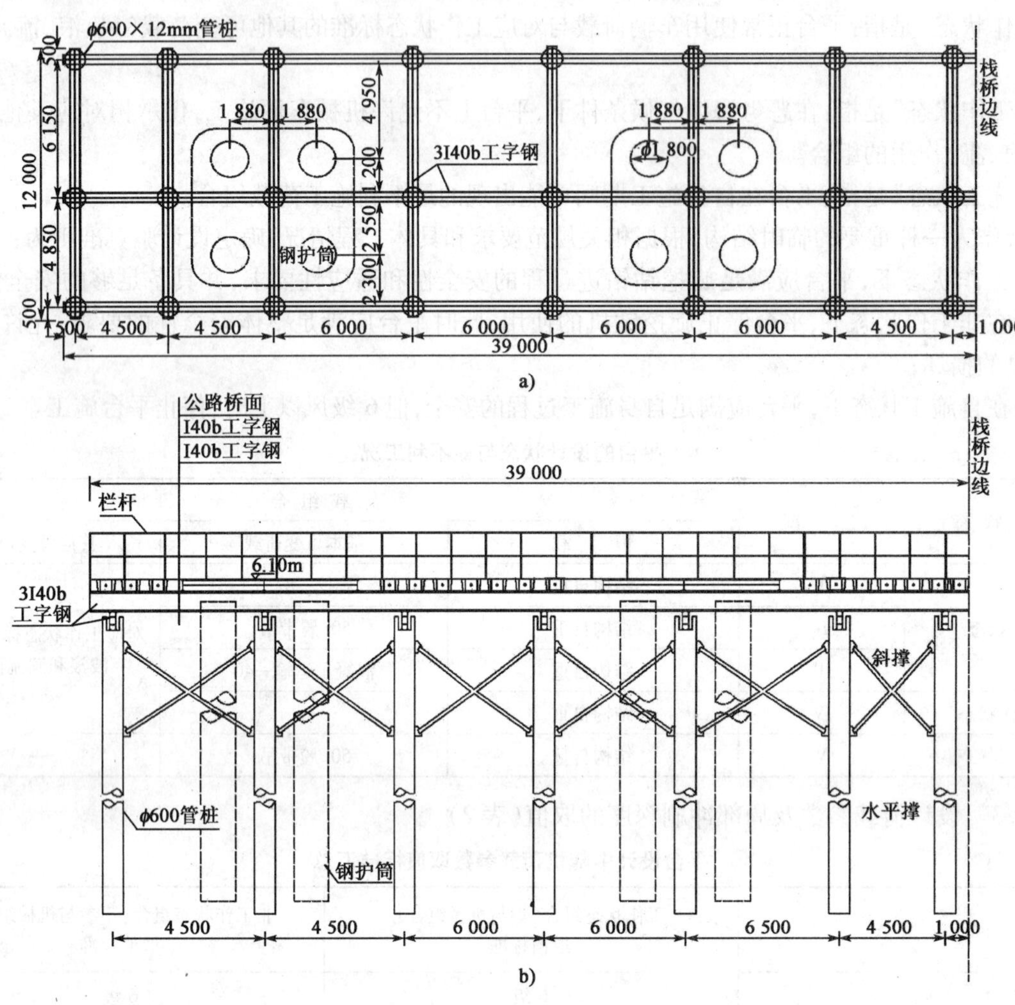

图4 钻孔平台(尺寸单位:mm)

a)钻孔固定平台纵、横梁布置图;b)钻孔固定平台立面图

(2)计算原则

以工作状态I最不利情况进行计算。

①梁分析

以旋挖钻两种最不利情况进行分析计算,第一种、第二种最不利情况计算简图如图5所示。

按下列公式进行梁体强度、刚度的计算分析。

$$1.3\sigma = 1.3 \times M/W \tag{1}$$

$$1.3\tau = 1.3VS/(It_w) \tag{2}$$

$$f = ql^3/(384EI) \tag{3}$$

钢管桩的不均匀沉降对主梁的应力有很大影响,本平台的钢管桩均为摩擦桩,不均匀沉降不可避免。在设计中,通过计算找出临界的不均匀沉降值,使主梁的杆件应力正好达到其屈服强度210MPa,据此提出主梁不均匀沉降的预警标准。

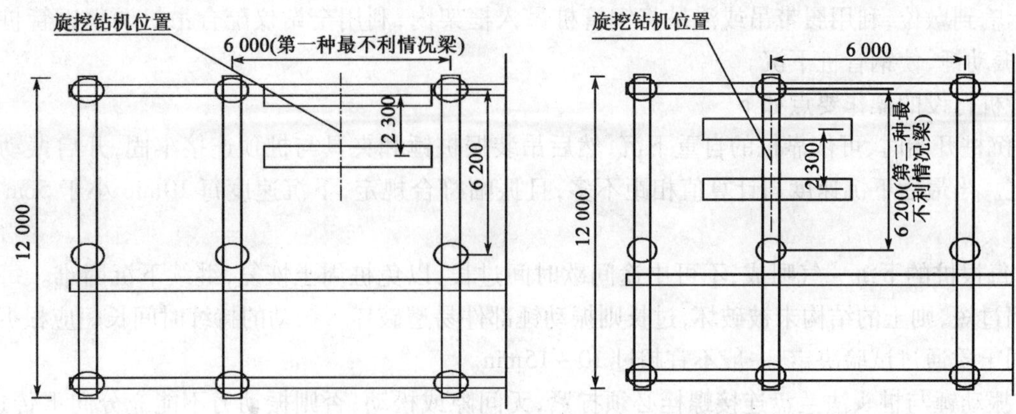

图5 钻孔平台梁不利情况计算简图(尺寸单位:mm)

②平台平面系分析

平台采用整体箱形结构的军用制式垫板,按箱形梁依上述不利情况和计算公式进行计算分析。

③桩基分析计算

旋挖钻施工时,大扭矩会产生水平最大力为423kN,考虑到平台为钢结构,而且无坡度,根据厂家建议取值为200kN,一个平台为24根桩,按刚性结构考虑,水平力均匀分布在24根桩上,施工期分项系数为1.3,不均匀系数考虑1.2,则每根桩的水平力为 $F=1.2\times200/24=10(\text{kN})$(此处考虑平台为刚性结构,所以施工焊接质量要求高,所有连接焊接处必须严格按规范要求进行焊接质量的控制)。桩底采取固结,风荷载可等效于集中荷载施加在最外侧主梁的节点上。

a. 垂直承载力

以《简明工程地质手册》和《桥梁桩基础计算与检测》中介绍的考虑敞口钢管桩的专门计算公式为依据来计算平台桩基的单桩竖向承载力。

敞口钢管桩允许承载力的专门公式为:

$$[P]=1/2(\lambda_s U\sum\tau_i l_i+\lambda_p A\sigma_R) \tag{4}$$

b. 水平承载力

单桩水平承载力计算采用 m 法,钢管桩壁厚采用的是桩身腐蚀1mm后的厚度。

c. 桩基稳定性

考虑最大冲刷深度按 $N/A_m+\phi_1\times M/(\mu_1\phi_2 W_m)\leqslant\phi_1[\delta]$ 进行验算。

参考有关资料,认为在深度 y 处桩深产生的侧向变位为 x 时,桩侧该深度 y 处的土作用于桩上的土抗力 $P_y=C_y\times b_0$。现采取 C_y 随深度成直线增长的规律,即

$$C_y=my \tag{5}$$

式中:b_0——土抗力的计算宽度;

L——单元长度。

故土抗力 $P_y=my\times b_0L$。

5.2.6 施工准备工作

(1)在测量控制下,抛设锚碇设备,其具体位置用浮筒作标志,进行驳船就位。

(2)在插打钢管桩期间全程测量监控,以保证桩身垂直及控制桩位。

(3)在打设钢管桩的同时,临时码头人员加工工字钢,并组织平台材料的装车运输工作。所有平台材料由一辆运输车通过栈桥运送至墩位处,卸车、安装一次完成。

5.2.7 钢管桩打设

场地内制作导向架,运至桩位后,利用GPS初步确定框架位置。待框架定位后,利用框架上可调小框架精确定桩位。钢管桩精确定位后,焊接固定小框架一侧的槽钢,确保桩位不发生位移。管桩由拖车

从栈桥运输到墩位,利用履带吊或浮吊将钢管桩吊入框架内,利用全站仪配合吊机调整钢管桩倾斜度后,开动振动锤,使钢管桩下沉。

钢管桩打设的操作要点如下。

(1)沉桩开始时,可依靠桩的自重下沉,然后吊装振桩锤和夹具与桩顶连接牢固,开启振动锤使钢管桩下沉。当最后下沉速度与计算值相距不多,且振幅符合规定,下沉速度每10min小于5cm时即认为合格。

(2)每根桩的下沉一气呵成,不可中途间歇时间过长,以免桩周土恢复,继续下沉困难。每次振动持续时间过短,则土的结构未被破坏,过长则振动锤部件易遭破坏。振动的持续时间长短应根据不同机械和不同土质通过试验决定,一般不宜超过10~15min。

(3)振动锤与桩头法兰盘连接螺栓必须拧紧,无间隙或松动,否则振动力不能充分向下传递,影响钢管桩下沉,接头也易振坏,在振动锤振动过程中,如发现桩顶有局部变形或损坏,要及时修复。

(4)导向支架应固定,以便打桩时稳定桩身;但桩在导向支架上不应钳制过死,更不允许施打时,导向支架发生位移或转动,使桩身产生超过许可的拉力或扭矩。

(5)测量人员现场指挥精确定位,在钢管桩打设过程中要不断地检测桩位和桩的垂直度,并控制好桩顶高程。下沉时如钢管桩倾斜或倾斜度有变化,及时牵引校正,每振1~2min要暂停一下,并校正钢管桩一次。设备全部准备好后振桩锤方可插打钢管桩。

(6)钢管桩之间的接头必须满焊,各加长加劲板也需满焊并符合设计的焊缝厚度要求。经现场技术员检查钢管桩接头焊接质量合格后方可打设钢管桩。

5.2.8 剪刀撑、牛腿安装

需根据潮水情况,低潮时安装平台钢管桩间剪刀撑,高潮时安装桩顶牛腿。

5.2.9 纵横梁安装

在钢管桩打设完毕后、安装工字钢纵梁和工字钢横梁前,必须在履带吊的配合下,进行钢管桩桩顶找平。

5.2.10 平台面板系安装

平台面板与横梁要连接牢固,面板与面板之间要进行找平且进行局部连接。

5.2.11 钢护筒埋设

在平台对钻孔桩桩位进行测量放样,采用GPS定位安装导向框架。在履带吊配合下,将钢护筒沿导向框架进行下放预埋。

(1)护筒在加工场地加工后,直接运至施工现场。

(2)钢护筒自重下沉到一定深度,用履带吊起吊振动锤将钢护筒打设到设计高程。

(3)在钢护筒下沉中,用经纬仪控制钢护筒的垂直度;使用振动锤打设钢护筒时,要用测量仪器进行全程监控,以防钢护筒偏位等,其值要符合规范要求(倾斜度不超过0.5%,中心位移不大于5cm)。

(4)钢护筒埋设完成后,用钢构件将平台与钢护筒连接成整体,以增加平台和钢护筒的稳定性。

(5)钢护筒的长度根据现场地质情况和平台高度确定,护筒顶端应高于最高水位加浪高3.0m以上,并须采用稳定护筒内水头的措施。护筒埋置深度进入局部冲刷线、砂层及软塑层以下1~2m,一般护筒入土深度不少于5m。

5.3 钻孔桩施工要点

5.3.1 泥浆制备

(1)泥浆的配置

泥浆的配置拟采用海水造浆,泥浆各项性能指标均应满足规范要求。旋挖钻设计泥浆的配合比如表3所示。

泥浆配合比　　表3

海水(kg)	膨润土(kg)	PAC(kg)	纤维素(kg)	纯碱(kg)
1 000	180	3.7	0.5	5

(2)施工造浆

泥浆在钢护筒内制作,开钻前,用泥浆泵将孔内的海水(包括部分淤泥)抽净,然后在孔内加入一定量的膨润土和海水,利用钻机钻头提放旋转造浆。此时钻机只是造浆而不进尺,待泥浆数量及各项指标达到设计要求时,开始钻进。与此同时,在造浆池内按一定比例加入膨润土和海水,利用空压机压缩空气搅拌成浆,泥浆通过连通管(或泥浆泵)从造浆池进入开钻孔内。在整个循环过程中,要不断在造浆池内补充海水和膨润土等原料,以补充孔内泥浆,保持孔内水头,防止塌孔。

(3)泥浆排放

在水中设置了满足施工要求的泥浆船和运输车负责钻渣、废弃泥浆的清理和外运。旋挖钻施工进尺较快,而施工过程中需要大量的泥浆补给,因此灌桩过程中产生的泥浆一般存放在泥浆船中,待用。

5.3.2　钻机钻进

钻孔灌注桩因其施工的特殊性,钻孔时可能遇到的不确定因素较多,因此开钻前需制订详细可行的桩基施工作业指导书,包括施工工艺、钻孔前的设备检修、人员培训与准备、泥浆循环系统材料的准备、事故预案、安全方案、质检方案等,并备有可靠的发电系统和满足要求的混凝土拌和站。

(1)钻孔前,绘制钻孔地质剖面图,以便按不同土层选用适当的钻进压力、钻进速度、泥浆相对密度和钻头等。在测量控制下钻机就位,然后用限位器固定钻机。

(2)根据旋挖钻施工特点,制作沉渣箱和连接箱,连接箱一端搭在沉渣箱上,一段搭在钢护筒上,以防提渣过程中泥浆和弃渣洒落在平台上,污染环境。挖机直接从沉渣箱中抓起泥渣放进运渣车中运出施工现场,运渣车和沉渣箱之间设置一个小的沉渣箱,以防泥渣外漏。

(3)钻机安装就位后,随时观测平台面高程,以保证在钻进和运行中不产生位移及沉陷,否则找出原因,及时处理。

(4)钻孔作业时,根据不同土层选择与之相适应的进尺和转速。

(5)钻孔过程中,及时填写钻孔施工记录,交接班时由当班钻机班长交代接班钻机班长钻进情况及下一班注意事项。

(6)钻孔作业应分班连续进行,经常对钻孔泥浆进行试验,不符合要求时,及时调整;随时捞取渣样,检查土层是否有变化,当土层变化时及时报监理工程师并记入记录表中,且与地质剖面图核对。

(7)含有微风化的角砾岩夹层,该层施工难度较大,采用小型的岩石筒钻掏孔再扩孔的方法得以顺利成孔。部分墩位处淤泥层下面直接入岩,没有黏土层,护筒入土厚度较浅,又由于旋挖钻成孔速度快,护壁性能差,穿孔现象时有发生。针对这种情况,采用护筒二次施打,即一次施打结束后采用旋挖钻掏空护筒内部并超出护筒底1m左右,然后二次施打,效果较显著。

(8)钻孔施工受潮水涨落影响,注意保证孔内泥浆面任何时候均高于海水面1.5~2m以上。

(9)在海域涨潮、大风浪期施工时,派专人定期测量海床面。当海床冲刷严重时,及时采取抛填砂袋或石笼的办法进行冲刷防护,保证钢管桩、钢护筒有足够的入床深度,以确保钻孔平台的整体稳定及安全。

(10)因故停止钻进时,孔口加护盖。严禁钻头留在孔内,防止埋钻。

(11)终孔前需由专业地质工程师和监理工程师现场确认,合格后方可终孔。每根桩均要求进行成孔检测,孔径要求不小于设计桩径。

5.3.3　清孔

泥浆相对密度(桩孔顶、中、底取样的平均值)1.20~1.40;泥浆黏度(桩孔顶、中、底取样的平均值)22~30Pa·s;含砂率(桩孔顶、中、底取样的平均值)< 4%;摩擦桩孔底沉淀厚度≤10cm;嵌岩桩孔底沉

淀厚度≤5cm;胶体率(桩孔顶、中、底取样的平均值) > 95%。

钻孔到位后采用超声波检孔器进行孔深、孔径和垂直度检测(图6),经监理工程师验收合格签认后,开始进行首次清孔。首次清孔采用成孔后静停3h,使泥浆中的钻渣沉淀,用钻机旋出。钢筋笼下放到位后,根据现场情况测量沉渣厚度,若超标进行二次清孔(图7),使沉渣呈悬浮状态后立即开始水下混凝土施工。

图6 检孔器检孔

图7 导管二次清孔

清孔时注意事项:

(1)在清孔排渣时,注意保持孔内水头,防止坍孔。

(2)严禁用超深成孔的方法代替清孔。

(3)采用优质泥浆,用足够的时间,使钻渣沉淀。

5.3.4 钢筋笼制作安放与布设导管

(1)制作钢筋笼时,严格按照设计图纸和现行《公路桥涵施工技术规范》(JTJ 041—2000)要求执行;且在钢筋笼上端均匀设置吊环或固定杆。

(2)在钢筋笼四周用同性能混凝土预制垫块作为保护层厚度衬块,确保钢筋笼保护层厚度;超声波检测管、注浆管纵向每4.0m与钢筋笼焊接固定。在钢筋笼制作过程中,对深入承台部分的钢筋涂刷防腐漆。

(3)在钢筋笼的接长、安放过程中,始终保持骨架垂直;钢筋笼接长采用钢筋镦粗直螺纹套筒(图8),接头等级为I级,每节接长保证顺直度满足要求,接头牢固可靠,同一断面接头数量不超过总根数的1/2。钢筋笼接好后用扭矩扳手检查接头质量,合格后方可下放,并边下放边割掉笼内十字撑(图9)。

图8 钢筋笼连接

图9 钢筋笼下放

（4）混凝土灌注导管采用内径 ϕ300mm 型卡口管，按《公路桥涵施工技术规范》（JTJ 041—2000）要求，在混凝土灌注前进行水密承压和接头抗拉试验、长度测量、标码等工作，经监理工程师检查合格后下放导管，导管卡在导管架上，如图10所示。

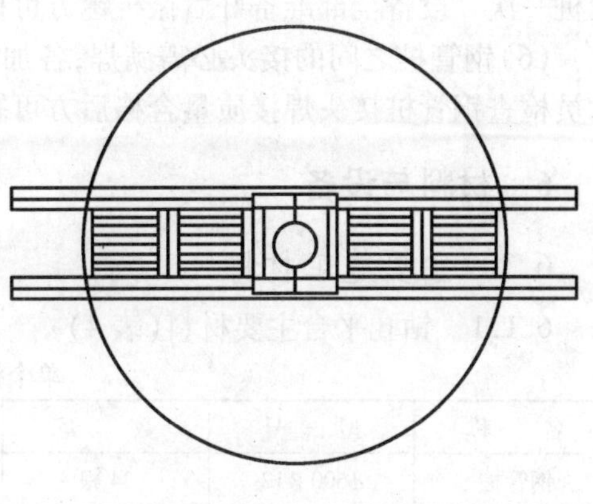

图10 导管架设示意图

（5）在灌注混凝土前再次检查孔底沉渣厚度，如不满足要求，则利用导管进行二次清孔直至合格。

（6）导管底口至桩孔底端的间距控制在0.3m左右，首批混凝土储料斗设计容积不少于 $3m^3$，满足导管初次埋置深度大于1.5m要求。

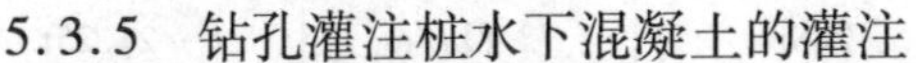

5.3.5 钻孔灌注桩水下混凝土的灌注

根据在多座大型桥梁钻孔灌注桩的施工经验，具体的混凝土施工配合比按照规范要求通过现场试配确定。为满足水下混凝土灌注需要，混凝土坍落度宜控制在18~22cm，初凝时间大于8h。

水下混凝土灌注注意事项：

（1）钢筋笼安放完成，二次清孔结束后应及时灌注桩基水下混凝土，中间间隔时间不宜太长。

（2）按2~3倍浇筑桩身混凝土体积备齐砂、石、水泥、外加剂等原材料，当钻孔灌注桩成孔时间较集中时，储料仓应准备充足的原材料。

（3）加强现场管理，及时校正混凝土搅拌站计量系统，严格控制搅拌时间。混凝土必须有良好的和易性，现场坍落度控制在18~22cm，并及时检测。雨后灌注水下混凝土时，应实测粗细集料含水率，并根据测试结果及时调整混凝土配合比，确保混凝土拌和质量满足要求。

（4）混凝土导管使用前必须进行水密及气密试验，确保其有良好的密封性。

（5）混凝土灌注过程中，注意保持孔内的静压水头不少于2.0m，同时注意及时测量混凝土面的高度及上升速度，埋管深度控制在2~6m，严禁将导管提离混凝土面，浇灌中适当上下活动导管，活动范围控制在0.5~1.0m间。

（6）严格控制拔管和埋管深度，设专人测量混凝土面深度，做到先测后拆，密切观察灌注情况。

（7）灌注到桩顶时，完好的混凝土面应高出设计桩顶不小于1.0m。

（8）做好每根桩水下混凝土灌注记录和混凝土施工值班记录。

（9）在浇筑混凝土过程中，随着混凝土面的上升，泥浆面也随之上升，并通过护筒之间的连通管流入其他相邻的护筒内，此时应使用泥浆泵通过其他护筒抽出多余的泥浆至泥浆船。

5.3.6 钻孔平台钢管桩打设施工要点

（1）沉桩开始时，可依靠桩的自重下沉，然后吊装振桩锤和夹具与桩顶连接牢固，开启振动锤使钢管桩下沉。当最后下沉速度与计算值相距不多，且振幅符合规定，下沉速度每10min小于5cm时，即认为合格。

（2）每根桩的下沉一气呵成，不可中途间歇时间过长，以免桩周土恢复，继续下沉困难。每次振动持续时间过短，则土的结构未被破坏，过长则振动锤部件易遭破坏。振动的持续时间长短应根据不同机械和不同土质通过试验决定，一般不宜超过10~15min。

（3）振动锤与桩头法兰盘连接螺栓必须拧紧，无间隙或松动，否则振动力不能充分向下传递，影响钢管桩下沉，接头也易振坏，在振动锤振动过程中，如发现桩顶有局部变形或损坏，要及时修复。

（4）导向支架应固定，以便打桩时稳定桩身，但桩在导向支架上不应钳制过死，更不允许施打时，导向支架发生位移或转动，使桩身产生超过许可的拉力或扭矩。

（5）测量人员现场指挥精确定位，在钢管桩打设过程中要不断地检测桩位和桩的垂直度，并控制好桩顶高程。下沉时如钢管桩倾斜或倾斜度有变化，及时牵引校正，每振1~2min要暂停一下，并校正钢管桩一次。设备全部准备好后振桩锤方可插打钢管桩。

(6)钢管桩之间的接头必需满焊,各加长加劲板也需满焊并符合设计的焊缝厚度要求。经现场技术员检查钢管桩接头焊接质量合格后方可打设钢管桩。

6 材料与设备

6.1 主要施工材料

6.1.1 钻孔平台主要材料(表4)

单个钻孔平台使用材料数量表 表4

名　称	型　号	数　量	单位数量	总　长	单位质量	总　质　量
钢管桩	ϕ600×12	24根	15m/根	360m	174kg/m	62.24t
桩顶横梁	I40b	24根	12m/根	288m	73.8kg/m	21.25t
分纵纵梁	I40b	12根	39m/根	468m	73.8kg/m	34.54t
分纵横梁	I25a	54根	12m/根	648m	38.1kg/m	24.69t
护筒框架	I25a	2个	134m/个	268m	38.1kg/m	10.21t
面板	12mm	1个	468m²/个	468m²	94.2kg/m²	44.056t
护栏	ϕ48	90m	1.8m/m	162m	3.841kg/m	0.662t
盘条	ϕ10	90		90m	0.617kg/m	0.056t
合计						198.11t

6.1.2 钻孔平台施工还需大量1.4mm钢板,旋挖钻施工主要耗材为柴油和钻齿。

6.2 主要机具设备(表5)

钻孔灌注桩施工使用机械设备表 表5

名　称	型　号	单　位	数　量	用　途
钻机	R260	台	2	
汽车吊	25t	辆	2	
履带吊	QUY50-100	台	2	
装载机	ZLM40E	辆	2	
砂石泵	6PS	台	1	
泥浆泵	3PN	台	3	
混凝土拌和站	60/90	个	2	
混凝土运输车	6m³/8m³	辆	7	
浮吊	50t	台	2	插打钢管桩
履带吊	50t	台	1	材料起吊
运输船	800t	支	1	运输、存放套箱
平板拖车	30t	辆	1	运输材料
汽车吊	25t	台	1	吊运材料、机具等
发电机	200kW	台	1	临时用电供应
振动锤	DZ90	个	1	插打钢管桩

7 质量控制

7.1 严格按照《钢结构设计规范》(CB 50017—2003)和《港口工程钢结构设计规范》(JTJ 283—

99)要求委派专业人员对旋挖钻钻孔平台进行设计,组建施工能力强、技术等级高的工人进行施工平台的搭设,采取有效措施对施工过程进行有效监控,使其满足《公路桥涵施工技术规范》(JTJ 041—2000)、《公路桥涵地基与基础设计规范》(JTG D63—2007)和《建筑地基基础工程施工质量验收规范》(GB 50202—2002)施工要求。

7.2 技术保障措施

从技术上把好质量关,采取以下技术措施。

7.2.1 测量仪器按计量要求定期到指定单位进行校定,对设计单位交付的测量资料进行检查、核对,施工基线、水准线、测量控制点,定期校核,各工序开工前,校核测量点。

7.2.2 钻机上平台时,对钻孔平台进行质量验收,检查焊缝是否饱满,是否无焊渣。检查剪刀撑是否完整,是否达到设计要求。

7.2.3 测量放样放出设计桩中心点,用槽钢限位。

7.2.4 使旋挖钻机移动就位、复测,钻头中心是否与设计中心重和,偏差不大于1cm。

7.2.5 配制泥浆,在钻孔前,自制泥浆(性能指标均应符合规范要求)。

7.2.6 将履带固定与钢板焊接使不能移动,调整钻杆垂直度<0.5%,从开钻—成孔过程中,钻机保持不动,钻杆保持垂直度。

7.2.7 钻至弱风化泥浆质砂岩地层时,应减慢钻井速度,同时增加压力到180~200kN,待钻透该地层时再恢复压力至100~150kN,钻进时会自制泥浆(随时测泥浆指标)。

7.2.8 成孔后用成孔检测仪检测孔径(偏差+0.5m)、垂直度<0.5%和泥浆指标,均合格后,进入下一部施工(钢筋笼安放及混凝土灌注)。

7.2.9 如孔不合格时,可将钻头更换为筒式钻头,根据成孔曲线上的位置,重新修扩孔壁直到合格为止。

7.2.10 实行技术交底制度,对施工中的各个技术要点、施工程序操作要点和质量标准在施工前进行详细的技术交底,做到开工前人人心中有数。

7.2.11 加强检测、试验工作。配备齐全、完整先进的检测仪器和试验设备。

对整个工程全过程施工的质量进行检测,严格控制质量。原材料进场前除必须有产品质量保证书外,还需进行抽样试验,各种材料的质量和规格必须符合有关施工规范要求和质量检验标准。

7.3 质量保证措施

7.3.1 为了确保工程质量,组织施工人员进行全面质量管理意识教育,认真学习工程技术规范和质量检验标准,熟悉掌握招标文件、技术规范、施工图纸、施工工艺,使每个施工人员做到心中有数。

7.3.2 实施科学管理,制定施工管理办法,编制周密的施工组织设计,科学合理地组织施工,杜绝不合格产品,确保优质工程。

7.3.3 加强工程质量检查工作,充分发挥内部质量检查作用,工地现场技术员对班组内部实行工序质量自检,相邻工序之间后道工序班组验收前道工序班组质量,凡需要经监理工程师签认的工序必须经监理工程师检查合格签认后方可进行下道工序施工。

7.3.4 实行工序控制,对每道工序提出质量标准,控制方法和检查验收的内容,使每个施工人员和质检人员明确质量目标,以保证工程质量在施工过程中处于受控状态。

7.3.5 建立严格的奖惩制度与质量责任制度,对违反操作规程、程序,使用不合格材料,影响工程质量的除坚决返工外,还要给予当事人处罚,对工程质量达到优良的给予奖励。

7.3.6 贯彻质量宣传教育,由项目总工程师组织工程部和质检部按照技术规范要求,对各作业队质检员进行上岗培训、教育,对各道施工工序,严格执行技术规范,以确保各环节的工程质量。

7.4 旋挖钻海上施工安全风险比较大,在施工过程中必须派责任心强、业务精练的老职工全程负责,确保施工质量

7.5 旋挖钻施工时的质量控制关键在桩基混凝土灌注过程中,与普通的桩基灌注一样

8　安全措施

8.1　本工法的施工全部在水上进行,施工难度大,安全隐患影响因素较多,在施工过程中除严格遵守桥梁安全技术规程的有关规定和《中华人民共和国环境保护法》外,还应注意以下几点。

8.1.1　编制专项安全施工方案,并对所有参与施工的人员进行安全交底。

8.1.2　认真调查当地交通车辆和海上船只的运营情况,制订可行的安全保护措施。与当地交通部门、海运管理部门进行协商,共同抓好交通运行和海洋运输的安全。

8.1.3　施工船舶必须持有符合安全要求的各类有效证书,按规定配备齐合格船员,船机、通信、消防、救生、防污等各类设备必须安全有效。

8.1.4　平台搭设施工期间打设防撞桩;在平台栏杆上布设警示灯,钢管桩上粘贴警示标志;设置安全人员,监督和看护船舶,禁止靠近钻孔平台。

8.2　根据各部结构、重量、数量、角度编制船式起重机作业专项方案和技术保证措施满足《起重机械安全规程》(GB 6067—85)要求,切实建立各级安全管理体系。

大型施工机械在进场前进行维修保养,做到安全装置齐全有效。严格执行验收制度,无有关部门核发的建筑施工机具安全使用合格证不使用。现场的机械设备操作满足《建筑机械使用安全技术规程》(JGJ 33—2001)的要求。

按照项目要求编制钻孔平台和桩基安全施工方案,并对所有参与施工的人员进行安全交底。

8.3　与当地气象部门取得密切联系,建立海区海洋气候预报网络,及时预报,根据潮水涨落合理安排施工。

8.4　吊装作业严格按照吊装操作规程,起重吊装设专职信号指挥人员。起重吊装作业前根据专项施工组织设计的要求,划定施工作业区域,设置醒目的警示标志和专职的监护人员。

9　环保措施

在施工期间,严格执行我国的"以防为主、防治结合、全面计划、合理布局、综合治理"的环境保护方针,还应注意以下几点:

(1)避免扬尘:施工现场和便道每天洒水数次,保持其表面湿润,防止灰尘污染环境。

(2)废弃物处理:及时处理施工及生活中产生的废弃物,运至监理工程师及当地环保部门同意的指定地点弃置,应注意避免阻塞河流和污染水源。

(3)海上污染物检查和防治:在海上组织巡逻艇对施工作业区间的设备、材料、人员在施工过程中进行经常的定期检查和巡视,发现污染物和污染源及时通知项目经理部并与现场施工人员组织防治措施,及早进行污染物的堵截和清除,避免造成进一步的污染。

(4)固定运渣车:把旋挖钻挖出的渣土运送到环保部门指定的弃土点。水中设置了满足施工要求的泥浆船负责废弃泥浆的清理和外运。

10　资源节约

灌桩排出的泥浆循环利用,灌桩时先将泥浆排放在泥浆船上,旋挖钻钻孔时再抽到护筒内,以满足国家下达的相应节能减排标准中的降低废料排放数量60%回收的要求。在施工中采取船只仅在相邻的墩位处施工,减少船只在海上的移动次数,并利用一日两潮水的高潮位时缆绳进行船只就位,从而减少油耗下降10%的国家二氧化碳及主要污染物排放目标。在胶州湾地质情况下,直径1.5m,孔深65m左右的基桩旋挖钻机1.5d即可成孔,而普通循环钻机一般需要15d才能够成孔,施工效率提高了10倍,加快了施工进度,减少了工作面,缩短了钻孔平台的工作周期,便于管理和提高钻孔平台的利用率。钻孔平台于2007年5月开始施工,由于钻孔灌注桩施工钻孔速度快,自动化程度高,移动灵活方便,定位准确,节约劳动力,生产安全,工作方便,环保性能好,噪声小,工作效率高,平台可以循环搭设利用,于

2008 年 10 月底完成全部 96 座平台搭设，节约时间，降低施工成本。

11 效益分析

11.1 施工周期短，综合经济效益优

海上钻孔平台保证旋挖钻等大型施工机械的安全施工，钻孔平台经过优化设计，对其抗剪、抗扭、承载力、稳定性进行了理论验算，配合旋挖钻施工，可以在短时间内进行平台的周转，利用快速的周转来节约经济成本，一方面节约了整个工程平台的投入数量，另一方面加快了施工进度，降低海上不利因素带来的施工风险，综合经济效益相当明显。旋挖钻施工速度快，加快了施工平台的周转速度，提高了施工平台的利用效率，八合同段与相邻不使用旋挖钻施工的标段相比钻孔平台少投入了一半多，节约资金近 500 万元。旋挖钻属先进的钻孔设备，加快了施工进度，减少了人工投入，旋挖钻施工与回旋钻或冲击钻施工相比，每延米桩节约 50 元，以青岛海湾大桥第八合同使用旋挖钻施工的桩基将近 20 000m 计算，节约成本约 100 万元。本工法共计节约成本 600 万元。旋挖钻施工平台投入分析对照表见表 6。

旋挖钻施工平台投入分析对照表 表 6

合 同 段	钻 孔 类 型	平台总数(个)	投入平台材料数量(套)	每套平台成本费(元)	平台总成本(元)
八合同	旋挖钻	48	12	242 993	2 915 916
其他合同	回旋钻或冲击钻	52	32	242 993	7 775 776

11.2 有效保证工程质量

青岛海湾大桥设计使用寿命为 100 年，桥梁的防腐蚀工作是关系到质量、安全的头等大事，而桥梁桩基础位于水面下，防腐蚀工作更加困难，采用打桩船插打钢护筒搭设平台的施工方法，因钢护筒运输、插打等原因而适当增加了护筒壁厚，兼具了钻孔灌注桩防腐蚀功能，增加了其防腐蚀寿命，能有效保证工程质量，又可节约成本。

12 应用实例

青岛海湾大桥，位于胶州湾北部，是国家高速公路网青岛至兰州高速公路的起点段，主线全长 26.707km，其中跨海大桥长 25.88km，黄岛侧接线长 827.319m。青岛海湾大桥第八合同段由中交第四公路工程局有限公司承建，起讫点桩号为：K28 +200 ~ K30 +650。

八合同段共有桩基 384 根，桩径分别为 1.5m、1.6m 和 1.8m。为便于钻孔灌注桩的施工，共需搭设钻孔平台 96 座。钻孔平台于 2007 年 5 月开始施工，根据钻孔灌注桩施工速度和现场施工情况，在不影响钻孔桩施工进度的情况下，钻孔平台可以循环搭设利用，只需要 6 个钻孔平台的材料就完全可以满足施工需要，既经济节约又方便灵活。使用旋挖钻进行施工，全部完成耗时 17 个月，效果良好。

有底钢套箱水中系梁施工工法

GGG(浙)C1052—2010

孙松军　诸葛永强　蒋发锶　吕　钧　李传刚
(浙江华新交通工程有限公司)

1 前言

当桥梁系梁位于河流水位以下时,系梁施工是控制全桥工期的关键工程,选择适当的施工方法,将会加快桥梁施工进度,确保安全,提高经济效益和社会效益。我单位在104国道长兴雉城过境段改建工程第一合同段鱼白漾大桥采用有底钢套箱施工水中系梁,获得成功,施工进度快,成本低,工程质量好,经总结形成本施工技术。

2 工法特点

2.1 钢套箱既可作为系梁施工的隔水措施和外模,同时又为立柱创造干施工的环境,一次投入两次利用,为解决河流中桥梁结构工程水下施工问题提供了较好的解决方式。

2.2 钢套箱施工工艺简单,易于掌握,不需要大量的机械设备,适用于常规条件下的现场制作与施工,作为临时防水设施,可分块加工拼装,易于施工,可多次使用,降低成本,从而加快施工进度。

2.3 钢套箱利用钢模组合拼装,螺杆连接,槽钢加强,结构小巧,整体性好,刚度大,施工简便,在接缝位置粘贴止水带即可形成刚劲可靠的防水结构。

2.4 有底钢套箱施工不用排水吸泥下沉至河床底,利用手拉葫芦作为下沉、调平系统,用吊杆作为套箱的承重和反拉点,操作简便,很好地控制了钢套箱下沉的平面尺寸和竖直度,确保套箱的抗浮稳定。

3 适用范围

有底钢套箱围堰适用于水深2~6m、水流平稳的河流中桥梁下部结构中系梁的水下施工。

4 工艺原理

通过对桥址区地质、水文情况的分析,对钢套箱稳定性、抗浮力、自身刚度等进行检算,从而设计出满足要求的钢套箱:利用原钻孔灌注桩的水上施工平台支撑钢管桩作为支撑基础,钢套箱底模以贝雷延杆为主承重梁上下布设,下延杆上铺设槽钢,在槽钢上铺设钢模作为底板,侧模用组合钢模沿底板进行拼装加固,安装时利用钢管桩作为吊架,每个钢管桩上各设置一个吊架,用手拉葫芦挂在吊架上,作为钢套箱的吊装支撑系统,下沉到位后灌注混凝土封底,从而达到钢套箱内无水,实现系梁干施工的目的。

5 施工工艺流程及操作要点

5.1 工艺流程

具体步骤见图1。

5.2 操作要点

5.2.1 钢套箱支撑平台施工

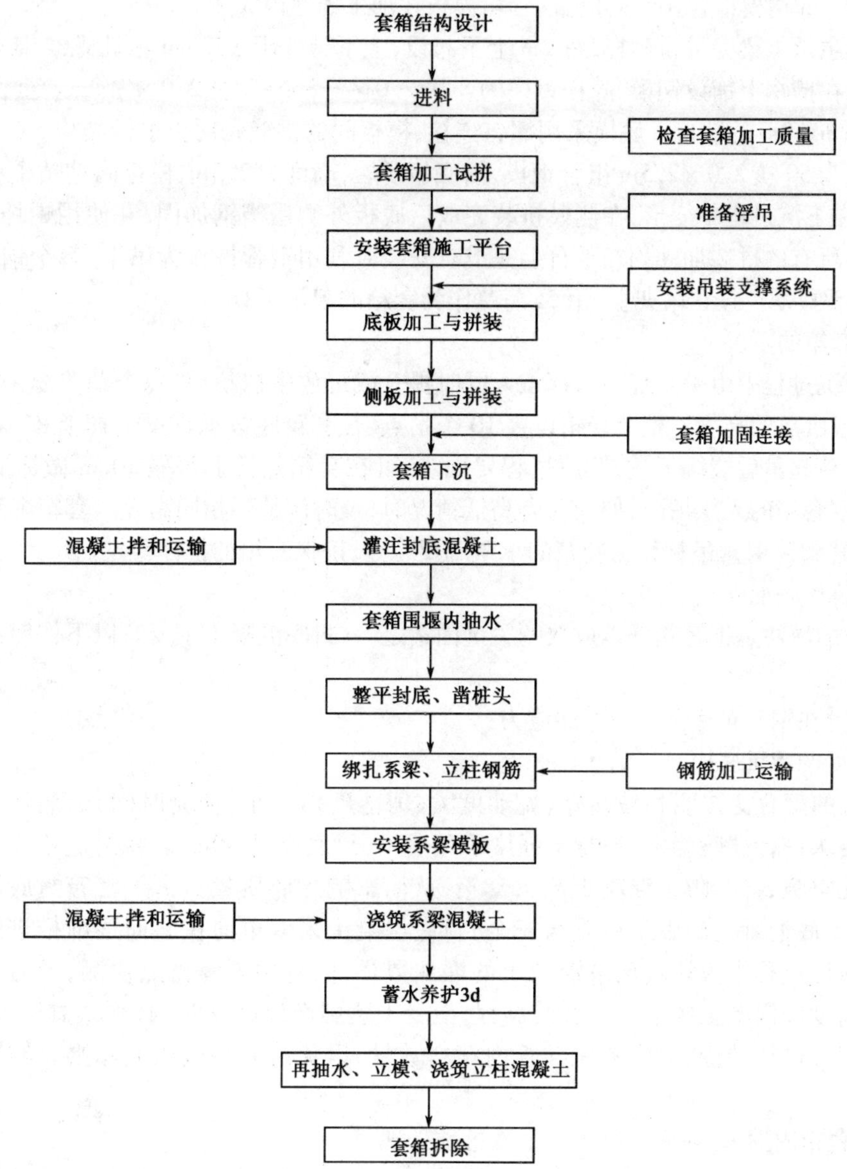

图1 钢套箱施工工艺流程图

钢套箱整体承重支撑利用原水中钻孔灌注桩施工平台的钢管桩基础，钢管桩位置布置施打前，应对水中桩的实际位置准确测量，充分考虑确保钢套箱的安装、下沉不受影响。钢管桩直径为 ϕ530mm（壁厚 10mm），横桥向每边布置 5 根共 10 根，钢管桩间用 20 号槽钢进行纵向连接（顺桥向），以形成排架，纵梁上铺设横梁（横桥向），横梁为 40 号工字钢，反扣在纵梁上作为施工平台脚手架。

5.2.2 钢套箱安装前准备工作

调查系梁处是否有影响钢套箱施工的其他障碍物，并将灌注桩顶松散层清除一部分，用一根直径为 1.8m 的钢筋圆箍沿桩头下放，检查成桩处有无凸起物，以免在钢套箱下沉过程中影响钢套箱的垂直度；做好拆除水中钻孔灌注桩施工平台的工作，并准备好用以钢套箱吊装的水上浮吊及 10 个 5t 的倒链；在加工场地内试拼装，检验模板加工质量，如刚度、平整度、接缝错台、接缝严密性、螺栓孔等是否满足要求，如果不满足，必须修整再次试拼装，直到达要求后，方可拆除，分块通过翻斗车及浮吊运输至水中作业平台上。

5.2.3 钢套箱加工、拼装与加固

钢套箱由底板、侧板、吊装支撑系统及加固连接系统组成，钢套箱长度为 24m，宽度为 2m，高度为

2.5m,采用2×2.5m钢模组合拼装而成,钢套箱模板在加工场地内完成。

钢套箱底模主承重梁为贝雷延杆,每2m上下布设,上下延杆用ϕ32mm精轧螺纹钢连接,下延杆上铺设20号槽钢,在槽钢上铺设钢模,底板钢模为8块2.0×2.5m+2块2.0×2.0m。全长24m,在灌注桩位置预先留好ϕ1.8m的缺口。底模采用螺钉连接,模板间的拼缝先用止水带黏结。

钢套箱侧模为50块2.0×2.5m组合钢模,沿底板拼装,高度为2.5m,模板间粘贴止水带,用螺钉固定,为防止模板在下沉过程中变形,在侧模拼装完成后底板外侧用槽钢加固,并使用螺杆连接。侧模顶部用槽钢连接。所有的拼装加固均在平台上完成。安装时利用钢管桩作为吊架,每个钢管桩上各设置一个吊架,用5t手拉葫芦挂在吊架上,用5t葫芦作为套箱的起吊工具。

5.2.4 钢套箱的下沉

钢套箱在下沉过程中由一人统一指挥工人同时提升或沉放手拉葫芦,每个葫芦统一用油漆作为标记,以控制提升或沉放的高度。整个套箱设置10个吊点,在套箱底板承重梁上挂上ϕ32mm钢丝绳,上部直接用手拉葫芦起吊后缓缓下放,沉放过程要同步,可在套箱侧模上每隔20cm做标记,在沉放过程中,参照标记观察套箱的入水情况,如局部有高低情况时,及时调整到相同高度。套箱沉到设计高程时,固定好吊杆(精轧螺纹钢),吊杆作为套箱的承重和反拉点,确保套箱的抗浮稳定。

5.2.5 浇筑封底混凝土

封底混凝土的灌注是钢套箱施工成败的关键因素之一,封底混凝土主要有以下作用:

(1)防水渗漏;

(2)抵抗浮力在钢套箱底部形成弯曲应力;

(3)作为系梁的承重底模。

封底混凝土的配合比按照和易性好、流动度大、坍落度损失小、初凝时间长、灌注过程中不易离析泌水的技术要求进行试验确定,混凝土强度采用C30,封底厚度40cm。在封底前用土包将灌注桩周边模板预留孔空隙封住,防止混凝土流出套箱,从而影响封底质量。由于套箱封底混凝土的面积较大,为了确保封底混凝土的施工质量与安全,封底混凝土采取单向在斜面逐渐推进的水下混凝土灌注方法。在灌注过程中应认真记录混凝土的灌注数量,同时用测锤密点检测,及时掌握灌注处中心混凝土面的高度和混凝土扩散部位及其高程,混凝土达到设计高程时,必须认真进行加密复测,并对高程偏低的部分进行补浇,但应考虑导管内存料数量,以免造成混凝土面超高,导管应在复浇、补浇后拆除。

5.2.6 钢套箱内抽水、封底混凝土整平及桩顶处理

待封底混凝土达到设计强度的70%后方可抽干套箱内积水,检查封底质量,清除高出系梁底的封底混凝土,凿出桩顶松散混凝土层。由于封底混凝土是按水下灌注方式进行的,因此,封底混凝土表面高差起伏不大,可按设计高程进行人工凿除整平混凝土。若封底混凝土产生微小渗漏时采用水玻璃补漏。在确保钢套箱完全无漏水,底部无积水后进行系梁施工,从而达到系梁处于干施工的目的。

5.2.7 钢筋安装

钢筋加工在钢筋制作场内开料加工,然后运至现场进行安装,安装时应注意与桩基的钢筋连接,同时预埋上部墩柱的连接钢筋。

5.2.8 浇筑系梁混凝土

用混凝土输送泵泵送浇筑,插入式振捣器振捣,分两层浇筑,防止套箱侧模受压过大胀模;浇筑完毕后,蓄水养护。

5.2.9 钢套箱的拆除

钢套箱围堰待墩柱施工完毕后拆除。采用水上浮吊和人工配合,分片分幅逐一拆除。先安排潜水员将水中拉筋与侧模的连接螺栓和侧模间的连接螺栓拆除,其余螺栓为水上拆除,再拆除侧板,然后拆除各沿杆支撑,最后安排潜水员配合吊机拆除底板。

6 机具设备(表1)

机 具 设 备　　表1

序 号	名 称	型号及规格	单 位	数 量	备 注
1	水上浮吊	20t	台	1	吊装
2	倒链	5t	个	10	下沉
3	导管	φ200mm	个	2	封底
4	抽水机		台	3	抽水
5	氧炔切割设备		套	2	加工平台

7 劳动组织(表2)

人 员 配 置　　表2

序 号	项 目	人员配置	备 注
1	平台加工及底板拼装	7	起重工1人、电焊工1人、模板工2人、普工3人
2	套箱安装及加固	6	起重工1人、模板工2人、普工3人
3	套箱下沉	12	技术员2人、普工10人
4	混凝土封底	8	起重工1人、混凝土工4人、振捣工1人、普工2人
5	钢筋绑扎及混凝土浇筑	10	起重工1人、钢筋工2人、混凝土工4人、振捣工1人、普工2人
6	套箱拆除	7	起重工1人、潜水员1人、模板工2人、普工3人

8 质量控制标准

8.1 所有材料必须符合设计要求和国家现行标准。

8.2 焊接质量应满足设计要求。

8.3 钢套箱拼装后必须经过专人检查合格后,方可进行下沉作业。

8.4 钢套箱下沉就位后平面位置误差应控制在±5%以内。

8.5 钢套箱加工的几何尺寸允许误差为±5mm,螺栓孔位允许误差为±1mm。

8.6 钢套箱螺栓连接孔采用配钻的加工工艺,确保钢套箱拼装精度。

8.7 系梁的中线允许误差为10mm,为保证系梁中线的准确,钢套箱的几何尺寸适当加宽,以避免因桩基的中线偏差而造成系梁中线偏差。

8.8 下沉钢套箱时严格控制其中线、水平。

9 安全措施

9.1 牢固树立安全第一的思想,做到速度、质量、效益服从安全,对施工人员必须进行安全技术教育。

9.2 钢套箱施工属于水上作业,施工人员必须穿救生衣、防滑鞋,戴安全帽。

9.3 钢套箱拼装后下沉时,要统一指挥,尽量使每个倒链受力均匀,确保平稳下沉。

9.4 钢套箱的拉筋为主要受力部件,要重复使用,每次使用前应进行检查。

10 资源节约

10.1 本工法在质量保证、施工成本、节能降耗、安全环保方面都有良好的效果,有广阔的应用前景。

10.2 本工法最大的优点是组合钢模全部实现了工厂化,在施工现场分块加工拼装即可,结构小巧,工艺简单,易于施工,可重复使用,降低成本。

10.3 适用范围广。钢套箱作为水中系梁施工的隔水措施和外模,同时又为立柱创造干施工的环境,一次投入两次利用,为解决河流中桥梁结构工程水下施工问题提供了较好的解决方式,降低了现场的施工难度,提高了生产效率。

10.4 钢套箱采用手拉葫芦进行下沉作业,操作简便,无需机械,施工成本有了一个较大幅度的下降。

10.5 节材环保。与采用传统的深入河床底的无底钢套箱围堰或填土筑岛相比,既可节约钢材,降低能耗,又有效环保,防止水源污染。

11 效益分析

11.1 每个系梁(包括立柱)施工 12d,确保大桥基础施工顺利出水面。

11.2 采用钢套箱法施工,钢套箱自身刚度、防水性能均满足了设计要求,施工程序简便,材料周转利用多。

11.3 钢套箱施工仅采用 1 台 20t 浮吊,套箱下沉采用倒链,不用下沉至河床底,比其他施工方法大大地节约了材料、机械设备和劳动力的投入。

11.4 采用手拉葫芦进行钢套箱下沉作业,操作简便,且很好地控制了钢套箱下沉的平面尺寸和竖直度,有利于系梁的继续施工。

11.5 对于河岸边且河床水深在 2m 以内的,采用钢套箱不如填土筑岛成本低,而对于河床水深超过 5m 的,采用钢套箱成本明显比填土筑岛低。

12 工程实例

104 国道长兴雉城过境段改建工程鱼白漾水域宽约 100m,河床水深 4 ~5m,大桥全长 325.4m,水中系梁共 8 个,立柱共 32 根,全部采用本工法施工。

该桥水中系梁(立柱)从 2010 年 5 月开始施工,至 2010 年 6 月 30 日汛期来临前全部完成,确保大桥施工合同工期,系梁(立柱)合格率 100%,优良率 90%,未发生任何伤亡事故,实现了安全生产。

沙漠地区旋挖钻孔成孔灌注桩施工工法

GGG(湘)C1053—2010

刘辉山 李常平 方 伟 张新强 罗志刚
(湖南常德路桥建设有限公司 湖南五强工程有限公司)

1 前言

沙漠地区基本地质上层是风积沙,厚度达几十米,往下是砂砾层等,桩基设计一般为摩擦桩。沙层的稳定性较差,土质黏结性差,钻孔过程中易塌孔,成孔后沉渣清理困难,因此桩基础施工的难度很大,施工质量难以保障。

内蒙古鄂尔多斯市沿黄公路树独段沿线有多座桥梁在沙漠地区,设计桩长 40 ~ 82m,桩径 1.2 ~ 2.0m。施工初期存在成孔过程中经常坍孔、沉渣过厚、清理困难等问题。鉴于上述情况,我们通过大量的现场试验,总结了一套沙漠地区旋挖钻孔灌注桩的施工工法。

2 工法特点

沙漠地区旋挖钻孔灌注桩施工工法具有以下特点。

(1)成孔速度快。成孔时间越长,塌孔风险越大。采用旋挖钻钻进速度快,一般 70 ~ 80m 深的孔只要 15h 左右即可成孔,这样不但可以缩短桩基施工时间,加快施工进度,而且大大降低塌孔风险。

(2)表层风积沙水夯密实。沙漠风积沙表层松散、自身稳定性较差、土质黏结性差,不能有效地维持孔壁自身的稳定,钻孔时极易塌孔;而且泥浆在干燥、松散的沙层中流失速度快。因此在钻孔前应将桩位地基灌水夯实,至上部周围沙层紧密、沙层湿透为止,增加孔壁的稳定性,一般水夯持续 2 周左右。

(3)换填施工平台:直接在风积沙上埋护筒钻孔,护筒底部容易淘空,护筒下沉;如不处理施工场地,材料不易进场,设备难以稳定。因此桩基施工前应先换填处理施工场地形成稳固的施工平台。

(4)采用以膨润土为主要材料的混合型泥浆,成孔后旋挖钻头直接掏渣清孔,一般不需要二次清孔。

3 适用范围

适用于沙漠地区的风积沙地质钻孔灌注桩施工。

4 工艺原理

针对沙漠的特殊地质结构,采用水夯固结沙层,地表换填泥结砂砾形成稳定的平台,旋挖钻快速成孔减少孔壁暴露时间,混合型泥浆加强护壁等方法,以解决沙漠地区风积沙地质桩基施工中容易出现的塌孔、沉渣清理、泥浆外渗等问题,提高桩基成功率。

5 施工工艺流程及操作要点

5.1 场地平整

用推土机(或装载机)将桩位周围沙丘整平。

5.2 水夯处理风积沙

灌水夯实可以使上部沙层紧密,增加孔壁的稳定性,并减少泥浆流失。施工时在桩位范围下挖30~50cm深积水坑,灌水夯实,保证上层紧密,整个沙层湿透,一般水夯两周左右(图1)。

5.3 桩基施工平台处理

施工前应根据地面高程,在桩顶换填4~5m厚泥结砂砾层,用压路机分层压实,形成稳定的持力层,保证设备安全运行和材料进场(图2)。

图1 水夯处理风积沙

图2 换填施工平台

5.4 埋设护筒

护筒用1cm厚钢板卷焊,直径比桩径大20cm,长度一般为4~6m。护筒埋设采用挖埋法,周围用黏土掺少量膨润土回填紧密。

5.5 泥浆配制

沙漠地层以风积沙为主,下层一般有粉(细)沙层、卵(砾)石层、黏土层,施工用钠质膨润土、烧碱、羧甲基纤维素配制混合型泥浆。在加膨润土粉前,先将烧碱(NaOH)溶解在小容器里再泼洒在泥浆池里搅匀,用pH试纸检验,将泥浆池的水酸碱度调至10~11;再加膨润土,使用比例为:水∶膨润土=10∶1(重量比);然后加纤维素,掺量为膨润土的0.1%。按上述要求配置的泥浆,相对密度为1.05左右,黏度为20~26Pa·s,胶体率可达到98%,泥皮厚≤2mm/30min。在有流沙层时,需加大泥浆相对密度,加大膨润土用量,使用比例为:水∶膨润土=9∶1,泥浆相对密度为1.05~1.06。按上述配比配制的泥浆,悬浮能力强,携砂效果好,稳定性强,钻完后粉细沙不易沉淀下来,这时泥浆相对密度达到1.10~1.25。调制泥浆设备有冲浆机、搅浆机,根据使用情况,搅浆机能使膨润土颗粒充分溶解,泥浆搅拌均匀,效果比冲浆机好(图3)。

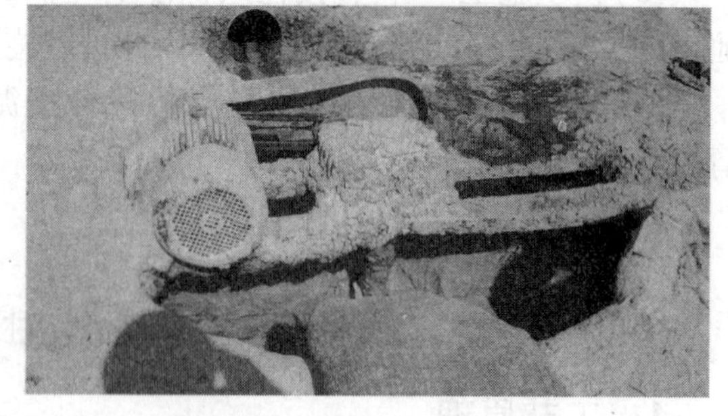

图3 搅浆机制泥浆

本工法泥浆相对密度、黏度指标比规范略大,根据实际施工情况,通过填高施工平台抬高灌注高度后,不会影响混凝土的顺利灌注。在试验阶段(图4),成孔阶段泥浆相对密度控制在规范(1.03~1.1)范围内,泥浆携带的粉沙下沉缓慢,清孔阶段时间长,需要二次清孔。泥浆护壁效果不好,孔壁稳定性差,成孔、灌注阶段易塌孔,特别是二次清孔时无论用正、反循环,气举反循环清孔,都容易造成塌孔。按上述工法施工,成孔后泥浆稳定性好,30h内沉渣厚度为15~20cm,一般不会超过30cm,能满足摩擦桩的沉渣厚度要求,一般不需要二次清孔。

5.6 钻进

根据孔径、孔深,选用相应型号的旋挖钻机;钻孔时控制好钻杆垂直度;在不同的地质调整旋挖钻机钻杆的进尺速度、拔杆速度。控制钻进速度,风积沙区钻进 18 ~ 20r/min,黏土层速度可以适当快些,达到 24r/min,钻头经过卵(砾)层时要放慢速度,尽量减少对孔壁的扰动。拔杆时初期速度适当放慢,让下面及时回浆,减少钻头下负压。钻孔时根据孔内水头下降情况,及时补浆,保持孔内水头高度(图 5)。

a)

b)

图 4　试验室泥浆试验

5.7　清孔

成孔后静置 30min,使大颗粒钻渣沉淀下来,用旋挖钻机掏渣清孔。一般用此方法清孔后,30h 内沉渣厚度能保持在 30cm 以下,不需二次清孔。

图 5　旋挖钻成孔

5.8　吊放钢筋笼

为了加快下钢筋笼的速度,减少孔壁暴露时间,降低塌孔风险,钢筋笼主筋建议使用直螺纹套筒连接。钢筋笼应居中轻放,减少对孔壁的破坏。

5.9　混凝土灌注

采用导管法灌注混凝土,浇筑时灌注高度应高出桩顶 4m 以上,保证导管内混凝土压力,并控制好灌注速度。

施工作业程序见图 6。钻孔灌注桩施工工艺流程见图 7。

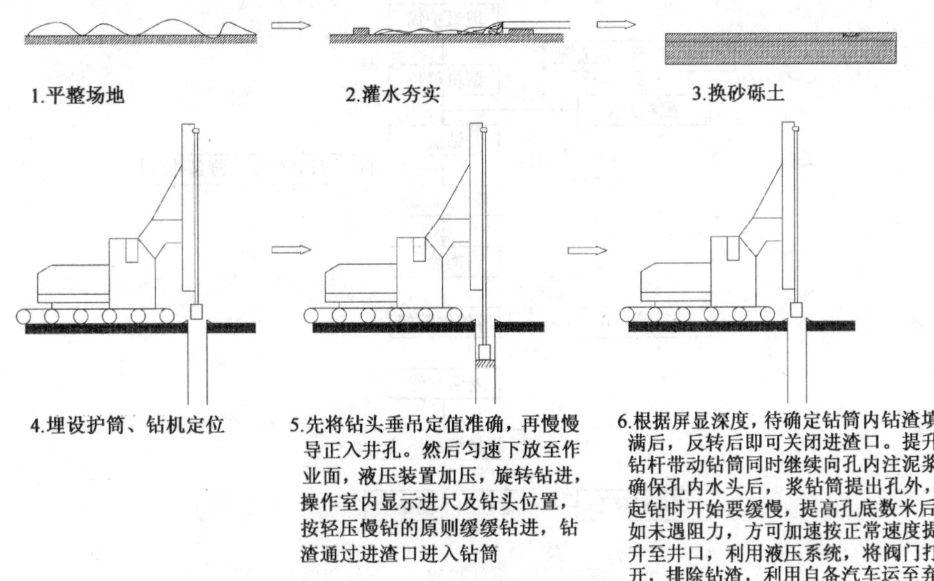

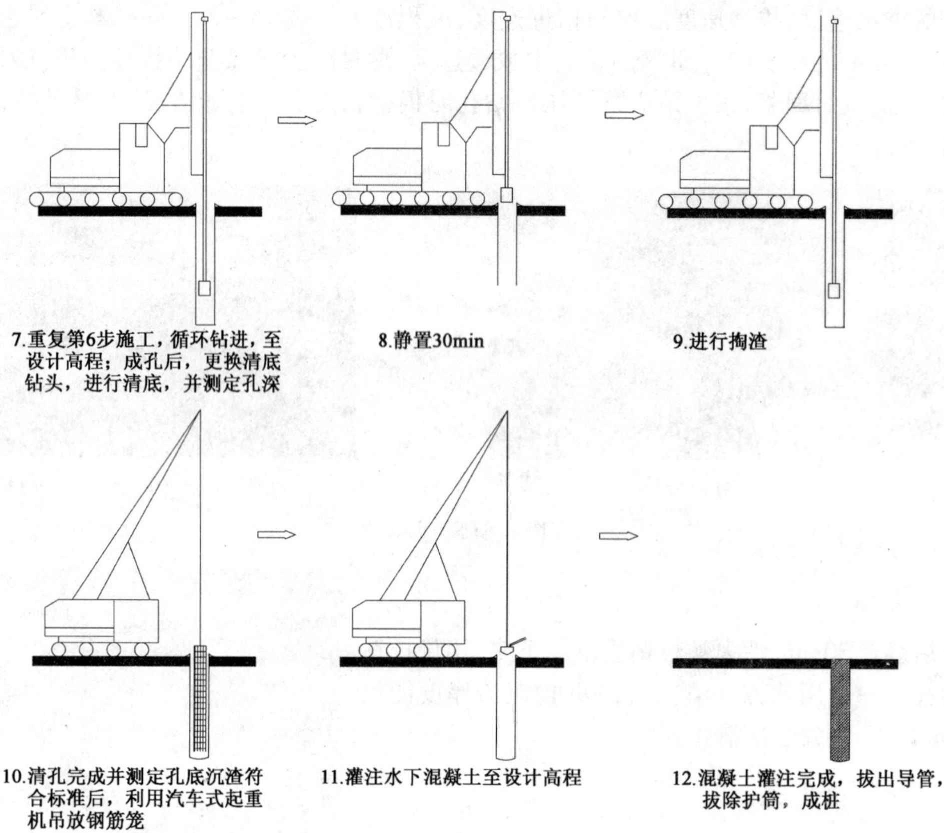

图6　施工作业程序

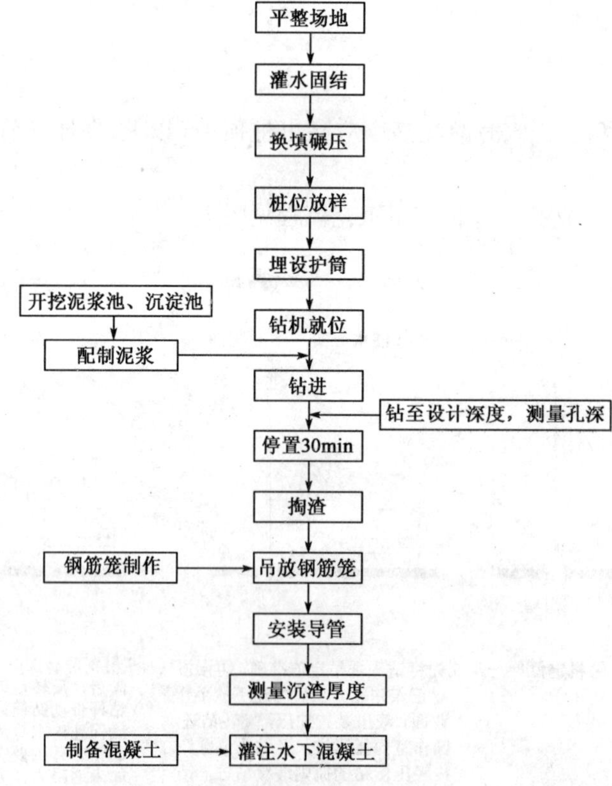

图7　钻孔灌注桩施工工艺流程图

6　材料与设备

6.1　使用的主要机械设备(表1)

表1

序　号	机械设备	规格型号	数量	备　注
1	旋挖钻	SYR250、NR2206	4台	根据桩径选用
2	制浆机		2台	
3	洒水车	东风	2台	
4	挖机	Pc200	2台	
5	压路机	18t	1台	
6	装载机	ZL50	4台	
7	推土机	D85	1台	
8	自卸汽车	15t	6台	
9	汽车吊	25t	4台	
10	混凝土罐车	$10m^3$	6台	
11	混凝土拌和楼	HZS50型	2座	

6.2　使用的主要材料

钠质膨润土、烧碱、羧甲基纤维素、机井水、彩条布、成品钢筋笼、C25混凝土。

7　质量控制

7.1　换填厚度4～5m,平台灌水夯实时间持续两周以上。

7.2　平台高度高出桩顶4m以上。

7.3　泥浆应严格按照设计配合比配制,以保证酸碱度、相对密度、黏度等指标满足要求。

7.4　施工过程中及时补充泥浆,保持孔内水头高度,防止孔内压力小于孔外压力而塌孔。

7.5　施工应连续,减少停顿时间。停顿时间过长,孔壁结构破坏,易造成坍孔、沉渣过厚。

7.6　吊放钢筋笼时注意居中,速度平缓,尽量减少对孔壁的破坏。灌注时控制好混凝土的和易性,及时拔导管,导管埋深控制在2～6m,尽量不超过6m,以减少混凝土顶升的阻力。混合型泥浆相对密度大时,翻浆困难,因此在混凝土灌注后期应提高混凝土的下落高度。

8　安全措施

8.1　场地清理范围比正常宽,以施工期间流沙不影响平台施工为准。

8.2　严格用电管理,施工电线、电缆架空,以防被流沙淹没、漏电。

8.3　大风、沙尘暴天气不得吊放钢筋笼。

8.4　沙尘天气工人上岗应戴口罩和护目镜,不中断正常施工。

8.5　泥浆池周围注意防护。

9　环保措施

9.1　平台土、钻渣集中运到弃土场。

9.2　泥浆循环利用,施工完后让其自然蒸发干,余料集中处理。

9.3　施工完后包装袋、彩条布、剩余造浆材料及时清理、回收处理。

9.4　施工机械注意保养,维修时将油料、废水收集集中处理。

9.5 工地经常洒水,降尘降沙。

10 效益分析

内蒙古鄂尔多斯市沿黄一级公路树独段罕台川特大桥沙漠桩基础施工,应用本工法,泥浆外渗量较少,能循环重复利用,成孔成功率100%,节约工期52d,并大幅地降低了钻孔的成本。

11 应用实例

内蒙古鄂尔多斯市沿黄一级公路树独段一标262根桩、二标225根桩等均应用本工法,取得了良好的效果。

砂卵石地层钻孔灌注桩施工工法

GGG(中企)C1054—2010

张继锁 赵红军 唐 静 王 鑫 喻进全 朱春柏 陈建峰
（安通建设有限公司 四川武通路桥工程局 中铁六局集团有限公司）

1 前言

自1963年钻孔灌注桩技术在河南诞生以来，钻孔灌注桩在基础工程建设中发挥了重要作用。随着我国现代化建设事业的迅猛发展，大型基础设施和高层建筑越来越多，荷载越来越大，而钢筋混凝土灌注桩因其对各种土层的适应性强、无挤土效应、无震害、无噪声、承载力高，对于一般黏性土、填土、淤泥质土及砂土等，具有穿越方便，成孔效果较好等优点，成为最广泛的基础形式。

为了及时推广、加快冲击式钻机在公路桥梁工程中的应用，积累施工经验，本文结合四川武通路桥工程局西藏自治区拉萨至贡嘎机场专用公路新建工程独立桥标第二合同段——才纳特大桥（全长1.357 4km，全线设计时速80km/h，一级公路技术标准，双向四车道，全桥共有桩基214根，其中1.8m桩基27根，1.5m桩基179根，1.2m桩基8根）钻孔灌注桩基础采用冲击式钻机施工的实践，编写冲击式钻机施工的施工工法。中铁六局集团有限公司在京承高速公路（三期）潮河桥，也开展了相关技术研究，取得了成功。

应用证明冲击式钻机为公路桥梁钻孔灌注桩基础在复杂地层上施工提供了一种行之有效的方法，采用冲击式钻机施工灌注桩基础具有适用范围广、移动就位容易、施工质量易于控制、施工成本低、生产效率较高等优点，具有较好的经济效益和社会效益。

2 工法特点

2.1 钻机自重轻、就位方便、安装比较简单，钻头拆卸方便，机械化程度高，成孔速度快。

2.2 适应地层广泛，土质、砂、砂卵、岩石地层均可应用，特别是在有孤石、易塌孔地层的应用上，更有其他钻机无法比拟的优势。

2.3 因机具制造成本低，单台钻机（含钻头）成本约18万元，对比其他钻机有明显的经济优势；加之钻机本身体积较小（全长7m，施工展开面积小于15m^2），可大大减少筑岛面积，有效降低工程成本。

2.4 施工中采用正循环、黏土造壁，可以有效防止复杂地层中桩孔的漏浆、坍塌，节约施工时间，确保工程进度。

2.5 施工流程简单、标准化施工和强化质量管理，有利于提高机械化水平和施工人员素质。

3 适用范围

3.1 工法编制实例中桥址位于拉萨河主河道，桩位处地层主要为圆砾土、砂砾、卵石及下伏花岗岩，河床10～30m埋深内分布有大孤石，分布不均，地质情况较复杂，不稳定。

3.2 因桥位处地质构造复杂、河流常水位深、施工中极易塌孔、岩层为坚石等原因，无法采用人工挖孔或旋挖法施工，通过工期控制、质量安全、成本分析、施工现场条件多方比较，采用冲击式钻机进行钻孔灌注桩施工。

4 工艺原理

采用GCF型正循环钻机冲击成孔,钻头采用“十字形”,泥浆护壁,泥浆相对密度1.4~1.8,含砂率2%,胶体率大于95%。孔口护筒采用钢护筒,护筒壁厚6mm以上,采用筑岛围堰施工。

铺筑混凝土剖面图见图1所示。

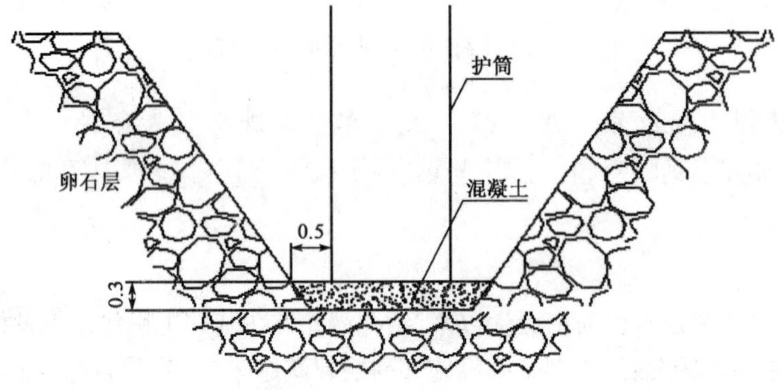

图1 铺筑混凝土剖面图(尺寸单位:m)

钻进冲程根据地层情况控制:一般地层2~3m,开孔时及岩层钻进时0.8~1.5m。终孔后采用换浆法清孔。钢筋笼采用分节预制,节长8~10m,吊装焊接入孔。桩身混凝土采用30cm垂直导管,拔塞法灌注水下混凝土。

5 施工工艺流程及操作要点

5.1 工艺流程

施工前必须全面掌握钻孔灌注桩的施工工艺,因钻孔设备不同,其施工工艺流程也不一样,冲击式钻机主要施工工艺流程(图2)为:

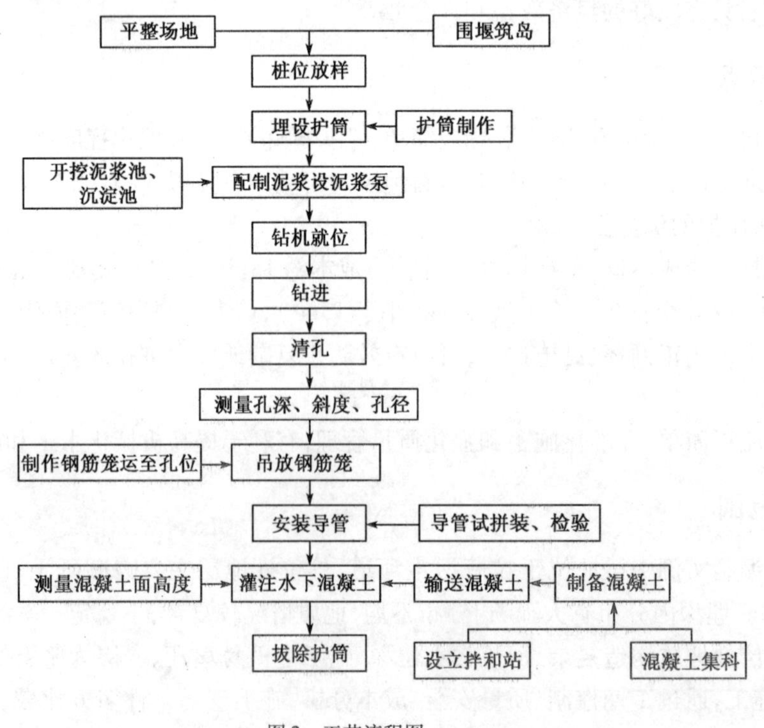

图2 工艺流程图

5.1.1　平整场地,施工放样

钻孔施工前应对施工场地加以整平,然后按设计文件进行放样,准确确定每个桩位的位置,并用钢筋桩定位。

5.1.2　钻机进场就位

桩位放样结束后,钻机即可进场,并根据施工计划和施工顺序,钻机对准施工桩位就位。

5.1.3　埋设护筒,注入泥浆

按照施工现场具体情况,埋设不小于1.5m长钢护筒。护筒直径应比桩径大100mm,以便钻头在钻孔内自由升降。根据现场土质情况,调配符合要求的泥浆,以便在钻进过程中及时注入泥浆护壁。如果现场土质是比较好的黏性土,可以考虑不注入泥浆或补水,直接钻进(图3)。

5.1.4　钻进成孔

采用冲击钻机成孔,钻机冲程应根据土层情况分别确定,坚硬基岩采用高冲程(1 000mm),卵石夹土层采用中冲程(750mm)。钻进过程中,始终保持孔内水位高出地下水位1.5~2.0m并低于护筒顶面0.3m以防溢出,同时要按时掏渣,掏渣后应及时向孔内添加泥浆或补水,以维持水头高度。钻进中用检孔器检孔,据此调整钻机位置,保证成孔质量。

钻孔作业应采用多班连续进行,要注意土层变化,捞取渣样,以便与设计的地质剖面图核对。根据土质变化,应及时对泥浆进行试验,不符合要求时应随时调整。

5.1.5　钻孔完成后进行清孔作业,并测定钻孔深度

当钻孔达到设计高程并经检查符合要求后,应立即进行清孔作业,一般采用正循环清孔法(遇漏浆、塌孔严重孔位,可采用反循环清孔)。经清孔后的孔内沉积厚度,摩擦桩不大于$(0.4\sim0.6)d$(d为设计桩径),柱桩不大于设计规定。

5.1.6　吊放钢筋笼

在完成清孔作业并经检查符合规定后,应及时、准确地将钢筋骨架吊放在钻孔内,并牢固定位,以免在灌注混凝土过程中被混凝土顶出,或发生位移等事故。

5.1.7　放入导管,灌注水下混凝土

钢筋笼放置符合要求后,即可进行水下混凝土灌注作业(图4)。在钻孔内灌注水下混凝土,采用气密性良好的钢质导管进行,其内径一般为30cm。在灌注水下混凝土的过程中,导管埋在混凝土内的深度一般不宜小于2.0m或大于6.0m。

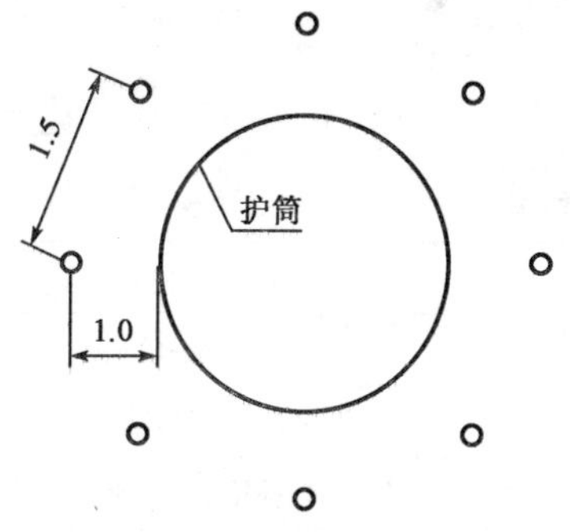

图3　注浆平面布置图(尺寸单位:m)

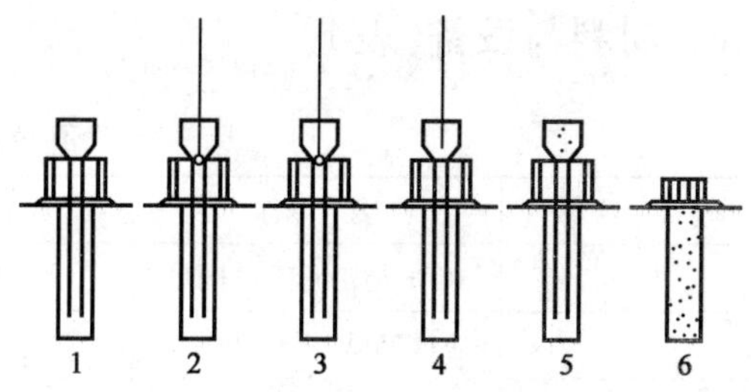

图4　导管法灌注水下混凝土施工程序图

1.安装导管;2.安放隔水栓;3.灌注首批混凝土;4.剪断铁丝,隔水栓下落管底;5.继续灌注混凝土,提升导管;6.灌注完毕,拔出护筒

5.1.8　清理桩头,沉淤回填

灌注混凝土达到桩顶时,应高出设计高程0.5~1.0m。当桩身混凝土达到设计要求的强度后,对位于干处或围堰筑岛修建的桩基,即可清除桩头混凝土,开挖基坑,立模浇筑承台或系梁;若处于水中则可

用套箱围堰,进行承台或系梁混凝土的浇筑工作,待承台或系梁强度满足设计要求并拆模后,即可回填桩周土并夯实。至此桩基施工即告完成。

5.2 主要准备工作

5.2.1 必须预审施工组织设计

工程开工前,施工单位应提前向监理部报送施工组织设计(专项施工方案)进行审查,其中包含施工方法、主要技术指标及控制措施。经监理工程师审核后完善施工组织设计方案。

5.2.2 必须认真把好测量定位关

测量定位是整项工作的关键,在思想上必须足够重视,其关系到孔位的准确性、钻孔的垂直度及基准面的高程。施工单位在具体操作过程中,须严格按三检制的要求层层落实,及时与监理方沟通,与监理方认真复核、验收相结合,严格控制偏差在设计或规范允许范围内。

5.2.3 必须把护筒、钻机安装稳固、准确

护筒有固定桩位、钻孔导向、保护孔口和隔离孔内外表层水的作用。在制作过程中要求坚固、耐用、不易变形、不漏水、装卸方便和能重复使用等功能。一般采用钢质护筒,由6~10mm厚钢板制作,在护筒外侧上、中、下部各焊一道加劲肋增加刚度,防止变形,形状可以做成整体或两半圆。埋置时应保证平面位置正确,偏差不得大于5cm,且高出施工最高水位1.0~2.0m;在水下埋设的护筒应沿着导向架借助自重、射水、震动或锤击等方法将护筒下沉至稳定深度。

钻机是钻孔、吊放钢筋笼、灌注混凝土的支架,要安装稳定、安全。应能承受钻具和其他辅助设备的重量,并具有一定的刚度,在钻进中或其他操作时,不易产生晃动,高度由钻具长度和钢筋骨架节长度决定,一般为4~6m;底盘的长度应根据高度稳定性决定,一般底盘长度不小于7m。主要受力构件的断面尺寸,由施工中出现的最大负荷计算决定,安全系数不宜小于3。在钻孔过程中,成孔中心必须对准桩位中心,钻机架必须保持平稳,不发生位移、倾斜和沉陷;安装就位时,详细测量后底座用枕木垫实塞紧,顶端用缆风桅杆固定平稳,并在钻孔过程中经常检查,以保证钻头水平、钻机机架垂直,进而确保桩身的垂直度和孔径大小。

5.3 施工管理

钻孔灌注桩质量控制按地面作业和隐蔽作业两部分划分。隐蔽作业的质量控制关键是检测的准确性和施工作业配合的适时性。可编制由成桩过程的不同时段表示的动态控制表,无论对进度还是质量的动态控制都十分有效。

6 材料与设备(表1)

一个孔位所需材料机具设备表 表1

序 号	名 称	数量及单位	备 注
1	GCF型正循环冲击钻	1台	冲击成孔
2	25kW泥浆泵	1台	调制泥浆、泥浆循环
3	BX500电焊机	1台	修补钻头、其他
4	清水泵	1台	调制泥浆
5	钢护筒	1.5~6m	根据地质情况使用
6	水平尺	1把	检查钻机平整度
7	泥浆管	50m	循环泥浆
8	振动筛	1套	筛分钻渣
9	滤砂器	1套	清孔滤砂
10	掏渣器	1把	清理钻渣

续上表

序 号	名 称	数量及单位	备 注
11	水管	30m	清水泵用
12	电缆线	100m	钻机接线用
13	照明灯具	3~5套	夜间施工照明
14	10m钢卷尺	1把	检查孔深
15	钢丝测绳	50m	检查孔深
16	尖铁锹	2把	人工投土
17	30cm钢导管	35m	灌注水下混凝土
18	铁堵头	1个	灌注水下混凝土
19	$2.5m^3$ 料斗	1个	灌注水下混凝土
20	$0.5m^3$ 料斗	1个	灌注水下混凝土
21	导管扳手	1把	拆装导管
22	导管吊装器	1副	拆装导管
23	钢丝刷	2把	拆装导管
24	12磅大锤	1把	拆装导管
25	手锤	1把	修补钻头
26	钢丝绳	80m	
27	钢丝绳卡环	4个	吊装钻头
28	黏土	消耗品	造浆
29	耐磨材料	消耗品	修补钻头
30	耐磨液压油	消耗品	卷扬机用
31	黄油	消耗品	钢丝绳润滑
32	25t汽车吊	1台	钻机就位、钢筋笼吊装、导管安装、拆除、混凝土灌注
33	$6m^3$ 空压机	1台	清孔
34	PC—220挖掘机	1台	平整场地、埋设、拔出护筒、整修道路、投土等

7 质量控制

7.1 泥浆

在钻孔灌注桩的施工中，无论对于成孔前的质量还是最终成孔后桩的承载能力的发挥，泥浆质量都是相当重要的因素。目前，桩基施工队伍大多数缺乏对泥浆质量和施工工艺的重视，造成泥浆质量差，其后果是：

(1)泥浆稠度大，相对密度大，含砂率高，形成泥皮质量差、厚度大，大大降低桩的侧摩阻力。

(2)泥浆相对密度偏小，孔内泥浆面低于孔外水位，造成坍孔现象。

(3)泥浆在钢筋笼钢筋上沉积黏附，导致钢筋与混凝土握裹力降低。泥浆相对密度过大，使得混凝土水下灌注阻力增大，降低混凝土的流动速度，使混凝土集料大部分堆积在桩芯部位，而钢筋笼外几乎无集料，不仅桩身质量不好，而且桩的侧摩阻力也难以发挥。因此，对泥浆质量的控制决不能轻视，施工中一定要按规范要求严格控制。

7.2 孔深

在恶性工程事故的桩基工程中，孔深不到位的例子很多。对于孔深的量测，实际操作中应注意的问

题有:

(1)测量有误达不到设计深度。一般施工队常用的测绳一经水泡就会出现收缩现象,有的收缩量可达1cm/1m左右,测50m的孔深就会产生0.5m左右的误差。更大的测量误差是由于测绳易断引起的,断了以后不知道的人依然以断处为起点继续使用,往往可差数米。采用细钢丝测绳要注意数标松动错位。彻底避免误测的办法是在施工现场或附近地面上设置长度标记作为准绳,每次终孔一定把测绳拿去核实。

(2)钻孔入岩深度达不到设计要求,大多是由于地层分布不均匀,如岩层分布成倾斜状或起伏变化剧烈导致判断失误。入岩深度的控制因钻孔工艺不同而有所区别。正循环工艺成孔的桩由于取不到完整岩样,确定嵌岩深度很困难。较可靠的办法是认真分析钻探资料,根据各钻孔土层分布情况综合评判场地地质概况,然后做出岩层分布的等高线图,按等高线图确定成孔深度。因本法有一定的随机性,应适当加大安全系数,有时尚需适当补充钻探孔,在某些缺少钻孔的控制区域,也可用钻机换取芯钻头直接取岩芯判定。

7.3 孔的垂直度

钻孔灌注桩的垂直度是保证承载能力的重要一环,斜率超标,桩的受力状态被改变;桩头偏位,影响上部结构质量,严重影响钢筋笼的安置;在砂土类地层中孔壁极易塌孔,沉渣不宜清除。

为避免钻孔倾斜,在钻机就位和钻孔过程中,要随时注意校核钻杆的垂直度,检查桩架安装是否牢固,并对导架进行水平和垂直校正。对于地基不均匀、土层中夹有大孤石或基岩倾斜等情形,施工前必须做好准备。在不均匀地层钻孔时,如遇有探头石,宜用钻机钻透,用冲孔机应低锤密击,把石击碎;基岩倾斜时,投入块石填平,用锤密打;倾斜过大时,投入黏土石子,重新钻进,控制锤速,慢慢提升下降往复扫孔纠正。实践表明,终孔后再发现孔斜,纠正起来费时费力,且修孔常使桩的充盈系数增大,最大达1.6以上。

7.4 孔径

在湖、塘、沟、谷与河漫滩地段新近沉积的黏性土和粉土中钻孔容易出现缩孔现象,尤其要重视液性指数$I_L \geq 0.75$呈软塑状态和流塑状态的黏性土,而在$I_L \geq 1.0$呈流塑状态的淤泥质软土层成孔缩孔现象更不可避免。与孔径有关的质量问题有:

(1)由于孔径小于规范要求,桩的截面缩小,承载能力降低,实际上降低了桩的安全系数。

(2)软弱土层一般都在地层上部,缩颈现象也发生在此段,而桩的内力也是上段大,容易造成桩身抗压强度不够而破坏。

由于孔径达不到要求,导致钢筋笼无保护层,桩的抗压弯能力削弱或丧失。防治的主要措施是加强对孔径的检测与控制,提高泥浆质量,增大泥浆相对密度和黏性及稠度。钻头直径应适当加大,也可采用处理孔斜的导正器法,在导正器上焊一定数量的合金刀片,在钻进或起钻的过程中起扫孔作用。此外在易于产生缩孔的土层中施工,减少空孔时间也是非常重要和有效的措施。

7.5 沉渣与沉淤

一般把沉渣与沉淤混为一谈,凡是孔底的沉积物统称沉渣,实际上是有区别的。沉渣是钻孔过程中钻机切削和孔壁塌落的岩土,主要是砂、砾石和碎岩屑等,而沉淤则是相对密度大、稠度大的劣质泥浆由于空孔时间过长沉淀而成的流塑状混合物。沉淤的厚度往往大于沉渣,沉渣与沉淤均在桩底形成软弱隔层,能导致端承力丧失殆尽。有的试验结果表明,厚度超过30cm的沉渣,在极限状态下可使端阻力损失90%,使侧摩阻力损失70%以上。沉淤的控制主要是提高泥浆质量和减少空孔时间;沉渣的清除采用反循环成孔工艺能达到较好的效果,速度能达到2~3m/s,是正循环的40倍以上,故携渣能力强。为此,可采用正循环成孔,反循环清孔的工艺,此法现场只需增加一台6m^{3}的空压机即可,费用不大、简便易行、效果良好。采用该法,关键是控制好孔内泥浆面的落降,落降快、落差大则易塌孔;因此,补浆要跟上,而且抽渣时间要短。实践证明,应用得当,桩的承载力能大幅度提高。

无论采用反循环还是正循环成孔工艺，都应重视混凝土灌注前的清孔。灌注前抽吸 2min 左右，一方面抽出一定的沉渣，另一方面泥浆的抽吸作用导致一部分沉渣、沉淤上浮，而且短时间内不会沉淀。此时灌注混凝土，混凝土坠落的巨大冲击力还能溅除最后残余的部分沉渣和沉淤，可基本上将孔底沉渣清除干净。

7.6 混凝土灌注

混凝土灌注是最后一道也是最关键的一道工序。首先必须严格按设计强度配制混凝土，许多施工单位都是现场搅拌混凝土，其常见问题有：砂石的含泥量偏大；配料的计量不准确；水泥保管不善而受潮。

水下混凝土灌注由于阻力大不易流畅灌入，且不可随意加大水灰比，增大坍落度便于混凝土灌注，这样的结果会导致混凝土的强度等级严重降低，技术人员应加强现场监督，绝不能轻易相信试块的试验结果。

7.6.1 导管法水下灌注混凝土质量难以控制的主要原因：

(1)不能像上部结构施工那样逐层振捣；

(2)由于导管埋在泥浆和混凝土中，混凝土的灌入阻力是相当大的，灌入阻力可按下式估算：

$$R = \pi(D^2 - d^2)(11r_w + 12r_h)/4$$

式中：D——桩直径；

d——导管直径；

r_w——泥浆重力；

r_h——混凝土重力。

要克服很大的灌入阻力，保护混凝土桩身质量，就必须有相当大的冲击力，冲击力越大、完成每一斗混凝土灌注的时间越短，混凝土桩身越均匀。由于混凝土是由水泥、砂、石子配制的混合料，不同材料、不同粒径，摩擦系数不一样，因此仅靠静力平衡产生的超压力缓慢流淌，易造成混凝土粗集料在桩芯堆积，随半径增大而递减；造成桩身不匀，影响桩的抗压强度。

7.6.2 目前，最常见的水下混凝土灌注法的缺点：

(1)在向大斗投料过程中，混凝土的绝大多数势能在撞击大斗壁的碰撞中损耗掉，混凝土料落入导管中不连续，形不成较大的冲击能量，使混凝土没有足够的力量向四周挤压、扩散，桩的摩阻力严重降低，此外，还容易使桩身不均匀。

(2)混凝土料绝大多数要经过反弹再落入导管，容易造成混凝土离析和堵管。

(3)吊臂上下移动速度慢，产生不了大的加速度，因此混凝土料的下降没有足够的超压，造成混凝土料在导管附近堆积成钟形断面。由于不能将隔浆层水平顶升，在钟形断面塌落时容易裹入泥浆，造成夹泥芯。

(4)由于导管上下移动次数过于频繁，使得泥浆不断沿导管壁渗入混凝土中，影响桩身混凝土质量。

7.6.3 鉴于以上缺点，混凝土浇灌时应注意如下问题：

(1)功能大、冲击力强。物体的冲击能量与质量和速度有关，在速度相同的情况下就取决于质量。根据动量原理，自由落体的平均冲击力公式如下：

$$F = mg[(2h/gt^2)^{0.5} + 1]$$

式中：m——落体质量；

t——作用时间；

h——落体高度；

g——重力加速度。

假设大斗方量为 2.5m^3、混凝土重度为 22kN/m^3，则 m 约为 5.5t，假设 $h = 30$m，$t = 1.0$s，可求得 $F =$ 1 872.679kN。平均冲力是混凝土自重的 34 倍，与混凝土灌入阻力相比大 6 倍。实际瞬时冲力的峰值比平均冲力高达一倍以上。在巨大冲力的作用下,混凝土的向上顶升力和侧向挤压力就有了保证,桩的摩阻力和桩身混凝土密实性都得以提高。

(2)首斗混凝土灌注冲力大,沉渣、沉淤被溅开,桩端与持力层能较好地结合,确保了端承力的发挥。

(3)混凝土浇灌要一气呵成,不得中断,间歇时间一般控制在15min内,任何情况下不得超过30min。

用大体积混凝土冲击灌入法应注意以下两个问题:首先,必须注意排气技术,防止形成气堵,使混凝土料灌不下去。大斗出料口与导管不可用螺扣连接成一体,会形成气堵,应改为插入式连接方式,大斗出料口外径比导管内径小2~3cm。其次,混凝土料最好通过网筛(网眼8~10cm左右)进入料斗,防止夹杂大直径块石、水泥块等造成卡管。混凝土和易性要好,如混凝土离析,则容易在料斗下部和出料口处形成堆积,导致出料困难,同时也容易堵塞导管。

(4)混凝土灌注时,吊车司机的配合也至关重要。当打开活门混凝土料下落时,必须随混凝土料的下落不断向上提动导管,提动量要小,注意掌握时机。实践证明,有经验的吊车司机对缩短混凝土的灌注时间,防止卡管、堵管事故,起相当大的作用。当混凝土灌注到桩顶部位时,为了保持足够的冲力,必须注意导管要留有一定的长度,一般为10m左右,灌注时及时上拔,保证高度产生冲力,使桩头部分的混凝土质量不至降低。此外,不可忽视大斗和导管的保养,内壁光滑可大大减少摩擦阻力,同时也减少堵管的发生率。当施工单位机械化程度低时,现场搅拌混凝土可采用卧式大斗,在地面装满料,再用吊车吊起与导管连接进行灌注。在保证上述混凝土材料质量合格的前提下,如每一斗混凝土灌注下去孔口返浆激如泉涌,则灌注质量一定好;如孔口返浆弱如渗流,甚至反复升降导管不见泥浆返流,则灌注质量必定欠佳。

(5)在混凝土浇灌过程中,要随时用探锤测量混凝土面的实际高程(至少三次,取平均值),计算混凝土的上升高度,导管下口与混凝土的相对位置,统计混凝土浇灌量,及时做好记录。

8 安全措施

8.1 钻机就位后,对钻机及其配套设备,应进行全面检查。

8.2 各类钻机在作业中,应由本机或机管负责人指定的操作人员操作,其他人不得登机。

8.3 钻机配用的钢丝绳应符合:大绳直径28~32mm,小绳直径15~16mm,少于此规定者禁止使用;采用冲击钻孔时,选用的钻锥、卷扬机和钢丝绳的损伤情况,当断丝已超过5%时,必须立即更换。

8.4 运行中,如遇钢丝绳缠绕,应立即停机拨开,钻机未停稳前严禁拨弄;电动机停止运转前,禁止检查钻机和加注黄油,严禁在桅杆上工作;禁止将钻具提升在桅杆中部进行循浆、清孔作业。

8.5 钻进中,突然发现有塌孔迹象或成孔以后突然大量漏浆,应立即采取措施进行处理。

8.6 钻机后面的电线应架空,以免妨碍工作及造成触电事故;在高压电线下钻孔施工和吊放钢筋笼应采取相关安全措施,钻机塔顶和吊钢筋笼的吊机桅杆顶上方2m内不准有任何架空障碍物。

8.7 钻进中使用的各种钻具,用完后应及时放回适当位置,不能放在护筒边缘,以免掉入孔内。

8.8 上桅杆进行高空作业时,应佩带安全带;动力闸刀,应设专人看管;严禁高处作业人员与地面人员闲谈、说笑。

8.9 孔内发生卡钻、掉钻、埋钻等事故,应摸清情况,分析原因,方能采取有效措施进行处理,不得盲目行事。

9 环保措施

9.1 粉尘控制

(1)总平面范围及工地周边场地设置洒水车每天洒水2~3次,平时由人工辅助喷水防尘,确保场区内不发生扬尘现象。

(2)砂、石材料堆放处砌筑围墙,表面覆盖雨棚,防止刮风粉尘弥漫,影响环境卫生。

(3)现场设置专人清扫泥浆及车辆沾带的泥土,出入口道路铺设草垫,同时设置洗车池,高压洗车泵。

9.2 噪声控制

(1)教育操作人员,减少人为噪声污染;严禁汽车高音鸣笛。

(2)材料装卸采用人工传递,特别是钢管、模板,严禁抛掷或汽车一次性翻斗下料。

9.3 污水控制

(1)施工废水,经沉淀处理有组织排放。

(2)设置循环型泥浆池,严谨施工泥浆直接排放进入主河道。

(3)大力宣传教育节约用水,减少污染,不乱倒、乱排。

9.4 安全文明施工布置

(1)现场大门入口设施工简介及五图一牌宣传栏。

(2)办公室外墙大门入口侧面书写工程名称及施工单位。

(3)大门入口设保卫室及岗亭。场内设专用行车施工道路。场内设吸烟室、茶亭、建筑垃圾堆场、绿化带等。

(4)生产区、生活区、办公区标牌明显齐全,机械旁、搅拌站、钢筋加工房、施工现场等安全标志牌、机械操作规程、操作人员、规章制度齐全。

9.5 宿舍与施工现场分离,并建立宿舍管理制度,保证宿舍卫生的整洁。

9.6 厕所和浴室采用彩钢板结构,屋顶采用彩钢折形板,地面铺防滑地砖,浴室采用防水灯头照明,保证工人的使用安全。

9.7 根据施工总平面图布置物料堆放处、仓库、机具设备;材料及仓库设置标牌,写明名称、品种和规格,机械设备挂设操作规程牌。

9.8 建立卫生管理制度,设专职保洁人员,做到生活区、办公区、施工区干净整洁无积水,生活垃圾装入卫生容器,建筑垃圾及时清理并当日清运,定时定人对工人宿舍、办公室、厕所、食堂进行消毒、灭蚊、灭蝇、灭鼠等。

9.9 根据现场实际情况布置灭火器,主要部位有禁止吸烟标志和宣传教育材料。建立防火制度、防火领导小组及义务消防队,做好明火作业审批手续,现场明火作业有专人跟班检查。

9.10 现场施工人员按规定统一佩带安全防护用品及证卡上岗。

10 资源节约

在地质构造复杂、河流常水位深、施工中极易塌孔、岩层为坚石等条件下利用本工法进行冲击钻进行桥梁桩基施工时,施工流程简单、施工程序标准化,便于强化质量管理,能有效提高机械化效率,减少现场人员的投入。

11 效益分析

本工法所使用机具制造成本低,单台钻机(含钻头)成本约 18 万元,对比其他钻机有明显的经济优势;加之钻机本身体积较小(全长 7m,施工展开面积小于 $15m^2$),可大大减少筑岛面积,有效降低工程成本。施工中采用正循环、黏土造壁,可以有效防止复杂地层中桩孔的漏浆、坍塌,节约施工时间,确保工程进度,提高经济效益。

12 应用实例

12.1 通过才纳特大桥在 2009 年 10 月 ~2010 年 5 月期间桩基施工实践,施工单位共采用 30 台冲击式钻机完成了全桥的桩基施工。施工中灌注桩成孔质量良好,桩径、垂直度、平面位置均满足设计、规范要求,未发生断桩事故。这充分证明,在复杂地质地区应用“冲击式钻机钻孔技术”能较好完成施工任务,节约工程成本,缩短工期,并能有效控制桩端压缩层的沉降量。另外通过正循环成桩、反循环清孔技术可以改善桩身的工作状态,进一步提高桩身质量,并有效地对沉渣较厚的钻孔灌注桩进行补救,而且其施工工艺比较简单,机械设备的投入不多,具有广阔的推广应用前景。

12.2 京承高速公路(三期)潮河桥工程位于北京市密云县东北方向,横跨潮河,为斜60°简支梁桥。钻孔灌注桩基础长为11~19m。桩径分1.2m和1.8m两种。河床内无地表径流,静止水位在河床下1m,潮河桥河床地层是卵石漂石层,河床遭遇严重盗采和盗采后的填埋。近几年潮河没有水流,填埋部分卵石层级配很差,缺少砂砾等小颗粒,比较松散。施工过程中,使用3台冲击钻,6个钢护筒,循环使用。潮河桥钻孔桩施工开始,6根桩钻孔施工过程出现了两次坍孔。针对此情况,充分分析原因,根据此工法施工,克服了孔壁坍塌现象,钻孔桩灌注质量得到有效控制。潮河桥钻孔桩施工共计72根,经北京市质量监督站对桩的完整性检测均为Ⅰ类桩。

12.3 康祁公路永定河大桥位于官厅水库拦河坝下游永定河峡谷,桥梁1号、2号墩柱基础均处于峡谷河道中。河床内有少量地表径流,静止水位在河床下1m左右。桥墩基础为1.8m钻孔灌注桩,桩长分别为29m和34m,共计24根。采用本工法进行钻孔桩施工,未出现坍孔,经张家口市交通局中心试验室检测均为Ⅰ类桩。

山区桥梁桩基冲孔遇倾斜岩层纠偏施工工法

GGG(中企)C1055—2010

刘志宏 陈顺先 严相杰 盛海罗 刘东鲁
（安通建设有限公司 新疆北新路桥建设股份有限公司 新疆昆仑路港工程公司）

1 前言

在山区地质变化较大的岩层进行冲孔灌注桩施工时,时常会产生因倾斜岩层而偏孔或漏浆的现象,倾斜岩层与普通平顺地层里冲孔桩基施工相比,既有相似点又有不同点。倾斜岩层进行桩基冲孔施工存在着更多不确定因素和质量隐患。我公司通过实际工程的建设,形成了倾斜岩层桩基冲孔纠偏施工工法,使用效果较好,保证了质量及安全和工期要求,得到了业主和监理的好评。

2 工法特点

2.1 该工法针对桩基冲孔偏孔原因的隐蔽性及多样性,结合现场山区倾斜地质岩层情况,通过外部观测手段与冲孔中提取的渣样岩性综合分析,可迅速对偏孔原因,特别是倾斜岩层地质原因进行分析判断,及时控制偏位范围的扩大,减少损失。

2.2 该工法改变了以往对倾斜地质岩层在桥梁桩基冲孔施工发现偏孔时,需进行水下爆破或改为挖孔桩或抽浆后人工下井处理等做法,可操作性更强,确保施工安全。同时针对倾斜岩层可能伴生的裂隙造成的漏浆进行封堵和预防,即偏孔与漏浆综合处理,明显地提高了工效。

2.3 该工法根据山区地形特点,从测量观测、冲孔操作、钢筋笼连接等各个环节对常规施工方式进行改进,即施工措施的针对性保证了桩基质量的可控性。

2.4 用块石或混凝土加黏土回填偏孔部位,然后进行纠偏冲孔操作,相对其他处理方法,施工连续性强,不需增加新的设备及相应的专业技术人员,耗材少,成本低。

3 适用范围

本工法适用于岩层坡率30°~65°之间里的冲孔桩基偏孔后纠偏施工。如果调整填料构成,用红砖块替代块石,也适用于出现漏浆桩基的冲孔封堵施工。

4 工艺原理(图1)

该工法根据地质条件,对不同的岩性、倾斜坡度以及周边地质状况,结合桥梁桩基偏向不同的桩径与偏离深度及宽度,选择不同的块石或混凝土块加黏土回填冲孔进行纠偏的方法,有效地进行冲孔偏位纠偏及防止漏浆,确保陡坡岩层里冲孔桩基的垂直度,保证桩基施工质量和进度。

5 施工工艺流程及操作要点

5.1 施工工艺流程(图2)

5.2 操作要点

5.2.1 确定偏孔成因及偏位的测量

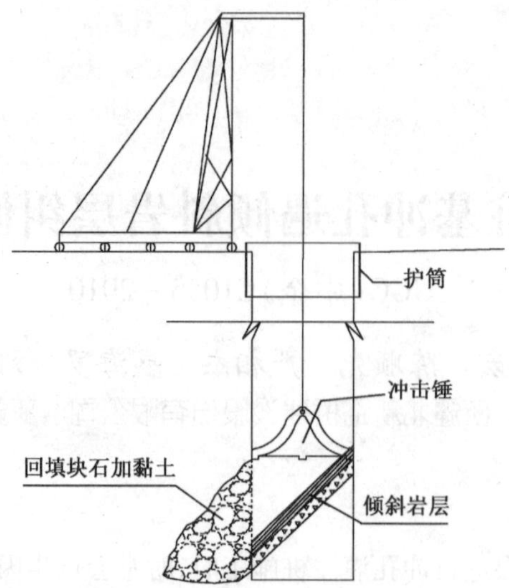

图1 冲击钻、桩基与块石加黏土

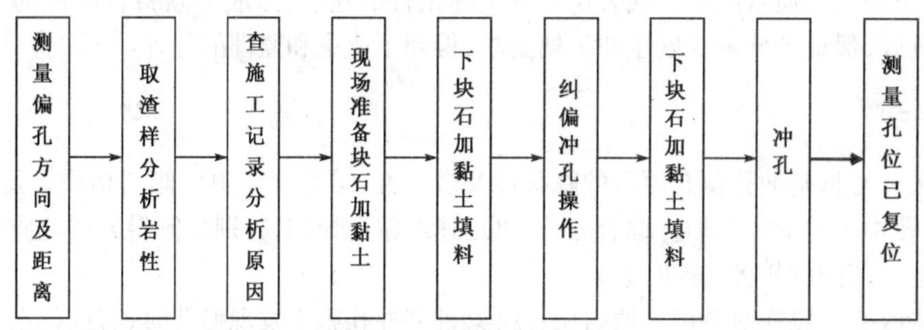

图2 施工工艺流程图

钻孔机械原因:由于支撑不好、机械部件磨损、松动等因素会引起锤绳偏移,并导致出现偏孔。因此操作手要经常检查桩机平台的稳定性,发现松动或位移应及时停工检修复位。

地形或地表层原因:由于山势倾斜,钻机处于半填半挖平台上,甚至部分地段表层植被覆盖层较厚,但冲孔产生持续的振动,可能致使桩机和护筒整体发生缓慢的偏移。因此不宜将桩位控制点引到钢护筒上,而应将其引入护筒外就近的相对稳固位置,以便随时进行孔位校核。同时应根据实际陡坡地形,加固地基和加大桩机的支撑面积。

地质原因:由于岩层的变化或本身岩层的倾斜走向都可能造成偏孔,只是因岩层的强度、倾斜度不同而发生的偏孔的程度不同,需操作手细心观察和对渣样的分析进行判断。

桩位测量监测:普通全站仪在山区对点使用较为麻烦,尤其操作人员对点行动不便,且通视易受地形影响。山区桩位使用GPS全站仪测量(图3),其特点是提前输入坐标,现场可通过卫星迅速对点定位,提高工效,加强桩基偏孔过程测控。

桩基冲孔偏位测定:在测定设计桩孔中心点位置后,应由固定的辅助桩进行十字交叉定位,将实际桩孔中心点与之对比,在允许误差范围内则说明护筒没有偏位,然后检查冲击锤的偏位,测绳量出纵向偏孔部位(深度),钢卷尺测出水平偏位距离。

5.2.2 倾斜岩层造成偏孔的地质判断

(1)根据桥桩设计地质图,对现场操作人员进行技术交底,结合冲孔过程中提取的渣样,分析岩层地质状况,但通常易忽视渣样的及时取用和有序保存,因此要求现场操作人员,每进尺1~2m可通过排浆沟上设过滤网捞取渣样,并准备渣样存放柱状筒,即将直径10cm左右竹竿纵向剖开分两半,将渣样按其天然节段有序存放,并标明时间及进尺深度,形成逼真的地质柱状图。

(2)注意冲孔过程中的某些变化,如进尺的难易、钢丝绳的异样偏摆等均可作为岩层地质状况的辅助判断依据。如果附近有挖孔桩，则通过取样试验分析地层岩性，岩层走向可通过连续几个孔壁围岩目测判断，这些作为偏孔段的岩层相关分析更具有参考价值。

图3 GPS定位

图4 地质柱状图

5.2.3 备块石或混凝土块加黏土填料

根据冲孔渣样分析出偏孔部位的岩层变化，并可试验检测其抗压强度。备用块石强度要求不得低于桩基偏孔位围岩强度，块石粒径一般为50～70cm，根据桩径大小可适当调整。

如果石料来源困难，可用部分抗压试验所废弃的混凝土块替代块石。黏土要求袋装掺配，备用块石间的填隙材料，并预防漏浆，有漏浆迹象的可适当加大黏土配量。

5.2.4 备制泥浆

泥浆具有浮悬钻渣、冷却钻头、润滑钻具，增大静水压力，并在孔壁形成泥皮隔断孔内外渗流，防止漏浆及坍孔的作用。在钻孔灌注桩的施工中，无论对于成孔质量还是对桩的承载力的发挥，泥浆质量都是重要因素。因此在施工中必须按规范要求严格控制泥浆的质量。

施工中应经常检测泥浆相对密度、黏度、含砂率和胶体率，分一般地层和易坍地层，参照现行《公路桥涵施工技术规范》(JTJ 041—2000)表6.2.3进行调配。如发现明显的漏浆，则应增大泥浆浓度，但其持续时间不宜过长，否则易造成孔壁泥浆附着层厚增大，影响桩基的摩擦力。

制备泥浆的黏土，应选择水化快、造浆能力强、黏度大的膨润土。如果山区料源缺乏，也可使用丙烯酰胺即PHP泥浆。

5.2.5 重新校核钻机及纠偏钻孔

(1)选择用全站仪准确地放出桩位，检查护筒中心、钻头中心与孔位中心是否在同一垂线上，要求偏差在规范误差范围内，钻机安放要求平稳、牢固。

(2)钻机就位，摆平对中，支垫牢固，加入纠偏填料后，立即进行纠偏钻孔操作。纠偏前将钻机稍移向偏位对面一侧，根据纠偏效果调整锤头的冲程，通常要求比正常阶段小，否则易伤锤牙或增大填料用量。

(3)施工中应注意起锤与落锤的幅度，如果离合把手拉得太快，则打了空锤，易伤钢缆；如果刹把放得太慢，钢缆太松，会影响进度或造成偏锤。同时应加强观测，从锤击回声、偏位速度等情况判断纠偏效果，纠偏正常时方可逐步提高冲程，加快进度。

(4)钻孔应分班连接进行，并做好详细的钻孔记录。要求经常对泥浆进行检测和试验，尤其要注意地层变化处的渣样捞取。达到设计高程后，对孔位、孔深、孔径、倾斜度进行检查，并经监理工程师验收，符合现行《公路桥涵施工技术规范》(JTJ 041—2000)表6.8.3质量标准后才进行清孔。

5.2.6 清孔

(1)清孔采用抽浆法进行清孔，在清孔过程中必须始终保持孔内原有水头高度。清孔必须彻底，严禁用加深孔底深度的方法代替清孔，其各项性能指标均需符合规范要求。

(2)因偏孔通常会产生冲孔中断，但中断时间不能过长，否则孔壁泥浆附着过厚，影响桩基的摩擦力。

(3)清孔完毕后,自行检查泥浆的各项指标及沉淀厚度,然后请监理工程师验收合格后,立即进行钢筋笼及导管安放和水下混凝土浇筑,否则时间过长可能产生缩孔或坍孔。

5.2.7 钢筋笼制作安放

山区运输一般较为困难,通常就地整理加工平台,原材料可提前分批进场,然后现场加工钢筋笼(图5)。钢筋笼必须按设计图纸制作,符合规范要求。

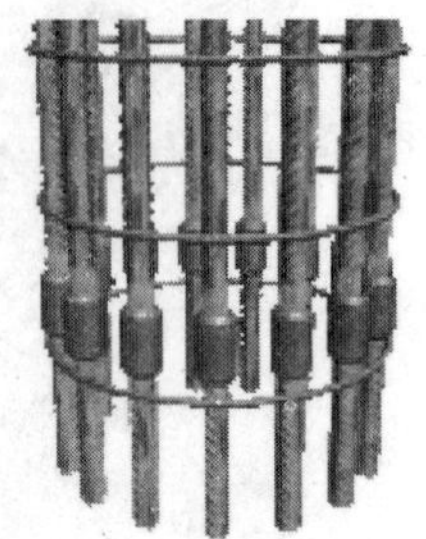

图5 钢筋笼

(1)钢筋的连接一般分为焊接和机械连接,山区地段使用直螺纹套筒连接,因其施工快速且经济节省,相对焊接钢筋整体垂直度易控制。根据来料长度,钢筋笼正常节段一般为9m。

(2)钢筋骨架采用吊机起吊、就位,起吊时要保证骨架不变形(第一点位于骨架的下部,第二点位于骨架长度的中点到上三分点之间)。就位时要徐徐下放,严禁摆动碰撞孔壁。

(3)钢筋骨架安放好后,严格控制骨架的中心位置,钢筋骨架的高程与设计高程偏差不得大于5cm,并牢固定位,防止钢筋笼在施工过程中偏位或上浮。

5.2.8 浇筑水下混凝土

待钢筋笼放好后,接着立即进行水下混凝土灌注工作。混凝土由混凝土集中拌和站提供。砂、石料采用自动计量系统,计量准确,混凝土用搅拌车运输。为保证混凝土灌注质量,严格控制混凝土和易性和坍落度。外加剂虽相对用量较小,但要求准确称量,严禁用体积替代重量。

(1)导管内径不小于30cm,以利于下料,使用前要对导管进行水密承压和接头抗拉试验,严禁用压气试压,以防导管渗漏。

(2)下导管时,其底口距孔底的距离控制在30cm左右,首批混凝土的灌注应满足导管埋深至少1m,在灌注过程中,导管的埋置深度宜控制在2~6m。

(3)在灌注过程中,应经常测探孔内混凝土面的位置,及时调整导管埋深。水下混凝土灌注时,必须连续进行,尽量减少拆导管的时间。

(4)灌注的桩顶高程比设计高出一定高度,一般为0.5~1.0m,以便凿除桩头弱混凝土,保证桩基的混凝土强度。凿除时,必须防止损坏桩身,严禁爆破清除。

(5)灌注过程中注意事项:

①混凝土运输要求采用专用的混凝土罐车,注意运输过短及温度变化以调整出料口的坍落度,且在运输过程中料罐要不停转动,防止混凝土离析。

②随时检测孔内混凝土面高程,掌握埋管情况。尤其接近偏孔部位时,一般情况下此处混凝土用量比正常地段要大,要求根据测绳量出准确高程及已拆下导管长度后方可拔导管。

③当埋管达到一定长度时(4~6m),应及时起管拆管,否则埋管长时间超过6m时会产生堵管危险。

④当混凝土堵塞导管时,一般采用人工敲打并拔插抖动导管,但要保证埋管深度不小于2m。

⑤当灌注到接近桩顶高程时,注意控制混凝土搅拌数量,并准确测定混凝土面高程,计算所需混凝土数量,同时注意保护声测管的封头。

⑥混凝土浇筑要求连续,灌注时间不得超过首批混凝土初凝时间,并按规定取料、做试块、测定坍落度。

⑦当混凝土达到一定强度时开挖基坑,凿除桩头进行桩基检测,检测率和方法满足设计要求。

⑧施工中使用的仪器、设备均配齐,并事先检修和及时校验,并准备一切应急措施所需的设备,如备用发电机等。

5.2.9 成桩检测

(1)成桩检测的内容主要包括:检验桩长、混凝土强度;检测桩身缺陷、位置,判定完整性类别;检验灌注桩桩底沉渣、桩端岩土性状。

(2)检测方法主要有钻孔取芯法、埋管式超声波透射法、高低应变动力检测法和桩基静载试验。现高速公路采用埋管式超声波透射法,设计规定或对桩的质量有疑问时,采用钻孔取芯法,并钻到桩底0.5m以下。

6　机具设备(表1)

表1

序　号	设备名称	型　号	单　位	数　量	用　途
1	钻机	HJS系列	台	3	钻孔
2	吊机	25t	台	2	吊装
3	空压机	红五环7/7	台	1	清理桩头
4	电焊机	AXT—300	台	3	制接钢筋、焊钻头
5	钢筋截断机	CQ40	台	1	制作钢筋
6	泥浆泵	3PNL	台	1	泥浆循环
7	拌和机	HZS75	台	1	混凝土浇筑
8	全站仪	天宝GPS	台	1	桩位确定

7　质量控制与标准

7.1　质量标准

7.1.1　《公路工程施工安全技术规程》(JTJ 076—95);

7.1.2　《公路桥涵施工技术规范》(JTJ 041—2000);

7.1.3　《公路工程质量检验评定标准》(JTG F80/1—2004)。

7.2　质量控制措施

7.2.1　护筒内径比桩径大20~40cm,护筒中心竖直线与桩重合,其偏差在规范范围内。另外加强测控,注意护筒与钻机整体位移。

7.2.2　钻孔过程中应合理控制钻进参数及泥浆指标,在纠偏时重点控制锤头冲程,要求高频低幅,冲孔中断时期要求保持孔内具有规定的水位和要求的泥浆相对密度和黏度。

7.2.3　要求操作人员要随时注意异常,及时发现偏孔。

7.2.4　钢筋笼制作要符合设计和规范要求;钢筋笼采取直螺纹机械连接,避免需起重吊车而受地形场地限制,缩短钢筋笼连接时间。

7.2.5　水下混凝土应由搅拌站集中搅拌,泵送或混凝土罐车灌注;灌注过程要求连续,不得中断,并作好灌注过程记录。

8　安全措施

8.1　施工人员应认真贯彻执行安全生产规程中的各项规定,加强现场安全教育工作,增加安全意识。

8.2　陡坡施工,工作平台周围应有防岩体崩落、石块滚落措施。

8.3　工程施工中,操作人员应定期和不定期对施工的机械设备、测量计量仪器具的维护、磨损、连接和状态偏离等状况进行检查和保养、维修。特别钢缆应抹润滑油,注意锤头部位的钢缆有无断丝,防止出现断绳掉锤、卡锤现象。

8.4　施工员起重工要求持证上岗,对投入的起重吊装设备新旧程度、起重能力及司机的熟练程度有所了解,严格遵守"十不吊"规定,特别注意雨季防雷击。

8.5　起重吊装设备使用前,提前检查进场便道及工作平台适用性,并均应按程序进行检查和试运转验收,确认合格后报监理签认批准再投入使用。

8.6　孔口用钢筋网片或木板铺盖,防止人和物掉入其中。对现场危险区、泥浆池周围设立防护栏,作为泥浆循环用的护筒周围拉上三角旗,并竖立深坑危险的标示牌,予以警示。

8.7　应制订施工现场用电安全措施,安装、维修或拆除临时用电设施必须有证专业电工进行,严禁私自乱接乱拉电线。

8.8　施工现场所有电器设施都应配备配电箱(柜)及漏电保护器,并做好接地保护。施工现场所有电线电缆均应与平台做好绝缘保护。

8.9　电器安装全部完成后应试运转,包括对双电源的切换试验成功后才能正式使用。

8.10　施工用安全设施、设备,包括安全帽、安全带等劳动防护用品须经检查,验收通过准予使用。

9　环境保护措施

9.1　建立健全环境保护体系,成立环保组织机构,制订有针对性的环保措施,并定期进行环保巡察。

9.2　建立学习教育制度,组织学习相关规定,并结合桩基施工工程的特点,采取具体措施:

(1)弃土、弃渣按规定地点堆放,施工人员特别是钻机操作人员的生活垃圾严禁随意弃放。

(2)避免破坏农田排灌系统,如有影响应及时以疏通为主,恢复原有水系流向。

(3)泥浆、废水等处理要妥当,防止灌注水下混凝土时溢出的泥浆随意漫流。

10　资源节约

该工法改变了以往对陡坡岩层在桥梁桩基施工偏孔时,需进行水下爆破或改为挖孔桩或抽浆后人工下井处理等做法,可操作性、安全性更强,节约了大量时间,加快了工程施工进度,确保了工期。

采用石块或混凝土块加黏土用作纠偏填料,相对爆破、重新全部回填改为挖孔等处理方法中,节约了材料和人工费用。

11　效益分析

该工法通过外部观测手段与冲孔中提取的渣样岩性综合分析,可迅速对偏孔原因,特别是倾斜岩层地质原因进行判断,改变以往原因不清就盲目施工,避免桩基冲孔偏位的扩大发展,即减少损失。

该工法相对其他处理方法,避免了需新增机械设备及相关专业人员,减少了施工难度,保持了施工的连续性,工效更高。

该工法施工中采用的石块、混凝土块加黏土等回填料取材方便,相对爆破扫孔节省了需超浇的混凝土,相对人工下井处理更安全,相对重新回填改为挖孔桩方法更经济合理。

总体比较,该工法取得不错的社会效益和经济效益。

12　工程实例

保腾高速公路3合同化核桃一号大桥由安通建设有限公司承建,采用本工法施工。化核桃一号大桥位于云南省龙陵县龙江乡,在K10+280~K10+646之间跨越山谷。大桥桥梁宽度24.5m,全长366m,合同造价约2 200万元;设计荷载为公路—I级,设计洪水频率1/100。上部采用标准跨径为30m

装配式后张预应力混凝土连续桥面连续 T 形梁；墩柱根据高度适用范围分别采用钢筋混凝土等截面实心墩（柱高≤20m）、钢筋混凝土变截面实心墩（20m＜柱高≤40m）、钢筋混凝土变截面空心墩（柱高＞40m），基础为钻孔或挖孔灌注桩基础。该桥 8～10 号桩为钻孔桩，根据钻孔及相邻 7 号挖孔地质情况，发现桩深 15～20m 左右岩层倾角为 50°～65°，钻孔施工时此段位置经常发生偏孔现象，如持续锤冲通常 2h 内就可发现偏孔 20cm 以上，如任其冲孔则偏孔最终可达 50cm，严重超过允许误差，并影响施工进度。

化核桃一号大桥倾斜岩层桩基施工中，按照本工法进行纠偏施工，三天就圆满地完成了纠偏施工任务。

“∞”字形深基坑地连墙施工工法

GGG(中企)C 1056—2010

何超然　钟永新　田雨金　高　飞　李有为
(中交第二航务工程局有限公司　中国港湾工程有限责任公司)

1　前言

地下连续墙是深基坑开挖围护结构,其墙体刚度大,止水效果好,能适应多种地层条件而广泛用于大楼地下室、地铁车站、隧道竖井、大型桥梁等基础结构物的建造。随着我国桥梁事业的发展,地下连续墙其结构形式由整体刚度较弱的矩形结构,逐渐转化成整体刚度较强的圆形结构。“∞”字形地连墙结构在圆形地连墙结构基础上加以改进,利用“∞”字形支护结构的拱效应抵抗土体荷载,以进一步满足深基础支护结构受力要求。

“∞”字形地连墙受力复杂,施工质量要求高,尤其是“∞”字形两拐角处的“Y”形特殊槽段施工难度大,无成功施工经验可借鉴。为了掌握“∞”字形地连墙施工要点,确保施工质量和安全,推广应用“∞”字形地连墙,中交第二航务工程局有限公司根据“∞”字形地连墙的结构特点,在原有地连墙施工工艺的基础上对地连墙各施工工序提出新的工艺要求,并研发了“Y”形特殊槽段成套施工技术,形成了“‘∞’字形深基坑地连墙施工工法”,以供后续类似工程参考。

“∞”字形深基坑地连墙施工工法,首次应用在南京长江第四大桥南锚碇工程施工,并发挥了至关重要的作用,成功地实施了“Y”形槽段成槽施工新工艺,墙体径向最大变形12mm,槽段间及地连墙底无渗漏,实现了基坑干开挖,确保了深基坑工程的安全、优质和高效施工目标。本工法形成过程中申请了发明专利一项,同时“∞”字形深基坑地连墙施工工法已经获得中交第二航务工程局有限公司企业工法。

2　工法特点

(1)采用冲击钻配合铣槽机完成嵌岩槽段成槽施工,充分利用铣槽机工作效率,提高砂岩层的成槽功效。

(2)形成了一套完整的“Y”形槽施工工艺。

(3)采用全换浆方式,提高成槽后泥浆质量,减少沉渣厚度,确保槽段混凝土浇筑质量。

(4)从地连墙各施工工序着手,控制铣接头的质量,增强接头抗渗性能。

(5)只需要进行墙底帷幕灌浆可实现地连墙封水。

3　适用范围

本工法适用于平面尺寸大、开挖深度大、嵌入基岩的建筑深基坑地连墙施工。工法中“Y”形槽段施工技术可适应类似地连墙槽段施工;当地连墙嵌入中风化基岩,且基岩无明显断裂破碎带和裂隙不发育时,可完全依靠铣接头质量及墙底帷幕灌浆实现基坑封水。

4　工艺原理

“∞”字形地连墙圆拱效应明显,地连墙主要承受轴向压力,其拱角处的“Y”形槽段受力最大,为地连墙的关键部位。“∞”字形基坑开挖后,墙体侧向压力小,水平位移小,地连墙接缝轴向受压后更加密实，止水性能提高，在确保地连墙施工质量的前提下，只需要进行墙底帷幕灌浆即可达到良好的封水效果。

"∞"字形地连墙分成若干个 I 期槽段与 II 期槽段，先施工 I 期槽后施工 II 期槽，通过全面控制成槽工序质量，确保地连墙施工精度及施工质量。单个槽段先采用液压铣槽机铣削其覆盖层，然后用冲击钻机破碎基岩，最后用铣槽机修孔，清孔换浆后下放钢筋笼、浇筑混凝土，完成单个槽段施工。"Y"形槽先通过特殊地基处理后，采用五铣成槽方式，完成槽孔施工，然后下放钢筋笼，浇筑混凝土完成槽段施工。各槽段之间通过铣接头连接，形成地下连续墙。

5 施工工艺流程及操作要点

5.1 施工工艺流程

"∞"字形深基坑地连墙施工工艺流程如图 1 所示。

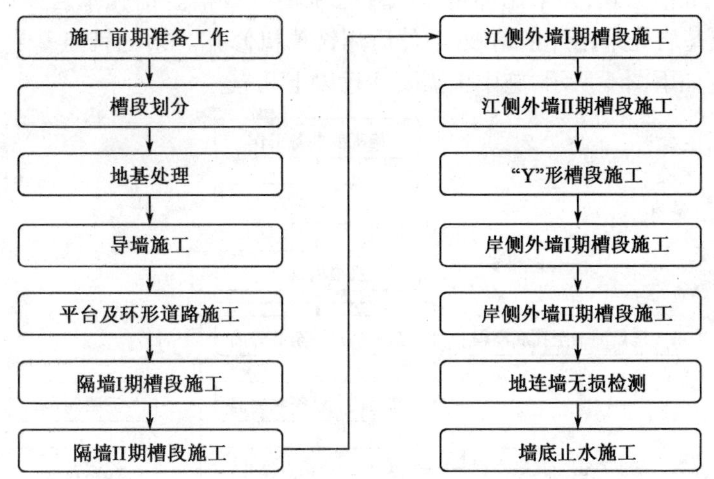

图 1 "∞"字形深基坑地连墙施工工艺流程图

5.2 操作要点

5.2.1 槽段划分

槽段划分长度与成槽设备型号相结合，全部地连墙划 I 期槽段与 II 期槽段两种，且 I 期槽段与 II 期槽段交替布置。在隔墙与外墙交接处的"Y"形槽属于 I 期特殊槽段。I 期槽段分三铣成槽，II 期槽段单铣成槽。"Y"形槽分五铣成槽。各槽段之间采用铣接法进行槽段搭接，搭接长度≥25cm。

5.2.2 地基处理

(1)为加强成槽期间上部淤泥质黏土层槽孔的稳定性及减小设备荷载对成槽的影响，在槽孔内外侧采用两圈深层搅拌桩进行加固，详情请见 5.2.7 条。

(2)为确保"Y"形槽孔的稳定，槽段内侧拐角处土体采用 2 根直径 80cm 的塑性混凝土桩进行加固处理，详情请见 5.2.7 条。

5.2.3 导墙施工

地连墙顶部两侧设置导墙，导墙由两个"L"形钢筋混凝土墙组成，净距比地连墙厚度大 10cm。导墙结构如图 2 所示。

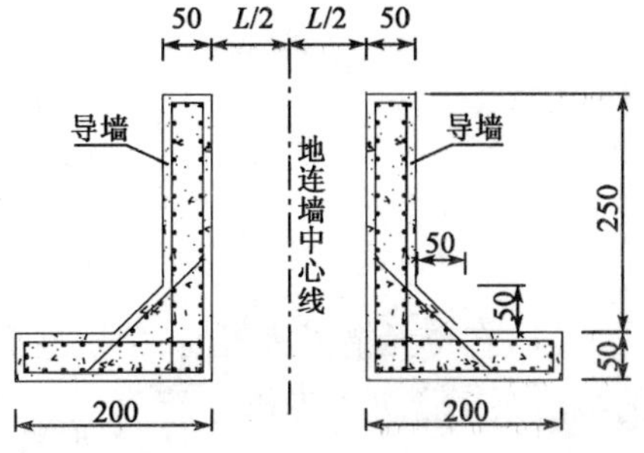

图 2 导墙截面图(尺寸单位:cm)

5.2.4 平台及环形道路施工

施工平台布置在导墙内外侧，分内施工平台与外施工平台。外施工平台作为液压铣槽机的工作平台，宽 7.0m，顶面采用 25cm 厚 C25 钢筋混凝土修筑。内平台供配套的冲击钻和小型设备停放，宽 8.0m，顶面采用碎石填筑。外施工平台外侧设置一圈

50cm×50cm 泥浆沟。泥浆沟外侧布置环形施工道路,宽 7.0m,道路面采用 C25 混凝土修筑。导墙、平台以及环形道路结构布置如图 3 所示。

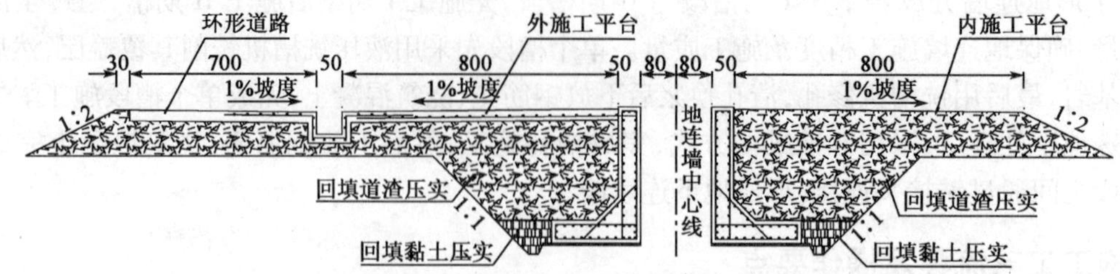

图 3 导墙、平台以及环形道路结构布置图(尺寸单位:cm)

5.2.5 I 期槽段施工

I 期槽段采用三铣成槽方式,并采用冲击钻机配合铣槽机成槽。槽孔基岩面以上覆盖层采用铣槽机铣削。第一、二铣点基岩先采用冲击钻破碎,然后用铣槽机修孔。第三铣点基岩直接用铣槽机铣削。I 期槽段施工工艺流程如下图 4 所示,施中工需要注意以下几点:

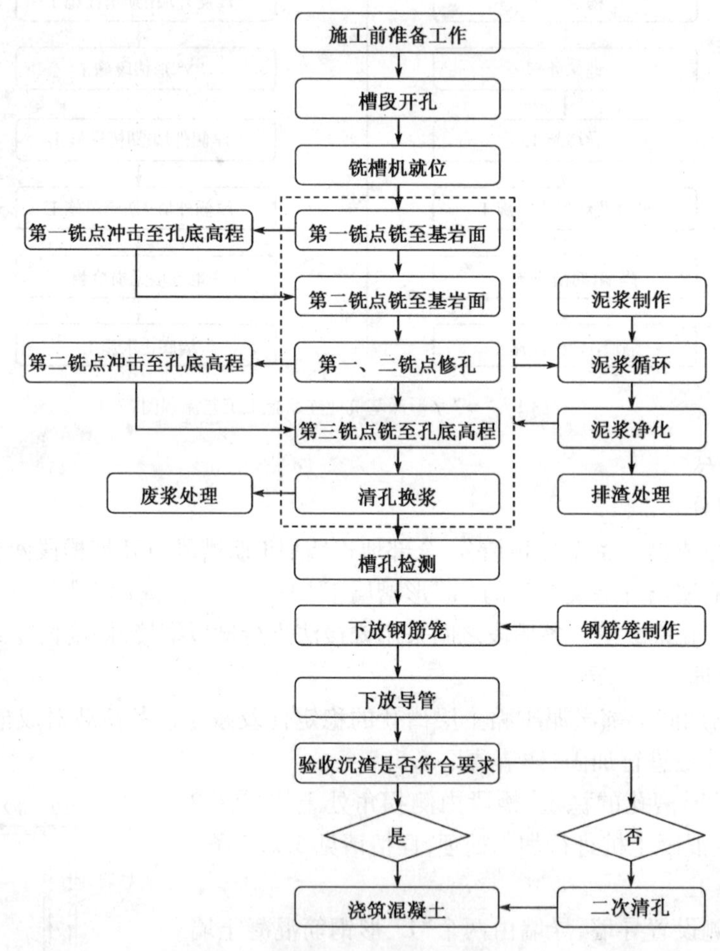

图 4 I 期槽段施工工艺流程图

(1)在单元槽段施工前,用挖掘机将槽段开挖至导墙顶面以下 3.5~4m 的位置,以保证液压铣槽机的吸渣泵正常进入工作位置。

(2)对于基岩面以上的覆盖层采用纯铣法进行施工,即直接用铣槽机铣削。为确保槽孔稳定,覆盖层铣削速度控制在 6m/h 以内。

(3)覆盖层铣削时采用优质膨润土泥浆护壁,成槽过程中保持泥浆面高于地下水位 1~1.5m,并低于导墙顶面不小于0.3m。

(4)基岩段成孔方法

①基岩铣削方式

基岩施工根据基岩状况可以采用纯铣法或凿铣法相结合的方式，优先考虑液压铣槽机进行施工。当液压铣槽机施工工效低于0.5m/h或铣齿磨损严重时，采用凿铣法，即采用CZ—6型冲击钻机配合液压铣槽机成槽，先用冲击钻戴直径1m、重5t钻头多点冲击破碎基岩，然后下入液压铣槽机修孔。

②冲击钻机布置及行走方式

针对基岩施工难度大，冲击钻利用率高的情况，在导墙顶面布置弧形轨道，轨道上安装平台车，将冲击钻机布置在平台车上，使钻机移动更为迅捷方便。冲击钻机平台车及轨道如图5所示。

③钻头类型及凿岩方法

基岩为高强度花岗岩或玄武岩时，采用实心平底钻头；基岩为低强度的细砂岩及砂砾岩时，采用带刃角的十字形钻头。“十”字形钻头如图6所示。

图5 冲击钻机平台车及轨道图片

图6 “十“字形钻头图片

单个铣孔分三次钻凿，两侧基岩交替进行，即一侧钻凿1m后，到另一侧钻凿1m，然后凿除中间隔墙部分，交替施工至终孔。基岩钻凿方式如图7所示。

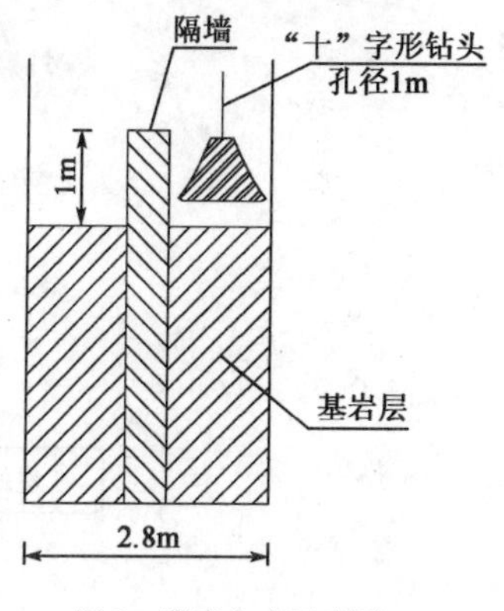

图7 凿岩方式示意图

④泥浆及除渣方式

为加快冲击钻施工效率，在槽孔内加入黏土，使泥浆的相对密度增加，增加黏稠度，以提高泥浆携带钻渣性能；采用抽筒从孔底取浆排渣。

(5)采用铣槽机直接进行清孔换浆，确保泥浆质量，将孔内泥浆全部更换。

(6)槽孔检测项目有深度、宽度和孔形。采用日本KODEN公司的DM604超声波测井仪进行测量。若达不到设计要求的精度，则进行相应处理合格后再进行下一道工序。

(7)钢筋笼制作及安装方法

①根据配备吊机的起吊能力，钢筋笼分为两节在同一平台上加工成型，分节原则是满足吊车的吊高和吊重。

②为确保I期槽钢筋笼定位准确，钢筋笼两段采用大直径PVC管(直径300mm)定位，间距3m布置。

③钢筋笼翻身用两个吊车起吊。主吊吊点：I期槽钢筋笼设置8个、II期槽钢筋笼设置4个，布置在每节钢筋笼的上方。副吊吊点：I期槽钢筋笼设置6个、II期槽钢筋笼设置4个，布置在钢筋笼的中、下部，吊点布置如图8所示。

④主、副吊具采用“钢扁担”起吊架，通过滑轮自动平衡重心，以确保钢筋笼垂直度。

(8)I期槽混凝土采用双导管浇筑，为方便I期槽混凝土浇筑以及II期槽铣槽机定位，槽孔顶部两

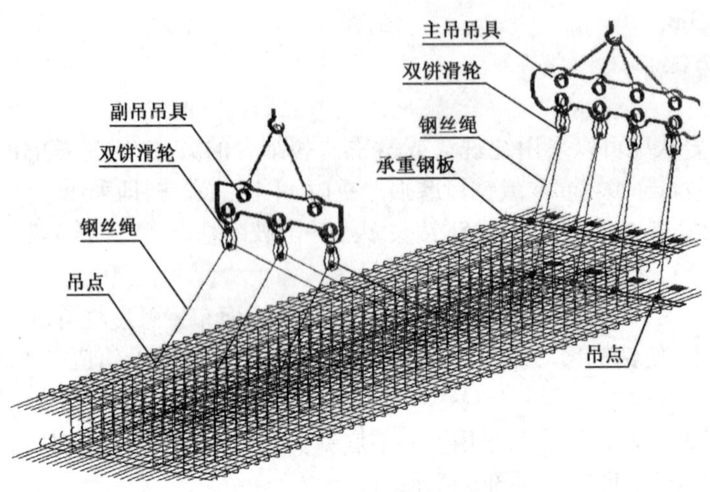

图8　地连墙钢筋笼吊点布置示意图

端用锲形钢板封堵混凝土。

5.2.6　II期槽段施工

II期槽段采用一铣成槽方式,并采用冲击钻机配合铣槽机成槽。槽孔基岩面以上覆盖层采用铣槽机铣削。基岩先采用冲击钻破碎,然后用铣槽机修孔。II期槽段与I期槽段之间采用铣接头连接。II期槽段施工工艺流程如图9所示,施工中注意以下几点。

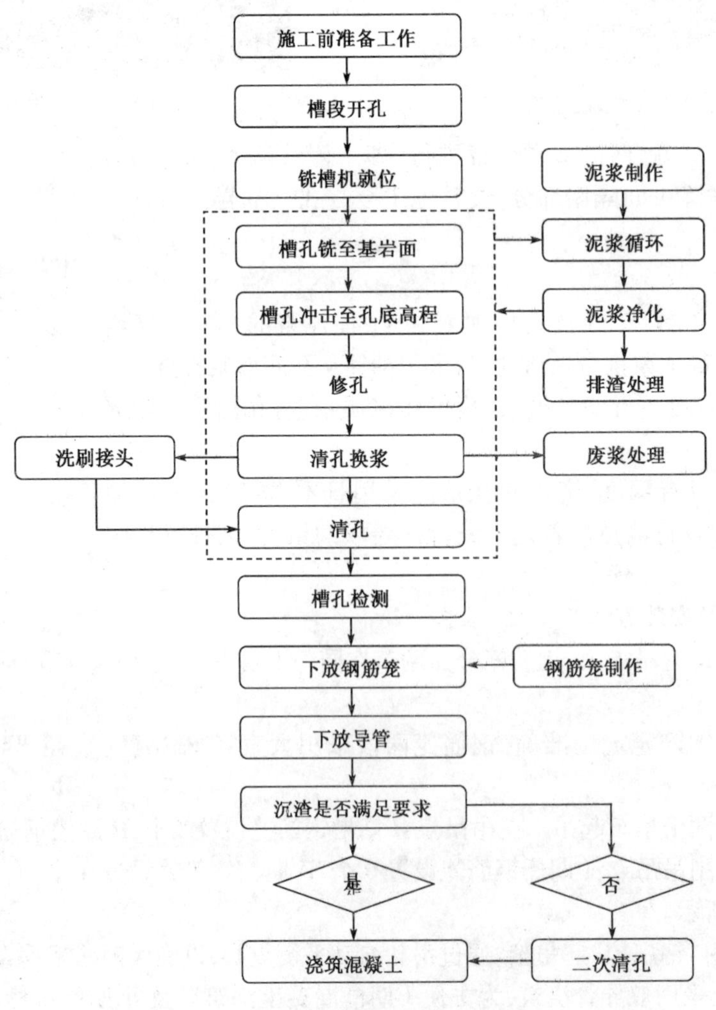

图9　II期槽段施工工艺流程图

(1)对于基岩面以上的覆盖层直接用铣槽机铣削。为确保孔形,铣削Ⅱ期槽段时,其两侧Ⅰ期槽段混凝土强度应接近,铣削速度控制在4m/h以内。

(2)Ⅱ期槽清孔换浆结束前,采用钢丝刷子钻头自上而下分段刷洗Ⅰ期槽端头的混凝土孔壁,直至刷子钻头上基本不带泥屑,孔底淤积不再增加。

(3)Ⅱ期槽混凝土采用单导管浇筑。

5.2.7 "Y"形槽段施工

"Y"形槽属于Ⅰ期特殊槽段,位于隔墙与外墙交接处。"Y"形槽段采用五铣成槽方式,并采用冲击钻机配合铣槽机成槽。"Y"形槽段施工工艺流程如图10所示。

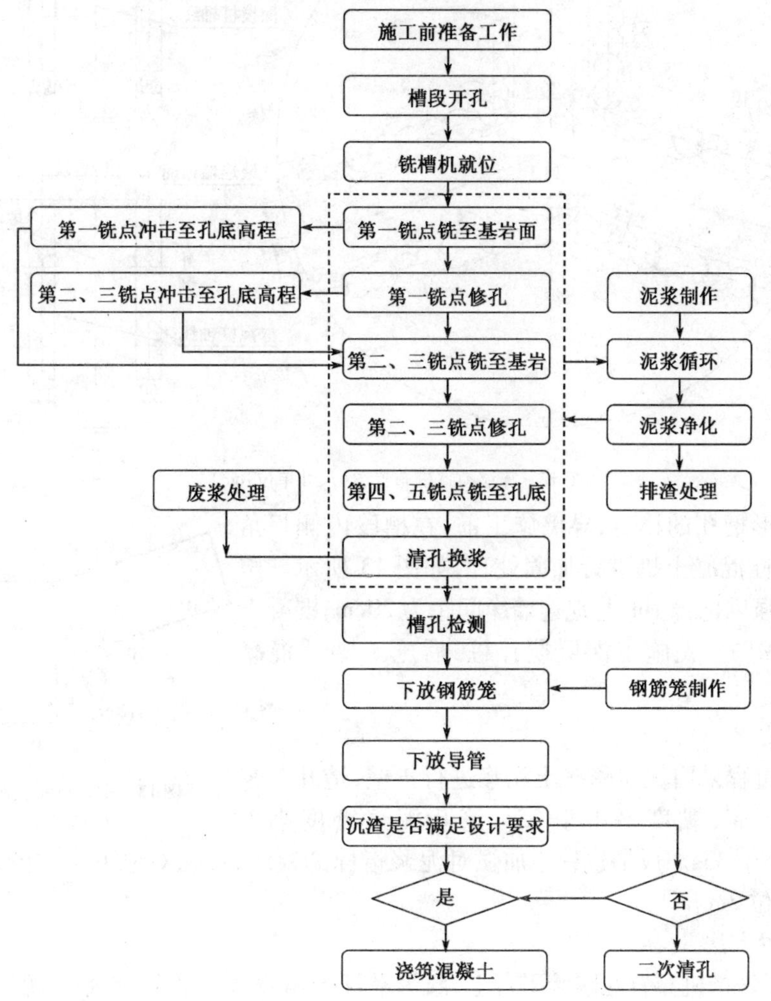

图10 "Y"形槽段施工工艺流程图

(1)铣槽顺序

"Y"形槽分五铣成槽,按照图11中①~⑤编号顺序共分三步进行:

第一步:先将第一铣点铣至基岩面,然后在第一铣点处布置1台冲击钻机凿除基岩部分,最后用铣槽机将第一铣点修孔至设计高程。

第二步:先将第二和第三铣点施工至基岩面,然后在第二、三铣点处各布置1台冲击钻机同时凿除基岩部分,最后用铣槽机将第二铣点和第三铣点修孔至设计高程。

第三步:将第四铣点和第五铣点修孔至设计高程。

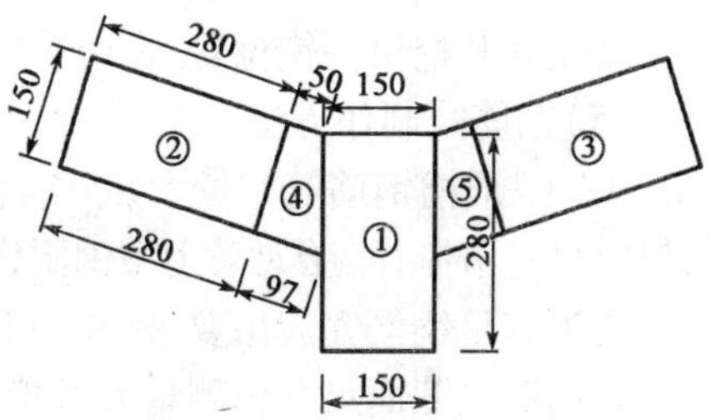

图11 "Y"形槽平面布置图(尺寸单位:cm)

(2)地基处理方法

①为加强成槽期间上部淤泥质黏土层槽孔的稳定性及减小设备荷载对成槽的影响,导墙施工前,在槽孔内外侧采用两圈直径60cm的深层搅拌桩进行加固,深层搅拌桩深度穿越淤泥质黏土层≥2m。深层搅拌桩布置如图12所示。

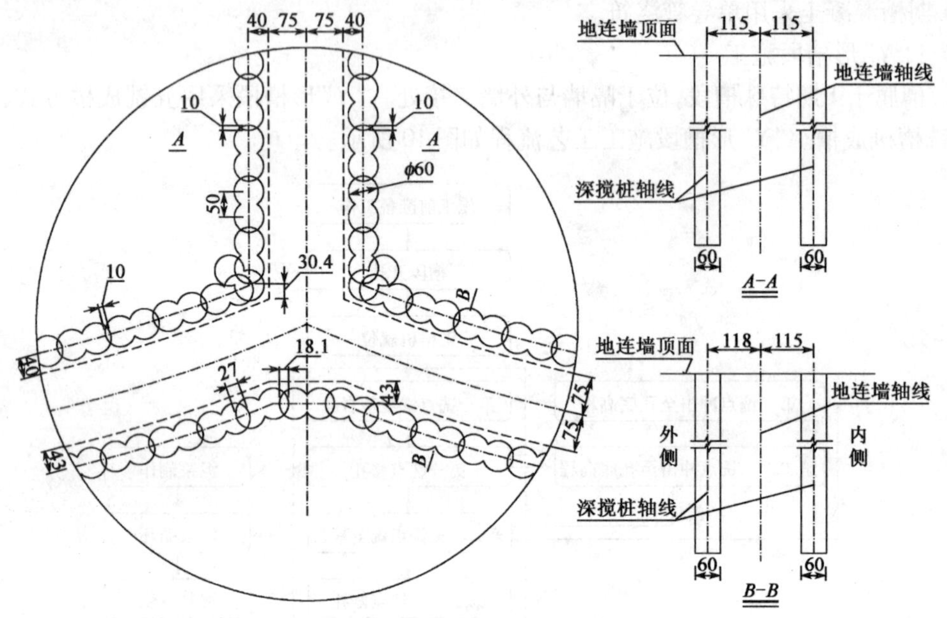

图12 深层搅拌桩布置图(尺寸单位:cm)

②为确保"Y"形槽孔的稳定,导墙施工前,在槽段内侧拐角处土体采用2根塑性混凝土桩进行加固处理,如图13所示。塑性桩直径80cm,入强风化岩1m,与地连墙净间距为20cm,混凝土强度控制在2~3MPa。先施工深层搅拌桩,后施工塑性混凝土桩。

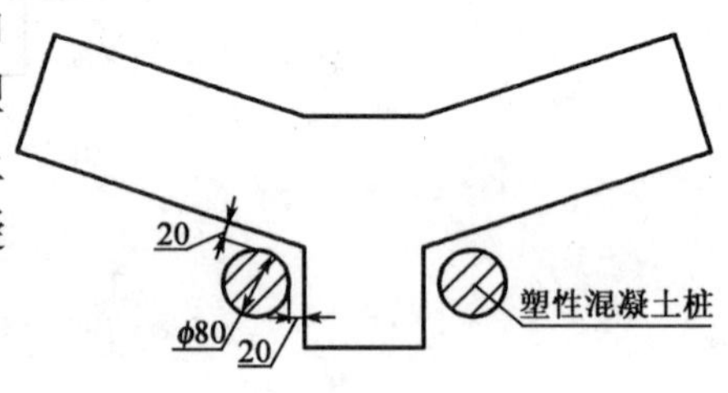

图13 塑性桩布置图(尺寸单位:cm)

(3)泥浆指标要求

"Y"形槽成槽过程采用优质膨润土泥浆进行护壁,造孔泥浆密度不小于1.3g/cm^3,黏度不小于35s;清孔泥浆密度小于1.2g/cm^3,黏度不小于33s。成槽过程中加强对泥浆指标的检测,加强对地下水位的监控,确保槽孔内泥浆面高于地下水位2m。

(4)铣槽机布置方法

第一铣时,液压铣槽机布置在隔墙平台上,履带平行于隔墙施工平台,履带一侧跨在外导墙上。第二铣和第三铣时,铣槽机布置在外施工平台。"Y"形槽在第一铣时,铣槽机前侧履带跨越在外墙导墙上,需要将铣槽机履带与导墙隔离,以免铣槽机的振动力使导墙底部孔壁坍塌,具体措施如下:

①先用黏土、碎石、方木将履带需要跨越的槽段填高,然后用钢板铺设履带作业平台,隔离导墙,避免竖向荷载直接受在导墙顶面,如图14所示。

②先只开挖第一铣位置,保留第二铣、第三铣位置的土体,以支撑导墙。

(5)钢筋笼制作方法

①"Y"形槽钢筋笼重量大、结构特殊、制作精度要求高。根据配备吊机的起吊能力,在特制的同一胎架上分三节制作,胎架采用型钢制作,并严格控制胎架制作误差。

②为满足钢筋笼起吊要求,在钢筋笼吊点处用型钢进行加固。

③钢筋笼截面尺寸由测量人员精确放样,截面制作误差控制在 ±2cm内,因形状特殊,一般按照负误差控制。"Y"形槽钢筋笼如图15所示。

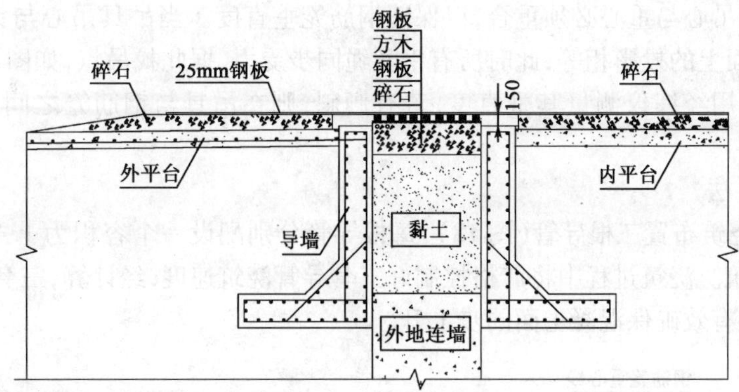

图 14　铣槽机平台示意图

图 15　"Y"形槽钢筋笼图片

(6)钢筋笼安装方法

①钢筋笼沉放翻身用两台起重吊机进行，一台为主吊，一台为副吊，其中主吊吊点 8 个，布置在每节钢筋笼的上方；副吊吊点 4 个，布置在钢筋笼的中、下部。

②吊具由扁担梁、滑轮组、钢丝绳、卸扣组成，吊具结构如图 16 所示。

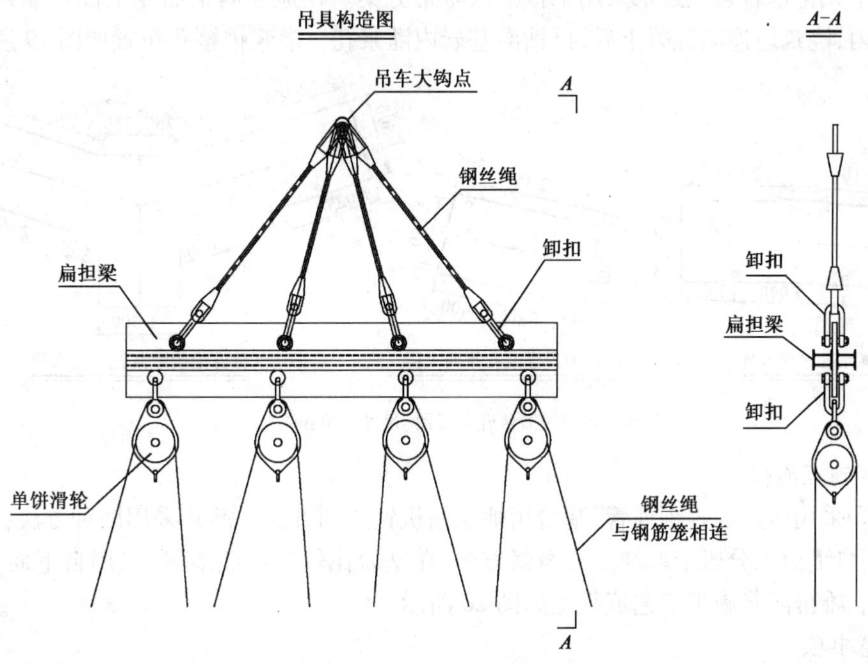

图 16　吊具结构示意图

③钢筋笼竖立后,吊心与重心必须重合,以保证钢筋笼垂直度。当吊具吊心与钢筋笼重心重合后,各钢丝绳在钢筋笼截面上的投影相等,此时所有钢丝绳同步受力,据此找吊点,如图17所示。

④钢筋笼翻身后,用经纬仪测量其垂直度,若有倾斜,则在吊具与钢筋笼之间设置手拉葫芦调整偏心。

(7)混凝土浇筑方法

"Y"形槽混凝土浇筑布置三根导管(图18),每根导管分别配设一个容积为1.4m^{3}的大料斗,以确保首盘混凝土顺利浇筑。浇筑过程中将严格控制好三套导管浇筑速度,经计算,三套导管以一定比例的速度灌输混凝土时,能有效确保混凝土面同步上升。

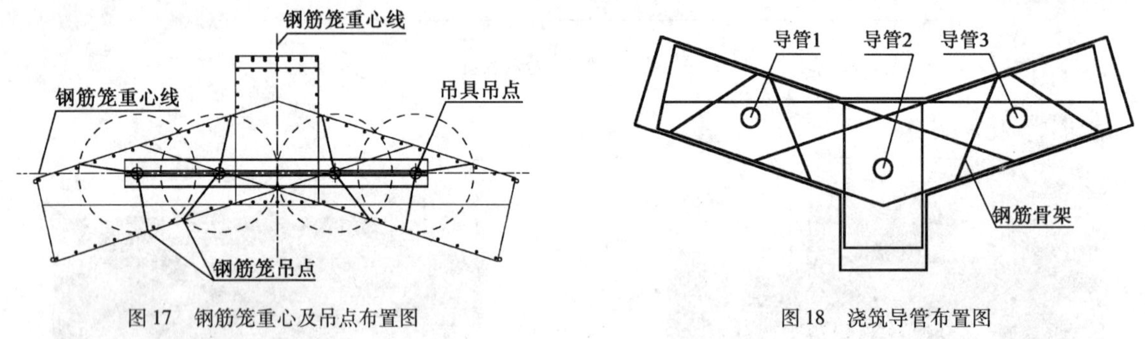

图17　钢筋笼重心及吊点布置图　　图18　浇筑导管布置图

5.2.8　地连墙桩基检测

地连墙施工同时,在钢筋笼内预留墙底帷幕灌浆管(ϕ108mm×5mm钢管),利用注浆管进行地连墙超声波无损检测。

5.2.9　墙底止水施工

(1)地连墙止水方案

①地连墙墙底沉渣层采用先冲洗再灌浆封堵方案。对地连墙墙底沉渣层宜先采用高喷管在0.7MPa气幕保护下,在无浆情况下,采用高压水侧向喷射冲洗沉渣,再采用灌浆封堵,可大大提高灌浆质量,同时还可使灌浆浆液沿地连墙侧壁适当扩散,确保地连墙墙底封水效果。

②地连墙下中风化基岩裂隙封水采用下接灌浆帷幕方案。在地连墙钢筋笼上固定灌浆管,与钢筋笼一道沉入槽孔内,浇筑地连墙混凝土后,再钻灌基岩内灌浆孔。灌浆帷幕孔布置如图19所示。

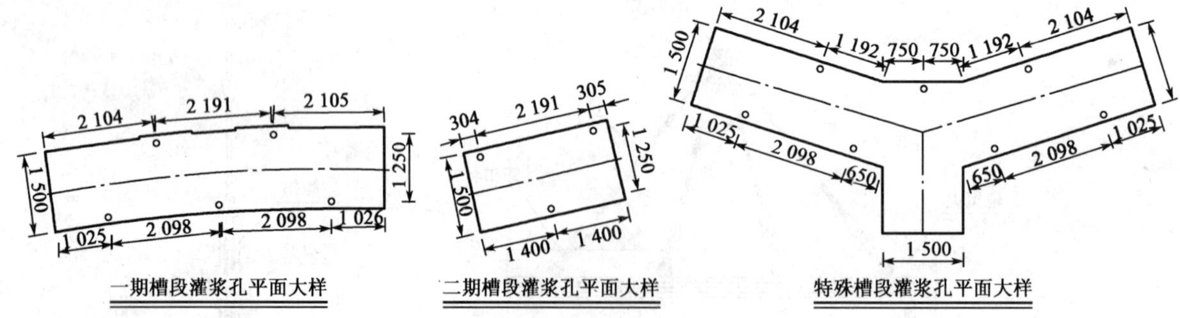

图19　各槽段灌浆孔布置图(尺寸单位:mm)

(2)帷幕灌浆施工流程

帷幕灌浆成孔采用地连墙内预埋管,基岩用地质钻机钻进的方法。灌浆采用两种方法:在岩石比较破碎的地段,采用自上而下分段卡塞纯压式灌浆方法;在基岩比较完整的地段,采用自下而上分段卡塞纯压式灌浆方法。帷幕灌浆施工工艺流程见如图20所示。

(3)施工注意事项

①地连墙内布置两环帷幕注浆孔,按先内环、后外环的顺序进行灌浆施工。

②各环均分三序进行钻灌,先施工先导孔和Ⅰ序孔,后施工Ⅱ序孔,最后施工Ⅲ序孔,前一序孔未

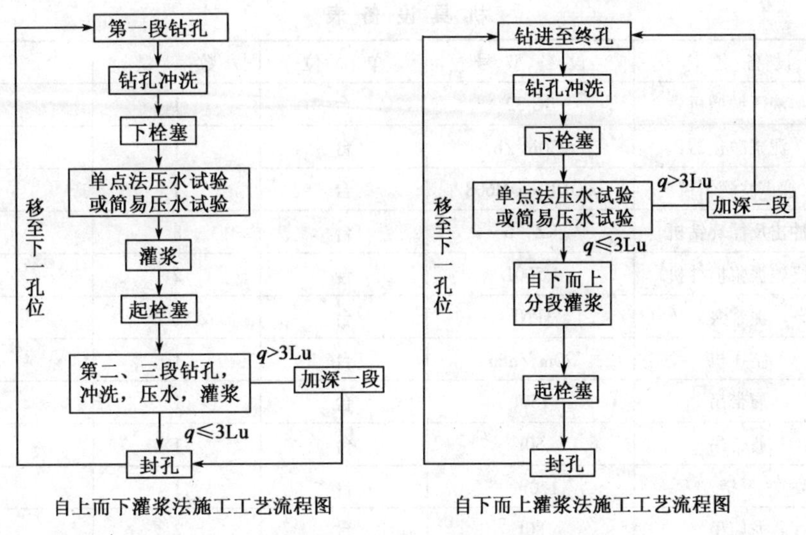

图20　帷幕灌浆施工工艺流程图

灌结束以前，相邻的后一序孔不得开始钻孔。

③钻孔灌浆作业时段区间，原则上应在地连墙已达70%的设计强度后进行，钻孔注浆作业部位距未浇墙部位之间长度不小于15m。

④检查孔压水试验在该部位灌浆结束14d后进行；压水试验成果以透水率q表示，单位为吕荣(Lu)，检查合格标准为$q \leq 3Lu$。

5.3　劳动力组织(见表1)

劳动力组织情况表　　表1

序　号	工　种	人　数	备　注
1	现场管理人员	4	
2	技术人员	6	
3	安全人员	2	
4	质检员	2	
5	测量人员	4	
6	机械操作人员	30	
7	钢筋工人	40	
8	混凝土工人	20	
9	起重工	6	
10	电工	4	
11	电焊工	20	
12	普通工人	40	
	合计	178	

6　材料与设备

本工程无需特别说明的材料，机具设备使用见表2。

机具设备表 表2

序 号	设备名称	设备型号	单 位	数 量	用 途
1	液压铣槽机	BC-32	台	1	铣槽
2	泥浆净化器	$250m^3/h$	台	1	净化泥浆
3	超声波测斜仪	KODEN DM608	台	1	检孔
4	冲击反循环钻机	CZ—6	台	8	冲击基岩
5	高速泥浆搅拌机	1 500L	台	2	制造泥浆
6	泥浆泵	3PNL	台	6	泥浆泵送
7	空压机	$20m^3/min$	台	1	清孔
8	履带吊	150t	台	1	钢筋笼吊装
9	履带吊	50t	台	1	钢筋笼吊装
10	反铲	$1.0m^3$	台	1	基槽开挖
11	龙门吊	80t	台	2	钢筋笼加工
12	搅拌站	$120m^3/h$	台	2	混凝土生产
13	混凝土输送车	$8m^3$	台	6	混凝土输送
14	装载机	50 型	台	2	混凝土生产
15	泥浆试验仪器		套	2 套	泥浆检测
16	平板车	30t	台	1	陆地材料运输设备
17	电焊机	400~600A	台	15	焊接设备
18	钢筋弯曲机	—	台	1	钢筋加工
19	钢筋切断机	—	台	1	钢筋加工
20	直螺纹加工机	—	台	10	钢筋加工
21	地质钻机	XY—2PB	8	台	帷幕灌浆钻孔
22	灌浆泵	BW/250	3	台	注浆
23	高速制浆机	ZJ—400	2	台	制造水泥浆
24	灌浆自动记录仪	GJY—IV	3	台	灌浆记录设备

7 质量控制

7.1 工程质量控制标准

(1)"∞"字形深基坑地连墙施工执行《公路桥涵施工技术规范》(JTJ 041—2000)、《公路工程质量检验评定标准》(JTG F80/1—2004)。

(2)墙底帷幕灌浆施工执行《水工建筑物水泥灌浆施工技术规范》(DLT 5148—2001)。

7.2 工程质量要求(表3~表7)

导墙施工精度控制标准表 表3

项目名称	精度要求
内侧墙面垂直度偏差	不大于1/400
内墙面平整度偏差	不大于3mm
导墙平面轴线与地连墙轴线平行之间偏差	不大于±5mm
导墙间距误差	不大于±5mm
导墙顶高程偏差	不大于±5mm
顶面平整度误差	不大于5mm

泥浆性能指标控制标准表 表4

性　质	阶　段			检测方法
	新制泥浆	循环再生泥浆	混凝土浇筑前槽内泥浆	
密度(g/m^3)	≤1.05	≤1.15	≤1.15	泥浆比重秤
马氏黏度(s)	30~60	30~50	≤40	马氏漏斗
失水量(mL/30min)	≤20	≤40	不要求	1009型失水量仪
泥皮厚(mm)	1.5	≤3	不要求	
pH值	≥7	7~9	7~9	试纸
含砂量(%)	≤4	≤4	≤2	1004型含砂量测定仪
检测频次	2次/d	2次/d	1次/槽	

钢筋笼的制作质量控制标准表 表5

序　号	项　目		容许偏差(mm)	检查方法及频率
1	竖向主筋排距		±5	每段检查2个断面,用尺量
2	竖向主筋间距		±10	
3	水平筋间距		±20	用尺量,每方向检查5个
4	钢筋笼骨架尺寸	长度	±50	每段检查2个断面,用尺量
		宽度	±20	
		厚度	0,-10	
5	保护层厚度		±10	每段检查2个断面,用尺量
6	预埋件数量		实际数量	目测,全部
7	预埋件中心位置		±10	全部,用尺量
8	焊点和焊缝		无裂缝、气泡、焊渣	目测,50%焊缝
9	搭接长度		设计要求	目测,50%焊缝
10	笼体清洁度		无明显锈斑、油污和泥块	目测

钢筋笼安装质量控制标准表 表6

项　次	检查项目	偏　差
1	钢筋笼倾斜度	1.5‰
2	钢筋笼保护层厚度	±20mm
3	钢筋笼中心平面位置	20mm
4	钢筋笼顶端高程	±20mm
5	钢筋笼底面高程	±50mm

地连墙成槽质量控制标准表 表7

项　次	检查项目	偏　差
1	槽段长度	≤±50mm
2	槽段厚度	≤30mm
3	轴线位置(平面)	≤±30mm
4	槽孔垂直度	≤1/400
5	相邻槽段搭接长度	≥25cm
6	沉渣厚度	≤15cm
7	孔深	槽孔深度应满足进入中风化岩层约3m

7.3 质量技术保证措施

(1)选用目前最先进的地连墙成槽设备——宝峨 BC—32 型液压铣槽机进行成槽施工,较好地保证了成槽深度和精度。

(2)在施工中高度重视固壁措施,采用优质造浆材料以保证泥浆性能,并不断优化各项指标,确保槽壁施工的稳定。

(3)高度重视槽壁的清洗工作,在Ⅱ期槽成槽施工结束后利用钢丝刷对接头部分上下分多次进行刷洗,直到钢丝刷头基本不带泥皮为止,确保两幅槽段接缝有良好的止水性。

(4)制订严密的钢筋笼吊装方案,确保钢筋笼起吊的安全及安装质量。

(5)采用铣槽机进行清孔换浆作业,并采取全部换浆方式确保墙底沉渣厚度。

(6)加强水下混凝土浇筑施工管理,保证水下混凝土的浇筑质量。

7.4 防止地连墙槽孔塌方的技术措施

(1)采用适应锚碇基础地质条件的开挖设备和成槽工艺。

(2)严格控制泥浆性能指标,以确保槽孔两侧土体的稳定。

(3)采用深层搅拌桩加固基础覆盖层中软弱的淤泥质亚黏土层,保证槽孔在施工过程中处于稳定状态。

(4)尽量缩短槽段开挖至浇筑混凝土之间的时间。

(5)采用有较大强度和刚度的"L"形钢筋混凝土导墙,导墙内侧设置 2~3 排横向支撑,防止导墙向槽内挤拢,从而导致挖槽机械及起重设备等倾侧引起槽孔坍方。

(6)对于"Y"形槽段,在较易坍孔的拐角处,各采用两根直径 80cm 的塑性混凝土桩进行加固处理。

(7)做好各种设备配件、各种施工材料的准备和供应工作,保证地连墙连续施工。

7.5 保证地连墙槽孔垂直度的技术措施

(1)采用液压铣槽机,由于其均匀、连续的铣削成槽工艺,其开挖槽段的垂直度可达 1‰~3‰。

(2)铣削槽孔时,铣槽机吊车的履带与槽段平行。

(3)铣削槽孔时,需缓慢均匀提升。

(4)采用高精度的 DM604 型超声波测井仪精确测定槽孔的倾斜方位和倾斜率,并做好记录,以便对照检查。

(5)双轮铣孔口设置有导向架,在双轮铣开孔过程中固定铣头,起到一个导向的作用。开孔时铣削速度不宜太快,待铣头完全进入孔内,有了一个良好的导向时再加快铣削速度,进行正常施工作业,避免因开孔导向不好造成槽孔偏斜。

(6)由于Ⅱ期槽两端混凝土厚度、软硬不一,可能造成槽孔的扭偏,这种偏斜不能由双轮铣的测斜装置反映出来,施工人员可以根据铣齿磨损情况的差异并利用 DM604 超声波测斜仪进行多点测量来进行判断,并及时进行纠偏。

(7)铣槽机采用两个独立的测斜仪沿墙板轴线和垂直于墙板的两个方向进行测量,这些设备提供的数据将由计算机进行处理并显示出来,操作人员必须连续不断的监测,并在需要的时候对开挖的垂直度加以纠偏。

(8)选用具有丰富经验的操作手进行铣槽作业。

7.6 墙底帷幕灌浆质量保证措施

(1)推行全面质量管理,制定工序管理表,严格实行工序管理,使整个过程始终处于可控制状态。

(2)把好材料质量关,施工的所需水泥、膨润土和外加剂须经检验合格后方可使用,施工严格控制水灰比及浆液注入量。

(3)严格控制钻孔垂直度。

(4)对帷幕灌浆整个过程严格按照设计和规范要求执行,对检查不合格的灌浆孔需采取相应的补压措施。

(5)做好各项施工记录,各项记录必须准确真实。认真记录施工过程中出现的各种情况及各项施工参数。

8 安全措施

(1)导墙、施工平台应有足够的强度,在施工过程中,设置观测点,以免导墙、施工平台塌陷危及重型施工机械(液压铣、起重机等)的安全。

(2)采用优质膨润土护壁,选用对地面振动小的液压铣等施工机械进行槽孔开挖,确保孔壁的安全,不发生坍塌。

(3)确保大型钢筋笼的起吊安全。

①起吊钢筋笼时,必须有项目部的专职安全员在现场;

②钢筋笼起吊前进行检查,确保笼体内的杂物,如钢筋头等清理干净,防止起吊时坠物伤人;

③起吊作业范围内,所有闲杂人员一律清走;

④安全吊装有专职起吊人员指挥;

⑤定期检查机械,尤其是起吊限位器和钢丝绳,确保设备和起吊机具的完好使用。

(4)按照技术条款和安全规程,布置足够的照明设施,确保夜间施工照明。

(5)配置专人和专用设备,加强道路维护,保证汽车行驶安全。施工设备、车辆由专人驾驶,其他人员不得擅自使用;对施工设备、车辆的使用,应遵守相关的操作规则;起重机起重臂下、装载机铲斗内,严禁站人。

(6)按施工组织设计要求架设施工作业面的水、电管线路,做到平、直、顺、整齐有序。按照业主及监理的要求,做到以文明施工,促进安全施工。

(7)保持机械整洁,保养完好,外观清洁,停放整齐,并配有防护措施。

9 环保措施

(1)按照《中华人民共和国环境保护法》,环境保护坚持"预防为主、防治结合"的方针,努力实现可持续发展战略。

(2)所有生产垃圾分类收集,统一回收,交相关处部门统一处理。

(3)液压铣通过 BE—500 泥浆净化系统分离集中出渣,采用挖掘机装车,用自卸汽车运至指定废料场。

(4)对制浆用的膨润土和外加剂进行严格挑选,禁止使用有有害化学物质的添加剂。

(5)生产废水,即冲洗机器和为满足文明施工冲洗施工平台的水通过排水沟集中至废浆池,废浆池内的废水废浆由封闭罐车统一外运至指定处理地点进行处理。

(6)洗刷机械的废油水禁止进入排水系统,单独搜集进行处理。

10 资源节约

本工法采用冲击钻配合铣槽机完成嵌岩槽段成槽施工,充分利用铣槽机工作效率,提高砂岩层的成槽功效,相对节省铣槽机工作时间,减少了液压铣槽机柴油损耗。另外,本工法只需要进行墙底帷幕灌浆即可实现地连墙封水,不需在地连墙外侧设置挡水帷幕构造,节省了大量材料、设备和人力资源。

11 效益分析

11.1 经济效益分析

(1)本工法采用的"∞"字形地连墙可大幅减小单圆半径,结构受力较小。可最大限度地节约场地并减少投入,改善锚碇基础结构整体受力,与采用矩形或圆形结构相比,分别可节省5 500万和2 800万元成本(对照南京四桥南锚碇工程)。

(2)本工法在地基处理、成槽设备配置、施工工艺及施工过程中的质量控制上提出更高的要求,使"∞"字形地连墙结构受力及封水性能达到预定的效果,可依靠良好的接头以及地连墙质量进行封水,不需要在坑外设置挡水帷幕,既缩短了施工工期,又降低了施工成本(类似工程采取坑外挡水帷幕预案造价超过1 000万元),经济效益明显。

11.2 社会效益

(1)"∞"字形深基础与圆形深基础及方形深基础相比,基础受力性能好,占地面积小,并成功应用于桥梁深基础施工,为国内桥梁深基础结构形式增加另一种构思,具有良好的社会效益。

(2)本工法中"Y"形槽结构特殊,受力复杂,对各施工工序要求高,通过一系列技术措施使得"Y"形槽得以顺利实施,其施工技术为类似工程提供借鉴。

12 应用实例

南京长江第四大桥南锚碇地连墙。

12.1 工程概况

南京长江第四大桥为双塔三跨悬索桥,主桥桥跨布置为166m+409m+1 418m+364m+119m=2 476m。南锚碇基础采用井筒式地连墙结构形式,平面形状为"∞"字形,长82.00m,宽59.00m,由两个外径59m的圆和一道隔墙组成,墙厚为1.50m,地连墙平面布置如图21所示。地连墙施工平台高程为6.5m,底高程为-35.00~-45.00m,嵌入中风化砂岩约3.00m,总深度40.00~50.00m。基岩以上地层地质从上往下依次为:粉质黏土层(0~8m),淤泥质粉质黏土夹粉砂层(8~18m),粉质黏土层(18~40m),以下为基岩层。

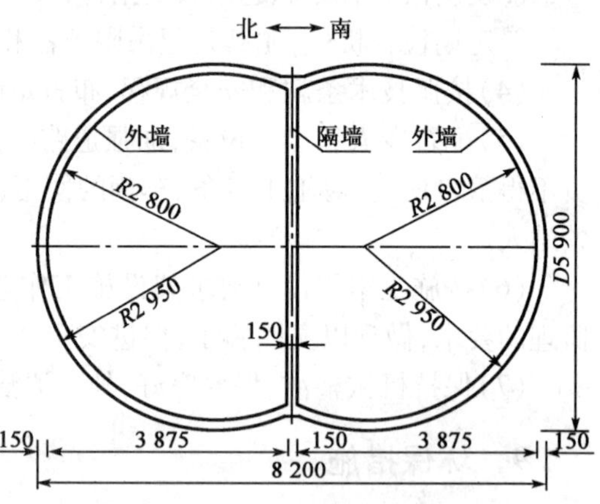

图21 地连墙平面布置图(尺寸单位:cm)

12.2 施工情况

南锚地连墙施工槽段分I、II期两种槽段。地连墙I期槽段共32个,地连墙II期槽段33个。外墙I期槽段轴线处长6.324m;隔墙I期槽段长6.944m(或2.8m)。II期槽段长均为2.80m。"Y"形槽属于特殊I期槽段。

地连墙总施工顺序为:隔墙槽段→北侧外墙槽段→南侧外墙槽段。先施工I期槽段,后施工II期槽段。

地连墙成槽施工采用八台冲击钻机配合一台BC-32液压铣槽机成槽,其覆盖层采用铣槽机直接铣削,基岩先采用冲击钻破碎,然后采用铣槽机进行修孔。前期基岩直接采用铣槽机铣削,其施工效率较低,平均3d成一个I期,工期明显滞后,采用冲击钻机配合液压铣槽机成槽方法后,平均1.5d完成一个I期槽段。前期采用气举反循环法进行清孔换浆,且只将槽孔内部分泥浆更换,混凝土浇筑前沉渣厚及泥浆指标不符合要求,需要进行二次清孔。采用铣槽机直接清孔,且更换槽孔内所有泥浆后,混凝土浇筑前沉渣厚度一般不大于5cm,泥浆指标符合要求,不需要进行二次清孔。

地连墙"Y"形槽段采用五铣削成槽方式,通过塑性混凝土桩加固地基,控制成槽过程的泥浆指标,成槽后孔型较好,未出现塌孔现象。钢筋笼重112t,长45m,在同一胎架上分三节制作,沉放采用150t履带吊,另配50t履带吊配合翻身,通过现场精细管理,单个钢筋笼在15h内完成沉放施工,下放过程中钢筋笼垂直度及平面位置良好,混凝土浇筑前孔底沉渣及泥浆指标满足要求。

地连墙墙底帷幕灌浆施工共布置212个注浆孔,分两环布置在外墙内外侧,注浆结束后进行压水试验,结果透水率 $q \leqslant 3Lu$ 满足规范要求。

南锚地连墙共 65 个槽段,于 2009 年 3 月 21 日开工,2009 年 7 月 16 日完工。墙底帷幕灌浆施工于 2009 年 7 月 1 日开工,2009 年 8 月 20 日完工。南锚地连墙施工全景如图 22 所示。

图 22 南锚地连墙施工全景

12.3 工程监测与评价

地连墙 65 个槽段均通过超声波无损检测,结果均为 I 类槽段。

地连墙施工完后,南锚基坑进行了抽水试验,试验结果表明:基坑日渗水量 $\leqslant 150m^3$,小于以前类似桥梁地连墙基坑日渗水量。

2009 年 11 月 10 日南锚完成基坑开挖,从外露地连墙表面表明:地连墙平面位置、垂直度、铣接头质量及混凝土质量良好,基坑几乎无渗水,基坑封水效果非常好。

地连墙施工过程始终处于安全、稳定、快速、优质的可控状态,工程质量优良、无安全生产事故,得到各方的好评。

海上桥梁承台与承台防撞设施一体化施工法

GGG(中企)C1057—2010

刘国波　全少彪　周先念　曾　越　党权交
(路桥集团国际建设股份有限公司　路桥华东工程有限公司)

1　前言

东海大桥的三座辅通航孔桥主墩承台均采用了承台与承台防撞设施一体化施工技术,采用本施工技术有利于克服恶劣施工环境,并大大缩短施工工期,具有明显的经济效益和社会效益。承台与承台防撞设施一体化施工技术经查新,在国内尚属首次采用。2005 年 11 月 28 日通过北京市科学技术委员会鉴定,研究成果总体上达到国际先进水平。

2　工法特点

承台与防撞体系一体化施工的防撞结构,套箱既为桥墩的防撞装置,又为承台施工的围水结构,二位一体,具有安全、经济和提高工效的特点。

经过东海大桥三座辅通航孔桥 9 座主墩承台的实施,采用承台与防撞设施一体化施工,较传统的双壁钢套箱和单独的防撞结构施工节省钢材约 73.3%;同时,由于钢套箱采用陆地加工、整体吊装,使工期至少缩短了两个月以上;由于减少了海上作业时间,大大减小了施工的安全风险;在施工成本方面,由于采用整体吊装施工,一次性将主墩防撞设施安装到位,有效地减少了承台施工完成后再进行防撞设施安装的工作量,加快了施工进度,减少船机及人工费 500 多万元,并节约了承台施工所需的套箱费、套箱拆除费以及工期折合费用 3 300 多万元,共计 3 800 多万元,取得了巨大的经济效益。

3　适用范围

本工法适用于水域开阔的通航(辅通航)孔桥、桥墩需设防撞设施的高桩承台施工。

4　工艺原理

将承台施工所用套箱与桥墩的防撞钢结构结合起来设计,承台施工完成后,套箱不拆除,继续作为桥墩的防撞结构使用。

其中的关键技术是防撞设施与钢套箱一体化的设计,根据船舶设计原理,在防撞设施与钢套箱一体化设计时,充分考虑波浪力的冲击,采用了在防撞设施上开设消能孔以减小波浪力的冲击,保证了套箱的稳定性和对新浇混凝土质量的影响,并经过上海市船舶研究所进行的物理模型试验,最终满足了设计要求。

5　施工工艺流程及操作要点

5.1　防撞钢套箱结构形式

(1)防撞结构

防撞设施的结构设计满足沿海钢质海船的规范要求,防撞设施主体的结构由内、外围壁,底板,上甲板,下甲板,纵、横舱壁等板架构件组成。侧板分段制作,用高强螺栓连接。内围板上安装防撞橡胶件并加厚壁板，见图1。

(2)套箱侧模结构

利用防撞钢结构作为承台模板的受力骨架，在缓冲橡胶之间加木肋，木肋与橡胶同高度。木肋与橡胶外安装竹胶板，形成承台施工所需的侧模，见图2。

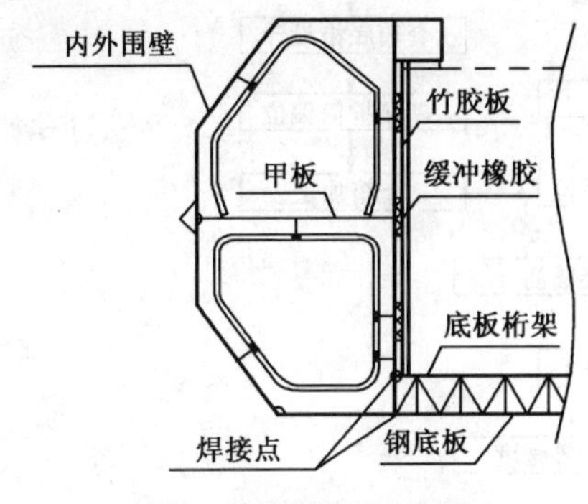

图1 防撞钢套箱示意图

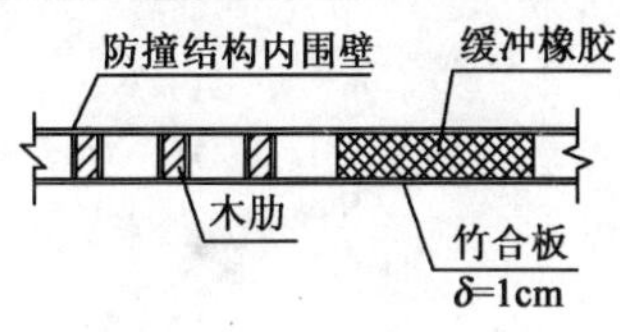

图2 套箱侧模结构示意图

(3)套箱底模结构

套箱底篮由底板桁架和焊接在桁架下弦杆上的面板组成。底板桁架用型钢焊接而成，底篮直接浇在封底混凝土中。因此，它既是浇筑封底混凝土的承重结构，也与封底混凝土一起作为承台混凝土的承重结构。

套箱底篮与防撞结构内围壁焊接成整体，这样，防撞结构与套箱底、侧板一起组成了防撞钢套箱。

(4)套箱支撑系统

套箱由钢制牛腿支承。由于受水位影响，牛腿做成倒挂形式，以便与钢护筒有足够的焊接时间。

套箱顶部用圆钢管支撑，其作用一是平衡侧板水平荷载，二是作为套箱整体吊装撑架，平衡吊索水平分力。支架呈X形布置，使套箱上口空间利于承台施工。套箱顶部支撑与底篮之间设有竖向钢管支撑，以加强套箱的整体刚度，如图3、图4所示。

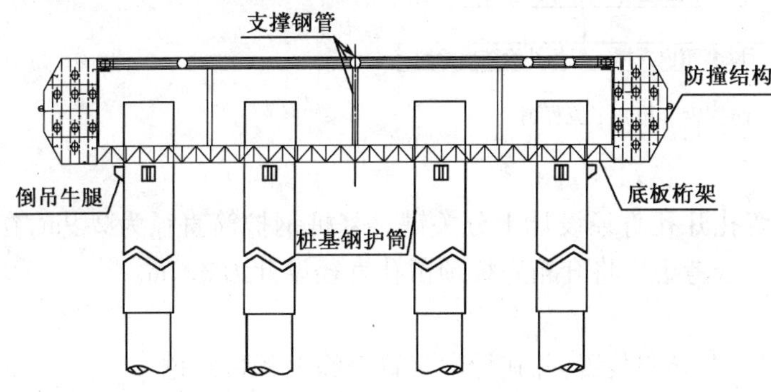

图3 防撞钢套箱支撑系统示意图

图4 防撞钢套箱效果图

(5)套箱消能结构

由于防撞钢套箱的外形尺寸较普通钢套箱大，因此，作用在套箱上的波浪力也较大，这对套箱各施工工况均有一定影响。

为了降低波浪对防撞钢套箱的作用力，设计时在套箱的侧板外围板开设消能孔，孔径在300～500mm不等，如图5所示。

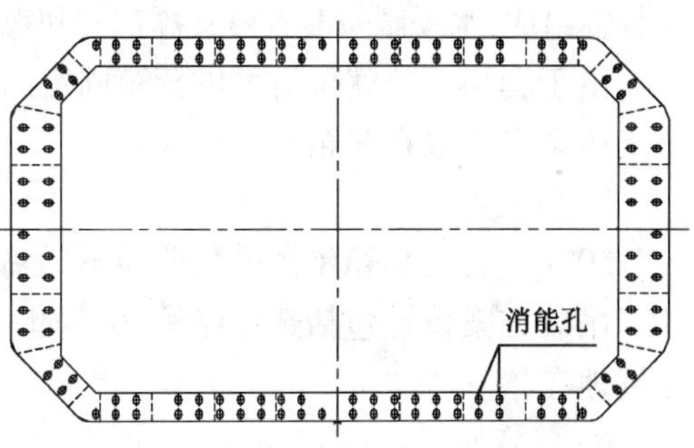

图5 防撞套箱消能设计示意图

5.2 防撞钢套箱施工

1)防撞钢套箱施工流程

防撞钢套箱施工流程见图6。

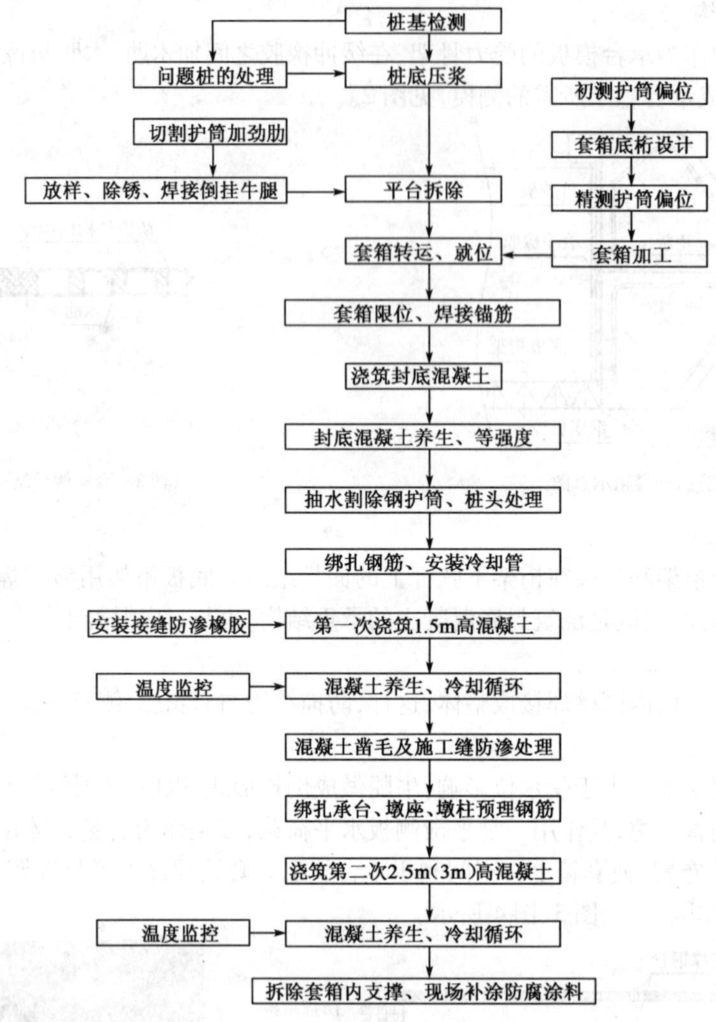

图6　防撞钢套箱施工流程图

2)套箱底板桩位预留孔

要保证套箱顺利下放,套箱底板桩位预留孔开孔直径设计十分关键。基桩钢护筒直径为2.9m,在综合考虑施工环境和测量精度的情况下,经综合考虑后将套箱底板预留孔直径设计为3.2m。

3)套箱下放导向装置

在承台四角的基桩钢护筒上设计4个圆台形导向装置,并在导向装置上涂上醒目颜色。

4)套箱固定装置

套箱固定包括竖向反压和水平限位两个方向,竖向反压装置由反压牛腿及型钢、螺旋千斤顶等临时反压装置组成,水平限位装置由支撑钢管和螺旋千斤顶组成,套箱就位后可直接通过调节千斤顶加以固定。

由于套箱下放就位后可供套箱固定的时间很短,约2h,因此,套箱转运前将竖向反压装置和水平限位支撑架事先放在套箱相应位置。

5)吊装系统

500t左右的套箱整体吊装即使不是海洋环境,也属大型设施起吊安装作业,起吊方案必须精心设计。吊装方案设计包括选择浮吊、确定起吊高度,吊索、吊具计算选择,吊耳、支撑系统设计,以及吊装作业场地布置。

6)套箱加工

(1)基桩钢护筒偏位测量。由于套箱底板预留孔位置来源于基桩钢护筒平面位置测量,因此,测量错误直接影响套箱下放就位。为了使测量精度满足设计要求,测量工作分初测和精测两步进行。

①为了不影响承台施工进度,在基桩施工时对基桩钢护筒的偏位进行初测,作为套箱底板初加工的参考。

②基桩施工完毕,拆除钻孔工作平台上的钻孔设备,测量条件相对较好,测量小组再对基桩钢护筒的偏位进行精测,此次测量作为套箱底板加工预留孔位置的修正和最终依据。

(2)套箱加工。钢套箱在工厂整体加工制作。套箱底板桩位开孔以基桩钢护筒初测数据为依据,当基桩施工完成、钢护筒精测数据出来后再对底板开孔进行修正并用全站仪或经纬仪进行检测。钢套箱转运前按规范对加工质量进行验收并试吊,验收通过后方可转运。

7)整体钢套箱安装

(1)起重船的选择。根据套箱设计重量、几何尺寸及起重船的起重参数和施工环境选择适合的起重船。

(2)选择拖航时间。钢套箱在加工厂一旦出港,就应从天气上考虑能使后续工序连续施工。如果钢套箱在海上(桥位处)停放时间过长,不但不经济而且不安全。因此,选择拖航时间是件重要而又比较困难的事,要求套箱拖航必须满足以下条件:

①出航时航线所经海域风力小于7级。

②中长期天气预报(20d以内)无台风等灾害性天气发生。

③从天文潮汐规律方面考虑,套箱应在小汛期接近低平潮时安装就位。

(3)拖航。拖轮二艘,主拖轮马力3 000hp,位于驳船前方,用拖缆软拖,副拖轮马力1 600hp,位于驳船一侧,除提供辅助拖航动力外,协助主拖轮控制航行方向。

(4)锚泊。船队到达施工墩位附近后按事前安排抛锚停泊,浮吊横桥向停泊在安装墩一侧(靠长江口一侧),定位船与驳船横桥向停泊在浮吊前方,与桥墩间保持一定的安全距离。

(5)起吊安装

①准备工作:

a.指挥人员、测量人员、起重工、电焊工、安装限位支撑架人员按分工,准备进入岗位。

b.浮吊挂上起重绳,准备在高平潮前后开始起吊作业。

②起吊:一切准备工作就绪后,徐徐吊起钢套箱离开驳船500mm左右,再次检查套箱受力与变形情况及浮吊工作状态,如无异常情况,继续起吊。

③平移定位:套箱吊离驳船后,定位船及驳船即移至桥轴线的另一侧,浮吊通过收放锚缆,缓慢平稳地平移至墩位上方,瞄准导向架微调对位。

④下放就位:

a.套箱下放工作在落潮水流相对平稳后开始,争取半小时内完成。

b.对位观察人员先在套箱顶部观察对位情况,待套箱下降一定高度后进入箱内,一人一桩观察对位情况,并将观察情况报指挥员。

c.指挥员根据仪器观测和肉眼观察情况指挥浮吊正确对位后缓慢下放套箱进入导向架,进而进入护筒顶部,然后停止下放,观察底板处各桩位就位情况和整体套箱偏位情况。

d.分析观测情况,如有异常需及时采取相应措施;如无异常情况,以每500mm一级逐级下放套箱,直至离牛腿面100mm处暂停下放。

e.经纬仪再次测读套箱位置,并尽可能参照测读数据调整套箱位置后继续下放套箱。重复上述步骤,最后将套箱下沉到位,如图7所示。

图7 防撞钢套箱就位示意图

⑤安装限位装置:

a. 经检查(整体套箱就位精度、支承情况、底板孔位与护筒间相对位置等)套箱就位达到设计要求后,松钩50%。

b. 观察人员立即分组,快速安装水平限位支撑。待套箱四角的4个限位支撑基本就位后完全松钩,全部水平限位及竖向限位装置安装完成后,打开起重浮吊吊索销子,浮吊就地待命。

c. 在安装水平限位支撑的同时,迅速安装竖向临时反压装置,同时开始焊接竖向反压牛腿,这两项工作必须在潮水上涨至底板上桁前完成。

8)承台施工

(1)承台封底。防撞钢套箱安装就位后,必须尽快封底,以降低海上风浪对套箱的影响,降低施工风险。

(2)承台钢筋混凝土施工。承台混凝土采用海工高性能混凝土,混凝土除其强度与和易性必须满足设计和施工要求外,还必须具备海洋环境下防止钢筋锈蚀及抗冻、抗渗性能。与普通混凝土相比除强度与和易性两项质量指标外,还用电通量与氯离子扩散系数两项指标来衡量混凝土的密实度。一般要求海工高性能混凝土电通量值小于1 000C,氯离子扩散系数小于$1.5\times10^{-12}m^2/s$。

(3)承台混凝土养护。承台钢筋混凝土施工与内河基本相同,承台内设冷却水管,混凝土采取"内散外蓄"的养护措施。

(4)承台的防腐措施。为了满足承台的防腐要求,钢筋保护层垫块均采用高强度等级的混凝土垫块或高强度的塑料垫块,避免形成腐蚀通道。同时还要对承台分次浇注的施工缝作如下处理:

①严格按规范要求对第一次混凝土进行凿毛和淡水冲洗处理。

②缩短前后两次混凝土浇筑的时间间隔,以减小两层混凝土间因收缩、徐变的不同而产生的附加内力。

③采用低水化热的高掺和料混凝土。

④第二次混凝土浇筑前对凿毛混凝土顶面进行淡水润湿至饱和,并铺一层1~2cm厚的1:2水泥砂浆。

⑤平接缝四周设工形橡胶止水带,如图8所示。

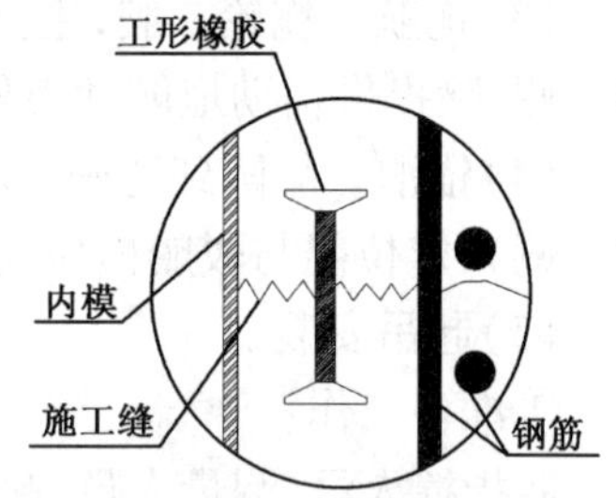

图8　橡胶止水带处理施工示意图

严格处理施工缝的目的是为了避免形成海水腐蚀通道,以提高承台的耐腐蚀性能。

5.3　现场管理

由于套箱安装时间短,一次性投入大型设备和施工人员多,因此现场的组织管理显得尤为重要。为此,经多次研究,确定了设备的就位、移动以及施工人员的指挥方式等,具体组织如下。

(1)根据套箱起吊时间、潮水情况、船舶尺寸、风浪方向分别安排浮吊、驳船、定位船相对施工墩位的具体位置关系。

(2)统一方位,统一指挥口令,统一指挥。

(3)套箱下放时,套箱内观察员将套箱下放过程中的导向架与套箱预留孔位情况报告给指挥平台上总指挥,总指挥在综合所有观察员信息后统一指挥起重浮吊的平移方向或下放速度。

(4)套箱下放就位后,套箱固定人员马上按事先安排好的程序进入各自指定位置,并按要求迅速固定套箱。

6　材料与设备

6.1　材料

在本工法的施工中,防撞钢套箱的侧板和船体采用钢板加工、底桁采用型钢加工,所采用的新材料主要为防腐涂层材料,表1为钢套箱所使用的防腐涂层材料及厚度。

钢套箱防撞设施防腐涂料配套 表1

涂料名称		喷涂方式	厚度(μm)
防撞套箱外壁涂料	H53—9 环氧重防蚀涂料	刷涂	100
	H53—9 环氧重防蚀涂料	刮涂	500
	H53—9 环氧重防蚀涂料	刮涂	500
	S43—1 丙烯酸聚氨酯面漆	喷涂	40
	S43—1 丙烯酸聚氨酯面漆	喷涂	40
	S43—1 丙烯酸聚氨酯面漆	喷涂	40
防撞套箱内壁涂料	842—1 环氧沥青厚浆型防锈漆	喷涂	125
	842—1 环氧沥青厚浆型防锈漆	喷涂	125
	842—1 环氧沥青厚浆型防锈漆	喷涂	125
	842—1 环氧沥青厚浆型防锈漆	喷涂	125

6.2 设备

本工法中,防撞套箱在专业厂家加工制作而成,所采用的设备也为常规设备,这里主要列出海上防撞套箱的运输、安装及承台施工所需主要机具设备,见表2。

主要机械设备一览表 表2

序号	名称	规格	数量	用途
1	浮吊	500t	1艘	500t 浮吊用于420t 和470t 防撞套箱的安装
2	浮吊	1 300t	1艘	1 300t(也可是700~1 300t)浮吊用于570t 套箱的安装
3	拖轮	3 000P	1艘	主拖轮马力3 000hp,位于货驳船前方,作为货驳前进的主动力
4	拖轮	1 600P	1艘	副拖轮马力1 600hp,位于货驳外,拖缆软拖船一侧,除提供辅助拖航动力,还协助主拖轮控制航行方向用
5	货驳	2 500~3 500t	1艘	运输套箱(可根据套箱和货驳平面尺寸选定)
6	浮吊	100t 或200t	1艘	吊装承台结构钢筋及各种承台施工用具
7	货驳	1 000t	1艘	运输各类结构用材
8	拌和船	$120m^3/h$	2艘	承台封底及承台结构混凝土的供给
9	供水船	1 000t	1艘	施工淡水供应
10	抛锚艇	500P	1艘	用于船只及浮吊抛锚
11	交通船	20~30人	3艘	施工人员的接送

7 质量控制

(1)基桩钢护筒偏位测量:为了保证基桩钢护筒偏位测量的精确性,测量分为初测和精测两级测量,初测护筒中心偏位≤100mm,精测护筒中心偏位≤50mm。

(2)钢套箱底板加工制作:套箱底板桩位开孔以基桩钢护筒初测数据为依据,加工时底板桩位中心放样偏差≤10mm。

(3)钢套箱平面偏差:下放就位后,固定前钢套箱顶面中心平面偏位,顺桥向≤30mm,横桥向≤30mm。

(4)钢套箱平面尺寸:≤30mm。

(5)钢套箱水密性试验:不允许有渗水现象。

(6)钢套箱加工及承台施工满足以下规范或标准:

①行业标准:《公路桥涵施工技术规范》(JTJ 041—2000);

②行业标准:《公路工程质量检验评定标准》(JTG F80/1—2004);

③国家标准:《钢结构工程施工质量验收规范》(GB 50205—2001);

④上海同盛大桥建设有限公司、上海市公路工程质量监督站:《东海大桥工程专项质量检验评定标准》。

8 安全措施

(1)方案报批:套箱的起吊、运输及吊装方案完成后必须送船监局、海事局等相关部门审批,必要时请其协助导、护航。

(2)试吊:钢套箱加工完成后,转运前必须进行试吊,以检验加工质量和整体结构的安全性。

(3)选择拖航时间:

钢套箱一旦出港,就应从天气上考虑能使后续工序连续施工,要求满足以下要求:

①出航之日应是风平浪静之时,航线所经海域风力小于7级。

②中长期天气预报(20d以内)无台风等灾害性天气发生。

③从天文潮规律方面考虑,套箱应在小汛期(小潮期)接近低平潮时安装就位。

(4)吊装操作:套箱的吊装、就位等必须由专业吊装人员统一指挥,所有操作人员应佩带安全防护用品。

(5)套箱固定:套箱下放到位后要及时施工套箱加固装置。

9 环保措施

在本工法实施过程中,我们始终遵守"节约即是环保"的理念,从设计思路和现场实施等方面采用了一定的措施,起到了很好的环保效果。

9.1 设计思路

将防撞设施与钢套箱相结合,比传统双壁钢套箱跟防撞设施分离施工,不论从钢材的用量还是从实施过程中人员、船机设备的投入方面都具有明显优势。

9.2 钢套箱采用陆地加工

防撞钢套箱在陆地工厂分节段制作后拼装成整体,这为原材料的节约、加工现场组织整理等提供了有力的保证。

9.3 钢套箱整体吊装

在现场采用浮吊整体吊装,避免了普通双壁钢套箱在现场拼装、下放时所产生的施工垃圾,起到了减小海洋环境污染的作用。

10 效益分析

针对东海大桥Ⅳ标三座辅通航孔桥9个主墩承台施工,我们对采用普通双壁钢套箱与防撞钢套箱施工成本作了比较,具体见表3、表4。

采用普通双壁钢套箱施工成本分析　　表3

序　号	项目名称	单　位	单价(元)	数　量	金额(元)
一	人工费				
1	套箱加工	t	800	3 960	3 168 000
2	套箱安装	t	500	3 960	1 980 000
3	钢筋安装	t	510	2 100	1 071 000
4	浇筑混凝土	m^3	90	28 350	2 551 500
5	套箱拆除	t	450	3 960	1 782 000
二	材料费				
1	套箱	t	2 800	3 960	11 088 000
2	混凝土	m^3	340	28 350	9 639 000
3	钢筋	t	2 260	2 100	4 746 000
三	机械使用费				0
1	套箱加工	t	1 400	3 960	5 544 000
2	套箱安装	t	1 550	3 960	6 138 000
3	钢筋安装	t	650	2 100	1 365 000
4	浇筑混凝土	m^3	270	28 350	7 654 500
5	套箱拆除	t	1 250	3 960	4 950 000
合计					61 677 000

采取承台与防撞结构一体化成本分析　　表4

序　号	项目名称	单　位	单价(元)	数　量	金额(元)
一	人工费				
1	套箱底板加工	t	800	720	576 000
2	套箱底板安装	t	500	720	360 000
3	钢筋安装	t	510	2 100	1 071 000
4	浇筑混凝土	m^3	90	28 350	2 551 500
二	材料费				
1	套箱底板	t	4 200	720	3 024 000
2	混凝土	m^3	340	28 350	9 639 000
3	钢筋	t	2 260	2 100	4 746 000
三	机械使用费				
1	套箱底板加工	t	1 400	720	1 008 000
2	套箱底板安装	t	1 550	720	1 116 000
3	钢筋安装	t	650	2 100	1 365 000
4	浇筑混凝土	m^3	270	28 350	7 654 500
合计					33 111 000

(1)由于海上施工环境恶劣,工期十分紧张,三座辅通航孔桥共计9个套箱。普通套箱与防撞钢套箱相比,所投入的底篮系统是相同的,根据表中数据可计算出采用承台与承台防撞结构一体化施工技术后,与标后预算相比,单就工、料、机直接节约经济成本:61 677 000 − 33 111 000 = 2 856.6万元。

(2)由于采用承台与防撞结构一体化施工技术后,套箱的安装与拆除,均不在关键线路,9个套箱安装与拆除节约总工期约2.5个月。整个项目(约1 200人)的人员及设备管理费用节约950余万。

共计节约成本3 800余万元,取得了巨大的经济效益。

承台与承台防撞结构一体化施工,不但节约了大量施工成本,而且将原计划工期缩短两个月以上,赢得了监理与业主的一致好评,取得了良好的社会效益。

随着我国交通事业的发展,大型桥梁工程将会不断增多,大型桥梁工程一般具有通航的要求,因此桥梁的防撞设施也是不可或缺的;目前该技术已被上海崇明越江通道长江大桥和舟山大陆连岛金塘大桥和青岛海湾大桥等工程所采用,为国家节约了大量的建设资金并有效地缩短建设工期。

11 应用实例

11.1 上海长江隧桥 B7 标

上海长江隧桥 B7 标段位于北港桥梁工程近崇明岛侧,起点桩号 K19 + 238,终点桩号 K20 + 678.64,全长 1 440.64m,由辅通航孔桥、崇明岛侧浅滩区非通航孔 50m 梁连续梁桥和陆上段 30m 梁连续梁桥三部分组成。其中辅通航孔桥为 4 跨连续梁桥,共有 3 个主墩、2 个边墩,结构尺寸分别为:主墩:37.5m × 18m × 4.5m,边墩:35.5m × 13.2m × 4m。

辅通航孔桥 5 座承台全部采用防撞钢套箱法施工,采用 1 300t 浮吊进行安装。整个施工过程安全可靠、便于控制,安装单个钢套箱仅需要 3h 左右。

截至 2006 年 11 月,长江桥辅通航孔桥五个防撞钢套箱全部安装完毕。

11.2 金塘大桥 II 标

金塘大桥 II 标起于金塘岛上雄鹅嘴,接在建的西堠门大桥,经化成寺水库、茅岭、沥港水道和灰鳖洋水域,与规划中的宁波沿海北线高速公路相交,终于宁波市绕城高速公路,全长 26.54km,其中跨海大桥长 18.27km。

金塘大桥 II 标由 118m 跨非通航孔桥和西通航孔桥组成,其中,西通航孔桥为 3 跨连续梁桥,桩号范围 K43 + 265 ~ K43 + 595,全长 330m,桥跨布置为 87m + 156m + 87m,上部结构为变高度预应力混凝土连续梁,下部结构采用钻孔灌注桩基础,两主墩均采用承台与承台防撞设施一体化施工技术,结构尺寸为:24.8m × 18.4m × 4.5m。

本工法于 2006 年 8 月开始应用,11 月完成了两座防撞钢套箱的加工,并于 2006 年 12 月 10 日采用 1 300t 浮吊完成一座钢套箱的吊装施工。施工过程安全节时,按照预定时间顺利地完成了钢套箱的安装工作。

存在的问题:由于施工属大型浮吊吊装大型钢构件施工,需保证在风浪较小或平潮时施工,有一定的时间局限性。如果大型浮吊没有活动小钩,现场需要配备一个 100t 左右的浮吊协助安装卸扣、钢绳等。

固定式海上施工平台设计与施工工法

GGG(中企)C1058—2010

刘国波　全少彪　张鹏飞　吴乾坤　党权交
(路桥华东工程有限公司　中国路桥工程有限责任公司)

1 前言

随着世界经济的快速发展,建设更多的跨海大桥将是桥梁发展的必然趋势,海上大跨径桥梁的深水基础基本都采用钻孔灌注桩,钻孔灌注桩施工一般采用搭设固定式施工平台方案。由于受海上恶劣自然环境的影响,有效施工时间非常短,尤其在基础施工部分,受风、水流、波浪等的影响相当明显,桥梁基础施工难度大、工期长,因此作为基础施工所必需的施工平台设计施工方案显得格外重要。

2003 年在国内首座外海跨海大桥——东海大桥施工过程中,在海上施工环境恶劣、工期异常紧张的情况下,首次使用了打桩船插打钢护筒,将钢护筒作为承重基础形成钻孔桩施工平台的施工技术,在较短时间内完成了东海大桥 VII 标深水区平台(水深超过 20m)的搭设,并节约了大量钢材。在此基础上进一步研究推广,在上海长江隧桥、杭州湾跨海大桥、金塘大桥等跨海桥相继使用。

"固定式海上桥梁钻孔平台施工技术"在 2004 年 12 月通过北京市科委组织召开的"海上桥梁基础施工技术"科技成果鉴定会,认定该技术处于国内领先水平,并获 2006 年度"中国航海学会科学技术奖"三等奖。

2 工法特点

(1)适于海上复杂环境下施工,在施工环境恶劣的海洋环境下作业,外海施工受风浪、水流、水深等影响,基础施工难度大,而钻孔灌注桩基础是海上桥梁必不可少的组成部分,采用打桩船插打大直径钢护筒,钢护筒整体刚度好,抵抗风浪和水流作用能力强,因此固定式平台非常适用于海洋环境下的钻孔桩施工。

(2)施工工期短,采用打桩船插打钢护筒速度快,平均每天能完成 3 ~4 根 60m 长钢护筒插打,远远快于普通方法施工,且不需提前搭设临时辅助平台,大大节约了施工时间,东海大桥 VII 标一个主墩平台搭设较采用常规方法快了 40d。

(3)钻孔桩成孔质量好。能保证钻孔桩用钢护筒的平面位置、垂直度,以及避免钢护筒底口变形。采用我单位的大型打桩船"路建桩 8 号"完成钢护筒插打,"路建桩 8 号"具有锤击能量大,带有 GPS 定位系统,可准确定位,可完成最大质量 120t、最长 85m、最大直径 320cm 的钢护筒插打,钢护筒可在加工厂通长加工,能更好地保证钢护筒的顺直度,避免现场对接引起的不顺直或错位等导致振设时偏心受力引起护筒变形。

(4)在海洋恶劣环境下施工安全性能高。

(5)经济效益明显,用钢护筒直接作为平台承重结构,投入的辅助钢管大大减少,总体钢材用量随之减少,降低了施工成本。

3 适用范围

本工法适用于海洋、大江中的桥梁、码头等在深水区采用钻孔灌注桩基础的施工,也可推广应用于类似的深水钻孔灌注桩的施工。新型海上桥梁对采用钻孔灌注桩基础的钢护筒入土深度、壁厚等一般都有一定要求,深水区大直径钻孔桩的钢护筒一般重量、长度、直径都很大,本工法对此类桥梁的钻孔桩施工平台更具有巨大的优越性。

4 工艺原理

固定式海上桥梁钻孔平台采用钢护筒及辅助钢管桩支撑作为基础,采用型钢及钢板构成上部结构。用钢管平联及斜撑将钢护筒及辅助钢管桩连成整体,并在桩上焊接牛腿,铺设型钢和钢板,从而形成施工平台。其核心技术是以钢护筒作为安全承台基础。

5 施工工艺流程及操作要点

5.1 平台设计

平台设计主要包括设计荷载、工况的选定,平台顶面高程的确定,钢护筒、辅助钢管桩、联结钢管的直径、壁厚、入土深度等的确定,以及相应的上部结构选材等。

(1)设计荷载、工况的选定

平台一般按20年一遇的波流荷载及施工荷载控制设计。施工荷载主要考虑平台自重、拟投入使用的钻机、吊车等其他施工机械荷载。

(2)平台顶面高程

参照现行《海港总平面设计规范》,施工平台顶面高程可按下式计算:

$$H = \mathrm{HWL} + \eta_0 + \Delta \tag{1}$$

式中:HWL——20年一遇的设计高水位;

η_0——设计高水位时13%H静水面以上波峰面高度;

Δ——波峰面以上至平台面的富裕高度,通常取1.5m。

(3)钢护筒、辅助钢管桩、联结钢管的确定

对于深海区大直径钻孔灌注桩,一般设计都对钢护筒的直径、壁厚、入土深度等有明确要求,平台设计时需对其作为施工平台的承重基础受力进行验算,看是否有必要加厚、加长。一般可在上下口设置加强圈以保证钢护筒插打时受力均匀,避免上下口变形;另外还应在护筒上设置吊耳,护筒长度小于40m的一般设置3个吊耳,超过40m的护筒一般设置4个(3个位于同一侧),吊耳应满足吊装受力要求。

如需设置辅助平台,采用辅助钢管桩作为承重基础,钢管桩的直径、壁厚、入土深度等均应根据设计荷载计算确定,同时还应考虑施工过程中单桩的稳定性。一般水深在5~10m时可采用ϕ80~100cm钢管;水深在10~20m时,采用ϕ100~120cm钢管;水深超过20m时,采用ϕ140cm以上的钢管。

为增加平台整体抗风浪能力,通过平、斜联钢管将护筒、辅助钢管焊接成整体,根据水文情况的不同,联结钢管的布设有两层平联中间加斜联(常用于水深超过10m平台)、两层平联无斜联(常用于水深5~10m平台)、仅设一层平联(用于水深小于5m平台)三种形式。联结钢管根据计算确定。平联底层高程在考虑能满足施工焊接时间的条件下应尽量降低,以利于受力。

(4)上部结构

上部结构包括桩顶牛腿、主承重梁、次承重梁、分配梁、面板、安全防护栏杆等。主承重梁根据钢护筒、钢管间的跨径计算选用,次承重梁、分配梁型号及间距应相互考虑,面板常选用8~10mm厚钢板。所有平台结构材料的选用都应考虑在使用期内钢材的锈蚀影响。

5.2 钻孔桩平台施工工艺流程

固定式海上钻孔平台施工工艺流程如图1、图2所示，对于水位较深区域，单根钢管桩在水流力及波浪力作用下很难稳定，因此根据水深的不同分别采用流程一或流程二。对于水深小于20m且水流不是太急的可按施工流程一组织施工，对于水深超过20m或水深超过15m且水流波浪作用较强的区域应按施工流程二组织施工。

图1 施工流程一　　图2 施工流程二

5.3 钢护筒、钢管桩制作及运输

钢护筒、钢管桩选择在专业钢结构加工厂家按设计长度整根加工，钢护筒和钢管桩最好采用卷板加工，能更好地保证加工质量和施工效果，对于不能采用卷板加工钢护筒的必须保证直缝错位。要求加工厂家应具有装船设备。

对加工完成的钢护筒、钢管桩必须按规范进行检验，对于护筒接头、吊耳等关键焊缝应做超声波检查。其中钢护筒、钢管桩的外形尺寸允许偏差必须满足表1所列各项指标要求。

钢护筒外形尺寸允许偏差表　　表1

序 号	项 次	允 许 偏 差	说 明
1	管端外周长	±5‰周长，且不大于10mm	测量外周长
2	椭圆度	±5‰d，且不大于10mm	两相互垂直的直径之差
3	管端平整度	3mm	多管节拼接时，以整桩质量要求为准
4	管端平面倾斜	±5‰d，且不大于4mm	
5	桩管壁厚度	按所用钢材的相应标准规定	
6	桩长偏差	+300mm，-0.0mm	测量整桩长

钢护筒、钢管桩采用驳船装运，驳船长度需大于护筒长度，根据护筒、钢管桩的桩径、桩长、投入运输船舶的性能及外形尺寸，以及船舶航行海域状况来确定具体运输方案，并需经过“整体稳定性”和“绑扎”方面的力学验算，钢护筒和钢管的堆放高度和层数应通过计算确定，对于大直径钢护筒堆放不宜超

过2层。为满足钢管桩的堆放,在驳船上设置弧形运桩底座,对有防腐涂层的,还应在运桩底座将与桩接触的部位粘贴橡胶皮,以保护桩表面的涂层不受损坏。弧形底座结构如图3所示(以直径1.5m钢管桩为例),运桩底座设置在船体的横向龙骨之上,以利于船舶的受力。

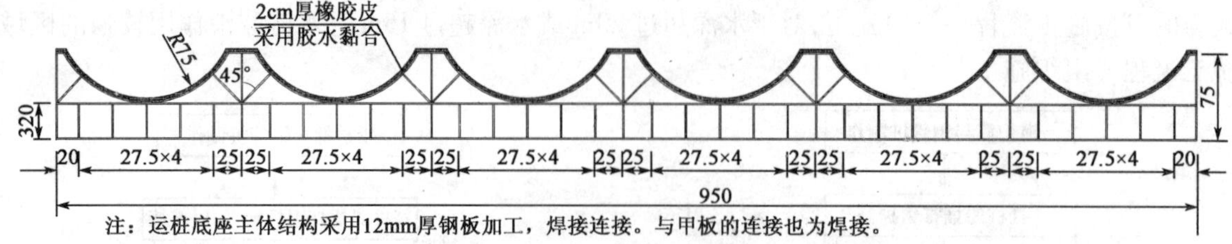

图3 弧形底座图(尺寸单位:cm)

5.4 钢护筒、钢管桩插打

5.4.1 打桩设备

钢护筒插打采用"路建桩8号"打桩船完成,"路建桩8号"是目前国内起吊质量最大、能打桩径最大的打桩船。"路建桩8号"打桩示意图详见图4,技术参数见表2。

图4 "路建桩8号"打桩船

“路建桩8号”打桩船技术参数 表2

项目	子项	参数	项目	子项	参数
船长		60.00m	甲板	定位锚机	20t×8
船宽		27.00m		吊桩绞车	21t×2
型深		5.00m		辅助吊桩绞车	15t×4
动力	主发电机组	400kW×1		打桩锤起吊绞车	21t×1
	副发电机组	50kW×2		起重绞车	15t×1+8t×3
	液压泵站	柴油机600PS×2		普通绞车	6t×1
打桩部分	桩架高度	水面以上92m	油舱		250t
	俯仰角度	30°			
	可打桩径	≤φ3 200mm	淡水		250t
	桩长	78m(水面以上)			
	桩重	160t	航区		沿海作业
	起重	200t			
	超长桩施工	上部轨道可旋转	乘员		20名
	打桩锤重	35t			

5.4.2 钢护筒与钢管桩插打

沉桩施工流程如图5所示。

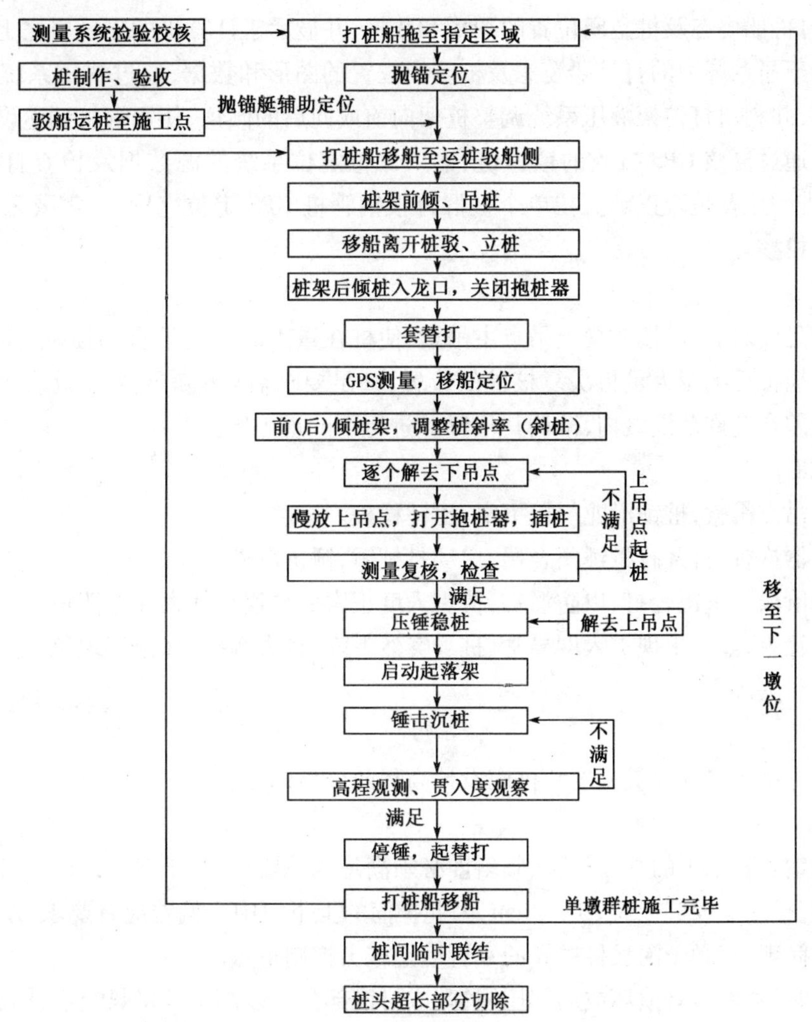

图5 沉桩施工流程图

(1)打桩船就位

将打桩船拖航至墩位抛锚就位,通过紧松锚缆将打桩船移至运桩船侧,成两船中心线互相垂直状态,桩架前倾至吊钩对准所要吊的桩直径中心。

(2)吊点连接

打桩船下放吊索,由运桩船上的船员辅助将吊索卸扣挂设在桩的吊耳之上。主吊索吊上部两主吊点,副吊索吊其余吊点。

(3)起桩

打桩船主、副吊索同步提升,使桩提升至满足移船高度。

(4)移船、立桩

通过紧松锚缆,打桩船移离运桩船,并在过程中缓缓立桩:主吊索继续提升,副吊索下降,使桩成竖直状态。桩架后倾,使桩与龙门梃滑道成平行状态(同时成竖直状态),抱桩器合拢抱桩并锁定。立桩完毕后,根据"海上打桩 GPS-RTK 定位系统"粗定位,将打桩船移至桩位附近。

(5)套替打

替打沿龙门梃轨道滑移,套住桩顶。

(6)测量定位

①操纵室通过观察操纵室控制台上的倾斜度仪调整桩架的前后倾斜度,将桩粗略调整。

②打桩船的"海上打桩 GPS-RTK 定位系统"根据接收到的 GPS 信号(数据链)及预先输入的单桩平面坐标,计算出打桩船姿态及桩空间位置的图形和数据,并显示于计算机的显示屏之上。

③根据显示于显示屏上的打桩船姿态及桩空间位置的图形和数据,通过锚机系统的运转精确调整打桩船船体位置,并利用打桩架液压系统调整桩架向前或向后的倾角,使钢管桩到达设计位置。

④测量人员通过复核 GPS 接收的数据链、输入沉桩定位系统的源数据及检查打桩船桩架倾斜度仪,来检查钢管桩的位置是否正确。在单个桩群首根钢管桩 GPS 定位完毕后,需要采用常规的测量方法对其位置进行校核。

(7)插桩

测量检查满足要求后,慢慢放松上吊点主吊索,使桩在重力的作用下自动插桩,插桩过程中逐步解除副吊索卸扣。插桩后测量人员再次复核桩的位置,满足要求后(不满足要求,上吊点起桩重新定位;如果桩位变化误差在允许范围之内,微调其位置。)进行下一道工序。

(8)锤击沉桩

①解除桩上吊点吊索,桩锤沿龙门梃下滑,压锤稳桩。

②解除抱桩器抱桩,打开打桩锤离合器,启动打桩锤,锤击沉桩。

③沉桩开始阶段要重锤轻打,以防溜桩,待贯入度正常后再逐步加大冲击能量。

④在沉桩过程中,如果出现贯入度异常、桩身突然下降、过大倾斜、移位等现象,应该立即停止沉桩,查清问题后再作相关决定。

(9)停锤

打桩的停锤标准主要是以贯入度和桩底设计高程两个指标控制。

(10)施工注意事项

①钢护筒和钢管桩施工的平面位置、倾斜度必须满足规范要求,对于钢护筒还应考虑满足钻孔施工要求,由于护筒直径一般较桩径大 20~40cm,因此护筒的上下口中心偏差应有要求,以免钻孔过程中发生钻头无法出护筒现象,对于深长桩护筒的垂直度是施工控制重点。

②打桩施工时,若桩顶有损坏或局部压屈,则应对该部分予以割除并接长至设计高程。

③在护筒插打过程中,如发生贯入度突然变得很小以及距离设计底高程较多时,应结合地质资料仔

细研究原因，不能强行锤击以免造成护筒底口变形。

④由于施工环境十分恶劣，相关部门要做好天气及海洋预报资料的收集，并及时将相关情况传达到参与现场施工的相关部门或个人。同时要求现场设立潮位观测标尺，适时进行潮水位观测并做好记录。

(11)精度控制要点

①首先应保证打桩船的精确定位且不受影响，根据水域情况采用合适的抛锚方案，"路建桩8号"采用8个10t海军锚，抛锚方案能保证在3~4级浪的情况下船体在水流、波浪作用下精确定位。

②对于大吨位钢护筒，在护筒入土后吊钩不受力时船头必然有一定的上浮，为了不影响钢护筒的垂直度，在定位时应考虑一定的预偏，即根据护筒的质量考虑适当的前倾。

③每墩第一根桩施工时采用常规仪器复核。

5.5 施加钢管联结

(1)临时平联的施加

钢护筒、钢管桩插打后，要及时加焊钢管联结，由于受打桩船抛锚区域的影响，浮吊无法靠近现场，故在桩施打过程中，待打桩船完成一排钢护筒(钢管桩)施打后，可以用起锚船进行临时联结，临时联结采用型钢。

在临时连接施工过程中，必须派专人对钢管桩进行动态观测，一旦发现异常情况必须马上通知操作人员撤离施工现场。

(2)桩间的钢管联结

待打桩船完成一个平台的钢护筒、钢管桩振沉施工后，应及时进行高程放样并加焊钢管连接，钢管平斜联如图6所示(以ϕ320cm钢护筒设置两层平联为例)。

连接设置的目的在于保证单根钢管桩(钢护筒)及整个平台的质量，且连接钢管与钢管桩接触的空间曲线要尽量保证无过大间隙，由于钢管桩的施打存在一定误差，为加快连接钢管的安装时间、减少其施工难度，特设计了可调节套管接头形式，钢套管直径比连接钢管大2cm，长50cm，布置在联结钢管一侧。套筒接头形式如图7所示。

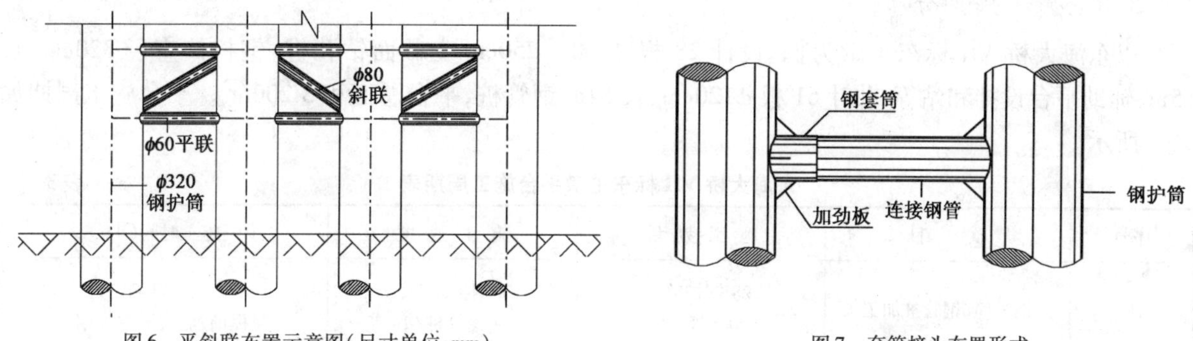

图6 平斜联布置示意图(尺寸单位:mm)

图7 套筒接头布置形式

钢管与钢管间必须确保满焊。另外，为了保证连接的牢固性，当钢管与钢管间的焊缝无法满足设计要求时，应对其进行加劲加固处理。

对于加劲钢板的尺寸根据现场的实际情况进行下料，但必须保证其最小焊缝长度不小于20cm，焊缝厚度不小于10mm。

钢护筒、钢管桩的连接施工是平台施工中的重点、难点，由于施工环境恶劣、安全隐患多、施工中不可预见因素多、工期紧、任务重，因此在施工过程中首先要保证施工人员的安全；其次，在安全得到保证的前提下，一定要保证施工质量。鉴于平台钢管桩连接施工大部分为焊接，且焊接量大、焊缝质量要求高，因此必须保证施工过程中所用的焊接材料必须满足相关规范要求，并由合格、敬业的专职电焊工进行施焊，焊缝质量必须满足行业标准要求。施工质量的检查验收必须严格控制。连接未施工完成前，不得转序进行上部结构的铺设。

5.6 牛腿施工

联结施工过程中应及时进行桩顶牛腿放样及焊接,牛腿是主要传力结构,施工应重点控制与护筒、钢管间的焊缝,同时为了保证各牛腿均匀受力,牛腿顶面高程应认真控制好,要求误差在2mm。

5.7 上部结构铺设

上部结构包括主承重梁、次承重梁、分配梁、面板、安全防护栏杆等。上部结构的施工主要采用50t履带吊配合100t浮吊现场组拼连接,首先用浮吊搭设一孔上部结构,作为50t履带吊停放的平台,用浮吊将50t履带吊吊上平台,随后便由50t履带吊完成平台剩余上部结构的搭设。

在上部结构的铺设过程中,必须严格控制其施焊质量,对于结构件相互间的连接处,必须严格按设计图纸要求连接牢固。

上部结构的铺设过程中,应注意以下相关事宜。

(1)安装主承重梁

若由于牛腿安装误差造成主承重梁与牛腿不能紧密接触时,必须在主承重梁与牛腿间加垫薄钢板的方法进行施焊调平处理。承重梁与牛腿的焊接必须保证牢固。

(2)安装次承重梁、分配梁

次承重梁与主承重梁间搭接处满焊固定,有一定的受力要求,次承重梁与分配梁间间断焊即可,各层梁间距应认真控制。

(3)铺设面板

面板采用1cm厚钢板较合理,钢板按长边垂直于分配梁方向铺设。钢板平行于分配梁方向拼缝必须处于分配梁正上方,同时必须保证间距控制在3~4cm,以确保面板与分配梁施焊联结的空间;垂直于分配梁方向面板间间距控制在4~5cm,可作为放浪消能孔。

(4)平台四周栏杆采用ϕ45mm的无缝钢管制作,栏杆水平向设置两道,每2m设置一道竖向支撑,支撑焊接在横向型钢梁上,栏杆高度为1.2m。

5.8 施工周期分析

以东海大桥VII标东主墩为例,设计28根ϕ300~250cm变截面钻孔桩,钢护筒直径320cm,长65m,辅助平台设拌和站等,共计61根ϕ120cm、长64m钢管桩,平台总面积3 200m^2。平台施工周期如表3所示。

东海大桥VII标东主墩平台施工周期表 表3

序号	项目	施工数量	施工速度	施工时间(d)
1	钢护筒、钢管桩加工	28钢护筒, 61钢管桩	2钢护筒/d, 4钢管桩/d	30 (提前加工,不占工期)
2	钢护筒插打	28根	3~4根/d	8
3	钢管桩插打	61根	5~6根/d	11
4	联结钢管安装	543根	20~30根/d	24(可与插打同步平行施工)
5	牛腿安装	176个	20~25个/d	8(可与钢管连接同步平行施工)
6	型钢	359t	30~40t/d	11
7	面板	3 200m^2	500~600m^2/d	6
8	安全防护设施			4
9	合计	50d		

6 材料与设备

6.1 主要施工材料

本工法施工基本不涉及新型材料,投入的材料主要有钢护筒、钢管桩、连接钢管、型钢、钢板、栏杆钢管等。其中大部分设计已对钢护筒有明确要求,其他材料根据施工方案设计选用。

6.2 主要机具设备

本工法施工需投入的主要机具设备如表4所示。

主要机具设备表 表4

序号	名 称	型号(主要性能)	数量	用 途
1	"路建桩8号"打桩船	桩架高92m,能打最大质量120t、最大直径320cm	1	钢护筒、钢管桩插打
2	驳船	根据护筒、钢管桩长度选定	2	运桩
3	拖轮	2 640hp以上	2	拖航打桩船、浮吊等
4	抛锚艇	起锚能力10t以上	2	船只起锚、抛锚
5	浮吊	100t	1	安装钢管连接
6	交通船	125hp以上	2	人员运送
7	履带吊	50t	1	平台上部结构安装
8	振桩锤	DZ150(采用流程二时使用)	1	钢管桩振设
9	发电机	500kW	1	临时用电供应
10	电焊机	交流15kW	6	联结、牛腿、上构安装

6.3 劳动组织

固定式海上桥梁钻孔平台施工劳动组织如表5所示。

劳动力组织一览表 表5

序号	作业组	主要作业内容	人数					
			技术员	安全员	船员	吊装工	电焊工	普工
1	技术组	施工方案的确定	3	1	4			
2	桩加工组	钢护筒、钢管桩加工	1	1		4	20	20
3	运桩组	钢护筒、钢管桩海上运输	1	1	12	2	2	4
4	沉桩组	船舶抛锚就位		1	18			
		钢护筒、钢管桩插打	2	1	13	2	2	6
		钢管桩振设(流程二)	3	1		2	4	6
5	钢管联结组	安装、施焊钢管联结	2	1	5	2	12	12
6	上部结构安装组	牛腿安装	2	1		4	6	6
		型钢面板铺设	1	1		6	6	6
		安全防护设施安装		1		2	4	8

7 质量控制

(1)钢护筒、钢管桩加工:加工质量标准及质量控制依据《公路桥涵施工技术规范》(JTJ 041—2000),如表1所示。

(2)钢护筒、钢管桩堆存及运输过程应按照不同的规格分别堆放,堆放形式和层数应安全可靠,避免产生轴向变形和局部压曲变形。

(3)钢护筒、钢管桩沉桩:钢管桩平面偏位≤20cm,倾斜度≤1/100,钢护筒平面偏位≤15cm,倾斜度应满足钻孔施工,通常应≤1/200。停锤标准以设计高程和贯入度双控,钢护筒插打停锤最后10击平均贯入度应在15~20mm间,钢管桩以设计高程控制。沉桩施工应做好记录的审核和施工日记,并保持记录的清晰、完整。

(4)联结钢管与钢管桩接触的空间曲线要尽量保证无过大间隙,钢管与钢管间必须确保满焊。焊缝应饱满,焊缝厚度不小于母材厚度。当无法满焊时,采用加劲板加强。

(5)牛腿为关键传力结构,焊缝必须满足受力要求,牛腿劲板应采用双面焊。牛腿顶面应水平,确保与桩顶横梁紧密接触,牛腿顶面高程与设计高程偏差应控制在±2mm内,并根据钢护筒和钢管桩的偏位情况适当调整牛腿尺寸,以满足上部结构安装要求。

(6)各型钢间应密贴,间距满足设计要求,型钢间做可靠固定,若由于安装误差造成主承重梁与牛腿间不能紧密接触时,必须加垫薄钢板或钢楔等方法进行施焊调平处理。

(7)面板间缝隙应控制好,面板与分配梁间焊接固定。

8 安全环保措施

本工法的施工全部在水上进行,施工难度大,安全隐患影响因素多,在施工过程中除严格遵守桥梁安全技术规程的有关规定和《中华人民共和国环境保护法》外,还应注意以下几点:

(1)编制专项安全预案,并对所有参与施工的人员进行安全交底。

(2)与国家海洋局东海海区环境预报中心和地方气象局取得密切联系,建立海区海洋气候预报网络,及时预报,做到现场施工气象信息准确。

(3)施工船舶必须持有符合沿海开放海区安全要求的各类有效证书,按规定配齐合格船员,船机、通信、消防、救生、防污等各类设备必须安全有效。

(4)配备运输船舶水上高频电话系统终端设备,昼夜保持通信畅通,按规定显示有效的航行、停泊和作业信号,实现远程指挥和监控。

(5)吊装作业严格按照吊装操作规程,由专人统一指挥。

9 效益分析

采用本工法施工与常规方法搭设海上施工平台相比具有明显的经济性,且工期短、质量优越。

以东海大桥VII标东主墩平台为例,与常规平台相比,节约钢材约500t,仅此一项直接经济效益达二百多万元,工期提前了40d,节约了大量的船机费用,具有相当可观的经济效益和社会效益。

同时,采用打桩船插打钢护筒,钢护筒在专业加工场内加工,有利于钢护筒的加工质量,避免现场对接引起的不顺直或错位等导致振设时偏心受力易引起护筒底口变形,有利于钻孔桩施工。

10 应用实例

10.1 东海大桥 VII 标

东海大桥VII标颗珠山大桥全长1 660m,桥跨组合为7×50m+(50+139+332+139+50)m+12×50m。

其中主桥为主跨332m双塔双索面斜拉桥,在本工程中有2个主墩、2个边墩、4个引桥墩共8个平台采用本工法施工,共计插打钢护筒104根,施工过程中平台和护筒未发生任何问题,取得了良好的效果,很好地保证了钻孔桩施工。

本工法应用时间为2003年6月~2004年4月。

10.2 上海崇明越江通道长江大桥 B7 标

上海长江大桥工程B7标段由辅通航孔桥、崇明岛侧浅滩区非通航孔50m梁连续梁桥和陆上段

30m 梁连续梁桥三部分组成，全长 1 440.64m。辅通航孔桥采用四跨预应力混凝土连续梁，跨径组合 80m + 140m + 140m + 80m，设三个主墩和两座边墩，长 440m，基础采用 ϕ320 ~ ϕ250cm 变截面钻孔灌注桩。辅通航孔桥基础 5 个平台全部采用本工法施工，共计插打钢护筒 79 根，50d 内完成 5 个平台搭设，取得了良好的施工效果，优质高效地完成了钻孔桩施工。

本工法应用时间为 2006 年 3 月 ~2006 年 10 月。

10.3 舟山大陆连岛工程金塘大桥 II 标

金塘大桥 II 标由 118m 跨非通航孔桥和西通航孔桥组成，非通航孔桥 118m 跨连续梁桥跨布置为 64.5m + 4 × 118m + 64.5m + 64.5m + 5 × 118m + 64.5m，全长 1 320m，基础采用 ϕ320 ~ ϕ250cm 变截面钻孔灌注桩。该区段水深在 25 ~ 35m 间，是全桥基础施工难度最大的一段，除两个裸岩墩外，其他墩平台全部采用本工法施工，共计插打钢护筒 114 根。

本工法由 2006 年 8 月开始应用，10 月底完成全部 12 墩平台搭设，效果良好。

海上大直径钻机灌桩施工工法

GGG(中企)C1059—2010

全少彪 刘国波 张鹏飞 仓定磊 李植淮
(路桥华东工程有限公司 中国路桥工程有限公司)
于长河 徐利田 许娟娟 董慧欣 张一
(青岛路桥建设集团有限公司)

1 前言

随着我国经济的快速发展,跨海大桥工程的建设不断增多,海上深水大跨径桥梁的基础以大直径钻孔灌注桩居多。大直径钻孔灌注桩施工一般在海上施工平台上进行,受风、潮汐、波浪、海水等自然条件的影响较大,陆地内河中常用的钻孔灌注桩施工方法已经不适用于海上大直径钻孔灌注桩的施工。

2003年,在国内首座真正意义上的跨海大桥——东海大桥建设过程中,路桥集团国际建设股份有限公司首次对深水区大直径钻孔灌注桩的施工工艺进行尝试,采用"打桩船整根插打钢护筒+大功率钻机钻进"以及配置特殊的海水泥浆,顺利完成了东海大桥Ⅳ标、Ⅶ标的基础施工,并形成了一套完备且行之有效的施工技术。目前该技术已经在上海崇明越江通道长江大桥、杭州湾跨海大桥、金塘大桥以及青岛路桥建设集团有限公司施工的青岛海湾大桥等国家重点工程建设项目中得到推广应用。

2 工法特点

(1)施工速度快

深海区大直径钻孔灌注桩施工所选用的钢护筒均采用GPS定位、打桩船直接插打,其施工速度快,平均每天能完成3~4根。灌注桩施工采用大功率钻机钻进,安全可靠,且成桩速度快,减少施工周期。

(2)质量优

钢护筒采用整根插打,不仅能保证钢护筒的平面位置、垂直度,打桩船锤击能量大,还可有效保证钢护筒的入土深度,避免钻孔桩施工阶段护筒底口漏浆等质量缺陷。采用大功率钻机钻进可以有效控制孔的倾斜度,保证成孔质量。

(3)效益好

海上施工的成本投入主要在于材料和船机设备的投入,由于采用打桩船整根插打钢护筒、大功率钻机钻进等施工方法,极大地减少了施工周期,从而有效降低了施工成本,提高施工效益。

3 适用范围

本工法适用于海上深水区桩基础的施工,特别是海洋环境下桥梁基础的钻孔施工,也可推广应用于江河、湖泊中深水区桩基工程的施工。

4 工艺原理

深水区大直径钻孔灌注桩施工一般在水上施工平台上进行,通常选用大功率钻机、高效除渣器等设备以及制作海水泥浆进行钻孔施工,选用"陆地分节绑扎成型+现场直螺纹连接"的方法进行钢筋笼施工,选用高效水上拌和设备进行基桩的灌注施工,从而减少水上作业时间,以保证基桩施工的质量和工作效率。

5 施工工艺流程及操作要点

5.1 施工工艺流程(图1)

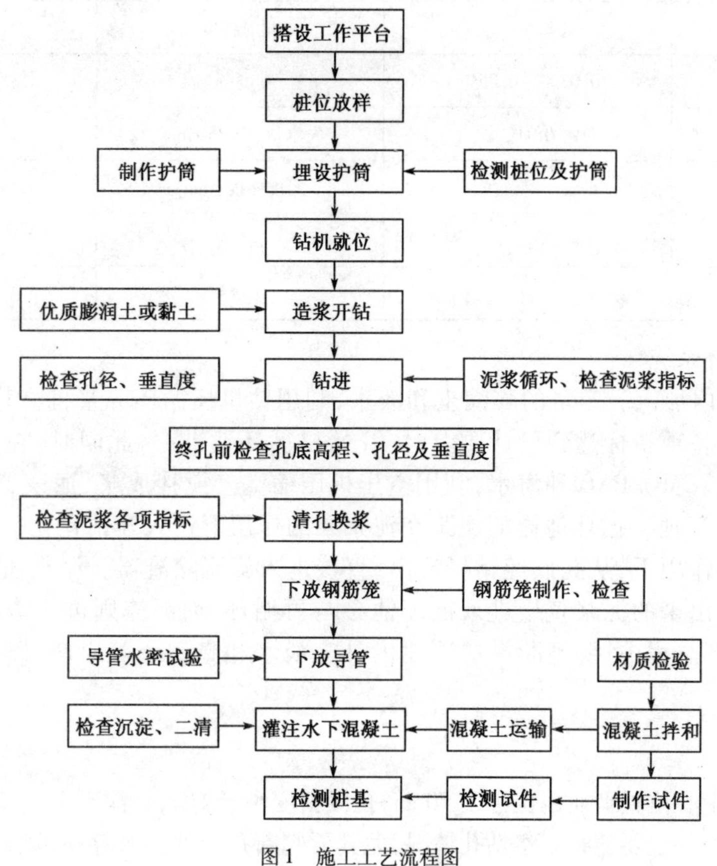

图1 施工工艺流程图

5.2 钻机选型

无论采用何种钻孔方法,对钻机扭矩功率、钻锥形式、钻杆截面、钢丝绳规格、泥浆泵泵量、泵压、真空泵真空度、吸泥泵吸量、气举法压缩空气的压力、排气量等,应按钻孔直径与深度、地层情况、工期、设备条件认真研究选择。

5.3 泥浆制备、循环体系

5.3.1 泥浆的配制

泥浆是超长钻孔灌注桩施工质量好坏的重要环节。泥浆的作用是护壁、排渣、冷却钻头。泥浆的护壁作用是因为泥浆液柱压力作用在孔壁上,除平衡土压力、水压力外,还给孔壁一个向外的作用力,部分水渗入地层,在孔壁表面形成一层固体颗粒的胶结物——泥皮,性能良好的泥浆失水量小,泥皮薄而密,具有较高的黏结力,对维护孔壁稳定、防止塌孔起很大作用。深海区大直径桩基础施工由于施工环境的影响,一般采用海水造浆,由于海水成分的特殊性需在海水泥浆中增加化学处理剂,较为常用的化学制剂为纯碱和羧甲基纤维素(CMC)或者聚阴离子纤维素(PAC)。其主要作用为:

(1)纯碱(Na_2CO_3):在泥浆中加入纯碱的目的,是除去黏土中部分钙离子,将钙质土转变为钠质土,使土颗粒水化作用加强,加速黏土的分散,提高黏土的造浆率。

(2)羧甲基纤维素(CMC)/聚阴离子纤维素(PAC):CMC/PAC 系大分子化合物,在处理泥浆中主要用作降失水剂和增黏剂。由于水分子的作用,使泥皮质密而坚韧,同时 CMC/PAC 溶于水中能增加泥浆的黏度,促使泥浆失水量下降。其中 CMC 海水造浆配制及性能指标见表1。

泥浆配制及性能指标　　表1

泥浆配比		泥浆性能指标	
品名	加量	性能	指标
膨润土	3.5%	相对密度	1.03～1.08
Na_2CO_3	0.03%～0.05%	黏度(s)	23～27
CMC	0.1%	失水量(CC/30min)	<20
		泥皮厚度(mm)	<2.5
		pH 值	7～10
		含沙率	<3%

5.3.2　泥浆循环系统

首先,在开钻孔内加入一定量的膨润土和淡水,利用钻机反循环成浆,此时钻机只是造浆而不进尺,待泥浆数量及各项指标达到设计要求时,开始反循环钻进;与此同时,在造浆池内按一定比例加入膨润土、纯碱、CMC/PAC 和海水,利用空压机压缩空气搅拌成浆,泥浆通过连通管(或泥浆泵)从造浆池进入循环池。循环池内的泥浆在泥浆泵的作用下进入开钻孔孔口。开钻孔内泥浆携带钻渣,在钻杆气举作用下,从孔底经钻杆流出,直接进入旋流除渣器。泥浆在旋流除渣器内分离为泥渣和泥浆,分离出来的泥浆直接进入循环池参与再循环,而泥渣则进入渣池后并通过溜槽溜入泥驳。在整个循环过程中,要不断在造浆池内补充淡水和膨润土等原料,以补充循环过程中泥浆的损失。

5.4　钻进

技术要求:孔的中心位置平面偏位小于10cm;孔倾斜度小于1%;孔深不小于设计规定。

海上钻孔施工时,一定要随时观察钻孔情况,尤其要判断孔位处是否存在承压水,尽可能避免由于承压水原因造成穿孔、塌孔等。

钻孔时,每加一根钻杆至少要测一次泥浆指标,泥浆指标用漏斗黏度计、泥浆比重计、过滤装置等测量仪器测量。

5.5　清孔

技术要求:泥浆相对密度(桩孔顶、中、底取样的平均值):1.03～1.10,泥浆黏度(桩孔顶、中、底取样的平均值):17～20s,含沙率(桩孔顶、中、底取样的平均值):≤2%,孔底沉淀厚度:≤20cm,胶体率(桩孔顶、中、底取样的平均值):≥98%。

钻孔到位后采用长为4～6倍的桩径、直径等于桩径的检孔器进行孔深、孔径和垂直度等的检测,经监理工程师验收合格签认后,开始进行首次清孔。首次清孔采用钻机气举法自行换浆清孔,即用新拌泥浆置换孔内高浓度泥浆,使孔内泥浆相对密度、黏度、含沙率等指标满足灌注水下混凝土需要。钢筋笼安装到位后,灌注水下混凝土之前,应再次检查孔内泥浆性能指标和孔底沉淀厚度,如超过规定,应进行二次清孔,二次清孔采用水下混凝土灌注的刚性导管配 $\phi5.0$cm 直径无缝钢管为高压管,通过20m^3/min 空压机输送压缩空气气举法排出孔底高浓度泥浆,冲散沉淀层,使之呈悬浮状态后立即开始水下混凝土施工。施工时,要提高"一清"和"一清"后泥浆的质量,以缩短"二清"时间。

5.6　钢筋笼制作安放

5.6.1　技术要求

钢筋连接符合技术规范要求;混凝土保护层垫块抗压强度大于30MPa;混凝土保护层垫块尺寸误差:0～+5mm;钢筋骨架底面高程误差:-5～+5cm。

5.6.2 钢筋笼制作安放

钻孔灌注桩钢筋笼一般在陆地钢筋棚分节绑扎成型(图2),用驳船运输至施工现场,导向架配合履带吊拼接下放钢筋笼入孔的方法施工。钢筋笼的连接采用等强直螺纹连接(图3),实践证明钢筋笼采用等强直螺纹连接工艺是可行的,而且具有操作简单、便捷等优点。根据在东海大桥Ⅳ标、Ⅶ标正式实施的343根钻孔灌注桩统计结果表明,平均每节钢筋笼的连接时间仅为136min,缩短了成孔后到水下混凝土灌注的间隔时间,减少了沉淀厚度,缩短了二清时间,降低了成桩风险,提高了成桩质量。

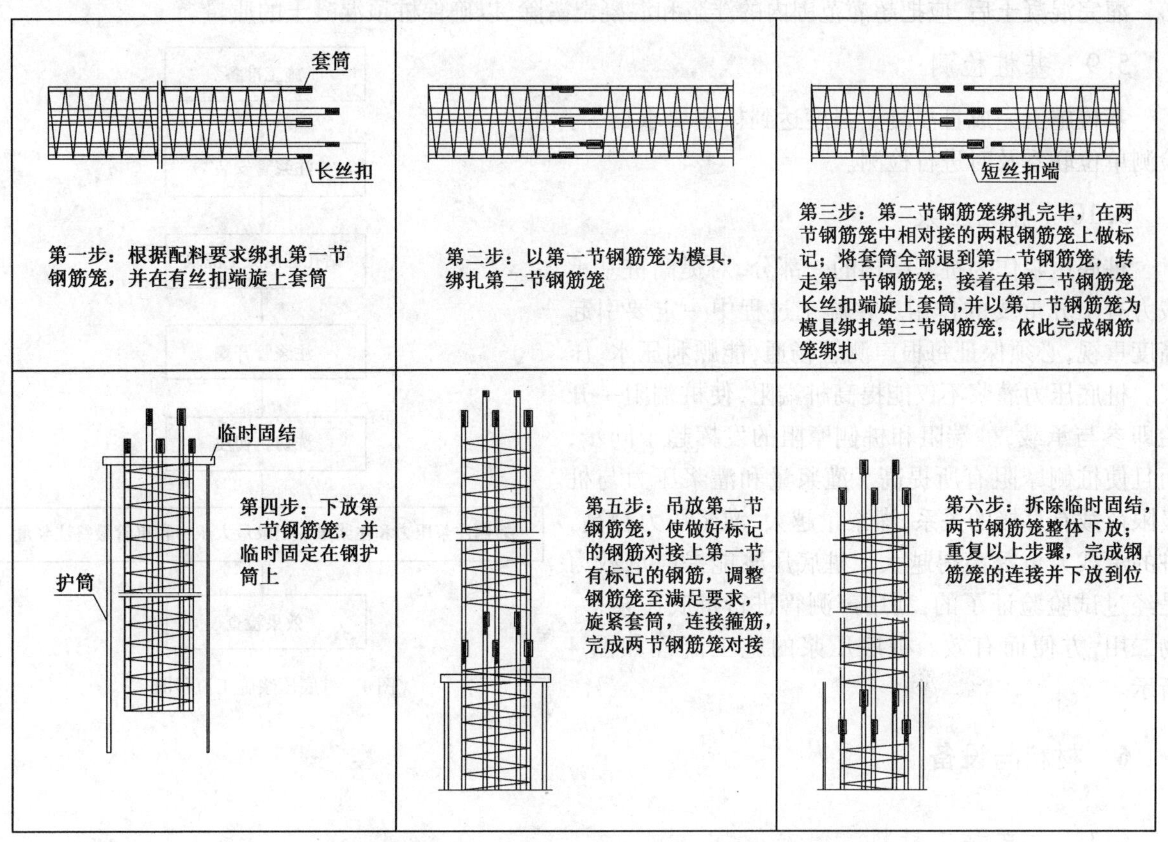

图2 钢筋笼施工工艺流程图

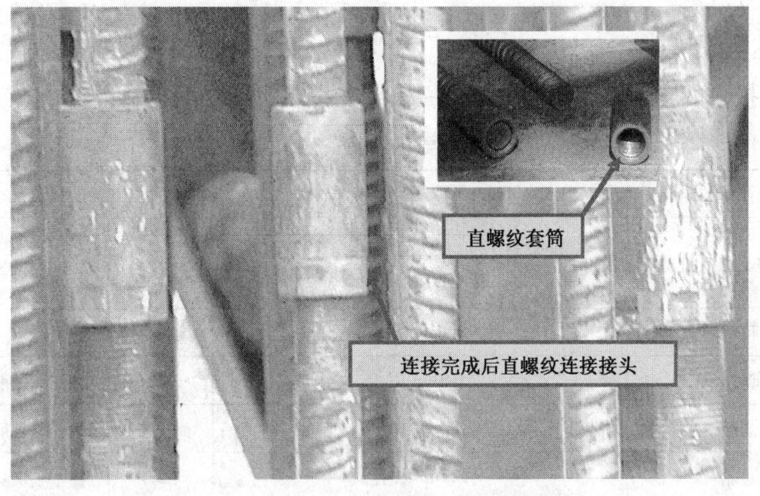

图3 对接完成上下节钢筋笼接头图

5.7 钻孔灌注桩水下混凝土的灌注

海水环境下施工钻孔灌注桩有其特殊性,除使用海水泥浆循环外,为确保钻孔灌注桩施工质量,防止钢筋锈蚀,采用高抗渗混凝土,掺硅灰、粉煤灰、矿渣等超细矿物掺和料,并与适当的外加剂相结合,最大限度地提高混凝土的密实性;为满足水下混凝土灌注需要,水下混凝土坍落度宜控制在18~22cm,初凝时间大于15h。

5.8 挖桩头

灌完混凝土后,应把超灌范围内的浮浆和混凝土凿除,以确保桩顶混凝土的质量。

5.9 基桩检测

基桩施工完成且混凝土强度达到检测要求后,与检测单位联系及时进行检测。

5.10 桩底压浆

桩底压浆作为桩基结构的一部分,对提高桩基承载力有十分重要的作用。在施工过程中一定要引起高度重视,必须保证每根声测管畅通,能顺利压水、压浆。桩底压力灌浆不仅能提高桩端阻,使桩端阻一开始即参与承载,桩端阻和桩侧摩阻的发挥趋于同步,而且使桩侧摩阻有所提高。灌浆量和灌浆压力与桩极限荷载有直接的关系,灌浆量越大、灌浆压力越高,桩的承载力也提高得越大。桩底压浆能提高承载力是经过试验验证了的,利用声测管进行桩底压浆,一物二用,方便而有效。桩底压浆的施工流程如图4所示。

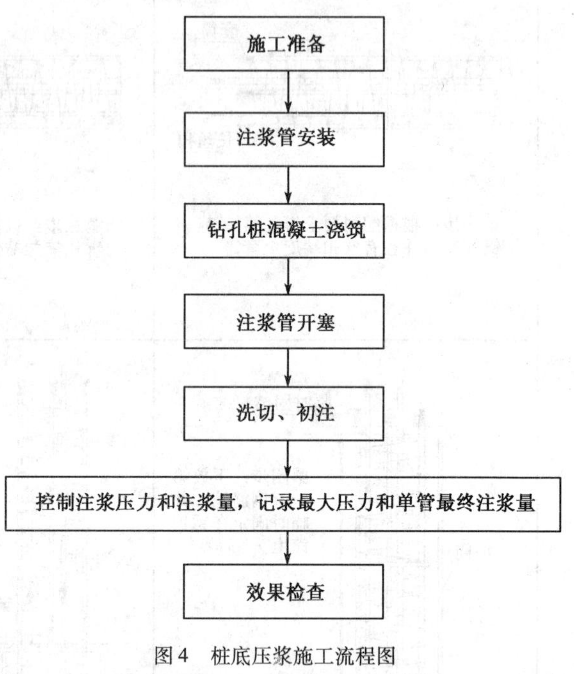

图4 桩底压浆施工流程图

6 材料与设备

6.1 主要施工材料

本工法施工不涉及新型材料,投入的材料主要有钢护筒、钢筋、水泥、砂石料、直螺纹连接套筒以及氧气、乙炔、电焊条等。

6.2 主要机具设备

本工法施工需投入的主要机具设备如表2~表4和图5、图6所示。

主要机具设备表 表2

序号	名 称	规格型号及主要性能	数量	用 途
1	“路建桩8号”打桩船	桩架高92m,最大起吊质量120t、最大直径320cm	1	钢护筒插打
2	拌和船	拌和能力120m^3/h	2	混凝土灌注
3	拖轮	2 640hp以上	2	拖航打桩船、浮吊等
4	抛锚艇	起锚能力10t以上	2	船只起锚、抛锚
5	交通船	125hp以上	2	人员运送
6	履带吊	50t	1	钢筋笼安装

续上表

序号	名　称	规格型号及主要性能	数量	用　途
7	发电机	300kW	1	临时用电供应
8	电焊机	交流 15kW	6	构件焊接
9	中昇 300/210 型钻机	岩层 $\phi3.0$，松散层 $\phi3.5$	20	钻孔
10	旋流除渣器	处理能力 $250m^3/h$	4	除渣

"路建桩 8 号"打桩船技术参数 表 3

打桩船技术参数	
船长	60.0m
船宽	27.0m
型深	5.0m
动力	主发电机组:400kVA×1
	副发电机组:50kVA×2
	液压泵站:柴油机 600PS×2
打桩部分	桩架高度:水面以上 92m
	俯仰角度:30°
	可打桩径:≤ϕ320cm
	可打桩长:78m(水面以上)
	起重能力:200t
	桩锤质量:35t

"路桥建设混凝土 2"打桩船技术参数 表 4

打桩船技术参数	
船长	72.0m
型宽	21.7m
型深	4.5m
设计吃水	2.40m
结构吃水	3.30m
肋距	600 mm
上甲板肋拱	350 mm
甲板室肋拱	200 mm
船员	48 人

图 5 "路建桩 8 号"打桩船

图 6 "路桥建设混凝土 2"打桩船

7 质量控制

本工法中基桩施工的质量控制按《公路桥涵施工技术规范》(JTJ 041—2000)中的相关规定执行。

8 安全措施

本工法的施工全部在水上进行，配套施工船舶多、施工难度大，安全隐患多，施工过程中除严格按照国家建设工程安全管理和海上船舶管理等的有关规定执行外，还应注意以下几点：

(1)要编制防台风、防季风、海底管线保护以及救急救援等专项安全预案。

(2)与气象部门取得密切联系，建立海区海洋气候预报网络，确保信息及时、准确。

(3)施工船舶必须持有符合沿海开放海区安全要求的各类有效证书，按规定配齐合格船员，船机、通信、消防、救生、防污等各类设备必须安全有效。

(4)配备运输船舶水上高频电话系统终端设备,昼夜保持通信畅通,按规定显示有效的航行、停泊和作业信号,实现远程指挥和监控。

(5)现场施工人员必须穿戴好救生衣、安全帽等安全防护用品。

(6)施工作业区需配备交通警戒船,维护施工区的水上交通安全。

9 环保措施

本工法环保措施按《中华人民共和国海洋环境保护法》、《中华人民共和国防治海岸工程建设项目污染损害海洋环境管理条例》等有关规定执行,施工船机设备的废气排放达到国家排放标准,船舶安装油污水分离装置,使油污水排放达到合格标准。

10 效益分析

本工法是海上桥梁钻孔灌注桩施工技术发展的一个飞跃,具有技术领先、综合经济效益显著等诸多优点,主要表现在以下几个方面。

10.1 施工周期短,综合经济效益优

本工法的突出特点是采用先进高效的设备和采用海水造浆进行深水区钻孔桩的施工,因此施工速度大大加快,减少了浮吊、拖轮、抛锚艇、驳船、淡水运输等海上大型船机设备的投入。以东海大桥IV标钻孔桩施工为例,节约工期近3个月,节省船机费用约1 000万元,同时可以有效降低海上恶劣自然环境的影响,可以在短时间内优质、高效地完成施工任务,降低海上不利因素带来的施工风险,综合经济效益相当明显。

10.2 能有效保证工程质量

由于本工法采用先进高效的设备进行深水区钻孔桩的施工,不仅可以提高钻孔桩的施工工效,而且降低钻孔桩施工风险,能更有效地保证工程质量。

11 应用实例

11.1 东海大桥VII标—颗珠山大桥

该桥全长1 660m,桥跨组合为7×50m+(50+139+332+139+50)m+12×50m。其中主桥为主跨332m双塔双索面斜拉桥,2003年5月1日开工,2005年5月3日全桥合龙。在该工程中有两个主墩基础采用ϕ320~ϕ250cm变截面钻孔灌注桩,共计56根钻孔灌注桩,应用效果良好。

11.2 上海崇明越江通道长江大桥B7标

该标段由辅通航孔桥、非通航孔50m梁连续梁桥和陆上段30m梁连续梁桥三部分组成,全长1 440.64m。其中辅通航孔桥采用四跨预应力混凝土连续梁,跨径组合80m+140m+140m+80m,全长440m,基础采用ϕ320~ϕ250cm变截面钻孔灌注,共计79根钻孔灌注桩,取得了良好的施工效果。

11.3 浙江省舟山连岛工程金塘大桥II标

该标段由118m跨非通航孔桥和西通航孔桥组成,118m跨非通航孔连续梁桥全长1 320m,桥跨布置为(64.5+4×118+64.5)m+(64.5+5×118+64.5)m,基础采用ϕ320~250cm变截面钻孔灌注桩,共计插打钢护筒134根;西通航孔连续梁桥全长330m,桥跨布置为87m+156m+87m,基础采用ϕ200cm变截面钻孔灌注桩,共计插打钢护筒54根,2007年7月完成全部基桩施工,应用效果良好。

11.4 青岛海湾大桥1A合同段

该标段主要包括李村河互通式立交主线收费站,李村河互通式立交A、B、C匝道的线路,同时包含改建后的太原路互通立交A、B、C、D匝道的路线路基工程。桩基施工过程中,未发生严重漏浆和坍孔现象。桩基终孔后均通过JJC-1D灌注桩孔径检测系统检测,结果表明所有成孔质量(垂直度、桩径等)均满足规范及设计要求。成桩后的声波透射法检测结果全部为I类桩,应用效果良好。

湖区水中超大型双排加固桩土围堰施工工法

GGG(中企)C1060—2010

胡益众 姚广成 王振江
(中交第一公路工程局有限公司 中交一公局第五工程有限公司 中交一公局第六工程有限公司)

1 前言

跨阳澄湖区水中施工属于京沪高速铁路苏州段的难点和重点工程,在施工过程采用什么方法施工更有利于环保、更经济、更节约工期、更保证施工质量,是方案选择的重点。根据多方比较并结合当地的成功经验,采用双排桩围堰法施工具有较强的优越性,该工法依托五里湖大桥施工、京沪高速铁路阳澄湖区施工工程实例,全面系统地阐述了湖区双排桩围堰法施工技术和工艺特点。实践证明该工法是将水中施工变成陆地施工的一种行之有效、科学合理的施工工法,可以在同类型湖区施工中应用推广。

2 工法特点

(1)本工法工艺简练,操作性强,施工易于实现。

(2)筑坝围堰用土采用湖底的原状土,对湖水不会产生污染。

(3)同采用钢栈桥、钢平台的方案相比,该方法可避免水中施工机械设备产生的油污染、混凝土灌注产生的水泥浆污染、钻孔施工产生的泥浆污染及施工产生的建筑垃圾污染。

(4)本工法可将水上施工改变为陆地上施工,通过围堰有效控制对施工水域的污染,从施工技术、安全角度考虑要比水上施工更易监控、更易控制施工质量、更安全。

(5)本工法可大大节约施工成本,提高生产效率,缩短施工工期,具备较高的投入产出比。

3 适用范围

本工法适用于对环保有严格要求的水域,且水深≤5m,水域中淤泥较少的静水湖区施工。

4 工艺原理

该工法的原理是在湖区内筑坝围堰,围成一个封闭区域,然后将围堰内水抽干,将水中施工变成陆地施工的一种施工工艺,其关键技术是双排桩筑坝围堰的稳定和防水域污染。

5 施工工艺流程及操作要点

5.1 施工工艺流程

测量放样→修筑防污染围挡→围堰底清淤→打桩→绑扎横撑→安装竹篱笆→铺筑防水土工布→分次填筑堰芯土→内外侧护坡填土→稳定观测→围堰内抽水→围堰内清淤→围堰内整修→围堰内施工→围堰内湖底恢复→环水保评估→围堰拆除。

5.2 技术要求

5.2.1 断面尺寸

围堰内净宽须根据承台宽度、便道宽度、水深等确定,京沪高铁阳澄湖区内承台设计宽度为10.5m,

考虑施工的便利性,围堰断面尺寸从路线左侧到右侧具体布设为:外侧防护边坡4~8m+围堰顶宽3~4m+内侧防护边坡6~10m+1m排水沟+2m平台+(2+10.5+2)m施工区+6~8m便道+1m边沟+内侧防护边坡6~10m+围堰顶宽3~4m+外侧防护边坡4~8m,断面宽为46.5~56.5m(不包括外侧防护边坡宽度)。其尺寸布置图见图1。

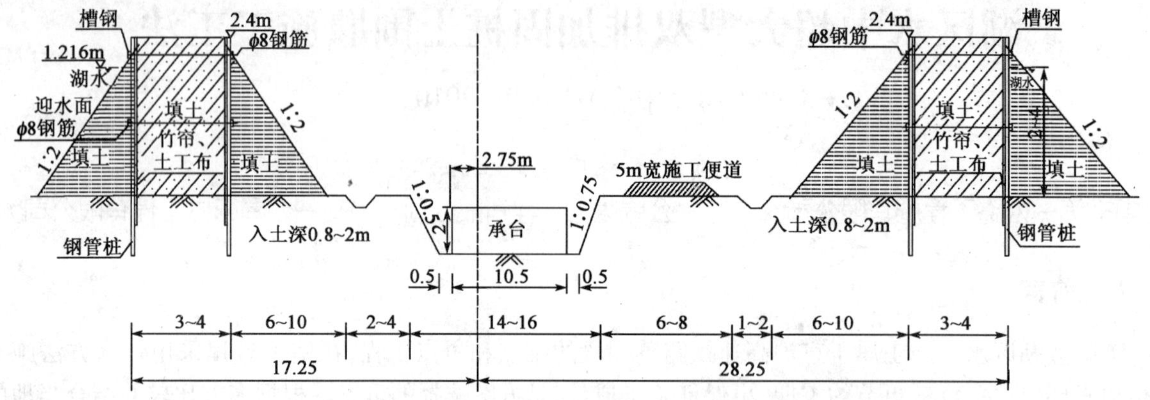

图1 双排桩围堰立面示意图(尺寸单位:m;钢筋直径单位:mm)

5.2.2 技术要求

根据堰身断面尺寸必须保证有足够的强度和稳定性的原则,施工时具体技术要求如下:

(1)围堰顶宽度≥水深(两排打入桩的间距≥水深),围堰顶面高出施工期间常水位150~180cm。

(2)打入桩的入土深度根据湖底土层来确定,但保证最小入土深度不低于150cm(不包括淤泥层厚度)。

(3)打入桩的纵向净距不大于50cm。

(4)对拉杆设置:每根桩在水面以上1m的位置设置一道对拉杆,在水深小于3m的围堰段采用ϕ8mm钢筋横向对拉;在水深大于3m的围堰段采用ϕ10mm钢筋横向对拉(或采用直径ϕ15.5mm以上的钢丝绳对拉)。

(5)打入桩纵向水平向采用ϕ48mm钢管或[10槽钢连接。

(6)两排打入桩内壁采用竹帘片和防水土工布进行封闭,堰心填筑从湖底取的黏性土。

(7)根据不同水深分段打入桩的材质要求如下。

①水深2m以下段落可采用ϕ(16~20)cm圆木桩(或[20a型槽钢)。

②水深2~3m段落围堰内侧采用[20a型槽钢、围堰外侧采用ϕ(16~20)cm圆木桩(或[20a型槽钢)。

③水深3~4m段落围堰内侧采用[20a型槽钢、围堰外侧采用ϕ30cm钢管桩(或双排全采用钢管桩)。

④水深4m以上段落采用ϕ30cm钢管桩。

⑤淤泥层厚度大于1m的段落采用ϕ30cm钢管桩,钢管桩底高程低于承台底高程至少2m以上。

(8)围堰内外侧防护边坡要求:外侧水中边坡比采用1:2,边坡顶不宜高出水面;内侧边坡比采用1:2,边坡顶面与对拉杆位置平齐;水中边坡严禁采用袋装土袋堆码。

(9)围堰填土顶面至少高出对拉杆位置50cm以上;围堰顶面高程要高于湖岸地面高程。

5.3 施工操作要点

(1)测量定位:根据桥梁设计位置,定出相应围堰的具体位置,在湖岸线上设立控制点,在水中间隔10~20m打入木桩作为临时定位,如图2a)所示。

(2)堰底清淤:根据土质情况,湖床淤泥厚度0~0.5m左右,在正式打桩之前必须清除围堰范围内的淤泥,以防在堰底形成滑动面,施工时用两栖式挖泥船施工[图2b)],直至清除到硬土层为止。

(3)在距离围堰外边缘40~60m处设置防污染围挡[图2c)],该围挡可采用彩条布、不透水土工布等,其主要作用是防止挖土时激起的混浊泥土或油对附近养殖区造成污染。施工时先把彩条布或土工布绑扎在原木上,然后将原木插入水中,用振动锤锤击打入。

(4)打桩:在围堰的原定位桩上用铁丝拉出内外两排桩的具体位置,并按设计间距(一般为50cm)定出桩位,利用浮吊配合振动锤将桩打入地基。桩的入土深度不小于2m,桩顶高出最大水位面1.0m,上口应基本平齐。

(5)桩的纵、横向连接:水平纵向采用直径ϕ48mm的钢管,分别固定在桩的外侧,高度方向控制在桩顶下0.3~0.5m。横向每隔1m采用2道直径ϕ(6~8)mm的钢筋,将两排对应的桩连成整体[图2d)]。

(6)竹帘制作安装:将竹片(2m×2.2m)用铁丝扎成一定大小的整块,安装在两排桩内壁,内侧再挂防水土工布,竹片与防水土工布必须紧帖。

(7)堰心土填筑:堰心土是利用湖底原状土(以黏性土为宜,不宜采用砂性土)。利用挖泥船从围堰周边湖底取土,再用运输船将土运至指定位置,利用抓斗将土抛入两排桩之间进行填筑。待填筑到一定高度后,再进行内侧填土护堰。当堰心土填到露出水面后,应适当进行夯实。

(8)围堰内抽水:围堰内抽水应适当缓慢进行,同时加强围堰观测。观测时,应检查各连接件是否有问题,是否有渗水现象,并及时采取措施处理。

(9)围堰内清淤:待水抽干后,用挖掘机、推土机、运输车等施工机械相互配合将湖底淤泥清理干净,同时将内边坡按照1:2的边坡修筑平整,达到坚固、美观的效果。

(10)围堰内施工:在围堰内修建便道[图2e)]、施工钻孔桩、承台、墩身。在施工期间应安排专人对围堰进行巡视,发现安全隐患及时处理。

(11)围堰拆除:施工完毕后,将施工产生的垃圾、废物等全部清理干净,按照环水保施工方案,经专业机构评估验收合格后,向围堰内灌水到内外相同水位,然后将双排打入桩逐根拆除,并及时清理竹片及土工布等围堰材料,最后用挖泥船将围堰填筑土挖除,恢复到要求的湖床断面原状。

a)　b)　c)　d)　e)

图2　部分施工操作图

6 材料与设备

6.1 材料

每延米(单侧)双排桩围堰施工材料用量如下:

(1)钢板(管、木)桩:每延米用4根;

(2)土工布:每延米用8m²;

(3)竹排:每延米用9.2m²;

(4)纵向连接钢管(横撑):每延米用2m;

(5)对拉钢筋 ϕ6mm 或 ϕ8mm:每延米用14m。

6.2 设备

按一个月内修筑400m长(双侧筑坝)围堰需用的机械设备配备,详见表1。实际施工时,可根据具体情况适当调整。

主要机械设备情况配备表 表1

序号	名称	数量	序号	名称	数量
1	振动锤 DZ90	1	6	50推土机	1台
2	0.8m³挖泥船	2台	7	60t运土船	1艘
3	电焊机、切割机	各2台	8	浮吊船	1艘
4	8m³运输车	3台	9	汽车吊	1台
5	1m³挖掘机	1台	10	机动舟	1艘

6.3 劳动力

在一个月内修筑400m长(双侧筑坝)围堰需用的劳动人员配置详见表2,实际施工时,可根据具体情况适当调整。

劳动力配置情况表 表2

序号	工种	人数	工作内容	备注
1	施工负责人	1	负责现场指挥总协调调度	
2	安全员	1	负责现场安全检查	
3	技术员	2	负责现场技术指导和质量控制	
4	打桩船驾驶员	2	负责打桩船及振动锤操作	
5	挖泥船、运土船驾驶员	6	负责操作挖、装、运泥土	
6	辅助工人	12	负责打钢板桩、下竹帘和绑扎彩条布、抽水等工作	
7	其他驾驶员	8	负责清淤工作	
8	合计	30		

7 质量控制

为了保证围堰的施工质量,确保施工安全,围堰施工时应注重以下质量措施:

(1)围堰施工前应进行计算,计算合格后方可施工。

(2)围堰内填土应分三次填筑:第一次,填筑至水面平齐;第二次,填筑至对拉杆位置(水面以上1m);第三次,补填至围堰顶面高程位置(包括沉降土方填筑)。

(3)为确保围堰工程的安全可靠,在堰心土填筑的同时,内外侧边坡填土同时进行,填土完毕后应自然沉降10~15d后再抽水,防止水渗漏。

(4)围堰内外侧防护边坡填土要求:围堰外侧边坡(迎水面边坡)填土可一次填筑到位;围堰内侧边

坡(背水面边坡)填土先填筑到水面以下50cm左右位置,待抽完水后再进行第二次填土修筑,直到符合设计要求。

(5)围堰内抽水要分级抽水,严禁一次性抽到底。围堰抽水先抽到坝体重心位置,然后停抽稳定几天后观察坝体是否稳定,如坝体稳定方可继续抽水直到抽完为止。

(6)抽水开始时设置坝体稳定观测点,并随时观测坝体的稳定情况。

(7)深水区域,在内边坡坡脚位置可增设一道木桩来增加坝体的稳定性。

8 安全措施

8.1 施工期间围堰的安全防护措施

(1)派专人24h巡逻,发现异常及时通知负责人采取措施及时处理,确保围堰安全。

(2)顺围堰方向的两侧,设置雾灯警示,防止雨雾天过往船只撞击围堰。

(3)顺围堰方向的两侧,设置夜间红色警示灯,防止夜间过往船只撞击围堰。

(4)沿围堰两侧,设置各种安全警示牌。

(5)在围堰的拐角和通航口处设置防撞钢管,防止船只碰撞围堰。

8.2 现场安全管理

(1)施工人员劳保用品穿戴整齐,进入现场必须戴好安全帽,穿好救生衣,禁止安全装备不到位的人员进入施工现场。

(2)施工现场树立安全生产标示牌,对安全操作规程要有明确说明,有关安全须知标志要齐全,对现场危险区设置警示标志,夜间开启警示灯。

(3)在进入湖区的场地进口设立安全岗亭,并明确与工程无关人员禁止入内,在岗亭备有一定数量的安全帽、救生衣等物资,负责对进入施工区的人员进行安全物资的发放与管理,监督检查安全装备不到位的人员。

(4)现场的主要机具、运输设备等,应定机定人,严格执行交接班制度,换班时,必须对机具检查一次,并做好相关记录。

(5)夜间施工现场应有足够的照明,在人员上下及运输过道处,均应设置固定的照明设施。

(6)对于承台等基坑开挖工程项目,设置必要的防护网,并及时排除坑中积水,防止基坑发生坍塌现象。

(7)围堰施工完毕后在进出口位置设置大门。门架与围堰之间的区域用2m高的彩钢板连接,为了对进出车辆和人员有效控制,在进出口的区域内搭建彩钢房,作为值班室和安全室,并设置横杆,控制车辆和人员的进出,负责对进入湖区施工人员安全防护用品发放和监督管理工作。值班室安排专人24h对进出车辆和人员进行登记。

8.3 水上施工安全技术措施

(1)在水中进行施工前,应与当地航道(渔政)部门联系,商定有关航运和施工的安全事项,必须留有足够的航道宽度,并通报有关航运、渔业单位。

(2)指定专人作为气象联络员,及时与当地气象、水文站联系,当六级以上大风时,应停止工作,并检查加固水面上的船只等设备。

(3)施工使用的各种船只,按航道部门规定设置航标,并备有航行救生、消防等设备,并加以保管。水上施工设专用救生船,派人值班。水上施工人员穿好救生衣。

(4)在抛锚船上松放钢丝绳的工作人员,必须穿好救生衣,并站在适当位置,以防被链绳带落入水。

(5)当遇有雾天或大雨使视线不清时,施工船上,应显示强烈灯光信号,并通过鸣锣、喊话方式,引起过往船只的警惕,并且做好及时避碰准备。

9 环保措施

(1)考虑到在围堰修筑与拆除过程中,防止取土挖泥产生的浑水扩散和防止施工船只出现漏油等造成大范围污染,要求在围堰施工前,先在围堰两侧距围堰坝体外侧各 40 ~ 60m 的位置修筑一道木桩彩条布(或防水土工布)围挡。围挡修筑完成后,方可进行围堰的修筑施工,如图 3 所示。

图 3 木桩彩条布围挡

(2)船只用油料必须严格保管,防止泄漏,污染湖水;所有 50t 以上的施工作业和运输的船舶,必须设置油水分离器;水上施工人员的生活污水,用固定容器收集,定期由驳船运至岸上,集中处理。

(3)围堰施工时,安排专人对打桩船、泥浆船、挖掘机等设备检测、检查,确保施工机械具备良好的性能,严防柴油泄漏,污染湖区。

(4)为防止施工船只出现漏油造成污染,要求各作业船只必须配备吸油毡。一旦发生漏油事件,要及时采取措施,将水面上的油污集中到一起,并用吸油毡及时清理。

(5)外边坡和堰心施工用土不得使用陆地土,以防土质污染湖区,内边坡和围堰内用土尽可能使用湖区内原状土,若使用陆地土,围堰拆除时必须清理干净。

(6)围堰拆除时,须经专业机构评估验收合格后,方可拆除。

10 资源节约

本工法采用湖中泥土构筑围堰,极大地节约了自然资源的占用。

11 效益分析

京沪高速铁路跨阳澄湖区施工,在施工方法上进行了反复比较,尤其与常用的钢栈桥平台法相比,在环水保、经济效益、施工进度和施工质量方面具有更大优越性。采取该方案后,取得了良好的效果,不仅节省了工程成本,满足环保要求,同时也提高了工作效率,保证了工程质量。

经测算采用钢栈桥平台法施工,其成本大约如下:

(1)栈桥(净宽 4.5m)安拆及使用费:6 000 元/(m·年)。

(2)施工平台及钢围堰折合每延米使用费 1 200 元/(m·年)。总成本为 7 200 元/(m·年),采用围堰法其施工成本为 4 000 元/(m·年),两者比较直接成本可节约 7 200 - 4 000 = 3 200 元/(m·年)。若考虑采用栈桥施工承台及墩柱施工费用、工程效率低造成的成本增加费用等,节约费用更高。

同时,采用该工法,工程施工由水中施工变成陆上施工,使施工质量、进度、安全更有保证,尤其是阳澄湖区属于国家一级水源保护地,该工法有效地避免了施工对阳澄湖区水源的污染,得到了业主、监理的认可和信任,京沪高铁总指挥部在视察了阳澄湖区施工后更是将其作为亮点工程向全国宣传,使企业的信誉度得以增强和提高,取得了良好的社会效益。

12 应用实例

该工法在京沪高速铁路六标段五工区使用,五工区在湖区内施工段落共计 5.9km,其中二作业区为 1.3km,该段阳澄湖水深在 0.5 ~ 4.0m,淤泥层厚度基本为 0 ~ 0.5m,个别地段可达到 0.8m 左右。采用该方法施工为作业区节约成本 520 万元左右,为整个工区节约成本 2 360 万,工期比栈桥平台法提前 3 个月左右完工,同时也避免了对阳澄湖湖区水源污染,间接节省了大笔费用。

泥浆围堰施作水中平台施工工法

GGG(浙)C1061—2010

张伟东 单亚钢 徐建国 翁艾平 徐发容
(浙江交工路桥建设有限公司)

1 前言

泥浆围堰是施作水中平台的一种新型方法,利用粉(砂)土泥浆的淅水性,使专用土工袋中的泥浆转换成泥块,并借助土工袋的加筋作用,形成牢固的挡水墙,根据施工平台的位置和高度,可围、叠成所需围堰的外圈,再向内输入泥浆,沉淀、淅水后,便形成了水中施工平台。

2 工法特点

(1)该工法操作简单,易掌握,劳动强度低。

(2)施工效率高,速度快,施工成本低廉。

(3)因地制宜,可采用现场大量拥有且仅有的粉砂土,成本极其低廉。

(4)所需机械单一,每个围堰基本只需调制泥浆的高压水泵和泥浆泵两种机械,无需大型设备。

(5)节约能源,可循环使用。

3 适用范围

本工法适用于施作浅海滩涂区表层地质以粉砂或砂性土为主施工环境的桥梁施工平台。

4 工艺原理

该工法的主要工艺原理为:利用高压水流将容易淅水的粉(砂)土分割、搅拌制成泥浆,通过泥浆泵把泥浆输送到按桥梁施工平台要求围成的土工袋内。经过自身和层间堆叠挤压淅水,土工袋内泥浆排水固结成泥块,形成围堰。再向围堰内充入泥浆,经淅水或真空吸水固结后,形成施工平台。土工袋具有排水和加筋双重作用,使围堰体能抵抗一定的水流冲刷,确保施工平台的稳定性和耐久性。

5 工艺流程及操作要点

5.1 工艺流程

该工法工艺流程见图1。

5.2 操作要点

5.2.1 测量放样

根据水位高度和围堰露出水面的高度,计算土工袋需垒叠的层数,根据1:1.2的边坡,计算最底层土工袋平展的宽度,并测放具体平面位置。

5.2.2 安装导向架

按此宽度和需要的围堰走向,插入两排(或单排)导向钢管至河床内2m以上,使土工袋能紧贴两排(或单排)钢管下沉,两排钢管起导向架的作用,见图2。

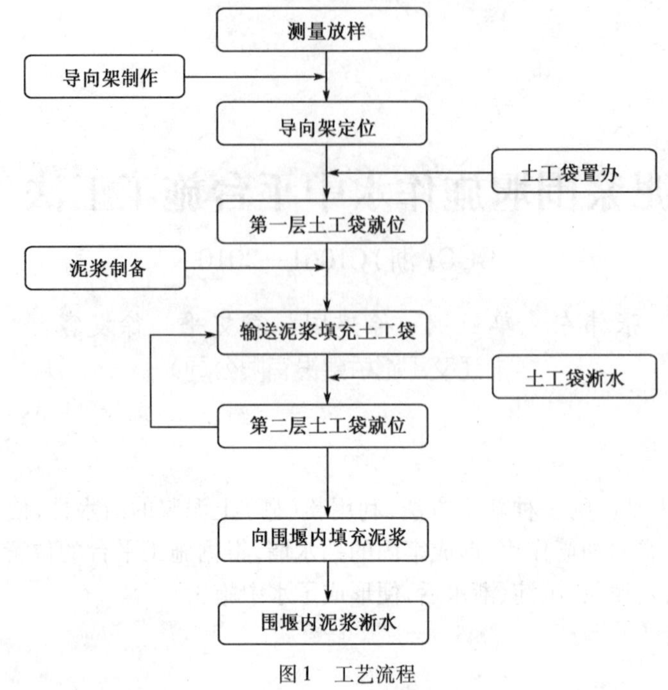

图1 工艺流程

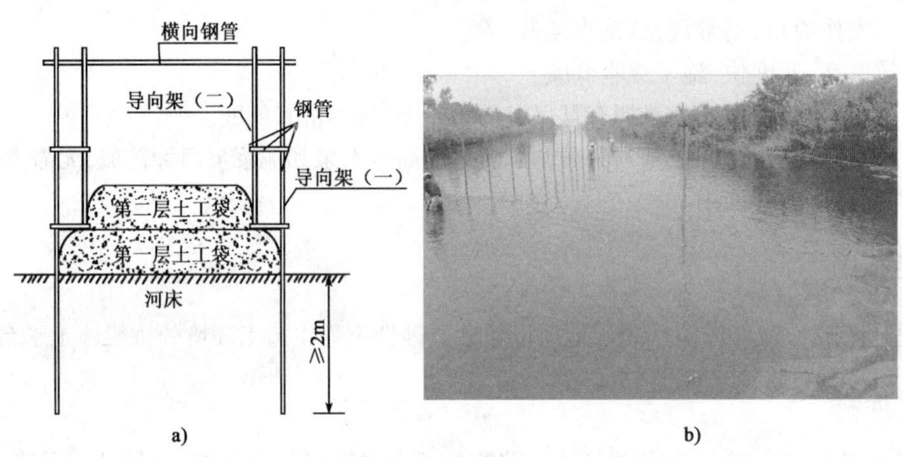

图2 安装导向架

a)导向架示意图;b)安装导向架

5.2.3 土工袋就位

由人工将土工袋摊铺就位,做好固定和管口连接工作,见图3和图4。土工袋应分层错缝堆叠,要求排列有序,无空隙,纵向层间错缝不得小于3m。

图3 土工袋就位

图4 土工袋连接

5.2.4 泥浆制备和输送(图5、图6)

在桥位外合适地点,用高压水泵配备消防笼头,利用高压水流冲击粉土或砂土,搅成泥浆,再安装输送所用的浮箱式泥浆泵。泥浆相对密度根据泥浆输送距离和袋体充填水压而定,输送距离越大,则相对密度应小些,一般控制在1.2~1.5。

图5 泥浆制备

图6 泥浆输送

5.2.5 填充土工袋(图7)

在土工袋内充入泥浆,并及时调整泥浆充入角度和数量,使土工袋均匀、平稳下沉。先填充四角,后填充中间,当填充到一定饱满度后,人工踩踏袋体表面,以利缩短充填泥浆的固化时间,土工袋达到预定的充盈度后要控制好充灌压力,以防模袋破裂。袋体充盈度应控制适宜,每层袋体以充高0.4~0.5m为宜。

5.2.6 围堰内填充泥浆(图8)

在一层土工袋填充完毕后,拔出泥浆填充管,将填充袋灌口用塑料尼龙线将袋口扎紧。下层填充袋一般在固结度达到70%后,安装第二层导向架和土工袋,如此周而复始,直到要求的高度。在抽取围堰内的清水后,及时向围堰内填充泥浆,防止土工布向内倾倒。

图7 泥浆填充土工袋

图8 围堰内填充泥浆

5.2.7 增大围堰内泥浆的承载能力

(1)围堰内泥浆经过淅水和沉淀,用抽水机抽水,加速泥浆固化,见图9。

(2)采用真空吸水法,使围堰内泥浆真空脱水,时间一般不少于5d,见图10。

图9 围堰内泥浆沉淀固化

图10 围堰内真空吸水

(3)视实际情况,在重型机械通行和钻机施工位置,填筑一层厚度30cm左右的清宕渣,并碾压密实;或者在个别集中受力点铺设行车道板,以增大接触面积。图11和图12为固化后的围堰平台和在平台上钻孔施工。

图11　固化后的围堰平台

图12　平台上钻孔施工

6　工程材料和机具设备

6.1　工程材料

泥浆围堰施工所需材料主要是土工袋,具有透水保水的性能,其技术指标须与当地粉(砂)土的颗粒级配相匹配,一般渗透系数宜选择$1.2\times10^{-2}\sim5.5\times10^{-2}$cm/s,能排除细粒黏土,使沉留的粉砂土容易固结。当量孔径0.06~0.3mm,单位面积质量不小于100g/m^2时,抗拉强度与围堰的高度和宽度有关,一般每50mm大于750N。

土工袋为筒式,宽度按需要而定,长度一般为20~50m。

6.2　机具设备

泥浆围堰施工主要机械设备见表1。

泥浆围堰施工主要机械设备表　　表1

序　号	名　称	功率/型号	单　位	数　量	备　注
1	高压清水泵	7.5kW/80BJ—50C	台	2	输送管配套
2	浮箱式泥浆泵	22kW/150LN—15	台	2	输送管配套
3	真空吸水泵	0.75kW/SZ270	台	若干	输送管配套

7　劳动力组织

泥浆围堰水中平台施工主要施工劳动力组织见表2。

泥浆围堰施工劳动力组织　　表2

序　号	工　种	人　数	职　责
1	工长	1	负责对围堰操作者的技术指导和施工协调
2	质检员	1	现场旁站、质检、验收
3	试验员	1	土工袋原材料抽检和泥浆性能指标的试验检测
4	安全员	1	施工现场安全旁站、安全检查
5	普工	8	土工袋摊铺安装、泥浆拌制、充填
6	真空泵操作工	2	围堰内泥浆真空吸水

8 质量要求及控制措施

8.1 质量技术要求

(1)充填后的土工袋边线与设计边线的水平误差不得大于±50cm、厚度为50cm、断面总面积不得为负值。

(2)当袋体逐步充满后,在屏浆期间,要注意对屏浆压力的控制,防止土工袋爆裂。

(3)某一土工袋首次充填后,应间隔一定时间再次充填,期间可充填相隔段的土工袋。

(4)土工袋初始充填高度可按式(1)控制:

$$h_{\mathrm{lim}} = \frac{C}{5.25} \tag{1}$$

式中:h_{lim}——极限充填高度(m);

C——土工袋周长(m)。

单个土工袋的充填高度 h_{limit}、极限堆高 H_{limit} 可按下式控制:

$$h_{\mathrm{limit}} = \sqrt{\frac{3T_{\mathrm{s}}}{\gamma_{泥浆}}} \tag{2}$$

$$H_{\mathrm{limit}} = \frac{2T_{\mathrm{s}}}{h\gamma_{泥浆}} \tag{3}$$

式中:h_{limit}——极限充填高度(m),对周长较小的土工袋可按前述式(1)计算;

T_{s}——土工织物的极限抗拉强度(kN/m);

$\gamma_{泥浆}$——土工袋内泥浆重度($\mathrm{kN/m^3}$);

H_{limit}——充泥管袋的极限堆高(m);

h——底层土工袋的充填高度(m);

其余符号含义同前。

8.2 质量控制措施

(1)建立完善的质量保证体系,落实质量岗位责任制,工序质量实行精细化管理,强调工艺标准化。

(2)制订工序质量实施细则,落实“三检制”,严把工序质量关。袋体摊铺后,应严格检查平面位置;袋体充填后,应检查充填高度和平整度,不达标准,严禁上层施工。

(3)开展质量培训教育活动,进行质量检查,发现问题及时予以纠偏。

(4)施工前,必须进行现场粉砂土性能试验、颗粒分析,测定泥沙粒径、干密度、渗透系数等指标,以确定土工袋体的型号;现场测试水流速度,若流速大于3.0m/s,则必须在围堰袋体迎水面加铺彩条布;现场测试水位,以设计围堰坡脚宽度和土工袋尺寸。

9 安全措施

(1)在船舶通航的大江、大河、大海区域进行水上施工作业前,必须按《中华人民共和国水上水下施工作业通航安全管理规定》的程序,在规定的期限内向施工所在地海事部门提出施工作业通航安全审核申请,批准并取得“水上水下施工许可证”后,方可施工。

(2)水上作业施工前,应了解江、河、海域铺设的各种电缆、光缆、管道的走向,按规定采取有效措施予以保护,防止电缆、光缆及水下管道遭到损坏。

(3)项目要制订水上作业各分项工程安全实施方案和细则,对参加水上施工作业人员必须进行水上作业的安全知识教育和专项技术培训,具备熟悉水性、会游泳的基本条件,并做好安全交底工作。

(4)凡进行水上施工作业必须配备必要的救生船和救生器材,并组织专人负责救援工作。水上作业人员必须穿上救生衣。

(5)水上作业中的安全标志、工具、仪表、电气设施和各种设备,必须在施工前加以检查,确认其完好,方能投入使用。

(6)在闸口或泵站进出处进行施工时,应随时与水闸管理人员保持联系,注意闸门与水泵的启闭运行情况。

10 环保措施

(1)泥浆拌制场地应选择在不影响农田水利、交通运输和人民群众生产生活的地方,一般可利用荒芜、沼泽地。泥浆池边应采用刚性围护,围堰拆除时须把泥浆返回。

(2)泥浆的淅水须经沉淀池沉淀后,才允许将清水排出。

(3)泥浆充填时,如发现泄漏,必须及时堵塞、重新处理接入口。

(4)泥浆输送时,输送管、接头需经常检查,防止泥浆泄漏污染环境。

11 效益分析

11.1 经济效益分析

现以某滩涂区高架桥为例,将泥浆围堰平台与钢管桩平台作一经济效益分析,见表3。泥浆围堰法施作水中桥墩平台工艺无论从施工成本、进度,还是安全方面,均优于钢管桩平台搭设法,既节约了一百六十多万元费用,又缩短了一个多月工期,且安全得到保障。

经济效益分析对比表 表3

施工方法	钢管平台搭设法	泥浆围堰法
费用比较	每墩需搭设 $15 \times 45.5 = 683m^2$ 钢管平台,约用型钢90t,钢管桩35t,按使用2.5个月计,则平台搭设、拆除和钢材租用总费用为18万元。 全桥共13个墩,合计费用为234万元	每墩搭设 $683m^2$ 施工平台,按水位2.5m计,需充填泥浆1 800 m^3(固结后),每方泥浆充填(含土工袋)和清除、井点降水费用为25元,泥浆拌制和回填的场地费用折5元/ m^3 计,则每墩平台总费用为5.2万元。 全桥共13个墩,合计费用为67.6万元
	费用差距234万元-67.6万元=166.4万元	
施工进度	由于河中或池塘中,专用打桩船无法进入,自行拼装设备效率低、数量少,估计每墩需48d时间	设备投入少、几乎可每墩同时施工,围堰仅需10d,井点降水5d,完成全部平台仅花费15d左右
	每墩时间差距48-15=33d	
施工难度	钢管打入时定位困难;拆除时拔桩困难	比较容易
主要设备和材料投入	需拼装大型打桩和拆除设备,至少需投入1台吊车和1 625t钢材	每墩施工点1台高压水泵和1台泥浆泵,共一次性消耗土工袋8 800m
施工安全程度	较低	较高

11.2 社会效益分析

由于施工现场表层地质均以粉砂和砂性土为主,地表土极易流失,我们因地制宜巧妙地利用当地资源,变“有害”为“有利”,既节省了大量施工成本,又显著缩短了施工工期,而且能附带杜绝由于平台欠稳导致桩位偏差超标的质量通病,得到驻地监理办和指挥部的一致肯定、赞赏和推广。泥浆围堰法施作水中桥墩平台工艺进一步提升了企业形象,获得了良好的社会效益。

12 应用实例

12.1 工程实例一

杭州湾跨海大桥南岸接线土建工程三合同,路线起点在新浦镇,桩号为K98+500,终点桩号为K106+000,全线7 500m,全合同以桥梁工程为主,主要结构物有789m胜山分离立交桥、160m水云浦大桥、665m 新浦分离立交桥、305m 中拖落分离立交桥、互通 1 号桥、互通 3 号桥，路基宽度 35m。本段地貌形态类型为海积平原，表层为薄层填土、耕植土、亚黏土，下伏为亚砂土，层厚约 10.0 ~ 27.8m。该项目于 2004 年 11 月至 2006 年 1 月，创造性地采用了泥浆吹填土工袋的工艺进行桥梁水中平台的围堰施工，提高了施工效益，明显加快了施工周期，尤其是降低水上作业的安全风险，取得了较好的社会效益和经济效益。

12.2　工程实例二

嘉兴至绍兴跨江公路通道（北岸接线）工程第八合同尖山高架桥全长 2 000.42m，宽度 41.5m，位于钱塘江北岸海宁市尖山新区，桥址处属于典型的钱塘江滩涂区，表层地质均以粉砂和砂性土为主。其中 39 ~ 46 号和 51 号墩位于景观河道陵水河内，水位最深 3.5m，无通航要求，另外其 54 ~ 57 号墩位于原养鱼塘内，水位最深 2.8m。此两处共 13 个墩台，面积为 8 880m^2，均采用了泥浆围堰法施作桥梁施工的水中平台，自 2009 年 6 月开工，到 2010 年 3 月完成。与钢管平台相比，既节约了一百六十多万元费用，又每墩缩短了一个多月工期，安全也得到了保障，同时为项目部获得“年度优胜单位”奠定了坚实的基础，取得了良好的经济效益和社会效益。

桥梁桩基挤扩灌注桩施工工法

GGG(冀)C1062—2010

金凤温　高　平　何勇海　贺德新　潘泽泉
(河北广通路桥工程有限公司　河北省交通规划设计院　北京中阔地基基础技术有限公司)

1　前言

当今交通运输业飞速发展,随着车辆荷载的增加及大型设备的运输,对桥梁桩基承载力要求越来越大,一般通过增加桩长、桩径来增加桩基承载力。挤扩灌注桩是一种新型技术,可提高单桩承载力及安全性。近些年来,随着挤扩灌注桩的发展,应用中挤扩桩的桩径逐渐增大,对盘径的要求也逐渐增大。特别针对桥梁桩径约1 500 ~ 3 000mm 的特点,研发成功大型挤扩成型机设备,设备可挤扩成形直径3m承力盘,具有很高的工程应用价值和经济意义。河北省先后在沿海高速、唐曹高速公路的天桥、大桥部分中墩桩基采用该项技术。大广高速公路京衡段滹沱河分洪道特大桥和幸福渠大桥所有464 根中墩的桩基础,均采用了挤扩灌注桩技术,研究课题"DX 挤扩灌注桩在大广高速公路京衡段桥梁应用研究"获河北省科技成果证书(编号:20091763),并获2009 年度河北省交通运输厅科技成果二等奖。挤扩灌注桩技术被国家五部委批准为"国家重点新产品",被国家科学技术部评定为"重点国家级火炬项目",是国家火炬计划重点推广项目,北京市科委也将其列入"北京市重大科技成果推广计划"。

目前该项技术已经过多个工程应用,积累了丰富的施工经验,为该新型技术的进一步推广、应用提供了充分依据。

2　工法特点

挤扩灌注桩与传统直孔灌注桩相比:在桩径、桩长相同情况下,可以大幅提高单桩竖向承载力,减少沉降、增强桩基安全性等;在相同荷载的条件下,挤扩灌注桩可以缩小桩径、减短桩长、减少桩基数量,从而降低工程造价和缩短工期。

3　适用范围

本工法适用于公路工程钻孔灌注桩施工,也可推广应用于公路、铁路、水利等的桩基工程施工。

挤扩承力盘可设置在可塑 ~ 硬塑状态的黏性土、稍密 ~ 密实状态的粉土和砂土、中密 ~ 密实状态卵砾石层,抗压桩底承力盘也可设置在强风化岩的上层面上。不应设置承力盘土层为淤泥及淤泥质土层、松散状态的砂土层、可液化土层、湿陷性黄土层、大气影响深度以内的膨胀土层等。

4　工艺原理

4.1　由挤扩液压设备与现有桩基钻孔机械配套使用,增加了挤扩承力盘工序。即在原来钻孔成孔后,吊放挤扩设备入孔,在孔内的设计高程位置,经过挤扩,在桩周土体中形成一个近似圆锥盘状空腔,依次实施挤扩形成多级挤扩承力盘腔,再灌注混凝土,随着桩身混凝土的灌注而生成一种多节变截面灌注桩。

4.2　挤扩灌注桩的承载原理是多段侧摩阻及多层端阻共同作用。传统的直孔摩擦桩只利用了桩侧土的摩阻力,而挤扩灌注桩则是在摩擦桩的基础上,又在承载性能较好、适宜的土层中增加了多节承力盘,这些承力盘产生端阻力,从而提高了桩基的竖向承载力。

4.3　承力盘腔成形原理

如图1所示的挤扩成形设备是现有的较为通用的挤扩成型机，该设备主要由五个部分组成，即起重设备、液压站(包括液压胶管)、接长杆、挤扩成型机主机和固定装置。各个部分的作用如下。

4.3.1 挤扩成型机主机(简称主机)

主机是实施挤扩承力盘的主要部件，其结构组成如图1a)所示，主要有端架、挤扩臂、液压驱动缸等，图b)为其工作原理图。当液压驱动缸供油，活塞杆推出，机身挤扩臂向外支出；依次实施挤压孔壁实现承力盘腔。挤扩完成后，工臂随活塞杆回缩恢复到机身初始状态。

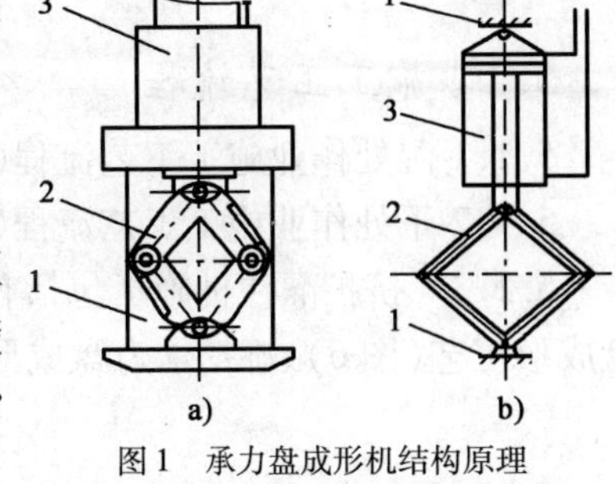

图1 承力盘成形机结构原理

1-端架；2-挤扩臂；3-液压驱动缸

4.3.2 接长杆

接长杆是一个连接部件，上端与起重设备的吊钩连接，下端与主机连接。主机的出入孔、在孔内的上下移动、旋转以及定位都要通过接长杆的辅助来完成。

4.3.3 液压站

地面液压站是提供设备工作动力并完成对设备工作状态实施控制的主控部件，可为主机液压缸提供液压动力、控制挤扩臂的伸出与回缩，同时还可在挤扩过程中实时检测挤扩状况，为操作者提供挤扩过程中的动态信息等。

4.3.4 起重设备

主要用于支盘成形设备主机的出入孔起重，对主机在钻孔中的位置实施控制和调整，还兼有施工场地设备组装拆卸的作用。目前大直径挤扩灌注桩的施工作业中，起重设备多选用25t及以上的汽车式起重机(吊车)。

4.3.5 孔口定位装置

现场上常称固定装置，也叫转位器，用于通过接长杆使主机绕其中心线依次旋转并定位，从而确定主机的工作位置和挤扩方向，实现准确施工。

4.3.6 挤扩灌注桩的成形构造示意图如图2所示。

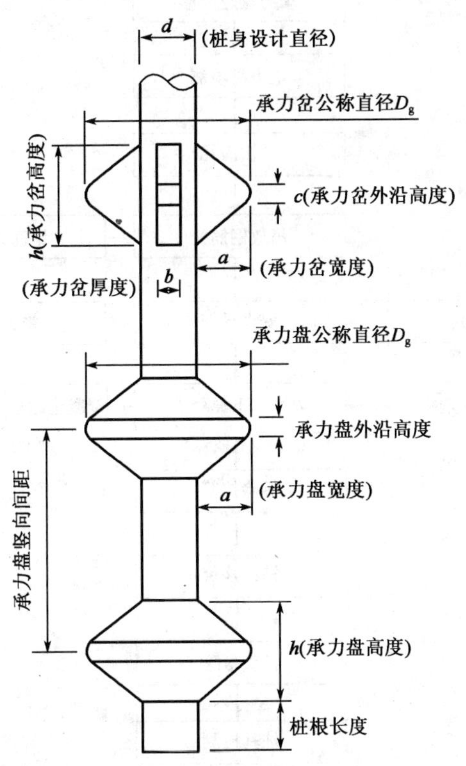

图2 挤扩灌注桩的成形构造示意图

5 施工工艺流程及操作要点

5.1 施工工艺流程

5.1.1 湿处作业施工工艺流程(图3)

5.1.2 干处作业施工工艺流程(图4)

5.1.3 挤扩灌注桩施工包括有正循环承力盘成形工艺(图5)、反循环承力盘成形工艺、管桩承力盘成形工艺(图6)、旋挖承力盘成形工艺(图7)。

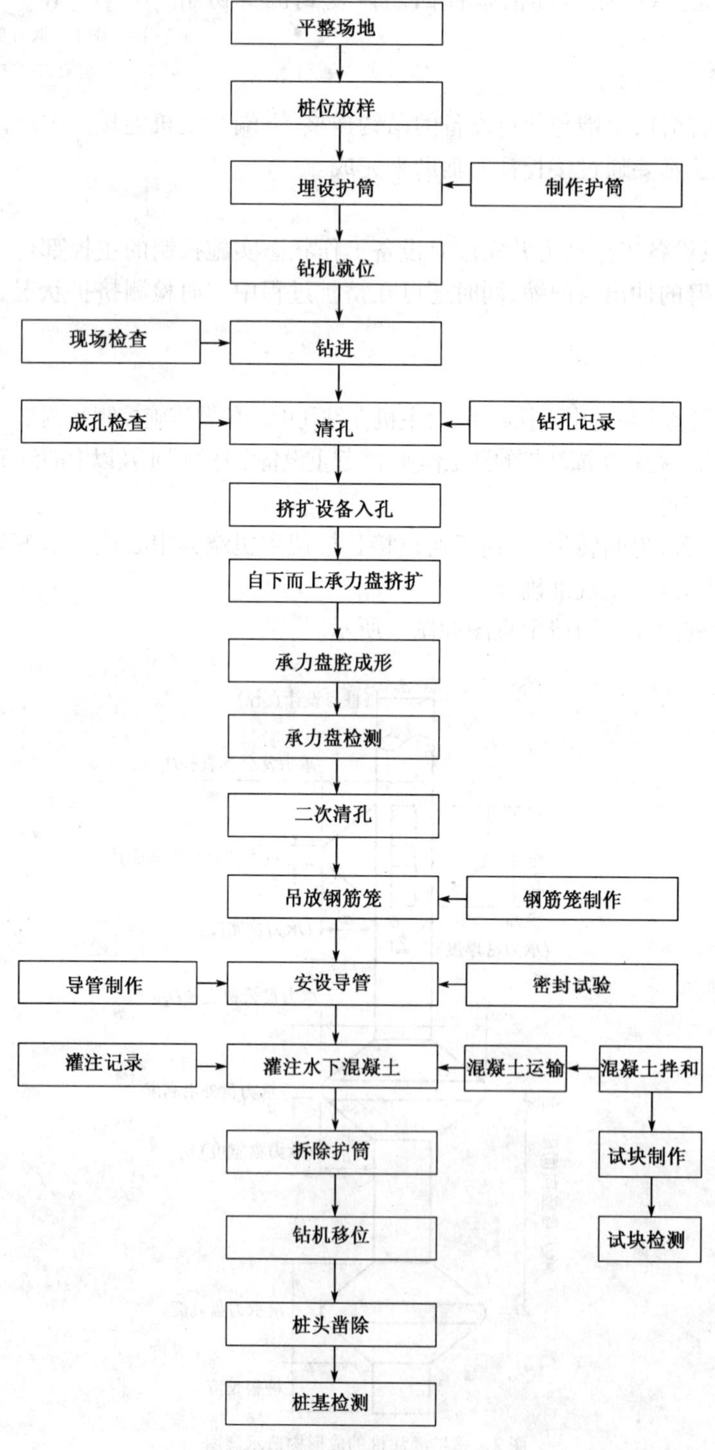

图3 挤扩灌注桩湿处施工工艺流程

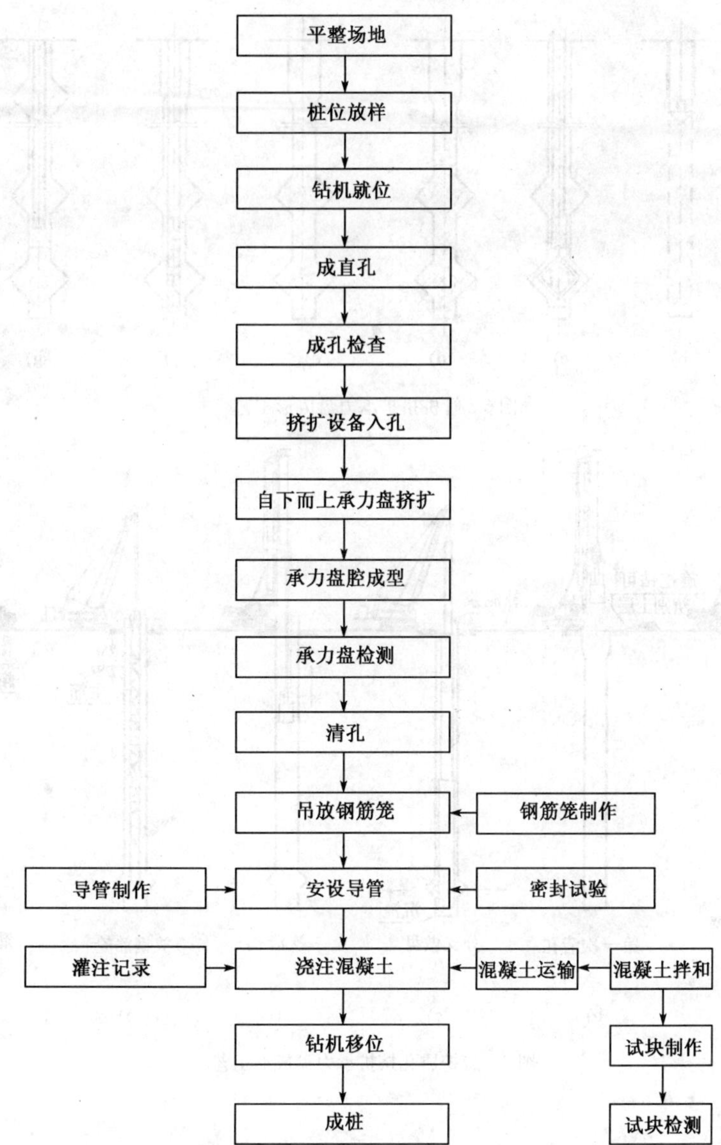

图4 挤扩灌注桩干处施工工艺流程

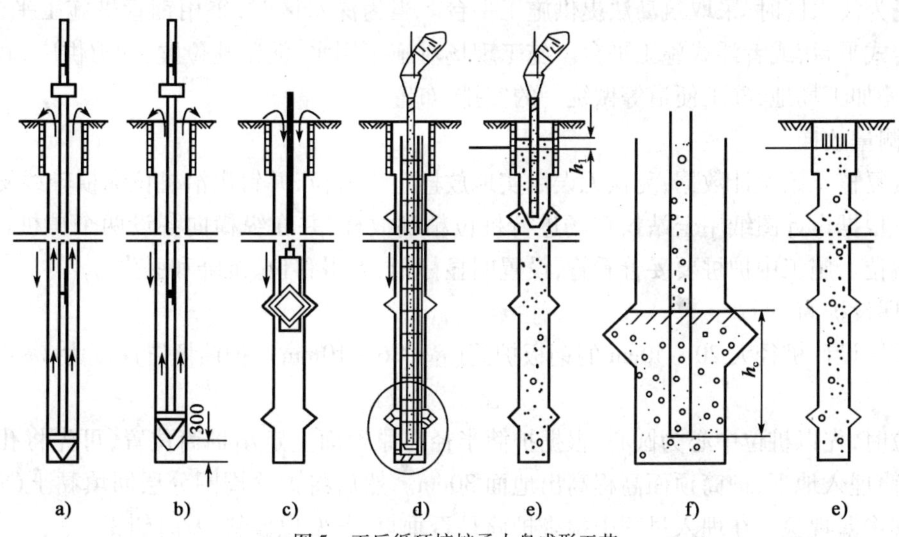

图5 正反循环挤扩承力盘成形工艺

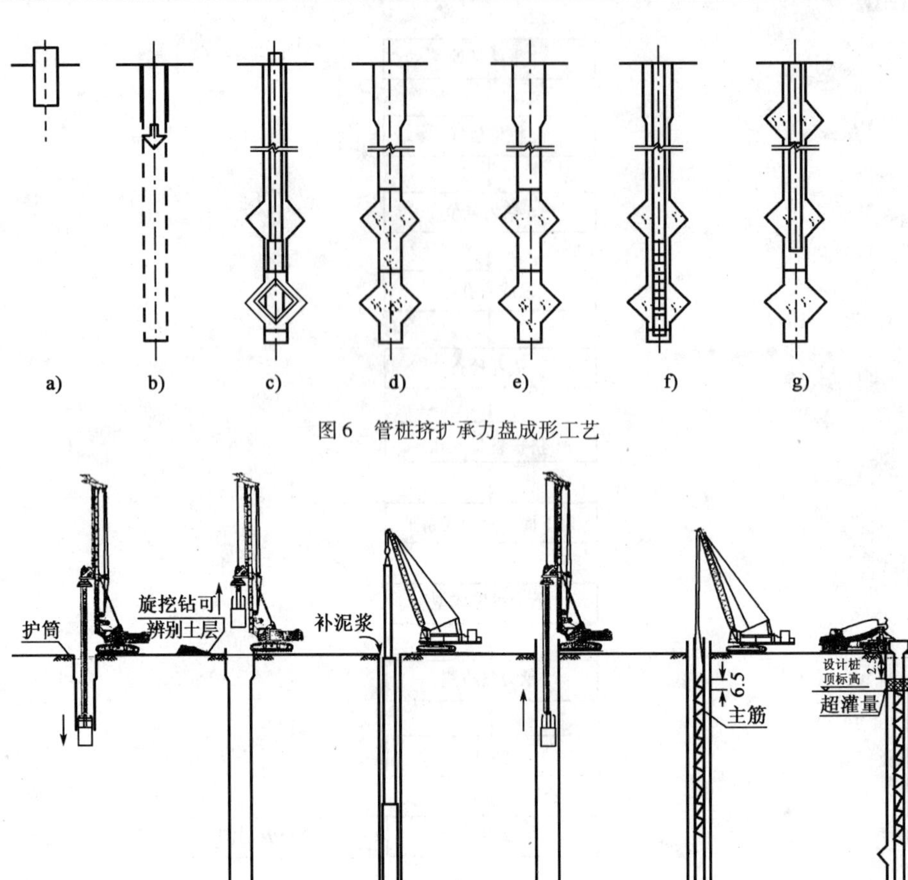

图6 管桩挤扩承力盘成形工艺

图7 旋挖成孔挤扩承力盘成形工艺

5.2 操作要点

5.2.1 施工平台

施工现场为浅水区时,采取筑岛法提供施工平台。当为深水区时,采用钢管桩施工平台、双壁钢围堰平台等固定式平台,或者浮式施工平台。施工现场对施工用水、泥浆池位置,动力供应,砂、石料场,拌和站位置,钢筋加工场地,施工便道等做统一的安排、布置。

5.2.2 测量放样

首先认真复核原始设计数据,复核无误后实地放样定出桩位,并钉出沿桩位纵横轴线交叉的控制桩来控制桩位。根据设计图纸用全站仪现场进行桩位精确放样,并在纵横向各设两个护桩(垂直方向),以控制中心偏位。施工中护桩要妥善看管,设置明显标记,不得移位、沉降和丢失。

5.2.3 埋设护筒

护筒采用比设计桩径大20~40cm的钢板护筒(壁厚6~10mm),护筒埋置深度为2~4m,地质较差时适当增加。

护筒定位时,先以桩位中心为圆心,根据护筒半径在原地面上定出护筒位置;可先将孔位处的土体挖出,安放护筒埋入地下,护筒顶面高程高出地面30cm。然后将护筒周围分层回填黏土(灰土)、夯实,防止护筒出现渗漏现象。在埋入过程中检查护筒是否垂直,若发现偏斜,及时纠正。

5.2.4 钻机就位

钻机稳定地就位于桩位的一侧，钻机底部支撑物不得压在孔口钢护筒上。钻架支立、就位于桩位上方，调整钻机底盘纵、横垂直方向分别水平；调整钻机钻架竖直；调整钻机，使钻头吊点、钻锥中心和桩孔中心三者在同一条垂线上，反复调整钻机底盘、钻架、钻头，稳定钻架、固定缆风绳。最终保证钻头对中准确。

5.2.5　泥浆制备

提前用黏土造浆，泥浆池、沉淀池分开。钻机成孔对泥浆质量要求较高，泥浆相对密度控制在1.1～1.40。泥浆护壁成孔挤扩作业时，泥浆密度应以能良好护壁、避免塌孔为原则，泥浆相对密度在1.20～1.40为宜。

5.2.6　钻机钻进

(1)钻机安装就位并具备开钻条件后，先进行试钻。无论采用何种类型钻机钻孔，开始时稍提钻杆，在护筒内打浆，或开动泥浆泵自泥浆池供浆，待泥浆均匀后开始钻进。适当控制进尺，在护筒底部低档慢速钻进，使初开孔壁坚实，避免挤压护筒，钻进3～5m后钻头在孔中能保持竖直、稳定，方可加速钻进。钻孔作业连续进行，钻进过程中视土质情况调整钻进速度，并详细填写“钻孔施工原始记录表”，作为原始资料，交接班时交代钻进情况及下一班的注意事项。在钻孔过程中，钻机的主吊钩必须始终吊住钻具，不使钻具的全部重量由孔底承受，这样既可避免钻杆折断，又可保证钻孔的质量。

(2)钻进过程中，随时注意孔内的水头压差。经常检测循环泥浆情况、及时调整，不因泥浆过稀造成塌孔，不因泥浆过稠影响下钻进度。为防止钻孔偏差，钻进过程中注意转盘中心、卡孔和护筒中心始终在一条竖直线上，否则停钻、校正。钻杆接头衔接稳妥，钻杆始终保持垂直状态。钻进中发现地质发生变化，情况与勘测单位提供的不符、差异较大时，及时上报有关部门，并在后续工序施工中引起重视。

(3)因故停钻严禁钻头停留在孔内，孔口加以护盖。

5.2.7　钻孔检查、清孔成孔

(1)钻孔达到设计高程时，对孔深、孔径、孔位等进行检查。

(2)钻孔完成后，用测绳检查孔深，用检孔器检测孔径和倾斜度。成孔不得小于设计直径，倾斜度不大于1%，检查合格后进行调浆清孔。确认满足设计要求后，立即填写终孔检查记录。

(3)挤扩桩的清孔，成孔结束后不提钻头，慢转清孔，调制性能好的泥浆替换孔内稠泥浆与钻渣，且使泥浆的各项性能指标便于进行挤扩施工(间隔3～5h)而不至于造成塌孔。

5.3　挤扩施工

5.3.1　施工前宜进行试成孔、试挤扩承力盘腔，了解各土层的挤扩压力变化，检验承力盘腔的成形情况，并应详细记录成孔、挤扩成腔的各项数据，作为施工控制的依据。

5.3.2　挤扩机入孔前已确认孔深满足设计要求，入孔时注意保护护筒的高程。

5.3.3　挤扩机通过相应吨位的吊车起吊，自孔口徐徐下落至孔内盘设计位置，湿作业自下而上、干作业自上而下实施挤扩。

5.3.4　挤扩时，认真观察挤扩压力值并及时填写挤扩记录。当移机至新桩位在相同深度实施挤扩时，如首次挤扩压力值较前值降低5MPa以上时，允许将盘位在设计深度±1.0m范围内作适当调整，调整后竖向承力盘间距应满足《公路桥涵多节三岔(DX)挤扩灌注桩技术规程》(DB13/T 999—2008)5.1.5条的相关要求，以使承力盘设置于同一持力层。若地层变化较大，经调整仍不能获得较高压力值时，及时向监理报告，并经业主、设计单位会签解决。

5.3.5　应根据DX液压挤扩设备的型号和设计承力盘直径确定成盘挤扩次数。每盘沿孔口挤扩n次，每次转动约$a°$，依次挤扩完成形成盘腔。第一次挤扩后，每次参照孔口角度盘转角约$a°$再进行挤扩，每盘共完成$n-1$次转角，n次挤扩，最后形成承力盘腔。

挤扩次数依据为：设计盘径D，挤扩臂宽b，单位cm。

$$\text{挤扩次数} = (D \times \pi)/(3 \times b) \approx n(\text{次})$$

$$\text{转动角度}\ a° = 360°/(3 \times n)$$

5.3.6　在挤扩施工时,保持泥浆相对密度;同时在挤扩过程中认真观察泥浆面高度,当出现下降时(盘腔增加的体积)及时补充泥浆,保持孔内水头,防止坍孔。

5.3.7　挤扩过程中如遇塌方、流沙等情况,应立即停止作业,及时提出挤扩装置,妥善处理后再继续挤扩作业。必要时回填黏土按重新钻孔程序实施。

5.3.8　挤扩设备出孔后量测孔深,并记录沉淀厚度,用专用盘径检测器(图8)对承力盘成型效果进行检测。测杆与挤扩施工专用的挤扩设备挤扩臂尺寸、张开角度相等,检验方法是:利用该装置的三对测杆在盘腔处张开,下滑时副绳与主绳零点(始点)的落差与三对测杆张开角度的几何关系而测得盘腔直径。检测器检测时,提紧主、副绳将盘径检测器缓慢放至孔内被测盘腔深度,松开副绳,三对测杆自重下落,主副绳稍作调整,测杆即张开位于挤扩盘腔内,此时,观察记录主、副绳零点(始点)落差,并根据落差和盘径换算关系表(实际测量检测器获取),查得实际挤扩盘腔直径。盘径(直径)允许偏差为-50mm。

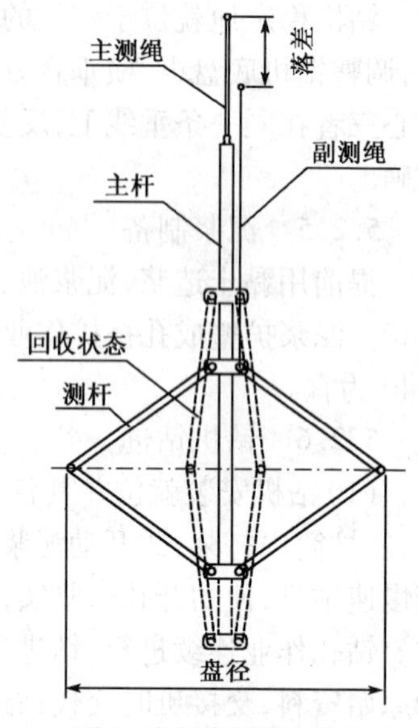

图8　盘径检测器示意图

5.3.9　盘径检测合格后,进行两次清孔。根据具体情况在挤扩后回钻清孔。挤扩后如沉渣不超标,可直接吊放钢筋笼,待吊放导管到位后,用导管进行清孔换浆。

5.3.10　挤扩机为专利液压设备,型号随桩径及承力盘直径的需要而变化,由液压缸体拖动高压柱塞泵工作,工作电压380V,功率为37kW。

5.4　钢筋笼的加工与安装

5.4.1　钢筋笼下料。主筋接长采用电弧搭接焊(闪光对焊),当采用搭接焊时须保证焊接的长度,单面焊不小于10d,双面焊不小于5d,采用J50X型焊条。焊接温度应在5℃以上,低于5℃需采取保温措施。钢筋笼所用螺旋筋原材,必须先调直,再用模具弯曲成钢筋笼直径圆弧螺旋筋,按设计间距绑扎或点焊到钢筋骨架上。

5.4.2　钢筋笼钢筋在钢筋加工厂制作、绑扎成型。为防止钢筋笼吊装变形,分节制作,相邻两节钢筋笼搭接处,提前沿钢筋笼圆弧方向扳出搭接角度,且接头钢筋错开大于1m,在桩位井口现场进行搭接焊接,焊接时间控制在2h以内,质检人员及时检查焊接质量并做好"钢筋安装实测项目"检查记录。

5.4.3　为防止混凝土灌注过程中钢筋笼坠入孔中或混凝土灌注时冲击上浮,钢筋笼顶端焊接4根ϕ16mm的钢筋吊环,穿轻型钢轨或厚壁钢管固定于井口枕木架上。

5.4.4　在钢筋笼螺旋筋周边安装圆形混凝土轮(半径为保护层厚度)作为保护层垫块,间隔2m一层,沿钢筋笼截面四周均布四个。桩位孔口用20cm×20cm的方木搭放两层,承担钢筋笼和导管重量。钢护筒不得负荷任何构件重量。

5.4.5　起吊钢筋笼时,严格控制钢筋笼的变形。钢筋笼整体入孔时间不得超过2h。钢筋笼吊放就位后,及时下导管。

5.5　水下混凝土灌注

5.5.1　导管一般采用30cm直径的无缝钢管,使用前进行闭水试验(水密、承压、接头抗拉),合格的导管才能使用,导管吊放居中稳步沉放,接头加胶圈垫拧紧,确保严密,导管底部距桩底的距离符合规范要求。

5.5.2　灌注混凝土前再次检查沉淀厚度,如超出规定值用导管接封堵管节连接泥浆泵辅助清渣,直至满足要求为止。

5.5.3　试验室提前完成水下灌注混凝土配合比的组成设计。混凝土采用矿渣硅酸盐或普通硅酸盐水泥,砂率0.4~0.5,水灰比0.5~0.6,每方水下混凝土的水泥用量不小于350kg。

5.5.4 混凝土由拌和站集中拌和,混凝土搅拌运输车运输至现场,通过车尾溜槽(或另加长溜槽)导入导管口储料斗内灌注。

5.5.5 灌注过程中试验人员要坚守在施工现场,通过混凝土坍落度的及时检测控制混凝土质量,并取样制备试件,到场混凝土坍落度控制在180~220mm。储料斗和第一车混凝土的方量大于计算的首批混凝土方量,保证导管埋置深度的要求。

5.5.6 灌注速度要循序渐进,导管埋深不小于2m,最大埋深不超过6m,混凝土灌注到承力盘位置时,可以适当加大导管埋深,并上下反复提动导管,以保证承力盘腔内混凝土的密实度。

5.5.7 当孔内混凝土灌注进入钢筋笼底部区域时,严格控制混凝土的灌注速度,防止因混凝土的向上冲击而造成钢筋笼的上浮。混凝土的灌注过程,不得超过混凝土的初凝时间。

5.5.8 为保证孔内混凝土顶部质量,桩顶超灌0.5~1.0m,以保证桩头混凝土的强度。注意根据护筒高程,详细计算出混凝土灌注的顶面高程,并向施工人员交底。及时填写"水下混凝土灌注记录表",并整理上报。

5.6 干处作业

根据施工工艺流程,干处作业除成直孔施工与湿处作业不同外,其他操作要点相同。

5.7 成桩后的检测

一般选用代表性的桩进行无破损检测,重要工程或重要部位的桩宜逐根进行检测,设计有规定时或对桩的质量有疑问时,应采用钻芯法对桩进行检测。桩身混凝土抗压强度应符合设计规定。

5.8 质量保证措施

5.8.1 为防止钻孔过程中砂层护壁不好,提前准备一定方量的黏性土备用;为防止钻孔过程中出现掉钻头、拖钻杆等意外,提前准备"乱勾"、备用钻头、钻杆等;为防止钻孔过程中出现"卡管"、"提漏"等意外情况,提前准备一套振捣器具、排污泵(外径小于导管内径)。为防止灌注过程中停电,拌和站备有100kW发电机。

5.8.2 对于清孔当采用正、反循环钻机(含潜水钻)钻进成孔工艺时,钻至设计孔深后,应进行第一次清孔;当使用旋挖钻机成孔时,不宜一次钻至设计孔深,应预留1m左右深度,待挤扩施工结束后,旋挖钻机重新就位清理孔底沉淀土(渣)时再钻至设计孔深。

5.8.3 鉴于DX挤扩灌注桩施工中较常规灌注桩多了一道挤扩工序,挤扩过程中常会有沉淀土(渣)掉入孔底,尤其在黏性土层中挤扩,有时可能会有较大的泥块掉入孔底,因此,施工中应特别注意把好清孔这一关。

5.8.4 首次挤扩压力值将直接反映出土层的软硬程度,同时也决定着DX挤扩灌注桩的承载能力大小,因此液压操作员在挤扩时应注意观察并记录压力表数值。当地质条件复杂多变时,应及时按程序报告监理工程师或业主,并会同相关方进行洽商,最终解决方案应由设计方认可,必要时应进行设计变更。

6 所用材料及设备

根据桩径的不同,采用相应型号的成孔设备和液压挤扩设备,配合相应吨位的汽车吊车。

6.1 成孔设备

挤扩灌注桩按不同成直孔工艺可结合采用潜水钻机、正循环钻机、冲击钻机、螺旋钻机、钻斗钻机(旋挖钻机)、全套管贝诺特钻机及沉管机等成孔钻机。

6.2 挤扩装置

挤扩装置由机头、连接器、液压站控制系统及车载系统等组成。机头由双向液压油缸装置、三岔挤扩弓压臂(图9)、液压旋转装置、压力传感器等组成。连接器包括油管和解力装置,起到柔性连接传递的作用。

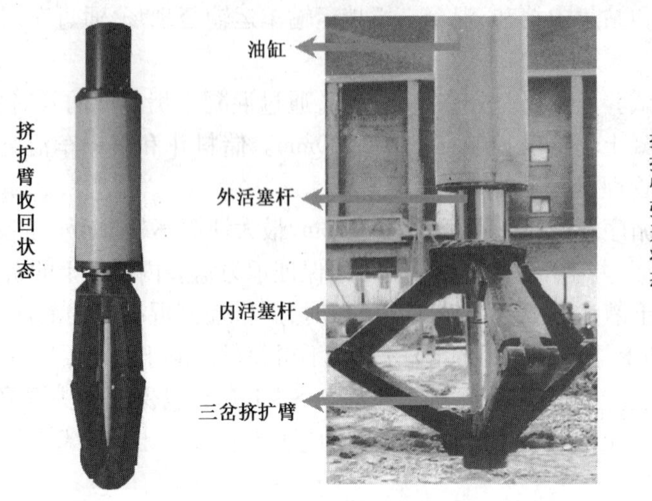

图9 三岔挤扩臂

6.3 检测设备

孔径、孔形和倾斜度宜采用专用仪器测定,当缺乏专用仪器时,可采用外径为钻孔桩钢筋笼直径加100mm(不得大于钻头直径),长度为4~6倍外径的钢筋检孔器吊入钻孔内检测。盘腔直径检测采用专用盘径检测器。

7 质量控制

7.1 相关技术规范、规程

《公路桥涵地基与基础设计规范》(JTGD 63—2007);

《公路桥涵施工技术规范》(JTJ 041—2000);

《建筑地基基础设计规范》(GB 50007—2002);

《建筑桩基技术规范》(JGJ 94—2008);

《建筑地基基础工程施工质量验收规范》(GB 50202—2002);

《公路桥涵多节三岔(DX)挤扩灌注桩技术规程》(DB13/T 999—2008)。

7.2 挤扩桩的清孔,利用成孔结束后不提钻头,慢转清孔,调制性能好的泥浆替换孔内稠泥浆与钻渣,且使泥浆的各项性能指标便于进行挤扩施工(间隔3~5h),比如泥浆相对密度控制在1.2~1.40而不至于造成塌孔。

7.3 在清孔调浆的过程中,挤扩机械开始作预热准备,一般提钻后立即开展挤扩工序,力求紧凑。

7.4 在挤扩过程中,保持泥浆相对密度;同时随时观察孔内泥浆面高度,当出现下降时(盘腔增加的体积)及时补充泥浆,保持孔内水头,防止坍孔。

7.5 当土层变化需要调整承力盘的位置时,调整后竖向承力盘间距应满足《公路桥涵多节三岔(DX)挤扩灌注桩技术规程》(DB13/T 999—2008)5.1.5条的相关要求,允许将盘位在设计深度±1.0m范围内作适当调整,以使承力盘设置于同一持力层。

7.6 挤扩设备出孔后,用专用盘径检测器对承力盘成型效果进行检测。盘径检测器的三对测杆与挤扩施工专用的挤扩设备挤扩臂尺寸、张开角度相等。检测力求每盘必检,快速及时。

7.7 盘径检测合格后,如沉渣不厚,可直接下放钢筋笼,吊放导管到位后,用导管进行清孔换浆。必要时钻机重新就位进行二次清孔。

7.8 混凝土灌注到承力盘位置时,可以适当加大导管埋置深度,并上下提动导管,以保证承力盘腔内混凝土的密实度。

7.9 混凝土拌和站、混凝土搅拌运输车、电源、挤扩成型机等都备有足够的备用设备,以满足机械故障时使用。

8 安全措施

8.1 安全生产目标

无人身重伤及伤亡事故、无重大行车事故、无等级火警事故、负伤率控制在5‰以内。

8.2 安全组织保证

成立以项目经理为组长,以生产副经理和安全负责人为副组长的安全组织机构,组员有各安全员、工程部、质检部、分部经理等组成。

项目经理亲自抓安全生产的安全教育,专职安全员定期召开安全生产会议,检查安全规章执行落实情况,建立安全生产奖罚制度促使人人重视安全,安全生产有奖,使安全生产教育落到实处。

8.3 安全保证措施

8.3.1 加强安全生产教育和预防措施,为施工人员办理保险;建立、健全各级各部门的安全生产责任制,责任落实到人。并在签订劳务承包合同和机械租赁协议书中明确安全生产条款。

8.3.2 建立安全保证体系,成立安协部设专职安全员,在项目经理和副经理的领导下,负责与安全有关的一切工作。教育工人掌握本工程操作技能,熟悉本工种安全技术操作规程;经考试合格,持证上岗。进行全面的针对性的安全技术交底,受交底者履行签字手续。

8.3.3 对于施工现场及其周围的高压电线、变压器等设置醒目的安全标志,对开挖地段且处于交通要道处,派专人看守,设置明显的警示标志,防止过往行人或车辆发生事故。

8.3.4 对材料和设备储存的库房或堆放点、施工人员生活区,特别注意防火安全,配备足够数量的消防器具、消防水管等,以备急需。

8.3.5 建立定期安全检查制度。有时间、有要求,明确重点部位、危险岗位,安全检查有记录。对查出的隐患及时落实整改,做到定人、定时、抓实。

8.3.6 施工中必须向员工进行安全技术交底。对临时结构须进行安全设计和技术鉴定,合格后方可使用。

8.4 安全施工

8.4.1 进入施工现场必须佩戴安全帽,高空作业佩戴安全带;中小型施工机具,如电焊机、氧气乙炔瓶等必须专人使用,专人保养,悬挂安全警示牌。

8.4.2 电力线路、接拆电缆必须由电工架设及管理,拆、接线缆必须找电工;满足“一机一闸一漏一箱”以及“三级配电两级保护”的要求,且电闸箱设门、设锁、编号,注明负责人。夜间施工提供足够的照明设施。

8.4.3 机械操作人员必须服从施工人员的正确指挥,精心操作。但对施工人员违反操作规程和可能引起危险事故的指挥,操作人员有权拒绝执行,并及时向工地负责人反映。

8.4.4 施工时在仓库及油库附近设置防火警示标志并安放消防器材,施工用的发电及用电设备作业时必须远离此类建筑物。

8.4.5 对于安全事故的处理,必须坚持“四不放过”的原则:即事故责任不清不放过;责任人不受处理不放过;整改措施不落实不放过;员工没有受到教育不放过。

9 环境保护措施

在施工过程中,严格按照业主要求,努力做好环境保护和水土保持工作,具体措施如下。

9.1 项目部按照国家有关法律、法规的有关规定,结合工程特点,建立环境保护、水土保持规章制度。

9.2　设专人负责环保工作,钻孔现场、拌和站、施工便道均由专人负责,分段承包,定期维护,搞好环保工作。

9.3　场地布置,因地制宜,结合标准化工地建设要求进行布置,设施设备合理存放,并随施工不同阶段进行调整,做到最大限度地利用桥位占地和临时占地,最小限度地破坏地貌、生态环境。

9.4　生活区、设备维修站、生产区必须做好垃圾、废油、废水的收集,定点存放,不得随意排放。

9.5　材料运输均采用车辆覆盖运输,防止渗、漏撒落,污染环境。

9.6　临时占用地方道路、施工便道经常洒水控制扬尘,防止污染;施工废水、泥浆不得排入农田、河渠,排放指定地点;集料冲洗用水经过滤、沉淀处理后循环利用,沉淀物排放指定地点,确保水源不受污染。

9.7　施工现场、拌和站,使用机械设备要尽量减少噪声、废气排放。夜间施工采取措施,减少噪声,遵守当地有关部门对夜间施工的规定。

10　资源节约

10.1　公路作为资源密集型行业,对土地、能源、建筑材料等资源依赖性强。在当今我国大搞基础设施建设的大环境下,交通运输业的发展尤为突出,随着车辆荷载的增加及大型基建设备的运输,对桥梁桩基承载力要求越来越大。如何节约资源且能满足重交通的要求,无疑成为高等级公路、大跨径桥梁的科研、发展方向,而挤扩灌注桩正是这种科研需求的产物。

10.2　依照本工法施工,挤扩灌注桩与传统直孔桩相比,在单桩要求荷载相同条件下,挤扩桩可以缩小桩径、减短桩长,节约钢筋和混凝土、减少泥浆排放量;在相同直径、长度条件下,可以大幅提高单桩竖向承载力,从而减少桩基根数。混凝土及钢筋用量、泥浆排放量的减少,在资源节约降低造价的同时,还会减少对环境的污染。采用挤扩灌注桩技术建设的桥梁,创新、经济、环保,具有良好的社会和经济效益。

11　效益分析

11.1　经济效益

挤扩灌注桩与普通直孔灌注桩相比可缩小桩径、减短短桩长,节约造价 20% ~30%,缩短工期 1/4 左右,同时可提高抗震性和基桩稳定性,从而提高了桥梁的安全性。

11.1.1　沿海高速公路 K86 +619.91、K90 +824.617 及 K103 +913.303 三座天桥共使用 38 根挤扩灌注桩,混凝土浇筑总方量比原设计直孔桩的方量减少近 300m^3,减少泥浆排放 800 多立方米,节约钢材 9.5t,初步计算所减少的材料费、施工费和综合管理费约 26 万元,桩基造价比原拟采用普通直孔桩的设计方案降低 22%。

11.1.2　南堡盐场特大桥 55 ~59 号桥墩采用挤扩灌注桩,桩基部分节省混凝土 1 529m^3,节约造价 113.5 万元,缩短工期约 10 天。

11.1.3　大广高速京衡段两座桥桩基采用挤扩灌注桩后,桩基部分节省混凝土 25 173m^3,降低造价 1 982 万元,缩短工期约 50 天,具体见表 1、表 2。

滹沱河分洪道特大桥桥墩桩基技术经济对比　　表 1

对 比 项 目	直孔桩方案(3 桩)	DX 桩方案(2 桩)
桩径(mm)	1 600	1 500
承力盘径(mm)		2 500
承力盘数(个)		4
桩长(m)	平均 50	53
单根桩混凝土方量(m^3)	100.9	98.1
单个桥墩桩数(根)	3	2
单个桥墩混凝土(m^3)	374	276
下部结构建安费(万元)	9 201.7	7 782.4

幸福渠大桥桥墩桩基技术经济对比　　表2

对比项目	直孔桩方案(3桩)	DX桩方案(2桩)
桩径(mm)	1 600	1 500
承力盘径(mm)		2 500
承力盘数(个)		4
桩长(m)	52	53
单桩混凝土方量(m^3)	104.6	98.1
单个桥墩桩数(根)	3	2
单个桥墩混凝土(m^3)	379	277
下部结构建安费(万元)	3 149.7	2 586.9

11.2 社会效益

11.2.1 在桥梁桩基上使用DX挤扩灌注桩不但能获得较好的经济效益,而且也对环境保护有利,施工噪声低;与普通泥浆护壁直孔桩完成等值承载相比,泥浆排放量显著减少,对节能减排、保护环境、降低桩基造价有突出优势。

11.2.2 将挤扩桩应用于公路桥梁基础可以解决普通灌注桩间距密、工后沉降量大等许多技术缺陷,对提高和改进灌注桩的承载能力有重大影响,是一项值得推广应用的新型桩和重要的技术成果,有广泛的社会效益和经济效益。

11.2.3 它的成功应用,正好符合国家当前节能减排、环境保护的倡导理念,必将掀起节能减排的新高潮,为节能型社会发展作出更加卓越的贡献。

12 应用实例

12.1 2006年沿海高速公路乐亭至冀津界段建设过程中T1及T2标段三座天桥的中墩、桥台桩基采用了挤扩灌注桩,见表3。

沿海天桥挤扩灌注桩应用一览　　表3

名称	位置	桩径(m)	桩长(m)	盘径(m)	盘数(个)	桩数(根)
K86+619	台桩	1.1	25	2	2	8
K86+619	墩桩	1.2	28	2	1	6
K90+824	台桩	1.1	18	2	1	4
K90+824	墩桩	1.2	24	2	1	6
K103+913	台桩	1.1	18.5	2	2	8
K103+913	墩桩	1.2	24	2	2	6

12.2 2007年唐曹高速公路TC-9标段的南堡盐场特大桥和南堡盐场分离式立交桥的中墩桩基采用了挤扩灌注桩,见表4。

唐曹高速公路挤扩灌注桩应用一览　　表4

名称	桩长(m)	桩径(m)	盘径(m)	盘数(个)	桩数(根)
K70+992	50	1.5	2.5	4	20
K67+353	45	1.3	2.5	3	8

12.3 2009年大广高速京衡段LQ15合同段K161+702滹沱河分洪道特大桥为88~30m连续T梁桥和K163+873幸福渠大桥为30—30m连续T梁桥的所有中墩的桩基础,共计464根均采用了挤扩灌注桩技术,单桩挤扩4个承力盘,见表5。

大广高速公路挤扩灌注桩应用一览 表5

名 称	桩长(m)	桩径(m)	盘径(m)	盘数(个)	桩数(根)
滹沱河分洪道特大桥	53	1.5	2.5	4	348
幸福渠大桥	53	1.5	2.5	4	116

12.4 目前实施完成的桩基检测全部为Ⅰ类桩。

12.5 桂江大桥位于广西梧州市倒水镇四坡村东南侧约150m处,跨越桂江。桂江大桥在桩基施工中,采用了挤扩灌注桩施工技术,取得了良好的效果,施工功效高,是典型的节能减排和环保施工技术,并节省了投资。

12.6 宁波市绕城高速公路东段是宁波市绕城高速公路的重要组成部分,起自姜山北互通,经云龙、五乡、好思房、临江、沙河,止于颜家桥,全长43.495km,连接甬台温复线、同三高速公路、穿山疏港高速公路及舟山大陆连岛工程,是杭州湾南岸高速公路网核心的重要组成部分。本项目采用挤扩灌注桩技术节省工程量40%,节约工程造价20%,取得了良好的效果。

大直径挤扩支盘灌注桩施工工法

GGG(中企)C1063—2010

殷学智 张国梁 史生军 肖 剑 梁彦伟
(中冶交通工程技术有限公司 北京支盘地工科技开发中心)

1 前言

挤扩支盘桩(图1)是一种新型结构的钢筋混凝土灌注桩,受力机理明确,它采用支盘挤扩机械,根据地质情况在硬土层中通过液压挤扩,对各分支和承力盘周围土体施以三维静压,挤扩支盘桩空腔,经挤密的周围土体与空腔内灌注的混凝土桩身、支盘紧密地结合为一体,发挥了桩土共同承力作用形成挤扩支盘桩。该技术能充分利用地基承载土层,在有效地减小桩径和桩长的同时大幅度提高桩的承载力,并减少桩体沉降量。

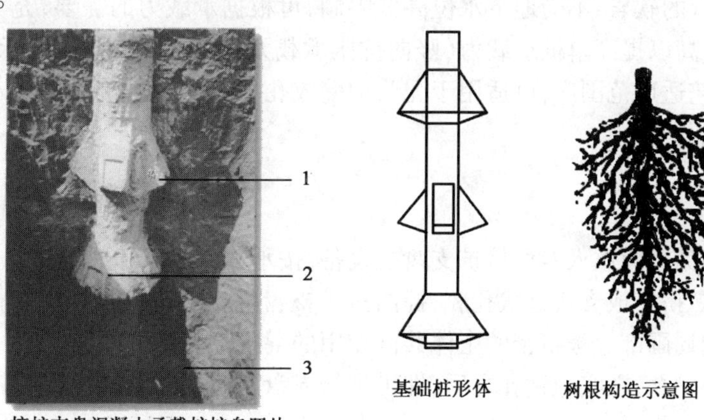

挤扩支盘混凝土承载桩桩身照片
1-十字分支;2-中间承力盘;3-底承力盘

图1 挤扩支盘桩示意图

挤扩支盘桩技术被国家五部委批准为“国家重点新产品”;被国家科学技术部评定为“重点国家级火炬项目”,是国家火炬计划重点推广项目;北京市科委列为“北京市重大科技成果推广计划”;宁波市列为节能减排重点项目。在工业与民用建筑工程中得到了大量的应用,桩长自7m多至多于50m,桩径约430~850mm。

近些年来,随着支盘桩的发展,支盘桩应用桩径逐渐增大,对盘径的要求也逐渐增大。特别针对桥桩桩径约1 000~3 000mm的特点,原有的挤扩支盘设备不能适应于大直径桩(直径大于1 000mm)的需求,为在桥梁工程中采用支盘桩,需要开发出挤扩支盘直径能达到2 500mm以上的挤扩支盘机。为此业界对小型支盘机进行技术升级,解决众多技术难题,研发成功盘径3m的大型支盘施工设备及配套工艺,设备最大工作压力为35MPa,为国际工程机械深孔作业最大液压动力,也是国内外最大挤扩支盘设备,为支盘桩在桥梁工程的应用奠定了基础。

为充分发挥支盘桩优势,研发出大直径变径挤扩支盘桩。变径支盘桩,是指支盘桩主桩直径是变化的,通常是主桩上部直径大,主桩下部直径小,在成孔过程中,首先用大钻头施工上段主桩,然后更换小钻头施工下段主桩。桩上部直径大满足桩水平承载力要求,桩下部直径小,盘环面积大,桩承载力相对普通支盘桩更大,同时节省混凝土用量。

多个工程应用使大直径挤扩支盘灌注桩施工新技术得到进一步完善,从工程实例的使用效果来看,该工法具有很强的先进性,具有显著的节能减排效果,值得推广和借鉴。

2 工法特点

2.1 能充分利用桩身上下各部位的硬土层,从而改变了普通等直径钻孔灌注桩的受力机理,增加了土的端承力,提高了抗压、抗拔的能力,其单方混凝土承载力为相应的直孔桩的1.5~3倍,有显著的技术经济效益。由于其特殊的挤压成盘工艺,使桩具有支盘的承载结构同时又挤压密实了盘周土体,将桩土刚度共同提高,从而大大减小了基础的工间和工后沉降。

2.2 大直径挤扩支盘桩,盘径达到3m,竖向承载力大幅度提高,可解决不断增加的桥梁荷载和基础结构安全间的相互矛盾,提高了安全储备。

2.3 变径支盘桩,桩上部直径大满足桩水平承载力要求,桩下部直径小,盘环面积大,桩承载力相对普通支盘桩更大,同时节省混凝土用量。

2.4 支盘桩承载能力发挥受施工影响较小,对地质变化采用可调控手段,避免了灌注桩诸多问题。

3 适用范围

该工法适用多种土层中成盘,一般为软可塑~坚硬状态的黏性土、稍密~密实的粉土、砂土和碎石土、极软岩和节理很发育的软岩,不受地下水位高低限制,可根据承载力的需要,充分利用硬土层,采用增设分支和承力盘数量高以提高单桩承载力(竖向抗压承载力、水平承载力、抗拔承载力)、桩身稳定性以及抗震性能;成桩工艺适用范围广,可适用于泥浆护壁成孔工艺、干作业成孔工艺、水泥注浆护壁成孔工艺和重锤捣扩成孔工艺等。

4 工艺原理

挤扩支盘桩是在已钻孔内放入专用挤扩支盘机设备,按承载力要求和地层土质条件,在设计要求部位对土体进行侧向挤压,挤扩成支或盘状孔腔,提离挤扩支盘机,放入钢筋笼,灌注桩身混凝土,形成的带有支盘结构的基桩同周围部分被挤密的土体共同作用的混凝土灌注桩。

支盘的成形首先要钻孔,在实施钻孔之后,即可进行支盘的挤扩成形。

4.1 支盘成形配套设备

图2中所表示的支盘成形设备是现有的较为通用的挤扩支盘机,该设备主要由五个部分组成,即起重设备、液压站(包括液压胶管)、接长杆、支盘成形机主机和固定装置。各个部分的作用如下。

(1)支盘成形机主机(简称主机)主机是实现支盘成形的主要部件,其结构组成如图2a)所示,主要有机架1、工臂工作机构(四连杆机构)2和液压驱动缸3等,图中b)为其工作原理图。当活塞杆推出时,位于机身内的工臂向外支出,挤压孔壁实现支盘成形。挤扩完成后,工臂随活塞杆回缩恢复到机身内的原始位置。

(2)接长杆是一个连接部件,上端与起重设备的吊钩连接,下端与主机连接。主机的出入孔、在孔内的上下移动、旋转以及定位都要通过接长杆来完成。

(3)液压站是提供设备工作动力并完成对设备工作状态实施控制的部件。包括为主机液压缸提供液压动力,控制工臂的伸出与回缩,同时还可在挤扩过程中实时检测挤扩状况,为操作者提供挤扩过程中的动态信息等。

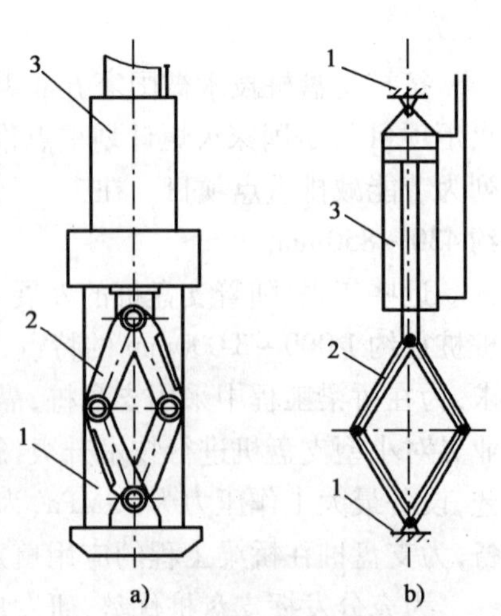

图2 支盘成形机结构原理

a)结构组成示意图;b)机构工作原理图

1-机架;2-工臂工作机构;3-液压驱动缸

(4)起重设备主要用于支盘成形设备主机的出入孔起重,对主机在钻孔中的位置实施控制和调整，还兼有施工场地设备组装拆卸的作用。目前的施工作业中，起重设备多选用汽车式起重机或履带式起重机。

(5)孔口定位装置现场上常称固定装置，也叫转位器，用于通过接长杆使主机绕其中心线旋转并定位，从而确定主机的工作位置和挤扩方向，实现准确施工。但目前由于该装置在孔口的定位难度较大，故实际施工中还没有有效地利用其转位功能。

近些年来，随着支盘桩的发展，工程中支盘桩的桩径逐渐增大，对盘径的要求也逐渐增大。特别针对桥桩桩径约 1 000 ~ 3 000mm 的特点，研发成功大型挤扩支盘机设备，设备可挤扩成形 3m 大盘，具有很高的工程应用价值和经济意义。

大型挤扩支盘设备用图形的方式表示如图 3 所示。

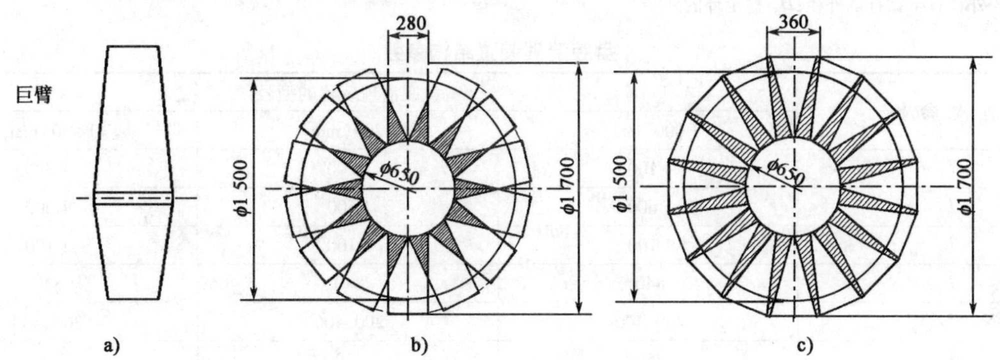

图3　支盘机设备的挤扩成盘质量图示

a)支盘机巨臂的正面形状；b)支盘机设备普通臂的挤扩质量图示；c)支盘机设备巨臂的挤扩质量图示

注：阴影部分表示两次挤扩支盘的重叠部分。

大型支盘成形设备的主要技术参数列于表 1 中。

大型支盘成形设备主要技术参数　　表1

桩孔直径(mm)	1 100 ~ 1 800	油缸公称输出压力(kN)	10 000
设备外径(mm)	1 000	油泵流量(L/min)	117
弓压臂挤扩最大尺寸(mm)	3 000	电机功率(kW)	75
弓压臂宽度(mm)	580	机身防护设施	有
挤扩最大尺寸时两臂夹角(°)	80	密封件	专配设计
液压系统额定工作压力(MPa)	25		

该设备自主创新缸内增压技术，可挤扩深层地质、密实砂土、卵砾石土、强风化岩石土质，改变原有技术只适合软土地质条件工作；大动力缸采用国际先进液压密封系统，设计结合支盘桩工况改进设计，实现和创造了国际工程机械最为恶劣工作条件下液压元件的保障，使设备液压元件寿命提高一倍；完成了超宽弓臂设计同时优化结构；全机身防刮土设计。有利于盘腔的成形质量、提高成盘检测合格率、孔内设备旋转和减少沉渣，以提高成桩效率。

研发成功大直径盘腔清孔工艺及装置。

(1)盘腔清孔工艺。大盘径的支盘腔，盘腔体积增大，钻孔泥浆正(反)循环不能将盘腔中的大泥块携带出盘腔，将影响盘腔质量，进而影响支盘桩承载力。设计出专用的盘腔清理装置，即是为了解决盘腔泥块存留的问题，使盘腔质量达标。在挤扩支盘施工结束后，将专用的盘腔清理装置，下方到孔内直至盘位高程，在孔口动力的驱动下，装置旋转，带动盘腔中泥浆，泥浆携带泥块清理盘腔。

(2)盘腔清理装置。盘腔清理装置主要结构如图 4 所示，现在共分为 1 000mm、1 200mm、1 500mm 三种型号，各型号的结构参数的具体数据可参看表 2。

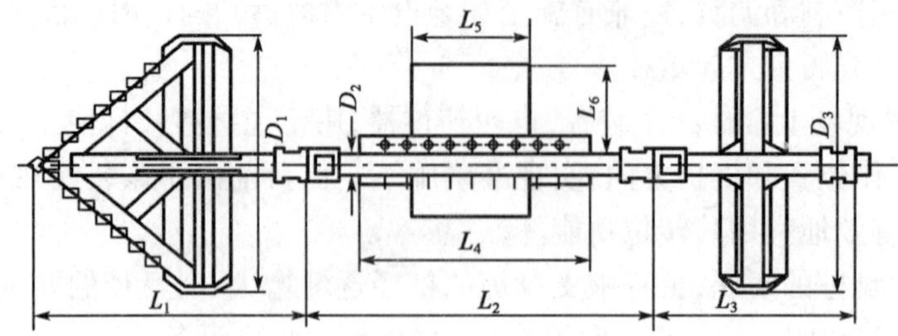

图4　盘腔清理装置结构图

L_1-钻头部分的长度;L_2-安装有叶片部分的长度;L_3-稳定环部分的长度;L_4-叶片连接装置的长度;L_5-叶片的长度;L_6-叶片的宽度;D_1-钻头的外径;D_2-钻杆的外径;D_3-稳定环的外径

盘腔清理装置结构参数　　表2

结构参数	盘腔清理装置的型号		
	1 000(mm)	1 200(mm)	1 500(mm)
L_1	1 100	1 200	1 300
L_2	1 600	1 600	1 600
L_3	1 100	1 100	1 100
L_4	840	840	840
L_5	200、400	200、400	200、400
L_6	350	450	600
D_1	975	1 175	1 475
D_2	90	90	90
D_3	970	1 170	1 470

4.2　支盘成形过程

如图5所示,支盘成形机挤扩施工的基本过程是:

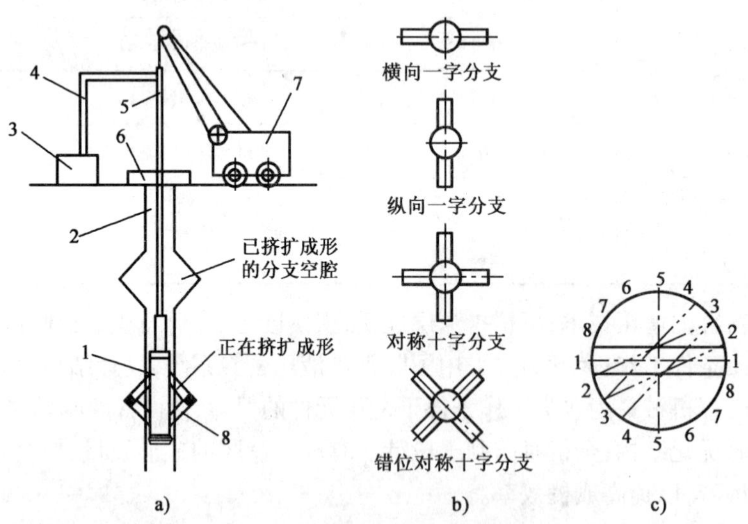

图5　挤扩支盘过程及成孔形状图示

a)成形设备布置图;b)分支形式;c)整体断面及挤扩转位图

1-支盘成形机主机;2-桩孔;3-液压站;4-液压胶管;5-接长杆;6-旋转定位装置;7-起重设备;8-工臂

(1)钻孔结束后,支盘成形设备组装并到位,由起重设备将支盘成形机主机及接长杆起吊入孔,对中下放,至接长杆上端接近孔口时,再用固定装置将入孔部分固定好,抽拉出第2根接长杆,一边下放一边把液压胶管固定于接长杆上,依次重复操作,直到主机位于设计的某一支、盘位深度时为止。

(2)主机到位后,开动液压站,使液压缸作伸缩运动,推动工臂工作机构向外运动,挤压钻孔内壁;

将主机绕吊挂中心线旋转规定的角度，控制液压缸作第二次伸缩运动，对钻孔内壁进行第二次挤压。重复上述动作若干次（约8~9次），即可挤扩出一个上下呈锥体状的盘形空间。

(3)改变深度位置，可以在同一钻孔中挤扩出若干个盘形空间（整体支盘）、十字异形空间（十字分支）或一字异形空间（一字分支），形状如图5b）所示。

(4)挤扩可由上向下进行，也可由下向上进行，但为了保证挤扩出底盘，一般要选择由下向上的顺序，在下一个位置挤扩完毕后，起重设备将主机起吊到上一个支、盘位置，依次实现所有支、盘的挤扩施工。

5 施工工艺流程及操作要点

5.1 施工工序

挤扩支盘桩由钻进成孔及清孔、挤扩支盘施工、二次清孔、下钢筋笼及灌注混凝土成桩几道工序完成。施工工艺简单，仅在普通灌注桩施工的基础上多了挤扩支盘以及二次清孔的过程。具体的工艺流程见图6。

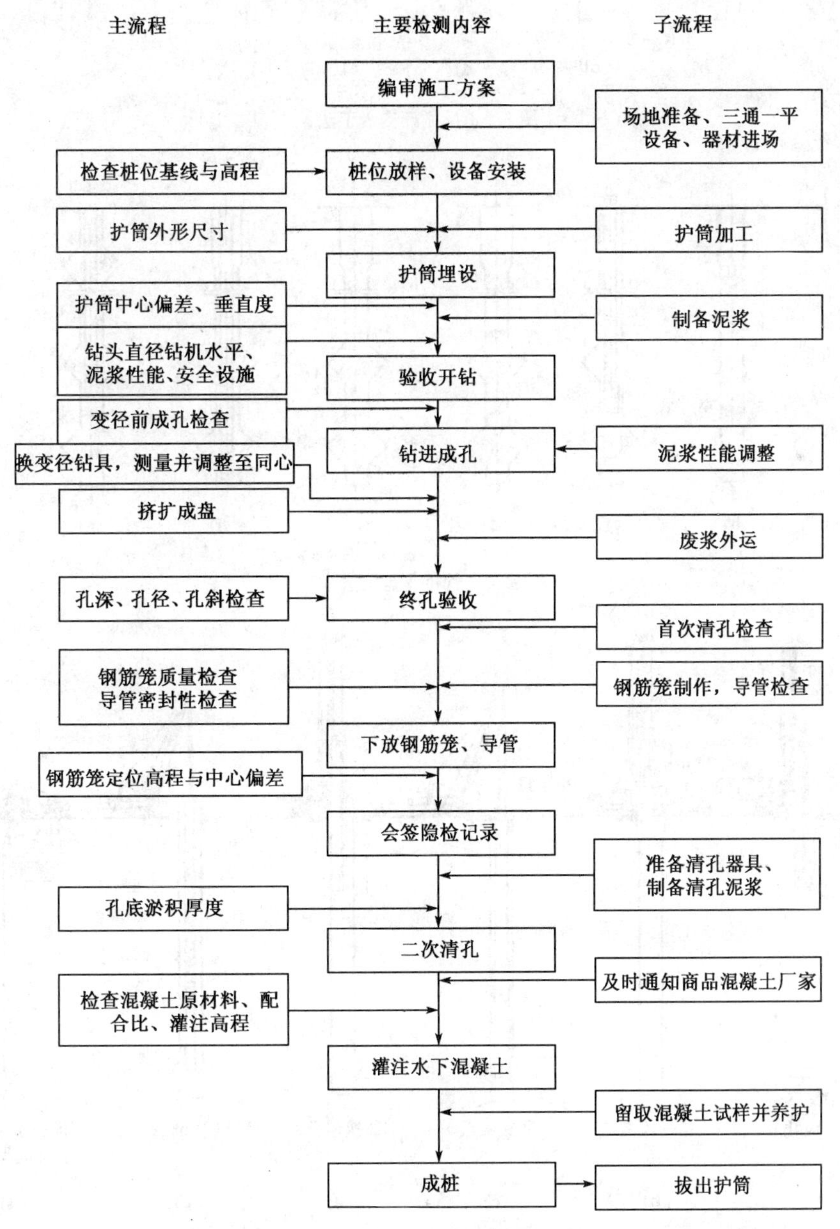

图6 泥浆护壁变桩径支盘桩（钻孔灌注桩）施工工艺流程图

挤扩支盘桩施工包括有正循环支盘工法(图7)、反循环支盘工法、管桩支盘工法(图8)、旋挖支盘工法(图9)、冲击成孔支盘工法。

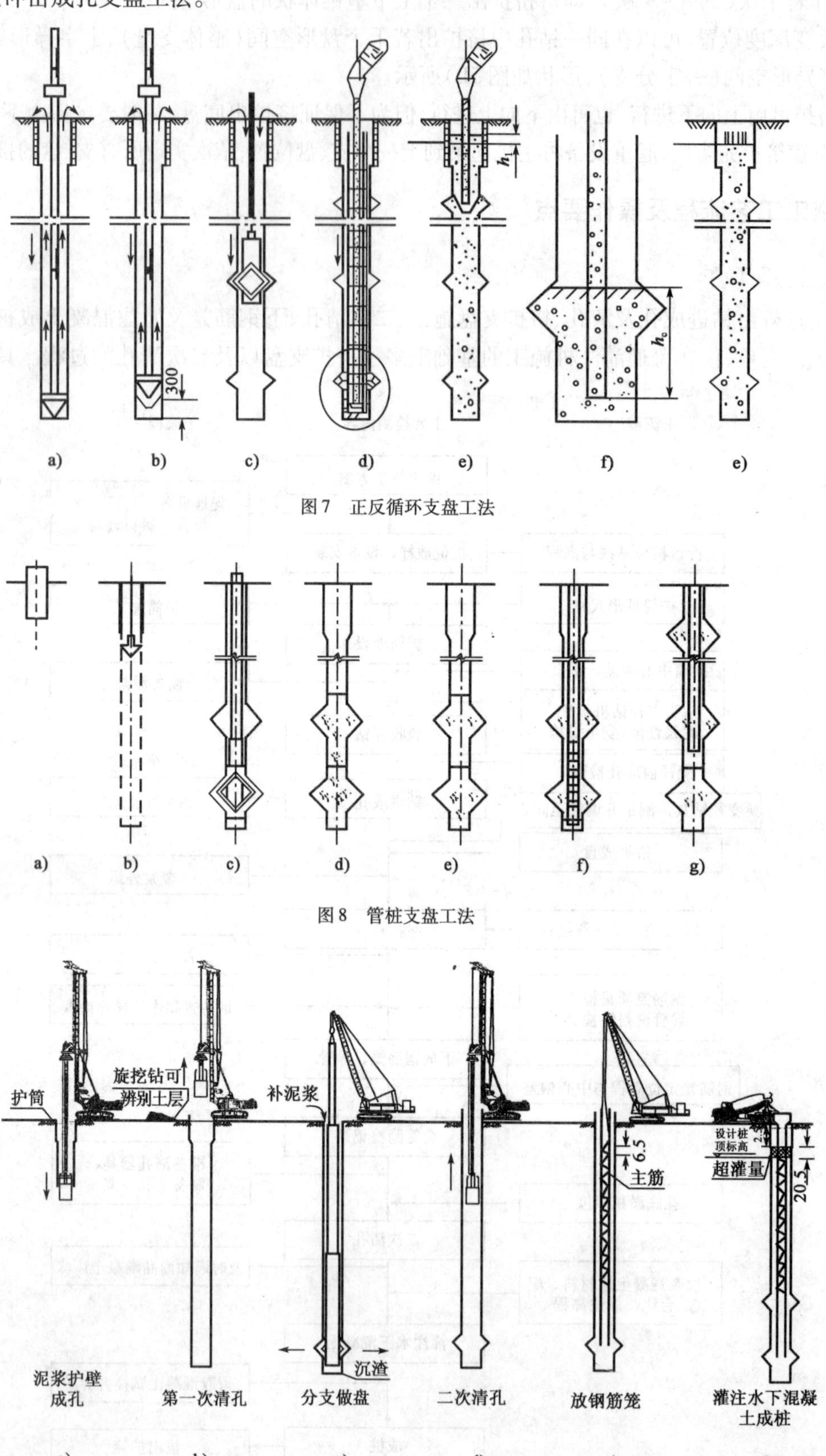

图7　正反循环支盘工法

图8　管桩支盘工法

图9　旋挖成孔支盘工法

5.2 施工要点

5.2.1 施工准备

(1)从事挤扩支盘桩工程施工、承包的企业应具有该技术的专业施工能力和具有相关资质的人员，工程技术人员应了解并掌握挤扩支盘桩原理、钻孔施工与挤扩施工的要点，具有"再勘察、再设计"的理念，以便做好施工管理、控制质量，向设计部门和业主负责。

(2)施工前根据工程需要确定试成孔数量，一般试成孔为1~2个，中小桥或同条件工程具有较丰富经验可不打试成孔。试成孔终孔后，需按一定间隔对需检验土层进行旁压检测，分析试成孔挤扩压力值、反力上升值等资料，核对地质勘察资料，判断各土层物理力学性能后，提出支盘挤扩施工时的质量要求和检查内容、检验标准，做出调控支盘桩承载能力的初步方案。

(3)在黏性土、粉土和砂土层中一般可采用正循环法成孔，当淤泥土、黏土和卵石所占成孔工作量比例不大时，宜采用旋挖工法成孔，以提高效率和质量。

在圆砾、卵石、碎石层中，宜采用旋挖工艺、冲击成孔工艺或反循环工艺成孔，当采用反循环成孔工艺时，应适当调配泥浆质量，以满足挤扩支盘要求。

当采用水上作业或基桩桩身上部采用管桩结构时，应采用管桩支盘工法。管桩部分的沉桩可采用锤击、静压、振动沉入等方法，沉管部分可采用钢管桩、预应力混凝土管桩等。

5.2.2 泥浆

(1)泥浆在施工中起到初判土层、保障成孔质量、保障支盘腔质量的三重作用。

(2)循环泥浆可将地质原状土粒、土块带至孔口，可供鉴别。

(3)成孔护壁泥浆的相对密度一般控制在1.2~1.5(反循环为1.5~1.2)；当穿过易塌孔土层时，可增大至1.3~1.5；终孔时要求泥浆相对密度大于1.25，混凝土灌注前要求泥浆相对密度应小于1.15，泥浆胶体率不小于90%、含沙量应小于8%、黏度为18~22s。

(4)在黏土、粉质黏土、淤泥质土和淤泥层中钻进时，可用原土造浆护壁；在较厚的黏土、砂土、碎石土中钻进时，应采用高塑性黏土、膨润土、蒙脱土制备泥浆。

(5)制备泥浆应采取措施尽可能少掺入化学物质，以降低被排放的泥浆造成的环境污染。(因旋挖支盘工法采用静态泥浆护壁，泥浆排放量明显减少，工程出于环保要求时推荐使用。)

(6)挤扩成盘时，泥浆面应高于护筒底边，泥浆下降明显时，应及时补浆。施工期间，泥浆面应高出地下水位1m以上，在受水位涨落影响时，泥浆配比应适当调整，并应高出最高水位1m以上。

5.2.3 成孔

(1)桩的中心距≤$4D$时，宜间隔施工，也可在相邻支盘桩灌注完成6h后进行施工，钻进中应认真鉴别并记录各土层的层位和厚度变化，确定各支、盘位置是否需要调整；若需调整应严格执行施工图或现场支盘工程师的要求。(钻进过程中如遇土层塌孔，应认真鉴别塌落土层状况并记录，如遇支盘位土层塌孔，应向监理提出调整建议。)

(2)钻孔进入设置支盘土层时，如遇复杂地层应根据钻孔要求严格控制。成孔后，应对其孔壁稳定性做出判断。在渗透性较好、地下水丰富的土层中设置支盘时，应在成孔过程中采取有效措施，避免塌孔，减少泥浆流失。

(3)终孔后应检查孔深、孔径、钻孔垂直度、泥浆和沉渣厚度。

(4)变桩径支盘桩成孔宜采用先成孔较大直径段，确定高程后，换较小钻头继续钻进，完成变径桩孔。变径桩孔质量检查应按施工图要求进行。

①当钻进接近变径深度时，对钻机机位的平稳状况、水平度进行复检、调整；

②当钻进达到变径深度时，将钻具全部提出孔口；

③将钻盘向后滑移，此时机架保持原位；

④安装变径钻头，转盘向前滑移复位；

⑤测量同心偏差，并调整至允许值内；

⑥连接钻具,按施工要求进行正常钻进;

⑦终孔验收。

当钻孔深度至设计高程时,测量孔外钻杆长度,以计算孔内下入钻具长度,并以测锤复测孔深。终孔验收应在机组人员自检合格并由质检人员复验的基础上,会同业主及监理代表共同验收,并在有关施工记录上签字认可。

(5)管桩支盘桩的成孔部分是在管桩定位后管内取土钻孔形成,水上作业搭设平台,应兼顾沉桩和成孔两套设备的作业,应进行流水交替作业。

(6)水上作业成孔,护筒的设置应考虑支盘机作业过程对其稳定性的要求,要求内容包括最小内径、护筒壁厚、外壁刚度加强、垂直度、入土深度等。

(7)遇软弱土层等复杂地质,成孔作业后应对支盘作业可能造成的影响提出事前要求,内容包括:对上部软土层或支盘位土层有塌孔扩径判断时,应提出由支盘工程师对孔径进行检测;当出现桩孔严重扩孔或缩径时,应提出补救方案,并要求支盘工程师多次孔径检测,并明示由此可能对支盘工序造成的影响。

(8)成孔过程穿越不同土层时,应不断调整泥浆指标、钻机转速、钻头进尺速度,并控制钻机稳定。必要时,调整钻机型号,以此保证成孔质量及确保支盘工序作业条件。

(9)旋挖支盘工法可提高成孔效率、成孔质量,并减少泥浆排放;需采用泥浆循环成孔作业时,应采取调整钻进方法、制备优质泥浆、泥浆循环利用、必要时选用泥浆处理设备等措施实现泥浆排放等环保指标。

(10)变桩径支盘桩成孔的变径应配备相应钻具,小钻头下空对中时应满足施工要求,必要时应采取对中措施。

5.2.4 支盘

(1)施工准备

检查油管、液压装置、弓压臂分合情况,一切正常方可投入运行。按设计要求支盘位置高程,在支盘成形机伸缩管醒目地方及盘径测量器测绳处标注挤扩支盘深度标志。制作支盘成形转动刻度盘。

设备入孔前,要将设备在孔中找正对中,保证设备下放时尽量不碰击孔壁,处于自由落放状态。下放时速度适中,避免下放过程中的紧急停车。

支盘成形全部设备入孔后,使用设备本身长度二次复测孔深,同时检验桩身垂直度、孔径。

(2)挤扩支盘施工

按技术交底顺序挤扩成形支盘。每次挤扩支盘时,弓压臂压出或回收过程,要求认真读取表压值、设备起浮高度、液压油位差、孔口泥浆下降高度、起止时间等,及时根据有关规程内容进行对照判别,发生异常应及时停机,查明情况,正确处理。成形支盘过程中,由班长翔实记录支盘时间、支盘压力以及一些特殊情况的发生经过和处理措施。若挤扩支盘各项数据不能满足要求,或遇有挤不动或压力低于设计预估压力值的90%时,要及时将情况汇报给技术负责人,经相关人员批准后可按地质情况变更支盘高程。

每挤扩成形一个承力盘后,应及时补充泥浆,保持水头高度,但不得注清水。成孔后遇有缩颈、坍孔或流沙时,会造成投放设备困难,应终止操作,提出支盘成形机,妥善处理后,再继续挤扩支盘成形。

承力盘成形机离孔后,立即补充泥浆,保持水头压力。

挤扩成形支盘完成后,在岗人员应对设备清理检查,发现问题及时处理。

挤扩支盘检验合格后,应连续施工下道工序。成形完成时间至开始灌注混凝土时间间隔应控制在3~7h以内。

(3)挤扩支盘成盘检验

①支盘成形挤扩首次压力值

检验方法:观测、检查记录压力表值,观察检查和检查施工记录。

②液压站油位计反映油压液面下降值

检验标准:油面下降值与支盘机空载油压液面下降值比较,允许偏差 ±3mm。

③挤扩成盘中泥浆下降情况

支盘成形机挤扩之后将在土体中形成盘腔,将使孔内水泥浆面下降,理论上讲泥浆下降的高度乘以钻孔的截面面积所得体积等于盘腔的体积。因此,通过测得每次挤扩后泥浆面下降的高度就可以检验盘腔的成形效果。考虑到在挤扩过程中要形成一部分沉渣以及挤扩后土体要有一部分回弹(这一部分在设计中已经考虑),因此,测得的体积会略小于理论值。

检验标准:泥浆面要有明显下降。

检验方法:观测记录孔口泥浆面下降值。

④支盘成形机上升情况:

由设备的结构特点和力学特征所决定,该支盘成形机在施工过程中会发生设备向上移动的现象,施工中统称为“上浮”,支盘成形机上升尺寸可以反映成盘质量。如果上升尺寸不够,则说明弓压臂没有完全打开;反之则说明弓压臂已经打开。同时,由于不同的土体对于下弓压臂的作用力不同,使得上升尺寸也不同。例如:如果在沙卵石层进行挤扩,YZJ—800A 设备上升高度大于 400mm;在粉土层进行挤扩上升高度大约在 250 ~ 350mm 左右。因此,只要测得支盘成形机的上升高度,即可判断成盘所在土层情况和成盘情况。

检验标准:支盘成形机有明显上升。

检验方法:观测记录支盘成形机上升值。

⑤成盘直径

检验标准:盘径按图纸要求。

检验方法:井径仪。

⑥设计持力层层位、盘位、盘间距、盘数

检验标准:按设计、施工图、勘察报告。

检验方法:查阅图纸、勘察报告、施工记录、现场观测。

⑦转角次序及角度控制

检验标准:施工规程,盘体转角每次不大于 22°、不少于 10 次。

检验方法:现场观测、查阅记录。

5.2.5 清孔

(1)支盘作业完成后,应及时进行清孔,清孔工作直至泥浆及孔径盘径检查合格。

(2)桩径大于 800mm、盘径大于 1 500mm 的支盘桩,必须采用反循环清孔。

(3)支盘清孔完成时,泥浆相对密度应小于 1.15,含沙量、黏度等指标应合格。

(4)清孔后、下钢筋笼前的井径扫描数据图形资料作为工程桩孔、支盘质量检查验收依据。

(5)下钢筋笼后如测得沉渣不合格,再次反循环清孔,直至合格后灌注混凝土。

5.2.6 钢筋

(1)变径钢筋制作应满足护孔壁要求,主筋折弯应严格按施工图要求制作。折弯段上下两倍桩径范围不得有焊接点。

(2)钢筋接头须避开变径处。

(3)盘腔钢筋过密时,应保证盘腔处主桩钢筋最小间距为混凝土粗集料的 4 ~6 倍。

5.2.7 灌注

(1)支盘桩工程宜采用商品混凝土,一般初次灌注量不应小于 $3m^3$。

(2)混凝土灌注时坍落度不应小于 180mm,宜采用 180 ~220mm。

(3)特殊混凝土的配比、制作、灌注等应制订专门方案。

(4)浇注混凝土时要求导管离孔底不大于 0.5m,混凝土初灌量要求保证灌入混凝土面高出底盘顶

1.0m 以上,严禁将导管底端拔出混凝土面。

(5)混凝土充盈系数根据不同土层、成孔工艺和成盘工艺、终孔至灌注的时间等因素,宜为1.05~1.25。

6 材料与设备

本工法无需特别说明的材料,采用的机具设备见表3。

机具设备表　　表3

序号	设备名称	设备型号	单位	数量	用途
1	钻机		台	1	灌注桩施工
2	挤扩支盘机		台	1	挤扩支盘
3	正铲装载机	ZL50	台	1	运土
4	卷扬机	3t	台	1	拉直钢筋
5	泥浆机	3PNL	台	1	成孔及排污
6	泥浆泵	7.5kW	台	1	成孔及排污
7	灌混凝土管架	ϕ219×50mm、ϕ250×50mm	套	1	混凝土灌桩
8	电焊机	250A	台	2	焊接钢筋笼
9	泥浆测试仪		套	1	监测泥浆性能
10	空压机	YV—6/8	台	1	清障及洗孔
11	泥浆运输车		辆	1	泥浆外运
12	吊车	QY16—25t	台	1	吊钢筋笼机具
13	孔口套管	ϕ1 300mm、ϕ1 600mm	台	1	成孔及排污
14	混凝土导管	ϕ230mm	套	1	成孔及排污
15	混凝土搅拌车		台	1	

7 质量控制

7.1 施工必须遵守执行现行的国家及行业标准

(1)《建筑地基基础设计规范》(GB 50007—2002);
(2)《建筑基桩检测技术规范》(JGJ 106—2003);
(3)《建筑桩基技术规范》(JGJ 94—2008);
(4)《公路桥涵地基与基础设计规范》(JTGD 63—2007);
(5)《建筑地基基础工程施工质量验收规范》(GB 50202—2002);
(6)《建筑施工安全检查标准》(JGJ 59—99);
(7)《公路桥涵施工技术规范》(JTJ 041—2000);
(8)《建筑钢结构焊接规程》(JGJ 81—91)。

7.2 质量检查

7.2.1 挤扩支盘桩的成桩质量检查是对各工序的检查,即主桩成孔、支盘、泥浆质量、清孔(盘腔)、钢筋笼制作及安装、混凝土制作及浇注等工序过程的质量检查。

挤扩支盘桩应对其施工质量和承载力质量进行检验。

(1)挤扩支盘桩在完成主桩孔、支盘的挤扩工序过程中,均应对孔位、孔深、清孔以及支盘成形的施工质量进行检查。对主桩孔径、倾斜度以及支盘成形状况进行测定。

(2)挤扩支盘桩施工时,应对支盘挤扩压力值、挤扩设备的反力上升值等基桩承载性能质量进行测定。

7.2.2　在浇注混凝土前,应对孔的中心位置、孔深、孔径、垂直度、盘(支)径、盘(支)腔沉渣或悬浮物、孔底沉渣厚度、钢筋笼安放实际位置等进行检查,并填写相应质量检查记录。主要项目的允许偏差见表4。

主要项目允许偏差　　表4

桩径允许偏差(mm)	盘径允许偏差(mm)	支长(R_1)允许偏差(mm)	挤扩旁压值允许偏差(MPa)	支盘纵向高程允许偏差(mm)	孔底/盘腔允许沉渣厚度(mm)	泥浆相对密度允许偏差
≤50	-0.05D且≤-100	-0.1R_1且≤-20	增压型-1 普通型-1.5	R_1≤500时<200 R_1>500时<300	≤50/30	终孔时≤0.1 灌注前≤0.05

除上述检查内容外,还应在成孔过程初步鉴别土层类别,挤扩过程检查土质物理力学性能。

成孔过程中可通过直接钻取土样鉴别土层,泥浆循环工艺成孔可通过泥浆及其悬浮物鉴别支盘土层和桩端土层,挤扩工艺可通过挤扩压力值、反力上升值、泥浆下降值检验地质物理性质量及成盘效果。

7.2.3　重要工程或地质复杂情况下盘腔质量不稳定,可选择相应基桩在原设计顶盘上方增设一个盘,做取芯试验以检查盘体混凝土质量和盘端土体状况。

7.2.4　钢筋笼制作应对变径折弯、钢筋规格、焊条规格、品种、焊口规格、焊缝长度、焊缝外观和质量、主筋和箍筋的制作偏差等进行检查。钢筋笼制作的允许偏差见表5。

钢筋笼制作允许偏差(mm)　　表5

主筋间距	箍筋间距或螺旋筋螺距	钢筋笼直径	钢筋笼长度
±10	±20	±10	±50

7.2.5　混凝土拌制应对原材料质量与计量、混凝土配合比、坍落度、混凝土强度等级等进行检查;混凝土浇筑应检查混凝土初灌量、浇筑的连续性、端口埋入混凝土深度、混凝土导管规格和质量、桩身混凝土充盈系数等。

7.2.6　桩身及盘周土质量检查

(1)桩身和盘体质量检测可采用预埋管超声检测、钻孔取芯、有可靠经验的动测法等方法;检测数量根据具体情况由设计确定。

(2)支盘周土体可采用静力触探、标贯等原位测试方法检测其物理性质。

(3)支盘周土体经压浆处理后可采用静力触探、标贯等方法检查其物理性质,检验盘端桩端部压浆质量,也可采用钻孔取芯的方法检查。

8　安全措施

8.1　根据国家有关规定、条例,结合施工单位实际情况和工程的具体特点,组成专职安全员和班组兼职安全员以及工地安全用电负责人参加的安全生产管理网络,执行安全生产责任制,明确各级人员的职责,抓好工程的安全生产。

8.2　坚持"安全第一,预防为主"的方针,加强对职工的安全教育,并体现全面、全员、全过程的原则,确保只有经过安全教育的人员才能上岗。

8.3　施工现场按符合防火、防风、防雷、防洪、防触电等安全规定及安全施工要求进行布置,并完善布置各种安全标志。

8.4　室内配电柜、配电箱前要有绝缘垫,并安装漏电保护装置。

8.5　建立完善的施工安全保证体系,加强施工作业中的安全检查,确保作业标准化、规范化。

8.6　操作人员持证上岗,并进行安全技术交底,遵守国家有关建筑工程安全操作规程。

8.7　遵守用电安全规则。电源线的搭接应符合安全要求,电路操作必须有专人负责,禁止非专业人员进行电路操作。

8.8 加强施工过程中的检查,做到不合格的设施不使用,不合格的过程不通过,不安全的行为不放过。

8.9 针对挤扩设备,定期检查油泵站、油管以及油管的绑扎,防止油管的破损、爆裂、油管脱落,造成挤扩设备的损失。

8.10 挤扩设备在挤扩时,因要旋转设备,要防止油管的缠绕。

8.11 所有现场施工人员必须戴安全帽,以防高空坠物伤人及其他意外事故。

8.12 施工机械应落实班前检查和定期保养,操作人员应遵守设备的操作规程。

9 环保措施

9.1 建立环保管理体系,切实贯彻国家及地方环保法规。

9.2 成孔过程中的废弃泥浆应集中排至泥浆池中,及时消纳处理掉。

9.3 实行环保责任制,保持施工区域和生活区域的环境卫生,及时收集各种生活、生产垃圾,按照相应要求进行处理,生活施工污水经处理纳入市政污水系统。

9.4 施工噪声较大的工序(如空压机、切割机、钻机等),要选择合适的时间进行施工,并在工程中采用相适宜的隔音降噪措施,降低施工噪声对环境的影响。

9.5 成立对应的施工环境卫生管理机构,在工程施工过程中严格遵守国家和地方政府下发的有关环境保护的法律、法规和规章,加强对施工燃油、工程材料、设备、废水、生产生活垃圾、弃渣的控制和治理,遵守有防火及废弃物处理的规章制度,做好交通环境疏导,充分满足便民要求,认真接受城市交通管理,随时接受相关单位的监督检查。

10 效益分析

10.1 挤扩支盘桩单方承载力是普通灌注桩的两倍以上。且由于单桩承载力大,在荷载相同的情况下,可比普通灌注桩缩短桩长、减小桩径或者减少桩数,乃至减小承台尺寸,因此能节省投资、缩短工期。通常可以节约基础费用约20%,缩短工期25%左右。

10.2 施工设备和工艺简单。支盘桩施工时,只需在常规钻孔桩的工序中增加一道支、盘的挤扩工序,即完成钻孔后,用配套的支盘成形设备实施支盘的成形,然后进行钢筋笼入孔等后续工序。液压支盘成形机具有机械强度高、挤扩力大、工作安全、成形可靠、工艺简单、操作灵活和维修方便等特点。

10.3 具有显著的低公害性能,与打入式预制桩相比,施工低噪声、低振动;与普通泥浆护壁直孔桩完成的等值承载力相比,成孔后排泥(土)即泥浆排放量显著减少。

10.4 挤扩桩的操作过程是对实际孔位的勘察,实质上也是对该地质情况的"审核"过程,可消除场区地质突变带来的基础工程风险。

随着该施工工法的日臻成熟,将逐步获得明显的社会和经济效益。

11 应用实例

2008年,唐山古冶外环路工程,挤扩支盘灌注桩施工,直径1 200mm、1 500mm,桩长30~50m。采用挤扩支盘桩技术,使造价降低了20%,施工过程快捷便利,取得了良好的社会效益和经济效益。

另外,桂江大桥桩基施工和宁波市绕城高速东段项目,采用挤扩支盘桩技术均取得良好的效果。通过施工应用实例,证实了挤扩支盘灌注桩施工工法可靠便捷、安全稳定,具有一定的先进性和实用性,值得大力推广。

高寒地区钻孔平台冬季施工工法

GGG(黑)C1064—2010

戚保江 谭 斌 单志利 李玉国 刘 策

(龙建路桥股份有限公司 黑龙江省龙建路桥第五工程有限公司
黑龙江省龙建路桥第六工程有限公司)

1 前言

哈尔滨市三环路西线跨松花江大桥工程主桥主跨为248m自锚式悬索桥,位于松花江中的南塔主墩距离江岸边约100m左右,水深约5.5m;该墩共有桩径2.0m、桩长79m的钻孔灌注桩28根。2009年11月龙建路桥股份有限公司对南塔主墩的钻孔平台开始施工。

此时黑龙江省哈尔滨市的最低气温已经达到-20°,江中已经结有薄冰,只有在冰冻期间快速搭建水上桩基工作平台,才能保证后续钻孔灌注桩的工期。根据上述工程施工经验,龙建路桥股份有限公司总结形成了冬季水上钻孔平台施工的工法。

2 工法特点

2.1 在江或河道的冰冻期过程中进行水上平台的搭设。

2.2 克服河流冰冻期河面冰层由薄至厚的变化,从而引起船只无法移动的难题。

2.3 利用冰层冻深厚度而产生的水平稳定性,减少平台水平横向支撑,降低成本。

2.4 一般河流的冰冻期大都处于河流的低水位期,在该时间内进行钻孔平台的施工,可以降低平台据河床的高度,从而减少钢管桩及钢护筒的使用数量,达到降低施工成本的目的。

3 适用范围

本工法适用于公路工程钻孔桩基础在冰冻期的内陆河流或湖泊中施工的工作平台施工。

4 工艺原理

在河流冰冻期间,河流表面冰层冻深是一个由薄至厚的变化过程,在冬季的哈尔滨地区,松花江的冰面厚度可达1.2m左右,在冰面厚度15cm以下时,可以利用大功率的推轮对薄冰进行破除、清理,在驳船施工范围内的河面上清理出一个无连接冰层的通道(图1),然后在该通道再次结冰前,用推轮将驳船推运到位,进行平台钢管桩的插打作业。

当江面的冰层厚度达到推轮也无法破除时,采用人工的方式进行清冰,使推轮和驳船按照清冰后的通道达到预定的施工作业区,使施工生产连续进行(图1)。

利用冻深的冰层横向稳定性,减少平台水平支撑;当冰层达到一定厚度时,可以采用轻型运输车在冰面上将钢管桩等材料运送至驳船附近。

5 施工工艺流程图及操作要点

5.1 施工工艺流程图(图2)

5.2 施工工艺要点

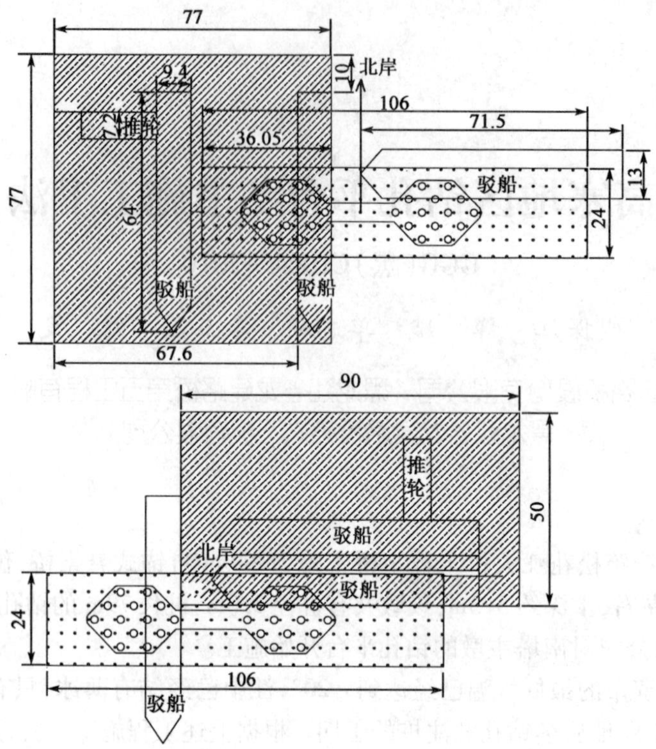

图1 冬季钻孔平台施工人工清冰示意图(尺寸单位:m)

注:图中阴影部分为人工清冰范围。

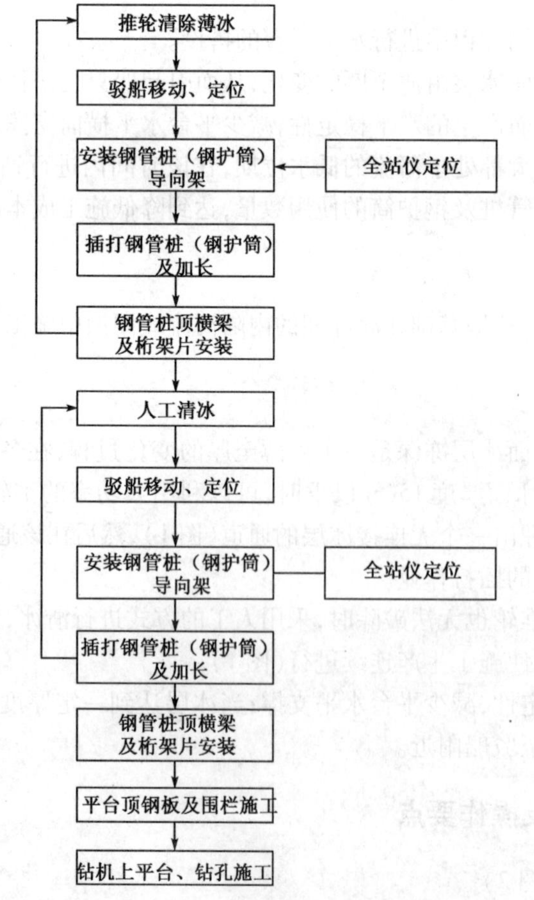

图2 施工工艺流程图

本工艺施工要点包括以下内容:推轮清除薄冰、驳船移位、钢管桩(钢护筒)定位架安装、钢管桩(钢护筒)插打、人工清理厚冰、驳船移位、钢管桩顶横梁及桁架片安装。

5.2.1 推轮清理薄冰

利用大功率的推轮将15cm左右的薄冰进行破除,在驳船施工范围内清理出无连接冰层的通道(图1)。

5.2.2 驳船移位

用推轮将驳船推送到预定的位置,在驳船的一侧先临时插打两根钢管桩用来固定驳船,当精确定位的钢管桩插入后,再将临时固定驳船的钢管桩拔出。

5.2.3 钢管桩(钢护筒)定位架安装

(1)钢管桩(钢护筒)定位架采用型钢制作,利用全站仪进行定位,定位架与驳船顶面钢板进行焊接固定。

(2)将靠近施工区的船舷一侧尽可能安装足够多的导向架,以减少移船、稳船所耗用的时间;同时可使钢管桩(钢护筒)插打、接长等工序形成流水作业。

5.2.4 钢管桩(钢护筒)插打安装

(1)插打钢管使用的驳船最大长度为71.5m,宽度为13m,起重机械采用50t履带式吊车,可以在驳船上前后行走,驳船不需移位一次性最多可插打16根钢管桩、4只钢护筒。

(2)单个钢管桩总长为24m,分2节插打,每节12m;单个钢护筒总长为15m,先插打9m一节,然后接长6m再进行插打。

(3)插打钢管桩(钢护筒)时,不能一次插打到位,先打入河床下2~3m,再次检查钢管桩(钢护筒)的垂直度及偏位情况,如在允许范围内继续插打,否则拔出重新定位插打。

5.2.5 人工清冰

(1)当江面的冰层越冻越厚,推轮也无法破冰时,此时采用人工配合小型机具的方式进行清冰,清冰范围是驳船下一施工作业区及推轮通道。

(2)人工清冰是施工人员使用电锯、冰钎等工具配合小型叉车及小型运输车来清除平台施工作业面上的厚冰,以保证驳船能够顺利移位。

(3)当推轮无法进行破冰时,人工进行清冰可能要分若干次进行,主要依据剩余的工程量来确定。

5.2.6 驳船移位

利用人工清冰提供的通道,推轮将驳船推到预定的位置。

5.2.7 钢管桩顶横梁及桁架片安装

(1)当钢管桩及钢护筒插打一定数量时,就进行钢管顶横梁及桁架片的安装作业,物资可以通过上冻前完成的施工栈桥来运输;也可以用小型机动车在已封冻的江面上少量运输。

(2)桁架片提前在岸边进行分段组拼,以减少现场安装时间。

5.2.8 施工机械冬季保养

(1)平台栈桥施工机械用油(包括主油及副油等)按照-40°考虑,以保证机械在严寒地区的使用功能。

(2)机械操作手在施工前应提前1h左右用蒸汽将机械设备(如50t履带式吊车、运输车等)发动机预热,以便在工作时能够正常发动,提高人员及机械使用效率。

5.2.9 钻孔平台结构设计

1)钻孔平台结构(图3)

2)平台受力计算

(1)平台顶型钢计算

①支反力计算

平台顶每75cm布置一根36a工字钢,以布置一台中升3000钻机为例计算,中升3000钻机底座

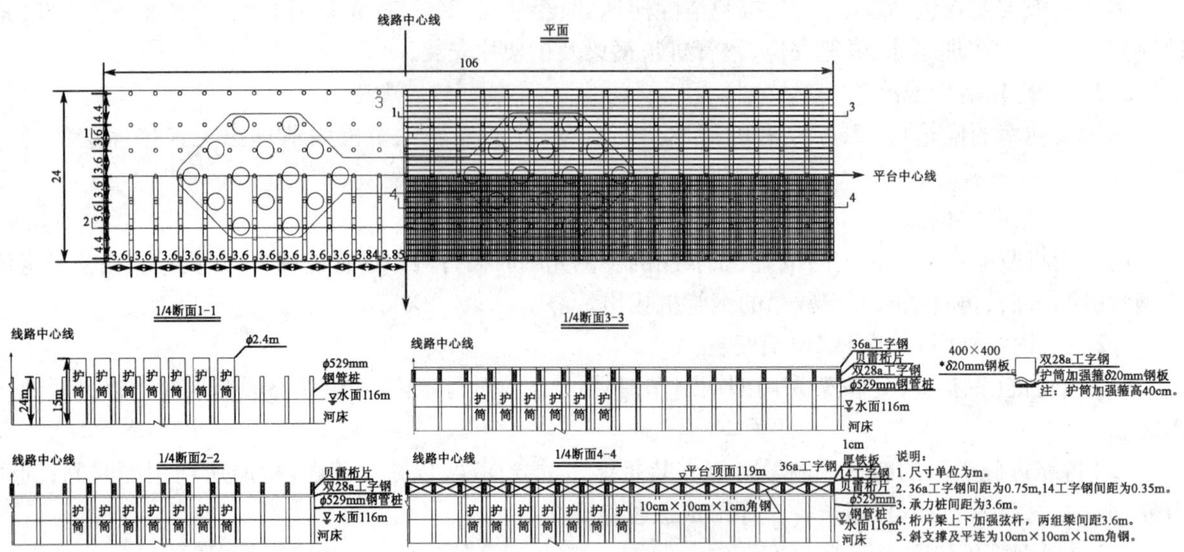

图3　钻孔平台结构图

3.5m×5m,施钻100m深时最重达120t,36a工字钢下贝雷桁片最大间距为3.6m,考虑最不利状态为钻机顺桁片方向布置,此时,钻机重量全部作用于7根36a工字钢上,此时每根工字钢上的荷载布置为:

$$q = 120 \times 10 \div 3.6 \div 7 = 47.62\text{kN/m}$$

反力计算

$$R = ql/2 = 47.62 \times 3.6/2 = 85.716\text{kN}$$

②剪力计算

查《路桥施工计算手册》,36a工字钢技术参数为:$A=36\text{cm}^2$(扣除工字钢上下翼板面积后),$I=15\,796\text{cm}^4$,$W_x=877.6\text{cm}^3$

$$Q=ql/2-qx=85.716\text{kN}(x=0 \text{ 或 } x=3.6)$$

$$Q/A=85.716/36=23.81\text{MPa}<[\sigma]=125\text{MPa}$$

③弯矩计算

$$M_{max} = ql^2/8 = 47.62 \times 3.6^2/8 = 77.144\text{kN}\cdot\text{m}$$

$$M_{max}/W_x = 77.144/877.6 = 87.90\text{MPa} < [\sigma_w] = 215\text{MPa}$$

④挠度计算

$$F = 5ql^4/384EI$$

$$=(5 \times 47.62 \times 3.6^4)/(384 \times 2.1 \times 10^6 \times 15\,796)$$

$$=3.14\text{mm} < L/400 = 9\text{mm}$$

(1)贝雷桁片计算

贝雷桁片单层双排布置,桁片受力最不利位置为施工边上八个桩时,解除了正在施钻孔位上的护筒的牛腿(以保证在钻进过程中,钻机的质量不作用在护筒上,防止护筒下沉、偏斜等),此时钻机重量作用在4根支点间距8m的桁片上,桁片上荷载布置为:

$$P = 1\,200/4 = 300\text{kN}(\text{钻机重量})$$

$$q = (270 \div 3) \times 2 \div 3 \times 10^2 + (9 \times 80) \div 8 \div 10^2 + (12 \times 3.6 \times 47.8) \div 10^2 \div 8 = 2.58\text{kN/m}$$

查《道路建筑工程材料手册》,300×150贝雷桁片技术参数为:

$$A=21.2\text{cm}^2, I=250\,500\text{cm}^4, [M]=958\text{kN}\cdot\text{m}$$

①剪力计算

$$Q_a = P/2 + ql/2 = 300/2 + 2.58 \times 8/2 = 160.32\text{kN}$$

$Q_a/A = 160.32/21.2 = 75.6\text{MPa} < [\sigma] = 120\text{MPa}$,符合要求

②弯矩计算

$$M_{max} = Pl/4 + ql^2/8 = 300 \times 8/4 + 2.58 \times 8^2/8$$
$$= 620.64\text{kN}\cdot\text{m} < [M_0] = 958\text{kN}\cdot\text{m}$$,符合要求

③挠度计算

$$f_{max} = Pl^3/48EI + 5Ql^4/384EI$$
$$= (300 \times 8^3)/(48 \times 2.1 \times 10^6 \times 250\,500) + (5 \times 2.58 \times 8^4)/(384 \times 2.1 \times 10^6 \times 250\,500)$$
$$= 6.3\text{mm} < L/400 = 20\text{mm}$$,符合要求。

(3)平台钢管桩计算

平台钢管桩主要承受龙门架及其吊重的重量,单桩承受的荷载组合为:

龙门架一套:$G_1 = 50\text{t}$

龙门架吊重:$G_2 = 50\text{t}$

钻机质量:$G_3 = 30\text{t}$

桩顶36a工字钢及桁片 $G_4 = 10\text{t}$

$$G = G_1/4 + G_2/2 + G_3 + G_4 = 775\text{kN}$$

单桩承载力计算公式为:$[P] = 1/k(u\sum\alpha_i l_i \tau_i + A\sigma_R\lambda_P)$

其中:u——周长($u = 1.665\text{m}$);

k——安全系数,$k = 1.7$;

α_i——影响系数,对于锤击桩,$\alpha_i = 1.0$;

τ_i——极限侧摩阻力;

σ_R——桩尖处土的极限承载力,$\sigma_R = 2\,300\text{kPa}$;

A——桩的截面积,$A = 0.22\text{m}^2$;

λ_p——开口桩桩尖承载力影响系数,取0.7。

$$[P] = (1.665 \times H \times 1.0 \times 35 + 0.22 \times 0.7 \times 2\,300)/1.7 > 775$$,则 $H > 16.53\text{m}$

(4)钢管桩承载力计算(9m跨)

①单桩在最大承载力旋挖钻机作用时钢管桩所承受的压力大于混凝土车作用时的荷载,因此计算时只需考虑履带吊作用与上层结构自重荷载组合时的工况即可,且旋挖钻机的偏心履带作用在一侧钢管桩时,此时该侧桩的承载力最大:按单桩承载力800kN计算。

②钢管桩入土深度:考虑冲刷深水区冲刷3m,浅水区冲刷2m,根据《公路桥涵地基与基础设计规范》(JTJ 024—85)第4.3.2条进行如下计算。

$$[P] = \frac{1}{k}(u\sum\alpha_i l_i \tau_i + A\sigma_R\lambda_P)$$

式中:u——周长,$u = 1.665\text{m}$;

k——安全系数,取 $k = 1.7$;

α_i——影响系数,对于锤击沉桩,$\alpha = 1.0$;

τ_i——极限侧摩阻力,取50kPa;

A——桩的截面积,$A = 0.013\text{m}^2$;

σ_R——桩尖处土的极限承载力,中密中砂 $\sigma = 3\,000\text{kPa}$;

λ_P——开口桩桩尖承载力影响系数,取 $\lambda_P = 0.7$。

查看地质资料可得,则有:

$$[P] = \frac{1}{k}(u\sum\alpha_i l_i \tau_i + A\sigma_R\lambda_P)$$

$$= (1.665 \times 1.0 \times H \times 50 + 0.22 \times 0.696 \times 3\,000)/1.7 \geqslant 800$$

则 $H \geq 16$m。取桩的入土深度为泥面以下 16m(泥面指冲刷后的泥面,浅水区考虑 2m 冲刷,深水区考虑 3m 冲刷)。

6 材料、机械使用

6.1 材料使用

本工法使用的主要材料包括:钢管桩(ϕ529mm)、钢护筒(σ = 16mm)、型钢、钢板、桁架片及其附属材料等。

6.2 机械使用

本工法使用的主要机械见下表:

序　号	设备名称	型　号	单　位	数　量	备　注
1	驳船	800t	艘	1	物资、设备运输
2	驳船	600t	艘	2	物资、设备运输
3	推轮	200kW	艘	1	推送驳船、破薄冰
4	履带吊	50t	台	2	吊装作业
5	振拔机	120t	台	1	插打钢护筒
6	振拔机	60t	台	1	插打钢管桩
7	电焊机	30kW	台	6	钢管桩、钢护筒等焊接
8	发电机	200kW	台	2	电力供应
9	叉车	小型	台	1	清冰用
10	四轮运输车	小型	台	1	清冰用
11	木工圆锯	小型	台	1	清冰用
12	液压泵		台	2	振拔机用
13	锅炉	2t	台	1	机械预热
14	平板运输车	8t	辆	2	运输材料

7 质量控制

7.1　钢管桩(钢护筒)插打偏位按照 5cm 以内控制,垂直度按照 0.5% 以内控制。

7.2　钢管桩及钢护筒焊接作业应满足《建筑钢结构焊接规程》(JTG 81—2002)要求。

8 安全措施

8.1　施工作业区的所有施工人员必须穿戴救生衣作业,推轮及驳船上必须配备一定数量的救生圈,以防人员意外落水。

8.2　吊装施工作业时,由专人进行指挥。

8.3　大风、大雪天气禁止进行吊装作业,以防事故发生。

8.4　在驳船甲板上施工人员必须穿防滑鞋,以防摔倒发生不测。

8.5　人工清冰作业时,施工人员在腰间系上“救命绳”,同时在清冰作业区外围设置警示标志,防止非施工人员及车辆意外落水。

9 环保措施

本工法利用冰冻期厚冰层做施工平台,施工中加强施工机械的油料管理,防止推轮、发电机及液压泵添加油料时将油料洒落到冰面上,造成次年春天江面“开化”时,污染江水。

10 资源节约

推轮清冰结合人工清冰在能源消耗上较少,主要使用柴油供应机械动力。

11 效益分析

11.1 经济效益

11.1.1 无须破冰船进行破冰,用推轮、人工配合小型工具即可完成江面冰层的清理工作,节约了破冰船的费用。

11.1.2 保证施工生产的连续性,节约施工总工期,从而降低施工成本。按照总工期提前39d计算,节约机械费、人工费以及冬季取暖费用,每日约3万元,工期提前39d,节约成本近120万元。

11.1.3 利用冻深的冰层产生的水平稳定性,可以适量减少平台水平横向支撑用量,从而达到降低施工成本的目的。

11.1.4 利用河流冰冻期间的低水位,降低钢管桩、钢护筒至河床的高度,从而节约成本。

11.2 社会效益

钻孔平台在冬季河流冰冻期间顺利搭建完成,保证了后续钻孔桩工程的按期竣工,对完善哈尔滨市的果酱交通干道,促进地区经济发展有重要意义。

12 应用实例

在哈尔滨市三环路西线跨松花江大桥主桥桩基施工中采用该工法。

超高压水射流全套灌注桩施工工法

GGG(中企)C1065—2010

史生军　张国梁　肖　剑　黄淮治　梁彦伟
(中冶交通工程技术有限公司　北京支盘地工科技开发中心)

1　前言

水在人们的概念里往往是“柔”、“软”的代表,但是现代人依靠科技,赋予了水以神奇的力量和性能,它可以采煤、钻井、切割等。无论是坚硬的地下岩石还是合金,当水流达到一定压力和频率的时候,坚硬的物体可以被切割、破碎,人们称这项技术为水射流技术。其基本原理归之为:运用液体增压原理,通过特定的装置(增压口或高压泵),将动力源(电动机)的机械能转换成压力能,具有巨大压力能的水再通过小孔喷嘴(又一换能装置),再将压力能转变成动能,从而形成高速射流。通常它利用普通水经过一个超高压加压器(压力大于200MPa),然后通过一个细小的喷嘴,直径通常是0.1~2mm,水流通过喷嘴后以200~1 000m/s的速度喷出,此高速水箭可切割各种土层包括岩石。

水射流的驱动压力是设计射流工艺系统的重要参数。通常,将0.5~35MPa压力范围称为低压,压力源为多级离心泵、柱塞泵;35~140MPa称为高压,压力源为柱塞泵、增压器;而140~420MPa就称为超高压,压力源用增压器。

超高压水射流全套管灌注桩施工工法,利用超高压水射流技术切割岩体、卵石等坚硬地层,冲松砂土,减小土体对套管的阻力,使套管可轻易地连续压入土中,套管可以在成孔过程中保护孔壁稳定,同时高压水刀搅拌土体,使套管中土体形成泥浆排除孔外,成孔后,在套管内吊放钢筋骨架、浇筑混凝土同时拔套管。这种施工方法可用于移除既有桩基,在桩基原位成孔施工新的灌注桩,也适用于穿越孤石(漂石)、卵石、岩石等坚硬地层,以及成孔过程中出现的坍孔、流沙及卵石层中施工的漏浆等问题。套管均能拔出回收,节省投资。该施工工法在桩基础领域中具有良好应用和推广前景。图1为超高压水射流射孔设备。

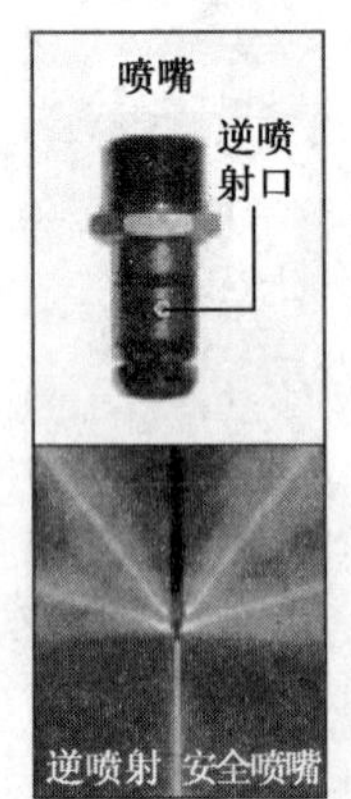

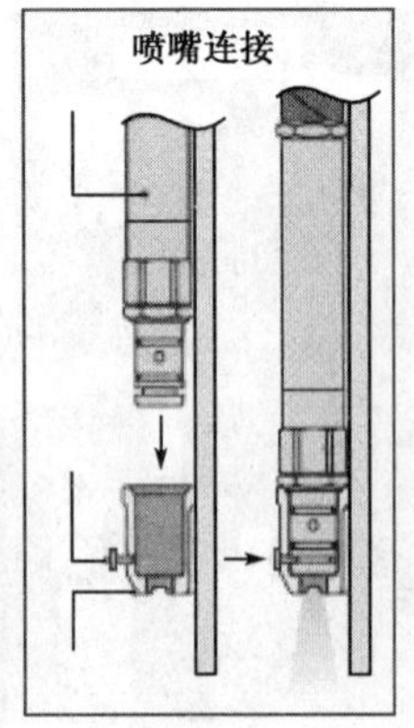

图1　超高压水射流射孔设备

2　工法特点

2.1　该工法适用于穿越孤石(漂石)、卵石、岩石等坚硬地层,解决了成孔过程中出现的坍孔、流沙及卵石层中施工的漏浆等问题,同时钢套筒可以回收再利用,节约造价。

2.2 该工法可用于移除既有桩基,在桩基原位成孔施工新的灌注桩。

2.3 全套管护壁,施工便利,成桩质量稳定。

2.4 环保型的桩工机械,施工时振动小、噪声低、不扰民,非常适合市区、人群较集中的地区和对周围有较严格限制的区域施工。

2.5 高效的桩工机械,可大幅提高穿越孤石(漂石)、卵石、岩石等坚硬地层的效率。

随着该施工方法的日臻推广,会逐步体现出它明显的社会和经济效益。

3 适用范围

该工法适用于穿越孤石(漂石)、卵石、岩石等坚硬地层,以及成孔过程中出现的坍孔、流沙及卵石层中施工的漏浆等问题,以及既有桩基拔除更换。

4 工艺原理

超高压水射流的基本原理归之为:运用液体增压原理,通过特定的装置(增压口或高压泵),将动力源(电动机)的机械能转换成压力能,具有巨大压力能的水再通过小孔喷嘴(又一换能装置),将压力能转变成动能,从而形成高速射流。利用超高压水射流技术切割岩石、卵石等坚硬地层,冲松砂土,减小土体对套管的阻力,使套管可轻易地连续压入土中,套管在成孔过程中保护孔壁稳定,同时高压水刀搅拌土体,使套管中土体形成泥浆排除孔外,成孔后,在套管内吊放钢筋骨架、浇注混凝土同时拔套管。

5 施工工艺流程及操作要点

5.1 施工工序

全套管超高压水射流冲洗灌注桩工艺施工流程如下:施工场地准备→起重设备就位→施工超高压水射流套管→完成钻孔→清孔→下钢筋笼→清孔→灌注混凝土→成桩→拔套管。

施工工艺流程见图2。

施工工序如图3、图4所示。

5.2 施工要点

5.2.1 定位放线:采用全站仪,以轴线控制点作测站,极坐标法进行桩位放样,通过起重设备就位,全套管高压水刀就位,钢套管固定孔位,再以轴线交会法复核桩位中心,校正套管埋设偏差及钻机就位偏差。

5.2.2 配置钻孔泥浆:钻孔前应储备足够数量的黏土,接通水电线路,以便正常施工。同时根据地层、地质情况,选用性能合适的水刀机组及刀头条件(例如:混沙管之管径与长度)和水刀参数(例如:水刀压力、射距、横移速率、磨粒流率等)。

5.2.3 钻进:校正开孔位,以确保位置准确,开始时应先慢速压力套筒,针对硬层区别加压射孔。设专人负责钻孔记录。

5.2.4 钻渣,用成孔钻钻渣取土,检查射孔孔壁质量。

5.2.5 清孔:当孔底达到设计高程后,应对孔深、孔径、倾斜率进行终孔检查,合格后进行第一次清孔。

5.2.6 水下混凝土灌注:首批封孔混凝土应≥3m,使导管下口埋入混凝土≥1m 深。随着混凝土的连续灌注,导管在混凝土埋深应控制在2~6m,并有专人测量导管埋深及管内外混凝土面的高差,随时填写记录。

5.2.7 拔出套管:一边灌注一边提拔套管。

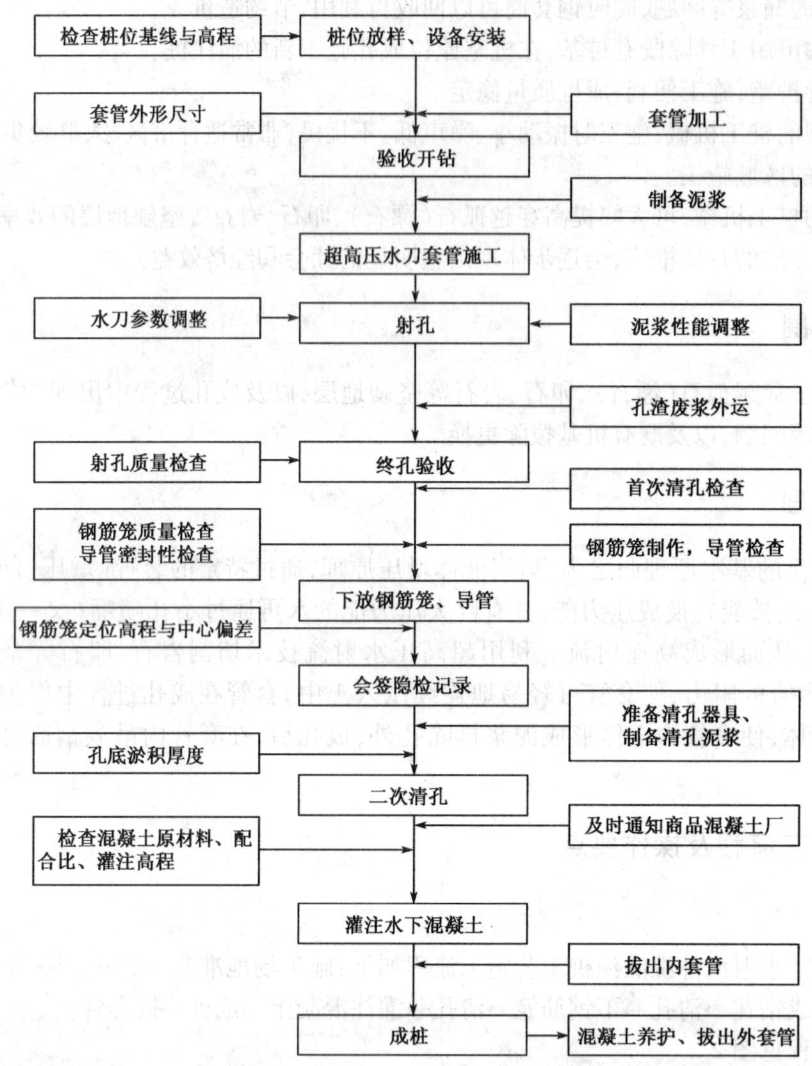

图2　施工工艺流程图

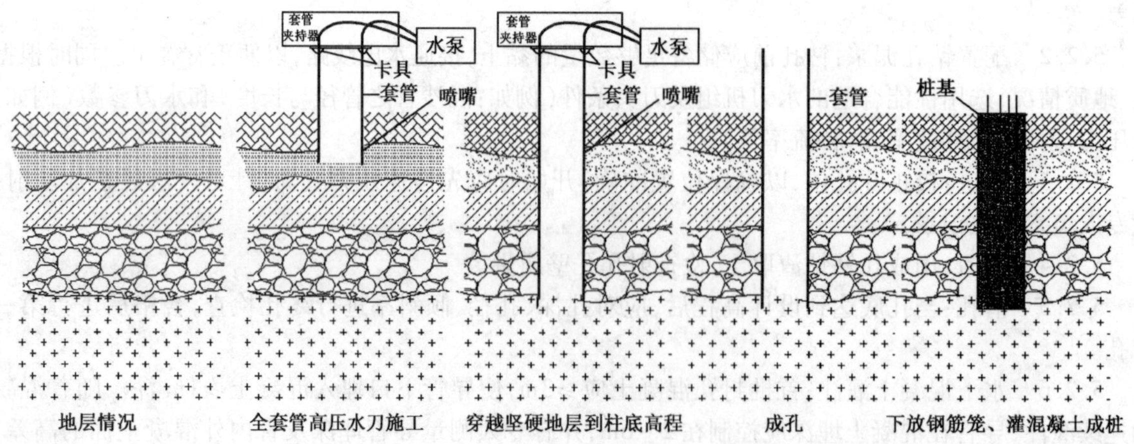

图3　全套管高压水刀射孔灌注桩施工工序图

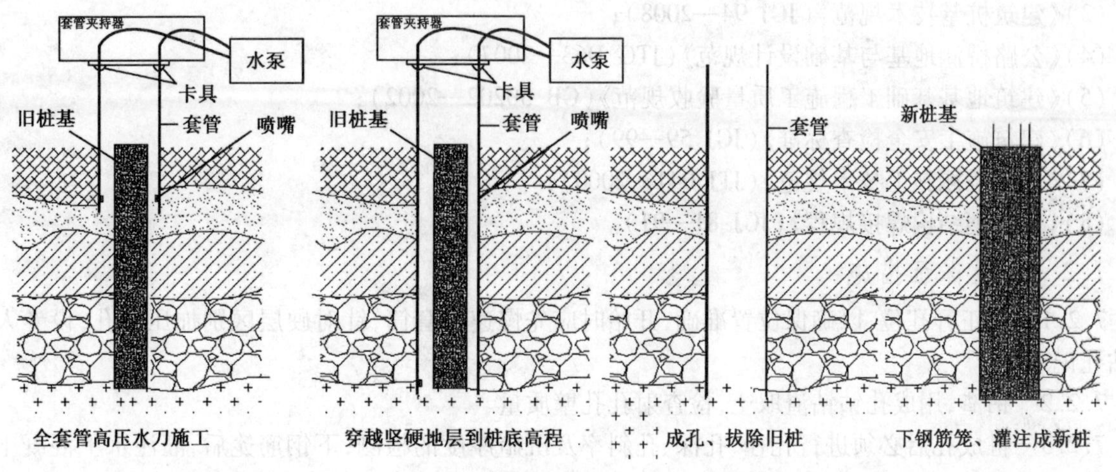

图4 全套管高压水刀施工工序图

6 材料与设备

本工法无需特别说明的材料，采用的机具设备见表1。

机 具 设 备 表

表1

序 号	设 备 名 称	设 备 型 号	单 位	数 量	用 途
1	高压套管射孔设备	MCSS-50-200	套	1	灌注桩施工
1-1	高压水泵	50～200MPa	台	1	产生高压
1-2	射水系统	双路、多路	套	1	切刀
1-3	套管	1 000～2 500mm	套	1	护壁
2	吊机		台	1	钢筋笼吊放
3	正铲装载机	ZL50	台	1	运土
4	卷扬机	3t	台	1	拉直钢筋
5	泥浆机	3PNL	台	1	成孔及排污
6	泥浆泵	7.5kW	台	1	成孔及排污
7	灌混凝土管架	ϕ219×50mm、ϕ250×50mm	套	1	混凝土灌桩
8	电焊机	250A	台	2	焊接钢筋笼
9	泥浆测试仪		套	1	监测泥浆性能
10	空压机	YV—6/8	台	1	清障及洗孔
11	泥浆运输车		辆	1	泥浆外运
12	吊车	QY16—25t	台	1	吊钢筋笼机具
13	孔口套管	ϕ1 300mm、ϕ1 600mm	台	1	成孔及排污
14	混凝土导管	ϕ230mm	套	1	成孔及排污
15	混凝土搅拌车		台	1	

7 质量控制

7.1 施工必须遵守执行现行的国家、行业标准

(1)《建筑地基基础设计规范》(GB 5007—2002)；

(2)《建筑基桩检测技术规范》(JGJ 106—2003)；

(3)《建筑桩基技术规范》(JGJ 94—2008);

(4)《公路桥涵地基与基础设计规范》(JTG D63—2007);

(5)《建筑地基基础工程施工质量验收规范》(GB 50202—2002);

(6)《建筑施工安全检查标准》(JGJ 59—99);

(7)《公路桥涵施工技术规范》(JTJ 041—2000);

(8)《建筑钢结构焊接规程》(JGJ 81—91)。

7.2 质量保证措施

7.2.1 校正开孔位,以确保位置准确,开始时应先慢速压套筒,针对硬层区别加压射孔,设专人负责钻孔记录。

7.2.2 钻渣,用成孔钻钻渣取土,检查射孔孔壁质量。

7.2.3 桩成孔后必须进行孔径、孔深、孔斜率及沉碴厚度的检测,下钢筋笼后,灌注水下混凝土之前复测沉碴厚度,确保满足规范要求。

7.2.4 下钢筋笼应缓慢进行,防止刮碰孔壁,水下混凝土应一次灌注成桩。

8 安全措施

8.1 建立超高压工作安全保障系统,加强管路检查。

8.2 根据国家有关规定、条例,结合施工单位实际情况和工程的具体特点,组成专职安全员和班组兼职安全员以及工地安全用电负责人参加的安全生产管理网络,执行安全生产责任制,明确各级人员的职责,抓好工程的安全生产。

8.3 施工现场按符合防火、防风、防雷、防洪、防触电等安全规定及安全施工要求进行布置,并完善布置各种安全标志。

8.4 套管平台钻机作业应设置稳定装置,大型钻机作业应备有防震防滑等安全装置。

8.5 建立完善的施工安全保证体系,加强施工作业中的安全检查,确保作业标准化、规范化。

9 环保措施

9.1 建立环保管理体系,切实贯彻国家及地方环保法规。

9.2 实行环保责任制,保持施工区域和生活区域的环境卫生,及时收集各种生活、生产垃圾,按照相应要求进行处理,生活施工污水经处理纳入市政污水系统。

9.3 施工噪声较大的工序(如空压机、切割机、钻机等),要选择合适的时间进行施工,并在工程中采用相适宜的隔音降噪措施,降低施工噪声对环境的影响。

9.4 成孔过程中的废弃泥浆应集中排至泥浆池中,及时消纳处理掉。

9.5 运送砂子、石子、土方及渣土的车辆必须有遮盖装置,车轮必须清洗干净。

9.6 搅拌机在运行过程中,应防止尘土污染空气,必须遮盖或搭临时棚。

9.7 成立对应的施工环境卫生管理机构,在工程施工过程中严格遵守国家和地方政府下发的有关环境保护的法律、法规和规章,加强对施工燃油、工程材料、设备、废水、生产生活垃圾、弃渣的控制和治理,遵守有防火及废弃物处理的规章制度,做好交通环境疏导,充分满足便民要求,认真接受城市交通管理,随时接受相关单位的监督检查。

10 效益分析

10.1 该工法适用于穿越孤石(漂石)、卵石、岩石等坚硬地层,解决了成孔过程中出现的坍孔、流砂及卵石层中施工的漏浆等问题,缩短工期30% ~50%,节约造价10% ~30%。

10.2 环保型的桩工机械。施工时振动小、噪声低、不扰民,非常适合市区、人群较集中的地区和对周围有较严格限制的区域施工。

10.3 该工法可用于移除既有桩基,在桩基原位成孔施工新的灌注桩。

随着该施工方法的日臻成熟,其逐步获得了明显的社会和经济效益。

11 应用实例

11.1 内蒙霍林郭勒霍林河特大桥全长400m,斜拉桥长200m,桥面宽26m,特大桥桩基施工中,在桩基成孔过程中出现的大型孤石、漂石等,传统冲孔方法不适用的情况下,采用超高压水射流全套管灌注桩施工进行桩基钻孔施工,大幅缩短工期,取得了良好的效果,并节省了投资。图5为施工中的套管射水工艺照片。

图5 施工中的套管射水工艺

11.2 浔江特大桥全长1 839m,桥面宽29.6m,北起梧州市长洲区龙华村,南至苍梧县龙圩镇,浔江特大桥桩基施工中,在采用传统方法处理桩基成孔过程中出现卵石、漂石、流沙等,传统方法不适用的情况下,采用超高压水射流全套管灌注桩施工进行桩基钻孔施工,大幅缩短工期,取得了良好的效果,并节省了投资。

11.3 2008年,唐山古冶外环路工程,灌注桩施工,直径1 200mm,桩长20~25m。软岩层中分布硬岩夹层,施工困难。采用超高压水射流全套管灌注桩施工技术,使造价降低了10%,施工过程快捷便利,取得了良好的社会效益和经济效益。

通过施工应用实例,证实了超高压水射流全套管灌注桩施工工法可靠便捷,安全稳定,具有一定的先进性和实用性,值得大力推广。

大跨径盖梁抱箍法门架式支撑施工工法

GGG(鲁)C2066—2010

曲伟芳　潘晓辉　高绪红　郭柏言
(青岛路桥建设集团有限公司)
付俊生　李彦强　张生成　郝　猛　张满儒
(安通建设有限公司　北京市海龙公路工程公司)
崔建伟　李新杰　汪贤纯　张雷雷
(中铁十七局第三工程有限公司)

1　前言

盖梁施工的传统工艺为满堂支架法、穿心柱法和抱箍法。满堂支架法适用于地基承载力较好的陆地上施工,在滩涂等软土地区不宜采用,且墩不宜过高。穿心柱法由于要在墩柱上穿孔,完工后修补会影响墩柱外观质量。抱箍法则依靠抱箍与墩柱间的摩擦力来支撑盖梁的重量和施工荷载,不要求地基的承载力,不受墩高的影响,尤其适用于水中及山区地形受限的公路桥梁高墩大跨径盖梁施工。

随着国内高速公路的发展,路面宽度逐步向双向六车道和八车道发展,盖梁长度亦随之加大,导致在混凝土浇筑过程中,盖梁底模支撑梁的挠度会增大。为保证盖梁施工后的挠度在规范要求范围内,就必须加大支撑梁的尺寸或采取相应的措施,施工过程中如何保证盖梁扰度满足规范标准是本工法的重点。

2　工法特点

2.1　该方法主要依靠抱箍与墩柱间的摩擦力来支撑盖梁的重量和施工荷载,不要求地基的承载力。

2.2　适应性强,该抱箍法既适用于水中施工,又适用于山区地形受限的高墩大跨径盖梁施工。

2.3　较好地解决了盖梁跨中扰度问题:通过在盖梁跨中设置门架式支承,并在其上设置千斤顶来控制盖梁的挠度。

2.4　该工法操作简单,安装、拆除方便,材料、设备可重复利用,能节省成本。

3　适用范围

本工法适用于公路桥梁中(圆形墩柱)盖梁的施工。

4　工艺原理

在盖梁施工时,用半圆形钢带抱箍抱紧墩柱,在钢带两端焊接牛腿,将盖梁底模的承重横梁架在牛腿上,利用钢带抱紧墩柱所产生的摩擦力来承担盖梁自重、模板自重、施工荷载等。当盖梁跨度较大时,在盖梁跨中设置门式支架和千斤顶来控制盖梁的扰度。

4.1　连接螺栓数量的计算

抱箍与墩柱间的最大静摩擦力等于正压力与摩擦系数的乘积,即:

$$F = fN \tag{1}$$

式中：F——抱箍与墩柱间的最大静摩擦力；

N——抱箍与墩柱间的正压力；

f——抱箍与墩柱间的静摩擦系数。

而正压力 N 与螺栓的预紧力是对平衡力，根据抱箍的结构形式，假定每排螺栓个数为 n。则螺栓总数为 $4n$，若每个螺栓预紧力为 F_1。则抱箍与墩柱间的总正压力为 $N=4nF_1$。

对于抱箍这样的结构，为减少螺栓个数，可采用材质为45号钢，直径30mm的大直径螺栓或M27高强度螺栓。但采用M27高强度螺栓有两点注意：一是高强度螺栓经过一次加力轻弛循环后一般不能再使用，这与抱箍需要多次重复使用的要求不相符；再次安装抱箍时需要换新螺栓，加大了投入；二是市场上没有M27高强度螺栓，必须到专门的厂家购买，不能满足随时更换的要求。因此，一般均采用材质45号钢的M30大直径螺栓。每个螺栓的允许拉力为：

$$[F]=A_s[\lambda]。 \tag{2}$$

式中：A_s——螺栓的横截面积；

$$A_s = \pi d_2/4 \tag{3}$$

$[\lambda]$——钢材允许应力；对于45号钢，$[\lambda]=2\,000\text{kg/cm}^2=200\text{MPa}$。

于是，$[F]=[\lambda]\pi d_2/4=2.0\times3.14\times32/4=14.13\text{t}$；取 $F_1=14\text{t}$。

钢材与混凝土间的摩擦系数为0.3～0.4，取 $f=0.3$。

抱箍与墩柱间的最大静摩擦力为：

$$F=fN=f\times4\times n\times F_1=0.3\times4\times n\times14=16.8n(n\text{ 为螺栓个数})$$

若临时设施及盖梁重力为 G，则每个抱箍承受的荷载为 $Q=G/2$。

取安全系数为 $\lambda=2$，则有 $Q=f/\lambda$，即 $G/2=8.4n/2$；$n=0.06\times g$。

故可取 n 为整数。

可见，抱箍法从理论上是完全可行的。

采用抱箍法施工的注意事项：

(1)抱箍应有适当强度和刚度，以传递拉力、摩擦力，并支承上部结构重量，可采用厚度为10～20mm的钢板。

(2)由于抱箍连接板是直接承受螺栓拉力的构件，要具有足够的强度和刚度，根据理论计算及实践经验，以采用厚度为24～30mm的钢板为宜。

(3)由于抱箍连接板上螺栓按双排布置，外排螺栓施压时对箍身产生较大的偏心力矩，对箍身传力有不利影响，因此，螺栓布置应尽可能紧凑，以刚好满足施工及传力要求为宜。

(4)为加强抱箍连接板的刚度并可靠地传递螺栓拉力，在竖直方向上，每隔2～3排螺栓应给连接板设置一加劲板。

4.2 荷载分析

通过如图1所示的某大桥盖梁断面图进行荷载分析。

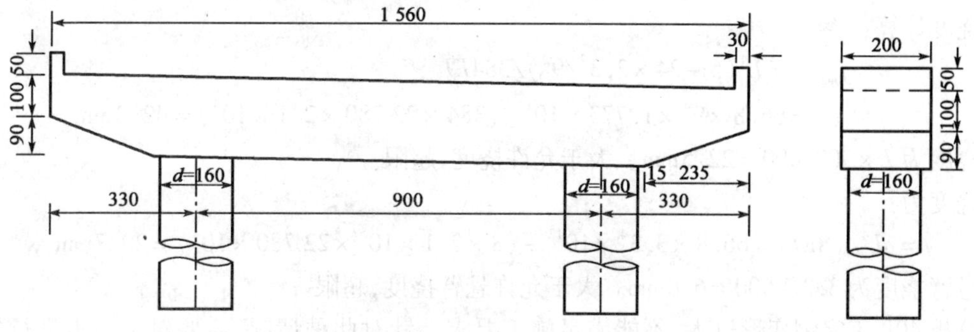

图1 某大桥盖梁断面图(尺寸单位:cm)

(1)模板自重按照 $125kg/m^2$ 计算,平均每米底模加侧模总计 5.8 m^2,模板计算荷载取整为7.25kN/m;

(2)盖梁自重,由设计断面计算出钢筋混凝土数量为 $57.04m^3$;按照 $26kN/m^3$ 进行计算,计算荷载为 $57.04\times26\div15.6=95.1kN/m$。

(3)施工人员和各种材料机具的重量,按照 $2.5kN/m^2$ 采用,计算荷载为 $2.5\times2=5kN/m$。

(4)振捣混凝土产生的荷载按照 $2.0kN/m^2$ 采用,计算荷载为 $2.0\times2=4kN/m$。

以上累计荷载为111.35kN/m。

取1.2的安全系数系数可得:$q=111.35\times1.2=133.6kN/m$。

4.3 工字钢选择

4.3.1 应力分析

取单根工字钢进行受力分析,$q_1=133.6\div2=66.8kN/m$,托架受力计算模式如图2所示。

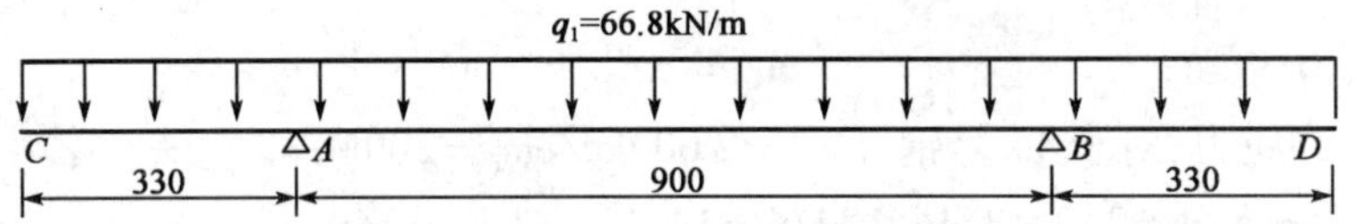

图2 支撑梁受力示意图(尺寸单位:cm)

跨中弯矩:

$$M=qL^2/8-qa^2/2=66.8\times81\div8-66.8\times10.89\div2=312.6\times10^3\text{N}\cdot\text{m}$$

$$W=M/[\sigma]=1\,839\text{cm}^3$$

最大弯矩:

$$M_{max}=qa^2/2=66.8\times10.89\div2=363.7\times10^3\text{N}\cdot\text{m}$$

$$W=M/[\sigma]=2\,139\text{cm}^3$$

根据工字钢截面特性可知至少选择56a的工字钢才能满足要求。

4.3.2 改进措施

为了节约成本方便施工,拟采用40b工字钢代替。

由截面特性可知,$I_x=22\,780\text{cm}^4$,$W_x=1\,140\text{cm}^3$,$E=2.1\times10^5\text{MPa}$。

跨中弯矩:

$$M=qL^2/8-qa^2/2=66.8\times81\div8-66.8\times10.89\div2=312.6\times10^3\text{N}\cdot\text{m}$$

$W=1\,140\text{cm}^3$;$\sigma=M/W=274.2\text{MPa}>[\sigma]=170\text{MPa}$,应力超限,工字钢需要加固。

最大弯矩:

$$M_{max}=qa^2/2=66.8\times10.89\div2=363.7\times10^3\text{N}\cdot\text{m}$$

$W=1\,140\text{cm}^3$;$\sigma=M_{max}/W=319\text{MPa}>[\sigma]=170\text{MPa}$,应力超限,工字钢需要加固。

最大挠度计算:

$$f_{max}=q_1L^4(5-24\times3.3^2/9^2)/384EI$$
$$=66.8\times9^4\times1.773\times10^{12}/(384\times22\,780\times2.1\times10^9)=42.3\text{mm}$$

允许挠度为 $L\times900/400=22.5\text{mm}$。大于允许挠度,超限。

悬臂挠度为:

$$f=qL^4/(8EI)=66.8\times3.3^4\times10^{12}\div(8\times2.1\times10^5\times22\,780\times10^4)=20.7\text{mm}$$

允许悬臂挠度为 $3.3\div500=6.6\text{mm}$。大于允许悬臂挠度,超限。

由上分析40b工字钢变形过大,不能满足施工要求。针对此种情况,需要对工字钢进行加固方可使用。

又因为梁的位移(挠度和转角)除了与梁的支承和荷载情况有关外,还取决于以下三个因素,即:

(1)材料,梁的位移与材料的弹性模量 E 成反比;

(2)截面,梁的位移与截面的惯性矩 I 成反比;

(3)跨长,梁的位移与跨长 L 的 n 次幂成反比。

由于施工环境和条件的限制,材料和跨长不可能做出改变,只能改变截面,即增大截面惯性矩。

4.3.3 加固方式

工字钢受力的弯矩图如图3所示。

工字钢本身跨中可承受的弯矩为:$M = W \times [\sigma] = 1\,140 \times 170 = 193.8\text{N}\cdot\text{m}$,即弯矩在 193.8N·m 和 312.6 N·m,之间的不能满足要求,需要进行加固。最大弯矩处工字钢本身可承受的弯矩同样为:$M = W \times [\sigma] = 1\,140 \times 170 = 193.8\text{N}\cdot\text{m}$,即弯矩在 193.8N·m 和 363.7N·m之间的不能满足要求,需要进行加固。由4.3.2计算工字钢的刚度不能满足条件,所以需要加固满足施工要求。

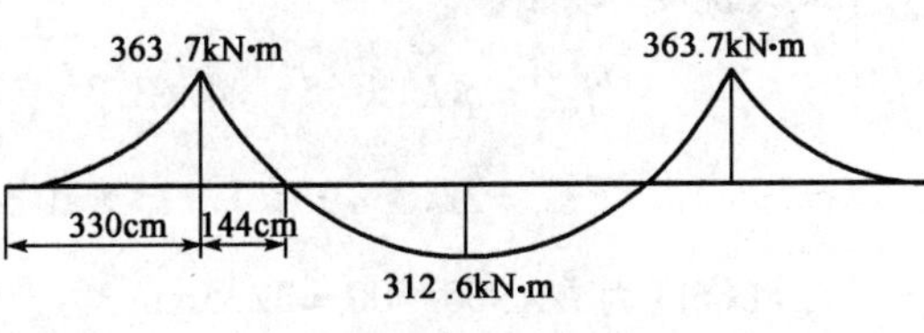

图3 支撑梁受力弯矩图

如工字钢最大弯矩处和跨中弯矩处能满足承载力要求,工字钢刚度满足要求即可,在工字钢外口焊接 $\phi28$ 钢筋(图4):跨中纵向焊接11根 $\phi28$ 的钢筋,以跨中为第一根,其余的按20cm距离两边依次排列,最大弯矩处50cm范围内焊接5根 $\phi28$ 的钢筋,以最大弯矩处为第一根,其余的两边依次排列,工字钢两端头各布置1根。

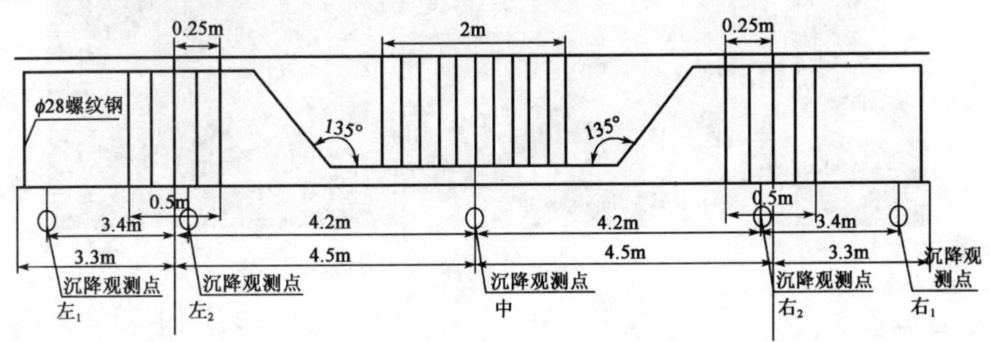

图4 工字钢加固设计示意图

4.4 工字加固后受力分析

加固后的工字钢变成不规则的模型,但最大弯矩处和跨中弯矩处可看作是箱形截面受力(图5)。

取单根工字钢进行受力分析,$q_1 = 133.6 \div 2 = 66.8\text{kN/m}$,经过加固后其受力计算模式如图6所示。

$$Q_1 = q_1/3 = 22.3\text{kN/m}$$

由截面特性可知,$I_x = 31\,076.45\text{cm}^4$,$W_x = 1\,553.82\text{cm}^3$,$E = 2.1 \times 10^5\text{MPa}$。

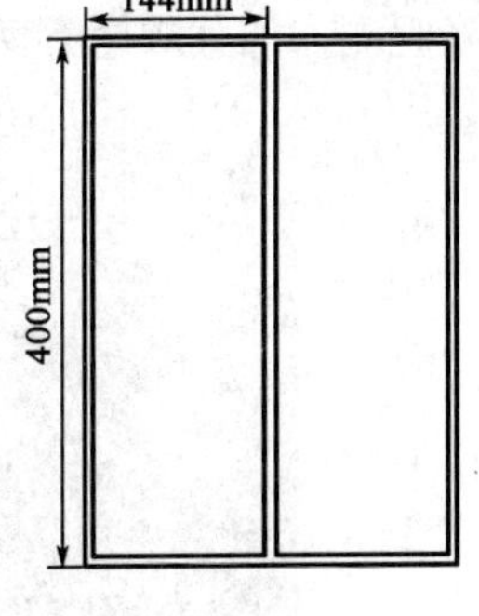

图5 箱形截面受力

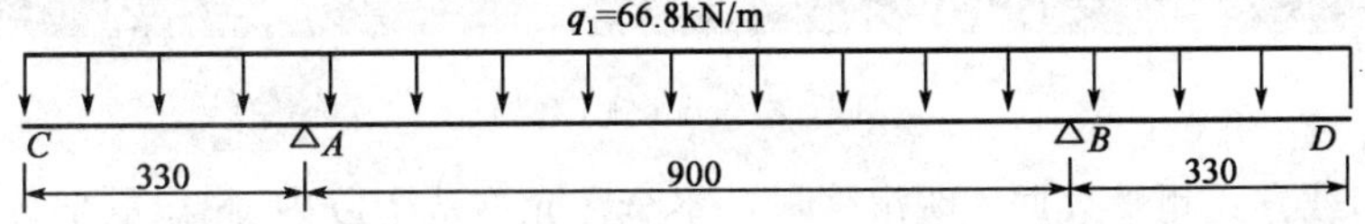

图6 工字钢加固受力示意图(单位:cm)

跨中弯矩:

$$M = qL^2/8 - qa^2/2 = 22.3 \times 81 \div 8 - 22.3 \times 10.89 \div 2 = 104 \times 10^3 \text{N} \cdot \text{m}$$

$W = 1\,553.82\text{cm}^3$;$\sigma = M_{\max}/W = 66.9\text{MPa} < [\sigma] = 170\text{MPa}$,应力没有超限。

最大弯矩:

$$M_{\max} = Qa^{-2}/2 = 22.3 \times 10.89 \div 2 = 121.2 \times 10^3 \text{N} \cdot \text{m}$$

$W = 1\,553.82\text{cm}^3$;$\sigma = M_{\max}/W = 78\text{MPa} < [\sigma] = 170\text{MPa}$,应力没有超限。

最大挠度计算:

$$f_{\max} = q_1 L^4 \times (5 - 24 \times 3.3^2/9^2)/384EI$$

$$= 22.3 \times 9^4 \times 1.773 \times 10^{12}/(384 \times 31\,076.45 \times 2.1 \times 10^9) = 7.6\text{mm}$$

允许挠度为 $L \times 900/400 = 22.5\text{mm}$,小于允许挠度,没有超限。

悬臂挠度为:$f = q_1 L^4/(8EI) = 22.3 \times 3.3^4 \times 10^{12} \div (8 \times 2.1 \times 10^5 \times 31\,076.45 \times 10^4) = 3.7\text{mm}$

允许悬臂挠度为 $3.3 \div 500 = 6.6\text{mm}$,所以悬臂挠度也能满足条件。

经过上面的计算,工字钢进行加固后(图7),跨中和最大弯矩处满足条件。

图7　工字钢加固成型示意图

4.5　试验检测

加固后的工字钢毕竟是一个不规则模型,它能否在施工中适用,还需对其进行试压试验(图8)。试压荷载按照累计荷载等荷载预压,试压前在每根工字钢上做5个点,并在试压前、试压期间和试压后进行沉降观测。加载顺序有两种:第一种是从两边到中间(试压数据见表1、表2),第二种是从中间到两边。

图8　堆载试压施工现场

可见,第一种加载方式测量数据表明沉降量基本全在允许范围以内,超出的部分只有两处且最大为0.3mm,不影响施工。而第二种加载方式较第一种方式沉降量较大一些,施工过程中不考虑第二种方式。由此可得到以下两个结论:(1)工字钢改进成功;(2)混凝土浇筑顺序(从两边到中间)。

盖梁工字钢试压沉降观测详细记录对比表(观测的次数读数 - 第一次读数)

表1

第一次观测时间	位置	高程(m)	第二次观测时间(加载20%)	高程(m)	第二次与第一次差值(mm)	第三次观测时间(加载50%)	高程(m)	第三次与第一次差值(mm)	第四次观测时间(加载80%)	高程(m)	第四次与第一次差值(mm)
09/8/3am	大-左1	101.520	09/8/3pm	101.520	0	09/8/4pm	101.523	3	09/8/5am	101.526	6
09/8/3am	小-左1	101.523	09/8/3pm	101.524	1	09/8/4pm	101.528	5	09/8/5am	101.530	7
09/8/3am	大-左2	101.452	09/8/3pm	101.452	0	09/8/4pm	101.451	-1	09/8/5am	101.448	-4
09/8/3am	小-左2	101.453	09/8/3pm	101.453	0	09/8/4pm	101.451	-2	09/8/5am	101.450	-3
09/8/3am	大-中	101.376	09/8/3pm	101.374	-2	09/8/4pm	101.369	-7	09/8/5am	101.360	-16
09/8/3am	小-中	101.374	09/8/3pm	101.371	-3	09/8/4pm	101.365	-9	09/8/5am	101.356	-18
09/8/3am	大-右2	101.303	09/8/3pm	101.303	0	09/8/4pm	101.301	-2	09/8/5am	101.300	-3
09/8/3am	小-右2	101.298	09/8/3pm	101.298	0	09/8/4pm	101.297	-1	09/8/5am	101.295	-3
09/8/3am	大-右1	101.255	09/8/3pm	101.255	0	09/8/4pm	101.259	4	09/8/5am	101.260	5
09/8/3am	小-右1	101.253	09/8/3pm	101.254	1	09/8/4pm	101.257	4	09/8/5am	101.257	4
示意图		大里程	左1	左2		中		右2			右1
		小里程	左1	左2		中		右2			右1

注:“-”负号表示降低。

表2

盖梁模板试压沉降观测详细记录对比表(观测的次数读数-第一次读数)

第一次观测时间	位置	高程(m)	第五次观测时间(加载100%)	高程(m)	第五次与第一次差值(mm)						
09/8/3am	大-左1	101.520	09/8/5pm	101.527	7						
09/8/3am	小-左1	101.523	09/8/5pm	101.530	7						
09/8/3am	大-左2	101.452	09/8/5pm	101.448	-4						
09/8/3am	小-左2	101.453	09/8/5pm	101.449	-4						
09/8/3am	大-中	101.376	09/8/5pm	101.356	-20						
09/8/3am	小-中	101.374	09/8/5pm	101.353	-21						
09/8/3am	大-右2	101.303	09/8/5pm	101.300	-3						
09/8/3am	小-右2	101.298	09/8/5pm	101.293	-5						
09/8/3am	大-右1	101.255	09/8/5pm	101.261	6						
09/8/3am	小-右1	101.253	09/8/5pm	101.257	4						
示意图		大里程	左1	左2		中		右2			右1
		小里程	左1	左2		中		右2			右1

注:“-”负号表示降低。

5 施工工艺及操作要点

5.1 工艺流程

工艺流程图见图9和图10。

抱箍安装
盖梁底模工字钢安装
盖梁底模安装
盖梁底模门架式支撑安装
钢筋绑扎
盖梁侧模安装
浇筑混凝土
调整盖梁挠度
养生后拆除侧模
拆除底模

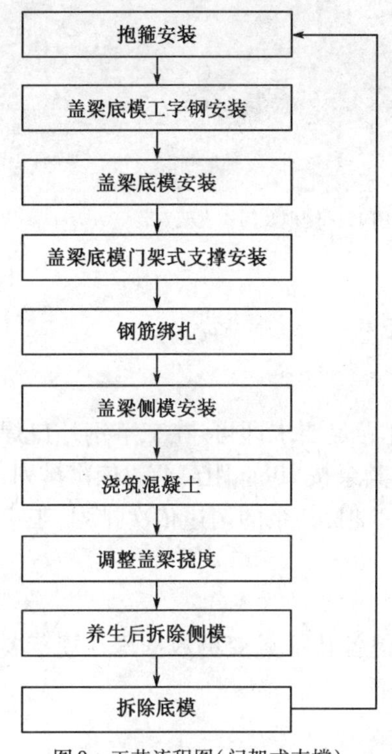

图9 工艺流程图(门架式支撑)

40b工字钢
ϕ28螺纹钢
墩柱
改进托架
抱箍
铺设盖梁底模板
绑扎安装钢筋
安装盖梁侧模板
混凝土浇筑

图10 工艺流程图(工字钢补强)

5.2 操作重点

5.2.1 抱箍安装

安放墩柱抱箍前先在墩柱四周用钢管搭设简易支架,计算好柱箍安放高度,用吊车将柱箍安放到位。抱箍内壁用万能胶粘贴8mm厚橡胶垫。抱箍的连接采用高强螺栓,考虑到抱箍的伸缩变形和通过试验测定,要求每个螺栓的施拧扭矩超过500N·m。抱箍安放好后,用汽车吊将I56C工字钢安装到抱箍牛腿上,为防止两个工字钢侧向倾覆,两根工字钢间用8根ϕ16mm对拉螺栓穿过工字钢腹板连接,内侧用钢管支撑,对拉螺栓穿过钢管。当支撑梁安放完毕后,即可在其上直接安放盖梁底模(图11)。

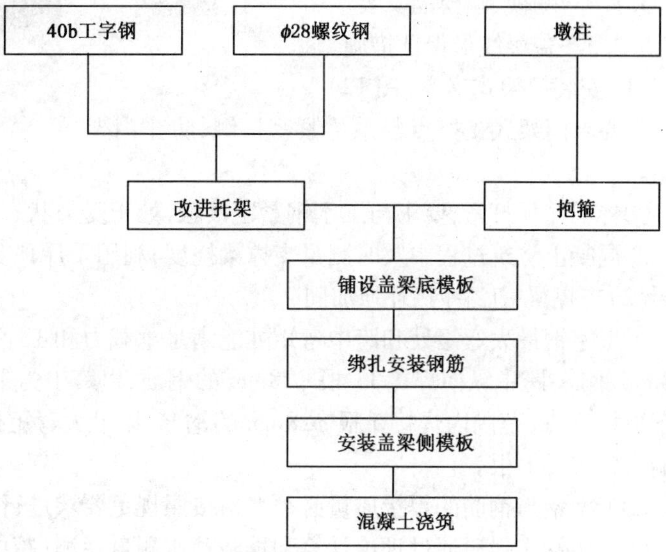

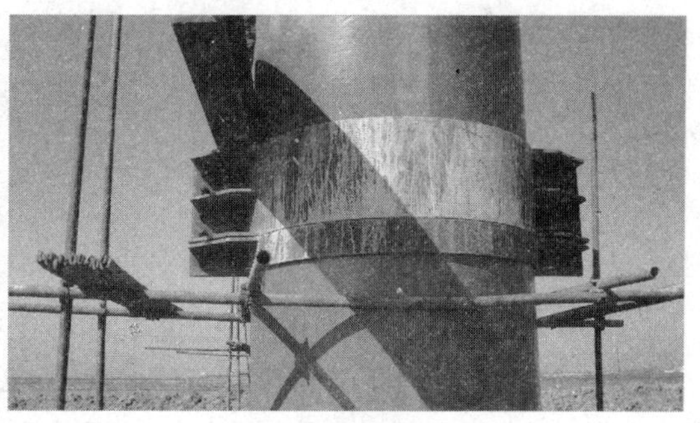

图11 抱箍安装

在安装工字钢时,用角钢在工字钢上按一定的间距焊接三角支撑,在三角支撑上焊接护栏,并在支撑上铺设木板作为工作平台,以方便施工人员安全作业。

5.2.2 底模的安装

(1)经测量,确保各墩柱间用于支撑底模的槽钢顶面高程无误、底面水平之后方能进行模板拼装。

(2)底模采用0.5cm厚的钢模板。模板尺寸要满足盖梁底部尺寸要求。模板之间接缝严密,接缝处用双面胶条堵塞严密,底模表面平整光滑。

(3)根据盖梁中心点测放盖梁纵轴横轴线,并根据该中心点和纵横轴线施放盖梁模板的轮廓边线,在底模上弹墨线定位,作为盖梁模板的控制线。

(4)底模铺装时应特别注意底模与墩柱的结合处,会因底模本身的变形与墩柱成品混凝土的不完全呈圆形,可能模板与墩柱间存在间隙,必须用双面胶带贴在接触面内侧或座浆堵缝,防止混凝土浇筑时漏浆污染墩柱。

5.2.3　钢筋骨架的制作与安装

5.2.4　侧模、端模的安装

5.2.5　盖梁线形保证措施

(1)安装门架式支撑(图12)

图12　侧模及门式支架安装

①要求门架式支撑点与系梁紧密接触,防止门架失稳。

②将千斤顶打紧,要求与工字钢紧密接触,处于受力状态。

③混凝土浇筑过程中及时测量支撑梁挠度,利用千斤顶及时调整。

(2)支撑梁(工字钢)补强加固

①工字钢最大弯矩处和跨中弯矩处能满足承载力和工字钢刚度满足要求即可,在工字钢外口焊接ϕ28mm钢筋:跨中纵向焊接11根ϕ28mm的钢筋,以跨中为第一根,其余按20cm距离两边依次排列,最大弯矩处50cm范围内焊接5根ϕ28mm的钢筋,以最大弯矩处为第一根,其余的两边依次排列,工字钢两端头各布置1根。

②工字钢与钢筋的焊接质量必须严格按照规范要求进行。

③工字钢实强后通过理论计算和堆载预压测量观测,跨中及其他各特征点变更数据均在规范要求范围内。

6　主要材料及施工机具及劳动力组织

6.1　主要材料及施工机具

抱箍、工字钢、千斤顶、定型模板、振动棒、混凝土运输车、吊车等。

6.2 劳动力

抱箍安装4人、混凝土浇筑6人、挠度调整2(或4)人、结构物养生2人。

7　质量要求

7.1　验收标准

混凝土施工严格控制按照《公路桥涵施工技术规范》(JTJ 041—2000)相应条款进行,验收时按照《公路工程质量检验评定标准》(JTG F80/1—2004)进行。混凝土强度、节段间错台、大面积平整度必须满足设计及规范要求;外观质量包括表面平整、施工缝平顺、棱角线平直、外露面色泽一致、蜂窝麻面必须满足设计及规范要求。

7.2　质量保证措施

7.2.1　健全质量保证体系,严格质量管理制度,做到优必奖,劣必罚。

7.2.2　严格执行施工前的技术交底,对作业人员定期进行质量教育和考核,教育作业队人员应严格按设计及规范要求进行施工,确保工程质量。

7.2.3　严格控制施工工序,上道工序不合格决不进行下道工序,严格执行“三检”制度,即施工队自检、技术复检、监理工程师检查,对于特别工序实行岗位责任制,保证每道工序处于受控状态。

7.2.4　规范化管理,是保证质量的有效手段,坚持作业人员持证上岗制,工地作业人员持牌制,质量“三检制”:自检、互检、专检。质量“三工序”制:检查上道工序质量,保证本道工序质量,创造或提供下道工序的质量条件。

7.2.5　实行工程质量持牌管理，增强施工人员责任感。将工程规模、开工日期、质量目标、岗位负责人一一明示，以利于增强透明度和责任感。

7.2.6　要求内业资料与工程进度同步进行，要求真实、准确。

8　安全措施

8.1　在安装抱箍时，要确保抱箍高强螺栓拧紧，并经常对螺栓进行检查，出现丝扣拉伤要立即更换。

8.2　托架横梁（及改进后的工字钢）之间需设置对拉杆将其固定，以防止工字钢意外脱落，确保托架的整体稳定性。

8.3　安装托架过程中，起吊设备下严禁施工人员进行施工作业。

8.4　盖梁模板周围架设安全网。

8.5　确保安全用电。

9　环保措施

9.1　工字钢在改进过程中所产生的废弃物，如焊渣、废弃钢筋头要及时清理。

9.2　托架在拆装、周转过程中需堆放整齐，避免托架部件变形。

10　资源节约

通过对小型号工字钢的局部改进，在特定的环境替代大型号工字钢，极大地提高了材料的利用率，同时也降低了安全风险。

11　经济效益分析

11.1　小型号工字钢跨中使用门架式支撑或工字钢补强加固法施工，机动灵活，周转快，大大节省了人力、物力，经济效益比较明显。

11.2　容易调整盖梁挠度，能保证工程实体质量，线形流畅，外观质量好，社会效益明显。

11.3　不会对已完成墩柱造成破坏而增加修复费用。

抱箍法与满堂支架法对比分析见表3。

抱箍法与满堂支架法对比分析　　表3

对比内容	施工方法	
	支架法	抱箍法
一片盖梁施工周期	12d	9d
全部盖梁支撑万能杆件（租赁）	52t	0
所用钢材（其中工字钢租赁）	12.8t	12.8t
基础硬化混凝土	40m^3	0
分配梁方木	16.4m^3	8.4m^3

12　应用实例

12.1　青岛双高路的白沙河特大桥工程：白沙河特大桥全长1 297m。桥跨径布置为43×30m，共十联，桥跨组合为5×(4×30)m+3×(5×30)m+2×(4×30)m，盖梁长度为14.06m，两墩柱之间跨度为8.6m；桥梁全长1 297.0m，交角90°，桥宽2×15.5m。上部结构采用跨径30m装配式后张法预应力简支转连续箱梁,半幅5片,共430片箱梁。

12.2　大庆至广州高速公路深州至大名段(冀豫界)段第25标段邯郸市大名县漳河特大桥。

12.3　2007年京津高速公路天津段第八合同段以及2008年鸡西至讷河公路C2合同段。

大跨径盖梁抱箍施工工法,在以上工程中使用,均取得了很大的成功,所施工盖梁外观效果好,线形流畅,多次受到业主和质检站的好评,是一种很有借鉴价值的工艺。抱箍法盖梁施工的应用证明,它是公路桥梁施工中的一种切实可行的施工方案,它克服了为支撑盖梁底模对地基承载力的要求,尤其适用于水上的施工,节省了大量的材料、人力,值得在公路桥梁施工中大力推广。

桥台加筋土挡墙施工工法

GGG(晋)C2067—2010

寇珍仕 高俊生 任继荣 肖 兵 李 萍
(山西省机械施工公司)

1 前言

在桥梁的分支结构设计中,桥台两侧的防护形式通常采用浆砌片石锥形护坡,当桥梁横跨铁路同时铁路方要求在现有铁路两侧要预留出复线位置时,即必须保证该桥两侧边垮净宽与中跨相同,此时浆砌片石锥形护坡将无法采用。我公司会同各有关单位进行共同研究,从多种方案中优化出了一种既质量可靠,又美观大方的桥台防护形式,即桥台加筋土挡土墙。该技术施工简便、快速,造型美观;同时节约路堤边坡所占用的土地,便于推广应用。

桥台加筋土挡土墙施工工法关键技术于2008年12月由山西省建设厅组织的科技成果鉴定,达到国内领先水平。

2 工法特点

2.1 充分利用材料性能,以及与拉筋的共同作用,降低材料消耗,并且使墙体轻型化。

2.2 墙面板形式可按实际需要进行设计,造型美观,砌筑简单。

2.3 墙面垂直,节约了路堤边坡占用的土地。

2.4 可降低工程造价,与现浇混凝土挡土墙相比,可降低工程造价25%左右。

2.5 组成加筋土的墙面板和拉筋可以预先制作,在现场用机械(或人工)分层填筑。这种装配式的方法,施工简便、快速,并且节省劳力和缩短工期。

3 适用范围

该施工工法适用于在现有铁路(或其他线路)两侧要求预留出复线位置的跨线桥梁。

4 工艺原理

加筋土挡土墙是一种直立式挡土墙,墙体材料采用钢筋混凝土预制块,块件上预留孔洞,孔洞内穿筋带,筋带放在路基回填土中,和路基土一起压实。通过筋带与土的摩擦力来拉紧墙体起到挡土的作用。

加筋土挡土墙结构的基本原理是:由填土以及在填土中布置一定量的带状拉筋和直立的墙面板三部分组成的复合结构。在此结构内存在墙面土压力、筋条的拉力和填土与筋带间的摩擦力等相互作用的内力,这些内力相互平衡,保证了复合结构的内部稳定(图1)。

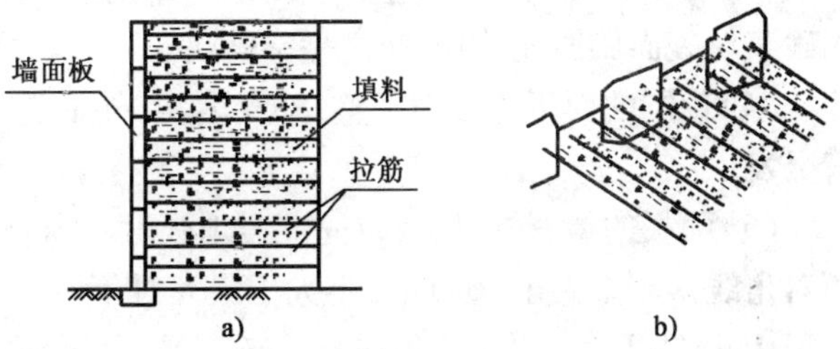

图1 加筋土挡墙基本结构图

5 施工工艺流程及操作要点

5.1 施工工艺流程(图2)

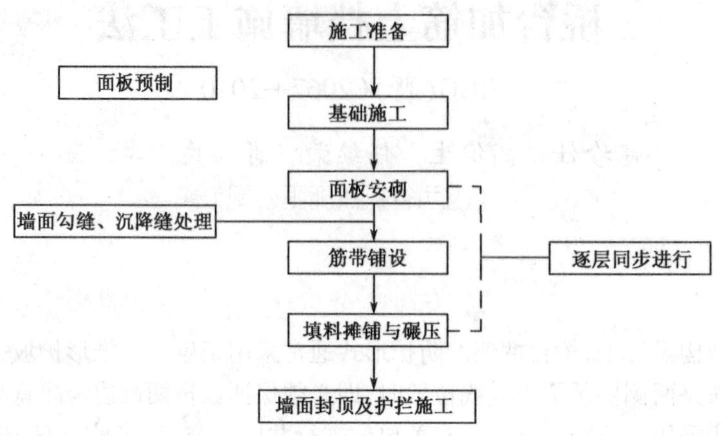

图2 加筋土挡墙施工工艺流程图

5.2 操作要点

5.2.1 施工准备

(1)熟悉图纸、机械操作规程,并对各工种进行施工操作规程培训及技术交底。

(2)材料及试验:混凝土原材料、钢筋必须有出厂合格证,进厂后经试验合格后方可使用。

(3)清理场地:施工前先将基础范围内的树根、草皮、腐殖土等全部挖除。

(4)机械设备配备齐全,并对其完好率进行检查。合理选择预制场地,并对预制场地和桥台间的道路进行适当的硬化处理,确保预制块运输畅通。

5.2.2 基础施工

(1)条形基础开挖后应整平夯实,然后对基础底面的地基土进行承载力检测,当达不到设计值时,采用换填法进行处理,直至达到设计值,才可进行基础混凝土施工。

(2)如果在基础开挖时发现地质情况变化较大,应及时与设计单位联系,以便作出相应的处理措施。

5.2.3 面板预制

(1)混凝土墙面板采用现场集中预制的方式,其混凝土强度等级宜不小于C30,面板外形采用空心槽板,空心槽板间筋带结点的水平间距 $S_x = 0.5m$,垂直间距 $S_y = 0.5m$(常用面板形状及种类见图3)。

(2)墙面板预制必须采用槽型钢及钢模板,对槽型钢及钢模要经常检查与维修,支模前必须清除模板上的混凝土残留物并刷2~3遍脱模剂,以保证预制面板光洁平整,达到设计要求。面板预留的穿筋孔要保证圆滑。

(3)为确保混凝土的质量,应采用机械振捣。如表面局部出现粗糙无浆情况,可用相同灰砂比的水泥砂浆对表面做抛光处理,使之平整美观。

(4)预制的面板应表面平整、外光内实,外形轮廓清楚、线条顺直,不得有露筋、翘面、掉角、啃边等情况发生。

(5)面板的检查标准为:首先混凝土强度必须合格;边长误差不大于±5mm或不大于边长的0.5%;两对角线误差不大于10mm或不大于最大对角线的0.7%;厚度误差在+5~-3mm;表面平整度误差不大于4mm或不大于边长(宽)的0.3%。预留穿筋孔要准确无误,且易于穿筋。不符合上述标准的面板严禁使用。

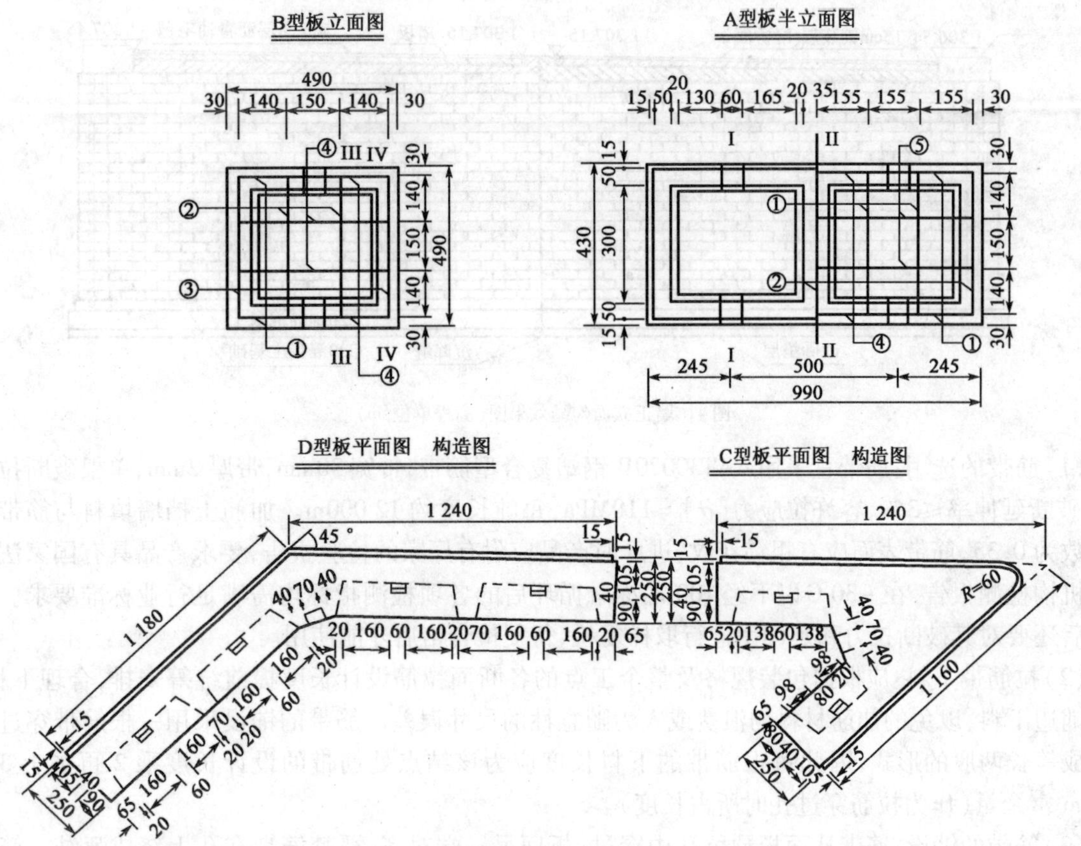

图3 常用面板形状及种类(尺寸单位:cm)

5.2.4 面板的安砌

(1)安装第一层面板前,应在干净的条形基础顶面,准确画出面板外缘线,拐角处应适当加密控制点;然后在确定的外缘线上定点并进行水平测量,按板长画线分割、整平板基座。

(2)安装面板可从墙端和沉降缝两侧开始,采用适当的吊装设备或人工抬运,吊线安装就位。安装时单块面板倾斜度一般可内倾1%左右,作为填料压实时面板在侧向压力作用下的变形值。任何情况下严禁面板外倾。

(3)面板安砌前先用M5水泥砂浆整平混凝土基础顶面。墙面板安砌、调平采用M7.5水泥砂浆。面板安砌的第一层,是全墙基线是否符合设计的关键,安砌完后还要反复检查。每一层安装时用垂球、挂线核对,每三层面板安装完毕及时测量高程和轴线,水平、垂直误差及时逐层调整,不得将误差积累到最后再进行调整。

(4)每层面板待填料碾压稳定后,还应对面板的水平和垂直方向用垂球或挂线检查,以便及时校正,防止偏差积累。每安装2~3层面板应全面检查一次安砌质量,超过规定者需及时纠正。检查项目包括轴线偏差、垂度或坡度、平整度、面板破损情况、相邻面板高差、板缝宽和最大宽度等。

(5)面板的安砌、填土、碾压要一层层地同步进行,不得在未完成填土作业的面板上安装上一层面板。严禁采用在板下支垫碎石或铁片的方法调整水平误差,以免造成应力集中,损坏面板。同层相临面板水平误差控制在8mm以内,轴线偏差为每20延米不超过10mm,面板缝宽10mm。

(6)墙面勾缝采用M7.5水泥砂浆。勾缝前将墙面、墙缝内残浆扫净,勾缝深浅要一致,竖缝要实,丁字缝搭接要平(图4)。

(7)沉降缝处理:宽度一般为2cm,基础沉降缝可采用沥青板填塞,墙身及墙顶沉降缝采用沥青麻絮填塞。

5.2.5 筋带铺设

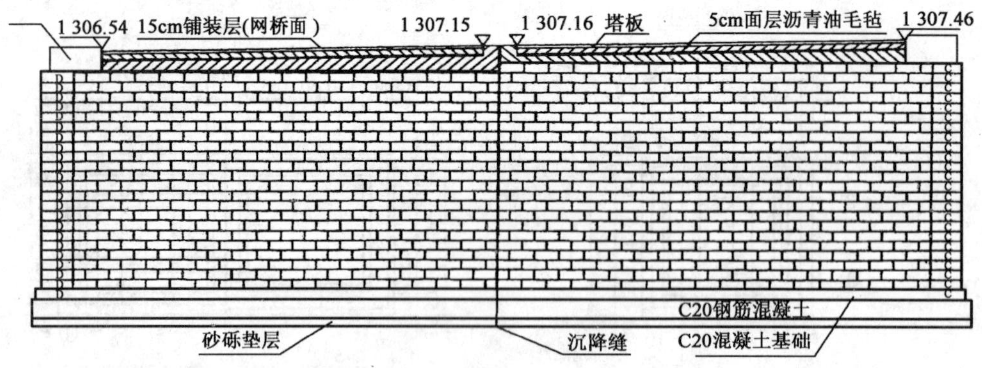

图4　墙正立面勾缝效果图(高程单位:m)

(1)筋带的选用:筋带宜采用CAT30020B钢塑复合型筋带,带宽30mm,带厚2mm,单根破断拉力≥9kN,破断延伸率≤3%,容许拉应力[σ]=110MPa,每吨长度约12 000m。加筋土挡墙填料与筋带的摩擦系数为0.35,筋带表面应有粗糙花纹,进厂时产品应附有厂家的检验报告,要求产品具有国家法定的检测机构检测报告,在-30℃以下经100次冻融循环后的各项检测指标均需满足行业标准要求。同时进场后还要对其破断拉力和延伸率进行取样复检,待复检合格后才能使用。

(2)拉筋带下料:应根据包装规格及整个工点的各断面拉筋设计长度提前统筹安排,合理下料,避免边铺边下料,以免的加筋材料的浪费或人为随意性的尺寸误差。筋带的铺设采用一根筋带穿过穿筋孔分成等长两股的形式,因此每根筋带的下料长度应为该结点处筋带的设计长度乘2再加上300~500mm富余量(作为拉筋穿过孔时所占长度)。

(3)筋带的铺设:筋带从面板预留孔中穿过,折回另一端对齐,严禁筋带在孔上绕成死结。筋带在压实整平的填料上要平铺、拉直,不得卷曲或折曲。铺设时应尽量垂直于墙面并呈扇形、辐射状均匀敞开分布,应有至少2/3的长度不重叠,以保证加筋体能发挥整体作用。在拐角处如布筋方向与墙面垂直有困难时,将不能垂直布设的筋带要逐渐斜放,但倾斜度以不大于5%为宜。筋带铺设时,边铺边用填料固定其位置,先用填料在筋带的中后部布成若干纵列压实筋带(填料的多少和疏密以能固定住筋带的位置为宜),然后再逐根检查,确保每根筋带都拉直、拉紧后,最后按设计摊铺填料。

(4)筋带验收:每层筋带铺设后都要进行检查验收,检查内容包括筋带铺设的长度、根数、均匀程度、平整度、连接方式、与面板连接处的松紧情况等。

5.2.6　填料摊铺及碾压

(1)填料摊铺

填料的选用:加筋体填料与桥台两侧路基土、路面结构层所用材料相同,都应经过土工试验和颗粒级配试验。

填料可采用机械、人工相结合的方式进行摊铺。当采用机械摊铺筋料时,必须辅以人工作业。人工作业就是用人工就近将填料搬运和摊铺在拉筋带上。当用推土机摊铺填料时,拉筋带上的填料覆盖厚度不小于20cm。未压实的加筋体,一般不允许运输车辆在上面行驶;若需临时行驶,则填料厚度不得小于30cm,同时其车速不得大于5km/h,并不准紧急,以免造成拉筋带的错位。

填料的每层摊铺厚度可根据填料种类、压实机具等确定,但不得大于30cm。

(2)碾压

机具的选用:压路机应选用振动式压路机或钢轮压路机,严禁用单足碾。距面板1.0mm范围内及拐角处严禁用重型机械碾压,宜用5t以下压路机或蛙式夯等轻型机械压实。

填料碾压时应先从筋带长度的1/2处开始,向筋带尾部碾压,然后再从1/2处向墙边碾压。碾压时压路机运行方向宜垂直于筋带,且下一次碾压的轮迹与上一次碾压轮迹重叠的宽度应不小于轮进的1/3。第一遍宜慢慢轻压,以免拥土将筋带推起或错位,第二遍以后可稍快并重压。碾压的遍数以达到规定的压实度为准。压路机不得在未经压实的填料上急剧改变运行方向和紧急制动。

加筋体每层碾压完成后压实度检查:检测点数按每 $500m^2$ 或每 50m 长工程段不少于 3 个点为宜。检测点应相互错开,随机选定,面板后 1m 范围内至少有 1 个检测点。压实度要求为:距面板 1.0m 范围内的压实度不小于 90%,其余范围内的压实度不小于 95%。

5.2.7 墙面封顶、泄水管安装和护栏施工

顶层墙面板安砌后,所形成纵向如果有高差,用砂浆找平,严格控制设计高程,待找平砂浆养生达到一定强度后,即可现浇帽石混凝土。另按设计要求安装泄水管和护栏立柱预埋件。

泄水管采用 ϕ100mm 的铸铁管,泄水管每 10m 设一道,伸出墙外部分刷白色漆。

护栏采用钢管防撞护栏,做法同桥梁护栏。

5.2.8 施工中应注意的几个问题

(1)拉筋带在运输、保管、加工中应尽量防止阳光照射,筋带铺设时尽量缩短暴露时间,及时用填料覆盖,施工时暴露总时间不得超过 8h。

(2)基础和墙体及压顶应按 10m 左右分段,分段处缝宽 20mm,用沥青木丝板或沥青麻絮填塞。每一分段基础顶面应位于同一水平面上。

(3)筋带铺设过程中不得与硬质棱角直接接触,以免损坏筋体。

(4)面板的安砌、填土、碾压要逐层同步进行,不得在未完成填土、碾压作业的面板上安装上一层面板。

(5)做好施工现场的排水工作,遇到降雨天气应采取适当措施将水迅速排走或将施工现场进行遮盖。

(6)各道工序须经有关部门验收合格后方可进行下道工序施工,并做好施工的验收记录。

6 材料与设备

6.1 材料要求

6.1.1 水泥:采用强度等级不低于 32.5 级的普通硅酸盐水泥。

6.1.2 砂:采用中砂,含泥量不大于 3%。

6.1.3 石子:采用粒径为 10~30mm 且不大于 1/3 钢筋主筋净距的碎石,含泥量不大于 1%。

6.1.4 水:采用不含有害物质的饮用水。

6.1.5 钢筋的级别、直径应符合设计要求。

以上材料进场后要对其进行取样复检,待复检合格后才能使用。

6.2 主要人员(表 1)

主要人员表 表 1

层次	岗位	数量	职责
管理层	施工负责人	1	负责施工现场的监督与管理
	试验工程师	1	负责监控材料试验、检测
	质检工程师	1	负责质量的监督与管理
	测量工程师	1	负责测量的校核与监控
操作层	装载机驾驶员	1	负责装料
	压路机驾驶员	2	负责碾压
	自卸车驾驶员	8	负责运输
	瓦工	6	负责面板安砌
	木工	2	负责面板预制
	钢筋工	2	
	混凝土工	2	
	电工	1	负责电路维修
	壮工	10~16	配合以上工种

6.3 机具设备(表2)

主要机具设备表 表2

序号	机械名称	型号	数量	功率(kW)	用途
1	装载机	ZL50	1	15 405	拌和、装车
2	振动式压路机	3Y18/21	2	73.5	填料碾压
3	自卸车	T815—2S	8	213	填料等运输
4	蛙式夯	HW—60	1	208	边角打夯
5	混凝土罐车		2		混凝土运输
6	混凝土搅拌机	JZC750	2	15	混凝土拌和
7	钢筋弯曲机	CW40	1	3	钢筋成型
8	钢筋切断机	CQ40	1	5.5	钢筋下料
9	钢筋调直机	CT4—14	1	4	钢筋调直
10	插入式振捣器、棒	HZ50	3	1.1	混凝土振捣
11	水准仪	DZS3—1	1		高程测量
12	全站仪	DQ2	1		轴线定位
13	电焊机	BX—300	2	20	钢筋焊接
14	发电机	S—100GF	2	100	供电

7 质量控制

7.1 严格按《混凝土结构工程施工质量验收规范》(GB 50204—2002)、《公路工程质量检验评定标准》(JTG F80/1—2004)标准控制(具体见表3～表6)。

面板预制实测项目 表3

检查项目	允许偏差	检验方法
混凝土强度等级	在合格标准内	试块
边长	±5mm或0.5%边长	钢尺检查
对角线差	10mm或0.7%最大对角线长	钢尺量两个对角线
表面平整度	4mm或0.3%边长	塞尺检查
厚度	+5mm,-3mm	钢尺检查
主筋保护层厚度	+10mm,-5mm	钢尺检查

面板安装实测项目 表4

检查项目	允许偏差	检验方法
每层面板顶高程	±10mm	水准仪:每20m检查3处
轴线偏差	10mm	挂线、尺量:每20m量3处
面板竖直度或坡度	0,-0.5%	吊垂线:每20m检查3处
相邻面板错台	5mm	尺量:每20m检查面板交界处3处

筋带实测项目 表5

检查项目	允许偏差	检验方法
筋带长度	不小于设计	尺检:每20m抽查3组板
筋带与面板连接	符合设计要求	目测:每20m检查5处
筋带与筋带连接	符合设计要求	目测:每20m检查5处
筋带铺设	符合设计要求	目测:每20m检查5处

墙背回填土压实度实测项目 表6

检查项目	允许偏差	检验方法
距面板1m范围以内的压实度	90%	每100m每压实层测1处
其余范围内的压实度	95%	每$500m^2$或每50m长工程段不少于3个点为宜

7.2 推行全面质量管理，实行项目分解及目标管理，对加筋土挡土墙施工设置QC攻关小组，科学指导施工。

7.3 严格落实测量双检，执行施工前的技术交底制度，设置组织保证、工作保证及制度保证等三种保证制度。

7.4 在施工过程中根据实际情况，不断调整、改进、补充、不断总结，完善取得施工参数，及时收集技术资料，正确指导施工。

8 安全措施

8.1 定期进行安全教育、讲话和检查制度，设立安全监督岗制，实行安全技术交底制。

8.2 认真实施标准化作业，严肃施工纪律和劳动纪律，杜绝违章指挥与违章操作，使安全生产建立在管理科学、技术先进、防护可靠的基础上。

8.3 利用各种宣传工具，采取多种形式教育职工树立安全第一的观念，强化全员安全意识。电器、电线安装必须由电工操作，现场一切用电设备应配置防漏保护装置。

9 环保措施

9.1 创建美好环境，在工地现场和生活区设置足够的临时卫生设施，每天清扫处理，生活垃圾要集中堆放，施工废水、生活污水不得污染环境。

9.2 挂牌施工，标明工程项目名称、范围、工地负责人，现场布局合理，材料、物品、机具堆放符合要求。

9.3 施工期间，经常对施工机械车辆、道路进行维修，施工便道确保晴雨畅通，并洒水防尘。压路机碾压或打夯机等工作时，不得损坏或碰撞挡土墙及预制块。

10 资源节约

10.1 充分利用材料性能，以及与拉筋的共同作用，降低材料消耗，并且使墙体轻型化。

10.2 墙面板形式可按实际需要进行设计，表面平整、外光内实，外形轮廓清楚、线条顺直、造型美观。

10.3 组成加筋土的墙面板和拉筋可以预先制作，然后在现场用机械（或人工）进行分层安砌、分层填筑。这种装配式的方法，施工简便、快速，能节省大量的劳动力并缩短工期。

11 效益分析

加筋土挡墙相对于传统的重力式挡土墙与现浇混凝土挡土墙，在经济和社会效益方面有其如下特点，便于推广利用。

11.1 相对于重力式挡土墙

（1）拼装结构对地形变化的适应性好，稳定性好，抗震能力强。

（2）墙面垂直，节约路堤边坡占用的土地。降低了施工成本。

（3）该工艺采用提前预制、现场装配式的方法，使施工简便、快捷，并且节省劳力和缩短工期。

11.2 相对于现浇混凝土挡土墙（表7）

效益对照分析表　　表7

现浇混凝土挡土墙	加筋土挡墙
一次性耗费大量模板、脚手架	投入模板少并且周转灵活、逐步安砌,不需要搭设脚手架
钢筋绑扎费时、费力	钢筋绑扎省时、省力
大体积浇筑混凝土施工困难,并且墙体垂直度很难控制	装配式组装方法,施工简便、快速、垂直度相对好控制
实习墙体耗费大量混凝土	预制面板采用矩形槽板,节约大量混凝土

12 应用实例

12.1 跨东乌铁路中桥是鄂尔多斯市康巴什新区连接210高速公路衔接段道路工程的重要组成部分,工程主线全长3.559km。于2007年7月3日开工,2008年10月20日竣工。该中桥上部结构为3m×25m后张预应力钢筋混凝土空心板,下部结构为钻孔混凝土灌注桩基础、桩柱式桥墩、台。桥台防护形式为加筋土挡土墙。该工程在2008年11月4日通过了业主及当地质检等部门的竣工验收,被评定为优良工程。验收时业主及质检部门针对加筋土挡土墙工法对提高工效、加快施工进度、工程质量得以保证给予了充分的肯定,证明了该工法的先进和适用性。

12.2 我单位在晋阳高速公路建设中,其中位于K15+410处,有一座1-16m的板式小桥,其中桥台两端的防护形式设计采用混凝土预制块加筋土挡墙施工工艺。整个工程于1996年5月开工,至1997年11月竣工。同年并通过了晋阳公路建设指挥部和晋阳公路第一监理部的竣工验收,被评定为优良工程。验收后晋阳公路建设指挥部建议我方能将该加筋土挡墙工艺技术进一步推广应用。

高寒地区高塔柱冬季施工工法

GGG(黑)C2068—2010

王海波 李瑞喜 关荣才 陈彦君 姜英民
(龙建路桥股份有限公司 河北路桥集团有限公司 黑龙江省龙建路桥第五工程有限公司)

1 前言

在我国东北高寒地区施工期短,冬季长达6个月,冬季温度在零下30℃以下,斜拉桥主塔塔身施工周期长,为加快施工进度,塔身冬季施工是摆在高寒地区桥梁施工企业面前的难题,龙建路桥股份有限公司在哈尔滨市松浦大桥主塔上塔柱施工中,在2009年10月和2009年11月采用上塔柱160m高空中移动暖棚法进行施工,使松浦大桥主塔于2009年11月29日封顶。经总结,形成高寒地区斜拉桥上塔柱160m高空冬季施工工法。该工法经科技查新,处于国内领先水平。

2 工法特点

2.1 利用液压自爬模骨架作为暖棚骨架,实现空中暖棚爬升。

2.2 克服高空中冬季施工保温、防火、防风等难点。

2.3 施工作业简便,容易推广应用。

2.4 施工周期短,加快施工进度,缩短工期,节约成本,提高社会效益。

3 适用范围

本工法适用于桥梁高敦、塔身高空中冬季施工,也可推广应用于类似结构工程冬季施工。

4 工艺原理

塔柱空中移动暖棚位于130~160m的高空中,暖棚长10m,宽8m,高10m,将一个施工节段严密包裹,在外模板外侧、暖棚上盖及内模底部均采用保温阻燃材料进行保温,通过蒸汽排管为暖棚提供热源。当一个施工节段施工完成后,利用液压自爬模带动暖棚同步向上爬升,开始下一节段的施工,直至封顶。

5 施工工艺及操作要点

5.1 施工工艺流程(图1)

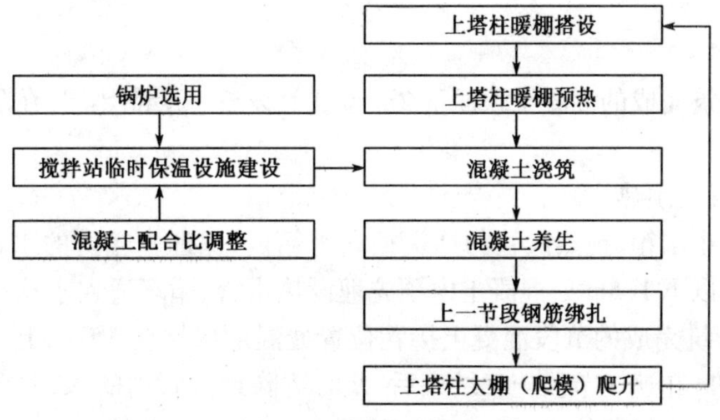

图1 施工工艺流程图

5.2 施工操作要点

5.2.1 施工暖棚搭设

哈尔滨市松浦大桥,主塔为钻石型桥塔,高160.221m,分下塔柱、中塔柱和上塔柱三个部分,共分32个施工节段,其中中塔柱斜塔每施工节段高5m,上塔柱直塔每施工节段高6m。

松浦大桥主塔施工节段划分示意图及上塔柱断面图见图2。

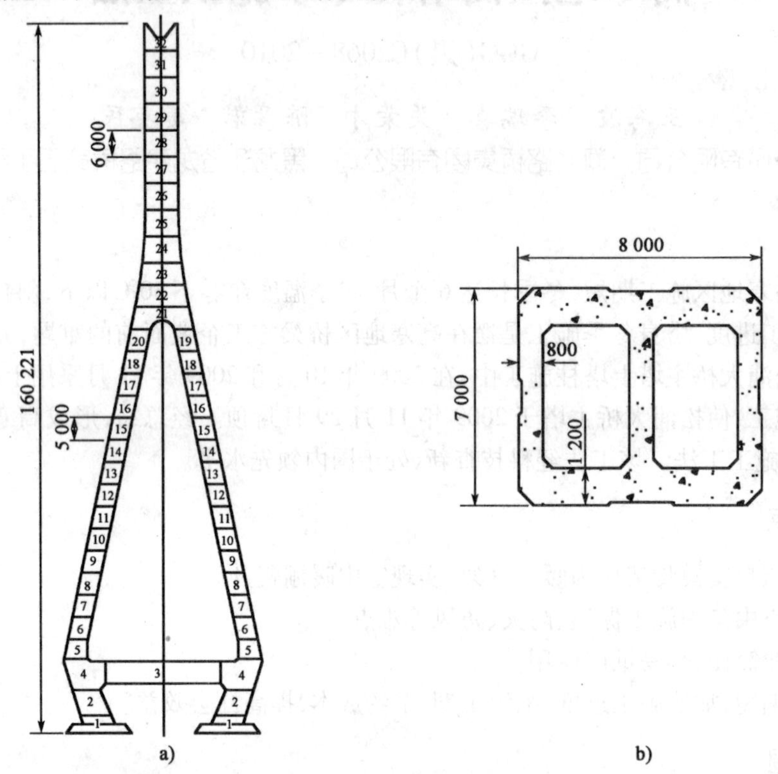

图2 主塔施工节段示意图及上塔柱断面图(尺寸单位:mm)
a)松浦大桥主塔施工节段示意图;b)松浦大桥上塔柱断面图

5.2.2 施工暖棚搭设

上塔柱暖棚位于130~160m的高空中,暖棚长10m,宽8m,高10m,将一个施工节段严密包裹,在外模板外侧、暖棚上盖及内模底部均采用保温阻燃材料进行保温,具体如下。

5.2.2.1 外模

在外模外侧紧贴模板布置一层阻燃橡胶板,向外30cm再布置一层阻燃橡胶板,形成一个厚30cm的保温夹层,在夹层的下端位置布设蒸汽排管,然后在最外侧包裹一层镀锌铁皮。阻燃橡胶板是一种新型材料,既能阻燃,又能起到保温的作用;镀锌铁皮既可防止飞溅的焊渣对阻燃橡胶板的烫伤,又用于防风。

5.2.2.2 内模

在内模底端距已浇筑完成的混凝土顶面下2m位置处设置一层隔热层,在隔热层上布设蒸汽排管,用于内模的加热。

5.2.2.3 接茬混凝土预热

在内模内设置一个小水箱,把蒸汽管的尾端插入水箱内,保证水箱内的水达到5~10℃;在已浇筑完成的节段混凝土顶面以下1.5m处混凝土内预先埋设热水管,循环通入水箱内的水,这样做既可保证上层混凝土浇筑前已浇筑完成的节段混凝土接茬位置处温度保持在5℃以上,又能在混凝土养生期间控制混凝土的内部温度。在这一节段施工结束后,及时清除预埋管内的水,并在温度适宜的情况下,压入与混凝土同强度等级的水泥浆填充。

5.2.2.4　保温棚顶盖

保温棚顶盖采用阻燃橡胶板严密包裹，上面布满棉毡布，同时在大棚的上部，布置两台2 000W的热风幕，在混凝土浇筑前对钢筋加热，并对后期混凝土进行养生。

施工暖棚布置图见图3。

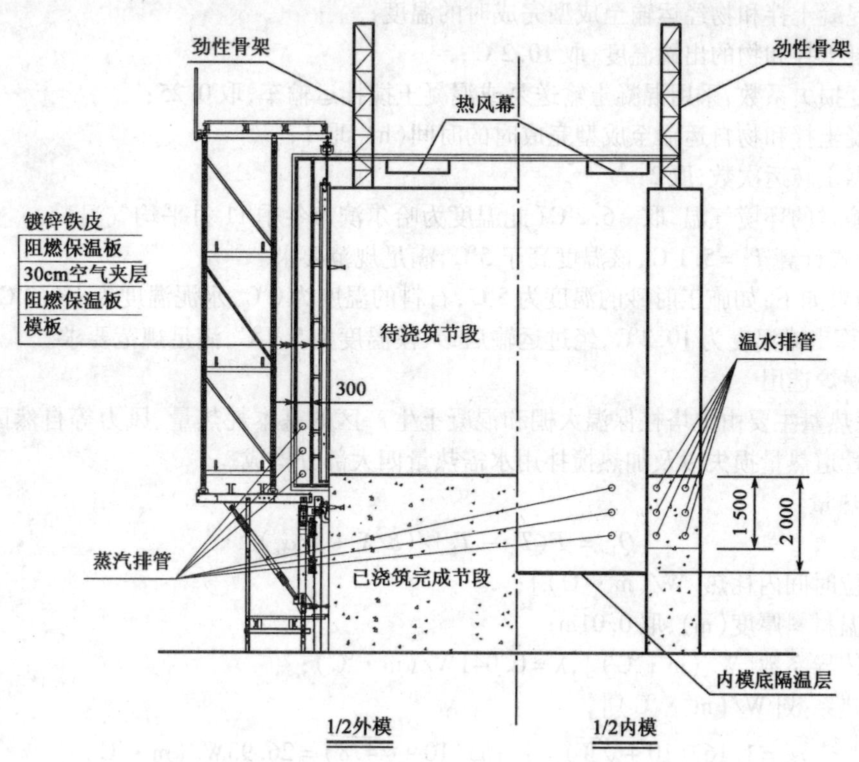

图3　主塔上塔柱保温大棚示意图(尺寸单位:mm)

5.2.3　搅拌站冬季增加临时设施

冬季施工搅拌站临时工程建设增加如下:锅炉房1处，搅拌站砂、石料加热设施2处，配套管线设备2套。

搅拌站锅炉房1座，用于搅拌站与上塔柱温室大棚的加热。砂、石料采用蒸汽加热，同时对砂、石料表面采用棉毡布进行覆盖。混凝土运输车、混凝土输送泵及输送管道等采用棉毡包裹，搅拌站及水泥罐采用棉毡包裹。

5.2.4　热工计算

根据《公路桥涵施工技术规范》(JTJ 041—2000)要求，冬季施工中混凝土的出罐温度不低于10℃，入模温度不低于5℃。

5.2.4.1　预算混凝土出罐温度

$$T_0 = \frac{(C_s + C_w Q_s) W_s T_s + (C_g + C_w Q_g) W_g T_g + C_c W_c T_c}{C_s W_s + C_g W_g + C_w W_w + C_c W_c} + \frac{C_w (W_w - Q_s W_s - Q_g W_g) T_w}{C_s W_s + C_g W_g + C_w W_w + C_c W_c}$$

式中:C_s、C_g、C_c、C_w——分别为砂、石、水泥、水的比热;

W_s、W_g、W_c、W_w——分别为每立方米混凝土中砂、石、水泥、水的用量;

T_s、T_g、T_c、T_w——分别为砂、石、水泥、水的温度;

Q_s、Q_g——分别为砂、石的含水率。

取 $C_s = C_g = C_c = 800\text{J/(kg·K)}$，$C_w = 4\,000\text{J/(kg·K)}$

根据C50混凝土配合比，以及原材料的温度，结合上式分析得:

$W_s = 626kg, W_g = 1\ 163kg, W_c = 460kg, W_w = 168kg, Q_s = 2\%$,

$Q_g = 0.1\%, T_g = 0℃, T_s = 5℃, T_c = -6.2℃, T_w = 40℃$

得出:$T_0 = 10.2℃$,该温度大于10℃,满足规范要求。

5.2.4.2 混凝土拌和物经运输至成型完成时的温度

$$T' = T_0 - (at + 0.032n)(T_0 - T_5)$$

式中:T'——为混凝土拌和物经运输至成型完成时的温度;

T_0——混凝土拌和物的出罐温度,取10.2℃;

a——温度损失系数,采用混凝土输送泵或混凝土搅拌运输车,取0.25;

t——混凝土拌和物自运输至成型完成时的时间(h),取1;

n——混凝土转运次数,取2;

T_5——运输时的环境气温,取-6.2℃(此温度为哈尔滨市冬季11月平均气温);

代入上述公式计算 $T' = 5.1℃$,该温度高于5℃,满足规范要求。

上述计算结果如下:如施工时砂的温度为5℃,石料的温度为0℃,水泥温度为-6.2℃;当水温加热至40℃时,经计算出罐温度为10.2℃,经过运输后,入模温度为5.1℃,满足规范要求。

5.2.4.3 锅炉选用

冬季施工耗热量主要由上塔柱保温大棚和混凝土生产区的基本耗热量、风力等自然因素产生的附加耗热量、输热管道热量损失以及加热搅拌用水需热量四大部分构成。

(1)基本耗热量:

$$Q_1 = F(T_a - T_b)/(\delta/\lambda + 1/\alpha_s)$$

式中:Q_1——单位时间内耗热[W/(m·℃)];

δ——保温材料厚度(m),取0.01m;

λ——热传导系数[W/(m·℃)],$\lambda = 0.041$W/(m·℃);

α_s——放热系数[W/(m²·℃)];

$$\alpha_s = 1.163(10 + \sqrt{W}) = 1.163(10 + \sqrt{4.8}) = 26.93\text{W/(m·℃)}$$

F——放热表面积(m²);

T_a——棚内温度(℃);

T_b——室外温度(℃)。

$$1/(\delta/\lambda + 1/\alpha_s) = 3.56\text{W/(m}^2\text{·℃)}$$

①混凝土生产区需用热量:

$T_a = 10℃$;$T_b = -6.2℃$(取哈尔滨地区11月室外平均温度);$F = 1\ 560\text{m}^2$(搅拌站表面积);$Q_{混凝土} = 90.0$k Cal/h

②上塔柱处需用热量:

$t_a = 25℃$;$t_b = -15℃$(因位于130~160m高空,温度低于地表气温,平均气温为-15℃);$F = 500\text{m}^2$(上塔柱大棚表面积);

$$Q_{上塔柱} = 71.2\text{k Cal/h}$$

$$Q_1 = Q_{混凝土} + Q_{上塔柱} = 161.2\text{k Cal/h}$$

(2)附加耗热量计算:

风影响的附加耗热量取 $Q_1 \times 5\%$;

高度影响的附加耗热量取 $Q_1 \times 2\%$;

因窗门开启而增加耗热量取 $Q_1 \times 10\%$;

冷材料及人的进入增加耗热量取 $Q_1 \times 10\%$;

管道输送热损失增加耗热量取 $Q_1 \times 10\%$;

注:1Cal = 4.186 8J。

不可预见耗热量损失取 $Q_1 \times 3\%$；

附加耗热量 Q_2 等于以上各项之和，即：$Q_2 = 0.4Q_1 = 64.48\text{k Cal/h}$。

(3)输热管道热量损失计算：

$$q = \pi D_2 Q$$

式中：D_0——输热管道外径，$D_0 = 0.026\text{m}$；

D_1, D_2——两层保温层外径，采用双层防寒毡保暖，$D_1 = 0.046\text{m}, D_2 = 0.066\text{m}$；

$$Q = (t_a - t_b)/[D_2/2\lambda_1 \ln(D_1/D_0) + D_2/2\lambda_2 \ln(D_2/D_1) + 1/\alpha_s]$$

其余符号意义同前。

$$t_a = 150℃; t_b = -20℃; \lambda_1 = \lambda_2 = 0.041\text{W/m}\cdot℃; Q = 216.3\text{Cal/m}^2$$

$$q = \pi D_2 Q = 0.045\text{k Cal/m}$$

输热管道总长按 500m 考虑，则 $Q_3 = 500q = 22.5\text{k Cal/h}$。

(4)蒸汽量计算：

加热水需要热量，每小时混凝土生产量按 40m^3 考虑，每小时用水量为 $0.168 \times 40 = 6.72\text{t}$，原水温按 5℃考虑，则将水用蒸汽加热到 40℃每小时需用蒸汽量 W 为：

$$W_1 = 6.72/(40 - 5) = 0.193\text{t/h}$$

(5)加热锅炉的选用：

材料保暖及混凝土养生需用蒸汽量：

$$Q = Q_{上塔柱} + Q_{搅拌站} + Q_{附加} + Q_{管道} = 248.18\text{k Cal/h}$$

需用蒸汽量 W_2 为：$W_2 = Q/640 = 0.388\text{t/h}$

加热水需要热量 W_1 为：$W_1 = 0.193\text{t/h}$

需用总蒸汽量 W 为：$W = W_1 + W_2 = 0.581\text{t/h}$

锅炉选用：选用 1 台 2t 高压锅炉，如果蒸汽利用率按 50% 计算，每小时可生产蒸汽 1t，可满足施工需求；同时备用 1 台 2t 高压锅炉。

5.2.5 混凝土配合比

通过反复试验，对混凝土配合比进行调整，使其满足下述条件：

(1)当混凝土强度达到设计强度的 40% 以上时，开始梯度降温，梯度降温为每天降温 5℃，并当降至与室外温差不大于 25℃时，开始液压爬模爬升，施工下一节段。

(2)在混凝土中掺加防冻剂。

5.2.6 混凝土浇筑

混凝土浇筑前，对上塔柱大棚棚内进行预热，采用蒸汽排管及热风幕同时供热，使棚内最低不低于 5℃；同时采用蒸汽排管尾气为暖棚内水箱加热，加热后的水循环通入预先埋在已浇筑混凝土顶端的预热管内，使已浇筑混凝土顶端温度达到 5℃以上，达到上述条件以后，开始浇筑混凝土。

混凝土在搅拌站集中搅拌，采用混凝土输送泵将混凝土泵送入模，混凝土采用插入式振捣棒进行振捣，分层进行混凝土浇筑。

5.2.7 混凝土养生

混凝土浇筑完成后，通过蒸汽控制大棚内温度，进行混凝土养生。施工单位对冬季施工混凝土进行监测，在混凝土浇筑前，将温度传感件预埋于混凝土的各个部位，在混凝土浇筑完成至养生结束这一时间段内，适时对混凝土温度进行监测，及时调整混凝土养生温度，以保证混凝土质量。

5.2.8 下一节段钢筋绑扎

当混凝土强度达到设计的 40% 以上，内外温差小于 25℃时，打开上塔柱大棚顶盖，进行下一节段的劲性骨架安装、钢筋绑扎及索导管安装等工作。

5.2.9 上塔柱大棚(爬模)爬升

混凝土梯度降温结束后，上层钢筋绑扎、索导管安装、预埋件安装完成时，开始进行液压爬模的爬升,启动液压油缸爬升爬架,带动上塔柱大棚向上爬升。

爬升到位后,支立内、外模,搭设上塔柱大棚的内模底盖、大棚顶盖,对上塔柱大棚进行封闭、加温,进行下一节段的循环施工。

5.2.10 劳动力组织(表1)

劳动力配备表 表1

序号	单项工程	所需人数	备注
1	管理人员	4	
2	技术人员	4	
3	木工	15	
4	架工	15	
5	钢筋工	20	
6	混凝土工	20	
7	锅炉工	4	
8	电工	3	
9	操作手	10	
10	力工	20	
	合计	115人	

6 材料与设备

主要材料与设备见表2。

上塔柱冬季施工主要材料与设备 表2

序号	材料/设备名称	材料/设备型号	单位	数量	备注
1	耐火砖		块	16 000	
2	水箱钢板	厚10mm	t	4	
3	型钢	7.5角钢	t	7	
4	蒸汽管道		m	4 000	
5	阻燃橡胶板		m^2	1 000	
6	镀锌铁皮		m^2	500	
7	木方	10×10	m^3	20	
8	高压锅炉	2t	个	2	
9	装载机	ZL50	台	2	
10	搅拌站		套	2	
11	混凝土运输车	80	台	4	
12	混凝土输送泵		台	2	
13	热风幕	2 000W	台	2	
14	水泵		台	2	
15	塔吊	QTZ160F	台	1	
16	电梯	SCD20—20	台	1	

7 质量控制

7.1 引用标准

(1)《公路桥涵施工技术规范》(JTJ 041—2000);

(2)《城市桥梁工程施工与质量验收规范》(CJJ 2—2008);

(3)《公路工程水泥及水泥混凝土试验规程》(JTG E30—2005);

(4)《公路工程集料试验规程》(JTG E42—2005);

(5)《公路工程质量检验评定标准》(JTG F80/1—2004)。

7.2 关键质量控制措施

7.2.1 冬季施工关键是做好各项保温措施和控制好混凝土出罐温度和入模温度,重点控制保暖大棚的搭设,输送管道的铺设和保温,减少热量的散失,保证大棚内的温度。

7.2.2 注意控制各种混凝土原材料的温度,骨料在浇筑前进行保温预热,满足浇筑时骨料中不带有冰雪和冻结团块。施工中每小时测定一次各种材料的温度,随时进行温度控制,保证混凝土的出罐温度。

7.2.3 冬季施工拌和混凝土时,搅拌时间必须比常温时延长50%。严格控制投料的顺序:骨料→水→搅拌→水泥→搅拌,由于采用热水进行拌和,所以严禁先投入水泥,防止水泥出现假凝现象,影响混凝土强度。

7.2.4 在混凝土强度达到设计强度的40%以前,不得受冻。

7.2.5 确保暖棚温度不得低于5℃,确保混凝土出罐温度大于10℃,确保混凝土入模温度大于5℃。

7.2.6 全天候适时监测混凝土的内外温度,为养生提供依据。

8 安全措施

上塔柱冬季施工,除常规的安全措施以外,主要是安全防火工作,具体采用以下措施:

8.1 上塔柱大棚内设灭火器、防水桶,并配备高压水枪和多级泵,有报警装置,设逃生通道。

8.2 锅炉工必须持证上岗。

8.3 电工、机修工定期检测防水机具、设备,并定期进行防火演练。

8.4 施工现场和大棚内设专职安全员和专职安全防火人员,并配备专用的设施及用具。

8.5 棚内严禁明火作业,照明用灯采用低功率的LED灯。

9 环保措施

9.1 工程施工过程中严格遵守国家和地方政府下发的有关环境保护的法律、法规和规章,加强对施工燃油、工程材料、设备、废水、生产生活垃圾的控制和治理;遵守有关防火及废弃物处理的规章制度。

9.2 定期清运煤渣,并防止工程材料运输过程中的沿途散落,废水按环境卫生指标进行处理。弃渣及其他工程废弃物按工程建设方指定的地点和方案进行合理堆放和处治。

10 资源节约

在哈尔滨市松浦大桥上塔柱冬季施工保温棚的搭设中,充分利用液压爬模主骨架,采用阻燃橡胶板这种新材料进行隔热保温,使节能降耗落到实处,松浦大桥主塔在2009年11月末实现封顶,提前了工期。达到使企业增效,社会、国家受益的目的。

11 效益分析

11.1 经济效益

哈尔滨市松浦大桥上塔柱采用了冬季施工措施,使按常温施工 2010 年 5 月末才能封顶的主塔塔身,于 2009 年 11 月末封顶,避免了主塔塔身跨年度施工,降低了工程成本,仅液压爬模、塔吊、电梯、钢材等设备和周转材料就直接节省 188 万元,间接费节约千万以上,经济效益显著(表 3)。

采用上塔柱冬季施工工法后设备、周材节省的直接费　　表 3

序　号	材料/设备名称	提前周转时间(月)	月 租 费 用	金额(万元)	备　注
1	160 塔吊	6	60 000 元/月	36	
2	160m 电梯	6	20 000 元/月	12	
3	液压爬模	6	200 000 元/月	120	
4	钢材	6	240 元/月/t	20	140t
	合计			188	

11.2 社会效益

近几年来,哈尔滨市社会经济的发展使城市格局发生了明显的变化,松花江从主城区边缘变成了从城市中间穿城而过,然而,连接南北城区的唯一公路通道松花江公路大桥已经不堪重负,“北跃、南拓、中兴、强县”需要打开过江通道,一江居中、两岸繁荣,需要解决通畅交通的瓶颈。

采用高寒地区上塔柱(130 ~ 160m)高空冬季施工工法后,松浦大桥主桥主塔于 2009 年 11 月末封顶,压缩了工期,为早日竣工通车奠定了基础,为哈尔滨市的经济发展提供了保障,也为高寒地区冬季高塔柱施工探索出一条可行之路,社会效益显著,该工法具有广阔的应用前景。

12 应用实例

哈尔滨市松浦大桥,主塔为钻石型桥塔,高 160.221m,分下塔柱、中塔柱和上塔柱三个部分,共分 32 个施工节段,其中中塔柱斜塔每施工节段高 5m,上塔柱直塔每施工节段高 6m。施工中采用了液压爬模技术,爬模体系一次组装后可一直到顶不下地,仅需操作人员操纵液压机械即可实现循环提升模具。

2009 年 4 月开始进行主塔 1 号块施工,至 2009 年 10 月 16 日已完成主塔 27 号块,哈尔滨地区的气候特点是冬季漫长,长达 5 个月,从每年的 10 月中旬开始进入冬期,气温达到 -3℃。为了加快松浦大桥建设速度,龙建路桥股份有限公司对主塔上塔柱进行冬季施工,使主塔于 2009 年 11 月 30 日封顶,此时气温达到 -25℃。主塔第 28、29、30、31、32 节段严格按冬季施工方案进行施工,养生温度、混凝土强度、混凝土外观质量等各项指标均控制在规范允许的范围内,取得了良好的效果,在 2010 年 5 月进行混凝土强度、混凝土外观监测,均满足质量要求。

水中大跨度三角刚构斜腿无支架施工工法

GGG(中企)C2069—2010

徐升桥　张　华　任为东　彭岚平

(中铁工程设计咨询集团有限公司)

1　前言

连续刚构钢桁架拱桥具有外形美观、结构刚度大等优点,近年来在铁路、公路及城市桥梁中得到了广泛的应用,其中,三角刚构斜腿的施工是整个桥梁建设的重点难点之一。目前,国内外在进行三角刚构斜腿施工中大体采用两种方法:支架法和T型吊架法,二者均适用于尺寸较小的斜腿施工,且均需要在三角刚构的斜腿下方搭建支架,而搭设支架往往受桥址处地质状况、水位深度、通航净空的影响较大。三角刚构斜腿采用无支架施工,不受斜腿下河床地质状况及水位深度和净空的影响,斜腿采用水平分层、对拉临时预应力索、利用劲性骨架进行模板安装的方法进行施工,且不受河床地质状况及水位深度以及净空的影响,该施工方法技术先进、安全、经济、合理,我单位通过在广州市新光快速路上跨越珠江的新光大桥施工中积极展开科学研究,加大施工工艺的开发和创新,并在该工程的实践中总结形成本工法。新光大桥全长为1 083.2m,桥跨结构为(3×50)m+(177+428+177)m+(3×50)m三联连续布置。主桥为177m+428m+177m三跨连续刚构钢桁拱桥。主墩采用三角刚构,三角刚构跨度101.5m,高38.3m,单个三角刚构混凝土方量5 767m^3,全桥共4个。三角刚构主跨斜腿长56m,边跨斜腿长53m,斜腿根部径向高12m,主跨桥面处径向高10.5m,边跨桥面处径向高9m,斜腿宽5.6m,两斜腿夹角92°。通过采用本工法进行三角刚构斜腿施工的广州新光大桥,2007年获得了中国铁路工程总公司科学进步特等奖。

2　工法特点

2.1　本工法避免了在三角刚构的斜腿下方搭建支架,因此不受三角刚构下面河床地质状况及水位深度以及净空的影响。

2.2　将斜腿混凝土进行水平分层,充分利用已浇筑的斜腿混凝土的上表面空间进行下一阶段斜腿混凝土的施工,并承担下一层斜腿混凝土浇筑时的大部分湿重,大大减少了临时结构的工程量。

2.3　利用劲性骨架安装斜腿模板,并承担已浇筑混凝土面以外的较小混凝土的湿重。

2.4　三角刚构斜腿内的劲性骨架结构简单,并且可以替代斜腿混凝土中的部分钢筋,避免了水中支架和基础的施工,节约了材料,也缩短了施工周期。

3　适用范围

本工法适用于公路桥梁桥址处地质不良,跨越江河且不宜搭设支架的结构跨度较大的三角刚构斜腿的施工,也可推广应用于市政、铁路工程中类似工程的施工。

4　工艺原理

4.1　通过在两斜腿之间对拉水平临时预应力索,抵消由于自重在斜腿根部产生的巨大弯矩,使斜腿在施工过程中处于轴压的状态,避免在施工过程中斜腿混凝土的开裂。

4.2 斜腿施工过程中,通过张拉斜腿上部水平临时预应力索,逐步降低或取消斜腿下部的水平临时预应力索,最终使对拉拉杆位置尽量靠近三角刚构系梁位置,以降低三角刚构系梁合龙后拆除水平临时预应力索时产生的附加应力。

4.3 将斜腿混凝土进行水平分层浇筑,可以充分利用已浇筑混凝土结构,使新浇筑的斜腿混凝土的绝大部分湿重作用在已浇筑的斜腿混凝土顶面上。

4.4 劲性骨架可以用于支撑安装斜腿模板、支撑斜腿悬出部分混凝土的湿重,替代斜腿内的部分钢筋,节约了材料和工期。

5 施工工艺流程及操作要点

5.1 施工工艺流程(图1)

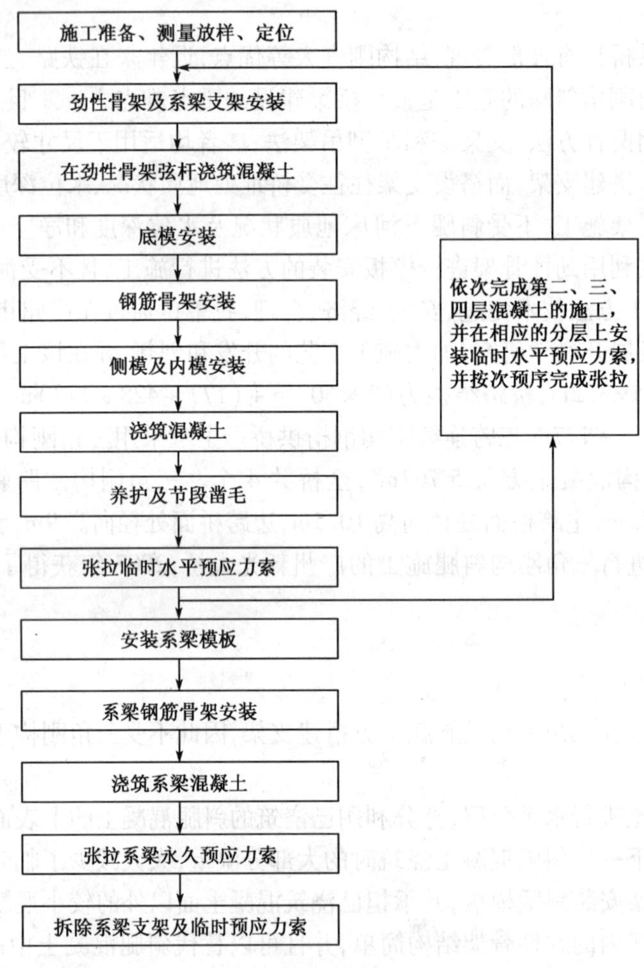

图1 施工工艺流程图

5.2 操作要点

5.2.1 劲性骨架安装施工

5.2.1.1 劲性骨架结构

劲性骨架上下弦杆为 ϕ529mm×8mm 钢管,分别位于底板和顶板的中部,横向距离为3.80m,即腹板的中心距离,其桁架高度10.58~8.60m。斜杆为2[28a,两根槽钢的净距为280mm;竖杆采用2[25a和2[28a槽钢连接上下弦杆,槽钢的净距分别为250mm和280mm;纵向水平杆为2[25a组成格构式,工字钢的间距为250mm;斜腿内桁片之间用2[20a和2[14a作横向连接。劲性骨架布置见图2。

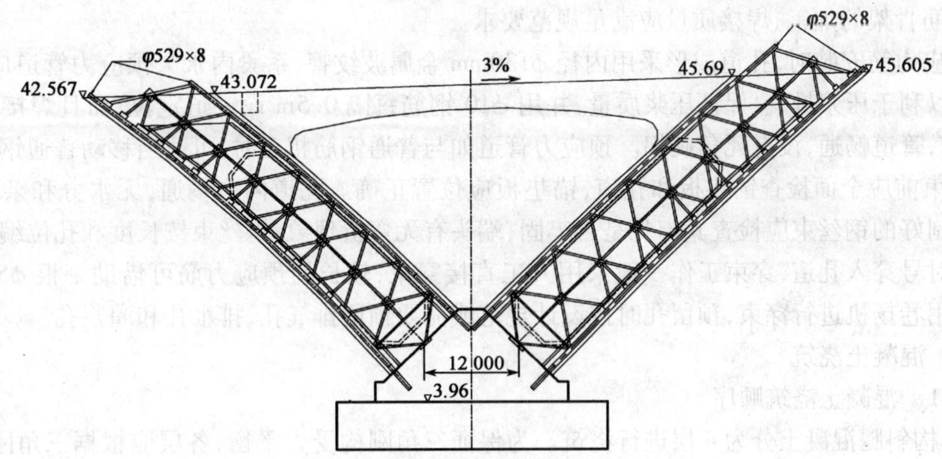

图2 劲性骨架布置图(尺寸单位:mm;高程单位:m)

5.2.1.2 劲性骨架的安装

(1)劲性骨架采用塔吊逐节散件安装,每根杆件的重力控制在塔吊的起重能力范围内,杆件接头处焊接定位角钢,并且接头处及工人常走动处应搭设人行通道,在人行通道两侧设安全网。

(2)劲性骨架的上下弦钢管安装,应精确地控制其轴线、高程。

(3)上下弦钢管混凝土充填宜采用与三角刚构斜腿相同强度等级的混凝土。

(4)为保证劲性骨架的结构稳定性,安装劲性骨架的同时,安装系梁支架。

5.2.2 模板安装施工

(1)模板安装前复测三角刚构的平面位置及高程满足设计要求。

(2)模板采用工厂加工成型的大块模板,模板加工质量必须符合设计和规范要求。

(3)模板从工厂运至工地现场经检查合格,方可使用。模板表面平整,尺寸形状准确,具有足够的强度和刚度。

(4)先安装底模,然后安装斜腿钢筋、预应力管道及预埋件等,完成后经监理工程师验收合格后,用塔吊安装侧模及内模。

(5)校正模板。

(6)安装后不便涂刷脱模剂的内侧模板,应在安装前涂脱模剂,底模安装好后涂脱模剂,再安装钢筋和预应力管道。

(7)相互连接的模板,模板面要对齐,连接螺栓不要一次拧紧到位,整体检查模板线形,发现偏差及时校正模板,然后再锁紧连接螺栓及扣件,固定好支撑杆件。校正后模板应满足规范要求。

(8)模板连接缝间距大于2mm应用灰膏类填缝或贴胶带密封。

(9)模板安装完成后,对三角刚构位置再复测一次,确保其平面位置、高程符合设计要求。

5.2.3 普通钢筋及预应力筋制作安装

(1)钢筋首先在钢筋班车间按设计图纸要求的规格、尺寸下料、弯制,然后运至现场,在支架上进行安装、绑扎。

(2)在拱座上进行精确放样三角刚构的起拱点位置,报监理工程师批准后,在底模上放样标记出各种钢筋的安装位置,即可进行钢筋安装。

(3)在拼接钢筋骨架时,应用样板严格控制骨架位置。

(4)骨架的施焊顺序宜由骨架的中间到两边,对称地向两端进行,并应先焊下部后焊上部,每条焊缝应一次完成,相邻的焊缝应分区对称的跳焊,不可顺方向连续施焊。

(5)为保证混凝土保护层的厚度,应在钢筋骨架与模板之间错开放置适当数量的水泥垫块、混凝土垫块或钢筋头垫块,骨架侧面的垫块应绑扎牢固。

(6)钢筋骨架的加工、焊接质量应满足规范要求。

(7)预应力筋安装时,孔道成形采用内径 ϕ130mm 金属波纹管,系梁内永久预应力管道应设置适量的三通管,以利于压浆排气,保证压浆质量,并用 ϕ10 钢筋每隔 0.5m 设一道定位,而且焊接牢固,保证其位置准确,管道畅通,没有死角硬拐。预应力管道如与普通钢筋相碰时,可适当移动普通钢筋。

(8)穿束前应全面检查锚垫板和孔道,锚垫板应位置正确。孔道内应畅通,无水分和杂物,孔道应完整无缺,制好的钢丝束应检查其绑扎是否牢固,端头有无弯折现象;钢丝束按长度和孔位编号,穿束时核对长度,对号穿入孔道,穿束工作一般采用人工直接穿束,较长的预应力筋可借助一根 ϕ5 的长钢丝作为引线,用卷扬机进行穿束,预留孔时按设计规范或需要预留排气孔、排水孔和灌浆孔。

5.2.4 混凝土浇筑

5.2.4.1 混凝土浇筑顺序

三角刚构斜腿混凝土分为4层进行浇筑。为保证三角刚构受力平衡,各层应根据三角刚构两斜腿的重力进行划分,主边拱侧斜腿混凝土应同时施工。三角刚构斜腿分层见图3。

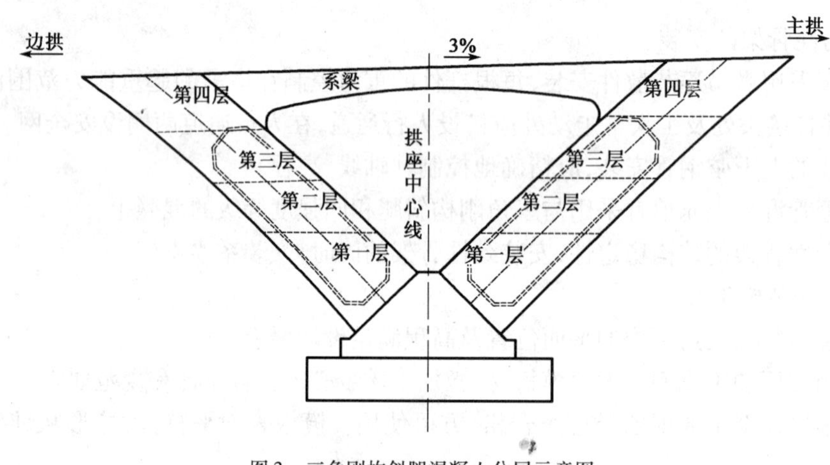

图3 三角刚构斜腿混凝土分层示意图

5.2.4.2 混凝土施工注意事项

(1)当浇筑斜腿混凝土时,会在前一段已浇筑的混凝土上表面产生纵向水平拉应力,为了降低此处的应力水平,可将各层混凝土进行分次浇筑。

(2)混凝土浇筑前,模板内的杂物、积水及钢筋上的污垢要清理干净,模板内面刷脱模剂,模板接缝要堵塞严密。

(3)混凝土运输过程中,采取措施使混凝土保持均匀性和规定的坍落度,不出现漏浆、失水、离析等现象。

(4)采用输送泵将混凝土泵送至待浇筑段,漏斗、串筒配合向模板内浇筑混凝土,减小混凝土布料的自由落差。

(5)混凝土浇筑采用主拱侧与边拱侧同时浇筑,以保证三角刚构受力平衡。

(6)混凝土采用插入式振捣,振捣时移动间距不超过振动器作用半径的1.5倍;与侧模应保持5~10cm的距离;插入下层混凝土5~10cm;每一处振动完毕后应边振动边缓缓提出振动棒;应避免振动棒碰撞模板、钢筋及其他预埋件;对每一振动部位,必须振动到该部位混凝土密实为止,密实的标志是混凝土停止下沉、不再冒出气泡、表面出现平坦、泛浆。

(7)振动棒不得触击波纹管,以防止波纹管破损、接头脱节,造成孔道堵塞、位移、弯曲或出现局部凹陷等事故。

(8)混凝土浇筑过程中,设专人跟踪检查模板支撑加固、钢筋骨架及预埋件等的加固情况,当发现有松动、变形、位移时要及时处理。并对支架的沉降进行观测,以核对设置的预拱度是否合理。

(9)混凝土浇筑时,随时检查定位箍筋和压块垂直情况。

(10)混凝土浇筑速度控制在60m/h以内,以利于降低混凝土的水化热和降低混凝土对模板的侧压力。

(11)混凝土浇筑完成后,对混凝土的裸露面及时进行修整、抹平,等定浆后再抹第二遍,对于梁顶面,在初凝前进行拉毛处理,初凝后及时进行养护(设专人进行混凝土养护工作)。

(12)混凝土浇筑过程中,要如实详尽地填写混凝土施工记录。

5.2.5 临时预应力索布置及张拉

5.2.5.1 临时水平预应力索布置

三角刚构临时水平预应力索分4层布置,采用低松弛高强钢绞线31-7ϕ5,其标准强度为1 860MPa。第1层临时预应力索为4束,每束张拉3.75MN,共15MN,布置在第1层混凝土中;第2层临时预应力索为6束,每束张拉3.34MN,共20MN,布置在第2层混凝土中;第3层临时预应力索为6束,每束张拉3.67MN,共22MN,布置在第3层混凝土中;第4层临时预应力索为6束,每束张拉3.34MN,共20MN,布置在第4层混凝土中。各层水平预应力索均布置在劲性骨架弦杆的外侧,横向间距为4.5m。三角刚构临时水平预应力索布置见图4。

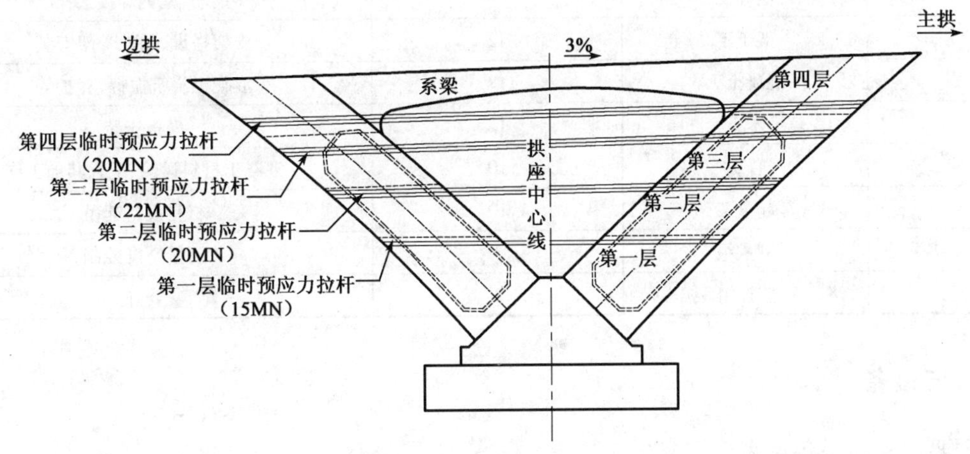

图4 三角刚构临时水平预应力索布置图

5.2.5.2 临时预应力索张拉顺序

(1)浇筑完第1层斜腿混凝土后,张拉第1层水平预应力索,张拉力为15MN。

(2)浇筑完第2层斜腿混凝土后,张拉第2层水平预应力索,张拉力为20MN;释放第1层部分水平预应力索,第1层水平预应力索剩余张拉力为7.5MN。

(3)浇筑完第3层斜腿混凝土后,张拉第3层水平预应力索,张拉力为22MN;释放第1层水平预应力索。

(4)浇筑完第4层斜腿混凝土后,即浇筑三角刚构系梁前,张拉第4层水平预应力索,张拉力为20MN;释放第2层水平预应力索。

(5)三角刚构系梁预应力张拉完成后,拆除第3、4层临时水平预应力索。

5.2.5.3 临时预应力索张拉注意事项

(1)水平预应力索张拉时采用双控措施,以油压表的读数为主,伸长值为辅。张拉时实际伸长值与理论伸长值相差应控制在±6%以内;否则应暂停张拉,查明原因并采取措施加以调整后,再继续张拉。

(2)检查张拉操作平台的承载安全性,张拉前检查设备及油表是否损坏,油表标定不超过1个月,认真检查油表与千斤顶的对应关系。在张拉时千斤顶前方不得站人,操作人员仅能位于两侧操作,防止产生意外事故。

(3)每次预应力张拉以后,应详细记录以下数据:每个压力表、油泵及千斤顶的鉴定号;测量预应力索伸长量时的初始拉力;张拉完成时的最后张拉力及测得的伸长值;千斤顶放松以后的回缩量;张拉中间阶段测量的伸长值及相应的张拉力。

(4)每层预应力索张拉前后,应对斜腿根部上下缘的应力进行监测,并与理论计算值进行对比,保证施工过程中斜腿受力与设计保持一致。

5.3 劳动力组织(表1)

劳动力组织情况表

表1

序号	工种	人数	备注
1	负责人	1	负责全面工作
2	技术员	4	负责技术管理工作
3	施工员	2	负责现场施工管理和过程控制
4	安全员	2	负责安全控制
5	电工	2	通电设备管理
6	试验员	2	负责试验工作
7	钢筋工	20	钢筋绑扎
8	电焊工	12	钢筋、型钢焊接工作
9	架子工	12	支架搭设、劲性骨架安装
10	混凝土工	12	混凝土浇筑振捣、养护等
11	木工	12	模板安装
12	普工	10	混凝土材料运输、配合其他工作
13	起重工	10	材料设备起吊
14	测量组	3	测量精度控制
15	监控组	3	委外

6 材料与设备

采用的主要材料与设备见表2。

三角刚构主要施工机械设备表

表2

设备名称	型号	规格	数量
装载机	ZL50	$3m^3$	2
筒式柴油锤桩机	D46—D50		2
空压机	$9\sim12m^3/h$		6
塔吊		160t·m	2
汽车式起重机	QY32C	25t	2
汽车式起重机	长江	40	1
汽车式起重机		50t	2
交通船			2
变压器	630kVA		6
柴油机发电组	250kW		4
混凝土输送泵	HBT—60	60m/h	6
钢筋调直机	GT4—14	8kW	4
钢筋切断机	JQ—40—2	6kW	4
钢筋弯曲机	GW6—40B	3kW	4
钢筋挤压机	XJH—32		6
直流焊机	AX3—300—1		8
交流焊机	BX3—300—1		12

7 质量控制

7.1 一般要求

7.1.1 加强测量的精度控制与复核,确保三角刚构的平面位置,高程符合设计要求。

7.1.2 严格执行合同文件有关规定和施工规范要求。

7.1.3 严格执行材料,设备进场的复核验收工作程序,确保进场材料,设备合格。

7.1.4 严格每一道工序开工前和结束后的检查验收制度,坚持执行班组自检,质检部门检查合格,报请监理工程师检验的工作程序,重要工序请监理旁站监督检查。

7.1.5 严格控制模板的加工,保证满足精度和刚度要求。

7.2 施工工序过程控制

7.2.1 钢筋的加工安装必须符合设计及规范要求,并注意钢筋等预埋件的安装符合设计要求,特别是锚垫板应与端头模板紧密贴和牢固,不得产生平移或转动。

7.2.2 模板的加工安装必须满足设计及规范要求,并严格控制其平面位置及高程;模板安装好后经再次复核确认符合要求后才能浇筑混凝土,混凝土浇筑过程中跟踪检查模板加固情况。模板及支撑不得松动、跑模或下沉等现象。模板不平整度小于2mm。

7.2.3 控制预应力孔道用的波纹管的加工质量,保证其强度、刚度、密封性满足要求。

7.2.4 采用ϕ10mm 钢筋固定波纹管位置,保证预应力孔道的准确性。端模板应与侧模板紧密贴和,并与孔道轴线垂直。

7.2.5 垫板处的加固钢筋网尺寸和位置,制孔器的外径和位置应符合设计要求。

7.2.6 严格按设计混凝土配合比进行混凝土拌制,包括原材料检验、配合比检查。

7.2.7 制定详尽可靠的混凝土浇筑方案,包括混凝土的运输方案、混凝土泵送方案、混凝土浇筑方案、混凝土养护方案,确保混凝土的施工质量满足设计及规范要求。

7.2.8 预应力筋张拉实行“双控”措施,采用应力控制张拉,以伸长值进行校核,实际伸长值与理论伸长值的差值控制在6%以内;否则应停止张拉,待查明原因并采取措施予以调整后,方可继续张拉。

8 安全措施

8.1 起重作业安全措施

8.1.1 吊装作业指派专人统一指挥,参加吊装的起重工要掌握作业的安全要求,其他人员要有明确分工。

8.1.2 吊装作业前必须严格检查起重设备各部件的可靠性,并进行试吊。

8.1.3 各种起重机具不得超负荷使用。

8.1.4 钢丝绳要有足够的强度和刚度。

8.1.5 在吊装过程中,除现场指挥人员外,任何人都不得指挥操作。

8.1.6 吊装作业区严禁非操作工作人员进入,所有人员均不得在起吊和运行的吊物下面站立。

8.1.7 对各种吊装设备定期进行检查和维修。

8.1.8 主要起重机械配备经过专门训练的专业人员操作,指挥员、操作员、挂钩工人要统一信号。

8.2 支架、脚手架施工中的安全措施

8.2.1 脚手板要铺满、绑牢、无探头板,并要牢固地固定在脚手架的支架上,脚手架的任何部分均不得与模板相连。

8.2.2 确保搭设的脚手架及作业平台稳固可靠,并在平台外侧应设置可靠栏杆并加设安全网。

8.2.3 拆除脚手架时,周围设置护栏或警戒标志,并从上而下进行拆除,不得上下双层作业。拆除的脚手杆、板应用人工传递或吊机吊送,并严格检查,必须吊稳后方可吊送,严禁随意抛掷。

8.2.4 高空作业安全措施

(1)高空作业必须设有可靠的安全防护措施,上下作业面必须设可靠的人行通道,所有悬空作业面下必须挂安全网,侧面必须有安全护栏。

(2)定期或随时对从事高空作业的人员进行体检,发现有不宜登高的病症(高血压、心脏病、癫痫病)以及其他不适宜高空作业的人员,不得从事高空作业。

(3)高空作业人员不得穿拖鞋或硬底鞋。所需的材料事先准备齐全,工具应放在工具袋内,作业时必须拴好安全带。

(4)高空作业的梯子不得缺档或垫高,同一梯子不得两人同时上下,在通道处或平台使用梯子应设置围栏。

(5)高空作业与地面联系,设专人负责,或配有通信设备。

8.2.5 张拉施工安全措施

(1)在张拉现场应有明显标志,与该工作无关的人员严禁入内。

(2)张拉或退楔时,千斤顶后面不得站人,以防应力筋拉断或锚具、楔块弹出伤人。

(3)油泵运转有不正常情况时,应立即停车检查,在有压情况下,不得随意拧动油泵或千斤顶各部位的螺丝。

(4)作业应由专人负责指挥,操作时严禁摸、踩及碰撞力筋,在测量伸长及拧螺母时,应停止开动千斤顶或卷扬机。

(5)在张拉时,螺丝端杆、套筒螺丝及螺母必须有足够长度,夹具应有足够的夹紧能力,防止锚具或夹具不牢而滑出。

(6)千斤顶支架必须与梁端垫板接触良好,位置正直对称,严禁多加垫块以防支架不稳或受力不均倾倒伤人。

(7)在高压油管的接头应加防护套,以防喷油伤人。

(8)已张拉完而尚未压浆时,严禁剧烈振动,以防预应力筋断裂而酿成重大事故。

(9)孔道压浆时,工人应戴防护眼镜,以免水泥浆喷伤眼睛。

8.3 水中防撞安全措施

由于三角刚构处于航道中,如果不采取防撞警示措施,有可能会受来往船舶的碰撞,对三角刚构及临时施工措施的安全产生威胁,为此,在三角刚构4个角点外50m处设置防撞警示结构(钢管桁架),每个桁架由3根 ϕ600mm×8mm 的钢管组成空间体系,如图5所示。桁架上设置警示装置,并在水中设置浮标等航道引导设施。

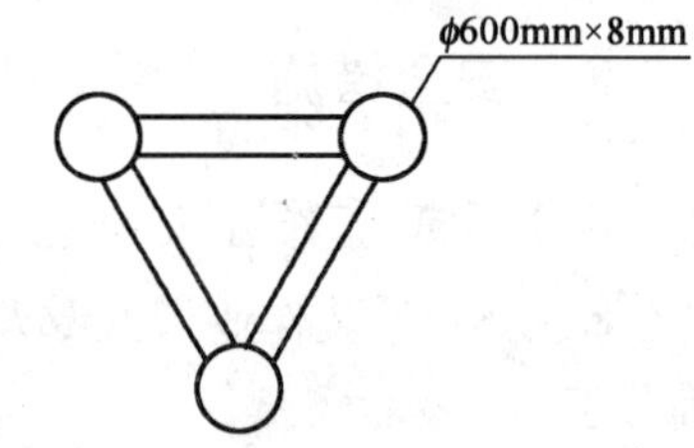

图5 三角刚构临时防撞警示桁架示意图

9 环保措施

9.1 水环境保护措施

9.1.1 本工法无水中支架及其基础施工,降低了对桥位处水环境的影响。

9.1.2 施工废水、生活污水按有关要求处理,不得直接排入河流。

9.1.3 清洗集料的水,采取过滤、沉淀处理符合环保规定后方可排放。

9.1.4 施工的废油,采取隔油池等有效措施加以处理,不得超标排放。

9.1.5 对工人进行环保教育,不得随地乱扔果皮纸屑。

9.1.6 对于施工中废弃的零碎配件、边角料、水泥袋、包装箱等及时收集清理并搞好现场卫生,以保护自然与景观不受破坏。

9.2 大气环境及粉尘的防治措施

9.2.1 施工现场和运输道路经常洒水,减少灰尘对人的危害和环境的污染。

9.2.2 对油料物品设立专门库房,采取严密可靠的存放措施。

9.3 降低噪声措施

9.3.1 对使用的工程机械和运输车辆安装消声器,降低噪声。

9.3.2 在比较固定的机械设备附近设置临时隔音屏障,减少噪声传播。

9.3.3 适当控制噪声叠加,尽量避免噪声机械集中作业。

10 资源节约

10.1 本工法为无支架施工方法,避免了水中临时支架、承台及基础施工,节约了材料和工期。

10.2 本工法采用劲性骨架进行施工,替代了斜腿混凝土中的部分钢筋,降低了三角刚构斜腿中钢筋的含量。

11 效益分析

11.1 经济效益

本工法技术先进,施工控制得力,施工组织合理,节省了材料和设备人员的投入,缩短了工期,单项工程直接节约工程成本约300万元,经济效益显著。

11.2 环保节能效益

该工法以水平预应力索作为支撑体系,采用劲性骨架方法进行施工,避免了水中支架、承台及桩基础的施工,大大地降低了施工对河道的影响,并且劲性骨架替代了部分钢筋,节约了材料和工期,对环保节能起到了积极的作用。

11.3 社会效益

新光大桥结构形式新颖,其三角刚构体积大、结构复杂、施工难度大,是全桥的施工重点和难点之一。在施工过程中,严密施工技术方案,优化施工过程控制,积极采用了新技术、新工艺、新设备,保证了工程质量、进度和成本的和谐统一,新光大桥三角刚构的成果修建,赢得了监管部门和广大新闻媒体的广泛称赞,取得了良好的社会效益。

12 应用实例

12.1 工程概况

新光大桥为广州市新光快速路上跨越珠江的一座特大桥梁,主桥为177m + 428m + 177m 三跨连续刚构钢桁架拱桥,是世界上第一座三跨钢桁拱桥与钢筋混凝土三角刚构结合的钢—混组合体系桥或第一大跨度刚构拱桥。新光大桥5号墩和6号墩采用三角刚构结构,每个墩对应2个三角刚构,全桥共4个(图6)。三角刚构跨度约100m,高度约35m,每个三角刚构混凝土方量为5 700m^3。三角刚构两侧斜腿为主跨、边跨拱圈的延续,斜腿与水平面夹角约45°。主跨侧斜腿拱脚处截面径向高为12m,与桥面梁交界处截面径向高为10.5m;边跨侧斜腿拱脚处截面径向高为12m,与桥面梁交界处截面径向高为9.0m;斜腿宽5.6m。主、边拱两侧斜腿根部为实体截面,斜腿与系梁相交区也为实体截面,斜腿中间部分为箱形截面,翼缘板厚1.5m,腹板厚1.2m。斜腿为钢筋混凝土结构,斜腿之间通过系梁进行连接。

大桥于2003年9月开始施工图施工—设计总承包招标,同年11月底确定中标单位,12月底总承包单位施工方进场,2004年1月开始正式施工,2006年09月建成通车。其中三角刚构于2005年2月开始施工,2005年7月完工。

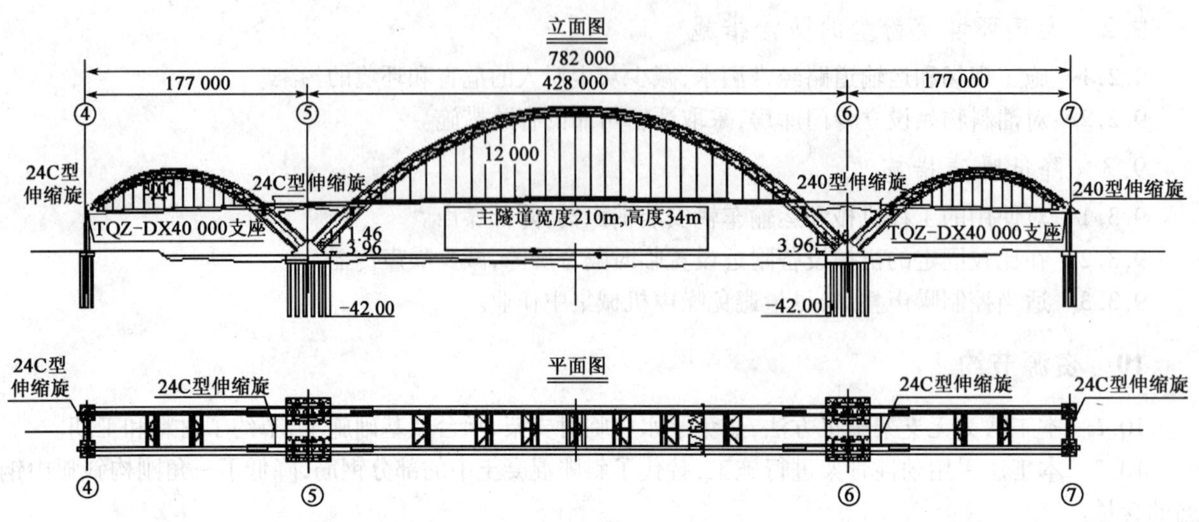

图6　广州新光大桥全桥布置图(尺寸单位:mm;高程单位:m)

12.2　施工情况

在施工过程中,通过在两斜腿之间对拉水平临时预应力索,抵消由于自重在斜腿根部产生的巨大弯矩,使斜腿在施工过程中处于轴压的状态,避免在施工过程中斜腿混凝土的开裂。将斜腿混凝土进行水平分层浇筑,可以充分利用已浇筑混凝土结构,使新浇筑的斜腿混凝土的绝大部分湿重作用在已浇筑的斜腿混凝土顶面上。劲性骨架可以用于支撑安装斜腿模板、支撑斜腿悬出部分混凝土的湿重,替代斜腿内的部分钢筋,避免了在三角刚构的斜腿下方搭建支架,节约了材料和工期,保证了施工安全和工程质量,取得了良好的经济社会效益。

可调高盆式橡胶支座安装及调高施工工法

GGG(中企)G2070—2010

熊守富　陈　钧　李小和　王翔玉
(中铁六局集团有限公司)

1　前言

支座是连接桥梁上部与下部结构的重要部件,可调高盆式橡胶支座是一种新型桥梁支座,由钢构件与橡胶组合而成,构造简单,结构紧凑,滑动摩擦系数小,转动灵活,并且具有可调节高度的特点,因此特别适用于有调整支座高度的桥梁工程,已在桥梁工程中已经开始应用。在桥梁施工中,由于基础下沉或者支座不正常安装出现支座承压不均、支座底灌浆不密实等导致梁体下沉,将会给桥梁上部结构带来危害,特别是一些大跨度、连续梁或者对桥面平整度要求高的桥梁。中铁六局承建的天津南仓斜拉桥边墩采用了8套TGPZ7大吨位抗震型调高盆式橡胶支座,经研究制订了合理的安装方法,操作简便;并顺利地对其中的一个TGPZ7支座进行了调高处理,形成了可行的调整工艺,经提炼形成本工法。

2　工法特点

2.1　施工经济。采用可调高盆式橡胶支座,通过调高解决基础下沉、支座安装缺陷等给桥梁结构带来的危害,施工投入少。

2.2　安装工艺简单。可调高桥梁盆式橡产支座具有构造简单、质量轻、性价比高的优点。

2.3　操作简便。施工过程全部采用小型机具,操作简单;所需机具、人力投入少,劳动强度低。

3　适用范围

本工法适用于桥梁因基础下沉或工后需要通过调整支座(梁体)高程调整内力状态的桥梁工程,或支座安装过程中有质量缺陷需要调整的桥梁工程。

4　工艺原理

调高盆式支座在工厂组装时已经调平,对齐上、下支座板,并预压50kN荷载后用连接板及连接螺栓将支座连接成整体,其支座螺栓预留了调高长度,调高时借助千斤顶顶升,并在支座内安装合适钢板,高度调整完后固定螺栓,完成调高工作。调高工艺流程图见图1。

5　施工工艺及操作要点

5.1　重力式灌浆支座安装工艺

5.1.1　凿毛支座就位部位的支承垫石表面,清除预留锚栓孔中的杂物,并用水将支承垫石表面浸湿。

5.1.2　拧紧支座上螺栓和地脚螺栓,吊装支座,用混凝土垫块置于支座四角,找平支座,并保证支座调整到设计高程和平面位置,在支座底面与支承垫石之间应留有20~30mm空隙,安装灌浆用模板,如图 2 所示。

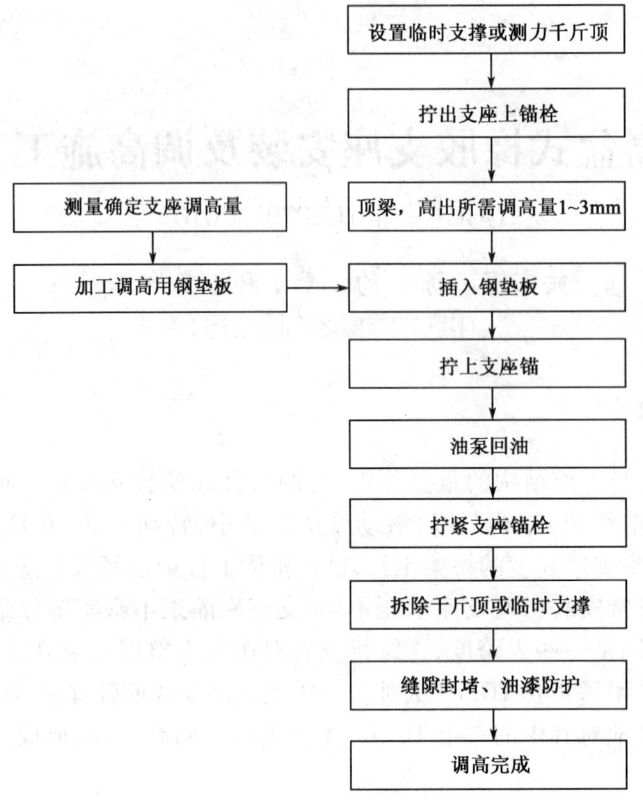

图 1　支座调高工艺流程图

5.1.3　仔细检查支座中心位置及高程后,用无收缩高强度灌注材料灌浆。

5.1.4　采用重力灌浆方式,灌注支座下部及锚栓孔处空隙,灌浆过程应从支座中心部位向四周注浆,直至从钢模与支座底板周边间隙观察到灌注材料全部灌满为止。灌浆前,应补步计算所需的浆体体积,灌注实用浆体数量不应与计算值产生过大误差,不允许中间缺浆,如图 3 所示。

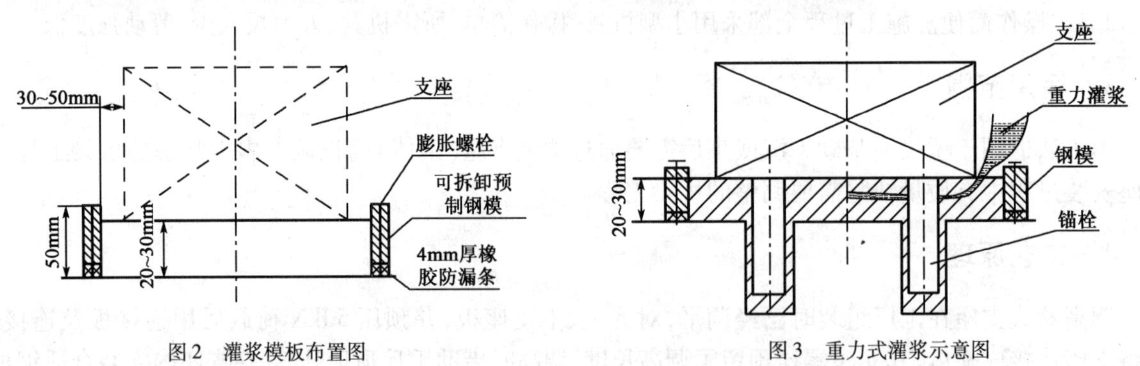

图 2　灌浆模板布置图　　图 3　重力式灌浆示意图

5.1.5　灌浆材料终凝后,拆除模板,检查是否有漏浆处,必要时对漏浆处进行补浆,待灌注梁体混凝土后,及时拆除各支座的连接螺栓,并安装支座钢围板,完成支座安装。

5.2　盆式橡胶支座调高工艺

盆式橡胶支座螺栓预留了调高长度,调高时借助千斤顶顶升,其调高工艺如下:

5.2.1　采取加垫钢板的方式调高(可在上座板顶与梁底之间或下座板底与垫石之间加垫钢垫板,优先选择上座板顶与梁底之间加垫钢垫板)。

5.2.2　根据支座尺寸和所需调高量,加工调高用钢垫板。

5.2.3　在需要调高的支座的墩台顶布设临时支撑(图 4、图 5)或测力千斤顶,并连接油路。

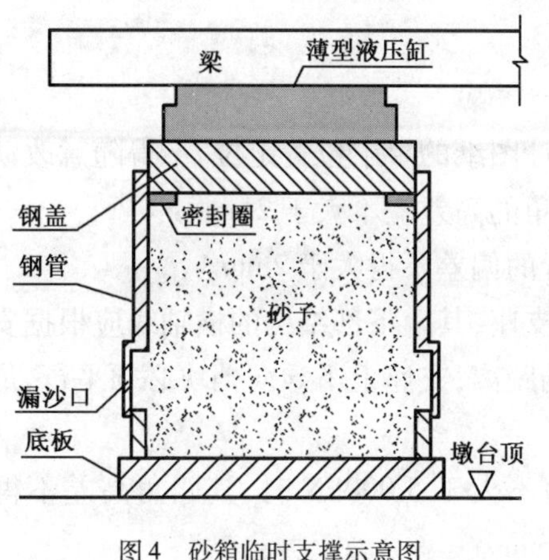

图4 砂箱临时支撑示意图

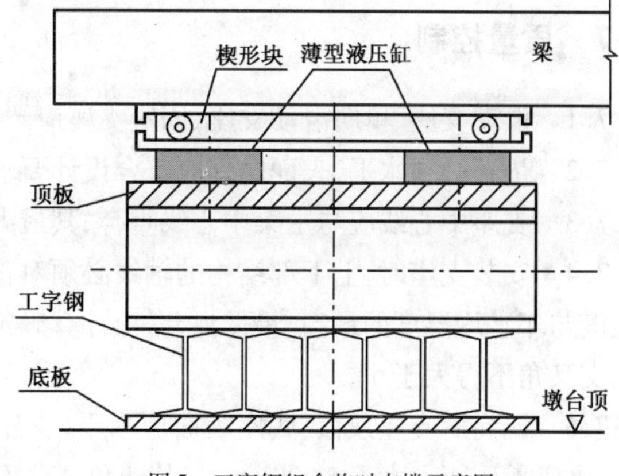

图5 工字钢组合临时支撑示意图

5.2.4 拧出支座上锚栓(在上座板顶与梁底之间加调高钢垫板时)或地脚锚栓(在下座板底与垫石顶之间加调高垫板时)。

5.2.5 顶梁至高出所需调高量1~3mm,插入调高钢垫板(在支座下座板底与垫石顶之间加垫板时,需用支座连接钢板和连接螺栓提升下支座板),拧上支座锚螺栓,但不拧紧。油泵回油落梁,使支座承压,拧紧支座锚螺栓,拆除千斤顶。

5.2.6 检查支座就位状态,对支座与钢垫板之间的缝隙进行封堵,并油漆进行防护,调高完成。

调高采用薄型液压缸或测力千斤顶手动加压,同一梁端的两个支点的起顶反力差应控制在5%以内,同一梁端的两个支点的薄型液压缸或测力千斤顶油路应连通。

6 材料设备

6.1 施工主要材料、机具设备(表1)

材料、机具设备 表1

序号	名 称	规格型号	单 位	数 量	用 途	备注
1	混凝土钻孔机		台	2	支座垫石混凝土钻(扩)孔	
2	电焊机	BX3—400	台	1	支座垫石钢筋焊接安装	
3	高压泵及高压管路		套	1	清除支座锚栓孔内杂物	
4	STC、CLP薄型液压缸		套	2	梁体顶升	
5	氧气切割机		台	1		

6.2 劳动力组织(表2)

劳 动 力 组 织 表2

序 号	工 种	人 数	职 责
1	现场负责人	1	全面负责现场施工
2	技术负责人	1	制订方案、技术指导
3	安全质量工程师	1	执行安全、质量措施,检查整改
4	技术测量人员	2	施工技术交底、测量
6	电焊工	1	支座垫石钢筋焊接
7	钢筋工	2	支座垫石钢筋制作、安装
8	模板工	2	支座垫石模板制作、安装、加固、拆卸
10	架子工	2	吊放支座支架的搭设、加固、拆除
11	混凝土工	2	支座垫石混凝土浇筑、支座灌浆
	合计	14	

7 质量控制

7.1 滑动支座、单向滑动支座、固定支座应严格按照设计图纸的要求位置定位,不得随意改动。

7.2 垫石必须水平,表面高程应符合设计要求,垫石四角的高差应不大于2mm。

7.3 支座中心线应与主梁中心线重合,其最大水平位置的偏差不得大于2mm。

7.4 安装支座时,上下部结构的轴线必须对正,对活动支座,其上下部结构的横轴线应根据安装时的温度与年平均温度的最高、最低温差,由计算确定其错开的距离;支座上下导向挡块必须平行,最大偏差的交叉角不得大于5°。

7.5 调高后支座顶板、底座表面应水平,支座承压能力不大于5 000kN时,其四角高差不得大于1mm;支座承压能力大于5 000kN时,其四角高差不得大于2mm。

7.6 调高所塞入的钢板应采用机械打磨,钢板侧面不得有毛刺,钢板平整度要求不大于0.5mm。

8 安全措施

8.1 认真贯彻执行国家、行业等安全防护标准和在既有线上施工的一切规章制度。对所有在岗人员进行安全教育和技术交底,认真学习相关操作规程,持证上岗。所有上岗人员始终贯彻落实"安全第一"的原则。

8.2 千斤顶操作人员严格执行有关操作规程,服从命令,听从指挥,做到班前检查,班后保养,发现故障及时清除,确保设备处于良好状态。

8.3 梁体起顶前应详细检查起顶处梁面的混凝土质量,梁底接触面加垫2cm厚钢板。

8.4 梁体起顶前应仔细检查油泵、千斤顶的油压管路,两台液压顶必须能同步启动。

9 环保措施

9.1 支座安装过程中所发生的施工垃圾及时清理集中运到指定地点。

9.2 千斤顶油管检查密封,避免漏油,污染桥墩,施工完后千斤顶内机油应回收利用,妥善处理。

9.3 支座灌浆前应检查模板密闭性,避免灌浆液体流到桥墩上,污染桥墩。灌浆操作人员应配套防护衣服和手套。

9.4 施工中对水、电、油等资源进行能耗指标管理,施工过程中避免将施工产生的污水排入施工场地内。

9.5 合理安排施工作业时间,施工在白天进行,避免噪声扰民。

10 资源节约

10.1 施工中加强对灌浆材料保管,灌浆材料即拌即用,避免资源浪费。

10.2 施工完后的千斤顶液压油进行回收,妥善保管。

10.3 调高支座的使用,避免更换支座所引起的大量机械和人工费用。

11 效益分析

天津南仓斜拉桥17号墩支座采取加垫钢板调高代替更换支座的方式(在上座板顶与梁底之间加垫钢垫板),解决支座安装缺陷给桥梁结构带来的危害,施工投入少,保证了支座的受力均匀,确保既有设施完好,节约了工期及成本,取得了良好的经济效益。

12 应用实例

调高盆式橡胶支座安装质量的好坏直接影响着支座的使用效果及使用年限，如果安装不合理、施工工序不对、支座垫石处理不当或支座中心与梁底安放支座中心线不重合等，则在梁安装完成后，支座可能产生偏压或出现不符合要求的初始剪切变形，这会直接影响支座使用效果和使用寿命，如出现此类问题可对支座进行调整。中铁六局天津南仓斜拉桥在合龙体系转换后进行了全桥索力、线形调整，调整后对边墩支座预偏量、支座受力情况进行了仔细检查，根据设计对成桥线形的要求以及保证支座更好地受力，我们对17号墩支座进行了精确的调高处理，塞入特制的钢垫板，保证了支座受力均匀，满足了支座安装质量要求。

桥墩提升式脚手架施工工法

GGG(中企)C2071—2010

李华东　赵永刚　曹国俊　王建业
(中铁十二局集团第四工程有限公司)

1　前言

随着建筑施工技术的不断发展,脚手架的种类也越来越多。从搭设材质上说,有竹、木和钢管脚手架,钢管脚手架中又分扣件式、碗扣式、承插式等;按搭设的立杆排数,又可分单排架、双排架和满堂架;按搭设的用途,又可分为砌筑架、装修架;按搭设的位置可分为外脚手架和内脚手架。在桥梁墩身施工中广泛采用外脚手架也就是落地式脚手架体系作为操作平台,墩身有多高,其架子就要搭多高,不仅浪费材料,费时耗工,而且对水文地质要求很高,当桥墩较高时,其安全可靠性较差。在武汉天兴洲长江大桥公路引线施工中,桥墩高达40m,而且桥址地质为厚粉煤灰层,中铁十二局集团第四工程有限公司采用了提升式脚手架作为墩身施工的操作平台,大大节约了周转材料,加快了施工进度,取得了较好的经济和社会效益,经总结形成本工法。

2　工法特点

2.1　脚手架结构简单,受力明确,易于推广应用。

2.2　安拆方便,省时省力,不受水文地质影响。

2.3　设备投入少,周转材料成倍减少,施工投入少。

2.4　材料损耗小,可节约成本。

2.5　保护措施到位,安全可靠。

3　适用范围

本工法适用于高墩、水中桥墩或软基地段的桥墩施工。

4　工艺原理

提升式脚手架作为墩身施工的操作平台,其主要原理是将脚手架自重、施工荷载通过横梁、纵梁依次传递给预埋在墩身中的钢棒,从而在钢棒与墩身之间形成一个受力体系,关键在于钢棒能否承受住整个脚手架体系自重外加施工荷载带来的剪切值,为此实施前需进行严格的检算。单个提升式脚手架由主梁、横梁,钢棒以及精扎螺纹钢、钢管、扣件、脚手板、安全网等组成。墩身施工时同一高程面上预埋4个钢棒插入孔,插入钢棒用于支撑工字钢主梁,脚手架的提升依靠手拉葫芦来实现。当脚手架提升到位后,随即进行墩身钢筋绑扎、模板安装、混凝土浇筑等工序,并照此循环直至墩身混凝土施工完毕。

5　施工工艺流程及操作要点

5.1　施工工艺流程

施工工艺流程见图1。

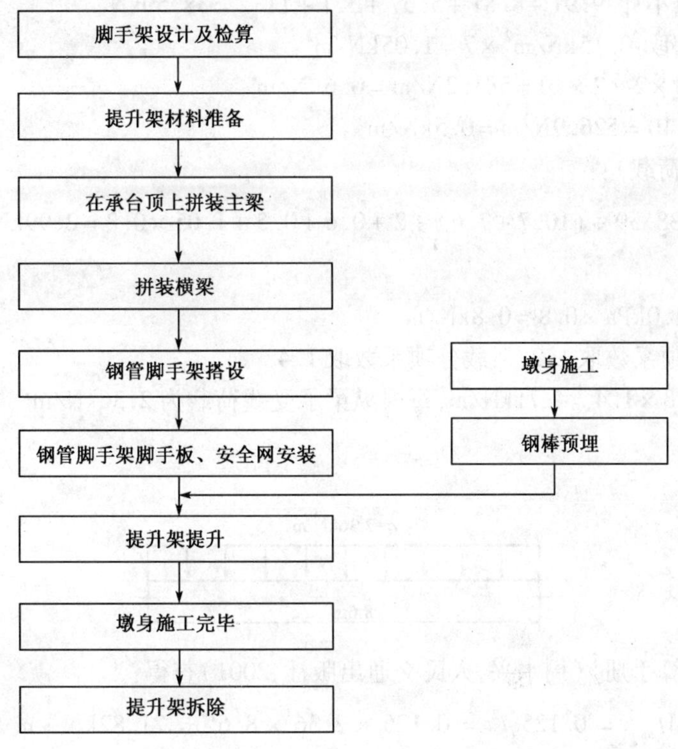

图1 施工流程图

5.2 操作要点

5.2.1 脚手架设计及受力检算

以武汉天兴洲长江大桥公路引线Ⅱ标主线桥S005号左幅墩身施工为例，该墩身墩高39.7m，墩身混凝土402m^3，墩身钢筋41t。首先对提升式脚手架材料进行初选择，并通过严格检算来验证所选材料是否符合相关规范要求，提升式脚手架拟采用2根I32a工字钢作为主梁，8根[14a槽钢作为纵、横梁，ϕ40mm钢棒作为插入墩身的主要承构件，纵、横梁上部布置12m高双排ϕ48mm钢管脚手架，脚手架架上满铺脚手板。

(1)荷载取值

恒载：

竖向钢管(ϕ48mm×3.5mm)自重：

$$3.14\times(0.024\,2-0.022\,5^2)\times7\,850\times10=17.2\text{N/m}$$

$$q=12\times(9+3)\times2\times2\times17.2=9\,907.2\text{N}=9.91\text{kN}$$

横向钢管自重(共7层)：

$$q=7\times(7.6+10.7)\times2\times2\times17.2=8\,813.3\text{N}=8.81\text{kN}$$

长90cm横短杆自重：

$$q=6\times0.9\times17.2\times60=5\,572.8\text{N}=5.57\text{kN}$$

横纵梁连接钢筋重：

$$q=3.856\times1\times80\times10=3\,084.4\text{N}=3.1\text{kN}$$

扣件自重：按700个计，每个取质量最大的1.6kg，

共计：1.6×700×10=11 200N=11.2kN

钢管脚手架等自重小计:9.91+8.81+5.57+3.1+11.2=38.59kN

脚手板自重按满铺取:$0.15\text{kN/m}^2\times7=1.05\text{kN/m}^2$

纵横梁自重:14.53×2×2×10=581.2N/m=0.6kN/m

主梁自重:52.69×10=526.9N/m=0.5kN/m

横载合计(转为线荷载):

$$q_1=38.59\div(10.7+7.6)\div2+0.6+0.5+1.05\times0.8=2.99\text{kN/m}$$

活载:

施工人员等荷载:1.0kPa×0.8=0.8kN/m

荷载组合:横载分项系数取1.2,活载分项系数取1.4

$q=2.99\times1.2+0.8\times1.4=4.71\text{kN/m}$,每根纵梁承受线荷载为2.36kN/m

(2)纵梁验算

计算简图如下:

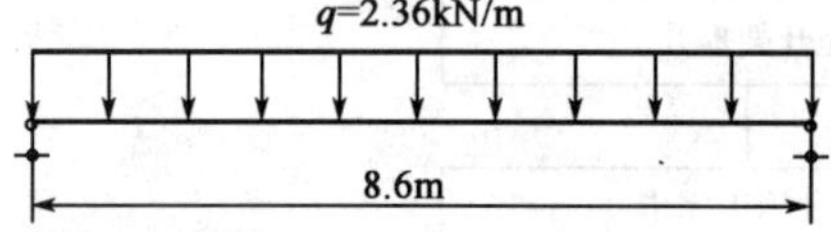

根据《路桥施工计算手册》(周水兴,人民交通出版社,2001)查得:

$$M_{\max}=0.125ql^2=0.125\times2.36\times8.6^2=21.82\text{kN}\cdot\text{m}$$

2[14a槽钢截面抵抗矩 $W=80.5\times2=161\text{cm}^3$,得:

$$\sigma_{\max}=\frac{M_{\max}}{W}=\frac{21.82}{161}=136\text{MPa}<[\sigma]=145\text{MPa}$$

满足要求。

(3)横梁验算

纵梁将荷载传给横梁,其集中荷载为:

$$P=2.36\times8.6\div2\times2=20.3\text{kN}$$

计算简图如下:

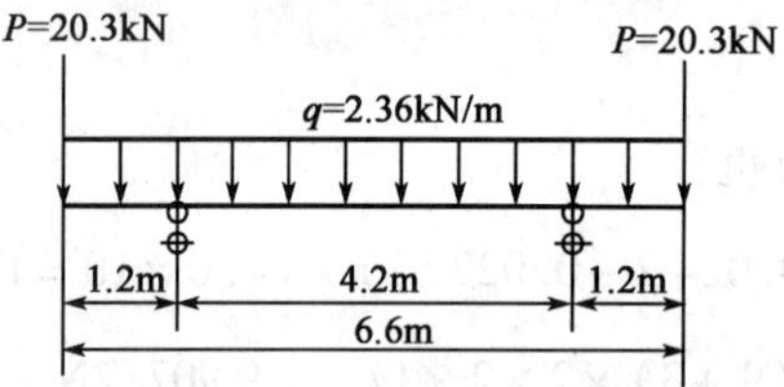

只在集中荷载作用下弯矩为:

$W_{\max}=20.3\times1.2=24.36\text{kN}\cdot\text{m}$,弯矩图如下:

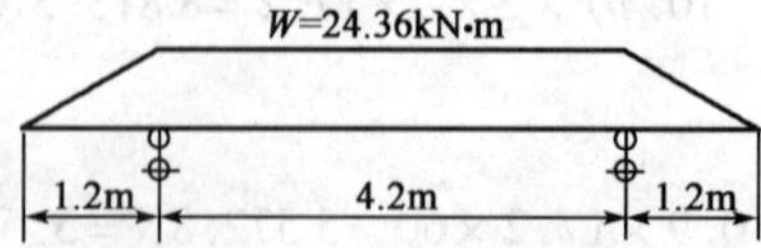

只在均布荷载作用下弯矩分布图如下:

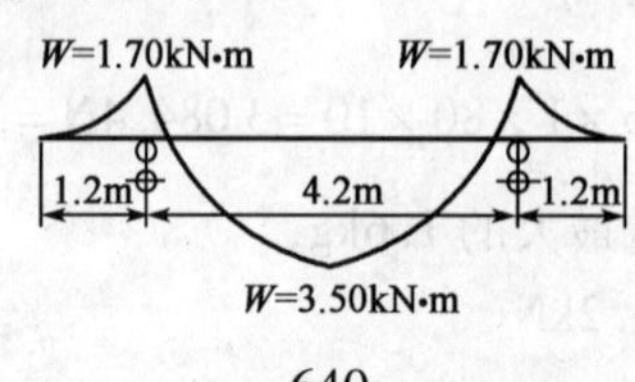

经迭加后支座处弯矩最大,得:

$$M_{max} = 24.36 + 1.70 = 26.06\text{kN} \cdot \text{m}$$

根据《路桥施工计算手册》查得:

2[14a 槽钢截面抵抗矩 $W = 80.5 \times 2 = 161\text{cm}^3$,得:

$$\sigma_{max} = \frac{M_{max}}{W} = \frac{26.06}{161} = 162\text{MPa} > [\sigma] = 145\text{MPa}$$

能够满足《钢结构》中$[\sigma] = 215\text{MPa}$

(4)主梁验算

每根I32a工字钢主要承受集中荷载:

$$P = 4.71 \times (7.6 + 10.7) \div 2 = 43.10\text{kN}$$

计算简图如下:

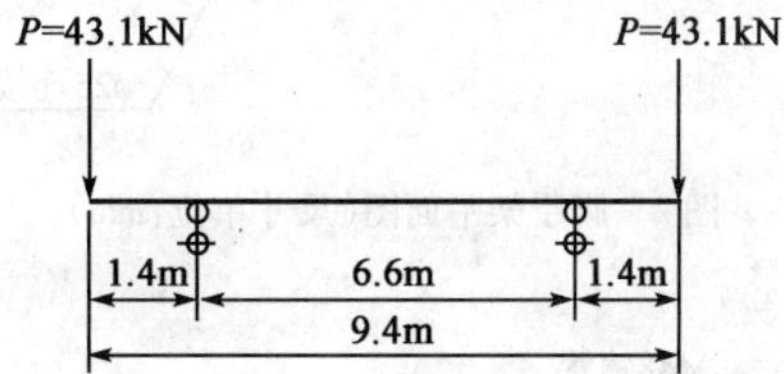

$$W_{max} = 43.1 \times 1.4 = 60.34\text{kN} \cdot \text{m}$$

I32a 工字钢截面抵抗矩 $W = 692\text{cm}^3$,得:

$$\sigma_{max} = \frac{M_{max}}{W} = \frac{60.34}{692} = 87.2\text{MPa} < [\sigma] = 145\text{MPa}$$

满足要求。

(5)钢棒验算

ϕ40mm 钢棒主要承受剪切力,所受最大剪力为 $Q = 43.10 \times 2 = 86.2\text{kN}$,按普通螺栓受剪验算。根据《路桥施工计算手册》查得:抗剪强度设计值$[f_t] = 80\text{MPa}$。

每根工字钢有4根钢棒,仅考虑3根同时受力,每根钢棒所受剪应力:

$$f_t = \frac{86.2}{3 \times 1.256} = 22.88\text{MPa} < [f_t] = 80\text{MPa}$$

满足要求。

5.2.2　材料准备

单个提升式脚手架按主梁(I32a)2根,横梁([14)8根,钢棒4根以及精扎螺纹钢、ϕ48mm 钢管、扣件、脚手板、安全网等来准备,其中钢棒、精扎螺纹钢应留有备用,以备更换之用。

5.2.3　主梁、横梁安装

主梁、横梁安装时应保证基面平整,最好在已施工完的承台顶面作为基面,相关尺寸见提升式脚手架平面、立面布置图(图2和图3)所示,安装时主梁、横梁间焊缝应派熟练持证焊工按相关规范要求进行焊接,安装时主梁通过墩身旁的两根精扎螺纹钢进行连接,横梁采用 ϕ25mm 连接钢筋进行连接。

5.2.4　钢管脚手架安装

安装时首先将首节立杆底部与横梁焊接,同时立杆间距、接长、立横杆相交处连接、横杆步距、间距、剪刀撑的设置、搭接长度等应符合相应规范要求,并应按相关要求设置上下通道。

5.2.5　钢管脚手架安全防护措施安装

钢管脚手架满铺两层脚手板,不得存在探头板等现象,并用8号铁丝与脚手架相连,脚手架外侧满铺细目式安全防护网,脚手架下部兜设两层安全平网。

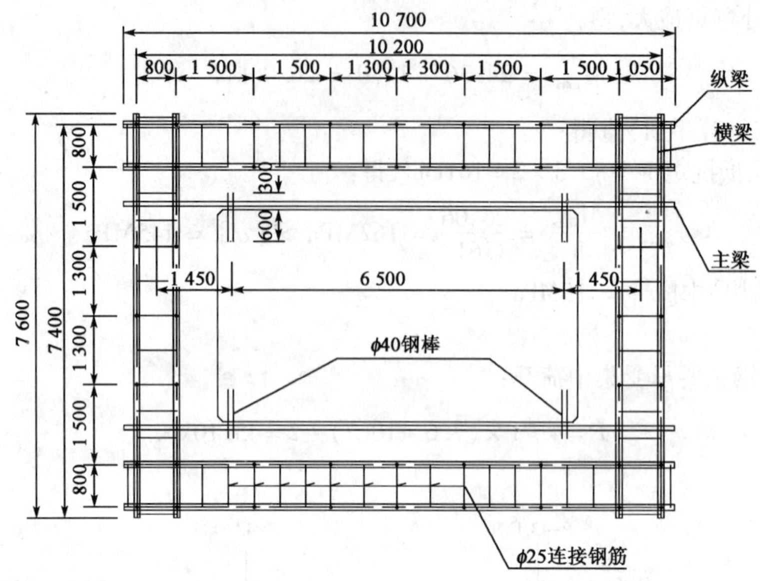

图2　脚手架平面图(尺寸单位:mm)

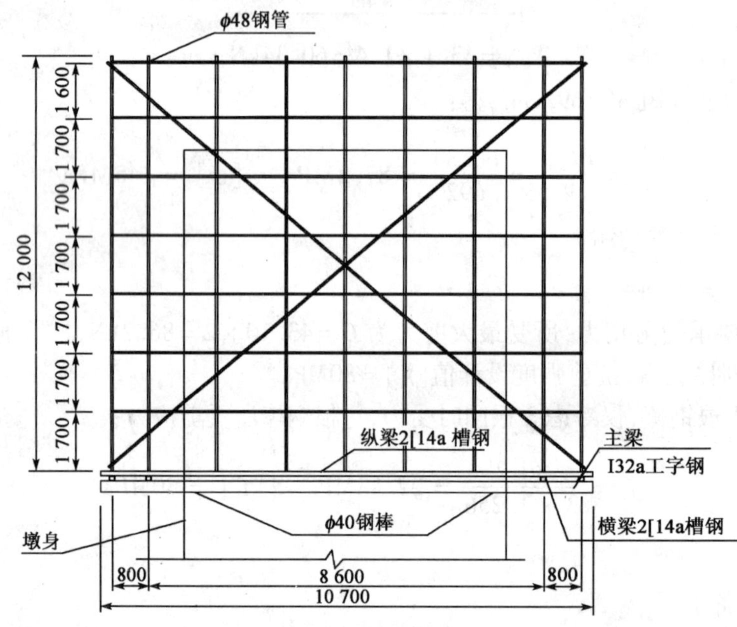

图3　脚手架立面图(尺寸单位:mm)

5.2.6　墩身施工

墩身施工按相应规范要求进行钢筋绑扎、模板安装等工序,并进行墩身混凝土浇筑,墩身施工时应预留提升架钢棒预留孔的位置,并做到四个预留孔位置准确,保持同一高程面上,钢棒预埋间距为模板单节高度,位置以低于模板接触面50cm为宜,务必要保证4个钢棒在一个水平面上。

5.2.7　提升式脚手架的提升

当墩身混凝土浇筑高度接近脚手架顶时,采用4台5t手拉葫芦在四角将I32a工字钢主梁均匀缓慢提升,直至最顶层模板下,然后将ϕ40mm钢棒插入预留孔中,以支撑I32a工字钢主梁,同时用手拉葫芦或精轧螺纹钢将两根I32a工字钢主梁对拉以防止工字钢失稳。

当脚手架提升到位后,随即进行墩身钢筋绑扎、模板安装、混凝土浇筑等工序,并照此循环直至墩身混凝土施工完毕。

5.2.8 提升架的拆除

拆除按安装的相反工序进行施工,拆除的材料集中堆放,并用吊车吊至地面,材料在地面上分类堆放,标示清楚,以备倒用。

6 材料与设备

本工法无需特别说明的材料,以武汉天兴洲大桥公路引线Ⅱ标2号~8号墩身施工为例,采用的机具设备见表1。

机具设备表　　表1

序号	机具名称	数量	序号	机具名称	数量
1	XB—50电焊机	3台	5	塔吊	1台
2	40振动棒	4套	6	5t吊链	4套
3	钢筋弯曲机	1台	7	5m钢尺	1把
4	钢筋切割机	1台	8	水准仪	1台

7 质量控制

7.1 质量标准

本工法脚手架的设计、材料和制作严格执行《钢结构设计规范》(GB 50017—2003)、《钢结构工程施工质量验收规范》(GB 5025—2001)、《建筑施工计算手册》等相关规定和要求。

墩身施工严格执行《公路桥涵施工技术规范》(JTJ 041—2000)、《公路工程质量检验评定标准》(JTG F80/1—2004)、《城市桥梁工程施工与质量验收规范》(CJJ 2—2008)中相关规定。

7.2 质量控制措施

7.2.1 建立健全质量保证体系,制订质量目标,设置质量预控点。

7.2.2 对施工人员进行岗前培训及交底,学习并掌握工程质量检验标准、过程和工艺流程。

7.2.3 坚持文明施工,施工现场保持整洁、有序。

7.2.4 提升式脚手架安装完成后,需进行全面、细致的检查。

7.2.5 作为受力主要承受件的支撑钢棒倒用次数不能过多,并应勤检查,如变形较大及时采取有效措施予以更换。

7.2.6 横纵梁槽钢焊缝、钢管脚手架连接及与纵横梁焊接焊缝等应勤检查,如有开裂、变形,及时补焊牢固。

7.2.7 对拉精轧螺纹钢螺栓多检查,如有松动及时加固拧紧。

7.2.8 在提升架提升之前,必须认真检查钢丝绳、手拉葫芦及主梁拉钩锚固螺帽等完整性,若存在破损等不利因素及时更换。

8 安全措施

本工法严格执行《建筑施工安全检查标准》(JGJ 59—99)、《建筑施工高处作业安全技术规范》(JGJ 80—91)等相关要求。

8.1 脚手架需经过仔细检算以及验收合格后方能使用。

8.2 采选的材料需到正规厂家进行购买,并需进行专业检测。

8.3 脚手架上施工人员必须佩戴安全防护用品。

8.4 配置专职安全员,监督安全生产。

8.5 对施工人员进行三级安全教育。

8.6　在提升过程中,必须派专人统一指挥,务必做到对称、均匀提升。

8.7　安全防护用的平网、立网必须按规范要求及时安装,竹脚板必须满铺,且竹脚板上不得乱放如垫板、螺栓、钢筋等易坠落材料、工具。

8.8　脚手架下方需设置醒目的警示标志。

8.9　提升架上的钢管架需与墩身进行有效的连接,防止因大风、模板安装及拆除时一些外部荷载作用于提升架导致其摆动过大而发生事故。

9　环保措施

本工法严格执行《中华人民共和国环境保护法》、《中华人民共和国水污染防治法》等相关法律、法规。

9.1　环境保护做到全面规划,合理布局,综合治理,化害为利。废弃物采用车辆运输的方式,整齐合理堆放在指定地方进行深埋、覆盖。

9.2　工程用料根据具体情况,堆放在施工场地和征地线内,不污染环境。每道工序做到工完料清,对场地及时进行清理保证施工场地清洁。

9.3　施工废水、生活污水按有关要求进行处理,不得直接排入河流。施工中产生的费油废水,采用隔油池等有效措施加以处理,不得超标排放。生活污水采用二级生化或化粪池等措施进行净化处理,经检查复核标准后方能排放。

10　资源节约

10.1　本工法采用手拉葫芦提升脚手架,节能效果好。

10.2　本工法采用的材料可循环利用、多次周转,材料利用率高,可节约成本和资源。

11　效益分析

本工法与常规落地式脚手架相比,操作简单,设备投入少,成本低,省工省时,有良好的经济、社会效益。

11.1　经济效益

以天兴洲大桥引桥单个墩身为例,采用提升式脚手架作为墩身施工操作平台,与采用常规落地式脚手架相比,仅地基处理一项就能节约资金1万元,节约脚手架、脚手板、安全网等周转材料两倍以上(约5万元),另外搭设、拆除费用也节约近2倍(约1万元),采用提升式脚手架能节约共近7万元费用,经济效益十分可观。

11.2　社会效益

11.2.1　本工法解决了高桥墩施工的难题,为高墩桥梁提供了新方法,促进了行业技术进步。

11.2.2　本工法适用性强,安全可靠性好。

11.2.3　本工法脚手架安拆方便,易操作,宜推广应用。

12　应用实例

12.1　工程概况

天兴洲公路引线工程主线桥全长1 426m;北起青山区建设十路东侧,南跨青山港、和平大道、止于戴家湖。主线桥里程ZHUXK12 +106.5 ~ ZHUXK13 +532.5,标准桥面宽为27m,分左右双幅,匝道12条(其中匝道桥8座),主要分布在戴家湖内。该场区地形总的呈北低南高的特征,地面高程一般在20.26 ~ 29.82m。戴家湖为人工围成的粉煤灰堆积湖,湖底有积水,湖堤顶与和平大道现状地面高差约11m。主线桥S002号 ~ S008号墩均为薄壁空心墩,墩身高40m,分左右双幅分别进行施工,共14个墩身，墩身混凝土 6 135m^3，墩身钢筋 671t，桥下工程地质表层为灰色、松散粉煤灰层，新近水力冲填而成，力学性能极差，层厚近 10m，其下分别为亚黏土、弱风化白云岩层，层厚不均。

该桥 2007 年 11 月开工，2008 年 3 月竣工。

12.2 应用效果

如采用常规落地式钢管脚手架作为施工平台，14 个墩身施工需购入或租赁近 900 多吨钢管，而且脚手架太高，安全没有保证。采用提升式脚手架进行施工，可节约 800 多吨钢管，减少近 100 万元投入，而且工期较常规落地式脚手架节约近 70d。该工法不仅多次受到武汉市质量监督站及业主好评，而且在公司其他项目和其他兄弟单位得到了推广应用，取得了较好的社会效益。

承台大体积混凝土现场温控施工工法

GGG(中企)C2072—2010

王建强　徐茹宝　白军灿
(中铁十七局集团第五工程有限公司)

1　前言

大体积混凝土目前在国内外的定义并不尽相同。日本建筑学会标准(JASS5)规定:“结构断面最小厚度在80cm以上,同时水化热引起混凝土内部的最高温度与外界气温之差预计超过25℃的混凝土,称为大体积混凝土”。美国混凝土学会(ACI)规定:“任何就地浇筑的大体积混凝土,其尺寸之大,必须要求解决水化热及随之引起的体积变形问题,以最大限度减少开裂”。国内《普通混凝土配合比设计规程》(JGJ 55—2000)定义,混凝土结构物实体尺寸不小于1m或预计会因水泥水化热引起内外温差过大而导致裂缝的混凝土工程。

大体积混凝土具有体积大、数量多、工程条件复杂、施工技术和质量要求高、混凝土绝热温升高和收缩大等特点。大体积混凝土在水泥水化热的作用下,将产生较高的水化热温升,产生较大的非均匀温度变形。温度变形在下部结构和自身的约束之下将产生较大的温度应力,极易导致混凝土开裂。

由我公司施工的邯武快速路上跨西环路、邯长铁路立交工程主线斜拉桥为独塔双索面预应力混凝土斜拉桥,混凝土设计强度等级为C35防腐混凝土,承台截面尺寸35m×24.6m×5.5m,混凝土一次浇筑方量为4 297m^3,属大体积混凝土施工(图1)。施工时正值冬季,为保证索塔承台施工质量,避免温度裂缝,在采取合理的施工方法和工艺基础上,重点控制内表温差,强化温控监测,达到了良好的效果。经总结整理,形成本工法。

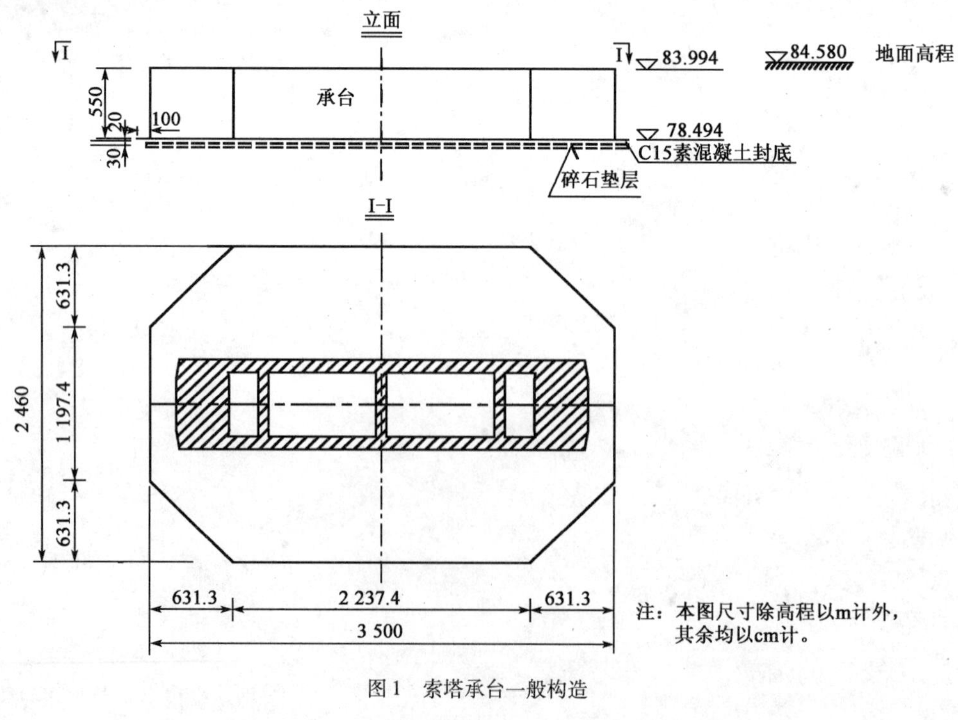

图1　索塔承台一般构造

2 工法特点

2.1 本工法采用的温控方案和监测方案较科学合理,技术先进,能有效避免大体积混凝土施工由于温差过大而引起的外观裂缝及强度降低。

2.2 现场操作性强,投入少,经济及社会效益明显。

2.3 针对冬季大体积混凝土内外温差更大的特点,特别适用冬季大体积混凝土温度控制。

3 适用范围

本工法适用于桥隧、大型厂房、高层建筑、大型设备等建筑物的基础大体积混凝土施工现场的温度控制和监测。

4 工艺原理

在承台钢筋安装完毕后,在承台内不同层高布置冷却水管及设置一定数量的测温元件。承台混凝土浇筑前先进行通水试验,经确定可以正常通水后,即可以泵送的方式浇筑承台大体积混凝土。

混凝土浇筑完毕后,通过设置的测温元件对承台内不同部位进行测温,并采取内排外保的方式进行混凝土养护,控制承台大体积的内外温差梯度在允许范围内,避免承台内部因过多的温度应力而产生温度裂缝。

5 施工工艺流程及操作要点

5.1 工艺流程(图2)

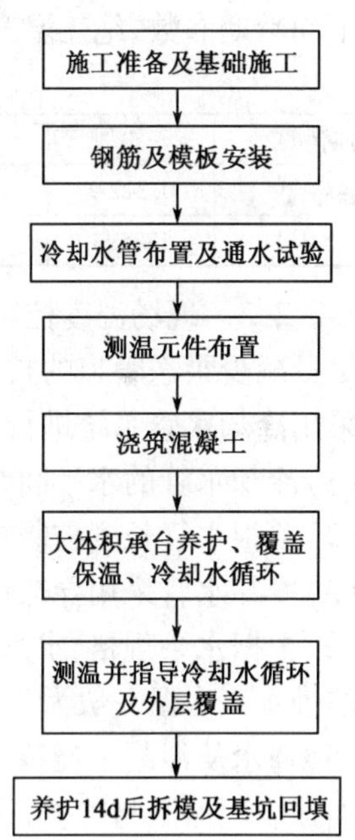

图2 大体积承台施工工艺流程图

5.2 施工要点

5.2.1 确定混凝土配合比

以本工程为例:采用泵送混凝土,按工程设计要求,混凝土强度等级为C35,抗腐蚀,且具有良好的和易性、流动性(坍落度为16~20cm)。

本工程混凝土各种原材料为:

水泥:太行山牌P·O 42.5普通硅酸盐水泥;

粉煤灰:邯峰发电厂F类I级粉煤灰;

矿粉:邯郸市复兴冶金建材总厂S95等级矿渣粉;

石子:武安白沙5~20mm碎石;

砂子:邢台沙河中砂,细度模数为2.8;

外加剂:石家庄市长安育才建材有限公司生产的GK-6B防腐剂及GK-5B缓凝型泵送剂;

水:自来水。

经试验优化设计,其混凝土配合比如下表1。

C35混凝土配合比(kg/m³) 表1

强度等级	水胶比	砂率	水泥(kg)	水(kg)	砂(kg)	石(kg)	粉煤灰(kg)	矿粉(kg)	防腐剂(kg)	泵送剂(kg)
C35	0.36	0.42	280	155	770	1060	100	50	12.9	11.0
备注	5~10mm至10~20mm掺配比例24:76;机制砂与河砂掺配比例为34:66。									

实测7d强度为41.7MPa,28d强度为56.7MPa。

5.2.2 温度控制措施

5.2.2.1　理论承台混凝土在无温控措施的温升情况

施工温度:施工平均气温5℃(实测),混凝土浇筑入模温度平均为16℃,尺寸长35m,宽24.6m,高5.5m,模板用竹胶板。

混凝土温度升高值理论计算如下。

混凝土水化热温升值计算:

$$T_{(t)} = m_c Q(1 - e^{-mt})/(C\rho)$$

$$T_{max} = m_c Q/(C\rho) = 280 \times 461/(0.92 \times 2\,437) = 57.6℃$$

式中:$T_{(t)}$——浇完一段时间t,混凝土的绝热温升值(℃);

T_{max}——混凝土的最大绝热温升值(℃);

m_c——每立方米混凝土水泥用量(kg/m³),取值280;

Q——每千克水泥水化热量(J/kg),取461;

C——混凝土的比热[kJ/(kg·K)],取0.92;

ρ——混凝土的质量密度(kg/m³),为2 437;

e——常数值,为2.718;

t——龄期(d);

m——与水泥品种比表面、振捣时温度有关的经验系数,一般取0.2~0.4,根据当时施工情况,取$m=0.3$。

不同龄期参数,绝热温升值见表2。

不同龄期、参数的绝热温升值计算　　表2

龄期(d)	1	3	5	7	9	14	21	28
$1-e^{-mt}$	0.322 9	0.689 6	0.857 7	0.934 8	0.970 1	0.995 7	0.999 7	1.000 0
$T_{(t)}$(℃)	18.593	39.704	49.381	53.818	55.851	57.328	57.557	57.572

5.2.2.2　现场温度控制措施

尽量减少泵送管道的长度,加快运输和入仓速度以减少混凝土在运输和浇筑过程中的温度回升。

采用冷却水管系统进行内部降温:

(1)冷却水管的水平间距和上下层间距不大于1.0m。

(2)单根水管长度控制在200m以内。

(3)冷却水管采用导热性能好的黑铁管,管外径42mm,壁厚3.25mm。

(4)根据水泵规格,水管内通水流量为30L/min,并根据混凝土的温升情况调整通水流量的大小,冷却水的进水口水温一般为9~11℃。

(5)通水从混凝土浇筑后开始,通水时间按设计定为14d。

加强表面保温与养护,在混凝土浇筑完毕后,立即在上表面用塑料薄膜、棉被及帆布三层覆盖进行保湿保温。

注意施工质量,加强混凝土的振捣,提高混凝土的均匀性和抗裂性。

加强温度监控,随时为施工提供温控信息,及时调整和改进温控措施,使温度控制满足温控标准,以消除质量隐患。

5.2.3　混凝土养护措施

混凝土浇筑完毕后采取内排外保的方法进行养护,所谓内排即在混凝土浇筑开始前即开始进行冷却管通水循环。混凝土浇筑完毕后不间断通水14d,利用在混凝土内部预先埋设的冷却管通水以加速混凝土内部热量散发,从而使大体积混凝土内的水化热被冷水吸收后并被排出;所谓外保即在混凝土表面铺盖塑料薄膜以蓄水养护、外覆棉被及篷布以保温,以减小混凝土表面与内部温差,使大体积混凝土内外温差尽可能地保持在较小的范围内,避免在大体积混凝土内部因过高的温度应力而产生温度裂缝。

冷却循环系统布置情况。冷却管按设计图纸进行布置,在5.5m高度内自底1.25m起按1.0m的间距进行布置，布置4层，每层冷却管间距1.0m，固定在承台钢筋上。冷却管采用ϕ42mm的黑铁管，黑铁管接头及弯头部分采用塑料管，以方便施工。考虑到混凝土方量大，混凝土强度高，水泥水化热大，在原设计每层一进一出的基础上，增加进出水口为每层四进四出。所有进出水口均高出承台顶面0.8～1.0m，并接入相应的进出水箱。在冷却管安装完毕后，进行通水试验，确认无漏水方可进行混凝土的浇筑。

冷却系统进出水箱的容量均为18m^3，进出水箱底部用两道ϕ100mm钢管予以联通，按现场的地形，其位置高出承台约2m，为便于控制通水流量，冷却管于进水口设置控制阀门。冷却水从水井抽取冷水进入进水箱，由水泵从进水箱向承台冷却管中通水，而后流入出水箱，冷却水冷却后，进入进水箱，当出水箱水温超过35℃后，用水泵排入河内。

5.2.4 温度监控措施

(1)测温注意事项

①各布点必须有明显的标志，以免所采取的数据与测点不相符，并认真复核；

②在混凝土升温期间每2h采集一组数据，在降温期间每4h采取一组温度数据，7d后每24h采集一组数据；

③在测点全部埋设后即测量一次温度，以消除起始各测点的温度偏差；于每层测点混凝土浇筑覆盖后，即对其进行一次测量，以及时发现受损测点，及时更换。

④于混凝土浇筑开始后12h即进行第一次测温，以后开始按照既定频率对其进行测温，以指导冷却管通水。

(2)温度测点布置

本工程共布设149个测点：①测点按5层布置，每层设置19个点，用以指导冷却管的通水，布置5×19=95个测点；②在距承台每侧边10cm处及80cm处设点，研究在内排外保的情况下的温度梯度变化，测点按三层布置，布置2×8×3=48个测点；③在距承台顶面10cm处设置测点，并在混凝土外表面、塑料薄膜下设置测点，用以实际量测外保温的措施是否到位，布置3+3=6个测点，详见图3。

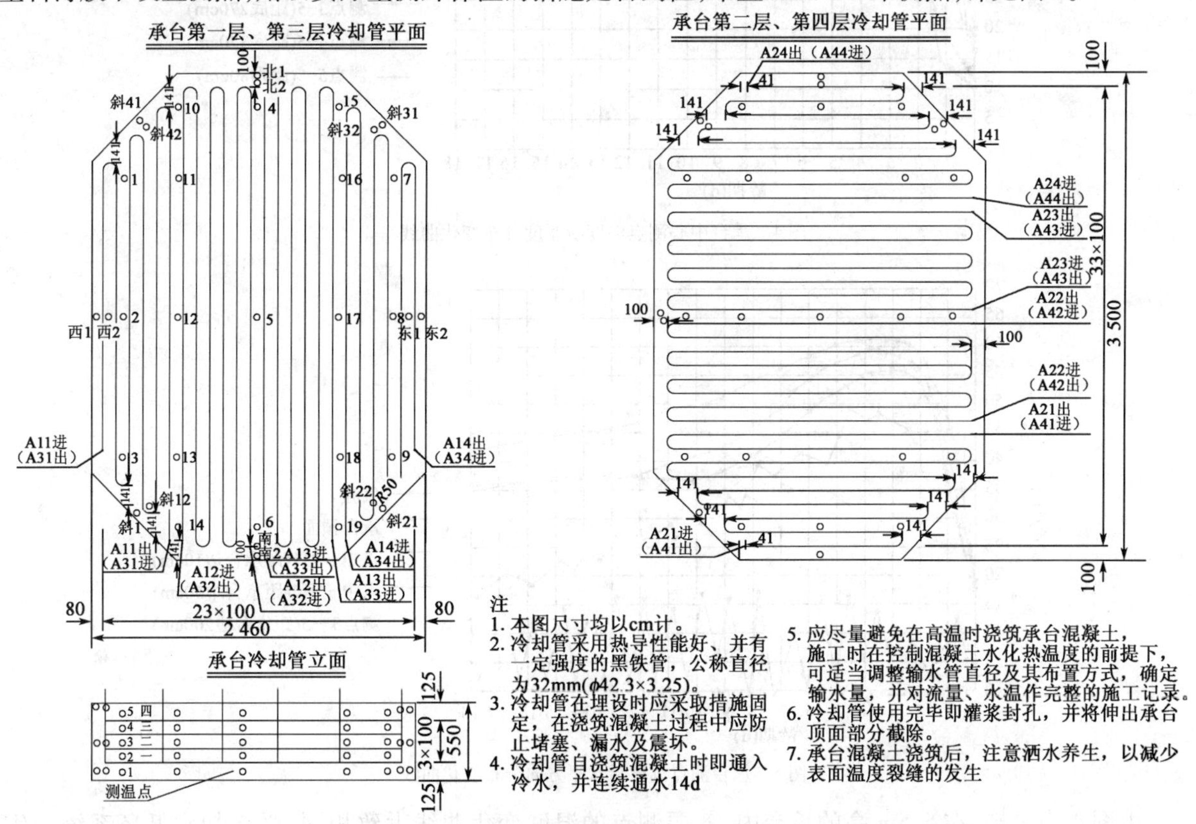

图3 索塔承台冷却管构造及测温点布置示意图

5.2.5 温升控制测量结果

承台大体积混凝土在浇筑之前即开始冷却水系统的运转,并准备好顶面各种保温覆盖材料。在混凝土浇筑完成并初凝后,及时覆盖保温材料,以避免裂缝的产生。在索塔承台施工中,按既定的频率对各测点进行测温,通过现场连续14d对大体积混凝土的温升控制,以及连续18d的温度测量,得到了相当完备的实测温度数据。

索塔基础承台按要求进行监测取得了较好的效果,且根据监测结果,至观测结束时为止,仪器完好率为99%,从观测结果看,所有测值均有很好的规律性,正确地反映了混凝土的实际温度,为指导温度控制、保证承台质量提供了科学数据。

由观测结果总结其规律得出,混凝土入仓后,5~8h开始升温,因有冷却循环水的作用,承台混凝土于混凝土开始浇筑后2~3d左右达到最高温度,混凝土温度于最高点持续1d,而后逐渐缓慢下降,直至混凝土浇筑15d后温度趋于稳定。此时停止冷却水循环系统的运行,混凝土内温度未出现明显的反弹,并继续缓慢的降温。其中距承台表面近的点的温度变化在一定程度上受外界因素的影响,温度有起伏现象。

图4及图5中分别绘出了索塔基础承台大体积混凝土中部分典型测点的温度变化曲线,这些点的温度变化过程基本上代表了混凝土各个部位的温度变化规律。

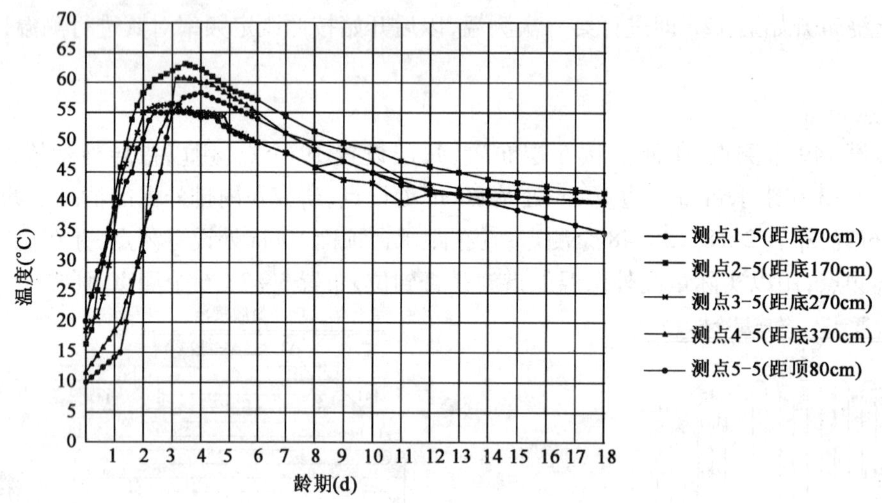

图4 承台中心测点温度沿厚度分布变化曲线

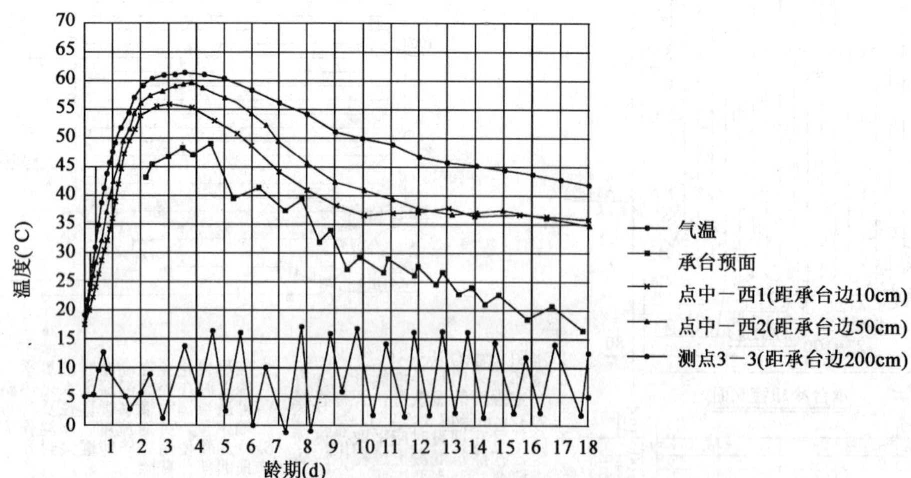

图5 承台测点温度沿水平方向分布变化曲线

由图4中可知,在5.5m高的承台内,各层测点的温度变化曲线大致相同,受冷却水循环系统的作用,升温峰值较理论值有10℃左右的降低。底板及顶板处测点的温度值受到外界温度的影响。在第

14d 停止冷却水循环系统后，承台整体的温度没有明显的上升，继续缓慢地下降。

由图5中可知，经过三层覆盖材料的保护，混凝土表面的温度与混凝土内部的温度差值在15℃以内。混凝土内部温度值中，受外界温度的影响，距承台边10cm的温度值较距承台边50cm的温度值仅低2~5℃，而距承台边50cm的温度值较距承台边200cm的温度值在前期亦仅低1~3℃。说明按如此保温措施，很大程度上减少了承台表面热量的散失，混凝土的温度梯度很小。

5.2.6 温控效果分析

(1)温控效果

由相关温度特征值得出，最高温升为47℃，最高温度为63℃，表面最高温度为48℃，内表最大温差为21℃，结果表明各项结果均满足相关温控结果。

在施工中，通过水冷却循环系统的运行，承台混凝土最高温度降低了10℃。承台内表温差最大为21℃，符合温控标准值的要求。

从防裂的效果看，在拆模后及经过整个冬天低温的考验，承台未发现温度裂缝，承台的质量得到了保证。

由此可知，本项目的温控措施是合理有效的。

(2)冷却水的降温效果

通过对冷却水管进出水温的测量得知，进水口的温度一般为13℃左右，而出水口的温度为23~31℃，说明冷却水带走了混凝土内的很多热量，具有明显的降温效果。另外，通过数据表明，混凝土内的最高温度出现在第3~4d，以后混凝土的温度持续缓慢地降低，这是因为冷却水在第3~4d后带走的热量大于混凝土同期产生的水化热。

所以，正确地使用冷却水管是承台温度控制中关键而有效的措施，可以达到预期的降温效果。

(3)表面保温的温控效果

承台浇筑后，及时在混凝土表面用塑料薄膜覆盖保水，然后采用棉被及篷布覆盖保温。从数据可知，混凝土表面的温度最高达到48℃(此时外界气温17℃)，这对减小混凝土的温度梯度和内表温差起了很好的作用。内表温差最大21℃，这在混凝土内部温度最高达到63℃时仍符合规范温控要求，起到了很大的作用。

5.2.7 温控控制结果分析

承台大体积混凝土在浇筑之前即开始冷却水系统的运转，并准备好顶面各种保温覆盖材料。在索塔承台施工中，通过现场连续18d对大体积混凝土的温升控制与测量，按附表格式分析所得到的实测温度数据，总结其规律，得出内表最大温差，与标准要求比对，得出温控结果。

6 材料与设备

混凝土泵车：2台；

数字显示调节仪(XMT—102)：2台；

Pt100铂电阻温度传感器：80个；

铜线若干；

操作工具一套。

7 质量控制

7.1 严格优化施工配合比，尽量选用低水化热的水泥，并通过选用外掺剂来提高混凝土强度，降低水泥用量。相关资证明水泥用量每增减10kg，因水泥水化热可升降约1℃。

7.2 配合比选定后，要严格按实验室下达的施工配比合进行混凝土生产，认真控制水灰比和塌落度，以确保混凝土质量。

7.3 当已浇筑的混凝土处的测温点温度高于40℃后，应立即组织人员对冷却管进行通水降温，并依据温度变化调节通水流量,以达到降温的目的。

7.4 混凝土浇筑过程中,全体技术及施工人员要对冷却管和测温点进行保护,发现异常及时反映情况,以采取措施。

7.5 技术人员必须安排全天候值班,以确保混凝土浇筑、测温和养护的连续进行,并要求值班人员认真做好相关原始记录。

7.6 对冷却循环系统按捺专人负责值班,以防止因水泵、水管等设备出现异常,影响降温效果。

8 安全措施

8.1 夜间测温和养护必须有良好的照明,以确保读数准确和安全生产。

8.2 严格按照施工用电的相关要求组织施工,以防止触电事故的发生。

9 环保措施

冷却水经过已开挖好的水池沉淀后,经环保部门确认方可排入河内。

10 资源节约

10.1 大体积混凝土中大量使用粉煤灰及矿粉以替代水泥,每立方米混凝土中两种外掺料为150kg,替代水泥120kg水泥,全承台累计节约水泥50余吨,节约了水泥,节约了资源。

10.2 承台采用合理的三层综合表面保温措施,与一般冬季暖棚措施相比,节约了大量钢管及加热措施,有效地节约了机械、人工及资源。

10.3 大体积承台采用一次浇筑成型,较常规的分层浇注,最大限度地减少了分层面,提高了承台的整体性,并最大限度地减少了凿毛等辅助工作,节约了人工及资源。

11 效益分析

本承台施工中,对承台表面进行了三层保温措施,并成功布设了149个测温点、2 974m冷却管连续进行14d的温度控制,取得了较好的效果。混凝土在拆模后无裂缝,经过一个冬天的冻融考验,承台结构无损害。在承台混凝土强度等级较高的情况下,混凝土内外温差符合规范要求,承台的质量得到保证。有效地解决了大体积混凝土的防裂难题,保证了施工工期和质量,取得了良好的经济和社会效益。

12 应用实例

邯武快速路上跨西环路、邯长铁路立交工程主线斜拉桥为独塔双索面预应力混凝土斜拉桥,桥长260m,主线斜拉桥索塔承台为八边形,横桥向尺寸为35m,顺桥向尺寸为24.6m,厚5.5m。结构为钢筋混凝土结构,混凝土设计强度等级为C35防腐混凝土,承台大体积混凝土一次浇筑方量为4 297m^3,为大体积混凝土。在施工中研究并应用了温度控制监测技术,从2008年11月21日14:00至11月23日20:00,历时54h浇筑完毕。混凝土浇筑完毕后采取内排外保的方法进行养护,并设置149个测温点对承台进行测温,结果表明:实测内表温差在24℃以内,温度特征值全部满足温控标准规范;承台在拆模后经受了整个冬天的低温考验,表面未产生裂缝,承台结构强度达到要求,整个施工过程取得了预期的效果;温控监测技术成功率高,数据规律性较好,真实地反映了混凝土内各部位的温度变化,正确地揭示了承台的温度变化规律。其成功的温控措施和监测手段受到了业主和监理的一致好评,为同类工程施工提供了宝贵的成功经验。

矩形薄壁空心高墩收分式液压滑模施工工法

GGG(中企)C2073—2010

李文军　王保彦　刘信军　刘将锋　董吉州
（中铁二十三局集团有限公司　中铁二十三局集团第三工程有限公司）
李春平　聂意江　刘子旭　赵振同　张银竹
（中国建筑第七工程局有限公司）

1　前言

滑模施工技术是混凝土工程施工中机械化程度高、速度快、场地占用少、安全作业有保障、综合效益显著的一种施工方法。它始创于20世纪初期，由于液压滑模千斤顶和集中控制设备的研制成功，至20世纪70年代，这项施工工艺开始在全国推广应用，得到了较快的发展，并逐渐从民用建筑领域应用到桥梁高墩施工中。近10多年，滑模施工技术又有了长足的进步，部分成果已达到国际先进水平，在桥梁高墩施工中广泛应用。

2　工法特点

2.1　滑模模体结构简单，质量小，周转性材料投入少，大型设备占用时间短，综合成本低。

2.2　施工速度快，每天完成4～6m。

2.3　各工序连续作业，实体质量容易保证，克服了翻模施工中薄壁多筋混凝土振捣难题和水平施工缝多的问题。

2.4　安全性好，滑模模体结构有封闭、固定的操作平台，可以有效地防范施工人员坠落与坠物等安全事故，确保了高空作业安全。

3　适用范围

本工法适用于30m以上单向收坡的薄壁空心桥墩的施工，也适用于矩形实心墩的单、双柱式墩施工。

4　工艺原理

滑模施工工艺，就是在结构物混凝土中预埋钢管（称之为支撑杆），利用千斤顶与提升架将滑模的全部施工荷载转移至支撑杆上。待混凝土达到一定强度后，通过自身液压提升系统将整个装置沿支撑杆上滑，模板定位后又继续浇筑混凝土并不断循环的一种施工方法。

5　工艺流程及操作要点

5.1　工艺流程

工艺流程如图1所示。

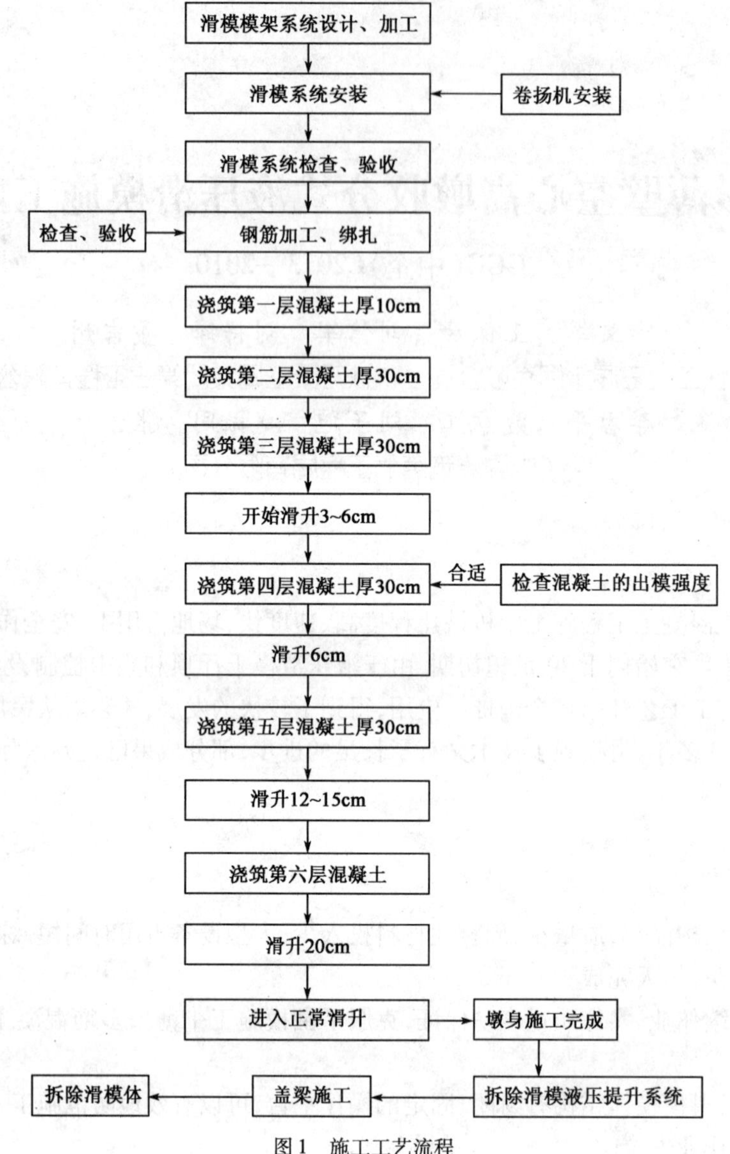

图1　施工工艺流程

5.2　操作要点

薄壁空心桥墩施工一般从承台顶面开始起滑,施工中,在墩身外侧设置六根垂线,其中长边每侧设两根,短边只在单侧设两根,以控制偏差,直至混凝土浇筑到盖梁底部后停滑。

根据桥墩结构形式,收坡式桥墩滑模系统设计为收分式。短边模体为1m×1m桁架,面板高度为1.26m,可穿在长边模体中进行收分,如图2所示。

长边模体设计为1.42m×1.1m桁架,长边模体内方孔为1.26m×1.07m,采用12号槽钢作为短边模体桁架在长边模体内的运行轨道,如图3所示。

短边桁架面板紧贴长边面板边缘滑动。长边模体面板安装时按120∶1的坡比,主要靠该坡比收分,为了确保坡比准确、施工中无变形,模板位置调整好之后,长边模体两端再各用两台5t手拉葫芦把桁架上口和下口拉紧,如图4所示。

内模设计采用悬挂面板,在内长边桁架两端各加两块1.5m×0.3m×1m活动块,悬挂面板挂在该活动块上,活动块面板和悬挂面板紧贴滑动,滑升到一定高度时将活动块取出,滑升到顶时活动块全部取出。为避免混凝土表面不留面板交错台阶,可衬100cm×20cm×0.05cm白铁皮过渡,同时要减少砂浆进入两面板之间,以避免两面板不能紧贴,该白铁皮在滑升时进行交递循环。

在滑升墩身时,提升龙门架设在长边上,浇筑盖梁时设计在短边上,但在模体地面组装时短边龙门架同时装上,横梁和立柱的连接可设为活动,要不影响滑升墩身时收分。盖梁浇筑时先将长边龙门架拆除,长边龙门架横梁采用U形螺栓卡紧,避免超高空作业安装该龙门架,提升龙门架如图5所示。

图2　滑模模架收分图

图3　滑模滑行轨道图

图4　桁架固定图

图5　提升龙门架图

模体滑升至隔板底部倒角时,距倒角30cm预埋钢板,并将倒角及隔板水平钢筋制成圆弧角埋入墩身混凝土内,脱模后及时扒出并凿毛。混凝土面浇至上倒角超出30cm时滑空停滑,采用散模板支撑倒角及隔板,绑扎钢筋,浇筑混凝土。

5.2.1　滑模模体结构设计

滑模模体采用液压调平内爬式。滑模体要满足强度、刚度及稳定性要求;同时,为了便于加工,提高复用率,整个模体设计为钢结构。滑模装置主要由面板、桁架、操作盘、提升架、支撑杆液压系统等部分组成。面板、桁架、操作盘、提升架等构件间均为焊接连接。

(1)面板

模板作为混凝土成型的模具,其质量(刚度、表面平整度)的好坏直接影响着脱模混凝土的成型及表观质量。为保证混凝土质量,面板采用δ5mm钢板制作,用50mm×5mm角钢作筋肋,模板高度1.26m,为了便于脱模,模板按一定锥度设计,上下口相差2mm。

(2)桁架

桁架主要用来支撑和加固模板,使其形成一个整体,根据经验及水平测压力计算,桁架采用矩形桁架梁(截面尺寸100cm×100cm、140cm×110cm),桁架梁主筋采用100mm×10mm角钢,主肋采用63mm×6mm角钢,斜肋均采用50mm×5mm角钢。桁架与模板的连接采用50mm×5mm角钢焊接,如图6所示。

(3)提升架

提升架是滑模与混凝土之间的联系构件,主要用于支撑滑模模体、桁架、滑模工作盘,加固桁架梁,避免变形。并通过安装在其横梁上的千斤顶支撑在爬杆上,整个滑升荷载通过提升架传递给爬杆。爬

杆采用 ϕ48×3.5mm 焊接钢管。根据施工经验和常规设计,采用"F"形和"开"形提升架。"F"形提升架主梁采用[18a 槽钢,高 2m,千斤顶底座为 14mm 钢板,筋板为 10mm 钢板;"开"形提升架采用[18a 槽钢作为主梁,顶部横梁采用[12a 槽钢,中间横梁[12a 槽钢两根,高度为 4m。

图6　桁架图

(4)工作盘

工作盘是滑模的主要受力构件之一,也是滑模施工的主要工作平台,各构件除满足强度要求处,还应有足够的刚度。工作盘支撑在提升架的主体竖杆上,通过提升架与模板连接成一体,并对模板起着横向支撑作用。该工作盘利用桁架上平面,盘面采用 5cm 厚木板铺平,为防止坠物,盘面必须满铺封实、平整并保持清洁,四周设栏杆,挂安全网。

(5)辅助盘

为便于施工人员随时检查脱模后的混凝土质量,及时修补混凝土表面缺陷和涂刷养生液,扒出预埋件,在工作盘下方 2.5m 处悬挂一辅助盘,辅助盘采用 50mm×5mm 角钢组成,宽 0.7m,用 5cm 厚木板满铺密封,周围用 ϕ14 钢筋悬挂于桁架梁和提升架下。

(6)支撑杆

支撑杆的下段埋在混凝土内,上段穿过液压千斤顶的通心孔,承受整个滑模荷载,并代替一根竖向钢筋存留在混凝土内。在选用 HM-100 型液压千斤顶的同时,选用 ϕ48×3.5mm 焊管作为支撑杆,经过计算,其承载力及刚度和稳定性符合要求。

(7)液压系统

液压系统由 YKT-36 型液压控制台、HM-100 型液压千斤顶、油管及其他附件组成。组装前必须检查管路是否通畅,耐压是否符合要求,有无漏油等现象,若有异常,及时排除。

经计算,需要千斤顶 7 台,按 10 台配置即可满足要求。长边 2 组、每组 2 台,短边 1 组、每组 1 台。具体滑模模架系统如图 7 所示。

5.2.2　滑模施工

施工放样、绑扎变截面钢筋后,其组装顺序如下:拼装外模板→安装外桁架→安装外模板→铺外平台→安装千斤顶及油路,调试液压系统→插支承杆→调平后设限位卡→组装完成后按设计要求及组装质量标准全面检查后,开始浇筑变截面混凝土→滑升到变截面混凝土完毕后停滑→安提升架内支撑及安装内模→铺设内平台→继续滑升。

滑模施工工艺:钢筋绑扎→混凝土下料→平仓→振捣→滑升。

5.2.2.1　钢筋加工、绑扎

滑模施工的特点是钢筋绑扎、混凝土浇筑、模板滑升平行作业,循环进行。模板定位检查完成后,即可进行钢筋的安装,前期钢筋绑扎从模板底部一直绑扎至提升架横梁下部,起滑后,边滑升边绑扎钢筋,钢筋绑扎超前混凝土 30cm 左右。钢筋的垂直运输,尽量依靠地面起吊设备吊至工作面,若吊高不够,需在工作盘上设置拔杆,利用卷扬机提升。滑升中,钢筋绑扎严格按照设计要求,每根爬杆代替一根竖向筋。爬杆接头在同一水平内不超过 1/4。为确保模体安全运行,要求爬杆平整无锈皮,当千斤顶滑升至距爬杆顶端小于 35cm 时,应及时接长爬杆,接头对齐,不平处用角磨机磨平,爬杆同环筋相连,焊接加固。钢筋、混凝土及其他材料由 5t 卷扬机边过门形提升架吊至工作面,主筋采用剥肋滚轧直螺纹连接,具体操作要点如下:

(1)钢筋端面平头、就位。平头的目的是让钢筋端面与母材轴线方向垂直,宜采用砂轮切割机或其他专用切断设备,严禁气割。平头前先调直钢筋,平头后钢筋端面要与轴线垂直,端头无弯曲和马蹄状。

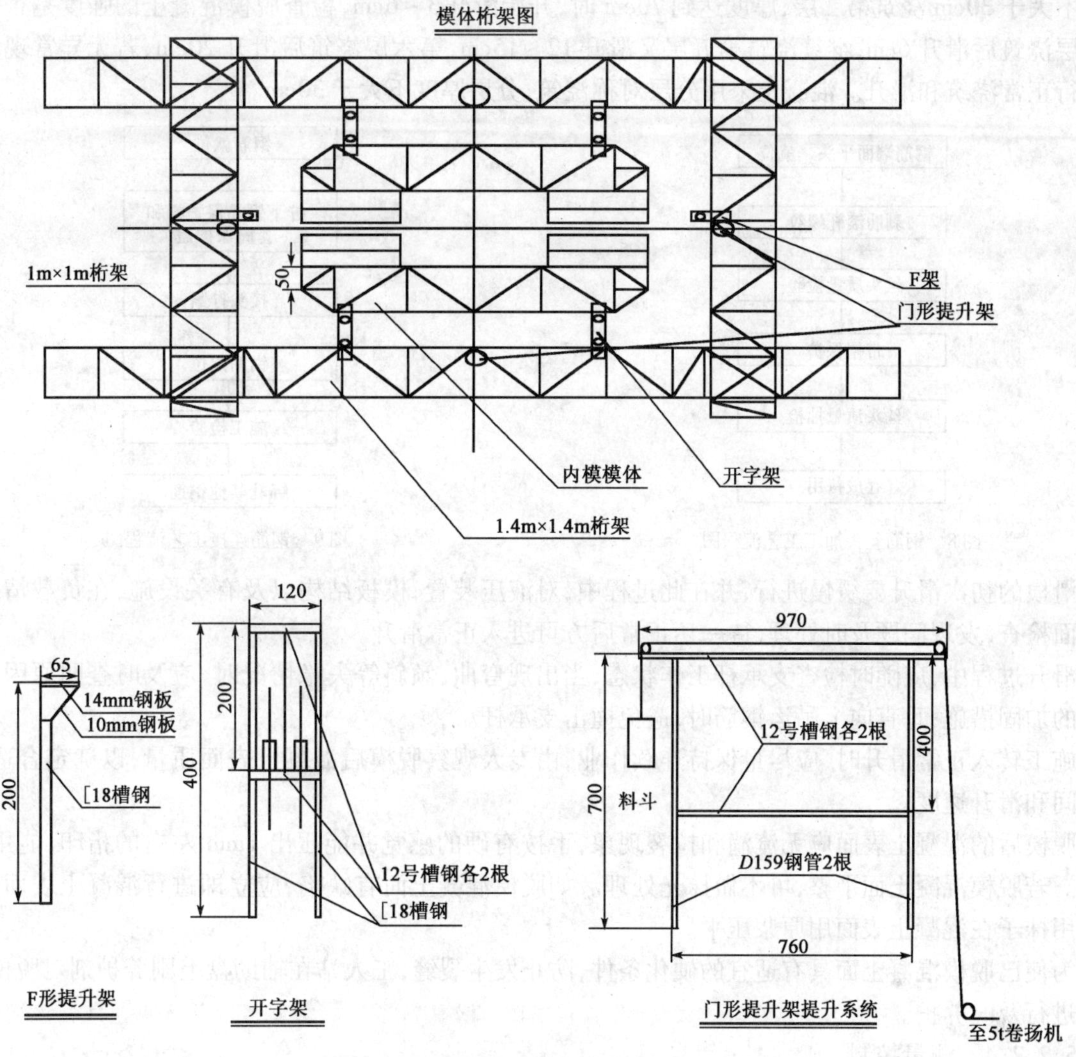

图7 滑模模架系统图(尺寸单位:cm)

(2)剥肋、滚轧螺纹。加工丝头前,按钢筋规格所需的调试棒调整好滚丝头内孔最小尺寸,按钢筋规格选用涨刀环,并调整好直径尺寸,调整挡块及滚轧行程开关位置,保证剥肋及滚轧螺纹的长度为套筒长度的1/2。

采用剥肋滚轧直螺纹工艺,使用钢筋剥肋滚丝机,先剥肋,后滚丝。

钢筋丝头螺纹的有效丝扣长度为1/2套筒长度,其公差为$+2P$(P为螺距),筋的剥肋滚轧过程只允许进行一次,不允许对已加工的丝头进行二次剥肋滚轧。

(3)接头拧紧。使用扳手或管钳等工具将套筒和待接长钢筋连接拧紧,再将接长钢筋与套筒连接拧紧,拧紧时要将两端钢筋用扳手固定,防止转动,但要求能纵向活动。对已经拧紧的接头作标记,与未拧紧的接头区分开,最后绑扎其他钢筋。钢筋丝头加工及安装工艺流程见图8和图9。

5.2.2.2 混凝土浇筑

滑模施工对混凝土配合比有特殊要求,施工前要根据气温及使用条件选定,为保证混凝土顺利入仓,要求混凝土和易性、流动性好,入仓坍落度为15~17cm,固身时间6~8h,初凝13~15h,通过掺入高效缓凝减水剂和粉煤灰解决。混凝土采用集中拌和,罐车运输至墩位处,用料斗通过卷扬机提升至工作面入仓。混凝土养护外侧采用养护剂,内侧洒水养生。

5.2.2.3 模板滑升

混凝土初次浇筑和模体的初次滑升,严格按以下六个步骤进行:第一次浇筑10cm厚,接着按分层厚度不大于30cm浇筑第二层,厚度达到70cm时,开始滑升3~6cm,检查脱模混凝土的强度是否合适,第四层浇筑后滑升6cm,继续浇筑第五层又滑升12~15cm,第六层浇筑后滑升20cm,若无异常现象,便可进行正常浇筑和滑升。混凝土采用分层对称浇筑,分层厚度不大于30cm。

图8　钢筋丝头加工工艺流程图　　图9　钢筋连接工艺流程图

滑模的初次滑升要缓慢进行,并在此过程中,对液压装置,模板结构以及有关设施,在负载情况下,作全面检查,发现问题及时处理,待一切正常后方可进入正常滑升。

滑升过程中,应随时检查支承杆工作状态,当出现弯曲、倾斜等失稳情况时,应及时查明原因,采取有效的加固措施;垂直向上吊运钢筋时,避免撞击支承杆。

施工转入正常滑升时,应尽量保持连续作业,由专人观察脱模后混凝土表面质量,以确定合适的滑升时间和滑升速度。

脱模后的混凝土表面应无流淌和拉裂现象,手按有硬的感觉并能压出1mm左右的指印,能用抹子抹光。若脱模混凝土面平整,可不做抹光处理。如脱模混凝土面有缺陷,应立即进行混凝土表面修补,一般用抹子在混凝土表面用原浆压平。

为使已脱模混凝土面具有适宜的硬化条件,防止发生裂缝,工人站在辅助盘上刷养护剂对脱模混凝土面进行及时养护。

5.2.2.4　测量控制

滑模的测量控制,采用悬挂重垂线的方式进行。在墩身外侧设置六根垂线,其中长边每侧设两根,短边在一侧设两根,以检测整个模体的偏移及扭转。利用千斤顶同步器进行水平控制,以确保整个模体垂直滑升。垂直度始终控制在20mm以内。同时利用千斤顶的高差,进行模体微调纠偏,旋转或偏移较大时采用施加外力与调整局部千斤顶的高差进行纠偏。

对于墩身轴线的控制,主要运用分层投点测量来进行控制。一是在承台顶面距墩身一定距离在四面放样出四个基准点,根据基准点用铜丝测绳每隔一定施工高度沿着墩身向上投射来检查模板偏位情况。二是每天早晨、晚上用全站仪在施工平台上放出墩柱四个顶角,把这四点连线后,拉线检查模板偏位情况。两种方法互相校核,从而提高了测量精度。

墩身模板的定位衔接是控制前后浇注混凝土共轴性的主要手段,同时,也是墩身平面几何尺寸控制的主要措施。施工中,利用最接近作业面的测量平台向作业面设置铅垂线,指导模板的安装和定位。立模高程的传递依靠经检定的钢尺,配合全站仪进行。

测量时间应挑选温度低、风速小的时段进行。放样时尽量选择在无风或微风条件下,以减小因风载引起的测量偏差;为了避开日照温差引起的墩身弯曲变形,应选择在日照强度低的时刻如在早晨太阳升起之前,傍晚日落后温度比较低的时刻,也可采用水雾降温法以减小由日照温差引起的轴线测量偏差。

高程的测量及控制:顶高程控制在支承杆上,每隔300mm用水平仪测一次,各千斤顶高程偏差最大不得超过30mm,两个提升架千斤顶高差不得大于20mm,超过时即需进行及时调整,如此循环控制,用钢尺往上引到相对应的两角的竖筋上为止。

5.2.2.5 盖梁施工

利用滑模桁架,支撑盖梁模板,进行盖梁的施工。

5.2.2.6 停滑措施及施工缝处理

滑模施工需连续进行,因结构需要或意外原因停滑,混凝土停止浇筑后,每隔15min,滑升1~2个行程,直至混凝土与模板不再黏结,由于停滑或施工工艺造成的施工缝,按照水平施工缝处理。

5.2.2.7 滑模施工中易出现的问题及处理措施

滑模施工中出现的主要问题有:滑模偏扭、爬杆弯曲、模板变形、混凝土表观缺陷等,其产生的根本原因在于千斤顶工作不同步,荷载不均匀,混凝土浇筑不对称,纠偏过急等。因此,在施工过程中首先要把好原材料质量关,加强观测检查工作,确保良好运行状态,发现问题及时处理。

(1)滑模偏扭

预防偏扭的措施:

①校正千斤顶水平及支承杆的垂直度,防止支承杆导向滑升偏移。

②滑升时千斤顶要同步上升保持平台水平状态,根据滑升升差,全面调整滑升系统,每300mm高整体调平一次。

③平台上荷载要均匀分布,不得堆压物品。

④严格按现场指挥顺序浇筑混凝土。

发生偏扭后的校正措施:

①平台倾斜法:将倾斜一侧的千斤顶限位卡逐步提高,提升后使平台倾斜,并在倾斜状态下滑升,使偏差逐步缩小,注意平台倾斜度不得大于平台长度的1%。

②外力纠偏法:对平台施加一外力使平台向偏移方面的反方向移动,达到纠偏目的。

③加垫千斤法:把千斤顶倾斜,使倾斜一侧的千斤顶底座抬高,利用千斤导向作用纠偏。

纠偏不能操之过急,以免造成混凝土表面拉裂、死弯、模体变形、爬杆弯曲等事故发生。

(2)爬杆弯曲

爬杆弯曲时,采用加焊钢筋或斜支撑,弯曲严重时,切断爬杆,重新接长后再与下部爬杆焊接,并加焊"人"字形斜撑。

(3)模板变形处理

对部分变形较小的模板,采用撑杆加压复原,变形严重时,将模板拆除修复。

(4)混凝土表观缺陷处理

局部混凝土拉裂时采用比原强度等级高一级的膨胀细骨料混凝土修补、抹平。

5.2.2.8 滑模拆除

滑模滑升至墩身设计位置后,将滑模滑空,利用墩顶龙门架,在高处拆除。滑模装置拆除时,本着先组装后拆除,后组装先拆除的原则,严格按照安全规程进行操作。滑模体拆除要在统一指挥下进行,操作人员必须佩戴安全带及安全帽,拆卸的模体部件要严格检查,捆绑牢固后起吊下放。

6 材料与设备

采用收分式液压滑模施工,主要机具设备见表1。

主要材料设备表 表1

序 号	机 械 名 称	型 号	单 位	数 量	备 注
1	混凝土拌和站	JS550	台	2	
2	装载机	ZL50	台	1	
3	混凝土输送车	$8m^3$	辆	2	
4	钢筋调直机	GT4-10	台	1	

续上表

序　号	机械名称	型　号	单　位	数　量	备　注
5	钢筋切断机	GQ40	台	2	
6	直螺纹滚丝机	HJS—40	台	2	
7	电焊机	BX1—500	台	6	
8	卷扬机	5t	台	1	
9	滑模模架系统	自制	套	1	
10	千斤顶	HM－100	台	11	1台备用
11	液压控制台	YKT—36	台	1	
12	插入式振捣棒	ZN50	台	4	
13	全站仪	拓普康—3002N	台	1	
14	手拉葫芦	5t	个	4	

7 质量控制

7.1 建立质量管理领导小组,编制质量管理计划和创优规划,明确质量管理程序。

7.2 严把原材料进场关,对所有进场材料,如钢材、水泥、砂石料、外加剂、钢筋连接套筒等必须检测合格后方可使用。

7.3 加强墩身施工测量控制,每天测量1~2次。

7.4 混凝土严格按照配合比拌制,外加剂掺量要准确,要确保混凝土缓凝时间和工作度。

7.5 钢筋应平直、无损伤;表面没有裂纹、颗粒状或片状老锈。套筒表面没有裂纹,表面及内螺纹没有锈蚀。主钢筋采用滚轧直螺纹套筒连接,滚丝前必须将钢筋端面平头,钢筋丝头螺纹的有效丝扣长度为1/2套筒长度,钢筋的剥肋滚轧过程只允许进行一次,不允许对已加工的丝头进行二次剥肋滚轧。

7.6 每加工完一个丝头,操作工人均需及时检查钢筋丝头的外观质量,检查牙型是否饱满、无断牙、秃牙缺陷。

7.7 丝头加工完成后戴帽保护,用专用的钢筋丝头保护帽或连接套筒将钢筋丝头进行保护,防止螺纹被磕碰或被污物污染。

7.8 主钢筋连接使用扳手或管钳等工具将套筒和待接长钢筋连接拧紧,再将接长钢筋与套筒连接拧紧,全部接头都要用力矩扳手检查合格。

8 安全措施

8.1 建立健全安全管理组织机构,制订各项制度。

8.2 加强安全教育培训,提高全员安全意识。

8.3 建立岗位安全责任制,逐级签订安全生产承包责任状,明确分工,责任到人。

8.4 制订详细的安全施工方案和技术措施,每道工序及时做好安全技术交底。并做好高处作业的安全技术作业指导书和各项操作规程。

8.5 从事高空作业的人员要定期或随时体检,发现有不宜登高的病症,不得从事高空作业。严禁高血压、心脑血管、癫痫病人登高作业,严禁酒后登高作业。

8.6 高空作业所用的爬梯不得缺档,爬梯外设围护,同一爬梯上不得两人同时上下,人员上下爬梯必须系安全带、戴安全帽。

8.7 夜间进行高空作业时,必须有足够的照明设备。六级以上大风,为确保施工人员、设备的安全,应停止高空作业。

8.8 运送物料的各种升降设备应有可靠的安全装置,严禁人员乘坐运送物料的吊篮。

8.9 高空作业必须设置防护措施,并符合《建筑施工高处作业安全技术规范》(JBJ 80—91)要求,按照《高处作业分级标准》(GB 3608—2008)实行三级管理。

8.10 供电及防火。操作平台上采用铁制配电箱、三相五线制供电,给油泵、控制台、电焊机、混凝土振捣及平台照明用电,滑模施工用电要认真执行施工现场临时用电安全技术规范;夜间施工平台上部照明为碘钨灯,安装高度3m以上,闸箱内配有漏电保护器,中下部照明用36V低压灯泡,橡皮绝缘线敷设;平台上的供电均采用橡胶电缆,所有电路尽量安装在隐蔽处,对无法隐蔽的应用防护措施,防止机械损伤;液压控制台旁设置两个干粉灭火器,在平台上使用明火或进行电(气)焊时,必须采取防火措施。

8.11 安装、维修或拆除临时用电工程,必须由专职电工完成,电工必须持证上岗,实行定期检查制度,并做好检查记录。

8.12 钢筋直螺纹连接施工的人员必须培训、考核合格,并经“三级”安全教育持证上岗,严格按机械使用说明与相关标准操作。

8.13 液压控制台运行中严禁拖拽压力机油管或砸压油管,油管反弹方向应予以遮挡,高压油管不得打死弯,液压控制台应由专人操作。

8.14 在距离墩底10m范围内设置安全警戒线和安全警示牌,严禁无关人员进入。

8.15 竖向连接钢筋时,钢筋长度按4.5m加工接长,以避免重量过大难以安装,出现安全事故。

8.16 作业平台上的铺板必须严密、平整、防滑、无探头板、固定可靠,并不得随意挪动。

8.17 每次浇混凝土前,对设施全面检查。平台是否有钢筋挂卡滑升模板,应清除一切影响正常滑升的东西;限位卡应定位在要求高度,两个固定螺丝必须拧紧;各千斤顶油路是否畅通,针形阀应按当时滑升的需要开关;电源供电是否正常;检查输送泵管头是否牢固。

9 环保措施

9.1 严格执行国家环保部门要求,各项控制指标均不超过规定的允许值。

9.2 生产、生活垃圾集中堆放,定期送到当地指定的地方进行处理。

9.3 生活废水排入污水池,进行处理后才能排放。污水池应不渗漏,以免造成污染,并应进行加盖,有除臭设施,以免造成周围环境空气的污染。

10 效益分析

10.1 采用滑模施工,节省了输送泵、塔吊、模板等设备投入,而且装置简单轻巧,一套滑模系统质量仅为12t,是翻模质量的1/2左右。

10.2 混凝土分层浇筑厚度仅30cm,容易振捣密实,正常情况下混凝土连续施工,没有施工缝,工程质量可靠。

10.3 采用滑模施工,省去了拆立模时间,混凝土连续循环作业,施工进度快,每天完成4~6m,是翻模施工进度的4倍以上,缩短了工期,降低了工程管理费用。

10.4 采用滑模施工,人员在封闭的操作平台和操作盘上进行施工作业,高空坠落风险极小,施工安全有保障。

11 应用实例

11.1 中铁二十三局三公司承建的新疆迪那2气田道路工程,K8+443、K8+600大桥设计为矩形薄壁空心墩,壁厚60cm,墩高59~79m,墩底为7.5m×4.12m,线路纵向桥墩坡面120:1,横向为直坡,采用液压滑模施工,1个桥墩每天平均完成4m,最快每天完成6m,垂直度5~18mm,取得了良好的经济和社会效益。

本桥墩从2002年竣工至今使用状态良好,外观光滑美观,主体验收合格,当时检测的垂直度只有

20mm,达到设计要求(0.3% H = 13.8cm 且小于或等于 20mm)的规定,质量评定为优良。本工程每个墩对比其他方法进行设计与施工,具有良好的经济效益和社会效益。

11.2 中国建筑第七工程局有限公司承建施工的国道主干线二连浩特至河口公路山西境内祁临高速公路生死崖大桥,全长 217m,设计为矩形薄壁空心墩,最高桥墩达 46m。该桥桥墩施工中采用了滑模施工,滑模施工相对其他施工方式有速度快、功效高、费用低等特点。

(1)第一个墩身从 2002 年 5 月 1 日下午开始,到 5 月 25 日共 25d,第二个墩身从 8 月 20 日到 9 月 10 日,共 20 天完成任务。每天平均滑升近 3.6m,比其他施工方式都快一些。

(2)滑模施工在管理上协调好各方面工作,做到不间断滑升就可以减少施工缝。本次施工即一次滑升到顶,没有出现施工缝,既节约了时间也减少了浪费,对结构本身也很有好处。

(3)滑模设备多为周转使用,相对来说可以降低造价,特别是减少架管材料搭设费用和使用费;另一方面,滑模施工减少了许多混凝土浪费,既不用处理施工缝,也不会跑冒漏。本次滑模施工基本没有看到通常情况下的混凝土废渣。另外,为了使滑模顺利施工,墩身竖向钢筋原设计为焊接接长,且纵桥桥墩侧面因受力较大,设计为双筋配置,主筋 ϕ25mm 共 216 根,每次对接量太大,将直接影响滑模滑升。由此我们同设计代表商议改为锥螺纹接长方式,布置 4 种错头形式,每次接长 1/4。为接长时竖立方便,每根钢筋下料成 4.5m,可以单人操作。

三维空间体系V形墩施工工法

GGG(中企)C2074—2010

朱大勇　季自刚　孟国祥　彭迴捷　刘　宁　李全怀
（中交第四公路工程局有限公司　中国路桥建设集团有限责任公司）

1　前言

近年来,随着有限元结构分析软件的日趋完善,以及计算机技术在桥梁设计中的广泛应用,各种结构新颖、受力复杂的桥形不断问世。在市政桥梁中,桥梁不再仅发挥"天堑变通途"的作用,更多时体现出美学效应,结构美观、有一定寓意的桥梁已成为不少城市的亮丽风景。

例如,蝶形拱、斜腿刚构等桥型,造型轻盈优美。这种桥梁的主墩多为V形墩结构。而三维空间体系V形墩由多个单独V腿构成,单腿沿顺桥向、横桥向均有倾斜,下部汇交于承台及墩帽,上部入梁于横梁中。以樟林大桥为例:每一V形墩由四根对称斜腿构成,单根斜腿为棱柱形钢筋混凝土实体结构。V形墩两个外倾的底受力面模板、纵横梁承担主荷载,为了方便交流,将与横断面平行的底面称为主受力面,与纵断面平行的底面称为次受力面,此两个面的对面称为主(次)对受力面,主(次)对受力面的模板主要承担混凝土振捣时产生的侧压力。此类V形墩结构及受力复杂,施工难度大。

本工法是在中交第四公路工程局有限公司承建的福建省莆田市一座蝶形拱桥樟林大桥主桥V形墩施工中形成的。经科技查新,国内未见该工法关键技术的相关文献报道。该工法的关键技术于2009年12月通过了中交第四公路工程局有限公司组织的专家技术评审,达到国内先进水平,对于今后同类型的桥梁施工具有广泛应用价值和指导意义。

2　工法特点

2.1　采用自平衡悬吊法施工,将两对称方向V腿在施工中的荷载产生的水平力在体系内自平衡,而不需要外加其他配重或锚固,施工中荷载产生的竖向力传递于承台或基础中。构件结构简洁、体系结构受力明确,施工中易于控制。

2.2　本工法V形墩与边跨现浇箱梁方案合二为一,支架、吊带等材料易于组织,施工工艺操作方便,临时结构受力明确。

2.3　支架体系主要采用焊接连接,全桥投入一套周转两次。如果在某种场合,需要多次周转,支架结构可采用栓接连接,以减小支架多次焊接时所需的材料补偿。

对于临时结构,焊接施工优点是:相对栓接结构要简单、快捷,拼装精度相对较低;其缺点是拆除时需进行切割,材料有一定损耗,特别是节点板,在多次周转使用时,需对材料进行补偿,重复使用时,需对关键部位的焊伤进行处理。

栓接的优点是材料重复周转使用时快捷,易拆除,其缺点是拼装精度要求高,施工中需要将螺栓拧紧;否则结构安全隐患大,另外在施工过程中,螺栓容易失丢,造成经济损失。

2.4　V形墩单腿设置内置式劲型骨架,既作为V形墩钢筋定位施工平台,承受钢筋骨架的重力,又可增加V形墩的整体刚度,在营运阶段参与结构受力,减小了结构混凝土的抗拉应力。

3　适用范围

本工法适用于拱桥、斜拉桥的三维空间体系V形墩,在优化改进后,也可适用于斜腿刚构桥梁的双向V形墩(梁板式或实柱式)以及Y形墩(塔)的施工。

4 工艺原理

三维空间体系V形墩采用自平衡悬吊法施工,对称的V腿间产生的水平荷载主要依靠支架系统自平衡消除,竖向荷载传至基础部分。V形墩分四次浇筑成型,每次混凝土浇筑都对称进行,不平衡荷载不可超过设计允许值。

V形墩分次浇筑的原则:减小分次浇筑的次数,分段次数应考虑以下几点:

4.1 锥坡及初段部分:应先施工锥坡,为安装V形墩纵梁预埋件提供工作面,设计要求,施工缝不可设置在锥坡面上,应高出锥坡,高出部分高程以满足初段V腿支架能支承于承台上为宜,尽量不使支架范围超出承台。

4.2 V形墩锥坡及初段部分采用普通支架法施工,支架支承于承台上,主要承受V腿的竖向荷载,水平荷载采用精轧螺纹钢筋纵横桥向对拉,以相互平衡。

4.3 V形墩第二及以上段施工,采用自平衡悬吊法施工,对称平衡浇筑V腿混凝土,每次最大混凝土浇筑量应满足主受力面纵梁的受力及变形要求。

4.4 每次混凝土浇筑方量相差不宜过大。

5 施工工艺流程及操作要点

5.1 三维空间体系V形墩施工

施工工艺流程见图1。

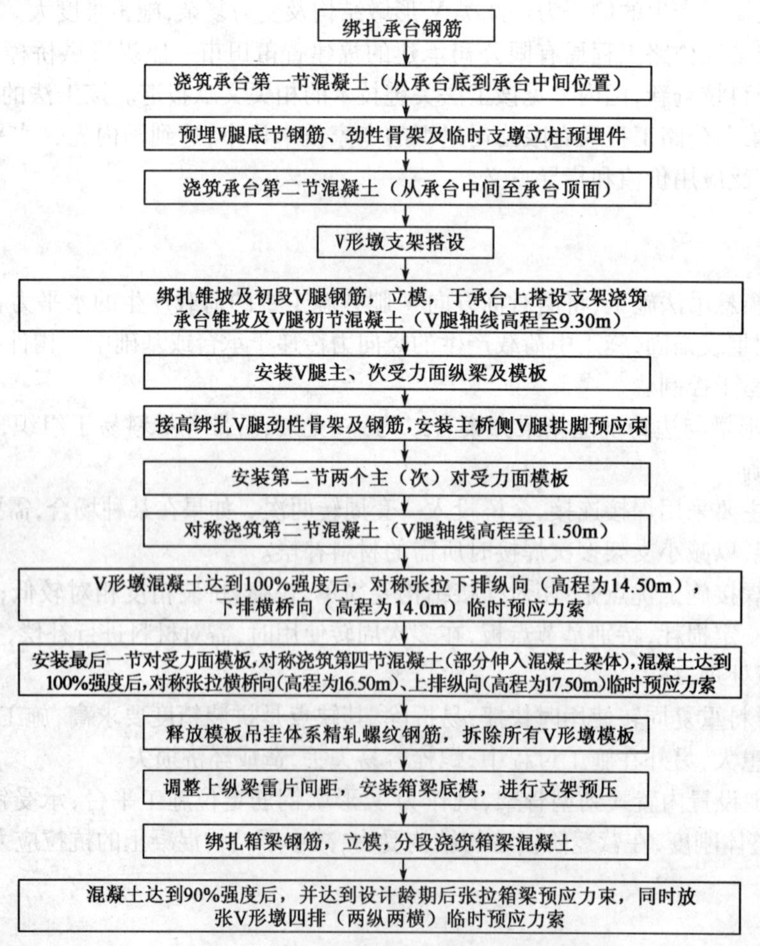

图1 三维空间体系V形墩施工工艺流程图

5.2 操作要点

5.2.1 V形墩支架分为两个系统：上纵梁（贝雷片、自制加强弦杆等）和上横梁组成的上平衡系统；由V腿的模板、分配梁、下纵梁、下横梁组成的模板系统。两者通过精轧螺纹钢吊带连系。吊带设计以控制V腿变形为主。

上纵梁基础分为两部分，即插打于水中的钢管桩及上部的钢管柱。所有支架基础均采用钢管桩，直径为529mm，壁厚8mm，最大单桩承载力达到500kN。采用浮吊配合D90振动锤插打。钢管柱直径为800mm，壁厚10mm，最大单柱承载力达到2 000kN，钢管柱支承于钢管桩顶的分配梁上，其中有四根支承于承台上（图2）。若V形墩位于陆上，可采用钢管柱加其他基础形式。

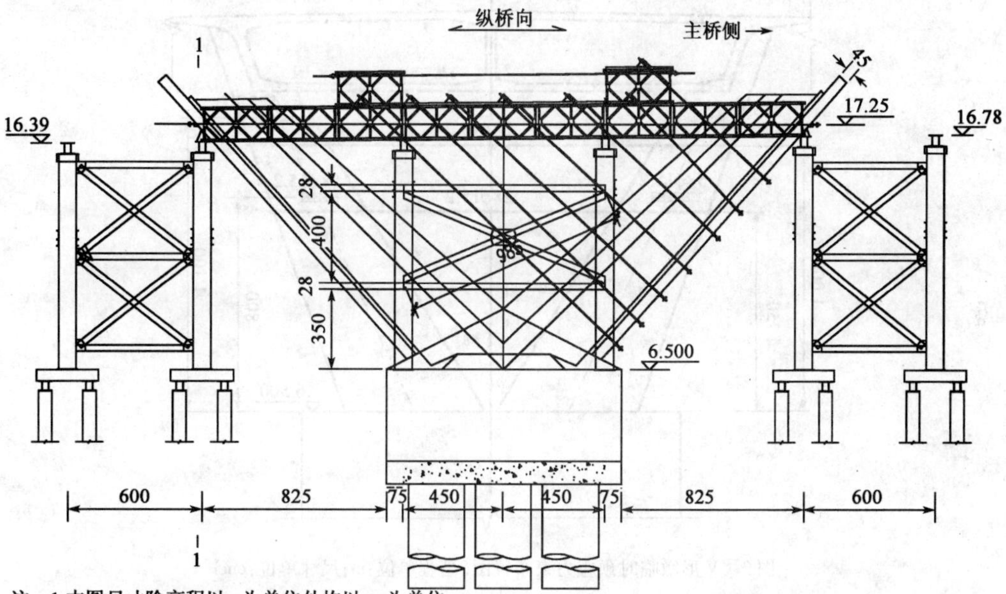

注：1.本图尺寸除高程以m为单位外均以cm为单位。

2.斜撑采用[28b槽钢。

3.高程17.25m处布置4根1-15.24钢绞线，锚在纵梁后的2[20a横梁上，张拉力为100kN；顶层贝雷片采用2根ϕ25精轧螺纹钢临时对拉。

4.图中仅示单腿吊带，其余相同

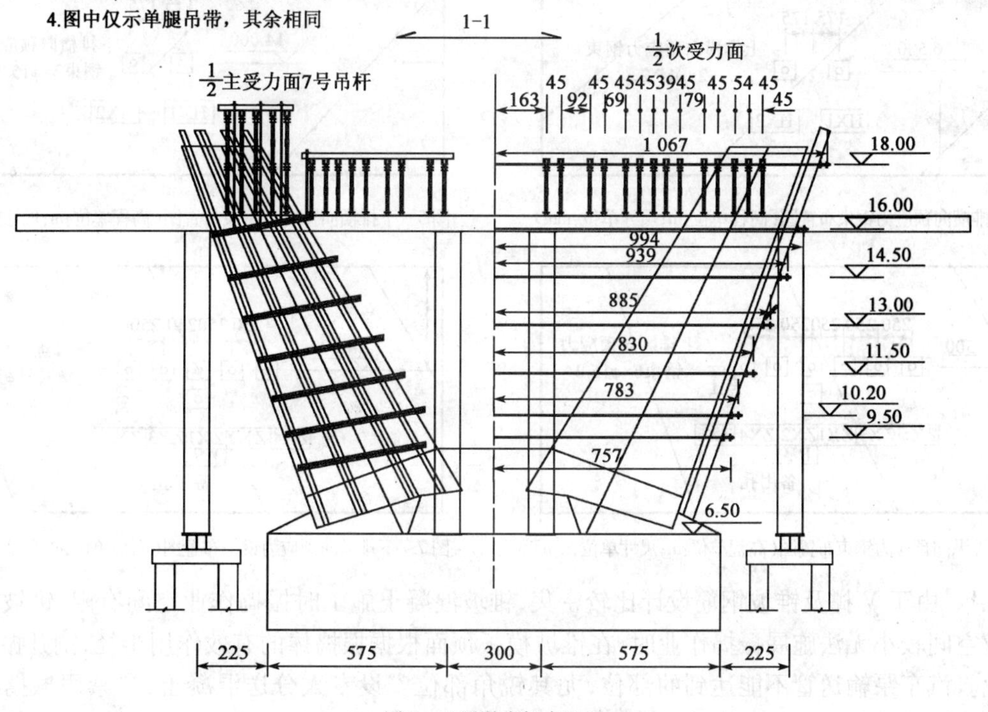

图2 V形墩支架布置图

5.2.2　本工法中有两套预应力系统:一套为吊挂模板的精轧螺纹钢筋,另一套为V形墩的临时预应力体系(图3)。临时预应力体系在该段混凝土浇筑完成且强度达到100%后张拉,张拉顺序同排预应力钢束张拉顺序为从构件中心至两侧对称进行,每次只张拉单根钢束,采用两端张拉;纵向预应力钢束张拉顺序ZX1→ZX2→ZX3→ZX4→ZX5→ZX6,横向预应力钢束张拉顺序HX1→HX2;上下游两组腿应交错进行。第二套预应力体系设四道,纵桥向两道,横梁向两道,下排纵桥向设5孔单根ϕj15.24钢绞线,下排横桥向设2孔单根ϕj15.24钢绞线,上排纵桥向设6孔单根ϕj15.24钢绞线,上排横桥向设2孔单根ϕj15.24钢绞线以V腿中轴线布置。并应错开拱脚预应力及V形墩主筋。

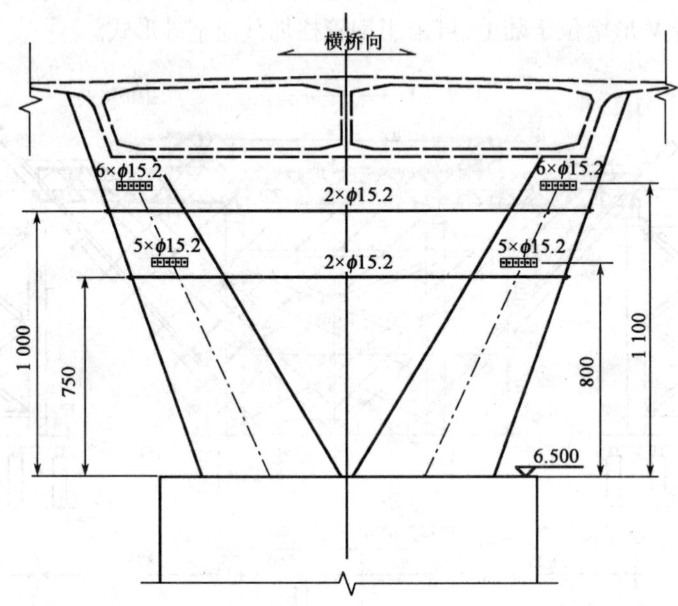

图3　V形墩临时预应力束布置图(高程单位:m;尺寸单位:cm)

5.2.3　预应力钢束布置(图4~图7)

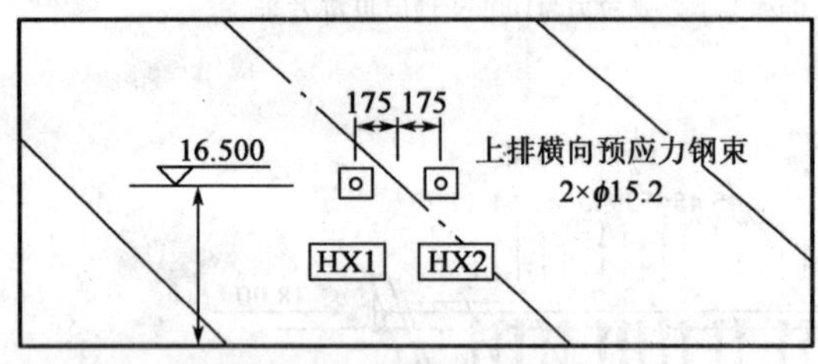

图4　上排横向预应力钢束布置图(高程单位:m;尺寸单位:mm)

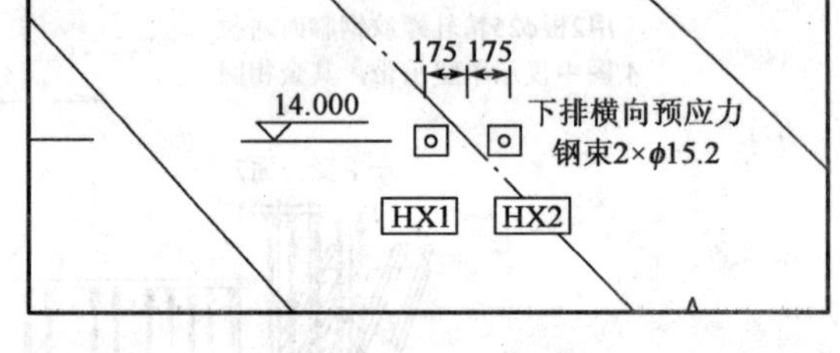

图5　下排横向预应力钢束布置图(高程单位:m;尺寸单位:mm)

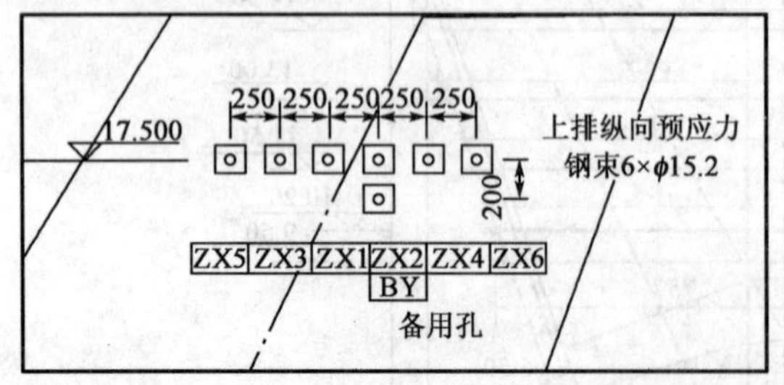

图6　上排纵向预应力钢束布置图(高程单位:m;尺寸单位:mm)

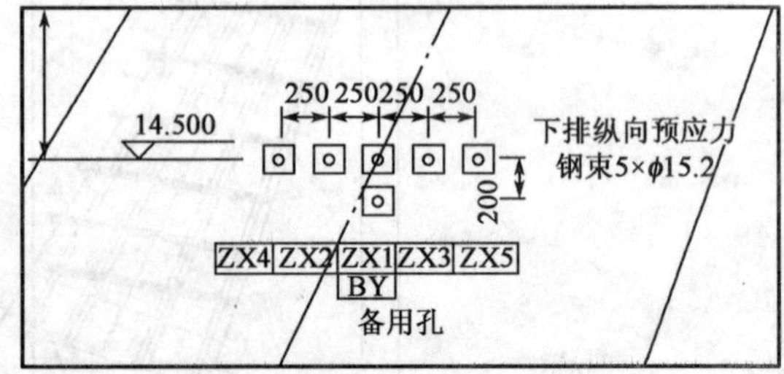

图7　下排纵向预应力钢束布置图(高程单位:m;尺寸单位:mm)

5.2.4　由于V撑及锥坡钢筋设计比较密集,锥坡混凝土施工时振捣作业空间有限,锥坡混凝土施工中作业空间较小无法施展振捣作业时,在锥坡模板顶面根据振捣棒的有效作用半径,割开振捣孔以供振捣作业。汽车泵输送管不能达到的部位,尤其锐角部位安设专人分送混凝土,严禁用振捣棒分灰自流。对每一振动部位,必须振动到该部位混凝土密实为止。浇筑混凝土过程中,设专人检查支架、模板、钢筋和预埋件,当发现有松动、变形、移位时,应及时处理。由于锥坡边沿处较薄,为振捣密实,在锥坡四角处在模板上设置附着式振动器振捣。

在第一节V腿顶部应做施工缝,其位置应与V腿轴线尽量垂直(约与水平面成30°),在内部均匀插上16根长度30cm、直径25mm的螺纹钢筋作为锚固钢筋。

5.2.5 初段V腿混凝土达到设计要求强度后应进行凿毛处理。只拆除锥坡模板,不拆除V腿模板,利用锥坡面上的预埋件安装V形墩主、次受力面下纵梁,再安装模板(主、次受力面),待钢筋安装完毕,安装剩余面模板,利用精轧螺纹钢筋联系上平衡系统和模板系统。

5.2.6 按设计图纸分段将每节的劲性骨架接长,接长长度应与钢筋长度匹配,劲性骨架接长采用焊接,主要施工工具为交流电焊机;V腿钢筋设计采用直径32mm Ⅱ级钢筋,双层布置,采用直螺纹套筒连接,主要施工工具为扭力扳手。

本工法钢筋分为三段,混凝土浇筑分为四段,主要有三点考虑:(1)每段混凝土施工时,钢筋应高出拟浇混凝土高程;(2)主钢筋接头不能在同一断面,错开距离应满足施工规范要求;(3)钢筋购进长度和下料长度的经济性。

5.2.7 V形墩混凝土采用汽车泵泵送入模,特别是施工第二节及以上部分,应在四腿间循环进行。由于V腿较长,且作业空间狭小,采用串筒送灰至浇筑面,以防止混凝土离析。纵桥向两腿间的最大不平衡重力为100kN,即$4m^2$混凝土的重力,工地上所用的混凝土搅拌运输车为$8m^3$,施工中一般为每车两腿浇筑,便于计量与控制。

控制不平衡荷载的方法是采用特别贝雷销,采用锁定结构与横梁连接,此处贝雷梁允许转动,但不得有纵桥向位移。承台上两排支架设纵向剪刀撑,可将水平不平衡荷载转化为竖向荷载,传至基础部分。

5.2.8 测量与沉降观测。施工中利用高程建立与各边尺寸相关的线性方程,可计算出任意高程V腿的平面尺寸及中心位置(包括水平面及轴线垂直剖面两种)。V腿底面高程6.5m,顶面高程18.55m,以高程x为自变量,对V腿水平剖面顺桥向边a建立函数$f_a(x)=(-0.158)x+532.500$。其中高程x以cm为单位。

拱脚预埋入V腿内钢绞线的定位及长度下料,也需按此法建立空间坐标系(坐标系原点为承台上顶面中心),来控制锚端、锚头位置及钢绞线的下料长度。即根据V腿CAD三维模型,用水平面及垂直轴线剖面剖切三维立体图,投影得出平面图形,再量取各边尺寸进行现场放样,同时用线性方程加以复核。

V形墩在每段混凝土浇筑过程中,均需进行沉降观测,采用带测微器的水仪器进行。浇筑混凝土前,在上横梁上做测点,在浇筑前、混凝土浇筑至1/2时、混凝土浇筑完分别进行高程测量,计算出沉降量。每次浇筑最大沉降量小于3mm,累计沉降量为8mm,比计算值稍小。故在施工时先将吊带收紧,预设一定的回缩量,以抵消混凝土浇筑过程中的变形。

6 材料与设备

本工法投入的主要材料为钢管桩(柱)、贝雷片、型钢、吊带、模板、PVC管等,详见表1。设备主要为起重设备、混凝土施工设备、钢筋加工设备等,详见表2。

主要材料表 表1

序号	部位名称	规格型号	数量(件/套)	质量		备注
				单重(kg)	总重(kg)	
1	钢管桩	D529×δ8×9 600mm	80	318.92	25 513.6	基础部分,钢管桩为平均长度
2	封顶钢板	700×700×10mm	80	38.47	3 077.6	
3	桩顶分配梁	[40a,l=2 800mm	160	164.95	26 392.0	

续上表

序号	部位名称	规格型号	数量(件/套)	质量		备注
				单重(kg)	总重(kg)	
4	下层承重梁	HM500×300, l=2 400mm	80	309.6	24 768.0	
5	钢管桩	D800×δ10×9 780mm	24	614.8	14 755.2	平均长度
6	桩顶分配梁	HM500×300, l=30 600mm	12	3 947.4	47 368.8	
7	纵桥向剪刀撑	[28a, l=9 600mm	16	301.632	4 826.1	
8	纵桥向剪刀撑	[28a, l=9 730mm	8	305.72	2 445.8	
9	纵桥向剪刀撑	[28a, l=9 400mm	8	295.35	2 362.8	
10	纵桥向剪刀撑	[28a, l=9 000mm	8	282.78	2 262.2	
11	节点板	700mm×1 150mm×10mm	4	63.2	252.8	
12	纵桥向剪刀撑	[25a, l=5 200mm	36	142.844	5 142.4	
13	纵桥向剪刀撑	[25a, l=16 200mm	48	170.314	8 175.1	
14	节点板	500mm×410mm×10mm	48	16.1	772.8	
15	节点板	720mm×410mm×10mm	24	23.2	556.8	
16	纵向格构件	[20a, l=900mm	180	224.91	40 483.8	
17	横桥向剪刀撑	[28a, l=5 700mm	42	179.094	7 521.9	
18	横桥向剪刀撑	[25a, l=19 800mm	18	543.91	9 790.4	
19	横桥向剪刀撑	[28a, l=4 400mm	12	138.25	1 659.0	
20	横桥向剪刀撑	[25a, l=4 400mm	6	120.87	725.2	
21	横向格构件	[20a, l=900mm	450	224.91	101 209.5	平均长度
22	主受力面纵梁	[45a, l=17 200mm	24	1 382.88	33 189.1	平均长度
23	主受力面下横梁	[28a, l=4 000mm	56	125.68	7 038.1	平均长度
24	下吊带楔块	δ20mm 钢板	112	157	17 584.0	
25	上横梁	[25a, l=4 640mm	56	127.461	7 137.8	
26	加强弦杆	[18, l=3 000mm	84	68.97	5 793.5	
27	加强弦杆	[8, l=450mm	84	3.618	303.9	
28	主受力面吊带	JL32L=12 600mm	56	83.8	4 692.8	平均长度
29	主受力面吊带	JL25L=12 600mm	56	51.66	2 893.0	平均长度
30	纵梁铰接件	[25a, l=7 800mm	4	214.27	857.1	
31	次受力面纵梁	[36a, l=17 400mm	16	831.72	13 307.5	平均长度
32	次受力面横梁	[20a, l=3 000mm	56	74.97	4 198.3	平均长度
33	次受力面吊带	JL25, l=19 050mm	42	78.11	3 280.6	平均长度
34	特制贝雷梢		60			
35	纵梁铰接钢板	δ20mm 钢板	120	157	18 840.0	
36	V形墩模板		1		65 000	
37	贝雷片		196			
38	支撑架	450~900mm	200			
	合计				5 141 77.5	

主要机械设备仪器表　　表2

序　号	机械名称	规格型号	单　位	数　量	备　注
1	混凝土搅拌站	$30m^3/h$	座	2	商品混凝土公司提供
2	混凝土汽车泵	40m 臂长	台	1	商品混凝土公司提供
3	混凝土搅拌运输车	星马系列	台	4	商品混凝土公司提供
4	插入式振捣器	ϕ50、ϕ30mm	支	12	其中4支备用
5	附着式振捣器	1.5kW	支	4	
6	交流电焊机	BX1-500	台	10	
7	气割设备		套	2	
8	钢筋切断机	GQ40	台	1	
9	钢筋弯曲机	GW40A	台	2	
10	钢筋镦粗机	ZFD-32/40	台	1	
11	套丝机	HGS-40B	台	1	
12	扭力扳手		台	4	
13	拼装式浮船	10t	艘	1	
14	汽车吊	浦源25t	台	1	
15	发电机	25W	台	1	备用电源
16	全站仪	拓普康-330N	台	1	
17	水准仪	DSZ2	台	1	配置测微
18	坍落度仪		套	1	

7　质量控制

7.1　设计、施工及质量控制相关规范与手册

《地基基础设计简明手册》、《公路桥涵地基与基础设计规范》(JTG D63—2007)、《钢结构设计规范》(GB 50017—2003)、《公路桥涵设计通用规范》(JTG D60—2004)、《公路钢筋混凝土及预应力混凝土桥涵设计规范》(JTG D62—2004)、《公路桥涵施工技术规范》(JTJ 041—2000)、《铁路钢桥制造规范》(TB 10212—98)、《城市桥梁工程施工与质量验收规范》(CJJ 2—2008)。

7.2　主要控制原则和要求

7.2.1　V形墩混凝土满足和易性要求,各龄期强度和弹性模量不小于设计值,水化热满足方案设计要求。

7.2.2　V形墩混凝土浇筑完成后,采用带模洒水养生。

7.2.3　施工阶段临时预应力束采用 ϕj15.24 高强度低松弛钢绞线,F = 1 860MPa,E_p = 195 000MPa,质量满足 GB/T 14370—2003 标准。张拉应力为1 395MPa;张拉预应力时所浇筑混凝土段强度不得低于设计强度90%。

7.2.4　支架钢管桩插打施工时,允许误差应控制在 ±50mm 内。钢结构长度、宽度焊缝满足方案设计要求。

8 安全措施

本工法的施工主要在水上进行,施工难度大,危险源较多,主要有水上作业、高空作业、吊装作业、用电作业等方面,在施工过程中除严格遵守桥梁安全技术规程的有关规定和《中华人民共和国环境保护法》外,还应注意以下几点。

8.1 编制拼装式浮吊作业专项方案和技术保证措施,满足《起重机械安全规程》(GB 6067—85)要求,确实执行机关及项目工地两级安全管理体系。浮吊拼装在市技术质量监督站指导下进行。

8.2 由于本工法涉及桥梁宽度较大,现场只有桥梁一侧有栈桥与平台,V 形墩支架、模板安拆时,需由栈桥上汽车吊与浮吊抬吊或接力吊装,现场由一专业装吊工统一指挥,严禁多头指挥。

8.3 现场脚手架采用落地扣件式钢管架作脚手架,上面木板作工作平台,钢管采用 48 ×3.5mm 钢管,所有支架落地于承台或钢支架分配梁上,并设有剪刀撑,达到一定高度时与现有结构物采用连墙件相连。

8.4 现场用电 TN-S 系统的三相五线接零保护,按三级配电、两级保护实施,采用"一机一闸一漏一箱"制度。

8.5 高处作业按《高处作业分级》(GB 3608—83)和《建筑施工高处作业安全技术规范》(JGJ 80—91)执行,高处作业系安全带,挂安全网,所有进行现场人员佩戴安全帽。尽量避免夜间吊装作业和立体交叉作业。

8.6 支架拆除方案、预应力作业、施工用电、吊装方案按已批复的专项方案执行,拆除原则上是先装后拆,后装先拆。

9 环保措施

9.1 粉尘控制措施

9.1.1 施工场地内安排专人进行道路的清洁工作,并进行严格检查;未硬化的部位,定期压实地面和洒水,减少灰尘对周围环境的污染。

9.1.2 禁止在施工现场焚烧有毒、有害和有恶臭气味的物质。

9.1.3 严禁向建筑物外抛掷垃圾,所有垃圾装袋或装桶投入指定地点并及时运走。

9.1.4 严格执行工完料尽场地清的原则。

9.2 噪声控制措施

9.2.1 尽可能采用低噪声的工艺和施工方法,施工方案实施前必须经过环境保护小组的审核。

9.2.2 建筑施工作业的噪声可能超过建筑施工现场的噪声限值时,在开工前向建设行政主管部门和环保部门申报,并在核准后进行施工。

9.2.3 施工中合理组织,尽可能将产生噪声的工作安排在白天进行。

9.2.4 进入施工现场内的车辆、所有场内施工用机械设备不允许鸣笛;地面和高层的联系采用对讲机;工人施工时禁止喧闹。

9.3 光污染控制措施

9.3.1 电焊、金属切割产生的弧光采用围板与周围环境进行隔离,防止弧光满天散发。

9.3.2 现场围墙上布设的灯具原则上不得超过围墙高度;吊车及周围场地照明的大镝灯必须调整照射方向向场内,不得直接照射到机场飞行区,施工场地外围的照明采用柔光灯,不可采用强光灯具。

9.4 排污控制措施

9.4.1 施工现场厕所污水在进入污水管网前必须经过化粪处理,并定期撒适当的防疫药物后方可排入市政管道;厕所、化粪池应具有防漏措施,防止污染水源。

9.4.2 现场冲洗机械设备必须在指定地点进行,避免冲洗的废油四处扩散,冲洗完成后必须将冲洗的废油进行收集;机械修理等地方必须于地面上采取木板等进行适当的铺垫,防止污染地面。

9.4.3 施工现场必须保持雨水排水的畅通,防止现场局部地方产生积水现象。

9.5 现场防污染控制措施

9.5.1 现场使用的油料必须设置专人进行保管,防止产生油料扩散现象;现场摆放的易扩散油料或施工用料必须进行密闭储存,防止扩散。

9.5.2 现场使用的易漂浮材料必须装袋进行储存,防止扩散。

9.5.3 现场垃圾实行分类管理,设置足够的垃圾池和垃圾桶,建筑垃圾集中堆放并及时清运。

9.5.4 现场禁止焚烧油毡、橡胶等会产生有毒、有害烟尘和恶臭气体的物质。

10 节能措施

10.1 优化主体工艺结构和产品结构,建立资源利用高效化、物质消耗减量化的高效生产体系。本工法所施工的V形墩作业面较小,所投入机械设备较少,多采用手动葫芦等小型设备,钢筋连接也多为机械连接,在节能降耗方面是具有一定成果的。

10.2 在供电、输配电、用电系统,应用节电产品和节电技术。采用低损耗新型变压器,优化变压器的运行方式,应用高效电机,采用变频调速和节能技术提高用电效率;采用动态无功补偿技术,提高系统功率因数,抑制谐波;提倡绿色照明,采用高效光源、高效灯具替代白炽灯。

11 效益分析

本工法采用的支架材料容易组织,多为钢管桩、普通型钢、贝雷片、精轧螺纹钢筋,材料易于组织,构件易加工,并可进行改装,以多次倒用。万能杆件支架方案与此工法中的方法进行对此,万能杆件方案多为栓接结构,施工中需要大量螺栓,易于丢失,安装质量较难保证;此方案主要为焊接结构,易操作,质量易保证。各方案支架所需要工程量详见表3。

两方案所需材料对照表(含部分主桥边跨箱梁支架) 表3

所需主要材料	方案一	方案二
万能杆件(含异型杆件)	865t	0
贝雷片(含稍子、支撑架)	0	197t/656片
型钢	872t	332t
钢管桩(柱)	285t	162t
精轧螺纹钢	0	11t
模板	65t	65t
合计	2087t	767t

12 应用实例

樟林大桥,位于福建省莆田市,主桥为40m+100m+40m蝶形中承式系杆拱桥(参见图8)。主跨钢箱拱肋为矩形截面,两片拱肋向外倾角20°,构成蝶翼造型。主跨采用钢—混凝土叠合梁形式,梁高3m,通过牛腿与V形墩三角区及混凝土边箱梁相接。主墩V形墩由对称斜腿构成,顶部与60m预应力混凝土边跨箱梁形成刚构。V形墩根部平行四边形尺寸为4.3m×6.8m,顶部平行四边形尺寸为2.4m×3.2m,竖向净高为12.05m,成桥后为偏心受压的梁结构。该桥梁由中交第四公路工程局有限公司承建。

本工法由2008年10月首次开始应用,截至2009年11月,完成主桥两个V形墩的施工,效果良好。

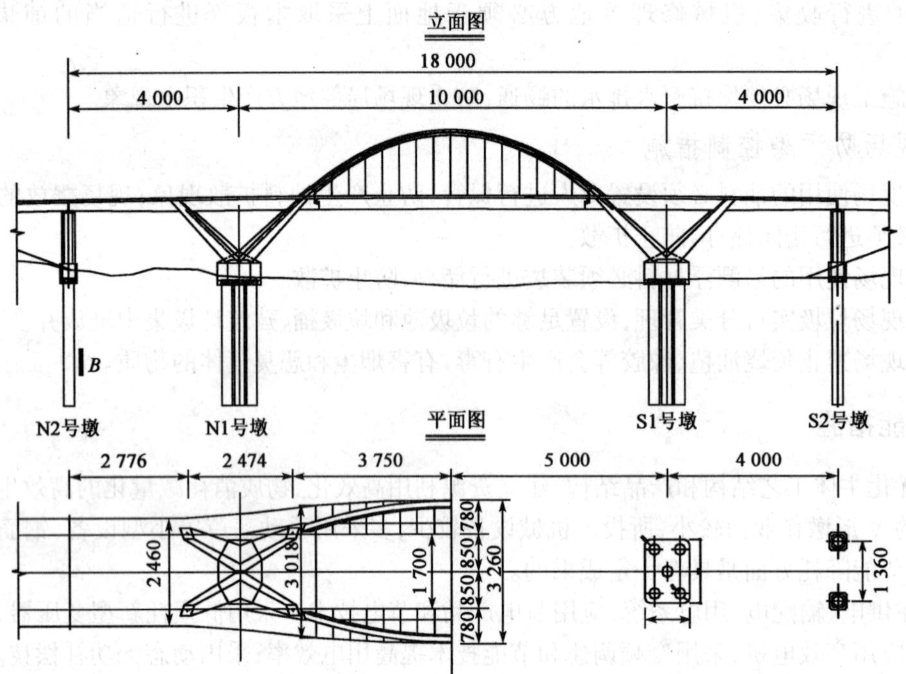

图8 樟林大桥主桥布置示意图(尺寸单位:cm)

拱桥转体砂筒转换支撑施工工法

GGG(黔)C2075—2010

张胜林　徐　贵　肖　军　黄书海　罗臣松
（贵州桥梁建设集团有限责任公司）

1　前言

有平衡重平面转体施工技术，是桥梁施工工艺的重要组成部分。庞大的转出结构在转动体系形成前，支撑在支架上及转出结构上、下盘之间的土胎上。本项研究之前，一般采用钢靴、千斤顶等方式将转出结构适当顶起，然后卸落于转体重心（即磨心上），由于多点的刚性支撑在没有同步控制系统操作的前提下，容易造成局部受力过大，造成支顶处的破坏或千斤顶的破坏，有较大的安全隐患；而采用同步控制系统费用过高，经济性不高。

故本项研究工法的核心：转出结构形成前，在上、下盘之间预先设置砂筒，转出结构形成后，通过砂筒卸载，将转出结构的重心转换至磨心上。关键技术在于将刚性支撑改变为多点弹性支撑，采用有限元结构分析程序可以准确计算出各点的实际受力状况，弹性支撑各点结构设计有可靠的保证，从而实现转出结构平稳落架于磨心上，由多点支撑转换成磨心单点支撑，形成平转的转动体系。

此项工法施工方便，提高了安全性；使得转出结构及转动体系形成过程中，各阶段受力明确，确保了支撑墩及上盘的结构安全；同时使得砂筒这一传统的卸架设备焕发出新的生命力。

2　工法特点

2.1　钢质砂筒弹性支撑的特性，使各支撑点受力均匀；结合转出结构及转动体系的形成过程，通过对支撑点的合理布设，使各阶段受力明确、合理，确保支撑墩及上盘的结构安全。

2.2　利用钢质砂筒对转出结构进行落架，可以有效地控制落架过程，增加落架的整体性和稳定性，安全有保证。

2.3　钢质砂筒制作简单，可以工地上自行加工，操作起来也很简便。

3　适用范围

适用于平面转体施工，转出结构的支撑转换及卸架；对于其他结构物的落架和落梁也有借鉴价值。

4　工艺原理

4.1　按照转出结构形成过程中重心的转移位置，在下盘上设置临时支撑墩，利用砂筒弹性支撑的特点，使各支撑点受力均匀、明确。

4.2　将上盘视为多点弹性支撑的连续梁，按梁跨度逐步加大的原则，拟定卸载程序；让砂筒内的砂按定量逐步泄出，降低砂筒顶心的高程，从而使转出结构缓慢落于磨心，形成转动体系。

5　施工工艺流程及操作要点

5.1　施工工艺流程

5.1.1　上盘倒锥体施工

下盘混凝土浇筑完成并达到设计强度后,进行上盘倒锥体的施工。由于操作空间狭窄,在距磨盖3.18m范围修筑240型砖墙,砖墙内填筑砂子,砂子采用夯实的方法保证密实度,然后再铺装模板,在模板上浇筑倒锥体,砂支撑周围都采用塑料布或油毡铺满以防砂浆渗漏;3.18m以外采用片石、碎石、砂依次进行分层填筑直到模板位置,这样有利于模板的拆除。

模板安装及钢筋绑扎完毕后,浇筑混凝土。

5.1.2 临时支撑墩施工

预制临时支撑墩,然后按照设计位置进行安装。具体见图1和图2。

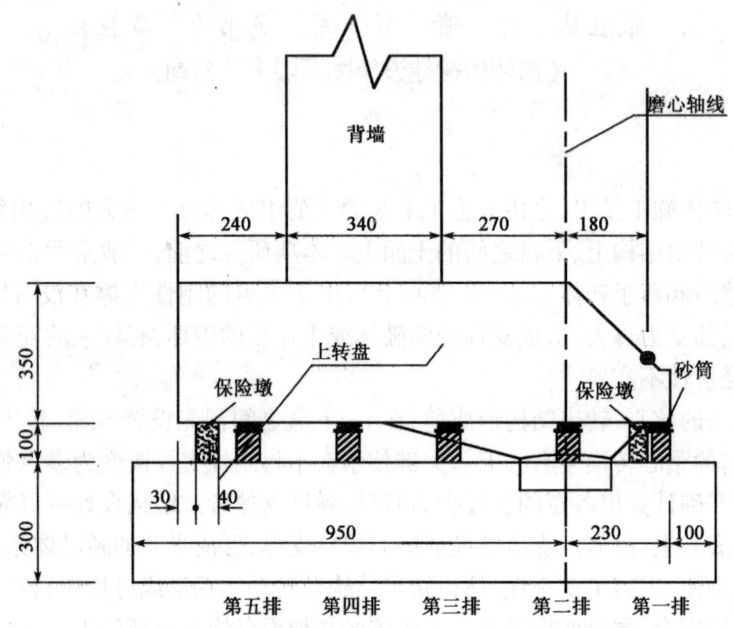

图1 砂筒立面布置图(尺寸单位:cm)

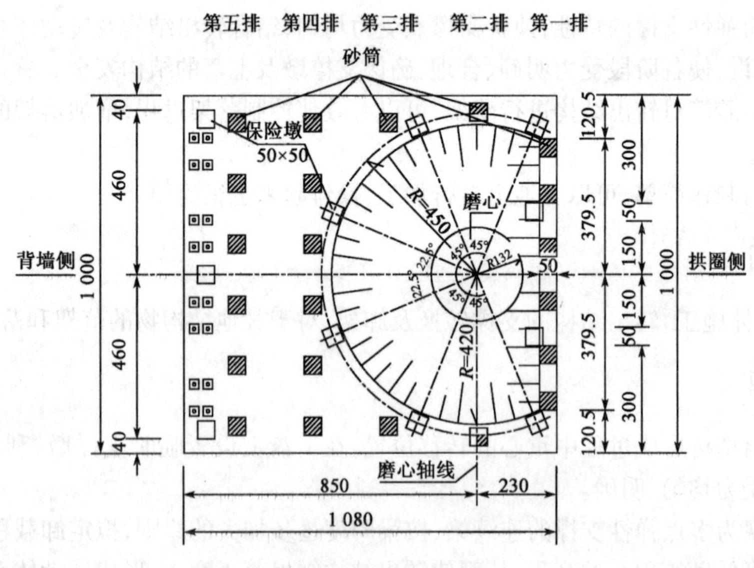

图2 砂筒平面布置图(尺寸单位:cm)

5.1.3 砂筒的制作与安放

砂筒加工完成后,在筒内填入标准砂,并按设计荷载进行预压;采用沥青在砂筒与顶心之间填缝密封。见图3。

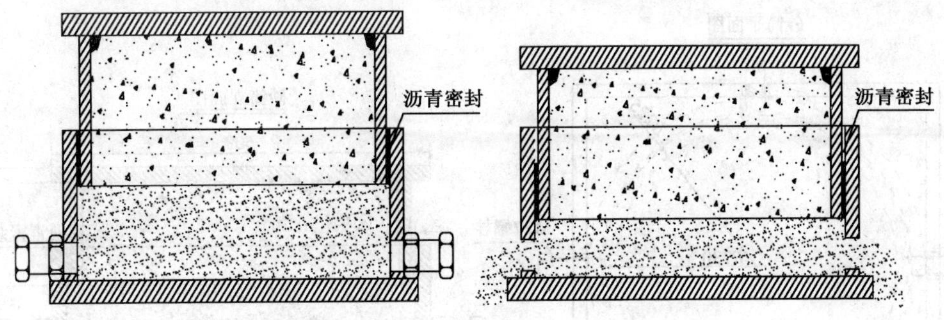

图3 砂筒泄砂图

在临时支撑墩顶面安装制作好的砂筒,最后砂筒顶面钢板上垫上一层塑料薄膜,底模进行开孔,让钢板直接与上盘底面接触,在浇筑上盘后直接参与受力;同时按设计位置安装保险墩,保险墩底部的四角用1cm厚的钢板进行铺垫。

5.1.4 上盘及转出结构施工

(1)上转盘及拱座的浇筑除了有布置砂筒及保险墩的地方,其余采用钢管支架支承,立管间距采用0.3m×0.3m布置,上盘底模及侧模均采用木模,钢筋绑扎完成后,浇筑混凝土。

(2)上盘及拱座施工完成后,搭设支架,施工背墙和开口薄壁箱。

5.1.5 支撑转换

在开口拱箱和平衡重背墙全部浇筑完毕,待达到设计强度后,进行穿索和张拉钢绞线,待拱圈扣索及背索张拉完毕,测出各控制点的空间位移和内力,静置24h,然后进行一次全面的检查,观察有没有出现其他情况;同时第二次进行空间位移和内力的测量,与第一次进行对比,确认没有问题后,开始进入脱架程序,脱架程序具体如下:

第一步,全部将保险墩底部四角垫的钢板全部拆除后,在上盘四角下安装百分表,由专人负责观测读数确保平稳、均匀脱架。

第二步,由于上转盘底部没有横向预应力筋,为防止上盘横向开裂,先泄第2排、第3排(共4个)砂筒的砂,按每次下降1mm计算,取泄砂160mL,两边对称进行。

第三步,第4排支承砂筒泄砂,也按每次下降1mm计算,每次泄砂160mL,并由中间向两边对称进行。

第四步,第5排支承砂筒泄砂,也按每次下降1mm计算,每次泄砂160mL,并由中间向两边对称进行。

第五步,将开口箱的底模拆除,支架可暂时不拆(待转体后进行拆除),清理箱体底面的杂质,确认开口箱完全脱离和不影响转体。

第六步,第1排(拱圈侧)支承砂筒泄砂,也按每次下降1mm计算,每次泄砂160mL,并由中间向两边对称进行。

第七步,按照上述第一步至第四步及第五步的程序重复操作,直到所有砂筒与上盘脱空不受力,但不拆除,达到体系转换的目的;实现了磨心承重。

5.2 操作要点

5.2.1 砂筒的制作与安装

(1)根据转出结构及转动体系形成过程结构分析,砂筒受力最大为4 570kN,设计下落高度5cm,砂筒所用钢管材质为Q345钢,外管内径46cm,壁厚2cm,顶心用的钢管外径45cm,壁厚1.6cm,泄砂孔采用M27螺栓封孔,如图4所示。

(2)加工时顶心钢管与顶板磨平顶紧,并焊接管内侧,砂筒下部钢管与底板磨平顶紧,焊接钢管外侧。

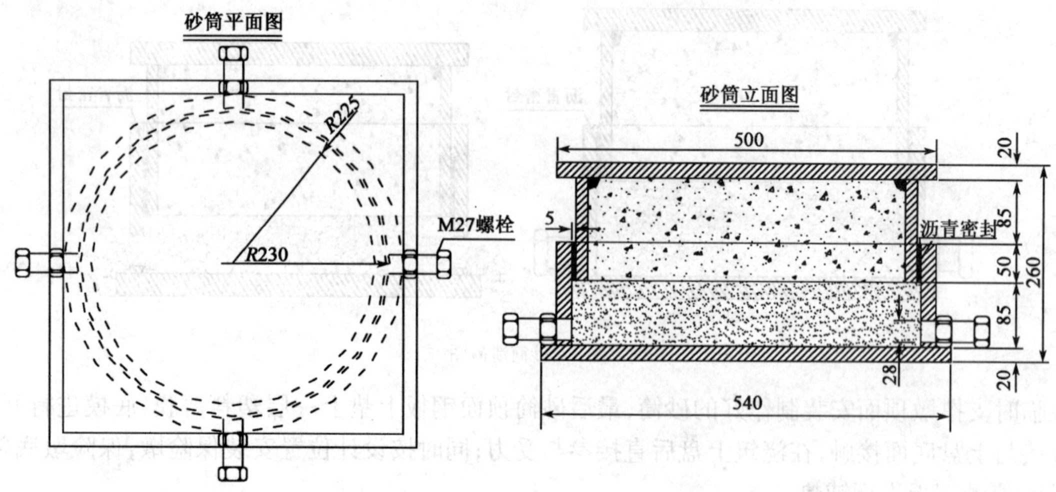

图4 砂筒结构图(尺寸单位:mm)

5.2.2 砂筒支撑落架

(1)砂筒内装干燥细砂高度85mm,装砂后对砂筒进行预压,预压后将顶心与筒壁间的缝隙用沥青填实,以防筒内砂子受潮。

(2)外套筒顶部底板的高程要经过精密的计算,要充分考虑到泄砂后砂筒和转动体能够完全脱空。此外还应考虑到落架完成后砂筒的拆除。

(3)落架过程中,转动体的重心判断和均匀下降是关系到施工成败的关键。因此,放砂阀门在工作时的流畅程度,各处砂筒每次放砂量是否均衡的严格控制以及在整个过程中对转体顶面高程的严密监控都是十分重要的。

6 材料与设备

6.1 本工法所采用材料见表1。

主要材料数量表 表1

序 号	名称及规格	单 位	单位质量(kg)	数 量	总重(kg)	备 注
1	D=2cm 钢板	m^2	157	32.595 2	5 117.4	
2	D=1.6cm 钢板	m^2	125.6	8.245 6	1 035.6	
3	M27 螺栓	个		176		
4	沥青	m^3		0.015 7		
5	干燥细砂	m^3		0.62		

6.2 本工法主要设备见表2。

主要机械设备表 表2

设备名称	型 号	规 格	数 量
直流焊机	AX3-300-1		2台
交流焊机	BX3-300-1		2台
塔吊一台	QTZ100	8t	2台

7　质量控制

7.1　一般要求

7.1.1　加强测量的精度控制与复核，确保钢质砂筒加工制作符合设计要求。

7.1.2　严格执行合同文件有关规定和施工规范要求。

7.1.3　严格执行材料，设备进场的复核验收工作程序，确保进场材料，设备合格。

7.1.4　严格每一道工序开工前和结束后的检查验收制度，坚持执行班组自检，质检部门检查合格，报请监理工程师检验的工作程序，重要工序请监理旁站监督检查。

7.2　施工工序过程控制

7.2.1　钢质砂筒焊接质量控制

(1)钢板焊接前，必须根据施工条件进行试焊，合格后方可正式施焊。焊工必须持考试合格证上岗。

(2)在焊接过程中如发现点焊定位处的焊缝出现微裂缝，则该微裂缝部位必须全部铲除重焊。

(3)施焊前，焊工必须检查焊接部位的组装和表面清理的质量，对不符合要求的应在处理合格后方能施焊。

(4)焊接所用焊条、焊剂必须与母材相匹配。

(5)焊缝质量必须满足《钢结构工程质量验收规范》(GB 50205—2001)中二级焊缝要求。

(6)焊缝的处理：

①焊缝尺寸超过规范允许的超差的咬边，必须应用手弧焊进行返修。

②焊缝中有气孔、裂纹、溶渣、未溶透等缺陷，且未超出规范允许值时，用碳弧气刨清除缺陷，用焊接的方法进行返修。

③返修焊必须将清除部位的焊缝刨成1:5 的斜坡，再进行焊接。

④返修焊的焊缝应立即进行铲磨匀顺，并按质量要求进行复查。

⑤返修焊次数不宜超过2次。

(7)焊缝检验。所有焊缝都必须进行外观检查，咬边、弧坑、焊瘤、表面气孔等外观缺陷用肉眼观察，焊缝外形尺寸用焊缝尺度样板测量。对于上述不合格的缺陷应进行返修焊。

7.2.2　钢质砂筒支撑落架

转动体的体系转换是通过砂筒泄砂慢慢实现的。在整个泄砂过程中，每一处的砂筒泄砂必须严格按照预定程序，缓慢而有序的完成。

采用量杯的方式来控制泄砂量，砂筒上设置的四个泄砂孔对称泄砂，以保证砂筒受力均匀，砂筒顶心下降平稳；

在泄砂过程中，施工人员听从指挥人员统一指挥。

7.3　执行标准

7.3.1　《花江大桥主桥施工图设计文件》；

7.3.2　《公路桥涵施工技术规范》(JTJ 041—2000)；

7.3.3　《金属材料室温拉伸试验方法》(GB/T 228—2002)；

7.3.4　《金属材料弯曲试验方法》(GB/T 232—1999)；

7.3.5　《钢结构工程质量验收规范》(GB 50205—2001)

7.3.6　《公路工程施工安全技术规程》(JTJ 076—95)；

7.3.7　《公路工程质量检验评定标准》(JTG F80/1—2004)。

7.4　工艺质量标准

工艺质量标准见表3。

工艺质量标准　　表3

项目		允许偏差
钢质砂筒	构件尺寸	±2mm
	轴线偏差	±20mm
	高程偏差	±2mm
	焊缝	一次检验合格率85%,二次检验合格率100%

8 安全措施

8.1 现场安全措施

8.1.1 建立健全安全保证体系。项目经理部设安全科,专职负责安全工作,各施工队、工班、组设专职安全员,形成一个组织体系。

8.1.2 健全安全生产责任,坚持安全第一的原则,要把安全放在一切工作的首位,要杜绝一切漏洞,保证安全生产。安全工作要分专人管理,各级领导要亲自抓。

8.1.3 加强安全生产教育,提高全员安全意识,施工现场全体人员必须严格执行《建筑安装工程安全技术规定》和《建筑安装工人安全技术操作规程》。人员上岗前将进行安全培训。

8.1.4 项目经理部和各工区配备医务人员和适当的抢救设施及药品,施工工地配备足够的安全网、安全绳以及施工工人的保护用品,驻地配备消防设施和卫生设备,消除各环节的安全隐患。

8.1.5 机械驾驶员、电工等专业工种,必须按《特种作业人员安全技术考核管理规定》(GB 5036—85)经过技术培训,考试合格,发给操作证后方可单独作业,严禁无证操作。

8.1.6 施工现场临时电线线路必须符合建设部颁发的《施工临时用电安全技术规范》(JGJ 46—88)的要求,严禁任意拉线接电。

8.2 钢结构加工制作安全措施

8.2.1 电源线严禁破皮外露。

8.2.2 电焊工作要戴齐面罩、手套、鞋盖。

8.2.3 电焊机的一次电源线,拆、接须由电工完成。一次线不宜大于5m,2次线不宜大于30m。电焊机需有接地保护。

8.2.4 电焊机的把线、零线必须连接牢固,并不得用钢丝绳或机电设备代替零线,把线严禁破皮外露。

8.2.5 气焊点火时,不能对人。燃烧的割炬不能随手放置。

8.2.6 乙炔气瓶,必须装有防火装置。

8.2.7 氧气表、乙炔表及割炬上不得沾有油污、油脂。

8.2.8 氧气瓶和乙炔瓶要与明火保持10rn以上的距离。搬运氧气、乙炔瓶时不应碰撞。氧气、乙炔瓶严禁物体打击,要有防雨、防晒措施,乙炔瓶须立放。

8.2.9 工作完毕后,将氧气、乙炔瓶关闭好。检查作业场地,确无火灾危险后,方可离开。

8.3 钢结构安装安全措施

钢质砂筒每个约140kg,在安装过程中将采用塔吊进行安装。

8.3.1 安装人员必须持有与本人工种相符的操作证。

8.3.2 安装人员必须戴好安全帽,系好帽带,穿好工作服、工作鞋。

8.3.3 起重工在起吊构件前,必须要明确构件重力,是否在允许负载之内;是否与吊索具匹配。严禁超负载作业。

8.3.4 起重工信号工在起吊前要和塔吊操作员统一指挥信号,避免发生错误操作。

8.3.5 起吊的构件上严禁站人及放置零散构件。

8.3.6 起吊构件时,无关人员应离开作业区。

8.3.7 构件起吊时,起重工应将绳索绑扎牢固、平稳,起吊离地面50cm时再次确认构件是否绑扎牢固平衡后,方可起升就位。

8.3.8 构件起吊后,任何人不得站在吊物下方及大臂旋转范围内。

8.3.9 构件就位,应缓慢下落。下落放置时,人员应扶在构件外侧,不得将手扶在构件与地面,构件与构件的连接面。

8.3.10 使用撬棍校正时,不得将撬棍插入后放手,以防飞出伤人。

9 文明施工与环保措施

9.1 文明施工措施

9.1.1 文明施工组织管理机构

成立由项目经理为组长的文明施工小组,全面开展文明工地活动,创造良好的施工环境和氛围,保证工程顺利完成。

9.1.2 文明施工保证措施

(1)对进场施工队伍签订文明协议,建立、健全岗位责任制,把文明施工落实到实处,提高全体施工人员自觉性和责任心。

(2)采取有效措施处理生产生活废水,不得超标排放,并保证施工现场无积水现象。在多雨季节应配备应急的抽水设备和突击人员。

(3)现场布置合理,材料、物品、机具、土方堆放符合要求。

(4)施工现场、办公室内按要求布置图表,及时反映现场及工程进度状况。

(5)施工期间,经常对施工机械车辆道路进行维修,确保晴雨畅通。

(6)施工现场各种标志、标志牌布置合理。

9.2 环境保护措施

9.2.1 水环境保护措施

(1)施工废水、生活污水按有关要求处理,不得直接排入河流。

(2)施工的废油,采取隔油池等有效措施加以处理,不得超标排放。

(3)对工人进行环保教育,不得随地乱扔果皮纸屑。

(4)对于施工中废弃的零碎配件、边角料、包装袋、包装箱等及时收集清理,并做好现场卫生,以保护自然与景观不受破坏。

9.2.2 大气环境及粉尘的防治措施

(1)施工现场和运输道路经常洒水,减少灰尘对人的危害和环境的污染。

(2)对油料物品设立专门库房,采取严密可靠的存放措施。

9.2.3 降低噪声措施

(1)对使用的工程机械和运输车辆安装消声器,降低噪声。

(2)在比较固定的机械设备附近设置临时隔音屏障,减少噪声传播。

(3)适当控制噪声叠加,尽量避免噪声机械集中作业。

10 资源节约

本项工法研究之前,桥梁的平面转体工艺,在转动体系形成前,支撑在支架上及转出结构上、下盘之间的土胎上。转动体系落架一般采用钢靴、千斤顶等方式将转出结构适当顶起、折支撑,然后转动体系卸落于转体重心(即磨心上)。由于多点的刚性支撑在没有同步控制系统操作的前提下,容易造成局部受力过大,造成支顶处的破坏或千斤顶的破坏,有较大的安全隐患,而如果采用计算机同步控制系统费用过高,经济性不高。

本项目工法解决了上述难题,用砂筒替代钢靴、千斤顶或计算机同步控制系统,既经济又安全,且可操作性强,符合国家提倡的节能降耗的要求。

11 效益分析

有平衡重平面转体施工技术后,与原有方法相比,有以下几方面的效益:

11.1 将刚性支撑改变为多点弹性支撑,使得转出结构及转动体系形成过程中,各阶段受力明确,确保了支撑墩及上盘的结构安全。

11.2 通过砂筒卸载,实现转出结构平稳落架于磨心上,由多点支撑转换成磨心单点支撑,形成平转的转动体系;施工方便,提高了作业的安全性。

11.3 与千斤顶支顶后卸载相比,有一定的经济效益,以依托工程(转体质量3 800t)为例进行分析,具体见表4。

经济效益分析表 表4

方案名称	砂筒转换支撑	千斤顶支顶
材料或设备费	钢材:6.1t;标准砂0.62m^3 6.1×5 000+0.62×120=30 574.4元 按四次摊销,费用为7 644元	500t千斤顶12台及配套泵站费用为18万元
人工费	基本持平	
工期	一个工日	不确定因素多
节省费用	17.2万元	

12 应用实例

花江大桥为董箐水电站库区路桥复建工程,设计桥型布置为:2-13m(钢筋混凝土连续板)+1-140m(箱拱)+4-13m(钢筋混凝土连续板),桥梁全长242.5m。

本桥主孔为140m跨度上承式普通钢筋混凝土箱型拱,主拱圈为等截面悬链线单箱三室箱形拱,拱轴系数为$m=1.998$,净矢跨比1/5,拱圈截面高度2.3m,宽度7.55m。主拱圈采用有平衡重平面转体施工,设计转体质量为约3 800t,贞丰岸按顺时针方向转180°,关岭岸按逆时针方向转90°后合龙成拱(图5、图6)。

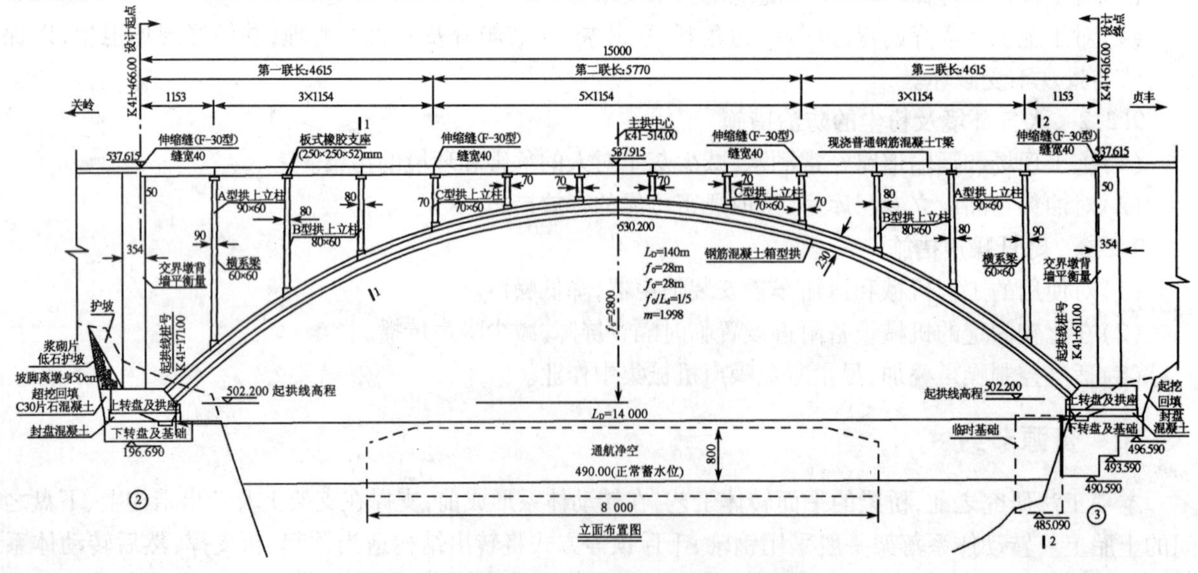

图5 花江大桥桥型布置(尺寸单位:cm;高程单位:m)

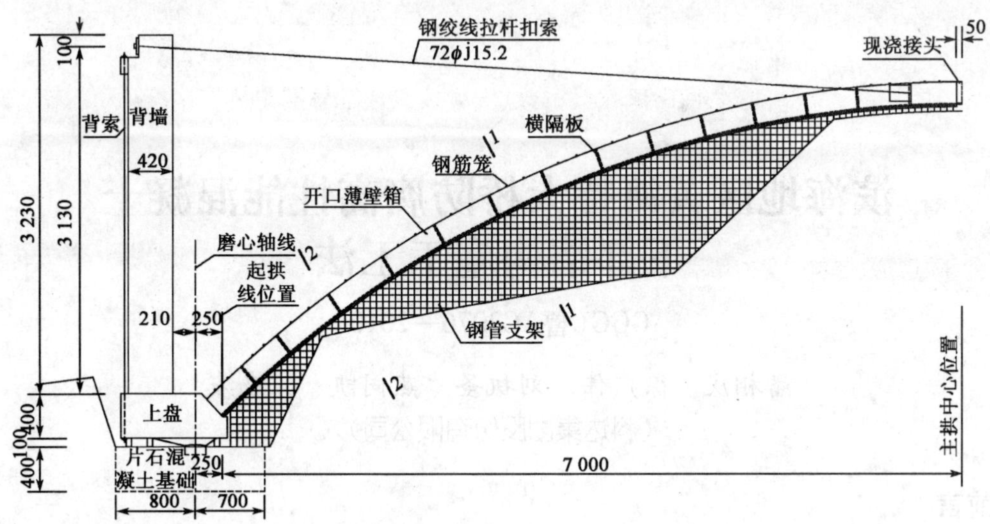

图6　花江大桥转动体系(尺寸单位:cm)

本桥主拱圈采用有平衡重平面转体施工,转出结构为交界墩(平衡重)、开口薄壁箱及上盘,转体重心正下方的下盘上设置磨心;转动体系形成前,转出结构通过临时墩支撑于下盘上,转出结构形成后,张拉扣索拱圈脱离支架,通过在临时墩及上盘之间预先设置的砂筒卸载,将转出结构平稳落架于磨心上,由多点支撑转换成磨心单点支撑,形成平转的转动体系。

应用此项工法,施工方便,提高了安全性;使得转出结构及转动体系形成过程中,各阶段受力明确,确保了支撑墩及上盘的结构安全。

本桥转体于2009年8月顺利实施,2010年3月全桥完工。

滨海地区黄河特大桥防腐高性能混凝土下部结构施工工法

GGG(鲁)C2076—2010

潘相庆　徐广伟　刘执圣　燕同凯　宋良友
(科达集团股份有限公司)

1　前言

随着我国现代化建设的不断加快,大型桥梁越来越多,所用混凝土的耐久性问题越来越受到重视。由于下部结构工作环境复杂,为了能确保施工质量和预防混凝土发生盐害、冻害、化学腐蚀和ASR、ACR病害。东营黄河大桥地处盐碱严重腐蚀地域,SO_4^{2-}浓度6 260mg/L,Mg^{2+}浓度4 010mg/L,均超过工业建筑防腐蚀规范中规定的强腐蚀范围,SO_4^{2-}、Mg^{2+}浓度均高于青海湖区,而在青海盐碱地建造的钢筋混凝土结构,则有"一年粉化,三年倒塌"的传说,表明盐碱腐蚀对钢筋混凝土结构损伤破坏的严重性。东营冬季的温度达到-15℃以下,在冻融与除冰盐(氯离子的腐蚀)双重作用下,使得当地的一些钢筋混凝土桥,建成后不到10年,就会出现保护层脱落、钢筋锈蚀的病害,有的因严重损伤破坏,已拆除扩建,严重地影响了使用功能。东营黄河公路大桥是国家高速公路规划网"天津至汕头"、"乌海至荣成"的重要重合路段,全长2 743.1m。主桥为116m+200m+220m+200m+116m预应力混凝土刚构-连续梁,其中7号、8号、11号、12号为设支座墩,9号、10号墩为刚构固结墩,按分离式断面设计,下部均为钻孔灌注桩群桩基础,上设承台及主墩,其中钻孔灌注桩群桩基础为49根ϕ150cm、深度为115m的群桩;引桥为跨径42m的先简支后连续箱梁,共45孔,下部均为ϕ150cm、深度为75m的钻孔灌注桩,其上设系梁、墩柱及盖梁。大桥距入海口约60km,为海洋性气候,受潮汐和海水倒灌影响,河水腐蚀性较严重。根据国内外海工混凝土结构的施工经验,混凝土结构中受腐蚀最严重的是浪溅区,依次是水位变动区、大气区。科达集团股份有限公司根据其和山东省交通厅公路局各出资50%投资建设的东营黄河公路大桥下部结构的施工技术特点和难点,结合在施工中所积累的宝贵经验编制了防腐高性能混凝土下部结构的施工工法。该工法经过试桩研究、课题研究,将成套施工技术和课题成果应用到工程施工中。并总结出滨海地区黄河大桥防腐高性能混凝土施工工法,为今后推广该项施工技术提供了可靠的技术保证。该项工法中的关键技术经科技查新在国内尚属首次应用。该项工法的推广和应用,必将取得良好的经济效益和社会效益。

2　工法特点

2.1　通过预防混凝土耐久性病害综合症技术研究及应用成果的应用,采用双掺技术(掺加复合多功能超细粉和高效减水剂),适当降低水灰比,选用C_3A含量低的水泥,制备出具有低导电量、高抗硫酸盐腐蚀、高抗冻性的耐腐蚀高性能混凝土,有效地改善了混凝土的性能,提高了结构的耐久性。

2.2　通过严格控制施工过程中对C30、C40混凝土进行导电量检测。按ASTMC1202标准,混凝土28d导电量<1 300C,56d导电量<1 000C。按此标准确定的混凝土属Cl^-渗透性很低的混凝土。

2.3　在按国内有关标准进行抗硫酸盐腐蚀的基础上,开展不同浓度的Na_2SO_4溶液、Na_2SO_4和$MgSO_4$复合溶液的混凝土浸渍试验、干湿循环试验、抗卤水侵蚀试验;并参照国外标准进行水泥、砂浆和混凝土的抗硫酸盐腐蚀试验。探索水泥、外掺剂的细度与化学成分及在混凝土中的掺量、混凝土水灰比等参数与抗盐碱腐蚀的关系。并拟定检验砂浆与混凝土抗硫酸盐腐蚀的新方法。

3 适用范围

本工法适用于沿海及类似盐碱地区的公路与铁路、土木水利与建筑工程、海洋及港口工程。

4 工艺原理

东营黄河大桥地处盐碱腐蚀地域，SO_4^{2-}、Cl^-对桥梁工程混凝土存在着盐碱侵害，沿海的大多数钢筋混凝土公路桥建成投入使用后，由于环境劣化因子的综合作用，基本上是5年开始劣化，8年严重损伤，10年需要大修或重建，表明盐碱腐蚀对钢筋混凝土结构损伤破坏的严重性。若冬季的温度达到-10℃以下，在冻融与除冰盐（氯离子的腐蚀）双重作用下，使得一些钢筋混凝土桥，建成后不到10年，即出现保护层脱落、钢筋锈蚀的病害，有的因严重损伤破坏，已拆除扩建，造成了较大的经济损失，严重地影响了使用功能。

为此，开展防腐高性能混凝土预防混凝土耐久性病害综合症技术研究及应用，旨在通过研究混凝土组成材料和内部结构与环境劣化外力（如盐害、硫酸盐腐蚀）的关系，混凝土内部病变劣化、损伤及破坏作用的关系，优化组成与内部结构，采用掺加复合多功能超细粉（等量取代水泥）和高效减水剂的方法，通过量化指标进行检测评估，付诸施工应用。并在施工工程中加以监控与检测，保证结构构件的耐久性要求。经专家鉴定，所配制的混凝土其有以下特点。

（1）保证了工程所需的足够的强度及强度储备。

（2）混凝土56d导电量<1 000C，属Cl^-渗透性很低的混凝土。

（3）混凝土快速冻融300次，动弹性模量>60%。

（4）理论计算评估使用寿命>100年。

对按上述要求配制的C30、C40混凝土，28d导电量<170C，属Cl^-渗透性非常低的范围，抗硫酸盐腐蚀系数>1.4，能有效抑制ASR和ACR有害膨胀（膨胀率<0.1%）。

5 下部结构工艺流程及施工要点

5.1 下部结构工艺流程（图1~图3）

5.2 钻孔桩

5.2.1 施工要点（以东营黄河公路大桥10号墩为例）

1）钻孔平台

因10号墩位于黄河主河槽中，受黄河水位影响较大，局部最大冲刷深度达11.34m，采取搭设平台作为桩基施工场地。下部采用每根长25m直径ϕ72cm的钢管桩作基础，上部放置单层双排六四式军用梁作主要承重梁，上面摆放I22工字钢和方木形成施工平台（图4）。

2）钢护筒制作及埋设

因10号墩所处位置地质条件复杂多变，为防止钢护筒在钻进施工过程中因局部地层扰动、液化发生塌陷、倾斜以及护筒周围的土体要承受护筒本身自重及局部集中施工荷载（主要是通过护筒传递的第一盘混凝土或钢筋笼的重量），将护筒底高程定为深入第一层亚黏土1m，护筒顶高出常水位2.0m，长度为18m。考虑护筒运输与插打过程中自身刚度及垂直度、平面位置误差的影响，护筒采用$\delta=10$mm的钢板卷制而成，直径为1.8m，保证焊缝密实，防止渗漏。

3）钻机布置原则

由于承台下桩基数量较多，间距较小，为防止两相邻钻机作业时由于振动或相互间水头作用影响，使下部的地层因扰动而发生坍孔乃至串孔，按隔桩钻进的原则施工，严禁相邻两根桩同时开钻；对已灌混凝土的桩基应至少静置24h后周围桩才可开钻。

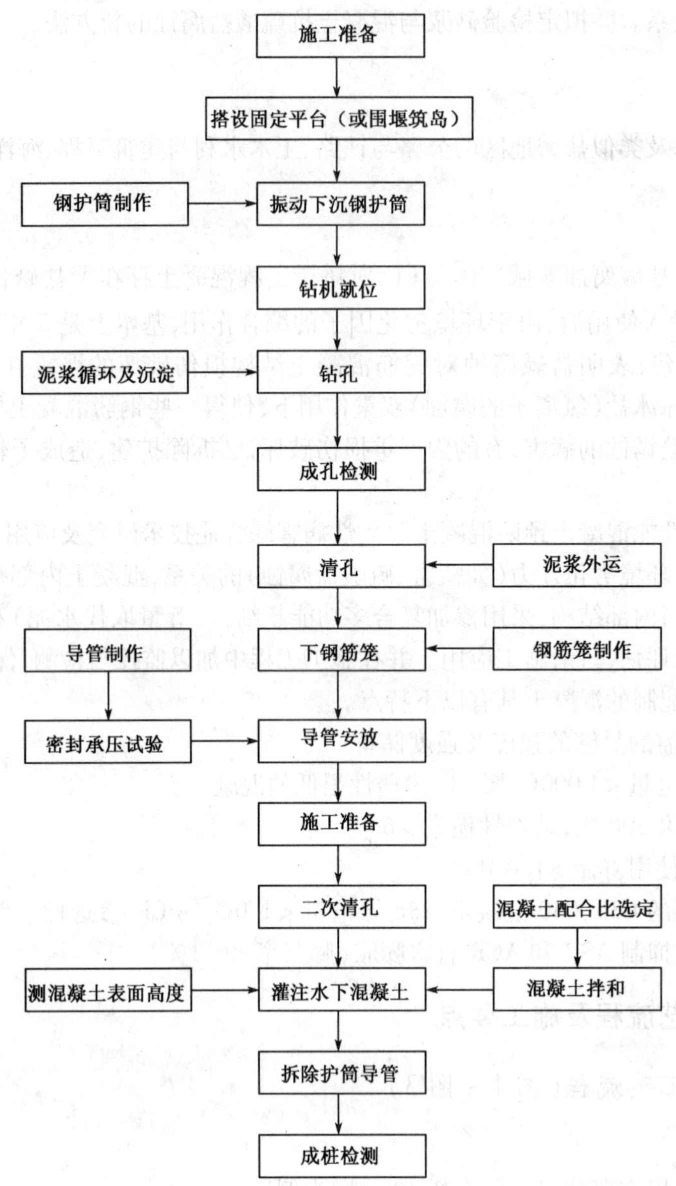

图1　钻孔桩施工工艺流程图

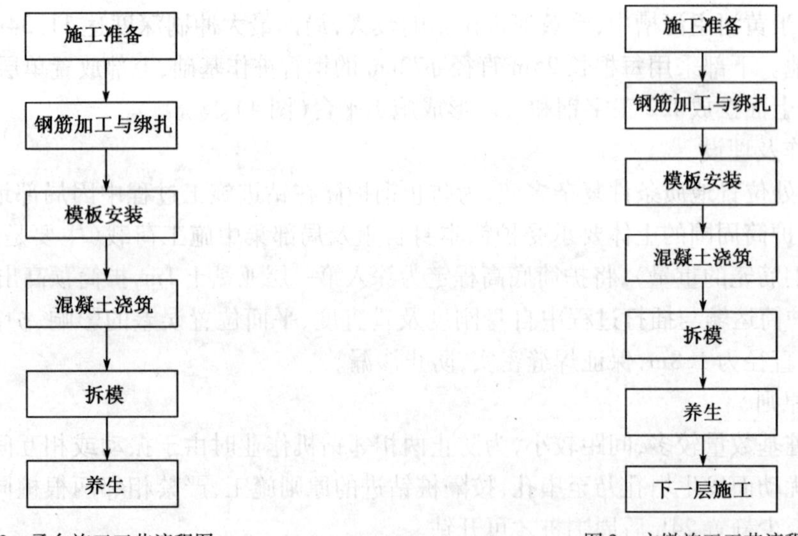

图2　承台施工工艺流程图

图3　主墩施工工艺流程图

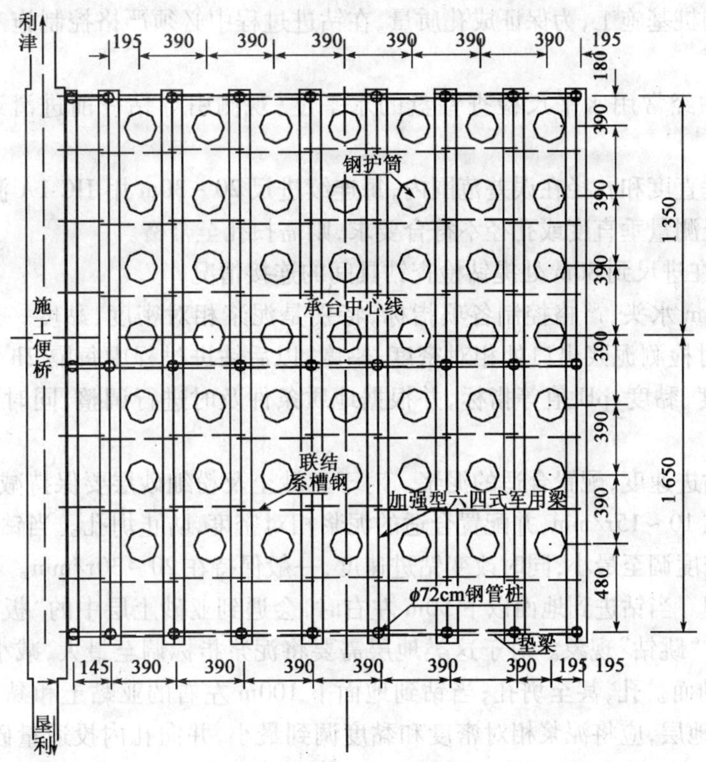

说明：1.本图尺寸以cm计。2.钢护筒直径为1.8m。3.图中未示最上一层I22a型钢及方木

图4 东营黄河大桥主桥10号墩平台布置示意图

4)钻孔桩钻孔施工

(1)泥浆配置

泥浆指标是保证成孔的关键，泥浆相对密度及黏度偏低则容易坍孔；偏高则不利于钻进，且会造成孔壁泥皮过厚而降低桩周摩擦力。结合实际情况，对于亚砂土地层，采用水、膨胀土和碱按一定比例配制泥浆进行护壁；对于黏性土（亚黏土）地层，直接利用自身黏土造浆护壁。

(2)钻进

开始钻进时保持低挡慢速进行，泥浆相对密度按表1中的上限控制，使之逐渐起到护壁作用，开始钻进时泥浆相对密度有一个相对稳定的时期，因此每隔15~20min检测泥浆指标并及时调整。根据钻杆进尺，当钻头接近护筒底部以上2~3m时，要特别注意将钻进速度放至最慢挡并调整泥浆相对密度至最大，使护筒底部有足够的泥浆护壁，防止护筒底部薄弱区域出现坍孔、涌沙现象。当钻孔深度达到护筒刃脚下1.0m后，开始根据土质类别正常钻进。各地层钻进按表1所列技术参数进行控制。

各地层钻进时技术参数 表1

钻孔方法	地 层 编 号	泥浆相对密度	钻进速度(r/min)	黏 度	含 砂 率	胶 体 率
正循环钻进	①层亚砂土	1.30~1.45	10~15	19~28	≤4	≥96
	①层亚黏土	1.25~1.35	10~15	16~22	≤4	≥96
	②~(11)层亚砂土	1.30~1.45	15~20	19~28	≤4	≥96
	②~(11)层亚黏土	1.25~1.40	30~35	16~22	≤4	≥96
	粉细砂	1.35~1.45	10~15	19~28	≤4	≥96

对于超密超长的桩基施工,为保证成孔质量,在钻进过程中必须严格控制施工中的重要工序环节,具体措施以下所列。

①在钻进过程中经常用水平尺检查钻盘的水平度,观测引导钻杆前进滑道的垂直度和钻机稳定性。

②为保证桩的垂直度和孔径在误差范围内,每连续进尺 20 ~ 30m 用 JJC-1A 测井仪对桩的垂直度、孔径进行检查。若经测量垂直度或孔径不符合要求,则需扫孔至合格。

③为防止掉钻,在进尺到 80m 处提钻检查钻具间的连接情况。

④保持孔内 2.5m 水头,严格控制各项指标,特别是泥浆相对密度、黏度一般按以下时间进行检测。每工作班开始时检测泥浆出口处相对密度、黏度,以后钻进过程中每隔 2h 测定一次进浆口和排浆口的泥浆相对密度、黏度、pH 值等指标,并根据地质条件及时进行调整,同时相应调整钻进速度和钻压。

⑤选择合适的钻进速度,配置合适的泥浆。对于亚砂土及粉细砂层要保持减压、中速钻进的方式,钻进速度一般保持在 10 ~ 15r/min,并配置合适的泥浆相对密度,防止坍孔。当钻进至黏土及亚黏土层时首先将泥浆相对密度调至最小,同时改变钻进速度,一般保持在 20 ~ 30r/min。

⑥特殊地质处理。当钻进到地面以下 50m 左右时,会遇到亚砂土层中的“板砂”层,此类砂层比较坚硬,不易进尺,拌有“跳钻”现象。对于这类地层需要将泥浆指标调至最大,减小钻压慢速钻进,防止出现大块“板砂”松动而扩孔,甚至坍孔;当钻到地面下 100m 左右的亚黏土和黏土层时,容易出现“糊钻”现象。对于这类地层,应将泥浆相对密度和黏度调到最小,并向孔内投适量砂石,同时适当控制进尺,防止缩孔。

(3)清孔

清孔分两次进行:第一次是在钻孔达到设计高程后,将钻头提起 20 ~ 40cm,慢挡空转,同时用相对密度为 1.08 ~ 1.1 的纯泥浆置换孔内泥浆,一般 6 ~ 8h 左右能使孔内含砂率指标达到 2% 左右,泥浆相对密度 1.10 ~ 1.15;第二次是在安装钢筋笼后,灌注水下混凝土前用导管清孔,主要是降低泥浆比重达到 1.05 ~ 1.10 之间,同时要求沉淀厚度符合规范要求,一般 2h 即可。从完成的所有桩统计,总清孔时间一般在 8 ~ 10h。

5)钢筋笼施工

钢筋笼施工包括场内分节制作与孔口对接。由于钢筋笼较长,合理分节既有利于运输与吊装,又能减少孔口焊接时间。按长度 18 ~ 22m 进行分节,保持质量在 3t 左右,由一台 8t 吊车配合一台 25t 吊车吊装。设计要求主桥每根桩基安装检测管进行 100% 无破损检测,由于检测管 100 多米长,节头多,为确保检测管接头密封,采用两层焊接方式,先将两接头直接对焊,再用 10cm 长套管封罩。钢筋笼孔口对接安排 4 台电焊机同时作业,一般在 10 ~ 12h 完成。

6)防腐高性能水下混凝土灌注

(1)防腐高性能水下混凝土配合比的选定

主桥 10 号墩桩基设计为 C30 水下混凝土,由于本桥濒临黄河入海口,工程区域内水中 SO_4^{2-} 与 Cl^- 含量较高,对混凝土有严重的侵蚀性。为了提高混凝土的抗腐蚀性能,根据预防混凝土耐久性病害综合症技术研究及应用课题研究成果,施工时采用在混凝土中掺加矿物质超细粉和高效减水剂的双掺技术,减少拌和混凝土的用水量,降低水灰比,提高混凝土密实度,改善其抗渗性能,从而提高抗侵蚀能力。

经试验选定配合比为 1:1.50:2.03:0.4(水泥:砂:石:水),掺入一定量的复合多功能超细粉和高效减水剂以提高混凝土的和易性及抗渗性能。超细粉按 15% 等量置换水泥,石子为连续级配。混凝土坍落度设计为 18 ~ 22cm,2h 后坍落度损失 11.4%,初凝时间 6h,满足强度及施工要求。

(2)对不同水灰比混凝土以及每个水灰比中含与不含超细粉的混凝土进行了强度和导电量的测试

混凝土试验的配合比见表 2,强度与导电量结果见图 5 和图 6。

混凝土试验配合比 表2

编号	水灰比	单方混凝土材料用量(kg/m³)					
		水泥	超细粉	水	砂	碎石	FNF
1-0	0.5	350	—	175	800	1 100	10.0
1-1	0.5	297	53(1)	175	800	1 100	11.7
1-2	0.5	297	53(2)	175	800	1 100	11.7
1-3	0.5	297	53(3)	175	800	1 100	11.7
2-0	0.4	450	—	180	800	1 000	10.0
2-1	0.4	382	68(1)	180	800	1 000	10.0
2-2	0.4	382	68(2)	180	800	1 000	10.0
2-3	0.4	382	68(3)	180	800	1 000	10.0
3-0	0.3	550	—	165	750	1 100	14.2
3-1	0.3	467	83(1)	165	750	1 100	14.2
3-2	0.3	467	83(2)	165	750	1 100	14.2
3-3	0.3	467	83(3)	165	750	1 100	14.2

由表2及图5、图6可见:混凝土强度提高了,抗渗性能提高。

①对于基准混凝土,水灰比由0.5降至0.3,混凝土的强度提高,导电量降低。

②对于含超细粉混凝土,相同品种、相同掺量的超细粉,随着水灰比降低,混凝土强度提高,导电量也随着强度提高而降低,即抗渗性能提高了。

③对于不同水灰比混凝土,含超细粉的混凝土强度比基准混凝土强度提高,导电量也比基准混凝土降低,也即含超细粉的混凝土比基准混凝土的抗渗性优良,不同超细粉对混凝土的增强效果不同。

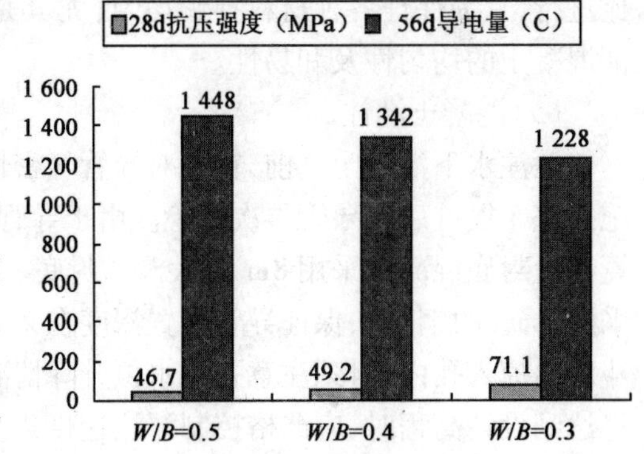

图5 基准混凝土的导电量

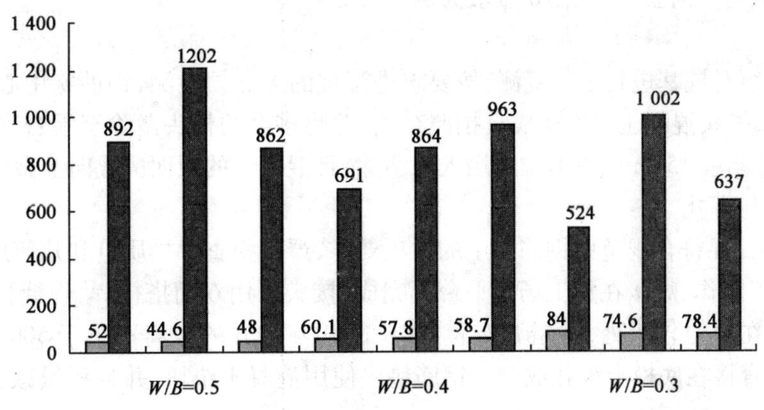

图6 掺加不同用量的超细粉后的导电量

(3)对不同水胶比进行了抗硫酸盐腐蚀试验

以不同水胶比混凝土经28d标准养生后,浸入卤水中5cm,浸4h,取出放在140~150℃烘箱中烘4h,取出冷却至室温,这是一个循环。共进行了50次循环,测定其质量损失。对比不同强度混凝土的抗硫酸盐腐蚀效果(表3)。

抗硫酸盐腐蚀试验结果　　表3

试件编号	循环次数及质量损失(%)		
	25次	35次	50次
S15	3.8	5.2	7.7
S16	3.5	5.0	7.4
S17	2.3	3.3	4.8
S18	2.1	3.1	4.2
S19	2.8	4.2	6.5
S20	0.8	2.0	2.7
S21	0.3	0.9	1.9
S22	0.1	0.7	1.5

掺入硅粉,提高混凝土密实度,提高强度,对提高混凝土对抗硫酸盐腐蚀是有效的。

(4)混凝土拌和

由于混凝土中添加了超细粉,对混凝土的拌和要求也相应地提高,混凝土拌和要严格按照施工配合比进行,且为保证各种材料拌和均匀(尤其是超细粉),必须保证每盘拌和时间控制在5min左右,以保证混凝土的均匀性及和易性。

(5)混凝土灌注

灌注水下混凝土之前,首先对导管气密性试验,导管按连接顺序编号,灌注时按编号连接。以后每施工完5根桩后对导管再次试验。由于导管有100多米长,留在管内的混凝土就达3.5m^{3}左右,通过计算首盘封底混凝土采用8m^{3}的大漏斗封底。混凝土灌注过程中经常测量混凝土深度(由于桩较长,测绳采用3mm的钢丝),保证导管埋置深度在2.0~4.0m之间,灌注开始后严禁中途停工,防止混凝土从料斗溢出掉入孔内,时刻注意孔内水位升降情况和测量孔内混凝土面高度,控制导管合理埋深。当混凝土将达到设计高程时,应严格控制灌注速度以免超灌太多,给凿桩头造成困难,或超灌偏少,造成桩长不够,影响桩的质量。在具体施工中,按超灌1.5m控制,同时采用自制的捞渣器捞取混凝土,来确定超灌高度。灌注一般4~6h即可完成。

5.3 承台

施工要点(以东营黄河公路大桥10号墩为例)。

1)施工准备

墩台浇筑前必须对桩基进行定位复测,按要求进行桩的无破损检测,钢筋笼中心位置,保护层厚度是否满足规范要求,桩头混凝土是否密实且拍照存档,并将多余的桩头凿除至承台底面位置,为防止桩头受损,离桩头设计高程15cm以下部位采用人工凿除,且混凝土的顶面凿成向上微凸。

2)钢筋的加工与绑扎

(1)焊接钢筋时,要符合规范中钢筋加工的各项要求,严格检查焊接质量和几何尺寸。

(2)钢筋的加工制作、焊接在加工场地平台上完成,接头采用双面搭接焊,焊缝长度为$5D+1$,受力钢筋焊接接头设置在内力较小处,并错开布置,接头间相互错开的距离不小于500mm且不小于35d。承台钢筋运到工地直接在底模上绑扎成型。钢筋垫块使用混凝土垫块,并且尽量减少垫块与模板的接触面积。

3)承台防腐高性能混凝土浇筑

(1)防腐高性能混凝土配合比的选定

主桥10号墩承台设计为C30混凝土,由于本桥濒临黄河入海口,工程区域内水中SO_4^{2-}与Cl^-含量较高,对混凝土有严重的侵蚀性。为了提高混凝土的抗腐蚀性能,根据预防混凝土耐久性病害综合症技术研究及应用课题研究成果，施工时采用在混凝土中掺加矿物质超细粉技术，减少拌和混凝土的用水量，降低水灰比，提高混凝土密实度，改善其抗渗性能，从而提高抗侵蚀能力。表4所示为混凝土试验配合比。

混凝土试验配合比　　表4

编　号	水灰比	单方混凝土材料用量(kg/m^3)					
		水泥	超细粉	水	砂	碎石	FNF
1-0	0.47	375	—	175	730	1 140	11
1-1	0.47	319	56(1)	175	730	1 140	11
1-2	0.47	319	56(2)	175	730	1 140	11
1-3	0.47	319	56(3)	175	730	1 140	11
2-0	0.38	438	—	167	730	1 080	10
2-1	0.38	372	66(1)	167	730	1 080	10
2-2	0.38	372	66(2)	167	730	1 080	10
2-3	0.38	372	66(3)	167	730	1 080	10
3-0	0.3	550	—	165	750	1 040	13
3-1	0.3	467	83(1)	165	750	1 040	13
3-2	0.3	467	83(2)	165	750	1 040	13
3-3	0.3	467	83(3)	165	750	1 040	13

经试验选定配合比为1:1.58:2.49:0.38(水泥:砂:石:水)，掺入一定量的复合多功能超细粉提高混凝土的和易性及抗渗性能。超细粉按15%等量置换水泥，石子为连续级配。混凝土坍落度设计为7～9cm，2h后坍落度损失5.5%，初凝时间3h，满足强度及施工要求。

②对不同水胶比进行了抗硫酸盐腐蚀试验

以不同水胶比混凝土经28d标准养生后，浸入卤水中5cm，浸4h，取出放在140～150℃烘箱中烘4h，取出冷却至室温，这是一个循环。共进行了50次循环，测定其质量损失。对比不同强度混凝土的抗硫酸盐腐蚀效果(表5)。

抗硫酸盐腐蚀试验结果　　表5

试件编号	循环次数及质量损失(%)		
	25次	35次	50次
S25	3.7	5.1	7.6
S26	3.6	4.9	7.5
S27	2.3	3.4	4.9
S28	2.2	3.2	4.1
S29	2.6	4.1	6.3
S30	0.7	2.1	2.6
S31	0.4	0.8	1.8
S32	0.2	0.6	1.6

掺入硅粉，提高混凝土密实度，提高强度，对提高混凝土对抗硫酸盐腐蚀是有效的。

(3)混凝土拌和

由于混凝土中添加了超细粉，对混凝土的拌和要求也相应地提高，混凝土拌和要严格按照施工配合比进行，且为保证各种材料拌和均匀(尤其是超细粉)，必须保证每盘拌和时间在5min左右，以保证混凝土的均匀性及和易性。

(4)混凝土浇筑

①浇筑前检测模板的几何尺寸是否准确,模板加固是否牢固。

②检查钢筋的数量、尺寸、间距及保护层要符合设计要求,在混凝土浇筑过程中随时检测混凝土的坍落度,控制好混凝土的水灰比。

③承台混凝土在混凝土拌和站拌和,振动棒振捣,振捣时,控制既不能过振又不能漏振,振捣时间以表面混凝土不再下沉,表面不再出现气泡,表面呈现平坦、泛浆为原则。

④浇筑最下边一层混凝土时,防止混凝土从底部吸水,承台底部不允许有积水。混凝土按一定的厚度、顺序和方向分层水平浇筑,应在下层混凝土初凝或能重塑前浇筑完成上层混凝土。上下层同时浇筑时,上层混凝土的前端应距先浇筑的下层前端 1.5m 左右,在倾斜面上浇筑混凝土时应从底处开始,逐层扩展升高,保持水平分层。用插入式振捣器时,水平分层厚度不得超过 300mm。混凝土的浇筑应连续进行,间断时间不得超过前层混凝土的初凝或能重塑的时间。

⑤混凝土的振捣要安排专人负责,且严格按规范操作,振捣时应避免振捣器碰撞钢筋及其预埋件。由于混凝土为防腐混凝土,对混凝土的振捣密实度要求很高,振捣效果必须达到表面光滑无蜂窝麻面,尽可能减少表面的气泡。

⑥混凝土浇筑完成后,尽快进行覆盖,拆模后适时进行洒水养护,并保持混凝土表面湿润状态,养护用水与拌和用水均为饮用水,养护时间不少于 7d。当气温低于 5℃时不允许洒水养生。

5.4 主墩

施工工艺。

(1)施工放样

用全站仪定出主墩四角,画出边线和模板定位线,每层施工完成后重新放样。

(2)钢筋加工及安装

柱身钢筋按设计和施工规范制作、安装,并注意柱身钢筋接头按 50% 截面错开配置。钢筋骨架分节绑扎到顶,并在不同高度处绑扎适量垫块,以保证钢筋在模板中的位置及保护层厚度符合要求。

(3)模板加工及安装

主墩模板采用特制定型钢模,模板在地面先进行试拼装,为保证工程质量,采用翻模施工,必须保证现场有两层以上模板。模型拼装就位后,检测其位置及垂直度等,符合要求后进行下道工序。

(4)混凝土浇筑

混凝土浇筑前接头先凿毛,表面洒水湿润。用吊车配合串筒进行浇注,每层浇筑厚度为 30 ~ 60cm,派专人下到模内分层振捣,采用 ϕ70mm 振捣棒。每次振捣棒插入下层不少于 10cm,振捣必须均匀密实,以提高混凝土的防渗性能,从而提高防腐性能。

主墩防腐混凝土配合比与承台防腐混凝土配合比及抗硫酸盐腐蚀试验与前面承台混凝土相同,导电性等试验与前面防腐高性能水下混凝土的导电性相同。

(5)养生

防腐混凝土的养生要求比较高。养生得好,混凝土强度高,抗渗性高,自然防腐性也相应提高。养生采用一布一塑裹覆喷水,覆盖时不得损伤和污染混凝土表面,混凝土的洒水养生时间应最少保持 7d,并且保持混凝土表面经常处于湿润状态。当气温低于 50℃时采取覆盖保温措施,不得向混凝土表面洒水。

6 材料

由于混凝土为防腐混凝土,所以对材料的要求比较严格,水泥、粗(细)集料、减水剂等的碱性不得超过规定标准,应尽量施工碱性低的材料使用。

6.1 复合多功能超细粉:细度,要求粒径 <10um,比表面积 6 000cm^2/g 左右;化学成分,SiO_2 含量 ≥23%。

6.2　水泥：使用回转窑生产的硅酸盐水泥、矿渣水泥，不得使用粉煤灰水泥、火山灰水泥。水泥中碱含量不得超过0.6%，$C_3A(3CaOAL_2O_3)$含量不宜超过6%，并进行水泥的矿物成分分析。

6.3　粗、细集料：粗、细集料均应进行碱活性检测（包括碱硅活性ASR和碱碳酸盐活性ACR），应采用无碱活性成分的集料。

6.4　减水剂：采用氨基磺酸盐类减水剂，不得采用木质素磺酸盐类，并检测减水剂的Na_2SO_4含量（≤3%（固体））、减水率（≥12%）及坍落度损失（保证2h内损失在合格范围内）。

7　质量措施

7.1　原材料及有关要求

7.1.1　碎石应保证坚固性和良好的级配，其单轴饱水抗压强度≥150MPa，针片状含量应<15%，空隙率<50%。对碎石全部采用专用设备水洗除尘，保证洁净。从储存、使用、保护等方面制定强化防止原材料污染的具体措施。

7.1.2　渗透性：按美国材料试验协会ASTMC1202方法控制混凝土56d龄期的6h总导电量应小于1 000C。

7.1.3　混凝土快速冻融300次，动弹性模量>60%。

7.2　施工中质量控制要点

7.2.1　钢护筒中心竖直线须与桩中心线重合，误差不得大于2.5cm，钻孔定位要求准确，孔中心位置偏差不得大于5cm，钻孔倾斜度要求小于0.5%。

7.2.2　清孔排渣时，必须保持孔内水头，防止坍孔。清孔后应从孔底提取泥浆试样进行性能指标试验，沉渣厚度应符合《公路桥涵施工技术规范》（JTJ 041—2000）的要求。采用二次清孔工艺，钻孔至设计高程后进行第一次清孔，第一次清孔采用气举反循环，使泥浆相对密度降至1.2左右、含砂率<4%。钢筋笼和导管安装完毕进行第二次清孔，清孔后实测底部沉渣厚度满足规范要求。

7.2.3　钢筋骨架分段制作，分段长度根据施工吊装条件确定，应保持钢筋骨架不变形，分段搭接接头应错开；灌注水下混凝土时，必须连续浇筑完成，灌注时间不得长于首批混凝土的初凝时间。

7.2.4　对桥台桩基分别自桩头起向下10m、5m的桩长范围套钢护筒，筒外壁涂沥青，使桩与土层隔离，消除负摩阻对桩的影响。

8　安全措施

8.1　制度保证措施

8.1.1　严格执行国家《建设工程施工安全管理条例》及当地的有关部门关于施工安全生产的有关规定和单位有关安全生产的制度，确保安全生产。

8.1.2　加强安全管理，保障施工人员和财产的安全，根据“管生产、必管安全”和“谁施工，谁负责”的原则，建立各级安全生产责任制，分级管理。层层签订安全生产责任书，落实安全生产责任制。

8.1.3　严格执行安全生产检查制度和奖惩制度，对存在的安全事故隐患及时排查处理。并根据安全检查情况实施奖惩。

8.2　安全生产具体措施

8.2.1　施工安全用电措施

（1）建立健全电气安全管理制度，由专业电工负责电器的安装和使用，专职安全员负责巡视监督检查。

（2）经常对用电设备进行安全检查、测试，发现问题及时纠正。

8.2.2　机械设备安全保证措施

(1)机械设备操作人员需经专门培训,熟悉机械操作性能,经专业管理部门考核取得操作证后上机操作。

(2)机械设备操作人员和指挥人员严格遵守安全操作技术规程,工作时精力集中,不擅离职守,严禁酒后上岗。

(3)机械设备发生故障后应及时检修,绝不带故障运行,不违规操作。

8.2.3　施工作业安全保证措施

(1)施工时做好各种临时支撑设施的受力验算,外缘挂设安全网。

(2)所有的现场施工人员佩戴安全帽,特种作业人员佩戴专门的防护用具。

(3)所有现场作业人员和钻机及其他机械操作手严禁酒后上岗和疲劳作业。

(4)施工现场周围设置围挡,并设置安全标志牌,夜间设置警示灯。标志牌包括警告与危险标志、安全与控制标志、指路标志。所有标志的尺寸、颜色、文字与架立地点,均符合国家有关要求。

(5)泥浆池设安全警示标志,设立彩旗围护,夜间设警示灯,防止人员和小孩闯入而发生意外事故。

8.3　特种作业安全措施

8.3.1　起重施工安全措施

(1)起重施工作业前认真研究施工方案,起重设备经检查、维修、试吊、确认达到作业条件后方可操作。

(2)起重机操作人员持证上岗,严禁非专业人员违规操作。

(3)吊运、安装等施工中设专人指挥,注意相互配合。起重作业区内,设立警戒线及标志,严禁非作业人员入内。

(4)在重物或起重臂下严禁站人,不准超力矩起吊重物,不准超过仰角限度起重施工。

(5)风力超过6级时,不准作业。

(6)设专人定期检查起重设备,及时进行维修和保养,确保机具设备安全可靠。

8.3.2　高空作业安全措施

(1)高空作业人员要系安全带,穿防滑鞋,高空作业按规定挂安全网。

(2)悬空作业的吊笼、平台等使用前进行严格检查。施工平台、底基承重、临时支撑立杆及顶端承重件经过受力验算符合要求后方可使用。

9　环保措施

(1)根据环保设计,建立健全各类环保管理制度,环保设施齐全。

(2)对于施工现场和临时设施产生的生活垃圾,均送当地垃圾填埋场处理。管理人员定期到装、运、倒地点进行检查,符合环境保护及文明施工要求。

(3)对于钻孔过程中产生的泥浆,根据现场实际设置泥浆池。施工完毕沉淀后外运至指定地点。外运车尽量在夜间运输,避开交通高峰,防止扰民。

(4)对于靠近沿线村庄的钻孔灌注桩施工,严格控制施工时间为上午8点至下午6点,防止噪声扰民。

10　效益分析

10.1　提高并保证了施工质量

通过施工过程中的原材料碱活性检测、碎石水洗、掺加超细粉、高效减水剂等措施,进行抗硫酸盐、冻融循环、氯离子含量检测等试验,从施工效果来看,混凝土的和易性、强度、外观等性能明显提高。

10.2　加快了施工进度

由于提前进行了试桩研究，验证了施工工艺和设备匹配，使得每根钻孔灌注桩从开钻到灌注完成可节约工期1~2d。

10.3　对混凝土结构使用寿命的延长意义积极

针对不同的劣化因子，采取相应的防治对策，从而达到提高混凝土的耐久性，延长结构的使用寿命。该工法推广后必将带来更大的经济效益和社会效益。

11　工程实例

11.1　东营黄河公路大桥

东营黄河公路大桥是国家高速公路规划网"天津至汕头"、"乌海至荣成"的重要重合路段，全长2 743.1m。主桥为116m+200m+220m+200m+116m预应力混凝土刚构—连续梁，其中7号、8号、11号、12号为设支座墩，9号、10号墩为刚构固结墩，按分离式断面设计，下部均为钻孔灌注桩群桩基础，其中主墩基础为49根ϕ150cm、深度为115m的群桩；引桥为跨径42m的先简支后连续箱梁，共45孔，下部均为ϕ150cm、深度为75m的钻孔灌注桩。该工程2002年8月开工，2005年8月竣工通车，荣获2007年度中国建筑工程鲁班奖（国家优质工程）。

由于从业主到监理单位、施工单位、科研单位的技术攻关和科学管理，东营黄河公路大桥386根灌注桩施工中，混凝土的和易性、强度、外观等性能明显提高，桩基的垂直度及孔径控制良好，没有发生扩孔、缩径及孔径倾斜等质量事故。经对所有的桩基进行自检和业主的独立抽检（100%无破损检测及3%钻芯取样检验），其结果均为I类桩。

经过5年多运营后，东营黄河公路大桥管理单位于2010年8月委托山东省桥梁检测中心对大桥混凝土碳化深度和Cl^-含量进行了检测，见表6和表7。

结构混凝土碳化深度测量值　　表6

部　　位	碳化深度平均值（mm）	保护层厚度最小值（mm）	碳化深度/保护层厚度	评定标度
右幅30-1号箱梁南支点下游侧腹板	1.5	5	0.24	1
右幅30-1号箱梁L/4下游侧腹板	2.0	6	0.17	1
右幅30-1号箱梁跨中下游侧腹板	1.5	5	0.30	1
右幅30-3号箱梁南支点下游侧腹板	1.0	7	0.14	1
右幅30-3号箱梁L/4下游侧腹板	1.1	8	0.14	1
右幅30-3号箱梁跨中下游侧腹板	1.0	8	0.11	1
右幅9-21b底板	2.1	29	0.07	1
右幅9-25b底板	2.5	27	0.09	1
左幅6-2号立柱	2.0	34	0.06	1
右幅29号墩盖梁	1.7	21	0.08	1

混凝土 Cl^- 含量(%) 表7

部位 \ 深度	0 ~ 1cm	1 ~ 2cm	2 ~ 3cm	3 ~ 4cm	4 ~ 5cm
右幅 30-1 号箱梁南支点下游侧腹板	0.34	0.40	0.32	0.20	0.21
右幅 30-1 号箱梁 L/4 下游侧腹板	0.33	0.41	0.30	0.20	0.23
右幅 30-1 号箱梁跨中下游侧腹板	0.28	0.35	0.28	0.21	0.20
右幅 30-3 号箱梁南支点下游侧腹板	0.27	0.36	0.27	0.24	0.21
右幅 30-3 号箱梁 L/4 下游侧腹板	0.32	0.37	0.30	0.20	0.19
右幅 30-3 号箱梁跨中下游侧腹板	0.33	0.42	0.29	0.21	0.18
右幅 9-21b 底板	0.37	0.39	0.36	0.26	0.22
右幅 9-25b 底板	0.35	0.42	0.37	0.24	0.20
左幅 6-2 号立柱	0.30	0.32	0.27	0.23	0.21
右幅 29 号墩盖梁	0.33	0.32	0.26	0.20	0.19

检测结果为碳化深度均小于2.5mm,混凝土 Cl^- 含量均小于0.4%,检测结论为混凝土处于健康工作状态,耐久性能良好。这充分说明东营黄河公路大桥钻孔灌注桩防腐高性能混凝土施工工法取得了成功,对其他类似地区和沿海结构物的延长寿命具有重要的示范作用,证明该工法取得了明显的技术经济和社会效益。

11.2 沿海高速卤水沟大桥

沿海高速七合同段位于沧州市渤海新区和海兴县境内,本合同段路基桥涵工程起点位于国道 G307 以南,沧盐化工集团厂区以北 900m 处(起点桩号 K50 + 550),终点位于青峰盐场盐池内(终点桩号 K57 + 000)。路线总体走向为西北东南,施工线路全部位于青峰盐场沿途的盐池和虾池的水域内。K53 + 450 青锋盐场卤水沟大桥跨越青锋盐场卤水沟,中心桩号为 K53 + 450,跨径为 21 ~ 30m 预应力混凝土连续小箱梁,起点桩号 K53 + 131.5,终点桩号 K53 + 768.5,全长 637m。公路经过地区水系十分发育,沿线地表水对混凝土结构中钢筋具强腐蚀性,属于中性 ~ 弱碱性水,防护等级为三级,对钢结构物具中等腐蚀性,需采取相应的防护措施。在工程施工过程中应用防腐高性能混凝土取得了成功。

钢管混凝土叠合柱桥墩施工工法

GGG(浙)C2077—2010

朱国燕 张小军 江 军 许百盛

(路港集团有限公司)

1 前言

随着高等级公路建设向山区转移,高桥墩建设越来越多,钢管混凝土叠合柱桥墩得到迅速推广。钢管混凝土叠合柱是由钢筋混凝土柱的内部设置钢管混凝土和钢管外的钢筋混凝土叠合而成的一种叠合构件。钢管混凝土叠合柱桥墩充分发挥了钢管和高强度等级混凝土各自的优点,与全钢结构相比,具有节省钢材,减少防火处理,减轻施工难度及降低工程造价等优点;与钢筋混凝土结构相比,具有大幅度减少钢筋用量,节省混凝土用量,减少桥墩体积,降低结构自重,节约基础造价,施工速度快和减少高空作业等优点,具有较钢筋混凝土和钢管混凝土更优的抗压和抗震性能,很有推广应用价值。

我公司在四川雅泸高速 C4 合同段腊八斤沟特大桥和黑石沟特大桥项目中,成功建造了两座钢管混凝土叠合柱特大桥。腊八斤沟特大桥 4 ~ 12 号墩均采用钢管混凝土叠合柱桥墩,黑石沟特大桥 1 号、2 号、3 号、4 ~ 9 号墩均采用钢管混凝土叠合柱桥墩。钢管混凝土叠合柱桥墩的应用收到了显著的经济效益与社会效益,经总结,形成此工法。

2 工法特点

2.1 施工方便,工期显著缩短

钢管工厂生产加工,加工精度高,质量好,施工速度快。钢管拼装后作为劲性骨架承担施工阶段的施工荷载和结构重量;钢管混凝土不设钢筋,便于混凝土的浇筑和捣实;钢管混凝土不需要模板,节省了人工、支模和拆模费用,缩短了工期。

2.2 在本工法中,大型钢结构高空吊装技术、厚板高空焊接技术、高抛免振混凝土施工技术等先进施工技术得到应用。

2.3 高墩施工,高处作业多,高空吊装机械用量多,危险性大,施工安全性要求高。

3 适用范围

本工法适用于各种钢管混凝土叠合柱桥墩的施工。

4 工艺原理

钢管混凝土柱中,钢管对其内部混凝土的约束作用使混凝土处于三向受压状态,大大提高了承载能力,钢管和混凝土之间的相互作用,使钢管内部混凝土的破坏由脆性破坏转变为塑性破坏,构件的延性性能明显改善,耗能能力大大提高,具有优越的抗震性能,钢管混凝土柱的抗震性能也优于钢柱。

钢管按图纸设计进行加工,现场吊装,焊接横杆、斜撑,形成空间结构体系,浇筑管内混凝土,钢管和混凝土协调作用,共同受力。管外钢筋混凝土承担轴压力相对较低,通过配置适当的纵筋和箍筋,能够承受大偏心受压破坏;钢管内和钢管外都有混凝土,钢管壁不会发生屈曲,钢管外的混凝土还起到防火作用。

5 施工工艺流程及操作要点

5.1 施工工艺流程(图1)

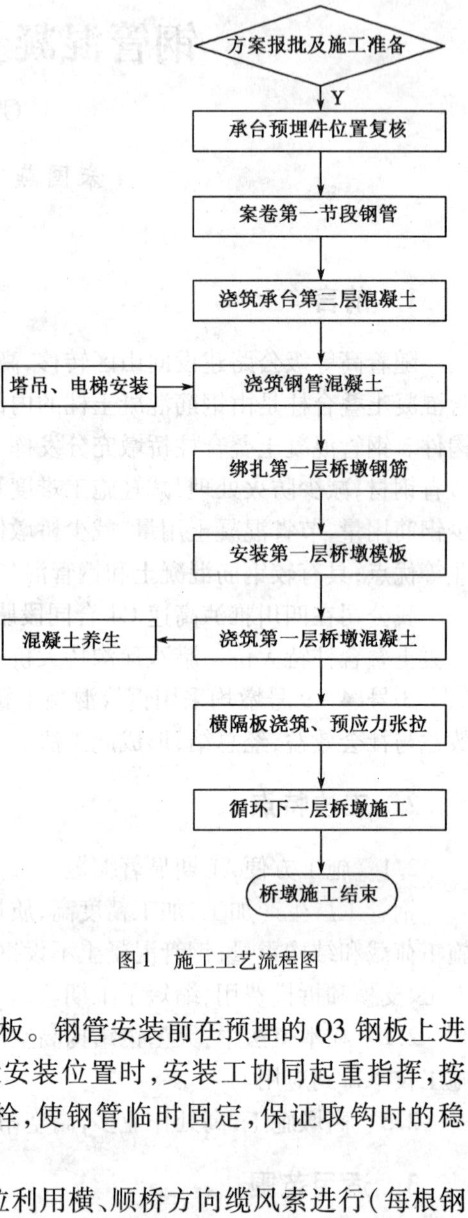

5.2 施工操作要点

5.2.1 钢管进场验收

钢管混凝土柱用的钢管焊接、制作要求较高。一般应优先采用螺旋焊接管,无螺旋焊接管时,也可以用滚床自行卷制钢管,但卷管的方向应与钢板压延方向垂直且对管的内径有一定的要求。焊接时除一般钢结构的制作要求外要严格保证管的平、直,不得有翘曲、表面锈蚀和冲击痕迹。焊接钢管应采用对接熔透焊缝,焊缝强度不应低于管材强度,焊缝质量应符合一级标准。钢管应由专业工厂生产,并应提供符合标准要求的出厂质量合格证。钢管现场接长时必须采用坡口熔透焊缝,焊缝质量不应低于二级标准,其他焊缝质量亦应符合二级标准。钢管安装前进行外观及超声波探伤检查,检查合格后方可安装。根据安装能力,将钢管分段,腊八斤沟特大桥每段长12m,最高墩分为16层。

5.2.2 首层钢管安装

(1)首层钢管起吊

吊装选用两点吊装法,即在待吊钢管的上管口等分两个吊点,在每个点焊制一个吊耳装置(吊耳装置用钢板,厚18~20mm,长×宽为200mm×150mm,中间开孔,孔径为35~40mm),并配置2个5t-U形卡,分别用四根ϕ21.5mm钢丝绳连接后挂在塔机的吊钩上,形成吊运系统。待吊钢管下口也焊制一个吊耳,作为辅助吊具的吊点。吊装钢管柱时,应将其上口包封,防止异物落入管内。

方案报批及施工准备
Y
承台预埋件位置复核
案卷第一节段钢管
浇筑承台第二层混凝土
塔吊、电梯安装
浇筑钢管混凝土
绑扎第一层桥墩钢筋
安装第一层桥墩模板
浇筑第一层桥墩混凝土
混凝土养生
横隔板浇筑、预应力张拉
循环下一层桥墩施工
桥墩施工结束

图1 施工工艺流程图

(2)首层钢管安装定位

承台分两层浇筑,浇筑第一层混凝土时按设计预埋Q3钢板。钢管安装前在预埋的Q3钢板上进行放样,画出钢管下口外圆、纵横桥向位置。当钢管吊到接近安装位置时,安装工协同起重指挥,按外圆、纵横桥向进行就位。焊接临时连接支撑,拧紧调节螺栓,使钢管临时固定,保证取钩时的稳定性。

首层钢管安装,通过导向板定位钢管的下口;上口调整定位利用横、顺桥方向缆风索进行(每根钢管在顺桥与横桥向各设置两套抗风缆索,以便调节上口中心平面位置),测量上口位置并进行调整。测量采用2台经纬仪在互相垂直的两个方向,监控钢管的垂直度,其垂直度偏差不大于长度的1/1 000,且不大于15mm。

当单根钢管经调整并满足设计要求后进行固定:先调整好定位法兰盘之间填板的厚度、间隙、再拧紧所有螺栓。该工序两台经纬仪始终从顺桥向、横桥向进行监测,拧紧螺栓须对称隔孔进行,逐步拧紧。待所有螺帽拧紧后,经测量达到要求后,再进行对称点焊固结。

5.2.3 安装横撑

等二根钢管柱全部安装后,安装横撑。横撑螺栓孔在厂内加工预组装时与节点板编号配钻而成,现场安装对号入座,依次拧上螺栓,但并不把螺栓拧紧。横撑安装前在横隔板位置搭设脚手架,作为钢管精确定位及安装横撑、斜撑及绑扎腹板钢筋的平台。横撑随钢管安装逐一加上,形成初步钢管骨架。钢管全面调整定位，待测量满足精度要求后，横撑螺栓逐一上紧。图2为横撑安装好后的钢管骨架。

5.2.4 焊接斜撑与风撑

再次复测钢管位置，确定准确无误后，焊接斜撑。一组斜撑分为4肢，下肢利用手拉葫芦悬吊于横撑上，调至安装位置并点焊定位，用同样的方法安装另一下肢形成稳定三角形骨架，测量定位后满焊固定好。依次按此方法焊接好上部分肢斜撑。图3为安装好斜横撑的钢管骨架。

图2 安装好横撑的钢管骨架

图3 安装好斜横撑的钢管骨架

5.2.5 钢管内高强度等级混凝土浇筑

首层钢管骨架形成后，浇筑管内混凝土。浇筑管内混凝土采用塔吊吊装，高抛自密实工艺。管口位置设置操作平台，便于工人操作。混凝土通过漏斗进入钢管。

(1)混凝土要求：钢管内的混凝土为了确保高抛自密实，要求混凝土有一定的和易性，但为了尽可能减少管内混凝土的泌水，降低混凝土收缩量，又要尽可能降低混凝土的水灰比，可以通过掺入引气量小的减水剂来解决，为补偿混凝土收缩的不利影响，在混凝土中应掺入膨胀剂。

(2)混凝土浇筑：距离管口位置12～4m采用高抛免振，距离管口位置4m内，每浇筑0.5m采用插入式振捣器振捣一次。为了使混凝土浇筑对结构的影响最小，混凝土施工时采用对角线对称流水浇筑施工：先高抛浇筑1—1对角线到4m→高抛施工2—2对角线到8m→高抛浇筑1—1对角线4～8m→振捣施工2—2对角线8～12m→振捣施工1—1对角线8～12m，见图4。

(3)混凝土养护：钢管内混凝土养护采取预留高度法进行养护作业，即钢管较混凝土顶面设计高程高20cm，当混凝土初凝后立即加水到预留管顶，钢管内处于相当稳定的湿度条件，水分不易蒸发，进行保水养护。

5.2.6 其余层钢管及其构件的施工

其余层钢管的施工与首层钢管的施工有着很大的区别，主要体现在施工平台、施工安全、辅助施工措施等要困难得多。随着高度的增加，风力、温度的影响将逐渐的明显。为此，施工辅助设施等需要精心设计，充分考虑各种因素。

每一层钢管混凝土浇筑好后，浇筑横隔板并预埋安装平台地脚螺栓。等横隔板混凝土强度达标后，拼装安装平台。安装平台主要由6根□100mm×100mm的方钢组成，在平台上可进行焊接、取钢丝绳吊钩、调整钢管上口平面位置、安装横撑、浇筑混凝土等操作。安装平台搭设完毕后，吊装次层钢管，下口利用焊接好的导向板与下部钢管对接，并利用连接螺栓初步固定。上口利用安装平台沿桥纵横向分别设手拉葫芦、千斤顶，测量上口位置，如位置往外偏，拧松下口外侧螺栓，手拉葫芦回缩纠偏，如果位置往里偏，拧松下口内侧螺栓，千斤顶伸长往外纠偏，横、纵桥向调整方法相同(见图5)。整个调整纠偏过程相互垂直的两台经纬仪始终监控指挥，确保垂直度。

每层钢管施工安装平台一个主墩设置两个，安装左侧钢管，安装平台吊至左侧，安装右侧钢管，安装平台吊至右侧。

找出温度对钢管安装的影响规律。在实施安装时,实时进行调整以确保柱顶高程偏差与柱顶水平位移偏差满足要求。

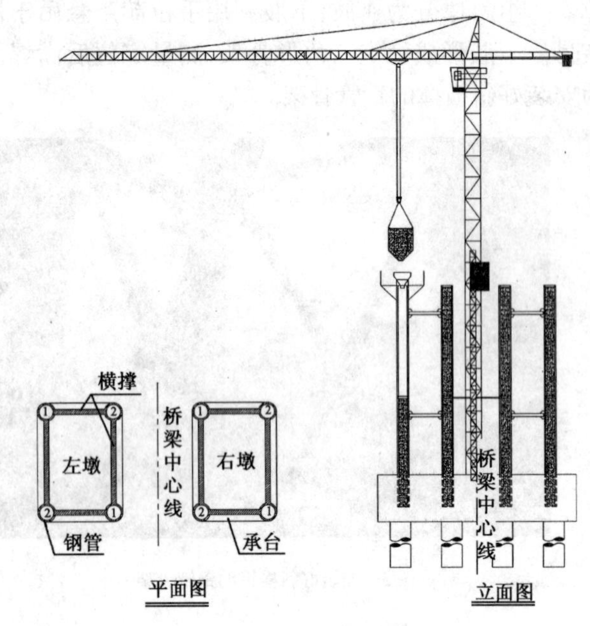

图4　混凝土浇筑示意图

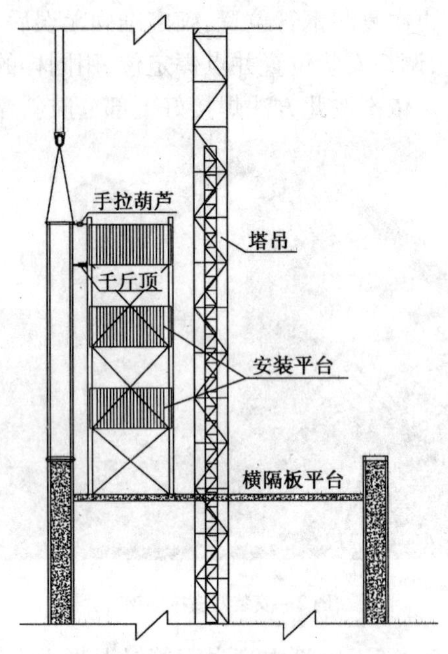

图5　安装平台与钢管调整示意图

5.2.7　满焊钢管接头

满焊钢管接头工序为:焊接设备与材料准备→坡口检查→坡口表面清理→焊接电渣清理→按操作规程焊接→焊接记录→焊接检查(外观及超声波探伤检查)→修补焊接→检查验收记录→焊接结束。

焊接之前,用全站仪测出焊前数据,验收确认所有尺寸符合设计要求,检查点焊处是否完好,拧紧全部螺栓,每条焊缝由两名经验丰富的焊工沿管周反向对称施焊。第一道打底焊采用对称、分段、退步的焊接方法并选用基本一致的焊接程序同时焊接。每道焊完,均把焊渣清除干净,用钢丝刷刷净焊缝上灰尘,才能施焊下道焊缝。焊缝接头均要错开100～150mm,而且一次焊完,中间不间断,一旦间断,重新焊接前,要进行预热。在整个焊接过程都要用经纬仪协助观测钢管变形及时发现问题,随时纠偏。

钢管对接时,应注意焊接变形的影响。每个墩的4个钢管定位及焊接要依据大对称原则和小对称原则;具体到一个钢管的焊接则应分段反向施焊,并保持对称,焊后管肢应保持平直。每个墩的4个钢管满焊接头后,浇筑管内混凝土并养生,重复下一层施工。

5.2.8　墩身施工

每层钢管柱混凝土浇筑完毕后,施工管外墩身钢筋混凝土(图6)。

(1)墩身内外模板设计、制造

钢管叠合柱墩身采用液压自爬模或翻模法施工,由于墩身顺桥向按70:1放坡,每层都要收分,根据墩身结构形式及外观质量要求,同时充分发挥钢模倒用次数多的特点,墩柱外模新制大块钢模(采用翻模时),模板上设计操作平台。模板装拆脚手直接安装在模板上随模板一同上翻;内模采用组合钢模,在横隔板上搭设钢管脚手架。

液压自爬模施工顺序:混凝土浇筑完后→拆模后移→安装附着装置→提升导轨→爬升架体→绑扎钢筋→模板清理刷脱模剂→埋件固定→合模→浇筑混凝土(图7)。

在墩身预埋件上组装滑模并开始使用滑模施工,直到整个墩身外包混凝土施工完成。

(2)钢筋加工

墩身主筋连接对于直径≥16mm的钢筋,一般采用直螺纹套筒连接,对于直径小于16mm的钢筋,采用帮条焊接或搭接焊,特殊位置也可采用闪光对接焊。

(3)混凝土浇筑

每段墩身钢筋绑扎、模板安装验收合格后，浇筑墩身混凝土，混凝土振捣器视具体部位选用，墩身壁厚处宜选用以周波振捣器为主，ϕ50～ϕ80mm 软管插入式振捣棒为辅，壁薄处宜选用 ϕ50～ϕ80mm 软管插入式振捣棒，钢筋密集处宜选用 ϕ25mm 软管插入式振捣棒补振。墩身混凝土顶面与钢管接头错开约 1m。

图6 墩身施工

图7 液压自爬模施工

6 材料与设备

6.1 材料

6.1.1 钢管混凝土叠合柱钢管

钢管混凝土叠合柱钢管从直径 1 320mm 变直径到 610mm(外径)，壁厚 18mm 到 8mm，材料为 Q345-B。横撑、斜撑为组合构件、风撑为单根型钢构件，材料均为 Q235-B。钢管加工应符合规范及设计要求，现场检验、拼装合格。

6.1.2 钢筋

叠合柱的钢筋宜优先采用延性、韧性和可焊性好的钢筋。纵向受力钢筋宜采用 HRB400 级和 HRB335 级热轧钢筋，也可采用 HPB235 级和 RRB400 级钢筋。箍筋宜采用 HRB335 级、HRB400 级和 HPB235 级热轧钢筋。

6.1.3 管内混凝土

钢管灌注用混凝土要求具有良好的流动性、和易性、低泡、早强、微膨胀性和自密实性能，外掺剂 UEA 符合要求，混凝土坍落度控制在 16cm ±2cm。

6.1.4 墩身混凝土

墩身混凝土应满足设计、施工要求。

6.2 设备(表1)

主要施工机具设备表 表1

序 号	设备名称	规格型号	数 量
1	塔吊	F0/23B	1台
2	塔吊	5015	1台
3	施工电梯		1台
4	滑模板		1套
5	卷扬机	5t	2台
6	千斤顶	25～30t	4台
7	电动葫芦		4

续上表

序　号	设 备 名 称	规 格 型 号	数　量
8	电焊机		8台
9	装载机	50型	2台
10	炮车		1台
11	搅拌机	HZS—50	2台
12	混凝土二次搅拌车	$6m^3$	4台
13	混凝土输送泵	HBT80D	2台
14	吊车	25t	2台
15	张拉压浆设备		3套
16	GPS		1套
17	全站仪	2″	2台
18	水准仪	ZDS3	4台
19	经纬仪	J2	4台
20	自动安平激光垂准仪		4台

7　质量控制

7.1　质量标准

(1)《公路桥涵施工技术规范》(JTJ 041—2000);

(2)《公路工程质量检验评定标准》(JTG F80/1—2004);

(3)《高层民用建筑钢结构技术规程》(JGJ 99—98);

(4)《钢结构工程施工质量验收规范》(GB 50205—2001);

(5)《低合金高强度结构钢》(GB/T 1591—2008);

(6)《高层建筑结构用钢板》(YB 4104—2000);

(7)《建筑钢结构焊接技术规程》(JGJ 81—2002);

(8)《钢结构管道涂装技术规程》(YB/T 9256—96);

(9)《钢结构高强螺栓连接的设计、施工及验收规范》(JGJ 82—91);

(10)《涂装前钢材表面锈蚀等级和除锈等级》(GB 8923—88);

(11)《钢结构防火涂料应用技术规范》(CECS 24—90);

(12)《工程测量规范》(GB 50026—2007)。

7.2　质量控制要点

7.2.1　节段组装要求及允许偏差

(1)节段组装应在组装工作平台上进行,组装前应对工作平台进行检验。结构按整体预拼,线形误差不大于3mm。

(2)节段系由主管、支管等组成节段,每一节段为一吊装单元。各节段划分和节段长度由吊装能力、运输条件、节间长度、材料及加工等因素综合考虑,分段处应避开节点。

(3)节段主管对接接头坡口采用机械切割、打磨,坡口加工粗糙度应达到±50um。

(4)节段组装时,注意结构预拱度及温度的影响。

(5)节段组装焊接时,应尽量采用平位、立位施焊,尽可能不采用仰焊。节段翻身须正确设置吊点及支点,避免结构过大变形。

7.2.2　焊接质量控制

针对桥梁钢管焊接结构的特点，在焊接工艺评定的基础上，编制《管结构焊接工艺及焊接质量管理细则》，以明确工艺手段，确保焊接质量。主管对接接头采用全熔透坡口焊缝，焊缝采用单面焊双面成型（在钢管内加厚度（$\delta=4\sim6$mm、宽度 $b=40$mm 的环向钢衬垫）。底层焊缝用二氧化碳气体保护焊，盖面采用手工电弧焊，对接接头应将各节钢管的焊缝位置错开 500mm 以上。主管与支管的相贯接头采用部分熔透焊缝，熔透率不小于 75%。焊缝根部间隙 2 ~ 7mm，焊接采用手工电弧焊。

根据《碳钢焊条》（GB/T 5117—1995）要求，Q345B、Q345C 钢材焊接采用 E5015 低氢钠型焊条，对于 Q235B 钢材焊接采用 E4315 低氢钠型焊条。

7.2.3　焊缝质量的检验方法及要求

(1)根据设计技术要求，焊缝质量检验分目测法和无损探伤法两种，钢管结构所有焊缝在目测的基础上，根据需要做无损探伤检验。

(2)所有焊缝在焊接完成 24h 后，都需要进行目测检验，即检查焊缝实际尺寸是否符合设计要求，焊缝表面无气孔、裂纹、及未焊满（或弧坑）等缺陷。检查方法是将焊缝表面的熔渣或污物清理干净后，用肉眼或低倍放大镜观察，用焊缝卡板（量规）测量。

(3)焊缝超声波探伤、射线探伤按表 2 要求进行。

焊缝质量检验项目　　表 2

检验焊缝部位		超声波检验（UT）			射线检验（RT）		
		数量	质量等级	检验等级	数量	质量等级	底片等级
钢管环缝对接		100%	Ⅰ	B	抽查	Ⅱ	AB
钢管纵缝对接	空管	100%	Ⅱ	B			
	需灌注混凝土	100%	Ⅰ	B	抽查	Ⅱ	AB
管节点相惯焊缝		100%	Ⅰ	B			

(4)如抽检中发现焊缝不合格时，按规定进行扩大检验。

7.2.4　墩身施工线形控制

墩身的线形控制主要通过施工测量来进行的。钢管叠合柱施工测量控制内容包括：钢管中心定位测量、钢管高程测量、钢管垂直度测量；墩身中心定位测量、墩身高程测量、墩身垂直度测量。中心定位测量采用三维坐标控制法，高程测量采用全站仪小三角高程测量，钢尺测量复核，垂直度测量采用自动安平激光垂准仪。

7.2.5　墩身施工混凝土质量控制

(1)选择优质混凝土用原材料，科学配制管内高强度等级、外包混凝土配合比，并制订合理施工工艺。

(2)保证（提高）模板加工和安装精度，确保混凝土结构线形顺适、圆滑。施工过程中加强监控。

(3)混凝土结构表面尽量不留预埋件，设置预埋件时，预埋件外观尺寸一致，修复时保证新老混凝土外观一致。

(4)建立关键施工方案专家评审制度，未经专家评审通过的施工方案不得实施，审批后的方案一般不得变更。

(5)建立完善中心试验室和质检系统，在技术质量部的指导下，对全桥工程质量实行有效监控。

8　安全措施

8.1　吊装前对吊装设备、绳索、卡环等逐项检查，合格后方可吊装。在六级及以上大风、大雾、雨、雪、冰冻、灾害性天气发生时，应立即停止吊装、安装、拆除等施工作业。

8.2　人员上下工作面须乘施工电梯，严禁攀爬上下；进入施工现场人员必须戴好安全帽，高空作业必须用安全带,并“高挂低用”。做好墩身临边防护及安全网的设置,严防高空坠落。

8.3 严禁上下同时交叉立体作业,严防高空坠物。

8.4 高空模板施工必须有操作架,操作架上必须满铺脚手板并加以固定,临边设防护栏杆及踢脚板。高大模板在不利天气来临前必须拉好兜风绳。高大模板兜风绳必须常备,遇到突发灾害性气候时,应立即拉好,同时多层板、钢管、扣件等必须紧急用重物压盖或用毡布覆盖,人员立即撤离到安全地点。

8.5 夜间不得进行爬模升降作业,遇六级及以上大风不得进行提升或进行模板前后移动作业。

8.6 外平台模板移动前,调整可调斜撑使模板倾斜;外平台模板移动结束后,及时将后移装置与主梁连接的销轴插好就位,在承重三脚架的主梁外部与下部埋件支座之间拉好防风缆绳(或拉紧绷带),以防风荷载等引起上平台大幅晃动,发生安全事故。

9 环保措施

9.1 在钢管柱制作过程中注意噪声、光线污染。

9.2 废弃混凝土应集中隐埋,上覆腐殖土,植草绿化。

10 资源节约

钢管混凝土叠合柱桥墩充分发挥了钢管和高强度等级混凝土各自的优点,即钢管强度强、施工速度快、质量轻,混凝土结构刚度大、成本低。与全钢结构相比,具有节省钢材,减少防火处理,减轻施工难度及降低工程造价等优点;与钢筋混凝土结构相比,具有大幅度减少钢筋用量,节省混凝土用量,减少桥墩体积,降低结构自重,节约基础造价,施工速度快和减少高空作业等优点。

11 效益分析

钢管混凝土叠合柱桥墩较普通钢筋混凝土桥墩自重减少3% ~50%,节省钢筋25% ~60%,节省混凝土30% ~50%,墩身截面尺寸大幅减小,降低造价20% ~40%;并提高局部稳定性和抗震性能;管内混凝土解决钢管内壁防腐问题。

由于钢管柱在工厂加工,运至现场拼装,提高了施工速度,钢管混凝土高抛自密实,节省了人工,墩身采用自爬模、翻模工艺,节约了材料,提高了效率,确保了质量。钢管混凝土叠合柱桥墩经济效益和社会效益十分显著。

12 应用实例

12.1 应用实例一

四川雅泸高速C4合同段腊八斤沟特大桥4~12号墩均采用钢管混凝土叠合柱桥墩。最高墩达到182.5m,由128根长12m、直径132cm的钢管,管内灌注C80混凝土,墩身用钢筋1 877t、C25混凝土8 547m^3。应用本工法施工方便,钢管工厂生产加工,加工精度高,质量好,施工速度快。钢管拼装后作为劲性骨架承担施工阶段的施工荷载和结构重量;钢管混凝土不设钢筋,便于混凝土的浇筑和捣实;钢管混凝土不需要模板,节省了人工、支模和拆模费用。本工法经济效益和社会效益显著,具有推广应用价值。

12.2 应用实例二

四川雅泸高速C4合同段黑石沟特大桥1号、2号、3号、4~9号墩均采用钢管混凝土叠合柱桥墩。应用本工法开展施工,顺利完成了施工任务,确保了工程质量,提前了工期,节省了造价,取得了理想的经济效益和社会效益。

高墩盖梁悬空支撑施工工法

GGG(中企)C2078—2010

方幺生 武 利 赵永红 张 利 孟俊芳 王京春
(中交第四公路工程局有限公司 中国路桥工程有限责任公司)
王阳松 金礼元 顾东潮 祝志华 王玲才
(浙江省衢州市交通建设集团有限公司 腾达建设集团股份有限公司)
赵建军 何士奎 蔡献东
(汇通路桥建设集团有限公司)

1 前言

随着当前国内山区高速公路的不断发展,同时国家实施西部大开发战略,依据山区的地形、地貌情况选择适用的盖梁施工方法,特别是高墩盖梁采用悬空支撑法施工的前景将会非常广阔。本工法依托毛川高速第五合同段麻柳高架桥施工,全面阐述了高墩盖梁的施工工艺,并成功应用于毛川高速第五合同段麻柳高架桥、申嘉湖高速公路京杭运河特大桥、柳柏县分离立交桥、张石高速公路涞源至涞水段LJ-N14合同段北易水1号大桥、马兰台大桥、龙泉庄大桥、赵家沟1号、2号、3号三座大桥、小龙华大桥,已建成的桥梁高墩盖梁结构尺寸以及外观质量均满足规范要求,解决了高山、峡谷地形以及城市繁华路段桥墩盖梁施工难度大和外观质量控制的难题,是一种行之有效的施工工法。

该工法的关键技术于2010年4月通过了中交第四公路工程局有限公司组织的专家技术评审,达到行业领先水平,对于今后同类型的桥梁施工具有广泛应用价值和指导意义。

2 工法特点

2.1 对桥下地基状态要求低,避免了地基处理的复杂程序,并可克服施工场地狭窄,地形复杂等困难,特别是在高墩、水中盖梁施工以及城市立交桥、高架道路施工中,降低了施工风险,减轻了地面交通因施工而造成交通拥堵的压力,具有良好的社会效益。

2.2 施工过程中易于整体拼装,同时也缩短了施工周期,使用周转材料少,施工效率高,易于组织安全防护工作。

2.3 施工过程安全性好、稳定性高,自身重量轻、运输安装方便。

2.4 对墩柱外观无影响,可以克服牛腿预留孔倾斜和影响墩柱美观的弊端。

2.5 综合成本投入小,节约支架搭设、机械安装拆除盖梁底模的大量工程费用。

2.6 对环境影响小。抱箍安装后,即形成无支架施工平台。

双柱墩悬空支撑见图1,独柱墩悬空支撑见图2。

3 适用范围

3.1 悬空支撑法具有施工工艺简便,施工效率高,安全性、稳定性好等特点,可以被广泛应用到盖梁施工中,特别是在施工场地狭窄,地形复杂的山区、软土等地基承载力差地区、水上等桥梁墩柱盖梁的施工。

3.2 悬空支撑法主要分为三种:抱箍悬空支撑法适用于双柱墩或独柱墩小体积盖梁施工;钢棒悬空支撑法和钢棒与抱箍结合悬空支撑法适用于独柱墩或独柱墩大体积盖梁施工。

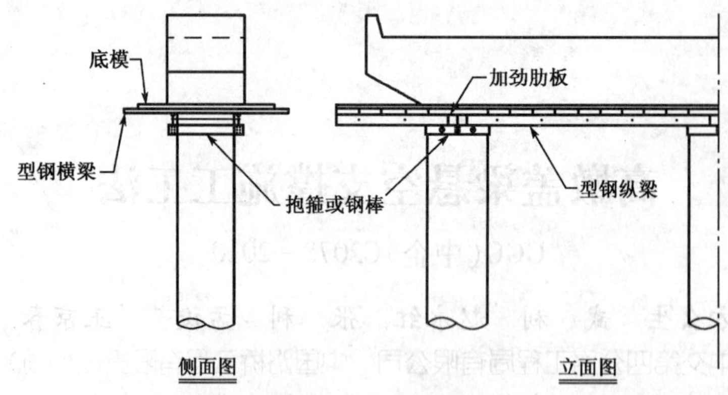

图1　双柱墩悬空支撑示意图

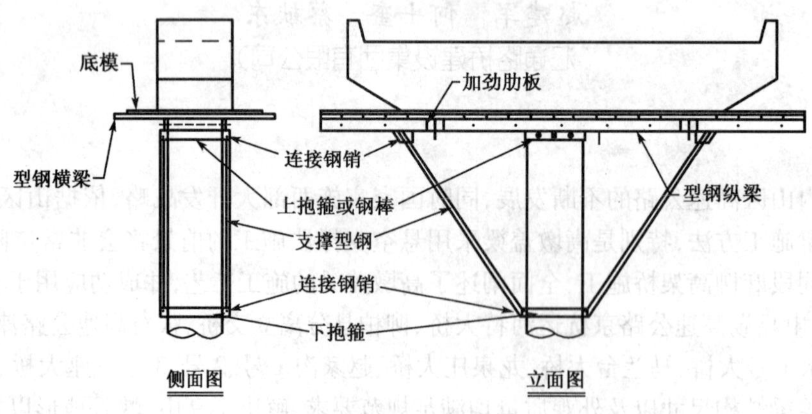

图2　独柱墩悬空支撑示意图

4　工艺原理

4.1　钢棒悬空支撑法是在墩柱中预留孔,然后插入钢棒,作为盖梁施工的支撑点。

4.2　抱箍悬空支撑法是利用抱箍与墩柱之间的摩擦力作为盖梁施工的支撑力。对于独柱墩盖梁施工是在墩顶部及下部设置双抱箍与工字钢制作成的三角支架作为支撑体系。

4.3　钢棒与抱箍结合悬空支撑法主要作为独柱墩大体积盖梁施工工艺。即上抱箍改变为双钢棒作为盖梁施工的主要支撑力,下部设置抱箍,其他连接构件同上。

5　施工工艺流程及操作要点:

5.1　施工流程

施工放样→钢筋加工→盖梁底模安装及检查→绑扎盖梁钢筋→安装侧模→混凝土拌和浇筑→混凝土养生→模板拆除。

5.2　施工操作要点

5.2.1　盖梁支撑体系承载力验算:采用对支撑施加压力最大的盖梁进行验算,盖梁长度为10.80m,高度3.40m,宽2.10m,双抱箍垂直间距9.0m,设计C30混凝土$46.1m^3$,钢筋10.4t。

(1)承载力验算

①C30混凝土:$46.1m^3 \times 2.4t/m^3 \times 9.8N/kg = 1\ 106.4kN$。(9.8N/kg为重力加速度,一般取值为10。)

②钢筋:$10.4t \times 9.8N/kg = 104kN$。

③模板及支架：盖梁长度为 10.80m，模板计算长度按 12m 考虑。工字钢重：查材料手册每米质量为 67.6kg，两根总重力：$(67.6\times12\times2)/1\,000\times9.8N/kg=16.22kN$；木材重力：$6kN/m^3$，总重力：$0.1m\times0.1m\times2.5m\times30$ 根 $\times6kN/m^3=4.5kN$；侧模板及连接件等重力为：$4t\times9.8N/kg=40kN$。

模板及支架总重力：$N=16.22kN+4.5kN+40kN=60.72kN$。

④施工人员及设备荷载：取均布荷载为 $1.5kN/m^2$，则盖梁总体承受力为：$1.5kN/m^2\times12m\times2.1m=37.8kN$。

⑤振捣混凝土时产生的荷载：均布荷载为 $2kN/m^2$；则盖梁总体承受力为：

$2kN/m^2\times12m\times2.1m=50.4kN$。

上述 5 项荷载组合可得盖梁模板下抱箍或钢筋棒承受压力为：

$T=(1\,106.4+104+60.7+37.8+50.4)\times1.2$（保险系数）$=1631.2kN$。

根据相关材料手册以及规范查Ⅰ级钢设计强度 $f=210N/mm^2$，计算得 $\phi90$ 的钢棒承受最大剪切力为：

$T_{剪}=f\times A=3.141\,6\times45^2\times210\times2=2\,671.9kN$，大于 1 631.2kN，满足施工要求。

（2）抱箍验算

经由试验测定螺栓的施工拉力为 151kN，把靠近墩柱最近的 12 个螺栓的施工拉力作为产生摩擦力的正压力。

正压力 $N_1=12\times151=1\,812kN$

查橡胶与混凝土的摩擦系数为 $U=0.4$

墩柱的理论摩擦力则为：$R=N_1\times U=1\,812\times0.4=724.8kN$，结果同摩擦力试验取得的结果基本相符。

$\phi28$ 钢筋承受最大剪切力计算：查Ⅰ级钢设计强度 $f=210N/mm^2$

$N_2=f\times A=3.141\,6\times14^2\times210\times2=258.6kN$

则抱箍总的承载力：$2R+2N_2=724.8\times2+258.6\times2=1\,966.8kN>1\,631.2kN$

（3）工字钢挠度计算

40A 型工字钢挠度计算：支架上单根工字钢承受的均布荷载为：

$q=1\,631\times1\,000/(1\,200\times2)=679.6N/cm$；

$L=450cm$（支撑中心到外侧支撑点水平距离）；

钢材弹性模量 $E=2.1\times10^5MPa$；

40A 型工字钢惯性矩 $I=21\,720cm^4$

则工字钢的最大挠度：$f=5q\times L^4/(384\times E\times I)=0.796cm$，满足相关规范要求。

独柱墩悬空支架受力如图 3 所示。

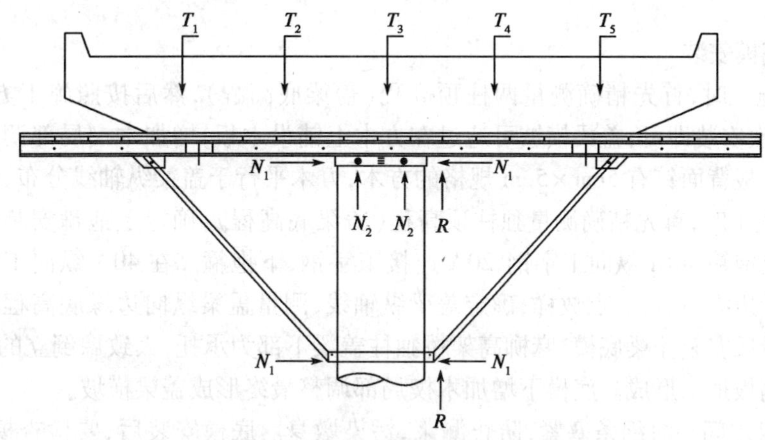

图 3　独柱墩悬空支架受力示意图

5.2.2 模板设计

(1)抱箍

抱箍采用10mm厚钢板,宽60cm的两块半圆模板组成,钢模尺寸准确,刚度强度满足要求,接缝平整、严密,如图4所示。

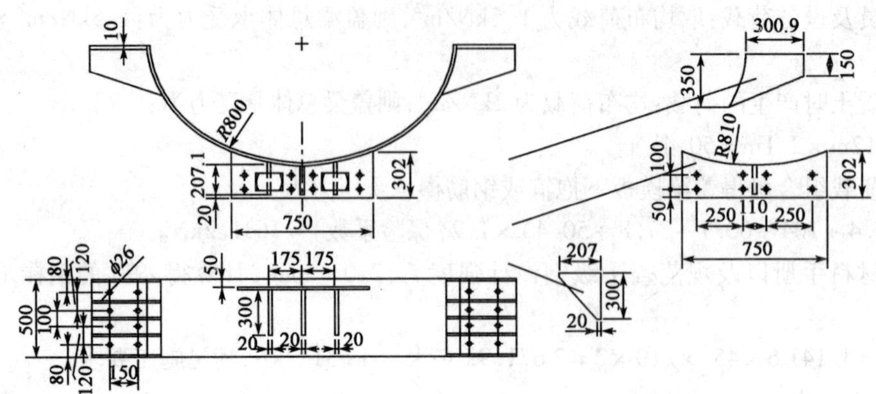

图4 抱箍示意图(尺寸单位:mm)

(2)底模(图5)

底模采用定型钢模,面板为5mm钢板;面板的加强肋为[8槽钢;框架采用[10槽钢。框架的斜撑采用∠75×75角钢;框架纵向连接采用[8槽钢。面板与加强肋连接采用点焊,约每15cm点焊2cm。钢模要求尺寸准确,刚度强度满足要求,接缝平整、严密,保证混凝土在强烈震动下不漏浆,并且要求钢模表面抛光处理,以保证混凝土的光洁度,设计科学,合理、施工操作方便,保证安全。

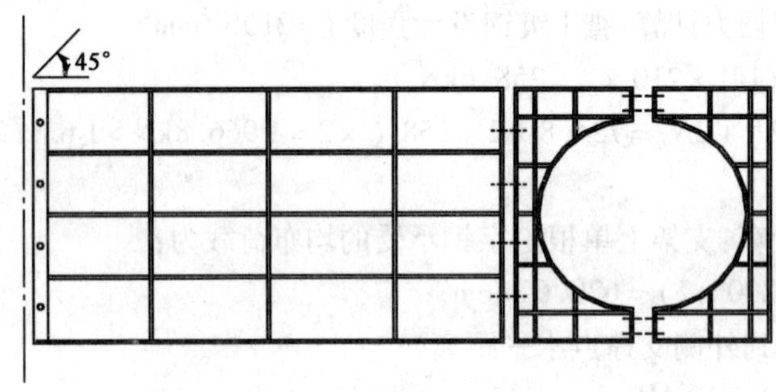

图5 底模示意图

(3)侧模

侧模采用定型钢模,模板设计同底模,侧模要求尺寸准确,刚度强度满足要求,接缝平整、严密,具体形式如图6所示。

5.2.3 盖梁底模安装

(1)双柱盖梁施工时,首先精确测量两柱顶高程(盖梁底高程),然后按照施工方案,将抱箍、工字钢、方木、胶合板依次安装即可,盖梁横坡可通过在方木上铺设木板,增加木楔局部调整型成,为增加胶合板的整体性,胶合板背面钉有5cm×5cm规格的方木,方木平行于盖梁纵轴线分布,间距30cm。

(2)独柱盖梁施工时,首先精确测量独柱顶高程(盖梁底高程),确定上抱箍安装位置,然后按照施工方案,依次安装上抱箍,40A纵向工字钢,20A连接工字钢,下抱箍。在40A纵向工字钢上铺设方木,独柱中心、纵向盖梁边缘两点,三点放样,确定盖梁纵轴线,测量盖梁纵向边缘底高程,通过三点高程拉线形成盖梁横坡,最后安装盖梁底模,麻柳高架桥独柱盖梁下部为承托,大致像倒立的三角形,盖梁底模是倾斜的,由定型钢板加工形成。底模下增加木楔局部调整最终形成盖梁横坡。

(3)底模与墩身之间夹海绵条塞紧,防止漏浆,污染墩身。底模安装后,要检查模板的拼缝是否严密,横坡、高程、模板轴线是否符合设计要求,检测无误后方可进行下道工序施工。

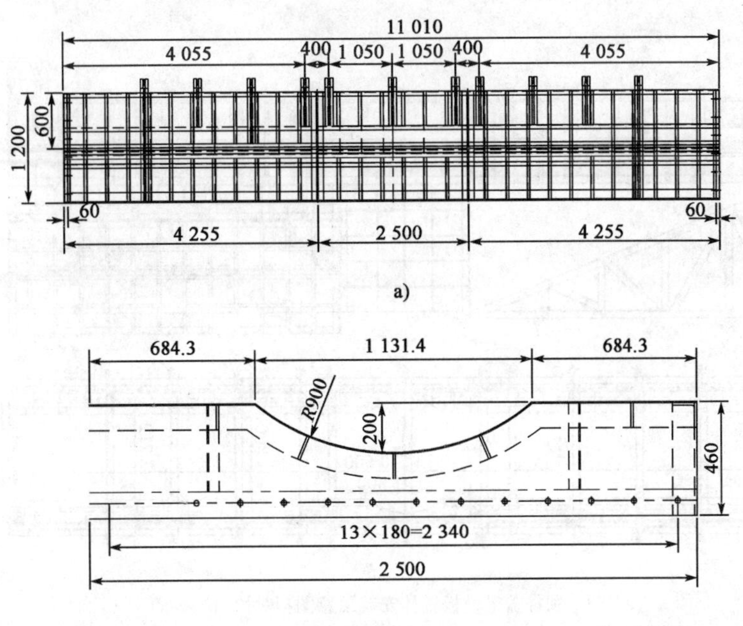

图6 侧模示意图(尺寸单位:mm)

a)上部侧模;b)下部侧模

5.2.4 钢筋制作与安装(图7)

(1)盖梁钢筋在钢筋加工厂集中进行加工,主筋搭接采用双面电弧焊,焊缝长度大于5d且宽度、厚度均符合规范要求。钢筋骨架首先在加工场地上按图纸尺寸放样然后加工成型。加工好的钢筋及钢筋骨架运至施工现场后在盖梁底模上绑扎成型。

图7 钢筋笼安装

注意:受力钢筋的接头应设置在内力较小处,并错开位置布置;同一根钢筋应尽量少设接头;绑扎钢筋的接头,要求接头与钢筋起弯处的距离不得小于10d,其接头位置也不得设在构件的最大弯矩处。

(2)钢筋在加工前应进行除锈,安装好的钢筋不得有污垢、有害的铁锈及鳞皮、油污等其他杂物。

由于钢筋安装过程中盖梁底模会受到污染。钢筋笼安装完成后,应将底模重新清理一遍。

(3)安装好的钢筋笼经监理工程师检验合格后方可安装侧模板。

(4)变截面处箍筋下料高度、布置位置要准确,否则箍筋顶面高低不齐。注意支座垫石钢筋和防震

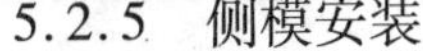

挡块钢筋的预埋。

5.2.5 侧模安装

侧模采用大块定型钢模板,背楞为[10。侧模的固定采取上下两层拉杆固定,同时模板间用定位钢筋保证盖梁几何尺寸。

模板安装允许偏差要求如下:

①断面尺寸:±20mm;

②轴线偏位10mm;

③顶高程±10mm。

独柱盖梁模板整体安装如图8所示。

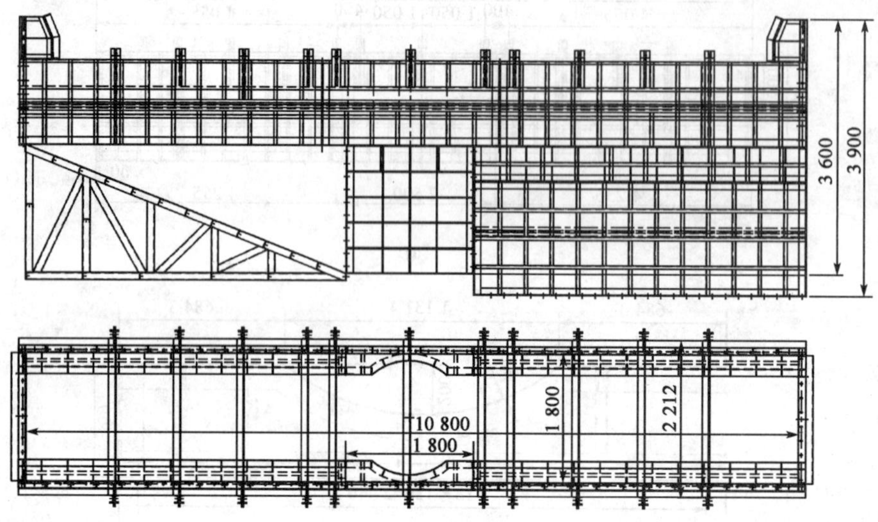

图8 独柱盖梁模板整体安装示意图(尺寸单位:mm)

5.2.6 浇筑混凝土

浇筑混凝土前将模板内的杂物清除干净,为防止偏载,混凝土浇筑由中间向两边推进,分层浇筑,从低处开始逐层扩展升高,厚度控制在30cm以内。振捣时使用插入式振捣器,振捣器插入的距离以直线行列插捣时,不得超过作用半径的1.75倍,振捣器应尽量避免碰撞钢筋,更不得放在钢筋上。振捣器开动后方可插入混凝土内,振完后应徐徐提出,不得过快或停转后再拨出机头,以免留下孔洞。振捣器靠近模板时,机头与模板应保持一定距离,一般为10cm。

混凝土浇完底层后,在灌注上层时,振捣器应稍插入下层使两层结合一体。振捣完成的标准:混凝土停止下沉,无气泡上升,表面平坦、泛浆。混凝土浇筑应连续进行,如因故中断,间歇时间不应超过允许间歇时间,以便在前层混凝土初凝前将本层混凝土振捣完毕,否则按施工缝处理,施工缝处理详见相关规范。

5.2.7 拆模与养生

由于帽梁侧模板属非承重构件,一般混凝土达2.5MPa时即可拆除,混凝土养护采用塑料薄膜或土工布密封洒水养护,混凝土强度达到设计强度75%后卸落抱箍和底模。

6 材料与人员、设备

6.1 为了保证现场科学管理,保质量促进度,根据工程需要人员配备如表1所示。

人员配备表 表1

序　号	职　务	人　数	备　注
1	现场负责人	1	
2	技术员	2	
3	安全员	1	
4	材料保管	1	
5	钢筋工	5	
6	模板工	6	
7	混凝土工	5	
8	劳工	10	

6.2 本工法仅列出了麻柳高架桥盖梁施工所需要的机械设备需求量。实际施工时,可根据具体情况适当调整(表2)。

材料与设备表 表2

序 号	名 称	规 格	型 号	数 量
1	25t 汽车吊	25t	QY25B	6台
2	运输车	5~10t	HTM604	3台
3	装载机	$3m^3$	ZL50	1台
4	全站仪		GTS-332	1台
5	对讲机	Kenwood		4台
6	悬空支架			6套
7	工字钢	长12m	40A	6套

7 质量控制

7.1 高墩盖梁悬空支撑施工简便，质量要求高，施工过程中主要对以下方面进行重点控制。主要质量标准及规范如下：

(1)《建筑结构荷载规范》(GB 50009—2001)；

(2)《钢筋焊接及验收技术规范》(JBJ 18—84)；

(3)《建筑机械使用安全技术规程》(JGJ 33—86)；

(4)《施工现场临时用电安全技术规程》(JGJ 46—88)；

(5)《公路桥涵施工技术规范》(JTJ 041—2000)；

(6)《公路工程质量检验评定标准》(JTG F80/1—2004)；

(7)《公路工程施工安全技术规程》(JTJ 076—95)。

7.2 严格控制预留孔位置。采用钢棒作为支撑时，在墩柱施工过程中，根据底模的几何尺寸，控制好预留孔位。

7.3 验算所需的最大承载力，配备相应型号的钢棒或抱箍。

7.4 严格按规范标准检查三角支架的焊接质量，以及支架连接钢销的型号、质量，保证支架的稳定性。

7.5 检查项目如下：

7.5.1 模板安装的允许偏差(表3)

模板安装的允许偏差 表3

项 目		允许偏差(mm)
模板高程	基础	±15
	柱、墙和梁	±10
	墩台	±10
模板内部尺寸	上部构造的所有构件	+5,0
	基础	±30
	墩台	±20
轴线偏差	基础	15
	柱或墙	8
	梁	10
	墩台	10
模板相邻两板面高低差		2
模板表面平整度		5
预埋件中心位置		3
预留孔洞中心线位置		10
预留孔洞截面内部尺寸		+10,0

7.5.2 钢筋安装实测项目检查见表4。

钢筋安装实测项目 表4

项 次	检 查 项 目			允许偏差(mm)	检查方法和频率
1	受力钢筋间距	两排以上排距		±5	每构件检查两个断面,用尺量
		同排	梁板、拱肋	±10	
			基础、锚锭、墩台、柱	±20	
		灌注桩		±20	
2	箍筋、横向水平筋、螺旋筋间距			±10	每构件检查5~10个间距
3	钢筋骨架尺寸	长		±10	按骨架总数30%抽查
		宽		±5	
4	弯起钢筋位置			±20	按骨架抽查30%
5	保护层厚度	柱、梁、拱肋		±5	每构件沿模板周边检查8处
		基础、锚锭、墩台		±10	
		板		±3	

7.5.3 墩、台帽或盖梁实测项目检查见表5。

墩、台帽或盖梁实测项目 表5

项 次	检 查 项 目	规定值后允许偏差	检查方法和频率
1	混凝土强度(MPa)	在合格标准内	按附录D检查
2	断面尺寸(mm)	±20	尺量:检查3个断面
3	轴线偏位(mm)	10	全站仪或经纬仪:纵横各测2点
4	顶面高程(mm)	±10	水准仪:检查3~5点
5	支座垫石预留孔位(mm)	10	尺量:每个

8 安全防护措施

8.1 高空作业人员经医生检查合格,才能进行高空作业。施工人员严格按照安全操作规程施工,佩戴安全帽,系好安全带,穿防滑鞋。

8.2 在工字钢两侧焊接钢筋防护骨架,骨架伸出盖梁约1.2m,上铺走道木板,形成工作平台,骨架高约1.5m,四周用防护网围护。

8.3 在每个半圆形抱箍接头侧面焊接钢筋框,作为操作平台,便于施工人员连接加固抱箍。

8.4 吊车由专人指挥起吊物体,吊重物体下严禁行人停留、通过。起吊工应严格执行起重操作规程,经常检查吊臂、吊绳、吊钩等关键部位的安全性、牢固性。

8.5 现场安排专职电工,施工人员不得私自动电,施工用电、照明用电按规定分线路接线。

8.6 认真贯彻"安全第一,预防为主"的方针。工地设专职安全员,负责工地安全管理工作。

9 环保措施

9.1 成立以项目经理为组长的环境保护领导小组,配备一定数量的环保设施和技术人员,认真学习环保知识,共同搞好环保工作。

9.2 聘请环保专家现场指导,与当地环保部门签订联合开展环保工作协议。

9.3 经常保养、清洁施工设备,保证设备的清洁和完好。

9.4 对施工管理人员和施工人员进行环境管理培训,使其清楚了解当地环境法律和合同条款中规定的相关要求,参加培训人员的记录和培训内容备案在综合办公室,以便相关部门检查和审核。

9.5 按月进行环境检测及审核,并做好记录和备案。

9.6 合理安排作业时间,最大限度地降低噪声对环境的危害,对于高噪声和高振动的机械,尽量避免夜间在居住区和敏感区施工作业,尽量减少对当地居民日常生活的影响。

10 资源节约

10.1 在施工过程中优化施工方案以及施工顺序,使机械、物质利用率高,损耗小。

10.2 在施工用电方面采用低损耗新型变压器,优化变压器的运行方式,在供电、输配电、用电系统,应用节电产品和节电技术。

11 效益分析

高墩盖梁采用“悬空支撑施工工法”进行盖梁施工,该工法施工简便,安全性好,可靠性高,使用周转材料少,现场易于清理,便于现场管理,且能缩短工期,可以被广泛应用到盖梁施工中,特别是在施工场地狭窄,地形复杂的山区及软土地基和水上施工地区更能显示出其优越性,较之其他施工方法不仅加快了施工进度,而且节约了施工成本。以麻柳高架桥盖梁施工为例,具体节约施工成本见表6。

节约施工成本情况 表6

项 目	悬空支撑法施工费用(万元)	搭设支架法施工费用(万元)	差值(万元)	备 注
机械费用	91	115	24	施工机械台班少,利用率高
人工费用	130	156	26	施工人员少
安全费用	10	15	5	
工期成本		30	30	减少施工工期
合计	231	316	75	

12 应用实例

12.1 应用实例一

麻柳高架桥位于毛川高速第五合同段,大桥全长2.871km,由麻柳1号高架桥,麻柳2号高架桥,麻柳3号高架桥组成。其中麻柳1号高架桥,麻柳2号高架桥共同构成左幅,麻柳3号高架桥构成右幅,上部构造采用后张法预应力混凝土分体箱梁,先简支后结构连续,下部采用柱式墩(包括独柱墩和双柱墩),嵌岩桩基础(包括人工挖孔桩和冲击钻孔桩)。

施工现场地处大巴山腹地,地形为典型的“两山夹一沟”,山势陡峭险峻,山谷狭窄,麻柳河在谷内终年流淌,麻柳高架桥依山傍河在谷内蜿蜒前进,左幅桥墩大部分布在陡坡上,右幅桥墩基本分布在河谷内,陡坡上无施工场地,河谷内墩柱平均高度约18m。麻柳高架桥盖梁共计220个,施工均采用悬空支撑法,中交第四公路工程局有限公司项目部投入了12套底模,8套侧模,克服了施工场地狭窄,地形复杂等困难,提前10d完成了业主下达的阶段性工期目标,累计获得奖励55万元。

12.2 应用实例二

申嘉湖高速公路京杭运河特大桥、柳柏县分离立交桥的边跨和引桥桥墩为三圆柱墩,桥下为软土地基,基础条件差,不宜采用满堂支架法进行盖梁施工。因此采用抱箍法施工盖梁新技术,该技术施工速度快,有效解决满堂支架及柱中预留牛腿等问题,工程安全可靠,效益明显。

12.3 应用实例三

金华十八里至武义公路工程(范村至履坦段)履坦大桥为预应力空心板梁桥,总长度105m,桥墩为双圆柱墩,桥下为过水河道,地基条件差,不宜采用满堂支架法等进行盖梁施工。浙江省衢州市交通建设集团有限公司采用抱箍法施工盖梁新技术,该技术施工简便,能有效解决满堂支架及柱中预留牛腿等问题,在施工过程中,抱箍和盖梁底模板可以通过吊车配合安装,拆除底模时,抱箍下落到一定高度后可作为盖梁底部缺陷修补的脚手架,而且可节约机械安装和拆除盖梁底模的大量费用。

12.4 应用实例四

汇通路桥建设集团有限公司在张石高速公路涞源至涞水段 LJ-N14 合同段的北易水河 1 号大桥、马兰台大桥等共 7 座大桥的盖梁均采用抱箍支撑体系施工工艺,节省了支架材料费用 162 万元,节省了人工费用 112 万元,提前工程总工期 4 个月,取得良好的经济效益和社会效益,得到建设单位的认可和好评。

12.5 应用实例五

汇通路桥建设集团有限公司在张石高速公路涞源至涞水段 LJ-N13 合同段(K85 +464 ~ K90 +200)沂蒙山 2 号大桥的盖梁施工采用抱箍支撑体系施工工艺,节省了支架材料费用 36 万元,节省了人工费用 19 万元,提前完成工期两个月,取得良好的经济效益和社会效益,得到建设单位的认可和好评。

桥涵墩台滴灌保湿膜养生施工工法

GGG(豫)C2079—2010

李 强 张伟民 庞 敏 孙国华
(河南省路桥建设集团有限公司)

1 前言

我国西部干旱地区,天气多风、高温,降水量少且蒸发量大,恶劣的气候条件给桥涵墩台混凝土养护工作带来了极大的困难,若采取常规的养生方法如包裹土工布、麻袋、草帘等,需每半小时整体喷水一次,不仅浪费大量人工、机械费用,而且浪费大量宝贵的水资源。我公司组织技术骨干进行技术攻关,采用桥涵墩台滴灌保湿膜养生施工工艺,经过连霍国道主干线新疆红山口-鄯善高速公路第七合同段、连霍国道主干线新疆鄯善-吐鲁番高速公路第四合同段的成功应用,解决了西部桥涵墩台混凝土养生困难这一难题,获得了建设单位及监理单位的肯定和认可。本工法经河南省科技技术信息研究院查新为国内无相同文献报道,并经河南省公路学会专家委员会鉴定为国内领先。

2 工法特点

桥涵墩台滴灌保湿膜养生施工工法关键技术是创造性地将农业滴灌技术用于桥涵墩台养生,同时采用节水保湿膜将台身进行全包裹,充分利用保持节水保湿膜的节水高效保湿功能,使混凝土表面始终处于湿润状态,给混凝土提供一个最佳的水化环境,促进混凝土早强,抑制裂缝的产生。

3 适用范围

本工法适用于干旱、多风、高温且蒸发量大的地区桥涵墩台混凝土的养护施工。

4 工艺原理

桥涵墩台混凝土养生主要以立面养生为主,而立面养生较平面养生难度要大得多,其中最主要是保水难。桥涵墩台身混凝土浇筑后,在水化热的过程中必然产生大量的水蒸气,带走混凝土体内大量的水分。引起水泥收缩,因而在混凝土内部经常存在着引起干缩裂缝的应力状态,而一般混凝土的抗拉强度只为抗压强度的1/7~1/6,如果在水化热的过程中,水分蒸发过快,这种干缩应力超过混凝土的抗拉强度时,便会产生干缩裂缝,同时混凝土内部水分蒸发过快过早,导致混凝土后期水化过程中缺水,也会影响其强度的形成;而外界环境可以直接影响混凝土水化过程,如大风天气,混凝土内部的水分会被大风迅速带走,产生风干现象,在高温天气,混凝土内部的水分会蒸发更快,这些都会导致混凝土内部干缩加剧,导致干缩裂缝的产生,或者导致混凝土水化后期缺水而被烧坏,影响强度形成。本工法通过滴灌提供养生用水,利用节水保湿膜的吸水保水及毛细渗透作用,使桥涵混凝土墩台始终保持湿润状态,达到桥涵墩台高标准养生的目的。

5 施工工艺流程及操作要点

施工工艺流程:搭设钢管支架→储水罐置其上→铺设塑料管→墩台身喷水→包裹保湿养护膜→洒水车往储水罐内注水→养生期满→拆除保湿养护膜。

5.1　桥涵墩台身在正式施工前,在桥涵周围较高处搭设钢管支架,比桥涵墩台身高出2m左右,支架上铺木板或钢模板。以3m高,13.75m长台身为例,将大约$6m^3$的储水池置于其上;储水池是用钢模拼接,内铺塑料布。根据桥涵与储水池的距离,将塑料管截成适宜的长度,并根据桥涵的长度,将塑料管的一端用电钻每隔50cm穿一孔,孔的大小以直径2~3mm为宜,要求能够正常流水。水由洒水车运输,一般每2~3d给储水池补水一次,确保养生用水。

5.2　桥涵墩台身在部分模板或全部模板拆除后,将$\phi10$的塑料管未穿孔的一端插入储水池中,并用铁丝绑紧。另一端置于桥涵墩台身顶上,并沿桥涵大致的中线方向铺设,且每隔2~3m用铁丝固定。墩台身用保湿养护膜进行全封闭包裹,保湿养护膜采用随喷随铺的方式铺设,具体做法:用喷雾器将混凝土表面自上而下喷湿,随喷湿随铺设保湿养护膜。保湿养护膜铺设宜采用纵向敷设,经实地检验,横向铺筑易于被大风吹开,使保湿养护膜无法与混凝土表面密贴,达不到保湿效果。人工自上而下将保湿养护膜与混凝土表面之间的空气排除干净,使保湿养护膜与混凝土表面密贴,保湿养护膜之间要用黄色宽胶带粘好,不留缝隙。为预防保湿养护膜被大风吹开,最好在桥涵底部用砾石土将保湿养护膜压好,并在桥涵对拉螺杆部位用横木条保湿养护膜压住。保湿养护膜核心材料可吸收自体重量200倍的水分,吸水膨胀后变成果冻式的晶体状,然后通过毛细管作用向混凝土表面渗透,与此同时又不断吸收混凝土在水化热中产生的蒸汽水,因此保湿养护膜内总能保持充足的水分。

5.3　注意事项

施工队要派专人负责桥涵滴灌养生工作,经常检查混凝土表面是否保持湿润及保湿养护膜是否覆盖完好。

5.4　混凝土养生期为7~14d,严禁未到养生期即拆除保湿养护膜。

6　材料与设备

6.1　养生所用的材料主要有:井水、塑料管、保湿养护膜等。选择井水,塑料管选择$\phi10$的普通软塑料管。保湿养护膜选用的长沙圣华科技发展有限公司生产的新型混凝土节水保湿养护膜202型,规格为:250m×1m,该养生膜为一种复合材料,上、下膜均为功能性材料薄膜;中层为载体及"新型可控高分子吸收材料",其核心材料可吸收自体重量200倍的水分,吸水膨胀后变成果冻式的晶体状,其中水分流不掉、挤不出,然后通过毛细管作用向混凝土表面渗透,与此同时又不断吸收混凝土在水化热中产生的蒸汽水,因此保湿养护膜内总能保持充足的水分,在一个养生期内墩台身混凝土表面始终保持湿润,保湿养护膜的保水时间是传统养护材料的3~10倍,并大大减少抽水、运水设施的损耗。

6.2　机械配置如表1所示。

机械配置　　表1

序　号	设备名称	规格型号	单　位	数　量	机械状况
1	洒水车	东风153	辆	1	良好

7　质量控制

7.1　质量标准

7.1.1　《公路工程质量检验评定标准》(JTG F80/1—2004);

7.1.2　《公路工程桥涵施工技术规范》(JTJ 034—2000)。

7.2　质量保证措施

7.2.1　认真贯彻ISO9002质量认证标准,制订切实可行的质量检查程序,使每个施工环节都处于受控状态,每一个过程都有质量记录,施工全过程有可追溯性,定期召开质量专题会,发现问题及时纠正,以推进和改善管理工作。

7.2.2　建立质量责任制,针对工程特点成立桥涵滴灌保湿膜养生领导小组,项目总工任组长,形成工序把关、人人负责的局面。

7.2.3 保湿膜必须采用高效的保湿养护膜，以确保高温天气下保湿膜内有充足的水分。

7.2.4 保湿膜搭接处必须用木条压紧，以防被大风吹开。

7.2.5 坚持质量教育：组织技术交底，根据工程进度安排，由技术负责人分阶段向各班组进行专项施工技术交底工作，同时在下达施工任务时，随同下达质量目标，使工程施工始终处于严格的质量管理中。

7.2.6 建立施工过程中的质量检查和验收制度。中间检查是施工质量管理的重点。中间检查的内容包括工程用的材料是否经过实验室检测并经监理工程师审核，批复手续是否齐全；施工项目是否经过批准。质检人员应对重要工序进行现场监督。

7.2.7 建立健全 QC 小组活动：围绕工程质量管理目标，积极开展 QC 小组活动，及时反馈质量信息，通过 QC 小组活动，使质量管理工程贯穿于施工的全过程。对发现的薄弱环节，进行调研、攻关，不断充实和完善施工工艺，确保工程质量的顺利实施。

7.2.8 实行“三工”及“四检”制度。“三工”制度即工前进行技术交底，工中进行检查指导，工后进行总结评比。“四检”制度即施工员自检，质检员复检，监理工程师抽检，驻地处终检。做到一次性合格率100%。

8 安全措施

8.1 开工前对参加的施工人员进行安全教育，提高每位施工人员的安全意识，使每位施工人员的思想中常想安全，常注意安全。

8.2 设置齐全的施工标志，建立安全领导小组，设专职安全员。

8.3 逐级签订安全生产责任书，责任到人，建立安全事故追究制度。

8.4 在施工段落上必须设置明显施工安全警示标志，保证现场附近和过往群众的安全。

8.5 施工场地机械设备较多，进场施工人员要戴安全帽，进入施工现场，各工段各工种都要在各自的工作岗位上，不得串岗，影响安全，影响施工。

8.6 施工管理人员应持证上岗，每个管理人员、质检人员及技术人员都要佩带胸牌，对施工全过程进行指挥管理，技术指导，质量检测等保证施工质量及安全。

9 环保措施

9.1 环保措施实施依据

(1)《中华人民共和国环境保护法》；

(2)《中华人民共和国水污染防治法》；

(3)《建设项目环境保护管理条例》(国务院第253号令)；

(4)《交通建设项目环境保护管理办法》(交通部第5号令)；

(5)《全国生态环境保护纲要》。

9.2 环保措施

9.2.1 严格遵守国家、部委和地方颁布的有关环保方面的规定，建立谁负责施工谁负责环保的环保责任制。

9.2.2 施工过程中严格按照设计图纸及相关规范要求组织实施环保工程。

9.2.3 制订施工方案的同时，要同时制订配套的环保方案，施工中由环保领导小组成员检查监督环保方案的执行情况，如发现未按方案执行者，对负责施工的施工队队长处以500元罚款。

9.2.4 为了保障、保护法律、法规、规章和有关规定的贯彻执行，严肃纪律，根据《中华人民共和国环境保护法》，省级政府《环境保护条例》，交通运输厅、公路局有关文明施工与环境保护管理办法，加强项目文明施工及环境保护的现场管理,规范施工现场,树立良好的企业形象,精心组织,使施工作业对环境及交通的影响降至最低限度。

9.2.5 施工场地和临时设施建在路基征地范围内。

9.2.6 施工用水作好集中排水工作,防止污染环境。

9.2.7 积极配合并接受业主、监理和地方环保部门的监督和指导,全面做好各项环保工作。

10 资源节约

采用桥涵墩台滴灌保湿膜养生的施工工艺,由于滴灌养生所需材料较少,加上节水保湿养护膜高效保湿的特性,因此不仅可以节工省能,且大大能降低养生成本。相对土工布、麻袋、草帘而言,不仅可以确保桥涵墩台混凝土养生质量,而且能大大节约人工、用水量及机械台班,这在我国西部缺水地区具有积极意义。

11 效益分析

滴灌保湿膜养生与通常麻袋覆盖洒水养生对比。以墩台身高为3m,长度为13.75m的桥涵为例,采用滴灌保湿膜养生发生费用为:3个人工费+2个洒水车台班费+保湿养护膜材料费+水费,即3×50+2×600+600+60=2 010元,同样,用覆盖麻袋洒水养生发生费用为:10个人工费+7个洒水车台班费+麻袋材料费+水费,即10×50+7×600+250+500=5 450元,节约成本费用为3 440元。

由此可见,采用滴灌保湿膜养生工法可以大幅度降低综合成本,同时可以确保墩台养生质量。

12 应用实例

应用实例一

连霍国道主干线新疆红山口-鄯善高速公路第七合同段,项目地点新疆哈密地区,开竣工时间:2006.4.10~2007.8.15,对合同段内19座桥涵台身均采用本工法养生,取得了很好的经济和环保效益。

应用实例二

连霍国道主干线新疆鄯善-吐鲁番高速公路第四合同段,项目地点位于有"火炉"之称新疆吐鲁番地区,开竣工时间:2006.10.10~2007.11.1,对合同段内24座桥涵台身均采用本工法养生,取得了很好的经济和环保效益。

以上两项目均位于荒漠戈壁区,地表植被稀疏,降水较少,无大型河流分布。沿线地表水系来源于北部天山雪融水,受气候影响地表径流有明显的季节分配规律性,极端最高气温45.2°,平均年降水量25.5mm,平均年蒸发量2 751.1mm。

经调查,采用桥涵墩台滴灌保湿膜的施工工艺进行养生的43座桥涵墩台混凝土表面光洁、无裂纹,强度等指标均满足设计要求,受到了建设和监理单位的一致好评,并荣获2008年新疆维吾尔自治区公路局授予的"样板工程"。

复合型上承式钢筋混凝土箱形拱桥施工工法

GGG(中企)C3080—2010

赵志刚　张传安　徐士强　薛　普　郭秀琴
(中铁十六局集团有限公司)

1 前言

拱桥跨越能力大、承载能力高、造型优美,复合型上承式箱形葵形拱桥是拱上加拱,目前国内已建成同类桥型有3座,全部作为市区景点而建。由于葵形拱桥建造较少,三座桥所处的地理环境差别较大,还没有形成成熟的建造技术。由中铁十六局集团公司承建的天津市中心城区快速路环线西北半环子牙河立交桥,是唯一建在北方气候干燥、四季、昼夜温差大、滨海软弱地基的复合型上承式箱形拱桥。拱桥结构受力属于高次超静定结构,结构受力复杂,施工面临许多难题,如:深水基坑施工,大体积混凝土水化热,拱圈混凝土浇筑和防止拱圈开裂,体外系杆索安装、张拉和支架拆除过程中结构体系转换问题。针对上述难题,我公司承立了课题攻关小组,课题组开发的"复合型上承式箱形葵形拱桥施工技术",成功地解决了上述难题,产生了很好的经济效益和社会效益,经总公司组织专家鉴定该成果处于国内领先水平,天津市建委组织专家鉴定该成果达到同类型桥梁的国际先进水平,获得建筑总公司科技进步三等奖,天津市科技进步三等奖,子牙河立交桥还获得天津市建筑协会"结构海河杯"奖。

2 工法特点

2.1 深水基坑施工使用普通周转材料自制钢板桩,自制钢板桩配置灵活,费用低,适应性强,具有较强的使用价值,已获得国家知识产权局使用新型专利(证书编号1258702)。

2.2 采用了压模板法施工,解决了大坡度箱拱混凝土浇筑、下滑和支模间的矛盾,保证了拱圈混凝土质量。

2.3 系统分析混凝土收缩规律成功实现了主拱高温合龙,解决了拱桥合龙温度限制和长期以来拱桥开裂的通病,提高了拱桥施工质量。

2.4 优化系杆支架,实现了系杆支架安装、调整与系杆穿索、张拉同步进行,减少了施工工序,节约了工期,降低了费用。

2.5 通过模拟索头穿越支架过程设计了穿索管,解决了在狭小箱梁空间内穿索难题,大大提高了穿索效率。分析了系杆随温度变化的原因,找出了变化规律,保证了每个系杆的均匀受力。

2.6 使用Ansys有限元软件对支架拆除方案进行分析,优化了支架拆除方案,减少了支架拆除步骤,保证了结构、支架的安全。

3 适用范围

本工法适用于所有土质深水基坑、坡面箱形结构混凝土浇筑、大跨度钢筋混凝土拱桥以及受刚性约束的大跨度钢筋混凝土刚架桥任何温度下合龙以及无推力自平衡各式(上、中、下承式)钢筋混凝土拱桥。

4 工艺原理

4.1 自制钢板桩使用的技术原理与拉森钢板桩相同,都是通过企口止水,自制钢板桩企口制作达不到拉森钢板桩那么严密,还需要增加止水装置;钢板自身刚度满足不了使用要求,需焊加强肋以增加刚度。

4.2 拱圈混凝土采用四种方法浇筑,保证混凝土在重力作用能穿过钢筋并对底模有一定的压力,避免出现蜂窝、麻面和空洞。

4.3 主拱开裂控制是基于主拱合龙后,主拱在支架上施工期间发生的收缩量不至于拉裂混凝土,一旦落架主拱不再受支架刚性约束,混凝土再收缩也不会拉裂主拱,混凝土收缩完成得越充分,主拱合龙后越不易开裂,工期不可能等到混凝土完成收缩后再合龙主拱;混凝土收缩是有规律的,混凝土收缩速度随时间推移迅速变慢,避开混凝土快速收缩阶段,在平稳段合龙,考虑工期要求在满足主拱不开裂要求下尽量前提,依次确定主拱合龙时间。

4.4 系杆支架的作用是支撑系杆,使系杆满足设计需要的线形,在穿索、张拉过程中不损坏系杆,在不外露情况下结构形式不重要。系杆张拉力随温度发生变化是因为系杆没有浇筑在混凝土内部,不与混凝土共同发生作用,钢材与混凝土的热膨胀系数不同,且85m主拱受8号、9号墩约束不能和系杆一起随温度自由变形,必须分别计算两者热膨胀量,两者热膨胀量的差值就是造成系杆张拉力发生变化的原因。

4.5 支架拆除方案优化是在保证主桥结构安全情况下减小支架支撑力和减少支架拆除次数,这样可以加快进度和便于支架拆除,每步支架拆除都进行支架仿真计算比较外,还计算拱圈内力变化,确保每一步支架拆除拱圈应力不超出设计要求才能实施。

5 施工工艺流程及操作要点

复合型上承式钢筋混凝土箱形拱桥施工工艺流程见图1,该项目包括工序较多,主要有桩基、承台、墩柱、主拱、边拱、腹拱、拱上连续箱梁、系杆张拉与支架拆除、桥上附属工程,本工法仅介绍对工程质量、安全有较大影响的特有工序。

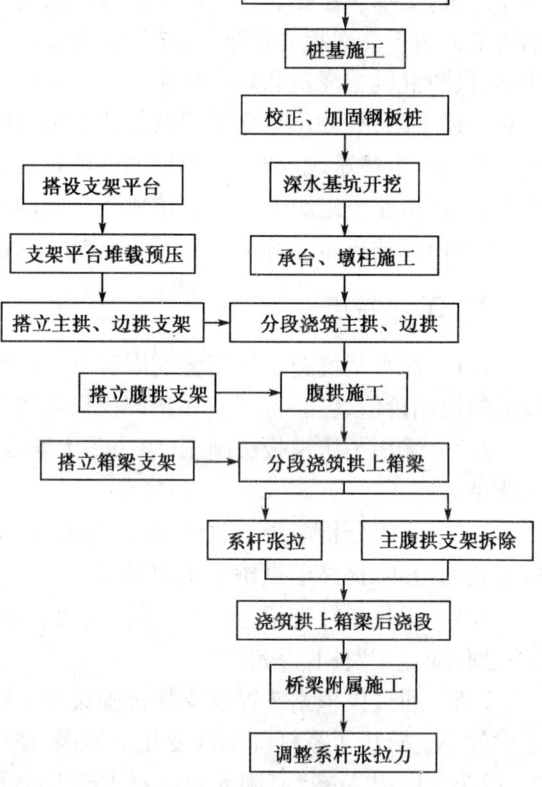

图1 复合型上承式钢筋混凝土箱形拱桥施工工艺流程

5.1 自制钢板桩施工

5.1.1 自制钢板桩的设计与制作

根据现场基坑挖深、水深、填土、和施工机械计算钢板桩承受的最大弯矩,以此配制钢板桩;使用现场已有或应有的钢板、工字钢或槽钢,优选结构形式,优先选用简易形式(图2),再确定工字钢(或槽钢)间距,工字钢(或槽钢)间距不合理时,改为复合形式(图3),由基坑管涌计算确定钢板桩长度。

钢板桩接头防水需要作防水企口,企口可以对接(图4)也可以搭接(图5),还需要增加橡胶囊止水,胶囊内不要充气,最好充比水重的无污染溶液,如浓盐水。

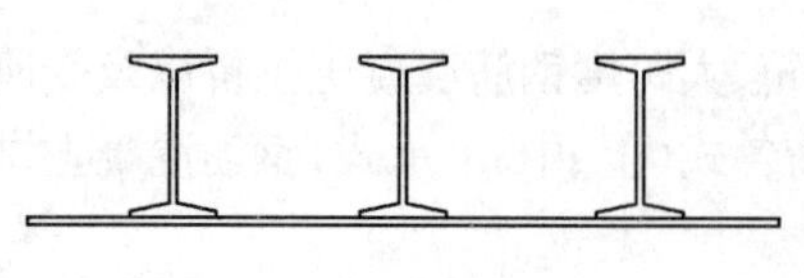

图2 简易钢板桩

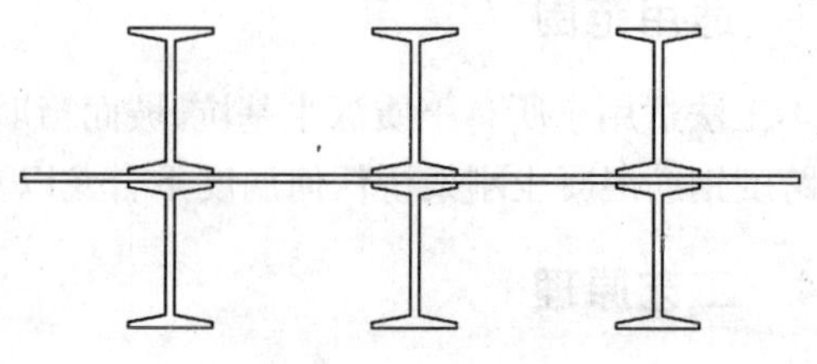

图3 复合钢板桩

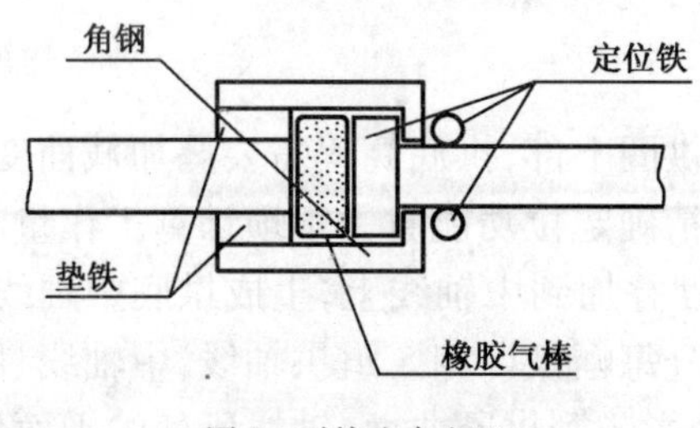

图4　对接止水企口

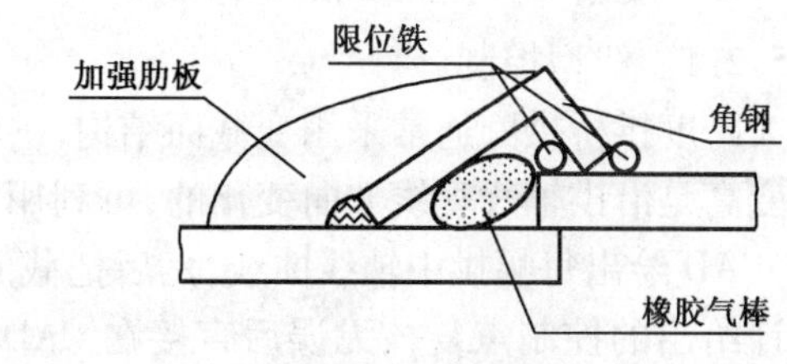

图5　搭接止水企口

5.1.2　钢板桩施工(图6)

自制钢板桩比拉森钢板桩宽，入土阻力大，必须使用配套的振动锤，由三根 I_{36} 工字钢和2m 宽 δ -16 钢板焊制的简易钢板桩使用D60 振动锤可以打入。钢板桩分批次打入，每批打入3~5块，每块深度不同，后打入的钢板桩较先打入的浅1~1.5m，各钢板桩轮流分级打入，保证钢板桩深度和桩排平直度。钢板桩打到位后，及时向企口内沉入直径较小且有弹力的橡胶囊，胶囊填充物是比水重的浓盐水或其他无污染比重较重的溶液，胶囊沉入底后，继续向胶囊内注入溶液并加压，让胶囊充满企口空间。

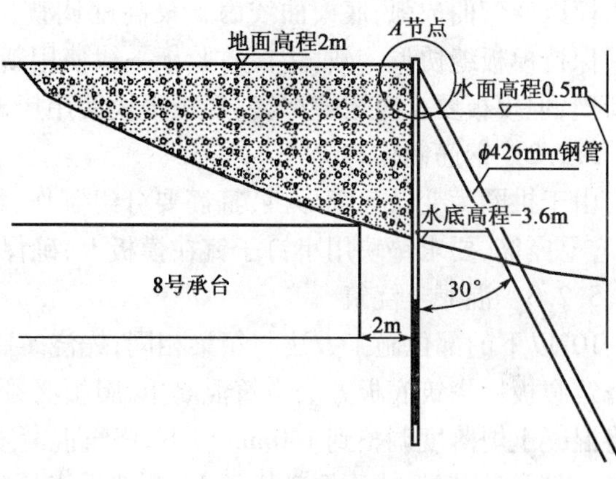

图6　筑岛钢板桩支撑图

距河岸较近的承台，在桩基施工时采用筑岛的方法，当水较深时使用钢板桩作围堰，此时钢板桩施工分两个阶段，第一阶段是钢板桩围堰施工，此时钢板桩的作用是挡住围堰内填土，避免填土流入河道内，也便于钻机在岛上钻孔作业。第二阶段是承台开挖，钢板桩围护基坑防止河水浸泡。

第二次钢板桩施工比第一次困难，首先将钢板桩附近3m 填土挖除，防止拔出钢板桩后填土溜入河内，拔除斜支撑，每拔出一块钢板桩就需要补打一块，不能全部拔除后重打钢板桩，否则填土就会溜入河内，有可能危及吊车安全。钢板桩排要求顺直、不能有死弯，且必须打够深度，由于河床下泥土密实，一块钢板桩需要拔打多次才能完成。

5.1.3　基坑开挖

钢板桩合龙后，经检查确认无误后，开始抽水，随水位下降及时支撑，防止钢板桩倾斜裂开企口，在抽水和施工过程中要经常检查企口是否漏水，对漏水的企口，继续向胶囊内注入溶液并加大压力，直到不漏水。抽干水后，清理坑底淤泥，射水法和抓斗开挖都可以。

筑岛填土基坑开挖必须边开挖边支撑，第一步挖深，具备安放支撑钢管条件，将挖掘机挖设计高程，安装端部腰梁、焊斜撑，把一端加固好自一端退着开挖，首先开挖靠岸一侧，挖至设计高程，开挖宽度4m与支撑钢管间距相同，靠岸一侧水浅，钢板桩稳定性好，河道一侧开挖到自制钢板桩3m，留3m 稳定土压制钢板桩，安装支撑钢管(腰梁已提前开槽安装完毕)，然后挖出稳定土，开挖下一根支撑钢管，少许挖不出的稳定土与清底土方一起由人工清除。当挖掘机退至另一端没有退路时改用长臂挖掘机开挖，这样开挖不仅加快了进度还节省了一半多的机械台班费。

5.1.4　注意事项

钢板桩设计阶段重点是钢板桩的刚度和长度，钢板桩制作阶段重点是焊缝质量，开挖阶段重点是支撑，必须观测钢板桩变形，工字钢是否还顺直，工字钢是否向坑内倾斜，倾斜多少，是否已稳定，必要时重新加固；观察腰梁变形，若腰梁呈波浪形说明支撑间距太大，支撑需要加密；观测支撑钢管变形，当钢管较长时应防止压杆失稳；观察钢管与腰梁连接处，防止钢管壁局部屈服失稳；观察基坑地防止出现管涌。

5.2 超静定混凝土箱形拱施工

5.2.1 线型控制

大跨度拱桥拱圈通常采用变截面结构,拱轴线一般位于拱圈上部,拱底高程需要叠加截面变高值,截面变高是沿拱轴线垂线方向变化的,可利用 AUTOCAD 的精确定位功能省去烦琐计算工作量。先用 AUTOCAD 绘出每幅拱中轴线曲线,然后把截面变高和预拱度叠加到中轴线上,生成拱底中轴线曲线,与设计给出的控制点复核无误后直接在 CAD 图上读取高程,每幅拱计算 5 道拱轴线,中轴线、内外边线、及 1/4、3/4 轴线。当拱桥与河道斜交时,桥梁的竖曲线会影响到拱圈曲面,轴线所处的平面位置不同高程也不同,根据桥梁横坡、竖曲线、斜交角度计算出轴线高度的平移值,平移就可以了。拱圈底模使用木模以便弯曲成弧,底模曲线由支架高度调整,木板直接钉在支架方木上,用木楔固定方木和木板。为了保持模板缝协调一致,边模竹胶板一律使用新板并竖着使用,模板缝与底模垂直,内腹板不要求使用新模,但模板要平直板缝严密,底板顶模使用压模,随混凝土浇筑边浇筑边支立。

5.2.2 钢筋制作与绑扎

由于拱圈为变截面箱形拱,箍筋要分组制作,每组 3~5 个箍筋,高差 15mm。坡面上的垫块容易滑落,容易露筋,要求垫块用小钉子钉在模板上,确保浇筑混凝土时垫块不滑落。

5.2.3 混凝土浇筑

10°以下的部位施工方法与箱梁相同,先浇筑底板后浇筑腹板或先浇筑腹板后浇筑底板均可,采用先浇筑腹板后浇筑底板方法浇筑混凝土,腹板必须回振,避免在腋角处出现空洞;10°~20°箱拱部位首先将混凝土坍落度调整到 140mm 以下,浇筑混凝土时应先浇筑底板,放混凝土时欠放一点,振实后再补一点,用振捣棒轻振或用振动摸子振实,然后浇筑腹板。20°以下部位箱拱断面可以一次成型也可两次成型,一次成型时在浇筑完底板后就可以封闭顶板内膜,接着腹板浇筑顶板;二次成型时在浇筑完腹板后,凿毛、支立顶板内模再浇筑顶板。20°~40°部位必须采用二次成型技术,采用压模法浇筑混凝土,混凝土坍落度适当放大,坍落度控制在 160~200mm,扩散度 400~450mm,压模需要预拼确认压模板缝严密、位置正确后,取下压模,编号摆放在一边,随着混凝土浇筑按顺序安装,压模前首先浇筑部分混凝土,最低处混凝土接近厚度时开始安装预先确定的压模,安装加固完毕后继续从上部浇筑混凝土,直到浇满,再压第二层模板,在压模前尽量多浇筑一些混凝土,减少从上口浇筑混凝土量,以便提高混凝土浇筑速度;箱室内模面在拆除压模进行模面压光。40°以上部位采用一次成型技术,先支立内模,定位后再支立边模,定位内模时应特别注意钢筋保护层,必要地方加焊支撑钢筋,外模采用压模法,先支立模板,混凝土浇筑自上口灌入,混凝土坍落度控制在 160~200mm,扩散度 400~450mm,采用插入式振捣器捣固,采用敲击外模方法检验是否密实,混凝土强度达到 5MPa 后,拆除外模,趁混凝土还湿时,用预先调好颜色的水泥封堵气泡,然后用塑料布覆盖养护。

湿接缝较短采用 10°~20°部位一次成型技术,湿接头使用的是膨胀混凝土,膨胀剂必须计量准确,在膨胀混凝土终凝后及时洒水覆盖,并向箱室内注入少量水,保证箱室内空气潮湿,3d 后拆除模板,向箱室内注满水,使用湿透土工布双层将湿接头上部及两侧充分包裹,保证湿接头充分湿润,直到支架拆除。

5.2.4 超静定混凝土箱形拱防裂措施

(1)预压支架平台,保证支架平台稳定,不因支架下沉造成主拱开裂。

(2)分段浇筑主拱混凝土,可以减小支架不均匀沉降和混凝土收缩对主拱影响,拱圈施工段划分原则是主拱对称、边拱与主拱对称,支架高度变化大的位置拱段宜短,支架高度变化小的位置拱段宜长。合龙段最好设在横梁上方,以便膨胀混凝土注水养护。

(3)在保证主拱不开裂的情况下,主拱合龙时间尽量前移以缩短工期。混凝土能承受的收缩量受配筋率和模板约束影响,可按相关规范给定的公式计算混凝土不开裂的最大收缩量,根据实测的混凝土收缩曲线,利用软件或直接在曲线图上读取合龙时间。

(4)合理安排各拱段施工顺序,保证各拱段混凝土有一定的龄期,以便能完成适当的混凝土收缩量。

(5)合龙段混凝土掺加高效膨胀剂,保证后浇段混凝土有足够膨胀率并能维持拱上结构施工期间不发生收缩。

(6)加快施工进度保证在规划的时间内完成上部结构,尽快实现结构体系转化,避免延期造成主拱开裂。

5.3 无黏结水平系杆索施工

5.3.1 优化

原设计系杆支架为独立墩式支架,每个支架下面有4个地脚螺栓,见图7,共2 688个,

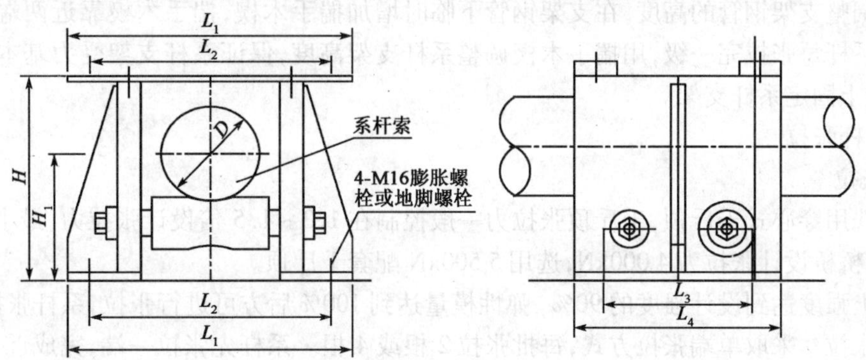

图7 系杆配套支架设计图

其中箱梁内2 400个,在净空84cm箱梁内安装调整系杆支架十分困难,根本满足不了工期要求,经与设计协商改为横向通长钢管支架,为了减小摩阻力,在系杆经过的位置安装滚轮见图8。

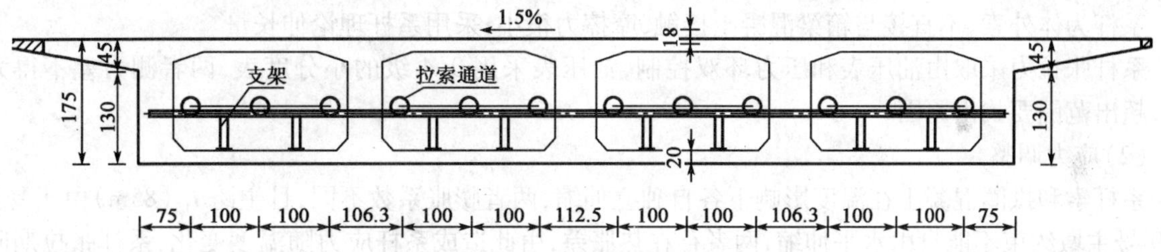

图8 变更后系杆支架结构图(尺寸单位:cm)

5.3.2 系杆支架安装

通长系杆支架使用$\phi60 \times 3.5$mm镀锌钢管,在系杆经过的位置安装有滚动的橡胶轮,橡胶轮挤压在$\phi70$mm × 3.0mm镀锌钢管上。连续梁内系杆支架在箱梁第一次浇筑混凝土时,在相应位置预留$\phi150$mm的孔洞,并将套上橡胶轮的钢管穿于孔洞内,在完成第二次混凝土浇筑并拆完内模后,挂线调整橡胶轮位置与系杆轴线一致,并在橡胶轮两端焊钢板定位。

5.3.3 体外系杆索穿梭

将索头放在穿梭管内,用卷扬机直接拉过,使用穿索管既保护了索头又不需要人协助,索头能自动通过系杆支架,大大提高了穿索效率。

系杆到现场后按照系杆索头编号对照合格证逐根检查,检查合格证与产品是否相符,与设计型号是否一致,检查成品索的外表面不能有深于1mm的划痕,不能有面积大于3cm^{2}的损伤;两端锚具的外表面镀锌层及螺纹不得有任何损伤;锚圈和锚杯完全能自由旋合。

索盘放置在拱桥的一端,使用卧式放索盘,放盘架具有足够摩阻力或制动装置,防止由于盘索弹性作用和牵引力产生的惯性作用导致散盘,伤及施工人员。放索使用滚筒法,箱梁与索孔间搭设支架平台,在平台上摆放导向轮,系杆索沿导向轮运动。系杆使用5t卷扬机牵引,卷扬机放在拱桥的另一端,在系杆孔内预穿一根钢丝绳,拧出吊杆前端螺母,将牵引绳的连接头与吊杆前端的锚杯连接起来,启动

卷扬机,缓慢将系杆牵入锚管内,在索头引出锚管,进入边拱变高箱梁段后,由于本段没有安装系杆支架,采用边拉边用木板支垫的方法,防止索头、索体与混凝土摩擦、碰撞而损坏。锚头进入拱上箱梁后,由于索头较重,不易拖过支架,须将锚头放在穿索管内,托过系杆支架。在牵引过程中随时观察系杆索,不要拖地、接触墩、梁、过墙钢管,防止损坏防护层。系杆长度为设计长度减去伸长量加上索头长度,当伸长量较大(子牙河立交桥系杆伸长量为71cm),索体到位时还不能伸出索管,在索体穿入出口索管前,拧上系杆后端螺母,卸下牵引连接头,安装张拉杆,启动千斤顶,逐步把锚杯牵引出锚管,(对带有测力环的系杆预先装上)旋上螺母。

5.3.4 系杆支架调整

为了便于调整支架钢管的高度,在支架钢管下临时增加揣手木楔,揣手木楔靠近两端橡胶轮,让开永久支撑点。系杆每张拉完一级,用揣手木楔调整系杆支架高度,保证系杆支架受力基本一致,在张拉完成后,用混凝土固定系杆支架。

5.3.5 系杆张拉

(1)系杆张拉

系杆张拉选用穿心式千斤顶,千斤顶张拉力一般控制在1.3~1.5倍设计张拉力,最小不得小于1.2倍,子牙河立交桥桥设计张拉力4 000kN,选用5 500kN配套千斤顶。

边拱混凝土强度达到设计强度的90%、弹性模量达到100%后方可进行张拉,系杆张拉原则采取对称、分批、分级张拉。采取单端张拉方式,每批张拉2根或4根。系杆先张拉一端,完成近一半伸长量后拧上螺母,再张拉另一端。

千斤顶及其撑架安装到位后,安装上张拉杆张拉;增加索力时,用千斤顶顶动索头将系杆索伸长,拧紧螺母;放松系杆时,用千斤顶顶动索头,螺母离开锚垫板后松动螺母。系杆每张拉一级都要测量伸长量,验证实测伸长量与理论伸长量是否相符,不符时找出原因。

系杆为体外索,不直接与箱梁混凝土接触,摩擦力很小,采用系杆理论伸长量。

系杆张拉力采取由油压表和压力环双控制,油压表采用0.4级的小分度表,两者测力差不得大于5%,超出范围要找出原因。

(2)应力调整

系杆索和拱圈混凝土在温度影响下各自独立伸缩,两者膨胀系数不同,且主跨L_Z(85m)由于受到8号、9号主墩约束不能自由水平伸缩,两者存在热胀差,由此造成系杆应力随温度变化,系杆张拉期间环境温度变化较大时应予调整。

5.3.6 注意事项

系杆索穿索时重点保护索头和索体不损坏,索头放在穿索管内可以确保不损坏,而索体在穿索过程中没有保护装置,必须加强监护,发生损坏必须及时修补,以防影响索体寿命。索力调整时必须考虑环境温度影响,这一因素容易被忽略,按照设计给定的标准张拉力进行张拉,在低温时张拉造成高温张拉时拉力不足,拱桥在使用过程中可能会开裂;在高温时张拉造成低温时张拉力太大,拱桥边拱可能被拉起,影响使用。

5.4 支架拆除与结构体系转化

支架拆除是大跨度拱桥关键工序,子牙河立交桥设计支架拆除过程是以8号、9号墩为对称轴将边拱和半主拱支架划分成9段,共36段,把支架拆除分成两批,奇数段为一批,偶数段为一批。第一次将奇数段各支架立柱支撑力减半(根据松动顶托丝杠扭矩大小重新顶紧,扭矩减半),第二次将偶数段支架支撑力减半;方法同样,第三次解除奇数段支架支撑力,第四次解除全部支架支撑力。按照新的支架拆除方法对拱圈进行了受力分析,没有出现应力超标部位可以实施,新的支架拆除方法比原设计支架拆除进度快,对结构安全不利影响并没有加大,一旦出现不利情况可以迅速恢复支架支撑。整个支架拆除过程顺利没有发生应力、变形超出要求情况,支架也没有发生变形太大无法拆除现象。

注意事项:支架拆除必须与施工检测密切配合,每步支架拆除结束后,都要对拱圈受力和变形进行检测,在确保应力和应变符合要求情况下,才能进行下一步操作。

6 材料与设备

6.1 材料(表1)

非结构主要材料 表1

序 号	设备名称	型号规格	单 位	数 量	备 注
1	钢板	δ-16	t	157	支架平台、钢板桩公用
2	工字钢	I_{36b}	t	423	
3	冷却管	Φ30	m	7 660	
4	钢管	Φ600	m	14 700	
5	碗口支架		m	180 000	
6	镀锌钢管	Φ60	根	448	长6m
7	橡胶轮	Φ100	个	2 688	
8	角钢	L100×100	T	43	
9	方木	150×150	m^3	850	

6.2 设备(表2)

子牙河立交桥机械设备配置表 表2

序 号	设备名称	型号规格	单 位	数 量	备 注
1	液压履带打桩机	300	台	2	
2	浮吊打桩机	80t	架	2	
3	振锤	D90	台	1	
4	振锤	D125	台	1	
5	铁驳船	300t	艘	1	
6	电焊机	BX—50	台	20	
7	对焊机	UN1—100	台	2	
8	挖掘机	PC220—6	台	4	
9	长臂挖掘机	PC320	台	1	
10	自卸车	20t	台	8	
11	装载机	ZL50C	台	2	
12	混凝土搅拌车	$14m^3$	辆	12	
14	洒水车	东风—47	辆	2	
15	平板运输车	50t	辆	1	
18	吊车	25t	辆	4	
19	振动压路机	CA25S	台	1	
20	吊车	50t	辆	2	
21	变压器	S9—500	台	2	
22	钢筋弯曲机	GW40	台	3	
23	钢筋调直机	GT4/14	台	3	
24	穿心千斤顶	YCW550A	台	4	
25	穿心千斤顶	YCW250	台	4	
26	柱塞式灰浆泵	BW—120	台	1	

续上表

序　号	设备名称	型号规格	单　位	数　量	备　注
27	推土机	TY220	台	1	
28	卷扬机	5t	台	2	
29	水泵	36m	台	12	
30	水泵	75m	台	4	
31	抓斗	$1m^3$	只	1	

7　质量控制

7.1　混凝土浇筑质量控制

箱拱混凝土浇筑要综合考虑,坡度20°以下箱拱混凝土浇筑采用无压模敞口浇筑,此时混凝土坍落度要小,减小混凝土下滑能力;浇筑20℃以上部位需要压模,此时应加大混凝土坍落度,坍落度控制在180～200mm,并要求混凝土有较好的和易性,扩散度不小于450mm,浇筑混凝土时勤敲击模板,保证混凝土灌注密室。

7.2　拱圈施工质量控制

众多因素都可能造成拱桥开裂,支架变形、基础下沉、环境温度、环境湿度、合龙温度、混凝土收缩等都可引起拱桥开裂,有些因素可以控制和避免,有些因素只能合理利用。支架变形可以通过预压予以消除;基础下沉、混凝土收缩可以通过拱圈分段,使其提前发生,减小主拱合龙后影响;环境温度、环境湿度、合龙温度无法改变,可选择在阴凉天气或夜间合龙主拱,将其影响降低到最低限度。施工进度对拱桥开裂影响很大,主拱合龙前施工速度慢对防止拱桥开裂有利,主拱合龙后拱上结构施工速度越快越有利于防裂,延期必然造成混凝土收缩量增加,在主墩和支架的约束下拱圈可能被拉裂。

7.3　系杆施工质量控制

体外系杆索穿索与张拉关键是要速度快,此时拱桥还在支架上,系杆穿索与张拉不能耽搁太长时间,变更支架形式、使用穿索管都是为了加快进度,此时施工速度就是质量的保证。

7.4　支架施工质量控制

支架拆除关键要结构和支架安全,拱圈是超静定结构受力复杂,在支架拆除工程中,拱圈的受力状态直观分析不清楚,也手算不了,按照设计支架拆除方案拆除安全不会有问题,若要优化,必须清楚结构受力状态,否则易出事故。在支架拆除过程中密切与施工检测配合,在应力和应变正常情况才能进行下一步,否则,要查明原因,必要时请专家论证,在确保结构安全情况才能拆除支架。

8　安全措施

8.1　安全防护措施

施工现场配备专职安全工程师,负责建立并实施安全生产例会和安全技术交底等制度。各种施工、操作人员须经过安全培训,不得无证上岗,各种自制设备、设施通过安全检验及性能检验合格后方可使用。现场照明设施齐全,配置合理。进入施工现场的人员,必须佩戴安全帽,特殊工种按规定佩戴好防护用品。设立为确保工程安全施工所需的足够的标志、宣传画、标语、指示牌、警告牌、火警、匪警和急救电话提示牌等。设置脚手架、防护棚、防护网、坡道等安全防护设施。做好交通运输的安全工作,施工场地要设置交通警示灯、交通指示牌,安排疏导人员,以便疏导行人及车辆。

8.2　安全用电措施

施工用电的线路及设备,按施工组织设计对照《施工现场临时用电安全技术规范》(JGJ 46—2005),施工现场临时用电安全技术规进行安装设置,并符合当地供电部门的规定。电工人员必须持证上岗,电工定期对施工现场用电设备进行检查,及时发现和排除电气事故隐患,严禁非专业电气操作人员乱动电气设备。配电系统分级配电,配电箱、开关箱外观完整、牢固、防雨防尘、外涂安全色、统一编号。其安装形式必须符合有关规定,箱内电器可靠、完好,造型、定值符合规定,并标明用途。施工电缆线按规定架空或埋地铺设。施工现场所有用电设备,必须按规定设置漏电保护装置。所有电器设备及其金属外壳或构架均应按规定设置可靠的接零及接地保护。现场内各种用电设备专人负责。

8.3 预防火灾措施

成立施工现场防火领导小组,现场经理任组长,加强对职工防火安全教育,配足消防器材,所有消防器材都置于施工现场容易取道的地方,并进行消防应急演练;在主桥处安装4台75m扬程的潜水泵,水龙带能到达每个支模点,作为消防用水。及时清理加工木模的刨花和木屑等易燃物品;尽量减少施工焊接工作,确实需要现场焊接时,要做好防护措施,焊接时烫伤模板处铺垫铁皮,并准备好灭火器和灭火用水,才许焊接;在现场安装避雷针,避雷针接地电阻符合相关规定。

8.4 施工机械及交通安全控制措施

(1)车辆驾驶员、各类机械操作员及特殊工种必须是经过专业培训并取得相关证书,技术熟练、持有特殊工种操作证的人员实施,严禁无证操作,对驾驶员、机械操作员定期进行安全管理规定的教育。

(2)严禁酒后驾驶车辆和操作机械,车辆严禁超载、超高、超速驾驶,禁止使用带病的车辆、机械和超负荷运转。

(3)机械设备在施工现场应集中停放,严禁对运转中的机械设备进行检修、保养。

(4)指挥机械作业的指挥人员,指挥信号必须准确,操作人员必须听从指挥,严禁蛮干。

(5)起重作业应严格执行《建筑机械使用安全技术规程》和《建筑安装工人安全技术操作规程》中的有关规定和要求。

(6)所有用于提升的挂钩、挂环、钢丝绳等定期检测、检查和标定;所有垂直和水平运输机械的搭设、顶升、使用和拆除必须严格依照政府的有关法规、规章和条例等的要求进行操作。在运行中禁止工作人员跨越钢丝绳,用钢丝绳起吊、拖拉重物时,现场人员应远离钢丝绳。

8.5 明挖深基坑施工安全措施

(1)明挖基坑开工前,技术部门应深入工地做好调查研究,了解施工区域内原有地下建筑物,地下管线,地面建筑物及其他设施的资料,按要求对需拆迁改移的先进行拆迁改移,需支吊保护的,应按经监理工程师同意的方案妥善进行保护后,方可开挖。

(2)严格执行施工方案提供的施工程序施工,确保基坑开挖及支撑体系的安全。

(3)由于地下水位高,子牙河8号、9号承台基坑挖深大,开挖时支撑必须紧跟,每次只开挖一根钢管间距的土方,支撑后再开挖,严禁开完成再支撑,确保钢板桩稳定,同时,在基坑的周围内排水沟,指定专人负责抽水,防止水淹基坑。

(4)加强钢板桩检测,重点检测钢板桩变形、支撑变形及坑边土方稳定,在开挖过程中土体可能出现裂缝,这时重点检测裂缝宽度是否变化。

8.6 高空作业安全措施

(1)高处作业人员须戴好安全帽、系好安全带、穿防滑鞋,安全带定期作荷载、冲击试验。

(2)高处作业人员不得穿拖鞋、硬底鞋、易滑鞋上班。禁止其他无关人员进入施工现场。

(3)在基坑边缘0.8~1.2m处,设置防护围栏,围栏高度不小于1.2m,要求牢固、结实。

(4)从事架子、起重作业人员,定期检查身体,必须持证上岗。

(5)作业平台上的脚手板必须满铺,且平顺、牢固、无探头板。施工搭设的梯道、脚手架、防护栏、安全网等防护设施应符合安全要求,经安全员检查合格后方可投入使用,架子工施工应严格执行《建筑施工高处作业安全技术规范》和《建筑安装安全技术操作规程》有关规定。

(6)基坑内施工的人员上、下班设专用的斜道或梯道,禁止攀爬模板,脚手架。

(7)高处作业面上用的料具应放置稳妥,小型工具、材料应随时放入工具袋内,传递料具应安全可靠,严禁抛掷,禁止重叠施工。

(8)模板、脚手架要遵循先搭后拆,后搭先拆的原则,先拆非承重结构,后拆除承重结构。

(9)夜间作业应保持良好的照明,基坑周围悬挂醒目的安全警示牌和警示灯。

(10)高处作业使用的各种机电设备,钢丝绳等设备应按有关规定、要求办理,并指定专人负责检查,发现问题及时更换、处理。

8.7 系杆张拉施工安全措施

(1)放索盘固定牢固,制动可靠,防止崩盘伤人。

(2)牵引系杆索的钢丝绳连接必须牢靠,并经常检查,张拉时千斤顶附近严禁站人。

(3)撑脚必须与千斤顶固定在一起,且与系杆垂直,误差较大时,用钢板支垫,保证系杆、撑脚、千斤顶在一条线上。

9 环保措施

9.1 认真学习,贯彻执行国家、天津市有关环境保护和文明施工的各项法律、法规和标准,在开工前对全体参建职工进行宣传、教育,增强全员环保意识、文明施工意识,成立以项目经理为首的环保文明施工领导小组,制订和落实责任制,创建环保和文明施工的样板工地。

9.2 工地应落实门前三包环境责任制,不得在工地门前围栏外侧公用场地堆放材料、水泥、垃圾等。临时占用人行道及道路,必须严格执行申报审批的规定。在经批准占用的区域,必须严格按照批准占用的范围、占用期限堆放建筑材料或机具设备。

9.3 粉尘控制做到施工场地硬化,经常向地面的洒水保持地面湿润,减少灰尘对周围环境的污染。禁止在施工现场烧有毒、有害和有恶臭气味的物质。装卸有粉尘的材料时,应洒水湿润和在仓库内进行。严禁向围墙外抛掷垃圾。

9.4 预防地表水和地下水污染的措施如下:

(1)工程开工前,先进行施工总平面图的设计及不同施工阶段的平面图设计(包括排水方案设计),根据现场现有市政排水设施布设情况,将拟在市政给排水设施上从事建造临时建筑物、构筑物或堆放物品、挖坑取土、穿凿管道等情况,上报市政排水主管部门同意,并向市政排水主管部门申领施工临时排水许可证。

(2)工地排水实行雨水、污水分流制度。雨水、污水在排入市政管道前均应先经沉淀池沉淀后才能排放,且所有向市政排水设施排放的污水,应当符合国家规定的《污水排入城市下水道水质标准》和《污水综合排放标准》。

(3)工地污水根据不同类别在排放前须经不同的沉淀处理:厕所、浴室的污水经化粪池沉淀处理,食堂生活污水经化油池化油处理,施工污水经普通沉淀池沉淀处理。

(4)工程开挖土方、废弃土、钻孔泥浆不得随便乱堆乱放,严禁向河道内倾倒,按照业主要求弃于指定的地方,或按照天津市有关规定处理。

(5)工地机械设备维修污水(废油等)须设专门的收集地,此类污水不能排入市政排水管网,须用专门车辆运至市有关部门指定地段倒弃。

(6)施工中如在市政给排水设施安全防护范围内施工或进行其他可能危害排水设施安全的作业,应当事先报告市政排水主管部门或市政排水专业机构,并采取相应的防护和补救措施。所有在施工场地裸露的市政给排水管网须采取有效措施给予保护。

(7)防止主拱施工时工程垃圾污染河道,支架平台上铺满方木,支架两侧挂防护网,防止工程用料和废料掉入河内,及时清理加工木模的刨花和木屑,防止被风刮入河内。

(8)禁止影响排水功能、损害市政排水设施的行为。

10 资源节约

在工程建设消耗的资源中，受施工措施影响最大的是能源消耗，其他资源消耗受设计限制无法变动或变动幅度很小，子牙河立交桥在开工前成本分析时，就考虑了能源消耗成本。桥梁规模较大，防止出现供电不足造成自发电，加大能耗增加成本，子牙河立交桥现场安装两台600kW变压器，足以供全面施工需要。子牙河主桥支架平台设计550根ϕ600mm钢管桩，单桩承载力都大于1 100kN，入土深度都在20m以上，需要捶击打入，振锤能耗大，振锤的选用不仅关系到节能还关系成本控制，经过测算选用1 250kN捶击力高效液压振动锤，节约了用电量。子牙河立交桥设计钢筋用量达15 000t，钢筋连接工作量较大，为了降低能耗节约成本，钢筋连接尽量减少搭接焊，搭接焊不仅能耗高还浪费钢筋，综合成本最高，加工厂钢筋采用闪光对接焊，现场钢筋采用直螺纹套筒连接，不仅节约了用电量还提高了工作效率。系杆支架改为镀锌钢管上穿橡胶轮，同样达到了支撑系杆作用，节约了机加工费用从而也节约了机加工能耗。

11 效益分析

11.1 经济效益分析

自制钢板桩使用普通周转材料，制作简单，每吨仅用几百元的制作费，子牙河8号基坑围护使用256块拉森钢板桩440.9t，材料费352.7万元。利用周转材料自制钢板桩671.3t，加工费40.3万元，增加打桩费11.3万元，节约资金301.1万元。

大体积混凝土使用矿粉、粉煤灰替代水泥，节省费用。子牙河四个主墩承台，每个浇筑方量1 900m^3，通过优化配合比，减少水泥用量80kg/m^3，共节约水泥608t，节约费用18.2万元。

系杆支架，一个标准独立墩式支架，市场造价仅860元，一个加高独立墩式支架1 700多元，变更通长钢管整体支架后，一根6m镀锌钢管可代替6个支架，一根钢管29.3kg，市价126元，一个橡胶轮165元，六个标准支架节约4 044元，六个加高支架节约9 084元。系杆支架变更后支架调整不再需要调整地脚螺栓，打紧木楔支架共同受力就可了，也节约了工费。子牙河立交桥标准系杆支架2 208个，加高支架480个，节约造价221.5万元，人工费10万元。

11.2 社会效益

自制钢板桩使用的是普通钢板和常规工字钢，它配置灵活，适合各种刚度要求，节约拉森钢板桩购置、运输时间20d。

拱圈混凝土采取四种方法浇筑，混凝土密实，拆模后没有发现空洞，也没有大面积蜂窝、麻面；从去年10月支架拆除后观察至今，经过一个冬季没有发现有开裂现象。

系杆支架优化节约工期3个月，实现了子牙河主桥当年完工，避免了子牙河主桥在支架上过冬，子牙河主拱合龙后在支架过冬。优化后的支架拆除方法，将支架分成两批，每批需要两次拆除，共需要4次，每次支架拆除、稳定、监测需要时间2d，支架拆除节约工期10d。

11.3 环境效益分析

子牙河内汇集的是雨水，为天津市备用饮用水，施工期间不得污染河水，自制钢板桩企口内有橡胶囊，止水效果比拉森钢板桩，可以避免桩基、承台施工对河水的污染。采用压模法浇筑拱圈混凝土提高混凝土浇筑质量，减少了混凝土剔凿和修补，特别是压模一次成型技术减少了施工缝处理，因此减小了工程垃圾。使用穿索管穿索不需再对索头实施保护，从而省去了大量防护用材，避免了对环境的二次污染。

12 工程实例

子牙河立交为天津市城市快速路（二期）西北半环工程的重要单体项目之一，位于天平路与子牙河相交处。子牙河立交为两层互通立交，西北半环快速度路位于第二层，跨越规划子牙河南路、子牙河、子牙河北路。跨越子牙河主河槽采用复合型上承式拱桥。主桥两侧设置辅道桥及人行梯道,沟通子牙河两岸行人及自行车的交通,同时两侧辅道处设置四条左转环形匝道(J线、G线、E线、C线)与四条右转匝道(F线、D线、H线、L线)与子牙河南、北路及辅道进行沟通。匝道采用标准跨径为22m的钢筋混凝土连续箱梁,引桥采用跨径为30m的三等跨预应力混凝土连续箱梁、两跨不等跨连续梁、简支箱梁以及竣工后桥梁养护、维护需要主桥两端的简支T梁,子牙河立交桥梁总面积为39 543.1m^2。

子牙河主桥与子牙河斜交角度为80°,主桥全长为181m,跨径组合为48m+85m+48m。桥梁全宽为69m,分为四幅桥,两侧辅道桥各宽16.75m,中间上、下行主线桥各宽16.25m,上、下行主桥之间设置3m的分隔带。辅道桥与主线桥悬臂之间通过现浇湿接头进行连接。边跨梁为一端简支一端固结的拱形变高梁,中间主跨为空腹式变截面箱形拱,在主墩位置处设置腹拱,腹拱采用1.1m等高度箱形断面。拱上建筑为钢筋混凝土连续箱梁。为平衡主跨拱脚的水平推力,除在主墩位处布置大型的群桩基础及调整主墩的偏心位置外,还在上部桥面梁中设置了PES-ϕ7-139高强度镀锌平行钢丝系杆,系杆贯穿全桥,两端锚固在边跨梁的端横梁处。主桥跨越子牙河主跨跨径为85m,矢高为11m,矢跨比为1∶7.73。主跨拱肋采用四次抛物线为参考拱轴线,立面为变截面箱形拱,拱脚处截面高度为2.4m,拱顶处截面高度为1.2m。主跨拱肋为单箱四室箱形截面,全宽12.75m。边跨跨径为48m,靠近主墩位置22m范围内与主跨拱圈结构对称布置,靠近边墩19.5m桥面范围内采用变高度(1.75~3.159m)的箱形截面梁,箱形梁悬臂为2m(或1.75m),箱形梁底面宽度与拱圈宽度一致为12.75m。腹拱跨径为20m,矢高为6m,矢跨比为1∶3.333。立面为单箱四室等截面箱形拱,截面高度为1.1m,宽度为12.75m。拱上钢筋混凝土连续箱梁梁高1.2m,采用单箱四室截面,悬臂为2m(或1.75m),箱梁底宽为12.75m。

跨径布置为:7m+15.52m+11m+18m+9.5m+9.5m+9.5m+9.5m+18m+11m+15.52m+7m。下部结构为0.8m、1.2m和1.5m直径钻孔灌注桩;桩径0.8m桩仅用于人行梯道,桩径0.8m桩承台厚1.0m,匝道基础桩径1.2m、承台厚1.5m,主桥及其引桥桩径1.5m、承台厚1.8m,其中8号、9号主墩基础采用43根65mϕ150cm钻孔灌注群桩,33.7m×16.1m厚3.5m的巨型承台。

复合型上承式箱形葵形拱桥施工工艺已经在天津市中心城区快速路环线西北半环子牙河立交桥施工中得到了成功的应用,解决了施工难题,特别是大曲率超净定混凝土箱形拱桥混凝土施工技术成功解决了在高温环境下主拱合龙开裂问题。子牙河立交桥四幅主拱于2007年6月下旬至7月上旬合龙,到10月支架拆除后观察至今,没有发现有任何开裂现象。

单球铰大吨位曲线箱梁斜拉桥平面转体施工工法

GGG(中企)C3081—2010

高志刚 慕峰伟 李彩莲 赵有岐 薛宁鸿

(中铁七局集团第三工程有限公司)

1 前言

斜拉桥转体施工是利用拟建设桥梁两侧的有利地形,先将转体部分桥梁的墩身、上部结构主梁、主塔、斜拉索以及桥梁护栏先行施工完成,以墩身、塔身为支承体,主塔为锚固体将转体部分自锚成为一平衡体系,以支承体下的球铰为转动中心,利用球铰上转盘设置的牵引索和下盘承台顶面设置的千斤顶组成转体力偶,将转体部分平转到设计位置,然后与两端现浇桥梁实施对接,完成合龙段施工,实现成桥。

本工法是中铁七局三公司在承建石家庄环城公路第一合同段跨石太铁路分离式立交桥主桥施工过程中形成的,转体球铰设计位置在承台上,为低位转体施工。石环转体斜拉桥转体部分主梁为曲线梁,主梁全长142m,两端与边跨的梁端设置4m长合龙段。主梁采用单箱三室斜腹板截面,顶板宽33m,底板宽21m,梁高2.5m,翼缘板悬臂4.5m,斜腹板斜率19:15。设计有横向、纵向、竖向三向预应力体系。12号主墩在铁路南侧,北侧为11号墩。主塔顺桥向采用倒"Y"字形结构,高38.6m,索塔锚固区高24.6m,设有8对斜拉索(图1)。

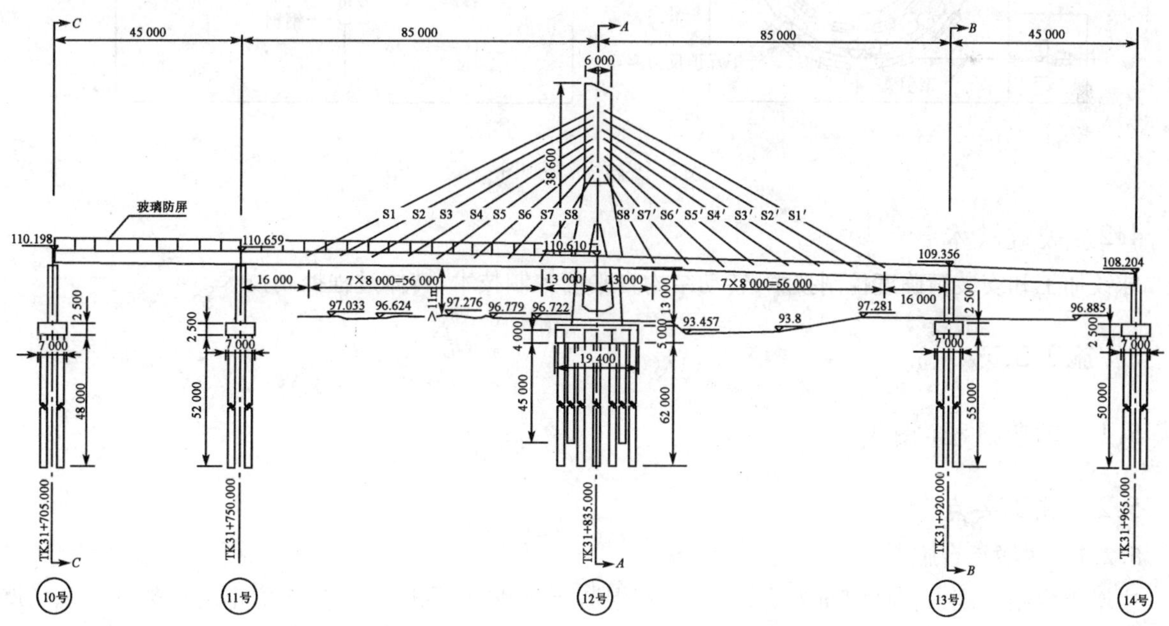

图1 斜拉桥总体布置立面图(尺寸单位:mm;高程单位:m)

2 工法特点

2.1 墩身、梁体、主塔、预应力拉索为同一体自平衡转动体系。

2.2 转体球铰设计位置在承台上,为低位转体施工。

2.3 单球铰转体施工牵引力小,占用空间少。

2.4 转体重量大,可实现单球铰斜拉桥最大转体16 500t。

2.5 连续牵引系统可保证转体平稳、安全一次转体到位。

3 适用范围

3.1 适用于运营繁忙,不允许阻断车辆通行的公路、铁路上部跨线桥。

3.2 满足桥跨布置中主跨跨越铁路、公路或河谷,边跨在非交通区域或河滩,主墩设置在铁路、公路一侧或两侧;桥梁主跨转体前场地能够满足主梁分段现浇施工需要。

4 工艺原理及关键技术

4.1 工艺原理(图2)

4.1.1 平衡原理:采用球铰中心由承台中心向曲线内侧移160mm,实现曲线桥梁转体中心与转体结构重心重合,转体前精确称量质量,使转体两端自身保持在理论状态下平衡。

4.1.2 力偶原理:采用液压千斤顶牵引拉索实现转体。

4.1.3 摩擦力原理:采用钢球铰体并设四氟板滑道降低摩擦系数。

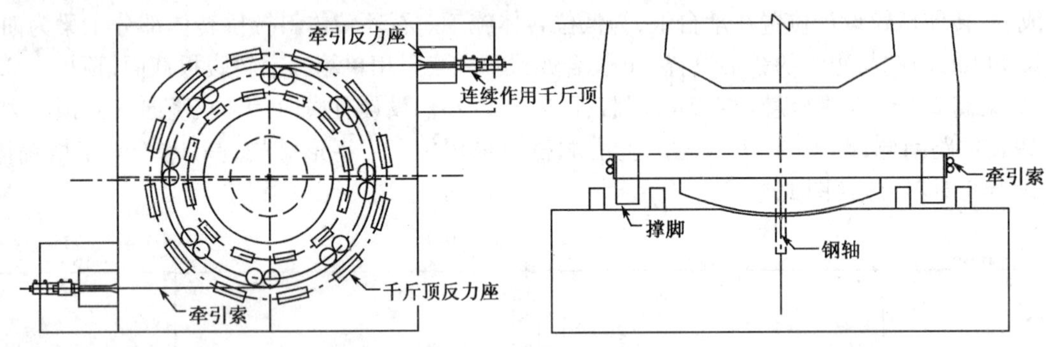

图2 平转技术原理图

4.2 关键技术

球铰加工和安装精确度控制技术,转动结构自平衡控制技术,转体过程控制技术。

5 施工工艺

5.1 工艺流程(图3)

5.2 施工要点

5.2.1 主墩承台施工

主墩承台结构庞大,厚度5m左右,为大体积混凝土工程,应采取相应措施防止出现裂缝。现场严格控制集料砂、石的含泥量,减少混凝土收缩。掺加缓凝高效减水剂,控制缓凝时间在14h左右,以延缓混凝土的初凝时间和混凝土水化热峰值的出现。混凝土浇筑采用薄层浇筑,分层厚度20~30cm,并严格控制入模温度。埋设冷却水管,控制裂缝产生。混凝土浇筑后表面采用土工布覆盖保温,并利用循环热水进行温养,降低混凝土的内外温差。每2h测冷却管出口的水温和混凝土表面温度,若温差大于25℃要及时调整养护措施。由于转体就位后整体固结的需要,承台顶部1m高度在转体施工完成后再浇筑。

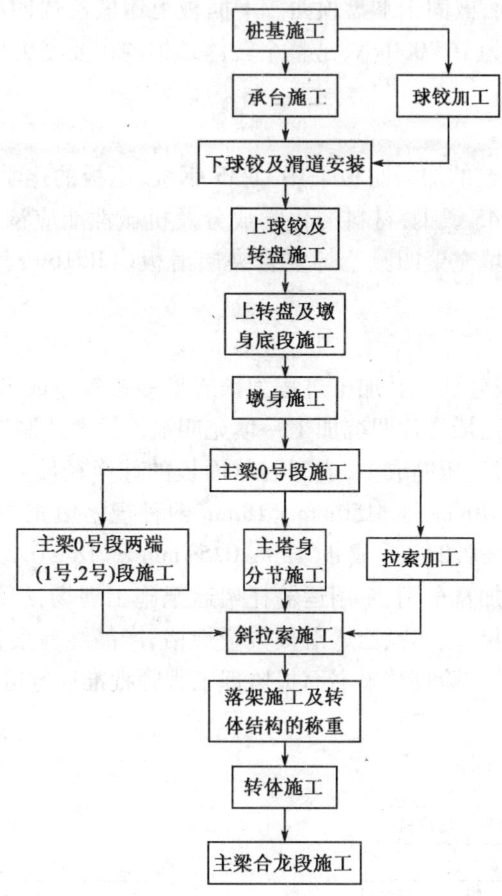

图3 施工工艺流程图

5.2.2 球铰加工及安装

(1)球铰的设计要求(图4)

球铰位于主墩承台中心向曲线内侧移16cm,是整个转体斜拉桥能否施工成功的关键部位。球铰中心转盘球面半径8m,平面直径3.9m,上转盘球缺高1.23m,下转盘球缺高0.228m,定位中心转轴的直径为270mm。球铰由上下两块钢质球面板组成,上面板为凸面,通过圆锥台与上部的牵转盘连接,上盘

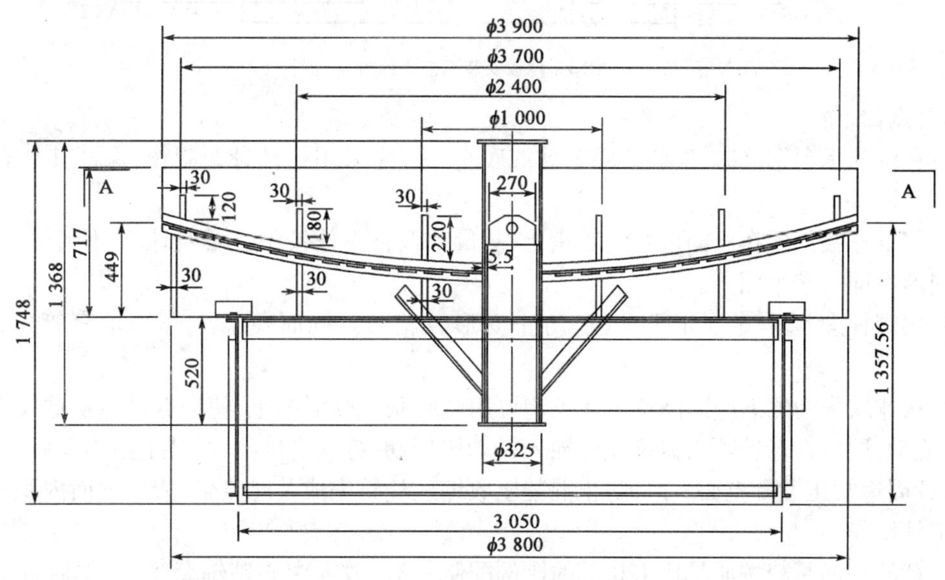

图4 球铰立面图(尺寸单位:mm)

就位于牵转盘上;下面板为凹面,嵌固于下盘顶面。下面板上镶嵌乙烯四氟滑片,上下面板间填充黄油四氟粉。球铰设计竖向承载力为165 000kN,是整个转体结构的主要受力部件。

(2)加工制造工艺

①材料要求。

球面板采用Q345钢板,球铰的加强肋板采用Q235钢板,钢板的化学成分及机械性能应符合设计的有关规定。球铰的销轴采用45锻钢,材料的化学成分及机械性能应符合(GB/T 17107—1997)的有关规定。聚四氟乙烯滑板采用填充聚四氟乙烯复合夹层滑板(LR516),其容许应力≥100MPa,滑动摩擦系数≤0.03(脂润滑)。

②加工制造及验收。

球铰的加工要求精密,可委外加工。加工过程为预成型→拼焊→成型→加强肋板组焊→热处理→球面加工→下球面板填充四氟乙烯滑片凹坑加工→填充四氟乙烯滑片制造→整体组装。

成型时使用模具,在液压机上压制成型,成型后球面板的球半径偏差为±5mm。球铰凸、凹球面在ϕ4.2m立车上加工。ϕ60mm×18mm和ϕ150mm×18mm两种规格填充四氟乙烯滑片使用游标卡尺测量,满足ϕ(60±0.5)mm×(18±0.2)mm或ϕ(150±0.5)mm×(18±0.2)mm为合格。

球铰经出厂验收后用专用加宽车辆、专用运输托架运至施工现场,组织设计、监理、业主、施工单位进行进场验收,包括外观、局部尺寸、四氟乙烯滑板数量规格、产品终检报告、产品出厂合格证和主材材质书等,结果均应符合设计要求。验收结果书面报监理工程师批准后方可下道工序使用。

(3)球铰安装

①球铰安装工艺流程如图5所示。

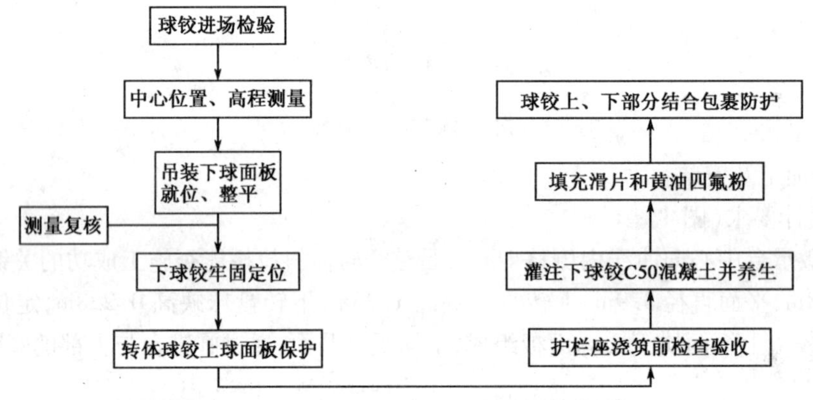

图5 球铰安装工艺流程图

②操作要点如下:

第1点:在绑扎承台钢筋时,安装并固定球铰底座。底座采用劲性骨架制作,保证其具有足够的强度和刚度。

第2点:将下球铰放置在已固定好的底座上,测量并调整下球铰中位置及球面,使中心销轴的套管竖直,球面周圈在同一水平面上。

第3点:用螺栓紧固牢靠固定下球铰,防止变形及错位。同时覆盖中心销轴套管口,防止落入杂物。

第4点:从球缺的一侧下底面浇筑下球铰定位用微膨胀C50混凝土,使用振动棒从球铰四周边缘往里斜插使其流动,同时在球铰顶面振捣孔处插入振动棒振动,待气泡排出,混凝土溢出孔后封堵振捣孔。终凝前对球铰周边收压混凝土面三遍,防止混凝土收缩。浇筑完成及时养生、清理球面内积水和混凝土残渣,并用棉纱清净。

第5点:黄油与四氟粉按质量比120:1的比例配制好后,放入中心销轴套管中,然后将中心销轴轻放到套管中,放置时保证中心销轴竖直并与周围间隙一致。

第6点:在下球铰凹球面上人工使用橡皮锤按由内到外的顺序安装聚四氟乙烯滑板,保证镶嵌牢固且表面无损伤。滑板安装完毕,用黄油四氟粉填满聚四氟乙烯滑板之间的间隙,使黄油面与四氟滑板面相平。整个安装过程要始终保持球面清洁。

第7点:将上球铰的两段销轴套管接好,用螺栓固定牢固。吊起上球铰,去除保护膜,用纱布擦拭凸球面并抹涂一层黄油四氟粉,然后将上球铰对准中心销轴轻落至下球铰上。用拉链葫芦微调上球铰位置,使之水平并与下球铰外圈间隙一致。擦除被挤出的多余黄油,用宽胶带纸密封上、下球铰边缘的缝隙。

5.2.3 上转盘施工(图6)

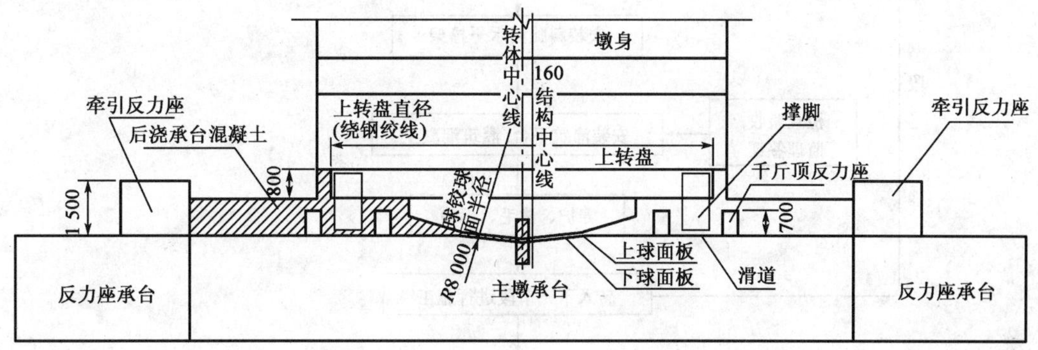

图6 转体系统总图

转动体系由球铰球面支撑,施工时必须确保上转盘在施工中的稳定性。上转盘混凝土施工时需加强振捣,保证转盘凹面与钢球铰下球面之间、上转盘凸面与上球铰球面之间无空洞、漏振等缺陷,满足受力要求。上转盘钢管混凝土撑脚与滑道间间隙应均匀一致,在施工阶段其底面滑板与滑道间的间隙控制在24mm,并严格控制其在同一个水平面上。

为增加体系的稳定性,在上下转盘间设置12对钢管砂箱作为辅助支撑。钢管砂箱内部用烘干的粗砂预压填充。砂箱完成后。使整个上部结构的支撑体系成为球铰与砂箱共同支撑的临时稳定体系。

5.2.4 转体段箱梁施工

主梁142m分三节段施工,先浇筑塔根处20m节段混凝土,其次浇筑两端各61m长节段。施工时,在已经硬化处理后的地基上搭设碗扣式支架,支架横向、纵向基本间距90cm,横隔梁、腹板处减小为60cm,平杆步距1.2m,局部加强段0.6m。支架拼装完毕,须预压获取变形值后才能安设模型。箱梁外模采用整体大模板,内模采用木模,20m节段浇筑采用一次浇筑到顶的方法,61m节段采用两次浇筑的方法,第一次浇筑底板腹板,第二次浇筑顶板。主梁预应力总体张拉顺序是纵向→横向→竖向。预应力钢绞线的张拉程序:0→10%σ_k→20%σ_k→103%σ_k,持荷5min,锚固。预应力精轧螺纹钢的张拉程序:0→初应力→σ_k,持荷2min,锚固。

5.2.5 主塔施工

主塔施工以已经施工完成的梁体作为支架基础,按翻模施工方法进行施工。在主塔四周搭设钢管脚手架作为施工平台,安装模板、钢筋、浇筑C60混凝土;其中主塔下部14m范围,即主塔倒"Y"形两斜腿部位,在两斜腿之间设置支架,用以克服两斜腿在混凝土施工期间因自重产生的水平力。主塔施工工艺流程见图7。

5.2.6 斜拉索施工

全桥设8对共32根斜拉索,每组斜拉索由2根PES7低应力新型索体的双层PE热挤聚乙烯拉索构成(1 670MPa高强低松弛镀锌钢丝)。斜拉索施工的顺序是:由近塔端向梁端依次对称挂索,先挂塔端后挂梁端,32根索全部挂设到位后进行张拉;按照前后对称平衡的原则,S8、S8′→S1、S1′方向进行张拉

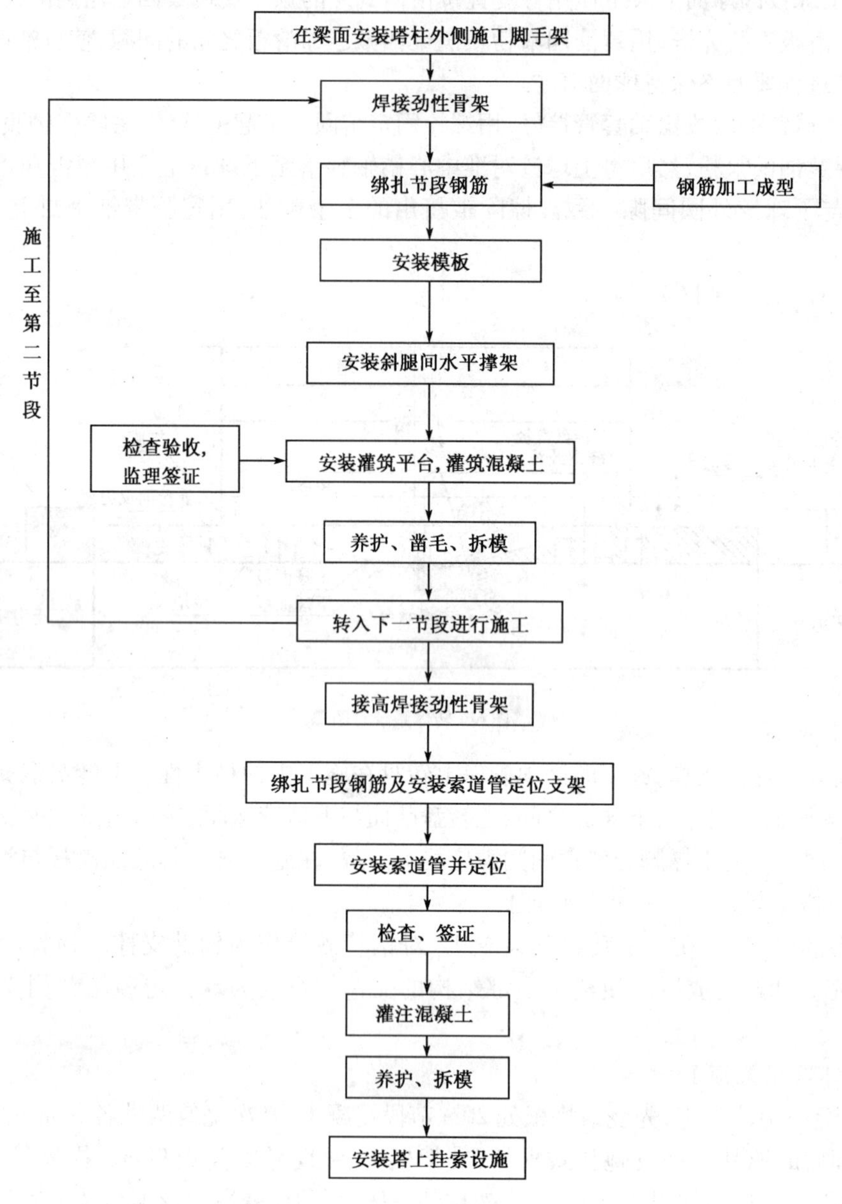

图7 主塔施工工艺流程图

施工。第一次按照张拉控制力进行施工控制，待转体就位、合龙段施工后，再根据监控测定的索力值和设计给出的最终索力调整结果，进行二次索力的调整。

斜拉索安装工艺流程见图8。

5.2.7 牵引系统安装

清理千斤顶反力座上的张拉槽、上转盘四周及预埋钢绞线，清除表面浮锈及杂质。理顺钢绞线，将其转上转盘约3/4周，自由端引入千斤顶反力座预留槽口内。在千斤顶反力座后混凝土面受力部位抄垫厚钢板，将钢绞线从其中央穿出。在钢绞线上依次套入锚环、夹片、限位板、QCDL2000型连续张拉千斤顶。安装油管、配电柜。平转千斤顶、牵引索、锚具、泵站配套安装完成后进行调试。

5.2.8 助推系统安装

助推系统安装于环形滑道上转盘钢管撑脚与助推千斤顶反力座之间。清理干净环形滑道，检查滑道与撑脚间隙，撑脚走道板前端涂抹比例为1:1的黄油四氟粉。在滑道四周内外助推千斤顶反力座上对称安装两套助推分配梁与YDCW1500型千斤顶，安装配电柜、油管路，并调试。

5.2.9 微调装置安装

为了保证转体过程中对可能出现的偏移及时得到调整，在上转盘与承台间，主墩身沿桥轴线方向中心线前后两端各设置一台 YDC4500 型千斤顶，在主墩墩身中心线左右两侧设 YDC4500 型千斤顶各 1 台，转体发生倾斜时，顶起高程下降一侧的千斤顶，将转体微调扶正，并在撑脚下抄垫保持调整后的姿态。

5.2.10 限位装置

在滑道上预设转体到位后的限位分配梁，转体旋转到位后，在限位分配梁与撑脚间加以抄垫，防止转体到位后转体部分继续前移。为确保限位可靠，还需采用在牵引束上作标记、在转盘上作测量标记，在主墩与临时墩安排测量人员测量梁体中线等辅助措施。

5.2.11 测量及监控标志

转体前需在梁体及塔柱上做好测量及线形监控所需的舰标，在滑道上做线速度控制标记，在上转盘外缘贴坐标米格纸带控制转体速度。

测量观测点汇总见表 1。

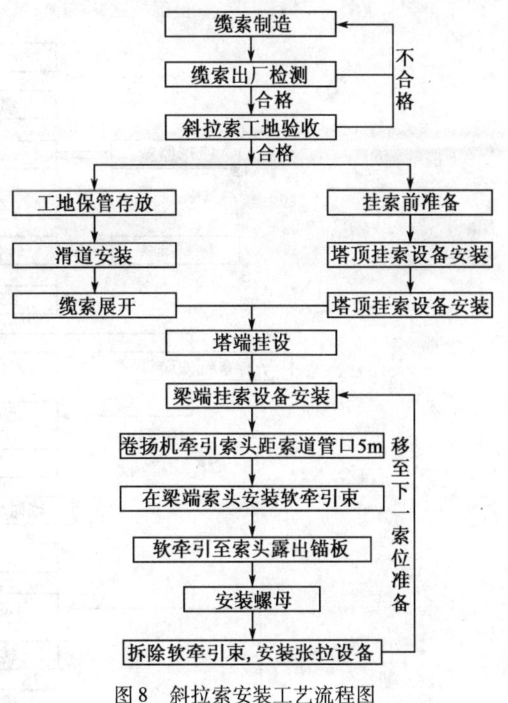

图 8 斜拉索安装工艺流程图

测量观测点汇总 表 1

序 号	测 点 类 别	测 点 位 置	测点设置要求与用途
1	主塔横向倾斜度观测点	塔顶与塔根	监控塔柱横桥向位移变化
2	主塔纵向倾斜度观测点	塔顶与塔根	监控塔柱纵桥向位移变化
3	桥轴线观测点	梁顶中间与梁端	每 5m 取 1 个断面，监控梁体水平轴线变化
4	水准观测点	梁顶中间、两侧	监控梁体高程变化（挠度与横向倾斜）
5	限位观测点	临时墩顶、墩侧	转体就位前到位控制与精定位控制
6	限位观测点	主墩顶、墩侧	转体就位前到位控制与精定位控制
7	转速观测点	上转盘与承台	控制转体线速度
8	限位观测点	上转盘与承台	转体到位控制与精定位控制
9	横桥向倾斜度观测点	上转盘与承台	同一水平面上，可观测转体部分横桥向倾斜
10	纵桥向倾斜度观测点	上转盘与承台	同一水平面上，可观测转体部分顺桥向倾斜

5.2.12 称重

斜拉索安装并张拉完成后，在转体段主箱梁的两端腹板下设置称重反力架。称重反力架采用扩大基础，299mm 钢管混凝土排架搭设，顶面设称重分配梁、称重千斤顶和传感器。称重前拆除主塔挂索支架，清理梁面荷载；拆除主墩上转盘与承台之间的砂箱；从主墩根部向梁体端头方向逐节段拆除箱梁底面支架，卸载称重墩上千斤顶，主桥处于悬臂状态，将转体段箱梁由排架支撑转换到由球铰支撑的自平衡体系。观测顺桥向百分表读数，计算偏心距和静摩擦系数。观测横桥向百分表读数，计算是否存在横桥向重心偏移，并确定偏移方向，根据计算结果纵桥向和横桥向配重。称重后全面检查转体结构姿态，主要检查主梁的横坡度、梁端高程、主塔的垂直度及梁端中心线等。称重结果经设计单位认可，满足转体条件后方可进行转体。

5.2.13 转体施工

（1）转体施工工艺流程图（图 9）

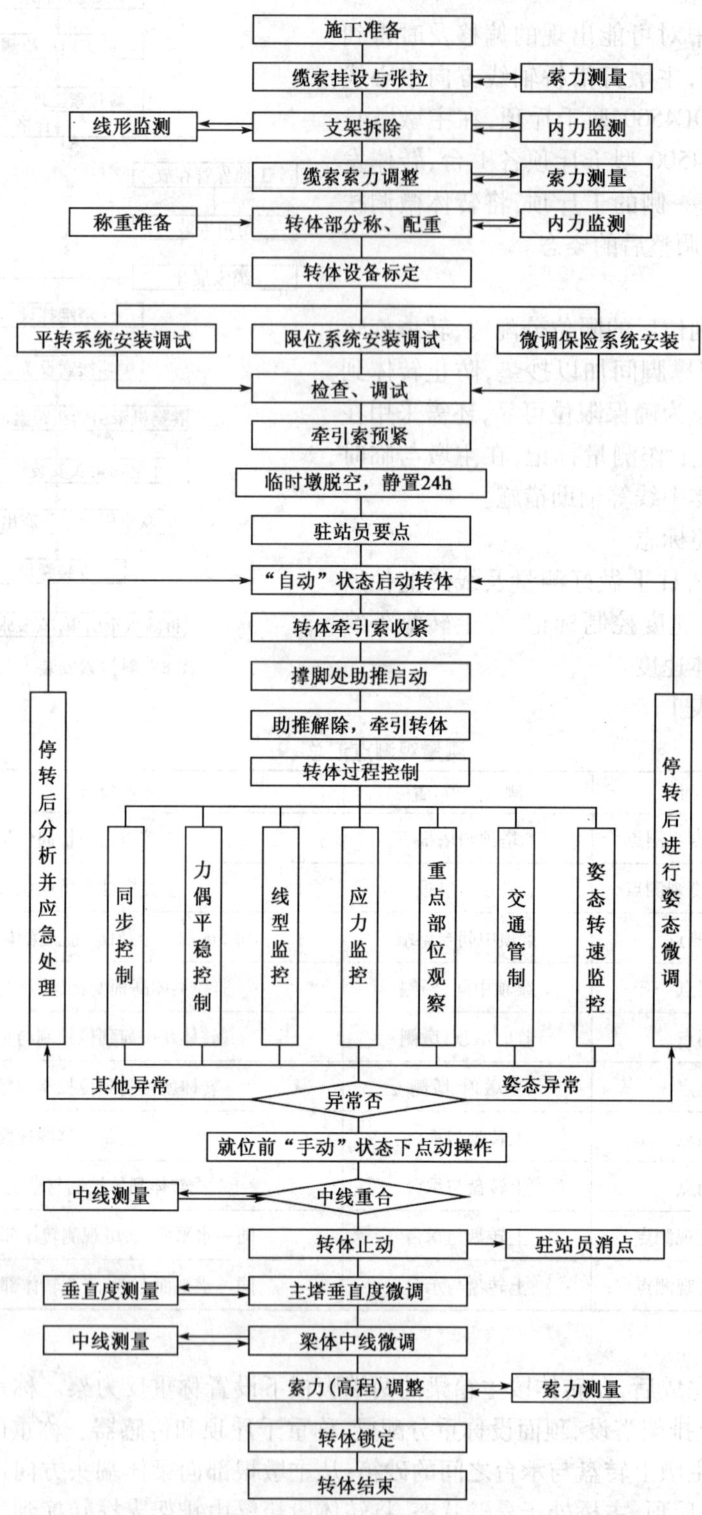

图9　斜拉桥转体施工工艺流程图

(2)操作要点

清理箱梁内外、转体范围内所有杂物，拆除称重支架与梁底支撑，静置24h，各项测量数据确认处于平衡状态后开始转体。收紧平转牵引索，在索力达到牵引力时持荷不动。开启助推千斤顶，在转盘中心对称位置按100kN分级加载助推力，直到结构开始启动。牵引索连续张拉牵引，保持主梁端部水平线速度1.2m/min以内，平转角速度不大于0.02rad/min匀速平转。当转体部分梁端中心线与边墩现浇段中轴线端头相距设计位置1m时，减少牵引索千斤顶供油量，降低平转速度。转体部分梁端中心线与边墩现浇段中轴线端头相距设计位置约0.5m时，点动给油，继续减小平转速度，距设计位置0.1m时停转。测量梁体轴线、高程，并计算差值，使用微调系统对梁体高程进行微调，检查限位系统，然后点动牵引索连续张拉千斤顶，至转体部分梁体与边跨现浇段梁体中轴线重合，在限位分配梁与撑脚间加抄垫，防止转体继续滑动，转体结束。

连续转体前应进行试转，总结正常转速、制动距离、点动速度等，试转成功方可进行连续的转体施工作业。

5.2.14　合龙段施工

在合龙口两端的预埋件之间加型钢分配梁进行焊接锁定，再在合龙段处拼装碗扣式钢管支架、安装底模、钢筋及预应力筋，浇筑混凝土。养生达到设计强度后，张拉合龙段纵向、横向和竖向预应力束。纵向预应力张拉后解除合龙口钢支撑，拆除分配梁、模板及支架。

6　机具设备

转体施工主要机具设备见表2。

转体施工主要机具设备　　表2

<table>
<tr><th>工作项目</th><th>设备名称</th><th>型号</th><th>单位</th><th>数量</th><th>备注</th></tr>
<tr><td rowspan="4">平转机具</td><td>主控台</td><td>QK-8</td><td>套</td><td>2</td><td></td></tr>
<tr><td>连续张拉千斤顶</td><td>QCDL2000型</td><td>台</td><td>3</td><td>1台备用</td></tr>
<tr><td>千斤顶</td><td>YCD240Q型</td><td>台</td><td>1</td><td></td></tr>
<tr><td>液压泵站</td><td>ZLDB</td><td>套</td><td>2</td><td></td></tr>
<tr><td rowspan="3">助推机具</td><td>助推分配梁</td><td></td><td>套</td><td>2</td><td></td></tr>
<tr><td>助推千斤顶</td><td>YCD2500型</td><td>台</td><td>4</td><td>2台备用</td></tr>
<tr><td>油泵</td><td>ZB4—500型</td><td>台</td><td>4</td><td></td></tr>
<tr><td rowspan="2">微调机具</td><td>千斤顶</td><td>YCD4500型</td><td>台</td><td>2</td><td></td></tr>
<tr><td>油泵</td><td>ZB4—500型</td><td>台套</td><td>2</td><td></td></tr>
<tr><td rowspan="2">横向微调</td><td>千斤顶</td><td>YCD4500型</td><td>台</td><td>2</td><td></td></tr>
<tr><td>油泵</td><td>ZB4—500型</td><td>台套</td><td>2</td><td></td></tr>
<tr><td rowspan="4">称重机具</td><td>千斤顶</td><td>YCD2500型</td><td>台</td><td>4</td><td></td></tr>
<tr><td>千斤顶</td><td>YCD1200型</td><td>台</td><td>4</td><td>反拉备用</td></tr>
<tr><td>油泵</td><td>ZB4—500型</td><td>台</td><td>8</td><td></td></tr>
<tr><td>枕木及钢垫板</td><td>总厚800mm</td><td></td><td></td><td>单块板厚20mm</td></tr>
<tr><td rowspan="2">测量</td><td>全站仪</td><td>徕卡TC802</td><td>台套</td><td>2</td><td></td></tr>
<tr><td>水准仪</td><td>D2S3-1</td><td>台套</td><td>2</td><td></td></tr>
</table>

7　质量控制

7.1　球铰加工制造时球铰各部件外形尺寸及公差符合设计要求，上、下球铰的中心轴线应重合；凸、凹球面各处的曲率半径应相等，误差±2mm；球铰外缘高程应相等，无挠曲变形；球铰球面水平截面椭圆度不大于3mm。

7.2　各部件按焊接工艺要求组焊，严格控制焊接变形，焊缝应光滑平整，无咬边、气孔、夹渣等缺陷。

7.3 球铰镶嵌的聚四氟乙烯滑板顶面应在同一球面上,球心与下球铰凹球面的球心重合。

7.4 定位销轴套管的中心轴应与球铰中心轴重合,且钢管中心轴与球面截面圆平面保证垂直,倾斜度≤3‰。

7.5 球铰安装就位时球铰边缘各点高程误差≤1mm;上下球铰形心轴、转动轴重合误差≤1mm;骨架角钢顶面相对高差<5mm,球铰正面相对高差<0.5mm;下球铰定位中心纵、横向误差<1mm。

7.6 转体就位时塔柱的倾斜度按塔高的1/3 000控制,且不大于30mm,平面位置10mm,梁端中心线偏差不大于10mm,高程偏差±10mm。

8 安全措施

8.1 转体张拉、量测人员和专职安全员必须经过专业培训并取得证书,方准上岗作业。

8.2 加强施工人员安全教育,对转体前临近既有铁路、高速公路一侧的施工应安排专人全程进行安全卡控。

8.3 支架拆除时,必须按照平衡对称原则。梁端剩余支架拆除时设专人统一指挥,操作人员步调一致,循序渐进,避免局部碗扣支架顶托折弯失稳。

8.4 转体作业过程中,及时、准确、全面地反馈监控数据,及时汇总分析,保证转体过程安全。

8.5 转体上跨正在运营的线路时,必须提前向被跨越线路的行业主管部门申请办理许可施工的手续,转体过程中应封锁交通线路,转体结束后须再次检查确认后放行。

8.6 在正式进行转体施工前必须进行试转,制定安全应急预案并在试转前进行演练。

9 环境保护措施

9.1 转体施工中千斤顶、油泵等使用较多,应加强对转体设备的维护保养,防止油料的大量泄漏,对施工时产生的费油集中回收,统一妥善处理。

9.2 加强施工车辆、施工机具设备管理,降低废气排放。

9.3 合理安排施工工序及混凝土浇筑时间,降低噪声污染。

9.4 施工场地设置合理的排水措施,防止养生等施工用水随意漫流,避免污染水源。

9.5 加强施工方案的优化及施工过程工程质量监控,防止返工,杜绝资源浪费。

10 资源节约

10.1 转体法施工,桥梁建设周期短,施工用支撑等材料使用相对较少,较大程度地减少了材料的消耗。

10.2 石环斜拉桥采用转体法施工,在满足桥下铁路限界要求下,不用考虑施工支撑的高度,降低桥面高程2.1m,缩短桥梁长度110m,节约了投资900万元。施工中,先进的同步千斤顶和计算机自动控制技术运用,将转体对铁路运输干扰降到最低,减少要点施工次数达到16次,极大节约了时间。

11 效益分析

转体法施工与膺架法施工相比造价更低。同等规模的桥梁采用膺架法施工投入的钢桁架结构约3 000t左右,运费需100万元,租赁费约216万元,转体法施工可节省这两项些费用。与挂篮法施工相比,转体法施工工期更短。由于石环转体斜拉桥桥梁是整体式,桥宽达到33.0m,采用转体法施工6~8个月可以全面完成,对行车的干扰更小,费用更少。经计算,石环转体斜拉桥采用转体法施工可节约铁路行车时间占用费近千万元。

12　工程实例

由中铁七局三公司承建的石环公路第一合同跨石太铁路分离式立交，位于石环公路K31 +705 ~ K31 +965范围内。该桥主桥平面位于$R=1\ 250\mathrm{m}$的圆曲线上，立面位于$R=6\ 000\mathrm{m}$的凸形竖曲线上，跨越石太铁路既有的6股道及规划预留的两股道，全长260m，为45m +85m +85m +45m四跨连续独塔单索面的预应力混凝土斜拉桥。主桥采用墩、塔、梁固结体系，主塔高38.6m。

该工程2006年9月开工建设，2008年9月4日10:00 ~11:40，历时100min，完成斜拉桥转体。转体球铰中心由承台中心向曲线内侧移160mm，保证了转体中心与转体结构重心重合。转体启动时每台千斤顶的最大牵引力53t，正常转体时40t左右；梁端水平线速度0.91m/min；平转角速度0.013rad/min。转体总质量16 500t，水平转角75.74°，转体结构纵向偏心距$e_{纵向}=M_G/N=0.072\mathrm{m}$；横向偏心距$e_{横向}=M_G/N=0.033\mathrm{m}$。转体过程连续稳定、安全完美，国内多家媒体做了相应报道，该工程在安全、质量、进度、经济等方面赢得了建设单位和社会各界的广泛好评。

预应力混凝土 T 梁预制工法

GGG(鄂)C3082—2010

冯太坤　张桂涛　智家明　袁提提　袁兆巍
(中天路桥有限公司)

1　前言

1.1　预应力梁式桥是下部结构采用墩台、上部结构为预制成型的预应力混凝土梁,采用装配方式建设的一种桥梁形式,在公路工程中被广泛采用。近年来,在研究提高其受力性能,增加使用寿命,进一步减轻构造重量方面又有新的发展。由于公路工程野外施工作业,施工难度逐渐加大,为推广成熟的 T 梁预制施工工艺,特编制本工法。

1.2　本工法在经过湖北省襄樊市寺沙路沙河大桥(以下简称"襄樊沙河大桥")9×30mT 梁、武汉市汉阳米粮山至蔡甸高速公路土建项目五标(以下简称"汉蔡高速五标")西湖大桥 17×30mT 梁及索子长河一号桥 18×30mT 梁、湖北省麻武高速公路土建工程六标(以下简称"麻武高速六标")阎家河大桥 20×30mT 梁的应用,取得了较好效果,其中襄樊沙河大桥于 2008 年获湖北省"建筑优质工程"(楚天杯)。

2　工法特点

2.1　本工法针对后张法预应力 T 梁的预制,着重解决以下一些技术难点:

(1)解决横隔板模板快速装拆技术

①将横隔板模板设计成便于装拆的复合连接构件;

②以横隔板处为定位中心,确保梁板安装后横隔板正确连接。

(2)解决 T 梁各部位的振捣工艺

①采用分层浇筑方法,确保各部位都振捣密实。

②在混凝土中掺加缓凝减水剂,使混凝土既能延缓初凝时间,又能提高早期强度。

(3)解决预应力筋在张拉时,不受两端底座反应力的破坏。

①增加底座表面的光洁度,减小摩阻力。

②在底座从支承线处断开,形成三个独立受力的底胎模。

③对底座两端头底进行加固处理,减少沉降,防止梁板变成反弯结构而折断。

④采用两端同时对称张拉,减少梁板在张拉时侧向应力。

2.2　应用本工法预制 T 梁能够有效保证成型混凝土外观质量,达到"内实外光",减少预应力混凝土梁体的常见外观缺陷和病害。

2.3　使用本工法能加快施工进度,最大限度地提高预制台座的利用率。

3　适用范围

本工法适用于桥梁工程后张法施工的预应力 T 梁的集中预制。

4　工艺原理

4.1　本工法利用混凝土可塑性原理,采用钢筋混凝土台座上铺钢板,用定型侧钢模板及端头模板进行预制。

4.2　对混凝土构件进行全面积等温养护，达到精确测温，提高养护质量。

4.3　利用缓凝早强剂的作用原理，使混凝土在施工时缓凝，以便于施工，同时又提高早期强度，加快施工进度，提高台座利用率。

4.4　利用附着式振捣器，有效减少混凝土表面的气孔等瑕疵，改善外观质量。

4.5　利用张拉时，梁板起拱形成简支受力的特点，将底座两端独立加强，减少沉降，确保梁体底部中间段不受力。

5　施工工艺流程及操作要点

5.1　施工工艺流程

施工工艺流程见图1施工工艺流程框图。

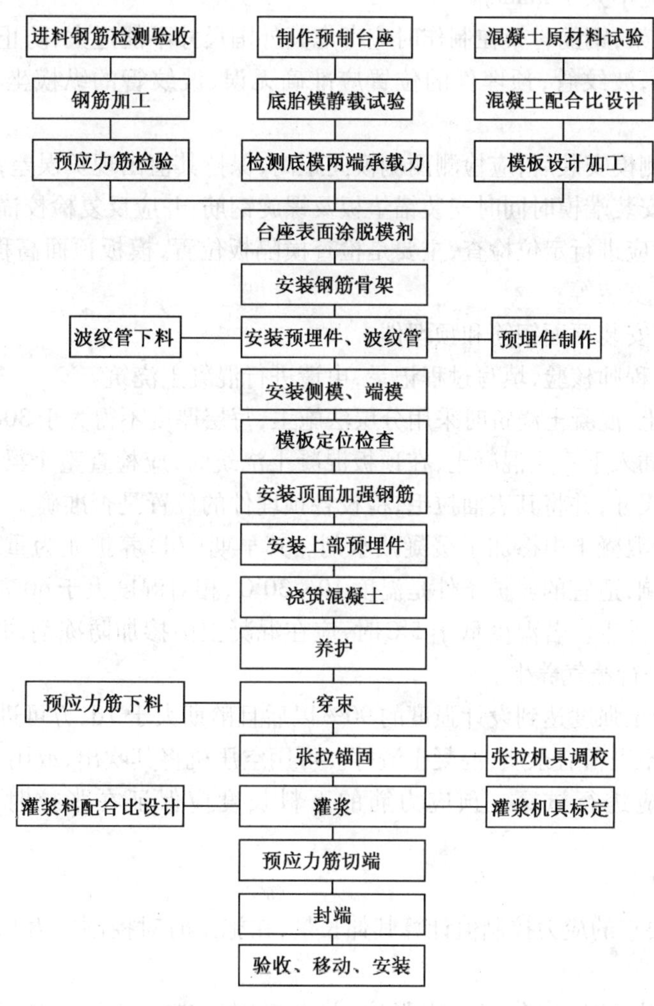

图1　施工工艺流程框图

5.2　施工要点

5.2.1　制作预制台座

(1)台座制作时应进行分段，见图2，在梁板的理论支承线处留一约10cm宽的凹槽，在预制时用钢垫板支垫，张拉时，将其抽出。

(2)台座两端部分在素土夯实的基础上下挖30cm左右，用素混凝土浇筑，然后再施工台座。

(3)在台座中预埋PVC管，作为对拉螺杆的埋设通道。

(4)台座上沿两侧预埋槽钢，施工时在槽钢内放置橡皮管，防止漏浆。

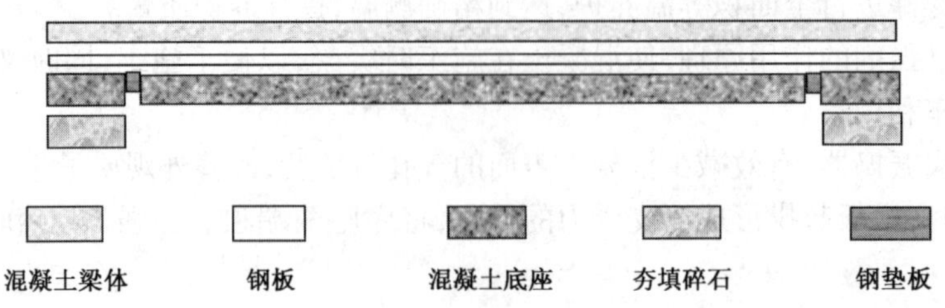

图2 T梁预制台座构造图

5.2.2 静载试验,台座成型后在其在上均匀加载至1.2倍梁体自重,观测其在3d内的沉降,其沉降应不大于5mm,卸截后观测其表面破坏情况,无破坏为合格。台座两端应单独加载至1.2倍梁体自重,观测其沉降,其沉降应不大于5mm。

5.2.3 安装钢筋骨架,钢筋骨架在制作时应考虑其外围尺寸不能过大,防止施工后露筋。

5.2.4 安装预埋件,波纹管,预埋件的位置应准确无误,波纹管的纵横坐标应按每50cm检查1个点。

5.2.5 安装侧模,侧模安装后,应检测两侧模间距离,保持其值出现负误差,不出现正误差。

5.2.6 安装端模,安装端模时同时安装锚垫板及螺旋钢筋,并应反复检校锚垫板的位置和角度。

5.2.7 模板安装后应进行定位检查,主要是检查横隔板位置,模板顶面高程,端模位置,结构件连接件的连接,对拉螺杆的安装等。

5.2.8 模板定位后安装顶面钢筋和预埋件。

5.2.9 申请监理工程师核验,填写过程记录,申请进行混凝土浇筑。

5.2.10 浇筑混凝土,混凝土浇筑时采用分层法施工,每层厚度不得大于30cm,在浇筑上层混凝土时要确保插入式振捣器插入下一层混凝土,在顶板混凝土浇筑时,应检查整个梁板的厚度不得超高,否则将占用桥面系的构造尺寸,并将其表面拉毛,检校各预埋件的位置是否准确。

5.2.11 养护,由于混凝土中掺加了缓凝减水剂。其早期(7d)养护尤为重要,任何早期裂缝都会对张拉造成灾难性的影响,适宜的养护条件是温度10~30℃,相对湿度大于60%,采用表面全覆盖土工布,喷淋洒水的方式进行养生。若温度低于5℃时,应在混凝土中掺加防冻剂,并保持混凝土入模温度在10℃以上,在成型后进行蒸气养生。

5.2.12 穿束,混凝土强度达到设计强度的90%以后且龄期大于7d,方可进行穿束张拉,在穿束时应特别注意成型管道内不得留有杂质,混凝土渣等。可用空压机将其吹出,或用高压水冲洗。若为橡胶棒抽拔成孔,在成孔后应进行试穿。预应力筋的下料长度应保证在张拉时的工作长度上每端富余5~10cm。

5.2.13 张拉、锚固

(1)张拉时按设计要求的应力控制值计算其伸长量,在施工时对控制应力和实际伸长量进行双控,保证张拉的质量。

(2)在同时张拉受限制时,应分束对称张拉,并在锚固后进行补张。保证各束预应力筋的应力均匀。

5.2.14 切端、封锚,张拉完毕,即可将多余的预应力筋切除,但应使用机械切割法,不得用氧炔气切割。切端后应用与灌浆料同配合比的材料封住锚固端。

5.2.15 孔道灌浆,灌浆采用吸浆泵吸浆,其工作压力的计量器具应经过标定。在灌浆料中应根据试验掺加一定数量的膨胀剂,确保灌浆密实,不收缩。

5.2.16 封端,灌浆完毕即可进行封端混凝土的浇筑,浇筑预应时对梁体精确测量。保证梁体结构尺寸符合设计要求,便于安装。

5.2.17 验收根据现行公路桥梁验收的主要技术标准及相关规范进行梁体预制验收。

5.2.18 移动安装，梁板移动时应按设计吊点吊装，严格防止梁板受力成反弯构件，因为预应力梁板上部承受拉力的能力相当脆弱，极易发生折断并导致安全事故。在堆放时，应在支承线上支垫枕木，堆高不得超过两层，安装时应按预定的安装方案进行。

6 材料与设备

本工法所使用的材料设备见表1。

主要材料设备表 表1

序 号	设备名称	规格型号	单 位	数 量	备 注
1	发电机组	120kW	台	1	
2	发电机组	15kW	台	2	
3	混凝土拌和站	JS1000	台	1	
4	机动翻斗车	2t	台	4	
5	卷扬机	2t	台	2	
6	抽水机	3kW	台	2	
7	打夯机		台	2	
8	钢筋弯曲机	4kW	台	2	
9	钢筋切割机	4kW	台	2	
10	电焊机	20kVA	台	3	
11	张拉机具		套	2	
12	千斤顶	YCW250	台	4	
13	插入式振动器	50型	个	3	
14	龙门吊车	60t	台	2	
15	钢模板	订制	套	3	按正交计算
16	塑料垫块		个	若干	据工程量确定
17	枕木	10×20cm	块	若干	据堆放场地确定
18	缓凝早强剂		kg	若干	据工程量确定

注：表中机具的规格、数量应根据工程实际情况选用，其中缓凝早强剂在使用前应在试验室进行配合比及性能试验。

7 质量控制

7.1 原材料试验报告，混凝土试验配合比，钢筋隐蔽工程记录，混凝土施工记录，混凝土试验报告，钢筋、模板的分项工程质量检验评定表，构件质量检验评定表均需桥梁工程师审核签字。

7.2 施工前对各种操作人员进行技术交底。

7.3 各工序操作要点均须用文字形式下达到班组。

7.4 各种机具设备在使用前均需进行调试，无故障后方可投入使用。

7.5 对供电设备进行详细检查，并准备备用电源，以防万一。

7.6 施工时，应连续进行，不得使混凝土施工中断，吃饭时间必须换班作业。

7.7 预应力张拉施工，应严格按作业指导书进行，选用经过培训并具有经验的技术工人操作。

7.8 施工中严格按照《公路桥涵施工技术规范》(JTJ 041—2000)、《公路工程施工安全技术规程》(JTJ 076—95)、《公路工程质量检验评定标准》(JTG F80/1—2004)的要求进行。若国家现行规范有新的版本，则按新版本的要求执行。

8 安全措施

8.1 T梁预制施工中的安全问题主要应注意：

8.1.1 张拉过程中,预应力筋断裂弹出伤人;

8.1.2 张拉时,梁板侧弯断裂伤人;

8.1.3 灌浆时,灌浆料射出伤人;

8.1.4 现场用电事故;

8.1.5 移动吊装时的安全问题。

8.2 针对上述安全问题应做好：

8.2.1 设置专职安全员,认真进行安全交底,安全教育,安全防范并随时进行安全检查;

8.2.2 执行国家现行有关的安全操作规程;

8.2.3 设置作业警戒区;

8.2.4 配置专职电工进行现场临时用电管理,在总平面布置时充分考虑线路架设,布线按二级配电,三级保护的要求进行。

8.2.5 移动吊装时的安全措施(略)。

9 环保措施

9.1 环境保护措施

9.1.1 预制场设立一名环保人员,主要负责环境保护工作的执行情况,组织进行预制场内的保洁等工作。

9.1.2 施工废水、生活污水不得直接排入农田、耕地、饮用水源、灌溉渠道和水库。不得污染河流、湖泊和池塘。

9.1.3 施工区域,砂石料场,在施工期间和完工以后,应妥善处理以减少对河道、溪流的侵蚀,防止沉碴进入河道或溪流。

9.1.4 冲洗集料或含有沉积物的操作用水,应采取过滤、沉淀池处理或其他措施,使沉淀物不超过施工前河流、湖泊的随水排入的沉淀物量。

9.1.5 施工作业产生的灰尘,除在场地的作业人员配备必要专用劳保用品外,还应随时进行洒水以使灰尘公害减至最低程度,并符合当地环保部门的有关规定。

9.1.6 易于引起粉尘的细料或散料应予遮盖或适当洒水。运输时应用帆布、盖套及类似物品遮盖。

9.1.7 预制场要避免建设在居民区,如不能避免,要尽量减少噪声、废气等的污染。

9.1.8 预制工作结束时,要对预制场进行还原,属耕地的要进行还耕复垦,所有垃圾要清出场外合适地点。

9.2 水土保持措施

9.2.1 在施工期间始终要保持工地的良好排水状态,修建一些有足够泄水断面的临时排水渠道,并与永久性排水设施相连接,且不得引起淤积和冲刷。

9.2.2 对施工期间因临时排水或洪水造成的冲刷必须及时予以修复。

9.2.3 清理场地的废料处理,不得影响排灌系统及农田水利设施,不得覆盖当地的耕地,力求少占土地。

10 资源节约

(1)本工法不宜用于分散预制的梁体,主要适用于集中预制的T梁预制场,以节约能源。

(2)本工法中使用的缓凝早强剂,具有减水功能,能有效节约混凝土中水的用量。芯内养护也可节约用水量。

(3)场内临时用电线路统筹布置,最大限度地节约用电。

(4)预制所需模板均在厂内定制,以节约资源消耗。

11 效益分析

预应力T梁的预制采用分层法施工,能显著提高质量,加快施工进度。其经济效益、社会效益均较显著。

11.1 经济效益

与其他施工方法相比,在保证质量的前提下,施工工期大大缩短,成本明显降低。

11.2 社会效益

本工法的采用,可大大提高预制梁板的质量。通过实际应用,不但可以提高梁体内在质量,所有预制T梁的质量均匀,没有明显差异,同时可以显著提高混凝土外观质量。通过集中预制,施工现场整齐有序,能有效做到"优质、高速、低耗、安全、文明、环保"。

12 应用实例

12.1 本工法在湖北省汉蔡高速五标应用情况

(1)汉蔡高速公路土建工程五标项目西湖大桥设计为17×30m预应力T梁,索子长河一号桥设计为18×30m预应力T梁,采用集中预制,应用本工法,取得良好效果。

(2)汉蔡高速公路土建工程五标项目部共计30m预应力T梁420榀,按本工法实施,相比一般施工方法可节约成本67.2万元。

12.2 本工法在襄樊沙河大桥应用情况

(1)沙河大桥于2008年获襄樊市"隆中杯"。

(2)沙河大桥共30m预应力T梁90榀,按本工法实施,相比一般施工方法可节约成本14.4万元。

12.3 本工法在麻武高速六标应用情况

(1)麻武高速公路土建工程六标阎家河大桥于2009年3月28日开始预制,2009年11月6日全部完成,采用集中预制,应用本工法,T梁质量经湖北省质监局同步监测,质量稳定可靠,外表美观,获得肯定,并于2009年12月25日完成安装。现正在进行二期路面和三期机电的施工,预计2010年10月1日可达通车条件。

(2)阎家河大桥设计30m预应力T梁共240榀,按本工法实施,相比一般施工方法可节约成本38.4万元。

大跨径非对称外倾式钢箱拱无支架缆索吊装施工工法

GGG(中企)C3083—2010

关清杰　郜小群　万宗江　王广钟　钱纪民
(中铁二局集团有限公司)
林用祥　唐　诚
(成都市建筑工程集团总公司)

1　前言

南宁大桥为世界首座大跨径外倾式拱桥,东拱肋外倾角69.7°,西拱肋外倾角66.5°,特殊的结构形式使东西拱顶间距达到101m(图1)。南宁大桥采用无支架缆索吊装施工工艺,其工程特点为拱节段最大吊装重量达218t、两拱肋相互独立、节段需进行三维空间姿态调整、索鞍需长距离横移、动力系统多、操作工况复杂等。中铁二局股份有限公司组织研发了固定式缆索吊机吊装施工技术,攻克了拱节段空间姿态调整、控制姿态调整过程中不平衡索力以及吊装过程时时监控等技术难题,取得了显著的经济和社会效益,经总结形成本工法。

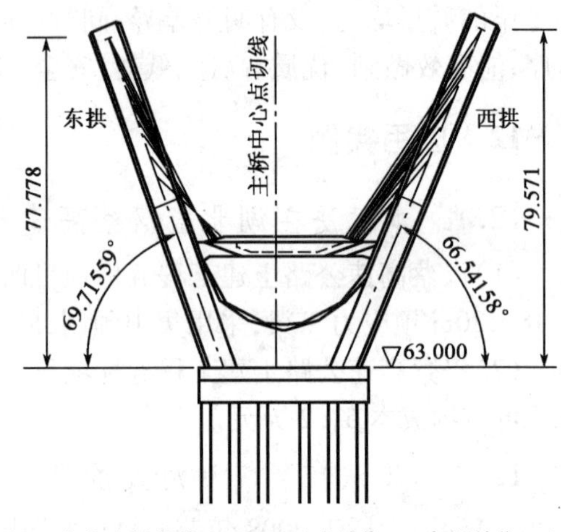

图1　南宁大桥结构布置图(尺寸单位:m,高程单位:m)

2　工法特点

(1)固定式缆索吊机+可调式吊具+浮箱翻身平台对拱节段进行吊装施工,不仅满足拱肋吊装各项指标要求,而且该工法具有操作简单、工效高、施工速度快等特点。

(2)拱肋吊装采用"扣吊合一"的组合式索塔,索塔不仅净起吊能力达到218t,横桥向吊装覆盖宽度达110m,而且满足拱肋扣挂要求,具有显著的经济效益。

(3)由于南宁大桥特殊的结构形式,横桥向吊装宽度需覆盖110m,单个索鞍最大横向移动距离需达44m,索鞍质量大、横移距离长。

(4)拱肋吊装及姿态调整需同时控制8台起重卷扬机及8台牵引卷扬机同时运行,通过采用PLC电气集中控制系统完成了单机构运行、多机构联动、多机构微动及安全检测与保护等操作工况。

(5)在姿态调整的过程中,通过索力实时监控系统对主索及起重索的索力进行了监控,保证了姿态调整过程安全可靠进行。

(6)由23个军用浮箱组成的可移动式翻身胎架,其位置可随吊装位置的不同进行移动,不仅完成了作为拱肋翻身胎架的功能要求,而且可作为施工临时操作平台及运输工具。

(7)可调式吊具及23个军用浮箱拼成的翻身胎架不仅满足了拱肋姿态调整需要,而且可调式吊具及浮箱重复利用率高,节省成本,具有良好的经济效益。

(8)根据拱肋传力路径,布置三维临时拉索体系,维持拱肋受力平衡及稳定,此工艺不仅操作简单,易实施,而且受力合理,很好满足了拱肋施工过程受力要求。

(9)利用PLC电气集中控制原理,对系统中起重、牵引等全部动力卷扬机建立由"综合监测

(CMMS)、工业软件(WINCC)、ABB 变频变速调速”等部分组成的集中控制系统,实现人机界面操作。同时应用缆索吊装系统索力监测、远程视频监测等配套技术,实现系统动力卷扬机群组的集中、同步控制,实现故障自动相应控制和远程视频监控等先进功能;全数字、智能化的设计、方便灵活的速度设定,实现动力卷扬机稳定低速运行,改善了定位的准确性;动力系统中电动机运行方向、速度采用无触电控制,提高了电气系统的可靠性;利用变频器基频以上近似恒功率调速的特性,可实现负载较小时的速度加倍运行,提高了起重机的工作效率。

3 适用范围

本工法适用于大吨位拱节段吊装施工,尤其适用于需进行空间三维姿态调整的预制构件的吊装工程,在外倾式拱桥钢箱拱节段的吊装工程施工中,具有操作简单、施工速度快、精度高、吊具重复利用率高等优点,外倾式钢箱拱节段吊装及空间姿态调整时采用本工法施工具有很大的优越性。该工法可广泛运用于桥梁工程的大跨径、大吨位吊重缆索起重机的动力系统控制中,该工法中的控制技术也可用于码头、水电站等固定式缆索起重机的动力系统操作控制。

在于大型缆索吊装系统中,动力卷扬机配置数量越多,起吊重量越大,应用本工法的优越性越突出。

4 工艺原理

本工法采用固定式缆索起重机进行拱节段的吊装施工,索塔顶布置液压同步千斤顶及反力架,实现大吨位索鞍长距离横移。通过浮箱平台及可调式吊具完成拱节段的空间三维姿态调整,调整的过程中通过索力实时监控系统对索力进行监控,保证吊装过程安全、可靠进行。拱节段吊装到位后,根据荷载的大小及传力路径布置三维拉索体系,维持拱节段受力平衡及稳定。

缆索起重机自动控制系统为“综合监测(人机界面)+PLC+ABB 变频传动”组成的三级系统,三级之间的数据交换通过 PROFIBUSDP 总线通信实现。缆索吊装系统中索力监测数据传输到自动集中控制系统的计算机中,实现数据的自动采集,当索力超过预先设定的数值后,系统要发出报警信号,提醒操作人员对目前的吊装状态采取应对措施,避免吊装系统发生事故。现场不同位置分别装置视频监控系统,视频信号直接传输至操作台,为操作者提供不同角度、不同位置的吊装信息,提高操作判断的及时性和准确性。

4.1 构造组成

钢箱拱节段吊装施工系统由固定式缆索吊机、可调式扁担梁、浮箱平台、索力时时监控系统、远程视频监控系统及三维斜拉扣挂系统组成。

4.1.1 固定式缆索起重机

采用固定式缆索起重机进行拱节段吊装及姿态调整,固定式缆索起重机由组合式索塔、主索道、可移动式索鞍、起重及牵引系统等部分构成,其布置见图 2。

4.1.2 可调式吊具

可调式吊具由主梁、吊架、横移装置、吊带及连接件等组成。在主梁上安装吊架及横移装置,使吊架在主梁上的位置可调;吊带采用高强纤维柔性吊装带,通过卸扣分别与吊架及拱箱吊耳相连,通过调节花篮螺杆长度实现吊带长度可调。

4.1.3 PLC 电气集中控制系统

在两岸分别设控制室,控制室内由人机界面、上游控制台、下游控制台、计算机综合管理系统(CMMS)、电视监视系统和硬盘刻录设备、PLC 主控制柜组成。PLC 主控制柜主要由 PLC、中间继电器、PLC 供电电源等组成。南岸上游、南岸下游、北岸上游、北岸下游设置集中控制卷扬机电机的电气控制柜及 PLC 控制柜,主站 PLC 与从站 PLC 之间采用 PROFIBUS—DP 通信,南岸与北岸之间 PLC 主站与从站之间由于距离远,如采用 PROFIBUS—DP 通信电缆进行数据传输,信号衰减严重,因此采用光纤进行数据传输,避免信号衰减和外界条件干扰。集中控制系统布置见图 3。

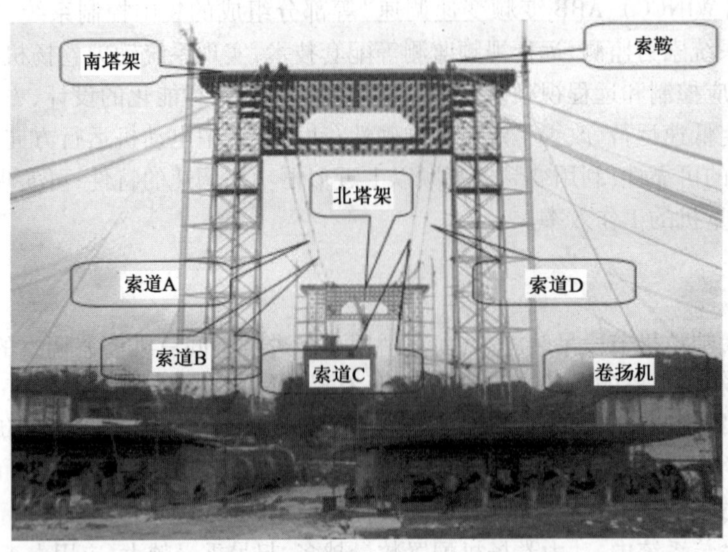

图2 固定式缆索起重机

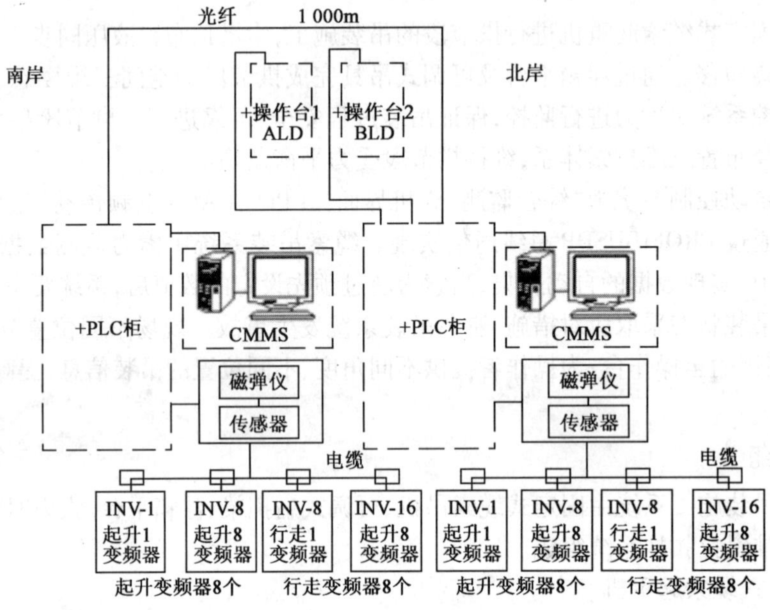

图3 PLC电气集中控制系统布置图

4.1.4 索力监控系统

起重索索力监测是利用传感器测量起重小车上轴销的受力,通过无线发射器传送到地面,再通过有线连接将力值传送到电气集中控制系统的计算机中,由控制系统进行数据处理,从而对索力实现监测及控制。通过它可以测试出在姿态调整过程中起重索索力的时时变化情况,实现过载报警、超载短路,保证拱节段姿态调整安全可靠进行。索力监控系统布置见图4。

4.1.5 远程视频监控系统安装

在现场不同制高点位置安装视频监控点,要求能够从不同角度和方向清晰、准确、全面地反映出吊钩、走行小车、和关键索具的运行状况。监控点拍摄到的视频图像通过互联网传输,在任何装有DVP实时监控软件的电脑上,只需轻点鼠标均可进行远程监控操作,实现平面360°、垂直可自由翻转立体化监控,并可随时调整摄像头焦距,掌握微观、宏观场景,监控画面可多幅(最多32幅,视摄像头布置数量而定)、单幅切换,使监控更具针对性。在远程端,同样运用DVP软件可以对摄像头进行调控,观看不同视

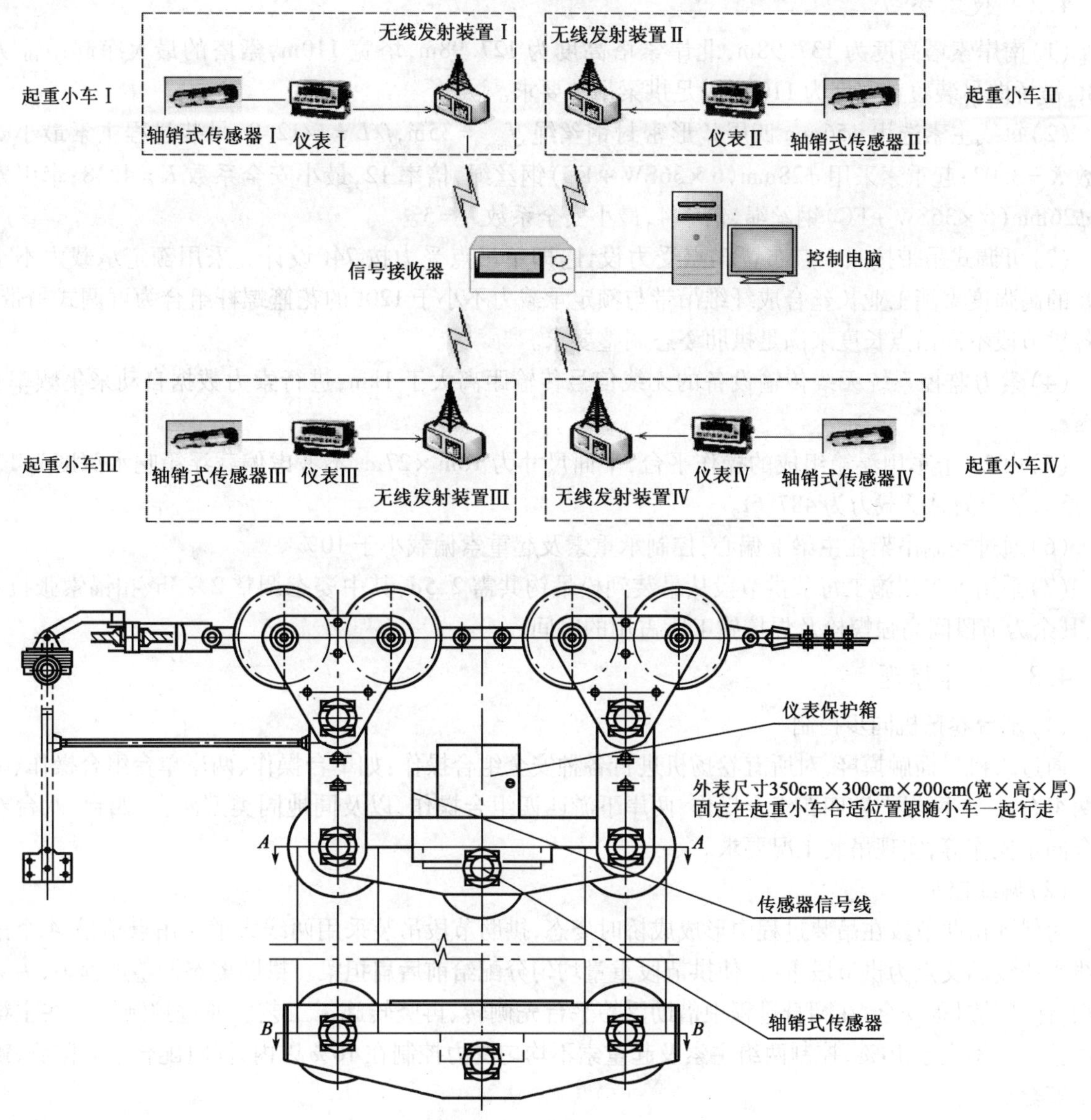

图4　起重索力监控系统布置图

角的画面,但约有10s左右的延迟。主控中心为了方便控制,除了采用DVR系统硬盘录像机,对每个监控点实行实时录像、回放、控制外,还做成简单的电视墙,方便直观的进行控制。

4.1.6　翻身胎架

翻身胎架由浮箱平台及轨道梁两部分构成。浮箱平台由23个乙型中-60浮箱构成,单个浮箱外形尺寸为6m×3m×2m,吃水深度为1.5m时,承载力为212kN,浮箱平台上布置有两个翻身轨道梁。翻身轨道长14m,由下层Ⅰ56a双工字钢及上层Ⅰ28a双工字钢组成,两层工字钢间采用焊接连接。靠岸侧轨道上层Ⅰ28a工字钢中间设有一个单向铰支座,为拱肋姿态调整时竖转提供支撑并可单向转动。

4.1.7　三维拉索体系

拱肋吊装到位后,通过设置的扣锚索、横向对拉索以及侧向缆风索维持拱肋受力平衡及稳定,临时拉索体系采用1 860MPa,$\phi^{j}15.24$的无黏结钢绞线索体。锚具均采用OVM250锚具,以满足钢绞线低应力锚固及索体反复张拉锚固要求;拉索上设置索箍及减震器以避免风震、雨震及其他震动源对拉索震动起到激励作用并且避免单根钢绞线以各自固有频率振动。

4.2 技术参数

(1)南岸索塔高度为137.98m,北岸索塔高度为127.98m,塔宽110m,索塔的最大净起吊能力为218t,横桥向吊装覆盖宽度为110m,满足拱梁吊装要求。

(2)每线主索选用ϕ56mm四层Z形密封钢丝绳,$f_{max}=35m$,$f/L=1/12.9$,吊装过程主索最小安全系数$K=3.03$;起重索采用ϕ28mm(6×36SW+FC)钢丝绳,倍率12,最小安全系数$K=4.48$;牵引索采用ϕ26mm(6×36SW+FC)钢丝绳,倍率4,最小安全系数$K=5$。

(3)可调式吊带按照4点布置3点受力设计,即单吊点受力按74t设计。采用额定承载力不小于100t的高强度聚酯工业长丝合成纤维吊带与额定承载力不小于120t的花篮螺杆组合为可调式吊带,调节各拱节段不同吊点长度来满足拱肋姿态调整要求。

(4)索力监控系统无线传输设备的无线信号传输距离大于1km,进行索力数据自动采集频率为2次/s。

(5)由23个军用浮箱组成的操作平台,平面尺寸为18m×27m,不考虑偏载浮箱吃水深度为1.5m时,浮箱平台的总承载力为487.6t。

(6)通过控制吊架在主梁上偏心,控制承重索及起重索偏载小于10%。

(7)采用本工法施工每节拱节段从吊装到松吊钩共需2.5d,其中姿态调整2~3h、扣锚索张拉4~5h、其余为节段间高强螺栓及焊接施工所占用的时间。

4.3 工作原理

(1)多台卷扬机同步控制

通过人机界面触摸屏,对所有卷扬机进行各种安全组合操作:如单台操作、两岸单台组合操作、两岸两两组合操作、两岸上游四四组合操作,两岸下游四四组合操作,以及同地同类型两台、四台、八台卷扬组合同步操作等,实现吊装工况要求。

(2)偏载控制

为保证拱肋节段在吊装过程中形成成桥时姿态,拱肋节段吊装采用两线索道4吊点抬吊,4个吊点连线中心线的交点为拱节段重心,使拱节段重量均匀分配给前后扁担梁。拱肋姿态调整过程中,为克服偏载,保证其过程安全,在翻身过程中借助浮箱平台先侧转、再竖转施工工艺。通过控制吊架在主梁上相对偏心矩不大于10%,控制两组主索及起重索不均匀受力控制在10%以内,同时配合索力监测,确保施工安全。

(3)姿态调整

通过前后扁担梁上吊架相对位置调整,可实现吊装梁段扭转;通过调节四个可调式吊带长度,实现拱节段侧转;通过前后扁担梁相对升降,完成拱节段竖转,从而完成拱节段三维空间姿态调整。

(4)三维拉索索体布置

外倾式拱桥特殊的结构形式,使拱、梁间蕴含着独特平衡关系,成桥后拱肋面外分力依靠钢箱梁通过倾斜的吊杆平衡。根据成桥后力的平衡关系,在施工过程中布置内收的扣索及横向对拉索来维持拱肋在施工过程受力平衡及稳定,并布置了侧向缆风索,根据拱肋的线形情况进行三维拉索索力调整,使拱肋施工线形满足设计线形要求。

(5)拱肋合龙

合龙段加工长度比理论长度加大30cm,在合龙温度下,对合龙段进行画线、切割。合龙口下宽上窄呈喇叭形,采用在接近合拢温度时起吊合龙段到合龙口处,先竖吊穿过合龙口、再调整成桥姿态吊装到位,并在合龙温度下迅速完成合龙段与两侧合龙口的临时连接。

(6)临时拉索索力控制

临时索体张拉采用单根张拉工艺分两次循环进行,第一次见索力全部张拉到设计索力的70%,第二次再将索力拉到设计索力100%,通过等张力法控制索力不均匀度在2%以内,并通过振弦式压力传感器监控整束索力的变化情况。

5 施工工艺流程及操作要点

5.1 工艺流程

施工工艺流程见图5。

5.2 操作要点

5.2.1 施工准备

(1)起重系统(包括索塔、卷扬机、主索、起重索、牵引索以及吊具等)各部分按要求安装完毕,并进行检查是否有变形、磨损、损坏,对需要整改的部分及时整改,使各部分满足吊装要求。

(2)为检查缆索起重机的起吊能力及各种工况条件下系统的工作状态,为钢箱拱、钢箱梁的正式吊装施工提供可靠的技术保证,确保系统的运行安全,正式吊装前对南宁大桥缆索起重机进行了荷载试运行试验,模拟实际施工工况,评价缆索起重系统的使用性能。

(3)试运行完成后,各项指标满足要求后即可进行正式吊装施工。首先移动浮箱翻身平台,使其中心位于待吊装节段重心垂直下方,以减少拱节段翻身过程的偏载。

(4)利用液压顶推装置横移索鞍,使两组主索道中心与吊装节段重心重合,避免歪拉斜吊,对索道产生偏载作用。

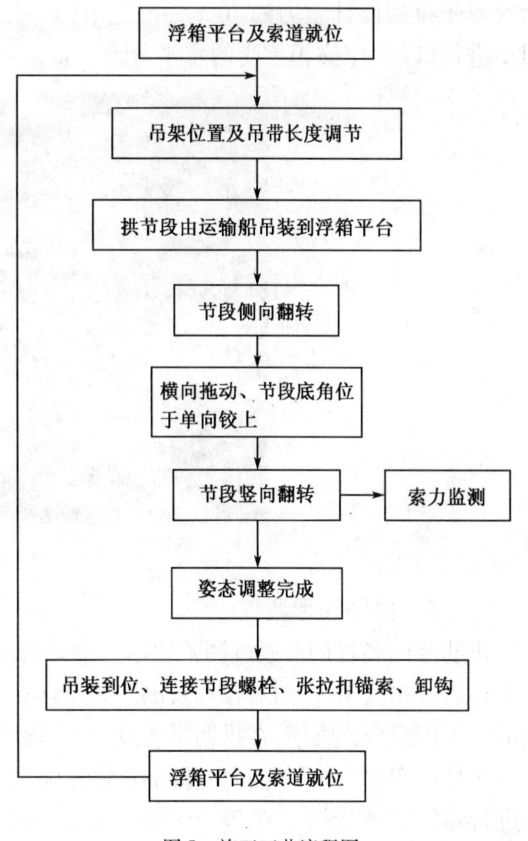

图5 施工工艺流程图

(5)按计算工况精确调整吊架在主梁上位置以及各吊带长度,满足拱节段空间姿态调整要求;扣锚索以及横向对拉索按计算长度下料、剥皮,并进行挂索施工。

(6)PLC运行的程序,根据达到的控制要求和系统的各项功能,针对每个受控设备编写运行程序,由于每个受控设备工作条件和状态不同,故针对各个设备需编写专用的控制程序,以满足使用者对控制功能的要求。

5.2.2 节段吊装

拱肋节段吊装由四个施工步骤来完成,如图6所示。

(1)步骤一:拱肋转运。此步骤为将拱肋节段由运输船转运到浮箱平台上,为下步拱肋节段姿态调整做好准备。

(2)步骤二:侧向翻转。通过两组吊具上设置不同长度的四根吊带,分别连接于钢箱拱肋节段拱顶和内侧腹板上的四个吊点对钢箱拱肋节段进行提升。在提升过程中使钢箱拱肋节段绕节段底角的转动支座沿浮箱平台上轨道梁侧向翻转,同时用置于轨道梁两端头上设置的导链调节钢箱拱肋节段横桥向的位置,使拱节段底角的转动支座滑入近岸侧轨道梁上的单向活动铰支座,四个吊带绷紧后即完成了拱节段侧向翻转的姿态调整。

(3)步骤三:竖向翻转。侧向翻转到位后,提升靠近河心侧吊具,使钢箱拱肋河心端缓缓脱离轨道梁,拱节段岸端绕浮箱平台轨道梁上的单向活动铰支座竖向旋转。提升河心侧吊具时,岸侧吊具由于浮箱下沉荷载同时增加,但增加比例小于河心侧吊具,根据索力实时监测系统提供的索力情况,在河心侧吊具荷载增加到荷载限值前,提升岸侧吊具使河心侧吊具荷载降低后,再提升河心侧吊具,如此反复,直至拱节段竖向姿态达到设计要求。

(4)步骤四:拉索施工。姿态调整完成后,缓缓提升拱肋节段到待安装位置,进行拱肋节段对接。拱肋节段间加劲肋高强螺栓连接板施工完毕后,根据监控指令即可进行扣锚索张拉,其施工步骤为扣锚索索力张拉到设计索力的70%→松缆吊钩→扣锚索索力张拉到设计索力的100%。扣索和锚索张拉时同步进行,以确保锚箱承受的水平分力平衡。

图6 钢箱拱肋吊装施工

5.2.3 拱肋线形调整

拱肋竖向高程调节通过调整扣锚索索力来实现;侧向缆风索及横向对拉索可以调节拱肋节段横桥向位置。通过扣锚索、横向对拉索及侧向缆风索索力的调整可控制拱肋节段的空间三维线形。因本工法缆索吊机采用组合式索塔,在拱肋吊装过程中,索塔内倾导致拱肋高程降低,除合龙段外,其他节段的这种影响可在吊机卸钩后恢复,而合龙段的这种影响是不可恢复的,为消除这种影响,采用在合龙段吊装前,将拱肋进行预抬高,使预抬高值等于索塔内倾导致拱肋高程降低值,从而保证成拱线形为设计线形。

5.2.4 合龙段施工

(1)线形调整。拱肋合龙前先进行一次线形调整,通过扣锚索、侧向缆风索及横向对拉索索力的调整,使拱肋线形满足设计线形要求。

(2)温度观测。线形调整完成后,进行温度观测,绘制拱肋线形与温度变化之间的关系曲线,确定合龙时间及合龙温度。

(3)合龙段切割。合龙段加工长度比理论长度加大30cm,在合龙温度条件下,对合龙段进行画线、切割。

(4)合龙段吊装。合龙口下宽上窄呈喇叭形,采用在接近合拢温度时起吊合龙段到合龙口处,先竖吊穿过合龙口、再调整成成桥姿态吊装就位,并在合龙温度下迅速完成合龙段与两侧合龙口的临时连接。

5.3 劳动力组织

劳动力组织见表1。

拱肋节段吊装施工劳动力组织表 表1

序号	工种名称	工作内容	人数
1	指挥人员	指挥协调各工种、发布吊装指令	1
2	管理人员	控制现场施工质量及安全	3
3	起重工	拱肋节段吊装与定位	13
4	钳工及焊工	拱肋节段间栓接及焊接	16
5	测量人员	测量拱肋节段的三维坐标	3
6	架子工	脚手架搭设及拆除	8
7	电工	接、拆电源、安装电器设备及处理电器故障	1

6 材料设备

钢箱拱节段吊装施工所涉及的材料设备见表2。

钢箱拱节段施工材料设备表 表2

序 号	名 称	规 格	单 位	数 量	备 注
1	主索道承载索	4—6ϕ56	m	24×1 300	四层Z型密封钢丝绳
2	主索道牵引索	4—2ϕ26	m	8×2 550	6×36SW+FC钢丝绳
3	主索道起重索	4—2ϕ28	m	8×2 450	6×36SW+FC钢丝绳
4	工作索道承载索	4—1ϕ47.5	m	4×1 200	6×37+1钢丝绳
5	工作索道牵引索	4—1ϕ17.5	m	4×2 300	6×37+1钢丝绳
6	工作索道起重索	4—1ϕ17.5	m	4×1 500	6×37+1钢丝绳
7	主索道索鞍		套	8	特制(净吊重110t)
8	工作索道索鞍		套	8	特制(净吊重5t)
9	主索道走行小车		台	8	含牵引、起重、走行轮组及配件
10	工作索道走行小车		台	4	含牵引、起重、走行轮组及配件
11	塔顶前通缆风	4—2ϕ47.5	m	4×1 000	6×37+1钢丝绳
12	分索器结索	4—2ϕ16	m	8×500	6×37+1钢丝绳
13	南岸塔顶后缆风	4—15ϕ^{j}15.24	m	60×230	钢绞线
14	北岸塔顶后缆风	4—15ϕ^{j}15.24	m	60×205	钢绞线
15	塔顶侧缆风	4—7ϕ^{j}15.24	m	56×200	钢绞线
16	钢箱拱安装侧缆风	ϕ21.5	m	10×700	6×37+1钢丝绳
17	钢箱拱安装扣索	ϕ^{j}15.24	根	1 112	钢绞线(均长200m)
18	吊带	R01—100	m	6×2	标准件,额定承载力不小于100t,单侧拱肋
				3×3	
19	单筒电控慢速卷扬机	JM—12.5	台	16	主索道起重(绳筒特制)
20	单筒电控慢速卷扬机	JM—10	台	16	主索道牵引(绳筒特制)
21	双筒快速卷扬机	2JK—8	台	4	工作索道牵引、起重
22	万能杆件	H形	t	1 326	吊扣塔架横梁
23	钢管		t	698.9	吊扣塔架立柱
24	型钢		t	1 407.3	吊扣塔架锚固区
25	施工电梯		套	4	上下塔架交通工具
26	塔吊		台	4	拼装、拆除塔架,架索
27	吊装扁担梁		套	4	自制
28	其他	工程浮箱	个	23	乙型中-60
		ϕ56	个	2 240	密封绳特制绳卡(双孔2 000个、单孔240个)
		Y8—25	个	10	ϕ26绳卡
		Y12—45	个	120	ϕ47.5绳卡
		Y5—15	个	20	ϕ17.5绳卡
		Y7—22	个	100	ϕ21.5绳卡
		S—BX120—31/2	个	12	卸扣(120t),单侧拱肋
		花篮螺栓	个	4	调节螺杆(120t),单侧拱肋
		T—DW50-2	个	8	卸扣(50t)

续上表

序　号	名　　称	规　　格	单　位	数　量	备　　注
28	其他	T—DW30—11/2	个	40	卸扣(30t)
		20t	台	2	导链
		10t	台	2	导链
		5t	台	6	导链
		2t	台	2	导链
		5t	台	4	单筒慢速卷扬机
		轴销式传感器	套	4	起重索索力监控
		全站仪	台	2	拱肋线形及索塔位移测量
		千斤顶 YDCS160	套	8	三维拉索单根张拉
		传感器 ZX—308T	套	8	等张力法张力索力监测
		JMZX—212A 型钢弦式应变传感器	个	60	索塔应力监测
29	手动葫芦	10t	台	3	
30	手动葫芦	5t	台	3	
31	手动葫芦	1t	台	3	
32	千斤顶	50T	套	2	
33	总电源柜	1 000 × 2 100 × 550	个	2	武汉港迪
34	操作室操作台	1 000 × 1 200 × 550	个	2	武汉港迪
35	PLC 柜(双面前后开门)	1 000 × 2 100 × 550	个	2	武汉港迪
36	变频起升控制柜(30kW)	800 × 2 100 × 550	个	16	每柜含电阻 20kW
37	变频行走控制柜(22kW)	800 × 2 100 × 550	个	16	每柜含电阻 10kW
38	CMS 监控管理系统	800 × 2 100 × 550	个	2	武汉港迪
39	Profibus 总线	6XV1830—3EH10	m	200	西门子
40	光纤光缆	6XV1820—5AH10 单位:m		2 000	
41	可编程自动化控制器			3 套	

7　质量控制

(1)钢板、型钢、吊带、花篮螺杆、钢丝绳等原材料的检验与试验均按现行相关规范规定执行。

(2)钢结构的加工、拼装、焊接及栓接等工艺按《钢结构工程施工质量验收规范》(GB 50205—2001)的相关规定执行。

(3)缆索吊机验收按《起重设备安装工程施工及验收规范》(GB 50278—98)的相关规定执行。

(4)为使钢箱拱节段起吊后姿态达到成拱姿态,严格控制吊带长度精度为 ±5mm,吊架位置精度为 ±5mm,索鞍位置精度为 10mm。

(5)缆索吊机系统由地垄、索塔、索道(主索、起重索、牵引索及索鞍)及电气集中控制系统四部分构成,针对缆索吊机系统运行过程中风险高、不确定性因素多等特点,制订了特殊的管理规定,每次缆索吊机运行前,每一部分指定专门的专业负责人进行检查,检查合格签字确认后,缆索吊机才能运行。

(6)钢箱拱节段姿态调整、吊装过程中,严格按《起重机操作规程》的有关规定执行。

(7)为保证拱节段安装质量,在每个拱节段上布置了 4 个位移测点,在施工过程对拱节段线形进行监测。索塔也布置了监控测点,包括 5 个位移测点、60 个应力测点,保证索塔吊装过程安全。

8 安全措施

起重吊装施工风险大、不确定性因素多,在吊装过程中除严格遵守有关规范、规程的规定外,还应注意以下几点:

(1)吊装拱肋属于高空作业,建立安全检查制度,定期、定时实施安全检查,发现问题立即整改,不得继续施工。

(2)缆索吊装系统在实际使用、操作中必要严格实行统一指挥制度。同时,所有操作人员必须经过专业培训,持证上岗。

(3)建立安全奖罚制度,对违规作业人员进行处罚;对遵守安全规章制度的人员进行奖励。

(4)起吊操作人员和信号指挥人员必须密切配合,指挥人员必须熟悉所指挥的缆索吊装系统的性能,操作人员必须执行指挥人员的信号指挥。

(5)起重作业时,重物下方不得有人员停留或通过,无论何种情况,严禁用起重设备吊运人员。严禁斜拉、斜吊或起吊埋设地下和凝固在地面上的重物。

(6)施工用动力、照明电源必须由专业人员敷设,并经常检查清理,以消除漏电、短路安全隐患。

(7)高空作业和危险区域要设置防护围栏,安全警示标牌,并安排安全人员值班维护。

9 环保措施

(1)成立环保领导小组。以项目经理为核心,建立环保领导小组,设立专职环保工程师,全面负责环保工作。

(2)生产生活垃圾处理及油料管理。为保护施工范围内的环境卫生,施工垃圾用汽车运到指定的地方弃倒,严禁直接倒入江中。拱上施工垃圾及油污必须做统一处理,严禁直接投入江中。

(3)施工现场保持干净整洁,每天用完用剩的材料及时处理或堆放整齐。施工现场设置必要的临时围护,平交路口等设置明显的标志,使施工现场尽可能自成一体,以减少和外界相互干扰。

(4)防止噪声污染措施。针对施工过程中产生的噪声,对动植物和人体损害均较大,为了保护环境,应尽量减少噪声污染,避免夜间作业。对机械设备产生的超分贝噪声利用消声设备减噪。钢帽施工尽量安排白天施工,晚上施工时间不超过22:00,避免施工噪声干扰附近居民。

(5)防止水污染措施。施工营地生活废水就近排入不外流的地表水体,严禁将生活污水直接排放至江河中,对于含沙量大且浑浊的施工生产废水,采用沉砂池处理后再排放,含油废水经隔油池处理后排放,防止油污染地表和水体。

10 资源节约

采用本工法施工,可以节约大量钢材在临时结构中的使用,通过与少支架法相比较,可以节约钢材1 108t。同时采用本工法施工,机械化程度高,可以节约大量劳动力,以广西南宁大桥应用为例,节约:32(人)×8(月)×30(天)×2(班时)=15 360(个工日)

11 效益分析

(1)经济效益

钢箱拱节段施工采用缆索吊机吊装,配合可调式吊具进行姿态调整,吊装到位后通过斜拉扣挂维持节段受力平衡及稳定的施工工法,顺利完成钢箱拱节段施工并精确达到拱肋的设计线形。采用本工法进行施工,节省了大量临时支架工程费用,并保证了桥下通航要求。避免了采用浮吊等大型机械设备,减少了向江中排放废弃物,降低了施工产生的噪声,同时将扣塔和吊塔合二为一,取得了显著技术经济效益。从表3效益分析可见,本工法具有较好的经济效益。

经济效益分析表 表3

<table>
<tr><td colspan="2">项　目</td><td colspan="2">三维斜拉扣挂法</td><td colspan="2">部分支架法</td></tr>
<tr><td rowspan="4">主要设备及材料</td><td>索塔</td><td>3 733t</td><td rowspan="4">1 554 万元</td><td>3 402t</td><td rowspan="4">1 673 万元</td></tr>
<tr><td>吊挂系统</td><td>可调式吊具</td><td>普通吊具</td></tr>
<tr><td>扣挂系统</td><td>钢绞线 249t</td><td>无</td></tr>
<tr><td>支架</td><td>无</td><td>952t</td></tr>
<tr><td colspan="2">每节段人工</td><td colspan="2">72 工日</td><td colspan="2">153 工日</td></tr>
<tr><td colspan="2">每节段工期</td><td colspan="2">2 ~ 3d</td><td colspan="2">2 ~ 3d</td></tr>
</table>

(2)社会效益

南宁大桥作为南宁市标志性工程,其成功修建促进了南宁市的城市形象和知名度,会带动其旅游和经济的发展。南宁大桥外倾式钢箱拱肋施工是南宁大桥整个桥梁工程施工的重中之重,为南宁大桥成功修建奠定了基础,采用缆索吊装施工并进行空中姿态调整,填补了国内外大跨度外倾式拱桥在该方面施工中的空白,为后续同类型桥梁修建积累了成功经验,对世界桥梁建设有很大的推动作用。

12　应用实例

南宁大桥的外倾式钢箱拱肋节段吊装由中铁二局股份有限公司采用本工法进行施工。

位于广西省南宁市的南宁大桥主桥为300m 跨径曲线梁非对称外倾式钢箱拱桥,主拱箱采用两条独自向外倾斜的钢箱拱肋(东拱肋倾角69.7°,西拱肋倾角66.5°)组成,东、西拱肋各分15 个吊装节段,全桥共30 个吊装节段。最重节段为西拱1 号节段重达218t,最轻节段为西拱8 号节段重121.6t。

(1)本工程特点为:

①拱节段重量大,且采用"扣吊合一"的组合式索塔,随扣锚索施加,索塔结构承受的外荷载逐步加大。

②拱节段呈三维空间姿态,需进行空间姿态调整,且两拱肋相互独立,合龙前需借助临时结构维持拱肋受力平衡及稳定。

③在姿态调整的过程中,存在索力偏载问题,安全风险大。

2008 年5 月开始拱肋吊装施工,采用本工法施工每节拱节段从吊装到缆吊松钩共需2.5d,其中姿态调整2 ~ 3h、扣锚索张拉4 ~ 5h、其余为节段间连接板高强螺栓施工所占用的时间,该工法施工速度快,为其他工序节省了大量操作时间。姿态调整精度高,自动化程度高,拱节段间对接方便,不需在高空做钢箱拱节段对接线形调整工作,高空作业少,且不影响桥下航道通航要求。施工单位因采用此工法节省了大量材料费、人工费及机械费等临时工程费用,取得了良好的经济效益及社会效益。

(2)工法操作简单,安全可靠,精度高。

①通过采用成熟技术PLC 电气集中控制系统,实现了只需一名操作员即可完成控制8 台起重卷扬机及8 台牵引卷扬同时运行的操作工况。避免了多名工人同时操作卷扬机,降低了事故概率,使得吊装过程平稳、有序进行,工效高。

②通过设置可移动式吊架及四个可调长度的吊带,定位拱肋的空间姿态,可使拱肋的定位精度达到毫米级,定位精度高。

③通过引入各种成熟监控技术,如轴销式传感器、磁通量传感器、振弦式传感器等技术,使拱肋的吊装过程数据化,能及时、准确地反映吊装系统每个部位工作状态,使吊装过程处于可控状态。

(3)本工法涉及5 项关键技术:

①非对称外倾式钢肋拱缆索吊装、三维斜拉扣挂施工技术。

②超大吨位吊重、超长距离索鞍横移、固定式缆索起重机设计施工技术。

③缆索起重机动力设备集中自动控制及过程监测监控技术。

④组合式钢索塔设计施工技术。

⑤外倾式钢肋拱空间姿态精确调整技术。

(4)本工法涉及7项专利技术:

①桥梁缆索吊装施工用吊具(发明,专利申请号200810148075.9)。

②外倾式钢箱拱肋扣挂系统(发明,专利申请号200810148074.4)。

③一种大吨位缆索起重机索鞍横移方法(发明,专利申请号200810147621.7)。

④缆索起重机电气控制系统(实用新型,专利申请号ZL200820223794.8,已授权)。

⑤缆索吊机索力测试系统(发明,专利申请号200810148065.5)。

⑥组合式索塔(发明,专利申请号200810148064.0)。

⑦外倾式钢箱拱肋节段姿态调整方法(发明,专利申请号200810148104.1)。

其关键技术已作为南宁大桥《大跨径曲线梁非对称外倾式钢箱拱桥关键施工技术》的子技术,于2009年11月2日经中铁工程总公司专家鉴定,并给予了“该施工技术在世界范围内处于领先水平”的高度评价。于2010年5月6日通过四川省科学技术厅专家鉴定,鉴定意见为“该成果取得了显著的经济、社会及环保效益,成果具有显著的创新性,总体达到国际领先水平,对推动我国大跨径拱桥建造技术的发展具有重要意义”。

非对称外倾式拱桥曲线钢箱梁安装工法

GGG(中企)C3084—2010

万宗江　郜小群　蒋光全　张明书　吴玉龙
(中铁二局第五工程有限公司)

1　前言

南宁大桥主桥为300m跨径的大跨度曲线梁非对称外倾拱桥(非对称肋拱桥),横跨邕江,由两条倾斜的钢箱梁拱肋、桥面曲线钢箱梁、倾斜的吊杆、系杆及肋间平台,共同构建了一个三维的空间结构体系承担结构的全部荷载(图1)。

图1　主桥结构示意图

南宁大桥主桥钢箱梁位于*R*1 500m的平面曲线上,又位于*R*9 000m竖曲线上,呈三维空间姿态。南宁大桥吊杆采用横桥向双吊杆体系,以方便运营期间换索施工,吊杆下吊点采用"横桥向单向铰"的构造形式,上端采用锚固螺母的形式以实现长度可调。吊杆纵向间距(桥轴线上)9m,共设置26对、52组。标准节段钢箱梁长9.0m,最大节段为140.0t。

该曲线钢箱梁安装施工工法,是中铁二局第五工程有限公司针对南宁大桥曲线钢箱梁安装,在施工经验的总结基础之上,通过不断优化完善,逐渐摸索形成的一套较为科学、系统的方法和工艺,为曲线钢箱梁的安装定位和线形调整提供参考借鉴。

2　工法特点

2.1　设计了"×"形临时吊杆解决施工中曲线梁的平衡问题,利用外侧永久吊杆和"×"形临时吊杆实现了节段空间平衡和线形调整。

2.2　为抵消在钢箱拱扣索拆除及安装钢箱梁之后,拱肋对主墩基础的水平推力,东侧和西侧拱脚处各布置9索临时系杆,钢箱梁安装施工过程中,安装并张拉东西拱脚临时系杆。

2.3　钢箱梁施工过程中,由钢箱拱、临时系杆索、吊杆索以及拱肋肋间对拉索、侧向缆风索等组成梁阶段施工体系。

2.4　钢箱梁吊装施工,跨中无支撑,不影响通航,社会、经济效益显著。

3 适用范围

本工法适用于大跨径拱桥预制梁段和曲线梁的安装施工。

4 工艺原理

4.1 钢箱梁节段划分及吊装顺序

曲线钢箱梁由跨中开始依次向两边安装，与肋间平台相连接的两节段 D 号、D'号定为合龙段，各节段编号划分及吊装顺序见图 2。钢箱梁吊装见图 3，箱梁安装阶段施工体系示意见图 4。

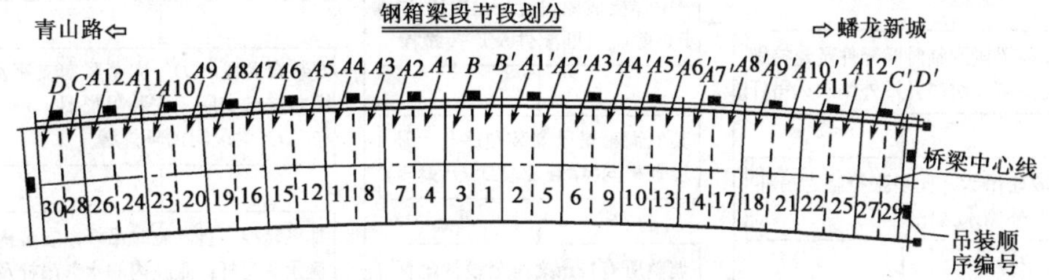

图 2 节段编号划分及吊装顺序图

图 3 钢箱梁吊装

图 4 箱梁安装阶段施工体系示意图

4.2 工艺原理

钢箱梁安装施工过程中，因布置在箱梁节段两侧的吊杆呈非对称形式布置，相应将对箱梁节段产生横向水平力，为了保持梁节段平衡，依靠“×”形临时吊杆解决施工中曲线梁的平衡问题，利用外侧永久吊杆和“×”形临时吊杆实现了节段空间平衡和线形调整。吊杆布置及受力关系见图 5。

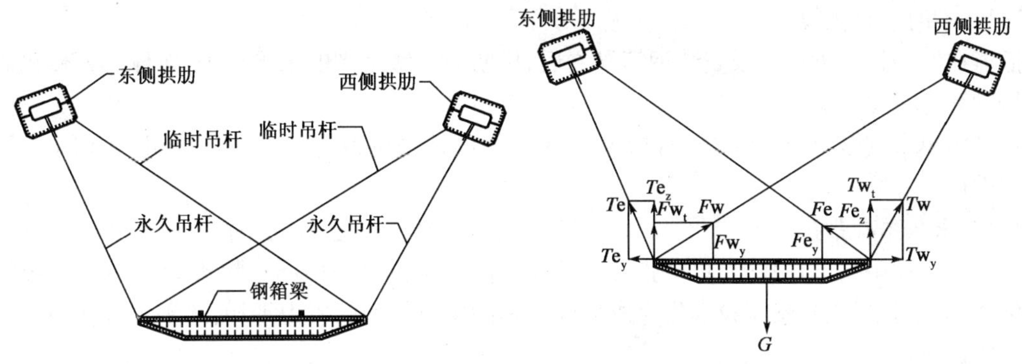

图 5 曲线梁临时吊杆布置及受力关系图

在钢箱梁安装未完成前，不具备永久系杆的安装张拉条件，施工期间拱推力由临时系杆索进行平衡。曲线梁焊接合龙后，安装并张拉箱梁内水平系杆，通过水平弯曲系杆所产生的反向水平力抵消斜吊杆对箱梁造成的不平衡。同步，拆除临时吊杆。依靠临时吊杆来解决曲线钢箱梁的空间定位和线形调整。

5 施工工艺流程及操作要点

5.1 施工工艺流程(图6)

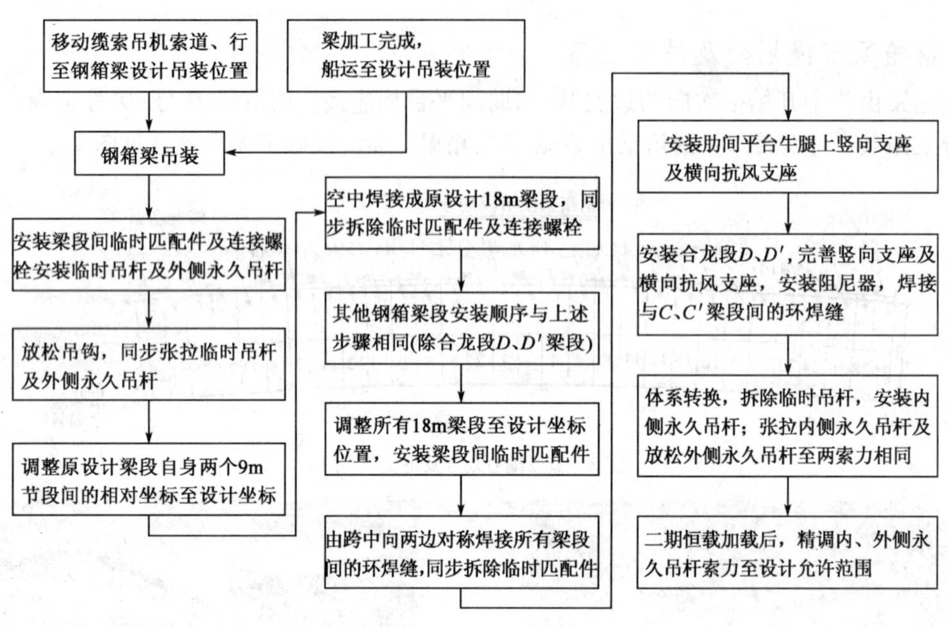

图6 施工工艺流程图

5.2 操作要点

5.2.1 吊装前的准备工作

钢箱梁准备吊装前，首先应完成以下几道关键工序：

(1)为抵消在钢箱拱扣索拆除后，拱肋对主墩基础的水平推力，必须先安装临时系杆并在拆除扣索的同时张拉临时系杆；

(2)必须提前将临时吊杆及永久吊杆与钢箱拱连接的一端安装好；

(3)应该对缆索吊机索道偏移位置进行复测，确保索道位置在曲线钢箱梁吊装位置；

(4)必须对缆索吊装系统各部位及吊具进行全面的安全检查。

5.2.2 临时系杆张拉

为抵消在钢箱拱扣索拆除及安装钢箱梁之后，拱肋对主墩基础的水平推力，东侧和西侧拱脚处各布置9索临时系杆，见图7。

系杆采用单根安装，单根张拉(张拉5% ~10%的设计张拉力)。张拉后，按照50m间距安装U形卡将临时进行整束固定。

5.2.3 永久系杆张拉

永久系杆张拉采用单根穿索，单根张拉的程序。由于张拉过程中同一拉索的单根钢绞线的张拉索力是变化的，为了保证在拉索张拉操作完成后同一索的钢绞线间的索力平均，水平系杆张拉采用等张力法，两端同时进行。

系杆索张拉的施工控制采用“双控”(即张拉力与伸长值)相结合进行控制。

5.2.4 临时吊杆的应用

临时吊杆采用1 670MPa，19ϕ_s5.0平行钢丝束，上端连接于东拱或西拱吊点横板的临时吊耳上，下端连接于箱梁西侧或东侧的永久吊杆的吊耳上，呈“×”字交叉布置。临时吊杆布置见图8。

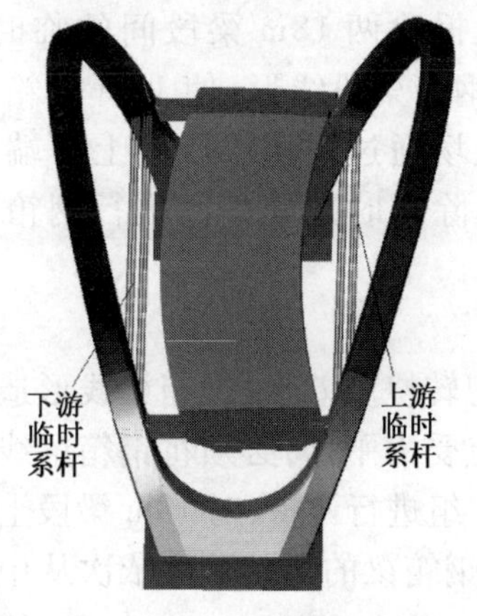

图7 临时系杆布置效果图

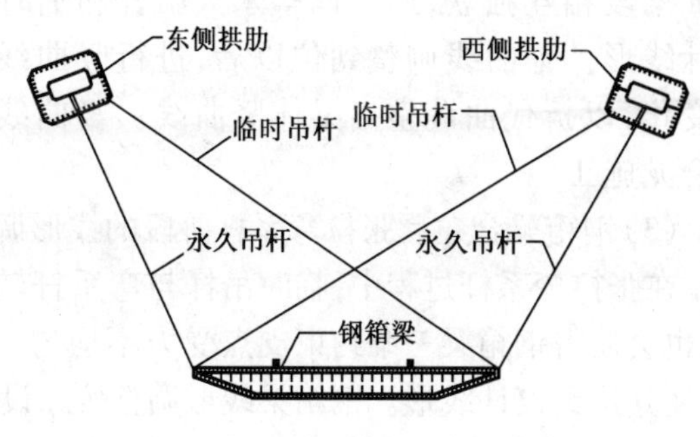

图8 临时吊杆侧面布置图

全桥共设临时吊杆26对,临时吊杆下端设置调节螺杆,通过千斤顶张拉,调节螺杆长度,利用临时吊杆Y方向的水平分力来平衡曲线梁自身产生的水平分力,以达到调整钢箱梁安装过程中的准确对位。为了实现主梁空间坐标的有效控制,施工过程中需多次对永久吊杆及临时吊杆进行张拉调整。梁段对接前,按照设计预先抬高安装高程,以消除吊杆在主梁自重作用下的弹性伸长及伸长量间的差异,通过反复调整永久吊杆以及临时吊杆的张拉力和伸长量直至节段空间坐标达到设计要求,使主梁线形与设计线形相一致。

5.2.5 钢箱梁节段组拼焊接接长

钢箱梁节段组拼接长过程中,应注意以下几点:

(1)钢箱梁待临时连接件安装完成并调整到位后,应进行横向环焊缝的焊接。对原设计钢箱梁节段形成的接缝,待全部钢箱梁节段吊装完毕并调整好高程后,才能焊接横向环焊缝和U肋、板肋嵌补段。

(2)在梁段对接施焊前,要测量桥中心线、高程、长度及梁段接口情况等,将所测量数据与梁段匹配制造阶段的数据相比较,对出入较大处做好标记,待焊接其环缝接头时,给予修正调整,在钢箱梁成桥中心线测量时,对于超出中心线允许误差范围的,采用调节环缝间隙及梁段端口微调,修正其中心线超差部分。

(3)成桥焊接时按设定的间距装配调准相邻两梁段,保证两梁段间焊缝的间隙,用大型定位码板点焊固定。

5.2.6 钢箱梁空间线形调整

节段吊装就位后,通过外侧永久吊杆支撑梁段,同时配合"X"字形临时吊杆调整梁段横桥向位置以及梁段扭转位移,可以将每一梁段独立、准确地调整到设计位置,包括横向位移、竖向位移、绕桥轴线的转角位移。钢箱梁空间线形调整是钢箱梁安装的重点和难点,从钢箱梁开始安装到线形调整完成,需要经过四次空间线形调整过程,具体步骤如下:

(1)钢箱梁9m节段组拼成18m节段的空间线形调整

钢箱梁9m节段吊装至安装高度后,首先与前一段9m节段对接,并用节段间临时匹配件相互固定;再进行吊点受力转换,松起重索、张拉永久吊杆及临时吊杆,使钢箱梁由起吊过程中的起重索承担转换为永久吊杆及临时吊杆共同支撑;松吊钩前必须将永久吊杆预紧,且松吊钩、张拉临时吊杆及外侧永久吊杆必须同步进行,吊钩每卸掉一部分力后,就应该张拉调整一次临时吊杆及外侧永久吊杆,且为了防止吊钩放松过快,使钢箱梁段间临时匹配件及连接螺栓受力过大,造成梁段变形或者吊装事故发生,卸钩时必须增加张拉调整的次数。

(2)钢箱梁合龙前的线形调整

由于前一步的线形调整,仅对18m节段内的两个9m段进行相对坐标的调整,所以当全桥钢箱梁段都组焊成原设计钢箱梁段后,必须再进行一次整体的坐标线形调整。由于钢箱梁不仅处于平曲线上,同时位于竖曲线上,首先进行平曲线坐标调整,先拆除两18m梁段间的临时连接,使18m梁段相互独立,通过调整永久吊杆和临时吊杆调整18m钢箱梁段线形,使18m钢箱梁段达到设计线形。平曲线调整到位以后,进行竖曲线的调整,施工现场通过钢箱梁段间上下端口焊缝宽度变化,以折代曲调整出梁体竖曲线。竖曲线调整完成后,拆除临时匹配件及进行钢箱梁合龙段的合龙施工。

(3)钢箱梁合龙后张拉弯系杆阶段的线形调整

在张拉弯系杆过程中,临时吊杆与弯系杆转换带来的附加扭转挠度差,给钢箱梁线形造成较大影响,也会使得钢箱梁三维约束支点受力不均匀。为了各约束支点受力平衡,必须将钢箱梁线形进行调整,使其达到设计线形。钢箱梁线形调整按原设计18m节段为一组进行调整,对18m梁段上的4组永久吊杆同步进行多次调整,直至满足线形及索力要求为止,全桥钢箱梁的调整顺序依次从中间往两边进行。

(4)二期恒载加载后钢箱梁线形调整

主梁合龙后,拆除临时横向联结系和侧向缆风索,安装张拉永久系杆索,同步拆除临时系杆索;安装张拉内侧永久吊杆,拆除“X”形字临时吊杆索,同步调整外侧永久吊杆索索力,根据实测拱、梁线形和吊杆、系杆索力值进行修正,以保证主梁线形达到设计状态。

5.2.7 合龙段 D、D' 节段安装

合龙段安装前,必须做好以下准备工作:

(1)将钢箱梁的竖向支座及横向抗风支座安装完成,检查其中心刻度线是否在设计位置,精确测量出竖向支座及横向支座中心线的坐标;

(2)必须先将其他梁段线形调整到位及环焊缝焊接完成;

(3)复测合龙段实际尺寸及所在安装位置尺寸。钢箱梁设计的合龙温度范围为16~22℃。合龙前的准备测量、实施合龙均应在温度稳定的时段进行。

由于钢箱梁三维空间约束体系均布置在合龙段上,合龙段定位时需要同时考虑横桥向坐标、纵桥向坐标以及竖向定位,合龙段定位具体步骤如下:

(1)定位钢箱梁上约束其位移及扭转的竖向支座位置:钢箱梁底竖向支座螺栓孔采用现场定位、现场配钻;定位支座螺栓孔采用模拟吊装定位法,就是所有吊装前的准备工作都完成以后,选定与确定好的合龙温度(现场确定20℃为合龙吊装温度)相同的时间,按照合龙施工方案中的吊装顺序进行安装。

(2)定位钢箱梁上约束其横向位移的横向抗风支座位置:由于在钢箱梁合龙段安装前,抗风支座已经安装到位,所以钢箱梁抗风支座的定位可以和钢箱梁竖向支座同时进行,在模拟吊装定位时,实测抗风支座与钢箱梁间的距离,采用现场加工可调钢板,完成钢箱梁合龙段上横向抗风支座位置定位。

(3)定位钢箱梁上限制其纵向位移的阻尼器位置:模拟吊装定位时,测量肋间平台预埋钢板上螺栓孔中线与钢箱梁底板螺栓孔中线间的纵桥向偏位值和横桥向偏位值,根据实测纵桥向偏位值和横桥向偏位值,修正阻尼器锚块螺栓孔位置,现场配钻,完成钢箱梁合拢段上纵桥向阻尼器位置定位。

完成以上工作以后,选定确定好的(20℃)安装温度,重新安装合龙段,调整线形、安装的临时匹配件及连接螺栓,安装竖向支座及横向抗风支座螺栓,焊接合龙段与相邻节段间的环焊缝,安装阻尼器,完成曲线钢箱梁的合龙安装。

5.2.8 体系转换

完成所有钢箱梁的吊装及焊缝焊接工作以后,安装永久系杆,再进行系杆、吊杆体系转换,具体顺序:①张拉永久系杆并同步拆除临时系杆;②拆除临时吊杆、安装内侧永久吊杆;③张拉内侧永久吊杆、放松外侧永久吊杆使两吊杆力基本相同;④二期恒载加载以后,根据曲线钢箱梁线形调整内外侧永久吊杆索力,使其达到设计要求。

5.3 劳动力组织(表1)

施工人员配备表 表1

劳动力配置	技术人员	测量工	电工	张拉工	起重工	机修工	电焊工	船舶驾驶员	普工	合计
数量	3	6	2	10	40	2	40	2	20	125

6 材料与设备

6.1 主要测量仪器(表2)

主要测量仪器表 表2

序 号	仪器名称	规 格	单 位	数 量	备 注
1	全站仪	TCRA1102	台	2	徕卡
2	振动频率测量仪	ND—2	台	2	检测永久吊杆索力
3	无线对讲机	MTOROLAGP88	台	8	

6.2 主要施工机械设备(表3)

主要施工机械设备表 表3

机械名称	规格型号	额定功率(kW)或容量(m^3)或吨位(t)	数量(台)	备 注
1. 运输设备				
工程驳船		200t	10	
救生艇		>10 人	1	
内燃拖轮		300kW	2	
交通船		20 人	1	
2. 张拉设备				
千斤顶	YCWB—100		4	
千斤顶	YDCS160—150		8	
千斤顶	YCW500A		8	
3. 焊接设备				
埋弧焊机	1 250		2	
手工焊机	ZX5—400		12	
二氧化碳焊机	BUG—OCV—500—I		24	
超声波探伤仪	CTS—26		1	
4. 吊装设备:缆索吊机设备一套				

7 质量控制

7.1 钢箱梁制造加工应符合《铁路钢桥制造规范》(TB 10212—98)要求。

7.2 钢箱梁安装施工应按照《钢结构工程施工质量验收规范》(GB 50205—2001)执行。

7.3 钢箱梁节段焊缝探伤应符合《对接焊缝超声波探伤》(TB 1558—86)要求。

7.4 焊接材料及施工应符合《气体保护电弧焊用碳钢、低合金钢焊丝》(GB/T 8110—1995)、《埋弧焊用碳钢焊丝和焊剂》(GB/T 5293—1999)要求。

8 安全措施

8.1 缆吊起重作业的安全技术要求

8.1.1 缆索吊机起重作业必须成立相对固定的作业小组,小组成员包括指挥员、信号员、观察员等,做到分工明确,各司其职。吊装前,召集有关人员举办施工技术交底,要求施工人员对吊装方案中每一细节的施工方法认真讨论落实,以使吊装工作能顺利完成。

8.1.2 缆索吊必须在检查后进行试吊,确定合格后方可投入使用。

8.1.3 缆索吊机工作跨度大,起吊重量大,指挥信号必须简洁明确,协调统一,机上除配备信号灯、信号旗外,还应配备无线电对讲机,各种信号表示方法要统一,且张贴于操作室内。

8.1.4 起重时严格执行"十不吊"操作规程要求,钢箱梁、拱安装时严格按高空作业安全规程和水上作业安全规程。

8.2 钢箱梁节段拼接安全技术措施

8.2.1 上岗焊工必须持有劳动部门颁发的安全上岗操作证,并从事证书规定范围的焊接操作;持证焊工按焊接种类和不同的焊接位置进行专项考试;

8.2.2 保证各类电焊机、CO_2 流量计、烘焙箱等设备的计量指示准确,保温筒保温性能良好;

8.2.3 作业前检查电流与设备上的指示是否一致,否则督促检查更换;抽验焊接时的实际电压、电流、焊速等指标;焊接设备均配备稳压器;

8.2.4 焊接材料进厂时有生产厂家的出厂质量证明书,并按相关标准进行复验,合格后入库使用;

8.2.5 根据焊接工艺评定确定焊接方法、焊接规范和相应的焊接材料规格;严格控制焊接顺序、焊接方向和焊接规范;

8.2.6 焊接前彻底清理待焊区域的铁锈、氧化皮、油污、水分等杂质,焊缝两侧且正反两面30~80mm范围内进行打磨至见金属光泽;

8.2.7 焊缝缺陷返修不宜超过两次。

9 环保措施

9.1 建立环境保护管理体系,成立现场环境保护与文明管理机构,贯彻国家及地方环保法规;

9.2 制订降低噪声的措施,减少噪声扰民;

9.3 确保航道通畅,严禁施工材料及工具散落。

10 资源节约

10.1 采用本工法,减少了在水中搭设钢管桩支架程序,避免了大量水中作业,减少水上施工设备和人员的投入;

10.2 采用本工法,有利于提高施工效率,缩短工期,减少能源消耗;

10.3 采用本工法,在施工过程中,不占用河道,不影响通航,节约社会公共资源。

11 效益分析

南宁大桥曲线钢箱梁安装总体效益主要体现在以下几个方面:

11.1 安全方面:曲线梁吊装过程中,梁节段姿态调整及对位连接等工作均在桥面以上进行,安全易得到有效管理和控制,不安全因素降低。

11.2 进度工期:原计划钢箱梁30个节段于2009年3月底结束,实际钢箱梁30个节段于2009年2月28日就已经安装完成,比原计划提前20d完成,为后续工作减轻工期压力。

11.3 质量方面:钢箱梁在最后线形调整完成以后,由监测监控单位所测得的数据看,南宁大桥曲线钢箱梁线形调整及永久系杆索力调整精度非常高，完全满足设计要求。

11.4　经济效益：在建设过程中，针对大桥的特点，优化施工方案及施工工序。钢箱梁采用9m节段加工运输，9m节段吊装方案，相对原设计18m节段加工运输、吊装，大大减轻了塔架负荷，减少塔架横梁用钢400t，取得了良好的经济效益。

11.5　社会效益：南宁大桥曲线钢箱梁吊装的成功，为南宁市实现"重点向南，加快五项新区建设，再造一个新南宁"战略布局的重要桥梁，也是推进北部湾经济区发展、建设区域性国际城市的交通枢纽。

12　应用实例

南宁大桥横跨邕江，连接南宁市青山路和蟠龙新城规划道路，设计采用双向六车道、城市主干道Ⅰ级标准。主桥采用300m跨径曲线梁非对称外倾拱桥（非对称肋拱桥）。

市南宁大桥，自2008年12月至2009年2月底，采用本工法，完成主桥曲线钢箱梁30个节段的安装，实现曲线钢箱梁精确合龙。南宁大桥曲线钢箱梁最后调整完成以后，由业主委托的监测监控单位对其线形及永久吊杆索力进行监控测量，南宁大桥曲线钢箱梁的安装及线形调整完全满足设计要求。

非对称外倾式拱肋钢—混连接段施工工法

GGG(中企)C3085—2010

马 斌 万宗江 王广钟 林用祥 滑 山
(中铁二局第五工程有限公司)

1 前言

近几年钢箱拱桥在我国取得了跨越式发展,其应用越来越广泛。目前,国内外在建或已经修建完成的钢箱拱桥共计12座,其国外3座,国内9座,其中包括我公司承建的南宁大桥。我国的钢箱拱形式多样,如提篮式、外倾式、复式等,显示了设计理念的先进性和钢箱拱桥高度的可塑性。同时,我国钢箱拱桥的施工方法也越来越先进,支架法、缆索法、转体法等施工方法均被成功应用于钢箱拱桥的建设中。

南宁大桥主桥为300m跨径曲线梁非对称外倾式系杆钢箱拱桥,同类桥型中跨度最大,拱肋由钢箱拱肋段和混凝土拱肋段共同组成,东西两拱肋向外倾斜,但都位于各自的拱平面内。钢—混连接段是混凝土拱肋和钢箱拱肋的连接过渡和应力有效扩散的关键结构,是钢箱拱肋线性控制的基础。

南宁大桥钢—混连接段施工过程中,钢帽结构在工厂精确制造,运输至现场采用缆索吊装系统进行吊装至定位平台上进行精确定位,混凝土采用自密实混凝土。其中钢帽结构的加工制作和精确定位,以及自密实混凝土配合比设计和施工技术是钢—混连接段施工技术的关键。

工法中两项关键技术"一种钢帽定位法"、"一种自密实混凝土法"于2009年取得国家专利。同时作为"大跨径曲线梁非对称外倾式钢箱拱桥施工关键技术"和"大跨径曲线梁非对称外倾拱桥建造技术"成果的重要组成部分,分别通过中国中铁工程总公司和四川省科技厅的成果鉴定,其中"大跨径曲线梁非对称外倾式钢箱拱桥施工关键技术"获得中国中铁工程总公司科技成果一等奖。

2 工法特点

本工法的特点之一是如何控制工厂精确加工制造和现场精确定位,以确保钢帽结构的安装定位质量,从而保证钢箱拱肋线性控制及顺利合龙。

本工法的特点之二是面对复杂的结构,采用什么样的混凝土及灌注方式,才能确保施工后的混凝土质量满足设计及规范要求。

3 适用范围

(1)适用于大型结构物的空间精确定位。

(2)适用于复杂结构的混凝土施工。

4 工艺原理

南宁大桥拱肋钢—混连接段总长3.44m,结构如图1所示,主要包括三部分:

(1)40cm长的混凝土拱肋;

(2)钢帽结构,外形尺寸10.01m×7.5m×1.04m,下部设置开孔板,开孔板内设置剪力;

(3)钢箱拱首节段预应力小立柱,长100cm,内部设置剪力钉、灌注混凝土。

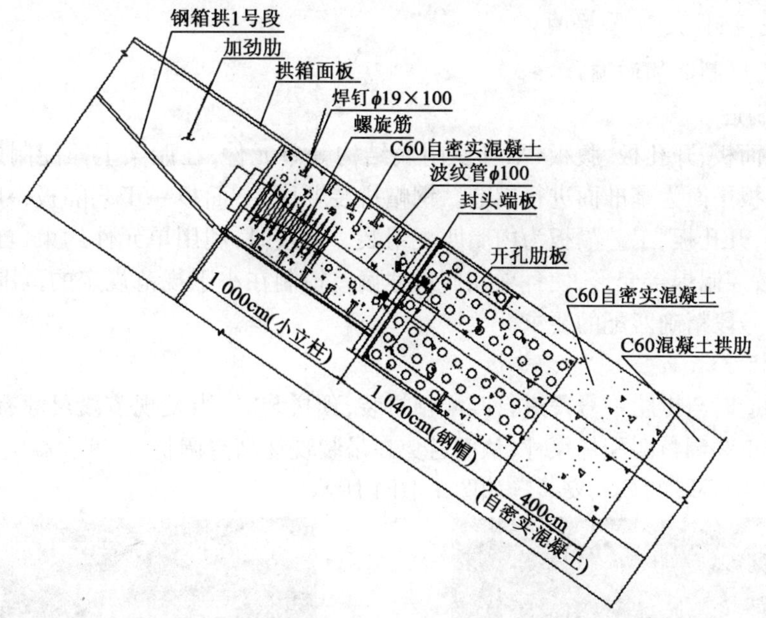

图1 钢—混连接段结构示意图

通过钢帽的工厂精确加工制造和与钢箱拱肋首节段的预拼装,成为钢帽结构空间精确定位的基础,确保与钢箱拱肋首节段的连接质量。

预埋于混凝土拱肋内的钢帽定位平台由劲性骨架和找平角钢构成,其中劲性骨架主要为承受钢—混连接段中钢帽、混凝土、钢箱拱肋首节段、钢筋预应力及模型等的自重;找平角钢焊接在预埋于混凝土拱肋内的劲性骨架上,不但为钢帽结构提供精确定位平台,而且还要承受钢帽结构和钢箱拱肋1号段的自重。

C60高性能自密实混凝土的自密实、免振捣,确保钢—混连接段的混凝土灌注质量。

5 施工工艺流程及操作要点

5.1 工艺流程(图2)

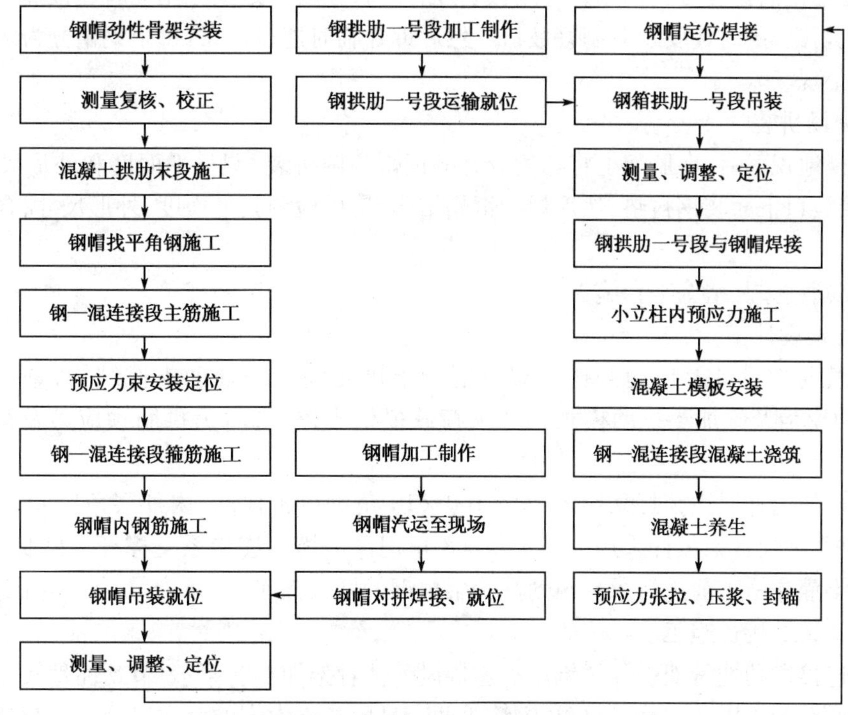

图2 钢—混连接段施工工艺流程图

5.2 钢—混连接段施工要点

5.2.1 钢帽工厂制造和运输

(1)钢帽工厂制造

钢帽制作分为面板、开孔板、腹板、吊耳及附属结构等单元件,在胎架上匹配制造,并进行试拼装。钢帽制作按照以顶板平面为基准面进行制造。钢帽拼装顺序为:面板→工艺隔板→腹板→开孔板。组装时以胎架为外胎,开孔板、工艺隔板为内胎匹配组装。焊接时,利用单元件约束、自约束、强约束和柔性约束的原理,有效控制焊接变形,使各项几何尺寸偏差控制在小于规范规定的范围内,使面板端口尺寸达到与钢箱拱一号段精确匹配的要求。

(2)钢帽预拼装

钢帽在工厂制造时与拱肋一号段进行匹配预拼装,预拼装时,当发现节段尺寸有误时,即可在预拼装场地进行尺寸修正和调整匹配件尺寸,从而避免在吊装现场高空调整,以减少高空作业难度及加快吊装速度,确保钢箱拱一号段的顺利安装。如图3、图4所示。

图3 钢帽在工厂总装图

图4 钢帽与拱肋1号段匹配预拼装图

(3)钢帽运输

钢帽整体构件尺寸较大,采用汽车运输时,需充分考虑运输道路、桥梁和收费站等因素的影响,不能整体运输时,将钢帽沿宽度方向割断,分体装运。断开前,在断开处预先用临时连接件将钢帽连接,再按断开要求划线、切割,同时按要求开制好坡口。然后拆开临时连接件,将每个钢帽分为两个部分,用大型平板车运至施工现场。

(4)钢帽现场拼装

钢帽运至工地现场后,在胎架上将切割分开的钢帽两两拼装,调整平面度和外形尺寸,检查连接件合格后,在对接坡口下面装钢衬垫,然后焊接钢帽结构,最后检测其平面度,外形尺寸,合格后,进行钢帽安装。

5.2.2 钢帽支撑及精调平台施工

(1)劲性骨架设计

①拱肋劲性骨架设计。拱肋劲性骨架是混凝土拱肋施工的辅助支撑结构,是一项临时施工措施,主要为拱肋模板及施加于拱肋模板的各项荷载提供支撑,同时为拱肋预应力及钢筋等安装提供支撑。

拱肋劲性骨架内外层主弦杆采用∠100×100×10角钢以折代曲,内外层角钢间采用∠50×50×5角钢作为连接杆,劲性骨架腹杆采用∠75×75×8角钢作为横向连接系支撑杆。拱肋劲性骨架在承台最后一层混凝土灌注施工前进行承台内劲性骨架角钢的埋设施工,在承台最后一层混凝土施工完成后进行拱肋劲性骨架的接长施工。

②钢—混连接段劲性骨架设计。钢—混连接段劲性骨架即拱肋第18节劲性骨架,是钢帽的支撑体系,主要承受钢帽、钢箱拱肋一号段自重、钢箱拱肋一号段扣索索力的分力以及施工荷载。

钢—混连接段劲性骨架结构设计形式与拱肋劲性骨架相同,主弦杆规格由∠100×100×8增加至∠160×160×14,横向连接系支撑杆为∠75×75×8,劲性骨架连接杆为∠50×50×5,悬背长度减小为40cm,见图5。

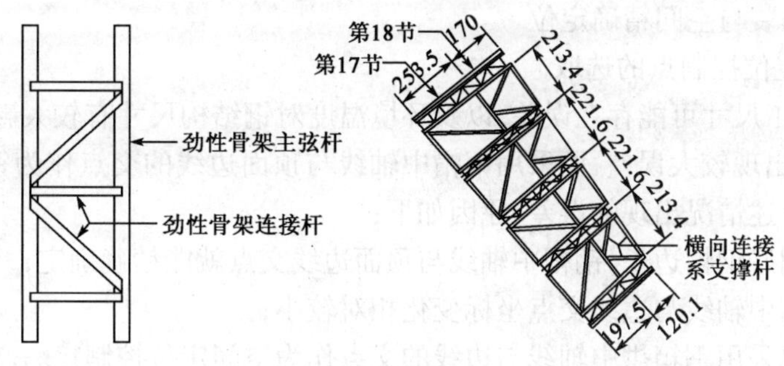

图5 钢—混连接段劲性骨架设计示意图(尺寸单位:cm)

(2)劲性骨架施工

①劲性骨架纠偏。钢—混连接段劲性骨架所受荷载大,局部最大应力已接近容许应力值,根据设计计算,骨架安装偏差必须控制在2mm以内,并且必须同前一段劲性骨架(第17节劲性骨架)有效连接(焊接质量必须满足规范要求)。

为保证钢—混连接段的安装偏差控制在设计容许范围内,以及钢—混连接段的接长质量,第17节劲性骨架的安装精度必须控制在2mm以内,如果安装偏差超过2mm,就需要对该节劲性骨架进行纠偏处理。通过对第17节劲性骨架的纠偏将第17节劲性骨架顶面坐标调整到位(偏差在2mm以内),确保钢—混连接段劲性骨架(第18节劲性骨架)的安装精度和接长质量。

第17节劲性骨架顶面坐标调整到位后,用钢板垫实第17节劲性骨架与第16节劲性骨架对接中存在的缝隙,并焊接牢固,若缝隙较大,则用角钢进行焊接连接。不能采用上述方法接长时,将其预埋至已浇筑拱肋混凝土内1m,确保后一段混凝土施工安全。

②劲性骨架加工。劲性骨架在加工场单榀加工成型,焊接质量、加工精度必须严格按钢结构施工相关规范进行。

③劲性骨架安装。安装前,测量出第17节劲性骨架顶端的实际空间位置,作为钢—混连接段劲性骨架安装的起始坐标,根据设计图纸,计算出钢—混连接段劲性骨架顶端三维坐标,确定出钢—混连接段劲性骨架安装线形。

安装时,先安装四榀倒角劲性骨架,最后根据已定位好的四个角上的劲性骨架进行拉线,精确定位安装其余劲性骨架。

(3)找平角钢与反力架施工

找平角钢起定位和连接的作用,同时将上部结构产生的应力均匀传递至劲性骨架,反力架主要为定位千斤顶提供反向着力点。找平角钢与反力架结构见图6。

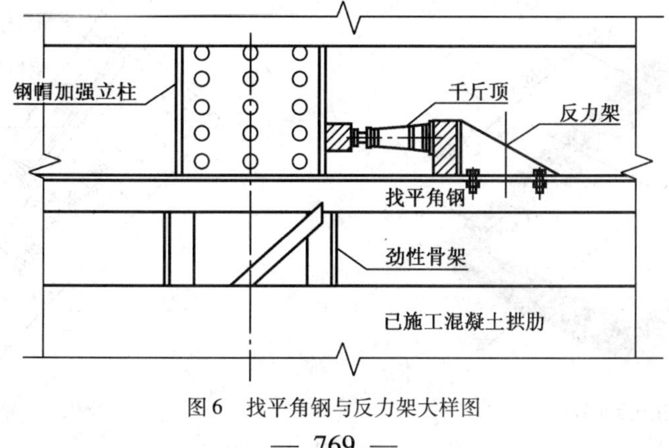

图6 找平角钢与反力架大样图

找平角钢采用∠160×160×14 等边角钢,下部与劲性骨架焊接,上部与钢帽焊接,施工时,须保证其表面平整度和焊接质量。为便于调整钢帽,找平角钢安装平面比理论安装平面向混凝土拱肋方向平移 5mm。

反力架用钢板焊接而成,通过螺栓与找平角钢相连。

5.2.3　钢帽空间吊装与空间精确定位

(1)钢帽空间精确定位控制点的选取

考虑到钢帽结构加工尺寸可能存在误差,以及环境温度对钢结构尺寸有较大影响,采用钢帽角点坐标作为空间定位坐标会出现较大误差,而采用钢帽中轴线与顶面边线的交点作为钢帽结构的空间精确定位控制点时,会避免上述情况出现的误差,原因如下:

①加工时,只要控制好钢帽边长,钢帽中轴线与顶面边线交点就能精确确定;

②温度变化时,钢帽中轴线与边线交点坐标变化相对较小;

③钢箱拱定位时,也采用钢箱拱中轴线与边线的交点作为空间定位控制点。

(2)钢帽吊装与初定位

①吊点的选取。钢—混连接段钢帽单件总质量为 16.67t,外形尺寸较大。为防止吊装过程中钢帽产生较大变形,影响钢帽定位安装精度,须恰当选取起吊吊点,四个吊点选取如图 7 所示。经计算,采用所示吊点,不加任何辅助设施,直接吊装钢帽,钢帽最大变形仅为 0.2mm,并且这种变形为弹性变形,钢帽吊装到位后,其变形将会恢复。

吊装过程中,钢帽四吊点位置总体不变,但为方便空中姿态调整,可适当改变某个吊点位置时。经验算,适当改变某个吊点,钢帽变形也不会影响钢帽及拱肋一号段空间安装定位精度。

②钢帽吊装与初定位。钢帽采用相应索道的四个起重小车进行四吊点起吊。吊装前,在找平角钢上放出找平角钢中轴线,以及中轴线与边线的交点作为初定位参考点。

a. 通过四个缆吊起重小车的收放,调整钢帽空中姿态。空中姿态调整到位后,同时起升四个起重小车,将钢帽吊到预定高度,然后通过缆吊牵引绳将钢帽牵引到位。

b. 钢帽牵引到位后,将拱肋预应力穿过钢帽预留孔中,然后下放钢帽。

c. 将钢冒下放到一定高度,将拱肋钢筋放入钢帽内,最后再将钢帽缓慢下放到找平角钢上。在下放过程中,用链条葫芦将钢帽空间位置基本调整到位,使钢帽轴线与找平角钢轴线基本重合,即初定位。

③钢帽精确定位。钢帽初定位后,对钢帽定位控制点(钢帽中轴线与钢帽顶面外边线交点)进行测量。

根据测量数据进行综合分析,确定钢帽结构调整方向和调整量,用千斤顶对钢帽结构进行三维调整,如此反复测量—分析—调整,直到定位控制点实测坐标与理论坐标差值在 5mm 以内时,即可认为钢帽空间精确定位已满足要求。

为消除温度对测量精度的影响,需根据环境温度确定钢帽的调整时段,一般在早、晚进行,环境温度在 16~20℃为宜。钢帽结构需多次反复调整,历时较长,每次调整后,需对钢帽结构采取一些约束措施,防止温度等环境条件变化造成钢帽移动,下次调整前解除约束。

钢帽空间精确定位示意见图 8。

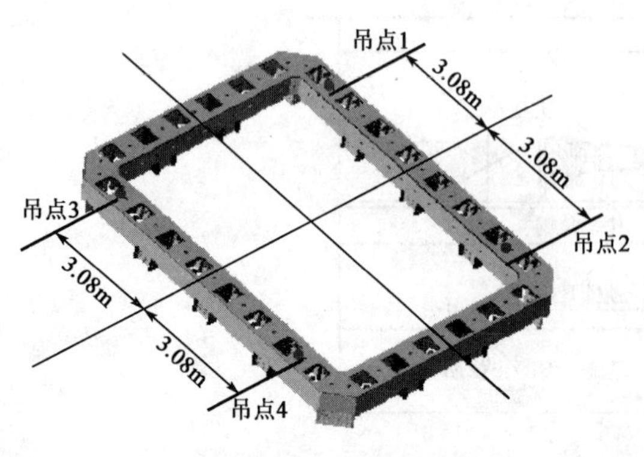

图 7　钢帽吊点布置图

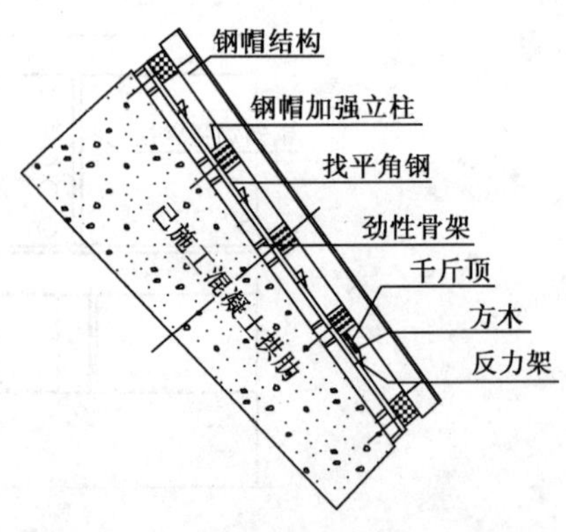

图 8　钢帽空间精确定位示意图

④钢帽与找平角钢间的焊接。为防止焊接应力影响已定位钢帽的空间位置,先将钢帽四个角上的加强立柱对称焊接在找平角钢上,然后再焊接其余加强立柱。

钢帽施工完毕后,在钢帽上放出钢箱拱肋一号段安装轮廓线,并放出钢帽平面内的理论中轴线,为钢箱拱肋一号段安装做准备。

5.2.4　钢箱拱肋一号段吊装

钢箱拱肋一号段质量较大(218t),吊装就位前将其翻身为成桥姿态;然后吊装至钢帽进行精确定位,并将钢箱拱肋焊接在钢帽定位马板上,装上临时匹配连接件,焊接倒角环焊缝;最后进行斜拉扣挂,将钢箱拱肋焊接在钢帽上。

5.2.5　C60 高性能自密实混凝土配合比设计与施工

(1)配合比设计

①性能要求。与普通 C60 混凝土相比,要求所配制的自密实混凝土应具有良好的填充性、流动性、可泵性、抗离析性,并具有缓凝、早强等工艺性能,以保证混凝土灌注过程中不堵管、不分层离析、不泌水,能不经振捣或少振捣而自密实、自流平,避免出现因无法振捣或振捣不足而造成空洞、蜂窝等质量缺陷,保证 5d 以后混凝土强度不低于设计强度的 90% 等。

②基本思路。自密实混凝土主要采取增大胶凝材料用量和选用优质高性能减水剂的方法提高浆体的黏性和流动性,以利于浆体充分包裹与分割粗、细集料颗粒,使集料悬浮于胶凝材料浆体中,形成优越的自密实性能。

a. 采用聚羧酸盐系列高效减水剂,降低水灰比,延缓水泥硬化速度、延长混凝土的凝结时间,减少坍落度损失,改善混凝土的施工性能,确保所配制的自密实混凝土具有早强、高强性能。

b. 大量掺配磨细掺和料,减少水泥用量,降低水化热,提高浆体体积,改善并保持混凝土工作性,改善水泥石中集料的界面结构,堵塞混凝土的内部孔隙,增进后期强度,提高抗渗性、抗裂性和抗腐蚀能力及抑制碱—集料反应等。

c. 掺加惰性粉料增加粉体含量,抑制水化放热量和放热速率,保证自密实混凝土所需的浆体总量,增加拌和物浆体数量,增加扩散性能,与胶凝材料一起衬托集料,使之悬浮于浆体中,不因自重而造成拌和物分层。惰性材料选取应注意其细度、流动度等指标。

d. 掺加膨胀剂,补偿混凝土收缩。

e. 合理选择优质原材料。

f. 从体积入手进行配合比设计,自密实性能检验与强度等级调整并重。

③原材料选择如下:

a. 水泥。选用低水化热、含碱量偏低、品质稳定的硅酸盐水泥或普通硅酸盐水泥,避免使用早强水泥和高 C3A 含量的水泥。C3A 含量不宜超过 8%。初步选用广西华宏股份有限公司的华宏牌 P. O42.5 和广西鱼峰股份有限公司的鱼峰牌 P. O52.5 水泥。

b. 矿物掺和料。本项目选用广西柳州台泥新型建材有限公司的 S95 级矿粉及广西田东瑞东粉煤灰发展有限公司的Ⅱ级粉煤灰。

c. 低碱高效混凝土膨胀剂。掺加适量膨胀剂,弥补因浆体过多造成的体积收缩。本项目选用安徽省庐江县特种建筑材料厂生产的 UEA－N 矾山牌低碱高效混凝土膨胀剂。

d. 集料。经过反复调查,选用南宁苏圩 5～10mm 石灰岩碎石、钦州大寺河砂,集料均无潜在活性。

e. 惰性材料。本项目选取广西大化矿石厂(细度 300 目)和柳州融安矿石粉厂(400 目)两种双飞粉备用。

f. 外加剂。本项目经过与水泥适应性检测对比,确定采用广州西卡 Visco Crete3310C 聚羧酸盐减水剂,质量检测结果见表 1、表 2。

g. 水。本项目南宁邕江河边钻井取水。

h. 增稠剂。本项目选用 C9101 纤维素醚做增稠剂使用。

④配合比设计和室内试验。南宁大桥C60自密实混凝土配合比的设计方法和室内试验与一般自密实混凝土相同,在此不再赘述。

南宁大桥钢—混连接段C60自密实混凝土性能要求及配比 表1

自密实混凝土强度等级	C60	
自密实性能等级	一级	
坍落扩展度目标值(mm)	700±50	
V漏斗通过时间目标值(s)	5~20	
水胶比(质量)	0.337	
水粉比(体积)	0.80	
含气量(%)	1.5	
粗集料最大粒径(mm)	10	
单位体积粗集料绝对体积(m^3)	0.292	
单位体积材料用量	体积用量(L)	质量用量(kg)
水(已扣除减水剂中水10kg)	165	165
广西鱼峰P.O52.5水泥	117	350
柳州台泥S95级矿粉	35.7	100
田东Ⅱ级粉煤灰	19	40
安徽UEA-N低碱膨胀剂	11.1	30
钦州大寺河砂	307	830
苏圩5~10mm石灰岩碎石	290	790
大化300目重质碳酸钙	30.2	80
西卡3310C聚羧酸盐系列减水剂	2.88%	15
美国500PF纤维素醚	0.02%	0.12

南宁大桥钢—混连接段C60自密实混凝土性能验证结果 表2

初始混凝土坍落扩展度(mm/mm)	250/610
T_{50}(s)	13
2h后混凝土坍落扩展度(mm/mm)	250/710
T_{50}(s)	9
3h后混凝土坍落扩展度(mm/mm)	250/725
T_{50}(s)	11
U形箱-B型高度(mm)	33.6
L-box试验	H_1和H_2相等,阻滞率为1
V漏斗通过时间(s)	18
5d抗压强度(MPa)	57.0
28d抗压强度(MPa)	73.8
5d弹性模量(MPa)	3.31
28d弹性模量(MPa)	4.12
混凝土28d抗渗性能	>S12
56d电通量(C)	157
混凝土碱含量(kg/m^3)	2.16
氯离子含量(kg/m^3)	0.06

(2)现场工艺性试验研究

①试验目的。现场工艺性试验主要为检验自密实混凝土生产及灌注过程中,各项性能指标变化情况和自密实混凝土的浇筑效果,对试验过程中出现的问题和试验结果进行分析和总结,并采取相应的对策措施,确保拱肋钢—混连接段自密实混凝土施工质量。

②试验方法。采用钢—混连接段一实尺倾角为试验模型,模型倾角与拱肋钢—混连接段倾角相同

(图9),泵管长度与实际施工时泵管长度相同。

图9 自密实混凝土现场工艺性试验图

③试验结果如下:

a. 自密实混凝土有些分层离析,其主要原因是由于大量生产时,纤维素醚分布不均,保水、增稠效果不佳;

b. 混凝土浮浆较多,其主要原因是浆体太多,浆骨比较大;

c. 混凝土表面有较多麻面,其主要原因是混凝土浇筑太快,内部气泡来不及排出;

d. 混凝土填充性等其他各项性能指标良好,与室内试验结果相差不大,满足施工要求。

(3)生产工艺

针对现场工艺性试验出现的问题,自密实混凝土大方量生产时,须注意以下问题:

①适当延长搅拌时间,使外加剂充分反应并发生作用;

②严格控制集料含水量,确保施工含水率稳定;

③纤维素醚遇水会迅速结团,须预先充分分散到重质碳酸钙等介质材料中,否则不能完全发挥预期的保水、增稠作用;

④混凝土出厂及入模前须严格检验其流动性、抗离析性和填充性,测试上述指标是否发生了变化。

(4)浇筑工艺

①模型。自密实混凝土初凝时间较长,应按最不利情况考虑,即假设灌注过程中混凝土不初凝,进行模型验算;仰面均设置排气孔,将灌注过程中产生的气体和浮浆排出。除布料孔外,其余小立柱均用钢筋、木板封闭严密,高端设置一排浆、排气孔。

②布料。钢—混连接段自密实混凝土工艺性能优良,整个钢—混连接段布置4个布料孔即可完成混凝土布料,见图10。

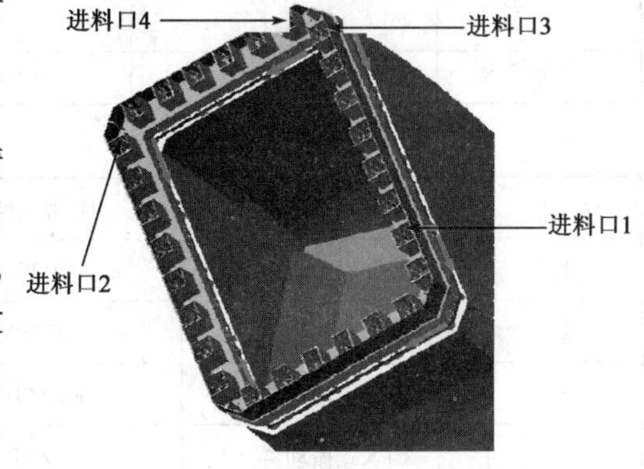

图10 混凝土灌注三维示意图

a. 内腹板靠拱底的第二个小立柱负责拱底混凝土进料;

b. 外腹板靠拱顶的第一个小立柱负责外腹板混凝土进料;

c. 内腹板靠拱顶的第一个小立柱负责内腹板混凝土进料;

d. 拱顶靠内腹板的第一个小立柱负责拱顶混凝土进料。

③浇筑工艺如下:

a. 浇筑前,将预应力管道完全密封,防止灌注过程中水泥浆流入管道;

b. 自密实混凝土自流平、自密实,浇筑过程中,无需任何辅助捣固措施;

c. 适当放缓浇筑速度;

d. 浮浆、泡沫从钢帽捣固孔和小立柱预留排浆、排气孔中排出,排浆过程直至出现集料为止。

5.3 劳动力组织

劳动力组织见表3。

钢—混连接段施工劳动力组织表 表3

序 号	工 种 名 称	工 作 内 容	人数(个)
1	指挥管理人员	指挥协调各工种、预测判断作决定	3
2	测量人员	测量中线、水平	5
3	试验人员	做混凝土试验、材料试验	6
4	架子工	支架搭设及拆除	15
5	钢筋工	钢筋制作安装及波纹管安装定位	25
6	模板工	内外模板的安装	25
7	混凝土工	混凝土的施工	20
8	焊工	钢帽加工制作与安装焊接	16
9	起重工	吊装钢帽	12
10	电工	接、拆电源电缆、安装电器设备及处理电器故障	1
11	普工	临时辅助工作	20

6 材料与设备(表4、表5)

主 要 材 料 表 表4

序 号	材 料 名 称	规 格 型 号	主要技术指标	备 注
1	钢材	Q345	强度295MPa	
2	混凝土	C60自密实混凝土	5d抗压强度达到设计强度的90%	

主 要 设 备 表 表5

序 号	设备机具名称	规 格 型 号	单 位	数 量	备 注
1	缆索吊机	110t	组	2	
2	混凝土拌和站	HZS90	座	2	
3	混凝土输送泵	EBP7018E	台	2	
4	插入式振动器	ZNP	台	2	
5	钢筋调直切断机	GT4/14	台	2	
6	钢筋切断机	GQ40B	台	3	
7	钢筋弯曲机	GW6—40	台	2	
8	电焊机	ZX7—400S	台	5	
9	液压千斤顶	10t	台	8	
10	气割设备		套	2	
11	手拉葫芦	5t/10t	个	4/4	
12	汽车吊	25t	辆	2	用于材料吊装、转运等

7 质量控制

7.1 质量标准

本工法执行的质量标准主要包括:《钢结构工程施工质量验收规范》(GB 50205—2001)、《公路桥涵施工技术规范》(JTJ 041—2000)、《自密实混凝土设计与施工指南》(CCES 02—2004)、《自密实混凝土应用技术规程》(CECS 203—2006)。

7.2 质量控制措施

(1)建立各级技术人员的岗位责任制,逐级签订技术包保责任状,做到分工明确,责任到人,严格遵守施工程序,坚决执行施工规范。

(2)在施工前,组织有关人员认真学习新技术、新工艺、新材料、新设备、新测试方法的技术要点,并认真进行技术交底,确保在施工中正确应用,提高工程质量。

(3)设专职质检工程师,在施工过程中自下而上,按照"跟踪检测"、"复检"、"抽检"三个等级分别实施质量检测职能。

(4)材料进场前检查其出厂合格证、技术说明书、质量检验证明等文件,按规定抽样检验,合格后方可进场。

(5)钢板均需根据来料情况仔细排料,采用自动及半自动切割,号料时注意钢板轧制方向与桥体方向一致,钢料不平直、锈蚀、有油漆等污物将影响号料。

(6)为避免组装、焊接过程中由磕、碰、摔、撞或过载引起的异常变形,合理布置加工场地,形成流水生产线。

(7)控制合理的焊接顺序,减少内力(受热变形)产生,使焊缝能够自由收缩。另外尽量避免密集交叉截面,长度也要尽可能小。通过采用小线能量、多层焊、焊前预热可以减少工件温差。当焊缝还处在较高温度时,锤击焊缝可使金属伸长。焊后进行退火可消除残余应力。

(8)C60 小石子自密实混凝土浇筑现场主要从两个方面进行质量控制:混凝土工作性能的控制,测混凝土的坍落度及扩散度,不得有泌水及分层离析现象;混凝土浇筑的过程控制,保证浮浆排出。

8 安全措施

(1)设备、材料和构件堆放场地必须平整坚实,各区域之间保持一定的距离,以防止吊运撞击。

(2)设备、材料和构件要求分类码放,码放高度要执行有关规定,并有防护措施。

(3)加强用电、用气安全管理。

(4)对参加施工人员须经过三级安全教育和上岗前安全培训,使施工作业人员在吊装过程中做到"反三违"和"三不伤害",坚持"以人为本、安全第一"为宗旨。

(5)钢帽吊点位置不得擅自更改;钢丝绳绑扎牢固强度应进一步加强。

(6)吊装时钢帽上不得站人,起吊钢帽下也严禁站人。与吊装作业无关的人员和不直接参加吊装的人员不得进入吊装作业区域内。

(7)钢帽起吊、降落均应均匀、平稳、缓慢进行,严禁忽快忽慢和突然制动。

(8)所有高空作业人员在正式操作前必须由安质部门对其安全设施进行检查,确认无误后方能正式操作。

9 环保措施

(1)防止噪声污染措施。针对施工过程中产生的噪声,对动植物和人体损害均较大,为了保护环境,应尽量减少噪声污染,避免夜间作业。对机械设备产生的超分贝噪声利用消声设备减噪。钢帽施工尽量安排白天施工,晚上施工时间不超过 10:00,避免施工噪声干扰附近居民。

(2)钢—混连接段木模型在加工场集中加工,加工好后运至现场拼装成型,减少现场加工产生的锯沫、碎木屑等对环境造成污染。

(3)防止水污染措施。施工营地生活废水就近排入不外流的地表水体,严禁将生活污水直接排放至江河中,对于含沙量大且浑浊的施工生产废水,采用沉砂池处理后再排放,含油废水经隔油池处理后排放,防止油污染地表和水体。

(4)维护生态平衡系统,避免人为恶化环境措施。加强生态环境保护的宣传工作,使全体参建员工充分认识对环境保护的重要性和必要性,加强环保意识。制订详细的环境保护措施,建立严格的检查制度,避免人为恶化环境。保护好铁路沿线的植被、水环境、大气环境、自然生态环境、土壤结构、自然保护区、野生动植物,维护生态平衡系统。

(5)地表植被的保护。合理规划施工便道、施工场地,固定行车路线、便道宽度,限制施工人员的活动范围,尽量少扰动地表、少破坏地表植被。

(6)生产生活垃圾处理及油料管理。严禁将生活污水直接排放至江河中,含油废水经隔油池处理后排放,防止油污染地表和水体。生活污水经化粪池处理后排放。

(7)施工营地设置集中垃圾收集地,设专人管理,经无害化处理后排放,定期填埋,严禁就地焚烧。对驻地生活垃圾(包括施工废弃物)集中装运至指定垃圾处理场处理。将不能处理的垃圾拉到设有处理设施的厂处理。

(8)油和废油的管理:机械维修、油料存放地面应硬化,减少油品的跑、冒、滴、漏,所有油罐要有明显的标志,在不使用时要密封;严禁随意倾倒含油废水,应集中处理。

10 资源节约

坚决贯彻执行国家和地方节能工程的有关要求,制订合理施工能耗指标,提高能源利用率。有效控制施工用电、用油等,分区域定期核查、计算、对比分析相关情况,并制订预防和纠正措施;使用普通千斤顶等节能、高效、环保的施工设备和机具;加强对施工设备和机具的管理、使用和维护合理制订用水定额,节约措施。材料节约方面:不断进行方案优化和技术措施及应用 C60 高性能自密实混凝土;加强了施工过程资源节约管理。

11 效益分析

(1)社会效益

南宁大桥桥型新颖,在同类桥型中跨度最大。南宁大桥的建成,为我国拱桥发展史书写了新的篇章。南宁大桥拱肋钢—混连接段是全桥施工的关键技术之一,本项目是在借鉴国内外同类工程施工经验的基础上,对各施工工序进行仔细分析研究,针对总体和各工序均制订了较为详细的施工技术研究方案,解决了总体施工顺序、钢帽精确定位和混凝土灌注等技术难题,施工水平和施工质量受到好评。同时申请了两项专利:《一种钢帽定位方法》,申请号:200810147936.1;申请了专利《一种自密实混凝土》,申请号:200810147934.2。取得了显著的社会效益。

(2)经济效益

大跨径曲线梁非对称外倾拱桥钢—混连接段施工方法在我国尚属首次使用,本工法通过较为简单的施工方法和常规的施工设备,如采用千斤顶进行钢帽精确定位等方法,成功解决了复杂的技术难题;通过施工工序的优化,在一定程度上降低了施工难度,节约了工期成本,同时质量控制指标符合设计和规范要求,技术经济性良好,效益明显。

12 应用实例

广西南宁大桥主桥采用了世界首创的大跨径曲线梁非对称外倾拱桥,大桥于 2005 年 7 月开工建设,2009 年 9 月建成通车。南宁大桥拱肋通过钢—混连接段将混凝土拱肋和钢箱拱肋连接为整体,钢—混连接段施工中面临如下突出问题。

(1)钢帽精确定位问题

钢帽结构是混凝土拱肋和钢箱拱肋连接的关键结构,钢帽的精确定位是钢箱拱肋线性控制和能否顺利合龙的基础,钢帽的加工制作精度、定位平台安装精度、精调时的环境温度等任何一种影响因素控制不到位,钢帽的空间定位均不能控制在施工精度要求的范围内。

(2)施工安全问题

由于劲性骨架和找平角钢要承受钢帽、钢拱肋首节段、钢筋预应力、混凝土及模型等的自重,其设计方案和安装精度任何一个环节出现问题,均可能造成极大的安全事故。

(3)混凝土灌注质量问题

钢—混连接段构造复杂,钢筋预应力、开工板连接件、剪力筋等众多,混凝土通过空隙狭小,钢帽结构的特殊设计又造成局部的混凝土捣固死角,混凝土施工质量控制面临严峻考验。

通过运用“非对称外倾式拱肋钢—混连接段施工工法”,实现了钢帽结构的精确定位,确保了施工安全和混凝土的灌注质量。建造过程中,业内专家多次到现场进行参观指导,对本工法予以高度评价,一致认为是对钢箱拱桥拱肋钢—混连接段施工的一次重大突破,具有广泛推广应用价值。

外倾式变截面预应力混凝土拱肋液压自爬模施工工法

CCC(中企)C3086—2010

林用祥　蒋光全　张明书　郜小群　万宗江
(中铁二局第五工程有限公司)

1　前言

南宁大桥主桥为大跨度曲线梁非对称外倾式钢箱拱桥,主桥拱肋由预应力混凝土拱肋段和钢箱拱肋段组成。混凝土拱肋是主桥主要受力结构,其钢筋、预应力管道密集,结构受力及构造设计复杂,拱肋线形施工精度要求高,由于拱肋混凝土结构的复杂性,其模板及支架的设计施工极为困难。中铁二局五公司在预应力混凝土拱肋段的施工中,根据混凝土拱肋段向外倾斜成空间曲线的结构设计特点及施工现场环境,研制开发了外倾式混凝土拱肋施工的液压自爬模设备,该自爬模与混凝土内设置的劲性骨架结合施工,完成了曲面倾斜式混凝土拱肋结构的施工。通过该桥的施工和总结形成本工法。

2　工法特点

(1)液压自爬模具有结构简单、操作方便、施工周期短、安全可靠性高、对于变截面混凝土结构适应性强以及施工成本较低等特点。其部件大量选用常用周转材料,加工量相对较小,节省成本,并且液压自爬模可单榀施工也可根据单次混凝土施工面积大小多榀组合施工。

(2)采用劲性骨架作为结构内支撑,液压自爬模依附于劲性骨架及已浇筑段混凝土爬升悬臂浇筑混凝土施工,自爬模下方无需任何支撑,不需作地基处理,同时在施工时不影响通车通航,具有显著的社会经济效益。

(3)每节段混凝土拱肋施工完成后,液压自爬模支架沿直线或弧形轨道整体行走爬升至下一节段,无需多次拼装模板,施工周期短且所需人员少。

(4)根据劲性骨架线形布置,通过调整自爬模轨道和自爬模主支撑架以及模板调节机构,该自爬模可适应不同几何尺寸节段的混凝土浇筑,设备通用性及适用性较好;同时根据混凝土结构表面线形采用弧形轨道可实现曲面倾斜混凝土结构施工。

(5)结构受力明确,理论计算结果与实际发生情况极为吻合,结构安全可靠,而且有利于混凝土节段的施工控制,保证良好的结构线形。

3　适用范围

本工法适用于30m及以上的具有变截面、曲面或倾斜的混凝土拱肋高墩及高塔结构施工。特别是墩身超过一定高度搭设支架有困难时,施工现场地基软弱或桥下有通车通航要求时,采用本工法具有很大的优越性。

4　工艺原理

为进一步说明外倾混凝土拱肋液压自爬模工艺原理,下文以南宁大桥外倾混凝土拱肋液压自爬模施工为例进行介绍。

4.1 液压自爬模构造

南宁大桥外倾混凝土拱肋液压自爬模主要由预埋件、轨道、支架系统、模板系统、调节系统及液压动力系统六部分主要构件组成，见图1。

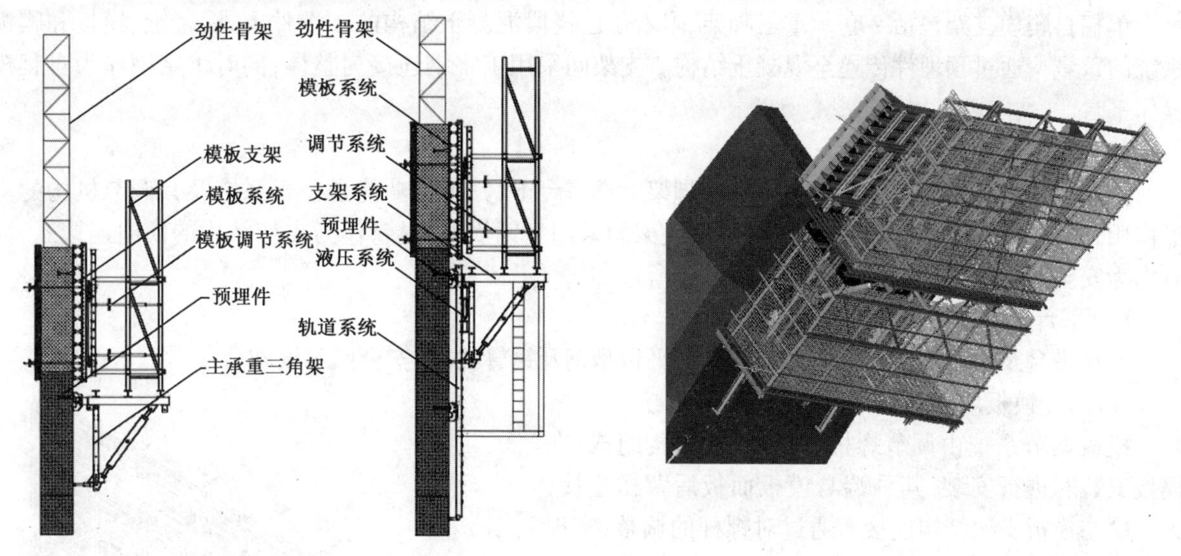

图1 自爬模结构图

4.1.1 劲性骨架(图2)

南宁大桥混凝土拱肋劲性骨架设计为双层结构。单拱肋劲性骨架主要由14根四枝角钢格构柱组成，主弦杆为∠100×100×10角钢以折代曲分节安装，缀条为∠50×50×5角钢；格构柱间用∠75×75×8角钢桁片作为连接系。

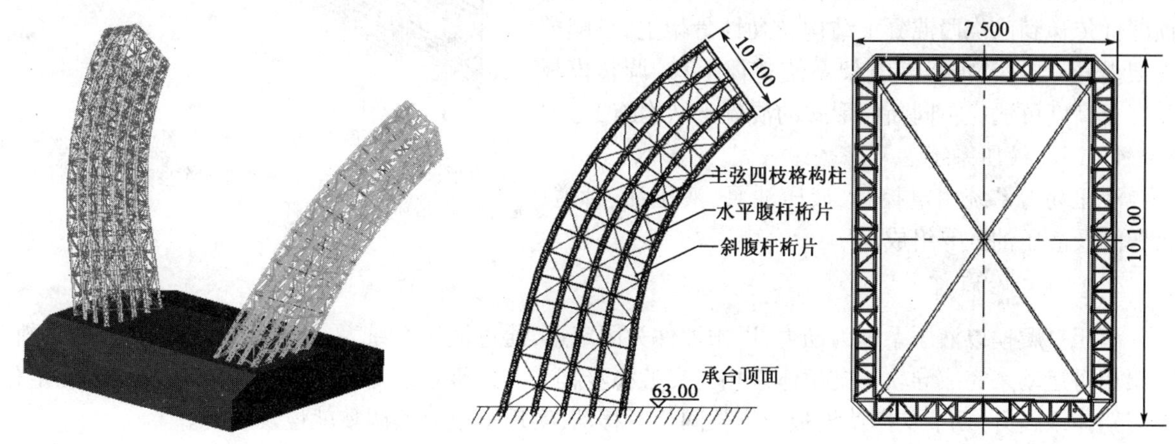

图2 劲性骨架结构图(尺寸单位:mm;高程单位:m)

4.1.2 预埋件

自爬模预埋件主要由埋件板、高强螺杆、受力螺栓、爬锥以及轨道挂板组成。在每段混凝土结构钢筋施工时进行预埋，混凝土浇筑时将预埋件爬锥及其受力件埋在混凝土结构以内，挂板是在混凝土浇筑完成后进行安装，在每段混凝土浇筑完成后，将爬锥及挂板拆除连续倒用。

4.1.3 轨道

自爬模轨道安装在拱肋箱壁混凝土结构表面的预埋件上，由工字钢及其上布置的一些限位块等焊接组成。轨道采用工字钢制作，轨道分弧形轨道及直线轨道两种，曲线轨道根据混凝土表面曲线形状综合设计为弧形轨道。

4.1.4 支架系统

自爬模支架系统主要包括主承重支架单元、模板操作支架单元、平台及附属件(如梯子和安全网等)等组成部分。

(1)主承重支架

单榀自爬模支架包括一套承重三脚架,附着于已浇段混凝土结构的预埋件上,混凝土、模板和爬模系统的重量均通过预埋件传递至混凝土结构。支架间采用工字钢连接为整体,同时工字钢作为自爬模操作平台。

(2)模板操作支架单元

上支架采用螺栓连接安装于主承重三脚架上部平台上,其主要功能是模板系统及其调节机构的支撑作用,同时保证操作人员的工作平台。上支架间采用型钢横向连接,作为支架结构的横向连接系,同时作为安全围护结构。

(3)平台及附属件

操作平台及附属件包括:平台上下爬梯、平台型钢及钢管栏杆、安全网等设施。

4.1.5 模板调节系统

模板调节系统由调节螺杆、支撑杆等结构组成,在模板安装时进行安装,其一端与模板面板后背楞连接,另一端与模板支架结构连接。通过对螺杆的调整,实现模板的分合,同时可实现混凝土结构线形的调整。

4.1.6 模板系统

模板系统主要由21mm芬兰维萨面板、20cm木工字梁、槽钢背楞、造形木方及附加材料等组成,如图3所示,模板系统通过调节系统附着于支架系统上,将结构混凝土侧压力及施工荷载传递至自爬模支架系统,通过预埋件传递到已浇段混凝土结构及劲性骨架上;自爬模支架提升行走时,模板随支架系统整体上移,调整模板宽度及高度可适应不同断面形式的混凝土结构施工。

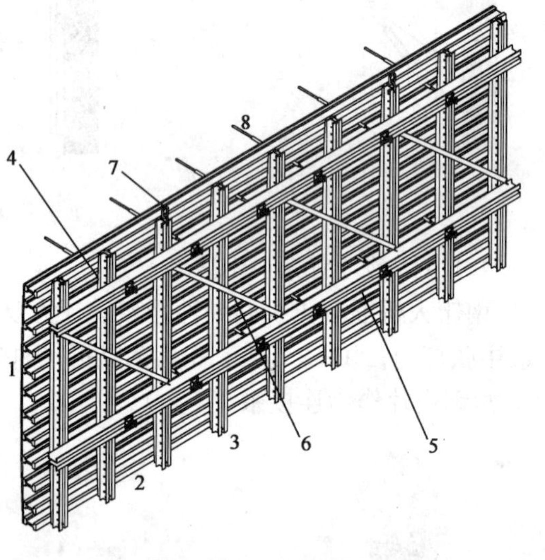

图3 模板系统结构图

1-胶合板;2-工字木梁;3-槽钢背楞;4-造形木;5-横背带;6-加固角钢;7-吊环;8-对拉螺杆

4.1.7 液压系统

液压动力系统由电控箱、液压油泵、液压油、管道、操作阀及液压油缸等组成。

4.2 工作原理

液压自爬模以液压系统为动力,以预埋件为固定点,通过液压系统及上下换向盒的控制,使导轨和支架相对运动来完成导轨与支架体系相互交替稳步爬升。模板系统与支架间通过导向杆连接和定位,随支架体系爬升,调节支撑使模板与支架间相对移动,实现模板合模调整就位及脱模。

混凝土不同节段施工时其曲面线形均不同,在周转倒用时需调整面板线形,通过在模板系统槽钢背楞上加垫弧形造形木进行面板预弯线形调整,实现模板多次周转倒用。

5 施工工艺流程及操作要点

5.1 施工工艺流程

如图4混凝土拱肋施工工艺流程图所示。

5.2 施工过程及要点

5.2.1 施工准备

(1)劲性骨架设计

劲性骨架主要作为拱肋钢筋、预应力束安装的临时固定以及作为液压自爬模施工荷载支撑结构，同时劲性骨架作为拱肋线形保证措施之一。劲性骨架设计时主要考虑其承载能力和结构本身的变形情况，根据混凝土拱肋在施工中发生的实际荷载情况，以及结构设计的有关资料，通过各种不同工况的配载计算，选择双层桁架式劲性骨架。劲性骨架设计时充分考虑骨架结构与钢筋、预应力束以及混凝土保护层间的关系；劲性骨架以折代曲线形与拱肋设计线形的一致性，设计考虑每节段预拱度设置；同时考虑劲性骨架施工过程的可操作性。

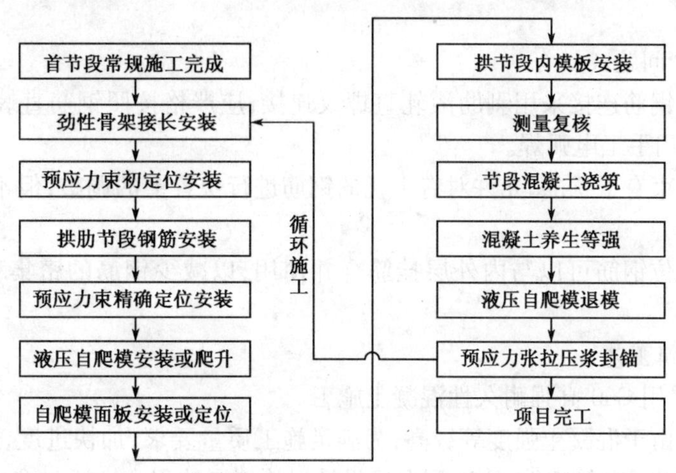

图4　混凝土拱肋施工工艺流程图

(2)自爬模设计

根据拱肋节段划分情况及拱肋两方向大角度倾斜特点，除拱脚外均采用液压自爬模施工。由于拱肋截面形式复杂，要求自爬模系统自重轻、承载能力大且具有可靠的安全度；自爬模系统须自行爬升，操作方便；模板可调整适应不同曲面弧度混凝土的施工。

5.2.2　劲性骨架安装工艺及施工要点

拱肋劲性骨架在承台最后一层混凝土灌注前进行承台内劲性骨架角钢的埋设，在承台最后一层混凝土施工完成后进行拱肋劲性骨架的接长施工。拱肋劲性骨架主要是为拱肋施工模板提供支撑，同时为拱肋预应力及钢筋等安装提供支撑，由于拱肋预应力筋较长，故拱肋劲性骨架安装时主要根据预应力安装程序分四次进行接长施工。

由于拱肋劲性骨架结构尺寸较大，在施工时先在加工场将劲性骨架放样、下料后焊接成单片桁架结构，在预拼场进行"2拼1"预拼装拆解后运至工地现场由塔式吊机吊装进行安装焊接。劲性骨架由于在全部拼装完成后其高度较大，并且为倾斜结构，故劲性骨架施工时按照拱肋预应力安装顺序进行分次拼装，同时拱肋劲性骨架悬臂端与拱肋外支架连接进行支撑，连接件设为可调支撑，可对劲性骨架进行调整定位，同时增加劲性骨架的承载力。

劲性骨架安装过程中，必须根据设计提供的预拱度进行全程测量跟踪定位，以确保劲性骨架的空间位置精度，从而为拱肋线形施工打下良好的基础。劲性骨架接长采用先利用拼接角钢进行栓接，经测量定位后进行焊接的施工顺序进行施工安装。

5.2.3　预应力安装

混凝土拱肋预应力均为竖向布置，分段接长，均为上端单端张拉，故拱肋预应力均采用在劲性骨架安装定位后安装。

预应力束在前一段预应力张拉锚固及压浆等处理后接长安装施工。预应力束在加工场绑扎成束后由塔吊吊装安装。劲性骨架为双层，由人工辅助穿入劲性骨架内外层间，当劲性骨架内外层连接角钢与预应力有干扰时，可切断连接角钢。预应力束吊装就位后，进行连接器、保护罩以及约束圈的安装，然后穿波纹管。波纹管安装时由上往下穿，穿好并测量定位后进行预应力束在劲性骨架上的临时定位固定。

混凝土浇筑至相应节段后,进行次节段钢筋安装,在钢筋安装好后根据测量定位,通过定位钢筋进行预应力波纹管的定位加固。

为避免雨水直接浸泡钢绞线以及为防止雨水流入管道,造成钢绞线的锈蚀,在预应力管道安装好后在其上端用塑料薄膜进行封口绑扎处理。预应力管道的定位网和防崩钢筋应严格按照设计要求安装,确保波纹管的位置准确,波纹管接头处用胶带密封可靠。每根管道在其最高点处预留排气孔,安装完成后做通孔检查。

5.2.4 钢筋绑扎

需要注意以下几个问题:

(1)本工程竖向主钢筋连接采用剥肋滚轧直螺纹连接,应严格按照钢筋直螺纹连接技术规范进行施工,其余钢筋接长采用手工电弧焊。

(2)钢筋与预应力束有干扰的,允许对有干扰的钢筋进行位置上的调整,但不允许直接割断或割除该处钢筋。

(3)预应力束的定位钢筋可以与内外层挂筋合并使用,以减少钢筋的密集程度,以利于混凝土的浇筑。

5.2.5 混凝土浇筑工艺

混凝土拱肋全部采用 C60 高强耐久性混凝土施工。

(1)配合比设计。由于混凝土强度等级高,为满足施工质量要求,加快进度,适应特殊气候,混凝土必须具备高流动性、早强缓凝等特性,所以配合比设计对施工影响很大。通过多次到不同的采石场和砂场进行取样,结合水泥用量以及外掺剂使用,采用正交法做了近百组试验,选定了最佳的 C60 高强耐久性混凝土配合比。

(2)混凝土的原材料计量拌和。为了严格计量,做到科学、可控,利用两条 $90m^3/h$ 成套混凝土拌和站计量拌和,根据单次混凝土浇数量,一条生产线作为备用。

(3)混凝土的输送。混凝土采取输送泵泵送。选用两台内燃输送泵供应。输送管沿已浇段攀升,一级泵送到达每一个工作面。

(4)混凝土浇筑顺序。作业准备→混凝土运输到现场→混凝土质量检查→卸料→泵送至浇筑部位→混凝土浇筑及振捣→混凝土养护。

(5)混凝土捣固。采用机械插入式捣固。由于拱肋每节段均为倾斜结构,密集的钢筋、劲性骨架和竖向预应力管等相互干扰,混凝土的捣固相当困难。混凝土的坍落度和流动性必须好,而且浇筑点必须做到四个角和每个面的中间都要有。同时,通过对拱脚段倒角处进行异地 1:1 模拟试验,对试验过程及结果进行分析,解决了混凝土捣固困难的问题。

(6)混凝土施工界面采用常规的凿毛等工艺处理。

(7)混凝土养护。采用常规的保湿及储热养护,专门设置两套热水锅炉进行热水养护,由于结构的复杂性,要特别注意养护死角,湿养护在整个养护期内不得间断。

(8)混凝土温度的控制。对气温、混凝土入模温度、砂石温度进行检测,碎石进行洒水降温,同时在拌和水中加冰块以防温差过大产生开裂等措施,控制混凝土的入模温度不大于 25℃。

5.2.6 液压自爬模安装

(1)自爬模安装工艺

①在首次浇筑的混凝土内设有埋件,通过埋件用受力螺栓安装挂座。

②依次将事前组装好的主受力三脚架挂于埋件挂座上。

③以两个三脚架为单元铺设主平台梁、板,安装护栏钢管并固定好。

④依次安装事前组装好的上架体,用护栏钢管进行连接。

⑤支架就位后,将标准段模板与上架体连接好并前移模板至指定位置。

⑥进行混凝土浇筑前的其他准备工作(组织人员、穿拉杆、安装混凝土泵管等),准备就绪,报检后

浇筑混凝土，浇筑的同时安装压模。

⑦浇筑完成待混凝土强度达到拆模要求后，后移模板600mm左右。

⑧通过预埋件用受力螺栓安装下一段挂座。

⑨沿挂座从上向下穿好导轨，导轨上端卡于挂座。

⑩安装液压系统（油缸、上下轭、电路、油路等）。

⑪复检支架、导轨、液压系统等，检查合格后爬升支架。

⑫第一次爬升完毕，安装吊挂平台，前移模板至指定位置。

自爬模安装步骤如图5所示。

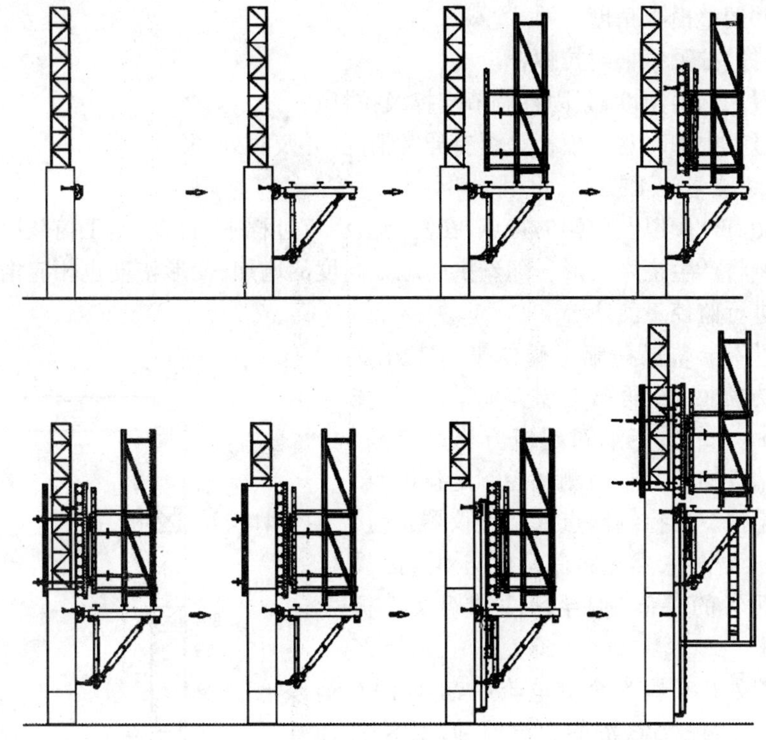

图5 自爬模安装步骤图

(2)自爬模安装施工要点

①模板在灌注混凝土前务必保护处理好板面，模板表面除垢，涂刷色拉油（或60%的机油与40%的柴油掺和），涂色拉油时要均匀，达到模板表面油光但无油痕为准，不得漏涂。每次混凝土浇筑脱模后必须对板面进行清理，先用磨光机将模板表面的灰浆清理下来，用纱布将模板擦干净。模板就位前认真涂刷脱模剂，防止污染钢筋与混凝土接触面。

②为防止阳角模板漏浆，阳角交接处，应贴双面胶条，然后将阳角合紧。

③混凝土浇筑前检查支撑可靠性，过程中专人看护。

④施工过程严禁冲击模板，造成松动或变形。

⑤退模前确定已将对拉杆和预埋件拆除，以防在拉杆孔或埋件孔处损坏面板。

⑥防止爬模暴晒雨淋，尤其是面板，面板切割后用防水油漆封边。

5.2.7 自爬模爬升

(1)自爬模爬升工艺

前一节段浇筑完后→拆模后移→安装附墙装置→提升导轨→爬升架体→安装劲性骨架、绑扎钢筋以及预应力束→模板清理刷脱模剂→下一节段预埋件固定于模板上→合模→浇筑混凝土。

(2)自爬模爬升施工要点

①预埋件安装：将爬锥用安装螺栓固定在模板上，爬锥孔内抹黄油后拧紧高强螺栓，保证混凝土不

能流进爬锥螺纹内。埋件板拧在高强螺栓的另一端。锥面向模板,和爬锥成反方向。

②预埋件如和钢筋有冲突时,将钢筋适当移位。

③提升导轨,将上下换向盒内的换向装置调整为同时向上,换向装置上端顶住导轨。

④爬升架体时上下换向盒同时调整为向下,下端靠导轨(爬升或提导轨液压控制台设专人操作,每榀支架设专人看管是否同步,发现不同步,可调液压阀门控制)。

⑤导轨提升就位后拆除下层的附墙装置及爬锥,周转使用。

⑥支架就位后开始合模,合模前要将模板清理干净,刷好脱模剂,装好下节段预埋件系统。

⑦将模板移位,贴近混凝土的表面。

⑧用仪器校正并调整模板角度。

⑨穿好套管、拉杆,拧紧每根对拉螺杆。

⑩复查模板位置和倾斜角度,紧固各调节支撑及拉杆。

⑪浇筑混凝土过程中随时观察模板是否有异常情况,并及时处理。

5.2.8　空间三维测量施工技术

由于混凝土拱肋有外倾以及内倾的特点,在混凝土浇筑过程中,自重、施工荷载以及索塔受风力、日照等外界环境的影响将产生挠度变形。随着拱肋施工高度的增加,变形幅度也相应增大,故混凝土拱肋施工过程中将全程进行监控量测。

采用徕卡 TCR702 全站仪在施工操作平台上建立拱肋控制一级建筑方格网,测角精度误差 ±2″,距离测量标称精度为 2mm + 2ppm,定期对建筑方格网复核。施工中多次建立高精度的局部临时测量控制定位网点,采用空间三维坐标定位。在控制网点上架设仪器,直接测量拱肋上测点的三维坐标,然后将测量值与对应的设计值比较,计算出两者的差值,指导劲性骨架及模板安装。

在自爬模施工缝处共布置 8 个测量监控点,如图 6 所示,模板、劲性骨架各 4 个点,混凝土浇筑前,对 8 个测量监测点的初始三维坐标进行测量,并做好记录,在混凝土浇筑过程中进行两次观测,即当拱肋混凝土浇筑到一半时对测量监测点进行一次观测,浇筑完以后再进行一次观测,将两次观测结果与初始值进行比较,总结规律,为劲性骨架以及模板安装预偏度值提供依据。

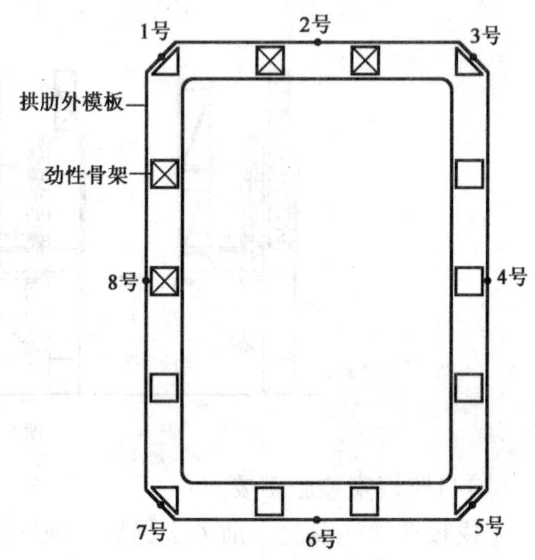

图 6　测量监控点布置图

5.2.9　线形控制措施

(1)预拱度设置

结合劲性骨架设计计算结果及现场测量数据分析,劲性骨架安装时根据不同节段位置,在骨架受力反方向设置了最大 20mm 的预偏值,有效控制预应力、钢筋及模板的安装基准。综合考虑劲性骨架及模板设计理论预偏量值,模板安装时在不同节段往反方向设置最大 10mm 的预偏度,使混凝土保护层厚度以及拱肋线形得到控制。利用自爬模面板可调功能,每节段模板安装时按照测量数据将每节段误差及时消除,严禁误差累积。

(2)测量控制

考虑设计参数误差、测量误差、施工误差的影响。为确保计算模型能正确的反映实际结构状态,在施工控制阶段,根据实测的状态变量值与相应理论值之间的差异对影响参数随时进行识别和修正,减小设计参数误差的影响。为消除测量误差的影响,采用滤波法,从被污染的数据中得到结构的真实状态。通对施工人员的现场培训及现场实时监控控制。

拱肋劲性骨架在加工场焊接成单片桁架结构，“2+1”预拼装后现场安装。在承台顶层混凝土灌注施工前进行劲性骨架角钢的预埋，承台混凝土施工完成后进行拱肋劲性骨架的接长施工。根据拱肋劲性骨架主要功能，同时为保证骨架安装精度，骨架下端直线段一次安装完成，拱肋曲线段骨架根据节段高度分次安装焊接接长。

劲性骨架安装过程中，根据设计提供的预拱度进行全程测量跟踪定位，确保空间位置精度，为拱肋线形施工打下良好的基础。

5.3 劳动力组织(表1)

劳动力组织情况表 表1

序 号	作 业 组	主要作业内容	人员数量(人)		
			技术员	技工	普工
1	监控组	负责施工过程中的各项测量测试等	2		
2	现场作业组	负责劲性骨架安装、钢筋绑扎、混凝土浇筑、养护等	2	20	40
3	爬模作业组	爬模制作、安装、爬升操作等	1	8	
合计			5	28	40

6 材料与设备

预应力混凝土拱肋液压爬模施工机具设备见表2。

混凝土拱肋液压爬模施工机具设备表 表2

序 号	名 称	单 位	数 量	备 注
1	电焊机	台		用于钢筋及劲性骨架安装
2	塔吊	台	1	用于吊装作业
3	自爬模	套	1	
4	输送泵	台	2	用于混凝土输送入模

7 质量控制

本工法施工质量控制标准执行《公路工程质量评定标准》(JTG F80—2004)。南宁大桥混凝土拱肋设计要求混凝土结构偏差终值误差控制在5mm以内。要求浇筑出来的混凝土表面平整光滑，线条顺直，几何尺寸准确，色泽一致，无蜂窝、麻面、露筋、夹渣和明显的气泡，模板拼缝痕迹有规律性，结构倒角棱角分明且无损伤。爬模制作与安装质量见表3。

爬模制作与安装质量要求 表3

项 目	质 量 标 准	检测工具与方法
一、模板制作		
1. 大模板		
外形尺寸	−3mm	钢尺测量
对角线	±3mm	钢尺测量
板面平整度	<2mm	2m 靠尺,塞尺检测
直边平直度	±2mm	2m 靠尺,塞尺检测
预埋件及拉杆孔位	±2mm	钢尺测量
预埋件及拉杆孔直径	+1mm	量规检测
2. 爬升支架		

续上表

项　目	质 量 标 准	检测工具与方法
截面尺寸	±3mm	钢尺测量
全高弯曲	±5mm	钢丝拉绳测量
螺栓孔位	±2mm	钢尺测量
螺孔直径	+1mm	量规检测
焊缝	按图纸要求检查	
二、模板安装		
1. 预埋件及拉杆孔位	±5mm	钢尺测量
预埋件及拉杆孔直径	±2mm	钢尺测量
2. 模板		
拼缝缝隙	<3mm	塞尺测量
拼缝处平整度	<2mm	靠尺测量
垂直度	<3mm 或 1‰	2m 靠尺测量
高程	±5mm	钢尺测量

8　安全措施

自爬模施工均是高空作业,危险性很大,在施工中除严格遵守桥梁施工安全技术规程的有关规定外,还应注意以下几点:

(1)进行班前安全技术交底,严格按照设计图纸进行操作。自爬模操作人员须经过严格培训,考核合格后,方能独立操作。

(2)爬模安装埋件、挂座时必须系好安全带及其他防护用品。高强螺栓和爬锥连接必须牢固,爬锥面顶到模板且不能转动即可。

(3)混凝土强度必须达到10MPa或以上,方可进行爬升作业。

(4)严禁夜间光线不足进行自爬模爬升作业,夜间应设专人值班。同时禁止上下同时作业,自爬模必须设置防坠落安全网。在雷雨、大风(6级以上)、大雾、大雪等恶劣天气情况下,爬模不得进行操作。

(5)爬模时下端四周3m用警戒线维护,所有人员不得进入警戒区,以防高空有物体坠落伤人。

(6)爬升架体或提升导轨前,操作人员检查机械是否运转正常,确认正常方可爬升,架体上不应放过多物料,准备好一切爬升工具再进行爬升。

(7)所有操作人员应遵守操作规程,违反者应视情节严重程度给予处罚。

9　环保措施

(1)油和废油的管理:自爬模系统维修、油料存放地面,减少油品的跑、冒、滴、漏,所有油罐要有明显的标志,在不使用时要密封;严禁随意倾倒含油废水,应集中处理。

(2)生产生活垃圾处理及油料管理。严禁将生活污水直接排放至江河中,含油废水经隔油池处理后排放,防止油污染地表和水体。生活污水经化粪池处理后排放。

(3)预应力束的包装布拆除后不得乱扔,设专人管理,集中装运至指定垃圾处理场处理。

10　资源节约

(1)用本工法,减少了在邕江中搭设钢管桩支架程序,避免了大量水中作业支架地基处理,减少了大吨位船只使用量及大量水中作业人员以及塔式起重机的投入。

(2)采用本工法,提高施工效率,缩短工期,减少了现场施工人员、设备投入。

(3)采用本工法,在施工过程中,不占用河道,不影响通航,节约社会公共资源。

(4)采用本工法,大量节约了支架用钢量及模板工程量,资源节约明显。

11 效益分析

预应力混凝土拱肋液压自爬模施工工法完善了相关施工技术,具有较强的推广应用价值。从表4效益分析表可见采用液压自爬模施工具有较好的经济效益。施工采取标准化设计和工艺,工程质量更易得到有效控制与保障,且施工进度快、质量好,社会效益显著。

经济效益分析表 表4

项 目		自 爬 模		支 架 法	
主要设备及材料	支撑系统	劲性骨架质量为588t	投入约294万元	ϕ600钢管1 018t,贝雷梁3 400片918t,其他构件约300t,全桥4条拱肋,拱肋高41m	投入883.3万元
	模板	自爬模支架及模板面板系统4套,共32榀支架,重64t。模板面积348m^2,每节段连续倒用	投入450万元	全桥4条拱肋同步作业,4套模板面积4 756m^2,无法倒用(国产面板)	投入约需404万元
	其他	无		吊装设备及支架防洪设施	约80万元
每段人工		600工日		900工日	
地基处理		无		水中筑岛基础,约4×30万=120万元	
加载试验		无		约40万元	
工期		平均5d一段		平均10d一段	

12 应用实例

南宁大桥主桥拱肋由预应力混凝土拱肋段和钢箱拱肋段组成,预应力混凝土拱肋段是钢箱拱肋的支撑结构,下端与承台相连,上端与钢箱拱肋相连,为80cm壁厚C60预应力钢筋混凝土薄壁结构;混凝土拱肋总体垂直水平面高度为40.44m,东西两拱肋向外倾斜,但均位于各自的拱平面内。预应力混凝土拱肋采用"劲性骨架承力,液压自爬模施工"工法施工,自2007年6月2日开工至2008年1月27日完成预应力混凝土拱肋施工。最快节段完成时间为3d一段,正常施工时间为5d一段。施工过程由专业单位对施工进行了全过程监控量测监测结果显示,结构三维坐标偏差值均≤5mm,拱肋线形偏差在允许范围内,为钢箱拱肋安装提供了良好的基础。

施工全过程处于安全、稳定、快速、优质的可控状态,工程质量合格率100%,施工过程无安全生产事故发生,保证了工期,得到了各方的好评。

六四式军用梁拼装拱桥钢拱架施工工法

GGG(中企)C3087—2010

李玉碧　任　熠　舒　浩　胡海涛　周燕萍

(中铁七局集团建筑工程有限公司)

1　前言

六四式铁路军用梁其主要特点是承载力大,使用范围广,杆件种类少,便于拆装与互换;结构轻便、构造简单、架设迅速等。

两河口水电站白孜大桥为两河口水电站专用交通运输系统1号公路跨雅砻江白孜大桥,位于甘孜州雅江县境内;桥梁全长247m,桥型采用上承式钢筋混凝土悬链线箱形无铰拱,主孔跨径145m;在施工中完善的“六四式军用梁拼装主跨145m拱桥钢拱架施工技术”于2009年4月通过中铁七局集团有限公司科技成果鉴定。施工中通过成立科技攻关小组,开展调研和技术攻关,并对关键技术和施工工艺进行总结,最终形成了本工法。

2　工法特点

2.1　采用六四式军用梁拼装钢拱架,按照先合龙拱圈一环混凝土后,通过与六四梁双层拱架共同受力,减少拱架荷载,使该拱架应用跨度达到145m。

2.2　跨度容易布置;杆件种类少,便于拆装与互换;结构轻便,构造简单,架设迅速等。

2.3　该工艺与采用普通万能杆件相比较,使整个工程工期至少缩短90d。实践证明该施工方法省料省工、方便快捷、安全可靠。

3　适用范围

适用于跨度大、地势陡峭的峡谷、跨江施工。它与缆索系统配合进行施工,在时效方面优势更为突出。

4　工艺原理

4.1　六四式军用梁是用来快速拼组标准轨距跨度40m以下直梁的铁路桥梁战备抢修制式器材,均为标准构件。为使其能拼装成要求的线形,在上下层六四梁之间增设T形调节杆件,并以自行设计加工的钢销相配套使用,形成与设计拱轴线相吻合的施工拱架轴线。T形杆件的两翼分别与两个军用梁标准三角的销孔直接连接,而下端则与两个三角的共用销孔连接,形成内部超静定结构(图1)。

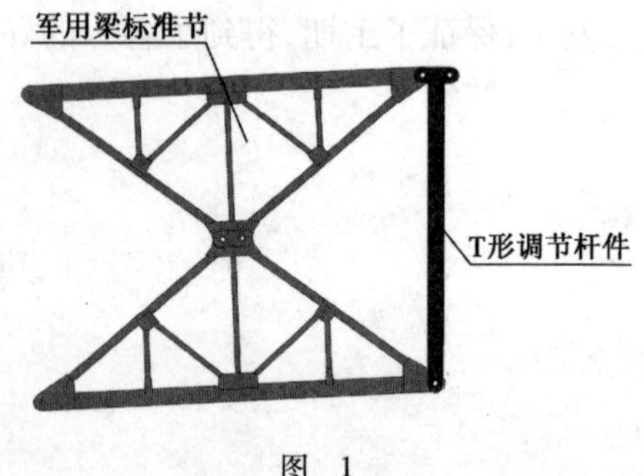

图　1

4.2　拱脚部自制构件几何尺寸的拟订非常重要,既要使组成拱架的军用梁充分发挥各杆件(主要是弦杆和接近脚部构件的斜腹杆)的作用,又要结合自身主要杆件的承载能力和钢销的承载能力。双层式钢拱架在不考虑压弯受力时,应使上弦杆和下弦杆内力相当,具体设计过程是一个试算过程,即确定出拱架主体后，拟订拱脚部构件尺寸，结构受力分析，不合适时调整尺寸，然后重复该过程，直至满足要求为止。

4.3 钢拱架设计主要考虑以下几个方面：

4.3.1 主拱圈分两环浇筑完成，一环高度2.0m，二环高度1.0m；计算时不考虑第二环施工过程中拱架与拱圈联合受力因素，用《MIDAS/CIVIL/2006》按平面杆系有限元法由电算完成。

4.3.2 假定各榀拱架横向分布一致，即每榀拱架承受荷载总额的1/15，将单幅拱架轴线作为验算单元。

4.3.3 按照拱架自重、一环各分段混凝土逐阶段浇筑、一环合龙段浇筑，共分为五个阶段施工荷载组合，分别进行各阶段计算。

4.3.4 计算中未考虑风力和风缆作用，不考虑拱座位移的作用。

5 施工工艺流程级操作要点

5.1 拱架安装工艺流程（图2）

5.2 钢拱架施工操作要点

拱架在横桥向分为七幅，每幅横向包含3榀（基准幅）或两榀军用梁标准三脚架。除两岸拱脚特殊段和拱顶合龙段外，拱架在纵向分为8个吊装节段，即每岸均包含1号段、2号段、3号段、4号段各一个；1号段、2号段、3号段、4号段纵向包含的标准三脚架数量分别为4榀、5榀、4榀、5榀；各段分别配设有1个或2个T形块。

拱架安装按两岸及横向对称的顺序进行，纵向从拱脚向拱顶安装，横向从桥轴线向上下河分幅安装，各幅的1号段安装之前，安装拱脚特殊段。最中心一幅为基准幅，基准幅合龙后逐幅安装其余各幅；基准幅合龙前，为加强其横向稳定性，将两侧各幅的部分节段提前安装。除两岸拱脚特殊段和拱顶合龙段外，共分为56个吊装单元，左右两岸各28个。

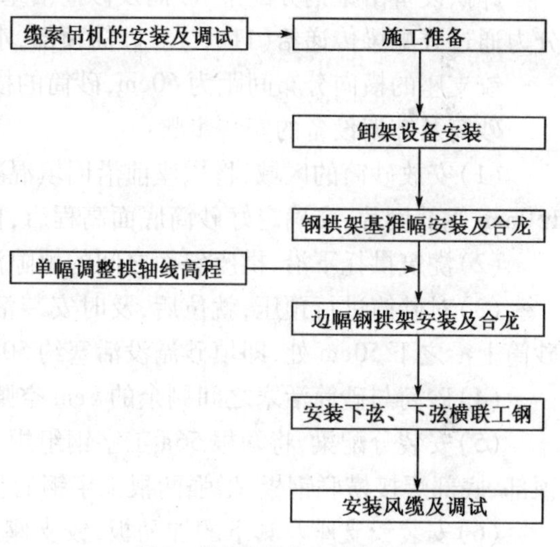

图2 拱架安装施工工艺流程

5.2.1 分段具体顺序（图3）。

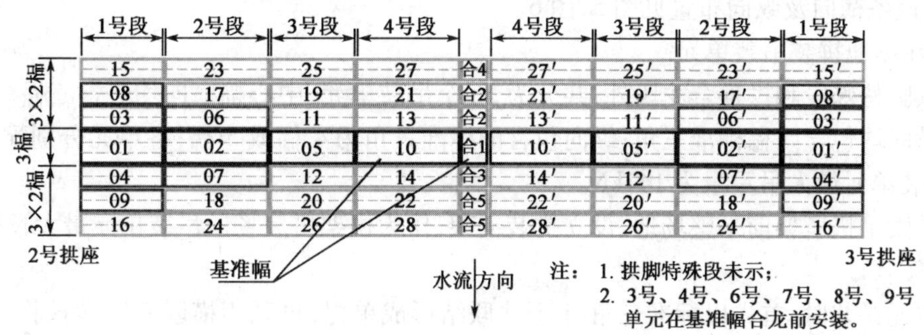

图3 拱架安装顺序示意图

(1)先安装基准幅及下端两侧各幅的部分节段。

(2)单幅调整好拱架轴线和高程，在夜间低温状态下合龙，形成单幅两铰拱。

(3)按图示顺序进行上游和下游次边幅、边幅的安装,仍在夜间合龙。

(4)全部七幅拱架安装并合龙后,连接好横向连接螺栓,形成总宽8.92m的两铰拱架,并安装上弦、下弦的所有横联工字钢,作为拱架的横向连接,增强拱架的整体性。

(5)设置好上游、下游共12道固定风缆,按50kN控制好每道风缆的初张力,调整好拱架的轴线偏位,拱架安装完毕。

施工过程中应注意千斤绳的配套使用,千斤绳的安全系数应大于8倍;同时各钢绳的绳卡数量应满足相关规范及起重操作手册的要求,索卡间距应满足相关规范及起重操作手册的要求。拱架合龙见图4。

图4　拱架合龙后

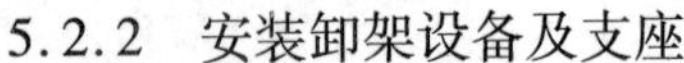

5.2.2　安装卸架设备及支座

卸拱设备由型钢分配梁、砂筒及砂筒活塞等构成。拱架传递的荷载由(16个)铰支座承受,其竖向分力通过分配梁传递给(11个)。砂筒顶部,水平力通过槽钢滑槽传递给拱座前端面。

铰支座的横向分布间距为60cm,砂筒的横向间距为90cm。

砂筒及卸架设备的安装步骤:

(1)安放砂筒的区域,将拱座前沿回填混凝土预留20cm厚度作为精确调平层,层内设置ϕ12mm@150mm钢筋网片;在确定好砂筒底面高程后,再行浇筑调平层混凝土。

(2)浇筑拱托下沿、拱座斜面之间的填隙混凝土,同时预埋铰支座滑槽槽钢。

(3)对砂筒进行预压,就位后,及时安装活塞,砂筒活塞伸入砂筒按100mm控制,砂筒内填砂面至砂筒上沿之下50cm处,即填砂淹没活塞约50cm。

(4)砂筒与砂筒活塞之间剩余的5cm空隙用黄油封闭,防止砂体受潮板结。

(5)安装分配梁,将两根56a工字钢组焊为一根分配梁;每个铰支座或砂筒活塞之间,在分配梁的顶部、底部焊接横联钢板,增强两根工字钢的整体性。

(6)安装铰支座及其下的加劲板,铰支座应在滑槽槽钢内放正,并将其后端面的下沿磨圆,以便于需要时在滑槽内作竖向滑动,加劲板与分配梁内侧面、铰支座底面焊接固定。

(7)在滑槽槽钢上端焊接反力板及其上衬板,以提供辅助卸拱的千斤顶所需反力。安装前,应对安装高程进行复核,并结合桥跨测定具体确定砂筒安装位置;砂筒用砂采用洁净干燥的中粗砂,并提前进行干燥。

1/2卸架设备横向及纵向布置见图5、图6。

5.2.3　在场地拼装吊装单元

除两岸拱脚特殊段和拱顶合龙段外,共分为56个吊装单元,中心幅横向均包含三榀标准三角,其他各吊装单元横向均包含两榀标准三角;纵向包含的标准三角为4榀或5榀;各单元分别配设有1个或2个T形块;吊装单元最大吊重量为147kN。

在右岸缆索吊机塔架前平整场地,设立拼装支架,作为拱架拼装场。吊装单元最大长度约为20m(5榀)。

各吊装单元拼装时,首先以标准三角、T形块联结形成单榀,再利用横联套管螺栓将三个(或两个)单榀组合为一个吊装单元。

拱架吊装单元利用千斤绳捆绑吊装,吊点位置设置在距端头3m的上弦节点处。

基本拼装单元见图7,基准拱架吊装单元见图8,钢拱架全部合龙见图9。

5.2.4　基准幅拱架安装

各扣段安装应设置一定的施工预抬高值(拱脚段4cm,第二段8cm,第三段12cm,第四段16cm,第五段20cm),在各段安装过程中,应注意扣索及起吊滑车的调整,确保施工预抬高值始终不小于上述数值,以便拱顶段的顺利合龙;在拱顶合龙后,此施工预抬高值逐渐消失。

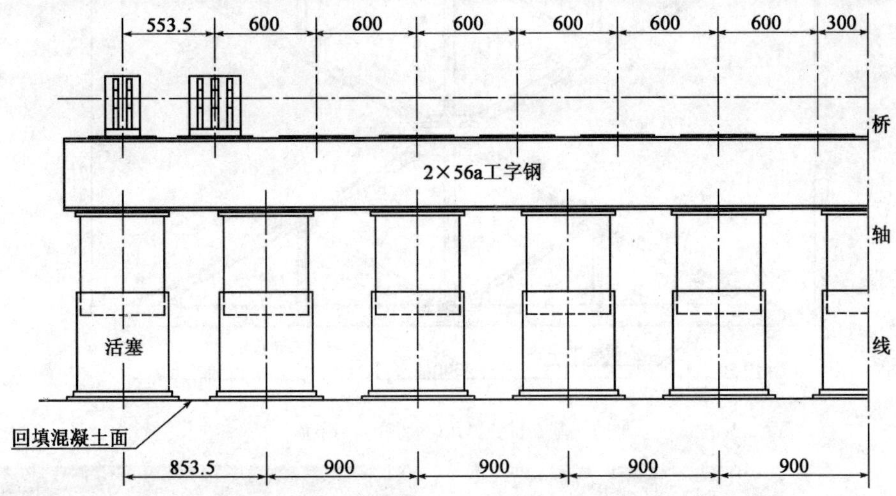

图5 1/2卸架设备横向布置图(尺寸单位:mm)

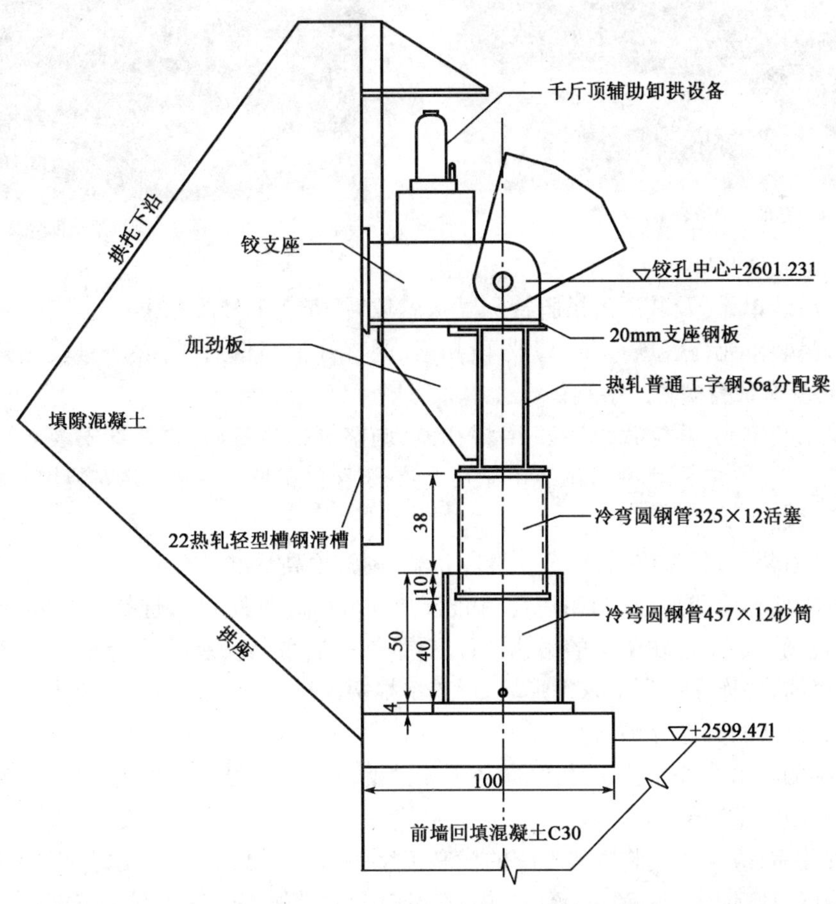

图6 1/2卸架设备纵向布置图(尺寸单位:cm)

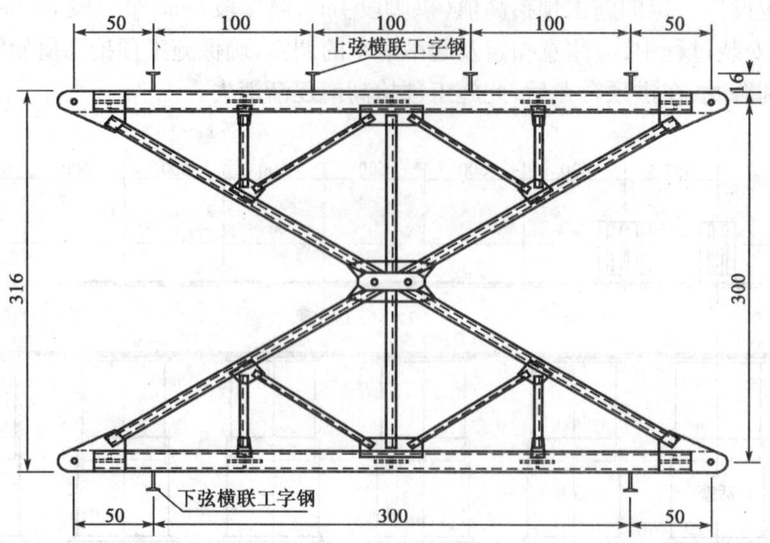

图7　基本拼装单元(尺寸单位:cm)

图8　基准拱架吊装单元对接

图9　钢拱架全部合龙

基准幅拱架的安装步骤:

①安装1号吊装单元(及其下的拱脚特殊段),就位后,安装1号段扣索;

②安装2号吊装单元,就位后,安装2号段扣索,调整好抬高量后,拆除1号段扣索,再依次安装3号、4号吊装单元及下弦的横联工字钢;

③安装5号吊装单元,就位后,安装3号段扣索,调整好抬高量后,再依次安装6号、7号吊装单元及下弦的横联工字钢,安装8号、9号吊装单元及上弦、下弦的横联工字钢,并安装拱脚特殊段的所有横联工字钢;

④安装10号吊装单元,就位后,安装4号段扣索,调整抬高量准备合龙。

单幅调整好拱架轴线和高程(利用风缆、扣索,并进行精确测控)后,选择在夜间低温状态下合龙;在合龙就位后,现场标定T形块阳头的销孔位置,拆下钻孔后重新安装就位合龙;再对称循环松除各段扣索,收紧拱架风缆,并连接拱顶上弦T形块,形成单幅两铰拱。

5.2.5　安装拱架的其他分幅

次边幅、边幅的各吊装单元就位时,纵向与下侧已就位单元联结,横向通过"横联套管螺栓(M22×150mm)"与已就位单元联结。

当基准幅安装后,应及时安装拱架下弦的横联工字钢,次边幅、边幅就位时,以"1号U形螺栓"将其与已就位的横联工字钢固定;横向达到15榀时,及时安装拱架上弦的横联工字钢。

5.2.6　风缆与扣索的调整方法

钢拱架全跨共12道(6对)风缆绳,即设置上游、下游各6道风缆;风缆钢丝绳规格为ϕ19.5mm/6

×37 +1,安装张力按 50kN 控制;风缆的锚墩设置在两岸坡地上。

每对风缆的挂点分别位于两岸第 1 号、2 号、3 号、4 号扣索扣点处拱架下弦杆之下,固定在拱架中轴线处;利用下弦横联工字钢(该处加为双肢)固定风缆。安装拱架时,当中间幅就位时,每就位一个吊装段,即安装该段的缆风绳并张紧,同时调整好拱架轴线位置;拱架中间幅合龙后,因松开各段扣索,各段拱架将有一定下降,故应重新张紧风缆钢绳。

风缆钢绳的收紧、放松采用 5t 链条葫芦;每次调整风缆时,应对全跨各段拱架的轴线偏移量进行观测,以符合设计桥轴线位置。

拱架基准幅(中间幅)安装及合龙施工,需要在每一吊装段(拱脚段及合龙段除外)设置扣索;其中 1 号段扣索为临时扣索,在 2 号段扣索和 2 号段缆风缆安装完毕后,拆除 1 号段扣索。基准幅合龙后,对称、循环松除各段扣索(并收紧风缆)。

每段扣索的扣点位置如图 10 所示,扣索均以缆索吊机塔架为扣架,从扣点分配滑轮分两个绳头翻过塔架顶部;下游侧绳头直接固定在缆索吊机锚桩上,上游绳头则穿入锚桩处转向滑轮,然后连接滑车组;通过扣索卷扬机对滑车组的收、放进行扣索调整。

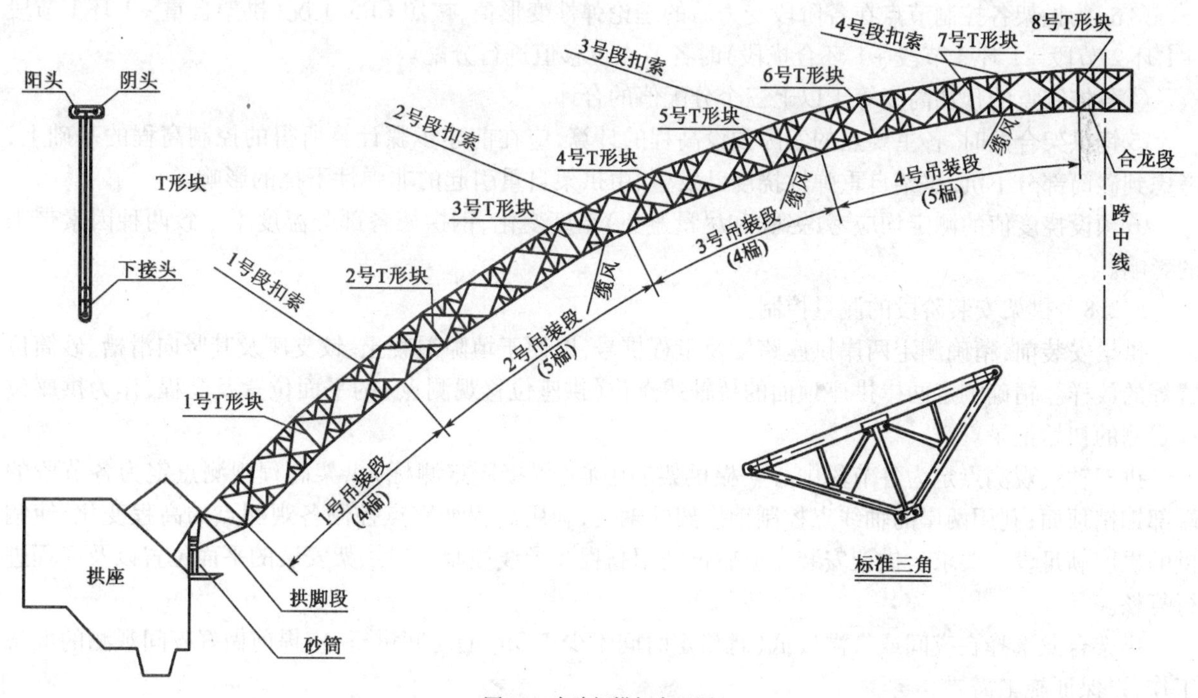

图 10 半跨钢拱架布置图

为减小扣索单次调整的最小长度,扣绳上游绳头所接滑车组的穿绳数不得小于 9 绳;需要对所有各扣进行调整时,应按照“4 扣→3 扣→2 扣”的顺序,少量逐扣进行;需要对单根扣索进行调整时,应尽量控制卷扬机每次的收绳(或放绳)长度,使其不大于 10cm;调整过程中,应尽量避免各扣受力不均匀。

扣索调整过程中,应同步进行拱架各点高程的精确测定,以指导调整量。

5.2.7 预拱度的设置

(1)拱架挠度 δ_s

①弹性挠度

拱肋施工期间的弹性挠度由拱架的自重挠度 + 浇筑一环时拱架挠度 + 拆架后拱肋挠度组成,通过计算得出,总的弹性挠度取 $\delta_{s1}=9.3\text{cm}$。

②拱架销孔间隙产生的非弹性挠度

全桥拱架按 48 个销接接头计(上、下弦平均值),每个接头非弹性变形(销孔间隙)0.75mm,则全桥 ds =48 ×0.75 =36mm;近似按悬链线弧长与矢高的变化关系求得:拱架销孔间隙产生的非弹性挠度$\delta_{s2}=3.9$cm。

(2)设计图挠度δ_u

由施工图设计文件提供的因恒载、主拱圈温度变化、混凝土收缩徐变及拱座水平位移产生的挠度$\delta_u=14.1$cm。

(3)垫木、砂筒压缩值δ_v

垫木压缩值取2cm,砂筒压缩值(经过预压后)取1.5cm,则$\delta_v=3.5$cm。

(4)施工预拱度总值

综合以上因数,取钢拱架总的预拱度值:

$$\delta=\delta_u+\delta_s+\delta_v=30.8\text{cm}。$$

(5)预拱度的分配方法

①δ_u、δ_{s2}(拱架销孔间隙产生的非弹性挠度)合计为18.0cm,按照二次抛物线进行各控制点预加高度值的分配。

②δ_v对各控制点的下挠影响基本上是等值的,故各控制点均按δ_v等值分配。

③δ_{s1}为拱架各控制节点在各阶段受力后的理论弹性变形值,按照CB5工况(拱架自重+1环1节段+1环2节段+1环3节段+1环合拢段)时各节点位移值进行分配。

④各控制点的预加高度等于以上三个分配值的合计。

⑤钢拱架合龙时,各主要点的实际预设高程的计算,应在前述步骤计算所得的控制高程的基础上,考虑到砂筒部分下沉、拱架自重弹性挠度已发生、由拱架自重引起的非弹性下挠的影响。

⑥预设挠度值的测定均应考虑到(和尽量避免)温度变化、钢拱架各部分温度不一致两种因素带来的影响。

5.2.8　拱架安装阶段的测量控制

拱架安装前,精确测定两岸拱座跨度及里程桩号,以便于填隙混凝土、铰支座及其竖向滑槽、砂筒位置等的放样。精确测定两岸拱座顶面的桥轴线点位(拱座位移观测点)的平面位置及高程,作为拱座位移观测的初始记录。

拱架轴线观测点定为各节段中心一榀拱架的中心(焊接固定测标)拱架高程观测点定为各节段的端部钢销顶面;利用两岸的轴线点控制钢拱架的轴线,利用高程加密点控制各观测点的高程变化,使钢拱的拱度满足设计要求。拱架安装完成后再利用高程及导线控制点对拱架安装的平面位置以及高程进行复核。

拱架合龙选择在夜间或气温较低(且稳定时间不少于3h)的时间进行,应提前做好夜间观测的准备工作,以保证施工需要。

拱架合龙后,对其各节点实际高程、拱架线形进行测量,并与预设值比较,以评定拱架合龙精度,并为底模立模高程的确定提供依据。

5.2.9　施工监控

(1)建立计算模型,按设计施工程序所划分的工况提供每一工况下,钢拱架及现浇拱箱的应力、线形及钢拱架各指定位置的挠度理论计算值;

(2)按设计施工程序所划分的工况进行应力、线形(挠度值)测量,并与理论计算值进行比较、分析;

(3)运用施工控制实时计算体系按现场系数和施工反馈信息进行主拱箱施工的实时计算分析,分析各阶段的施工误差,提出误差状态判断,及时提供主拱箱现浇顺序和钢拱架变形的调整、控制方法;

(4)根据设计、施工、监理及监控单位商定的监控指标及误差范围,制订报警系统,并提出调整建议;

(5)对下一阶段控制指标进行计算分析,指导下一步施工。

5.2.10　拱架预压

拱架安装时,考虑到拱架自重作用下主弦杆(2[16槽钢)轴力已高达约260kN,其自重引起的非弹性下挠值近似按非弹性下挠总量的100%计算(39mm)。本桥钢拱架总的预拱度值为308mm,假定合龙后拱架剩余非弹性挠度为40%(即16mm),仅占总的预拱度值的5%,故可知其对最终成形的拱箱线形的影响很小。通过《MIDAS/CIVIL/2006》按平面杆系有限元法,模拟各工况进行建模计算,最终确定钢拱架不预压。

6 主要机械设备与材料

6.1 主要机械使用(表1)

主要机械使用表 表1

序 号	设备名称	型号及规格	数 量
1	缆索吊机	15T	2
2	装载机	ZL30	1
3	发电机	150kW	2
4	卷扬机	JK-5	5
5	卷扬机	JM-5	4
6	卷扬机	JM-8	2
7	电焊机	BX-500	4
8	水准仪	苏光 DSZ2	1
9	全站仪	南方	1
10	全站仪	拓普康300	1

6.2 主要材料使用(表2)

主要材料使用表 表2

编 号	名 称		规格尺寸(mm)	数 量	单质量(kg)	总质量(kg)	备 注
1	拱架主体	基本三角	4 000×1 500×520	1 110	455	505 050	标准件
2		订制T形块	[16 槽钢	480	105	50 400	新加工
3		拱脚特殊段	[22 槽钢	30	1 375	41 250	新加工
4	联结构件	各类钢销	ϕ68.5/ϕ48.5	4 984		10 420	标配/自制
5		横联套管螺栓	M22×150mm	4 508	0.8	3 606	标准件
6		61号U形卡	ϕ16 骑马卡	6 900	4.8	33 120	标准件
7		横联工字钢	工16,9m/根	236	184.5	43 542	缆风:双肢
8	卸架设施	支座分配梁	I56aL=9 600	6	648.6	3 892	新加工
9		砂筒	ϕ457×12	22	41.68	917	新加工
10		活塞	ϕ325×12	22	65.94	1 451	新加工
11		铰支座	δ=20 钢板支座	32	150.3	4 810	新加工
12		铰支座滑槽	[22 普通槽钢	48	21	1 008	新加工
13		加劲板/反力架	δ=10 钢板	20	9.4	188	新加工
合计						699 654	

7 质量控制

7.1 建立工地质量领导小组,实行质量责任制,并制订质量奖惩措施,使质量责任落实到人。

7.2 施工前由项目部工程部向施工作业队伍进行交底,并制订作业指导书。

7.3 施工期间由项目部派技术人员及专职质量控制人员对现场进行控制。

7.4 制订质量奖惩措施,使质量管理能够落到实处。

7.5 组织强有力的测量人员进行测量控制。测量是整个工程的基础,是推进工程的指挥棒,严格按照质量管理体系中对测量质量控制的要求,实行从放线到竣工的“一条龙”质量控制程序,严格执行复核制度、交底签认制度等。

8 安全措施

8.1 建立、完善以项目经理为组长、各业务部门和生产班组负责人为组员的安全生产领导小组。建立各岗位人员安全责任制,明确其安全责任,各自做好本岗位的安全工作。实行逐级安全技术交底。

8.2 所有参与跨雅砻江拼装钢拱架作业工序施工人员,必须严格按照本安全专项管理措施进行作业,做好必要的个人安全防护,听从有关指挥人员统一安排并无条件服从;拱架上部作业人员必须系安全带、穿防水救生衣。

8.3 每天开始作业前,由安全员进行班前安全讲话并做好记录,对当天工序重点安全环节进行强调、要求,使全体作业人员做到心中有数;缆索吊机操作人员根据各种安全规章制度对制动、吊钩等机械部位进行安全检查,并做好日常保养、维修工作,发现问题立即停止作业,及时进行检查、排除以保证机械设备安全正常运转。

8.4 缆索吊机操作人员、司索工、信号工必须持证上岗、听从现场指挥人员统一安排并保持高度精神集中。

8.5 拼装作业时,必须由一名专职安全员进行现场监督,负责安全专项管理措施的落实和保证施工人员严格按照安全操作规程进行作业。

8.6 现场指挥信号必须提前统一、明确,操作人员严格按照指挥信号执行。对紧急停车信号,不论任何人发出,操作人员都必须立即无条件执行。

8.7 钢拱架吊装前必须进行检查验收、各销孔是否牢固,且经试吊并确认无误后方可起吊。

8.8 起吊作业中,吊件通过雅新公路时,必须设专人进行安全防护,对来往车辆、行人进行警示,以保证雅新公路安全畅通。

8.9 吊件下方严禁非工作人员进入、停留、观望,作业人员随时注意上方吊件运行位置并避免处于吊件下方。

8.10 钢拱架就位、固定前,作业人员不得离开工作岗位,严禁在吊索受力或钢拱架悬空时中止作业。

8.11 作业中遇到突然停电时,操作人员应将所有控制器手柄回归零位,并在恢复供电后、再次作业前,重新检查机械各部位是否正常,确认无误后方可进行作业。

8.12 每天作业结束后,跑车必须空载并将吊钩放下,所有电器控制开关箱门关闭加锁,避免非作业人员进入引发机械安全事故。

8.13 遇有六级以上大风、雨雾天气及夜间严禁进行钢拱架的拼装作业。

8.14 所有参与跨雅砻江拼装钢拱架作业工序施工人员,必须严格执行《起重作业“十不吊”规定》,并严禁酒后上岗。

9 环境保护措施

9.1 根据施工现场场地布置情况,设置统一的排水和污水净化池,生活及施工污水经沉淀净化处理达标后再行排放。桥址附近有集中式引用水源取水时,要有防止其取水水质恶化的施工安排。

9.2 除图纸设计图纸指示外,不得破坏和拆除任何构造物及设施,不得随意清除植被和树木。

9.3 水泥、油料存放在防雨、干燥的库房中,地面做硬化处理,并派专人看守、管理、溢漏油料采用铁桶回收。库房周围设置隔离沟,以防在雨季中物料随雨水污染环境。

9.4 工程施工不切割、阻挡地表径流的畅通,不强行改变径流的方向或改沟、改河。

10 资源节约

10.1 与万能杆件拼装相比较而言,本工法采用六四式军用梁拼装钢拱架所需钢材明显减少,有效节约了资源。

10.2 施工中所需的自制加工杆件较少,钢材使用量得到有效的节约。

10.3 本工法采用六四式军用梁拼装钢拱架,通过合理的预拱度分配,最终减少预压这一环节,从而也节约了大量的施工中零星材料。

11 效益分析

该大桥施工过程中,根据该拱桥结构特点采用六四式军用梁拼装钢拱架的施工工艺比采用万能杆件拼装支架施工拱桥,可节约材料,缩短工期,降低成本,具有显著的经济效益,节约投资约98万元。

经过对钢拱架各工况下所产生的挠度进行详细、科学的计算后,最终确定钢拱架不预压。在拱箱混凝土现浇、卸载落架过程中,始终对拱架典型截面的挠度、应力和拱圈混凝土典型截面的应力进行监测,通过各施工阶段数据分析进行数值监控,保证施工安全。监控结果证明拱箱线性与设计线性偏差符合设计及规范要求。该工艺使整个工程工期节约至少30d时间。实践证明该施工方法省料省工、方便快捷、安全可靠。整个过程安全有序可控,拱架线形及横向位移均在允许偏差范围内,该工艺位居同类工程施工拱桥跨度的前列。

12 应用实例

雅砻江两河口水电站1号公路工程跨雅砻江的白孜大桥位于川西高原,全长247m,道路等级为矿山二级路,桥型采用上承式钢筋混凝土悬链线箱形无铰拱,主孔跨径 $L=145$m,矢跨比1/4,拱轴系数 $m=1.65$。拱上结构为立柱、盖梁、跨度10m的预应力钢筋混凝土简支空心板梁。两岸均设置两孔20m预应力空心板引桥与隧道出口道路连接。桥面宽11m,桥面纵坡0.3%,桥面横坡双向1.5%,全桥位于直线上。主拱肋截面采用宽8.0m,高3.0m的单箱三室普通钢筋混凝土箱形断面,顶、底板厚度均为25cm,腹板厚度均为35cm。主拱箱现浇采用六四式军用梁拼装钢拱架施工,自2008年7月1日开始第一个吊装单元拼装至2008年8月8日完成最后一幅拱架合龙。主拱箱混凝土现浇施工中,通过对各工况施工进行监控与观测的结果表明:在一环合龙后,拱顶处支架变形(下沉)最大9mm,满足相关设计及规范要求。

预应力钢筋混凝土箱梁跨越铁路多支点顶推施工工法

GGG(中企)C3088—2010

黄树彬　王永彪　张翠芹
(中铁十七局集团第二工程有限公司)
占有志　高燕平　杨咏国　丛蕊冬
(中铁六局集团有限公司)

1　前言

随着我国交通运输事业的发展,在铁路和公路施工过程中经常会遇到线路交叉问题,不可避免地产生相互影响,一些跨度大、重量大的桥梁结构随即发展。大跨度预应力混凝土连续箱梁采用多点原位顶推法施工,很好地解决了对繁忙铁路干线运输干扰的问题。

中铁十七局集团第二工程有限公司在石环公路307国道东互通立交桥工程及中铁六局集团有限公司在天津市快速路工程南仓道立交桥工程中根据工程实践开发了混凝土连续箱梁多点顶推施工工法,该工法在确保既有铁路的施工安全,技术先进,具有明显的社会效益和经济效益。

2　工法特点

本工法具有以下特点:

(1)箱梁一次预制成型;

(2)施工过程不影响桥下铁路运营;

(3)采用四滑道多支点原位顶推,梁体在顶推过程中水平力均匀分布到各个桥墩,最大限度地减小了柔性反力墩弯曲变形,顶推平稳、安全可靠;

(4)顶推到位即为成桥状态,不需要大吨位千斤顶进行顶梁作业,不需要大型的施工机械设备和大吨位的反力设施;

(5)分阶段顶推到位,顶推过程中梁体质量和线形容易控制;

(6)顶推设备自动化程度高,循环周期短,施工进度快,资金投入少;

(7)操作简单,一般工人容易掌握,经过短时间培训即可熟练操作。

3　适应范围

(1)适应于大跨度、大吨位、位于竖曲线上的预应力混凝土桥梁顶推施工。

(2)适应于跨深沟、河谷的铁路、公路,文物、电厂等对施工环境有特殊要求或施工场地受限制的预应力混凝土桥梁顶推施工。在跨密集型铁路站场、多车道高速公路,要求施工不影响桥下通行时,本工法更能显示其优越性。

4　工艺原理

利用主梁预制平台,在部分临时墩和永久墩墩顶上布置顶推千斤顶,在梁底设置拉锚器,采用钢绞线连接拉锚器和千斤顶,通过主控台的集中控制,将在制梁台座上制好的梁体,在滑道上整体不断向前顶进,主梁顶推到位即为成桥状态,安装支座,拆除滑道,完成整联梁的顶推架设。

启动时梁体向前移动的条件是:

$$\sum H_i > \sum f_i \times N_i$$

式中：H_i——各顶推千斤顶的顶推力；

N_i——各支点的支反力；

f_i——各支点顶推静摩擦系数。

滑动时梁体匀速向前移动的条件是：

$$\sum H_i = \sum f_i \times N_i$$

式中：H_i——各顶推千斤顶的顶推力；

N_i——各支点的支反力；

f_i——各支点顶推动摩擦系数。

5 施工工艺流程及操作要点

5.1 工艺流程

顶推施工工艺流程详见图1。

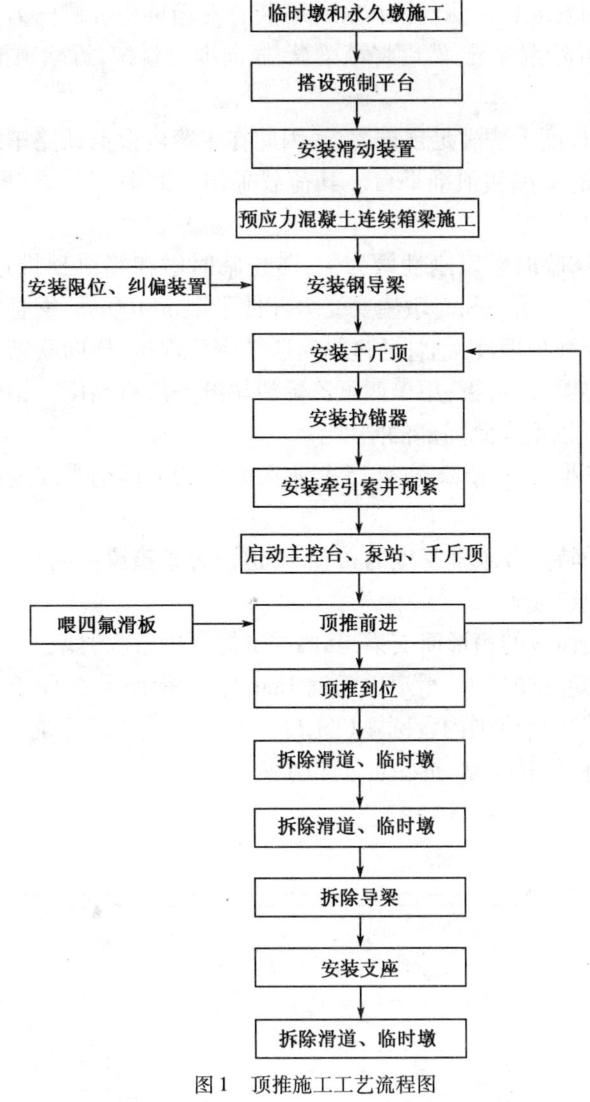

图1 顶推施工工艺流程图

5.2 操作要点

(1)工作人员各就各位，备齐顶推用的滑块、纠偏调整垫板及千斤顶。各液压站操作人员起动液压站，检查设备运行情况，对液压站按设计要求进行5级调压，然后，通知主控制台该机准备就绪。

(2)接通总电源,采用集中控制、分级调压、差值限定的方式同步顶推,按主控制台工作按钮,各液压站同时启动,按主控台顶推按钮,各液压站按五级调压的最低一级向千斤顶供油,按从小到大的顺序依次按主控台控制各液压站等级的按钮,各液压站向各千斤顶的供油压力逐级增大,最后达到设计值。此时,各千斤顶推力达到设计值,当牵引索的初次弹性伸长完成后,梁体开始平稳地前移,梁体开始向前移动。

(3)在梁体前进的同时,各墩顶喂接滑块人员不断地将滑块从滑道后端喂入,并将随梁体前移从滑道前端滑出的滑块接住备用。

(4)各液压站操作人员要注意千斤顶的运行情况,当千斤顶行程到位时,按液压站的急停按钮,则所有的液压站停止工作,箱梁停止前进。

(5)各液压站操作人员单独操作各千斤顶回程。

(6)根据箱梁所处的地理位置、结构设计的特殊性随着顶推施工进度的推进需要倒换拉锚器或顶推千斤顶,再重复上述操作,进行下一阶段的顶推。

(7)在顶推的过程中,不断观测梁体中线,如偏差大于2cm,应进行纠偏。方法有调节两侧千斤顶的速度,促使箱梁复位;利用安装在两侧的限位和纠偏装置对箱梁施加侧向力进行纠偏。

(8)顶推就位时,逐节拆除钢导梁,然后将箱梁纵、横向准确就位,拆除顶推系统。

5.2.1 临时墩布设

由于箱梁跨度大,悬臂长度无法满足顶推要求,因此在主跨内根据铁路车站站场内铁路轨道的实际情况增设临时墩,作为箱梁的支撑和顶推平台。其荷载采用空间模型计算,取1.5倍保险系数进行设计,共施作7排临时墩。

为提高临时墩的稳定性,临时墩以刚性墩为主,防止临时墩在箱梁顶推过程中产生较大的水平位移,以满足箱梁顶推抗倾覆的要求。临时墩主要受力杆件采用ϕ1100mm钢管柱,基础采用钻孔桩基础、钢筋混凝土承台。承台上预埋预埋件,钢管通过纵向联结钢管焊接、横向联结型钢螺栓联结形成整体框架,其上再依次安装砂筒、垫梁、滑道板,用聚四氟乙烯滑块补齐滑道高度。钢管上下端与预埋件和垫梁联结处浇筑部分C30混凝土以增大此局部的刚度。

为了克服顶推时的水平推力,1号、2号和15号永久墩间均采用钢绞线连接。

5.2.2 滑道布设

根据箱梁四腹板结构的特点及顶推跨度的布置,滑道设置于箱梁纵向腹板位置处,共四道。滑道由临时墩上的垫梁、滑道、滑板组成。

滑道垫梁是用钢板焊接而成的箱形简支梁,其两端支撑到钢管临时墩上,承受滑道传递的荷载。滑道采用3cm厚钢板,焊接固定在垫梁上,滑道上面铺3mm厚不锈钢板,为便于喂入滑块和滑块从前端滑出时能重复利用,滑道两端30cm范围内设圆弧(图2)。这种形式的滑道能在工厂批量精确加工,很好地承受各向作用力,而且高程容易控制,拆除也非常方便。

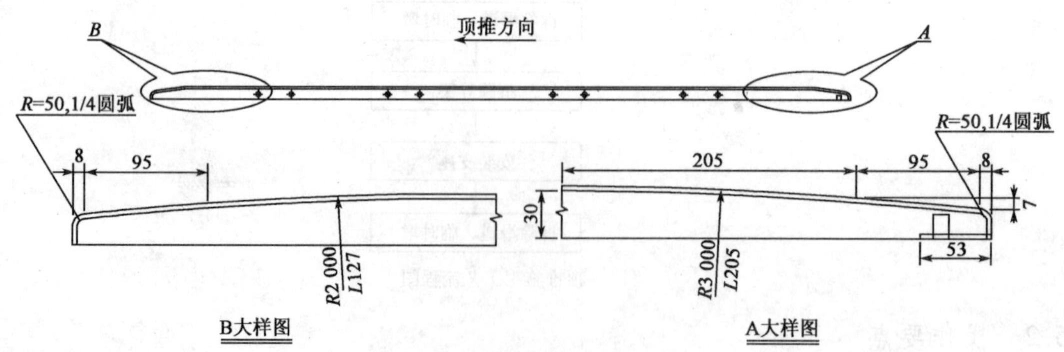

图2 滑道板构造图(尺寸单位:mm)

滑板采用四氟滑板,其抗压强度不低于30MPa,厚度采用12mm,长度按40cm分段。

5.2.3　主桥箱梁预制

主线预制平台采用碗扣件和军用墩、军用梁搭设，支架搭设完毕，在铺设底模时，临时墩的滑道上面铺垫四氟滑板，四氟滑板的顶面高程严格控制，保证其上顶面与系梁的底模相平。底模铺设完毕后，绑扎腹板钢筋，安装预应力管道，在绑扎箱梁钢筋和固定预应力波纹管的同时，安装拱肋预埋段。在梁端安装导梁预埋件和拉锚器预埋件。箱梁混凝土分两次浇筑，首先浇筑底板和腹板，然后浇筑顶板。待梁体混凝土达到张拉强度后，进行预应力束的张拉、压浆，待预应力孔道内的水泥浆达到设计强度后，拆除支架，梁体重量落在临时墩滑道平台上。

5.2.4　前后双导梁设置

根据顶推跨度布置形式，在顶推过程中前、后悬臂最大长度均比较大（分别为26.83m、35.5m），所以采用前后双导梁结构进行顶推。

钢导梁设计为四片工字梁，为了保证其自身稳定性，两两一组形成空间稳定结构。前导梁全长21.705m，外伸部分19.905m，埋入混凝土箱梁内1.8m，后导梁全长29.685m，外伸部分27.555m，埋入混凝土箱梁内2.130m，为减小导梁根部最大正弯矩，在每个导梁下部设置4～6根32mm精轧螺纹钢，一端预埋在第一段箱梁内，另一端与导梁上设置的牛腿张拉（单根精轧螺纹钢张拉力30t，双控）。

为了有利于导梁上滑道，在导梁前端专门设有500mm×800mm缺口，当钢导梁即将到达前方桥墩时，则在聚四氟乙烯滑块上放置50t液压千斤顶来接引钢导梁上滑道。

5.2.5　安装顶推设施

（1）顶推机具的布置

全桥布置8台100t连续顶推千斤顶（采用分级调压、集中控制技术，确保桥墩承受水平力在设计容许范围内；但由于开始顶推需克服较大的静摩擦及上坡的影响，需要备用两台100t连续顶推千斤顶）。每个顶推点5～6m的范围内放置ZLDB油泵，ZLDK主控台布置在桥面上。

顶推初期分别在14号墩布置两台ZLD-100型连续千斤顶、15号墩布置4台ZLD-100型连续千斤顶、1号临时墩处布置两台ZLD-100型连续千斤顶顶推，后期将14号墩布置的两台ZLD-100型连续千斤顶倒换到16号墩上，备用的两台ZLD-100型连续千斤顶安装在13号墩两中间滑道下垫梁上。

（2）安装千斤顶

根据不同结构形式，千斤顶安装有如下三种方式：

①以临时墩垫梁为反力装置，该种类型的反力装置比较优越，它利用垫梁端头板和中间加劲板开孔，以便于穿牵引索，千斤顶安装在垫梁前端千斤顶托架上，顶推时千斤顶的反力将克服一部分梁体行走时的摩擦力，减少临时墩的水平力（图3），该反力装置配合锚固型拉锚器使用。

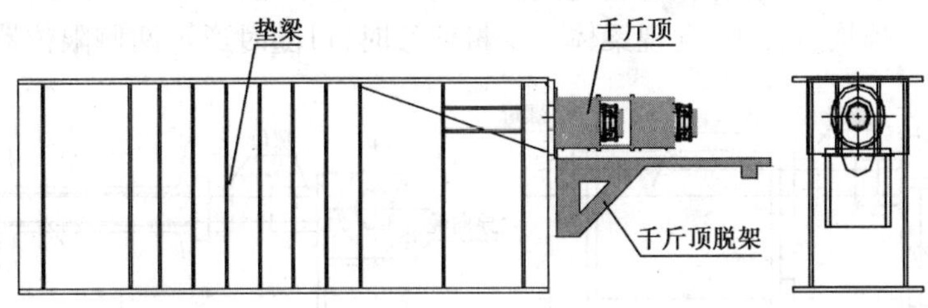

图3　垫梁端头反力装置

②以永久墩上预埋钢板为反力装置，该种类型的反力装置直接安装在永久墩上（图4），该反力装置配合锚固型拉锚器使用。

③以临时墩小垫梁上焊接钢板为反力装置，该种类型的反力装置直接焊接安装在临时墩小垫梁上（图5），该反力装置配合插入式拉锚器使用。

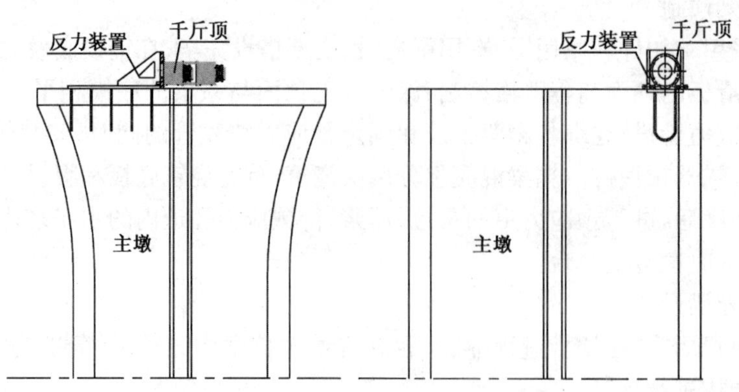

图4　永久墩上反力装置

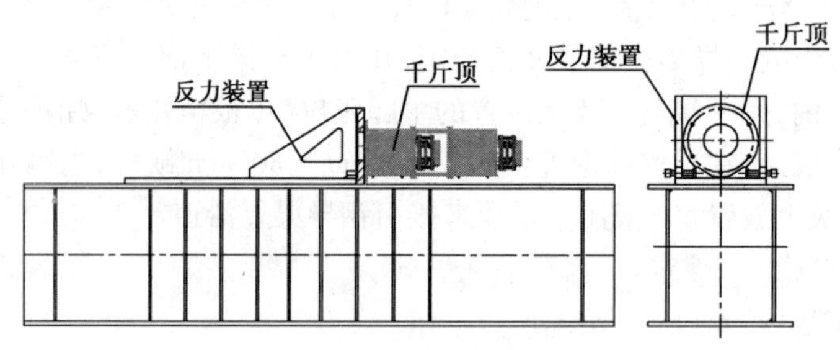

图5　垫梁上反力装置

(3)安装拉锚器

根据顶推要求,拉锚器分插入式和锚固式两种。插入式用2［40焊接而成,简单、易操作,用于箱梁无腹板处,顶底板同时受力,这样旨在于避免只用底板受力,易把拉锚孔前侧混凝土压坏的质量通病。锚固式直接锚固在箱梁的横隔板、腹板处,用精轧螺纹钢锚固。

(4)千斤顶和拉锚器连接

拉锚器和千斤顶间采用8根ϕ15.24的钢绞线连接,拉锚器上采用OVM15－9配套锚垫板锚固钢绞线。千斤顶处采用夹持器锚固钢绞线。所用的钢绞线采用左、右旋两种搭配使用,以免使用同一旋向钢绞线而引起千斤顶活塞旋转,造成设备损坏。

(5)安装侧向限位与纠偏装置

为防止箱梁在顶推过程中出现过大的偏斜,在每个临时墩左右两侧安装侧向限位装置,限制箱梁的横向移动。侧向限位装置的作用是引导、限制箱梁梁体沿中线方向滑动,当发生横向偏移时,通过它来纠偏。本桥外侧采用的是丝杆式侧向限位装置(图6),内侧由于空间限制,直接安装导向轮,限位装置在箱梁两侧对称安装。顶推过程中,发现梁体有少量偏移时,可随时通过两侧限位器进行纠偏。

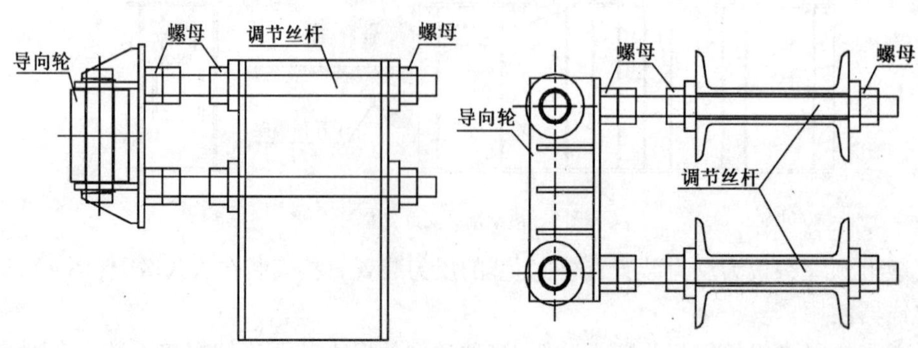

图6　侧向限位装置

丝杆式侧向限位装置由连接钢板和导向轮组成,通过螺栓和临时墩的垫梁相连接。在顶推过程中,在箱梁和导向轮间垫入硬质木板,控制箱梁的前进方向。

本工法采用楔块法为主、调节丝杆进行纠偏为辅的纠偏方法。导向和纠偏工作均在箱梁滑行过程中进行。

(6)安装牵引索

采用直径为 ϕ15.24、强度为1860MPa 钢绞线作为牵引索。安装时,用油泵打开 ZLD100 顶中前后夹持器的夹片,钢绞线的一端逐根从千斤顶的尾部向千斤顶的前部穿入,另一端对称地穿入拉锚器的锥孔,钢绞线束在拉锚器及 ZLD100 顶端面外露长度不小于50cm,严禁钢绞线打搅。为便于穿索,可用引线杆或梳线板导向。所用的钢绞线必须是左、右旋向间隔排布,以免使用同一旋向钢绞线而引起千斤顶活塞旋转,造成设备损坏。每台千斤顶穿完钢绞线后,松开 ZLD100 顶前后夹持器,压紧夹持器及拉锚器的夹片。

先用人工和导链拉至钢绞线弧度基本一致,再用 YDC240Q 型千斤顶进行单根预紧,预紧力控制在1MPa(约50kN),最后用顶推千斤顶进行整体预紧(只要达到各顶压力一致即可)。

5.2.6　箱梁顶推

(1)顶推

对 ZLD100 系统联机调试,检测装置正常工作。开通电源、主控台、液压站、千斤顶,做好梁体顶推准备。

首先选择手动模式,操作人员拧紧压力阀逐渐增加 ZLD100 顶推的工作压力,在30%、60%、100%牵引力状态下,检查临时墩的变形是否超出设计要求。检查油泵、顶推顶、前后夹持器、前后监控器、压力表、钢绞线是否异常。

手动操作 ZLD100 型顶推系统牵引箱梁滑移启动后,转换至自动运行模式,进行箱梁的自动连续顶推。当顶推开始后,工人在滑道后侧喂入四氟滑板,并保证相邻两块四氟滑板间无空隙。

自动连续顶推过程中对系梁的轴线进行观测,如果发现系梁轴线偏离设计轴线,应采用导向轮纠偏器时进行纠偏。

(2)倒换拉锚器或顶推千斤顶

随着箱梁的顶推前移,拉锚器需要向小里程方向倒移,在箱梁的尾端靠近12号墩时,顶推千斤顶,需要移至16号墩。

在倒换拉锚器和千斤顶的位置时,前后导梁可能处于悬臂状态。导梁为一刚度很大的钢板梁,上面无其他杂物,处于悬臂状态时不影响行车安全。

5.2.7　落梁、更换支座

箱梁顶推到位后,按照各墩和滑道的不同设计类型,采取不同的落梁方法。

主墩由于滑道和永久支座位置重叠,需先在主墩处将梁单独顶起,每墩用两台450t 千斤顶顶起取出滑道板,起顶时及时将预先拼装好的新保险支墩放置在桥墩外侧,修整好支承垫石并放好永久支座。

6　材料及设备

根据顶推施工特点及要求,需要主要材料见表1,机械设备见表2。

顶推法施工材料　　表1

名　称	单　位	数　量	名　称	单　位	数　量
液压油	桶	12	10mm 厚滑块	块	500
钢绞线	t	3	楔形滑块	块	100
13mm 厚滑块	块	500	硅脂油	千克	150

顶推法施工机械设备及机具　　表2

序　号	机械设备名称	规 格 型 号	单　位	数　量	在施工中的作用
1	连续顶推千斤顶	ZLD100	台	10	牵引牵引索
2	泵站	ZLDB	台	10	千斤顶供油
3	主控台	ZLDK	套	1	控制顶推顶的运行
4	节流阀	额定压力 50MPa	个	40	控制千斤顶供油量
5	压力表	量程 60MPa	个	20	显示顶的张拉力
6	高压油管		m	510	连接泵站和千斤顶
7	控制电缆		m	500	连接主控台和泵站
8	梳线板		件	10	对钢绞线进行编号
9	工具锚		套	10	牵引索锚具
10	千斤	YDC240Q	台	3	牵引索预紧
11	螺旋千斤顶	LQ-50	台	20	前导梁上墩
12	对讲机	CBT251	台	28	顶推人员沟通
13	水准仪	J2	台	2	测设梁面高程
14	经纬仪	J2	台	4	控制顶推线形

7　质量控制

7.1　质量标准

根据《公路桥涵施工规范》(JTJ 041—2000)和《公路工程质量评定验收标准》(JTG F80/1—2004)及其他有关规定,质量标准如下:

(1)箱梁几何尺寸必须精确,其误差不得大于±10mm;

(2)每阶段顶推结束时,箱梁首尾横向就位误差不得大于4mm,梁尾纵向就位误差不得大于±4mm;

(3)梁顶推到位时,箱梁中线偏差不得大于2mm;

(4)滑道顶面高程误差不大于±2mm,同墩滑道顶面高差不得大于1mm;

(5)制梁台座滑道和底模接缝处错台不得大于1mm;

(6)梁底高程误差不大于±2mm。

7.2　质量控制措施

7.2.1　顶推箱梁中线精度控制

每隔10m在箱梁的顶板上各作3个中线标记点,顶推时,观测塔上架设经纬仪对梁体中线进行观测,当出现较大偏斜时进行纠偏。阶段顶推箱梁差2m就要就位时,开始不间断地观测和精确地纠偏,使箱梁首尾中线偏差控制在4mm范围内。最后就位时箱梁首尾中线偏差控制在2mm之内。每次顶推结束时,画出箱梁的中线状态图,将箱梁的实际中线与箱梁的设计中线相比较,分析箱梁中线的偏差情况,确定下一步施工箱梁中线的控制方案,使箱梁的实际中线绕设计中线左右摆动,避免出现大弧形,以免影响顶推施工的正常进行。

7.2.2　箱梁截面位置的控制

阶段顶推就位前,在箱梁的顶、底板上作明显标记,并设专人观察,控制箱梁纵向准确就位,以保证箱梁截面位置正确和梁底支座预埋件位置正确。

7.2.3　防开裂措施

为防止梁体在顶推过程中发生开裂,应采取如下措施:

(1)提高滑道的制作精度,严格控制滑道高程。

(2)在箱梁前后端设置钢导梁,用精轧螺纹钢加强钢导梁与箱梁的连接,改善箱梁前后端的受力状态。

(3)高标准严格控制梁体制作质量,确保混凝土的各项指标(特别是强度和弹性模量)和施工质量。

(4)制梁前,对支架进行预压,消除支架的非弹性变形,取得支架的弹性变形值,精确控制梁底高程,提高模板制作精度,提高梁底平整度。底模脱离梁底后,设专人负责箱梁底板的修整、打平。

(5)采用四滑道顶推,准备多种规格的四氟滑块和薄钢板,顶推时根据需要四氟滑块和钢板配合使用,以防止梁底不均匀受力使梁体发生开裂。

8　安全措施

在顶推施工过程中,不仅要保证自身的安全,还需要保证既有列车运行的安全。

8.1　在制梁台座上浇筑混凝土的过程中,要注意防止波纹管漏浆、上浮等现象发生,以保证预应力管道质量。控制好底、腹板混凝土灌注的间隔时间,以防底板盖板上浮、爆模或前后灌注的混凝土接触面有明显的痕迹。

8.2　顶推过程中,要注意观测导梁、临时墩、垫梁和滑道的变形、变位情况,发现异常及时采取措施加固。

8.3　支座更换时,使用预埋在梁体内的应力片测试梁体内力,要注意箱梁变形的“滞后”现象,绝不可操之过急。

8.4　在梁顶两侧设置铁丝网栏杆,防止梁面上物体掉落在铁路线内。

8.5　为防止梁面上的水排放到铁路内,在梁体两侧设置高20cm的挡水台。

8.6　为防止梁体在顶推过程中发生局部失稳,采取了如下措施:

(1)提高滑道的制作精度,严格控制滑道高程,顶推施工前,检查各墩顶滑道高程。

(2)以高标准严格控制箱梁施工质量,确保提高梁底平整度。箱梁拆除底模后,设专人负责检查箱梁的梁底,若发现梁底面不平度大于2mm,设专人负责箱梁底板的修整、打平。

(3)滑道质量技术要求:同一墩上两滑道顶面高程误差应小于2mm。

(4)进场的千斤顶、油泵、油表等机具必须经过校验、标定和试运转,一切正常后方可使用。

(5)每滑道处需有三人监视滑道的工作状态并及时清除不锈钢上的灰尘。

(6)钢导梁上有方墩时,因其下挠而不能一次到达滑道顶面。设计导梁时,预留了一个错台,临时用普通千斤顶将下挠的导梁顶起到正常位置。为不中断顶推,千斤顶下可垫上四氟板滑块。

(7)解除工作状态的牵引索应及时下放到施工平台上。

(8)梁体到位后,立即关闭总电源。

8.7　为了保证顶推施工时结构的安全和施工安全,要对以下项目进行观测:

(1)在顶推施工过程当中,用精密水准仪观测箱梁、导梁的挠度,同时用水准仪观测临时墩的沉降量;

(2)用经纬仪观测临时墩的平面偏移,当临时墩的偏位大于2cm时必须对临时墩进行加固处理;

(3)利用千斤顶的油表观测四氟滑板与滑道不锈钢板间的摩擦系数的变化。

9　环保措施

(1)开工前完成工地排水和废水处理设施的建设,在生活营地设置污水处理系统,保证工地废水处理设施在整个施工过程的有效性,做到现场无积水、排水不外溢、不堵塞、水质达标。

(2)保护施工区和生活区的环境,及时处理施工垃圾、生活垃圾等废弃物,将废弃物运至当地环保部门指定的地点弃置,并注意避免阻塞水流和污染水源。

(3)采用ZLD100型连续千斤顶,大大地降低了施工中的噪声,且减少了对电能的消耗。

(4)主要施工场地进行硬化处理,施工便道定期压实地面。对施工场地、施工便道经常洒水,减少扬尘对周围环境的污染。

(5)顶推施工中产生的废液压油,不得随地排放。

10 资源节约

施工中加强对施工燃油、工程材料、设备、废水、生产生活垃圾、弃渣的控制和治理,遵守有关防火及废弃物处理的规章制度,尽量做到废物利用。设立专用排浆沟、集浆坑,对废浆、污水集中进行无害化处理,在防止施工废浆乱流的同时做到资源回收和二次使用。

11 效益分析

以石环公路307国道东互通立交主桥为例,采用多支点原位顶推法顶推一幅梁仅用7d,这是其他施工方法无法做到的,尤其能很好地解决对繁忙铁路干线运输干扰的问题。

本工法充分利用各桥墩墩顶容许承受水平力的潜在能力,避免了设置大吨位顶推反力设施,且操作简单,安全可靠,节省劳力,机具设备能重复使用,可节省费用,降低造价,经济效益和社会效益显著,具有较好的应用效果和推广价值。

12 应用实例

12.1 工程应用实例一

中铁十七局集团二公司施工的石环公路307国道东互通立交,主跨为2幅102m钢管混凝土系杆拱桥,主桥系梁为102m单箱三室预应力钢筋混凝土箱梁,单幅箱梁7 800t,顶推长度102m。主桥由南向北依次跨越307国道、石德铁路良村车站、307国道复线和石津灌溉渠。其中石德铁路为石家庄连接东部地区的干线铁路,股道密集,行车密度大。良村车站站内布设有2条正线、6条到发线和1条货线。该桥是我国目前跨既有铁路用顶推法施工的公路桥梁中跨度最大、顶推重量最大、使用滑道最多的连续梁桥。

中铁十七局集团第二工程有限公司应用本工法,根据现场的实际情况,制订了"先梁后拱"的施工方案,将连续梁顶推到位,再在梁上拼装钢管拱。在工期紧、任务重的情况下,合理组织、精心施工,经过9个月连续艰苦的奋战,安全、保质保量地完成了两联箱梁的顶推架设,工期比预计提前一个月,为石环公路全线通车奠定了基础,得到业主、地方政府和铁路部门的一致好评,创造了显著的经济效益和社会效益。

12.2 工程应用实例二

天津市快速路工程南仓道立交桥东引桥顶推工程。

中铁六局集团有限公司施工的天津市快速路工程南仓道立交桥位于天津市北辰区,属于南仓道铁东路立交体系的一部分,起始至终止里程为K12+456.67~K13.567.771,主线桥全长1060.101m,东侧与铁东路相接,西侧与南仓道相连。全桥分东引桥、主桥及西引桥。

东引桥梁跨为44+49(52)+51(48)+40.771m不等跨预应力钢筋混凝土连续箱梁桥(右幅),该桥横跨既有京沪线、京津城际线。桥梁中心线与京沪铁路下行线交点处的铁路里程为JDK128+963.6;与京津城际铁路交点处的铁路里程为JJK107+766.4,交角84°。本桥采用上下行桥分幅布置形式,标准顶宽为19.75m,两幅桥之间留3.0m净距,标准断面全宽为42.5m。梁高2.9m,底板和顶板宽度为单侧渐变结构,19号~22号箱梁为单箱三室结构,22号~23号箱梁为单箱四室结构。断面图见图7。

东引桥连续箱梁分3个施工段进行施工,第一施工段长70m,采用高位预制顶推法进行施工,其他两段采用满布支架现浇法施工。施工段划分见图8。

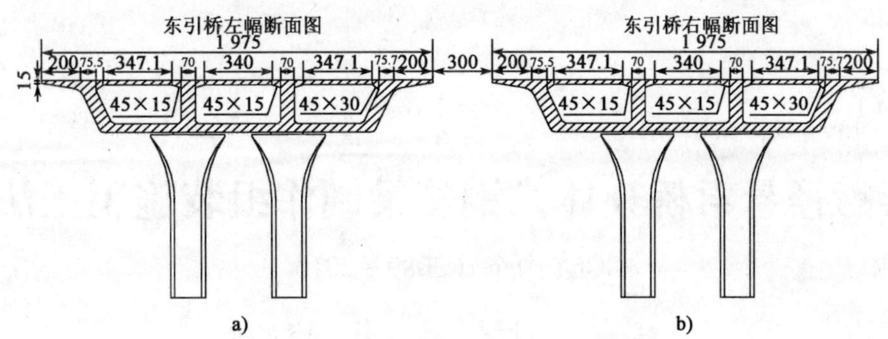

图7 桥梁标准横断面示意图(尺寸单位:cm)

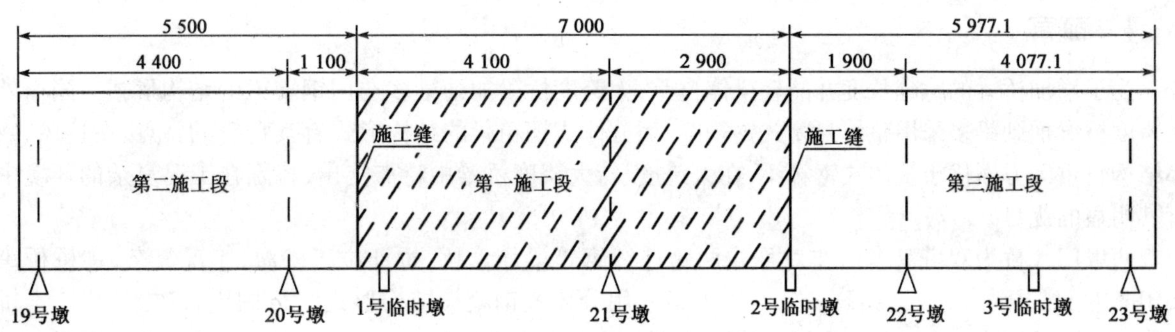

图8 施工段划分示意图(尺寸单位:cm)

顶推初始:在21号、22号、23号墩各布置两台连续顶推千斤顶。

顶推第一阶段:跨京津城际铁路。除试顶左幅4.5m(右幅2.5m)外,实际左幅顶推30m,计划耗时左幅300min;右幅顶推29.5m,计划耗时295min。

本阶段最大悬臂25m,抗倾覆系数:$k=P_1/P_2=65\times45\times(65/2)/[110\times(10+5/2)+5\times45\times(5/2)=42.9$。

顶推第二阶段:跨京沪铁路。箱梁第二阶段顶推完成后,左、右幅导梁平面距离京沪铁路回流线最小距离均为2m,高于回流线5.2m。本阶段左幅顶推30.65m,理论耗时307min;右幅顶推31.55m,理论耗时316min,本阶段顶推可以分段进行。本阶段完成前为结构悬臂最大时期,抗倾覆系数:$k=P_1/P_2=55.78\times45\times(55.78/2)/110\times(10+14.22)+14.22\times45\times(14.22/2)=9.7>1.3$。

顶推第三阶段:跨京沪铁路后直至箱梁就位。当前导梁达到1号临时墩上位置,顶推段箱梁较安全,利用行车间隔进行顶推直到就位。本阶段左幅顶推22.75m,右幅顶推24.35m。

该段于2009年7月9日开工顶推,2009年7月18日顶推就位。

工程监测与结果评价:本工程施工过程中与北京交通大学联合对顶推的全过程进行了监测,其中北京交通大学主要对临时墩体系、主梁的结构安全进行监测,北京铁建公司天津南仓立交BT工程项目部主要是对顶推梁过程中轴线偏移及纵向位移、临时墩及永久墩的墩顶位移进行了全过程的监测。监测结果表明在顶推过程中主梁没有出现任何裂缝,应力、应变及墩顶位移值均小于设计警戒值,顶推过程安全、稳定。

12.3 工程应用实例三

由中铁六局北京公司承建的通顺路上跨京承铁路立交桥工程,2007年12月19日开工,2008年7月4日主桥AO节段开始顶推,7月11日顶推就位。本桥上跨京承铁路,为了减少上跨施工对铁路运输的影响以及常规施工存在较大的安全隐患,采用顶推法施工,其中顶推体系及箱梁顶推轴线控制为本工程重点,经北京交通大学试验及计算分析,各项参数均满足设计要求。

大跨径悬索桥分体式钢箱梁制作组装施工工法

GGG(中企)C3089—2010

王辉平　钱叶祥　徐　亮　孙立雄
(中铁宝桥集团有限公司)

1　前言

为了增加桥梁的跨越长度并减轻梁体自重,大跨度桥梁加劲梁多选用钢箱梁的结构形式。国内外大跨度桥梁加劲梁多采用整体封闭式钢箱梁,而分体式钢箱梁的结构形式有其自身的特点,在抗风、减小结构自重等方面优于整体式钢箱梁,在大跨度、特大跨度桥梁中特点突出,特别在工况复杂的环境中有其明显的优势。

西堠门大桥为双塔双索面非对称式两跨连续钢箱梁悬索桥,桥址位于外海,工况复杂,主桥桥跨1650m,位列"国内第一、世界第二",本桥主梁采用分体式钢箱梁结构形式,为"国内首次采用"。本桥分体式钢箱梁结构轻盈,减少了结构自重,特别是此类分体式钢箱梁的结构形式可以有效避免桥梁在风载作用下产生脔激共振,在风嘴部分采用鱼鳍形,更有效减小了钢箱梁的横向受风面积。

西堠门大桥分体式钢箱梁为两边箱梁加横梁的断面形式,横梁对应边箱梁远端布设锚箱,从结构整体性上,两边箱梁与横梁连接的横向整体刚度较强,有效保证了缆索与钢箱梁间索力的传递。

目前,国内外在钢箱梁组装过程中,普遍采用正位组装或反装法的组装方式,两种组装方法具有各自的优缺点,尚需从施工环境、质量保证和制造成本方面综合分析,发挥其综合效果。而大跨径悬索桥分体式钢箱梁属国内首次制造,没有成功的经验可以借鉴,在施工时无相应的规范和技术标准,需要进行制造工艺研究。

因此,依托西堠门大桥分体式钢箱梁,对该桥分体式钢箱梁制造的关键技术进行研究,形成一套适合分体式钢箱梁的制造工艺技术,为后续分体式和封闭式钢箱梁的设计、制造提供一些数据和理论参考,并可为其他桥梁专业制造单位所提供借鉴。

中铁宝桥集团有限公司针对大跨径悬索桥钢箱梁制造技术开展了科技创新,取得了"大跨径悬索桥分体式钢箱梁组装技术"这一国内首创、国际领先的新成果,于2006年通过浙江省舟山大陆连岛工程建设指挥部组织的专家评审会鉴定,获得了2007年陕西省优秀"QC"小组一等奖。同时,形成了大跨径悬索桥钢箱梁组装的新颖制造施工工法。随着社会的发展,大跨度、特大跨度悬索桥将不断涌现,而钢箱梁加劲梁是大跨度悬索桥发展的必然趋势,本工法在悬索桥钢箱梁制造施工时合理、适用、便捷、经济等方面效果明显,并且技术先进,故有明显的社会效益和经济效益。

2　工法特点

2.1　在保持原设计整体性的前提下,采用统一的"一套基线群"技术,合理地将钢箱梁划分成若干制造单元。

2.2　针对划分零部件的结构特点,制订可行的零件、部件制造工艺,保证钢箱梁各零部件的尺寸精度和质量均满足钢箱梁整体组装的要求。

2.3　先于钢箱梁整体组装前将部分零部件组焊成较大的块件,以块件为单元直接进行钢箱梁整体组焊。

2.4 正确地设置钢箱梁整体组焊的顺序和施工工艺,消除或避免整体组装公差、焊接累计变形等因素引起的钢箱梁整体组装产生偏差。同时,在钢箱梁组焊成整体后进行首尾衔接的水平预拼装,以确保钢箱梁整体的线形。

2.5 综合桥位复杂工况,与兄弟单位密切协作,切实、安全、可靠地完成钢箱梁桥位施工。

2.6 全过程的质量控制措施,确保大跨径悬索桥钢箱梁制造全过程均处于可控范围内,确保大桥钢箱梁质量。

3 适用范围

大跨径、特大跨径悬索桥整体式、分体式钢箱加劲梁的组装、制造及桥位施工。

4 工艺原理

大跨径悬索桥钢箱梁多为扁平流线形封闭钢箱梁或分体式钢箱梁。鉴于悬索桥钢箱加劲梁的结构特点,首先,按照保证设计整体性和"一套基线群"的原则将钢箱梁节段划分为若干制造单元;其次,充分地利用辅助工装,采用合理的工艺制造零部件;再将零部件先于钢箱梁整体组装前,组装成较大的块件,以块件直接参加钢箱梁整体组装;之后,在钢箱梁整体组焊、预拼装胎架上进行整体组焊并完成钢箱梁节段间首尾衔接的预拼装;最后,与吊装单位、监控单位等兄弟单位密切协作完成钢箱梁桥位施工,大桥贯通。

5 施工工艺流程及操作要点

5.1 施工工艺流程(图1)

5.2 操作要点

5.2.1 制造单元划分

根据钢箱梁的结构形式和构造特点,依据原设计图的设计思想,参照目前国内钢铁公司轧制钢板的规格和国内铁路、水路、公路的运输条件,同时尽可能地提高划分单元的通用互换性,即对于板单元长宽尺寸一致。由此可将钢箱梁每一节段分为若干个制造单元。悬索桥分体式钢箱梁制造单元划分示意见图2。

另外,划分单元的同时也应考虑划分的制造单元与钢箱梁节段的相对位置关系,以保证划分的单元制造后精确的回到钢箱梁的原定位置上。这里以"一套基准线"为原则,即钢箱梁节段的纵横向基准线为板件、单元件和节段整体组焊的唯一基准,钢箱梁节段间也以这一套纵横向基准线为唯一基准进行拟桥位预拼装,依此来确定节段间相对位置的正确性。单元的纵向、横向的基准线以钢箱梁节段的基准线为基准发生相对位置关系。

5.2.2 工程术语确定

工程项目是特殊而又繁杂的。其特殊在于每个项目都有很强的针对性,且一般都有一定的建设周期;每个项目都是个案,没有两个完全一致的项目。其繁杂是指在短短的建设周期中要将技术、财务、人力资源、设备、质量、安全、环保等多方面因素组合在一起,共同服务于同一个项目。但在整个项目运作过程中并不是所有人都懂工程技术,而每个人又必须用到,因此就应该有一套针对项目的、统一的工程术语,以便于在过程中沟通使用。

(1)悬索桥钢箱梁组装工程常用术语

①板块。为方便生产及运输,依据钢箱梁的结构特征,将顶板、底板、腹板划分成若干块,即为板块,它主要由面板(钢板)和U形肋(或板条肋)构成,通常有顶板板块、底板板块、斜顶板板块、斜底板板块、斜腹板板块、直腹板板块、检修道板块。

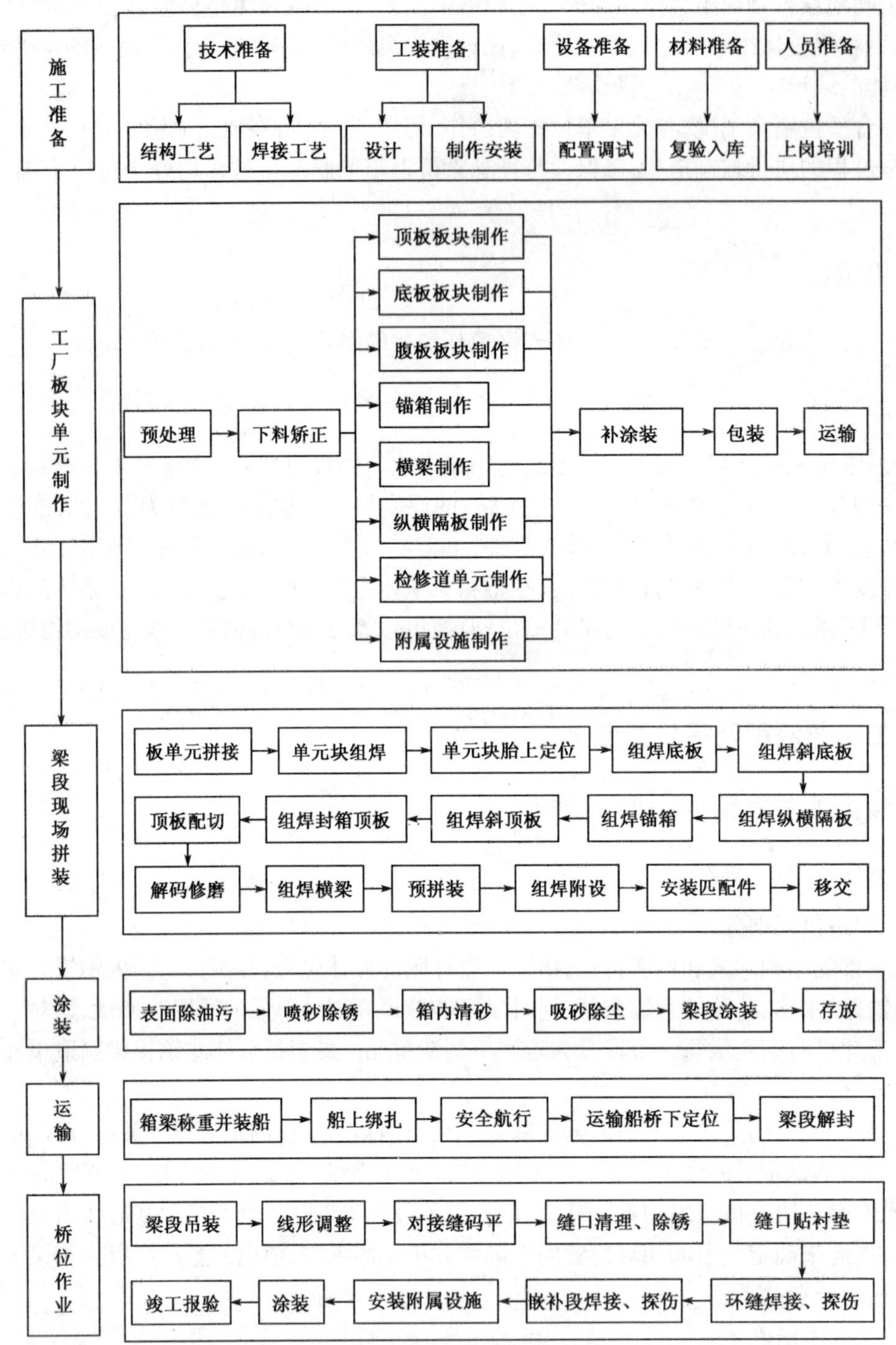

图1　大跨径悬索桥钢箱梁制造工艺流程图

②板单元。为控制整体精度,简化钢箱梁整体组装作业,先将两块板块拼焊在一起,再参与钢箱梁段的整体组装,这种板块的合件称为板单元,通常有顶板板单元、底板板单元、斜底板板单元、检修道板单元等。

③锚箱。锚箱是悬索桥钢箱梁与吊索的连接构件,通常由耳板、三块承力板和两块腹板组成的不规则箱形结构。

④箱形横梁。是指连接两个边箱梁的箱形结构件。

⑤工形横梁。是指连接两个边箱梁的工形结构件。

⑥单元块。根据制造的需要,结合结构特点,在钢箱梁整体组装前将靠近横梁处的顶板、底板、隔板

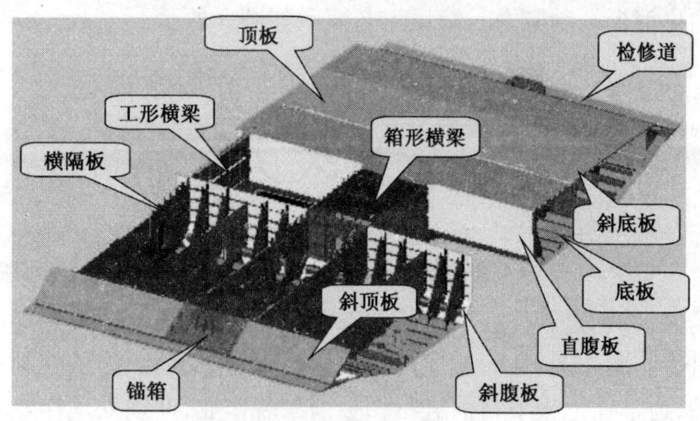

图2 悬索桥分体式钢箱梁制造单元划分示意图

注：节段整体及制造单元横基线均设在理论长度中心处；分别取两边箱梁近横向连接箱顶板的纵基线为钢箱梁节段的纵基线，共两条以梁段中心线对称；横隔板横基线与直腹板纵基线高度一致。

和直腹板、斜腹板组成一个不封闭的箱形结构称“单元块”。此法有利于顶板与直腹板、直腹板与斜腹板、底板、隔板的组装精度，实现焊缝的平位焊接，确保焊接质量。

⑦边箱梁。悬索桥分体式钢箱梁横桥向由两个分离的六边形封闭钢箱和中间的连接横梁构成，这个六边形封闭钢箱称“边箱梁”，制造时将边箱梁和横梁分别制作后再连接在一起形成钢箱梁。

⑧整体组装。由板块、板单元、单元块、纵横隔板等组焊成边箱梁的过程称为“整体组装”。

⑨预拼装。为减少桥位高空架设作业的难度和加快吊装速度，确保钢箱梁桥位吊装线形，在边箱梁、横梁制造完后，将若干钢箱梁段的边箱梁、横梁模拟实桥线形进行的纵、横向接口连接，以修正梁段尺寸、接口形状，并施焊横向接口焊缝（边箱梁与横梁的焊缝）、组焊纵向接口临时连接件，这个过程称“预拼装”。

⑩钢箱梁节段。根据构造、制造和架设的需要，将整个钢箱梁分成若干节段，进行制造，这个节段称为钢箱梁节段，简称“节段”。

⑪现场。钢箱梁整体组焊及预拼装场所。

⑫工地。钢箱梁架设场所，即桥位。

(2)悬索桥钢箱梁制造零部件编号常用方法

在工程术语确定后，根据这些术语和钢箱梁节段单元划分可确定每个零部件的编号，具体编号见表1。

悬索桥钢箱梁制造零部件编号方法 表1

序 号	零部件名称	编 号	序 号	零部件名称	编 号
1	顶板板块	KJi1(Z/Y)~KJi5(Z/Y)	9	顶板单元	AJi1(Z/Y)~AJi3(Z/Y)
2	斜顶板板块	KXJi(Z/Y)	10	检修道板单元	KRDi
3	底板、斜底板板块	KDi1(Z/Y)~KDi5(Z/Y)	11	底板、斜底板单元	ADi1(Z/Y)~ADi2(Z/Y)
4	直腹板板块	Fi(Z/Y)	12	锚箱	MXi
5	斜腹板板块	FXi	13	工形横梁	LGi
6	横隔板板块	HGiM,HGiS	14	箱形横梁	LXi
7	纵隔板板块	ZGi(Z/Y)	15	检修道单元	ARi(Z/Y)
8	检修道板块	KR1i(Z/Y),KR2i(Z/Y)			

注：“i”表示梁段类型，“(Z/Y)”表示左右件。

有了钢箱梁节段和零部件的编号及名称，全桥钢箱梁的所有构件的名称均与其位置对应起来，由此即可以展开零部件的加工制造工作，同时也便于工作中的交流，避免了构件混乱情况的发生。

5.2.3 零、部件制造

(1)板材预处理

为了均化钢板的轧制应力、提高钢板的机械性能、保证钢板的平整度，通常在钢板下料前须对钢板进行滚压。即钢板往复通过多轴联动辊轮，通过辊轮咬合力完成钢板滚压工作；此外必须沿钢板轧制方向通过辊轮才能有效均化钢板轧制应力。滚压工艺简示如图3所示。

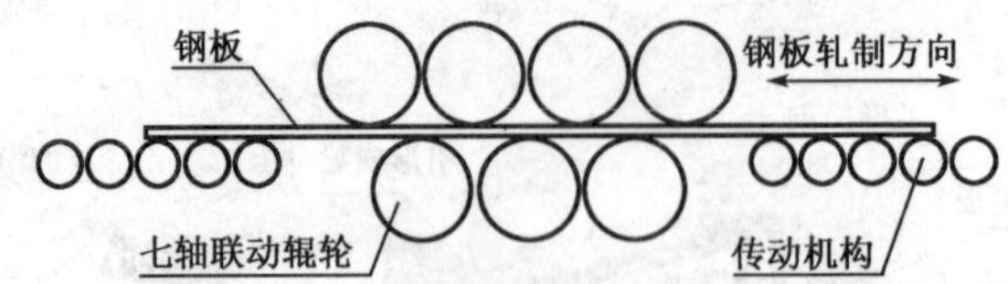

图3 钢板滚压工艺简示图

注:图中的“七轴联动辊轮”是常见的滚板类型。

钢结构产品容易锈蚀,特别是零件在半成品状态若不加防护,其锈蚀带到部件总成时容易造成一些部位无法去除锈蚀及进行防腐作业,从而造成产品质量的问题。因此,为了控制并减小钢结构产品零件在半成品状态时的锈蚀,通常在钢板下料前进行钢板预涂装作业,即预处理作业。目前采用钢板预处理线设备来完成钢板的预处理作业。

(2)零件的下料方法

经预处理后的钢板可根据零件的具体形状和大小确定下料方法。

①对较长矩形板件采用多嘴头门式切割机精切下料;

②对隔板等形状复杂的板件采用CAM系统的数控切割机精切下料;

③对较规则的薄板次要零件采用剪切下料;

④对较薄的主要零件,采用等离子切割;

⑤型钢采用剪切机、锯切机或焰切下料;

⑥钢板对接坡口采用火焰精密切割、刨边机或铣边机加工。

(3)U形肋的制造

U形肋作为薄壁钢箱梁的主要纵向传力构件,目前的制作主要采用折弯法和冷轧辊压成型法两种方法。

①折弯法。折弯法即采用折弯机将矩形板条在专用压模上沿折弯线压制成型的方法。这种方法主要控制板条的宽度、折弯线的位置、下模具的宽度及上模具的行程等几个方面。

②冷轧辊压成型法(图4)。冷轧辊压法是将预处理后的钢板安弯折钢板的宽向展开长切割成板条,之后让钢板沿长方向依次通过由上下夹角渐变的辊轮组成的压模,直至钢板全长通过。一次辊压后钢板还未完全成型,这时调整所有辊轮,使上下辊轮夹角一致,让未成型的钢板二次或三次通过辊轮直至最终成型。辊压设备调试正常后,通常滚压二次即可成型。

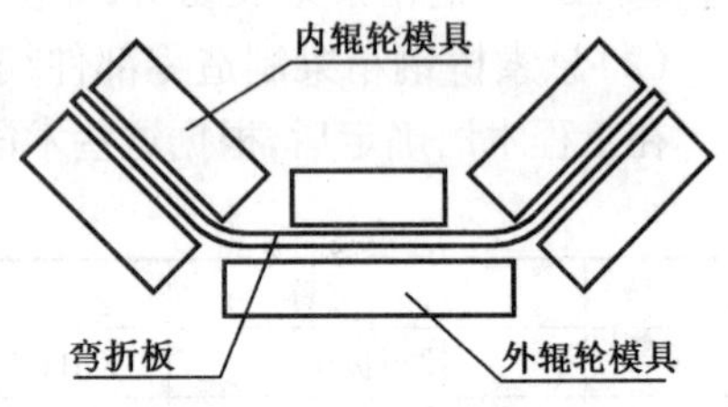

图4 冷轧辊压钢板弯折工艺简示图

国内钢铁公司多采用冷轧辊压法,该方法易成批量流水作业,生产效率较高。而钢板折弯法在制造企业多为采用,其适用性较强但操作较复杂,生产效率较低。

(4)板块制造

根据悬索桥钢箱梁节段制造单元划分的情况,这里板块指构成箱梁的顶板板块、斜顶板板块、底板板块、斜底板板块、直腹板板块、斜腹板板块、检修道用板块。根据各自的结构形式,板块基本由钢板、U形肋(或板条肋)、隔板连接板组成。

①工艺流程。以控制板块的几何尺寸精度为原则,在板块制造过程中采用图5工艺流程。

②工装设计。考虑到U形肋(或板条肋)在钢板上组装位置的精度和焊接后焊接变形的控制将直接影响到钢箱梁顶底板整体及箱内横隔板的组装精度,因此需在板块组装中设置若组工装,以服务于板块的组焊精度控制。

a. 划线平台。划线平台根据制造精度控制需要可分一次划线平台和二次划线平台。其中一次划线平台用于钢板上基础位置线的布设,即钢板纵横向中心线、U形肋(或板条肋)组装位置线。二次划线

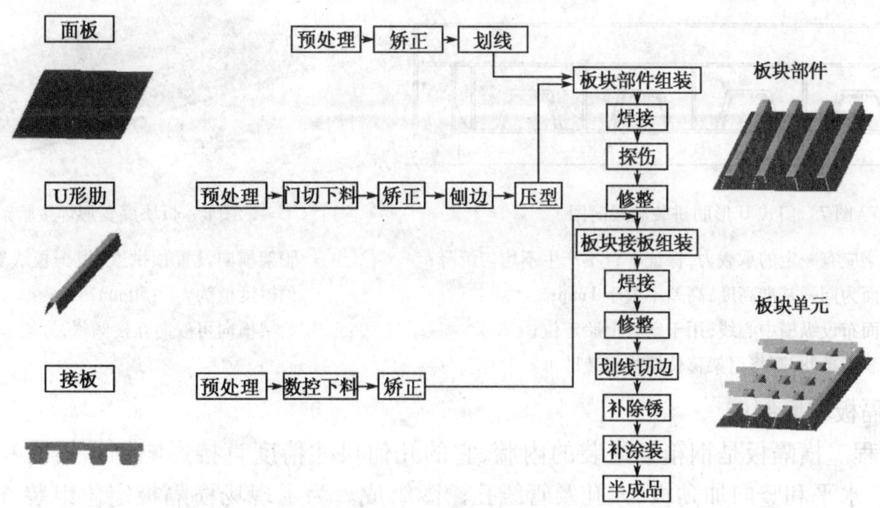

图5　板块制作工艺流程图

平台用于板块基本结构件组焊完且修整后在平台上检验板块平整度及划出板块周边二次切割线(这里划出二次切边线的目的是考虑板块采用无余量制造技术)。板块制造一、二次划线平台的结构简示如图6所示。

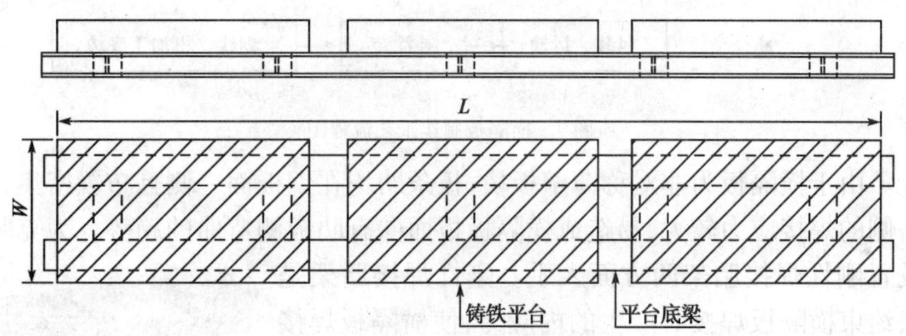

图6　一、二次划线平台结构简图

注:1.平台底梁应有一定承载力,保证平台不产生不均匀沉降;

2.平台顶面为同一基准高度,高差不大于1mm;

3.基线布设应垂直或平行于划线平台工装整体纵横中心线;

4.基线分别编号,编号对应板块。

b.U形肋(或板条肋)组装胎架。伴随着国际上对正交异性板结构桥面板的广泛使用,人们对加劲肋的认识也逐渐加深,U形肋、球扁钢等加劲肋在钢桥中大量采用,其具有良好的稳定性和纵向传力功能。由于U形肋截面为异型构件,因此需设置专门的组装胎架。结合板块的特点,采用门式组装胎架保证U形肋准确就位。门式组装胎架结构简示见图7。

c.板块焊接胎架。由于焊接过程中金属熔化后二次结晶成型构成焊缝,这时熔敷金属处会产生应力的重分配,即产生内应力。在内应的作用下产生收缩位移趋势,并带动相邻部位金属发生连动现象,依此构成焊接后钢板变形现象的发生。为克服或有效地减小焊接后产生的钢板变形现象,通常会采取外加手段,即自约束或他约束的方法。所谓自约束,即利用结构的自身整体刚度对局部焊缝焊接时产生应力进行克服、约束的方法;所谓他约束,即利用结构件以外的外加手段对焊接时产生的应力进行克服、约束的方法。

根据板块的特点应采用"他约束"的方法来控制焊接变形。即设置横向预拱度结合刚性焊接胎架的方法。依据板块焊接过程中的热量输入、应力分布及变形趋势,利用积累同类型结构焊接变形的规律,确定反变形量,设计制作焊接反变形胎架,板块反变形焊接胎架结构简示见图8。

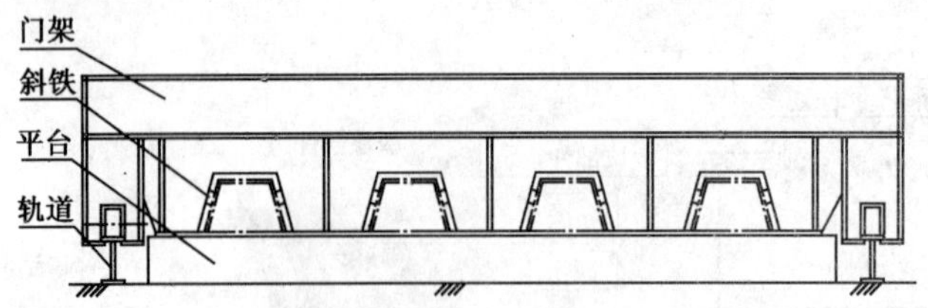

图7 门式U形肋拼装胎架简图

注:1.平台底梁应有一定的承载力,保证平台不产生不均匀沉降;
2.平台顶面为同一基准高度,高差不大于1mm;
3.平台顶面布设纵横中心线,用于钢板上胎定位;
4.若仅组装板条肋,则将门架移位按线组装即可。

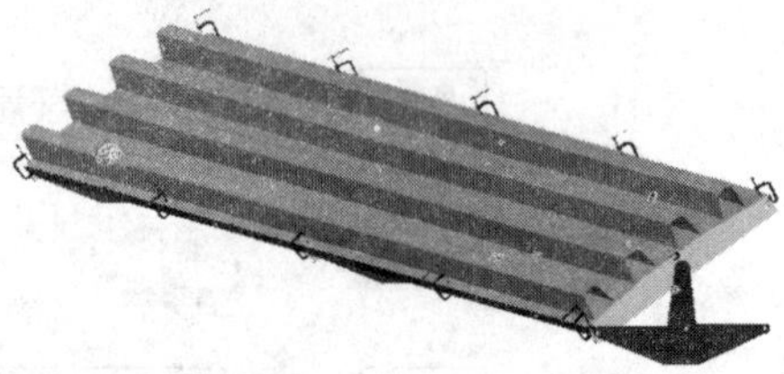

图8 板块反变形焊接胎架简图

注:1.胎架横向设置预拱度,根据板块宽度(2.4m左右)预拱度值为40~50mm;
2.胎架横向可双向互换倾斜,方便焊接顺序的调整。

(5)纵横隔板单元制造

①工艺流程。横隔板是钢箱梁组装的内胎,它的几何尺寸精度直接影响钢箱梁的断面尺寸精度。横隔板由钢板、水平和竖向加劲板、人孔及管线孔镶圈组成。为了现场横隔板定位组装方便,在横隔板下部增设临时托板。针对其结构特点,采用工艺流程见图9。

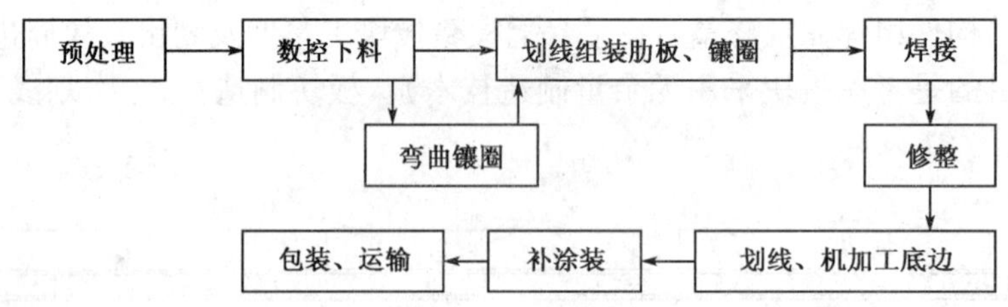

图9 横隔板制作工艺流程图

②工装设计。由于横隔板为非对称薄壁板块,板条肋均在钢板面一侧且布置密集,因此在焊接过程中横隔板板面一侧的焊接应力较大,易造成横隔板板面向有肋板侧弯曲的趋势。为克服这种现象,可以从焊接顺序和设置刚性焊接胎架两方面入手。刚性焊接胎架是采用强制性方法约束横隔板焊接时产生的内应力,使横隔板焊接时的内力进行自均化的过程(通常焊后待温度低于60℃后方可解开加紧装置)。其结构如图10所示。

图10 横隔板焊接胎架结构简图

5.2.4 钢箱梁块件组装

为了减少钢箱梁整体组装时的工作量,并尽可能地避免或较少零部件组装钢箱梁整体时产生的偏差。在钢箱梁节段整体组装前,将部分零部件预先组装成较大的块件,以块件直接参加钢箱梁整体组装。可预制的块件主要有:板单元、锚箱单元、横梁单元、检修道单元、单元块等。

(1)板单元制造

悬索桥钢箱梁节段制造单元划分考虑到运输限界、钢板轧制等因素将板块划分的较小,但若直接将这些小板块用于钢箱梁节段组焊,势必造成拼缝数量增多、焊接收缩变形增大等不利因素。因此,可将部分小板快两两或更多板块(考虑设备能力和通用性合理时采用)先拼焊成整体,并以拼焊后整体形式参与钢箱梁节段组焊。这个整体命名为"板单元"。

①工艺流程

板单元制造的实际工作内容是将板块接宽的过程,其制造过程主要保证相邻板块的相对位置准确、对接缝焊接质量良好。采用的工艺流程如图11所示。

②工装设计

板单元制造节板块接宽组焊过程。其主要工艺过程是将2~3个板块半成品放置于板单元组焊胎架上,通过定位、锚固、焊接、修整等工序将多个板块组焊成整体板单元。同时板单元组焊胎架设置应充

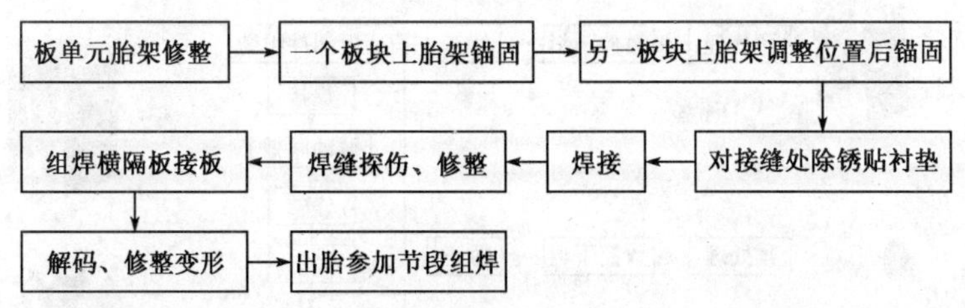

图 11　板单元制造工艺流程

分考虑板块焊接过程中产生的横向焊接收缩而设置的反变形工艺量。通常依据板块板厚、焊缝长度等因素。目前，钢箱梁板块厚度多为 10mm、12mm、14mm，板块纵向焊缝长度多为 10m 以上，因此板块纵向焊缝对接反变形工艺量通常为 8～10mm。

板单元组焊胎架结构如图 12 所示。

图 12　板单元拼接胎架形式简图

(2)锚箱单元制造

悬索桥索梁连接锚箱结构有两类：一类是耳板及补强件设置于梁外（欧洲悬索桥常用）；另一类是耳板及补强件设置于梁内（日本悬索桥常用）。第一类锚箱结构锚箱外露在钢箱梁外面，便于安装、维护及吊索更换，且锚头不需穿入箱内，可提高箱梁的密封性能，对除湿防潮有好处；其缺点是对锚固点处各受力板的焊接质量要求严格，并且横向阻风面积稍大。第二类锚箱结构为内置的锚箱式。其优点是受力板内置于梁内，传力均匀可靠；其缺点则正好与前一种的优点相反。两类索梁连接锚箱结构见图 13。

从焊接安全的角度来考虑，西堠门大桥钢箱梁采用第一种锚固形式。由于本桥吊索锚箱处竖向加劲肋的存在，焊缝较多，且斜顶板和斜底板的加劲肋在锚箱范围内中断，加上横隔板的搭接焊缝正好处于该位置，因此本处受力十分复杂，因此在制作中要充分考虑在吊索锚箱处可能出现的焊接变形和疲劳应力问题。

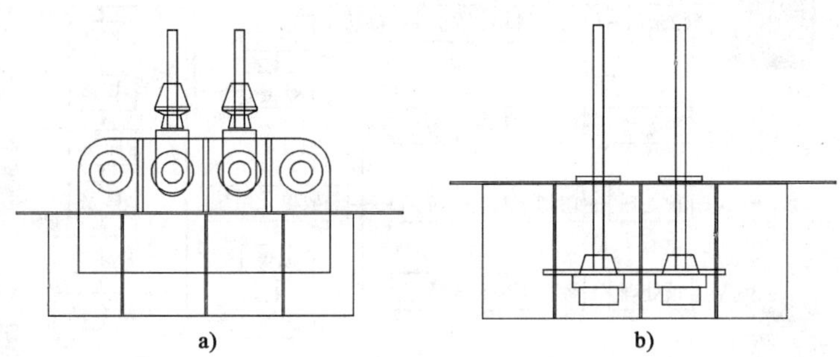

图 13　锚固内置、外置

a)锚固外置；b)锚固内置

工艺流程如图 14 所示。

锚箱单元由耳板、三块承力板和腹板组成，耳板在箱体上的位置和角度、耳板与承力板的焊接质量十分重要，采用如下工艺制作。

(3)横梁单元制造

悬索桥分体式钢箱梁中横梁单元是两边箱梁主要连接的横向传力构件。

①工艺流程。根据箱形横梁的结构形式，可以此采取两种组装工艺。其一是利用结构件多次翻身来保证主焊缝的平位焊接，以提高焊接质量，减小焊接变形的组装工艺；其二是结构件尽量少翻身，用较复杂的焊接工艺保证焊接质量，进行组装的工艺。第一种方案适用于起重设备允许且翻身条件便利的

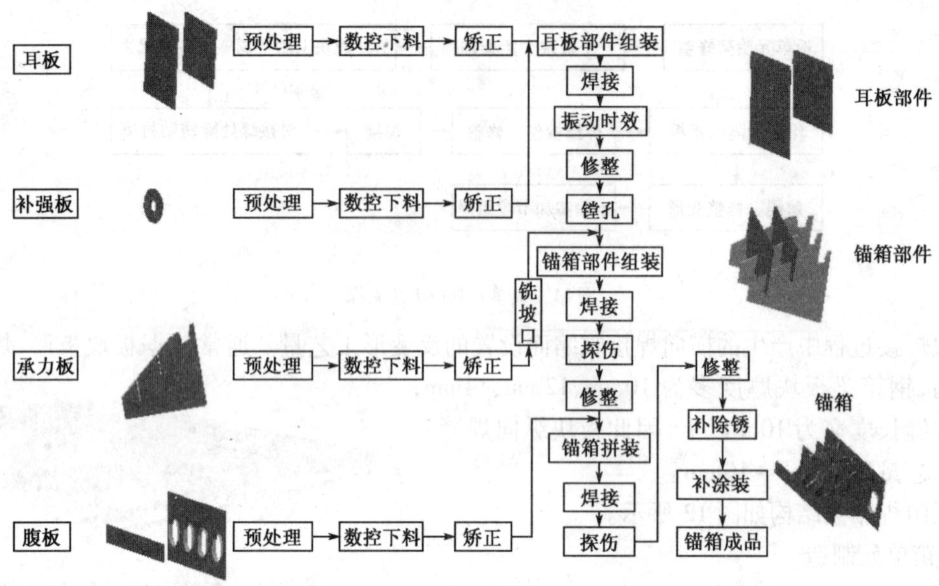

图14 锚箱单元制作工艺流程图

情况;第二种方案适用于现场起重设备不允许或操作环境狭小的情况。以下为第一方案组装工艺,具体工艺流程如图15所示。

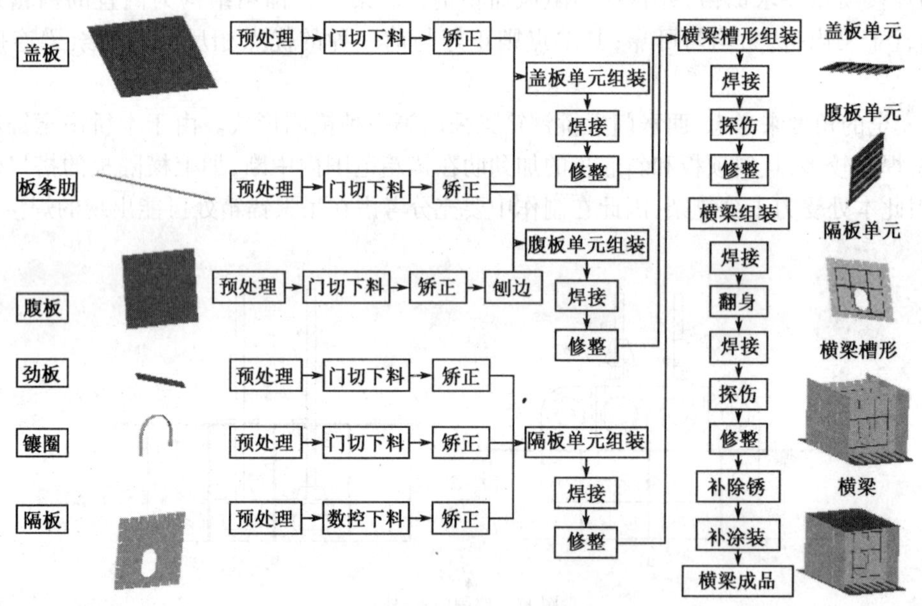

图15 箱形横梁制作工艺流程图

②工装设计。根据箱形横梁制造工艺流程,采用在水平胎架上弹性支撑正位组装结合翻身焊接的组装方法。箱形横梁制作专用工装如图16所示。

(4)检修道单元制造

根据检修道单元的结构特点,采用“倒装法”在检修道组焊胎架上进行组焊。制作工艺流程见图17。

(5)单元块制造

悬索桥分体式钢箱梁其总体结构为两边箱梁通过中间的横桥向连接结构连接成整体。根据桥梁设计的主导思路,索梁主要传力结构可布置于加劲梁中部或加劲梁的边侧,但两种结构设计对于加劲梁的

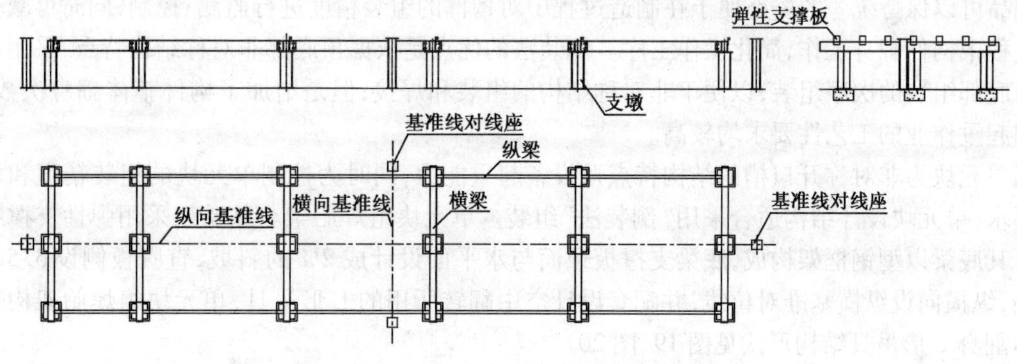

图 16 箱形横梁制作专用工装

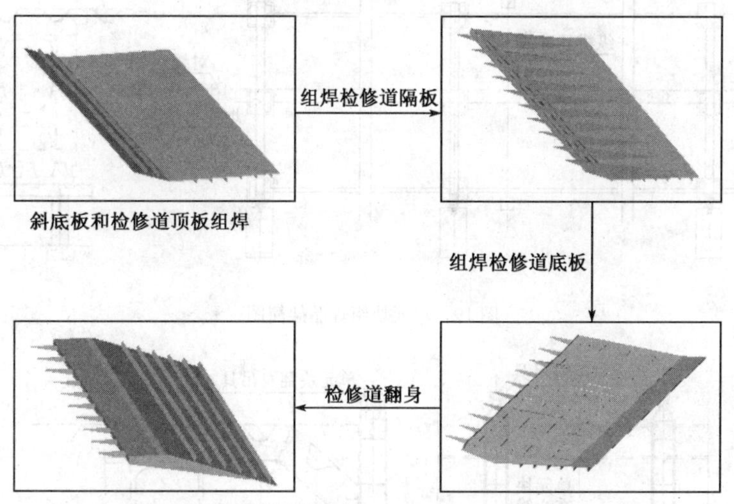

图 17 检修道单元组焊工艺流程图

横桥向整体刚度均要求较高,对于整体式加劲梁的横桥向刚度大于分体式钢箱梁刚度,因此分体式钢箱梁通常在横向连接部位布置较强的补强构件,以满足分体式钢箱梁横桥向整体刚度的要求。

针对悬索桥分体式钢箱梁自身结构必须满足其横桥向荷载分布的结构强度要求,则在边箱梁近中间横梁侧需设置较多的补强构件,因此边箱梁在近中间横梁位置处结构布置较复杂。考虑到这些因素,在钢箱梁制造中将边箱梁在近中间横梁位置处结构构件预先构成一个单元件,命名为"单元块",同时以单元块作为边箱梁其他零部件、边箱梁整体和分体式钢箱梁节段定位组装的基准。

①单元块的划分。单元块的构成即分体式钢箱梁边箱梁近横梁侧的顶板单元、底板单元、直腹板单元、斜腹板单元、横隔板、角隔板及加劲板等构成的非对称开口槽形结构,单元块结构如图 18 所示。

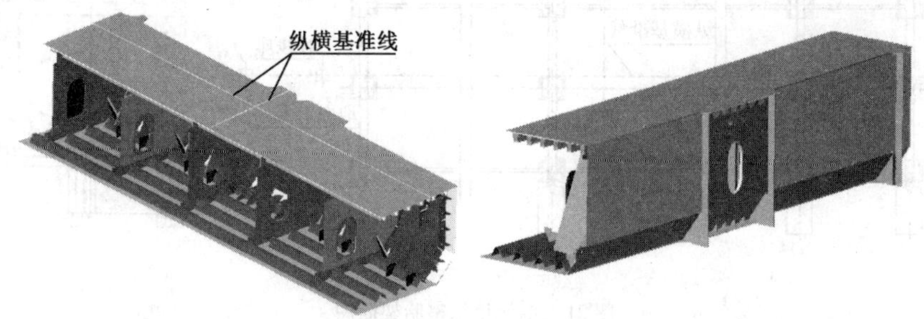

图 18 单元块结构示意图

②工装设计。单元块横断面为非对称结构形式,其组装方案可考虑两种,即正装法和倒装法。正装法是构件以该构件在桥位的实际姿态为组装时的姿态由下至上依次进行组装的方法;倒装法是构件以翻转该构件的桥位实际姿态为组装姿态,由构件的顶部开始向底部组装的方法。正装法优点是构件从

组装到成品可以保持统一的姿态便于在制造过程中对构件的组装精度进行监测、控制;同时可减少在组装焊接过程中构件翻身工作,简化操作工序。倒装法的优点是依据顶底部非对称结构特点,采用从构件的顶部向底部组装的次序组装,以便于非对称结构的组装和焊接;但是增加了构件整体翻身次数,对起重设备和起重作业的工艺性要求均较高。

根据单元块为非对称开口槽的结构特点及设备起重能力,同时为控制单元块的组装精度和满足生产进度要求,单元块设计结构适合采用"倒装法"组装。单元块组焊胎架。该胎架采用弹性支撑组焊胎架形式。其底梁以型钢框架构成,底梁支撑板顶面与水平面设计成2%的斜坡,直腹板侧设3.5m高定位式靠挡,纵横向设纵横基准对位线,并配套设计空中翻转所用的L形吊具,单元块组焊胎架构造和单元块整体翻身L形吊具结构形式见图19、图20。

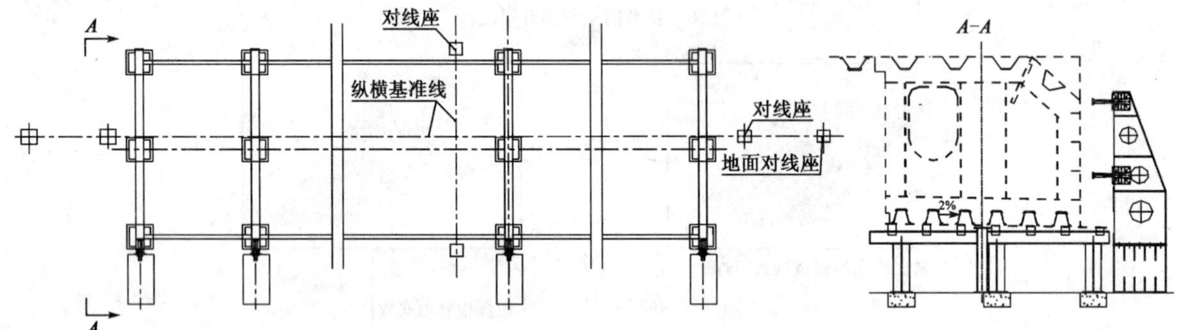

图19 单元块组焊胎架简图

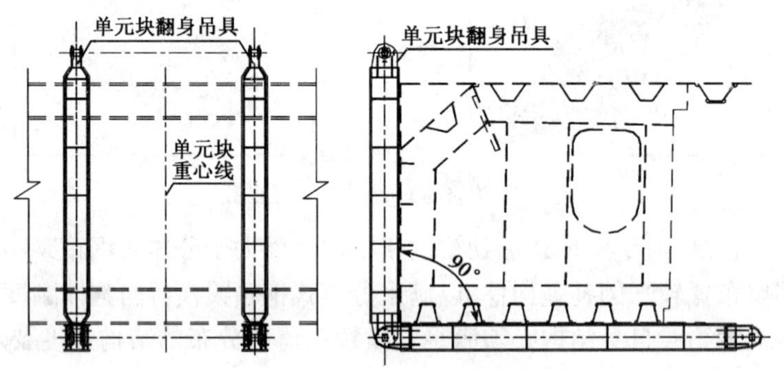

图20 单元块L形翻身吊具简图

此外,为保证单元块的组焊几何精度,另设一组单元块修整胎架,用于单元块从组焊胎架上出胎后修整工作。单元块修整胎架构造见图21。

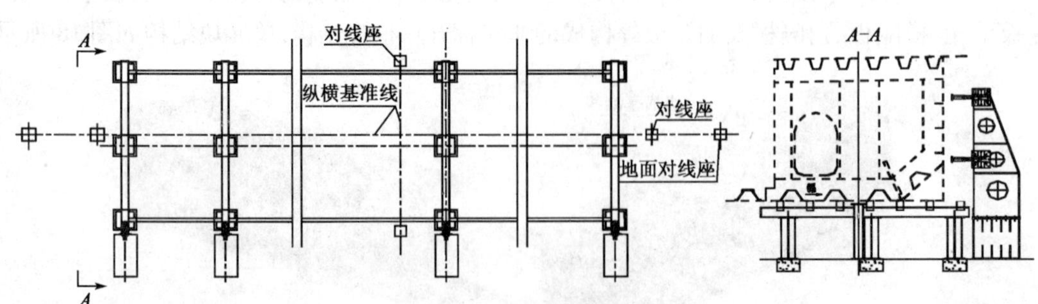

图21 单元块修整胎架简图

③工艺流程。单元块采用"倒装法"在单元块组焊胎架上进行组装和施焊所有平位焊缝,出胎后采用L形吊具空中翻身使其余焊缝置于平位施焊,采用火焰法进行矫正,具体工艺流程见图22。

单元块空中翻身示意见图23。

④元块组焊工艺。考虑到单元块为非对称开口槽形,其组成零部件较多,构件间焊缝密集,在组装

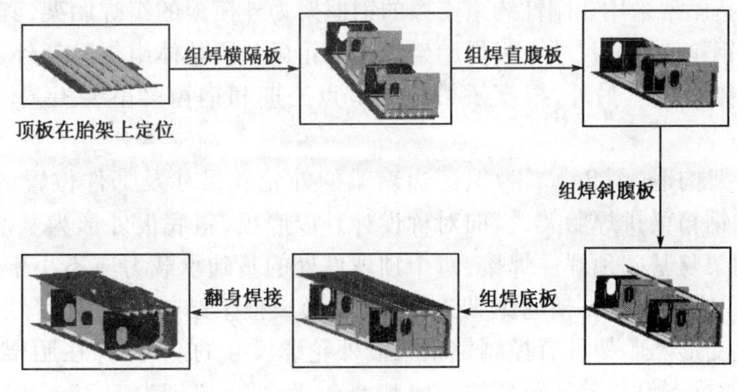

图22 单元块组焊工艺流程图

图23 单元块空中翻身示意图

中的组装累计误差较大;焊缝密集易造成焊接收缩大,焊接内应力会造成整体结构的变形较大。在分体式钢箱梁节段中单元块制造采用“单元块构件仅部分焊缝施焊后出胎,其余焊缝焊接后续在总拼胎架上完成”的组装工艺。

5.2.5 钢箱梁整体组装、预拼装

钢箱梁节段制造的主要任务是将预先制造的零部件以有序的组装方法和合理的焊接工艺连接成为整体的过程。为了减少大型构件在场地内的转场工作量,同时避免大型构件整体反复组焊解码造成焊接变形过大的不利影响,钢箱梁节段组焊和节段间拟桥位预拼装采用在一套拼焊胎架上完成的方案。该方案更有利于节段组焊和节段间预拼装在同一基准面、同一套控制体系下完成。

(1)钢箱梁节段整体组焊

悬索桥分体式钢箱梁节段整体制造的总体思路是首先将预制的单元块和横梁单元在总拼胎架上找正相对位置关系后定位锚固,之后再依据定位后的单元块分别将边箱梁的顶底板单元、横隔板单元、锚箱单元、检修道单元组装成边箱梁整体,在边箱梁组焊成型后再组焊边箱梁与横梁单元构成分体式钢箱梁整体节段。

①钢箱梁节段制造工装设计

a. 总拼胎架设计思路。大跨度钢箱梁桥梁,其钢箱梁形式多为封闭式钢箱梁,对于封闭式钢箱梁制造需要外模、内模等,之后在模板内完成板块的拼装、焊接等工作直至完成,同时在钢箱梁制造中也采用一套胎架多段钢箱梁节段同时制造的方法。此外,由于钢箱梁节段在胎架中以节段为单元单独制造,在制造中各节段之间没有相关数据联系,但在钢箱梁节段制造完毕后,节段间最终在桥位上要连接成整体,因此在钢箱梁节段间必须有相关数据联系,为保证并有效地控制这种节段间联系,在钢箱梁节段制造完毕后须进行钢箱梁节段拟桥位预拼装工作,以实现节段间的连接、匹配工作。通常考虑将钢箱梁节段的制造和钢箱梁节段间的预拼装在一套胎架中完成。

分体式钢箱梁制造胎架采用非刚性约束支撑的钢框架为外模板的组焊胎架,其内部考虑用箱内横隔板作为内胎以保证钢箱梁断面尺寸。组焊胎架作为钢箱梁节段整体组焊胎架外,还兼作为钢箱梁节段间拟桥位预拼装胎架使用。另外,根据桥梁施工节点工期和钢箱梁吊装工艺流程,确定该胎架的长度。

b.钢箱梁总拼胎架构造(图24)。为保证边箱梁的外轮廓尺寸及部件位置的准确,针对钢箱梁结构特点设计钢架式钢箱梁拼焊胎架,横向对称设计。以底板、斜底板外形为基准面确定胎架形状,利用型钢制作支承钢架与基础预埋件焊接,每个预埋件处的基础承载力应不小于30t,支承钢架分横向钢架和纵向连杆,用纵向连杆将横向钢架连接起来,形成框架结构,使其具有足够的刚度,不会随使用时间的延续发生变形。胎架具有控制钢箱梁段外轮廓尺寸的能力,并在胎架两端设四对与胎架分离的测量塔,在每段梁下设与胎架分离的横向基准点,胎架高拟订为1.35m,以满足从胎架固定位置的要求。

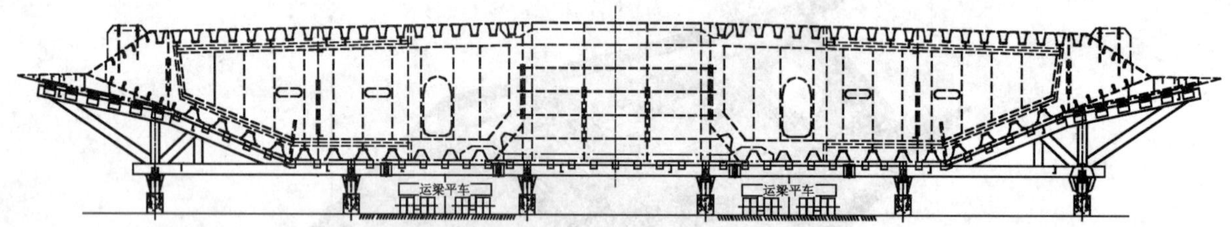

a)

b)

图24　总拼胎架图

a)总拼胎架横断面结构图;b)总拼胎架实物图

c.分体式钢箱梁总拼胎架构造的关键:

• 总拼胎架斜边角度控制。影响钢箱梁几何精度的关键因素是钢箱梁整体组焊时纵向焊缝焊接产生的横向收缩问题造成的焊接收缩变形。对于钢箱梁节段的整体组焊过程主要是通过板件和单元件的纵向焊缝拼接而构成钢箱梁节段整体,所以在钢箱梁节段横桥方向上会产生向桥轴线收缩的内应力。反映到钢箱梁节段的变形情况是,钢箱梁横桥向距桥轴线的远端点有向桥轴线回弹的变形,这种回弹变形往往是以钢箱梁横桥向远端点绕着以钢箱梁底板与斜底板的交点为圆心的圆弧轨迹向上运动的。因此,钢箱梁总拼胎架的斜边角度通常不是钢箱梁理论斜边的角度,而是含有一定的焊接工艺补偿量。

可以用预设总拼胎架斜边焊接反变形量和设置合理的钢箱梁横桥向预拱度及合理的组焊顺序等方法予以控制此类变形的发生。方法为:首先,将钢箱梁边侧拐点绕底板与斜底板的交点为圆心向下旋转一定角度;其次,钢箱梁高度方向预设拱度;再次,重新调整桥面横坡顺直;最后,采用"底板——斜底板——斜顶板——边顶板——配切中间顶板"这样的组焊顺序尽量减小焊接过程中的收缩,以控制最终的上翘变形的发生。

• 测量塔与总拼胎架的配合。为了提高钢箱梁的组装精度,钢箱梁节段在零部件制造及整体组装过程中均采用一套基准线。为此，在总拼胎架两端处设置测量塔柱；在总拼胎架的端部布设梁段横向对线座。总拼胎架基准线群位置关系见图25。

测量塔设置的目的是用几条互相平行且与总拼胎架垂直的纵基线控制钢箱梁段所有构件横桥向位置关系；横向对线座设置的目的是控制钢箱梁所有构件顺桥向的位置关系。

测量塔两两为一组，互相通视构成一条基准线，共形成几个纵向控制面。其中间两条基线为主基线，用于控制单元块在胎架上的横桥向位置，两边各一条主要保证锚箱单元的定位。

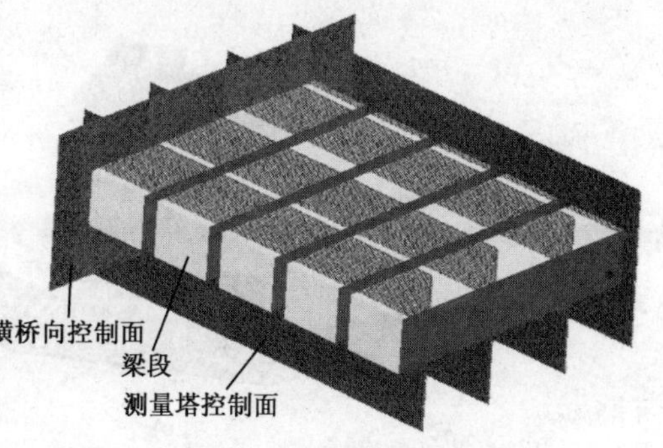

图25　总拼胎架基准线群位置关系简图

②钢箱梁节段制造工艺

钢箱梁段整体组装与焊接是整个钢箱梁制造的关键，将钢箱梁的制作与预拼装分步进行，并在钢箱梁组装前增加制作单元块件的内容，使整体焊接量减少，有利于控制焊接变形和减小钢箱梁的内应力。具体组焊工艺为：

a. 单元块、箱形横梁定位；

b. 组焊底板单元；

c. 组焊斜底板单元；

d. 组焊检修道单元；

e. 组焊纵横隔板；

f. 组焊锚箱单元；

g. 组焊斜顶板；

h. 组焊边顶板单元；

i. 组焊封箱顶板单元；

j. 检测吊耳板间距及桥面2%人字坡合格后，施焊边箱梁与连接横梁之间的焊缝；

k. 梁段纵横基线修整；

l. 临时吊点、泄水管、防撞护栏预埋件、路缘石及灯柱底座的组焊；

m. 钢箱梁段全面检测合格后，以中间测量塔线为基准，对钢箱梁顶板纵、横基线进行修正，该线是预拼装用线，钢箱梁与胎架解码后，全面修磨点焊码板部位，并复查相邻两箱段接口相对差，超差时进行修整。

钢箱梁节段组装工艺流程见图26。

组焊封箱顶板后，焊接边箱梁与横梁的对接焊缝构成分体式钢箱梁节段整体。此时，焊接顺序的调整有助于控制环形对接焊缝焊接收缩变形对结构尺寸的影响。

(2)合龙段制造

合龙段的设置在桥梁钢箱梁制造和架设中是必要的一个环节，对于钢箱梁节段在制造过程中造成的长度偏差和架设过程中由于轴向压力等原因造成的钢箱梁长度的偏差，在全桥贯通前均要通过合龙段的长度调整予以纠正。因此，合龙段的主要工艺控制项点有两方面：其一，合龙段长度的确定；其二，合龙段与相邻梁段接口的匹配。

①合龙段长度的确定。合龙段长度的确定在制造过程中分两个阶段：首先是制造阶段，主要任务是在合龙段制造时给合龙段留出一定的工艺配切量；其次是架设阶段，在综合桥位钢箱梁合龙口长度和温度修正等一系列因素后对合龙段进行定长配切。

②合龙段的接口匹配方法如下：

a. 实体手工检测法。实体手工检测，即人工利用经纬仪、钢卷尺等通用测量器具对合龙段的箱口尺

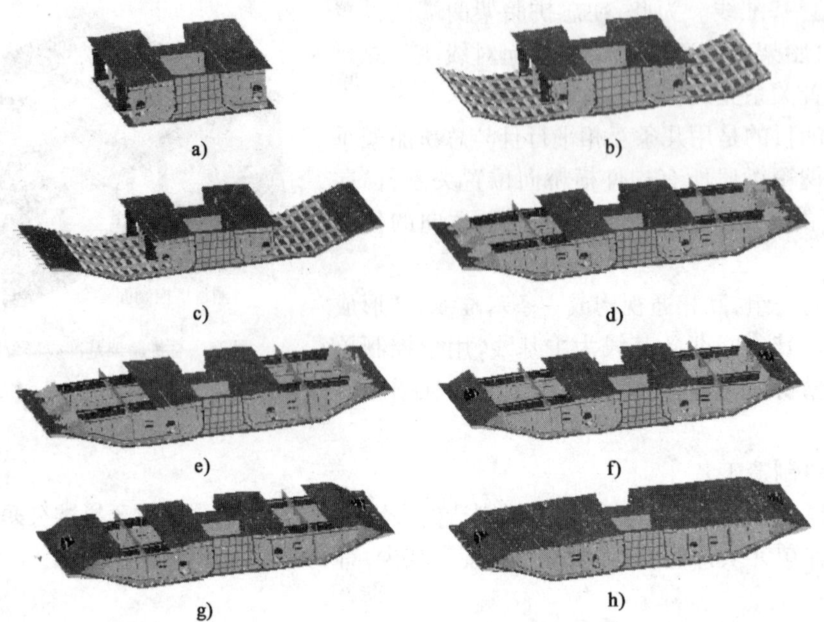

图26　分体式钢箱梁节段组焊工艺流程图

a)单元块在胎架上定位;b)组焊下底板、斜底板;c)组焊检修道单元;d)组焊纵、横隔板;e)组焊锚箱;f)组焊斜顶板;g)组焊边顶板;h)组焊封箱顶板单元

寸进行检测的方法。

b. 三维激光跟踪仪(API)控制法。API系统全称为三维激光跟踪仪控制系统,其利用API系统对合龙段的箱口进行测量拟和,并与箱口理论值进行比较,根据比较得到的箱口实际状态利用理论值的模型对合龙段箱口进行处理。

(3)节段间拟桥位预拼装

钢箱梁节段间预拼装是将钢箱梁节段模拟桥位实际的姿态进行梁段间接口的匹配连接,通过这种拟桥位连接过程得到钢箱梁段间接口在实桥位状态下的连接关系。这样可以将原本在空中完成的任务提前在地面上进行预演,可以提高后续钢箱梁段吊装架设的节奏,降低桥位高空作业的难度和风险性。

目前,国内外大跨度钢箱梁桥的钢箱梁制造、架设多采用的总体流程是"节段制造——节段预拼装——节段吊装——桥位梁段连接、全桥贯通"。在预拼装阶段制造线形的精确放样和梁段间的精确匹配是预拼装工作的关键。

①制造线形放样。钢箱梁制造、架设过程中的线形有两种,即制造线形和成桥线形。制造线形是指在计入桥梁恒载、动荷载、风荷载、温度荷载等,而未计入二期荷载的情况下,检算的桥梁梁体制造过程中的中间过程线形。成桥线形是指在计入桥梁恒载、动荷载、风荷载、温度荷载等,同时计入二期荷载的情况下,检算的桥梁梁体最终线形。用于钢箱梁制造的线形采用制造线形,钢箱梁在制造、拟桥位预拼装、全桥合龙贯通均采用制造线形。后期经过索力张拉、二期荷载等荷载施压后桥梁最终达到成桥线形,该线形为全桥最终竣工的线形。

钢箱梁制造过程中也采用制造线形,并使用该线形完成钢箱梁节段制造、节段间拟桥位预拼装等工作。该线形由钢箱梁施工监控单位提供,在提供钢箱梁拼装线形时考虑了桥塔的预高量、钢箱梁制造节段的重量误差、临时连接件及匹配件重量(该部分重量在钢箱梁合龙前施加,在钢构后拆除)、钢箱梁接口间嵌补段的重量(该部分重量在钢箱梁合龙后施加)、猫道重量(该部分重量在合龙前被转至主缆,并在二期恒载后拆除)、主缆缠丝、涂装重量、桥面铺装、收缩徐变的影响,以成桥钢箱梁理论线形为目标状态的钢箱梁拼装过程线形,计算温度为20℃。

利用计算机编制各梁段控制点坐标数据文件,按每节次预拼装梁段编号,选取其数据用CAD软件工具模拟梁段桥位架设状态,最终得到钢箱梁节段间顶板、底板处的接口间隙。为钢箱梁节段预拼装提供了基础数据。

②节段间水平预拼装。预拼装中的竖曲线形主要是通过钢加劲梁节段间顶、底板接口间隙的调整，用直线段的梁体依次逼近圆曲线而形成的。为在制造中更好地控制线形，就应提高钢加劲梁节段的制造质量、减少焊接变形，提高线形拟合计算精度，提高作业精度得到准确的测量数据，更要有确实的检核措施和检测数据，保证线形的精度。

钢加劲梁预拼装为水平预拼装，这种预拼装方法改变了以往实桥位起拱预拼装的传统工艺，大大降低了劳动强度、缩短了预拼装的周期，同时完全保证了预拼装线形和梁段接口匹配精度的要求。按照架梁的顺序，将全桥梁段划分为若干轮预拼装节次，根据节次，在预拼装生产线上进行预拼装，每次预拼装留下一个复位梁段参与下次预拼装，这样首尾相接完成所有预拼装作业，每次预拼装完成后，将不复位的梁段运至临时存梁区存放或进涂装厂房进行除锈、涂装。

a. 预拼装解决的主要问题：钢箱梁旁弯、拱度（线形）的调整，钢箱梁长度的控制，组装钢箱梁架设临时连接件（定位匹配件），接口焊缝间隙及相邻接口对接缝错边量的调整，桥位安装架设所用基准线的布设。

b. 预拼装的具备条件：修正钢加劲梁节段的纵横基准线，修正钢加劲梁顶板及底板的长度，修正钢加劲梁在胎架上的姿态，修整对接口。

c. 基线布设：钢箱梁节段制造和节段预拼装均在预拼装胎架上完成，因此从单件组焊到钢箱梁节段整体组焊直至钢箱梁节段预拼装均沿用“一套基线系统”。即以预拼装胎架布设的“四纵一横”五条基线为基础，将五条基线分解到单元构件，完成单元构件制造；以五条基线为基准定位组装单元构件，完成节段整体组焊，之后节段解除与胎架马接，以五条基线为基准修正节段纵横基线准备预拼装；再以“四纵一横”中“两纵一横”为基准，修正梁段在预瓶装胎架上的姿态，完成每节次的预拼装作业。

钢箱梁节段基线布设如图 27 所示。

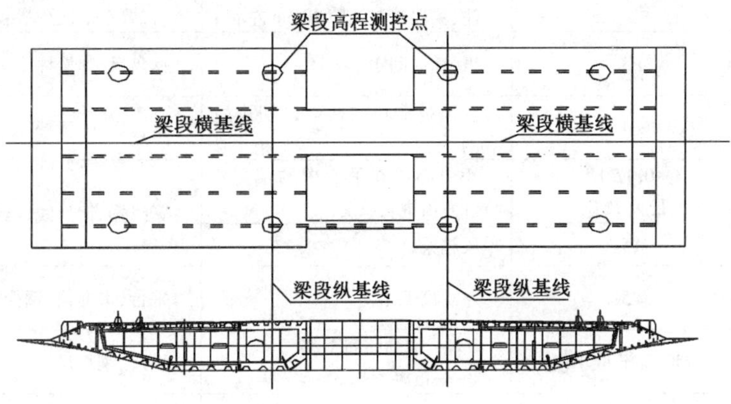

图 27　钢箱梁节段基线布设

预拼装时若干节段定位基线布设如图 28 所示。

d. 预拼装制造线形控制：钢箱梁预拼装采用水平预拼装法，因此须将模拟桥位制造线形的数据转化到水平预拼装状态，即通过调整顶、底板匹配件间垫板的厚度实现。

梁段顶、底板匹配件间加垫厚度（t）的计算：

$$\Delta = L - L_{设} - 2 \tag{1}$$

式中：$L_{设}$——预拼装对应梁段理论横基线间距；

L——实测梁段横基线间距（取均值）；

2——焊接收缩量（mm）。

$$t = \Delta + \Delta t \tag{2}$$

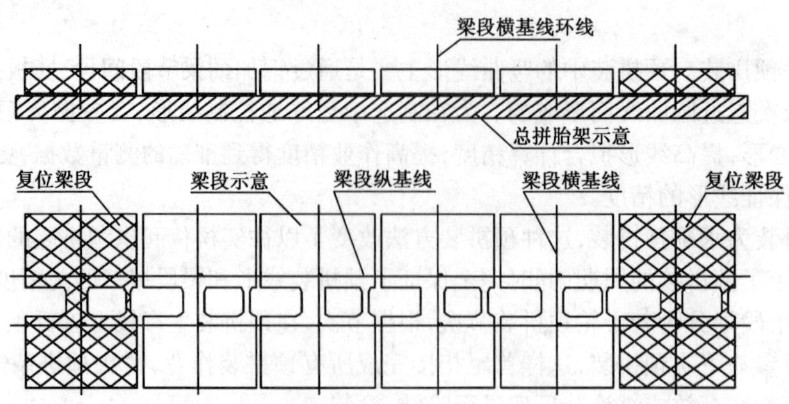

图28 预拼装时若干节段定位基线布设

注:复位梁段在预拼装胎架两端均有工况,通常每轮预拼装仅有一个复位段。

式中:Δt——梁段顶、底板起拱后间隙差;

t——梁段匹配件间加垫厚度。

依据计算结果,配制梁段每个接口顶、底板匹配件的垫板厚度,组成匹配件合件,在梁端口相应位置处组装匹配件,作为梁段桥位定位组装的基准连接件。

f. 预拼装制造线形检测:钢箱梁预拼装按表2的要求进行尺寸矫正和检验。

梁段预拼装验收条件 表2

项　目	允许偏差(mm)	条　件	检测工具和方法
组拼长度(L)	$\pm(5+0.15L)$	L(m)预拼装时最外两吊耳中心距	钢盘尺、弹簧秤
	±2	分段时两吊点中心距	
全长	$\pm 2\times N$	分段累加总长,N为节段数 注:梁段接口间隙40mm左右	钢盘尺、弹簧秤;当预拼装分段累计总长超差时,要在下次预拼装时进行调整
耳板中心距	±3	纵、横向间距	钢盘尺、弹簧秤
顶板对角线差	≤4	待顶板顺桥向两端已切边后量测	钢盘尺、弹簧秤
旁弯	$3+0.1L$且 最大12	桥中心线在平面内的偏差L(m)为预拼装长度	紧线器、钢丝线、(经纬仪)钢板尺
	≤5	单段箱梁	
左右吊点 高度差	≤5	左右高低差	平台、水准仪、钢板尺
面板、腹板平面度	$H/250$,$2t/3$取小值	H——加劲肋间距; t——板厚	平尺、钢板尺
扭曲	每米不超过1,且每段≤10	每段以两边隔板处为准	垂球、钢板尺
工地对接板面高低差	≤1.0	安装匹配件后板面高低差	钢板尺
预拱度	$+(3+0.15L$且$\ngtr 12)$ $-(3+0.05L$且$\ngtr 6)$	L(m)为预拼装长度	水准仪、钢板尺
桥面板 四角不平度	≤4.0	桥面板高程测控点,测点在两端隔板上	水准仪

符合上表各项要求时,钢箱梁预拼装作业才完全满足预拼装线形和梁段接口匹配精度的要求,满足梁段桥位架设需要。

(4)钢箱梁节段存放与运输

由于悬索桥桥位施工的特点,钢箱梁节段在制造完毕后须进行临时存放,待桥位开始吊装后连续进行吊装，直至全桥所有梁段均吊装到位后，对所有梁段进行整体调整，调整到位后再进行钢箱梁节段间的环缝焊接。因此，悬索桥钢箱梁制造场地需设置充足的存放场地，以保证钢箱梁的临时存放使用。鉴于大量的钢箱梁节段需要进行制造场内转运，在制造场地内可采用大吨位运梁平车或铺设轨道用轨行运梁台车进行钢箱梁节段转运。由于轨道运输设备受轨道限制，针对悬索桥钢箱梁施工时便易性、适用性较差，目前多采用大吨位运梁平车完成钢箱梁场内转运工作。

特别是对于分体式钢箱梁结构，由于其结构的特殊性在倒运、存放过程中有梁段发生扭曲变形的可能。因此，选用合理可行的运输和存梁方案是必需的。钢箱梁节段存放具体步骤如下：

钢箱梁节段出胎后，按制造场地工艺布局用运梁平车运至存梁场地存放，等待涂装及涂装完毕后梁段存放。

①存梁场地准备：

存梁场地应压实、平整，运梁通道畅通。依据大桥钢箱梁节段重量，考虑每节梁段多点支撑，须保证多点承重时地面不沉降。为减少梁段在场地内的倒运工作量，应划定每梁段位置在场地内的位置，依据存梁场地中确定的每梁段位置，在梁段位置摆放存梁墩。存梁墩布置见图29、图30。

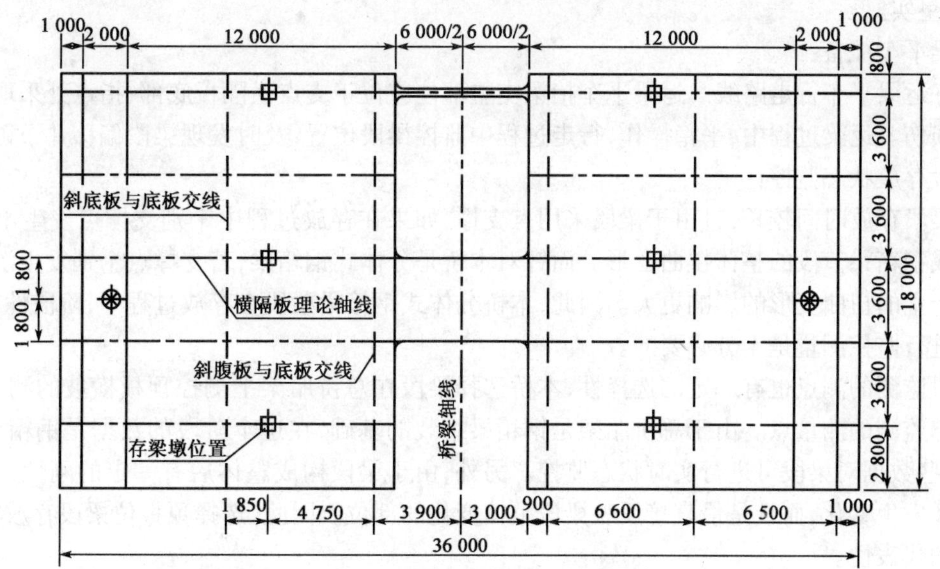

图29 存梁墩布置图(尺寸单位:mm)

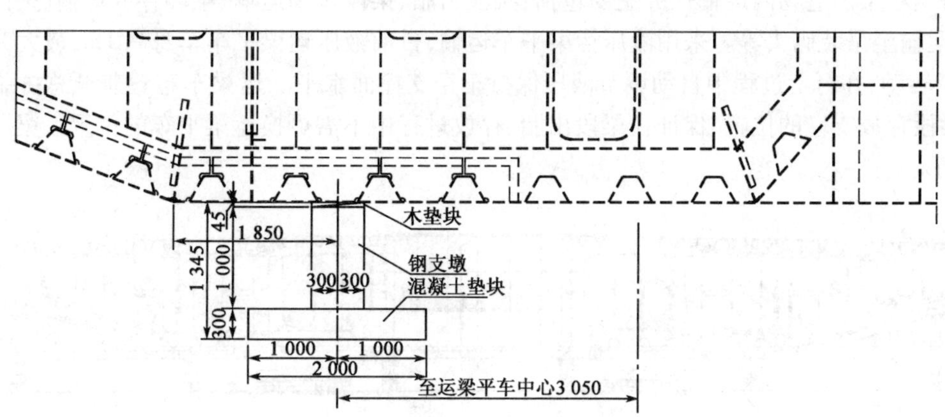

图30 存梁墩布置图(尺寸单位:mm)

②存梁墩准备：

a. 木垫块。木垫块置于钢支墩顶部后，根据实际情况调整两木垫块相对位置，保证6个支点顶面相对高差±5mm。木垫块在钢支墩上布置图和木垫块如图31所示。

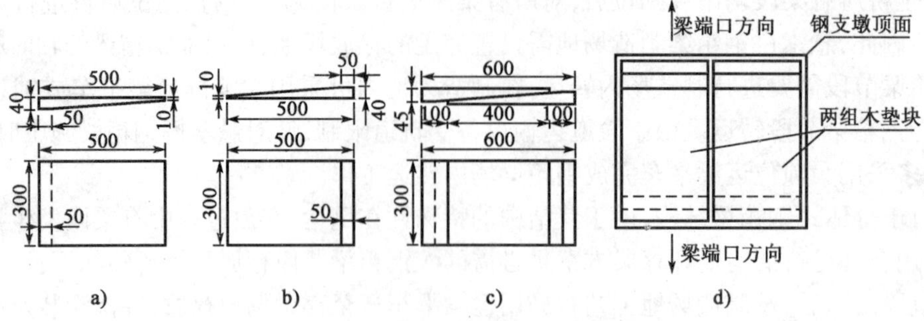

图31 木垫块布置图(尺寸单位:mm)

a)木垫;b)木垫;c)木垫组合;d)木垫块在钢支墩上布置

b.混凝土垫块。混凝土垫块置于指定位置后,应将底部虚点垫实、整平,提高有效承压面积,保证6点相对高差±20mm。

c.钢支墩。钢支墩置于指定位置后,保证多点支墩顶面相对高差±10mm。对于超差部位,钢支墩底部加垫、垫实。

③运梁平车准备:

计划好运梁平车行走路线。运梁平车抬梁支垫部位应位于支点横隔板底部,指点处采取防护措施,防止梁段损伤。运梁过程中,平稳操作,行走过程中监控梁段位置,及时发现梁段偏移并予以纠正。

④梁段存放状态监控:

由于梁段存放时间较长,且由于梁段采用点支撑,如果在存放过程中个别支撑点发生不均匀沉降,这样会造成钢箱梁节段的整体扭曲变形。而针对本桥是分体式钢箱梁,若支撑点个别发生沉降,对这种结构形式产生的扭曲变形的影响更大。因此,本桥分体式钢箱梁梁段在存放过程中,阶段性地对梁段的存放状态进行监控测量是十分必要的。

对梁段监测的测点也有一定的选择性,本桥选择梁段在总拼胎架上测控顶板横坡的测量点作为梁段存放状态监测的测量点。由于总拼胎架是钢箱梁组装的基础,在这个阶段的数据是钢箱梁的基础数据,依据这些数据对梁段可进行实时状态监控。另外,由于梁段构成整体后有一定的刚性,其局部变形会带动整体发生变化,而且是最直接反映梁段整体变化的部位。因此,选择顶板位梁段存放状态的监控点有较强的代表性。

5.2.6 分体式钢箱梁节段运输

悬索桥钢箱梁制造场内运输任务主要包括:梁段出胎、梁段转场运输、梁段存放运输、梁段出入涂装厂房、梁段运输至吊装码头等。采用液压运梁平车运输,目前液压运梁平车车身高1m,最大升限0.5m,可原地135°转动,在行走过程中自动调节液压保持车身支撑面水平。运梁车布置兼顾总拼胎架活动梁的位置和梁段存放支墩的位置,保证在梁段出胎、存放过程中不需更换运梁平车的位置。梁段运输方案如图32所示。

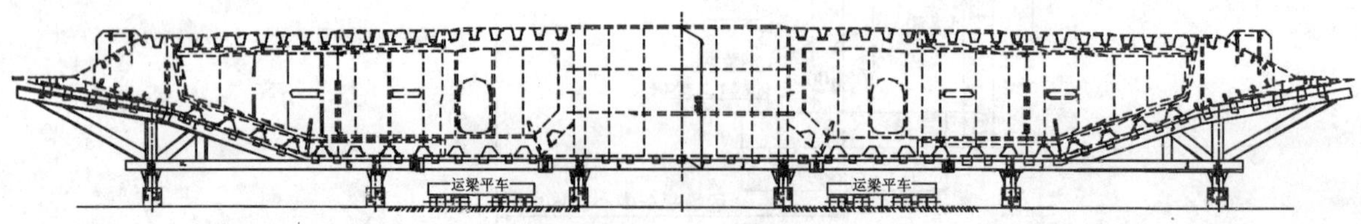

图32 梁段运输方案简图

5.2.7 桥位施工

(1)桥位作业的主要内容

①两分体式边箱梁段接口同步临时连接、接口精匹配;

②两分体式边箱梁段接口环缝焊接、焊缝检查；

③接口U形肋、板条肋嵌补段的拼焊；

④合龙段的量配、组装；

⑤全桥所有钢箱梁节段焊接；

⑥桥面上附属设施的安装及焊接。

(2)桥位施工的工艺流程

根据合同文件、设计文件的要求，逐段吊装钢箱梁，直至合龙段位置(合龙段不吊装)。调整梁段线形，到位后量配吊装合龙段，再次调整梁段线形，钢箱梁均调整到位后施焊环缝。

每吊装一段梁后，只需将梁段接口用临时连接件连接，其余处仅连接对拉螺杆，暂不施焊环缝，直至除合龙段外的所有梁段吊装完成(或吊装到设计确定的长度、接口下缘间隙达到设计要求时)，桥梁线形满足要求，在监理工程师确认合格后，由安装单位通知施焊。

梁段环缝焊接时以塔和边跨为中心向外逐条焊接，多个方向同时对称施焊环缝，要求跨一条焊缝跳跃焊接，不逐条焊接，以减小或避免环缝焊接产生梁段集中纵向收缩。当作业面相遇后，同理反向焊接剩余环缝。

(3)钢箱梁接口连接

钢箱梁节段吊装到位后，先将顶板上临时连接件(定位件、对拉螺杆)进行连接。为保证纵向线形，定位件处可加调整垫。其余位置的临时连接件由于竖向线形未形成(因主缆线形未成形)不能连接，仅连接对拉螺杆，并随着吊装梁段的增加，及时调紧对拉螺杆。待除合龙段外的所有梁段吊装完成后(或绝大部分梁段吊装完成，主缆线形符合设计要求时)对钢箱梁的纵向、竖向线形进行调整，按照直腹板→斜顶板→斜底板→顶板→底板的顺序重新连接接口临时连接件。临时连接件连接完成后，进行对接缝的码平，码平时宜先码平箱口刚性较大的拐角部位，然后固定中间，采用定位板和火焰矫正的方法进行局部调整，保证对接缝板面错位不大于1.0mm。接口环缝的焊接应先焊大环缝(腹板对接焊缝、纵隔板对接焊缝及顶、底板对接焊缝)，待探伤合格后，再组焊U形肋及板条肋嵌补段。

桥位梁段接口临时连接件有两种：对拉螺杆连接件和角式定位匹配件。对拉螺杆连接件用于梁段吊装初就位时微调梁段间接口距离。角式定位匹配件用于梁段吊装初就位后，依据梁段在地面预拼装时梁段接口间隙确定的角式定位匹配件位置，在桥位用定位销钉将两梁段精确定位装置。由于结构的特殊性，为保证分体式钢箱梁两边箱梁能同步与邻近梁段匹配连接，在箱口段面布置临时连接件时应考虑箱口的刚性特点。本桥梁段箱口临时连接件结构和临时连接件布置位置见图33、图34。

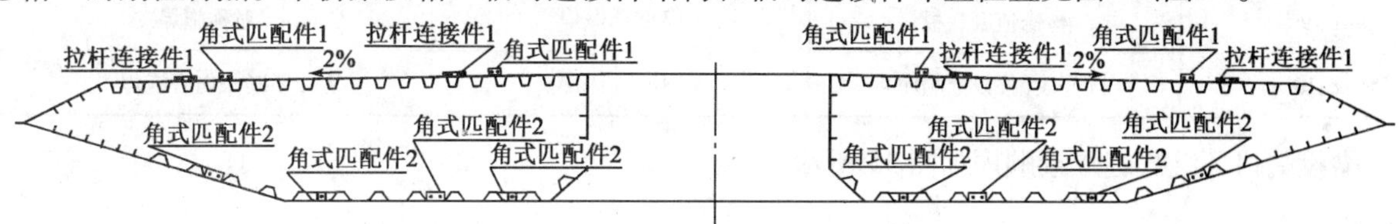

图33　临时连接件布置位置图示

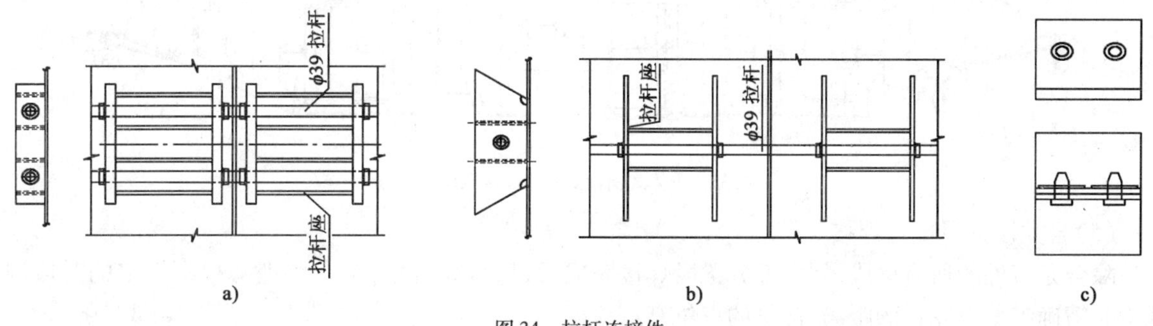

图34　拉杆连接件

a)拉杆连接件1；b)拉杆连接件2；c)角式匹配件

这样布置梁段接口连接件可以有效地控制分体式钢箱梁主要拐点的刚性连接,而对于钢箱梁段面整体尺寸主要是依靠这些刚性拐点的支撑作用。两边箱梁与邻近梁段要保证接口同步匹配,从钢箱梁断面看两个边箱梁对称布置,在两边箱梁对称布设临时连接件既可以保证单个边箱梁断面的刚性连接,也可以保证两个边箱梁的同步桥位作业。

(4)桥位焊接

①焊前准备:

a.梁段根据线形要求微调到位;

b.梁段对接缝焊接前对焊缝及两侧各50mm除锈,除去水、油、氧化皮等物,贴陶质衬垫面,120mm内不得有灰尘、水、油等污物;

c.端口粘贴陶质衬垫面应将纵向焊缝余高铲磨,以便粘贴陶质衬垫及探伤。

②桥上焊接作业将采取防风、防雨等保护措施。箱内设置有效的通风、除尘及照明设施。雾天或湿度大于80%时,采取火焰烘烤措施进行除湿,箱内设置必要的脚手架等焊接辅助设施。

③焊接顺序。桥位每条环缝的焊接宜对称施焊,最好以桥中心线为对称线,两边箱梁同时、同向施焊直腹板、斜腹板、纵隔板、斜底板、底板、斜顶板、顶板的对接焊缝,探伤合格后再对称施焊嵌补段焊缝。钢箱梁接口焊接顺序见表3。

钢箱梁接口环缝焊接顺序 表3

序号	焊接部位	焊接方式	备注
1	直腹板	CO_2 气保焊	对称施焊
2	斜腹板	CO_2 气保焊	对称施焊
3	斜底板	CO_2 气保焊	对称施焊
4	底板	打底焊	对称施焊
5	底板	自动焊	对称施焊
6	斜顶板	CO_2 气保焊	对称施焊
7	顶板	打底焊	对称施焊
8	顶板	自动焊	对称施焊
9	检修道底封板	CO_2 气保焊	对称施焊
10	嵌补段(按以上顺序)	CO_2 气保焊	环缝探伤后施焊

梁段端口环缝焊缝焊接顺序如图35所示。

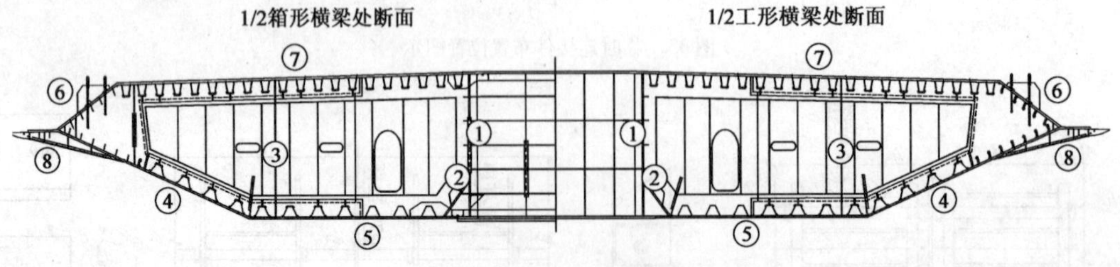

图35 分体式钢箱梁环缝焊接顺序图示

(5)合龙段的量配与焊接

除合龙段外的所有梁段吊装、部分梁段焊接完成后,配合架设单位,在监理工程师规定的时段内连续48h精确测量合龙口的距离,测量的点位有:

①直腹板与顶板交点;

②斜腹板与底板交点；

③斜顶板与斜底板交点。

根据测量结果绘出每个测点的温度—距离曲线图，根据监理工程师确定的合龙时间和温度，在曲线图上找出合龙段的安装时间，报监理工程师确认。在规定的温度下，用同一把钢盘尺，依据已确定的配切长度划线切除合龙段的合龙端头余量，并修磨焰切边。工地吊装合龙后，按照相同的焊接顺序同时施焊两个接口的环缝，再焊U形肋、板条肋，最后拆除临时连接件。

(6)桥位施工工作面的安排

桥位焊接施工，包括桥位梁段接口环缝焊接和检查，全桥多个梁段多道环缝需安排几个工作面同时作业；另外，桥位作业属高空作业，应做好完备的高空作业防护措施。

6 材料与设备

6.1 材料选取

材料是指构成钢箱梁结构（包括桥面系及其他附属设施）所使用的材料，包括钢材、焊接材料、高强度螺栓、涂料等。钢箱梁制造所用材料应符合设计文件及招标文件的要求和现行标准的规定，并均应为未经使用过的合格新材。

6.1.1 钢材供货技术条件

为了保证钢材的质量及钢材的各项指标适用于该项工程项目，通常在钢材采购时应同时提供“钢材供货技术条件”对钢材的各项技术指标进行约束。

6.1.2 钢材配料

在材料采购时还应给钢铁公司提供所需采购钢材的规格、数量，以方便钢铁公司准备。而钢材的规格、数量的确定主要依据钢箱梁节段制造单元的划分状态，并结合钢铁公司的制造能力最终确定大桥钢箱梁制造所需钢材的配料单。

6.2 设备准备

依据悬索桥钢箱梁的结构和制造工艺特点，在制造过程中需要使用的设备分两大类，即工艺设备工装和机具设备。工艺设备工装是根据制造工艺，在每个制造环节上采用的辅助组装、定位及约束焊接变形的装置或模型胎架；机具设备是钢箱梁制造过程中使用的起重、运输、测量等设备工具。

6.2.1 工装准备

悬索桥分体式钢箱梁的总体制造思路是“板→板块（或部件）→板单元→单元块→钢箱梁→预拼装→桥位焊接”，因此需分别为板块（或部件）、板单元、单元块、钢箱梁、预拼装等制造工序设置工艺装置。所需工装明细见表4～表5。

钢箱梁部件制作工装明细表 表4

序 号	名 称	功 能	数 量	备 注
1	板块划线平台（含检修道）	板块一、二次划线	2组	
2	中间横隔板划线平台	中间横隔板划线	1组	
3	边侧横隔板划线平台	边侧横隔板划线	1组	
4	板块组装胎型	顶、底板板块定位组装	1组	
5	板块焊接胎架	板块反变形约束焊接	6组	
6	箱形横梁组装胎型	箱形横梁组装	1组	
7	检修道单元拼焊胎架	检修道单元组焊	2组	
8	锚箱耳板定位夹具	锚箱耳板组装	2组	

钢箱梁整体组焊工装明细表 表5

序号	名称	功能	数量	备注
1	单元块组焊胎架	整体组装、焊接	6组	
2	钢箱梁组焊及预拼胎架	整体组装、焊接、预拼	1组	
3	顶板单元拼焊胎架	顶板板单元对接	6组	
4	底板单元拼焊胎架	底板板单元对接	4组	
5	斜底板单元拼焊胎架	斜底板板单元对接	4组	

6.2.2 机具设备

悬索桥分体式钢箱梁主要工作内容在钢箱梁整体组焊、预拼装场地完成,为此主要的机具设备如表6所示。

悬索桥钢箱梁制造主要设备 表6

序号	设备名称	数量	功能
1	26/10t-42m	2台	用于钢箱梁节段组焊及板块接宽
2	180t门吊	1台	用于与250t门吊配合完成钢箱梁节段装船工作
3	250门吊	1台	用于与180t门吊配合完成钢箱梁节段装船工作
4	400t液压运梁平车	1组	用于完成钢箱梁节段转运工作
5	GWA承重模块	4组	用于钢箱梁节段承重工作
6	SOKIA全站仪	2台	用于钢箱梁节段制造过程中精度控制使用
7	UT,RT探伤仪器	20台	制造过程焊缝质量的检测

注:其他基本设备如电焊机、涂装设备、空压机、汽车吊等根据钢箱梁制造工作量进行配置,此处不再详述。

7 质量控制

7.1 综述

按照悬索桥钢箱梁制造的相关技术规范、钢箱梁制造质量保证体系及悬索桥钢箱梁钢结构制造、工地焊接的质量目标的要求,钢箱梁制造过程的检验工作计划包括:

(1)原材料进厂检验;

(2)单元件制作检验;

(3)钢箱梁段制作、预拼装检验;

(4)板材预处理除锈、涂装检验;

(5)工地焊接检验。

7.2 引用标准

(1)技术规范

《公路桥涵施工技术规范》(JTJ 041—2000)

《铁路钢桥制造规范》(TB 10212—98)

《钢结构工程施工质量验收规范》(GB 50205—2001)

《钢结构高强度螺栓连接的设计、施工及验收规程》(JGJ 82—91)

(2)钢材

《低合金高强度结构钢》(GB/T 1591—1994)

《碳素结构钢》(GB/T 700—1988)

《合金结构钢》(GB/T 3077—1999)

《中厚钢板超声波检验方法》(GB/T 2970)

(3)焊接

《碳钢焊条》(GB/T 5117—1995)

《低合金钢焊条》(GB/T 5118—1995)

《熔化焊用钢丝》(GB/T 14957—1994)

《气体保护焊用钢丝》(GB/T 14958—1994)

《气体保护电弧焊用碳钢、低合金钢焊丝》(GB/T 8110—1995)

《碳素钢埋弧焊用焊剂》(GB/T 5293—1985)

《低合金钢埋弧焊用焊剂》(GB/T 12470—1990)

《对接焊缝超声波探伤》(TB 1558—84)

《钢焊缝手工超声波探伤方法和探伤结果分级》(GB/T 11345—1989)

《钢熔化焊对接接头射线照相和质量分级》(GB/T 3323—1987)

《气焊、手工电弧焊及气体保护焊坡口的基本形式和尺寸》(GB/T 985—1988)

《埋弧焊焊缝坡口的基本形式和尺寸》(GB/T 986—1988)

《焊条质量管理规程》(JB 3223—83)

(4)其他

《钢结构用高强度大六角头螺栓》(GB/T 1228—1991)

《钢结构用高强度大六角螺母》(GB/T 1229—1991)

《钢结构用高强度垫圈》(GB/T 1230—1991)

《钢结构用高强度大六角头螺栓、大六角螺母、垫圈技术条件》(GB/T 1231—1991)

《铁路钢桥保护涂装》(TB/T 1527—2004)

《涂装前钢材表面锈蚀等级和除锈等级》(GB/T 8923—1988)

《热喷涂金属件表面预处理通则》(GB/T 11373—1989)

《热喷涂涂层厚度的无损测量方法》(GB/T 11374—1989)

《碳素钢和中低合金钢火花源原子发射光谱分析方法》(GB/T 4336——2002)

《熔炼焊剂化学分析方法》(JB/T 7948—1999)

《钢铁中碳含量的测定》(GB/T 223.1)

《钢铁中硫含量的测定》(GB/T 223.2)

《钢铁中磷含量的测定》(GB/T 223.3)

《钢铁中锰含量的测定》(GB/T 223.58)

《钢铁中硅含量的测定》(GB/T 223.5)

《钢铁中钒含量的测定》(GB/T 223.13)

《钢铁中铌含量的测定》(GB/T 223.39)

《熔炼焊剂的测量》(GB/T 5293)

《金属材料室温拉伸试验方法》(GB/T 228)

《金属夏比缺口冲击试验方法》(GB/T 229)

《金属弯曲试验方法》(GB/T 232)

《色漆和清漆涂层老化的评级方法》(GB/T 1766)

《漆膜厚度测定法》(GB 1764)

《色漆和清漆耐中性盐雾性能的测定》(GB/T 1771)

《漆膜耐湿热测定法》(GB/T 1740)

7.3 原材料进厂检验

所有进厂的钢材、焊接材料、涂装材料和高强度螺栓等,在投入使用前,都将依据招标文件、设计文件、相关标准及经技术部门确认的钢结构制订《进货检验计划》,并进行检验,确认其合格。整个检验过程将在监理工程师的监督和控制下进行,且原材料的质量证明书及复验报告均报监理审核。

7.4 单元件制作的检验

7.4.1 单元件制作的检验内容

(1)零件下料及加工的检验;

(2)单元件组装的检验;

(3)焊缝的检验;

(4)单元件矫正的检验。

7.4.2 零件下料的检验

零件矫正后的允许偏差见表7。

零件矫正允许偏差　　表7

零件	名称	简图	允许偏差	说明
钢板	平面度	f；1 000	$f \leqslant 1.0$	每米范围
钢板	马刀形弯曲	f；L	$f \leqslant 3.0$	$L \leqslant 8\,000$
			$f \leqslant 4.0$	$L > 8\,000$
型钢	直线度	f；1 000	$f \leqslant 0.5$	每米范围
型钢	角钢肢垂直度	Δ	$\Delta \leqslant 0.5$	连接部位
			$\Delta \leqslant 1.0$	其他部位
型钢	角钢肢平面度	Δ	$\Delta \leqslant 0.5$	连接部位
			$\Delta \leqslant 1.0$	其他部位
型钢	腹板平面度	Δ	$\Delta \leqslant 0.5$	连接部位
			$\Delta \leqslant 1.0$	其他部位
型钢	翼缘垂直度	Δ	$\Delta \leqslant 0.5$	连接部位
			$\Delta \leqslant 1.0$	其他部位

续上表

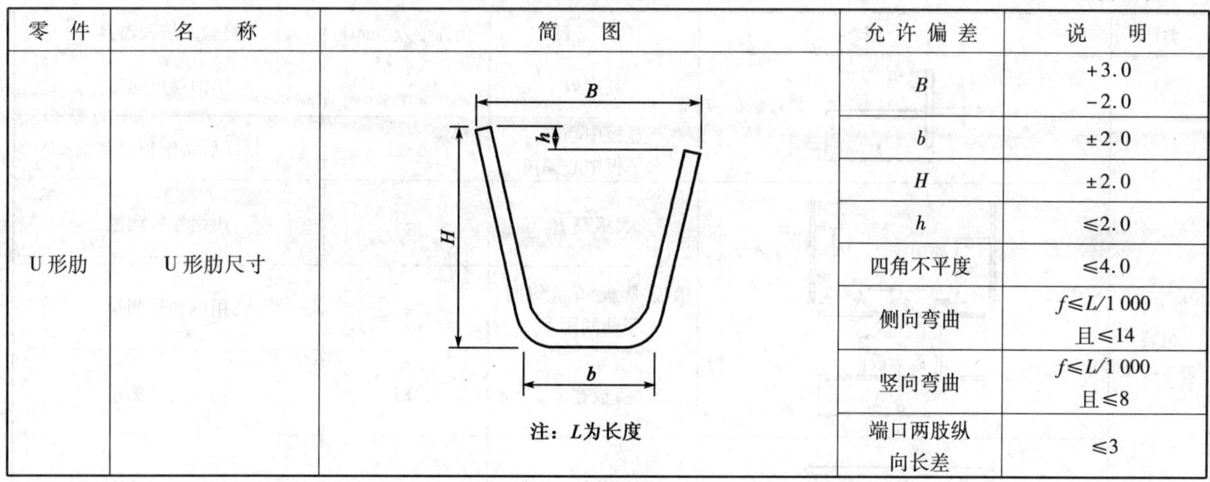

零 件	名 称	简 图	允 许 偏 差	说 明
U 形肋	U 形肋尺寸	注：*L*为长度	*B*	+3.0 −2.0
			b	±2.0
			H	±2.0
			h	≤2.0
			四角不平度	≤4.0
			侧向弯曲	f≤L/1 000 且≤14
			竖向弯曲	f≤L/1 000 且≤8
			端口两肢纵向长差	≤3

7.4.3　单元件组装的检验

部件、单元件组装精度的检验项点及检验方法见表 8、表 9。

部件组装检验项点及检验方法　　表 8

类别	简 图	项 目		允许偏差(mm)	检验方法及器具
部件组装		对接高低差	T≥25	Δ≤1	用钢板尺测量
			T<25	Δ<0.5	
		对接间隙 b		+1 0	用塞尺测量
		无孔两竖板中心线偏移		Δ≤2.0	划线后用钢板尺测量；或用经纬仪测量
		拼装缝隙		Δ≤0.5	用塞尺测量
		拼装缝隙		Δ≤0.5	用塞尺测量
		面板倾斜		Δ≤0.5	用直角尺、钢板尺测量
		组合角钢肢高低差		Δ≤0.5(结合处) Δ≤1.0(其余处)	用直角尺、钢板尺测量
		纵横梁加劲肋间距 S		±1.0(横向联结部位) ±3.0(无横向联结部位)	用钢卷尺测量
		板梁腹板、纵、横梁腹板的局部平面度		Δ≤1.0	用专用平尺、塞尺测量
	磨光顶紧	缝隙		≤0.2	用塞尺测量

单元件组装检验项点及检验方法 表9

类别	简图	项目	允许偏差(mm)	检验方法及器具
单元件组装	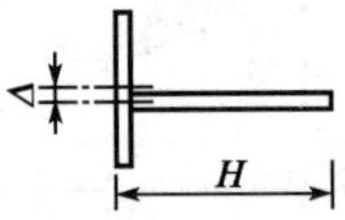 Δ、H	高度 H	+1.5 +0.5	用钢卷尺测量
		竖板中心与水平板中心偏离	Δ≤1	划线后用钢板尺测量
	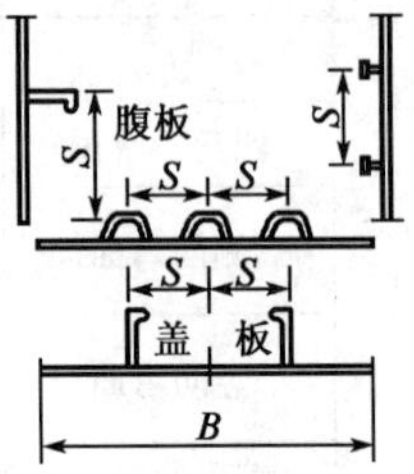 腹板、S、盖板、B	腹板高 H	±1	用钢卷尺测量
		盖板、腹板、单元纵肋、竖肋间距 S	±2	用钢卷尺测量
		盖板宽 B	±1	用钢卷尺测量
	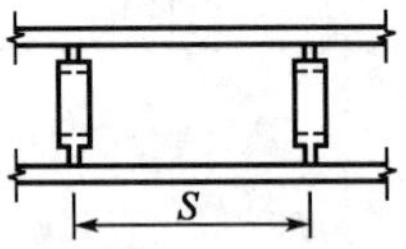 S	整体组装隔板间距 S	±2	用钢卷尺测量
箱梁顶、底板件	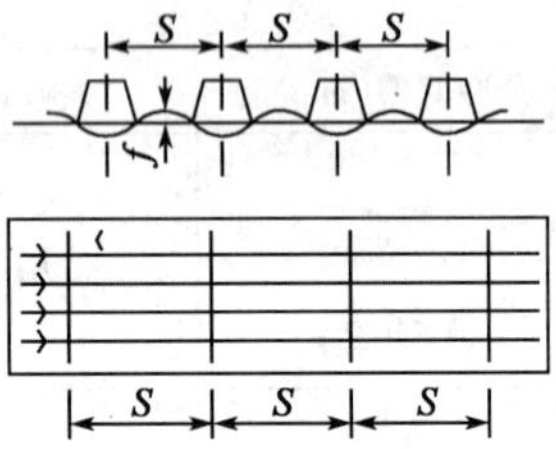 S、f	U形肋中心间距 S 顶部横隔板间距 S 横向不平度 f 纵向不平度 四角不平度	±2 ±2 ≤2 ≤4/4.0m ≤5	用钢卷尺测量 用钢卷尺测量 用专用平尺、塞尺测量 用专用平尺、塞尺测量 在专用平台用塞尺测量
斜腹板件	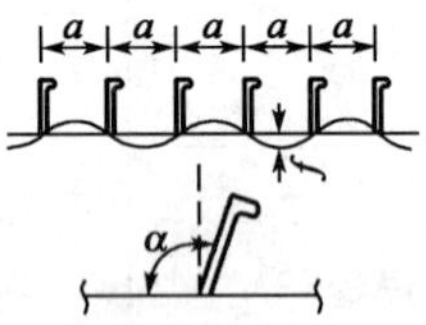 a、f、α	件球扁钢间距 a 球扁钢垂直度 α 横向不平度 f 纵向不平度 四角不平度	±2 ±1° ≤2 ≤4/4.0m ≤5	用钢卷尺测量 用直角尺、钢板尺测量 用专用平尺、塞尺测量 用专用平尺、塞尺测量 在专用平台用塞尺测量
吊索锚箱	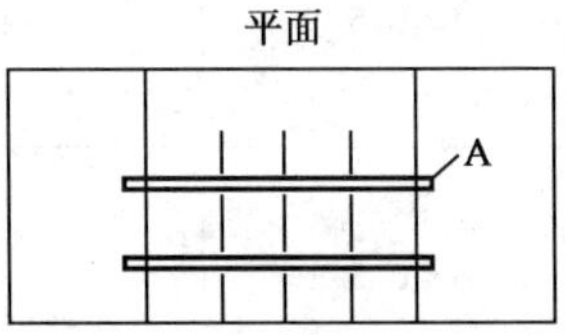 平面、A	耳板 A 四角不平度 锚箱内竖向板的垂直度 锚箱内竖向板的高度	<2 ±1° 0 ~ -2	用专用平尺、塞尺测量 吊垂线后用钢板尺测量 用钢卷尺测量
吊索耳板	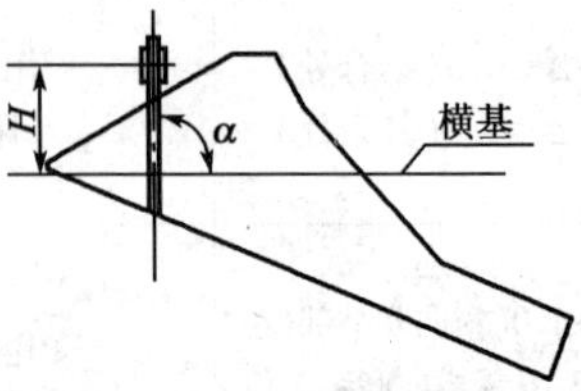 H、α、横基	耳板耳板四角不平度 耳板垂直度 a 耳板销孔高度 H	≤2.0 ±0.25° ±1.0	用专用平尺、塞尺测量 吊垂线后用钢板尺测量 用钢卷尺测量
横隔板	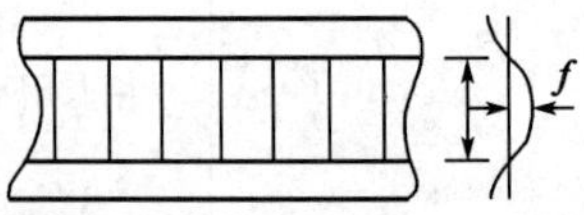 f	横向不平度 纵向不平度	≤2 ≤4/4.0m	用专用平尺、塞尺测量 用专用平尺、塞尺测量

7.5 钢梁段组装、预拼装的检验

7.5.1 钢梁段制作的精度、检验方法及器具见表 10。

钢梁段制作的精度、检验方法及器具(长度单位:mm) 表 10

类 别	简 图	项 目	允 许 偏 差	检验方法器具
钢箱梁节段组装	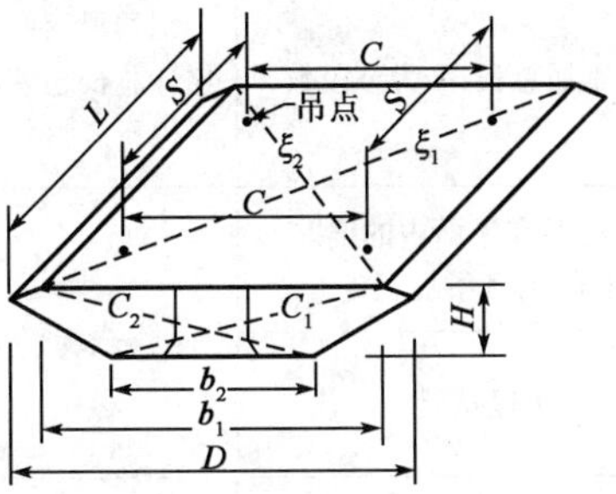	长度 L	±2.0	用钢卷尺
		高度 H	端口 ±2.0 其他 ±4.0	用钢卷尺
		横断面对角线差 $\|C_1 - C_2\|$	≤4.0	用钢卷尺
		顶板对角线差 $\|g_1 - g_2\|$	≤4.0	用钢卷尺
		旁弯	f≤5.0	拉钢丝用钢尺
		梁段全宽 D	±3.0	用钢卷尺
		顶、底板宽 b_1、b_2	±3.0	用钢卷尺
		吊点(耳板)中心纵距 S	±2.0	用钢卷尺
		吊点(耳板)中心横距 C	±2.0	用钢卷尺
		吊点四角平面度	≤5.0	用水准仪测量
	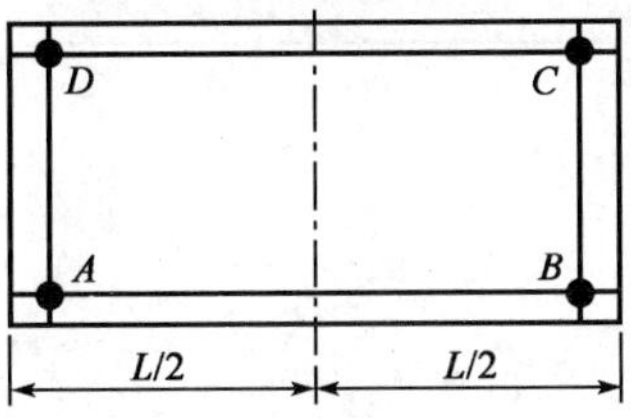	桥面板四角相对高差	≤4.0	测点在两端横隔板上,测量采用水准仪
单箱梁段组装	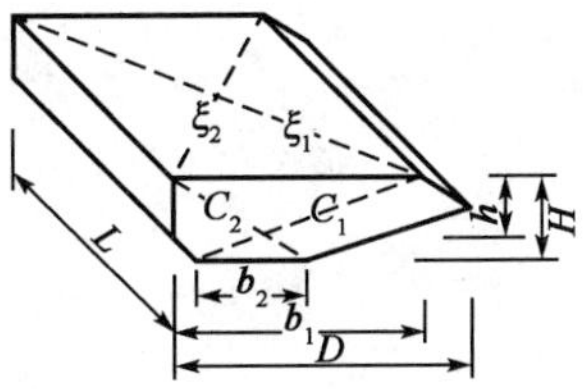	长度 L	±2.0	用钢卷尺
		高度 H、h	±2.0	用钢卷尺
		梁段宽度 D	±2.0	用钢卷尺
		旁弯	f≤5.0	拉钢丝后用钢板尺测量
		顶、底板宽 b_1、b_2	±2.0	用钢卷尺
		横断面对角线长度 C_1、C_2	±4.0	用钢卷尺
		顶板对角线差 $\|g_1 - g_2\|$	≤2.0	用钢卷尺
横向连接箱体组装	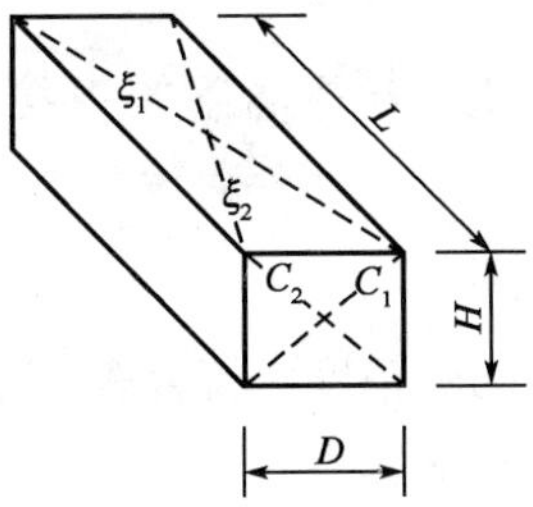	长度 L	±2.0	用钢卷尺
		高度 H	±2.0	用钢卷尺
		宽度 D	±2.0	用钢卷尺
		旁弯	f≤5.0	拉钢丝用钢尺
		横断面对角线差 $\|C_1 - C_2\|$	≤2.0	用钢卷尺
		顶板对角线差 $\|g_1 - g_2\|$	≤2.0	用钢卷尺
横向连接工字梁组装	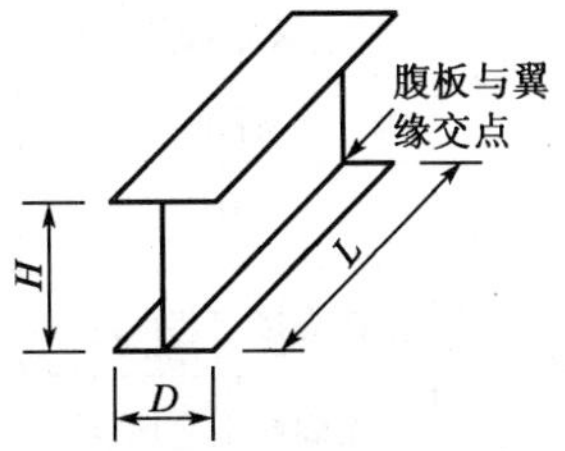	长度 L	±2.0	用钢卷尺
		高度 H	±2.0	用钢卷尺
		宽度 D	±2.0	用钢卷尺
		旁弯	f≤5.0	拉钢丝后用钢板尺测量
		腹板与翼缘中心线偏移	1	划线后用钢板尺测量
		边箱梁与横梁接口错边量	≤0.5	钢板尺

7.5.2 钢梁段预拼装的精度、检验方法及器具见表11。

钢梁段预拼装的精度、检验方法及器具 表11

项 目	允许偏差(mm)	条 件	检测工具和方法
组拼长度(L)	±(5+0.15L)	L(m)预拼装时最外两吊耳中心距	钢卷尺弹簧秤
	±2	分段时两吊点中心距	
全长	±2×N	分段累加总长,N为节段数	钢卷尺、弹簧秤。当预拼装分段累计总长超差时,要在下次预拼装时进行调整
旁弯	3+0.1L且最大12	桥中心线在平面内的偏差 L(m)为预拼装长度	紧线器、钢丝线(或经纬仪)钢板尺
	≤5	单段箱梁	
工地对接板面高低差	≤1.0	安装匹配件后板面高低差	钢板尺
预拱度	+(3+0.15L且≯12) -(3+0.05L且≯6)	L(m)为预拼装长度	水准仪、钢板尺

7.6 焊缝的检验

7.6.1 焊接材料的进厂检验见本节7.3。

7.6.2 钢结构焊缝的检验包括:

(1)焊接过程的监控;

(2)焊缝的外观检验;

(3)焊缝的无损探伤检验;

(4)焊接接头的破坏性试验。

7.6.3 焊接过程的监控

在钢结构的焊接过程中,检验人员应监控:

(1)作业现场的环境温度、相对湿度;

(2)施焊的焊工具有相应的资质;

(3)焊接材料是否按规定的要求烘干;

(4)焊缝部位除锈和清理、点固焊长度、间距、引熄弧长度、预热温度等焊接工艺和参数的执行情况。

7.7 工地焊接的检验

7.7.1 工地焊接的顶、底板环缝坡口形状及纵肋的焊接间隙精度应符合表12的要求,用焊缝专用量规、钢板尺、塞尺等进行测量。

工地顶、底板环缝坡口形状及纵肋的焊接间隙精度 表12

焊 口 形 状	标准和容许值		
	项目	标准	容许
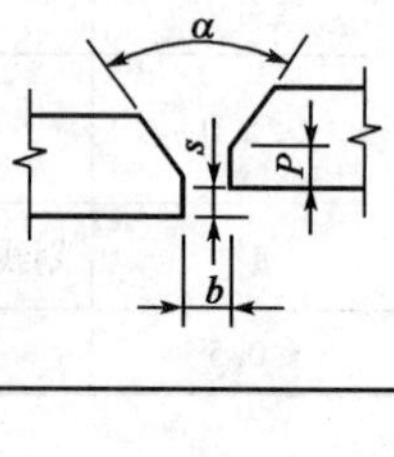 α, s, P, b	坡口角度 α	50°	±5°
	坡口面高 P	按焊接工艺评定	±2mm
	坡口间隔 b	按焊接工艺评定	±2mm
	坡口错位 s	0	±0.5mm

续上表

焊口形状	标准和容许值		
	项目	标准	容许
	坡口角度 α	按焊接工艺评定	0°
	坡口间隔 b	按焊接工艺评定	±2mm
	坡口错位 s	0	<1mm

7.7.2　工地现场焊缝的缺陷修补

(1)经返修的焊缝随即打磨匀均,并按相应质量要求复验。

(2)严格控制修补质量,修补次数不应超过两次,如确有不合格焊缝的修补次数超过两次时,经报总工程师同意后,再进行返修。

8　安全措施

8.1　员工安全责任

8.1.1　树立"安全第一,预防为主"的思想,提高自我安全保护意识。

8.1.2　自觉遵守各项安全生产规章制度、安全操作规程,不违章作业、不违章指挥并随时制止他人违章指挥行为。

8.1.3　积极参加安全生产各项活动,主动提出改进安全工作的意见。

8.1.4　加强劳动安全技术学习,提高自我保护能力。

8.1.5　工作前首先穿戴好防护用品,认真检查设备、工具、作业环境,使其保持完好、整洁状态,发现不安全因素及时处理,自己难以处理的要立即报告工班长,严禁冒险操作。

8.1.6　爱护和正确使用设备、工具和防护用品。

8.1.7　及时清理废料,保持良好的作业环境,做到材料、在制品、工作摆放牢固,通道畅通,作业区清洁,定置管理到位。

8.1.8　发生事故及时报告,保护好现场,如实介绍事故经过,按时参加事故分析会。

8.2　施工现场作业安全规定

8.2.1　遵守《安全操作规程》总则及相应作业《安全操作规程》的规定,工作前按规定穿戴好劳动保护用品。

8.2.2　工作前对作业现场环境及所使用的设备、工具、辅具等要认真检查,有无因风、雨、雪造成的设备物料移位坠落及漏电短路等异常现象,发现问题隐患要立即报告排除,确认无危险后再作业。

8.2.3　门吊、运梁平车等专用设备严禁非专业人员动用,操作前要加强检查瞭望,确认轨道交汇处接轨位置正确,活动范围内无人员、障碍物时再启动。

8.2.4　工作中要加强对作业环境及物料的清理,做到现场物料、工具摆放有序,如遇大雨、大雪、大雾、六级以上强风应立即停止露天作业,并对门式起重机等设备设施采取必要的防护加固措施。

8.2.5　每日工作后对工作场地进行认真清理,尤其是高处散放的工辅具、物料要整理收放在牢靠之处,门式起重机要挂好封绳,上紧夹轨器。

8.2.6　密切注意天气变化,听到或接到台风来临的预报后,全体人员要立即行动,对生产、生活设备设施等采取一定的临时加固措施,门式起重机上紧夹轨器,挂好封车钩并将防风缆索拴挂牢固,力争将风灾减到最小。

8.2.7　在总拼胎架工作时上下要走登高梯,对人行踏板及登高梯要每天检查是否牢固可靠,有问题要及时处理,门吊轨道内及1.5m范围内严禁人员停留休息及堆放物料。

8.2.8 乘坐轮船出岛及到桥面作业人员要严格遵守《乘坐轮船轮渡安全规定》。

8.2.9 起重、电焊、气焊割、电维修、机动车驾驶等特种作业人员必须持证上岗并严格遵守安全操作规程,尤其是在露天及箱段内作业要特别注意防止漏电和氧气、乙炔泄漏,工作后必须关闭电源和气瓶角阀,并将减压器顶针取下,以防触电和燃爆事故的发生。

8.2.10 外聘工队及协助作业人员要严格遵守《安全操作规程》和项目部的有关安全规定,因违章蛮干等个人原因发生的人身伤害及设备事故,其后果由责任者本人承担,并按有关规定进行处罚。

8.3 桥位施工安全规定

8.3.1 遵守《安全操作规程》总则和相应作业安全操作规程。按规定穿戴好防护用品。

8.3.2 施工及后勤服务人员往返桥位要遵守《乘船须知》和《乘坐轮船轮渡安全规定》,听从船长的指挥,船长对乘坐人员的安全负责。

8.3.3 人员从主塔经过要加强观察,确认无危险后快速通过,防止上方物品掉下伤人。

8.3.4 桥面上行走、作业要在梁段中间,确需在梁段边沿及上部作业的,必须采取可靠的安全防护措施后再进行。如遇强风、大雨、打雷等突发的恶劣天气变化要立即就近躲避到安全之处。

8.3.5 桥上作业禁止往下扔物,环缝焊接时,必须有专人瞭望正下面的过往船只,特别是油轮的过往,当其通过时应通知焊工停止施焊,防止火花掉到船上引起火灾。不许向海内扔废弃物,垃圾集中回收,统一处理。

8.3.6 桥面作业负责人要与其他单位在桥面施工的负责人加强联系,了解协商各自的作业安排和作业中可能给对方造成的危害,并及时通知教育本部人员注意防范的事项,工作安排时要杜绝交叉作业。

8.3.7 检查小车的开动及轨道连接穿接螺栓作业必须在白天进行,检查小车要严格按照操作规定进行操作,移动到位后要做好制动,严禁超负荷上人载物。

8.3.8 工作前对使用的设备、工辅具、管线带及接头要认真检查,如有漏电、漏气等现象要及时报告处理,严禁冒险违章使用。

8.3.9 工作中各工种之间要相互照顾提醒,密切联系配合,焊接、切割、修磨都要注意火花飞溅方向,防止火灾燃爆事故发生和伤及他人。严禁不顾他人安危的野蛮作业。

8.3.10 严禁将氧气、乙炔气瓶带入梁段内使用。桥面梁段上旋转的所有设备、物品要定位摆放,并有稳妥的防风、防雨措施。大风大雨来临前要全面检查,做到万无一失。

8.3.11 桥面作业的电源、线路铺设及电维修作业由专职电工进行,要设置安全保护装置,使用者和电维修人员要经常检查,确保齐全有效,无漏电等异常情况时再使用。对违章用电、不听劝阻者,电工有权停止供电。

8.3.12 梁段内设置低压(36V)电灯照明,操作人员不得任意拉动电灯位置,照明灯下垂应及时调整。

8.3.13 桥面梁段外的高空作业要严格遵守《高处作业安全规定》,系好安全带。作业使用的脚手架、木踏板要捆扎牢固,放置稳定。在梁段进入孔下方作业后及时清除脚手架等障碍物,要确保梁段内的人行道安全畅通。

8.3.14 用风机向梁段内送风和抽风改善通风条件,进仓低压风机要架设好风管,以提高通风效果。

8.3.15 桥面上的进入孔要有防护设施,不进入时及时加盖封闭,发现无盖或盖板被挪开要立即盖好,防止发生坠落事故。

8.3.16 到桥面作业要由带班人员统一带领进入;工作后要收放好设备、工辅具;关闭电源、气瓶阀门,并将氧气、乙炔胶管拖出梁段外;做好文明生产工作。清点人数到齐后统一返回。

8.4 安全检查制度

8.4.1 员工自查

(1)个人防护用品、用具穿戴准备是否齐全;
(2)作业场地及工位(工件、零部件、材料、工具)是否按定置要求摆放和符合安全规范;
(3)工装、工具是否符合安全规定;
(4)工艺规定的安全措施是否已具备生产条件;
(5)设备(设施和装置)各部安全状态是否良好,突出的旋转部位应有防护设施,电气无裸露现象。

8.4.2 班组安全检查

(1)每日对班组人员及作业场所至少检查两次;
(2)检查安全规程执行情况,纠正违章作业现象;
(3)检查员工劳动防护用品穿戴情况;
(4)检查工位器具、工具、工件、零件、材料、成品的摆放应符合相关规定;
(5)检查设备、场所的安全状态;
(6)检查生产区域地点状态与安全道,及时处理事故隐患。

8.4.3 安全、消防员检查

(1)每天深入现场检查不得少于一次,每周对危险部位,安全消防重点部位检查不少于一次;
(2)检查各班组、部门安全生产情况;
(3)纠正违章作业,违章指挥行为;
(4)检查劳保用品使用情况和定制管理文明生产秩序;
(5)检查各种设备、电气、工装的安全、消防防护情况;
(6)检查事故隐患整改结果。

8.4.4 定期专业性安全检查

(1)生产防火领导小组至少两个月组织一次专业安全大检查;
(2)检查对象:电气、机械、易燃场所、生活设施、职工食堂、宿舍、起重机械和车辆、消防设施。

8.4.5 事故隐患整改

(1)对查出的事故隐患自已能整改的不推给班组,班组能解决的不推给主管部门,主管部门能整改的不推给经理;
(2)生产安全部门和安全领导小组查出的事故隐患,下发整改通知单,提出要求,按期整改;
(3)各部门自行解决有困难的隐患由生产安全部立案,报经理协调解决。

8.5 安全生产险情及紧急情况反应预案

大桥钢箱梁制造场地、桥位受大风等不利气候因素的影响,同时又有高空作业、多单位施工交叉作业等不安全因素,施工过程易发生险情及紧急情况,甚至发生安全事故;为了对可能出现的险情、紧急情况及安全事故迅速做出应急反应,采取有效抢险,救助措施,避免和减少损失,在大桥钢箱梁制造开工前制定应急情况预案,以应对险情突发。

9 环保措施

9.1 环境保护的技术组织措施

桥梁工程施工应遵循“以人为本”的原则,以最大限度地减少施工活动给周围群众造成的不利影响为目的,同时注意保护城市资源和文化遗产。由此确定施工期间的环境保护措施。本工程施工期的重大环境因素主要为:水污染、粉尘和废气污染、噪声污染、固体废物污染。

9.1.1 水污染

污染源:废物丢弃、运输、机械燃油等。

控制措施和要求:严禁在施工现场焚烧任何废弃物和会产生有毒有害气体、烟尘、臭气的物质,熔融沥青等有毒物质要使用封闭和带有烟气处理装置的设备。施工现场场地硬化,经常洒水和浇水,以减少粉尘污染。装卸有粉尘的材料时,应洒水湿润和在仓库内进行。严禁向施工场地附近的水域丢抛建筑、施工垃圾,所有垃圾装袋运出。桥位施工过程中做好防护工作,防止坠物入江。装运施工材料、工程废弃物及生活垃圾的车辆,派专人负责清扫道路及冲洗,保证行驶途中不污染道路和环境。选择合格的运输单位,做到运输过程不撒落。施工现场要在施工前做好施工道路的规划和布置,临时施工道路基层在夯实、路面要硬化。

9.1.2 粉尘污染

污染源:涂装作业等。

控制措施和要求:钢箱梁涂装作业施工应符合《涂装作业安全规程涂漆前处理工艺安全》(GB 7692—99)的要求。涂装场地及喷丸场地要有遮雨措施,不允许屋顶漏雨、边侧淋雨、地面积水等现象,油漆实干后,方可在露天存放。除锈时产生的粉尘、噪声不能对周围环境产生超过环保规定的污染,否则须有相应的除尘、降声措施。喷砂房内加强灰尘的控制和清除,用轴流风机通过管道抽出厂房内及钢梁节段内空间的灰尘,工件表面的灰尘用高效吸尘设备进行吸尘,灰尘的收集采用集灰箱集中处理。风力超过三级,室外禁止喷涂油漆,以免油漆四处飘散。

9.1.3 固体废弃物

污染源1:施工废弃物等。

控制措施和要求:工程管理部门要做好定制管理。对施工中的焊条头、废弃的边角余料等施工中的废弃物做好分类回收、分类管理、分类处置。建立登记制度,对废弃物进行全程管理。按照法规要求选择有资质的运输、回收单位,及时清运、处理施工废弃物。

污染源2:生活垃圾。

控制措施和要求:教育施工人员养成良好的卫生习惯,不随地乱丢垃圾、杂物,保持工作和生活环境的整洁。严禁乱卸、乱倒垃圾。施工现场设垃圾站,各类生活垃圾按规定集中收集,由专门部门及时清理、清运,一般要求每班清扫,每日清运。

9.1.4 噪声控制措施

钢箱梁制造、施工中采用低噪声的工艺和施工方法,避免在施工中产生超限的噪声。采用隔声墙、隔声罩等隔声防护措施,减小对周边的影响。施工作业的噪声可能超过施工现场的噪声限值时,在开工前向建设行政主管部门和环保部门申报,核准后方能施工。合理安排施工工序,避免在夜间进行产生高噪声的施工作业。由于施工不能中断的技术原因和其他特殊情况,确需夜间连续施工作业的,需向建设行政主管部门和环保部门申请,取得相应的施工许可证后方可施工。

9.2 文明施工规划及管理制度

9.2.1 大门及围墙

施工现场的围墙和大门是工地的第一道风景线,工地周围设置高于2m的围墙,墙柱间距为3m,围墙上书开发商、设计、监理、施工单位的名称等,工地名称用醒目的字体标示围墙明显处;现场设大门,写明施工单位名称和项目名称,大门外墙挂设施工标牌。

9.2.2 办公区域

现场临时办公室、会议室要求搭建房布置整齐协调,通道畅通,并按施工单位形象标准进行油漆。大门整洁醒目,形象设计有特色,“五牌二图”齐全完整。办公室门口设置绿化地带和图牌栏。办公区公共清洁派专人打扫,各办公室设轮流清洁值班表,并定期检查。施工现场设置一定数量的保温桶或开水供应点。

9.2.3 标志牌

施工现场入口处设立7块的标志牌。分别为本工程概况牌、项目组织网络牌、安全纪律牌、防火须知牌、文明施工管理牌、施工现场平面布置图、单位简介。现场还将按单位形象标志要求设置多块导向牌,如办公室、厕所等方位都在导向牌上标明。

全部工人和管理人员均佩戴胸卡,出入大门和工作,用不同的颜色的安全帽区分项目经理、管理人员及一、二线工人，并要求分包单位在安全帽上面有明显的标志，以便于统一管理。

9.3 非施工区域的管理

9.3.1 保洁工作

保洁工作是施工现场文明施工的一个重要组成部分，设立专门的保洁队伍，定保洁区域、定责任人员、定工作内容。对厕所、垃圾站等容易滋生蚊蝇的地方，由保洁人员重点处理，生活垃圾由环卫局天天清运，为施工现场创造一个良好、文明、清洁的环境。

9.3.2 厕所

厕所地面铺缸砖，墙面贴2m高白色瓷砖，上部及顶棚用乳胶漆刷白，厕所内蹲位用砖墙分开，瓷砖贴面，设置自动冲水设备，设置洗手槽，并派专人清洁和定期喷药，以免产生异味。所有污水必须经化粪池沉淀才能排放污水管道。

9.4 现场绿化

为美化环境，陶冶情操，在施工现场办公区域内未做硬化的空余场地进行规划，种植四季常绿花木。施工过程实施“工完场清”和文明施工责任区制度。

9.5 职业健康安全

9.5.1 编制依据

(1)国家有关安全生产管理的法律、法规；

(2)有关地方政府对安全生产管理的条例、规定；

(3)有关安全生产管理的规范、标准；

(4)企业上级系统有关安全生产管理规定、条例；

(5)《生产安全事故救援应急预案制度》；

(6)《环境与职业健康安全管理手册》；

(7)《环境与职业健康安全程序文件》；

(8)《职业健康安全管理应急预案》。

9.5.2 管理方针与目标

(1)环境与职业健康安全管理方针

“营造安全、健康、文明、洁净的人文环境，持续提高施工管理水平”。本着防患于未然的宗旨，施工过程应严格遵守国家和地方的有关法律法规和其他要求，不断改善建筑安装施工生产的职业健康安全管理状况，保证员工及相关人员的安全与健康，消除职业危害。对全体员工进行多层次、多形式的职业健康安全培训，努力控制生产经营过程中的职业安全风险，不断规范施工过程中职业健康安全管理行为，减少安全事故的发生，以人为本，文明施工，持续发展。

(2)职业健康安全管理目标

工程项目应努力完成单位年初下达的安全生产指标，争创当地“安全文明样板工地”称号。施工中始终贯彻“安全第一、预防为主”的安全生产方针，认真执行国家及工程所在地关于建筑施工企业安全生产管理的各项规定，重点落实把安全生产工作纳入施工组织设计和施工管理计划，使安全生产工作与生产任务紧密结合，保证员工在生产过程中的安全与健康，严防各类事故发生，以安全促生产。

10 资源节约

10.1 本工法采用“化整为零”的原则，将悬索桥钢箱梁整体划分成若干零部件单元，先预制零部件，最后将零部件组装成钢箱梁整体。由此，可以大大减少工装、胎架的数量，提高工装、胎架的使用率，降低生产投入的费用。

10.2 本工法施工技术大量采用自动化生产设备，减小了能耗，降低了劳动强度，如以自动化焊接代替人工手工焊接、采用液压轮式运梁平车转运钢箱梁节段替代以往轨行台车运输。

11 效益分析

11.1 本工法将悬索桥钢箱梁结构复杂的构件提前预制,简化了钢箱梁制造的过程;将复杂构件的制造形成标准化流水生产,提高了生产效率,同时保证了产品精度和质量;将原本全部在钢箱梁组焊胎架上进行的工作进行了分解,这样可缩短占用钢箱梁组焊胎架的时间,加快生产进度。此外,本工法的使用,使悬索桥钢箱梁制造的精度控制有了主控的要素。

11.2 本工法环保主题突出。采用先进的施工技术,确保施工零排放、底污染;此外,施工全过程文明施工管理措施,实现了生产、生活垃圾的无污染和有效收集。

11.3 本工法节能效果良好。钢箱梁零部件制造中的模板、胎架可循环重复使用,降低了生产成本;钢箱梁生产全过程的流水作业,提高了生产效率,降低了产品返修比例,提高了产品综合经济指数;施工技术大量采用自动化生产设备,减小了能耗,降低了劳动强度,如以自动化焊接代替人工手工焊接、采用液压轮式运梁平车转运钢箱梁节段替代以往轨行台车运输。

11.4 本工法社会效益显著。本工法不仅仅适用于悬索桥分体式钢箱梁,同样也适用于悬索桥封闭式钢箱梁;此外,对于同类型的薄壁钢箱梁的制造、施工也有一定的借鉴意义;对于完善悬索桥钢箱梁的设计也有一定的帮助。

12 应用实例

舟山大陆连岛工程西堠门大桥(D 标)钢箱梁制造、架设项目。

12.1 工程概况

西堠门大桥为主跨 1650m 的双塔双索面非对称式两跨连续钢箱梁悬索桥,位于舟山大陆连岛工程中的册子岛和金塘岛之间,其主缆分跨为(578 + 1650 + 485)m,北边跨和中跨为钢箱梁悬吊结构,钢箱梁总长约 2228m。大桥主跨跨度 1650m,位居国内第一,世界第二。

钢箱梁采用扁平流线形分离式双箱断面,在大跨度公路钢箱梁结构中为国内首次采用。每节钢箱梁横桥向由两个分离的六边形封闭钢箱和连接横梁构成,边箱梁横断面最大轮廓尺寸为:3.5m(箱高)×16.2m(箱宽),横向设横隔板,标准间距 3.6m;连接横梁为:3.5m(梁高)×6.0m(梁宽),横梁分两种,钢箱梁吊点部位为箱形横梁,其余部位为工形横梁。边箱梁与连接横梁之间采用全焊接的连接形式,钢箱梁外侧设双侧检修道,钢箱梁全宽 37.4m。全桥用钢量约 33 000t,主桥材质为 Q345C。

钢箱梁共分 15 种 126 节吊装节段,标准梁段全桥 115 节,长 18m,吊装质量约为 250t,非标梁段全桥 11 节,长 6.8 ~ 19.6m,最重吊装质量约为 310t,梁段接口之间全部采用焊接连接,钢箱梁通过焊于其上的锚箱耳板与主索拉杆连接。全桥设 4 台悬挂式梁外检查车和两台箱内检查车,梁外检查车的驱动机构通过钢轮倒置于钢箱梁底的工字钢轨道上,检查车桁架通过门架与驱动机构相连,在电机的驱动下运行。主桥全貌及横断面见图 36。西堠门大桥钢箱梁标准梁段结构见图 37。

12.2 施工情况

根据西堠门大桥钢箱梁结构特点,结合国内钢材的供货现状,将每一节标准梁段分为 66 个块件,其中包括顶板板块 12 块,底板板块 6 块,斜顶板板块 2 块,斜底板板块 4 块,斜腹板板块 8 块,直腹板板块 8 块,横隔板为 20 块,箱形横梁 1 块,工形横梁 1 块,锚箱单元 2 个,检修道单元 2 个。

由于西堠门大桥钢箱梁结构为我国首次采用的分体式钢箱梁断面,其结构复杂,焊缝多,所发生的焊接变形和残余应力较大,为控制箱体结构焊接变形,保证产品整体质量,加快制造进度,钢箱梁制造采用“板→板块(或部件)→板单元→单元块→钢箱梁→预拼装→桥位焊接”方式生产:即在制造单位厂内生产锚箱单元、竖向支座、抗风支座、检查小车(机械)、路缘石、泄水管、临时吊点等零部件;同时,完成板块、箱形横梁及工形横梁、检修道板块及单元、检查车(结构)、接板和临时连接件等构件的制造;在钢箱梁整体拼装现场完成拼焊板块单元、单元块、整体组焊钢箱梁、水平状态多段连续匹配预拼装等工作;

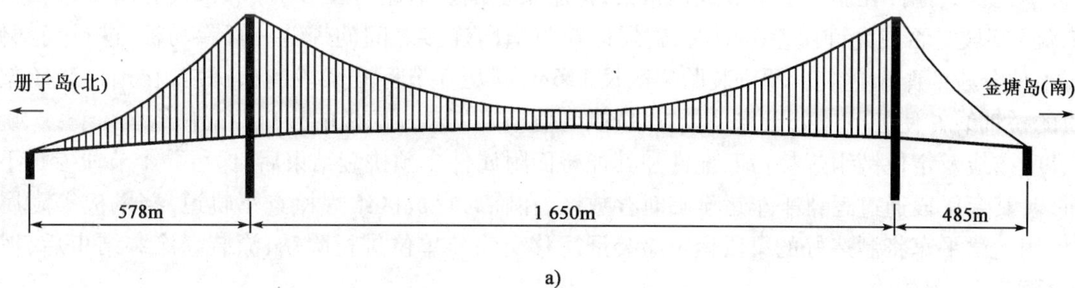

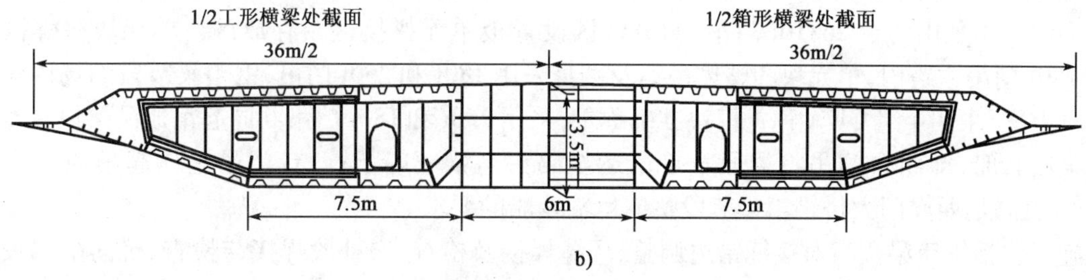

图 36 西堠门大桥主桥全貌及钢箱梁横断面简图
a)西堠门大桥全貌图;b)西堠门大桥钢箱梁截面图

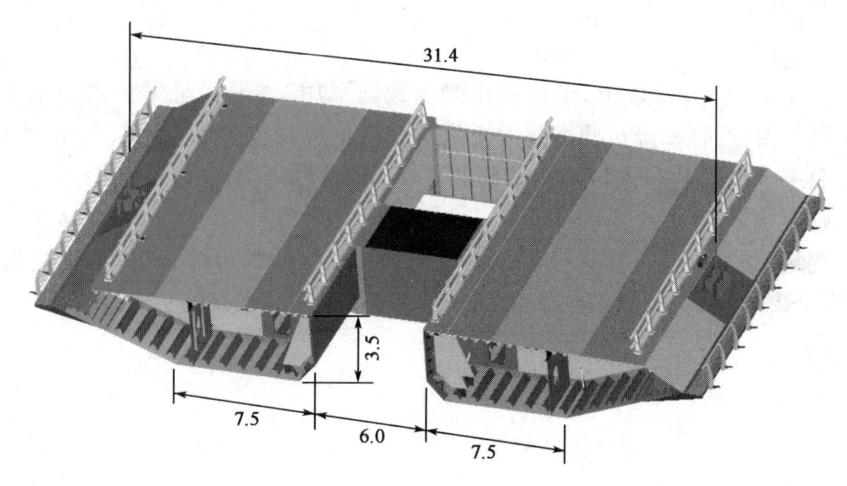

图 37 西堠门大桥钢箱梁标准梁段结构图(尺寸单位:m)

在桥位将梁段逐节焊接成整体。

制造单位厂内先将钢板进行滚平和预处理,按钢箱梁板块单元的划分情况进行零件的下料、矫正、加工,再进行部件(板块、单元件)的组装、焊接、焊缝检查、修整、补涂装,完成顶板板块、底板板块、斜顶板板块、斜底板板块、直腹板板块、斜腹板板块、横隔板、纵隔板、检修道板块、检修道单元、锚箱单元、横梁(箱形横梁和工形横梁两种)及附属设施件等的制造工作,包装后运至钢箱梁整体拼装现场。

在拼装现场,为了加快箱梁整体组装、焊接的进度和确保主要焊缝平位施焊,在钢箱梁整体组装前,将边箱靠近横梁部位的顶板、底板、横隔板和直腹板、斜腹板在专用胎架上采用“倒装法”组成一个不封闭的槽形单元块结构,采用 L 形吊具利用 180 + 250t 门吊空中翻身,实现主要焊缝的平位(或船位)焊接,确保焊接质量。并以合理的施焊顺序、优化的焊接工艺控制和减少结构的焊接变形。

钢箱梁段整体组装采用立体、阶梯推进方式生产,在钢箱梁整体组装胎架上采取“正装法”依次组焊 5 节钢箱梁,即以整体组装胎架为外胎,横隔板为内胎,依次将各梁段的横向连接箱梁、单元块、横向连接工字梁、底板单元、斜底板单元、检修道单元、横隔板、纵隔板(部分梁段有)、锚箱单元、斜顶板单元、顶板单元及其他件在胎架上组焊成钢箱梁,待胎架上的所有组焊工作完成后,检测两耳板横桥向距离及2%人字坡是否在允许误差范围内,施焊边箱与横向连接之间的焊缝。解除马板,进行局部修整,再进行平位分段匹配预拼装。预拼装胎架区长126m,满足6节标准梁段的预拼装,在预拼装胎架上调整节段的桥轴线并使各节段处于水平位置、按拱度值精确划出顶底板的接口匹配件组装位置线、确定预拼装长度、按线及定位销组焊接口匹配件和其他桥面附属件。预拼装结束后,保留一个节段参加下次匹配预拼装,其余梁段通过运梁平车运至临时存放区,在临时存放区组焊检查车轨道、挡风板等附属设施件,之后用运梁平车将制造好的梁段运至涂装厂房移交涂装单位进行除锈、涂装。涂装结束后,按架设顺序运至存梁区存放。

钢箱梁拼焊及钢箱梁预拼装区设在42m跨26/10t门吊主跨内;单元块、检修道单元及钢箱梁的板单元或零部件上胎采用两台26/10t门吊,两悬臂区设置板单元拼接区及存放区。单元块拼焊区设在20/10t和180t门吊主跨内,单元块的整体吊运及翻身采用180t和250t门吊,钢箱梁节段的场内运输采用运梁平车方案;采用4组GWA称重模块准确称重,采用250t和180t门吊共同起吊成品梁段在专用码头内进行梁段装船,即两台门吊将梁段直接吊运至码头运梁驳船上;两台门吊整体起吊质量可达到350t,完全可以满足西堠门大桥钢箱梁节段整体运输装船的要求。

桥位施工包括钢箱梁接口对接缝错边调整、环缝焊接及检查、嵌补段焊接与检查、桥面附属设施安装焊接及涂装防护配合等。

本标段于2005年11月15日开工,目前已完成全桥所有钢箱梁的制造、架设任务,现在正在进行桥面附属设施的安装工作。

12.3 工程评价

西堠门大桥钢箱梁全长2.228km,全桥钢箱梁制造均采用“大跨径悬索桥钢箱梁组装工法”,完成钢箱梁节段整体组焊及预拼装,经过西堠门大桥施工监测单位和监理单位测量全桥钢箱梁长度偏差小于20mm,满足浙江省交通工程悬索桥钢箱梁验收规范,并通过舟山连岛工程建设指挥部、监理单位和浙江省质监站的联合验收。

西堠门大桥钢箱梁施工全过程均处于安全、稳定、快速、优质的可控状态,工程交验合格率98%以上,截至目前无安全事故发生,得到了各方的好评。